D1703422

HANDBUCH DER PSYCHOLOGIE

HANDBUCH DER PSYCHOLOGIE
in 12 Bänden

Herausgegeben von

Prof. Dr. K. GOTTSCHALDT
Göttingen

Prof. Dr. Ph. LERSCH †
München

Prof. Dr. F. SANDER †
Bonn

Prof. Dr. Dr. h. c. H. THOMAE
Bonn

Redaktion

Prof. Dr. Dr. h. c. H. THOMAE
Bonn

12. Band

MARKTPSYCHOLOGIE

1. Halbband: Marktpsychologie als Sozialwissenschaft

VERLAG FÜR PSYCHOLOGIE · DR. C.J. HOGREFE
Göttingen · Toronto · Zürich

MARKTPSYCHOLOGIE

1. Halbband: Marktpsychologie als Sozialwissenschaft

Unter Mitarbeit von

Dr. Dorothee Dickenberger, Dr. Achim Engels, Prof. Dr. Gisla Gniech, Prof. Dr. Martin Irle,
Prof. Dr. George Katona†, Dr. Martin Kumpf, Prof. Dr. Waldemar Lilli,
Dr. Günter F. Müller, Prof. Dr. Gerhard Scherhorn, Prof. Dr. Günther Silberer,
Prof. Dr. Burkhard Strümpel, Prof. Dr. Ernst Timaeus, Prof. Dr. Günther Wiswede

herausgegeben von

Prof. Dr. MARTIN IRLE
Mannheim

unter Mitwirkung von

Dipl.-Psych. Dipl.-Kfm. WOLF BUSSMANN
Mannheim

VERLAG FÜR PSYCHOLOGIE · DR. C. J. HOGREFE
GÖTTINGEN · TORONTO · ZÜRICH

Der vorliegende Band ist eine inhaltlich unveränderte Ausgabe des Werkes
„Marktpsychologie als Sozialwissenschaft" aus der Serie Wirtschafts-,
Organisations- und Arbeitspsychologie der Enzyklopädie der Psychologie.

ISBN 3 8017 0188 3
Alle Rechte, insbesondere das der Übersetzung in fremde Sprachen, vorbehalten.
Copyright by Verlag für Psychologie, Dr. C. J. Hogrefe, Göttingen 1983
Printed in Germany.

Setzerei: Satzstudio Frohberg, 6463 Freigericht
Druck und Bindung: Hubert & Co., 3400 Göttingen

Autorenverzeichnis

Dr. Dorothee Dickenberger
Lehrstuhl für Sozialpsychologie
der Universität Mannheim

Schloß
D–6800 Mannheim A 5

Dr. Achim Engels
Lechenicher Str. 31
D–5000 Köln 41

Prof. Dr. Gisla Gniech
Universität Bremen
GW II

MZH Bibliothekstraße
D–2800 Bremen 33

Prof. Dr. Martin Irle
Lehrstuhl für Sozialpsychologie
der Universität Mannheim

Schloß
D–6800 Mannheim A 5

Prof. Dr. George Katona †

Dr. Martin Kumpf
Lehrstuhl für Sozialpsychologie
der Universität Mannheim

Schloß
D–6800 Mannheim A 5

Prof. Dr. Waldemar Lilli
Lehrstuhl für Sozialpsychologie
der Universität Mannheim

Schloß
D–6800 Mannheim A 5

Dr. phil. Günter F. Müller
Fachbereich 5
Fach Psychologie
der Universität Oldenburg

Ammerländer Heerstr. 67–99
D–2900 Oldenburg

Prof. Dr. Gerhard Scherhorn
Universität Hohenheim

Postfach 106
D–7000 Stuttgart 70

Prof. Dr. Günther Silberer
Fachbereich 5
der Universität Bremen

Bibliothekstraße
D−2800 Bremen 33

Prof. Dr. Ernst Timaeus
Gesamthochschule
der Universität Essen

Postfach 6843
D−4300 Essen 1

Prof. Dr. Burkhard Strümpel
Fachbereich:
Wirtschaftswissenschaften
der Freien Universität Berlin

Corrensplatz 2
D−1000 Berlin 33

Prof. Dr. Günther Wiswede
Lehrstuhl für Konsumtheorie
und Verbraucherpolitik (530)
der Universität Hohenheim

Postfach 700562
D−7000 Stuttgart 70

Vorwort

Als zwölfter und letzter Band des Handbuches der Psychologie wurde schon von Anbeginn der Band „Marktpsychologie" vorgesehen, wenn auch ursprünglich nicht unter diesem Namen. Im Dezember 1976 erklärte sich dieser Herausgeber bereit, diese Aufgabe zu besorgen. Inzwischen ist ein Werk der neuen Enzyklopädie der Psychologie in zwei Bänden daraus gediehen bzw. in zwei Halbbänden des damit abgeschlossenen Handbuches der Psychologie. Dieser Band „Marktpsychologie als Sozialwissenschaft" und der folgende „Methoden und Anwendungen in der Marktpsychologie" bilden im umfassenderen Sinne eine Einheit. Sie enthalten deshalb auch beide die je gesamten Autoren- und Sachregister.

Da dieses Werk zu einem Zeitpunkt neu konzipiert werden mußte, zu dem sich viele Interessenten schon seine Publikation erhofften, ist ganz besonders allen Autoren für ihre aufopferungsvolle Mitarbeit zu danken, sowohl denen aus anderen Disziplinen der Wissenschaften, die sich für Markt*psychologie* engagierten, wie den zumeist jüngeren Autoren aus der Psychologie.

Der Herausgeber beklagt den Tod des Doyen der Psychologischen Ökonomie: George Katona ist nicht mehr unter uns; er erlebt die Publikation seiner letzten Arbeit (zusammen mit Burkhard Strümpel) nicht mehr. Seine Arbeiten über ein paar Jahrzehnte hinweg waren es, die den Herausgeber zur Übernahme seiner Aufgabe ermutigten.

Ohne die redaktionelle Mitarbeit von Wolf Bussmann und ohne die Sekretariatshilfe von Ursula Gramminger hätte das Werk „Marktpsychologie" nicht so rasch und erfolgreich abgeschlossen werden können. Der Herausgeber dankt seinen Team-Mitgliedern herzlich.

Das Werk ist nun aus den Händen seiner Produzenten entlassen. Wir müssen es den Lesern und Benutzern am Markt überlassen, ob es auch ein Erfolg nach ihrer Einschätzung sein wird.

Weinheim, im Januar 1983   Martin Irle

"Many psychologists working today in an applied field are keenly aware of the need for close cooperation between theoretical and applied psychology. This can be accomplished in psychology, as it has been accomplished in physics, if the theorist does not look toward applied problems with highbrow aversion or with a fear of social problems, and if the applied psychologist realizes that there is nothing so practical as a good theory."

Kurt Lewin[1]

---

[1] In: Constructs in Psychology and Psychological Ecology, University of Iowa Studies in Child Welfare, 1944, 20, 23–27.

Inhaltsverzeichnis

1. Kapitel: Forschungsprogramme in der Marktpsychologie. Von Martin Irle

1.1	Zur Entstehung der Marktpsychologie	2
	1.1.1 Käufer- und Verbraucher-Psychologie	2
	1.1.2 Marktpsychologie	5
	1.1.3 Marketing-Wissenschaft und Konsum-Forschung	9
1.2	Entdeckungs- und Begründungszusammenhänge in der Marktpsychologie	12
	1.2.1 Forschungsprogramme	12
	1.2.2 Marktpsychologie als „Domain"-Forschung	15
	1.2.3 Marktpsychologie als Historische Wissenschaft	17
	1.2.4 Die Auflösung von historischer in systematische Kausalitäten	21
1.3	Verwendungszusammenhänge in der Marktpsychologie	24
	1.3.1 Marktpsychologie Forschung und Praxis	25
	1.3.2 Vorwissenschaftliche Psycho-Techniken am Markt	30
	1.3.3 Verhaltens- und sozial-technologische Forschung	31
	1.3.4 Exkurs: Pseudo-marktpsychologische Forschungen	33
	1.3.5 Nachtrag: Zur Methodologie marktpsychologischer Technologie	36

2. Kapitel: Die Funktionsfähigkeit von Konsumgütermärkten. Von Gerhard Scherhorn

2.1	Einleitung	45
2.2	Auf dem Wege zu einer Markttheorie	48
	2.2.1 Vom vollkommenen zum funktionsfähigen Wettbewerb	48
	2.2.1.1 Wettbewerb als Prozeß und als Struktur	48
	2.2.1.2 Die Konzeption der Funktionsfähigkeit	49
	2.2.2 Vom Wettbewerb zum Markt	50
	2.2.2.1 Von der Wettbewerbspolitik zur Marktpolitik	50
	2.2.2.2 Quellen der Anbietermacht	53

	2.2.3	Von der ökonomischen zur allgemeinen Markttheorie	54
		2.2.3.1 Der Markt als Gefüge von Tauschbeziehungen	54
		2.2.3.2 Märkte als Systeme sozialer Kontrolle	58
2.3	Besondere Probleme von Konsumgütermärkten		63
	2.3.1	Die Evolution des Marktes	63
		2.3.1.1 Überholte Typen des Marktes	63
		2.3.1.2 Konsumgütermärkte in entwickelten Volkswirtschaften	65
	2.3.2	Die Entwicklung des Marktes	68
		2.3.2.1 Marktentwicklung und Anbieterwettbewerb	68
		2.3.2.2 Marktentwicklung und Nachfragerbedarfe	71
	2.3.3	Die Berücksichtigung der Nachfragerinteressen	73
		2.3.3.1 Der Kauf: kein eindeutiger Indikator	73
		2.3.3.2 Die Artikulation unerfüllter Interessen	76
	2.3.4	Die Kommunikation zwischen Anbietern und Nachfragern . . .	77
		2.3.4.1 Signale der Nachfrager – wie werden sie übertragen? . . .	77
		2.3.4.2 Signale der Anbieter – wie werden sie wahrgenommen?	81
2.4	Die Situation der Konsumenten		84
	2.4.1	Die Erforschung des Verbraucherverhaltens	84
		2.4.1.1 Restriktionen der anbieterorientierten Marktperspektive	84
		2.4.1.2 Risikominderung für Anbieter – auch für Nachfrager?	87
	2.4.2	Zur Marktstellung der Konsumenten	90
		2.4.2.1 Schwächen der Nachfragerposition	90
		2.4.2.2 Manipulative Anbieterstrategien	93
	2.4.3	Unzufriedenheit im Wohlstand	96
		2.4.3.1 Marktorientierte Erklärungen	96
		2.4.3.2 Wohlstandsorientierte Erklärungen	99
	2.4.4	Die Sozialisation der Konsumenten	102
		2.4.4.1 Anpassung an das Angebot	102
		2.4.4.2 Selbstentfremdung	107
2.5	Zur Wirksamkeit marktpolitischer Instrumente		110
	2.5.1	Marktalternativen oder Marktevolution?	110
		2.5.1.1 Die Suche nach Alternativen zum Markt	110
		2.5.1.2 Über die Richtung der Marktevolution	114
	2.5.2	Regulierung des Anbieterverhaltens	118
		2.5.2.1 Spielraum für Leistungswettbewerb	118
		2.5.2.2 Wettbewerb ohne Kontrolle?	121
	2.5.3	Förderung der Kommunikation	124
		2.5.3.1 Das Informationsdefizit	124
		2.5.3.2 Das Kritikdefizit	130

2.5.4	Repräsentation der Nachfragerinteressen	132
	2.5.4.1 Probleme interner Interessenvertretung	132
	2.5.4.2 Zur Organisierbarkeit der Konsumenten	136

3. Kapitel: Marktsoziologie.
Von Günter Wiswede

3.1	Probleme einer Soziologie des Marktes	151
	3.1.1 Einordnung der Marktsoziologie	151
	3.1.1.1 Die ökonomische Tradition	151
	3.1.1.2 Das soziologische Programm	155
	3.1.2 Perspektiven der Marktsoziologie	158
	3.1.2.1 Zur Perspektive systemorientierter Soziologie	158
	3.1.2.2 Zur Perspektive „kritisch" orientierter Soziologie	161
	3.1.2.3 Zur Perspektive verhaltensorientierter Soziologie	164
3.2	Soziale Aspekte des Marktgeschehens	168
	3.2.1 Markt-Institution	168
	3.2.1.1 Der Markt als Institution	168
	3.2.1.2 Strukturelemente des Marktes	171
	3.2.2 Markt-Interaktionen	175
	3.2.2.1 Form und Gegenstand des Austauschs	175
	3.2.2.2 Austauschtheoretische Ansätze	177
	3.2.2.3 Soziale Rahmenbedingungen	181
	3.2.3 Markt-Macht	182
	3.2.3.1 Grundlagen und Formen der Marktmacht	182
	3.2.3.2 Kollektive Verbandsmacht	187
	3.2.3.3 Zur Frage der Konsumentensouveranität	189
3.3	Soziale Aspekte der Marktentnahme	191
	3.3.1 Kultureller Kontext	191
	3.3.1.1 Wandlungen des Konsumstils	191
	3.3.1.2 Interkulturelle Differenzierung	194
	3.3.1.3 Intrakulturelle Differenzierung	196
	3.3.2 Gesellschaftlicher Kontext	199
	3.3.2.1 Kristallisationseffekte und Konsumschichten	199
	3.3.2.2 Schichtspezifisches Kaufverhalten	201
	3.3.2.3 Schichtspezifisches Verwendungsverhalten	204
	3.3.3 Gruppen-Kontext	206
	3.3.3.1 Familie und Lebenszyklus	206
	3.3.3.2 Wirkung von Bezugsgruppen	209
	3.3.3.3 Personaler Einfluß	211

4. Kapitel: Psychologie und gesamtwirtschaftlicher Prozesse. Von Burkhard Strümpel und George Katona†

4.1	Überblick	225
4.2	Ökonomische Verhaltensforschung	227
4.2.1	Ökonomisches Verhalten als Problem der Psychologie	226
4.2.2	Konsum und Sparen	230
4.2.2.1	Konsum und Einkommen	230
4.2.2.2	Konjunkturelle Veränderungen der Konsumquote	232
4.2.2.2.1	Der psychologische Erklärungsansatz	232
4.2.2.2.2	Zur Erklärung von Einstellungsänderungen	235
4.2.2.2.2.1	Direkte, auf Äußerungen der Befragten beruhende Erklärungsansätze	235
4.2.2.2.2.2	Indirekte statistische Erklärungsansätze	237
4.2.2.3	Interkulturelle Unterschiede des Sparverhaltens	238
4.2.2.3.1	Der Vergleich Deutschland–USA als Anwendungsbeispiel	238
4.2.2.3.2	Der psychologische Erklärungsansatz	241
4.2.2.3.2.1	Begriffserklärung	241
4.2.2.3.2.2	Sparziele und Stärke der Konsumansprüche	242
4.2.2.3.2.3	Sicherheitsstreben	244
4.2.2.3.2.4	Instrumentalität: Sparförderung und Inflation	246
4.2.2.3.2.5	Schlußfolgerung	247
4.2.3	Arbeitsmotivation	248
4.2.3.1	Arbeitsmotivation als gesamtwirtschaftliches Problem	248
4.2.3.2	Arbeitszeit	249
4.2.3.3	Arbeitsdisziplin	251
4.2.3.4	Leistungswille in einer veränderten Umwelt	255
4.2.4	Investition und Produktion	256
4.2.5	Steuerdisziplin und Steuerausweichung	257
4.2.5.1	Problemstellung	257
4.2.5.2	Einstellung zum Staat und zur Besteuerung	259
4.2.5.3	Grenzen der Steuerdisziplin	260
4.3	Wohlfahrtsforschung	262
4.3.1	Anspruchsniveau	262
4.3.2	Verteilungskonflikt	267
4.3.2.1	Unzufriedenheit und relative Deprivation	267
4.3.2.2	Maßstäbe für gerechten Lohn	270
4.3.3	Wertwandel	272
4.3.3.1	Postmaterielle Orientierungen	272

| | 4.3.3.2 | Institutionelle Abschottung | 273 |
| | 4.3.3.3 | Paradigmen und institutionelle Sozialisation | 275 |

5. Kapitel: Bezugsgruppen und Meinungsführer.
Von Martin Kumpf

5.1 Vorbemerkungen 282

5.2 Bezugsgruppen 282
    5.2.1 Allgemeine Einführung 282
        5.2.1.1 Zur Geschichte der Bezugsgruppenforschung 282
        5.2.1.2 Funktionen und Arten von Bezugsgruppen 288
        5.2.1.3 Zentrale Probleme der Bezugsgruppenforschung 292
    5.2.2 Bezugsgruppen und Konsumentenverhalten 298
        5.2.2.1 Komparative Bezugsgruppen: Gruppeneinflüsse auf die Beurteilung von Produkten 299
        5.2.2.2 Normative Bezugsgruppen: Gruppeneinflüsse auf Konsumnormen 304

5.3 Meinungsführer 310
    5.3.1 Allgemeine Einführung 310
        5.3.1.1 Meinungsführer und Bezugspersonen 310
        5.3.1.2 Zur Geschichte der Meinungsführerforschung 312
    5.3.2 Meinungsführerschaft und Konsumentenverhalten 320
        5.3.2.1 Merkmale von Meinungsführern und Nichtmeinungsführern 321
        5.3.2.2 Die Spezifität von Meinungsführerschaft 323
        5.3.2.3 Annahmen zur Kommunikation zwischen Meinungsführern und Nicht-Meinungsführern 323
        5.3.2.4 Die Messung von Meinungsführerschaft 327
        5.3.2.5 Möglichkeiten zur Steuerung von Meinungsführern durch Anbieter am Markt 330

6. Kapitel: „Face to Face"-Interaktionen.
Von Achim Engels und Ernst Timaeus

6.1 Zur Bedeutung von ‚Interaktion' und ‚Kommunikation' 344

6.2 ‚Personal selling' 346
    6.2.1 Ähnlichkeit – Attraktivität 346
    6.2.2 Ähnlichkeit und ‚expertise' 349
    6.2.3 Interaktive Personvariablen 352

	6.2.4	Behavioristen als Interaktionisten	354
	6.2.5	Problemlösung	358
	6.2.6	‚Persuasion'	359
	6.2.7	‚Foot in the door' – ‚door in the face'	361
	6.2.8	‚Toughness'	362
6.3	‚Word for mouth'		363
6.4	Zur Kritik der Forschungspraxis		369
	6.4.1	Interaktionsmodelle – ethischer Exkurs	369
	6.4.2	Nonverbales Verhalten	374
	6.4.3	Untersuchungsmethoden	383
6.5	Forschungsperspektiven		390

7. Kapitel: Perzeption, Kognition: Image.
Von Waldemar Lilli

7.1	Einleitung			402
	7.1.1	Zur Fundierung des psychologischen Realitätsbegriffes		404
	7.1.2	Das Image-Problem im allgemeinen Bezugsrahmen von Perzeption und Kognition		406
		7.1.2.1	Wissen und Erwartung	408
		7.1.2.2	Konsistenz und Stabilität der Umweltkonstruktion	411
	7.1.3	Image als subjektive Realitätsbewegung: 4 Thesen		412
7.2	Zur marktpsychologischen Image-Diskussion			413
	7.2.1	Die marktpsychologische Begriffs-Diskussion		414
		7.2.1.1	Die erste Veröffentlichung	415
		7.2.1.2	Frühe Bestandsaufnahme der Image-Konzeption	416
		7.2.1.3	Konzeptionelle Ausweitung der Diskussion	418
		7.2.1.4	Versuche der Fundierung des Image-Konzepts	419
		7.2.1.5	Zur Kritik am Image-Konzept	422
	7.2.2	Marktpsychologische Theorienkonzepte des Image		424
		7.2.2.1	Marktmodelle	424
		7.2.2.1.1	Das Marktmodell von Spiegel	424
		7.2.2.1.2	Das Marktmodell von Berth	428
		7.2.2.1.3	Das Konzept des Image-Marketing von Richter	429
		7.2.2.1.4	Kritik der feldtheoretischen Image-Konzeption	430
		7.2.2.2	Psychologie stereotyper Systeme: Das Konzept von Bergler	431
		7.2.2.3	Ein Verhaltensmodell des Image: Kunkel und Berry	433
		7.2.2.4	Die Attitüdenkonzeption des Image	436

Inhaltsverzeichnis   XV

	7.2.2.4.1	Zur Komponentengliederung von Attitüden	437
	7.2.2.4.2	Zur Verhaltensrelevanz von Attitüdenmessungen ...	439
	7.2.2.4.3	Das Image-Modell von Trommsdorff	442
	7.2.2.4.4	Zur Kritik an der Attitüdenkonzeption des Image ...	444
7.2.3	Praxisnahe Image-Forschung: Das Beispiel des Geschäfts-Image .		445
	7.2.3.1	Zur Entwicklung der verkaufbezogenen Image-Forschung	447
	7.2.3.2	Beispiele praxisnaher Image-Forschung	448
	7.2.3.2.1	Dimensionen des Geschäfts-Image	448
	7.2.3.2.2	Das Image des treuen Kunden	449
	7.2.3.2.3	Vorstellungen von Geschäftsleuten über das Image ihres Geschäftes	450
	7.2.3.2.4	Zur Variation des Geschäftsimages über Produktklassen	451
7.2.4	Zur Problematik der Entwicklung in der marktpsychologischen Image-Forschung		452
	7.2.4.1	Allgemeine Problematik	452
	7.2.4.2	Konzeptionelle Entwicklung	454
	7.2.4.3	Methodische Entwicklung...................	455
	7.2.4.4	Schlußbemerkungen	459

8. Kapitel: Probleme der Motivations- und Emotionsforschung. Von Dorothee Dickenberger und Gisla Gniech

8.1	Einleitung		472
8.2	Motivation		476
	8.2.1	Motiv-Forschung	476
		8.2.1.1 Welche Motive gibt es?	476
		8.2.1.2 Wie entstehen Motive?	479
	8.2.2	Motivations-Forschung	482
		8.2.2.1 „Situation – Handlung – Ergebnis" – Theorie (Irwin)	482
		8.2.2.1.1 Definitionen	483
		8.2.2.1.2 Zielgerichtetes Handeln	484
		8.2.2.2 Die Theorie der kognitiven Dissonanz	485
		8.2.2.2.1 Definitionen	485
		8.2.2.2.2 Zielgerichtetes Handeln	485
		8.2.2.2.3 Modifikationen der Theorie	486
		8.2.2.2.4 Empirische Untersuchungen	487
		8.2.2.3 Die Theorie der psychologischen Reaktanz	489

	8.2.2.3.1	Definitionen	489
	8.2.2.3.2	Zielgerichtetes Handeln	489
	8.2.2.3.3	Empirische Untersuchungen	490

8.3 Emotion 493
    8.3.1 Emotionstheorien 494
        8.3.1.1 Frühe Theorien 494
        8.3.1.2 Kognitive Emotionstheorien 495
        8.3.1.3 Stimmungen 499
    8.3.2 Empirische Untersuchungen 499
        8.3.2.1 Physiologische Erregung 499
        8.3.2.2 Kognitive Prozesse 500
        8.2.3.2 Emotionen 500

8.4 Erfassung bzw. Messung von Motivation/Emotion 503
    8.4.1 Motivationsmessung als Grundlagenforschung 503
        8.4.1.1 Aktivierungsmessung 504
        8.4.1.2 Die Erfassung der subjektiven Erlebnisse 507
        8.4.1.3 Verhaltensmessung 509
        8.4.1.4 Herstellen von Anfangsbedingungen 510
    8.4.2 Motivationsforschung in der Praxis 512
        8.4.2.1 Motivation als Teilgebiet der Psychologie 512
        8.4.2.2 Motivationsanalysen in Praxisfeldern 513
        8.4.2.2.1 Ökologische Psychologie 513
        8.4.2.2.2 Spezielle Aspekte des Arbeitsmarktes .. 514
        8.4.2.2.3 Konsumentenverhalten 516
        8.4.2.2.4 Wählerverhalten 517
        8.4.2.2.5 Fazit 517

8.5 Schlußbetrachtung 518

9. Kapitel: Einstellungen und Werthaltungen.
Von Günter Silberer

9.1 Einleitung 533
9.2 Zur Konzeptualisierung von Einstellungen und Werthaltungen . 535
    9.2.1 Grundlegende Einstellungsbegriffe bzw. Einstellungskonzepte .. 535
    9.2.2 Zum Begriff der „Werthaltung" 539
    9.2.3 Zur Unterscheidung zwischen Einstellungen und Werthaltungen . 540

9.3	Zur Messung von Einstellungen und Werthaltungen		541
	9.3.1	Grundlegende Anforderungen an ein Meßinstrument	542
	9.3.2	Zum Prozeß der Einstellungsmessung bzw. der Erfassung von Werthaltungen	542
	9.3.3	Einzelne Reaktionsmessungen als Grundelemente verschiedener Methoden der Messung von Einstellungen und Werthaltungen . . .	543
	9.3.4	Ausgewählte Modelle und Instrumente der Einstellungsmessung .	544
		9.3.4.1 „Klassische" Skalen der Einstellungsmessung	545
		9.3.4.2 Gängige Methoden und Modelle der Einstellungsmessung im Marketing-Bereich	549
		9.3.4.2.1 Multiattributive Einstellungsmodelle	549
		9.3.4.2.1.1 Modellvarianten ohne Berücksichtigung von „Idealvorstellungen"	550
		9.3.4.2.1.2 Modellvarianten mit Berücksichtigung von „Idealvorstellungen"	551
		9.3.4.2.2 Die „Multidimensionale Skalierung" von Einstellungen und das Verfahren des „Conjoint Measurement"	552
		9.3.4.2.3 Physiologische Methoden zur Messung der affektiven Einstellungskomponente	555
		9.3.4.3 Probabilistische Modelle der Einstellungsmessung . . .	555
		9.3.4.4 Methoden der indirekten Einstellungsmessung	556
		9.3.4.4.1 Methoden der indirekten Einstellungsmessung anhand *verbaler* Äußerungen	557
		9.3.4.4.2 Die Erfassung des offenen *Verhaltens* als indirekte Messung von Einstellungen	559
	9.3.5	Zur Messung von Werthaltungen	560
	9.3.6	Zur Messung der Veränderung von Einstellungen und Werthaltungen im Zeitablauf	562
	9.3.7	Zur Beurteilung und Überprüfung von Meßinstrumenten insbesondere im Bereich der Einstellungsforschung	563
9.4	Zur Entstehung und Änderung von Einstellungen und Werthaltungen . .		566
	9.4.1	Zur „Organisation" von Einstellungen und Werthaltungen	566
		9.4.1.1 Zur inneren Organisation einer einzelnen Einstellung oder Werthaltung	566
		9.4.1.2 Zur Organisation von Einstellungen und Werthaltungen innerhalb eines kognitiv-affektiven Systems	567
	9.4.2	Theoretische Ansätze und ausgewählte Befunde zur Entstehung und Änderung von Einstellungen und Werthaltungen	568
		9.4.2.1 Erklärungskonzepte und Untersuchungsergebnisse zur kurzfristigen Beeinflussung und Änderung vorhandener Einstellungen	568
		9.4.2.1.1 Gleichgewichtstheoretische Ansätze	568

	9.4.2.1.2	Die Assimilation-Kontrast-Theorie	569
	9.4.2.1.3	Die Reaktanztheorie	569
	9.4.2.1.4	Die Inokulationstheorie	570
	9.4.2.1.5	Weitere „sozialpsychologische" Theorien der Einstellungsänderung	570
	9.4.1.6	Der Informationsverarbeitungs-Ansatz	571
	9.4.2.1.7	Der Kommunikationstheoretische Ansatz	572
	9.4.2.1.7.1	Eigenschaften der Informationsquelle bzw. des Kommunikators	572
	9.4.2.1.7.2	Eigenschaften bzw. Art des Kommunikationskanals .	574
	9.4.2.1.7.3	„Eigenschaften" der kommunizierten Botschaften . . .	575
	9.4.2.1.7.4	„Dispositionen" des Rezipienten	576
	9.4.2.1.7.5	Weitere Determinanten des Kommunikationserfolges „Einstellungsänderung"	577
	9.4.2.2	Erklärungskonzepte und Untersuchungsergebnisse zur Entstehung und (eher) längerfristigen Änderung von Einstellungen und Werthaltungen	578
	9.4.2.2.1	Grundlegende Lernformen als Bezugsrahmen für die Erklärung der Entstehung und längerfristigen Veränderung von Einstellungen und Werthaltungen	578
	9.4.2.2.2	Ein Prozeßmodell der Entwicklung von (Produkt-) Einstellungen	580
	9.4.2.2.3	Zur Erklärung der Entstehung und Änderung von Werthaltungen	582
9.5	Einstellungen und Werthaltungen als Determinanten des tatsächlichen Verhaltens	584
	9.5.1	Vorbemerkungen	584
	9.5.2	Grundannahmen zur Beziehung zwischen Werthaltungen, Einstellungen und Verhalten	584
	9.5.3	Modelle der Einstellungs-Verhaltens-Relation und ausgewählte Untersuchungsergebnisse	585
	9.5.3.1	Das „einfache Konsitenzmodell" der Einstellungs-Verhaltens-Relation	585
	9.5.3.2	Das Modell der Einstellungs-Verhaltens-Relation von Rokeach (1968)	586
	9.5.3.3	Modelle der Einstellung-Verhaltens-Relation von Fishbein (1967a; 1972) und Ajzen und Fishbein (1970)	587
	9.5.3.4	Das Modell der Einstellungs-Verhaltens-Relation von Sheth (1971; 1974)	590
	9.5.3.5	Die Reformulierung des Konsistenzmodells der Einstellungs-Verhaltens-Relation von Ajzen und Fishbein (1977)	593

	9.5.4	Determinanten der tatsächlichen und der gemessenen Einstellungs-Verhaltens-Relation	595
		9.5.4.1 Determinanten der tatsächlichen Einstellungs-Verhaltens-Relation	595
		9.5.4.2 Determinanten der gemessenen Einstellungs-Verhaltens-Relation	597
		9.5.4.2.1 Zur Konzeptualisierung von Einstellung(en) und Verhalten	597
		9.5.4.2.2 Zur Messung von Einstellungs- und Verhaltensvariablen	598
		9.5.4.2.3 Zur Auswertung von Untersuchungsergebnissen bezüglich der Einstellungs-Verhaltens-Relation	599
	9.5.5	Zur Beziehung zwischen Werthaltungen und Verhalten	599
9.6	Ausgewählte „Leerfelder" und Anwendungsbezüge der Einstellungs- und Werthaltungsforschung im Marketing der Konsumgüteranbieter und im Rahmen der Verbraucherpolitik		601
	9.6.1	Ausgewählte „Forschungslücken" bzw. Aufgaben der künftigen Einstellungs- und Werthaltungsforschung	601
	9.6.2	Anwendungsbezüge der Einstellungs- und Werthaltungsforschung im Marketing der Konsumgüteranbieter und im Rahmen der Verbraucherpolitik	603

10. Kapitel: Anbieter–Nachfrager–Interaktionen. Von Günter F. Müller

10.1	Einführung		626
10.2	Strukturelle Komponenten einer interaktionistischen Marktverhaltensanalyse		630
	10.2.1 Der Paradigmawechsel im Marketing		630
	10.2.2 Formen wechselseitiger sozialer Abhängigkeit von Marktpartner		633
		10.2.2.1 Kooperative Interdependenz	634
		10.2.2.2 Konkurrierende Interdependenz	635
		10.2.2.3 Zielambivalente Interdependenz	636
		10.2.2.4 Interdependenz und individuelle Zielpräferenz	637
	10.2.3 Machtverhältnisse zwischen Anbietern und Nachfragern		639
		10.2.3.1 Disparate Machtverteilung	640
		10.2.3.2 Funktional-äquivalente Machtverteilung	641
		10.2.3.3 Gruppenorientierte Machtverteilung	643
	10.2.4 Machtgrundlagen und Arten der Machtausübung		644
		10.2.4.1 Potentielle Macht von Marktpartnern	644
		10.2.4.1.1 Ökologische Kontrolle	644

10.2.4.1.2	Verstärkerkontrolle	646
10.2.4.1.3	Informationskontrolle	648
10.2.4.2	Aktualisierte Macht von Marktpartnern	650
10.2.4.2.1	Offener Einfluß	650
10.2.4.2.2	Versteckte Einflußnahme	652
10.2.4.2.3	Einflußvorbereitende Interaktionsaktivitäten	653
10.2.5 Zusammenfassung und Kritik		655

10.3 Interaktion und Austausch: Begriffsbestimmungen und Theorien 656
  10.3.1 Begriffsbestimmungen 656
      10.3.1.1   Psychologische Definitionen von Interaktion 656
      10.3.1.2   Soziale Interaktion als Austausch 659
      10.3.1.3   Arten des Austauschs zwischen Marktpartnern 663
  10.3.2 Sozialpsychologische Austauschtheorie 664
      10.3.2.1   Austausch-explizite Ansätze 665
      10.3.2.1.1 Die Bekräftigungstheorie von Homans 665
      10.3.2.1.2 Grundlegende Annahmen der Austauschtheorie von Blau 667
      10.3.2.1.3 Austauschattraktivität und -abhängigkeit der Theorie von Thibaut und Kelley 669
      10.3.2.1.4 Austausch und Symbolischer Interaktionismus 671
      10.3.2.1.5 Austausch unter entscheidungstheoretischer Perspektive 673
      10.3.2.2   Austausch-implizite Ansätze 675
      10.3.2.2.1 Attributionsprozesse 676
      10.3.2.2.2 Kognitive Balance 679
      10.3.2.2.3 Akkommodation von Gewinnansprüchen und Interessenpolarisierung 681
  10.3.3 Zusammenfassung und Kritik 683

10.4 Empirische Forschungsschwerpunkte 685
  10.4.1 Methodologieaspekte von Anbieter-Nachfrager-Untersuchungen 686
  10.4.2 Untersuchungen im Rahmen disparater Käufer-Verkäufer-Beziehungen 690
      10.4.2.1   Ähnlichkeitseinflüsse 690
      10.4.2.2   Kompetenzeinflüsse 693
      10.4.2.3   Kommunikationsprozesse 695
      10.4.2.4   Einflüsse des Aufforderungsdrucks der Verkaufsbotschaft 697
      10.4.2.5   „Inequity"-Einflüsse 700
      10.4.2.6   Resümée 702

- 10.4.3 Untersuchungen im Rahmen funktional-äquivalenter Käufer-Verkäufer-Beziehungen 703
  - 10.4.3.1 Untersuchungen zu interindividuellen Verhandlungen 703
  - 10.4.3.1.1 Verbraucher als Verhandler 703
  - 10.4.3.1.2 Zwischenverkäufer als Verhandler 705
  - 10.4.3.2 Untersuchungen zu Verhandlungen zwischen Repräsentanten 710
  - 10.4.3.3 Resümée 713
- 10.4.4 Untersuchungen im Rahmen gruppenorientierter Käufer-Verkäufer Beziehungen 714
- 10.4.5 Kritische Bemerkungen zur Forschungsökonomie 717

10.5 Ausblick 718

Autoren-Register 736
Sach-Register 776

Band 12/2. Halbband

Methoden und Anwendungen in der Marktpsychologie

Inhaltsübersicht

Kapitel 1: Konsumentenentscheidungen – Darstellung und Diskussion konkurrierender Forschungsansätze.
Von Gerd Wiendieck, Walter Bungard und Helmut E. Lück

Kapitel 2: Entscheidungshilfen und Entscheidungshilfeverfahren für komplexe Entscheidungssituationen.
Von Katrin Borcherding

Kapitel 3: Methoden und Ergebnisse labor- und feldexperimenteller marktpsychologischer Forschung.
Von Lutz von Rosenstiel und Guntram Ewald

Kapitel 4: Kausalmodelle in der Konsumverhaltensforschung.
Von Lutz Hildebrandt

Kapitel 5: Effektivität der Werbung.
Von Bernd Six

Kapitel 6: Innovationsprozesse. Fördernde und hemmende Einflüsse auf kreatives Verhalten.
Von Günter Bollinger und Siegfried Greif

Kapitel 7: Die Bewertung von Marketing-Aktivitäten.
Von Werner Beeskow, Erwin Dichtl, Gerhard Finck und Stefan Müller

Kapitel 8: Sozio – Marketing.
Von Hans Raffée, Klaus P. Wiedmann und Bodo Abel

Kapitel 9: Bürgerinitiativen und Selbsthilfegruppen.
Von Wilfried Nelles und Wolfgang Beywl

Kapitel 10: Marktpsychologische Forschung: Ethik und Recht.
Von Martin Irle

1. Kapitel

Forschungsprogramme in der Marktpsychologie

Martin Irle

In der anfänglichen Planung zum „Handbuch der Psychologie" war ein Band 12 nicht mit dem Titel „Marktpsychologie", sondern mit dem Titel „Wirtschafts- und Werbepsycholologie" vorgesehen. Der Begriff „Marktpsychologie" ist – international – auch heute noch unüblich; er wurde von Bernt Spiegel geprägt. Zu dem Kongreß des Berufsverbandes Deutscher Psychologen (BDP) 1956 in Freiburg kündigte er ein Referat mit dem Titel „Aufgaben einer Marktpsychologie" an; er trug dieses Referat jedoch erst 1958 auf dem Kongreß des BDP in Mannheim vor (siehe Spiegel, 1961 im Vorwort zu „Die Struktur der Meinungsverteilung im Sozialen Feld"). Dieser Herausgeber des 12. und letzten Bandes des „Handbuches der Marktpsychologie" und damit gleichzeitig von zwei frühen Bänden der neuen „Enzyklopädie der Psychologie" hat quasi in letzter Minute seine Aufgabe übernommen, nachdem sich die beiden ursprünglichen Herausgeber ihrer Aufgabe enthalten haben. Dieser Herausgeber hat die Wortschöpfung „Marktpsychologie" hin- und hergewendet und schließlich beschlossen, sie beizubehalten. Dieser Herausgeber hat den Text, in dem Spiegel den Begriff „Marktpsychologie" in seinem psychologischen Marktmodell publizistisch festmachte (Spiegel, 1961), sehr kritisch rezensiert (Irle, 1963b). Dennoch hält er Spiegels Idee zu einem Forschungsprogramm einer *Markt*-Psychologie auch heute für bahnbrechend. Spiegel ignoriert konsequent den Begriff „Consumer Psychology". Das mag für denjenigen überraschend sein, der meint, daß der Konsumerismus eine Weiterentwicklung der *Konsumenten*-Psychologie sei.

Dieses erste Kapitel des Doppelbandes „Marktpsychologie" soll in die Entstehungs-, Begründungs- und Verwendungszusammenhänge der „Marktpsychologie" einführen. Der Entstehungszusammenhang dieser beiden Handbuch-/Enzyklopädiebände beginnt damit, daß sich im deutschen Sprachraum der Spiegelsche Begriff gegen den Begriff Konsumenten-/Verbraucher-Psychologie durchsetzte, so auch als Titel für den Band 12 des Handbuches der Psychologie.

1.1 Zur Entstehung der Marktpsychologie

Otto Selz (1923–33 ord. Prof. für Philosophie, Pädagogik und Psychologie an der Handelshochschule Mannheim) übernahm Lysinski als Mitarbeiter, der schon früher (Lysinski, 1919) ein Feldexperiment zu Reaktionen auf systematische Variationen von Schaufenster-Gestaltungen unternommen hatte. Solche Veranstaltungen wurden damals „Reklame-Psychologie" genannt. Der Regisseur hatte aus den Ergebnissen unmittelbar Folgerungen zum Verwendungszusammenhang seiner Erkundungen zu ziehen. Selz akzeptierte – an einer Hochschule für Kaufleute – diese Anwendungsorientierung der Psychologie, befaßte sich aber selbst nicht mit ihr. 1933 wurde Selz, formal aufgrund des Gesetzes zur Wiederherstellung des Berufsbeamtentumes, aus der Handelshochschule entfernt, als diese in die Universität Heidelberg eingegliedert wurde. Der Diäten-Dozent Lysinski hatte, wegen fehlender Bereitschaft, der NSDAP beizutreten, zwischen 1933–45 keine Chance, auch nur apl. Professor zu werden (Bollmus, 1973). Erst zur Wiedergründung der Wirtschaftshochschule Mannheim nach 1945 wurde er quasi der Nachfolger von Selz. Selz war auf dem Wege nach Auschwitz verstorben oder ist dort selbst ermordet worden.

Lysinski hat Spiegels Dissertation über werbepsychologische Untersuchungsmethoden gefördert (Spiegel, 1958). Diese Dissertation hätte Furore machen sollen. Denn Spiegel ersann und beschrieb schon damals – „biotische" – feldexperimentelle Methoden, die er vielleicht zutreffender „soziotisch" (Irle, 1979) genannt haben könnte und die den späteren Boom des „nonreactive research in the social sciences" (Webb, Campbell, Schwartz & Sechrest, 1966) prinzipiell, wenn auch nicht detailliert, vorwegnahmen. Die beiden Publikationen von Spiegel, seine Inaugural-Dissertation und seine Habilitationsschrift (Spiegel, 1958, 1961), brachen leider nicht die Bahn zum Wechsel der Forschungsprogramme von einer Werbe- zu denen einer Marktpsychologie. Von Spiegel selbst liegen nach 1961 so gut wie keine Originalpublikationen vor, die im Sinne seines Forschungsprogrammes verstanden werden könnten. Bahnbrechend sollen Spiegels Ideen in diesem Handbuch wirken.

1.1.1 Käufer- und Verbraucher-Psychologie

Die Wortschöpfung „Consumer Psychology" wird hier nur bis zu frühesten Quellen in Handbüchern von nach 1945 zurückverfolgt. Das „Annual Review of Psychology" wurde 1950 gegründet. Im Volume 1 trägt Shartle (1950) ein Sammelreferat zur „Industrial Psychology" bei; dieses Referat enthält einen Abschnitt von zwei Seiten mit dem Titel *„Communications and Advertising"*, gefolgt von einem Abschnitt mit dem Titel „Human Engineering" von noch geringerer Ausdehnung. Psychologie in diesen Verwendungszusammenhängen war ein Wunschbild, nicht ein Programm. Bellows (1951), ebenfalls in einem

Sammelreferat zur „Industrial Psychology" im „Annual Review of Psychology", Vol. 2, benötigt eine Viertelseite für „Advertising and Marketing Research" am Ende seines Sammelreferates. Auch Vol. 4 (Harrell, 1953), Vol. 7 (Kendall, 1956), Vol. 8 (Katzell, 1957), Vol. 9 (Ferguson, 1958) und Vol. 11 (Gilmer, 1960) subsumieren „Consumer Psychology" unter „Industrial Psychology". Erstmals in Vol. 13 des „Annual Review of Psychology" emanzipiert sich „Consumer Analysis" (Guest, 1962) von „Industrial Psychology". Dreimal wird diese Thematik als Sammelreferat im „Annual Review of Psychology" in langsamer Folge wiederholt (Twedt, 1965; Perloff, 1968; Jacoby, 1976a). Bis einschließlich zum Vol. 31 im Jahre 1981 folgen keine weiteren Behandlungen des Themas „Consumer Psychology". Für Vol. 33 ist ein Beitrag „Consumer Psychology" von Kassarjian (1982) geplant.

Es ist ein Gemeinplatz, daß die erdrückende Menge empirischer Verhaltens- und Sozialforschung in den USA (und Kanada) stattfindet. Wie interpretiert dieser Platz der Forschung selbst seinen Enstehungszusammenhang? Das Wissenschaftsverständnis von Europäern, nicht nur erst seit 1968, ist nicht kongruent mit dem Verständnis der „Consumer Psychologists" jenseits des Atlantik, soweit es sich um Aufgaben von *Forschung* handelt. Jacoby (1975, 1976b) betrachtet Organisationspsychologie und Konsumentenpsychologie als Abkömmlinge der Sozialpsychologie. Diese Betrachtungsweise hat wegen der Plazierungen ihrer Darstellungen erhebliches Gewicht zur wissenschaftspolitischen Darstellung des Selbstverständnisses der Konsumenten-Psychologie in den USA (und Kanada). Er argumentiert 1975 nachdrücklich dafür, daß Konsumenten-Psychologie eine angewandte Sozialpsychologie sei, und insistiert 1976 (b) darauf, daß Konsumenten-Psychologie nicht ein Teil der Industrie-Psychologie sei.

Die Psychologie industrieller Organisationen oder in jüngerer Zeit in einem erweiterten Selbstverständnis nicht nur Psychologie produzierender und wirtschaftender, sondern jeglicher Organisationen, eben die Organisationspsychologie, wird so unterschiedlich abgegrenzt, daß man nur von Eklektizismus sprechen kann (Dunette, 1976 in seinem Vorwort zu dem von ihm herausgegebenen Handbuch). Jedoch gibt es zwei allgemeinere Auffassungsweisen: Die eine betrachtet Organisationen als Umwelten von Personen und macht das Erleben und Verhalten von Personen und auch Kleingruppen in solchen Umwelten zum Thema (Dunette (Ed.), 1976; Gebert & Rosenstiel, 1981; Weinert, 1981). Die andere konzentriert sich mehr und enger auf intra- und interorganisationale Prozesse aus ‚reduktionistischer' psychologischer, also nicht soziologischer, Perspektive (Irle, 1963a, 1971, 1972, 1980; Katz & Kahn, 1966 und 1978; Kieser & Kubicek, 1977; Kirsch 1970–71). In diesem letzteren Zusammenhang, in dem zwischen Mitgliedern und Klienten von Organisationen unterschieden wird, ist die Konsumenten-Psychologie aus der Perspektive von Klienten durchaus als spezielles Feld der Organisationspsychologie unterzubringen, nicht aber in dem erstgenannten Zusammenhang. Wenn international unter US-amerikanischer Dominanz Konsumenten-Psychologie über mehr als zwei Jahrzehnte hinweg als Spezialgebiet der Industrie-Psychologie verstanden wurde, dann wohl auf folgende Weise: Kroeber-Riel (1980b) spricht von einer asymmetrischen Problemsicht, in der sich Marktpsychologie zur Konsumenten-Psychologie verengt, weil sie sich nur mit solchen Verwertungszusammenhängen befaßt, die den Anbieter sozial-technologisch unterstützen, den Nachfrager (Konsumenten) zu beeinflussen. Industrie-Psychologie in diesem Sinne vereint angewandte Forschung zur Beeinflussung des Verhaltens von Mitgliedern *und* Klienten wirtschaftender Organisationen. Jacoby (1976b) bemerkt diese Verengung ebenso, sieht sie aber eher für überwunden und historisch an:

"At a most basic level, industrial psychology is concerned with the behavior of people inside (industrial) organizations as workers and producers of goods, while consumer psychology is concerned with the behavior of people outside of organizations as purchasers and users of these goods. . . . Consumer psychology while historically management-oriented is in the main no longer so . . . and many consumer psychologists are now more interested in the consumer qua consumer than in the consumer qua purchaser" (S. 1032).

So bleibt diese Psychologie doch eine an Konsumenten – als Objekten der Anwendung – orientierte Konsumenten-Psychologie. Wenn Jacoby (1976b) in dieser Wende einen Beitrag zum Konsumerismus sieht, so scheint ihm auszureichen, wenn Konsumenten psychologisch mehr über sich selbst wissen, um größere Einflußchancen am Markt zu erhalten. Als Nachfrager wissen sie nichts Neues über Anbieter.

Die andere Aussage von Jacoby (1975), daß Kosumenten-Psychologie im überwältigenden Maße sozialpsychologisch sei, ist aufgrund der Mehrheit der publizierten Forschungsarbeiten für die Gegenwart nicht von der Hand zu weisen. Sehr viele der jüngeren 46 „Fellows" und 266 Mitglieder der „23. Division of Consumer Psychology" der American Psychological Association (Directory of the American Psychological Association, 1978 Edition), übrigens der mit Abstand kleinsten(!) „Division" der APA, scheinen ihr Studium mit einem „major" in Sozialpsychologie abgeschlossen zu haben, also in dieser Sparte des Fächergebietes der Psychologie wissenschaftlich vorrangig sozialisiert worden zu sein. Die Autoren der auflagenstarken Studientexte der Konsumenten-Psychologie entstammen dagegen nur zum kleineren Teil der Sozialpsychologie: Britt (1978) erhielt seinen Ph.D. in Sozialpsychologie 1935 an der Yale University. Jedoch sind Engel, Kollat und Blackwell (1973) nicht Mitglieder der APA; sie sind Wirtschaftswissenschaftler wie Kroeber-Riel (1980a), die Konsumenten-Verhalten aus einer umfassenderen Perspektive als derjenigen der Psychologie behandeln, sich jedoch innerhalb der Psychologie dominant auf die Sozialpsychologie beziehen. Auch Howard (Howard & Sheth, 1969) ist Marketing-Wissenschaftler, während Sheth seinen Ph.D. 1966 von der University of Pittsburgh in „social psychology" erhielt. Die Autoren der Sammelreferate zur Konsumenten-Psychologie im „Annual Review of Psychology" sind nicht mehrheitlich in der Sozialpsychologie wissenschaftlich sozialisiert worden. Guest (1962) promovierte schon 1941 in „consumer psychology", Twedt (1965) 1951 in „industrial and organizational psychology", Perloff (1968) 1951 in „psychometrics", Jacoby (1976) an der Michigan State University 1966 in „social psychology" und Kassarjian (1982) an der University of California at Los Angeles 1960 in „social psychology".

Konsumenten-Psychologie oder exakter die wissenschaftliche Analyse von Konsumenten-Verhalten rekrutiert in zunehmendem Maße Sozialpsychologen und Marketing-Wissenschaftler, die aus der „business administration" stammen. Auch die zweite Gruppe wissenschaftlicher Herkunft transformiert zunehmend sozialpsychologische Theorien und empirische Forschung in konsumenten-psychologische Anwendungen. Andere Sparten der Psychologie als die Sozialpsychologie können mit ihren Theorien und ihrer empirischen Grundlagenforschung aus methodologischer Sicht nicht weniger beitragen zur Lösung problematischer Sachverhalte des Konsumenten-Verhaltens. Wenn die Sozialpsychologie tatsächlich Dominanz erlangt, dann dadurch, daß Konsumenten Empfänger von kommunizierten Informationen sind, die ihr Verhalten als Nachfrager und Verbraucher beeinflussen sollen; „social influence" und „social power" sind ein genuines Forschungsthema der Sozialpsychologie. Ist Konsumenten-Psychologie so sehr angewandte Sozialpsychologie, so wenig sie Marktpsychologie ist?

1.1.2 Marktpsychologie

Werbepsychologie wurde Käufer- und Verbraucher-Psychologie. Marktpsychologie könnte (makro- und mikro-) Ökonomische Psychologie sein oder Wirtschaftspsychologie (in einem etwas engeren Sinne als bei Hoyos, Kroeber-Riel, v. Rosenstiel & Strümpel, 1980) oder Psychologie im Wirtschaftsleben. Wäre sie Ökonomische Psychologie, dann sollte man sie vielleicht besser psychologische Ökonomie nennen, ein reduktionistisches-psychologisches Programm zur Erklärung problematischer volkswirtschaftlicher Sachverhalte. In geringerem Maße ist Psychologie in diesem Sinne wirksam geworden, in dem es sich um Makroökonomie handelt; sie ist etwas mehr dergleichen im Sinne der Mikroökonomie geworden, in den Folgen von Neumann und Morgenstern (1944). In beiden Fällen sind die psychologischen Programme eher daran orientiert, Erklärungsgehalte von Theorien zu prüfen, als daran, problematische Sachverhalte aufzuklären. Marktpsychologie scheint gegenwärtig nur in dem Maße doch nicht nur Konsumenten-Psychologie zu sein, in dem Marketing-Wissenschaftler aus betriebswirtschaftlich orientierter Wissenschaft sich auf management-orientierte Anwendungszusammenhänge nicht beschränken wollen. Man mag die Richtigkeit dieser Aussage daran prüfen, wo und wie die Autoren der vorliegenden *Marktpsychologie* fündig werden. Marktpsychologie, so wie Spiegel (1961) diese konzipierte (sein Marktmodell wurde nahezu ausschließlich werbepsychologisch vereinnahmt), begann neben und abseits der Konsumenten-Psychologie.

Das „Handbook of Social Psychology" (Lindzey (Ed.), 1954) kennt in „Part 6. Applied Psychology" kein Kapitel, nicht einmal einen Hinweis auf „consumer behavior"; jedoch eines — nämlich das letzte Kapitel des zweibändigen Werkes — über „The Psychology of Voting: An Analysis of Political Behavior" (Lipset, Lazarsfeld, Barton & Linz, 1954). Hier wird Politische Psychologie verengt zur Analyse des „voting behavior". Die Analogie zur „consumer analysis" ist nicht von der Hand zu weisen. Diese Analogie trägt nur bis zu einem bestimmten Punkt: Der Konsument kauft; der Wähler verkauft — seine Stimme. Anbieter versuchen, gegen konkurrierende Anbieter Produkte durch Werbung an die Konsumenten zu bringen; Politiker (politische Organisationen) versuchen, gegen Konkurrenten Stimmen von wählenden Staatsbürgern zu erhalten. Kroeber-Riel stellt fest:

„*Zur Verwendung der Erkenntnisse:* Eine Wissenschaft ist pragmatisch, wenn sie nicht nur nach Wahrheit, Richtigkeit, Einfachheit usw. ihrer Aussagen fragt, sondern nach ihren sozialen Wirkungen. (Der Begriff Pragmatik wird insbesondere in der Sprachanalyse benutzt. Er bezieht sich dort auf die Wirkung sprachlicher Aussagen.)

Bei einer angewandten Wissenschaft wie der Marktpsychologie bedeutet eine *pragmatische Haltung,* daß man sich um die praktische Verwendung der gewonnenen Erkenntnisse und die damit zusammenhängenden Probleme kümmert: Die gefundenen marktpsychologischen Erkenntnisse sollen den Praktiker im weiteren Sinne in die Lage versetzen, das Geschehen auf dem Markt zu prognostizieren, zu kontrollieren und zu beeinflussen. . . .

In der Marktpsychologie werden die *normativen Fragen* einer angewandten Wissenschaft besonders deutlich. Das in die Praxis transferierte Wissen ist Herrschaftswissen. Es dient dazu, in die Beziehungen auf dem Markt einzugreifen. . . ." (Kroeber-Riel, 1980a, S. 30f.; siehe auch Kroeber-Riel, 1980b, S. 42ff.)

Vielleicht ist die „Berührungsangst" von Psychologen, die Kroeber-Riel an derselben Stelle wohl zutreffend beklagt, aber nicht eine solche „. . . mit der Praxis unseres Wirtschafts- und Gesellschaftssystems . . .", sondern mit der Verengung der Perspektive psychologischer Forschung auf Konsumenten- oder auch Wähler-Verhalten in dem Sinne, daß je nur dem einen Interaktionspartner, dem Unternehmer oder Politiker in Praxis transferiertes Wissen angeboten wird, um in soziale Beziehungen mit Chancen zur Ausübung von Herrschaft einzugreifen. Marktpsychologie und Politische Psychologie sind nur in dem Maße Derivate sozialpsychologischer Grundlagenforschung, in dem sie eine Perspektive erhalten, aus der sie die sozialen Interaktionen aller Akteure — ohne ‚Ansehen' ihrer sozialen (wirtschaftlichen, politischen) Rollen in Austauschbeziehungen in Betracht ziehen können.

Im „Handbook of Social Psychology" (Lindzey (Ed.), 1954) taucht dennoch schon viermal der Name Katona auf. Einmal (Scheerer, 1954) wird im Kapitel „Cognitive Psychology" eine experimentelle Arbeit von ihm (Katona, 1940) ausgewertet, die ihn implizit als Promovenden von G.E. Müller (1921) in Göttingen ausweist. Die anderen drei Male wird sein epochemachendes Werk „Psychological Analysis of Economic Behavior" (Katona, 1951) angerufen. (Spiegel, 1961, S. 19, erwähnt dieses Werk nur in einer Fußnote, mit der belegt werden soll, daß Individuen stets mehr als eine soziale Rollenposition innehaben.) Allport (1954) erschüttert mit Katona (1951) das Hedonismus-Axiom der klassischen Ökonomie: Maccoby und Maccoby (1954) bezweifeln die Validität von Prognosen Katonas (1951) über ökonomische Trends, und Haire (1954) resümiert unter dem Titel „Industrial Social Psychology":

"The psychologist begins to encroach when he makes what the economist fees are unrealistic analyses of the motivation of economic behavior, and this is an area which psychological theory must eventually embrace if it is to be inclusive" (S. 1121).

Erst die zweite fünfbändige Edition des „Handbook of Social Psychology" (Lindzey & Aronson (Eds.), 1969) enthält im Vol. 5 einen Beitrag von Simon (1969) zu „Psychology and Economics", dieser ist jedoch eine bloße Überarbeitung von „Economics and Psychology" (Simon, 1963). Dort, in „Psychology: A Study of Science", im Vol. 6 „Investigations of Man as a Socius: Their Place in Psychology and the Social Sciences" (Koch (Ed.), 1963) werden Forschungsprogramme in drei Beiträgen vorgetragen, in denen Ökonomische Psychologie qua Marktpsychologie nicht nur eine Emanzipation von „consumer behavior analyses" ist. Die fünfbändige zweite Edition des „Handbook of Social Psychology" (Lindzey & Aronson (Eds.), 1969) enthält auch in Vol. 5 einen Beitrag zum „Political Behavior" (Sears, 1969):

"The chapter is intended to address only a portion of the broad field described as 'political behavior'. The simplest typology of this field is Lane's (1963), based on a distinction among six political processes: electoral and public opinion, legislative, administrative, judicial and legal, international and integrative. Only the first is dealt with here" (S. 315).

Politische Psychologie wird programmatisch eingeengt auf Wählerverhalten. Lane (1963) behandelt in „Political Science and Psychology" in „Psychology: A Study of Science; Vol. 6 Investigations of Man as Socius" (Koch (Ed.), 1963) Politische Psychologie in der ganzen denkbaren Breite, die Sears (1969) einengt, weil zwischenzeitlich breitere Forschungsprogramme noch in den Anfängen stecken. Hier findet sich wiederum eine Handbuchmentalität, die explizit nur das Faktische beschreibt und implizit die normative Kraft des Faktischen fördert. Die Sozialpsychologie – und mit ihr die gesamte Psychologie – zieht sich aus Programmen zurück, die sie soeben erst formuliert hat.

Unmittelbar im Anschluß an Lane (1963) wird ein Forschungsprogramm einer Ökonomischen Psychologie in vier Beiträgen formuliert. Katona (1963) resümiert „Psychological Analysis of Economic Behavior" (1951) und „The Powerful Consumer" (1960): 1) Der „economic man" oder sein „economic behavior" wird von einer präskriptiven (normativen) Theorie postuliert, deren Axiome (oder Basisannahmen), nämlich Nützlichkeits-Maximierung, vollkommener Wettbewerb und volle Kenntnis und Benutzung aller Mittel, diese Ziele zu erreichen, psychologisch nicht deskriptiv sein können. (Katona macht hier keinen Unterschied zwischen Anbietern und Nachfragern.) 2) Die ökonomische Theorie befaßt sich nicht mit Verhalten, sondern mit Resultaten kollektiven Verhaltens, z.B. Gewinnen, Investitionen, Preisen usw. 3) Die ökonomische Theorie behandelt das Verhalten von Gütern (d.h. Preis, Angebot, Nachfrage usw.), nicht das von Menschen. Katona versucht, psychologische Theorien — seiner Zeit — gegen diese Annahmen zu setzen. Vermutlich wird er deshalb nicht selten als „consumer psychologist" mißverstanden, weil er im gleichen Atemzug kritisiert, daß Konsumenten in der nationalökonomischen Theorienbildung — dieser Zeit — als zu vernachlässigende Größe behandelt werden und weil er deshalb psychologische Theorien dominant anhand der Erklärung von Konsumenten-Entscheidungen fruchtbar zu machen sucht. Auf diesen Beitrag antworten Tobin und Dolbear (1963) mit einer Erläuterung des Rationalitätsbegriffes in der Volkswirtschaftslehre. Ihre Argumentation nimmt nicht Bezug auf Simon (1947) und fällt hinter dessen Argumente zurück: Wie immer, ein Entscheider, der alle alternativen Ziele und alle alternativen Wege zu ihrer Erreichung kenne und deren Aufwand im Vergleich zum Ertrag kenne, der werde rational — also doch nach dem Minimax-Prinzip — Ziel und Weg wählen. Wo ein Super-Ziel ebenso zustande kommt und für welches Super-Ziel sich ein Entscheider wie festlegt, wird außer acht gelassen. Außer acht gelassen wird auch, daß es Ziele und Wege gibt, über die nur unbestimmte Informationen zu erreichen sind. Tobin und Dolbear (1963) kontrastieren zu Katona (1951) noch einmal das Unverständnis klassischer ökonomischer Theorienbildung, gegen das dieser sich wendet.

Simon (1963 und 1969 in überarbeiteter und erweiterter Form) spitzt die Argumentation von Katona (1951) weiter zu. Wenn auch Simon von „Economics" und „Psychology" spricht, entwirft er ein in Unterprogramme detailliertes *markt*psychologisches Programm, insofern er empirische Felder von Staats- und/oder Planwirtschaften ausklammert. Der Autor definiert vier Unterklassen des ökonomischen Menschen, den Anbieter oder Nachfrager am Markt, den Unternehmer oder Produzent, den Konsumenten und den Arbeiter. Durch die Zusammenfassung von Anbietern und Nachfragern betont er Austauschbeziehungen, die in der Konsumenten-Psychologie kaum beachtet werden; desgleichen thematisiert er die ökonomischen Austauschbeziehungen von Unternehmern und Arbeitern auf dem Arbeitsmarkt, die in der Betriebspsychologie häufig vernachlässigt werden (z.B. Tarif*verhandlungen* u.ä.). Er insistiert darauf, daß es sich hierbei im Prinzip um soziale Rollen handelt, die jede Person zu verschiedenen Zeiten am Markt einnimmt.

Simon (1963, 1969) bezeichnet es als sein Programm, das Niemandsland zwischen deskriptiver (nicht-normativer) Mikro-Ökonomie und Psychologie zu explorieren. Mehr als ein Jahrzent später beziehen v. Rosenstiel und Ewald in ihrem Lehrbuch der Marktpsychologie (1979) erstmals – im Gegensatz zu Texten der Konsumenten-Psychologie – die deskriptive Makro-Ökonomie zumindestens als Kontext in ihr *Lehr*programm der Marktpsychologie ein. Simon kritisiert aus motivationaler und kognitiver Perspektive unzureichende normativ (präskriptiv)-ökonomische Auffassungen, bezogen auf Nachfrager und Anbieter. Er wendet sich jedoch auch gegen die Erwartung, daß die Axiome der Utilitäts-Maximierung und der Probabilität in subjektiver Form haltbar sind:

"Utilities and probabilities can be estimated only if they remain invariant, an assumption that is implausible in situations of any complexity" (Simon, 1969, S. 278).

Hiermit bezweifelt Simon implizit die empirische Brauchbarkeit der multi-attributiven Nutzen-Theorie (MAUT), auf die Arrow (1963) im vierten Beitrag in „Psychology: A Study of Science; Vol. 6" programmatisch vorzubereiten scheint, die jedoch erst gegenwärtig – als präskriptives Enscheidungs*hilfe*-Modell – zunehmend an Bedeutung gewinnt (Keeney & Raiffa, 1976).

Simon propagiert statt dessen als theoretische Basis für Entscheidungen am Markt seine Theorie der „satisficing choices" (Simon, 1955, 1957). Diese Theorie nimmt Lewins Theorie des Anspruchsniveaus auf (Lewin, Dembo, Festinger & Sears, 1944). „Satisficing versus maximizing" aus motivationaler Perspektive werden hier integriert mit der – psychologisch begründeten – Basisannahme, daß subjektive Erkenntnis objektiver Ereignisse in der Umwelt des Erkennenden nicht eine Approximation einer subjektiven an eine objektive Welt ist, sondern eine aktive Konstruktion ist, die Deformationen, Weglassungen und Hinzufügen von ‚Informationen' enthalten kann.

Im Entdeckungszusammenhang greift also das Forschungsinteresse einer Marktpsychologie weit über dasjenige einer Konsumenten-Psychologie hinaus. Es etabliert sich mehr erkenntnis- (theorien-) als anwendungsorientiert. Konsumenten-Psychologie wird in mehr als einer Dimension Teil der Marktpsychologie.

1.1.3 Marketing-Wissenschaft und Konsum-Forschung

Es ist nicht so, daß es zuerst eine Werbe-, dann eine Konsumenten- und schließlich eine Marktpsychologie gab. Praktische Probleme, derer sich die psychologische Wissenschaft annahm, wurden voraus z.B. von Kaufleuten mit durch

Generationen angesammeltem Erfahrungswissen gelöst. *Marketing* als Sammel-Name für „alle Tätigkeiten . . ., die den Austausch von Gütern bewirken oder bewirken sollen" (Specht, 1979, S. 21), oder (jedoch enger) im traditionellen deutschen Sprachgebrauch „Absatzwirtschaft" gründete sich ebenso auf Erfahrungswissen von Praktikern, bevor die Betriebswirtschaftslehre sich seiner/ihrer als (sozial- und wirtschafts-) technologische Wissenschaft annahm. Handels-Lehre wurde, z.B. in Deutschland, an Universitäten so wenig akzeptiert wie die Lehre von Ingenieur-Techniken. Nach eigenständigen Technischen Hochschulen wurden Handels-Hochschulen abseits der Universitäten gegründet, die das Kennen- und partiell das Könnenlernen von wissenschaftlich begründeten Techniken anbieten sollten. 1898 wurde eine erste solche Handels-Lehranstalt in Leipzig gegründet. Es folgten Köln und Frankfurt/Main mit Akademien für Sozial-(!) und Handelswissenschaften, dann Berlin, Königsberg, Mannheim und München. Wohl nicht von ungefähr arrondierten diese Handels-Hochschulen andere als kaufmännische Disziplinen als Hilfswissenschaften, so daß aus diesen Hochschulen nicht erst in der zweiten Hälfte unseres Jahrhunderts Universitäten entstehen konnten. Promotions- und Habilitationsrechte wurden — auch als Statussymbole — errungen. In den USA und anderen Ländern geschah es oft ähnlich. Als Beispiel diene die „University of Wisconsin at Madison" mit einem der ältesten „Psychology Departments" aus dem 19. Jahrhundert in den USA; diese Universität ging aus einer Landwirtschafts-Hochschule hervor. Solche technologisch orientierten Hochschulen entwickelten Wissenschaften von Anwendungen her: Im heutigen Sprachgebrauch handelt es sich hierbei also um Entstehungs-, noch nicht um Entdeckungszusammenhänge von Wissenschaften.

Die — vornehmlich technologische — Wissenschaft vom Marketing fragte psychologische Erkenntnisse nach, mit deren Hilfe praktisches Erfahrungswissen und Techniken im Sinne der Transformation von Theorie in Praxis kritisiert bzw. konstruiert werden konnten. Psychologische Wissenschaftler waren oft nicht bereit, diese Hilfe zu leisten. Meines Erachtens hat Kroeber-Riel (1980b) nur partiell recht, wenn er diese Versagung auf eine Berührungsangst zurückführt, beziehbar auf das späte 60er und frühe 70er Jahrzehnt. Die personellen Ausstattungen der universitären Lehr- und Forschungsstätten der Psychologie in der BRD, sie sind im Vergleich zur Betriebswirtschaftslehre geradezu kümmerlich, lassen derartige Spezialisierungen in Anwendungsforschung gar nicht zu. In den USA — um erneut mit einem Staat zu vergleichen, dessen öffentliche Ausgaben für Forschung und Technologie, gemessen am Steueraufkommen, relativ nicht höher sind als in der BRD — beherbergen die „Departments" oder „Graduate Schools" für „Business/Industrial Administration" fast regelmäßig Professuren für Psychologie, nicht so in der BRD.

Das Lehrbuch von Kroeber-Riel (1980b) versteht sein Autor als ein Kompendium der Konsumentenforschung im Sinne einer Teildisziplin der Marketing-

Wissenschaft, insofern und aus dieser Perspektive soll „consumer research" mehr als anwendbare psychologische Forschung beinhalten. „Consumer research" umfaßt neben der Psychologie (vor allem der Sozialpsychologie) auch Anwendungen der Soziologie, der Verhaltens-Biologie und der Neuro-Physiologie; damit deckt er tatsächlich aber das Spektrum der gegenwärtigen Psychologie ab, die sich als Bindeglied zwischen Bio- und Sozialwissenschaften versteht:

„Die Konsumforschung ist eine angewandte Verhaltenswissenschaft. Sie hat das Ziel, das Verhalten der Konsumenten zu erklären, das heißt, Gesetzmäßigkeiten über das Verhalten zu formulieren und zu prüfen sowie an die Praxis weiterzugeben." (Kroeber-Riel, 1980b, S. 2.)

Jedoch sei die Sozialpsychologie diejenige Wissenschaft, die am häufigsten von der Konsumentenforschung in Anspruch genommen werde. Damit wird interdisziplinär orientierte marketing-wissenschaftliche Konsumforschung der „consumer psychology" fast ununterscheidbar ähnlich, wie besagtes Lehrbuch auch demonstriert; sie verfolgt ein sozialwissenschaftlich wissenschafts-reduktionistisches Programm. Sodann ist es aber auch konsequent, Anbieter-Verhalten in Austauschprozessen am Markt mit Hilfe derselben Verhaltens-Theorien aufzuklären wie Nachfrager-Verhalten bzw. solche Austausch-Prozesse selbst als Einheit der Analysen aufzuklären. Marktpsychologische Programme müßten für die Marketing-Wissenschaft hilfreicher sein.

Von dem über Sozial- und Verhaltens-Technologie hinausgehenden Selbstverständnis marketing-orientierter Konsumentenforschung, nämlich Verhalten von Konsumenten zu *erklären,* sollte die Marktpsychologie lernen. Selten sind problematische Sachverhalte außerhalb von Experimental-Laboratorien, in der sogenannten ‚Natur', durch Heranziehung je einer Wissenschaft, geschweige denn durch Anwendung einer einzigen Theorie aufzuklären. Ein Handbuch der Markt*psychologie* als Teil eine Enzyklopädie ist verkürzt, wenn es nur intradisziplinär ist. Gegenwärtige Marktpsychologie sollte mindestens programmatisch ihre interdisziplinären Beziehungen zur Soziologie, Makro- und Mikro-Ökonomie und zur betriebswirtschaftlichen Marketing-Wissenschaft dokumentieren.

Das neue Selbstverständnis der Marketing-Wissenschaft wurde von Katona, spätestens 1960 mit „The Powerful Consumer", wenn nicht schon 1951 mit „Psychological Analysis of Economic Behavior" eingeleitet. Marketing-Wissenschaft ist nicht mehr ausschließlich, soweit sie Konsumentenforschung ist, an ihrer Verwendung durch Anbieter orientiert. Prominente Beispiele in der BRD sind Raffée und Silberer (1981), Silberer (1979) und Specht (1979). Komplementär sollte Marktpsychologie die Bildung von kollektiven Initiativen sogenannter(!) Nachfragern/Konsumenten interdisziplinär aufzuklären suchen (und nicht weniger sollte die ihr eng verwandte Politische Psychologie in Gesellschaften mit demokratischem, sozialem, marktwirtschaftlichem Selbstverständnis verfahren).

Soweit zur Entstehung der Marktpsychologie: Die entstandene Marktpsychologie kann – noch – nicht Forschungsprogramme haben, in denen die Erklärungskraft von Theorien qua Forschungsziel begründet wird. Sie kann Forschungsprogramme befördern, deren Ziele „Aufklärung und Steuerung" (Albert, 1976) sind. In einem Mikrokosmos scheint die Marktpsychologie erneut zu vollziehen, was Technische, Landwirtschafts- und Handelshochschulen betrieben haben, durch Anwendung von realwissenschaftlichen Theorien in Aufklärung und Steuerung bzw. in technologischer Lehre zum Kennen und Können der Handhabung und gar Hervorbringung von Techniken die Begründungen mancher Theorien als ungültig zu widerlegen und gar neue Theorien mit stärkerer Erklärungskraft zu befördern. Die normative Trennung von Grundlagen- und Anwendungsforschung sollte pragmatischer verstanden werden, als dieses häufig der Fall zu sein scheint.

1.2 Entdeckungs- und Begründungszusammenhänge in der Marktpsychologie

Marktpsychologie als Beitrag zur Mikro-Ökonomie (von einem Beitrag zur Makro-Ökonomie kann in diesem Zusammenhang weniger die Rede sein; siehe aber die Kapitel 2 und 4 in diesem Band) und zur Marketing-Wissenschaft aus wissenschaftsreduktionistischer Perspektive ist erst ein in Anfängen realisiertes Programm, wenn sich diese Marktpsychologie nicht in Steuerungs-Anweisungen erschöpfen soll, wie man Konsumenten zur Teilnahme an spezifischen Austauschvorgängen auf einem Markt bewegen kann, wenn sie also mehr sein soll als Konsumenten-Psychologie. Ein paar Bemerkungen zur metatheoretischen und methodologischen Position der Marktpsychologie erscheinen angebracht.

Das Handbuch der Psychologie in 12 Bänden enthält Forschungsthemen der Grundlagenforschung, der Anwendungsforschung und der – vorzugsweise diagnostischen – Methodenforschung; die neue, umfangreichere Enzyklopädie wird diese und weitere Themenbereiche systematischer voneinander abheben. Was meint es, wenn man Marktpsychologie unter angewandter Forschung rubriziert?

1.2.1 Forschungsprogramme

Irle (1975a, 1975b, 1978) versucht, die grobschlächtige Trennung zwischen Grundlagen- und Anwendungsforschung aufzuheben, indem er erstens eine feinere Differenzierung empfiehlt und zweitens solche Klassifikationen auf Forschungsziele und -methoden zu reduzieren sucht. Nach Forschungszielen kann man demnach ganz grob unterscheiden:

Ein Forscher, ein Team von Forschern an einem Ort oder international verstreute Forscher mögen es sich zur Aufgabe gemacht haben, eine Theorie zu begründen. Als theoretische Forscher (Popper, 1966) stellen sie (1) logische Vergleiche zwischen Folgerungen aus dieser Theorie an, um ihre innere logische Widerspruchslosigkeit zu prüfen. Diese Forschung ist auch bei verhaltens- und sozialwissenschaftlichen Theorien auf Axiomatisierungen und Formalisierungen einer Theorie angewiesen, die eine – zumindest qualitativ – mathematische Sprache unvermeidlich machen. (2) Die Untersuchung der logischen Form einer Theorie führt zu einer Entscheidung, ob diese nicht tautologisch ist und sich damit einer Prüfung ihrer empirischen Geltung entzieht. (3) Eine Theorie wird, falls vorhanden, mit konkurrierenden Theorien auf ihren empirischen Geltungsanspruch verglichen. Ist dieser enger oder weiter als derjenige anderer Theorien? Läßt sich diese Theorie logisch auf eine allgemeinere Theorie zurückführen; oder erklärt sie andere Theorien mit schmalerem empirischem Geltungsanspruch? Diese Art von Forschung (1) bis (3) ist in den Verhaltens- und Sozialwissenschaften so selten, daß man hier und dort nur Formalisierungsversuche, z.B. von Heiders (1958) Balancetheorie anführen könnte.

Die vierte Strategie ist gängig (4), in deren Folge Hypothesen aus einer Theorie abgeleitet und empirisch geprüft werden. Das Vertrauen der Anhänger einer solchen Theorie in deren Aussagen steigt vermutlich mit der Zahl von Experimenten, in denen die empirischen Daten gemäß Hypothesen eintreffen. Da man aus einer Theorie beliebig viele Folgerungen ableiten kann, werden solche Forschungsvorhaben sehr bald redundant: Die Theorie der kognitiven Dissonanz (Irle & Möntmann, 1978) könnte sich anläßlich der Menge von durch sie inspirierten Experimenten als eine Theorie exponieren, die von nichts mehr falsifiziert werden kann. Der Witz solcher theorien-orientierter Forschung fehlt nahezu völlig, nämlich Experimente, in denen nach mindestens zwei konkurrierenden Theorien unterschiedliche Effekte auftreten müssen. „Crucial experiments" sind in den Verhaltens- und Sozialwissenschaften ganz außerordentlich selten. Wie immer, diese Forschungsstrategie (4) beinhaltet Anwendung; sie rät zur *Anwendung* abgeleiteter Hypothesen auf empirische Sachverhalte. Ein Experimental-Labor ist nur in dem Sinne künstlich, als Anfangs- und Randbedingungen kreiert werden, die in dieser Konstellation außerhalb des Labors sehr selten auftreten. Auch im Labor sind konkret gesetzte und systematisch variierte Anfangsbedingungen empirisch real, und ebenso ist es das Erleben und Verhalten derer, die solchen Bedingungen ausgesetzt sind. Mit einem Satz: Diese Art empirischer Grundlagenforschung, ob inner- oder außerhalb des Labors, ist *theorien-orientierte* Forschung, jedoch gemäß der Erkenntnisziele, die ein

Forscher verfolgt. Sie wird fast ausnahmslos Grundlagenforschung genannt trotz der Tatsache, daß in ihr Theorien empirisch *angewendet* werden.

Eine realwissenschaftliche Theorie, hier eine psychologische Theorie, wird als Instrument in einem deduktiven Erklärungsmodell (Hempel & Oppenheim, 1948; Popper, 1966; Opp, 1976 als Referat mit weiterführenden Literaturangaben) benutzt. Eine aus der Theorie abgeleitete Hypothese sei die (quasi-) Gesetzesaussage, die gemeinsam mit von ihr definierten, konkreten Anfangs- und Randbedingungen (letztere als sogenannte gegenüber den systematisch variierten Anfangsbedingungen konstant gehaltene Kontextbedingungen) das Explanans ausmacht, daß das Explanandum, die Folgen dieser konkreten Anfangsbedingungen erklären soll. In theorieorientierter Forschung wird also – vor allem im Labor – versucht, ein im kybernetischen Sinne geschlossenes System herzustellen, in dem Erklärung und Prognose identisch sind: Das Explanandum, d.h. der Effekt, sei erklärt, wenn er gemäß Hypothese unter hergestellten, konkreten Bedingungen eintrifft. Diese Forschungs-Strategie kann prinzipiell nicht ausschließen, daß eine andere realwissenschaftliche Theorie dasselbe Ereignis ebenso gut erklären kann; es sei denn, zwei oder gar mehr als zwei Theorien mit identischem oder zumindest überlappendem empirischen Geltungsanspruch werden in „crucial experiments" in Konkurrenz zueinander geprüft.

Herrmann (1976, S. 31) verdeutlicht, wofür sich professionelle Wissenschaftstheoretiker und -methodologen nicht in diesem Maße interessiert haben, daß es zwei Arten sogenannter Grundlagenforschung im Sinne der *Anwendung* realwissenschaftlicher Theorien zur Erklärung konkreter, singulärer Ereignisse gibt. Ihm kommt es darauf an:

„... auf zwei recht verschiedene *Strategietypen* des wissenschaftlichen Problemlösens hinzuweisen: entweder für *ein* Explanandum *mehrere* potentielle Explanantien zu erproben oder aber für *ein* Explanans *mehrere* potentielle Explananden zu suchen."

In der Nomenklatur von Herrmann (1976) meint theorien-orientierte Forschung eine *quasi*-paradigmatische Forschung. Kuhn (1962, in deutscher Übersetzung 1967) wird hier nicht überinterpretiert. Theorien-Wechsel nach Präferenz von Forschern bedeutet noch längst nicht Paradigmen-Wechsel. Diese Forschung bleibt nur insoweit kreativ, als sie zumindest zu einer Revision von Erklärungsversuchen, von einer Theorie führt. Erkenntnis wird nicht gemehrt, wenn statt 10, 100 oder 1000 oder mehr empirische, gar experimentelle Forschungen den Ruhm einer Theorie mehren; Gesetzes-Charakter wird nicht erlangt durch beliebig viele empirische Prüfungen von beliebig vielen, aus einer Theorie ableitbaren Folgerungen (Hypothesen), die sich alle in beliebigen, je singulären empirischen Realitäten ‚bewähren'.

Dasjenige, was Herrmann (1976) sehr überzeugend als „*Domain*"-Forschung charakterisiert oder Irle (1975a, 1976b, 1978) weniger glücklich als *problem-*

orientierte im Vergleich zu *theorien*-orientierter Forschung bezeichnet, rückt damit in den Fokus der Aufmerksamkeit, wenn man Marktpsychologie methodologisch zu definieren versucht. Ganz sicher ist eine empirische Studie, die der quasi-paradigmatischen/theorien-orientierten Forschung zuzuordnen ist, nicht deshalb marktpsychologisch, weil konkrete, singuläre Anteile (Anfangs- und/ oder Randbedingungen) des Explanans gewählt werden, die unter den Begriff Markt mit Anbietern und Nachfragern fallen. Jacoby (1975) ist besonders stolz darauf, daß konventionell als sozialpsychologisch etikettierte Theorien experimentell und quasi-experimentell, im Labor und im Feld auch am Markt ihre Erklärungskraft aufrecht erhalten können. Marktpsychologische Forschung könnte nur dann unter die „*Strategie des Werkzeugmachers*" statt der "*Strategie des Handwerkers*" (Herrmann, 1976, S. 34) fallen, wenn sie Theorien produziert, die den Markt als eine Klasse von empirischen Sachverhalten bezeichnen, für den keine andere psychologische Theorie empirische Geltung und Erklärungskraft beanspruchen kann. Die ‚speziellen' Soziologien sind voll solcher Pseudo-Theorien, z.B. einer Theorie der Universität, die nichts als eine Klasse singulärer, problematischer Sachverhalte in einer ‚Wissenschafts'-Sprache beschreiben, die dann oft als ‚Soziologen-Jargon' verschrien sind. Marktpsychologie als solche hat nicht teil an quasi-paradigmatischer/theorien-orientierter Forschung, es sein denn, am — experimentell simulierten (siehe Fromkin & Streufert, 1976) — Markt werden psychologische Theorien widerlegt. Zweifellos kann auch marktpsychologische Forschung im Effekt quasi-paradigmatisch zur empirischen Falsifikation von Theorien führen; nur ist das nicht ihr Ziel, sondern im Falle des Falles eines ihrer Nebenergebnisse.

1.2.2 Marktpsychologie als „Domain"-Forschung

Die Ergebnisse theorien-orientierter Forschung sollen und *können* zu kreativen Ideen führen, die zur wißbegierigen Suche nach neuen, zumindestens nach revidierten Theorien führen. Von solchen, oft nicht beabsichtigten Erträgen ist marktpsychologische Forschung selbstverständlich nicht ausgeschlossen, auch wenn sie im Prinzip nicht theorien-orientiert ist. Entdeckungszusammenhänge können separat von Begründungszusammenhängen betrachtet werden; Entdeckungen sind deshalb aber nicht unabhängig von Begründungszusammenhängen (und umgekehrt). Man kann nur das begründen, was entdeckt wurde, und nur das entdecken, was über den Rahmen bisheriger Begründungen hinaus führt (Albert, 1980, S. 37–41). Insofern ist Marktpsychologie wie die meisten empirischen Anwendungen von Theorien eher konservativ: Sie konserviert geltende — sozial- und verhaltenswissenschaftliche — Theorien.

Problem-orientierte Forschung hat unter gegebenen Umständen (an unserem Ort in Zeit und Raum) mehr Chancen, aus öffentlichen Mitteln alimentiert zu werden denn aus privaten Mitteln; technologie-orientierte Forschung (siehe weiter unten) wird in höherem Maße privat finanziert, wenngleich dieses für technologische Superprojekte der Ingenieur-Techniken auch nicht mehr gilt.

Herrmann (1976) charakterisiert diese „Domain"-Forschung eindeutiger als irgendein Autor vor ihm: Die invarianten Kernannahmen dieses Types von Forschungsprogrammen beziehen sich auf die Explananda; die Explanantien sind variabel, die Explananda invariabel. Ein Explanandum sei gegeben; sein Explanans wird gesucht. Gegeben ist eine Klasse problematischer Sachverhalte, die erklärt, oder besser: aufgeklärt (Albert, 1976) werden soll. Das Explanandum im deduktiven Erklärungsmodell (Opp, 1976) ist ein so konkretes wie singuläres Ereignis oder Objekt; bei gegebenem Explanans muß ein bestimmtes Ereignis – deterministisch oder probabilistisch – eintreffen, eben das damit erklärte ‚Explanandum'.

Scheinbar stellt die Konsumenten-Psychologie bestimmte konkrete Anfangs- und Randbedingungen her, die dann gemäß einer deduzierten Hypothese zu Nachfrager-Handlungen führen, wie sie erklärt und vorhergesagt und seitens eines Anbieters gewünscht und erwartet werden. Wenn solche Strategien unter Konsumenten-Psychologie subsumiert werden, dann sollte man besser von einer Kosumentenverhaltens- (Psycho-) Technik sprechen. „Domain"-Forschung schließt weder im Sinne von Herrmann (1976) noch von Albert (1976) Technologie oder Steuerung ein (siehe weiter unten).

Die Arbeiten von Katona und seinen Mitarbeitern sind Publikation für Publikation prominente Beispiele für Marktpsychologie im Sinne von „Domain"-Forschung, so die jüngere empirische Untersuchung „Aspirations and Affluence" (Katona, Strümpel & Zahn, 1971). Eine Übersicht der Arbeiten dieses Autors und seiner Mitarbeiter über dreißig Jahre hinweg wird in „Psychological Economics" geliefert (Katona, 1975). In diesem Programm der „Domain"-Forschung sind, bezogen auf deren theoretischen Gehalt, zwei strategische Entscheidungen zu entdecken: Das Programm ist wissenschafts-reduktionistisch, indem psychologische Theorien für die Explanantien herangezogen werden, mit denen *kollektive* ökonomische Verhaltensmuster (Explananda) aufzuklären versucht werden. Das Programm ist nicht-behavioristisch, indem motivational/kognitive Theorien der Psychologie angewendet werden. Typische „invariante" (Herrmann, 1976) Explananda sind z.B.: Inflation, Wohlstand, Rezession, Konsumieren, Sparen und so fort.

„Domain"-Forschung, so eindeutig sie Herrmann (1976) charakterisiert hat, wird aus einem ganz anderen Forschungsprogramm vielleicht noch verständlicher. Cartwright (1959) benutzte diesen Namen – als Schüler von Kurt Lewin (1936, 1938) – in seiner Anwendung der Feldtheorie auf sogenanntes Führungsverhalten in seinem Kapitel „A Field Theoretical Conception of Power" in dem von ihm herausgegebenen Buch „Studies in Social Power" (siehe auch Irle, 1970). Cartwright unterscheidet u.a. zwischen Domänen („domains") und Reichweiten („ranges") sozialen Einflusses und sozialer Macht; er führt seine Begriffsbildung der Domäne sozialer Macht auf Laswell und Kaplan (1950) zurück. Die Domäne sozialer Macht charakterisiert die Menge von Akteuren, auf/über die ein sozialer Agent Einfluß/Macht ausüben kann. Gewissermaßen wird hier definiert, welche Menge von Personen – gemäß gegebener Randbedingungen – ein sozialer Agent denjenigen Anfangsbedingungen (Explanans) aussetzen kann, die zu bestimmten Verhaltensweisen (Explanandum) dieser Personen führen; dazu hat der soziale Agent Hypothesen (eine implizite Theorie) zur Verfügung, die in sein Explanans eingehen. Der Name „Domain" wird hier also für einen sozial-technologischen Begriff benutzt, welcher den quasi-paradigmatischen Forschungen im Sinne von Herrmann (1976) näher zu stehen scheint als der „Domain"-Forschung in seinem Sinne. Derjenige, der in problem-orientierter oder „Domain"-Forschung aufklären kann, welche Explanantien für ein gegebenes Explanandum brauchbar sind, gewinnt Macht, um die sich ereignenden Effekte innerhalb eines problematischen Sachverhaltes (oder innerhalb einer Klasse solcher Sachverhalte) zu ändern. Dieser unterschiedliche Gebrauch der Bezeichnung „domain" führt auf die Spur der Verschränkungen von theorien-, problem- und technik-orientierter Forschung.

Unter „range of power", der Reichweite (sozialer) Macht, versteht Cartwright (1959) die Menge von Verhaltensmustern eines Akteurs in verschiedenen Situationen, auf die ein sozialer Agent Einfluß (der vom Akteur beabsichtigte Effekt trifft nicht ein, aber auch nicht derjenige des Agenten: Der Agent stört die Handlung des Akteurs) oder Macht (der vom Agent beabsichtigte Effekt der Handlung des Akteurs trifft ein) ausübt. Je größer die Reichweite solcher unterschiedlicher problematischer Sachverhalte ist, in denen der soziale Agent Macht ausübt, um so mehr nähert sich seine Macht – definitorisch! – sozialer Herrschaft. Solche Definitons-Vereinbarungen sind nicht nur Sprachspiele an und für sich; sie reizen zum Nachdenken an: In mehr als der Erforschung einer Domäne können sich dieselben Theorien oder aus ihnen abgeleiteten Hypothesen als Anteile der Explanantien als empirisch brauchbar erweisen, nach denen zur Aufklärung von Explananda gefahndet wird. Dieses könnte der Fall sein innerhalb einer Domäne der Forschung wie derjenigen, jegliche problematischen Sachverhalte auf Märkten mit Hilfe psychologischer Theorien zu erklären: Das ist Marktpsychologie als ein Maximum.

1.2.3 Marktpsychologie als Historische Wissenschaft

Problematische Sachverhalte, denen sich die „Domain"-Forschung zuwendet, können singuläre, konkrete Ereignisse, also ein Explanandum im Sinne eines deduktiven Erklärungsmodelles, betreffen (Opp, 1976), oder es handelt sich um

Klassen solcher Sachverhalte, die an verschiedenen Orten in Zeit und Raum vorhanden sind und aufgeklärt werden sollen (Albert, 1976). Im zweiten Fall gibt man sich oft damit zufrieden, daß eine Auswahl potentieller Anfangs- und/ oder Rand- (Kontext-) Bedingungen nur überzufällig passend zu einer Theorie (oder besser: einer aus ihr abgeleiteten Hypothese) auftreten müssen, um als Explanans für gleichartige, noch unerklärte Ereignisse (Explanandum) dienen zu können. Aufklärung verkommt dann zu Deutungsmustern. Schon gar nicht lassen sich gleichartig erscheinende problematische Sachverhalte (oder noch unerklärbare Zusammenhänge von Ereignis-Konstellationen) derart wissenschaftlich erklären. Dennoch sind solche Versuche zahlreich; Beispiele sind genauso Drogensucht oder Obdachlosigkeit oder Bausparatätigkeit wie der Konsum von schmerzlindernden Medikamenten oder von Abführmitteln oder von Bieren des Pilsener Types (solche Beispiele können außer- und innerhalb der Marktpsychologie fast beliebig fortgesetzt werden). Wissenschaftlich-rationale Aufklärung über potentielle Anfangsbedingungen, die – gemäß ihrer Bewertung – zu problematischen Konsequenzen beitragen (können), ist nicht identisch mit Erklärung.

In der Marktpsychologie, vor allem in ihrer Verkürzung auf Konsumenten-Psychologie, erschöpfen sich Forschungsprogramme oft darin, bestimmten Klassen gleichartig erscheinender Ereignisse solche ‚auslösenden' Bedingungen gemäß *einer einzigen* vorgefaßten Theorie zu attribuieren, so daß plausible Deutungen erreicht werden können: Das ist Pseudo-Aufklärung. Ein prominentes Beispiel sind ‚tiefenpsychologisch' orientierte Deutungsmuster, welche die Diskrepanz des Konsums von Duftwässern zwischen den Geschlechtern aufzuklären vorgeben. In unveröffentlichter Auftragsforschung behaupten sie, die singulären/konkreten Anfangs- und Kontextbedingungen entdeckt zu haben, unter denen Männer so reichhaltig Duftwässer wie Frauen benutzen; die geheime Motivations-Lage sei ohnehin gleich, weshalb es nur eines Abbaues von Hemmschwellen bei Männern bedürfe. An diesem Beispiel soll auch exemplifiziert werden: (1) Aus – partiell – unbrauchbaren Theorien können wahre, zutreffende Folgerungen gezogen werden. (Der Konsum von Duftwässern für Männer steigt erheblich.) (2) Die wissenschaftliche Aufklärung wird oft gesucht, um Steuerung zu erreichen.

Wissenschaftliche empirische Forschung zur Aufklärung problematischer Sachverhalte kann sich in den seltensten Fälllen mit je einer Theorie begnügen, um Anfangs- und Folgebedingungen erklärend miteinander zu verknüpfen. Der DFG-Forschungsbericht „Fluglärmwirkungen" (1974) dürfte in seiner Kombination physikalisch-akustischer, physiologischer, psychologischer und soziologischer Theorien und (ad hoc) ‚Arbeits'-Hypothesen das prominenteste Beispiel in jüngerer Vergangenheit hierfür sein. Dieses heißt aber nichts anderes, als daß auch quasi-singuläre Ereignisse, im Beispiel die Folgen von Fluglärm (v.a. in München-Trudering), kaum jemals durch eine einzige Theorie aufgeklärt, geschweige denn erklärt werden können. Nun besteht in solchen Fällen das erklärungsbedürftige Ereignis in der Regel aus einem Bündel von Ereignissen. Es ist dann sehr unbefriedigend, wenn man für jede jeweilige Klasse gleichartiger Ereignisse in diesem Bündel ad hoc-Hypothesen aus diesen und jenen Theorien zur Erklärung heranzieht, um dann summarisch das ganze Bündel für aufgeklärt zu halten.

Historische Forschung sucht das singuläre Ereignis zu erklären, d.h. vorsichtiger den problematischen Sachverhalt *aufzuklären*, in dem anfangs verschiedene Ereignisse an demselben Ort in Zeit und Raum nebeneinander existieren, ohne daß deren möglicher Zusammenhang zwingend ist; was ist zufällig, und was ist zwingend? In diesem Sinne verfährt gegenwarts-historische Forschung methodisch nicht anders als vergangenheits-historische Forschung. Hier ist nicht der Ort, die traditionell ideographische Methode der Geschichtswissenschaft zu behandeln. Hier ist der Ort zu behandeln, wie sich die Psychologie als Bindeglied zwischen Bio- und Sozialwissenschaften, als Verhaltenswissenschaft mit dem Problem historischer (d.h. auch gegenwärtiger und zukünftiger singulärer) Ereignisse befassen kann. Zu dem Zeitpunkt, zu dem dieser Beitrag geschrieben wird, steht die Einführung flüssiger (nicht granulatartiger) Vollwaschmittel in der BRD kurz bevor; das ist ein historisches Ereignis für das Produkt-Management und folgend für die Konsumenten-Psychologie; es ist ein problematischer Sachverhalt, insofern als ein Bündel der Folgen dieser Markteinführung noch unbekannt ist, ebenso sehr wie die Randbedingungen zur Einführung dieser Produkte-Klasse selbst. (Vermutlich existieren unveröffentlichte Marktuntersuchungen mit Prognosen hierzu.) Wenn historische Erklärungen nicht zu Deutungsmustern verkommen sollen und damit auch einige Ideen zu einem marktpsychologischen Forschungsprogramm, dann bedarf es einer methodologischen Lösung des Problems, wie denn psychologische Theorien – hier – am Markt angewandt werden können.

In einem Symposiumsbeitrag „Theoretische Sozialwissenschaft und historische Erklärung – Einige Betrachtungen zum Deskriptivismus und Eklektizismus in den Gesellschaftswissenschaften" ordnet und kritisiert Acham (1979) dieses Feld. Er ordnet „Typen von Gesetzmäßigkeiten in der Geschichte": Das folgende Referat kehrt die Reihenfolge von Acham um und fügt Beispiele hinzu; Acham meint Theorien („Gesetze") zur Erklärung von problematischen Sachverhalten aus makro-soziologischer Perspektive, also auf einem weit höheren Aggregatniveau, als die Psychologie es üblicherweise anstrebt:

(1) Nur der Übergang von einer historischen Epoche der Gesellschaftsformation zur anderen sei erklärungsbedürftig. Z.B. versuchte Lenin (1930) den Übergang vom Kapitalismus zum Imperialismus und Dimitroff (1935) den

Übergang vom Imperialismus zum Faschismus zu erklären. (2) Immanente Entwicklungen einer historischen Epoche einer Gesellschaftsformation werden zu erklären versucht. Das haben z.B. Historiker geleistet, die eine dokumentarische Ausstellung von „Preußen" im Jahre 1981 in Berlin (West) präsentierten (Berliner Festspiele GmbH (Gesamthrsg.), 1981). Max Weber probierte dieses stringent mit seiner Theorie der Entstehung des Kapitalismus (Weber, 1969). (3) Übergänge zwischen mehreren historischen Epochen und Gesellschaftsformen ineinander werden zu erklären versucht. Karl Marx lieferte hierzu eine Erklärung, am bekanntesten aus dem „Kommunistischen Manifest" (1848). Aber Marx hat nicht jede historische Epoche und Gesellschaftsform in Betracht gezogen, was für Lenin und Dimitroff die bekannten Schwierigkeiten brachte. Sie fügten den Marxschen Deutungen neue, spezifischere ‚post hoc'-Deutungen hinzu (oder lieferten sie deduktiv abgeleitete Hypothesen aus seiner Theorie hinzu?). (4) Man versucht, Zusammenhänge (problematische Sachverhalte) zu erklären, welche an jedem Ort in Raum und Zeit der menschlichen Geschichte immer bestanden haben, bestehen und bestehen werden. Dieses ist der weiteste Geltungsanspruch von Theorien. Solche Ansprüche findet man in der Psychologie als Bio- und Sozialwissenschaft. Die Psychologie als Erlebens- und Verhaltenswissenschaft bietet u.a. die Theorie der Leistungsmotivation an (McClelland, 1961), die an allen Orten in Zeit und Raum gültig sein soll, wenn immer die theoretisch definierten Anfangsbedingungen konkret und singulär (d.h. an einem präzisen Ort in Zeit und Raum) existieren. Acham (1979) unterstellt implizit, daß allein die Psychologie eine Sozialwissenschaft sei, die theoretische Lösungen empirisch realer, problematischer Sachverhalte vorträgt, die an allen Orten in Zeit und Raum gültig (valide), d.h. erklärungskräftig sein sollen.

Wirtschaftendes Verhalten an Märkten und somit soziale Interaktionen an Märkten sind jedoch raum-zeitlich begrenzt auf eine historische Epoche und deren Gesellschaftsformation. (Die zeitliche und/oder räumliche Ausdehnung dieser Markt-Epoche sieht der Autor dieses Beitrages nicht ab, auch nicht mit allen ihren internen zeitlichen und räumlichen Varianten.) Das heißt: *In historisch orientierter „Domain"-Forschung vom Typ „Marktpsychologie" werden generell Theorien angewandt, deren empirischer Geltungsanspruch universal ist,* also über alle denkbaren historischen Epochen und zuzuordnenden Gesellschaftsformationen hinweg beansprucht wird. Insofern ist nicht nur Marktpsychologie, sonder die Psychologie insgesamt eine bio-wissenschaftliche Herausforderung an die Sozialwissenschaften: Wenn das Programm „Homo sapiens" sich qualitativ ändert, dann ist phylogenetisch eine neue Qualität entstanden, nicht nur eine Anpassung des bisherigen Programmes an neue Anfangs- und Randbedingungen, die „Homo sapiens" qua biologischer und psychologischer Theorien durchhält. Forschungsprogramme der Psychologie, einschließlich der Sozialpsychologie, sind denen der Verhaltens-Biologie (als deren prominentes Beispiel die Theorienperspektive „Ethologie" gilt) nicht so unähnlich; psychologische Theorienperspektiven oder quasi-paradigmatische Forschungen beachten allerdings in höherem Maße die Varianten und weniger die Konstanten der Spezies „Homo sapiens".

1.2.4 Die Auflösung von historischer in systematische Kausalitäten

Wie kann man ein Bündel von erklärungsheischenden Ereignissen in je einem problematischen Sachverhalt aufklären? Hempel (1966, deutsch: 1972) bietet eine Lösung in „Wissenschaftliche und Historische Erklärungen" („Explanations in Science and History") an. Seine metatheoretischen bzw. methodologischen Vorstellungen gehen auf Hempel und Oppenheim (1948) zurück; von hier aus hat Opp (1976) seine Unterscheidung zwischen deduktiven und induktiven Erklärungsmodellen konzipiert. Oppenheim schlägt vor, solche Bündel erklärungsbedürftiger Sachverhalte in miteinander verschränkte Ketten von Ereignissen (Objekten und Vorgängen) aufzulösen.

Lewin (1936, S. 30) hat diese Lösung durch seine Unterscheidung in „historische" und „systematische" Kausalität vorgezeichnet:

"One derives psychological events by tracing them back to the dynamic relations in which they have their source. This 'tracing back'[1] and the concept of causation which is implied in doing so are understood in very different ways in psychology.

The question 'why' can have two very different meanings in psychology.

1. Why does a given situation S (i.e., a particular person P in a particular environment E) have the event B and no other as a result? As stated above this question is answered if we succeed in discovering the general law B = f(P,E) which is valid for the dynamic structure of the situation in question. Thus the event is traced back to the dynamic characteristics of the momentary situation. The 'cause' of the event consists in the properties of the momentary life space or of certain integral parts of it.

1. Why does just such a situation come into being – i.e., why has the life space in a particular case these particular properties? This question has a specific historical, or as one can say more accurately a 'historic-geographical' meaning (. . .). It deals with historical developments, with chains of causes, and with the point of convergence of these chains. The answer to this question is obtained only by an analysis of the history of the individual and of his environment. We shall speak therefore of 'historical concepts of causation' in these cases in contrast to the 'systematic concepts of causation' which we characterized above."

Nur dasjenige Ereignis kann als Ursache Teil eines Explanans sein, das an demselben historisch-geographischen Ort (zeit-räumlich) auftritt wie das zu erklä-

---

[1] Dieses „tracing back" findet sich wieder in der Attribution von Ursachen und, folgend, in der Laien-Epistemologie.

rende Ereignis (oder Objekt), das Explanandum. Dieser meta-theoretische Basissatz genügt übrigens den Annahmen der klassischen Assoziationspsychologie. Raum-zeitliche Fernwirkungen werden als quasi-magisch ausgeschlossen, was z.B. eine psychoanalytisch orientierte Theorienperspektive in diesen Bereich der Magie rückt, soweit sie nicht zwischen ‚historischer' und ‚systematischer' Kausalität unterscheidet.[1] Sogenannte historische Erklärungen sind also nur insofern empirisch gehaltvoll, als sie das Zustandekommen konkreter Anteile eines Explanans (Anfangs-, Rand- (oder Kontext-) Bedingungen) für ein Explanandum aufklären.

Wer in diesem Sinne „Domain"-Forschung betreibt, ist also doppelt gefordert. Er muß aufzuklären suchen, warum an einem bestimmten = singulären historisch-geographischen Ort eine ‚Ursache' als konkreter Anteil eines Explanans eintrifft; er muß also dieses Ereignis als Explanandum behandeln. Er muß eine Kette von Ereignissen zurückverfolgen, die unter der einen oder der anderen Perspektive jeweils als Explanans oder Explanandum zu betrachten sind. Und am Punkte (dem singulären Ort in Zeit und Raum, also historisch-geographisch) der Konvergenz mehr als einer solcher Ketten muß er die jeweilige Konstellation von Anfangs- und Randbedingungen festhalten. Und dieses muß er für jedes einzelne, spezifische, konkrete Explanandum leisten; er kann nicht eine grobe Klasse ähnlicher Ereignisse mit einem Fischzug (nach Explanantien) aufklären. Das heißt: Man kann in Feld-Studien vom Typ der „Domain"-Forschung nur insoweit Theorien kombinieren, als man die aus je einer von ihnen abgeleiteten Hypothesen auf singuläre, konkrete Anteile eines Explanans und Explanandums bezieht. Man kann nicht ad hoc viele erklärungsbedürftige Ereignisse (Explananden) registrieren und ebenso erklärungsträchtige Ereignisse (Explanantien), um hieraus einen problematischen Sachverhalt zu konstruieren, innerhalb dessen plausibel jedes Ereignis mit jedem anderen assoziiert werden darf, soweit nur aus irgendeiner Theorie des vorhandenen Arsenals von Theorien sich eine Hypothese herleiten läßt, die eine solche Assoziation sinnfällig macht.

Das Problem der multiplen Verwendung von Theorien, um einen gegebenen komplexen und problematischen Sachverhalt aufzuklären, ist bislang von der Wissenschafts-Theorie/-Methologie kaum beachtet worden. Empirisch ist dieses Problem nicht mit korrelativen Untersuchungsplänen zu lösen, auch nicht mit Hilfe noch so raffinierter statistischer Methoden der Kausalanalyse: Der Pfad von Ursachen zu Wirkungen unter dem Einschluß von Moderatoren (Randbedingungen) bleibt ein Holzweg, soweit in „one shot"-Untersuchungsplänen (Campbell & Stanley, 1963) ausschließlich mit Umfragmethoden gear-

---

[1] Meines Erachtens ist Lewins Position ‚materialistisch', jedoch keineswegs ‚physikalistisch'.

beitet wird. In solchen Umfragen bei – auch repräsentativen – Stichproben von problemrelevanten Populationen wird zu einem Zeitpunkt t erfragt, wie sich Ereignisse in außer- und innerpersonalen Umwelten kognitiv (subjektiv) für je eine Person repräsentieren und/oder wie diese Person solche Ereignisse bewertet. ‚Objektiv' mögen diese Ereignisse zu verschiedenen Zeitpunkten stattgefunden haben; ihre ‚subjektiven' Repräsentationen finden zu einem einzigen, späteren Zeitpunkt statt. Es handelt sich um je ein kognitives Ensemble, in dem z.B. die Repräsentation eines späteren Ereignisses diejenige eines früheren Ereignisses ko-determinieren kann. Evidenz hierfür liefert u.a. die Theorie der kognitiven Dissonanz (Festinger, 1957, deutsch: 1978). Ein Pfad- oder Kausalmodell, das Fixpunkte nur gemäß der zeitlichen Abfolge der ‚objektiven' Ereignisse setzen kann, muß in die Irre gehen, ganz abgesehen von Problemen gemittelter Kausalmodelle über eine Population hinweg. Diese Strategie, problematische Sachverhalte in der „Domain"-Forschung aufzuklären, ist untauglich, soweit mit ihr ein Ersatz für die Anwendung erklärungskräftiger Theorien geleistet werden soll. Eine solche Strategie ist obendrein mit der Tatsache belastet, daß es bis heute keine Lösung der Aufgabe gibt, eine Logik induktiver Schlüsse vorzulegen (Vetter, 1967).

Gemäß Hempel (1966, deutsch: 1972) und Lewin (1936) ergibt sich metatheoretisch nur eine Lösung, die methodologisch außerordentlich aufwendig ist. Es ist ein Unding, Ereignisse aus der äußeren/inneren Umwelt einer Person qua ihrer kognitiven Repräsentationen zu indizieren, um dann – gewissermaßen in ein- und demselben Atemzuge – die ‚Reaktionen' (‚Responses') auf diese ‚Stimuli' (‚Reize') zu fixieren; gesendete und empfangene Informationen verhalten sich nicht wie ein Ereignis/Objekt zu einem Spiegelbild (F.H. Allport, 1955; Bruner, 1957; Irle, 1975a, S. 24–28 anhand des Beispieles der sogenannten „Betriebsklima"-Forschung als „Domain"-Forschung). Zur Vermeidung solcher Konfundierungen von Variablen muß je eine „historische" Kausalität in „systematische" Kausalitäten aufgelöst werden.

Ein Ereignis, das zum Zeitpunkt t_1 Explanandum ist, kann zum Zeitpunkt t_2 Teil des Explanans sein und zum Zeitpunkt t_3 als für den bezogenen problematischen Sachverhalt irrelevantes Ereignis andauern. Wenn an einem definierten Ort in Zeit und Raum die empirischen Anteile eines Explanans Ereignisse in der äußeren/inneren Umwelt einer Person sind, dann muß man diese Ereignisse unabhängig von der Repräsentation dieser Ereignisse durch diese Person indizieren. Will man das Zustandekommen dieser Ereignisse aufklären, dann bedarf man unter einigen Umständen einer anderen als einer psychologischen Theorie, um das Zustandekommen dieser ‚Stimuli', jetzt als Explanandum, aufzuklären. „Domain"-Forschung in der Marktpsychologie als einer angewandten Psychologie (nicht nur: Sozial-Psychologie), und nicht nur hiermit wird diese marktpsychologisch orientierte Wissenschaft interdisziplinär, bedarf der Theorien aus verschiedenen Sozialwissenschaften (im weitesten Sinne), um für einen Zeit-

punkt das Auftreten eines Explanandum aufzuklären, das zu eben diesem und/
oder einem späteren Zeitpunkt, noch andauernd, auch Explanans sein kann.
Die pure Umfrage ist nicht der Königsweg der empirischen Sozialforschung, inklusive der Marktpsychologie vom Typ der „Domain"-Forschung.

Forschungsprogramme der „Domain"-Forschung können zweifelsfrei nur durch experimentelle oder wenigstens doch quasi-experimentelle Feldforschung verwirklicht werden. Das ist in den Naturwissenschaften so selbstverständlich wie aufwendig, z.B. in der Erforschung des Zustandekommens von Erdbeben, Überschwemmungen, Wirbelstürmen, Gewittern u.s.f. Diese Forschung ist nur zum geringsten Teil im Labor experimentell zu leisten (im Sinne physikalischer, quasi-paradigmatischer Forschung), noch ist sie im Regelfall genuin feld-experimentell zu leisten. Nicht von ungefähr stellen Cook und Campbell (1979) quasi-experimentelle Versuchspläne für verhaltens- und sozialwissenschaftliche Feldforschung vor, die methodologisch insgesamt um einiges anspruchsvoller sind als manche Versuchspläne in den klassischen Naturwissenschaften. (Der apparative Aufwand, die technischen Mittel, das heißt die Folgen der Herstellungs- und Meßanweisungen, sind dort umgekehrt weit aufwendiger, als die Versuchspläne kompliziert sind.)

Wenn die Marktpsychologie ihr Programm realisieren will, soweit sie als problemorientierte „Domain"-Forschung betrieben wird, muß sie als ein Anteil verhaltens- und sozialwissenschaftlicher Forschung mit zumindestens quasi-experimentellen Untersuchungsplänen und Meßmethoden zu arbeiten lernen. Anderenfalls bleiben ihre Resultate mehr oder minder Deutungen, und ihre theoretischen Annahmen bleiben Deutungsmuster. Sie muß lernen, hypothetische Ursachen-Ketten in aufeinanderfolgende deduktive Erklärungs-Situationen aufzulösen, Verschränkungen mehr als einer solcher Ketten an je einem Ort in Zeit und Raum multitheoretisch zu integrieren (als Anfangs- und/oder Randbedingungen, bezogen auf den unmittelbar nächsten Ort in Zeit und Raum) und eine Strategie z.B. der Psychoanalyse zu verlassen, welche die Ereignisse (Explanandum) an einem Ort in Zeit und Raum aufgrund von Ereignissen (Explanans) an einem anderen, zumindestens in der Zeitdimension, weit entfernten Ort zu deuten sucht.

1.3 Verwendungszusammenhänge in der Marktpsychologie

Herrmann (1976) könnte das Mißverständnis befördern, daß psychologische Forschungsprogramme entweder nur „quasi"-paradigmatisch oder „domain"-orientiert sein könnten. Herrmann (1979a, b) demonstriert (1979, a, S. 128–168), daß sich diese (und andere) Wissenschaft(en) hierin nicht erschöpfen muß (müssen). Verwendungen von Wissenschaft, als Techniken bezeichnet, sind nur selten simple Transformationen von Theorien (Albert, 1978). Ebenso fragil scheint der Zusammenhang zwischen Erkenntnisentscheidungen, d.h. etwas für empirisch wahr und/oder logisch richtig zu halten, und solchen Entscheidungen zu sein, aufgrund derartiger Erkenntnisse zu handeln, d.h. in bestimmter Weise innerhalb der Welt zu intervenieren oder neue Welten zu konstruieren. Im folgenden ist zu untersuchen, ob technologische Forschungsprogramme der Marktpsychologie als *An-* oder *Ver*-Wendungen zu verstehen sind.

1.3.1 Marktpsychologische Forschung und Praxis

Jegliche empirische Forschung ist angewandte Wissenschaft, indem sie realwissenschaftliche Theorien auf empirische Sachverhalte anwendet, ob zur Prüfung der Erklärungskraft einer Theorie („quasi"-paradigmatisch), ob zur Aufklärung eines problematischen Sachverhaltes („domain"-orientiert) oder zum Entwurf einer (intervenierenden oder konstruierenden) Technik. Jeweilige Ziele und Aufgaben innerhalb dieser Klassen wissenschaftlichen Interesses von Forschern (Entstehungszusammenhang) führen zu unterschiedlichen Forschungsprogrammen. Die Ergebnisse ihrer Forschungen mögen dennoch – subjektiv vielleicht nicht erwartet oder sogar nicht einmal bemerkt – zu Folgerungen führen, die einer anderen dieser Klassen subsumiert werden können als derjenigen Klasse, innerhalb der ein Forscher seine Interessen und sein Programm einordnet (Irle, 1978). Solche Folgerungen können sowohl unmittelbar als nach Sekundäranalysen von Ergebnisdaten gemacht werden.

„Eine empirische Wissenschaft vermag niemanden zu lehren, was er *soll*, sondern nur, was er kann und – unter Umständen – was er will" (Weber, 1951). Diese Schlüsselaussage zur Beziehung zwischen Wissenschaft und Praxis und ihre Konsequenzen sind unter rechtlicher und ethischer Perspektive in Kapitel 10. von „Methoden und Anwendungen in der Marktpsychologie" zu behandeln. An dieser Stelle soll die Aussage von Max Weber helfen, die methodologische Rolle der Marktpsychologie innerhalb der Praxis zu behandeln. Man kann seinen Terminus „empirische Wissenschaft" durch ‚empirischer Forscher/Wissenschaftler' austauschen. Dann steht es einer Person nicht an, ihre Rolle als marktpsychologische(r) Forscher(in) als derart angesonnen zu verstehen, daß sie kraft dieser Rollen-Position (Katz & Kahn, 1978) Anbieter und/oder Nachfrager am Markt zu lehren vermöge, was diese tun sollen. Dieser Person steht es jedoch an, in ihrer sozialen Rolle als politischer Bürger eines demokratischen Staatswesens an Entscheidungen teilzuhaben, was Anbieter und/oder Nachfrager am Markt tun dürfen. Diesen potentiellen Interrollen-Konflikt haben marktpsychologisch arbeitende Wissenschaftler so zu ertragen, zu regulieren und von Fall zu Fall zu lösen, wie jeder andere Bürger eines Gemeinwesens seine Interrollen-Konflikte zwischen privaten und öffentlichen Ansprüchen zu bewältigen hat.[1] Ein marktpsychologischer Forscher gehört in dieser Rolle in einer demokratischen Gesellschaft *nicht* einer Elite an, die *lehrt*, was man am Markt tun soll. Er hat allen am Markt Tätigen, ob in der Rolle als Anbieter oder Nachfrager, ob in Kooperation oder Kompetition, nach bestem Wissen und Gewissen in einer Experten-Rolle zu sagen, was sie tun können, und/oder sie aufzuklären, was sie *wollen können*.

Kroeber-Riel (1980b, S. 42ff.) unterscheidet zwischen „*praktischen* Techniken" und „Forschungstransfer" in Praxis. Damit bezeichnet er eigentlich nicht zwei Typen von Handlungsplänen, sondern die beiden Extreme einer Variation der Begründungen von Handlungs-Entscheidungen. Albert (1980, S. 62—67) bezieht sich auf die eine Extremvariante, auf die Transformation von Theorien in Techniken (Albert, 1980, S. 66):

„Es ist ohne Zweifel richtig, daß wir für die praktische Anwendung wissenschaftlicher Aussagen Klarheit darüber benötigen, was wir wollen. Außerdem ist nicht zu bestreiten, daß Aussagensysteme rein kognitiv-informativer Natur an sich keine Antwort auf diese Frage geben. Es ist zwar unter Umständen möglich, sie in technologische Systeme zu verwandeln, die Auskunft über menschliche Handlungsmöglichkeiten geben, aber damit ist bestenfalls eine Antwort auf die Frage erreicht, was wir können. Die reine Wissenschaft gibt uns also in Anwendung auf praktische Probleme Mittel an die Hand, praktische Möglichkeiten zu untersuchen und damit herauszubekommen, wie wir die vorliegende Situation bewältigen können, aber sie sagt uns nicht, daß wir irgendeine der in Frage kommenden Möglichkeiten realisieren sollen, sie schreibt uns also nicht unsere Entscheidung vor. Daraus geht hervor, daß die Resultate einer wertfreien Wissenschaft niemals ausreichen können, wenn es um die Bewältigung praktischer Situationen geht. Anders ausgedrückt: Die Notwendigkeiten des Handelns gehen steht über das hinaus, was uns die Erkenntnis liefern kann. Obwohl also in der Erkenntnispraxis Entscheidungen eine wichtige Rolle spielen, lassen sich die Entscheidungen der Praxis nicht aus Erkenntnissen allein gewinnen."

Albert fährt fort, daß man aus diesem Tatbestand nicht folgern könne, daß man Wissenschaft aus praktischen Gründen normativieren müsse. Er weist aber auch auf die Techniken hin, die mitnichten Transformationen realwissenschaftlicher Theorien sind, also auf solche Pläne und Verfahren, die Kroeber-Riel (1980b) als „praktische" Techniken bezeichnet (Albert, 1980, S. 67):

„Weder die Wissenschaft noch ein normatives System von Vorentscheidungen kann die schöpferische Einbildungskraft ersetzen, die für die Lösung neuer Probleme erforderlich ist. Schon an diesem Umstand dürfte jeder Versuch scheitern, die menschliche Praxis *more geometrico* vorwegzunehmen. Der Praktiker ist, soweit er nicht einer etablierten Routine folgt, in der Situation des Künstlers, der die ihm bekannten Gesetzmäßigkeiten ausnutzt, um die Schöpfungen seiner Phantasie zu realisieren."

---

[1] Insofern schiebt Kroeber-Riel (1980a, S. 48) Irle (1975a, S. 40) in eine falsche Ecke, wenn er ihn in einem indirekten, verkürzten Zitat zu den Sozialwissenschaftlern mit Berührungsangst zur Praxis in einer sozial-marktwirtschaftlichen Gesellschaft zählt.

Welche Position(en) kann die Marktpsychologie auf einer derartigen Skala einnehmen? Soweit diese eine ‚angewandte' Sparte – auch – der Sozialpsychologie ist, sollte man auf Mummendey (1981) hören: Er verwirft die ‚angewandte' Perspektive, sich von der Praxis kurzatmige Forschungsthemen ansinnen zu lassen; das ist der Trend der Sozialpsychologie in jüngster Zeit in den USA und Kanada. Er verwirft die ‚angewandte' Perspektive, sogenannte künstliche Labor-Experimente durch lebensnähere Feldforschung zu ersetzen; auch das ist ein jüngster Trend, der jedoch wie im ersten Fall nicht daran hindert, nach der Versuchsplan-Routine der Labor-Forschung als Instrument theorien- und/oder problemorientierter Forschung zu verfahren. Er verwirft schließlich die Perspektive des sozialen Managements, mit der ‚angewandte' (Sozial-) Psychologen (hier: Marktpsychologen) sich als „trouble shooter" im Bereich „social health" betätigen (oder „market health"?!). Mummendey bevorzugt moderat die Position von Herrmann (1979a, 1979b), die er als „wissenschaftlich geleitete *Technologie-Produktion*" bezeichnet. Im Falle der Marktpsychologie und nicht nur dieser Verhaltens- und Sozialwissenschaft als Anteil der Praxis möchte man hinzufügen, daß sie wohl eher in der Lage sei, Programme von Praktikern zu evaluieren, denn sie zu ersetzen oder auch nur zu durchwachsen.[1]

Herrmann (1979a, 1979b) bezieht sich – am Beispiel – auf pädagogisch-psychologische Tätigkeiten; ohne jede Schwierigkeit könnte er im Sinne von McGuire (1969; siehe auch Irle, 1979) argumentieren, daß die Unterschiede zwischen Erziehung und Manipulation nur ideologisch sind, wenn man z.B. Werbung als eine gängige Sparte der Sozialtechnik als manipulativ und als Derivat der Marktpsychologie etikettiert. Irle (1979, S. 306) definiert in einer Fußnote:

„Man kann McGuire (1969) auch so interpretieren, daß ‚education' statt ‚manipulation' dann vorliegt, wenn (1) der Sender eine veridikale Wahrnehmung hervorzurufen sucht, (2) interne Folgen über die momentane Urteilsbildung hinaus auftreten und (3) der Empfänger die Ausübung von sozialer Macht auf sich erkennt."

Wenn Wissenschaft in jedem Falle Forschung ist, ob meta-theoretisch, methodologisch oder empirisch, dann sind Routine-Praktiken am Markt, die psychologische Erkenntnisbestände als Randbedingungen (Einschränkungen denkbarer Alternativen von Praktiken) einbeziehen, ob wohl- oder fehl-verstanden, nicht angewandte Wissenschaft, auch wenn der Ausübende mehr oder minder zufällig qua Studium ein Kenntnisexperte der Psychologie (formal: ein Diplom-Psychologe) ist. In die gewählten, praktischen Handlungs-Alternativen gehen

---

[1] Der Autor suchte z.B. vergeblich Marketing- oder auch nur Werbe-Programme, die zur Zeit von Diplom-Psychologen qua psychologischer Wissenschaft produziert werden. Die Werbewirtschaft in der BRD kennt dergleichen nicht.

u. U. nur überdurchschnittlich viele Folgerungen aus Ergebnissen psychologischer Wissenschaft als Randbedingungen ein. Jeder im wissenschaftlichen Sinne bildungshungrige Laie, bezogen auf die psychologische Wissenschaft, mag eher in der Lage sein, solche psychologischen Randbedingungen in seine praktischen Routine-Programme einzufügen, als ein Absolvent eines Psychologie-Studiums dieses kann und der vermeint, er sei akademisch zur Lösung praktischer Probleme am Markt *berufs-ausgebildet* worden, und solche Probleme seien dominant solche, die in die „Domain"-Forschung seiner Wissenschaft fallen würden. Diplom-Psychologen wie -Soziologen, -Volkswirte und gar -Kaufleute, die mit solchen Ansprüchen und Erwartungen scheitern, kehren dann nicht selten den Pseudo-Wissenschaftler gegen Praktiker anderer Provenienzen beruflicher Erfahrung heraus, die dieses Geschäft ‚vorwissenschaftlich', ‚intuitiv' und nur mit traditionellem „know how" ausgestattet oft elegant beherrschen. Die Praxis sei leider nicht bereit, der Theorie zu folgen, obwohl doch nichts so praktisch sei wie eine gute Theorie. Angewandte Marktpsychologie, diese selbst als Anwendung – nicht nur sozialpsychologischer – Theorien auf problematische Sachverhalte am Markt, ist nicht Wissenschaft, sondern Verwertung von Wissenschaft am Markt. Wenn ihre Erkenntnisse zur partiellen Begründung oder auch nur Rechtfertigung von Routine-Programmen von wem immer herangezogen werden, sollte man die Bezeichnung ‚Angewandte Marktpsychologie' ersatzlos streichen.[1] Wollte man also den *Beruf des Marktpsychologen* eröffnen, so sollte man einen neuen Studiengang einrichten, einen solchen edukativer und/oder manipulativer Individual-/Sozialtechnologie. Neben die – ehemals – technischen und kaufmännischen Hochschulen hätten auch solche für Psycho- und Sozial-Ingenieure zu treten, oder ideologisch erträglicher: Ausbildungszentren für Psycho- und Sozial-Therapeuten, ob präventiv, kurativ oder rehabilitativ. (Faktisch bestehen diese schon; sie üben in Routine-Techniken ein, die wissenschaftlich gerechtfertigt werden, kaum mehr.)

Wissenschaftliche Innovationen, in traditionelle, vorwissenschaftlich begründete Techniken hinein wirkend, sind etwas anderes. Herrmann (1979a) mag auch dieses Programm nicht als ein angewandtes psychologisches Forschungsprogramm, sondern als ein psycho-technologisches Programm bezeichnen. Er bezieht sich auf Klages (1967) mit dessen Unterscheidung von g-Innovation (g = Gesetz) und a-Innovation (a = Artefakt). Diese Unterscheidung ist fundamental neuartig. Eine g-Innovation ist eine neue *Theorie*, die idealisierte Modelle der Natur in dekomponierender Weise erklärt (also an theorien-orientierter oder quasi-paradigmatischer Forschung interessiert ist). Eine a-Innovation

---

[1] Dieser Sachverhalt ist ein Beispiel zur Überzeugung des Autors, daß Diplom-Psychologe zu sein, kein Beruf bzw. Abschluß einer Berufsausbildung ist. Ein Diplom-Psychologe ist wissenschaftlich auf so viele Berufsausübungen vorbereitet, wie er selbst innovativ neue Tätigkeitsfelder für seine Expertise entdeckt, ohne sich auf diese allein zu verlassen.

sucht *Artefakte*, die durch Intervention in der sogenannten ‚Natur' oder durch Konstruktion einer neuen ‚Natur' entstehen. Diese a-Innovationen sind nur so lange und soweit Artefakte, als sie – noch – Pläne sind. Hier wird genauer bezeichnet, was unter Transformationen in Techniken oder Forschungstransfer ansonsten ziemlich mißverstanden wird: Innovation ist mehr als Transformation. Von Klages (1967) ausgehend und sich auf Bunge (1967) berufend, postuliert Herrmann einen Unterschied zwischen (real-) wissenschaftlichen und technologischen Theorien. Wenn folglich die Marktpsychologie über die „Domain"-Forschung hinaus praktisch tätig werden will, hat sie technologische Theorien vorzulegen. (Ein erster Versuch ist der von Spiegel, 1961; das hat er selbst nicht, zumindestens aber einer seiner Rezensenten (Irle, 1963b) nicht bemerkt.) Dieses ist ein Feld der Marktpsychologie als Wissenschaft, das sehr jungfräulich ist.

Obwohl Albert dafür plädiert, daß zwischen Erkenntnis- und Handlungsentscheidungen formale Strukturgleichheiten bestehen, weist er nachdrücklich darauf hin, daß Aufklärung und Steuerung (Albert, 1976) nicht identisch sind. Wenn man zwischen wissenschaftlichen und technologischen Theorien unterscheiden kann und muß, dann stellt sich unmittelbar die Frage, ob Marktpsychologie zur Zeit schon oder noch nicht (oder niemals) eine Verhaltens- und/ oder Sozialtechnologie ist, wie es z.B. die Ingenieur-Wissenschaften im Anschluß an die Physik (und Chemie) geworden sind. Sind die Forschungsprogramme der Marktpsychologie – auch – verhaltens-/sozial-praktische Programme?

Sie sind sehr oft unpraktisch, wenn man unter ‚praktisch' versteht, daß der Praxis auch die Ergebnisse aufgrund sehr simpler (widerlegter!) Annahmen genügen, um dieselben Resultate, sogenannte Artefakte, zu erzielen. Innovative technologische Theorien der Marktpsychologie sind so rar, wie umgekehrt Routine-Rechtfertigungen aus dem beliebig angezapften Arsenal ‚wissenschaftlicher' Theorien der (Sozial-) Psychologie gang und gäbe sind. Geplante Pläne sind ‚Artefakte'; realisierte Pläne sind nicht Natur, sondern Zivilisation. Dem Autor ist keine explizit vorgetragene technologische Theorie der Psychologie bekannt, die Zivilisation (‚Artefakte') qua Folgerungen aus einer solchen Theorie gemacht hat, schon gar nicht eine solche technologische Theorie, die man unter Marktpsychologie rubrizieren könnte.

Marktpsychologische „Domain"-Forschung schafft nicht per se Praxis, d.h. sie kreiert nicht ohne weiteres neue Techniken, die wissenschaftlich erfolgreicher begründbar sind als vorwissenschaftliche Praxis.

1.3.2 Vorwissenschaftliche Psycho-Techniken am Markt

Das Programm „Hallo-Partner – Dankeschön"[1] ist unter Sozio-Marketing einzuordnen. Es wurde vor mehr als zehn Jahren installiert und in Details Jahr für Jahr ergänzt. Die Praktiker einer Werbeagentur, die dieses Programm gemeinsam mit und im Auftrag des Verkehrssicherheitsrates bearbeiten, machten sich strategisch, wenn auch zwangsläufig nicht in allen Taktiken, eine Theorie zunutze, die eigentlich nur aus einer analytischen Unterscheidung von zwei Typen des Verhandlungs-Verhaltens und ein paar ad hoc-Hypothesen hierzu besteht (Deutsch, 1949a, 1949b). Es wird zwischen kompetitiven und kooperativen Verhandlungen (sozialen Interaktionen) unterschieden. Im Nullsummen-Spiel, in dem gemäß Randbedingungen der eine Akteur nur in dem Maße gewinnen (bzw. verlieren) kann, in dem der andere Akteur verliert (bzw. gewinnt), sind allein kompetitive Strategien rational. Unter Randbedingungen, unter denen der Akteur in dem Maße gewinnt (bzw. verliert), in dem auch der andere Akteur gewinnt (bzw. verliert), sind allein kooperative Strategien rational. Der Verkehr auf den Straßen entspricht am ehesten einem Gemischtsummen-Spiel, in dem beide Verhandlungs-Strategien, unter Risiko, zum Erfolg führen können. Es fordert einige Souveränität eigener kooperativer Strategie heraus, wenn der andere Akteur kompetitiv verfährt oder (z.B. Kinder, Senioren als Fußgänger) das ‚Spiel' noch nicht/nicht mehr ganz begreift. Dieses Programm des Sozio-Marketing versucht, kooperatives Verhandlungsverhalten in sozialen(!) Interaktionen auf den Straßen zu befördern. Es ist aber keineswegs eine Technik, die durch bloße Transformation aus einer Theorie entstanden ist. Vielmehr, eine ganz allgemeine theoretische Maxime aus der Sozialpsychologie diente als Leitsatz für die Kreativität von Praktikern, um Pläne (Artefakte) in neue Tatsachen (Zivilisation) zu verwandeln. Sogar psychologische Wissenschaftler, nicht nur Fachjournalisten für Verkehrfragen reagierten aufgrund ihrer vorhandenen kognitiven Strukturen mit – falschen – Aha-Erlebnissen: Kompetitiv ist aggressiv, und kooperativ ist defensiv. Jedoch, wer defensiv fährt, beurteilt die Straße immer noch als Kriegsschauplatz oder als Sportfeld und verhält sich kompetitiv; er ver-fährt nur weniger riskant. Das Programm versucht, ihn zu lehren, das ‚Spiel' in ein Koordinations-Spiel zu verwandeln, wozu er den Gegner zur Partnerschaft bewegen muß. Die ihm per Werbung angesonnenen Verhaltens-Muster grenzen an den Fall, in dem man die zweite Wange hinhält, nachdem die erste geschlagen wurde.

Diese Psycho- oder besser: Sozio-Technik soll als prominentes (prominent wegen ihres Bekanntheitsgrades) Beispiel für Techniken dienen, die nicht Transfor-

---

[1] Der Autor wählt dieses Beispiel, weil er seiner Frau bei dessen Planung und Realisierung über die Schulter geschaut hat.

mationen aus nomologischer Wissenschaft sind, auch nicht Anwendungen technologischer Theorien. Dieses Beispiel soll vorwissenschaftliche Techniken demonstrieren, die sich auch wissenschaftlicher Erfahrungsregeln bedienen, um sie kreativ einzusetzen. Solche selbstverständliche Praxis sollte dieses ‚ungeschützt' tun dürfen und dürfte nicht zu pseudy-wissenschaftlichen Rechtfertigungen ihrer Programme genötigt werden.

Verständnis für Praxis, die nicht Transformation (Transfer) von theoretischer und empirischer Forschung in Technologie ist, findet sich unter Wissenschaftstheoretikern explizit bei Bunge (1967) und folgend, bezogen auf Psycho-Techniken, bei Herrmann (1979a, 1979b). Bunge beschwört die Risiken von Pseudo-Erklärungen. Man kann solche Erklärungen auch als nicht-rationale Erklärungen bezeichnen. Vorwissenschaftliche Erklärungen sind nicht gleichzusetzen mit nicht-rationalen Erklärungen; sie sind sehr oft rational anhand der inhaltlich gegebenen Kenntnisse (Simon, 1945, 1976, S. 61–78) und anhand der gegebenen Kenntnisse logisch richtiger Folgerungen. sie können laut Bunge (1967, S. 9ff.) logisch richtiger und inhaltlich wahrer sein als viele wissenschaftliche Erklärungen; ihnen fehlen nur die wissenschaftlichen Mittel, die Wahrheit von Aussagen zu prüfen und zu verbessern. Bunge (1967, S. 10) grenzt gegen wissenschaftliche und vorwissenschaftliche Erklärungen Pseudo-Erklärungen, z.B. durch Etikettierung („labeling") ab, die inner- und außerhalb von Wissenschaften auftreten:

"Why do some people behave intelligently? Because they have a high IQ. Why do some people make above-chance guesses? Because they have paranormal abilities."

Solche Pseudo-Erklärungen (gängig auch in manchen motivations-psychologischen Erklärungen, siehe Irle, 1975a, S. 143ff. und 1978, S. 124ff.) sind zirkulär; das Explanandum wird nur in leicht veränderter Form wiederholt, das Obskure durch das noch Obskurere ersetzt.

Praktisches Handeln mit Psycho-Techniken am Markt kann also mit „Hintergrundwissen" (Herrmann, 1979a, S. 128–168; 1979b) operieren, das aus Tradition praktischer Experten stammt, u.U. intuitives Wissen ist und das angereichert und ergänzt wird durch „. . . Verbreitung entsprechend aufbereiteter psychologischer Erkenntnisresultate zur Generierung von *Hintergrundwissen* beim technisch-praktischen Handeln" (Herrmann, 1979a, S. 147). Dieses scheint die heute übliche und gängige Verwendung von Psychologie am Markt zu sein.

1.3.3 Verhaltens- und sozial-technologische Forschung

Bunge (1967) unterscheidet wissenschaftliche und technologische Theorien oder auch nomologische und nomopragmatische Theorien. Wenn soeben von vorwissenschaftlichen, praktischen Psycho-Techniken gesprochen wurde, so meint Herrmann (1979a, S. 133f.) wohl dasselbe, wenn er *„psychologiebezogene, nicht-forschende Tätigkeiten"* definiert. Die allgemeine Einteilung von Bunge (1967) in Wissenschaft und Technologie (welche selbstredend besonders die Ingenieur-Technologien als Komplement zu den Naturwissenschaften einschließt) wird von Herrmann (1979a, 1979b) für die Psychologie (am Beispiel der Pädagogischen Psychologie) expliziert. *Psychologisch-forschende Tätigkeiten* (ob theoretische und/oder empirische Forschung) können *„Pschologisch-wissenschaftliche Innovations- (Forschungs-) Tätigkeiten"* oder *„Psychologisch-technologische* Innovations- (Forschungs-) Tätigkeiten" sein. Hier wird einem bisherigen (von Münsterberg 1913 in „Grundzüge der Psychotechnik" nicht geteilten) Verständnis Angewandter Psychologie radikal widersprochen. Gemäß Herrmann wenden nicht-forschende, in dieser oder jener Berufspraxis tätige Psychologen nicht Verfahrensweisen an, die ihnen die psychologische Wissenschaft bereitstellt oder bereitzustellen hat, noch können sie Anwendungen ohne Zwischenschritte aus nomologischen Theorien folgern. Es wäre unheilvoll, wenn Psychologie als Wissenschaft die Auswahl von Anwendungsfällen der Praxis bestimmt oder wenn umgekehrt auftretende praktische Aufgaben den Aufbau und die Fortschritte der psychologischen Wissenschaft steuern. Psychologie als Wissenschaft ist nicht finalisiert; Verhaltens- und Sozialtechnologie sind dagegen finalisiert. Technologische Forschung soll Verfahrensweisen bereitstellen, mit denen Ist- in Sollzustände gewandelt werden können. Technologische Theorien beziehen sich nicht auf das, was ohnehin geschieht, sondern auf das, was getan werden sollte, um Geschehen hervorzubringen (Konstruktion von Realität) oder zu ändern (Intervention in Realität). Sie dienen der Lösung von Problemen, die beim nicht-forschenden, psychologie-bezogenen praktischen Handeln auftreten, nicht aber im Fortgang wissenschaftlicher Forschungen selbst entstehen.

Technologische Theorien sind nicht so neuartig, originell und riskant wie wissenschaftliche Theorien. Sie müssen vielmehr bewährt, zuverlässig und wirksam sein, auch wenn ihr Wahrheitsgehalt geringer ist; wichtiger als ihre Wahrheits- sind ihre Effektivitätswerte. Solche Theorien werden durch wissenschaftliche Theorien begründet; nomopragmatische Aussagen werden aus nomologischen Aussagen gewonnen. Aus den nomopragmatischen Aussagen, die sich nicht wie Gesetzesaussagen auf idealisierte Modelle der Realität beziehen, werden Handlungsregeln gewonnen, die in Realsituationen bei akzeptiertem Verhältnis von Aufwand und Ertrag verwendet werden können (Bunge, 1967, Herrmann, 1979a und dort auch weitere Literaturhinweise zur technologischen Forschung).

Technologische Theorien werden nicht in der Praxis geprüft. Programmforschung ist nicht identisch mit Evaluationsforschung (Riecken & Boruch, 1974).

Aus solchen Theorien gewonnene Regeln (oder Techniken, Verfahrens-Anweisungen) sind Hypothesen (Albert, 1978). Empirische technologische Forschung findet auf dem ‚Prüfstand' (Irle, 1978) statt; im Extremfall meint das: Bevor der Komplex an Techniken für den ersten Mondflug praktisch eingesetzt wurde, fand eine breite und intensive Forschung durch experimentelle und quasi-experimentelle Simulationen statt. Der erste große Entwurf in diesem Sinne zur Methodologie technologischer Forschung „Social Experimentation – A Method for Planning and Evaluating Social Intervention" wurde von Riecken und Boruch im Auftrag des „Social Science Research Council" (New York) erarbeitet und geschrieben (1974).

Ingenieur-technologische Forschung wird weitgehend aus privaten Händen initiiert, finanziert und privat betrieben. Ihre Resultate sind oft nicht öffentlich zugänglich, sogar wenn sie - wie zunehmend in hochindustrialisierten Gesellschaften wegen des privat nicht mehr aufbringbaren Aufwandes – aus öffentlichen Händen subventioniert wird. Verhaltens- und sozial-technologische Forschung wird z.B. bei praktischer Anwendung ihrer Resultate vorwiegend in öffentlichen Institutionen, z.B. im Erziehungs- oder im Gesundheitswesen, auch vorwiegend öffentlich finanziert, und ihre Resultate sind zumindestens der Öffentlichkeit der „technological community" (analog zur „scientific community") zugänglich. *Marktpsychologische als technologische Forschung*, ob sie mit inhaltlichen oder operativen Theorien (Bunge, 1967, siehe auch Herrmann, 1979a, S. 140f.) arbeitet, ist offenbar – im Rahmen des Marketing – privat finanzierte Forschung und insoweit ‚Wirtschaftsgeheimnis' wie empirische ingenieur-technologische Forschung (dort aber vornehmlich nur die operative Forschung). Die Fortschritte öffentlicher inhaltlich-technologischer Forschung, vor allem an Hochschulen und Universitäten, sind international noch gering. Die Fortschritte privater operativ- (und inhaltlich-) technologischer Forschung als Marktpsychologie sind relativ unbekannt und deshalb schwerlich einschätzbar. Soweit sie im Auftrag von Anbietern an Markt betrieben wird, könnte man an Marketing-Techniken einschätzen, wie hoch die psychologisch-technologische Innovations-Rate sei. Der Verdacht ist nicht von der Hand zu weisen, daß noch weitgehend Praxis-Techniken mit zunehmend systematischer ausgewertetem psychologischem Hintergrundwissen vorherrschen. Marktpsychologie ist dominant wissenschaftliche „Domain"-Forschung und nicht technologische Forschung.

1.3.4 Exkurs: Pseudo-marktpsychologische Forschungen

Varela gebührt das Verdienst, sehr früh an die Stelle einer „applied social psychology" eine „social technology" gesetzt zu haben, so in seinem frühen (in Uruguay entstandenen) Werk „Psychological Solutions to Social Problems –

An Introduction to Social Technology" (1971) und späteren Zusammenfassungen (Varela, 1975, 1977). Bei genauerem Studium dieses Werkes stellt sich jedoch heraus, daß Varela – mit Beispielen aus seiner Beratungspraxis – weder angewandte Psychologie im Sinne der Anwendung von der Wissenschaft bereitgestellter Verfahrensweisen betreibt, noch daß er operative oder auch nur inhaltlich verhaltens- und sozialtechnologische Forschung betreibt. Er beschreibt sein psychologiebezogenes, nicht-forschendes, praktisches Handeln unter Einschluß wissenschaftlich-psychologischen Hintergrundwissens. Dieses Werk wirkte auf einige verunsicherte Mitglieder der internationalen „scientific community" der Sozialpsychologie wie eine Offenbarung, zumal wenn diese Forscher nicht mehr ihre quasi-paradigmatischen (theorie-orientierten) Forschungen als nutzbringend zu rechtfertigen wußten. Varela generalisiert gemeinhin (nicht ausschließlich) die Resultate von Experimenten auf die Praxis. Läßt sich nach einem Experiment eine geprüfte Hypothese anhand der Resultate (vorhergesagtes und eingetroffenes, somit in einem geschlossenen System erklärtes Explanandum) aufrecht erhalten, dann schließt der Autor, daß in der Praxis eben dergleichen Resultate eintreffen werden, wenn man die gleichen Anfangsbedingungen als konkrete Anteile des Explanans herstellt wie in einem dieser Experimente. (Übrigens gerät ihm z.B. die intervenierende Variable bzw. das hypothetische Konstrukt ‚kognitive Dissonanz' zu einem empirischen Phänomen; Varela, 1971, S. 2ff.) In zwei Kapiteln („4. The Design of Persuasions" und „5. The Design of Complex Persuasions") bezieht sich Varela auf sozialpsychologische Theorien. Z.B. kombiniert er Resultate der Theorie kognitiver Dissonanz (Festinger, 1957, 1978) und der Theorie psychologischer Reaktanz (Brehm, 1966, Gniech & Grabitz, 1978): Persuasive Kommunikation von Information für eine Handlungsalternative führt zum Widerstand des Beeinflußten, diese zu aktzeptieren (Reaktanz); um den Widerstand abzubauen und Assimilation zu erreichen, muß der Beeinflußte dazu gebracht werden, selbst, freiwillig und öffentlich Pro-Informationen für diese Alternative zu produzieren (Dissonanz).

Auf weiten Strecken verbirgt sich hinter Varelas Arbeiten eine durchaus zulässige *Popularisierung* von (sozial-) psychologischem Hintergrundwissen für psychologieorientierte Praxis, aber nicht Sozialtechnologie als gleichrangige Forschung wie wissenschaftliche Forschung. Sicherlich können logisch unzulässige Folgerungen zu inhaltlich brauchbaren Resultaten führen. Varelas Vorgehensweisen scheinen häufig effizient zu sein, indem sie Ist- in Sollzustände verwandeln, gerade durch seine praktischen Handlungen für Anbieter, bezogen auf Nachfrager. Zweifelhafter ist es, wenn quasi-paradigmatisch orientierte Forscher Hypothesen einer Theorie in Feld-Experimenten prüfen und folgende Schlüsse ziehen: (1) Da sich die Theorie auch in der ‚natürlichen' Welt (nicht nur im artifiziellen Labor) bewährt, ist ihre Erklärungskraft um so höher. (2) Wenn die aufgesuchten, in der ‚Natur' variierten konkreten Anteile des Explanans (Anfangsbedingungen) denen gleichen, die bei praktischen Problemen auftreten, dann sind zwei Problemtypen auf einmal zu bewältigen: Die Untersuchung stärkt die Erklärungskraft der wissenschaftlichen Theorie, und man muß nur (aber wie denn?!) diese Anfangsbedingungen an anderen Orten in Zeit und Raum gleichartig herstellen (unter gleichen oder anderen Randbedingungen), dann wird das gleiche Explanandum immer wieder, jetzt als Sollzustand, herstellbar sein. Gniech und Grabitz (1978, S. 60f.) zitieren ein paar prominente Beispiele hierzu aus quasi-paradigmatischer Forschung zur Theorie psychologischer Reaktanz. Durch das Aufsuchen einer „mundane reality" (Carlsmith, Ellsworth & Aronson, 1976) wird aus quasi-paradigmatischer Forschung nicht inhaltlich- oder gar operativ-technologische Forschung, nur weil sich die Anfangsbedingungen in dem Realitätsbereich auffinden, in dem auch praktische Probleme zu lösen sind. Wenn Wissenschaftsforscher auf diese Weise rechtfertigen, daß ihr Tun auch praxisrelevant und nützlich sei, schaden sie dem Status wissenschaftlicher und technologischer Forschung gleichermaßen. Obwohl dergleichen zunehmend angewandte Sozialpsychologie sensu Marktpsychologie oder „consumer psychology", sogar vom Standpunkt des „consumerism", genannt wird, hat es mit marktpsychologischen Forschungsprogrammen jeder Provenienz (wissenschaftlich und technologisch) wenig zu tun. Ein Beispiel genüge; das Abstract der Publikation (Cialdini, Bickman & Cacioppo, 1979, S. 2) wird zitiert:

"Recent discontent with scientific psychology, especially social psychology, was discussed and found to be caused, at least in part by a widespread perception among psychologists that the discipline has failed to act with social responsibility in researching and reducing areas of social concern. One such area of concern, consumer welfare, was examined. Social psychology's contribution was seen to be biased against the individual consumer for reasons that are primarily methodological rather than ideological. A study was conducted as an example of how social psychology theory and research could be directly and positively applied to the issue of consumer welfare. Procedures derived from aspiration level theory were employed in new car bargaining interaction sets in the field. Results indicated that a consumer could realize substantial savings on the price of a desired automobile by taking a tough bargaining stance in prior negotiations with the sales person. In addition to their practical value, the results also provided evidence for the external validity of earlier, laboratory work. Some implications for a social responsible social psychology of consumer issues are discussed."

Dieses Selbstverständnis bisheriger an Quasi-Paradigmata orientierter Forschung im Sprung über „Domain"-Forschung und technologische Innovation hinweg direkt in die Praxis hinein, finalisiert auf Werte und Ziele, die Beifall heischen, bildet sich unter dem politischen Druck aus, mit dem wissenschaftliche Forschung nach ihrem praktischen Nutzen gefragt wird, weil sie doch öffentlich alimentiert werde. Marktpsychologische Forschungsprogramme könnten der Verachtung anheimfallen, vor allem technologische Innovationsversuche, wenn dieser Druck wieder nachlassen sollte. (Ein Nebenergebnis dieses und des folgenden Enzyklopädie- und Handbuch- (Halb-) Bandes soll sein, solche Irritationen und Aufgeregtheiten in der Psychologie als Wissenschaft und Technologie – letztere in den Kinderschuhen – im Falle der Marktpsychologie zu beruhigen.)

1.3.5 Nachtrag: Zur Methodologie marktpsychologischer Technologie

Vielleicht nicht von ungefähr finden sich methodologische Überlegungen zur Psychologie als Technologien-Arsenal nicht in der Marktpsychologie, in die noch Hoyos (1964) so hohe Erwartungen setzte, daß er sie für weit erwachsener als die Klinische Psychologie hielt. Auch in letzterer scheinen Diagnostik und Therapie (kurative Bemühungen) stärker als Prävention und Rehabilitation beachtet zu werden. Von der Verhaltenstherapie her (oder: Verhaltensmodifikation, die ja auch ein Thema der Marktpsychologie ist, womit diese nicht folgerichtig als Teil der Klinischen Psychologie im Sinne von beruflicher Praxis nichtforschender Psychologen subsumiert werden kann) im Widerspruch zur psychoanalytischen Therapie fing man an, über Methoden von Technologien nachzudenken. Marktpsychologie im Sinne von technologischen Forschungsprogrammen wird dort vorerst Anleihen machen müssen. Als Schlüssel, um das Schloß zu diesem Feld aufzuschließen, findet sich Westmeyer und Hoffmann, Hrsg. (1977), dort insbesondere die Kommentare von Westmeyer zu den Arbeiten, die unter „6. Verhaltenstherapie und Technologie" zusammengefaßt werden, und Westmeyer und Manns (1977, S. 248ff.), in ihrer luziden Darstellung der methodologischen Zusammenhänge von wissenschaftlichen Theorien, technologischen Theorien und wissenschaftlich begründbaren Techniken.

Brocke (1978, 1979), wohl auch angeregt von Westmeyer, legt eine grundlegende Arbeit zu technologischen Prognosen im Sinne der „Elemente einer Methodologie der angewandten Sozialwissenschaften" vor (die Laumann, 1980 als Schüler von Albert in seiner Arbeit „Ansätze zu einer Methodologie der Prognostik" noch unbekannt ist). Schon(?) 1974 hat Lenk eine „Normenlogik – Grundproblem der deontischen Logik" herausgegeben, deren Tragweite für die Folgerungen aus technologischen Soll-Aussagen offenbar heute noch nicht in Betracht gezogen wird. Brocke (1980) entwickelt schließlich Zusammenhänge zwischen Wissenschaft und Technologie, die über die hier referierte Position von Bunge (1967) und Herrmann (1979a) hinauszuführen scheinen.

Alles in allem, und die folgenden Kapitel beider Bände werden dieses im Detail exemplifizieren, sind Forschungsprogramme in der Marktpsychologie noch weitgehend ‚Programm' im Sinne von Zukunfts-Erwartungen. Ist deshalb dieses Unternehmen der Marktpsychologie im Rahmen einer Enzyklopädie der Psychologie (oder gar der vorausgehenden Reihe eines Handbuches der Psychologie) überhaupt vertretbar? Dem Autor und Herausgeber erscheinen mehr programmatische als referierende Stellungnahmen, wie sie im folgenden reichhaltig zu finden sind, einschließlich sogar der für unseren Ort in Zeit und Raum unserer Wissenschaft resignativen Urteile, wissenschafts- und technologie-fördernd. Die Marktpsychologie als wissenschaftliches und technologisches Forschungsprogramm ist weniger deskriptiv als präskriptiv. Präskriptionen mögen vermehrt individuale Normen für psychologische Forscher werden; der Herausgeber und Autor dieses Kapitels bleibt so oder so gelassen, wenn diese Präskriptionen zu sozialen Normen gerinnen. Soweit und solange es Märkte gibt, ist jeder Teilhaber an Märkten in manchen sozialen Rollen Nachfrager, und fast alle Teilhaber sind in anderen sozialen Rollen an anderen Teilmärkten Anbieter. Marktpsychologie wird sich sicherlich nicht in ‚Konsumentenpsychologie' zum Nutzen von Anbietern erschöpfen wollen.

Es ist kein Trost, daß Witte (Hrsg.) jüngstens „Der praktische Nutzen empirischer Forschung" (1981) vorlegt, ein Werk, in dem die Autoren Selbstverständnis der Betriebswirtschaftslehre zwischen „Domain"-Forschung und Technologie-Forschung zu finden suchen, meint der Autor dieses Kapitels doch, daß Betriebswirtschaftslehre das zeitlich früheste Pendant sozialwissenschaftlich orientierter Technologien im Vergleich zu naturwissenschaftlich orientierten (Ingenieur-) Technologen sei. Dieser Autor sieht (wie Herrmann, 1979a) keine wissenschaftliche Begründung, den Technologien einen geringeren Status als den Wissenschaften zuzuweisen. (Er kann jedoch ebensowenig Politikern à la Senator Proxmire (USA) folgen, die den Wissenschaften einen geringeren Status als den Technologien zuweisen, im Sinne von Wissenschaft als einer Magd von Technologie.) Es ist ein Trost, vor allem mit Hilfe von Brockhoff „Entscheidungsforschung und Entscheidungstechnologie" (in Witte, Hrsg., 1981), wenn technologische Regeln für die Praxis von kollektiven und individuellen Entscheidungen betont werden. Bunge (1967) sieht gerade in Entscheidungs-Techniken prominente Beispiele verhaltens- und sozialwissenschaftlicher Technologie voraus. Vielleicht nähern sich gerade hier Betriebswirtschaftslehre (und Mikro-Ökonomie) und (Sozial-) Psychologie einander, nicht nur zur Lösung von Problemen, die unter die Rubrik „Markt"-Psychologie fallen (siehe hierzu: Irle, Hrsg., 1982). Technologische Entscheidungs-Regeln oder Entscheidungshilfe-Verfahren — zu subjektiv rationalen Entschlüssen der Auswahl optimaler Handlungs-Alternativen — scheinen der Angelpunkt verhaltens- und sozialwissenschaftlich bezogener Technologien zu werden.

Literatur

Acham, K. Theoretische Sozialwissenschaft und historische Erklärung. Einige Betrachtungen zum Deskriptionismus und Eklektizismus in den Gesellschaftswissenschaften. In H. Albert & K. Stapf (Hrsg.), Theorie und Erfahrung — Beiträge zur Grundlagenproblematik der Sozialwissenschaften. Stuttgart: 1979, 163–191.

Albert, H. Aufklärung und Steuerung. Hamburg: 1976.

Albert, H. Traktat über rationale Praxis. Tübingen: 1978.

Albert, H. Traktat über kritische Vernunft. Tübingen: 1980 (4. verb. Auflage).

Allport, F.H. Theories of perception and the concept of structure. New York, N.Y.: 1955.

Allport, G.W. The historical background of modern social psychology. In G. Lindzey (Ed.), Handbook of social psychology. Reading, Mass.: 1954, 1–56.

Arrow, K.J. Utility and expectation in economic behavior. In S. Koch (Ed.), Psychology – A study of a science, (Vol. 6). New York, N.Y.: 1963, 724–752.

Bellows, R.M. Industrial psychology. In C.P. Stone & D.W. Taylor (Eds.), Annual review of psychology, (Vol. 2). Stanford, Calif.: 1951, 173–189.

Berliner Festspiele GmbH (Gesamtherausgeber). Preußen – Versuch einer Bilanz. Katalog in fünf Bänden. Reinbeck: 1981.

Bollmus, R. Handelshochschule und Nationalsozialismus. Mannheimer Sozialwissenschaftliche Studien, (Bd. 8). Meisenheim: 1973.

Brehm, J.W. A theory of psychological reactance. New York, N.Y.: 1966.

Britt, S.H. Psychological principles of marketing and consumer behavior. Lexington, Mass.: 1978.

Brocke, B. Technologische Prognosen – Elemente einer Methodologie der angewandten Sozialwissenschaften. Freiburg, München: 1978.

Brocke, B. Aspekte einer Methodologie der angewandten Sozial- und Verhaltenswissenschaften. Zeitschriften für Sozialpsychologie, 1979, **10**, 2–29.

Brocke, B. Wissenschaftstheoretische Grundlagenprobleme der Angewandten Psychologie – Das Abgrenzungs-, Konstituenten- und Fundierbarkeitsproblem. Zeitschrift für Sozialpsychologie, 1980, **11**, 207–224.

Brockhoff, K. Entscheidungsforschung und Entscheidungstechnologie. In E. Witte (Hrsg.), Der praktische Nutzen empirischer Forschung. Tübingen: 1981.

Bruner, J.S. On perceptual readiness. Psychological Review, 1957, **64**, 123–152.

Bunge, M. Scientific research II – The search for truth. New York, N.Y.: 1967.

Campbell, D.T. & Stanley, J.C. Experimental and quasi-experimental designs for research. Urspr. in N.L. Gage (Ed.), Handbook of research on teaching. Chicago, Ill.: 1963; selbst. publiziert: 1966.

Carlsmith, J.M., Ellsworth, P.C. & Aronson, E. Methods of research in social psychology. Reading, Mass.: 1976.

Cartwright, D. A field theoretical conception of power. In D. Cartwright (Ed.), Studies in social power. Ann Arbor, Mich.: 1959, 183–220.

Cialdini, R.B., Bickmann, L. & Cacioppo, J.T. An example of consumeristic psychology — Bargaining tough in the new car showroom. Journal of Applied Social Psychology, 1979, 9, 115—126.

Cook, T.D. & Campbell, D.T. Quasi-experimentation — Design and analysis issues for field settings. Chicago, Ill.: 1979.

Deutsch, M. A theory of cooperation and competition. Human Relations, 1949a, **2**, 129—151.

Deutsch, M. An experimental study of the effects of cooperation and competition. Human Relations, 1949b, **2**, 199—231.

DFG-Forschungsbericht Fluglärmwirkung. Boppard: 1974.

Dimitroff, G. Arbeiterklasse gegen Faschismus. Moskau, Leningrad: 1935.

Directory of the American Psychological Association, 1978 edition. Washington, D.C.: 1978.

Dunette, M.D. (Ed.), Handbook of industrial and organizational psychology. Chicago, Ill.: 1976.

Engel, J.F., Kollat, D.T. & Blackwell, R.D. Consumer behavior. (2nd ed.). Hinsdale, Ill.: 1973.

Ferguson, L.W. Industrial psychology. In P.R. Farnsworth & Q. McNemar (Eds.), Annual review of psychology, (Vol. 9). Palo Alto, Calif.: 1958, 242—266.

Festinger, L. A theory of cognitive dissonance. Stanford, Calif.: 1957. (Deutsche Übersetzung: Theorie der kognitiven Dissonanz. Bern: 1978)

Fromkin, H.L. & Streufert, S. Laboratory experimentation. In M.D. Dunette (Ed.), Handbook of industrial and organizational psychology. Chicago, Ill.: 1976, 415—465.

Gebert, D. & v. Rosenstiel, L. Organisationspsychologie — Person und Organisation. Stuttgart: 1981.

Gilmer, B. von Haller. Industrial psychology. In P.R. Farnsworth & Q. McNemar (Eds.), Annual review of psychology, (Vol. 11). Palo Alto, Calif.: 1960, 323—350.

Gniech, G. & Grabitz, H.-J. Freiheitseinengung und psychologische Reaktanz. In D. Frey (Hrsg.), Kognitive Theorien der Sozialpsychologie. Bern: 1978, 48—73.

Guest, L. Consumer analysis. In P.R. Farnsworth, O. McNemar & Q. McNemar (Eds.), Annual review of psychology, (Vol. 13). Palo Alto, Calif.: 1962, 315—344.

Haire, M. Industrial social psychology. In G. Lindzey (Ed.), Handbook of social psychology. Reading, Mass.: 1954, 1104—1123.

Harrwell, T.W. Industrial psychology. In C.P. Stone & D.W. Taylor (Eds.), Annual review of psychology, (Vol. 4). Stanford, Calif.: 1953, 215—238.

Heider, F. The psychology of interpersonal relations. New York, N.Y.: 1958.

Hempel, C.G. Wissenschaftliche und historische Erklärungen. In H. Albert (Hrsg.), Theorie und Realität — Studien in den Grenzbereichen der Wirtschafts- und Sozialwissenschaften. Tübingen: 1972, 237—261 (2. veränd. Aufl.). (Urspr.: Explanations in Science and in History, 1966)

Hempel, C.G. & Oppenheim, P. Studies in the logic of explanation. Philosophy of Science, 1948, 15, 135—175.

Herrmann, T. Die Psychologie und ihre Forschungsprogramme. Göttingen: 1976.

Herrmann, T. Psychologie als Problem — Herausforderungen der psychologischen Wissenschaft. Stuttgart: 1979a.

Herrmann, T. Pädagogische Psychologie als psychologische Technologie. In J. Brandstädter, G. Reinert & K.A. Schneewind (Hrsg.), Pädagogische Psychologie — Probleme und Perspektiven. Stuttgart: 1979b, 209—236.

Howard, J.A. & Sheth, J.N. The theory of buyer behavior. New York, N.Y.: 1969.

Hoyos, C. Graf. Denkschrift zur Lage der Psychologie. Wiesbaden: 1964.

Hoyos, C. Graf, Kroeber-Riel, W., v. Rosenstiel, L. & Strümpel, B. (Hrsg.). Grundbegriffe der Wirtschaftspsychologie. München: 1980.

Irle, M. Soziale Systeme — Eine kritische Analyse der Theorie von formalen und informalen Organisationen. Göttingen: 1963a.

Irle, M. Literaturbesprechung über Spiegel. B. Die Struktur der Meinungsverteilung im sozialen Feld — Das psychologische Marktmodell. Kölner Zeitschrift für Soziologie und Sozialpsychologie, 1963b, 15, 136—141.

Irle, M. Führungsverhalten in organisierten Gruppen. In A. Mayer & B. Herwig (Hrsg.), Betriebspsychologie. Handbuch der Psychologie, (Bd. 9). Göttingen: 1970, 521—551 (2. neubearb. Aufl.).

Irle, M. Macht und Entscheidungen in Organisationen — Studie gegen das Linie-Stab-Prinzip. Frankfurt, Wiesbaden: 1971.

Irle, M. Verhalten in organisierten Gruppen. In C.F. Graumann (Hrsg.), Handbuch der Psychologie, Bd. 12. Sozialpsychologie — 2. Halbband: Forschungsbereiche. Göttingen: 1972, 1865—1890.

Irle, M. Lehrbuch der Sozialpsychologie. Göttingen: 1975a.

Irle, M. Is aircraft noise harming people? In M. Deutsch & H.A. Hornstein (Eds.), Applying social psychology — Implications for research, practice, and training. Hillsdale, N.J.: 1975b, 115—135.

Irle, M. Theorie, empirische Forschung und Praxis in der Sozialpsychologie. In M. Irle (Hrsg.), Kursus der Sozialpsychologie. Darmstadt und Neuwied: 1978, 15—26.

Irle, M. Das Instrument der „Täuschung" in der Verhaltens- und Sozialwissenschaftlichen Forschung. Zeitschrift für Sozialpsychologie, 1979, 10, 305—330.

Irle, M. Kommunikation in Organisationen. In. C. Graf Hoyos, W. Kroeber-Riel, L. v.

Rosenstiel & B. Strümpel (Hrsg.), Grundbegriffe der Wirtschaftspsychologie. München: 1980, 378–385.

Irle, M. (Ed.). Studies in decision making – Social psychological and socio-economic analyses. Berlin, New York: 1982.

Irle, M. & Möntmann, V. Die Theorie der kognitiven Dissonanz – Ein Resümee ihrer theoretischen Entwicklung und empirischen Ergebnisse 1957–1976. In L. Festinger, Theorie der kognitiven Dissonanz. Bern: 1978, 274–365.

Jacoby, J. Consumer psychology as a social psychological sphere of action. American Psychologist, 1975, **30**, 977–987.

Jacoby, J. Consumer psychology – An octennium. In M.R. Rosenzweig & L.W. Porter (Eds.), Annual review of psychology, (Vol. 27). Palo Alto, Calif.: 1976a, 331–358.

Jacoby, J. Consumer and industrial psychology – Prospects for theory corroboration and mutal contribution. In M.D. Dunette (Ed.), Handbook of industrial and organizational psychology. Chicago, Ill.: 1976b, 1031–1061.

Kassarjian, H.H. Consumer psycholoy. In M.R. Rosenzweig & L.W. Porter (Eds.), Annual review of psychology, (Vol. 33). Palo Alto, Calif.: 1982.

Katona, G. Organizing and memorizing – Studies in the psychology of learning and teaching. New York, N.Y.: 1940.

Katona, G. Psychological analysis of economic behavior. New York, N.Y.: 1951.

Katona, G. The powerfull consumer. New York, N.Y.: 1960.

Katona, G. The relationship between psychology and economics. In S. Koch (Ed.), Psychology – A study of science, (Vol. 6). New York, N.Y.: 1963, 639–676.

Katona, G. Psychological economics. New York, N.Y.: 1975.

Katona, G., Strümpel, B. & Zahn, E. Aspirations and affluence. New York, N.Y.: 1971.

Katz, D. & Kahn, R.L. The social psychology of organizations. New York, N.Y.: 1966, 1978 (2nd revised edition).

Katzell, R.A. Industrial psychology. In P.R. Farnsworth & Q. McNemar (Eds.), Annual review of psychology, (Vol. 8). Palo Alto, Calif.: 1957, 237–268.

Keeney, R.L. & Raiffa, H. Decisions with multiple objectives – Preferences and value trade offs. New York, N.Y.: 1976.

Kendall, W.E. Industrial psychology. In P.R. Farnsworth & Q. McNemar (Eds.), Annual review of psychology, (Vol. 7). Stanford, Calif.: 1956, 197–232.

Kieser, A. & Kubicek, H. Organisation. Berlin: 1977.

Kirsch, W. Entscheidungsprozesse. Wiesbaden: 1970–71 (3bändig).

Klages, H. Rationalität und Spontaneität. Gütersloh, 1967.

Koch, S. (Ed.). Psychology – A study of science, (5 Vols.). New York, N.Y.: 1959–1963.

Kroeber-Riel, W. Marktpsychologie. In C. Graf Hoyos, W. Kroeber-Riel, L. v. Rosenstiel & B. Strümpel (Hrsg.), Grundbegriffe der Wirtschaftspsychologie. München: 1980a, 29–40.

Kroeber-Riel, W. Konsumentenverhalten. München: 1980b.

Kuhn, T.S. The structure of scientific revolutions. Chicago, Ill.: 1962. (Deutsche Übersetzung: Die Struktur wissenschaftlicher Revolutionen. Frankfurt: 1967)

Lane, R.E. Political science and psychology. In S. Koch (Ed.), Psychology – A study of science, (Vol. 6). New York, N.Y.: 1963, 583–638.

Laswell, H.D. & Kaplan, A. Power and society. New Haven, Conn.: 1950.

Laumann, H. Ansätze zu einer Methodologie der Prognostik. Dissertation, Mannheim: 1980.

Lenin, W.I. Der Imperialismus als höchstes Stadium des Kapitalismus. (3. Aufl.). Wien, Berlin: 1930.

Lenk, H. (Hrsg.). Normenlogik – Grundprobleme der deontischen Logik. Pullach: 1974.

Lewin, K. Principles of topological psychology. New York, N.Y.: 1936.

Lewin, K. The conceptual representation and the measurement of psychological forces. Durham, N.C.: 1938.

Lewin, K., Dembo, T., Festinger, L. & Sears, P.S. Level of aspiration. In J. Hunt (Ed.), Personality and the behavior disorders, (Vol. 1). New York, N.Y.: 1944, 333–378.

Lindzey, G. (Ed.). Handbook of social psychology, (2 Vols). Reading, Mass.: 1954.

Lindzey, G. & Aronson, E. (Eds.). The handbook of social psychology, (5 Vols). Reading, Mass.: 1968–1969.

Lipset, S.M., Lazarsfeld, P.F., Barton, A.H. & Linz, J. The psychology of voting – An analysis of political behavior. In G. Lindzey (Ed.), Handbook of social psychchology. Reading, Mass.: 1954, 1124–1175.

Lysinski, E. Zur Psychologie der Schaufensterreklame. Zeitschrift für Handelswissenschaft und Handelspraxis, 1919, **12**, 6–19.

Maccoby, E.E. & Maccoby, N. The interview – A tool of social science. In G. Lindzey (Ed.), Handbook of social psychology. Reading, Mass.: 1954, 449–487.

Marx, K. Manifest der Kommunistischen Partei. London: 1848. In Institut für Marxismus-Leninismus (Hrsg.), Karl Marx, Friedrich Engels (Bd. 4). Berlin: 1977, 459–493.

McClelland, D.C. The achieving society. Princeton, N.J.: 1961.

McGuire, W.J. The nature of attitudes and attitude change. In G. Lindzey & E. Aronson (Eds.), The handbook of social psychology, (Vol. 3) (2nd ed.). Reading, Mass.: 1969, 137–314.

Münsterberg, H. Grundzüge der Psychotechnik. Leipzig: 1913.

Mummendey, H.D. Was spricht gegen eine „Angewandte Sozialpsychologie"? Bielefelder Arbeiten zur Sozialpsychologie, Nr. 69. Universität Bielefeld: 1981.

v. Neumann, J. & Morgenstern, O. Theory of games and economic behavior. Princeton, N.J.: 1944.

Opp, K.-D. Methodologie der Sozialwissenschaften. Reinbeck: 1976 (revid. u. erweit. Ausgabe).

Perloff, R. Consumer analysis. In P.R. Farnsworth, M.R. Rosenzweig & J.T. Polefka (Eds.), Annual review of psychology, (Vol. 19). Palo Alto, Calif.: 1968, 437–466.

Popper, K.R. Logik der Forschung. Tübingen: 1966 (2. erw. Aufl.).

Raffée, H. & Silberer, G. (Hrsg.). Informationsverhalten des Konsumenten. Wiesbaden: 1981.

Riecken, H.W. & Boruch, R.F. Social experimentation – A method for planning and evaluating social intervention. New York, N.Y.: 1974.

v. Rosenstiel, L. & Ewald. D. Marktpsychologie. Stuttgart. 1979.

Scheerer, M. Cognitive theory. In G. Lindzey (Ed.), Handbook of social psychology. Reading, Mass.: 1954, 91–142.

Sears, D.O. Political behavior. In G. Lindzey & E. Aronson (Eds.), The handbook of social psychology, (Vol. 5). Reading, Mass.: 1969, 315–458.

Shartle, C.L. Industrial psychology. In C.P. Stone & D.W. Taylor (Eds.), Annual review of psychology, (Vol. 1). Stanford, Calif.: 1950, 151–172.

Silberer, G. Warentest, Informationsmarketing, Verbraucherverhalten. Berlin: 1979.

Simon, H.A. Administrative behavior – A study of decision-making processes in administrative organization. New York, N.Y.: 1976 (3. erw. Aufl.).

Simon, H.A. A behavioral model of choice. Quarterly Journal of Economics, 1955, **69**, 99–118.

Simon, H.A. Models of man. New York, N.Y.: 1957.

Simon, H.A. Economics and psychology. In S. Koch (Ed.), Psychology – A study of science, (Vol. 6). New York, N.Y.: 1963, 685–723.

Simon, H.A. Psychology and economics. In G. Lindzey & E. Aronson (Eds.), The handbook of social psychology, (Vol. 5). Reading, Mass.: 1969, 269–314.

Specht, G. Die Macht aktiver Konsumenten. Stuttgart: 1979.

Spiegel, B. Werbepsychologische Untersuchungsmethoden. Berlin: 1958.

Spiegel, B. Die Struktur der Meinungsverteilung im sozialen Feld – Das psychologische Marktmodell. Bern: 1961.

Tobin, J. & Dolbear Jr., F.T. Comments on the relevance of psychology to economic theory and research. In S. Koch (Ed.), Psychology – A study of science, (Vol. 6). New York, N.Y.: 1963, 677–684.

Twedt, D.W. Consumer psychology. In P.R. Farnsworth, O. McNemar & Q. McNemar (Eds.), Annual review of psychology, (Vol. 16). Palo Alto, Calif.: 1965, 265–294.

Varela, J.A. Psychological solutions to social problems. New York, N.Y.: 1971.

Varela, J.A. Can social psychology be applied? In M. Deutsch & H.A. Hornstein (Eds.), Applying social psychology – implications for research, practice, and training. Hillsdale, N.J.: 1975.

Varela, J.A. Social technology. American Psychologist, 1977, **32**, 914–923.

Vetter, H. Wahrscheinlichkeit und logischer Spielraum. Tübingen: 1967.

Webb, E.J., Campbell, D.T., Schwartz, R.D. & Sechrest, L. Unobtrusive measures – Nonreactive research in the social sciences. Chicago, Ill.: 1966.

Weber, M. Die „Objektivität" sozialwissenschaftlicher und sozialpolitischer Erkenntnis (1904). In J. Winkelmann (Hrsg.), Gesammelte Aufsätze zur Wissenschaftslehre von Max Weber. Tübingen: 1951.

Weber, M. Die protestantische Ethik und der Geist des Kapitalismus. In J. Winkelmann (Hrsg.), Max Weber. Die protestantische Ethik I. München, Hamburg: 1969, 27–277.

Weinert, A.B. Lehrbuch der Organisationspsychologie. München: 1981.

Westmeyer, H. & Hoffmann, N. (Hrsg.), Verhaltenstherapie. Hamburg: 1977.

Westmeyer, H. & Manns, M. Beobachtungsverfahren in der Verhaltensdiagnostik. In H. Westmeyer & N. Hoffmann (Hrsg.), Verhaltenstherapie. Hamburg: 1977, 248–262.

Witte, E. (Hrsg.). Der praktische Nutzen empirischer Forschung. Tübingen: 1981.

2. Kapitel

Die Funktionsfähigkeit von Konsumgütermärkten

Gerhard Scherhorn

2.1 Einleitung

Der Beitrag der *Wirtschaftswissenschaft* zur Theorie des Marktes besteht in der Erkenntnis, daß der Markt ein besonderes soziales Gebilde mit eigenen Gesetzmäßigkeiten ist, die aber nur dann frei wirken können, wenn das Verhalten der unmittelbar Beteiligten, der Anbieter und Nachfrager, mit Einschränkungen und Auflagen versehen wird. Zum Markt gehört daher neben den Anbietern und Nachfragern ein drittes: die marktpolitischen Instanzen. Sie sind es, die die Funktionsfähigkeit des Marktes zu sichern haben. Im Zentrum des ökonomischen Forschungsinteresses am Markt steht die Frage nach den gestaltenden Eingriffen, die nötig sind (und auch nach denen, die unnütz oder schädlich sind), die Funktionsfähigkeit des Marktes zu erhalten oder zu verbessern. Das setzt die Analyse der Funktionsweise von Märkten voraus. Diese allerdings erscheint in der ökonomischen Literatur bisher weitgehend auf einen Teilaspekt des Marktes verengt, auf die Logik des rationalen Marktverhaltens und, soweit es um tatsächliches Verhalten geht, auf das Verhalten der Anbieter. Doch gewinnt das Bestreben an Boden, diese Selbstbeschränkung aufzuheben – vor allem bei jenen, die sich mit Konsumgütermärkten beschäftigen.

Die Marktpsychologie hat es überwiegend mit Konsumgütermärkten zu tun. Doch scheint sie diese unter einem ähnlich verengten Aspekt zu betrachten. Sie konzentriert sich auf das Nachfragerverhalten, untersucht es aber überwiegend aus der Anbieterperspektive (S. 72f., 76ff., 84ff.). Für eine Sozialwissenschaft, die sich der experimentellen Erforschung des Verhaltens und Erlebens von Menschen verschrieben hat, bilden die Nachfrager auf Konsumgütermärkten ohne Zweifel ein ergiebiges Untersuchungsfeld. Es könnte jedoch ohne solch verengte Perspektive weit ergiebiger und relevanter sein. Doch das Verhalten der Nachfrager bietet noch einen anderen Aspekt: die Analyse der Nachfragerperspektive. Wird dieser Aspekt vernachlässigt, so entsteht ein verzerrtes Bild vom Markt und von den Konsumenten.

Solcher Einseitigkeit der ökonomischen ebenso wie der psychologischen Verengung des Marktbildes sollen die Ansätze zu einer allgemeineren Deutung von Märkten entgegenwirken, die im *Kapitel 2.2* zusammengestellt sind. In der neueren Literatur zur Markttheorie gibt es Anzeichen dafür, daß das Markt-Paradigma sich wandelt. Es ist mit dem Begriff Wettbewerb nicht mehr zutreffend beschrieben. „Abwanderung und Widerspruch" scheint eine Formel zu sein, die dem Paradigma eher gerecht wird. Die Rolle der Nachfrager, gerade auf Konsumgütermärkten, rückt dadurch in ein anderes Licht.

Konsumgütermärkte sind das Ergebnis einer historischen Entwicklung, die man nicht als abgeschlossen betrachten sollte. Im *Kapitel 2.3* wird der in hochentwickelten Volkswirtschaften gegenwärtig vorherrschende Markttyp dargestellt und seine innere Dynamik beschrieben. Daß die Evolution des Marktes nicht abgeschlossen ist, wird besonders in der Analyse der Marktsignale deutlich. Die Kommunikation zwischen Anbietern und Nachfragern ist Störungen ausgesetzt, die es den Nachfragern erschweren, ihre Bedarfsvorstellungen wirksam zur Geltung zu bringen.

Dazu tragen nicht zuletzt die Restriktionen einer anbieterorientierten Sicht des Marktes bei *(Kapitel 2.4)*, wie sie auch in der Marktpsychologie vorherrscht. Strukturelle Schwächen der Nachfragerposition auf Konsumgütermärkten werden nicht, wie es nötig wäre, abgebaut, sondern verstärkt und durch manipulative Anbieterstrategien ausgenutzt. Die resultierende Unzufriedenheit der Konsumenten kann zum Teil auf solche Schwächen der Nachfragerposition zurückgeführt werden, zum Teil dürften ihre Ursachen in einem Unvermögen zur Bewältigung von Wohlstandsproblemen liegen, das von einer einseitigen „Sozialisation für den Markt" gefördert wird.

Als Alternativen zum Markt werden einerseits planwirtschaftliche, andererseits naturalwirtschaftliche Lösungen diskutiert. Beide erweisen sich als wenig geeignet, die dem Markt zugeschriebenen Nachteile zu beseitigen. Die Diskussion über Marktalternativen scheint die evolutionären Tendenzen in heutigen Konsumgütermärkten zu übersehen. Im *Kapitel 2.5* wird dargelegt, daß solche Tendenzen auch von den Konsumenten ausgehen. Es sind Tendenzen zu mehr Selbstbestimmung der Nachfrager und mehr sozialer Kontrolle über die Anbieter. Sie erwachsen aus der Reaktion auf veränderte Marktbedingungen. Die Marktpolitik scheint ihnen in einem Prozeß von Versuch und Irrtum nachzukommen, soweit sie dominant werden. Drei Ansatzpunkte der Marktpolitik werden besonders hervorgehoben: der Wettbewerb der Anbieter, die Kommunikation zwischen Anbietern und Nachfragern und die Repräsentation der Nachfrager.

Es ist keine abgerundete Markttheorie, die in den 4 Kapiteln dieses Beitrags dargestellt wird. Die Theorie des Marktes, soweit es sie schon gibt, ist weder ausgearbeitet noch umfassend. Sie besteht großenteils erst aus Ansätzen. Aber auch die vorhandenen Ansätze werden in diesem Beitrag nicht vollständig abgehandelt. So wurde all das weggelassen oder lediglich angedeutet, was nach dem Urteil des Autors den Erkenntnisinteressen und Untersuchungsmethoden der Marktpsychologie nicht zugänglich ist.

Weggelassen wurde auch vieles von den bisherigen Arbeiten und Erkenntnissen der verhaltenswissenschaftlich orientierten Konsumforschung. Denn diese ist bisher überwiegend absatzwirtschaftlich orientiert. Nichts gegen eine Psychologie der absatzpolitischen Instrumente — aber ihr fehlt es an nichts. Es war die Absicht des Autors, vor allem jene Bereiche der Markttheorie zu behandeln, die von der Marktpsychologie bisher weniger beachtet werden, obwohl sie ihr nicht weniger zugänglich sind.

Dieses Auswahlprinzip wurde nicht deshalb gewählt, weil der Autor sich für eine nachfrageorientierte Sicht des Marktes mehr interessiert als für eine anbieterorientierte. Er interessiert sich für sie besonders, weil ihre bisherige Vernachlässigung daran schuld ist, daß eine abgerundete Sicht des Marktes (und, nebenbei, auch der Volkswirtschaft) bis heute nicht existiert.

Um diese Sicht geht es. Viele der interessantesten Probleme, die der Markt an die Untersuchung des Erlebens und Verhaltens der Marktteilnehmer zu vergeben hat, erschließen sich erst, wenn man über die Minderung der Absatzrisiken hinaus auch die Minderung der Kaufrisiken ins Auge faßt (und diese am Nachfragerinteresse statt am Anbieterinteresse mißt); wenn man über der Steigerung der Umsätze die Frage nicht vergißt, ob die Nachfrager eine reale Chance hatten, abweichende Interessen zur Geltung zu bringen; wenn man vor lauter Anbietern und Nachfragern nicht verlernt, den Markt zu sehen — im Markt ein Institut der Kommunikation über Bedarfe und Ressourcen zu sehen, das seine einzigartigen Kosten- und Effizienzvorteile nur unter dem Patronat einer Marktpolitik entfalten und erhalten kann, die einen Verstand dafür hat, daß diese Vorteile auf zweiseitiger Kommunikation beruhen statt auf dem Überredungsgeschick der Anbieterseite.

Sollte es hie und da gelungen sein, dem Leser vor Augen zu führen, daß hier in der Tat faszinierende Themen gerade für psychologische Untersuchungen liegen, so ist das übrigens zu einem nicht geringen Teil Bernd Biervert, Heiner Imkamp, Hans Kammler und Wolfgang Scholl zu verdanken, die eine frühere Fassung des Manuskripts kritisch durchgesehen und zahlreiche Einwände und Anregungen beigesteuert haben. Was an Unzulänglichkeiten stehengeblieben ist, fällt dem Autor zur Last.

2.2 Auf dem Wege zu einer Markttheorie

2.2.1 Vom vollkommenen zum funktionsfähigen Wettbewerb

2.2.1.1 *Wettbewerb als Prozeß und als Struktur*

Die wissenschaftliche Beschäftigung mit dem Markt hat in der Ökonomie begonnen und ist dort am weitesten vorangeschritten. Strenggenommen aber hat sich die ökonomische Theorie bisher nur mit einer der beiden Marktseiten intensiv beschäftigt: mit den Anbietern. Zwei Theoriestücke sind dem Markt gewidmet: die Preistheorie und die Wettbewerbstheorie. Ihr eigentlicher Gegenstand ist nicht der Markt in seiner Gesamtheit, sondern der Wettbewerb der Anbieter. Die Rolle der Nachfrager ist in diesen Theorien darauf beschränkt, auf das Güterangebot mit der Abnahme größerer oder geringerer Mengen zu reagieren.

Das ist leicht erklärt. Die ökonomische Analyse hat sich seit ihren Anfängen überwiegend mit jenen Gütern beschäftigt, die zur Steigerung der allgemeinen Wohlfahrt nachhaltig vermehrbar sind, mit den Gütern der landwirtschaftlichen und *industriellen Massenproduktion* also, die Hirsch (1976) als „material goods" bezeichnete. (Den weniger oder gar nicht vermehrbaren „positional goods" hat die Wirtschaftswissenschaft im Vergleich dazu nur flüchtige Aufmerksamkeit geschenkt). Die Massenproduktion aber war möglich geworden, weil es eine Arbeitsteilung nicht nur zwischen Berufen gab, sondern auch zwischen Produzenten und Konsumenten. Die Konsumenten waren in dieser Arbeitsteilung keineswegs Auftraggeber, sondern Abnehmer. Sie akzeptierten die fertigen Güter oder akzeptierten sie nicht, hatten aber in den Produktionsentscheidungen und im Produktionsprozeß nicht mitzureden.

Die Aufgabe, den Volkswohlstand zu mehren, war insoweit den Unternehmen übertragen. Diese Aufgabe wird am besten gelöst, wenn auf jedem Stand der technischen und wirtschaftlichen Entwicklung zugleich die optimale Allokation der Produktionsfaktoren und die weitere Erhöhung der volkswirtschaftlichen Produktionskapazität angestrebt wird. Die optimale Allokation kann als jener Zustand einer Volkswirtschaft beschrieben werden, in dem keine alternative Verwendung von Arbeit, Kapital und natürlichen Ressourcen denkbar ist, die dazu führen würde, daß von irgendeinem Gut mehr zur Verfügung steht, ohne daß auf andere Güter verzichtet werden muß, oder daß die Versorgung irgendeines Konsumenten verbessert wird, ohne daß andere schlechter gestellt werden müssen.

Die Lösung dieser Aufgabe erwartete man vom Wettbewerb der Anbieter. Allerdings gab es zwei verschiedene Auffassungen vom Wettbewerb. Bei den ökonomischen Klassikern und ihren Vorläufern galt der *Wettbewerb als Prozeß,* in dem die konkurrierenden Anbieter eines Gutes, die in der Hoffnung auf einen hohen Preis zusammengenommen mehr produziert haben als zu diesem Preis abzusetzen ist, einander unterbieten, um die überschüssigen Mengen absetzen zu können. Kamen solche Wettbewerbsprozesse in Gang, so konnte folglich erwartet werden, daß größere Mengen produziert und zu geringeren Preisen abgegeben wurden als im Monopol, und daß der Anreiz für die Anbieter, sich an den Bedürfnissen der Nachfrager zu orientieren, größer war.

Schon die nächste Generation ökonomischer Denker hat die dynamische Deutung des Wettbewerbs aufgegeben. Sie war nicht an dem kompetitiven Prozeß interessiert, sondern an der formalen Darstellung jener *Marktstruktur,* die sich im gedachten Endzustand des Wettbewerbsprozesses, in dem optimale Allokation erreicht ist, herausgebildet hat: ein homogenes Gut wird angeboten, kein Anbieter ist so groß, daß andere auf seine Reaktionen Rücksicht nehmen müßten, kein einzelner Anbieter hat folglich Einfluß auf den Preis, der Preis ist soweit gesunken, daß er gerade noch die Kosten deckt, die produzierte Menge könnte zu diesem Preis nur noch gesteigert werden, wenn die Anbieter mit Verlust produzierten (McNulty, 1967).

Dieses statische Marktmodell, das den Namen „vollkommener Wettbewerb" erhielt, hat sich zwar in den Lehrbüchern der volkswirtschaftlichen Preistheorie behauptet (Stigler, 1957). Aber sein Realitätsbezug war von Anfang an begrenzt und ist im Lauf der letzten Jahrzehnte noch weit geringer geworden. Heute kann von vielen kleinen Anbietern und von homogenen Produkten nicht mehr die Rede sein. Zwei Faktoren sind dafür verantwortlich: die wirtschaftliche Konzentration und die Differenzierung der Produkte. Beide werden als nicht reversibel betrachtet, die *Konzentration* wegen der Kostenvorteile der großen Unternehmenseinheit, die *Produktdifferenzierung* weil sie der Differenziertheit des Konsumentengeschmacks entgegenkommt. Konsumgütermärkte mit diesen Strukturmerkmalen sind von der atomistischen Marktstruktur der vielen kleinen Anbieter homogener Güter allzuweit entfernt, als daß ihnen die Konzeption des vollkommenen Wettbewerbs noch gerecht werden könnte.

2.2.1.2 Die Konzeption der Funktionsfähigkeit

An die Stelle jener Konzeption trat die Vorstellung vom *funktionsfähigen* Wettbewerb. Dieser Begriff steht für eine Konzeption, die sich von der des vollkommenen Wettbewerbs in zwei Punkten unterscheidet. Sie greift auf die klassische Vorstellung vom Wettbewerb als einem dynamischen Prozeß zurück (Clark, 1961), und sie geht davon aus, daß die konkurrierenden Anbieter nicht unbedingt sehr zahlreich und die Güter nicht unbedingt homogen sein müssen. In einem weiteren Punkt dagegen gleichen sich die beiden Auffassungen. Auch die Konzeption vom funktionsfähigen Wettbewerb ist aus wirtschaftspolitischen

Zielvorstellungen abgeleitet. Sie orientiert sich an den gesamtwirtschaftlich erwünschten Ergebnissen des Wettbewerbs, die jetzt als Funktionen bezeichnet werden. So wird vom Wettbewerb erwartet, daß er eine leistungsgerechte Einkommenverteilung hervorbringt, daß er die Zusammensetzung des Güterangebots nach den Käuferpräferenzen steuert, daß er die Produktionsfaktoren in die produktivsten Einsatzmöglichkeiten lenkt, daß er die Produktionskapazität flexibel an sich ändernde Bedingungen anpaßt und daß er die Durchsetzung des technischen Fortschritts beschleunigt (Kantzenbach, 1966).

Für die Entwicklung einer empirisch gehaltvollen Markttheorie hat sich die Ausrichtung an gesamtwirtschaftlichen Zielen als Hindernis erwiesen. So ist es bisher nicht gelungen, empirisch eindeutige Beziehungen zwischen Indikatoren für den Wettbewerb einerseits und Indikatoren für die Marktergebnisse andererseits zu finden. Dennoch kann man in der Konzeption des funktionsfähigen Wettbewerbs zugleich auch einen Fortschritt auf dem Wege zu einer *empirischen Markttheorie* – einer der Erklärung des Marktgeschehens gewidmeten, der kritischen Prüfung zugänglichen Theorie (Albert, 1968) – sehen. Die zentrale Denkfigur in dieser Konzeption ist der Begriff der Funktionsfähigkeit. In ihm kommt zum Ausdruck, daß man den Wettbewerb nicht mehr an einem raumzeitunabhängigen Marktmodell mißt, sondern bereit ist zu fragen, was Wettbewerb unter den jeweiligen Bedingungen leistet und was an politischen Eingriffen jeweils erforderlich ist, diese Leistungsfähigkeit zu verbessern.

Die Fruchtbarkeit dieser Konzeption wird dann besonders sichtbar, wenn die Leistungsfähigkeit des Wettbewerbs nicht mehr darin gesehen wird, gesamtwirtschaftliche Zielvorstellungen zu erfüllen, sondern darin, Probleme der Nachfrager zu lösen. Diese Akzentverschiebung deutet sich bereits in jener neueren Variante der Wettbewerbstheorie an, die der Wettbewerbspolitik nur mehr die Aufgabe zuweist, anhand von Strukturkriterien und Verhaltensregeln die Freiheit zum Wettbewerb zu sichern, die schon für sich genommen für erstrebenswert gehalten wird, und die Ergebnisse des Wettbewerbs der Bewertung durch die Marktparteien überläßt (zur Dogmengeschichte: Herdzina, 1974).

2.2.2 Vom Wettbewerb zum Markt

2.2.2.1 Von der Wettbewerbspolitik zur Marktpolitik

Klammert man aus Preistheorie und Wettbewerbstheorie normative Aussagen aus und zieht lediglich die empirisch gehaltvollen Sätze in Betracht, so erhält man genaugenommen eine Sammlung von Erkenntnissen über Marktmacht (Arndt, 1973). *Macht* bedeutet nach Max Weber jede Chance, innerhalb einer sozialen Beziehung den eigenen Willen auch gegen Widerstreben durchzusetzen, gleichviel worauf diese Chance beruht (Weber, 1921), ob auf erzwungener oder freiwilliger Unterwerfung, auf Gewalt oder Wissen. Webers Machtbegriff ist wertfrei in dem Sinne, daß es für die Definition der Macht keine Rolle spielt, ob der Machtausübende seine Vorstellungen gegen das Widerstreben oder mit der Zustimmung der ihm Unterworfenen verwirklicht. Entscheidend ist die Durchsetzbarkeit des eigenen Willens, das Ausmaß also, in dem die eigenen Ziele verfolgt werden können, ohne daß der Machtausübende Rücksicht auf entgegengesetzte Interessen anderer nimmt. Macht kann daher ebensogut in der Chance bestehen, andere zur Identifikation mit den eigenen Zielen und Handlungen zu bewegen. Als mögliche Grundlagen der Macht nennen French und Raven (1959) die Ausstattung mit Zwangsmitteln sowie Möglichkeiten der Bestrafung und der Belohnung, ferner die Legitimation, den Informationsvorsprung und die Attraktivität des Machtausübenden (die deutsche Version dieser Begriffe nach Scholl, 1981).

Unter den Grundlagen der *Anbietermacht* fehlt die Ausstattung mit Zwangsmitteln. Die Nachfrager können von den Anbietern zwar in gewissen Grenzen mit Belohnungen (Prestigekonsum) und Bestrafungen (angstmachende Werbung) traktiert, nicht aber mit Gewalt gezwungen werden, ein Angebot zu akzeptieren. Ein Äquivalent der Legitimität dagegen ist den Anbietern wirtschaftlicher Güter durchaus gegeben; es besteht im Eigentum an den Produktionsmitteln (Streißler, 1980). Auch der Informationsvorsprung und die Attraktivität (das Image) gehören unstreitig zu den Grundlagen der Anbietermacht.

Anbieter sind bestrebt, für ihre Güter Tauschpartner zu gewinnen und zu halten. Ihr Angebot muß folglich zwei Bedingungen genügen: es muß einerseits mit ihren eigenen Möglichkeiten, Vorstellungen und Bedürfnissen – kurz: mit ihren eigenen *Interessen* – und andererseits mit den Interessen der Nachfrager übereinstimmen. Für jede dieser Bedingungen gibt es ein Minimum. Wird dieses unterschritten, so kommt das Angebot bzw. die Nachfrage gar nicht zustande. Zwischen den beiden Minima aber liegt eine Skala von Möglichkeiten, das Anbieterinteresse oder das Nachfragerinteresse stärker zu berücksichtigen. Je mehr Macht ein Anbieter über die Nachfrager ausüben kann, desto größer ist seine Möglichkeit, abweichende Interessen der Nachfrager zu überspielen. Marktmacht – hervorgerufen etwa durch das Nichtvorhandensein oder Fernhalten von Konkurrenzangeboten, durch besondere Knappheit und Begehrtheit des eigenen Angebotes, durch sorgfältige Pflege des eigenen Qualitätsimage – gibt dem Anbieter beispielsweise die Möglichkeit, höhere Preise zu fordern oder seine eigenen Vorstellungen über die Gestaltung der von ihm produzierten Automobile, Wohnhäuser o.dgl. besser durchzusetzen; die Nachfrager passen sich dem Anbieter umso eher an, je weniger Alternativen sie sehen.

Da es im allgemeinen angenehmer, bequemer, vorteilhafter ist, abweichende andere Interessen bei der Verfolgung des eigenen Interesses nicht mitberücksichtigen zu müssen, nutzen Anbieter die Macht, die sie haben, im allgemeinen auch zu Ungunsten der Nachfrager, d.h. sie neigen dazu, die Angebotsbedingungen gemäß ihrem eigenen Vorteil festzulegen. Darüberhinaus streben sie danach, ihre Macht über die Nachfrager zu erhöhen. Als Mittel zur Erhöhung der Anbietermacht gilt die Beschränkung des Wettbewerbs. Ist dieses Mittel verfügbar, so wird es von den Anbietern umso eher genutzt, je drückender sie den Zwang zur Berücksichtigung der Nachfragerinteressen empfinden, den der Wettbewerb ihnen auferlegt.

Bei Wettbewerb können die Nachfrager zwischen Anbietern wählen, die unabhängig voneinander ihre Angebotsbedingungen festsetzen. Wettbewerb bewirkt beim einzelnen Anbieter das Bemühen, in der Gestaltung des eigenen Angebots dem Interesse der Nachfrager mindestens ebensoweit entgegenzukommen wie die konkurrierenden Anbieter es tun. *Beschränkung* des Wettbewerbs bedeutet, daß Anbieter statt der Interaktion „Konkurrenz" eine der alternativen Interaktionen „Kooperation" und „Konflikt" wählen (Tuchtfeld, 1972). Kooperation bedeutet, daß Anbieter aufeinander Rücksicht nehmen, sich untereinander absprechen, Kartelle bilden, sich zusammenschließen (Konzentration als Grenzfall der Kooperation). Konflikt bedeutet, daß Anbieter andere Anbieter behindern, indem sie die Nachfrager über die Qualität des eigenen Angebots täuschen, sich über das Angebot der Konkurrenten herabsetzend äußern, Nachfragern Sonderleistungen und Schleuderpreise gewähren oder gar Liefersperren u.dgl. gegen Konkurrenten erwirken.

Die Neigung, den Wettbewerb zu beschränken, ist zwar nicht immer gleich groß. Sie hängt mit angebbaren Faktoren zusammen: mit der Größe und der Anzahl der Anbieter eines Marktes sowie mit der Sättigung der Nachfrage (Heuss, 1965). Vorhanden ist sie jedoch immer. Wettbewerb setzt daher eine *Wettbewerbspolitik* voraus, die die Anbieter von Kooperation und Konflikt abhält. In der Bundesrepublik ist dem ersten dieser beiden Ziele das Gesetz gegen Wettbewerbsbeschränkungen (GWB), dem zweiten das Gesetz gegen unlauteren Wettbewerb (UWG) gewidmet. Beide beruhen nicht auf einer positiven Definition des funktionsfähigen Wettbewerbs, die nicht möglich ist (Hoppmann, 1967), sondern auf einer Aufzählung unerwünschter Tatbestände, die von Zeit zu Zeit der Entwicklung angepaßt werden muß.

Die Sicherung des Wettbewerbs aber reicht offenbar nicht aus. Mehr und mehr werden die Wettbewerbsgesetze durch Verbraucherschutzvorschriften ergänzt. Diese können nur zum Teil als Maßnahmen gegen Konfliktstrategien der *Anbieter* gedeutet werden. Zum anderen Teil dienen sie dazu, den Handlungsspielraum der *Nachfrager* auf Konsumgütermärkten zu sichern oder zu erweitern — durch Einräumung von Kündigungsschutz oder Rücktrittsrechten beispielsweise oder durch Informationsauflagen für Anbieter. In solchen Vorschriften kommt zum Ausdruck, daß die Wettbewerbspolitik auf dem Wege zu einer

Marktpolitik ist, die das marktgerechte Verhalten *beider* Marktparteien zu sichern sucht. Was auf einem Markt an Ergebnissen erzielt wird, das geschieht nicht allein durch den Wettbewerb der Anbieter, sondern ist auch darauf angewiesen, daß die Nachfrager ihre Interessen wirksam zur Geltung bringen.

2.2.2.2 Quellen der Anbietermacht

Denn Anbietermacht entsteht nicht nur aus der Beschränkung des Anbieterwettbewerbs, zumal wenn dieser Begriff auf justiziable Aktivitäten der Anbieter begrenzt wird. Anbietermacht entsteht auch dann, wenn die *Nachfrager* nicht in der Lage sind, ihre Bedarfsvorstellungen ohne einseitige Beeinflussung durch den Anbieter zu bilden, sich über die zur Deckung ihres Bedarfs gegebenen Alternativen zutreffend zu informieren und ihre Entscheidungen sachkundig und situationsgerecht zu treffen.

Will man dies genauer untersuchen, so ist es nützlich, zwischen dem Parallelprozeß und dem Austauschprozeß auf Märkten zu unterscheiden (Hoppmann, 1968). Der *Parallelprozeß* spielt sich zwischen den konkurrierenden Mitgliedern einer Marktseite ab, der *Austauschprozeß* zwischen den Anbietern und den Nachfragern. Ist auf einem Markt der Wettbewerb durch Kooperation oder Konzentration beschränkt, so liegt die Quelle der Anbietermacht eindeutig im Parallelprozeß. Der Gegensatz zur Wettbewerbsbeschränkung ist dann „mehr Wettbewerb", also freier Marktzugang für zusätzliche Anbieter und/oder Verhinderung der Kooperations- und Konzentrationsprozesse. Wird der Wettbewerb dadurch beschränkt, daß Anbieter andere Anbieter behindern oder verdrängen, so liegt die Quelle der Anbietermacht teils im Parallelprozeß (Beispiel: ruinöse Preisunterbietung) und teils im Austauschprozeß (Beispiel: Anlocken von Nachfragern durch Täuschung). Der Gegensatz der Wettbewerbsbeschränkung ist dann „reinerer Wettbewerb", also das Durchsetzen von Regeln eines an der Marktleistung orientierten Anbieterverhaltens (Leistungswettbewerb).

Auch im Austauschprozeß kann es Anbietermacht geben, die durch „mehr Wettbewerb" aufgehoben wird. Das ist der Fall, wenn die Marktlage der Anbieter günstiger wird, weil aus marktexternen Gründen das Angebot knapper geworden ist (Beispiel: Mißernte) oder weil aus marktexternen Gründen (Beispiel: Bevölkerungsvermehrung) die Nachfrage gestiegen ist. Die *Marktlagenmacht* (Gäfgen, 1967) der Anbieterseite ist dann größer, die Anbieter können ihren Willen gegen den Widerstand der Nachfrager leichter durchsetzen. Aber Marktlagenmacht pflegt den Wettbewerb der Anbieter anzuregen, und die resultierende Vermehrung des Angebots bringt den Machtzuwachs wieder zum Verschwinden.

Eine auf den Wettbewerb der Anbieter konzentrierte Theorie kann dieses alles erfassen. Was sie nicht erfaßt, ist jene Anbietermacht im Austauschprozeß, die sich nicht in einen Gegensatz zum Wettbewerb bringen läßt und folglich durch „mehr" oder „reineren" Wettbewerb nicht verringert wird. Anbietermacht erhöht sich beispielsweise auch dadurch, daß das Angebot für die Nachfrager unübersichtlicher wird, sei es wegen zunehmender Heterogenität der Produkte, sei es infolge zunehmender Komplexität insbesondere bei technischen Geräten, deren Leistungsfähigkeit nur noch von Experten beurteilt werden kann. Anbietermacht erhöht sich auch dadurch, daß die Entscheidungstechniken, die die Nachfrager gelernt haben, der Entwicklung des Angebots und des Marketing weniger gerecht werden. Anbietermacht erhöht sich auch dadurch, daß Anbieter Schwächen von Nachfragern ausnutzen, daß sie ihnen Informationen vorenthalten, sie einseitig informieren, in ihnen unzutreffende Vorstellungen wachrufen – lauter Praktiken, die sich entweder nicht gegen die Konkurrenten richten oder rechtlich nicht als wettbewerbsminderndes, marktleistungsfremdes Anbieterverhalten verfolgt werden können, etwa weil sie allgemein üblich sind oder weil man nicht jegliches Anbieterverhalten verbieten kann.

Man mag einwenden, es sei doch relativ unbedeutend, was der Wettbewerbstheorie so entgeht. Der Einwand träfe nicht zu. In den folgenden Abschnitten, vor allem aber in 2.4 und 2.5 dürfte anschaulich werden, welch großer Teil des Erkenntnisobjektes „Markt" der Wettbewerbstheorie verschlossen bleibt. Marktgerechtes Nachfragerverhalten ist für die Funktionsfähigkeit von Märkten nicht weniger wichtig als der Wettbewerb der Anbieter. In der Marktpolitik setzt sich diese Erkenntnis mehr und mehr durch. Es ist an der Theorie, den Schritt von der Analyse des Wettbewerbs zur Analyse des Marktes zu tun. Von einer Markttheorie kann aber erst die Rede sein, wenn Anbieter und Nachfrager gleichermaßen den Gegenstand der Analyse bilden.

2.2.3 Von der ökonomischen zur allgemeinen Markttheorie

2.2.3.1 *Der Markt als Gefüge von Tauschbeziehungen*

Die ökonomische Analyse des Marktes wird vom Interesse an der effizienten und wachstumswirksamen Allokation der Ressourcen (S. 47f.) bestimmt. Einem so komplexen Phänomen wie dem Markt kann die Betrachtung aus diesem Blickwinkel allein nicht gerecht werden. Es gibt wenigstens zwei weitere Aspekte, unter denen man den Markt betrachten kann: als Gefüge von Tauschbeziehungen zwischen Anbietern und Nachfragern sowie als ein System der sozialen Kontrolle.

Auf sehr hoher Abstraktionsstufe kann man zwei Arten sozialer Gebilde unterscheiden, die Organisation und den Markt (Zetterberg, 1962). Als *soziales Gebilde* wird jeder Zusammenhang zwischen Menschen bezeichnet, der sich als Struktur von sozialen Beziehungen deuten läßt. Als *soziale Beziehung* gilt nach Max Weber ein seinem Sinngehalt nach aufeinander gegenseitig eingestelltes und dadurch orientiertes Sichverhalten mehrerer. Die soziale Beziehung besteht „in der Chance, daß in einer sinnhaft angebbaren Weise sozial gehandelt wird" (Weber, 1921). Als *Organisation* kann man ein soziales Gebilde ansehen, für das Herrschaftsbeziehungen konstitutiv sind. „Herrschaft soll heißen die Chance, für einen Befehl angebbaren Inhalts bei angebbaren Personen Gehorsam zu finden" (Weber, 1921). Aus der Organisation ist das Prinzip der Herrschaft selbst dort nicht wegzudenken, wo ihre Ziele nicht autoritär festgesetzt, sondern von allen Mitgliedern in gemeinsamer Abstimmung beschlossen und interpretiert werden — denn für den einzelnen sind diese Beschlüsse und Interpretationen bindende Handlungsanweisungen.

Für Märkte ist dagegen das Prinzip des freien Austausches konstitutiv. Der *Markt* ist als ein soziales Gebilde bezeichnet worden, in dem keine zentrale Führung existiert (Albert, 1964). Charakteristisch für Märkte ist das Vorherrschen von *Tauschbeziehungen* zwischen Gleichgeordneten, die ihren eigenen Interessen folgen. Aber ebensowenig wie das Kriterium der Herrschaft das einzige Definitionsmerkmal für die Organisation bildet, können wir uns bei der Definition des Marktes mit dem Vorherrschen von Tauschbeziehungen begnügen.

Daß man in informellen Gruppen wie Nachbarschaften, Spiel- und Arbeitsgruppen Tauschvorgänge beobachtet (Homans, 1968), macht sie noch nicht zu Märkten. Der Begriff Markt wird auch in seiner wirtschaftlichen Bedeutung nicht auf beliebige Tauschbeziehungen angewandt, sondern taucht erst dort auf, wo ein Gut häufig genug gehandelt wird, daß sich bei Anbietern und Nachfragern spezifische Erwartungen und Gewohnheiten, Vorkehrungen und Einrichtungen herausbilden können. Er bezeichnet dann ein hinreichend dichtes Gefüge von *spezifischen Tauschbeziehungen* zwischen den Anbietern und den Nachfragern eines Gutes oder einer Gruppe von Gütern. „Spezifisch" sind beispielsweise die Tauschbeziehungen zwischen den Anbietern und den Nachfragern von Automobilen oder den Anbietern und Nachfragern von Fußballkämpfen, nicht aber die Tauschbeziehungen zwischen den Anbietern und Nachfragern von gelegentlichen nachbarlichen Hilfeleistungen mit beliebigen, wechselnden Tauschobjekten. Der Markt ist durch bestimmte und konstante Objekte des Tausches definierbar. Daß die Tauschbeziehungen von hinreichender Dichte sein müssen, bevor von einem Markt gesprochen wird (Streissler, 1980), weist darauf hin, daß konkrete Märkte stets soziale Institutionen sind, wohl abgesichert durch rechtliche Regeln und traditionelle Festlegungen; der Aufwand der Institutionalisierung aber wird erst durch die soziale Vorteilhaftigkeit von Tauschbeziehungen gerechtfertigt, die mit relativ großer Häufigkeit und Dauer auftreten.

Soziale Gebilde, die in diesem Sinne als Märkte angesehen werden können, treffen wir, wie Zetterberg (1962) und Albert (1964) gezeigt haben, nicht nur im wirtschaftlichen, sondern zumindest auch noch im politischen und im wissenschaftlichen Bereich an. Um den Marktbegriff auch auf diese Bereiche anzuwenden, müssen wir in der Definition das Wort Gut durch einen allgemeineren Begriff ersetzen. Dazu bietet sich der Begriff der *Problemlösung* an, der auch umgangssprachlich (und im Jargon des Marketing) nicht selten in diesem Sinne verwendet wird. Konsumgüter und Investitionsgüter werden gekauft, weil sie den Nachfragern bei der Lösung ihrer Probleme geeignet erscheinen. Die Wähler demokratischer Parteien geben derjenigen politischen Konzeption (bzw. derjenigen Gruppe von Personen) ihre Stimme, die ihnen am ehesten geeignet erscheint, jene Probleme ihres Gemeinwesens, die sie für die wichtigsten halten, in dem von ihnen gewünschten Sinne zu lösen. In den Erfahrungswissenschaften werden Hypothesen und Forschungsergebnisse nachgefragt, die zur Lösung eines bereits gestellten oder zur Formulierung eines neuen wissenschaftlichen Problems beitragen. In allen drei Bereichen bieten Anbieter Problemlösungen an – wirtschaftliche Güter, politische Konzeptionen, wissenschaftliche Hypothesen und Ergebnisse – und fragen Nachfrager diese Problemlösungen nach. In allen drei Bereichen gibt es soziale Gebilde, die auf die man den Begriff des Marktes anwenden kann, wenn man ihn erweitert auf alle *im Prinzip herrschaftslosen Gefüge spezifischer Tauschbeziehungen zwischen den Anbietern und den Nachfragern von Objekten, die zur Lösung von Problemen der Nachfrager bestimmt sind.*

Solche Erweiterung des Marktbegriffs ist zweifellos nur dann angebracht, wenn sie zusätzliche Erkenntnisse ermöglicht. Zwei Erkenntnismöglichkeiten springen ins Auge. Zum einen kann es in der Analyse der Anbietermacht weiterführen, wenn man zwischen der Macht in Tauschbeziehungen (der „Macht kraft Interessenkonstellation") und der Macht in Herrschaftsbeziehungen unterscheidet, die Max Weber schlagwortartig als „Macht kraft Befehlsgewalt" bezeichnet hat (Weber, 1972, S. 541). *Macht in Herrschaftsbeziehungen* beruht in erster Linie auf dem Vermögen des Herrschenden, Zwangsmittel anzuwenden, Legitimität zu beanspruchen, Belohnungen und Bestrafungen auszuteilen. Die Wirksamkeit solcher Sanktionen ergibt sich aus der Unterordnung des Beherrschten, die keineswegs erzwungen sein muß, sondern auch freiwillig sein kann. Es muß sich nicht unbedingt um eine formale und dauerhafte Unterordnung handeln wie beim Militär. Auch das punktuelle Akzeptieren einer Autorität kann den Tatbestand der Unterordnung erfüllen. Beispiele für die Sanktionen, die in solcher Unterordnung wirksam sind: Lob, Tadel, Förderung, Herabsetzung, Entzug von Vergünstigungen. Derlei Sanktionen können ungemein subtile Formen annehmen. Man muß nicht unbedingt an den staatlich eingesetzten Monopolisten denken, der über seine Nachfrager hoheitlich verfügt. Auch auf Märkten mit mehreren Anbietern kann sich zwischen dem Anbieter und dem Nachfrager eine Beziehung entwickeln, in der der Anbieter Autorität ausübt. Immer dann aber, wenn die Anbietermacht Merkmale der Herrschaft annimmt, gilt das, was im vorigen Abschnitt über die meisten Formen der Macht im Austauschprozeß gesagt wurde: Anbietermacht dieser Art vermag der Wettbewerb der Anbieter nicht zu beseitigen. Anders ausgedrückt: die Nachfrager können sich solcher Anbietermacht nicht durch „Abwanderung" erwehren, sondern nur mit geeigneten Mitteln des „Widerspruchs", falls sie über diese verfügen (Hirschman, 1970).

Eine andere Erweiterung der Erkenntnismöglichkeiten ergibt sich aus der Beobachtung, daß die Tauschobjekte auf Märkten der Lösung von *Problemen der Nachfrager* dienen. Bei der Deutung wirtschaftlicher Märkte ist oftmals vermutet worden, ideal sei eine Symmetrie der beiden Marktseiten, bei der dem Wettbewerb der Anbieter ein ebensolcher Wettbewerb der Nachfrager gegenübersteht. Steuart etwa sprach vom Doppelwettbewerb (McNulty, 1967). Wenn es aber die Probleme der Nachfrager sind, denen der Wettbewerb der Anbieter gilt, so hat das voneinander unabhängige Handeln der Nachfrager eine andere Funktion als der Wettbewerb der Anbieter. Überzeugend hat von Hayek (1968) die besondere Funktion des Anbieterwettbewerbs beschrieben, als er den Wettbewerb als Entdeckungsverfahren charakterisierte, das durch das Wetteifern der Anbieter um die von den Nachfragern zu vergebenden Gratifikationen die Entwicklung von Problemlösungen stimuliert und beschleunigt. In der Tat kann man in allen sozialen Gebilden, die sich als Märkte betrachten lassen, diese besondere Rolle des Anbieterwettbewerbs konstatieren.

Auch in der „freien Konkurrenz um freie Stimmen", wie Schumpeter (1950) den Wettbewerb der demokratischen Parteien um die politische Führung charakterisierte, ist es der Wettbewerb der Anbieter, der zur Entdeckung und Durchsetzung besserer Problemlösungen führt. Damit ist nicht gesagt, daß die Anbieter primär von dem Wunsch angetrieben wären, diese Lösungen voranzutreiben. Ihr Hauptmotiv mag durchaus der Eigennutz sein (Downs, 1957). Aber die Frage nach den „eigentlichen" Antrieben ist zweitrangig. Entscheidend ist, daß die marktwirtschaftliche Ordnung es *den Anbietern auferlegt*, zur Erreichung ihrer eigenen Ziele den Interessen der Nachfrager entgegenzukommen (Windisch, 1980, S. 299). Diese Auflage kann zwar auf verschiedenen Märkten unterschiedlich streng sein. Im Prinzip gehört sie aber zu den wichtigen Merkmalen aller Märkte und marktähnlichen Gebilde, auf denen es Anbieterwettbewerb gibt.

Wettbewerb der Nachfrager dagegen — im Sinne des einander Zuvorkommens und Überbietens — findet man *eher in Ausnahmefällen*, dort nämlich, wo das Angebot ungewöhnlich knapp ist. Auch auf wirtschaftlichen Märkten ist dies nicht die Regel. Auf politischen und wissenschaftlichen „Märkten" ist es gar nicht relevant. Insbesondere der Bereich der Erfahrungswissenschaft bietet ein gutes Beispiel dafür, daß der Wettbewerb der Anbieter den Fortschritt der Erkenntnis antreibt, von einem Wettbewerb der Nachfrager aber nur in dem Sinne die Rede sein kann, daß diese ohne Absprache untereinander handeln, also bei der Bewertung einer Anbieterleistung allein ihrem eigenen Urteil folgen — das freilich durchaus von der „Schule" geprägt sein mag, der sie entstammen. Aus dem Wettbewerb der Anbieter dagegen, auch in der Wissenschaft, darf das Moment der Rivalität, des einander Zuvorkommens oder Übertreffens, nicht hinausdefiniert werden, auch wenn es im Einzelfalle einmal fehlt (Scherhorn, 1969).

Man muß es nicht unbedingt für nötig halten, nun auch von wissenschaftlichen und politischen „Märkten" zu sprechen. Es genügt völlig, das *Marktähnliche* in diesen Bereichen zu erkennen und für die Markttheorie nutzbar zu machen. Denn in der Analyse nichtwirtschaftlicher, aber marktähnlicher sozialer Gebilde sind Erkenntnisse über die Funktionsweise des Marktes zu gewinnen, die sich dem auf wirtschaftliche Marktvorgänge verengten Blick nicht so leicht erschließen.

2.2.3.2 *Märkte als Systeme sozialer Kontrolle*

Zu einem vertieften Verständnis für die Funktionsweise von Märkten führt auch der Versuch, den Markt als ein System sozialer Kontrolle anzusehen. Als *soziale Kontrolle* betrachten wir den Prozeß, durch den eine soziale Einheit (Person, Personengruppe, Organisation, Gruppe von Organisationen) mit Mitteln wie Bestrafung, Drohung, Ermahnung, Überredung, Belohnung — kurz: durch Anwendung von Macht — von anderen sozialen Einheiten dazu beeinflußt wird, in ihrem Verhalten das eigene Interesse zugunsten anderer in gewissem Umfange zurückzustellen. Betrachtet man den Markt unter diesem Aspekt, so zeigt sich, daß Organisationen und Märkte, die sich im Hinblick auf die in ihnen vorherrschenden sozialen Beziehungen so klar unterscheiden, im Hinblick auf die in ihnen ausgeübte soziale Kontrolle deutliche Parallelen aufweisen.

Organisationen sind stets so aufgebaut, daß Führungspersonen oder Führungsgremien soziale Kontrolle über ihre Untergebenen ausüben. Dahl und Lindblom (1953) bezeichnen die Kontrolle der Führenden über die Geführten als *Hierarchie*. Man kann auch von Herrschaft sprechen. Hierarchie schließt nicht prinzipiell aus, daß zugleich auch die Untergebenen über ihre Vorgesetzten soziale Kontrolle ausüben. Diese Kontrolle kann sich daraus ergeben, daß die Mitglieder der Organisation von Zeit zu Zeit ihre Vorgesetzten wählen. Sie kann sich auch daraus ergeben, daß die Untergebenen bei bestimmten Entscheidungen Mitspracherechte haben. Ferner können Normen für das Verhalten der Vorgesetzten existieren, gegen deren Verletzung übergeordnete Instanzen angerufen werden können. Und schließlich kommt es vor, daß Untergebene durch mehr oder weniger öffentliche Kritik an ihren Vorgesetzten ein gewisses Maß an sozialer Kontrolle über diese ausüben. Nach Dahl und Lindblom (1953) kann man die Kontrolle von Vorgesetzten durch Untergebene als *Polyarchie* bezeichnen. Hierarchie und Polyarchie bestehen nebeneinander, begrenzen sich gegenseitig, heben sich aber normalerweise nicht auf. Die Kontrollmöglichkeiten der Vorgesetzten beruhen auf Macht in Herrschaftsbeziehungen, die Kontrollmöglichkeiten der Untergebenen dagegen auf Regelungen, die diese Macht einschränken, sich aber normalerweise nicht etwa als Umkehr der Herrschaftsbeziehungen interpretieren lassen.

Auf Märkten scheint der Hierarchie, wenn man Dahl und Lindblom weiter folgen will, die *Anbietermacht* zu entsprechen, die den Anbietern soziale Kontrolle über die Nachfrager verleiht. Auch hier sprechen die beiden Autoren ebenso wie im Falle der Hierarchie, von der „control by leaders", während sie die Polyarchie als „control of leaders" betrachten. Auf die Frage indes, welche Form der sozialen Kontrolle auf Märkten der Polyarchie entsprechen könnte, haben sie nur die traditionelle Lösung der ökonomischen Markttheorie anzubieten: die Nachfrager üben dadurch soziale Kontrolle über die Anbieter aus, daß sie den *Wettbewerb* zwischen jenen ausnutzen, indem sie sich dem für sie jeweils günstigsten Anbieter zuwenden oder in Verhandlungen mit weniger günstigen Anbietern die Drohung ausspielen, sich anderen zuzuwenden (Dahl & Lindblom, 1953).

Daß diese Lösung nicht allgemeingültig sein kann, wird in der Analyse wissenschaftlicher Marktprozesse vielleicht am ehesten offenbar. Zwar kann auch hier der Nachfrager im Regelfall nur zwischen den Problemlösungen wählen, die ihm angeboten werden. Aber er ist nicht auf die rohe Alternative der schweigenden, undifferenzierten Zustimmung oder Ablehnung (Zuwendung oder Abwendung) angewiesen, sondern besitzt in der *Kritik* ein Mittel, seine *differenzierte Reaktion* zu artikulieren, wenn er eine vorgelegte Problemlösung nicht ganz ablehnen, aber auch nicht ohne Einschränkung akzeptieren kann. Im wissenschaftlichen Bereich ist institutionell gesichert, daß solche Kritik ihren Adressaten erreicht. Im wirtschaftlichen Bereich dagegen, namentlich auf Konsumgütermärkten, gibt es für die Nachfrager wenig institutionelle Möglichkeiten, ihre Bedürfnisse aktiv zu artikulieren. Das aber liegt sicher nicht am Wesen dieser Märkte, sondern daran, daß die Anbieter das Kommunikationssystem beherrschen (Scherhorn, 1969).

Von der Betrachtung politischer Prozesse angeregt, ist Hirschman (1970) zu einem ähnlichen Ergebnis gelangt. In einem Markt, dessen Funktionsweise allein auf dem Wettbewerbsprinzip beruht, können die Nachfrager auf den Leistungsabfall eines Anbieters nur mit *Abwanderung* („exit") reagieren. Erfolgt die Reaktion der Nachfrager sehr heftig, so hat der Anbieter gar keine Chance, sein Leistungsniveau wieder herzustellen. Er scheidet aus dem Markt aus. An seine Stelle treten andere, bessere Anbieter, die bereits auf dem Markt operieren oder sich neu etablieren. In der Wettbewerbstheorie ist die Verdrängung der leistungsschwachen Anbieter das einzige Mittel zur Wiederherstellung des Leistungsniveaus. Hirschman zeigt, daß neben dem Wettbewerb ein zweiter Wiederherstellungsmechanismus existiert, nämlich eine Rückmeldung des Leistungsabfalls, die so rechtzeitig und in solchen Formen erfolgt, daß das Ausscheiden der Firma vermeidbar ist, wenn sie die Signale ernstnimmt und ihre Leistungen wieder steigert. Als Mittel dieser Rückmeldung betrachtet Hirschman zum einen, daß die Nachfrager nicht sofort in Scharen abwandern, sondern die Abwanderung sich über eine längere Zeitspanne verteilt, wodurch das Unternehmen die Möglichkeit bekommt, seine Leistungen zu reorganisieren. Das andere Mittel der Rückmeldung bezeichnet er als *Widerspruch* („voice"). Es besteht darin, daß die Nachfrager dem Anbieter ihre Unzufriedenheit kundgeben, „und zwar entweder auf direktem Wege durch Beschwerden bei der Unternehmensleitung oder einer anderen Stelle, der diese untersteht, oder aber auf dem Wege eines allgemeinen Protestes, der an jeden gerichtet ist, der gewillt ist zuzuhören" (Hirschman, 1970, S. 4).

Der Polyarchie in Organisation scheint demnach auf Märkten eine Kombination von Abwanderung und Widerspruch zu entsprechen, die sowohl für den einzelnen Nachfrager als auch für das Marktgeschehen im ganzen funktional sein kann. Ob sie allerdings gegeben ist, hängt von den institutionellen Rahmenbedingungen des einzelnen Marktes ab. Diese sind nicht ein für allemal vorhanden, sondern der marktpolitischen Gestaltung zugänglich.

Das Bestreben, durch marktpolitische Eingriffe die Funktionsfähigkeit des Marktes zu verbessern, ist aus den Beweggründen derer, die die Funktionsweise von Märkten untersuchen, nicht wegzudenken. Den Maßstab für die Gestaltung eines Marktes freilich kann man aus explikativen Aussagen über die Funktionsweise von Märkten nicht ableiten. Eine solche Definition kann nur aus einer Norm abgeleitet werden, und die Erfahrungen mit dem „funktionsfähigen Wettbewerb" (Herdzina, 1974) zeigen deutlich genug, wie unwahrscheinlich es ist, daß eine Einigung auf eine realitätsnahe, konkrete Norm unter Wissenschaftlern je zustandekäme. Im politischen Prozeß dagegen ist solche Einigung durchaus erzielbar. Die wissenschaftliche Analyse kann dazu beitragen, indem sie Kriterien der Funktionsfähigkeit von Märkten aufzeigt und unterschiedliche Märkte daraufhin vergleicht.

Solche Kriterien können ihren Ursprung außerhalb oder innerhalb des Marktes haben. Kriterien wie die Allokationseffizienz oder der Beitrag zum Wachstum oder die Häufigkeit von Innovationen haben ihre Begründung außerhalb des Marktes. Im Markt selbst ist nur ein Kriterium der Funktionsfähigkeit zu finden: *die Relation der Kontrollpotentiale* der Anbieter und der Nachfrager. Welche Mittel der sozialen Kontrolle den Anbietern und welche den Nachfragern auf einzelnen Märkten gegeben sind, wieweit die Tauschbeziehungen Elemente der Herrschaft einer Marktseite über die andere enthalten, in welchem Maße jede Marktseite die Chance hat, ihre Interessen ohne Berücksichtigung entgegenstehender Interessen der anderen Marktseite zu verfolgen – all dies sind Fragen, die zur Definition und empirischen Ermittlung von Kontrollpotentialen und ihren Relationen führen können.

Man kann sich die möglichen Relationen der Kontrollpotentiale auf einem Kontinuum angeordnet denken. Das eine Extrem ist dann durch eine maximale Ausprägung des Kontrollpotentials der Anbieter und eine minimale Ausprägung des Kontrollpotentials der Nachfrager gekennzeichnet, das andere Extrem durch maximales Kontrollpotential der Nachfrager in Verbindung mit minimalem Kontrollpotential der Anbieter. Es dürfte Einigkeit darüber zu erzielen sein, daß der Markt in beiden Extremen funktionsunfähig ist. Sehr viel weiter wird der erzielbare Konsens nicht gehen. Die Analyse der Konsumgütermärkte bietet Belege für diese Vermutung. Derzeit dürften Konsumgütermärkte überwiegend links auf der gedachten Skala anzuordnen sein, also bei einem hohen Kontrollpotential der Anbieter und einem geringen der Nachfrager. Aber ähnlich wie es verschiedene Auffassungen darüber geben kann, ob es der Funktionsfähigkeit einer Organisation nutzt oder schadet, wenn das polyarchische Prinzip gestärkt wird, dürfte es auch verschiedene Auffassungen darüber geben, ob es der Funktionsfähigkeit eines Marktes nützt oder schadet, das Kontrollpotential der Nachfrager zu stärken.

Das Kontrollpotential der *Nachfrager* auf Konsumgütermärkten wird in dem Maße gemindert, in dem die Anbieter den Wettbewerb untereinander durch vertragliche Absprache oder gleichartiges Verhalten beschränken und in dem den Nachfragern die dann noch gegebenen Möglichkeiten der Abwanderung und des Widerspruchs versperrt sind (S. 76). Wie eine konkrete Schwächung des Kontrollpotentials zu bewerten ist, ob man also die Funktionsfähigkeit des betreffenden Marktes noch für ausreichend hält oder ob marktpolitische Eingriffe erforderlich werden, um die Funktionsfähigkeit wieder zu verbessern – das ist Sache der politischen Entscheidung. Die wissenschaftliche Analyse des Marktes vermag immerhin zu zeigen, wie es um das Kontrollpotential der Konsumenten bestellt ist.

Das Kontrollpotential der *Anbieter* auf Konsumgütermärkten ist in dem Maße gemindert, in dem diese in ihren Entscheidungen entgegenstehende Interessen berücksichtigen, sei es daß sie dazu durch Widerspruch oder Abwanderung der Nachfrager bewogen werden, sei es auch daß sie durch staatliche Vorschriften dazu gezwungen werden. Auf Konsumgütermärkten sind dies insbesondere Vorschriften des Verbraucherschutzes und des Umweltschutzes.

Vorschriften zum Schutz der Verbraucher werden erlassen, weil man das Kontrollpotential der Anbieter für so übermächtig hält, daß die Funktionsfähigkeit des betreffenden Marktes gefährdet erscheint. Dem Ausgleich dienen teils Vorschriften, die einer marktüberwachenden Instanz Kontrollrechte über die Anbieter einräumen, beispielsweise bei der Einhaltung von Qualitätsstandards, Kennzeichnungspflichten, Vorschriften zur Verhinderung gesundheitsschädlicher Wirkungen der Produkte. In anderen Fällen werden die Nachfrager mit zusätzlichen Möglichkeiten ausgestattet, über die Anbieter soziale Kontrolle auszuüben. Den Nachfragern wird beispielsweise ein Rücktrittsrecht eingeräumt, oder ihr Recht zum Widerspruch gegen Mieterhöhungen wird gestärkt, oder es werden ihnen im Falle schädlicher Nebenfolgen zusätzliche Ansprüche gegen den Produzenten eingeräumt (Produktenhaftung). Die resultierende Verschiebung der Kontrollpotentiale ist gewollt. Gleichwohl ist es durchaus möglich, daß sie zu weit geht. Messen läßt sich das daran, daß die Anbieter nicht mehr in der Lage sind, von den Nachfragern ein Entgelt zu fordern, das ihre Kosten deckt und ihnen so viel an Gewinn verspricht, daß die Rolle des Anbieters für sie noch attraktiv bleibt.

Vorschriften des Umweltschutzes werden aus einem ganz anderen Grunde erlassen. „Umwelt" bedeutet, auf einen konkreten Markt bezogen, stets Interessen, die nur von betroffenen, aber nicht beteiligten Dritten geltend gemacht werden können, sei es daß diese eigene Ansprüche anmelden, sei es daß sie stellvertretend für die Erhaltung der Tier-, Pflanzen- und Sachenwelt sprechen. Es ist für Märkte typisch, daß allein die beiden Marktparteien Kontrolle übereinander ausüben, wogegen *die Interessen Dritter im Marktprozeß nicht vertreten sind*, es sei denn, der Staat nähme sich ihrer an. Wird ein Grundstück gekauft und verkauft, so sind die Interessen der Anlieger, denen die künftige Verwendung des Grundstücks durchaus nicht gleichgültig sein wird, nur im Maße staatlicher Bebauungs- und Nutzungsvorschriften vertreten. Diese treffen in diesem Fall den Käufer. Bei landwirtschaftlich und industriell produzierten Sachgütern geht die Gefährdung von Interessen Dritter eher vom Anbieter aus. Dieser wird daher zum Objekt von Vorschriften, die aber genaugenommen beide Marktparteien betreffen. Denn für beide gilt, daß sie ihre Interessen auf dem Rücken Dritter verfolgen. Die Nachfrager mögen dabei nicht aktiv sein, sie profitieren aber in der Regel davon.

Der Vergleich der beiden Fälle zeigt einen wichtigen Unterschied. Beim Verbraucherschutz geht es darum, die Relation der Kontrollpotentiale innerhalb des Marktes zu verändern, also eine Marktseite vor der anderen zu schützen. Beim Umweltschutz geht es darum, die Interessen von betroffenen Dritten, die im Markt selbst nicht vertreten sind, vor beiden Marktseiten zu schützen. Im ersten Fall wird ein Interessenausgleich gesucht, der die Funktionsfähigkeit des Marktes verbessert. Kann begründet werden, daß die Funktionsfähigkeit tatsächlich nicht größer oder gar geringer geworden ist, so spricht das gegen die getroffene Maßnahme. Im zweiten Fall wird ein Interessenausgleich gesucht, der die Funktionsfähigkeit des Marktes möglichst wenig beeinträchtigt. Kann begründet werden, daß die Funktionsfähigkeit tatsächlich verringert worden ist, so spricht das nur dann gegen die getroffene Maßnahme, wenn der Schutz der

Interessen Dritter auch bei geringerer Beeinträchtigung des Marktes möglich gewesen wäre.

Was an grundsätzlichen Überlegungen zur Markttheorie in diesem Kapitel dargestellt wurde, soll nun auf die Probleme von Konsumgütermärkten angewandt werden. Im Mittelpunkt der folgenden Kapitel wird das Kontrollpotential der Nachfrager stehen. Dieses Vorgehen ist in der dargelegten Erkenntnis begründet, daß die auf Märkten angebotenen Güter zur Lösung von Problemen der Nachfrager bestimmt sind. Dieser Zweckbestimmung kann der Markt nur genügen, wenn den Nachfragern keine wichtigen Mittel vorenthalten sind, soziale Kontrolle über die Anbieter auszuüben, ohne diese an ihrer Funktion zu hindern. Die Marktpsychologie kann zu einer solchen Sicht des Marktes weit mehr beitragen als zu einer auf den Anbieterwettbewerb und die Kaufentscheidungen der Nachfrager verengten Betrachtungsweise.

2.3 Besondere Probleme von Konsumgütermärkten

2.3.1 Die Evolution des Marktes

2.3.1.1 Überholte Typen des Marktes

Die Erscheinungsformen der Konsumgütermärkte sind so vielgestaltig, daß eine Theorie, die allen gleichermaßen gerecht werden sollte, auf zu hoher Abstraktionsebene angesiedelt sein müßte. Will man das vermeiden, so muß man sich auf eine Teilmenge des Objekts „Konsumgütermärkte" konzentrieren. Wir entscheiden uns für jenen Typ des Konsumgütermarktes, der in entwickelten Volkswirtschaften vorherrscht. Er soll zunächst von zwei anderen Markttypen abgegrenzt werden, auf denen die Rollen der Anbieter und Nachfrager signifikant anders definiert sind.

Einen davon kann man *Verhandlungsmarkt* nennen. Einzelne Nachfrager verhandeln mit einzelnen Anbietern. Die Bedingungen, zu denen das Produkt den Besitzer wechselt, werden in jeder Verhandlung individuell festgelegt. Auch die Gestalt des Produkts selbst kann Gegenstand der Verhandlung sein. Der Nachfrager tritt dann als Auftraggeber auf, das Produkt wird nach seinen Wünschen angefertigt oder hergerichtet, z.B. ein Kleidungsstück. In anderen Fällen wird zwar das fertige Tauschobjekt angeboten, ein wertvolles Pferd etwa, aber alle übrigen Bedingungen des Angebots, einschließlich des Preises, werden individuell ausgehandelt.

Für Konsumgütermärkte in weniger entwickelten Ländern scheint der Verhandlungsmarkt typisch zu sein. In solchen Ländern sind die Konsumgüter kaum standardisiert, die Märkte extrem unübersichtlich, die Interessengegensätze zwischen den Anbietern und den Nachfragern stark ausgeprägt. Jeder geht davon aus, daß der andere ihn übervorteilen will. Zugleich konzentrieren sich die Konsumentscheidungen auf den unmittelbar lebenswichtigen Alltagsbedarf, für ihre Vorbereitung steht viel Zeit zur Verfügung, das Hintergrundwissen der Nachfrager ist noch nicht durch schnellen sozialen und technischen Wandel entwertet, der Markt ist ein Zentrum des sozialen Lebens, die Kommunikation auf dem Markt hat nicht nur wirtschaftliche, sondern auch unterhaltende und aufklärende Funktionen (Thorelli & Sentell, 1979).

Auf solchen Märkten spielt das Verhandeln eine wichtige Rolle. Das Tauschobjekt ist noch nicht so weit von der Person des Anbieters und der des Nachfragers gelöst, daß es von beiden gänzlich objektiv und distanziert betrachtet werden könnte. Der Tausch ist in weit stärkerem Maße als in den entwickelteren Ländern ein individueller Vorgang, der von den Eigenschaften der beteiligten Personen ebenso bestimmt wird wie von den Eigenschaften des getauschten Gutes. Die Verhandlung gibt beiden die Möglichkeit, ihr *individuelles Tauschgleichgewicht* herauszufinden. Es mag bei einem anderen Preis und/oder bei anderen Liefer- und Zahlungsbedingungen liegen als das Tauschgleichgewicht, das sich zwischen demselben Anbieter und anderen Nachfragern ergibt, so daß kein einzelner Anbieter auf einen einzelnen Nachfrager angewiesen ist und umgekehrt. Dies unterscheidet den Verhandlungsmarkt bei Konsumgütern grundlegend vom bilateralen Monopol, wie wir es etwa in den Lohnverhandlungen zwischen Arbeitgeber- und Arbeitnehmerorganisationen antreffen.

Ein zweiter Typ des Marktes wird gelegentlich als *Auktionsmarkt* bezeichnet. Die gehandelten Güter sind standardisiert, im Marktprozeß geht es allein darum, den Preis festzulegen. Das geschieht nach Art einer Auktion oder einer Börse. Werden die Güter stückweise angeboten wie oft auf Kunstauktionen, so ermittelt der Anbieter – meist über einen Auktionator oder Makler – unter den interessierten Nachfragern denjenigen, der den höchsten Preis für das Gut zu zahlen bereit ist, und erteilt diesem den Zuschlag. Werden die Güter mengenweise angeboten, wie insbesondere auf Börsen, so ermittelt eine Marktautorität den „markträumenden" Preis, indem sie die Vorstellungen der Anbieter und der Nachfrager auf den größten gemeinsamen Nenner bringt. Das Modell der vollkommenen Konkurrenz entspricht diesem Typ des Marktes am ehesten.

Auktionsmärkte für Konsumenten gibt es kaum. Man kann die Wertpapierbörsen dazu rechnen und die Kunstauktionen. Auch der Immobilienmarkt scheint teilweise dem Prinzip des Auktionsmarktes zu folgen: Verkäufer oder Makler ermitteln das Höchstgebot. Doch kommt es hier auch vor, daß Festpreise genannt werden oder ein Preis als Verhandlungsbasis angegeben wird. Das Prinzip des Auktionsmarktes wird dadurch verlassen. Denn in diesen beiden Fällen soll ein Nachfrager ermittelt werden, der zu dem vom Anbieter bestimmten Preis kaufbereit ist.

Auf Auktionsmärkten dagegen wird *der Preis ermittelt,* zu dem das Gut verkauft werden soll. Das geschieht dadurch, daß Anbieter und Nachfrager veranlaßt werden, ihre Präferenzen offenzulegen. Bei mengenweise angebotenen Gütern nennt jeder Nachfrager die Menge, die er kaufen will, und im allgemeinen auch den Höchstpreis, den er zu zahlen bereit ist. Der Anbieter nennt die Menge, die er verkaufen will, und meist auch seinen Mindespreis. Als Verkaufspreis wird dann derjenige Preis errechnet, zu dem die gesamte angebotene Menge abgesetzt werden kann, oder − falls das nicht möglich ist − ein möglichst großer Teil davon. Bei stückweise angebotenen Gütern wird ein Anfangspreis ausgerufen und solange gesteigert (gesenkt), wie (bis) sich ein Nachfrager findet, der das Gut zu diesem Preise kaufen will. Der Verkaufspreis ergibt sich dann aus dem höchsten Gebot.

Auktionsmärkte sind darauf angewiesen, daß Angebot und Nachfrage bei einer zentralen Instanz zusammenfließen, die den Preis ermittelt. Die Güter selbst müssen entweder Einzelstücke oder von standardisierter Qualität sein, d.h. alle Angebotsbedingungen außer dem Preis müssen bereits festliegen und von allen Beteiligten akzeptiert sein. Diese Bedingungen sind nur selten gegeben, wenn die Nachfrager Konsumenten sind. Und selbst dort, wo als Nachfrager Unternehmen auftreten, sind Auktionsmärkte eher die Ausnahme als die Regel.

2.3.1.2 *Konsumgütermärkte in entwickelten Volkswirtschaften*

Ein dritter Typ des Konsumgütermarktes soll als *Optionsmarkt* bezeichnet werden. Der einzelne Anbieter fixiert ein Mindestpaket von Angebotsbedingungen, d.h. er legt die Qualität des Produkts, die Abgabemenge, den Preis, die Konditionen der Lieferung und Zahlung und seine allgemeinen Geschäftsbedingungen fest. Bei Gütern, die nicht mengenweise gekauft werden, sondern in einem Exemplar, legt er statt der Menge dessen Größe fest, was auf das gleiche hinausläuft. Der Nachfrager hat nur die Wahl, das so fixierte Paket von Bedingungen − die „Option" − anzunehmen oder abzulehnen. Auf Konsumgütermärkten in entwickelten Volkswirtschaften hat sich dieser Markttyp durchgesetzt.

Die Industrialisierung *hat den Verhandlungsmarkt verdrängt.* Die wirtschaftliche Entwicklung bringt für die Konsumgütermärkte grundlegende Änderungen mit sich, denen Verhandlungsmärkte nicht gerecht werden. Die Anbieter nutzen die Kostenvorteile der größeren Wirtschaftseinheit. Die Produktivität der eingesetzten Ressourcen erhöht sich, die Menge der mit den jeweils nutzbaren Ressourcen produzierbaren Güter wird größer. Damit nimmt im Durchschnitt auch die Menge der Güter zu, die ein Anbieter absetzen muß, um auf seine Kosten zu kommen. Für die Konsumenten erhöht sich das durchschnittliche Versorgungsniveau, der Anteil der nicht lebensnotwendigen Konsumgüter steigt, und auch bei den Gütern des Alltagsbedarfs geht das Moment der Notwendigkeit zurück, weil die Substitutionsmöglichkeiten zahlreicher geworden sind. Brot beispielsweise konkurriert mit einer weit größeren Vielfalt anderer, ebenso reichlich angebotener und ebenso erschwinglicher Lebensmittel als in kargen Zeiten. Damit nimmt die Zahl der Güter zu, auf deren Kauf und Nutzung ein Konsument seine geringen Ressourcen verwendet. Kurz: Anbieter und Nachfrager sind gleichermaßen daran interessiert, die Zeit pro Kaufakt zu verringern. Der Verhandlungsmarkt erweist sich als ein für hochentwickelte Volkswirtschaften zu aufwendiges Versorgungssystem.

Die Entwicklung der Konsumgütermärkte im Industrialisierungsprozeß ist auch *an den Auktionsmärkten vorbeigegangen* (Streißler, 1980, S. 45). Auktionsmärkte eignen sich bei mengenweisem Angebot nur für standardisierte, homogene Güter. Für moderne Konsumgütermärkte aber ist die Differenzierung der Qualität typisch, die Güter sind heterogen. Bei stückweisem Angebot sind Auktionsmärkte wegen des aufwendigen Marktprozesses nur für relativ seltene Transaktionen relativ wertvoller Güter geeignet. Die Masse der Konsumgüterkäufe in entwickelten Volkswirtschaften erfüllt diese Bedingungen nicht.

Die Vervielfältigung und Differenzierung der Konsumgüter vergrößert den Entscheidungsspielraum der Konsumenten (Katona, 1951), bewirkt aber zugleich, daß die Absatzchancen der Anbieter weniger sicher werden (Katona, 1960). Die Anbieter suchen das dadurch auszugleichen, daß sie mehr Marktforschung einsetzen, die Produkte genauer auf die Bedürfnisse und Vorstellungen einzelner Konsumentengruppen zuschneiden, dem einzelnen Produkt ein möglichst unverwechselbares Image geben, das soziologische und psychologische Wissen über die Reaktionsmuster der Konsumenten für ihre Absatzstrategien auswerten. Je weniger die Konsumgüter einfach deshalb gekauft werden, weil die Konsumenten sie zum Leben brauchen, und je größer die Gütermengen sind, die der einzelne Anbieter zur Auslastung und Steigerung seiner Produktionskapazität absetzen muß, desto wichtiger wird es für die Anbieter, mit den Mitteln des Marketing den Umfang und die Kontinuität ihres Absatzes zu sichern (Galbraith, 1967).

Daß die Konsumgütermärkte *zu Optionsmärkten werden*, liegt in der Logik dieser Entwicklung. Wenn es dem Anbieter darum geht, dem einzelnen Nachfrager das Ausweichen auf konkurrierende Alternativen zu erschweren, so ist die Option eine der Voraussetzungen dafür, daß ihm dies gelingt. Denn die Option ist die äußere Form, die es einem Anbieter trotz Wettbewerb ermöglichen kann, Nachfragern gleichsam seine Bedingungen zu diktieren. Das Diktat ist umso wirksamer, je weiter das nächstliegende Konkurrenzangebot von den Vorstellungen des Nachfragers entfernt ist. Vollständiger Wettbewerb bei Heterogenität der Güter würde denn auch voraussetzen, daß die Optionen so dicht aneinander lägen, daß jeder Konsument bei nur geringen Abstrichen von seinen Vorstellungen und Maßstäben leicht eine oder mehrere annähernd gleichwertige Alternativen fände, zu denen er abwandern könnte (Abbott, 1955). Je weniger dieser Zustand erreicht ist, desto wirksamer erschwert die Tatsache, daß die Anbieter Optionen fixieren, Nachfragern die Abwanderung. Die Optionsfixierung braucht dabei keineswegs beim einzelnen Produkt haltzumachen. Der Anbieter wird auch versuchen, mehrere aufeinander abgestimmte Produkte so zu kombinieren, daß die Wirkung auf den Nachfrager der der Optionsfixierung nahekommt. So wird der Autokäufer veranlaßt, nur Ersatzteile aus gleicher Produktion zu kaufen, oder Radio-, Phono- und Videogeräte werden zu einem „System" zusammengefaßt, dessen Elemente nicht beliebig mit den Elementen konkurrierender Systeme kombinierbar sind.

Die Rollen der Anbieter und Nachfrager sind auf Optionsmärkten anders definiert als auf Auktionsmärkten und Verhandlungsmärkten. Individuelles Aushandeln von Angebotsbedingungen ist nicht vorgesehen. Der Preis wird nicht von einer zentralen Autorität ermittelt, er wird vom Anbieter festgelegt. Festgelegt werden auch die übrigen Angebotsbedingungen, und zwar zu einem Paket verschnürt. Die Nachfrager haben weit mehr konkurrierende Produkte und Varianten von Produkten zur Wahl als auf Auktions- und Verhandlungsmärkten. Aber sie können sich eben nur zwischen Optionen entscheiden. All dies steckt den Spielraum für die Verhaltensweisen ab, die den Anbieter und Nachfragern auf Optionsmärkten möglich sind, und zeichnet einzelne Verhaltensweisen vor anderen aus, weil sie auf Optionsmärkten besonders zweckmäßig sind.

Aber auch bei gleichbleibendem Markttyp gibt es Entwicklungen, die die Rolle der Anbieter und Nachfrager beeinflussen. Von solchen Entwicklungen handelt der nächste Abschnitt. Sie werden in der ökonomischen Diskussion mit dem Begriff *Marktentwicklung* bezeichnet. Das Entstehen, Heranreifen und Sichwandeln eines Markttyps liegt außerhalb des Bedeutungsbereichs dieses Begriffs. Es soll mit einem eigenen Begriff als *Evolution des Marktes* bezeichnet werden. Für die Einführung dieses Begriffs gibt es einen besonderen Grund. Die Analyse von Konsumgütermärkten in entwickelten Volkswirtschaften ginge fehl, wollte man den Optionsmarkt in seinen derzeit beobachtbaren Formen als die letzte Stufe der Marktevolution betrachten, auf der nurmehr Marktentwicklungen stattfinden. In den Kapiteln 2.4 und 2.5 wird die Auffassung begründet, daß die Evolution nicht abgeschlossen ist, der Optionsmarkt seine endgültige Form noch nicht gefunden hat. Zu den zentralen Aufgaben der Markttheorie gehört es, Anhaltspunkte für die Richtung der weiteren Evolution des Marktes zu finden.

2.3.2 Die Entwicklung des Marktes

2.3.2.1 *Marktentwicklung und Anbieterwettbewerb*

Die Evolution der Konsumgütermärkte vom Typ des Verhandlungsmarktes zum Typ des Optionsmarktes ist ein langfristiger Vorgang, der mit tiefgreifenden Änderungen der Wirtschaftsstruktur einhergeht. Auf Optionsmärkten selbst gibt es Veränderungen, die in kürzerer Frist ablaufen und auf den einzelnen Markt beschränkt sind: Allen Optionsmärkten ist gemeinsam, daß sich im Laufe ihrer individuellen Geschichte das Volumen der umgesetzten Gütermenge oder realen Werte ändert. Solche Änderungen werden mit dem Begriff *Marktentwicklung* bezeichnet.

Die Entwicklung des Marktvolumens kann man mit den Begriffen Expansion und Sättigung beschreiben. Sehr häufig zeigt sie die Form einer S-Kurve (kumulierte Normalverteilung): nach flachem Beginn folgt eine Phase zunehmenden Anstiegs, danach wird die Steigung geringer, die Entwicklung nähert sich der Stagnation oder womöglich dem Rückgang. In der Phase sehr hoher Zuwachsraten steht der Markt im Zeichen der Expansion, bei flacher werdendem Verlauf steht er im Zeichen der Sättigung. Einen Maßstab für solche Zuordnung gewinnt man aus den Wachstumsraten des Sozialprodukts (Heuss, 1965): in der Expansionsphase dehnt sich der Gesamtabsatz auf dem Markt deutlich schneller aus als das Sozialprodukt, in den späteren Phasen – Heuss unterscheidet zwischen Ausreifung, Stagnation und Rückbildung – verläuft die Entwicklung des Marktvolumens parallel zu der des Sozialprodukts oder bleibt hinter dieser zurück.

Die *Expansion* eines Marktes schließt häufig an eine einleitende Phase an, in der das Gut neu eingeführt und die Produktionstechnik so weit konsolidiert worden ist, daß der Bedarf sich nun unter den potentiellen Nachfragern ausbreiten kann. Für die Expansion des Marktvolumens bestehen dann eine zeitlang besonders günstige Bedingungen. Die Ausbreitung des Bedarfs erfaßt zuerst die für eine Neuerung schon früh aufgeschlossenen Konsumenten, die rasch in großer Zahl in den Markt eintreten (Rogers & Shoemaker, 1971). Die Ausdehnung des Absatzes ermöglicht das Sinken der Stückkosten und lockt zusätzliche Anbieter an, deren Markteintritt sich preissenkend und produktdifferenzierend auswirkt. Preissenkungen kämen möglicherweise auch ohne Wettbewerb zustande, da die Kostenentwicklung sie erlaubt und das Ziel des Umsatzwachstums sie erfordert. Der Wettbewerb beschleunigt diese Entwicklung der Kosten und Preise und treibt sie weiter voran als sie ohne ihn gehen würde. Das besondere Kennzeichen der Expansionsphase ist das rasche Eintreten neuer Anbieter und Nachfrager in den Markt. Der Wettbewerb der Anbieter beschleunigt die Diffusion des neuen Gutes unter den Nachfragern. Die Rivalität zwischen den Konkurrenten ist sehr gering, da jeder auf dem neu zu erschließenden Markt genügend Platz für sich sieht.

Die Expansionsphase geht zu Ende, wenn ein großer Teil der potentiellen Nachfrager gewonnen ist und der Strom der Hinzutretenden schwächer wird. Was dann folgt, unterscheidet sich in einem Punkte grundlegend von der Expansion. Die Marktentwicklung gleicht jetzt immer weniger der Erschließung von Neuland. Die Anbieter haben nicht länger die Funktion, ein neues Gut zu verbreiten. Mehr und mehr gehen sie dazu über, gegen die Sättigung der Nachfrage zu kämpfen.

In der Wirtschaftspolitik und von der öffentlichen Meinung freilich wird die Marktentwicklung jetzt keineswegs anders bewertet als zuvor. Die Erklärung dafür liegt nahe. Stellt man sich die Volkswirtschaft als ein System oder Konglomerat von Märkten vor, so ergibt sich das Wachstum des Sozialprodukts als gewogener Durchschnitt der Zuwachsraten aller Einzelmärkte. Mißt man den einzelnen Markt an seinem Beitrag zum Wachstum, so wird man den Kampf gegen die Sättigung nicht prinzipiell anders betrachten als das Erschließen eines neuen Marktes, nämlich wachstumsfördernd, wohlstandsmehrend. Unter dem Aspekt des Anbieterwettbewerbs dagegen wird man dem Kampf gegen die Sättigung eine andere Qualität zuweisen als der Expansion.

Sättigung bedeutet, auf den einzelnen Konsumenten und das einzelne Gut bezogen, daß der Neubedarf gedeckt ist und fortan nur mehr der Ersatzbedarf gedeckt zu werden braucht. Auf den Markt bezogen wird Sättigung durch einen hohen Anteil der Nachfrager definiert, deren Neubedarf gedeckt ist. In keiner der beiden Bedeutungen braucht Sättigung als eine unabänderliche Größe aufgefaßt zu werden. Beispielsweise kann sich der Verwendungszweck des Gutes ändern. Der Absatz von Gas, das zunächst zu Beleuchtungszwecken gebraucht wurde, stagnierte bereits, als die Verwendung zu Heiz- und Kochzwecken eine neue Expansion ermöglichte (Heuss, 1965). Auch kann sich die Menge der gleichzeitig gebrauchten Einheiten des Gutes erhöhen. Weitere Haushaltsmitglieder machen ihre Ansprüche geltend (Beispiel: Zweitwagen), einzelne Konsumenten wünschen zusätzliche Varianten des Gutes (Beispiel: Anzüge) als „komplementäre Substitute" (Norris, 1941), die Menge der physisch konsumierten Einheiten nimmt infolge von Gewöhnung oder Sucht zu, oder es erhöht sich die Anzahl der gekauften, aber nicht verbrauchten Einheiten (Beispiel: Arzneimittel). Schließlich kann sich die Zeitspanne bis zum Auftreten des nächsten Ersatzbedarfs verkürzen, weil die Haltbarkeit des Gutes verringert oder weil der Modewandel beschleunigt wird.

Aus solchen Möglichkeiten zum Hinausschieben von Sättigungserscheinungen ergeben sich *Anbieterstrategien*, die nicht nur das Unternehmenswachstum beim einzelnen Anbieter fördern, sondern zugleich dazu dienen können, die Zuwachsraten des Marktvolumens insgesamt zu erhöhen bzw. am Sinken zu hindern. An die Stelle des Hinzugewinnens neuer Nachfrager, das jetzt nicht (oder nicht in hinreichendem Umfang) mehr möglich ist, tritt das Erweitern des durchschnittlichen Absatzes pro Nachfrager.

Man kann im Wettbewerb der Anbieter *drei Stoßrichtungen* unterscheiden. Die *erste* ist mit dem Bestreben vergleichbar, das eigene Wachstum der Natur abzuringen. In der Expansionsphase steht diese Stoßrichtung im Vordergrund. Durch Kostensenkung, Preissenkung, gebrauchswertorientierte Produktverbesserung wird die Steigerung des eigenen Umsatzes nicht den Konkurrenten und nicht den Nachfragern abgerungen, sondern dem Bereich des noch Unerschlossenen. Die Anbieterstrategien sind auf den Parallelprozeß konzentriert, und das im Sinne des Wetteiferns, nicht des Verdrängens.

Die *zweite* Stoßrichtung des Wettbewerbs ist auf den Austauschprozeß konzentriert. Die Steigerung des eigenen Umsatzes wird gleichsam den Nachfragern abgerungen. Die bereits im Markt befindlichen Nachfrager werden dazu gebracht, ihre Nachfrage zu erhöhen. Das geschieht nicht überwiegend mit preis- und gebrauchswertorientierten Verbesserungen der eigenen Marktleistung, sondern durch Beeinflussung der Nachfrager mit dem Ziel, die Menge bzw. Größe der von den Nachfragern im Durchschnitt gewünschten Güter zu erhöhen und die Zeitspanne bis zum Ersatzbedarf zu verkürzen. Für den Übergang von der Expansion zur Sättigung ist diese Stoßrichtung des Wettbewerbs kennzeichnend.

Schreitet die Sättigung fort, so tritt eine *dritte* Stoßrichtung neben die zweite. Sie liegt wiederum im Parallelprozeß, aber mit dem Unterschied, daß die Steigerung des eigenen Umsatzes jetzt den Konkurrenten abgerungen wird. Die schwächeren Anbieter werden aus dem Markt gedrängt, die Barrieren gegen den Markteintritt neuer Anbieter werden bis zu Unüberwindlichkeit erhöht. Die verbleibenden Anbieter entwickeln schließlich Verhaltensweisen, die den weiteren Wettbewerb beschränken.

Unter dem Aspekt des Wettbewerbs erscheinen Expansion und Sättigung somit als nicht nur graduell, sondern prinzipiell verschiedene Erscheinungen. *Die Rolle der Anbieter ändert sich,* wenn der Markt die Expansionsphase hinter sich gelassen hat. Ob die Nachfrager das erkennen, ist fraglich. Zu jedem Zeitpunkt gibt es in einer Volkswirtschaft nebeneinander Märkte in verschiedenen Entwicklungsphasen, und die Anbieter erscheinen nicht nach Märkten getrennt, sondern treten auf verschiedenen Märkten zugleich auf. Es ist nicht wahrscheinlich, daß die Nachfrager sich je nach der Entwicklungsphase auf ein anderes Anbieterverhalten einstellen.. Es macht aber einen großen Unterschied, von welchem Leitbild des Anbieterverhaltens sie ausgehen, ob sie sich eher an dem für die Expansion oder an dem für die Sättigung typischen Verhalten orientieren. Fragen wie diese sind bisher kaum untersucht.

2.3.2.2 Marktentwicklung und Nachfragerbedarfe

Was wir Sättigung nennen, darf man nicht analog zu jener Sättigung sehen, die sich aus der begrenzten Aufnahmefähigkeit des Magens für weitere Mengen von Nahrung ergibt. Das Marktvolumen ist nur in einfachen Fällen, nämlich wenn Qualitätsveränderungen außer Betracht bleiben können, mit der Menge der abgesetzten Güter zu definieren. Wo die Abstufung, die Verbesserung, die Differenzierung der Qualität eine Rolle spielt, da muß man das Marktvolumen mit dem Produkt aus Menge und Preis ausdrücken, wobei unterstellt wird, daß die inflationären (nicht mit Qualitätsverbesserungen verbundenen) Preissteigerungen herausgerechnet werden können. Das Marktvolumen entspricht dann den realen Ausgaben, die die Nachfrager einem Bedarf widmen. *Bedarf* nennen wir die Absicht oder Gewohnheit, ein Gut oder eine Klasse von Gütern (Beispiel: Nahrungsmittelbedarf) zu erwerben (Scherhorn, 1959). Im weiteren Sinne kann sich der Begriff auch auf Nichtgüter beziehen, die mit Gütern – über ihren „Zeitbedarf" – in Konkurrenz stehen. Er ist jedoch auch in dieser Verwendung nicht im physiologischen Sinne gemeint. Ökonomischer und physiologischer Bedarf an Nahrung oder Bewegung können weit auseinanderliegen.

Die Güterbedarfe stehen untereinander in Konkurrenz, weil die Einkommen der Nachfrager begrenzt sind. Kein Bedarf kann einen steigenden Anteil vom Einkommen beanspruchen, ohne die Erfüllung anderer Wünsche zu beeinträchtigen. Solange neue Bedarfe in den Konsumstandard der privaten Haushalte eintreten, solange muß es andere Bedarfe geben, die ihnen Platz machen. Das Hinzutreten eines neuen Bedarfs bedeutet, daß der auf diesen entfallende Einkommensanteil schneller zunimmt als das Einkommen selbst. Die für andere Bedarfe verausgabten Anteile ermöglichen das, indem sie langsamer steigen als das Einkommen.

Verbreitet ist die Vorstellung, diese anderen Bedarfe blieben deshalb zurück, weil sie den ihnen vorherbestimmten Sättigungsgrenzen näher kämen. Dagegen spricht, daß es bisher noch bei jedem Bedarf gelungen ist, ihn für sich genommen attraktiver zu machen. Daß die einem Bedarf gewidmeten Ausgaben zurückfallen, kann auch mit der *größeren Attraktivität der neuen Bedarfe* erklärt werden. Gäbe es diese nicht, so gäbe es auch kein Zurückbleiben bei älteren Bedarfen, jedenfalls nicht aus Gründen der Sättigung. Daß Konsumenten sich bei den Ausgaben für Nahrung oder Kleidung zurückhalten, liegt wohl nicht daran, daß sie auch nur die meisten attraktiven Möglichkeiten ausgeschöpft hätten, für diese Zwecke Geld auszugeben. Es liegt eher daran, daß die insgesamt verfügbaren Mittel begrenzt sind und daß andere Verwendungszwecke Vorrang beanspruchen. Wäre das nicht so, stiegen die Ausgaben für Nahrung und Kleidung schneller.

In einer annähernd vollbeschäftigten Wirtschaft ist es nicht auszuschließen, daß ein Hinausschieben der Sättigung, das die Ausgaben der Konsumenten auf dem betreffenden Markt erhöht, die Einnahmen der Anbieter auf anderen Märkten beeinträchtigt. Ebensowenig ist auszuschließen, daß auf allen Märkten, die die Expansionsphase hinter sich haben, mit etwa gleicher Intensität am Hinausschieben der Sättigung gearbeitet wird. In diesem Falle wird der Kampf gegen die Sättigung dazu führen, daß allgemein mehr Konsumgüter produziert und abgesetzt, mehr Einkommen erzielt und ausgegeben werden als sonst der Fall wäre. *Beeinträchtigt sind dann* nicht einzelne Märkte und einzelne Konsumbedarfe, sondern *einzelne Zeitverwendungen,* von denen der höhere Zeitbedarf abgezogen wird, der nötig ist, damit die höheren Einkünfte erzielt und die zusätzlichen Konsumgüter gekauft, verwendet und betreut werden können (Linder, 1970).

Muß man diese Wirkungen in Betracht ziehen, so ist wohl auch die Frage nicht abweisbar, ob der Kampf gegen die Sättigung in ähnlichem Maße wie die Expansion dazu beiträgt, daß die Probleme der Konsementen gelöst werden. Mit anderen Formulierungen wird diese Frage in der nichtwissenschaftlichen Öffentlichkeit viel diskutiert. Bei den Wissenschaften, an die sie gerichtet ist – in erster Linie Ökonomie und Psychologie – pflegt sie auf entrüsteten Widerspruch zu stoßen, der sich meist des folgenden Arguments bedient. Hinausschieben der Sättigung bedeutet, daß mehr verkauft wird. Die Konsumenten sind an diesem Prozeß nicht unbeteiligt: hätten sie nicht gekauft, so wäre auch nicht verkauft worden. Aus der positiven Reaktion der Nachfrager also, so lautet ein geläufiges Argument, kann man wohl schließen, daß das Hinausschieben der Sättigung in ihrem Interesse liegt.

Das Argument ist nicht nur bei den Anbietern und den in ihrem Auftrag arbeitenden Marktforschern und Werbetreibenden beliebt. Auch für einen unabhängig arbeitenden Marktpsychologen ist es wichtig. Es erlaubt ihm nämlich, die Verhaltensdispositionen der Konsumenten *an deren Marktreaktionen abzulesen,* ohne zu fragen, ob die Bedingungen, unter denen diese Reaktionen zustandekommen, auch marktgerecht sind. Gegenstand der Analyse ist dann allein die Frage, wie sich die zur Absatzerhöhung geeigneten Anbieterstrategien so wirksam ausgestalten lassen, daß ein Maximum von Nachfragern mit vermehrten Käufen reagiert – eine ungemein „objektiv" klingende und hervorragend für experimentelle Untersuchungen geeignete Fragestellung. Man übersieht dabei aber manchmal, daß die Marktreaktion der Nachfrager nur unter ganz bestimmten Bedingungen als eindeutiger Ausdruck der Nachfrager-Wünsche und -Vorstellungen interpretiert werden kann (S. 76ff.).

Noch ein zweites Argument wird angeführt. Über Geld- oder Zeitverwendungen nachzudenken, die von den Konsumenten nicht gewählt worden sind, machte ja nur dann einen Sinn, wenn es eine theoretische Überlegung gäbe, aus der sich ableiten ließe, daß andere Geld- oder Zeitverwendungen wenigstens ebensosehr in Betracht gekommen wären. Die Anwendung einer solchen Theorie wird aber a priori abgelehnt. Aus der Plastizität der Bedürfnisse (Motive, Antriebe) und der Lernfähigkeit des Menschen schließt man, daß es sie nicht geben kann. Diese Auffassung mag richtig sein. Aber *sie wird nicht auf die Probe gestellt.* Wer aus einer bestimmten Entwicklung der Konsumausgaben und der Zeitverwendungen auf die Motive der Konsumenten schließt, hat im allgemeinen gar nicht erst den Versuch gemacht, in seinen Untersuchungen alternativen Motivausprägungen eine Chance zu geben.

Alternative Motivausprägungen müssen keineswegs aus Modellvorstellungen, etwa über eine Hierarchie der Bedürfnisse, abgeleitet sein (Scherhorn, 1972). Ebensogut kann die einfache Erfahrung zugrundeliegen, daß es menschliche Grundbedürfnisse gibt, die nicht nachhaltig untererfüllt bleiben können, ohne daß dies zu identifizierbaren Nachteilen führt, zu Frustrationen, Depressionen, sozialen Fehlentwicklungen, körperlichen Beschwerden, Krankheiten. Diese Vorstellung besagt im Grunde nichts anderes, als daß neben der Umwelt des Menschen auch seine *psychosomatische Ausstattung ein knappes Gut* ist, das nicht ohne Schaden über eine erfahrbare Grenze hinaus beansprucht werden kann (S. 116f.). Da der Schaden sich erst einstellt, nachdem die Grenze bereits überschritten wurde, ist das Erfahren der Grenze Gegenstand von sehr komplexen individuellen und kollektiven Lernprozessen. Es mag sein, daß diese Prozesse den gängigen psychologischen Untersuchungsmethoden nicht leicht zugänglich sind.

2.3.3 Die Berücksichtigung der Nachfragerinteressen

2.3.3.1 *Der Kauf: kein eindeutiger Indikator*

Wie bringen Nachfrager gegenüber Anbietern ihre Interessen zur Geltung? Zunächst natürlich, indem sie kaufen. Die Aussicht auf positive Sanktion ist es, die dem Anbieter das Anbieten attraktiv macht. Aber die positive Sanktion, für sich genommen, kann dem Anbieter nichts anderes signalisieren, als daß sein Angebot von den Nachfragern akzeptiert wird. Ob sie das Angebot befriedigt oder widerwillig akzeptieren, darüber informiert das Signal nicht. Es kann also höchst unvollständig sein. Diese Aussage gilt vor allem für Optionsmärkte. Ihre Implikationen werden aber durch den Vergleich mit Auktions- und Verhandlungsmärkten deutlicher sichtbar.

Auf Auktionsmärkten reicht das Kaufsignal aus. Denn da die Qualität und die Konditionen festliegen und vom Nachfrager schon beim Eintritt in den Markt akzeptiert werden, ist die einzige Frage, über die am Markt noch entschieden wird, die Höhe des Preises. Den Nachfragern, die nicht kaufen, ist der Preis zu hoch. Denen, die kaufen, ist er nicht zu hoch. *Der Kauf* kann *als Indikator* dafür genommen werden, daß die Käufer bekommen haben, was sie haben wollten. Sie mögen es ärgerlich finden, daß die Marktlagenmacht der Anbieter, die auf der relativen Knappheit und Begehrtheit des Gutes beruht, den Preis in die Höhe getrieben hat. Aber sie nehmen den Preis hin, weil sie mit den übrigen Angebotsbedingungen einverstanden sind.

Auf Verhandlungsmärkten, wo außer dem Preis auch zahlreiche andere Angebotsbedingungen zur Disposition stehen, ist der Anbieter zur Deutung des Nachfragerverhaltens nicht auf den Kaufabschluß allein angewiesen. Zusätzliche Hinweise erhält er im individuellen Aushandeln der Angebotsbedingungen. Endet eine Verhandlung mit dem Kauf, so bedeutet dies, daß die Interessen des Nachfragers überwiegend erfüllt sind. Soweit sie nicht erfüllt werden konnten, hat der Nachfrager das *in der Verhandlung ausgespielt*, um dafür eine Kompensation zu erlangen.

Denn der Beitrag des Nachfragers zur Verhandlung besteht darin, dem Anbieter seine Vorstellungen über das Tauschobjekt mitzuteilen und ein Gebot abzugeben. Soll das Gut erst angefertigt oder beschafft werden, so schließt die Mitteilung auch Aussagen darüber ein, wie es beschaffen sein sollte. Liegt es vor, so pflegt der Nachfrager sich auf diejenigen Bedingungen des Angebots zu konzentrieren, die seinen Vorstellungen nicht entsprechen. Sein Ziel ist dann, den Anbieter dahin zu bringen, daß er ihm entgegenkommt und entweder auf sein Gebot eingeht oder eine andere Angebotsbedingung zu seinem – des Nachfragers – Vorteil ändert (Kompensation). Die *Verhandlung* hat demnach zwei Elemente: die positive Beschreibung des Gewünschten, die man *Bedarfsdarstellung* nennen kann, und den Widerstand gegen einzelne Bedingungen des Angebots durch Abgabe und Verteidigung eines eigenen *Gebots*.

Kommt es zum Kauf, so ist entweder die Bedarfsvorstellung erfüllt oder das Gebot angenommen oder kompensiert worden. Das schließt zwar den Irrtum und die Übervorteilung des Konsumenten nicht aus, die dieser erst nach dem Kauf entdeckt. Aber es schließt aus, daß der Anbieter den Kaufabschluß fälschlich als Indikator dafür nimmt, er habe die Bedarfsvorstellung des Käufers erfüllt, hat er doch selbst dessen Bedarfsdarstellung zur Kenntnis genommen und über dessen Gebot verhandelt. Auch für den Käufer werden die Anlässe verringert, mit dem Kauf unzufrieden zu sein, hat er doch für sein Gebot Zuschlag oder Kompensation erhalten oder sich überzeugen lassen, daß das Gebot nicht angemessen war. Anders formuliert: können Nachfrager verhandeln, so gibt ihnen das die Möglichkeit, abweichende Interessen zu artikulieren. Damit ist noch nicht bewirkt, daß diese erfüllt werden. Aber *sie bekommen eine Chance*.

Auf Optionsmärkten ist diese Chance derzeit geringer. Den Optionsmarkt in seinen auf Konsumgütermärkten heute vorherrschenden Formen unterscheidet vom Verhandlungsmarkt, daß die Angebotsbedingungen nicht einzeln zur Disposition stehen, sondern als Paket fixiert werden. Es fehlt die Institution der individuellen Verhandlung, die den Anbietern zusätzliche Informationen über die Interessen ihrer Käufer vermitteln könnte. Weitgehend fehlt aber auch die Institution der Kritik und des Widerspruchs, die diese Funktion übernehmen könnte. Auf Optionsmärkten ist es daher *fast ausschließlich die Abwanderung* der Nachfrager, die den Anbietern genaueren Aufschluß über die Nachfragerinteressen verschafft. Denn wenn sich der Umsatz oder Marktanteil eines Anbieters verringert, so wird er vieles daransetzen, die Ursachen seines Mißerfolgs herauszufinden und zu beseitigen. Er wird das Verhalten der erfolgreicheren Konkurrenten studieren, den Rat von Fachleuten einholen und wird Marktforschung treiben, kurz, er wird Geld für Kritik ausgeben und wird diese Kritik beherzigen, indem er sein Angebot ändert. Die Abwanderung der Nachfrager führt also dazu, daß der Anbieter sich ein differenziertes Bild von den tatsächlichen Interessen der Nachfrager zu verschaffen sucht.

Der Kauf dagegen besitzt diese differenzierende Wirkung nicht. Denn dem erfolgreichen Anbieter liegt es fern, Geld dafür auszugeben, daß man ihm seinen Erfolg relativiert. Im Gegenteil: er wird Kritik eher mit dem Hinweis darauf abzuwehren suchen, daß sein Absatz oder sein Marktanteil ja gestiegen ist. Aber dieser Erfolg braucht keineswegs darauf zurückzugehen, daß sein Angebot den Interessen der Nachfrager entspricht, sondern kann ebensogut daraus resultieren, daß es lediglich das kleinere von zwei Übeln ist. Die Nachfrager können ja unter den angebotenen Optionen nur diejenige auswählen, die ihren Vorstellungen noch am nächsten kommt (Scherhorn et al., 1975).

Daß Nachfrager gekauft haben, besagt auf Optionsmärkten daher nicht mehr als: es war kein Angebot am Markt, das die Vorstellungen der Nachfrager besser erfüllt hätte, oder: es ist dem Anbieter gelungen, den Nachfrager dies einzureden. Daß Nachfrager gekauft haben, besagt dagegen nicht notwendigerweise, daß der Anbieter den Interessen der Nachfrager so weit entgegengekommen ist, wie es ihm bei Wahrung seiner eigenen Interessen möglich war. Abweichende Bedarfsvorstellungen der Nachfrager haben nicht die Chance, im Kauf selbst artikuliert zu werden. Denn auf Optionsmärkten ist es den Nachfragern im Regelfall nicht möglich, den Anbietern ihre Bedarfsvorstellungen darzustellen und *anders als durch Abwanderung* Widerstand gegen einzelne Angebotsbedingungen zu leisten. Nach dem Kauf wird ihnen Gelegenheit zum Widerspruch eingeräumt. Aber diese Gelegenheit ist auf diejenigen Fälle begrenzt, in denen das Gesetz den Nachfragern das Recht einräumt, „Nachbesserung" oder „Wandelung" oder „Gewährleistung" zu verlangen.

Die Bedarfsdarstellung ist nicht etwa verboten. Der Nachfrager kann beispielsweise einen Brief an einen Anbieter oder eine Zeitung schreiben, in dem er Verbesserungsvorschläge macht. Er tut das jedoch nur in extrem seltenen Fällen. Solches Nachfragerverhalten gilt als ungewöhnlich, bekommt leicht den Anstrich des Querulantischen und bleibt im allgemeinen wirkungslos. Das ist nicht notwendigerweise so. Auch auf Optionsmärkten kann es für die Nachfrager institutionell Gelegenheit zur Bedarfsdarstellung geben (Czerwonka, Schöppe &

Weckbach, 1976). Die Bedarfsdarstellung wird dann meist im Rahmen des Widerspruchs, nicht im Rahmen der Verhandlung erfolgen.

2.3.3.2 Die Artikulation unerfüllter Interessen

Unter welchen Bedingungen haben abweichende Bedarfsvorstellungen der Nachfrager auf Optionsmärkten eine Chance, artikuliert zu werden? Die Beantwortung dieser Frage setzt keine ideologische Norm voraus. Man braucht dabei nicht anders vorzugehen als bei der Formulierung einer der empirischen Prüfung zugänglichen Hypothese. Abweichende Bedarfsvorstellungen haben auf Optionsmärkten dann eine Chance der Artikulation, wenn den Nachfragern weder die Abwanderung noch der Widerspruch versperrt ist.

Daß die *Abwanderung* versperrt ist, setzt voraus, daß sie möglich wäre. Möglich ist Abwanderung, wenn ein akzeptables Konkurrenzangebot existiert oder wenn der Nachfrager die Kaufabsicht hinausschieben oder ganz aufgeben kann. Alle drei Reaktionen – die *Kaufverlagerung,* der *Kaufaufschub* und die *Kaufenthaltung* – können dadurch versperrt sein, daß der Nachfrager daran gehindert ist, das angebotene Gut im Hinblick auf dessen Nutzen und Risiken zutreffend einzuschätzen. Gehindert wird er daran, wenn die Beschaffung wichtiger Informationen unverhältnismäßig erschwert oder gar unmöglich ist. Ein Hindernis kann auch darin liegen, daß der Konsument nicht gelernt hat, wie man auf den komplizierten Optionsmärkten in hochentwickelten Ländern wichtige Entscheidungsfehler vermeidet, als da sind: eigene Ziele oder dissonante Informationen oder relevante Handlungsalternativen unberücksichtigt zu lassen (Scherhorn, 1980).

Der *Widerspruch* ist Konsumenten dann versperrt, wenn es ihnen institutionell erschwert oder unmöglich gemacht wird, gegenüber dem Anbieter und/oder den anderen Nachfragern ihre Unzufriedenheit mit einem vollzogenen Kauf zum Ausdruck zu bringen. Mit einem Kauf unzufrieden sein heißt oft, daß sich hernach ärgerliche Mängel herausgestellt haben, die Erwartungen an das gekaufte Gut also enttäuscht wurden. In solchen Fällen kann der Widerspruch mit dem Verlangen nach nachträglicher Beseitigung des Mangels oder nach Rücktritt vom Kauf verbunden sein. Ähnlich wie die Verhandlung hat auch der Widerspruch zwei Elemente: die *Bedarfsdarstellung,* verbunden mit dem Ausdruck der Enttäuschung, und die *Forderung* auf Ausgleich, Rücktritt, künftige Verhaltensänderung o.dgl. Anders als die Verhandlung wird der Widerspruch nachträglich erhoben, also erst nachdem die Option fixiert vorliegt. Während die Verhandlung der gemeinsamen Festlegung der Tauschbedingungen dient, entzündet sich der Widerspruch an der Option.

Das gilt auch dort, wo schon vor dem Kauf klar ist, daß die Option die Erwartungen des Nachfragers nicht erfüllt. Die Unzufriedenheit entsteht dann daraus, daß der Kauf gleichsam unter Protest getätigt wird, weil der Nachfrager nicht auf das Gut verzichten kann oder will, ein geeigneteres Angebot aber nicht erreichbar ist. Auch in diesem Fall kann der Widerspruch für den Nachfrager eine Art Ausgleich dafür bedeuten, daß ein geeigneteres Objekt seines Bedarfs nicht angeboten wird. Er meldet seinen Protest an, statt ihn in sich hineinzufressen. Er kündigt an, daß er zu einem besseren Anbieter abwanderte, wenn es ihn gäbe. Er weist damit zugleich auch den bisherigen Anbieter auf Verbesserungsmöglichkeiten hin. Kurz: er bringt zum Ausdruck, daß seine Interessen nicht erfüllt worden sind.

Nur wenn die Nachfrager Gelegenheit zum Widerspruch hatten und ihnen die Möglichkeit der Abwanderung nicht versperrt war, kann es gerechtfertigt sein, aus dem Absatz eines Gutes darauf zu schließen, daß die Anbieter den Bedarfsvorstellungen der Käufer entgegengekommen sind, daß die Nachfrager soziale Kontrolle über die Anbieter ausgeübt haben. Wenn dagegen die Nachfrager in einer Umgebung, die ihnen die Abwanderung oder den Widerspruch versperrt, auf den Einsatz absatzpolitischer Instrumente mit vermehrten Käufen oder erhöhter Kaufbereitschaft reagieren, dann erlaubt dieses Ergebnis zwar den Schluß, daß die Interessen der Anbieter erfüllt wurden. Die Folgerung jedoch, die Bedarfsvorstellungen der Nachfrager seien erfüllt worden, ist dann strenggenommen *nicht gerechtfertigt.*

Das gilt auch für Felduntersuchungen der Anbieter-Marktforschung, die die vorgefundenen Marktbedingungen übernehmen. Die auf Konsumgütermärkten bestehenden Sperren gegen Abwanderung und Widerspruch werden in solchen Untersuchungen nicht abgebaut, oft nicht einmal reflektiert. Die Bedingungen, unter denen die Untersuchung durchgeführt wird, sind dann nicht selten so restriktiv, daß abweichende Nachfragerinteressen keine Chance haben, artikuliert zu werden.

2.3.4 Die Kommunikation zwischen Anbietern und Nachfragern

2.3.4.1 Signale der Nachfrager – wie werden sie übertragen?

Sind Abwanderung und Widerspruch die Verhaltensweisen, mit denen die Nachfrager gegenüber den Anbietern ihre Vorstellungen und Interessen zur Geltung bringen können, so ist das Bestreben der Anbieter darauf gerichtet, den Nachfragern die Anwendung von Abwanderung und Widerspruch zu erschweren. Die Strategien, die sie zu diesem Zweck einsetzen, findet man in der wettbewerbspolitischen Literatur unter den Begriffen des Leistungswettbewerbs und des Nichtleistungswettbewerbs zusammengefaßt (Ulmer, 1980). Erbringt ein Anbieter eine Marktleistung, die den Nachfrager zufriedenstellt, so hat dieser keinen Anlaß, abweichende Interessen anzumelden, und die Einkünfte des

Anbieters können als Leistungsentgelt betrachtet werden. Seine Markteinkünfte kann sich der Anbieter aber auch dadurch verschaffen, daß er die Nachfrager durch eine im Austauschprozeß ansetzende Beschränkung des Wettbewerbs (S. 52f.) an der Abwanderung hindert. Dieser Weg führt umso eher zum Erfolg, je weniger wirksame Institutionen des Widerspruchs existieren bzw. je wirksamer die Nachfrager daran gehindert werden können, diese zu nutzen. So ist es ein zentrales Problem der Marktpolitik, daß rechtliche Normen gefunden werden, die den Anbietern die Praktiken des Nichtleistungswettbewerbs untersagen und den Nachfragern die Möglichkeit geben, gegen Zuwiderhandlungen Widerspruch einzulegen, soweit deren Verfolgung nicht Aufgabe öffentlicher Kontrollinstanzen ist.

Die Unterscheidung zwischen Leistungswettbewerb und Nichtleistungswettbewerb ist bei der Suche nach solchen Normen nützlich und vermag auch bei deren Begründung Dienste zu leisten. Für die Zwecke einer empirischen Markttheorie ist sie nicht ohne weiteres geeignet. „Die Frage, was Leistungs- bzw. Nichtleistungswettbewerb ist, kann erfahrungswissenschaftlich nicht beantwortet werden . . . ihre Beantwortung erfolgt durch eine Dezision, d.h. durch eine wertende (normative) Beurteilung" (Hoppmann, 1980). Sie wird jedoch der empirischen Forschung zugänglich, wenn man Nichtleistungswettbewerb als dasjenige Anbieterverhalten im Austauschprozeß definiert, das die Nachfrager an Abwanderung oder Widerspruch hindert, obwohl sie einen Anlaß dazu sehen. Als Nichtleistungswettbewerb müßten dann konsequenterweise auch diejenigen Anbieterstrategien betrachtet werden, die die Nachfrager daran hindern, Anlässe für Abwanderung oder Widerspruch zu sehen, obwohl diese nachweisbar gegeben sind (d.h. von den Nachfragern nach Aufdeckung jener Strategien auch als solche gesehen werden).

Die Frage nach den Abwanderung oder Widerspruch versperrenden Anbieterstrategien kann jedoch erst dann für markttheoretische Überlegungen fruchtbar werden, wenn eine Vorfrage behandelt ist, die meist übergangen wird. Auf welchem Wege und mit welchen Reibungsverlusten werden die Auffassungen der Nachfrager eigentlich an die Anbieter transmittiert? In der Abwanderung und dem Widerspruch die *Medien der Transmission* zu sehen, ist zur Ableitung operabler Aussagen nicht konkret genug. Gebraucht wird eine präzise Vorstellung darüber, wie Abwanderung und Widerspruch bei den Anbietern ankommen und von ihnen verarbeitet werden. Zur empirischen Klärung dieser Frage gibt es bisher keine systematische Untersuchung. Doch findet sich eine Reihe von Anhaltspunkten.

Ein solcher Anhaltspunkt ist die Frage nach denjenigen Nachfragern, die Abwanderung oder Widerspruch üben. Daß es *stets nur einige* sind, kann als vernünftige Ausgangsannahme gelten. Die meisten Konsumenten begnügen sich mit den Informationen, die sie am Wege aufsammeln können oder die ihnen gleichsam zufliegen: Informationen durch Medienwerbung, Verkaufsgespräche, Schaufensterbummel, Gespräche mit Bekannten. Nur zu einem kleinen Anteil schlagen Konsumenten Umwege ein, um sich Informationen über Konsumgüter zu beschaffen: eigene Preisvergleiche bei mehreren Anbietern, Auskünfte bei Verbraucherzentralen, Lektüre von vergleichenden Warentests. Am letztgenannten Kriterium gemessen, sind es nicht mehr als 10 oder 15 Prozent der Konsumenten, die derzeit als „information seekers" betrachtet werden können (Thorelli, Becker & Engledow, 1975).

Ein derart kleiner Anteil „beweglich" (Krelle, 1961) reagierender Nachfrager kann durchaus genügen, die Anbieter zur Verbesserung ihrer Leistungen zu veranlassen (Hirschman, 1970). Doch ist noch zu wenig darüber bekannt, *bei welchen Konsumgütern* die information seekers mit Abwanderung reagieren. Nur wenn sie keine Güterkategorien systematisch vernachlässigen — beispielsweise auch nicht diejenigen Konsumgüter, die vorzugsweise von ärmeren und weniger gut ausgebildeten Konsumenten gekauft werden (Scherl, 1978) — kann man davon ausgehen, daß diesen Nachfragern generell die Bedeutung von „vigilantes of the market place" (Thorelli & Thorelli, 1977) zukommt. Allem Anschein nach sind aber Konsumenten mit kürzerer Schulbildung seltener mit dem ihnen zugänglichen Konsumgüterangebot unzufrieden als Konsumenten mit längerer Bildung (Kristensen, 1980). Sie werden daher seltener abwandern. Das relativiert auch den Befund, daß es nur wenig von der Schichtzugehörigkeit (Einkommen, Bildung, Beruf) eines Konsumenten abhängt, ob er sich zu Beschwerden und Reklamationen aufrafft, wenn er einmal mit einem Kauf unzufrieden ist (Andreasen, 1977). Ob Konsumenten überhaupt unzufrieden werden, das hängt offenbar durchaus mit ihrer Schichtzugehörigkeit zusammen.

Einen zweiten Anhaltspunkt für das Studium der Transmission liefert die oben (S. 56f.) dargelegte Hypothese, daß der Wettbewerb der Anbieter diejenige Anbietermacht nicht verringert, die entsteht, wenn es den Anbietern gelingt, im Austauschprozeß *Herrschaftsbeziehungen aufzubauen*, dergestalt, daß Nachfrager durch Gefühle der Loyalität und der Unterwerfung, durch Methoden der einseitigen Information und Beeinflussung und nicht zuletzt durch Ausnutzung von Informationen über ihre Verhaltenstendenzen dazu gebracht werden, Signale der Anbieter gleichsam wie Befehle zu befolgen. Nachfrager aus unteren Schichten sind vermutlich durch ihre Sozialisation eher dazu disponiert, ihre Interessen mit denen der Anbieter zu identifizieren, mit dem jeweils Angebotenen zufrieden zu sein, sich nicht aufzulehnen, abweichende eigene Bedürfnisregungen nicht zur Kenntnis zu nehmen. Bei Konsumenten aus höheren Schichten mag es schwieriger sein, sie zu einem gehorsamsähnlichen Verhalten zu bewegen. Aber auch sie können durch Ausnutzung von Herrschaftswissen und Vorenthaltung von Informationen dazu gebracht werden. Abwanderung und Widerspruch der Konsumenten halten sich dann in einem planbaren und tolerierbaren und tolerierbaren Rahmen. Zu fürchten hat das Unternehmen dann nur den Widerspruch, der von Institutionen mit eigener Autorität, wie beispielsweise der Stiftung Warentest, oder aber von Verbraucherorganisationen ausgeht. Diese freilich sind oftmals auf die Existenz von Normen und Vorschriften angewiesen, um ihren Widerspruch objektivieren und gerichtsfest begründen zu können (Padberg, 1977).

Einen dritten Anhaltspunkt bietet die aus der Analyse von Optionsmärkten ableitbare Hypothese (S. 67), daß die Anbieter auf solchen Märkten eine Tendenz haben, die angebotene Option zu einem Bedingungsdiktat auszugestalten. Es liegt in der Linie einer solchen Absatzpolitik, daß der Anbieter versuchen wird, sich gegen Abwanderung und Widerspruch zu *immunisieren*. Beispielsweise wird er die Qualität eines Produkts so festsetzen, daß ein auf eine bestimmte Zielgruppe berechneter Marktpreis möglich wird. Solange Abwanderung und Widerspruch ihm nicht signalisieren, daß er diese Zielgruppe verfehlt, wird er die negativen Nachfrager-Reaktionen einplanen und bewußt in Kauf nehmen (Wieken, 1977). Dem Interesse der Nachfrager, die zwischen den Zielgruppen stehen, wird ein solches Verfahren u.U. wenig gerecht.

Ein vierter Anhaltspunkt liegt in der Analyse der Anbieterkalkulationen. Ist beispielsweise für die Aufnahme eines Produkts ins Sortiment der Absatz oder die Zufriedenheit der Konsumenten weniger maßgebend als der Kostendeckungsbeitrag oder der Stückgewinn, so wird der Anbieter sich von den Reaktionen der Konsumenten weit weniger leiten lassen als von der *Bereitschaft des Lieferanten*, ihm für das Produkt günstige Bedingungen einzuräumen. Widerspruch wird dann erst wirksam, wenn die Kosten der Reklamation so hoch werden, daß sie die Kalkulation durchkreuzen. Die Beschwerden der Händler bei den Herstellern über zu hohe Reklamationskosten sind denn auch einer der Wege, auf denen der Widerspruch der Konsumenten wirksam wird (Wieken, 1977).

Die Anbieter auf Optionsmärkten sind im Regelfall Mehrproduktunternehmen, die Abwanderung und der Widerspruch der Nachfrager dagegen beziehen sich in der Regel auf ein einzelnes Produkt. Die Nachfrager auf Konsumgütermärkten sind Endabnehmer, ihnen gegenüber aber steht eine Stufenfolge von Anbietern, die beim Händler beginnt und bei den Grundstoffproduzenten endet. Der einzelne Anbieter kann Abwanderung und Widerspruch von Nachfragern, solange diese in Grenzen bleiben, umso eher übersehen, je größer die Zahl der Märkte ist, auf denen er operiert, und je stärker seine Stellung gegenüber seinen Lieferanten.

Einen ergiebigen Anhaltspunkt kann man schließlich aus der Analyse der anbietenden Unternehmen *als Organisationen* gewinnen, aus dem Nachzeichnen der Entscheidungsstrukturen und internen Kommunikationswege, die für diese kennzeichnend sind. Organisationen tendieren dazu, Kritik abzuweisen, die von außen kommt. Das hängt mit ihrem hierarchischen Aufbau zusammen. Dieser läßt es oftmals nicht zu, unteren Ebenen so viel Entscheidungsbefugnis und Selbständigkeit einzuräumen, daß man dort angstfrei, interessiert und flexibel auf Kritik von außen reagieren könnte. Ebensowenig läßt es der hierarchische Aufbau zu, daß Kritik von den unteren an die oberen Ebenen geleitet wird, weil das den Status der oberen beeinträchtigen würde. Widerspruch von Konsumenten wird daher meist so behandelt, daß er sich möglichst nicht gegen die Interessen der Hierarchie auswirken kann. Auch bei Abwanderung werden so lange wie möglich nur solche Interpretationen zugelassen, die den Interessen derer, die die Organisation beherrschen, nicht zuwiderlaufen. Macht vermag das Lernen aus neuen Informationen zwar nicht zu ersetzen (Deutsch, 1966); aber sie verringert den Zwang, lästige Informationen zur Kenntnis zu nehmen, und verstärkt die Versuchung, die Augen vor ihnen zu verschließen. „Der Mächtige muß sich nicht anpassen; er zwingt die anderen zur Anpassung". Kritik und Änderungsvorschläge, die von unten kommen, stellen die Kompetenz des Mächtigen in Frage und machen ihm Angst – „untergründige, vorbewußte Angst vor dem Verlust der Macht" (Krockow, 1980).

Geht man diesen Anhaltspunkten nach, so stößt man immer wieder darauf, daß die Anbieter auf Optionsmärkten nicht ohne Erfolg versuchen, sich gegen die Abwanderung und den Widerspruch der Nachfrager zu immunisieren. Gerade weil das offenbar bis zu einem gewissen Grade gelingen kann, ist es zum Verständnis der Konsumgütermärkte unerläßlich, nachzeichnen zu können, wie die Transmission der Bedarfsvorstellungen von den Nachfragern zu den Anbietern vor sich geht. Die Frage wird bisher weitgehend ausgespart, wohl weil man die Antwort für offenkundig hält. Auf Auktions- und Verhandlungsmärkten ist sie das auch, auf Optionsmärkten dagegen nicht.

2.3.4.2 Signale der Anbieter – wie werden sie wahrgenommen?

Häufiger als die Transmission der Signale der Nachfrager zu den Anbietern ist die umgekehrte Frage untersucht worden: Wie gelangen die Signale der Anbieter zu den Nachfragern? Auch diese Frage ist neueren Datums, auch sie hat ihren Ursprung in der Beobachtung hochentwickelter Optionsmärkte. Denn auf solchen Märkten ist offenkundig, daß den Nachfragern nicht nur der Preis des Gutes signalisiert wird. Daneben muß der Nachfrager weitere Eigenschaften der Option kennen, um sich entscheiden zu können.

Man kommt auch hier nicht umhin, zwischen den Anbieterinteressen und den Nachfragerinteressen zu unterscheiden. Im Anbieterinteresse liegt es, den Nachfragern die Überlegenheit des angebotenen Gutes zu signalisieren. Das geschieht etwa durch Produktgestaltung, Verpackung, Werbung. Im Nachfragerinteresse liegt es dagegen, daß solche Signale den Tatsachen entsprechen. In der bisherigen Behandlung des Problems wird (meist implizit) unterstellt, daß die Anbieter das *Interesse der Nachfrager miterfüllen*. Das Problem stellt sich dann einfacher: Man braucht lediglich zu untersuchen, was signalisiert wird und wie das Signal ankommt.

Signalisiert werden neben dem Preis und der Qualität des Produkts auch Nebenleistungen wie z.B. der Kundendienst und die fachkundige Beratung, Eigenschaften also, die eher dem Anbieter als dem Produkt zugeordnet sind. Bisher finden sich in der Literatur vorwiegend Aussagen zu jenen Signalen, die sich auf Eigenschaften des Produkts beziehen. Eine Ausnahme bildet die Analyse von Arbeitsmärkten, wo der Nachfrager – der Arbeitgeber – die Eigenschaften des Arbeitnehmers, der sich anbietet, zu beurteilen hat (Spence, 1974).

Ein Teil der Angebotsbedingungen *signalisiert sich selbst*. Beim Preis und bei der Form des Produkts beispielsweise ist das Signal attributgleich mit dem Signalisierten. Man hat die offen zutage liegenden Eigenschaften des Angebots als „search-qualities" bezeichnet (Nelson, 1970), weil es dem Nachfrager möglich ist, sie in der Informations-Suchphase vor dem Kauf selbst zu finden und zu beurteilen. Ob er sie findet, hängt von der Übersichtlichkeit des Marktes und von der Suchaktivität des Nachfragers ab. Selbst im einfachsten Fall eines identischen Produkts, das von verschiedenen Anbietern zu unterschiedlichen Preisen abgegeben wird, kann die Informationssuche je nach der Übersichtlichkeit des Marktes mehr oder weniger zeitraubend sein. Der Nachfrager muß sich die Marktübersicht ja dadurch verschaffen, daß er gleichsam eine Stichprobe von Preisen zieht (Stigler, 1961). Je nach der Verteilung der unterschiedlichen Preise auf die erreichbaren Anbieter ist die Wahrscheinlichkeit größer oder geringer, mit angemessenem Aufwand einen günstigen Preis zu finden (Schmidbauer, 1977).

Die Informationsverarbeitung besteht in der bei komplexeren Produkten oft sehr schwierigen Aufgabe für den Konsumenten, die Produktattribute, die in der Entscheidung berücksichtigt werden sollen, auszuwählen, zu bewerten, zu gewichten und zu einer Gesamtbeurteilung zu integrieren. Wie sich die Konsumenten bei der Lösung dieser Aufgabe verhalten, dazu gibt es zwar eine große Anzahl von Untersuchungen, aber wenig befriedigende Resultate (Grunert, 1980). Verallgemeinerungsfähig ist lediglich dies: Wie gut es dem Konsumenten gelingt, die für ihn ungeeigneten Produkte (Varianten) zu eliminieren und die verbleibenden in eine Rangfolge zu bringen, hängt vor allem von den Kosten der Urteilsfindung ab.

Daß die Kosten der Informationssuche und der Informationsverarbeitung schon im Bereich der Search-Qualities eine so große Rolle spielen, hat vor allem zwei Gründe. *Erstens* muß der Konsument seine geringen Kräfte und Mittel auf so viele Güter aufteilen, von denen er oft vergleichsweise kleine Mengen kauft, daß für das einzelne Gut ein größerer Aufwand meist nicht vertretbar erscheint. *Zweitens* ist der Konsument oftmals nur unzureichend ausgebildet. Wer nicht gelernt hat, bei der Vorbereitung seiner Entscheidungen die jeweils situationsadäquaten Techniken der Beschaffung und Verarbeitung von Informationen anzuwenden, der wird mit gegebenem Aufwand weit weniger erreichen als jener, der sich in den Entscheidungstechniken besser auskennt (Scherhorn, 1980).

Im Unterschied zu den Search-Qualities müssen andere Angebotsbedingungen *verschlüsselt werden,* wenn sie signalisiert werden sollen: die Leistung, die Handhabbarkeit, die Haltbarkeit, die Schmackhaftigkeit sind dem Produkt nicht anzusehen und können vom Nachfrager allenfalls nach dem Kauf aufgrund eigener, im Gebrauch gewonnener Erfahrung beurteilt werden. Man hat sie deshalb als „experience-qualities" bezeichnet (Nelson, 1970). Die Bezeichnung ist allerdings irreführend, wenn sie auf eine Klasse identischer Produkte angewandt wird, die unter derselben Marken- und Modellbezeichnung angeboten werden. Der einzelne Konsument kann aus dieser Gütermenge stets nur ein einziges Produkt kennenlernen, das gekaufte nämlich. Der Schluß von diesem auf die übrigen Produkte steht aber auf schwankendem Grund. Ein Konsument, der die Erfahrungen anderer Konsumenten zur Verbesserung der eigenen Marktübersicht nutzen will, müßte daher eine hinreichend große Stichprobe von Konsumenten mit solchen Erfahrungen kennen. Das ist meist zu aufwendig, oft auch – beispielsweise bei schnellem Modellwechsel – gar nicht möglich. Also kommt viel darauf an, daß die Anbieter solche Angebotsbedingungen signalisieren.

Die entscheidende Frage dabei ist, ob das Signal einen gültigen Indikator der Angebotsbedingung darstellt, so daß der Nachfrager nicht in die Irre geführt wird, wenn er darangeht, die angebotenen Produkte oder Produktvarianten zu bewerten und zu vergleichen. Die Anbieter sind indessen nur in Grenzen an der Vergleichbarkeit der Optionen interessiert, da sie zwischen Konkurrenz und Monopol lavieren. Einerseits liegt dem einzelnen Anbieter daran, den Nachfragern zu signalisieren, daß sein Angebot ihren Bedarf ebensogut erfüllt wie die Angebote der Konkurrenz. Das erfordert ein Mindestmaß an Vergleichbarkeit. Andererseits liegt ihm aber auch daran, den Eindruck hervorzurufen, daß sein Produkt eine besondere Kombination von Vorzügen besitzt, die es für die von ihm angepeilte Zielgruppe von Nachfragern praktisch konkurrenzlos macht. Je geringer die tatsächlichen Unterschiede sind, desto mehr werden die Anbieter bei der Verschlüsselung ihrer Signale dazu neigen, die betreffende Angebotsbedingung zu überhöhen. Das kann dann leicht den Charakter der „Manipulation" annehmen (S. 94). Der Anbieter muß daran interessiert sein, daß der Nachfrager sein Angebot so sieht wie er selbst. Er gibt kein Geld dafür aus, das unabhängige Urteil des Nachfragers zu fördern, ihn also beispielsweise auf Leistungsschwächen oder nachteilige Nebenfolgen seines Produkts aufmerksam zu machen.

Nach alledem ist auf den Konsumgütermärkten, die für entwickelte Volkswirtschaften typisch sind, die Kommunikation von den Anbietern zu den Nachfragern nicht frei von Störungen. Das wird bisher selten gesehen. Absatzwirtschaftlich orientierte Untersuchungen sind meist nur den Signalen gewidmet, die auszusenden im Interesse des Anbieters liegt. In der Wettbewerbstheorie konzentriert man sich häufig noch immer auf den Preis als das entscheidende Signal. Erst neuerdings werden auch Überlegungen über das Signalisieren von Qualitätsmerkmalen angestellt (Stiglitz, 1975). Aber auch dabei geht man bisher in der Regel davon aus, daß die Anbieter in der Auswahl und Formulierung ihrer Signale das Interesse der Nachfrager miterfüllen.

Noch weniger wird systematisch über die Störungen und Verzerrungen der Kommunikation von den Nachfragern zu den Anbietern gearbeitet. Die Mehrdeutigkeit des Signals „Kauf" darf aber gerade auf Märkten nicht leichtgenommen werden, die den Nachfragern nur wenig institutionelle Möglichkeiten einräumen, abweichende Bedarfsvorstellungen zu signalisieren. Für die weitere Evolution der Konsumgütermärkte liefert die Analyse der Kommunikation zwischen den Anbietern und den Nachfragern, in beiden Richtungen, deutliche Anhaltspunkte.

2.4 *Die Situation der Konsumenten*

2.4.1 Die Erforschung des Verbraucherverhaltens

2.4.1.1 Restriktionen der anbieterorientierten Marktperspektive

Für eine Sozialwissenschaft, die sich der experimentellen Erforschung des Verhaltens und Erlebens von Menschen verschrieben hat, bilden die Nachfrager auf Konsumgütermärkten ein ergiebiges Untersuchungsfeld. Es könnte noch weit ergiebiger und relevanter sein, wenn man sich nicht darauf konzentrierte, den Konsumgütermarkt aus der Perspektive des Anbieterinteresses zu betrachten. Denn neben dieser Perspektive bietet der Markt noch zwei andere, die Analyse der Marktbeziehungen und die Analyse des Nachfragerinteresses.

Tauschbeziehungen sind es, die den Markt konstituieren (S. 55f.). Nehmen sie Elemente von Herrschaftsbeziehungen in sich auf (S. 56), so verringert sich die Fähigkeit des Marktes, ein Ort des freien Interessenausgleichs zwischen Anbietern und Nachfragern zu sein. Wer dieser Frage nachgehen will, muß das aufeinander bezogene *Verhalten beider Marktseiten* untersuchen. Er muß beispielsweise Verkäufer und Käufer in ihren Interaktionen und gegenseitigen Einstellungen beobachten, um herausfinden zu können, wieweit die Reaktionen der Nachfrager von deren eigenen Interessen bestimmt sind und wieweit sie besser erklärbar werden, wenn man sie gleichsam als Unterwerfung unter Befehle der Anbieter betrachtet. Aber auch unter anderen Aspekten ist es zweckmäßig, das Verhalten und die Einstellungen beider Seiten einzubeziehen – immer dann, wenn das Forschungsinteresse der Funktionsweise des Marktes und nicht dem Interesse einer Marktseite gilt.

Wird das Verhalten der Nachfrager (und der Anbieter) aus der *Perspektive des Nachfragerinteresses* gesehen, so ergeben sich Forschungsfragen beispielsweise nach den Chancen der Nachfrager, sich aufgrund zutreffender Informationen zu entscheiden, einseitige Beeinflussung zu erkennen, Widersprüche zwischen den eigenen Entscheidungen einerseits und den eigenen wichtigeren Ziel- oder Wertvorstellungen andererseits zu vermeiden, die eigenen übergeordneten Ziele, Werte, Bedürfnisse zu erkennen und zuzulassen, den Kauf eines Gutes wenn nötig zu verlagern, ihn aufzuschieben oder sich seiner zu enthalten (S. 76), vor oder nach dem Kauf Widerspruch einzulegen. Eine Fülle von weiteren Fragen aus dieser Perspektive ergibt sich, wenn es darum geht, die Wirksamkeit verbraucherpolitischer Maßnahmen zu untersuchen, die es den Nachfragern erleichtern sollen, ihre Interessen am Markt geltend zu machen (Biervert, Scherhorn et al. 1975; Fischer-Winkelmann, Köhler & Rock 1977b).

Wird das Nachfragerverhalten aus der *Perspektive des Anbieterinteresses* betrachtet, so steht die Erklärung dieses Verhaltens in der Regel unter mehreren Restriktionen. Eine davon liegt in der Beschränkung auf Reaktionsmodelle menschlichen Handelns. Eine zweite Restriktion besteht in der Beschränkung auf Güter. Eine dritte ergibt sich aus der Unterstellung bedürfnisgemäßen Handelns.

Aus der Perspektive des Anbieterinteresses stellt sich das Verbraucherverhalten als Reaktion auf Optionen (auch: Variationen von Optionen, Hinweise auf Optionen, Informationen über Optionen) dar, die von den Anbietern fixiert werden. Es liegt in der Logik des Optionsmarktes, daß die Anbieter Optionen fixieren und die Nachfrager sich zwischen den gebotenen Optionen entscheiden. Aber diese Entscheidung muß nicht unbedingt in dem Sinne reaktiv sein, daß am Anfang des Entscheidungsprozesses als Stimulus die Wahrnehmung des Produkts oder einer anderen vom Anbieter ausgehenden Information steht, wie es selbst komplexere Modelle des Kaufentscheidungsprozesses unterstellen (Howard & Sheth, 1969). Am Anfang des Prozesses kann vielmehr auch eine Ziel- oder Wunschvorstellung stehen, die dann ein Such- und Entscheidungsverhalten in Gang setzt, wie es für entscheidungstheoretische Modelle kennzeichnend ist (vgl. etwa Janis & Mann, 1977).

Mit Sicherheit läßt sich derzeit nicht sagen, ob der größere Teil aller Kaufentscheidungen wirklich durch Reaktionsmodelle angemessen erklärt wird. Aber selbst wenn man dies für gegeben nimmt, so bleibt doch als Tatsache bestehen, daß es mit nennenswerter Häufigkeit Kaufentscheidungen gibt, die adäquater mit einem Entscheidungsmodell beschrieben werden. Die *Beschränkung auf ein Reaktionsmodell* kommt dann einer Konzession an das Anbieterinteresse gleich. Denn ein Konsument, der zunächst seine Ziele festlegt und dann die Möglichkeiten, diese zu erreichen, Revue passieren läßt, entspricht den Anbieterinteressen sicher weniger als ein Konsument, der vom Stimulus des Anbieters zu einem Kaufentscheidungsprozeß angeregt wird – enthält dieser Ablauf des Prozesses doch eine größere Wahrscheinlichkeit dafür, daß der Konsument seine Ziele nicht unabhängig von dem Stimulus festlegt (Arndt, 1977).

Die *Beschränkung auf Güter* erweitert diese Konzession noch. In einem Entscheidungsmodell ist es leichter vorstellbar, daß der Konsument unter den Möglichkeiten zur Erfüllung seiner Zielvorstellungen auch solche in Erwägung zieht, die nicht an den Erwerb von Konsumgütern gebunden sind. In einem Reaktionsmodell ist dies zwar nicht ausgeschlossen, aber doch weniger wahrscheinlich. Wird die Deutung des Nachfragerverhaltens überwiegend an Reaktionsmodellen orientiert, so gerät aus dem Blick, daß die Entscheidung für Güter häufig die Entscheidung gegen Nichtgüter (eigene Tätigkeiten z.B.) impliziert. Auch darin kann man eine Konzession an das Anbieterinteresse sehen. Der Konsument, vor die Wahl gestellt, würde es oftmals vorziehen, eine so wichtige Konsequenz seines Handelns in den Entscheidungsprozeß einzubeziehen, statt erst geraume Zeit später zu merken, daß sie eingetreten ist.

Das leitet zu einer dritten Restriktion über, unter der anbieterorientierte Erklärungen des Konsumentenverhaltens leiden. Der Anbieter ist daran interessiert, sich für das Handeln des Konsumenten nicht verantwortlich fühlen zu müssen – sich über die ethische Vertretbarkeit der Mittel, die er bei der Beeinflussung des Konsumentenverhaltens anwendet, keine Rechenschaft geben zu müssen. Die „Moral Sentiments", von denen sich jeder Angehörige eines anbietenden Unternehmens gegenüber jedem ihm nahestehenden Menschen fraglos leiten läßt, sind im Verkehr mit den Nachfragern suspendiert (Windisch, 1980, S. 300). Das wird gern mit der Unterstellung gerechtfertigt, daß die Nachfrager doch *gemäß ihren Bedürfnissen* handeln. Diese Unterstellung kann nicht fehlgehen, wenn das jeweilige Verhalten der Nachfrager auf seine Motive, d.h. auf die jeweils verhaltenswirksamen Bedürfnisse zurückgeführt wird. Das Motiv wird von der Handlung her gedeutet und gerät dadurch zum „psychischen Reflex derselben" (Schumpeter, 1926, S. 131). Daran ändert im Prinzip auch das Einbeziehen von Motivkonflikten nichts. Denn das stärkere Motiv hat sich durchgesetzt. Tautologisch ist solche Betrachtungsweise nur dann nicht, wenn alle wichtigen Bedürfnisse, die zu Motiven der Handlung hätten werden können, in der Entscheidung präsent waren.

Das braucht keineswegs immer der Fall zu sein. Wichtige Antriebe können beispielsweise durch die Dominanz anderer (Beispiel: Angst) zurückgedrängt sein. Wichtige Bedürfnisse, Einstellungen, Werte, Zielvorstellungen können in der Entscheidung unwirksam sein, weil dem Konsumenten Informationen fehlen, weil er falsche Informationen zugrundelegt oder weil er Entscheidungsfehler macht (Beispiel: einzelne Handlungsalternativen unberücksichtigt läßt). All dies kann vom Anbieter ausgenutzt, zum Teil auch selbst herbeigeführt werden, um die Entscheidung des Nachfragers zu beeinflussen. Der Konsument merkt dann allenfalls später, daß er sich gegen wichtige eigene Ziele entschieden hat, weil sie in der Entscheidung nicht (oder nicht hinreichend) präsent waren.

Wird die Erforschung des Nachfragerverhaltens einseitig aus der Perspektive des Anbieterinteresses betrieben, so muß mithin ein verzerrtes Bild des Marktes und des Konsumentenverhaltens entstehen. Auch führt solch einseitiger Einsatz von Forschungspotenz dazu, daß das Kontrollpotential der Nachfrager noch weiter hinter dem der Anbieter zurückbleibt.

2.4.1.2 Risikominderung für Anbieter – auch für Nachfrager?

Anbieter auf Optionsmärkten, namentlich wenn diese die Expansionsphase bereits hinter sich haben, besitzen eine besonders starke Motivation, ihr Absatzrisiko zu verringern. Die Analyse des Optionsmarktes (S. 65) und der Sättigungsphase der Marktentwicklung (S. 69ff.) macht plausibel, daß das nicht anders ein kann. Es ist auch leicht einzusehen, daß die Risikominimierung nicht bei einer Markterforschung stehenbleiben kann, die sich darauf beschränkt, vor der Einführung eines Produkts die Reaktionen der Nachfrager zu testen. Bei diesem Verfahren wäre zwar das Absatzrisiko gemindert, nicht aber das Risiko der Produktentwicklung. Auch besitzt die Erforschung der Nachfragerreaktionen ihre eigene Dynamik. Wenn man schon in der Lage ist, die Reaktionen der Nachfrager auf ein Produkt mit gegebener Qualität, gegebenem Namen, gegebener Verpackung usw. vorauszusagen, dann kann man auch Verfahren entwickeln, mit denen sich die Reaktionen der Nachfrager gleichsam optimieren lassen, indem man diejenigen Eigenschaften und sonstigen absatzfördernden Maßnahmen für das Produkt sucht, die bei einem Optimum an Nachfragern positive Reaktionen hervorrufen.

Das ist machbar. „Durch geeignete Wahl und Gewichtung der absatzpolitischen Instrumente kann das Produkterleben derart beeinflußt werden, daß dem Käufer der Erwerb eben dieses Gutes vorteilhaft erscheint" (Rosenstiel & Ewald, 1979, Bd. II, S. 13).

Was machbar ist, das wird auch gemacht, wenn es den Interessen der unmittelbar Beteiligten dient. Auch dies ist markttheoretisch zu erklären, wenn man sich eines Zwei-Märkte-Modells bedient, das aus der Wissenschaftssoziologie entlehnt werden kann. Um Lösungen zur Minderung ihres Anbieterrisikos auf Konsumgütermärkten zu finden, treten die Unternehmen *auf einem anderen Markt* als Nachfrager auf. Anbieter dieses Marktes sind Ökonomen, Psychologen und Soziologen, die teils in kommerziellen, teils in Universitäts-Instituten arbeiten. Die Problemlösungen, die sie anbieten, werden teils nach den Gesetzen wirtschaftlicher Märkte — also gegen Entgelt — weitergegeben und teils nach den Gesetzen wissenschaftlicher „Märkte" kommuniziert, auf denen die Bemühungen der Anbieter nicht über den Preis des Produkts entgolten werden (das Produkt hat keinen Preis), sondern auf anderen Wegen: mit Ansehen, Einfluß, Aufträgen, Stipendien, Honoraren (Scherhorn, 1969). Die Interessen betroffener Dritter — der Konsumenten — sind auf diesem Markt nicht vertreten. Sie nicht zu berücksichtigen, ist für beide Marktparteien von Vorteil. Also werden sie auch nicht berücksichtigt (S. 62).

Bekanntlich wird dies von keiner der beiden Marktparteien zugegeben. Sowohl Konsumgüteranbieter als auch Marktforscher und Marktpsychologen vertreten die Meinung, daß sie bei der Entwicklung und Anwendung von Methoden zur Verfeinerung des absatzpolitischen Instrumentars im Interesse der Konsumenten handeln. Denn tragen sie nicht dazu bei, die bedürfnisgerechte Versorgung der Konsumenten zu verbessern? Das Interesse der Nachfrager ist aber nur dann berücksichtigt worden, wenn den Nachfragern weder die Abwanderung noch der Widerspruch versperrt war (S. 76). Denn die Optimierung des absatzpolitischen Instrumentariums schließt stets ein, daß die negativen Signale der Nachfrager, die Abwanderung und der Widerspruch, minimiert werden. Als Zeichen für bedürfnisgerechte Versorgung der Verbraucher kann das aber nur gedeutet werden, wenn es den Verbrauchern überhaupt möglich war, diese Signale zu setzen.

Man müßte also zeigen können, daß die Allianz der Anbieter mit den Absatzwissenschaftlern und Marktpsychologen die Chancen der Nachfrager verbessert, mit Abwanderung und Widerspruch zu reagieren. Das scheint indes nicht der Fall zu sein. Die wissenschaftliche Analyse und Weiterentwicklung des absatzpolitischen Instrumentars hat im Gegenteil das Ziel und den Effekt, diese Reaktionen den Nachfragern zu ersparen, sie ihnen abzunehmen.

Ein Beispiel. Die Absatzpolitik der Anbieter ist zu einem großen Teil der Verminderung des Preiswiderstandes der Konsumenten (Scherhorn, 1977a) gewidmet. Man setzt den Preis möglichst dicht unter der vermuteten Schwelle des Widerstandes an. Man versucht beim Käufer die Bereitschaft zur kritischen Überprüfung des Preises herabzusetzen oder geringzuhalten: durch Geschäftsausstattung oder Verkäuferverhalten, durch Erschwerung der Preistransparenz, durch Produktdifferenzierung. Über die Imagepflege versucht man, den vom Verbraucher noch als angemessen empfundenen (Höchst)preis, dessen Überschreitung Widerstand auslösen würde, anzuheben oder auf seiner Höhe zu halten. Die Erhöhung des Preises versucht man durch verschleierte Reduzierung der Menge zu ersetzen, durch Scheininnovation oder Packungskosmetik zu bemänteln, durch Verstärkung des Unternehmens-Image annehmbar zu machen. Die marketingorientierte Forschung trägt dazu bei, indem sie die „Preisbereitschaft" der Konsumenten aufdeckt, deren Bereitschaft also, einen Preis (noch) zu akzeptieren (eine Übersicht bei Rosenstiel & Ewald, 1979 Bd. II). Die bisher durchgeführten Untersuchungen über die Bedeutung des Preises im Verbraucherverhalten sind fast ausnahmslos einseitig dazu geeignet, den Anbietern Hinweise zur bestmöglichen Ausnutzung oder gar Erhöhung der Preisbereitschaft zu geben. Untersuchungen dagegen, die Hinweise zur Erhöhung des Preiswiderstandes geben könnten, sind bisher extrem selten.

Solche Untersuchungen müßten von der Erkenntnis ausgehen, daß nicht die Natur der Konsumenten, sondern die Struktur der Konsumgütermärkte es den Nachfragern erschwert, sich Qualitäts- und Preistransparenz zu verschaffen. Die konkrete Kaufsituation ist von Angebotsvielfalt und Zeitdruck geprägt. Die Vergleichbarkeit der den Produkten bzw. Packungen aufgedruckten Preise (unit pricing) ist nicht immer gewährleistet. Doch selbst wenn diese Voraussetzung gegeben ist, reicht sie nur dort aus, wo die Anordnung der Waren übersichtlich und dem Käufer vertraut ist (also nicht ständig geändert wird). Ist das nicht der Fall, so sind besondere Vorkehrungen (Preislisten z.B.) nötig, um diejenige Übersichtlichkeit zu schaffen, die es den Konsumenten erst ermöglicht, sich für preisgünstigere Packungsgrößen und Marken zu entscheiden (Russo, 1977, Russo, Krieser & Miyashita, 1975).

Dem Absatzrisiko der Anbieter steht das Risiko der Nachfrager gegenüber, sich für eine nachteilige Handlungsalternative zu entscheiden – nachteilig in Relation zu den eigenen Zielen und Vorstellungen, nachteilig in Relation zu den konkurrierenden Alternativen. Die anbieterorientierte Marktanalyse klammert dieses Kaufrisiko nicht etwa aus (Cox, 1967). Aber der Anspruch, zugleich mit den Absatzrisiken auch die Kaufrisiken zu verringern, ist nur begrenzt einlösbar. Am ehesten wird er bei Kaufrisiken eingelöst, die den Konsumenten abgenommen werden, beispielsweise durch Garantiezusagen, durch Einhaltung von Standards der Mindestqualität, durch sorgfältige Prüfung der Produkte auf Leistungsfähigkeit einerseits und schädliche Nebenwirkungen andererseits. Aber wo es bisher gelungen ist, den Käufern solche Risiken abzunehmen, da war oftmals der Druck staatlicher Vorschriften nötig. Beliebter zur Verringerung des Absatzrisikos scheinen Methoden zu sein, die die Nachfrager ein bestehendes Kaufrisiko nicht merken lassen oder sie glauben machen, es sei ihnen abgenommen worden.

2.4.2 Zur Marktstellung der Konsumenten

2.4.2.1 Schwächen der Nachfragerposition

Im Vergleich zu den Anbietern scheinen die Konsumenten in entwickelten Volkswirtschaften in zweifacher Hinsicht benachteiligt zu sein: Ihre Versorgung mit Informationen und Kenntnissen ist defizitär, ihre Ausstattung mit Entscheidungstechniken ist unzureichend. Vieles spricht dafür, daß diese Nachteile in der derzeitigen Struktur der Konsumgütermärkte begründet, also nicht leicht zu beheben sind.

Entscheidungsrelevante *Informationen* über heterogene und komplexe Konsumgüter sind den Konsumenten schon deshalb nicht leicht zugänglich, weil für den einzelnen Haushalt und den einzelnen Konsumenten bereits die bloße Anzahl der zu lösenden Probleme in einem ungünstigen Verhältnis zu den einsetzbaren Kräften und Mitteln steht, so daß für die Vorbereitung der einzelnen Entscheidung im Durchschnitt nur wenig Aufwand vertretbar ist. In dieses wenige muß sich die Informationssuche mit allen übrigen Operationen des Entscheidungsprozesses teilen. Auf sie kann also von vornherein nur ein Minimum an Ressourcen entfallen. Es würde oftmals zur Beschaffung einer ausreichenden Menge an zutreffenden Informationen selbst dann nicht ausreichen, wenn die Informationsbeschaffung keinen zusätzlichen Belastungen ausgesetzt wäre.

Zusätzliche Belastungen entstehen daraus, daß manche Informationen nicht beschaffbar und andere nur unter erschwerten Bedingungen zu beschaffen sind. *Erschwert* wird Konsumenten die Beschaffung relevanter Informationen, wenn diese aus einer großen und unübersichtlichen Fülle von (womöglich widersprüchlichen) Mitteilungen herausgefiltert werden müssen, wenn sie nur unter Schwierigkeiten (hoher Suchaufwand, erforderliches Fachwissen, schwerverständliche Darbietung) zugänglich sind, wenn sie in einseitiger, irreführender oder gar falscher Weise dargeboten werden. *Unmöglich* ist es Konsumenten, Informationen über die Leistungsfähigkeit oder über schädliche Nebenwirkungen eines Produkts zu erhalten, wenn diese Informationen gar nicht produziert werden. Mit zunehmender Komplexität der Konsumgüter kommt es immer häufiger vor, daß solche Informationen gebraucht würden, aber nicht zur Verfügung stehen.

Untersuchungen zum Informationsdefizit sind bisher begreiflicherweise selten. Eine Inhaltsanalyse der Werbeanzeigen in zwei Frauenzeitschriften (Hansen, 1975) führte zu dem Ergebnis, daß die meisten Anzeigen keine oder nur wenige thematische Informationen enthielten. In einer Analyse von Fernsehspots in den USA (Resnik & Stern, 1977) wurde untersucht, wieweit die Werbesendungen Aussagen über 14 Produktattribute enthielten, die nach dem Urteil der Autoren für die Konsumenten entscheidungsrelevant waren. In etwa der Hälfte der Spots wurde keines dieser Attribute angesprochen, ein weiteres Drittel der Werbesendungen enthielt Aussagen zu einem von den vierzehn Attributen, nur 16 Prozent der Sendungen sprach zwei oder mehr Attribute an. Eine an der Universität Hohenheim durchgeführte Untersuchung (Grunert & Saile, 1978) legte als Kriterium für die Entscheidungsrelevanz zugrunde, ob die Informationen geeignet waren, Kaufrisiken zu reduzieren. Als Kaufrisiken wurden negative Erfahrungen nach dem Kauf betrachtet. Berücksichtigt wurden solche Kaufrisiken, die von Konsumenten in einer Befragung genannt worden waren. In den werblichen Informationen beispielsweise über das Produkt Waschmaschine kamen je nach Werbeträger zwischen 92 und 56 Prozent der von den Konsumenten empfundenen Kaufrisiken überhaupt nicht vor.

Immer wieder hat sich in empirischen Untersuchungen gezeigt, daß standardisierte, an den Gütern selbst angebrachte Warenzeichnungen, etwa über den Nährstoffgehalt des Produkts, von den Konsumenten nur selten richtig verstanden werden, so beispielsweise in den Studien von Daly (1967) sowie Jacoby, Chestnut und Silberman (1977). Die Erklärung für diesen Befund liegt teils in wenig verständlicher Formulierung und Gestaltung der Information, teils im unzureichenden Hindergrundwissen der Konsumenten. Informationen über abstraktere Qualitätsmerkmale wie Nährstoffgehalt können nur verarbeitet werden, wenn der Konsument Kenntnisse darüber besitzt, was solche Merkmale für die Leistungsfähigkeit des Produkts oder für die mit dessen Gebrauch verbundenen Nebenwirkungen bedeuten. Angesichts der großen Zahl der Wissensbereiche, in denen Konsumenten heute Kenntnisse besitzen müssen, um zur Verarbeitung entscheidungsrelevanter Informationen in der Lage zu sein, ist der defizitäre Charakter des entscheidungsrelevanten Hindergrundwissens nur allzu verständlich.

Die *Entscheidungstechniken*, die der komplexer werdenden Situation der Konsumenten angemessen wären, haben viele gar nicht gelernt. Drei verbreitete Entscheidungsfehler lassen sich häufig aus diesem Defizit erklären. *Erstens* bleiben wichtige eigene Zielpräferenzen unberücksichtigt. Dem Konsumenten steht zuerst das Entscheidungsobjekt vor Augen: der Bedarf, das Gut, die Nutzung. Der Frage, welche seiner Zielpräferenzen von der Entscheidung betroffen werden, widmet er nur wenig Aufmerksamkeit. *Zweitens* bleiben Informationen unberücksichtigt, die gegen eine bereits entstandene Handlungspräferenz sprechen (Janis & Mann, 1977): der Konsument sucht weder nach solchen Informationen, noch verarbeitet er sie, wenn sie ihm ohne Suche zur Verfügung stehen. Er schätzt beispielsweise die Kosten einer Fahrt mit dem eigenen Auto zu niedrig (Molt, 1977), läßt bei der Nutzung von Haushaltsgeräten das Unfallrisiko außer acht oder kümmert sich bei Kaufentscheidungen nicht um preiswerte Konkurrenzangebote.

Drittens bleiben einzelne Handlungsalternativen unberücksichtigt. Der Konsument schließt von der Struktur des zufällig gegebenen Angebots an Alternativen auf die Struktur der Gesamtmenge. Besteht das ihm vorliegende Angebot aus Gütern, so zieht er Handlungsalternativen nicht in Betracht, die nicht im Kauf oder in der Nutzung solcher Güter bestehen, sondern beispielsweise in eigener Tätigkeit oder im Verzicht. Er zieht ferner nicht in Betracht, daß es eine besonders geeignete Handlungsalternative geben könnte, die noch gar nicht im gängigen Angebot enthalten ist, aber mit seiner Mithilfe gefunden oder entwickelt werden kann. Er verzichtet oftmals sogar darauf, wenigstens die Handlungsalternativen planmäßig zu vergleichen und zu bewerten, die ihm vorliegen, befaßt sich nur mit einer Alternative genauer und entscheidet sich für diese aufgrund von Vermutungen über die übrigen.

Werden die Entscheidungssituationen komplexer, so muß eine gleichbleibende „Versorgung" mit Entscheidungstechniken dazu führen, daß Entscheidungsfehler häufiger werden. Wie schwerwiegend diese sein können, zeigt sich besonders drastisch an Studien zur Berufswahlentscheidung von Hauptschulabsolventen, die bei Jeromin und Kroh-Püschel (1978) zusammengestellt sind. Aus ihnen geht hervor, daß nur ein geringer Teil der angebotenen Informationen als Entscheidungsgrundlage benutzt wird, daß bevorzugt solche Informationen berücksichtigt werden, die eine bereits gebildete Präferenz bestätigen, daß die Informationssuche nur in geringem Ausmaß an den eigenen Zielvorstellungen orientiert ist.

Beide Schwächen der Nachfragerposition haben eine gemeinsame Wurzel. Für die sachgemäße Vorbereitung und Durchführung einer Kaufentscheidung auf den heterogenen und unübersichtlichen Konsumgütermärkten in hochentwickelten Volkswirtschaften wäre im Durchschnitt ein beträchtlicher Aufwand an Zeit, Kenntnissen, psychischer Anstrengung und nicht zuletzt auch Geld (z.B. für Fahrten, Informationsmaterialien, Lehrgänge) nötig. Man kann diese Aufwendungen als *Entscheidungskosten* bezeichnen. Die Gesamtkosten des einzelnen Konsumgutes, gemessen an der Beanspruchung des Zeitbudgets, des Geldbudgets und der geistigen Kapazität des Konsumenten, setzen sich aber wenigstens aus drei Bestandteilen zusammen: erstens den Kosten der Entscheidung, zweitens dem Preis und den Nebenkosten (Beispiel: Transportkosten) des Gutes selbst und drittens den Kosten der Nutzung, Bearbeitung, Unterhaltung. Je komplexer ein Gut und je unübersichtlicher ein Markt, desto größer wird der Anteil an den Gesamtkosten, den die sachgemäße Entscheidung beanspruchen würde.

Die Konsumenten verhalten sich so, als dürften die Entscheidungskosten einen relativ kleinen Prozentsatz der Gesamtkosten nicht übersteigen. Am Beispiel der Informationssuche hat Stigler (1961) zu zeigen versucht, daß solches Verhalten im Einklang mit dem Rationalitätskalkül steht: Der Konsument bricht die Informationssuche ab, wenn die Kosten der zusätzlichen Information den von ihr erwarteten Nutzen übersteigen. Rationales Informationsverhalten kann dann zu einer inkonsistenten, d.h. mit wichtigen Zielen des Konsumenten in Widerspruch stehenden Entscheidung führen, wird dieser doch unvollständige, u.U. sogar unzutreffende Information zugrundegelegt. Kurz: die Kosten konsistenter Entscheidung wären unvertretbar hoch, also kommt es zu inkonsistenten Entscheidungen (Scherhorn, 1980).

Es hat nicht den geringsten Sinn, dies dadurch vermeiden zu wollen, daß man den Konsumenten anrät, sich gründlicher zu informieren und ihre Entscheidungstechnik zu verbessern. Das würde die Entscheidungskosten ja noch weiter erhöhen. Zu ändern ist die Situation nur dadurch, daß die Relation zwischen den Kosten und dem Nutzen der Entscheidung verbessert wird. Gelingen kann das freilich nur, wenn die Nutzenvorstellungen der Konsumenten nicht so niedrig sind, daß diese (beispielsweise weil sie sich auf dem Markt allzu einseitig auf Tauschbeziehungen eingeengt sehen) ohnehin dazu tendieren, sich des Kaufs zu enthalten und stattdessen das Gut selbst zu produzieren oder es durch andere Befriedigungen zu ersetzen. Diese Problematik wird im Abschnitt 2.5.1 berührt. Hier gehen wir zunächst davon aus, daß die Konsumenten den Entscheidungsnutzen nicht extrem niedrig einschätzen, so daß es sich lohnt, die Entscheidungskosten zu verringern. Zur Senkung der Entscheidungskosten können sowohl die Anbieter als auch die marktpolitischen Instanzen beitragen.

Den Anbietern gegenüber sind die Konsumenten im Nachteil. Denn im allgemeinen kann ein Anbieter, im Vergleich zum Nachfrager auf Konsumgütermärkten, seine Ressourcen auf weniger Konsumgüter konzentrieren, von denen er größere Mengen umsetzt. Der vertretbare Anteil der Entscheidungskosten an den Gesamtkosten wird also beim Anbieter weit eher ausreichen, seine Entscheidungen zu fundieren. Die Konsumenten von diesem strukturellen Nachteil zu befreien (ihren eigenen Vorteil zunichte zu machen) ist möglicherweise von den Anbietern zu viel verlangt. Zu beobachten ist jedenfalls, daß deren Bemühungen, den Konsumenten die Angebotsbedingungen zu signalisieren, das Interesse der Konsumenten an zutreffenden und hinreichenden Entscheidungsgrundlagen keineswegs immer erfüllen (Scherhorn, 1981). Zu beobachten ist auch, daß die Anbieter nicht selten die Entscheidungsgrundlagen der Konsumenten manipulativ verzerren.

2.4.2.2 Manipulative Anbieterstrategien

Der umstrittene Begriff der Manipulation läßt sich operationalisieren, wenn man ihn auf das Vortäuschen einer überlegenen Marktleistung beschränkt (Scherhorn, 1973). Gelingt diese Täuschung, so verringert sie die Chance des Nachfragers, unter den vorhandenen Tauschpartnern, Tauschobjekten und Tauschbedingungen diejenige Wahl zu treffen, die seinen Interessen am besten entspricht. Konkret geht dies so vor sich, daß im Nachfrager der irrige Eindruck erweckt wird, das von dem Anbieter angebotene Produkt (Ware, Dienstleistung) oder Sortiment von Produkten

- hebe sich in bestimmten Eigenschaften vorteilhaft von dem Konkurrenzangebot ab, obwohl es in Wirklichkeit gleich oder schlechter ist,
- sei im Hinblick auf wichtige Eigenschaften eine beträchtlich verbesserte Version des Produkts, das der Anbieter bisher vertrieben hat, obwohl es sich von dem vorigen nur in unwesentlichen Merkmalen unterscheidet,
- besitze bestimmte Eigenschaften, obwohl es sie tatsächlich nicht besitzt, oder es besitze bestimmte Eigenschaften nicht, obwohl es sie in Wahrheit besitzt.

Beim Nachfrager erfüllt dieser Eindruck den Tatbestand der Täuschung. Die vom Anbieter ausgesandten Informationen muß man indes danach unterscheiden, ob sie diesen Tatbestand durch nachweislich falsche Angaben hervorrufen – nur dann kann im rechtlichen Sinne von Täuschung gesprochen werden – oder ob sie ihn durch Erschwerung des Vergleichs (unterschiedliche Packungsgrößen, fehlende Mengenangaben u.dgl.) begünstigen oder ob sie ihm dadurch Vorschub leisten, daß sie an sich zwar weder unzutreffend noch verschleiernd sind, aber im aufnehmenden Nachfrager irreführende Konnotationen mitschwingen lassen, die in ihm einen Vorgang des Sich-Täuschens in Gang setzen bzw. ihn in einer Selbsttäuschung bestärken (Scherhorn & Wieken, 1972).

Wir haben es hier mit Anbieterstrategien im Austauschprozeß zu tun, die den Nachfragern in erster Linie die *Kaufverlagerung* (S. 76) erschweren sollen, indem ihnen vorgespielt wird, daß innerhalb des Marktes halbwegs befriedigende Substitutionsmöglichkeiten, auf die sie zur Deckung des Bedarfs ausweichen könnten, nicht vorhanden bzw. nicht erreichbar sind. Nicht selten wird der Nachfrager räumlich isoliert, z.B. an der Haustür oder auf Kaffeefahrten, um ihn an der vorzeitigen Aufdeckung der Manipulation zu hindern.

Auch der *Kaufaufschub* und die *Kaufenthaltung* können durch manipulative Anbieterstrategien erschwert oder verhindert werden, wenn diese die Wichtigkeit und Dringlichkeit des Bedarfs erhöhen und diesen unabweisbar machen. Für den Konsumenten gibt es eine mit wachsendem Wohlstand zunehmende Zahl von Bedarfen, bei denen ihm Kaufaufschub oder Kaufenthaltung relativ leicht fallen, wenn andere Geld- und/oder Zeitverwendungen das Motiv dafür bieten. Anbietern, die Konsumenten dies erschweren wollen, wird daran gelegen sein, ihnen die besondere Wichtigkeit und Dringlichkeit des zu verteidigenden bzw. aufzubauenden Bedarfs sowie die Gültigkeit und zwingende Kraft der dem Bedarf zugrundeliegenden Konsumgewohnheiten und -normen vor Augen zu führen. Die Manipulation besteht dann beispielsweise darin,

- daß die Deckung eines Bedarfs mit der Erwartung einer sozialen Belohnung (Ansehen, Aufstiegschance, Zugehörigkeit zu einer besonderen Gruppe, ju-

gendliches oder männliches Image) verknüpft wird, obwohl diese Belohnung nicht signifikant häufig mit der Bedarfsdeckung verbunden ist, oder
- daß die Wahrnehmung eines Gutes beim Konsumenten allein deshalb von positiven Anmutungen begleitet wird, weil ihm das Gut in Verbindung mit Reizen präsentiert wird, auf die er aufgrund unbewußter Verhaltensmuster positiv reagiert. Solche „emotionale Konditionierung" (Kroeber-Riel, 1980) versucht man beispielsweise dadurch zu erzielen, daß das Produkt mit verhaltensbeeinflussenden Duftstoffen imprägniert oder mit Sexualsymbolen oder anderen vom Konsumenten positiv bewerteten (als angenehm, anregend, lustvoll empfundenen) Objekten in Verbindung gebracht wird.
- In anderen Fällen wird die Angst vor negativen Folgen mobilisiert, obwohl diese Folgen nicht signifikant häufig mit dem Verzicht auf das betreffende Gut verbunden sind.
- Auch das Verschweigen oder Abstreiten nachteiliger Nebenfolgen (etwa für Gesundheit oder Umwelt) kann man manipulativ nennen, wenn diese Nebenfolgen signifikant häufig mit der Bedarfsdeckung verbunden sind.

In allen Fällen besteht das Ziel der Manipulation darin, den Aufforderungscharakter des Angebots bzw. des Bedarfs zu verstärken, den Nachfrager am Abwägen der Nachteile zu hindern und auf diese Weise zu bewirken, daß sich in dessen Präferenzen und Entscheidungen die Interessenlage der beteiligten Anbieter stärker durchsetzt als seine eigene.

Einen ersten Eindruck von dem Ausmaß manipulativer Anbieterstrategien vermittelt eine Untersuchung, in der ausschließlich Verstöße von Anbietern gegen das UWG ausgewertet wurden, die sich teils in Wettbewerbsprozessen niedergeschlagen haben, wie sie von Anbietern gegen Konkurrenten angestrengt werden, und anderenteils in Reklamationen, wie sie von Konsumenten an Verbraucherverbände herangetragen werden (von Falckenstein, 1978). Danach werden von Gewerbetreibenden vornehmlich solche Verhaltensweisen von Konkurrenten verfolgt, die zu unlauterer Anlockung und Umleitung von Nachfragern führen. Die Verbraucherverbände dagegen richten ihr Hauptaugenmerk auf die Unterbindung von Vertragsschäden, die entstehen, wenn Konsumenten durch unlautere Methoden dazu gebracht worden sind, einen Vertrag abzuschließen, den sie sonst nicht abgeschlossen hätten. Zu dieser Kategorie gehören Sachverhalte wie das Zusenden unbestellter Ware, Koppelungsgeschäfte, Nötigung und das Erschleichen von Verträgen durch Täuschung sowie durch das unsachliche Hervorrufen und Ausnutzen von Gefühlen oder Autoritätsglauben. Ein Differenzschaden wird geltend gemacht, wenn der Wert der Ware oder der Leistung hinter den Werbebehauptungen zurückbleibt, der Vertragsabschluß aber vom Verbraucher gewollt war. Hierzu gehört auch die Irreführung über den Preis des Konsumgutes. Durch Hochrechnung kommt der Autor zu dem Schluß, daß die jährlich bei Verbraucherorganisationen in der Bundesrepublik eingehenden

Reklamationen ein Indiz für insgesamt etwa 4 bis 8 Millionen Reklamationsfälle darstellen (von Falckenstein, 1978, S. 314). Und doch ist das, was vom rechtlichen Verbraucherschutz erfaßt wird, nur die Spitze eines Eisbergs. Die meisten Fälle von Manipulation entziehen sich der rechtlichen Verfolgung – manche wegen fehlender Rechtsvorschriften, manche wegen fehlender Justiziabilität.

2.4.3 Unzufriedenheit im Wohlstand

2.4.3.1 Marktorientierte Erklärungen

Befinden sich die Konsumenten in einer unterlegenen Nachfrager-Position und wird diese durch manipulative Anbieter-Strategien ausgenutzt und verstärkt, so müßte es sehr überraschen, wenn die Konsumenten sich mit ihrer Situation zufrieden zeigten. Tatsächlich gibt es Anzeichen für eine verbreitete Unzufriedenheit der Konsumenten, die mehr und mehr beachtet werden. „Consumer Satisfaction and Dissatisfaction" ist insbesondere in der Marketingforschung ein viel behandeltes Thema, dem inzwischen eine Serie von Kongreßberichten gewidmet ist (der erste: Hunt, 1977). Es gibt keinen vernünftigen Zweifel daran, daß die zahlreichen Erhebungen, die zu diesem Thema bereits angestellt wurden, tatsächlich eine verbreitete Unzufriedenheit zutage fördern. Der Massenwohlstand hat offenbar nicht verhindern können, daß die Menschen in ihrer Rolle als Konsumenten Grund zum Ärger, zur Frustration, zum Unbehagen finden (Strümpel, 1976). Möglicherweise hat der Wohlstand die Unzufriedenheit sogar hervorgebracht. Das hieße, daß die Konsumenten mit wachsendem Wohlstand zusehends unzufriedener würden. Man kann Gründe haben, dies für eine Tatsache zu halten. Wirklich stichhaltige Belege dafür gibt es allerdings nicht.

Gut belegt ist dagegen, daß die Konsumenten Anlaß haben, mit dem Angebot an Konsumgütern unzufrieden zu sein. Eine Befragung von rund 2400 repräsentativ ausgewählten amerikanischen Haushalten beispielsweise, die sich auf rd. 28600 kürzlich erfolgte Käufe in insgesamt 34 Konsumgütergruppen (dauerhafte Gebrauchsgüter, Nahrungsmittel, Kosmetika, Kleider, Dienstleistungen) erstreckte, ergab bei 20,2 Prozent dieser Käufe Klagen über die Qualität der Versorgung. Beklagt wurden Leistungsmängel, Reparaturanfälligkeit, Mängel der Handhabbarkeit, geringe Haltbarkeit, fehlende Verarbeitung, schlechtes Material, Frischemängel bei Nahrungsmitteln, lange Wartezeiten sowie langsame und schlechte Arbeit bei Dienstleistungen (Best & Andreasen, 1976).

Ein weiteres Beispiel: In einer kleineren Umfrage bei Berliner Haushalten wurden rd. 1600 rechtshilfebedürftige Probleme genannt. Diese bezogen sich zu zwei Fünfteln auf größere Anschaffungen (Möbel, PKW, Haushaltsgeräte) und zu je einem weiteren Fünftel auf Dienstleistungen von Ärzten und von Handwerkern. Das restliche Fünftel bezog sich auf Versicherungen, Versorgungsunternehmen, Urlaubsreisen und Kredite. In der Hälfte der Fälle standen qualitative Mängel der Ware oder Dienstleistung im Vordergrund, in etwas über 15 Prozent gab es Probleme mit Kosten und Preisen, bei mehr als 10 Prozent war die Lieferung verspätet, bei weiteren 10 Prozent entsprach das Gelieferte nicht den Vorstellungen (Reifner, Georges & Schmidtmann, 1979).

Die Unzufriedenheit der Konsumenten äußert sich nicht nur in der Untersuchung konkreter Verbraucherprobleme. Sie tritt auch in der Erhebung sozialer Wohlfahrtsindikatoren zutage (Strümpel, 1976). Ein weniger umfassendes Bild erhält man dagegen, wenn man die Unzufriedenheit am – gehemmten – Widerspruchsverhalten der Konsumenten abliest (Andreasen, 1977).

Es ist eine Unzufriedenheit *im* Wohlstand, nicht *mit dem* Wohlstand. Die weitaus überwiegende Mehrheit der Konsumenten weiß die erreichte Quantität an materieller Wohlfahrt zu schätzen und rechnet damit, daß sie sich weiter erhöht. Die Qualität der Versorgung dagegen läßt offenbar bei wachsendem Wohlstand zunehmend zu wünschen übrig. Das mag durchaus daran liegen, daß sich mit der Zahl der Konsumgüter auch die Häufigkeit der Anlässe für Beanstandungen erhöht. Liegen somit die Anlässe der Unzufriedenheit in der Qualität der Versorgung, so muß man doch nicht unbedingt auch die Ursachen der Unzufriedenheit dort suchen. Sie können ebensowohl in Gesetzmäßigkeiten der Wohlstandsentwicklung liegen, die über den einzelnen Markt weit hinausreichen. Erklärungen der Konsumenten-Unzufriedenheit, die diesen Ansatz verwenden, sollen als *wohlstandsorientiert* bezeichnet werden. *Marktorientiert* kann man demgegenüber diejenigen Erklärungsversuche nennen, die mit der Hypothese arbeiten, daß die die Unzufriedenheit auslösende Diskrepanz zwischen Erwartung und Erfüllung bis zu einzelnen Konsumgütermärkten zurückverfolgt werden kann.

Innerhalb des marktorientierten Ansatzes lassen sich zwei Richtungen unterscheiden. Die erste hebt das Verhalten der Anbieter hervor, beispielsweise das nichtbefriedigende Erfüllen von Werbeversprechen (so etwa Diener, 1977). Die zweite sucht zu zeigen, daß die Erwartungen, die die Konsumenten mit dem Kauf von Waren oder Dienstleistungen verbinden, in einer Weise überhöht sind, die nicht nur mit dem Anbieterverhalten zu erklären ist, sondern beispielsweise auch mit dem Fortwirken handwerklicher Qualitätsstandards, denen Güter der Massenproduktion nicht mehr genügen, oder mit der Verteuerung von Waren und Dienstleistungen, die die Ansprüche an diese steigert, obwohl natürlich bei inflationären und knappheitsbedingten Preissteigerungen die Qualität der Leistungen nicht mitsteigt (Plummer, 1977).

Es gibt in der Tat Gründe, neben dem marktspezifischen Anbieterverhalten auch den Erwartungen nachzugehen, mit denen die Konsumenten an den Markt kommen. Wenn diese Erwartungen überhöht sind, so wird das nicht am einzelnen Anbieter allein und nicht an den Anbietern des einzelnen Marktes allein liegen. Wenn alle werben, sind die Wirkungen der Werbung auf dem einzelnen Markt möglicherweise gar nicht bestimmbar (Grunert & Stupening, 1980). Die *Wirkung auf die Erwartungen der Konsumenten* kann gleichwohl bedeutend sein. Auf hohem Wohlstandsniveau ist die Mehrzahl aller Konsumgütermärkte in der Sättigungsphase (S. 69), und auf der Anbieterseite tendiert die Entwicklung zu immer mehr „cross-product competition" (Thorelli & Thorelli, 1977): Der Abstand zwischen Produkten, die bisher nicht oder nur entfernt miteinander konkurrieren, wird zusehends enger, die Volkswirtschaft steuert auf einen Zustand hin, in dem jedes Produkt mit jedem anderen konkurriert. Die Werbung muß in einer solchen Situation darauf bedacht sein, den Konsumenten möglichst starke Erwartungen an die Problemlösungsfähigkeiten des einzelnen Gutes zu vermitteln. Auch wenn das im Einzelfall nicht gelingt, im ganzen wird es zu einer gesteigerten Erwartungshaltung beitragen.

Faßt man beide Interpretationslinien zusammen, so läßt sich die marktorientierte Erklärung der Konsumentenunzufriedenheit wie folgt charakterisieren. Mit wachsendem Wohlstand steigt die Wahrscheinlichkeit solcher Konsumentscheidungen, die den einzelnen Konsumenten in einen Widerspruch zu einzelnen seiner wichtigen Bedürfnisse oder Zielsetzungen bringen. Bei Verwendung risikotheoretischer Vorstellungen lassen sich die Ursprünge solcher Inkonsistenz etwa so beschreiben (Scherhorn, 1980):

— Mit dem Kauf und der Nutzung von Konsumgütern sind bei wachsendem Wohlstand häufiger Risiken für den Konsumenten verbunden, die diesem zum Zeitpunkt der Entscheidung gar nicht bekannt sind. Wer kennt schon alle Gefahren für die eigene Gesundheit, die in seiner täglichen Nahrung enthalten sind? Wer ermißt, was vieles Fernsehen im Kindesalter für die Entwicklung der Psyche und der Intelligenz seines Kindes bedeutet?
— Mit wachsendem Wohlstand kommt es zudem häufiger vor, daß die Konsumenten die im Kauf und in der Nutzung von Konsumgütern liegenden Risiken zwar kennen, aber unterschätzen. Von bekannten Marken und renommierten Firmen sind bei den Konsumenten Erwartungen über ein gleichbleibendes und hohes Qualitätsniveau geweckt worden, die keineswegs regelmäßig eingelöst werden. Selbst das Ausmaß der Preisunterschiede bei identischen Produkten unterschätzen viele Konsumenten. Und nicht zuletzt unterschätzen sie die sekundären Effekte, die aus dem Erwerb und Gebrauch von Konsumgütern erwachsen, z.B. die Nachteile des Bewegungsmangels, der sich aus dem vielen Sitzen im Auto, im Büro und im Wohnzimmer ergibt.
— Auch im Bereich jener Risiken, die weder den Konsumenten unbekannt sind noch von ihnen unterschätzt werden, kommt es bei wachsendem Wohlstand häufiger zu Fehlentscheidungen, weil beispielsweise zutreffende Informationen über die Leistungsfähigkeit technischer Produkte nicht zu haben sind

oder weil Informationen zwar im Prinzip verfügbar, aber nur mit einem zu hohen Aufwand an Zeit und Geld zu beschaffen sind.

Soweit die resultierenden Inkonsistenzen den Konsumenten bewußt werden, tragen sie zu deren Unzufriedenheit bei. Man kann sich aber auch vorstellen, daß der innere Widerstand gegen solche Frustrationen zu einer wachsenden Neigung führt, Informationen aus dem Wege zu gehen oder zu verdrängen, die zu den bereits gefaßten Entschlüssen, Meinungen und Präferenzen in Widerspruch stehen, also das Erlebnis kognitiver Dissonanz hervorrufen würden, wenn sie dem Konsumenten bewußt würden. Ebenso wie das Erlebnis der Inkonsistenz kann auch die Verdrängung von Inkonsistenz zur Unzufriedenheit beitragen. Unzufriedenheit infolge von wahrgenommener Inkonsistenz kann für die Funktionsfähigkeit des Marktes produktiv sein, wenn sie die Bereitschaft der Konsumenten zu Abwanderung und Widerspruch erhöht (Ölander, 1977). Eine Unzufriedenheit infolge von verdrängter Inkonsistenz dagegen muß man wohl für dysfunktional halten.

2.4.3.2 Wohlstandsorientierte Erklärungen

Daß es marktspezifische Ursachen der Konsumentenunzufriedenheit gibt, gilt als gesichert. Dagegen besteht Unsicherheit darüber, ob daneben nicht auch marktübergreifende Ursachen wirksam sind. Mehrere Hypothesen werden angeboten, die geeignet erscheinen, die Konsumentenunzufriedenheit aus allgemeineren Gesetzmäßigkeiten der Wohlstandsentwicklung zu erklären.

Scitovsky (1976) sieht eine Quelle der Unzufriedenheit darin, daß auf hohem Wohlstandsniveau für das erhöhte Maß an „Behagen" (comfort) ein verringertes Maß an „Lust" (pleasure) in Kauf genommen wird. Die Gefühle des Behagens oder Unbehagens haben mit dem Erregungsniveau (Aktivierungsniveau) zu tun und hängen davon ab, wie nahe an einem optimalen Niveau die Erregung ist, wohingegen die Gefühle der Lust durch Veränderungen des Erregungsniveaus (auf das Optimum hin) erzeugt werden. Wohlstand bewirkt, daß das Erregungsniveau nicht mehr so weit vom Optimum abweicht. Denn jene Bedürfnisse, die sich mit Hilfe von Gütern aus landwirtschaftlicher und industrieller Massenproduktion befriedigen lassen, sind auf hohem Wohlstandsniveau permanent erfüllt. Das vermindert die Lustgefühle, die mit dem Vorgang der Bedürfnisbefriedigung verbunden sind. Bis zu einem gewissen Grade schließen sich Lust und Behagen aus.

Die Gewöhnung an Annehmlichkeiten aber ist kaum reversibel. Das gilt besonders für jene Bedürfnisse, die nach dem Prinzip der *Triebreduktion* befriedigt werden. Schmerz, Hunger, Müdigkeit und andere biologische Deprivationen wirken erregungssteigernd, die Bedürfnisbefriedigung *senkt* das Erregungsniveau. Von ihnen unterscheidet Scitovsky jene Bedürfnisse, die nach dem Prinzip der *Stimulierung* befriedigt werden. Die Stimulierung erfolgt etwa durch körperliche Bewegung oder geistige Betätigung. Fehlende Stimulierung wirkt erregungsmindernd, die Bedürfnisbefriedigung *steigert* das Erregungsniveau. Die Chance aber, durch Stimulierung Lust zu empfinden, hält Scitovsky (1976) bei wachsendem Wohlstand für weit weniger gefährdet als die des Lustempfindens durch Triebreduktion.

Denn im Bereich der Stimulierung bleibt die freie Entscheidung zwischen Behagen und Lust auch auf hohem Wohlstandsniveau erhalten. Die Menschen sind in diesem Bereich nicht durch Gewöhnung an Komfort daran gehindert, aktiv nach Störungen zu suchen, um die mit deren Beseitigung – mit der Stimulierung also – verbundenen Lustgefühle genießen zu können. Scitovsky, der hier wie auch sonst häufig auf Berlyne verweist, fährt fort: „Das heißt, wir können nicht wie bei der Triebreduktion unterstellen, daß manche Menschen ihre freie Entscheidung zwischen Behagen und Lust nicht richtig nutzen, weil sie sich gedankenlos angewöhnt haben, sich jeden Wunsch zu erfüllen, und weil sie diese Gewohnheit nicht mehr aufgeben können". Aus solcher Gewöhnung, so darf man folgern, erwächst Unzufriedenheit im Wohlstand. „Demgegenüber wird der Mensch in seiner Wahl zwischen den durch Stimulierung bedingten Gefühlen des Behagens und der Lust – die seine wichtigsten, wenn nicht gar seine einzigen Wahlmöglichkeiten darstellen – sehr viel freier sein als im Falle der Triebreduktion" (Scitovsky, 1977, S. 71). Unzufriedenheit im Wohlstand wäre demnach vermeidbar, wenn bei wachsendem Wohlstand die Bedürfnisse der Stimulierung stärker hervorträten. Das könnte zumindest für jene Bedürfnisse der Stimulierung gelten, die den Menschen dauerhaft zu aktivieren vermögen (Fromm, 1973, S. 239ff.).

Scitovskys Analyse kann wohl als der bisher gründlichste Versuch eines Ökonomen gelten, die Erkenntnisse und Lehren der Psychologie auf ökonomische Probleme anzuwenden. Ob seine Thesen der empirischen Prüfung zugänglich sind und standhalten würden, soll hier nicht erörtert werden. Unter den wohlstandsorientierten Erklärungen der Unzufriedenheit geht er am weitesten über den Bereich der Konsumgütermärkte hinaus. Ebenso wie die folgenden Erklärungen verdient er Beachtung, weil er auf mögliche Ursachen der Unzufriedenheit hinweist, die durch ein verändertes Marktverhalten der Anbieter und Nachfrager nicht zu beseitigen sind.

Scherf (1977) versucht die Unzufriedenheit der Verbraucher in entwickelten Industriegesellschaften damit zu erklären, daß diesen, im Unterschied zu den Konsumenten früherer Epochen, ganz bestimmte Erfüllungsmöglichkeiten aus dem Bereich der Stimulierung nicht mehr hinreichend gegeben seien. Er stützt sich auf Alderfers E.R.G.-Theorie, derzufolge die menschlichen Bedürfnisse einer Hierarchie zugeordnet werden können mit den „existence needs" als Basis, den „relatedness needs" als mittlerer und den „growth needs" als höchster Stufe (Alderfer, 1972). Relatedness needs sind etwa Bedürfnisse nach Austausch, Zuwendung, Bestätigung, Geltung, Verständnis, Einfluß. Die E.R.G.-Theorie postuliert eine *Regression des Verhaltens* auf die nächstniedrige Stufe, wenn die Befriedigung höherer Bedürfnisse nicht gelingt. Werden relatedness needs nicht befriedigt, so entsteht eine Tendenz, dies durch größeren Aufwand für existence needs zu kompensieren. Die Erwartungen, die die Konsumenten an die Erfüllungskapazität materieller Güter richten, werden dadurch überhöht und die Konsumentenrolle wird mit doppelter Frustration beladen. Denn die Kompensation gelingt nicht. Weder auf der Ebene der relatedness needs noch auf der der existence needs wird auf diesem Wege Befriedigung erreicht.

Scherfs Hypothese stellt eine besonders einfache Version jener Erklärungsversuche dar, die auf der Basis von Modellen zur *Hierarchie der Bedürfnisse* — bei denen man wohl in erster Linie an Maslow (1953) zu denken hat — möglich sind (Eichler & Scherhorn, 1978). Im allgemeinen lassen sich solche Erklärungsversuchen andere entgegenstellen, die ohne die Annahme einer Bedürfnishierarchie auskommen (Imkamp, 1977; Scherhorn, 1972). Möglicherweise kommt es auf die Hierarchie-Annahme nicht so sehr an. Im Kern zielt Scherfs Hypothese darauf ab, daß Konsumenten frustriert sind, weil relatedness needs bestenfalls in der Teilhabe am Produktionsprozeß befriedigt werden, während die Kosumentenrolle zunehmend von der Isolierung in der Kleinfamilie geprägt ist. Die zunehmende Erwerbsbereitschaft der Frauen ist wohl ein Zeichen dafür (Pross, 1980, S. 130).

Einen Ausschnitt aus dem Bereich der relatedness needs bildet das Streben nach sozialer Geltung. Eine dritte wohlstandsorientierte Erklärung für Konsumentenunzufriedenheit setzt hier an. Hirsch (1977) stellt die These auf, daß sich bei hohem Wohlstand die Wünsche der Konsumenten mehr und mehr den *positional goods* (z.B. begehrte Grundstücke, seltene Originale, persönliche Dienstleistungen, gehobene Positionen) zuwenden, von denen nicht genug für alle verfügbar sein kann. Diese These ist einerseits aus der Beobachtung abgeleitet, daß nicht alle Güter der Entknappung durch industrielle Massenproduktion zugänglich sind (Harrod, 1958), und andererseits aus der konsumtheoretischen Hypothese, daß die Steigerung des eigenen Wohlstands bei den Konsumenten mit der Hoffnung auf Erhöhung des eigenen Status verknüpft ist — eine Hoffnung, die in der großen Zahl fehlschlagen muß (Duesenberry, 1949).

Keine der drei wohlstandsorientierten Erklärungen ist bisher ernsthaft auf ihre Anwendbarkeit und Stichhaltigkeit geprüft worden. Ihre Bedeutung liegt derzeit eher darin, zu zeigen, daß *verschiedene Erklärungen möglich* sind, die einander nicht ausschließen. In der Tat kann man nicht erwarten, daß ein so komplexer Sachverhalt wie die Unzufriedenheit von Konsumenten sich monokausal erklären ließe. Marktorientierte und wohlstandsorientierte Erklärungen mögen sich gleichermaßen bewähren. Soweit marktorientierte Erklärungen der Empirie standhalten, ist schon aus ihnen nicht uneingeschränkt zu folgern, daß Unzufriedenheit von Verbrauchern durch Verbesserung des Angebots und Revision von Anbieterstrategien beseitigt werden kann. Denn wenn es für die Konsumenten wichtig ist, die mit dem Kauf und der Nutzung von Konsumgütern verbundenen Risiken zu kennen, dann dürfte jedenfalls diejenige Unzufriedenheit, die sich mit der Kenntnis solcher Risiken notwendigerweise verbindet, für die Bereitschaft der Konsumenten zu Abwanderung und Widerspruch förderlich und geradezu erforderlich sein (S. 99). Soweit wohlstandsorientierte Erklärungen die empirische Prüfung überstehen, ist ein zusätzlicher Anlaß gegeben, die Unzufriedenheit der Konsumenten nicht allein auf aktuelle Anbieterstrategien zurückzuführen. Die Erklärung muß wohl auch in der Sozialisation der Konsumenten gesucht werden.

2.4.4 Die Sozialisation der Konsumenten

2.4.4.1 *Anpassung an das Angebot*

Konsumenten-Sozialisation bedeutet zunächst den Lernprozeß, in dem Kinder von ihrer Umwelt die Fertigkeiten, das Wissen und die Einstellungen erwerben, die ihr Verhalten als Konsumenten bestimmen (Ward, 1974). Der Sozialisationsprozeß setzt sich im Erwachsenenalter fort. Zahlreiche Elemente der Verbraucherrolle werden erst nach der Kindheit gelernt. Es erscheint daher zweckmäßig, den Begriff der Konsumentensozialisation nicht auf das Kindesalter zu beschränken (Scherhorn, 1977b).

Neben der Familie, der Gruppe, der Schule, der Kirche, der Erwachsenenbildung, den Massenmedien und dem Beruf gehört auch der Markt zu den Instanzen, die die Sozialisation des einzelnen besorgen. Anders als jene aber wirkt er nicht nur durch die Erfahrung sozialisierend, die der einzelne Konsument auf Märkten selbst macht. In Marktgesellschaften tragen auch alle anderen Sozialisationsinstanzen dazu bei, den einzelnen für den Markt zu sozialisieren. Das Ergebnis dieser Sozialisation müßte sich an den Verhaltenserwartungen ablesen lassen, die im Bewußtsein der Konsumenten selbst die Verbraucherrolle ausmachen. Die Analyse solcher Verhaltenserwartungen kann eine Tendenz der Konsumenten zur Anpassung an das Angebot offenbaren, sie kann aber auch eine entgegengesetzte Tendenz zu kritischem und selbstbestimmtem Verhalten an den Tag bringen. Für die Markttheorie ist es von großer Bedeutung, welche dieser beiden Tendenzen in der Konsumentensozialisation stärker gefördert wird.

Was die ökonomische Markttheorie über das Verhalten der Nachfrager aussagt, ist im „Gesetz der Nachfrage" niedergelegt. *Das Gesetz der Nachfrage* besagt, daß normalerweise von einem Gut bei einem niedrigeren Preis eine größere und

Die Funktionsfähigkeit von Konsumgütermärkten 103

bei einem höheren Preis eine kleinere Menge nachgefragt wird. Wie Becker (1962) gezeigt hat, ist keineswegs rationales Konsumentenverhalten nötig, damit dieser Effekt erreicht wird. Selbst wenn Konsumenten irrational – gewohnheitsmäßig oder impulsiv – handeln, unterliegen sie doch einer entscheidenden Restriktion: der Begrenztheit ihrer Mittel. Die Begrenztheit der Mittel sorgt schon für sich genommen dafür, daß mehr Konsumenten ihre Nachfrage nach einem Gut einschränken als andere sie ausweiten, wenn der Preis des Gutes bei gleichbleibendem Einkommen steigt, und daß mehr Konsumenten ihre Nachfrage erhöhen als andere sie verringern, wenn der Preis sinkt. Der einzelne Konsument mag diesem Gesetz zuwiderhandeln; für die Erklärung von Massenphänomenen aber ist allein das Verhalten der Konsumenten als Gesamtheit entscheidend. Gleichgültig, wie der einzelne Konsument sich verhält, die Gesamtheit der Nachfrager auf einem Markt verhält sich gemäß dem Gesetz der Nachfrage. Dieses Gesetz enthält folgende Implikationen:

– Wird ein Gut knapper (Verknappung), so paßt sich die Nachfrage an, gleichgültig was das für den einzelnen bedeutet. Der steigende Preis sorgt dafür, daß weniger nachgefragt wird.
– Wird die von einem Gut verfügbare Menge größer (Arndt, 1966: Entknappung), so paßt sich die Nachfrage ebenfalls an. Der sinkende Preis sorgt dafür, daß mehr nachgefragt wird.
– Die Entknappung bewirkt, daß die Preiselastizität der Nachfrage sinkt: die prozentuale Erhöhung der nachgefragten Gesamtmenge, mit der die Nachfrager auf eine Preissenkung reagieren, wird geringer. Damit sinkt für die Anbieter der Anreiz zu Preissenkungen.
– Zugleich wird auch die prozentuale Verringerung der nachgefragten Gesamtmenge geringer, mit der die Nachfrager auf eine Preiserhöhung reagieren. Das Widerstreben der Nachfrager gegen Preissteigerungen wird für die Anbieter also weniger fühlbar.
– Derselbe Effekt, die Verringerung der Preiselastizität der Nachfrage, tritt ein, wenn das Einkommen der Nachfrager im Durchschnitt steigt. In einer wachsenden Wirtschaft und auf Märkten in der Sättigungsphase sind moderate Preiserhöhungen allemal durchzusetzen. Einer zumindest schleichenden Inflation setzen die Konsumenten keinen Widerstand entgegen (Streissler, 1966).

All dies wird verständlich, wenn man sich klarmacht, daß das Gesetz der Nachfrage im Grunde nichts anderes zum Ausdruck bringt als daß die Mittel der Konsumenten begrenzt sind, daß ihre Wünsche im allgemeinen über das hinausreichen, was mit den jeweils gegebenen Mitteln erfüllbar ist, und daß die Knappheit als das Maß des Erfüllbaren sich im Preis niederschlägt. Die logische Konsequenz aus diesen Annahmen ist, daß die Gesamtnachfrage auf einem Markt sich an das Angebot anpassen wird, gleichgültig ob dieses verknappt oder entknappt wird. Welches Ausmaß die Anpassungsbereitschaft jeweils hat, hängt von weiteren Faktoren ab, unter denen die Attraktivität anderer Bedarfe (konkurrierender Märkte) eine besondere Rolle spielt (S. 71). Das Gesetz der Nachfrage besagt nur, daß die Anpassungsbereitschaft stets prinzipiell gegeben ist (vgl. auch S. 116ff.).

Das Gesetz der Nachfrage bezieht sich ausschließlich auf die Nachfrager als Gesamtheit. Wird der Begriff der Anpassung an das Angebot auf den einzelnen Konsumenten bezogen, so bezeichnet er bei diesem eine *Tendenz, die Angebotsbedingungen und ihre Veränderungen zu akzeptieren*. Stünde dieser Tendenz auch im Verhalten des einzelnen nur die Begrenztheit der Mittel entgegen, so wäre die Abwanderung zu preiswerteren Anbietern nur bei solchen Nachfragern zu beobachten, die sich das weniger preiswerte Angebot nicht leisten können. Schon das trifft offenbar nicht zu. Hinzu kommt: Die Konsumenten haben es nicht nur mit Mengen und Preisen, sondern auch mit Qualitäten zu tun. Und es ist keineswegs die Regel, daß das qualitativ bessere Gut mehr oder knappere Ressourcen erfordert. Qualität und Preis sind vielmehr oft nur lose miteinander verknüpft. So sind Wettbewerb und Abwanderung gar nicht vorstellbar ohne eine Tendenz der Konsumenten, sich nicht allein gemäß ihren Mitteln, sondern auch gemäß ihren Bedürfnissen zu entscheiden, so unvollkommen diese Entscheidung im Einzelfall auch ausfallen mag. Für den Widerspruch gilt das a fortiori.

Die neoklassische Nationalökonomie hat statt einer solchen Verhaltenstendenz unterstellt, daß die Konsumenten ihre Entscheidungen vollkommen „rational" treffen, d.h. gemäß einer konsistenten und vollständigen Rangordnung ihrer Ziele, Wünsche und Werte (zur Dogmengeschichte: Streissler & Streissler, 1966). Diese Annahme genügt zugleich dem Begriff des „autonomen" oder selbstbestimmten Handelns. Denn sie besagt auch, daß das Verhalten des einzelnen Konsumenten im Einklang mit dem steht, was dieser bei ungetrübter Überlegung selbst als seine eigenen und eigentlichen Bedürfnisse empfindet.

Das tatsächliche Verhalten der Konsumenten entspricht weder den Bedingungen der Konsistenz noch denen der Autonomie, wenn diese so streng gefaßt werden wie in der neoklassischen „Rationaltheorie" des Konsumentenverhaltens (Streissler, 1974). Aber ohne zumindest eine Tendenz zu konsistentem und autonomem Handeln wäre nicht erklärbar, daß die Konsumenten, wenn auch mit Einschränkungen, zu Abwanderung und Widerspruch neigen. Man muß also im Konsumentenverhalten mit zwei widerstreitenden Tendenzen rechnen, einer Tendenz zur Anpassung an das Angebot und einer Tendenz zu konsistentem und autonomem Verhalten, die die Abwanderung und den Widerspruch ermöglicht.

Wird die Anpassung an das Angebot in der Sozialisation der Konsumenten stärker gefördert? Die Anpassung an das Angebot läßt sich daran ablesen, daß *An-*

gebotsbedingungen unreflektiert hingenommen werden. Das ist beispielsweise der Fall, wenn Konsumenten die Aussagen von Anbietern – in der Werbung und in Verkaufsgesprächen – für bare Münze nehmen. Wenn Konsumenten an Werbeversprechen glauben, namentlich an solche, die vom Image des Gutes ausgehen. Wenn Konsumenten nicht fragen, ob sie das Gut wirklich brauchen, ob nicht auch eine kleinere Ausführung genügen würde. Wenn Konsumenten nicht nach besseren und günstigeren Optionen suchen. Wenn Konsumenten nicht in Betracht ziehen, daß mit der Nutzung des Gutes nachteilige Nebenfolgen verbunden sein können. Wie stark die Tendenz zur Anpassung jeweils ist, kann an der Häufigkeit solcher Einstellungen und Verhaltensweisen gemessen werden. Daß diese nicht ganz selten sind, lehrt schon der Augenschein.

Die Anpassung an das Angebot läßt sich auch daran ablesen, daß Konsumenten sich unter dem Einfluß des Angebots und der Werbung generell daran gewöhnen, *ihre Probleme durch Konsumgüter lösen* zu wollen, andere Lösungsmöglichkeiten also zusehends weniger in Betracht ziehen und auch verlernen, daß es nicht die Konsumgüter sind, die ein Problem lösen, sondern die eigenen Tätigkeiten und Erlebnisse, die mit ihrer Hilfe möglich werden. Auf diesem Wege kann die Anpassung dazu führen, daß der Konsum, statt selbstbestimmten Lebenszielen des Konsumenten dienstbar zu sein, an die Stelle solcher Lebensziele tritt. Das Auto beispielsweise fungiert vielfach als ein selbständiges Lebensziel (Molt, 1977). Der Konsument unterwirft dann sein Geldbudget und sein Zeitbudget den von den Anbietern bestimmten Anforderungen des Konsums. Er trägt die Kosten des Automobils nicht, soweit sie durch die Zwecke gerechtfertigt sind, die dieses erfüllt, sondern nimmt sie bedingungslos auf sich, weil es sein Bedürfnis ist, ein Auto zu haben und zu fahren. Er schaltet das Fernsehgerät nicht ein, wenn eine bestimmte Sendung seinen Zielen dienlich ist, sondern weil sein Bedürfnis darin besteht, fernzusehen (Winn, 1977). Was dabei geschieht, kann man möglicherweise auch so deuten, daß der Konsument einer dem Markt (oder bestimmten Ausprägungen des Marktes) innewohnenden Tendenz erliegt, die sozialen Beziehungen *auf Tauschbeziehungen zu reduzieren.* Das zeigt sich beispielsweise darin, daß die Verselbständigung von Bedarfen zu Bedürfnissen die Konsequenz hat, eigene Aktivitäten zu verdrängen. So kann das Autofahren das Gehen und das Fernsehen das Spielen verdrängen.

Verdrängt werden Aktivitäten einschließlich der Muße, weil sie beispielsweise weniger produktiv (Linder, 1970) oder weniger bequem sind (Winn, 1977). Die Verdrängung entspricht also durchaus Bedürfnissen der Konsumenten. Zugleich aber kann durch die Verdrängung ein Defizit entstehen, Bewegungsmangel etwa oder soziale Desintegration, das zu meßbaren Deprivationen führt, weil menschliche Bedürfnisse nun einmal, bei aller Formbarkeit, nicht beliebig aufkönnen sie im Extremfall selbst die Begrenztheit der Mittel überspielen. Der Konsument verschafft sich dann das, was ihm die Gesellschaft an Wünschen vorlebt, an Mitteln aber vorenthält, aufhebbar und ersetzbar sind. Die besondere Problematik der Verdrängung wird dann daran sichtbar, daß der Konsument einerseits Bedürfnisse aufgegeben hat, die nicht ohne Schaden aufgegeben werden können, andererseits aber zu ihnen nicht leicht zurückfindet, weil an ihre Stelle Bedürfnisse mit stärkerer Anziehungskraft getreten sind.

Die Tendenz zu konsistentem und autonomem Verhalten, ohne die Abwanderung und Widerspruch wohl nicht möglich sind, läßt sich einfacher auch als Tendenz zu *kritischem und selbstbestimmtem Handeln* beschreiben. Wer konsistent zu handeln versucht, der befolgt irgendein Leitbild der vernunftgemäßen Entscheidung, dessen Essenz darin besteht, die eigenen Problemdeutungen und Problemlösungen prinzipiell der Kritik und der Revision zu unterwerfen (Albert, 1978). Widersprüche bilden dann allemal einen Revisionsgrund, zumal wenn sie die Autonomie des Handelns gefährden. Wer autonom zu handeln versucht, der befolgt irgendein Leitbild des Handelns gemäß den eigenen Bedürfnissen, dessen Essenz darin besteht, durch Selbstreflexion (Schumacher, 1977) zum Empfinden und zugleich zur Erkenntnis der zentralen, übergeordneten und dauerhaften eigenen Antriebe, Vorstellungen und Ziele zu gelangen. (Damit ist beileibe keine Absage etwa an die Bezugsgruppenorientierung menschlichen Verhaltens gemeint. Eher geht es um den Versuch, äußere Einflüsse mit inneren Antrieben in Einklang zu bringen, ohne diese zu unterdrücken.)

Kritisches und selbstbestimmtes Handeln wirkt der Anpassung an das Angebot entgegen. Vermittelt und eingeübt wird es selten. Was bisher an Untersuchungen zur Verbrauchersozialisation bekanntgeworden ist, zeigt das zwar fragmentarisch, aber doch in aller Deutlichkeit. Kinder lernen, wie man sich als Verbraucher verhält, durch die Teilnahme an Einkaufsgängen, durch Beobachtung der elterlichen Reaktionen auf Angebot und Werbung, durch familiäre Diskussionen über größere Anschaffungen, durch Verhandlungen mit den Eltern über Kauf oder Nichtkauf eines vom Kind gewünschten Gutes, durch Mithilfe im Haushalt, durch das Wahrnehmen der hauswirtschaftlichen Rollenverteilung zwischen Mann und Frau, durch eigene Erfahrungen mit der Verwendung eigenen Geldes. Die wichtigste Variable zur Erklärung des vom Kind erreichten Niveaus an konsumbezogenen Fertigkeiten und Kenntnissen scheint die Häufigkeit von Eltern-Kind-Interaktionen in bezug auf Konsumentscheidungen zu sein (Ward, 1974). Sie ist anscheinend in den unteren Schichten am geringsten. Daß Konsumenten aus unteren Bildungs- und Einkommensschichten seltener Unzufriedenheit über das Verhalten von Anbietern und über die Beschaffenheit der angebotenen Konsumgüter empfinden als Konsumenten aus höheren Schichten (Kristensen, 1980), kann darin seine Erklärung finden.

Als weitere Variable ist der Konsum von Fernsehsendungen, namentlich von Sendungen des Werbefernsehens, häufiger untersucht worden. Kinder sehen Fernsehprogramme und insbesondere auch Werbesendungen zu einem guten

Teil um der darin enthaltenen Informationen über Lebensstil und Gütergebrauch willen (Ward & Wackman, 1971). Was sie in Werbesendungen beobachten, sind Belohnungen für den Kauf und den Gebrauch von Gütern (Badura, 1972) statt für Tätigkeiten. Erleben Kinder, daß ihre Eltern solche Programme kritisch und distanziert betrachten, so wird der Einfluß des Fernsehens und Werbefernsehens korrigiert. Dies ist jedoch relativ selten, namentlich in den unteren sozialen Schichten. Oft reagieren die Eltern auf die Botschaften des Mediums gläubig und unreflektiert. Sie verstärken dadurch die Sozialisationswirkungen des Fernsehens (Ward, Wackman & Wartella, 1977).

Diese Wirkungen bestehen weniger im Hervorrufen konkreter Kaufwünsche als vielmehr in der Verstärkung der Akzeptanz vorbewußter Orientierungsnormen (Böckelmann, 1979), die das Selbstwertgefühl an den Besitz und Gebrauch von Konsumgütern binden. Werden solche Orientierungsnormen dominant, so können sie im Extremfall selbst die Begrenztheit der Mittel überspielen. Der Konsument verschafft sich dann das, was ihm die Gesellschaft an Wünschen vorlebt, an Mitteln aber vorenthält, auf kriminellen Wegen. So kann die zunehmende Häufigkeit von Ladendiebstählen, offenbar in Übereinstimmung mit den Fakten, als Zeichen einer „Wohlstandsdiskrepanzkriminalität" gedeutet werden (Wagner, 1979).

2.4.4.2 *Selbstentfremdung*

Fördert die Sozialisation der Konsumenten die Tendenz zur Anpassung an das Angebot, so ist dies ein Thema, das über markttheoretisch erklärbare Zusammenhänge weit hinausgeht. Es kann zwar nicht ausgeklammert werden. Aber Markttheorie und Marktpolitik reichen keinesfalls aus, es zu bewältigen. In einer Marktgesellschaft wird die Sozialisation für den Markt in allen Sozialisationsinstanzen besorgt. Die Verhaltensgewohnheiten und -normen, die in der Sozialisation für den Markt vermittelt werden, erfahren dadurch leicht eine Übertragung auf andere Lebensbereiche. Das führt wohl unausweichlich zu dem traditionsreichen Versuch, die in modernen Gesellschaften beobachtete „Selbstentfremdung" des Menschen (Israel, 1972) dem Markt zuzuschreiben.

Diese Richtung des Denkens soll mit einigen Sätzen von Fromm (1976) exemplarisch dargestellt werden. Fromm charakterisiert das Phänomen der Selbstentfremdung wie folgt: „In der entfremdeten Aktivität erlebe ich mich nicht als das tätige Subjekt meines Handelns, sondern erfahre das *Resultat* meiner Tätigkeit, und zwar als etwas ‚da drüben‘, das von mir getrennt ist, und über mir bzw. gegen mich steht. Im Grunde handle nicht *ich;* innere oder äußere Kräfte handeln *durch mich"* (Fromm, 1979, S. 91). In dem zuletzt zitierten Satz kommt zum Ausdruck, daß diese Verformung des Erlebens und Handelns als zwanghaft angesehen wird. „Der deutlichste Fall entfremdeter Aktivität ist im psychopathologischen Bereich die zwangsneurotische Persönlichkeit. Sie steht unter dem inneren Drang, etwas gegen den eigenen Willen zu tun – Stufen zu zählen, bestimmte Redewendungen zu wiederholen, gewisse private Rituale zu vollziehen. Sie kann bei der Verfolgung eines Zieles äußerst ‚aktiv' sein, aber sie wird dabei, wie psychoanalytische Untersuchungen überzeugend gezeigt haben, von einer inneren Macht angetrieben, deren sie sich nicht bewußt ist" (Fromm, 1979, S. 91).

Zwanghaft kann sicherlich auch das Leistungsverhalten sein oder das Streben nach jeweils optimal angepaßter Selbstdarstellung oder der Wunsch nach den jeweils „richtigen" Konsumgütern. Solche Zwanghaftigkeit kann mancherlei Ursachen haben. Fromm deutet sie als Internalisierung der Regeln des Marktes, als Übertragung eines am Tauschwert orientierten Marktverhaltens auch auf soziale Beziehungen außerhalb des Marktes.

„Die Einstellung des einzelnen zu sich selbst wird durch den Umstand geprägt, daß Eignung und Fähigkeit, eine bestimmte Aufgabe zu erfüllen, nicht ausreichen. Um Erfolg zu haben, muß man imstande sein, in der Konkurrenz mit vielen anderen seine Persönlichkeit vorteilhaft präsentieren zu können". Da der Erfolg „weitgehend davon abhängt, wie gut man seine Persönlichkeit verkauft, erlebt man sich als Ware oder richtiger: gleichzeitig als Verkäufer und zu verkaufende Ware." Das oberste Ziel ist dann das optimale Funktionieren unter den jeweiligen Umständen, die vollständige Anpassung. Der Mensch dieses Typs „ändert sein Ich ständig nach dem Prinzip: ich bin so, wie du mich haben möchtest". Er hat keine tiefe Bindung zu sich selbst und daher auch nicht zu anderen. Nichts geht ihm wirklich nahe, „nicht weil er so egoistisch ist, sondern weil seine Beziehung zu anderen und zu sich selbst so dünn ist". Infolge seiner allgemeinen Beziehungsunfähigkeit „ist er auch Dingen gegenüber gleichgültig". Er kauft und konsumiert gern, hängt aber wenig an dem Erworbenen. „Er genießt vielleicht das Prestige oder den Komfort, den bestimmte Dinge gewähren, aber die Dinge als solche sind austauschbar, ebenso wie Freunde und Liebespartner". Er reagiert auf die Welt vorwiegend verstandesmäßig. „Die Herrschaft des rein verstandesmäßigen, manipulativen Denkens entwickelt sich parallel zu einem Schwund des Gefühlslebens" (Fromm 1979, S. 142f.).

Daß Menschen auf diese Weise „ihrer Arbeit, sich selbst, ihren Mitmenschen und der Natur entfremdet" werden (Fromm, 1979, S. 145), wird durch die Orientierung des Verhaltens am Markt sicherlich bestärkt. Das gilt auch für die Berufsrolle, wenn der Markt den Lebenserfolg bestimmt. In Tiefeninterviews mit 250 Managern amerikanischer Großunternehmen fand Maccoby (1976) bei weitaus den meisten, daß infolge von Abhängigkeit, Machtstreben oder Strebertum ihre Fähigkeit zur Anteilnahme an anderen Menschen und vielfach auch ihre Fähigkeit, den Inhalten ihrer Arbeit ein dauerhaftes Interesse abzugewinnen, nicht oder nur schwach ausgeprägt war. Eine verbreitete Meinung sieht im modernen Berufsleben die entscheidende Sozialisationsinstanz und vermutet, daß die dort gebildeten Charaktermerkmale auf den Bereich des Konsums lediglich übertragen werden. Dem wäre eine Fülle von Beobachtungen entgegenzuhalten, die dafür sprechen, daß auch im Konsumentenverhalten Anlässe für Erziehungsfehler liegen, die zu Verhaltensstörungen führen können (Hassenstein, 1978). So wenn die Bereitschaft der erwachsenen Mitglieder eines Kleinhaushalts, sich ihren eigenen Kindern zuzuwenden, der Beschäftigung mit dem Erwerb, der Erhaltung und dem Gebrauch von Konsumgütern untergeordnet wird. Wenn Zuwendung und Förderung durch Konsumgüter substituiert werden. Wenn kindlichen Bedürfnissen nach Bewegung und Erkundung die Konsumansprüche der Erwachsenen im Wege stehen, wie es sich beispielsweise an den Größenrelationen von Kinderzimmern und den Erwachsenen vorbehaltenen Räumen der Wohnung ablesen läßt.

Als einigermaßen gesichert kann indes bisher lediglich gelten, daß Selbstentfremdung wie alle neurotischen Erscheinungen ihre Wurzel in frühkindlichen Störungen der zwischenmenschlichen Gefühlsbeziehungen hat (Schwidder, 1971, S. 381ff.). Daß solche Störungen im Markt häufiger als in anderen Elementen des Lebens in modernen Gesellschaften (Arbeitsteilung, Kleinfamilie, Verstädterung, Großunternehmen) ihren Ausgang haben sollten, ist nicht sehr wahrscheinlich. Die Marktorientierung einer Gesellschaft wird zwar die konkreten Ausprägungen beeinflussen, in denen die Entfremdung in Erscheinung tritt, sie wird die Entfremdung aber *nicht selbst verursachen*. Ebenso steht es mit der Tendenz zur Anpassung an das Angebot. Soweit diese Tendenz in der Sozialisation der Konsumenten gefördert wird, macht man es sich zu leicht, wenn man darin allein das Wirken der Anbieter sieht. Die Anpassung an das Angebot erwächst aus einer Schwächung oder Unterdrückung der Tendenz zu kritischem und selbstbestimmtem Handeln, ohne die die Nachfrager zur sozialen Kontrolle der Anbieter durch Abwanderung und Widerspruch nicht fähig sind. Die Fähigkeit aber, soziale Kontrolle des polyarchischen Typs auszuüben (S. 58), ist nicht auf die Nachfragerrolle zu beschränken. Wird sie in der Sozialisation gefördert, so kann sie auch in anderen Lebensbereichen eingesetzt werden: nicht nur im Verhältnis von Nachfragern zu Anbietern, sondern auch im Verhältnis von Kindern zu Eltern, Schülern zu Lehrern, Frauen zu Männern, Bürgern zu Behörden. Das Interesse daran, die Fähigkeit zur sozialen Kontrolle gering zu halten, ist nicht auf Anbieter beschränkt. Es kann Koalitionen eingehen, die sich in der Sozialisation geballt auswirken.

Nachprüfbar ist diese These beispielsweise durch die Analyse von Erziehungsgrundsätzen und -praktiken (Miller, 1980). Es erscheint möglich, daß die Selbstentfremdung sich dabei als *extreme Ausprägung* der Tendenz zur Anpassung an das Angebot erweist. Beide beruhen vermutlich auf einer frühkindlichen Schwächung des Zugangs zu den eigenen Bedürfnissen, der Fähigkeit zur

Abgrenzung des eigenen Ich, des Selbstwertgefühls. Aber auch im Erwachsenenalter kann die gehäufte Entmutigung von Versuchen zur Verwirklichung eigener Vorstellungen eine Haltung der „gelernten Hilflosigkeit" (Seligman, 1975) herbeiführen, eine Neigung zu Unterordnung, Passivität und unkritischem Hinnehmen.

Die Sozialisation der Konsumenten kann man nach alledem nicht als ein Problem der Markttheorie allein betrachten. Fehlentwicklungen in dieser Sozialisation zu steuern, geht über die Möglichkeiten der Marktpolitik hinaus. Die „Verbrauchererziehung" (eine Übersicht bei Scherhorn, 1979) fehlt daher unter den marktpolitischen Instrumenten, die in 2.5 behandelt werden.

2.5 Zur Wirksamkeit marktpolitischer Instrumente

2.5.1 Marktalternativen oder Marktevolution?

2.5.1.1 Die Suche nach Alternativen zum Markt

Der Markt – das sind drei: die Anbieter, die Nachfrager und die Marktpolitik. Konsumgütermärkte bleiben nur funktionsfähig, wenn Instanzen der Marktpolitik das Entstehen übermäßiger Marktmacht verhindern, den Mißbrauch der Anbieterposition unterbinden (ggf. auch den der Nachfragerposition), Hindernisse gegen Abwanderung und Widerspruch abbauen und betroffene Dritte davor schützen, daß Anbieter und Nachfrager sich auf ihrem Rücken einigen. Die Instrumente der Marktpolitik auf Konsumgütermärkten werden teils zur Wettbewerbspolitik und zur Verbraucherpolitik, teils zur Strukturpolitik und zur Umweltpolitik gezählt. Ob diese Instrumente eingesetzt werden sollen, ist eine Frage der politischen Entscheidung (S. 61). Ob sie die ihnen gestellten Aufgaben wirkungsvoll erfüllen, ist empirisch prüfbar.

Unter den Auffassungen über die Wirksamkeit der Instrumente der Marktpolitik lassen sich zwei Extrempositionen ausmachen. Am einen Extrem steht die unter dem Schlagwort „Laissez faire" bekanntgewordene Vorstellung, der Markt bedürfe keiner marktpolitischen Eingriffe. Sie gehört der Dogmengeschichte an. Am anderen Extrem steht die Vorstellung, die Nachteile des Marktes seien durch keinerlei Marktpolitik zu beheben, diese komme einem Kurieren an Symptomen gleich. Das Übel selbst, das auf diese Weise nicht zu beseitigen sei, wird mit zwei Argumenten bezeichnet. Erstens hält man die Schwächen der Nachfragerposition auf Konsumgütermärkten für unüberwindbar und eine angemessene Berücksichtigung der Verbraucherinteressen für prinzipiell unmöglich. Argumentiert wird also mit einer strukturellen *Benachteiligung* der Konsumenten. Zweitens sieht man einen prinzipiellen Nachteil der Konsumgütermärkte darin, daß sie bei den Konsumenten eine Tendenz zur *Selbstentfremdung* bewirken oder bestärken. Das Argument der Benachteiligung wurde auf S. 90ff. dargestellt, das Argument der Entfremdung S. 107ff. An dieser Stelle geht es nicht um diese Argumente selbst, sondern um die Vorstellung, die Ursachen für Benachteiligung und Entfremdung lägen nicht etwa in änderbaren Ausprägungen des Marktes, was der Marktpolitik eine Chance ließe, sondern seien in der Natur des Marktes beschlossen. Trifft diese Vorstellung zu, so sind Benachteiligung und Entfremdung nur durch Aufhebung des Marktes zu beseitigen. Voraussetzung wäre allerdings, daß die Alternativen, die an die Stelle des Marktes treten könnten, die Tendenzen zur Benachteiligung und Entfremdung nicht oder nur sehr viel weniger fördern.

Folgt man den Kategorien der in 2.2 skizzierten allgemeinen Markttheorie, so hat man die Alternativen zum Markt im Bereich der Organisation zu suchen. An die Stelle des Marktprinzips kann entweder das planwirtschaftliche oder das naturalwirtschaftliche Prinzip treten.

Planwirtschaft bedeutet zentrale Steuerung jener Produktions- und Konsumentscheidungen, die auf Märkten in den Unternehmen und Haushalten dezentral gefällt werden. Bei zentraler Steuerung bestehen zwar spezifische Tauschbeziehungen fort, aber die Betriebe und Haushalte verlieren den Charakter von Anbietern und Nachfragern, da sie nicht in eigener Verantwortung handeln, sondern im Rahmen von verbindlichen Planvorgaben. Das Handeln der Betriebe ist dann nicht wie auf Märkten durch die individuelle Verantwortung für den eigenen budgetären Spielraum bestimmt und eingegrenzt. Das Überschreiten dieses Spielraums hat nicht wie auf dem Markt in der Regel Liquidation zur Folge, sondern wird durch Subventionen aus dem Staatshaushalt gedeckt. Das macht die Betriebe outputorientiert (Wagener, 1980).

Die Selbstentfremdung des Menschen wird durch solche Orientierung keinesfalls weniger gefördert (wirksamer verhindert) als durch das Streben nach Gewinnerzielung oder Verlustvermeidung, das die Anbieter auf Märkten kennzeichnet. Denn der „Unterwerfung unter den Markt" kann in der Planwirtschaft eine Überanpassung an die zentrale Steuerung entsprechen, die den einzelnen in prinzipiell ähnlicher Weise dazu bringt, sich den Forderungen des Staates, der Partei, der Vorgesetzten, der Arbeitsgruppe zu unterwerfen. Die solcher Unterwerfung zugrundeliegende Schwäche des Selbstwertgefühls wird vermutlich in einer planwirtschaftlich organisierten Massengesellschaft tendenziell nicht weniger gefördert als in industriellen Marktwirtschaften. In sozialistischen Gesellschaften wird „Entfremdung" nicht weniger als problematische Begleiterscheinung der dortigen Zivilisation diskutiert als in Marktgesellschaften (Israel, 1972).

Auch dem Konsumenteninteresse kommt eine Outputorientierung nicht mehr entgegen als ein Streben nach Gewinnerzielung oder Verlustvermeidung. Die

Berücksichtigung der Konsumentenwünsche müßte ebenso wie auf dem Markt durch zusätzliche Regeln erzwungen werden, die den Konsumenten Sanktionen in die Hand geben. Dafür wären vor allem geeignete Institutionen des Widerspruchs erforderlich. Diese aufzubauen, ist aber umso schwieriger, je mehr den Konsumenten die Möglichkeit, mit Abwanderung zu drohen, prinzipiell verschlossen ist. – Nach alledem scheint die These vertretbar, daß eine Substitution der Konsumgütermärkte durch planwirtschaftliche Lenkung weder die Selbstentfremdung noch die strukturelle Benachteiligung der Konsumenten beseitigen würde.

Naturalwirtschaft bedeutet Produktion für den eigenen Bedarf und somit weitgehend Aufhebung der Tauschbeziehungen. Zwischen den dezentralen Produktionseinheiten einer Naturalwirtschaft kann zwar in beschränktem Umfang ein Tausch von Gütern stattfinden. Auch der Tausch von Gütern gegen Geld ist nicht ausgeschlossen. Aber die naturalwirtschaftliche Produktion von Gütern für den Tausch ist am eigenen Bedarf orientiert. Solche dezentrale Aufhebung spezifischer Tauschbeziehungen, wie sie auf Märkten bestehen, wird von Nelles und Beywl am Beispiel der Selbsthilfegruppen beschrieben. Diese unterscheidet vom Markt, daß sie an die Stelle der Arbeitsteilung zwischen Anbietern und Nachfragern die Identität von Leistungserstellern und Nutznießern setzen (Nelles & Beywl, 1983). Die Verantwortung für den eigenen budgetären Spielraum ist hier, im Unterschied zur Planwirtschaft, durchaus gegeben.

Eine Alternative zum Marktprinzip entsteht somit dann, wenn der Grundsatz der Produktion für den eigenen Bedarf soweit verwirklicht ist, daß der Tausch von Gütern die Ausnahme bildet, so daß von einer Arbeitsteilung zwischen Anbietern und Nachfragern nicht die Rede sein kann und spezifische Tauschbeziehungen nicht entstehen können. In hochentwickelten Industriegesellschaften ist dies nur am Rande denkbar. Die Bevölkerung ist zu sehr gewachsen, die materiellen Ansprüche sind zu weit entwickelt, als daß solche Gesellschaften ohne einen hohen Grad der Arbeitsteilung noch hinreichend mit Konsumgütern versorgt werden könnten. Eine Substitution der Konsumgütermärkte durch Naturalwirtschaft könnte zwar der Selbstentfremdung der Konsumenten entgegenwirken und die strukturelle Benachteiligung der Konsumenten ausschalten, würde aber Rückschritte in der materiellen Versorgung mit sich bringen, die von den Konsumenten wohl schwerer empfunden würden als die derzeitigen Nachteile des Marktes. Auch das Prinzip der Naturalwirtschaft kommt als Alternative zum Marktprinzip daher nicht durchgängig in Betracht.

Die Suche nach Alternativen zum Markt ist denn auch meist eher eine Suche nach Alternativen zu derzeitigen Ausprägungen des Marktprinzips, nach Alternativen also, in denen nicht die konstitutiven Bedingungen des Marktes aufgehoben sind, sondern bestimmte änderbare Merkmale heutiger Märkte.

Die Funktionsfähigkeit von Konsumgütermärkten 113

Nicht zu den konstitutiven Bedingungen des Konsumgütermarktes gehört, daß die Koordination der Produktionsentscheidungen und der Konsumentscheidungen *ausschließlich ex post* erfolgt, d.h. erst nachdem die Produktionsentscheidungen getroffen worden sind, so daß abweichende Interessen der Konsumenten prinzipiell erst in künftigen Produktionsentscheidungen berücksichtigt werden können. Vorkehrungen für eine bereits ex ante einsetzende Koordination sind mit dem Prinzip der polyarchischen Kontrolle, das den Konsumgütermarkt bestimmt (S. 60), solange vereinbar, als das für Märkte grundlegende Prinzip der individuellen Verantwortlichkeit der Unternehmen und Haushalte für ihren eigenen budgetären Spielraum, für die ihnen im Rahmen ihres Geld- und Zeitbudgets zur Verfügung stehenden Ressourcen also, gewahrt bleibt. Dieses Prinzip wird durch Maßnahmen unterminiert, die der Orientierung der Anbieter am Markterfolg und der Orientierung der Nachfrager an ihren eigenen Bedürfnissen entgegenwirken. Staatliche Mindesteinkommens-Garantien und Sozialhilfen für Nachfrager haben keine solche Wirkung, staatliche Finanzhilfen für Anbieter dagegen können die Orientierung am Markterfolg abschwächen (S. 119). Intensivere Kommunikation zwischen Anbietern und Nachfragern, auch wenn sie die Produktionsentscheidungen beeinflußt, braucht das Marktprinzip nicht zu beeinträchtigen, kann es im Gegenteil ergänzen und fördern. Erst durch zentrale Lenkung der Entscheidungen und zentrale Verantwortlichkeit für deren unerwünschte Folgen wird die Orientierung am Markterfolg aufgehoben.

Ob die Befürwortung einer *schon ex ante* einsetzenden Koordination etwa im Rahmen „diskursiver Entscheidungsprozesse", wie sie Biervert, Fischer-Winkelmann und Rock (1977a, S. 233) vorschweben, die Ablösung des Marktes durch Planwirtschaft notwendig einschließt, kann daher erst beurteilt werden, wenn alle Implikationen solcher Koordinationsprozesse ausgelotet sind. Eine interne Vertretung von Konsumenteninteressen in anbietenden Unternehmen (S. 132) beispielsweise oder eine von externen Interessenvertretern mit Anbietern geführte Verhandlung (S. 139) können durchaus geeignet sein, die Funktionsfähigkeit des Marktes zu erhöhen, brauchen also das Marktprinzip keineswegs in Frage zu stellen.

Nicht zu den konstitutiven Bedingungen des Marktes gehört weiterhin, daß Anbieter und Nachfrager ihr Handeln an Zielen der Kapitalakkumulation und der Erringung von Marktmacht orientieren. *Nicht* dazu gehört, daß ihr Erleben und Handeln von der Existenzweise des Habens statt des Seins bestimmt wird, wie Fromm (1976) es formuliert; daß die sozialen Beziehungen generell auf Tauschbeziehungen verengt und reduziert werden. Als das Gegenteil solcher Zielvorstellungen und Grundhaltungen wird die Orientierung des Handelns an den reflektierten eigenen Bedürfnissen angesehen, das Streben nach Selbstverwirklichung also, diese als Gegensatz zur Selbstentfremdung aufgefaßt (Schwidder,

1971, S. 439). Solche Orientierung schließt die Teilnahme am Markt nicht aus (Nelles & Beywl, 1983), sondern ist mit den Rollen des Anbieters und des Nachfragers prinzipiell vereinbar. So dürften auch die Nachteile, die durch Gründung von Selbsthilfegruppen behoben oder vermieden werden sollen, bei genauerer Analyse nicht auf das Marktprinzip selbst, sondern auf änderbare (hier: kapitalistische) Ausformungen dieses Prinzips zurückzuführen sein. Anders gewendet: Die regelmäßige, arbeitsteilige Teilnahme an spezifischen Tauschbeziehungen ist auch dann möglich, wenn Produktion und Konsum an den reflektierten eigenen Bedürfnissen derer orientiert sind, die produzieren und konsumieren.

Es mag sein, daß derlei sich als politisch nicht durchsetzbar erweist. Der Nachweis kann erst als erbracht gelten, wenn während einer langen Zeitspanne ernsthafte, realistische und breite Bemühungen fruchtlos geblieben sind. Einstweilen scheint die These gerechtfertigt, daß die Suche nach Marktalternativen weniger aussichtsreich ist als das Bemühen um Marktevolution, wenn es darum geht, die dem Markt zugeschriebenen Nachteile zu beseitigen. Die Suche nach realistischen Alternativen zum Markt erweist sich bei näherem Hinsehen bisher stets als Suche nach Alternativen zu derzeitigen Ausprägungen des Marktprinzips. Im folgenden sollen daher nur solche Eingriffe in den Markt behandelt werden, die diesen nicht prinzipiell aufheben.

2.5.1.2 Über die Richtung der Marktevolution

Unter den marktpolitischen Eingriffen, die den Markt nicht aufheben, kann man zwei Klassen unterscheiden: konservierende und evolutionierende Eingriffe. Der Unterschied liegt darin, daß die jeweiligen Funktionsbedingungen des Marktes im einen Falle bewahrt und im anderen Falle weiterentwickelt werden. Ein Beispiel für konservierende Eingriffe ist die wettbewerbspolitische Verhinderung solcher Fusionen zwischen Anbietern, die zur Erringung oder Stärkung einer marktbeherrschenden Position führen würden. Der Begriff Evolution wurde eingeführt, um Verwechslungen mit der Marktentwicklung zu vermeiden (S. 68). Denn mit dem Begriff Marktentwicklung verbindet sich die Vorstellung der Erweiterung des Marktvolumens, der Menge und Qualität der auf dem Markt abgesetzten Güter also. Im Unterschied dazu wird als „Marktevolution" die Weiterentwicklung der Funktionsbedingungen des Marktes bezeichnet, das Entstehen, Heranreifen und Sichwandeln eines Markttyps, die Veränderung der Rollen von Anbietern und Nachfragern vgl. auch Röpke, 1980).

Die bisherige Evolution der Konsumgütermärkte wurde als Wandlung von Verhandlungsmärkten in Optionsmärkte beschrieben. Was uns als deren Ergebnis heute vor Augen steht, macht nicht den Eindruck des Fertigen und Ausgereiften, sondern ist *noch immer in raschem Wandel* begriffen. Der Konzentrationsprozeß hält an, der Prozeß der Produktdifferenzierung schreitet fort, die Entscheidungskosten der Konsumenten steigen weiter, die mit dem Kauf verbundenen Risiken für die Konsumenten nehmen noch immer zu. Die Marktpolitik reagiert auf solche Veränderungen mit Maßnahmen, die dazu bestimmt sind, die Relation der Kontrollpotentiale (S. 61) zu korrigieren, wenn diese sich zu sehr zugunsten der Anbieter verschoben hat. Sieht man solche Reaktionen unter dem Aspekt der Marktevolution, so muß man ihnen ein Moment des „trial and error" zuerkennen. Im vorhinein ist die Richtung nicht genau zu bestimmen, die die Evolution nimmt, die Angemessenheit einer marktpolitischen Maßnahme ist deshalb erst aufgrund von Erfahrungen abzuschätzen, manche Maßnahmen (derzeit z.B. die rechtliche Stärkung der Mieterposition gegenüber Kündigungen und Mietsteigerungen, vgl. S. 119f.) werden lange diskutiert und u.U. auch korrigiert.

Man folgt dabei keineswegs einem Leitbild der künftigen Marktevolution, das ja nur auf dem Wege der theoretischen Ableitung zustandekommen könnte. Marktpolitisches Handeln kommt nicht schon deshalb zustande, weil die Funktionsfähigkeit eines Marktes in theoretischen Zirkeln als verbesserungsfähig gilt. Die Chance, daß marktpolitisch gehandelt wird, hängt davon ab, in welchem Maße die Konservierung oder Evolutionierung von den verschiedenen Gruppen als wichtig empfunden wird, bei denen die politischen Parteien um Unterstützung werben. Drei Interessenlagen werden von der Marktpolitik auf Konsumgütermärkten berührt: die Interessen der Anbieter, der Konsumenten und der betroffenen Dritten. Derzeit ist eine Tendenz zu stärkerer Berücksichtigung der beiden zuletztgenannten Interessenlagen unverkennbar. Man wird sie bei genauerer Analyse darauf zurückführen können, daß diese Interessenlagen *als stärker verletzt gelten*. Die politische Interessenahme einer Gruppe bedarf dieses Arguments, um sich gegen entgegengerichtete Interessen durchsetzen zu können. Marktpolitische Eingriffe werden daher am ehesten eine Chance haben, wenn politisch geltend gemacht werden kann, daß die Relation der Kontrollpotentiale sich in einer Weise verändert hat, die eine wichtige Gruppe allzusehr beeinträchtigt.

Ob und mit welchem Nachdruck dies geltend gemacht wird, hängt naturgemäß auch vom jeweiligen Bewußtseinsstand in der betroffenen Gruppe ab. Was die Nachfrager auf Konsumgütermärkten betrifft, so begegnet man häufig der Meinung, daß ihre Interessen allzu anpassungsfähig und manipulierbar seien, als daß sie die Evolution des Marktes nachhaltig bestimmen könnten. Diese Meinung wird indes durch die theoretische Überlegung, mit der oben (S. 103ff.) die Tendenz zur Anpassung an das Angebot begründet wurde, nicht uneingeschränkt gestützt. Die Überlegung besagt, daß die Konsumenten sich dem Angebot bereitwillig anpassen, wenn die Anpassung von ihnen nicht mehr fordert, als mit einer *Ent*knappung von Konsumgütern einverstanden zu sein, und daß sie sich an eine *Verknappung* von Konsumgütern notgedrungen anpassen, wenn die Begrenztheit ihrer Mittel das erzwingt. Aber nur die Anpassung an Entknappungsprozesse bewirkt, daß die Konsumenteninteressen den Gütern nachwachsen, sich auf diese verteilen. Nur die Anpassung an Entknappungsprozesse bewirkt, daß die Bereitschaft der Konsumenten geringer wird, sich gegen Preiserhöhungen zur Wehr zu setzen, ja daß generell ihre Bereitschaft schwächer wird, sich kritisch und selbstbestimmt zu entscheiden. Die Anpassung an Verknappungsprozesse hat solche Wirkungen keineswegs.

Die Rohölverknappung beispielsweise, die über die Preiserhöhungen in die marktintern abgerechneten Kosten eingeht, bewirkt bei den Konsumenten eine Verringerung der real verfügbaren Mittel. Denn die der Verknappung entsprechende Preissteigerung wird durch die Einkommensentwicklung nicht kompensiert. So entsteht ein Anreiz zum Einsparen und/oder Substituieren des verknappten Gutes. Das Konsumenteninteresse *konzentriert sich auf diese Aufgabe*. Zugleich entsteht für die Anbieter ein Anreiz, kostengünstige Einsparvorrichtungen und Substitutionsmöglichkeiten zu entwickeln und anzubieten. Geschieht das schnell und wirksam genug, so löst sich die Konzentration des Konsumenteninteresses bald wieder auf. Bleiben die nachteiligen Wirkungen der Verknappung jedoch längere Zeit bestehen oder verstärken sie sich weiter, so bleibt auch die Konzentration des Konsumenteninteresses dominant. In diesem Fall muß man damit rechnen, daß die Konsumenten versuchen werden, mit politischen Mitteln Lösungen für ihre Probleme zu erreichen, die der Markt offenbar nicht bereitstellt.

Mit anderen Worten: Die Verteilung – oder, wenn man so will, Zersplitterung – der Konsumenteninteressen auf eine Vielzahl von Objekten ist dann aufgehoben, wenn ein Teilinteresse dominant wird. In Zeiten ungebrochener Entknappung kann solche Dominanz nicht entstehen. Aber auch die Verknappung kann vom Markt schnell und wirksam überspielt werden. Der Markt, wenn er gut funktioniert, erspart es den Konsumenten, mit politischen Aktionen auf die Lösung jener Probleme zu dringen, die mit der Verknappung entstehen. Dagegen haben die Konsumenten keinen Anlaß, die Entknappung von Konsumgütern als problematisch zu empfinden. Aber nehmen wir einmal an, mit der vom Markt bewirkten reichlicheren Verfügbarkeit von Konsumgütern, der Entknappung also, ginge in einem für Konsumenten wichtigen Nichtmarktbereich eine Verknappung einher. In diesem Falle könnte das Interesse der Konsumenten sich auf Probleme konzentrieren, die durch Entknappungsprozesse entstanden sind.

In der Tat spricht vieles dafür, daß mit fortschreitender Entknappung von Konsumgütern eine andere Verknappungstendenz einhergeht. Knapper wird nämlich die *Zeit* der Konsumenten (Linder, 1970), knapper wird auch die *psychosomatische Ausstattung* der Konsumenten. Denn von beiden wird ein immer größerer Anteil durch die Beschäftigung mit Konsumgütern absorbiert, bis zu wenig übrigbleibt für die Zuwendung zu Menschen, für eigene Tätigkeiten des Konsumenten, für Muße und Besinnung auf sich selbst. Daß es so weit kommt, mag seinen Grund in Verhaltensstörungen haben, wie sie etwa unter dem Stichwort „Selbstentfremdung" diskutiert werden (S. 107f.). Es mag auch mit jener von Scitovsky (1976) beschriebenen nichtreversiblen Gewöhnung an ein hohes Niveau des „Behagens" erklärbar sein, die die Rückkehr zu einer anderen Lebensweise erschwert, weil jede Existenz unterhalb des erreichten Niveaus als Verzicht und Abstieg erscheint (S. 99f.). Entscheidend ist, daß die Verknappung vom Konsumenten *auch* als negativ erlebt wird, etwa weil Bedürfnisse verdrängt worden sind, die nicht ohne Schaden unbefriedigt bleiben können (S. 106). Je stärker aber der Verknappungsaspekt von Konsumenten erlebt wird, desto wahrscheinlicher wird es, daß das Konsumenteninteresse sich auf die damit verbundenen Probleme konzentriert. Sie zu lösen, erfordert sicher manches, was die Möglichkeiten der Marktpolitik übersteigt, etwa wenn es um Änderungen in der frühkindlichen Sozialisation geht (S. 109f.). Daneben aber ist zur Lösung solcher Probleme sicher auch erforderlich, daß auf Konsumgütermärkten den Nachfragern das kritische und selbstbestimmte Handeln weniger erschwert, die Kontrolle der Anbieter durch Abwanderung und Widerspruch weniger versperrt wird. So kann die Verknappungstendenz, die auf hohem Wohlstandsniveau mit der immer reichlicheren Verfügbarkeit von Konsumgütern einhergeht, schließlich zu einem Unbehagen an den derzeitigen Erscheinungsformen des Marktes führen.

Begleiterscheinungen von Konsumgütermärkten, an denen sich solches Unbehagen entzünden kann, sind in 2.2.3 und 2.3.4 beschrieben. Als wichtigste seien in der Reihenfolge, in der sie behandelt wurden, erwähnt: die Häufung von Märkten in der Sättigungsphase und die negativen Wirkungen des allgemeinen Kampfes gegen die Sättigung, die mangelnde Berücksichtigung abweichender Interessen der Nachfrager, die Durchdringung von Tauschbeziehungen mit Herrschaftsbeziehungen, die Immunisierung von Anbietern gegen Abwanderung und Widerspruch, die Schwächen in der Signalisierung von Qualitätsunterschieden, die Asymmetrie in der Reduzierung von Anbieter- und Nachfragerrisiken, die strukturelle Benachteiligung der Konsumenten im Bereich der Entscheidungskosten, die besondere Erschwerung der Abwanderung und teilweise auch des Widerspruchs durch manipulative Anbieterstrategien. Das Ergebnis ist eine Unzufriedenheit der Konsumenten, die teils unmittelbar auf das Angebot und das Anbieterverhalten zurückgeführt werden kann, teils über wohlstandsorientierte Erklärungsversuche mittelbar mit den derzeitigen Ausprägungen der Konsumgütermärkte in Zusammenhang gebracht wird.

Verschiedene Aktionsweisen sind möglich, wenn ein Unbehagen an Erscheinungsformen des Marktes dominant wird: der Ruf nach staatlichen Eingriffen, das marktinterne Drängen auf Veränderungen und der zumindest partielle Rückzug in die Naturalwirtschaft. Alle diese Aktionsweisen können dazu beitragen, die Evolution der Konsumgütermärkte voranzutreiben. Denn diese ist gleichermaßen auf marktpolitische Eingriffe wie auch auf den marktinternen Widerspruch der Nachfrager angewiesen, dessen Wirksamkeit durch Abwanderungstendenzen noch verstärkt wird. Die *Ziele der Evolution* liegen dann in einer wirksameren sozialen Kontrolle der Anbieter durch die Nachfrager, in Erleichterungen für kritisches und selbstbestimmtes Nachfragerhandeln, im Abbau von Sperren gegen Abwanderung und Widerspruch.

Die Verwirklichung dieser Ziele erfordert, wenn man von der Sozialisation der Konsumenten absieht, marktpolitische Maßnahmen in drei Bereichen: dem Wettbewerb der Anbieter, der Kommunikation zwischen Anbietern und Nachfragern, der Repräsentation und Organisation der Interessen von Anbietern und Nachfragern. In all diesen Bereichen geht es um beide Marktseiten, auch im Bereich des Wettbewerbs. Denn das Gegenstück zum Wettbewerb der Anbieter ist die Abwanderung der Nachfrager, beide bedingen sich gegenseitig.

Im folgenden werden einige Probleme des wirksamen Einsatzes marktpolitischer Instrumente in den drei genannten Bereichen dargestellt, die mit marktpsychologischen Untersuchungsmethoden behandelt werden können.

2.5.2 Regulierung des Anbieterverhaltens

2.5.2.1 Spielraum für Leistungswettbewerb

Der Wettbewerb der Anbieter hat ein doppeltes Gesicht. Das eine ist zu den Nachfragern gewandt. Der Wettbewerb verschafft ihnen Handlungsalternativen, manchmal auch nur scheinbare. Er macht für sie die soziale Kontrolle weniger fühlbar, die die Anbieter über sie ausüben, indem er ihnen die Möglichkeit der Gegenkontrolle durch Abwanderung einräumt. Diesem Aspekt ist der nächste Abschnitt (S. 121ff.) gewidmet.

Das andere Gesicht des Wettbewerbs ist auf den Staat gerichtet. Der Wettbewerb der Anbieter entlastet den Staat subsidiär von Aufgaben der Allokation der Ressourcen, der Verteilung der Einkommen, der Versorgung mit Gütern. Daß die Anbieter fähig sind, Aufgaben dieser Art zu übernehmen, setzt Macht voraus. Die Macht der Anbieter ist im *Eigentum an den Produktionsmitteln* begründet. Das Eigentum bildet eine dritte Quelle legitimer gesellschaftlicher Macht neben dem ebenfalls subsidiären Recht auf Bildung geschlossener, die eigene Leistung autonom bewertender Berufsgruppen mit monopolistischer Selbstergänzung, das die Bildungsberufe, die freien Berufe und die Bürokratie für sich beanspruchen, sowie dem Gewaltmonopol, das der staatlichen Macht zugrundeliegt (Streissler, 1973).

Rechtfertigen lassen sich alle drei Machtformen nur durch Leistung, die von außen beurteilt wird. Gesellschaftliches Unbehagen an der Macht einzelner Menschen, Organisationen oder Gruppen entsteht oftmals dann, wenn der Inhaber der Macht sich dem externen Urteil entzieht. Die demokratische Staatsform ist aus dem Widerstand gegen kontrollierte Staatsmacht, der Wettbewerb der Anbieter aus dem Widerstand gegen das Monopol als staatlich gewährtes Machtprivileg, als „staatliche Bevorzugung einzelner Mitglieder auf Kosten der Gesamtheit" (Streissler, 1973) entstanden. Das externe Urteil über die Anwendung staatlicher Macht kann daher nicht nur von jenen kommen, denen die polyarchische Kontrolle der Staatsorgane zusteht (Wählern, Medien), es wird auch von jenen gefällt, denen subsidiäre Macht übertragen ist, namentlich von den Anbietern. Denn die funktionale Ausübung dieser Macht erfordert zwar auf der einen Seite staatliche Vorkehrungen dagegen, daß die Macht von ihren Inhabern mißbraucht wird. Aber auf der anderen Seite erfordert sie auch das Recht der Machtinhaber, im Rahmen des so geschaffenen Regelwerks subsidiär, also in eigener Entscheidung tätig zu sein (vgl. Windisch, 1980). Ob dieses Recht in einer die Leistungen der Anbieter hindernden statt fördernden Weise reguliert wird, *darüber urteilen auch die Anbieter*. Solche Urteile können als Hypothesen betrachtet werden, die der empirischen Prüfung zugänglich sind.

Da ist beispielsweise der Widerstand gegen *fallweise staatliche Interventionen* aufgrund individueller administrativer Entscheidungen. Greift der Staat in einer nicht vorhersehbaren Weise in die Wirtschaftstätigkeit ein, indem er Subventionen, Staatsaufträge, Verbote und Genehmigungen gemäß jeweiliger wirtschaftspolitischer Opportunität individuell einsetzt (statt dabei parlamentarisch festgelegten, bindenden und bekannten Regeln zu folgen), so gewöhnt er die Unternehmen daran, die Signale des Marktes nicht mehr als letzte Entscheidung zu akzeptieren. Die Anbieter verlernen, Mißerfolge als Zeichen des Nachfragerwillens zu deuten und ihre Produktions- oder Vertriebsprogramme entsprechend zu ändern. Sie versuchen weniger um die Abnehmer zu werben als vielmehr um Privilegien, die der Staat gewährt. Dieser wird als beeinflußbar betrachtet, weil er nicht nach festen Regeln handelt (Gundersen, 1980). Ob eine solche Orientierung des Verhaltens an staatlichen Privilegien statt am Markterfolg tatsächlich eintritt, ist empirisch prüfbar, sogar im Experiment, jedenfalls wenn man die Methoden der experimentellen Wirtschaftsforschung (Selten & Tietz, 1980) zur Prüfung empirischer Hypothesen akzeptiert.

Ein anderes Beispiel bildet der Vorwurf, durch vom Staat gesetzte Regeln des Marktverhaltens würden *den Nachfragern Rechte eingeräumt*, die die Anbieter aktionsunfähig machten. Derzeit wird dieser Vorwurf speziell gegen den rechtlichen Schutz der Mieter gegen überhöhte Mietsteigerungsforderungen der Vermieter erhoben. Dem Vermieter ist verwehrt, Mietern zu kündigen, die eine Mieterhöhung nicht akzeptieren. Dem Mieter ist das Recht eingeräumt, eine von ihm als überhöht betrachtete Anhebung des Mietpreises abzulehnen. Der Vermieter kann seine Forderung nur dann durchsetzen, wenn er vergleichbare Wohnungen benennen kann, für die eine Miete in der von ihm geforderten Höhe gezahlt wird. Daß der Bau von Mietwohnungen in den letzten Jahren zurückgegangen ist, wird zu einem guten Teil auf diese Regelung zurückgeführt (so z.B. Eekhoff, 1980). Der Bau von Eigenheimen und Eigentumswohnungen ist demgegenüber rege geblieben. Tatsache ist wohl, daß viele Konsumenten die Mieten in städtischen Ballungsgebieten inzwischen so hoch finden, daß sie es vorziehen, Wohnungseigentum zu finanzieren, wenn sie irgendeine Möglichkeit dazu finden. Auch dies ist durch Verhaltensforschung zu klären, ebenso wie die Motivation der potentiellen Erbauer von Miethäusern. Dabei dürfte sich herausstellen, daß der Kern des Problems in dem exorbitanten Anstieg der Preise für städtische, also nicht hinreichend vermehrbare Grundstücke liegt, der (im Verein mit einer vorindustriellen, arbeitsintensiven Bauweise) die Mieten in die Höhe treibt.

Nach Hirsch (1977) sind Wohngrundstücke und Wohnungen in begehrter Lage zu den positional goods zu zählen. Wenn aber Konsumgüter, auf die sich das Begehren vieler oder aller Konsumenten richtet, nicht durch landwirtschaftliche oder industrielle Massenproduktion entknappt werden können, so ist die den Anbietern eingeräumte Macht über diese Güter nicht durch die Leistung des Entknappens gerechtfertigt. Den Anbietern wird dann allein die Leistung des Zuteilens oder Rationierens abverlangt. Bei sehr begehrten Gütern bedeutet das, daß die Marktlagenmacht der Anbieter (S. 53) sich ständig erhöht, da sie vom Wettbewerb der Anbieter nicht reduziert werden kann. Es kann durchaus angemessen sein, den Nachfragern in einer solchen Situation adäquate Widerspruchsrechte einzuräumen. Das eigentliche Problem, die Knappheit des positionalen Gutes, wird dadurch freilich ebensowenig gelöst wie durch den Anbieterwettbewerb. Es ist letzten Endes nur dadurch zu lösen, daß die Nachfrager ihre Präferenzen ändern. Dies freilich setzt nicht nur Erkenntnisprozesse beim einzelnen voraus, sondern auch institutionelle Änderungen, beispielsweise im Bodenrecht.

Noch ein drittes empirisch prüfbares Urteil über die positive oder negative Wirksamkeit der marktregulierenden Leistungen des Staates sei erwähnt. Am Beginn dieses Abschnittes wurde dargelegt, die legitime Kontrollfunktion der Anbieter setze voraus, daß bei diesen das Eigentum an den Produktionsmitteln liegt – ähnlich wie die zentrale Steuerung der Produktionsentscheidungen voraussetzt, daß das Eigentum an den Produktionsmitteln beim Staat liegt (Wagener, 1980). Das bedeutet aber nicht notwendigerweise eine kapitalistische Unternehmensverfassung. Wenn die Anbieter über die Produktionsmittel verfügen, die sie einsetzen, so heißt das nicht, daß das Verfügungsrecht an das eingesetzte Risikokapital gebunden sein müßte. Es kann auch an die eingesetzte Arbeit gebunden sein. Die Diskussion über die „Humanisierung der Arbeit" (vgl. etwa Vilmar, 1973) und neuerdings die Ansätze zu einem „alternativen Wirtschaften" (vgl. Nelles & Beywl, 1983) zeigen sehr deutlich, daß die Aufhebung der Selbstentfremdung des Menschen in der Arbeit am ehesten von Arbeits- und Wirtschaftsformen erwartet wird, die dem einzelnen die Mitsprache im Produktionsprozeß ermögliche. Auch daß die Position der qualifizierten Arbeitskräfte im Vergleich zum Kapital stärker wird (Galbraith, 1967), fördert eine Tendenz, die Verfügung über die Produktivkräfte stärker an die Mitarbeit als an die Kapitalbeteiligung zu binden. Für „arbeitsgeleitete" Unternehmen in diesem Sinne aber gibt es derzeit *keine adäquate Unternehmensverfassung.* Seiner Aufgabe, die Evolution des Marktes mit den Mitteln der Marktpolitik in einer Weise zu flankieren, daß Suchprozesse ermöglicht und erleichtert werden, ist der Staat in diesem Bereich bisher nicht nachgekommen. Das geltende Unternehmensrecht und das geltende Steuerrecht sind auf die kapitalgeleitete Unternehmung abgestellt und behindern die Entwicklung alternativer Vereinbarungen zwischen den Produktionsfaktoren. Ob und in welchem Maße solche Entwicklungen den sich ändernden Präferenzen der Arbeitenden entspräche, auch dies ist empirischen Untersuchungen zugänglich.

In allen drei Beispielen geht es letzten Endes um die gleiche Frage: Erleichtert oder erschwert es der Staat den Anbietern, Marktleistungen zu erbringen, die rechtfertigen können, daß ihnen soziale Kontrolle über Nachfrager eingeräumt ist? Diese Frage hat ein Gegenstück, das nun behandelt werden soll: Erleichtert oder erschwert es der Wettbewerb der Anbieter den Nachfragern, auch ihrerseits soziale Kontrolle über die Anbieter auszuüben?

2.5.2.2 *Wettbewerb ohne Kontrolle?*

Soziale Kontrolle der Anbieter durch die Nachfrager setzt voraus, daß die Nachfrager über Möglichkeiten der Abwanderung und des Widerspruchs verfügen. Die Möglichkeit des Widerspruchs aber setzt in vielen Fällen die der Abwanderung voraus. Denn der Widerspruch kann die Abwanderung nur dann ersetzen, wenn es darum geht, ein bestimmtes Verhalten von Anbietern zu unterbinden. Dagegen kann er die Abwanderung nicht ersetzen, wenn es darum geht, Unternehmen oder Behörden zu einer Verhaltensänderung zu veranlassen, deren Durchführbarkeit nur von diesen selbst oder von Konkurrenten beurteilt werden kann. Nicht einmal eine Preisherabsetzung kann eine Kontrollinstanz rechtsstaatlich anordnen, wenn es keinen Wettbewerber gibt, der beweist, daß sie möglich und zumutbar ist. Als Entdeckungsverfahren (S. 57) ist der *Wettbewerb nicht ersetzbar.* Aber die Kontrollmöglichkeiten, die er den Nachfragern einräumt, reichen nicht immer aus.

Daß der Wettbewerb den Nachfragern die Abwanderung ermögliche, wird oft fraglos unterstellt. Aber versteht es sich wirklich von selbst? Drei Konstellationen sollen im folgenden kurz erörtert werden, in denen die Anbieter zwar im Wettbewerb stehen, aber die Nachfrager nur sehr zweifelhafte Möglichkeiten der Abwanderung haben. Die erste dieser Konstellationen wurde im vorigen Abschnitt bereits behandelt: Angeboten und nachgefragt wird ein *positionales Gut*, das durch den Wettbewerb der Anbieter nicht entknappt werden kann, die Knappheit des Gutes läßt einen intensiven Wettbewerb der Nachfrager entstehen, die Funktion der Anbieter ist darauf beschränkt, das Gut zuzuteilen und hohe Knappheitsrenten einzustreichen. In dieser Situation kann schwerlich davon die Rede sein, daß die Nachfrager eine reale Möglichkeit hätten, durch Abwanderung ihre Interessen geltend zu machen.

Auf eine andere Konstellation hat Hirschman (1970) hingewiesen. Konkurrierende Anbieter stellen Varianten eines Produkts her, deren Defekte und schädlichen Nebenwirkungen dem Konsumenten erst nach dem Kauf, beim Gebrauch des Gutes, nach und nach sichtbar werden. Die Abwanderung zu einem Konkurrenzprodukt läßt einen neuen Lernprozeß beginnen, an deren Ende eine ähnliche Enttäuschung steht. „Die Konkurrenz stellt in dieser Situation für die Erzeuger einen beträchtlichen Vorteil dar, denn sie hält die Verbraucher davon ab, sich zu beschweren, und lenkt ihre Energie auf die Jagd nach nicht vorhandenen verbesserten Produkten ab, von denen man glaubt, daß sie vielleicht bei den Konkurrenten zu finden wären. Unter diesen Umständen haben die Erzeuger ein gemeinsames Interesse an der Aufrechterhaltung und nicht an der Einschränkung des Wettbewerbs, und es ist denkbar, daß sie zu diesem Zwecke ihr Verhalten untereinander abstimmen" (Hirschman, 1974, S. 22). Hirschman bezeichnet diese Konstellation mit dem Schlagwort *Konkurrenz als Kollusion*. Die Lösung des Problems liegt entweder darin, zu warten, daß irgendwann ein Anbieter — vielleicht aus dem Ausland — auftritt, der die Kollusion durchbricht und ein wirklich verbessertes Produkt auf den Markt bringt. Die Lösung mag auch in einem wirksameren Widerspruch solcher Nachfrager liegen, die die Kollusion durchschauen. Oder sie liegt, wie Hirschman meint, im Verzicht auf Wettbewerb. „Denn das Vorhandensein einer ganzen Anzahl konkurrierender Firmen fördert in diesem Falle die ständige Illusion, daß ‚die Äpfel des Nachbarn immer besser sind', das heißt, daß man den Mängeln des betreffenden Produktes entgehen kann, indem man die Ware des Konkurrenten kauft. Unter einem Monopol dagegen würden die Verbraucher lernen, sich mit den unvermeidlichen Unvollkommenheiten abzufinden, und würden ihr Glück anderswo suchen als in der Hetzjagd nach dem inexistenten ‚verbesserten' Produkt" (Hirschman, 1974, S. 22).

Eine dritte Konstellation beruht auf der *Intransparenz vieler Konsumgütermärkte*. Die Konsumenten sind bei Gütern mit „experience-qualities" oft nicht in der Lage, existierende Qualitätsunterschiede (Gebrauchswertunterschiede) zwischen konkurrierenden Produkten oder konkurrierenden Varianten eines Produkts selbst zu erkennen (S. 83). Sie sind aber gezwungen, zwischen den konkurrierenden Angeboten eine Unterscheidung zu treffen, wollen sie diese nicht als gleichwertig oder gleichartig ansehen. Der Vorgang des „screening", der beim Konsumenten in einer solchen Situation einsetzt (Stiglitz, 1975), wird unterschiedlich gedeutet, je nach den zugrundegelegten Annahmen über das Verhalten der Konsumenten.

Nimmt man an, daß die Konsumenten die Qualitätsunterschiede unterschätzen und folglich nicht bereit sind, für die besseren Qualitäten (die sie nicht als solche erkennen) höhere Preise zu zahlen, so liegt der Schluß nahe, daß die Qualität der besseren Varianten, da sie nicht honoriert wird, auf die Qualitätsstufe der schlechteren Varianten reduziert werden wird, so daß das durchschnittliche Qualitätsniveau sinkt (Akerlof, 1970). Sind Anbieter daran interessiert, eine Option aus hoher Qualität und hohem Preis aufrechtzuerhalten, so müssen sie ein Marken- oder Firmen-Image aufbauen, das hohe Qualität glaubhaft signalisiert. Das monopolistische Element, das damit verbunden ist, wird denn auch als eine die Informationslage der Konsumenten verbessernde, *marktergänzende Institution* angesehen (Hauser, 1979).

Nicht weniger plausibel ist indes die Annahme, daß die Konsumenten die Qualitätsunterschiede überschätzen. Sie schließen beispielsweise vom hohen Preis auf hohe Qualität (Gardner, 1971; McConnell, 1968; Ölander, 1969; Shapiro, 1973). Oder sie schließen vom guten Markenimage auf hohe Qualität (Jacoby, Szybillo & Busato-Schach, 1977; Raffée, Hefner, Schöler, Grabicke & Jacoby, 1976). Dadurch kann man zwar vermeiden, an ein Produkt der untersten Qualitätsstufen zu geraten. Aber im Bereich der mittleren und oberen Qualitätsstufen hat die Kaufentscheidung, wenn sie solchen Hilfsregeln folgt, meist ein rein zufälliges Ergebnis. Denn die Annahme, eine Marke hielte in diesem Bereich eine gleichbleibende Position ein, ist durch die Tatsachen nicht gerechtfertigt (Morris, 1971; Morris & Bronson, 1969). Aus diesem Grunde dürfte auch dann, wenn Konsumenten die Qualität des Produkts am Werbeaufwand ablesen (Nelson, 1974), eine Überschätzung der Qualitätsunterschiede das Ergebnis sein.

Vor allem in den Sättigungsphasen der Marktentwicklung (S. 69ff.) sind Preis, Markenimage, Werbeaufwand, Herstellerimage und dgl. im allgemeinen als Qualitätsindikatoren ungeeignet. Die Mehrzahl der angebotenen Produkte hat dann ein Mindestniveau an Qualität überschritten. Die Marke wird von den Anbietern vielfach wie ein Etikett behandelt, das unterschiedlichen Gebrauchswerten aufgeklebt werden kann: identische Produkte werden unter verschiedenen Marken angeboten — sogar dann, wenn diese Marken verschiedene Qualitätsabstufungen signalisieren. Die Werbung hat den Schwerpunkt ihrer Aussagen vom Gebrauchswert auf das Image verlagert. Das mit dem Ansehen der Marke, der Größe des Anbieters und dem Aufwand für Werbung verbundene monopolistische Element muß unter solchen Bedingungen eher als eine *Einrichtung zur Manipulation der Konsumenten* (S. 94f.) angesehen werden.

In den geschilderten drei Konstellationen sind reale Chancen der Abwanderung für die Nachfrager teils gar nicht, teils nur scheinbar und teils nur unsicher verfügbar. Die drei Beispiele sind nicht auf Vollständigkeit angelegt, sondern auf Anschaulichkeit. Sie stehen für einen nicht geringen Teil moderner Konsumgütermärkte. Weitere Beispiele — etwa das des Arzneimittelmarktes (Ziegler, 1980) — ließen sich hinzufügen. Offenbar bedeutet Wettbewerb nicht ohne weiteres, weder bei großer Knappheit noch bei Sättigung, daß den Nachfragern die Chance der sozialen Kontrolle über die Anbieter eingeräumt wäre, die man mit dem Begriff der „Konsumentensouveränität" gefeiert hat (vgl. dazu Wiswede, 1981). Diese Chance ist den Nachfragern offenbar vor allem dort vorenthalten, wo der Wettbewerb der Anbieter die Möglichkeit oder die Kraft nicht besitzt, einen Entknappungsprozeß voranzutreiben, wo also seine Fähigkeit, die Entdeckung neuer Lösungsmöglichkeiten für die Probleme der Nachfrager zu fördern, nicht zum Zuge kommen kann. Optionsmärkte enthalten ohnehin eine Tendenz, den Nachfragern die Abwanderung zu erschweren. Kommen weitere Faktoren (positionale Güter, Konzentration, Sättigung) hinzu, so kann diese Tendenz sich soweit verstärken, daß die Abwanderung als Kontrollmöglichkeit lahmgelegt ist. Im Fall dauerhafter Knappheit ist Abhilfe teils von einer Änderung der Nachfragerpräferenzen zu erwarten und teils, soweit diese nicht erzielbar ist, von Eingriffen in die Eigentumsrechte der Anbieter (Beispiele: Bodenreform, Rationierung). In den übrigen Fällen kann das Kontrollpotential der Nachfrager teils durch Senkung der Informationskosten und teils durch Einräumung und Förderung von Widerspruchsmöglichkeiten vergrößert werden.

2.5.3 Förderung der Kommunikation

2.5.3.1 *Das Informationsdefizit*

Zu Abwanderung und Widerspruch sind nur informierte Nachfrager in der Lage. Fehlende oder falsche Information setzt diese beiden Mittel der sozialen Kontrolle außer Kraft. Der Entwicklung eines vielfältigeren Angebots mit komplexeren Optionen muß daher die Herausbildung eines geeigneten Systems der Verbraucherinformation entsprechen, wenn die Relation der Kontrollpotentiale (S. 61) sich nicht zu ungunsten der Konsumenten verschieben soll. Thorelli und Mitarbeiter haben in mehreren empirisch fundierten Arbeiten (zusammengefaßt in Thorelli & Engledow, 1980) gezeigt, daß ein solches System aus einer Kombination von vergleichenden Warentests, informativer Produktkennzeichnung und approbierten Gütezeichen bestehen könnte, flankiert durch das Verbot irreführender Information und fundiert durch obligatorische Verbrauchererziehung. Ein solches Informationssystem muß nicht zentral betrieben werden; ebenso gut oder besser kann es auch pluralistischer, dezentraler Kooperation von Unternehmen, Wirtschaftsverbänden, Verbraucherorganisationen, Testinstituten und Behörden erwachsen (Thorelli & Thorelli, 1977).

Was hier Informationssystem genannt wird, ist nicht mehr als die konsequente Ausbreitung, Weiterentwicklung und Integration von Einrichtungen, die ohne viel Zutun der Marktpolitik *als spontane Innovationen entstanden sind.* Denn Gütezeichen, Produktkennzeichnung und Warentest existieren bereits seit geraumer Zeit und haben sich als Instrumente der Verbraucherinformation im großen und ganzen bewährt. Dennoch gibt es Widerstände dagegen, sie weiter auszubauen und zu einem System zu vereinigen. Evolutionäre und konservative Bestrebungen stehen einander auf diesem Gebiet besonders augenfällig gegenüber. Und wie so oft, wird die der Evolution abgeneigte Argumentation auch hier von jenen gestärkt, die der Marktpolitik eine evolutionierende Wirkung überhaupt absprechen. Strittig sind drei Fragen:

- Gibt es überhaupt ein Informationsdefizit der Konsumenten, womöglich ein zunehmendes?
- Wenn sich so etwas wie ein Informationsdefizit feststellen läßt: Wird die Funktionsfähigkeit des Marktes dadurch wirklich eingeschränkt?
- Wenn es ein Informationsdefizit der Konsumenten gibt und man es für dysfunktional halten muß: Kann es durch mehr und bessere Information überhaupt wirksam beseitigt werden?

Die Frage nach dem Informationsdefizit ist nicht nur dann mit ja zu beantworten, wenn man sie auf das objektiv feststellbare Angebot an Informationen bezieht (S. 90f.). Die Konsumenten haben zwar verständlicherweise nicht das Empfinden, bei ihren Entscheidungen schlecht informiert zu sein. Thorelli fand in allen untersuchten Industriegesellschaften bestätigt, daß die Verbraucher sich für besser informiert halten als sie es sind (Thorelli & Engledow, 1980). Aber das bedeutet wohl nur, daß es dem einzelnen schließlich doch gelingt, vor und nach dem Kauf eine Kollektion von Anhaltspunkten zusammenzutragen, die einigermaßen das Bedürfnis befriedigt, die gefällte Entscheidung vor sich selbst und anderen rechtfertigen zu können und in diesem Sinne das Erlebnis kognitiver Dissonanz zu vermeiden. Die Vermeidung oder Verdrängung des Dissonanzerlebnisses ist keineswegs gleichbedeutend mit fundierter Entscheidung, bei ungetrübter Überlegung auch nicht im Urteil des einzelnen. So beruht die Zufriedenheit des einzelnen mit seiner Entscheidung darauf, daß er viele der von ihm wahrgenommenen Risiken der Entscheidung subjektiv irgendwie reduzieren konnte. Was offengeblieben ist, fällt, so hofft er, demgegenüber nicht so ins Gewicht. Ein Informationsdefizit aber empfindet er durchaus (Imkamp, 1980).

Es sind nicht bei allen Konsumenten dieselben Risiken, die als relevant empfunden und durch Informationen unabgedeckt bleiben. Allein die Aggregation solcher offen empfundenen Informationslücken erbrächte ein beträchtliches Informationsdefizit der Nachfrager eines Marktes, diese als Kollektiv betrachtet. Das Defizit ist noch wesentlich größer, zählt man all das hinzu, was bei den einzelnen an verdeckten Informationslücken – Dissonanzvermeidung durch Rückgriff auf Mutmaßungen – existiert. Wer bereit ist, das Informationsdefizit der Konsumenten an der Aggregation jener Kaufrisiken zu messen, die von den Nachfragern auf einem Konsumgütermarkt als entscheidungsrelevant empfunden, in den Informationen der Anbieter (Werbung, Gebrauchsanweisungen, Verpackung, Produkt, Verkaufsgespräche) aber nicht berücksichtigt werden (Grunert & Saile, 1978), der kann auch nicht daran zweifeln, daß das Defizit *bei wachsendem Wohlstand zunimmt,* wenn es nicht durch Maßnahmen zur Verbesserung der Informationslage verringert wird. Denn das Informationsdefizit entsteht daraus, daß die zunehmende Vielfalt und Komplexität des Angebots eine steigende Zahl solcher Kaufrisiken hervorbringt, die von den Anbieterinformationen nicht abgedeckt werden.

Aber vielleicht kann man dies alles gelassen hinnehmen, weil mit dem Modell der vollkommenen Konkurrenz auch die Vorstellung als überholt gilt, zur Funktionsfähigkeit des Marktes sei Markttransparenz notwendig? Auf der Anbieterseite, so heißt es, ist Markttransparenz nicht unbedingt positiv zu bewerten. Wenn die Anbieter sich ihre Preise gegenseitig mitteilen, ist das bereits ein Schritt zur Beschränkung des Preiswettbewerbs durch abgestimmtes Verhalten. Solches Verhalten ist nach dem GWB nicht zulässig. Diskutiert wurde, ob Preismeldestellen zulässig sein sollten. Die Diskussion ergab, daß auch solche Einrichtungen eine Tendenz zur Wettbewerbsbeschränkung enthalten (Woll, 1966). Gilt das auch, wenn Preisauskunftsstellen für Konsumenten eingerichtet werden? Jede Einrichtung, bei der Konsumenten Informationen über die Preise konkurrierender Produkte abrufen können, kommt insoweit einer Preismeldestelle gleich, als die dort gespeicherten Informationen den Anbietern nicht vorenthalten werden können. Diese Informationen können die Anbieter sich auf andere Weise, nämlich mit den Mitteln der Marktforschung, leicht beschaffen. Das besondere wettbewerbsbeschränkende Element der Preismeldestelle liegt darin, daß diese organisatorische Erleichterungen für die gegenseitige Abstimmung bietet und den einzelnen Anbieter daran hindert, seine Preise zu ändern, ohne seinen Konkurrenten davon Mitteilung zu machen (Hoppmann, 1966). Wirkte die bloße Information schon wettbewerbsbeschränkend, es gäbe längst keinen Wettbewerb mehr. Die Vorstellung, Leistungswettbewerb gedeihe am besten im Halbdunkel beschränkter Markttransparenz, hat vieles gegen sich. Wenn ein Anbieter sich entscheidet, für sein Produkt einen niedrigeren Preis zu verlangen als andere Anbieter für konkurrierende Produkte, so tut er das in der Erwartung, daß auch die Nachfrager die Konkurrenzpreise kennen. Wenn ein Anbieter glaubt, sich an die niedrigeren Preise anderer Anbieter anpassen zu müssen, so geht er sicher nicht davon aus, daß die Nachfrager keine vollständige Preistransparenz besitzen. Wenn ein Anbieter ein qualitativ besseres Produkt auf den Markt bringt, so tut er das schwerlich in der Erwartung, das überlegene Preis-Leistungs-Verhältnis seines Produkts werde den Nachfragern wegen ihrer geringen Marktkenntnis verborgen bleiben.

Ein anderer Aspekt dieses Problems tut sich auf, wenn Konsumenten die Preise konkurrierender Produkte ohne ausdrücklichen Hinweis darauf mitgeteilt werden, daß die Produkte sich in der Qualität oder in Nebenleistungen der Anbieter unterscheiden. Nehmen wir einen extremen, aber sehr relevanten Fall. Dem Konsumenten werden die Preise, die verschiedene Anbieter für ein und dasselbe Modell eines Herstellers fordern, in Form von Übersichten mitgeteilt. Kann das nicht dazu führen, daß die Konsumenten nun blindlings den Anbieter mit dem niedrigsten Preis bevorzugen, ohne darauf zu sehen, ob dieser mit seinen Nebenleistungen − Sortimentsbreite, Lagerhaltung, Fachberatung, Kundendienst, Garantieleistungen, Liefer- und Zahlungsbedingungen − vielleicht zurückhaltender ist als seine Konkurrenten? Wird die Preistransparenz nicht die qualitativ besseren Nebenleistungen eliminieren, die des Fachhandels vor allem?

Tatsache ist, daß identische Produkte von verschiedenen Händlern zu unterschiedlichen Preisen angeboten werden. Tatsache ist auch, daß in der Konkurrenz der Vertriebsformen des Einzelhandels diejenigen einen Wettbewerbsvorteil haben, die auf Nebenleistungen verzichten. Manche Nebenleistungen des Einzelhandels können von den Konsumenten wie öffentliche Güter behandelt werden, die sie zwar nutzen, an deren Finanzierung sie sich aber mit der Methode des free-riding (Schwarzfahrens) vorbeimogeln. Der Konsument läßt sich beispielsweise vom Fachhändler beraten und kauft dann im Discountgeschäft. Solches Verhalten wird aber nicht dadurch aus der Welt geschafft, daß man auf eine Verbesserung der Markttransparenz verzichtet. Die gefährdeten Nebenleistungen bleiben auch bei nichtverbesserter Markttransparenz nur erhalten, wenn sie entweder wie öffentliche Güter finanziert werden, nämlich von allen, oder wie private Güter von denen, die auf sie Wert legen. Kommt nur die zweite Finanzierungsart in Betracht, so hängt viel davon ab, ob es gelingt, die Leistung als solche auszuweisen. Dies läuft auf das bereits erwähnte Problem hinaus, gültige Indikatoren für die Qualität des Angebots zu finden (S. 83f.). Der Verzicht auf die Verbesserung der Preistransparenz kann nicht als Lösung für dieses Problem angesehen werden. Die Lösung, die in der derzeit bereits erkennbaren Richtung der Marktevolution liegt, dürfte darin bestehen, daß sowohl Preistransparenz als auch Qualitätstransparenz verbessert werden.

Denn für die Qualitätstransparenz gilt erst recht nicht, daß es der Funktionsfähigkeit des Marktes dienen könnte, Informationsdefizite nicht abzubauen. Qualitätsunterschiede, seien sie vertikal oder horizontal oder innovatorisch (Abbott, 1955), werden vom Konsumenten nur honoriert, wenn sie ihm signalisiert werden. *Daß das Signal den Tatsachen nicht entspricht, ist aber der Funktionsfähigkeit des Marktes nicht weniger abträglich als daß es gar nicht ankommt* (S. 122f.). Im zweiten Fall droht eine Senkung des Qualitätsniveaus, im ersten droht eine Minderung des Kontrollpotentials der Nachfrager. Durch Verbesserung der Qualitätstransparenz kann beides vermieden werden.

Es bleibt die Frage, ob bessere Transparenz durch mehr und bessere Information erreichbar ist. Ein Argument dagegen stützt sich auf die Beschränktheit der menschlichen Informationsverarbeitungskapazität. Man beruft sich dabei auf Studien von Jacoby und Mitautoren (Buck & Jacoby, 1974; Jacoby, 1977; Jacoby, Speller & Kohn, 1974; Jacoby, Speller & Kohn-Berning, 1974). Aus diesen Studien die Folgerung zu ziehen, die Verbesserung der Bedingungen für rationale Informationssuche müsse am Verhalten der Konsumenten scheitern, geht jedoch am Kern des Problems vorbei. Mehrere Autoren haben dieser Folgerung widersprochen (Russo, 1974; Staelin & Payne, 1976; Summers, 1974; Wilkie, 1974). Verbesserte Informationslage bedeutet eben nicht einfach vermehrte Informationsmenge schlechthin, sondern beispielsweise bessere Verfügbarkeit von Informationen über Produktattribute, über die bisher keine oder keine zutreffenden Informationen verfügbar waren. Jacobys Befund, daß die Qualität der Entscheidung ab einer bestimmten Schwelle mit zunehmender Informationsmenge nicht mehr besser, sondern eher schlechter wird, läßt sich denn auch nicht aufrechterhalten, wenn die Vermehrung der Informationsmenge dadurch erfolgt, daß über mehr Produkteigenschaften (Risiken) informiert wird.

Verbesserung der Informationslage kann auch nicht allein von dem Verfügbarmachen von Informationen über zusätzliche Risiken erwartet werden. Sie muß zugleich darin bestehen, daß die verfügbaren Informationen zugänglicher, verständlicher, vergleichbarer angeboten werden. Es geht ja darum, *die Kosten der Information zu verringern*, nicht etwa zu erhöhen. Die Zugänglichkeit wird beispielsweise verbessert, wenn gewünschte Informationen in Beratungsstellen oder Datenbanken gebündelt und geordnet vorliegen und dort abgerufen werden können. Die Zugänglichkeit wird auch dadurch verbessert, daß Informationen am Produkt selbst angebracht sind. Die Verständlichkeit von Informationstexten kann beispielsweise nach der von Langer, Schulz, von Thun und Tausch (1974) entwickelten Methode verbessert werden, und das mit beträchtlichem Erfolg (Pfrommer, 1980). Vergleichbarkeit erfordert Standardisierung von Informationen. Der Preis beispielsweise wird dadurch leichter vergleichbar, daß auf unterschiedlichen Packungsgrößen nicht nur der Preis der Packung, sondern auch der Preis einer Grundeinheit (Kilogramm, Liter) mitgeteilt wird (Grundpreis, unit price).

Am Beispiel der Preisinformation wird besonders deutlich, daß Konsumenten auf die Senkung der Informationskosten *mit verändertem Informations- und Entscheidungsverhalten reagieren*. Houston (1972) ermittelte, daß Konsumenten bei der Aufgabe, das billigste Produkt einer bestimmten Produktkategorie zu kaufen, dann weniger Fehler machten, wenn auch der Grundpreis angegeben war. In ähnlichen Studien haben Friedman (1972) sowie Gatewood und Perloff (1973) bestätigt gefunden, daß es Konsumenten in Geschäften mit Grundpreisauszeichnung erheblich leichter fiel, das jeweils billigste Produkt zu ermitteln und zu kaufen. Isakson und Maurizi (1973) stellten fest, daß Konsumenten in Geschäften mit Grundpreisauszeichnung häufiger das billigere von zwei qualitativ gleichen oder ähnlichen Angeboten kauften als in Geschäften ohne Grundpreisauszeichnung. Russo, Krieser und Miyashita (1975) wiesen nach, daß der Effekt der Grundpreisauszeichnung noch gesteigert werden kann, wenn die Grundpreise nicht nur auf jeder Packung einzeln angegeben, sondern außerdem auch auf einer Liste übersichtlich zusammengestellt sind. Nach der Lektüre dieser Liste kauften die Konsumenten preisgünstigere Packungsgrößen und preisgünstigere Marken (vgl. auch Russo, 1977).

Die zitierten Studien machen anschaulich, daß Verbesserung der Markttransparenz nicht unbedingt „mehr Information" bedeutet, sondern zunächst einmal „andere Darbietung" der Information. Bessere Markttransparenz erfordert außerdem in manchen Fällen „andere Information" – dies immer dann, wenn die bisher ausgesandte Information irreführend ist (Dedler & Grunert, 1980). *Mehr Information ist mit der Verbesserung der Informationslage nur in zwei Fällen verbunden.* Zum einen, wenn bisher über Risiken nicht informiert wurde, die mit dem Kauf und/oder der Nutzung eines Konsumgutes verbunden und für Konsumenten entscheidungsrelevant sind (Dedler, Gottschalk & Grunert, 1980). Zum anderen, wenn der Konsument bisher zur Beurteilung eines Gutes ein Merkmal herangezogen hat, von dem er irrigerweise glaubte, es sei ein gültiger Indikator für mehrere experience qualities des Gutes zugleich. Der Preis oder der Markenname beispielsweise werden oft in diesem Sinne als „information chunk" (Miller, 1956) verwendet, d.h. sie dienen als Indikator für „die" Qualität des Gutes, also eine u.U. sehr komplexe Größe. Tatsächlich ziehen Konsumenten, wenn solche information chunks fehlen oder nicht hinreichend valide erscheinen, Informationen über mehr Merkmale des Gutes zur Beurteilung heran (vgl. z.B. van Raaij, 1977). Natürlich kann es auch gültige information chunks geben. Das zusammenfassende Urteil eines vergleichenden Warentests, dessen Bewertungskriterien der Konsument akzeptiert, ist ein Beispiel dafür.

Ganz ohne staatlichen Eingriff ist erhöhte Markttransparenz nicht zu haben. Weder die andere Darbietung noch die Veränderung noch die Hinzufügung von Informationen geschieht in hinreichendem Umfange freiwillig. Zum Teil muß sie dem anbietenden Unternehmen auferlegt, zum Teil von anbieterunabhängigen Organisationen ausgesandt werden. Auch Informationsverbote (z.B. das Verbot irreführender Werbung) gehören zu dem marktpolitischen Instrumentarium, das bei der Entwicklung eines Verbraucherinformationssystems hilfreich sein kann. Ob es möglich und notwendig ist, die manipulativen Techniken des Marketing generell zu verbieten, also auch jeden Versuch zur „emotionalen Konditionierung" der Konsumenten (Kroeber-Riel, 1980), darüber kann es unterschiedliche Meinungen geben, je nachdem, ob man die Auffassung für richtig hält, Aufklärung und Information könnten „die Verhaltenssteuerung des Konsumenten durch manipulative Techniken des Marketing nicht verhindern, weil durch diese Techniken automatisch Verhaltensweisen ausgelöst werden" (Kroeber-Riel, 1980, S. 599). Daß Kaufhandlungen durch Marketing automatisch auslösbar sind, ist nicht erwiesen. Schon eher trifft zu, daß Einstellungen in dieser Weise beeinflußt werden können. Für die Behauptung aber, „daß sich der Konsument, selbst wenn er es willentlich versucht, einer solchen Konditionierung nicht entziehen kann" (Kroeber-Riel, 1980, S. 146), gibt es keine stichhaltigen Belege (Scherhorn, 1983).

Mehrere Untersuchungen weisen im Gegenteil darauf hin, daß Konsumenten *auf Aufklärung und Information mit der Revision von Einstellungen reagieren,* zumal wenn bei der Konzipierung der Informationsstrategien verhaltenstheoretische Erkenntnisse beachtet werden (Diller, 1978). Hunt (1972) stellte unter Laborbedingungen fest, daß korrigierende Werbeanzeigen eine signifikante Einstellungsänderung gegenüber dem beworbenen Produkt bewirkten. Eine Reihe weiterer Untersuchungen bestätigten Hunts Ergebnisse. Die wohl gründlichste Studie, ein Panel mit drei Befragungen im Abstand von jeweils einigen Wochen, zeigte dann allerdings, daß die Wirkung der berichtigten Anzeige insgesamt nicht ganz ausreicht, den Effekt der Irreführung wieder zu beseitigen (Dyer & Kuehl, 1978). Scherhorn und Wieken (1972) führten ein Feldexperiment durch, in dessen Verlauf Verbraucher von qualitativ homogenen Produkten durch Informationsbriefe über die Homogenität des Angebots unterrichtet wurden. Es zeigte sich, daß die befragten Verbraucher zu einem beträchtlichen Teil nicht nur ihren Informationsstand revidierten, sondern auch ihre Präferenzen und ihr Kaufverhalten. Diese Ergebnisse deuten darauf hin, daß verbesserte Markttransparenz sich in den Einstellungen und Entscheidungen der Konsumenten auswirkt (Grunert, 1979).

2.5.3.2 Das Kritikdefizit

Nichts zwingt uns anzunehmen, daß die Kommunikation auf Konsumgütermärkten einseitig sein *müßte*. Daß sie einseitig *ist*, kann als Beweis nicht herangezogen werden, ist es doch eher auf eine Schwäche, eine Fehlentwicklung, einen Rückstand zurückzuführen. Die bisherige Evolution des Optionsmarktes hat die Herausbildung jener Kommunikationslinie betont, die von den Anbietern zu den Nachfragern verläuft. Die Kommunikation von den Nachfragern zu den Anbietern dagegen ist im wesentlichen auf den Kaufakt beschränkt. Messen ließe sich die Asymmetrie etwa dadurch, daß die Anzahl der Aussagen von Anbietern erhoben würde, die über die Werbung, das Verkaufsgespräch oder das Produkt selbst an die Nachfrager gelangen, und daß die so gewonnene Größe der Anzahl der Aussagen von Nachfragern gegenübergestellt wird, die in Verkaufsgesprächen, anläßlich von Reklamationen u.dgl. sowie auf dem Wege der öffentlich von Nachfragern geäußerten Kritik an die Anbieter gelangen — und zwar an die jeweils zuständigen und entscheidungsbefugten Angehörigen des anbietenden Unternehmens.

Auch die Kommunikation *zwischen* den Nachfragern ist nur schwach entwickelt. Das wäre verständlich, wenn es zwischen den Nachfragern Wettbewerb im Sinne rivalisierenden Verhaltens gäbe. Doch solches Verhalten ist auf extreme Knappheitssituationen beschränkt und auf Konsumgütermärkten in entwickelten Volkswirtschaften nicht die Regel (S. 57). Man muß nicht davon ausgehen, daß die Kommunikation zwischen den Konsumenten schwach bleiben müßte. Im Gegenteil enthält die Analyse des Informationsdefizits ein starkes Argument für die Verstärkung dieser Kommunikation. Die bisher erwähnten Ansätze zur Erhöhung der Markttransparenz nutzen die Erfahrungen der Konsumenten so gut wie nicht. Das ist aber nur dort berechtigt, wo die Leistungsfähigkeit von Konsumgütern mit technischen Meßverfahren zuverlässiger festgestellt werden kann als mit den Erfahrungen, die die Konsumenten beim normalen Gebrauch der Güter sammeln. Auch in diesem Sinne übrigens ist dieser Begriff „experience qualities" (S. 83) irreführend. Im folgenden soll von den Gütereigenschaften die Rede sein, auf die dieser Begriff am ehesten paßt: von jenen Eigenschaften, die anhand der Erfahrung der Konsumenten zuverlässig beurteilt werden können, vorausgesetzt die Stichprobe ist groß genug. Diese Bedingung ist in der normalen, spontanen Kommunikation der Konsumenten nicht zu erfüllen. Sie ist jedoch herstellbar, wenn die Kommunikation organisiert wird. Geschieht das, so wird *die Erfahrung der Konsumenten nutzbar* für die Verbraucherinformation. Zugleich entsteht ein Medium für die Kommunikation der Nachfrager mit den Anbietern.

Um dies zu veranschaulichen, sei ein Beispiel beschrieben: das Beispiel des „Washington Consumers' Checkbook". Bei dieser Organisation handelt es sich um einen Verein mit etwa zwanzigtausend Mitgliedern in der Region von Washington D.C. Zwecksetzung des Vereins ist die gegenseitige Information über die Qualität von Konsumgütern, insbesondere Dienstleistungen. Die Mitglieder teilen einer Geschäftsstelle ihre Erfahrungen mit, sagen wir, Kfz-Werkstätten mit. Das geschieht durch Ausfüllen eines Fragebogens, den die Geschäftsstelle verschickt hat. Die Auswertungen der Fragebögen erfolgt dann in Gestalt eines „ckeckbook", in dem für jede Werkstätte in der Region nachgelesen werden kann, wie viele Konsumenten Erfahrungen mit ihr gemacht haben und wie viele dieser Erfahrungen, aufgegliedert nach geeigneten Kriterien, positiv bzw. negativ waren. Das checkbook wird allen Mitgliedern zugestellt. Auf diese Weise werden die Erfahrungen des einzelnen vielen zugänglich gemacht. Zugleich wird der einzelne in die Lage versetzt, an den Erfahrungen vieler zu partizipieren. Alle beteiligten Konsumenten kennen die Grenzen der angewandten Methode und akzeptieren sie (Krughoff, 1979).

Solche Erweiterung und Institutionalisierung der normalen, spontanen Kommunikation zwischen Konsumenten kann zweierlei bewirken. Erstens verbessert sie die Transparenz von Konsumgütermärkten und erhöht das *Kontrollpotential der Nachfrager*. Das gilt insbesondere für das Verhältnis der Nachfrager zu Anbietergruppen mit dem Anspruch auf autonome Bewertung der eigenen Leistung und auf monopolistische Selbstergänzung (S. 118), für das Verhältnis zu Anbietern aus dem Bereich der handwerklichen und der freien Berufe also. Die Leistungen dieser Anbieter entziehen sich in solchem Maße der externen Kontrolle, daß für sie der Begriff „credence qualities" geprägt worden ist (Darby & Karni, 1973). Das Urteil von Experten ist für die Kontrolle faktisch nicht einsetzbar, teils weil die Experten zu der zu kontrollierenden Berufsgruppe gehören, teils weil die Kosten des Verfahrens zu hoch wären. Das Urteil von Konsumenten ist nur begrenzt verwendbar, weil den Konsumenten die einschlägigen Fachkenntnisse fehlen. So stellen die Erfahrungen der Konsumenten das einzige Mittel der externen Kontrolle dar. Dessen Wirksamkeit aber kann in der Kommunikation der Konsumenten gesteigert werden, zumal wenn diese institutionalisiert wird.

Zweitens wird auf solche Weise auch eine institutionelle *Kommunikation mit den Anbietern* ermöglicht, die bei geeigneter Gestaltung die Funktion der auf Konsumgütermärkten bisher weitgehend fehlenden „Kritik der Nachfrager" (S. 59) erfüllen und abweichende Interessen der Nachfrager artikulieren kann (S. 76). Diese Kommunikation braucht sich nicht auf das Mitteilen negativer Erfahrungen zu beschränken. Sie kann für aufgeschlossene Anbieter zu einer Fundgrube für Ideen und Anstöße zur Weiterentwicklung und Neugestaltung ihres Angebots werden. Denn nichts spricht dafür, die Konsumenten prinzipiell für die rezeptiven, reaktiven Marktpartner zu halten, die der Optionsmarkt aus ihnen macht. Die Vorstellung vom „aktiven Konsumenten" (Czerwonka, Schöppe & Weckbach, 1976) bedarf nur geeigneter Aktionsmöglichkeiten, um in Wirklichkeit umsetzbar zu sein. Diese Aktionsmöglichkeiten können natürlich auch anders konstruiert sein als das Washington Checkbook: in der Form einer Verbrauchezeitschrift beispielsweise. Meist aber werden sie auf Formen der Verbraucherorganisation und -repräsentation angewiesen sein, deren Probleme im folgenden behandelt werden.

2.5.4 Repräsentation der Nachfragerinteressen

2.5.4.1 Probleme interner Interessenvertretung

Die Interessen der Nachfrager auf Konsumgütermärkten müssen bei Anbietern, aber auch bei marktpolitischen Instanzen, in beiden Fällen also bei Organisationen, geltend gemacht werden, um sich auf dem Markt behaupten zu können. Damit sie geltend gemacht werden können, muß es Personen oder Gruppen geben, die die Interessen vertreten, d.h. ihnen Ausdruck verleihen und sich für sie einsetzen. Operiert ein Vertreter von Nachfragerinteressen von einer dazu legitimierten Position innerhalb der Organisation aus, so soll von *interner Interessenvertretung* gesprochen werden. Die interne Interessenvertretung wird in manchen Fällen nebenamtlich ausgeübt, beispielsweise wenn die Organisation sich einen Beirat aus Personen angliedert, von denen angenommen wird, daß sie die Verbraucherinteressen vertreten können (Wieken, 1975). In anderen Fällen üben die internen Interessenvertreter diese Funktion in der Organisation hauptberuflich aus, beispielsweise als Beauftragte für Verbraucherfragen (Holliger, 1980) oder als Mitglieder eines „Consumer Affairs Department" (Fornell, 1978) in Unternehmen.

Die besondere Problematik der internen Interessenvertretung wird deutlich, wenn man deren Position im Kommunikationsprozeß betrachtet. Kommunikatoren sind auf der einen Seite die Organisation, der die Interessenvertreter neben- oder hauptberuflich angehören, und auf der anderen Seite der einzelne Verbraucher, die Verbrauchergruppe, der Verbraucherverband. Die Stellung der Interessenvertreter im Kommunikator „Organisation" verwehrt es diesen, als Repräsentant des Kommunikators „Verbraucher" aufzutreten. Ihre Rolle ist darauf beschränkt, die Kommunikation zwischen den beiden Kommunikatoren zu vermitteln, was nur gelingen kann, wenn sie *von beiden als Mittler akzeptiert* werden. Da „Repräsentieren" die Identifikation mit den repräsentierten Interessen einschließt, dürfen sie also auch die Organisation, der sie angehören, nicht repräsentieren, sondern müssen gegenüber jedem der beiden Kommunikatoren eine Position der Unabhängigkeit einnehmen, die sie für den jeweils anderen Kommunikator als Mittler akzeptabel macht. Das ist nicht prinzipiell unmöglich. Wieweit es im Einzelfall gelingt, ist eine andere Frage.

Was durch interne Interessenvertretung an Kommunikation vermittelt wird, wird häufiger den Charakter des Widerspruchs (S. 76) als den der Verhandlung (S. 74) haben. Der Unterschied liegt im wesentlichen darin, daß die Verhandlung schon „ex ante", der Widerspruch erst „ex post" einsetzt. Beide enthalten ein Element der Bedarfsdarstellung und ein Element des Gebots bzw. der Forderung. Der Bedarf, den Konsumenten bei marktpolitischen Instanzen anmelden, besteht im *Ausdruck des Wunsches* nach bestimmten rechtlichen Regelungen, nach Setzung einer bestimmten politischen Priorität, nach einer bestimmten Verteilung öffentlicher Mittel. Bei Anbietern angemeldete Wünsche der Nachfrager beziehen sich auf die Bedingungen des Angebots: Produktqualitäten, Preise, Verpackungen, Anbieterinformationen, räumliche Verteilung von Vertriebsstellen, Ausbildung und Verhalten von Mitarbeitern u.dgl. Während also „Bedarf" in beiden Beziehungen eine Wunsch- oder Leitbildvorstellung des Kommunikators „Verbraucher" bedeutet, deren Verwirklichung sich dieser von der Organisation erhofft, soll der Begriff „Forderung" auf einen *Anspruch ge-*

gen die Organisation hinweisen, der seine Grundlage in einem vorhergegangenen Verhalten der Organisation hat: in einem Verstoß gegen geltende Normen, gegen anerkannte Interessen.

Eine hauptberufliche interne Interessenvertretung gibt es derzeit vor allem bei Anbietern. Formelle Abteilungen für „consumer affairs" haben in Europa bisher etwa 60 oder 70 Unternehmen eingeführt, in den USA etwa 1000 Unternehmen (Fornell, 1978). Dort existiert auch ein Zusammenschluß der Mitarbeiter von Verbraucherabteilungen: die Society of Consumer Affairs Professionals in Business mit Sitz in Washington D.C. Nach Fornell haben die Verbraucherabteilungen im wesentlichen vier Aufgaben. Sie nehmen die Fragen und Beschwerden von Verbrauchern entgegen und sorgen dafür, daß diese an die jeweils zuständige Abteilung weitergereicht und sachgerecht behandelt werden. Sie achten darauf, daß Gebrauchsanweisungen u.dgl. verbrauchergerecht formuliert werden. Sie halten Verbindung mit Verbraucherverbänden. Und nicht zuletzt unterrichten sie die Mitarbeiter der anderen Abteilungen über Probleme und Interessen der Verbraucher. Holliger (1980) legt besonderen Nachdruck darauf, daß die Bearbeitung von Verbraucherfragen sich nicht in der bloßen Beantwortung erschöpft und daß die Behandlung von Verbraucherbeschwerden mit der Gewährleistung oder der Kulanzregelung nicht abgeschlossen ist. Darüber hinaus wird in Gesprächen mit anderen Abteilungen und in Vorschlägen an die Unternehmensleitung nach Wegen gesucht, die organisationsinternen Ursachen für die Unzufriedenheit der Nachfrager dauerhaft zu beseitigen.

All das ist nur möglich, wenn die interne Interessenvertretung eine hinreichend starke Position gegenüber anderen Abteilungen hat, vergleichbar vielleicht der Stellung der internen Revision. Dazu ist sicher erforderlich, daß sie nicht etwa einer Abteilung angegliedert ist, der gegenüber sie die Interessen der Nachfrager zu vertreten hat. Nicht erforderlich erscheint dagegen, daß die interne Interessenvertretung aus dem betrieblichen Kosten-Nutzenkalkül ausgenommen wird. Sie kann ähnlich wie andere Abteilungen dem Zwang ausgesetzt sein, ihre Existenz durch *Gegenüberstellung von Kosten und Nutzen* zu rechtfertigen (Fornell, 1978). Für das Unternehmen liegt der Nutzen einer internen Vertretung von Nachfrageinteressen in weniger Unzufriedenheit der Konsumenten, im Rückgang von Beschwerden, im Ansehen bei den Verbrauchern. Zu verbuchen ist dieser Nutzen freilich nicht immer in der Gewinn- und Verlustrechnung, häufig wird er „nur" in der Sozialbilanz seinen Niederschlag finden (Renoux, 1979). Eine Schulung der Verkäufer, die diesen ein besseres Eingehen auf die Bedürfnisse der Verbraucher ermöglicht, braucht die Verkaufserlöse nicht zu erhöhen. Der Verzicht auf aggressive Methoden des Kundenfangs mag sich auf die Umsätze einer Abteilung sogar negativ auswirken. Solche Änderungen sind nur durchzusetzen, wenn die interne Interessenvertretung eine kritische Konsumentenschaft und Öffentlichkeit im Rücken hat, deren Sanktionen dem

Unternehmen nicht gleichgültig sind – wenn also das Nachfragerinteresse dem Unternehmen hinreichend deutlich vor Augen steht, so daß dieses die vermittelnde Tätigkeit der internen Interessenvertretung, auch wenn es deren Vorschläge als unbequem empfindet, insgesamt doch als vorteilhaft für sich selbst betrachten kann.

Ein Vorteil liegt auch darin, daß die interne Vertretung der Nachfrageinteressen für den Anbieter eine Quelle von Informationen ist, die er auf andere Weise nicht bekommt, auch nicht durch Marktforschung. Marktforschung geht im allgemeinen von einer *vorgefaßten Konzeption für eine Marktstrategie* aus und sucht deren Chancen anhand der Reaktionen der Konsumenten zu optimieren. Allgemeiner: sie folgt dem Prinzip „conceptualization-to-data", wogegen die Informationen, die über eine intere Interessenvertretung dem Unternehmen zugänglich werden, eher nach dem Prinzip „data-to-conceptualization" verarbeitet werden (Fornell, 1979) – immer vorausgesetzt, sie werden tatsächlich verarbeitet.

Ob die Unternehmen wirklich bereit sind, einer internen Vertretung der Nachfrageinteressen so viel Unabhängigkeit und Einfluß einzuräumen, daß die Vermittlung der Interessen gelingt, wird vielfach bezweifelt (Wieken, 1976, S. 89). Man wendet ein, Zufriedenheit der Nachfrager sei nicht unbedingt das Ziel der Anbieter, wenn Unzufriedenheit zu neuen Käufen führe (Bergström, 1979). Die erforderliche Unabhängigkeit der internen Interessenvertretung sei nicht erreichbar, deren Nutzen für die Unternehmung nicht nachweisbar (Hansen & Stauss, 1979). Die interne Interessenvertretung setze aktive Verbraucher voraus, die Nachfrager aber seien an Reaktion und Anpassung gewöhnt (Wimmer, 1979). Die Zweifler gehen von der Vorstellung aus, daß die Interessen von Konsumenten und Produzenten *prinzipiell in Konflikt* stehen. Diese Vorstellung hat seit Adam Smith einen festen Platz im ökonomischen Denken. Sie schließt aber keineswegs aus, daß der Markt es den Anbietern auferlegt, zur Erreichung ihrer eigenen Ziele den Interessen der Nachfrager entgegenzukommen (S. 57). Es sind nicht nur marktpolitische Regelungen, die dies bewirken. Auch die Einstellung der Nachfrager zur Frage „Harmonie und Konflikt" spielt eine Rolle. Je stärker der Konflikt der Interessen ins Bewußtsein der Nachfrager rückt, desto wichtiger wird es für die Anbieter, ihnen zu beweisen, daß sie sich um Harmonisierung bemühen.

Generell kann man nach alledem zwei Erfolgsbedingungen für eine interne Interessenvertretung angeben. Soweit die Interessen der Anbieter und der Nachfrager *divergieren*, ist die interne Vertretung des Nachfrageinteresses wirksam, wenn von den Nachfragern ein hinreichend starker externer Druck ausgeübt wird, der intern vermittelt werden kann. Das setzt wohl meistens eine Gegenorganisation voraus. Soweit die Interessen *kongruent* sind, ist die interne Interessenvertretung wirksam, wenn sie der Organisation Informationen für Aktionen liefert, die mit den Interessen der Organisation übereinstimmen. In vielen Fällen kann die Organisation zwar auch von Experten (einschließlich der Markt- und Meinungsforschung) Hinweise auf Nachfrageinteressen beziehen, die mit den ihren kongruent sind. Andererseits ist manchmal (vgl. S. 133) erst eine Gegenorganisation der Nachfrager in der Lage, geeignete Informationen zu produzieren. Oftmals aber sind wichtige Hinweise von den einzelnen Verbrauchern zu erwarten, die sich an ihre interne Interessenvertretung in der Organisation wenden. Die geringe Wirksamkeit des betrieblichen Vorschlagwesens (Bessoth, 1975) deutet freilich darauf hin, daß selbst interessenkonforme Hinweise nur dann Erfolg haben, wenn sich eine starke organisationsinterne Instanz ihrer annimmt. Auch dies ist ein Argument dafür, daß die möglichst weitgehende Unabhängigkeit und Durchsetzungskraft einer internen Vertretung der Nachfrager zugleich auch im Interesse der anbietenden Organisation liegen müßte. Doch dieses Argument dürfte in Organisationen, die selbst den eigenen Mitarbeitern keine gute Chance geben, mit Verbesserungsvorschlägen durchzubringen, wenig Überzeugungskraft entfalten.

Die interne Interessenvertretung kann nach alledem die externe Vertretung der Nachfrageinteressen durch eine Gegenorganisation nicht ersetzen. Sie dürfte vielmehr für eine wirksame Tätigkeit weitgehend darauf angewiesen sein, daß eine externe Interessenvertretung existiert. Das gilt für nebenamtliche interne Interessenvertretungen nicht weniger als für hauptamtliche. Beide sind Organe der Organisation, des anbietenden Unternehmens bzw. der marktpolitisch tätigen staatlichen Instanz. Aus diesem Organcharakter leiten sich ihre Probleme ab.

2.5.4.2 Zur Organisierbarkeit der Konsumenten

Drei Gründe lassen sich dafür anführen, daß es der Funktionsfähigkeit von Konsumgütermärkten dienlich sein kann, wenn die Nachfrager Gegenorganisationen bilden. Der erste Grund wurde schon erwähnt: Die Organisation der Nachfrager kann eine *Information* hervorbringen, die auf anderen Wegen faktisch nicht zustandekommt. Sie kann das Wissen und die Einstellungen ihrer Mitglieder unter Aspekten sammeln und verfügbar machen, die anderen nicht (oder nur zu wesentlich höheren Kosten) zugänglich sind. Der zweite Grund liegt darin, daß eine Gegenorganisation der Nachfrager, wenn es um das Geltendmachen von Forderungen geht, Möglichkeiten der *Sanktion* mobilisieren kann, über die die einzelnen Nachfrager nicht verfügen. Sie kann einen Protest oder Boykott organisieren, kann ihre Mitglieder dazu einsetzen, Verstöße von Anbietern gegen marktrechtliche Vorschriften zu kontrollieren, kann Mittel für Aktionen aufbringen, die dazu bestimmt sind, Sanktionen zu ermöglichen (z.B. Untersuchungen). Drittens eröffnet die Gegenorganisation der Nachfrager diesen die Chance, Leistungen, die von Unternehmen oder marktpolitischen Institutionen nicht erwartet werden können, durch eigene *Produktion* zu verwirklichen. Beispiele für solche Leistungen sind der gemeinsame und daher verbilligte Einkauf, die Veranstaltung von Tauschaktionen unter Konsumenten, das Unterhalten von Institutionen der Konsumenten-Kommunikation.

Wie die Aufzählung deutlich macht, besteht der Nutzen einer Gegenorganisation für den einzelnen Konsumenten meist darin, daß er in den Genuß eines *öffentlichen Gutes* kommt – eines Gutes also, von dessen Nutznießung kein Konsument ausgeschlossen werden kann: einer marktpolitischen Vorschrift, einer durch Boykott erwirkten Preissenkung, einer Kommunikation mit anderen Konsumenten beispielsweise. Damit solche Güter produziert werden können, ist es nötig, daß eine Gegenorganisation des Konsumenteninteresses aufgebaut und vorübergehend oder dauernd unterhalten wird. Diese Organisation bewirkt entweder, daß das öffentliche Gut von marktpolitischen Instanzen oder von Anbietern produziert wird, oder sie produziert es selbst. In diesem Falle kann das Produzierte auch eine Mischung aus öffentlichem und *privatem Gut* sein: die Verbraucherberatung z.B. kommt einzelnen Verbrauchern individuell zugute. Ein Problem entsteht dann daraus, daß der Aufwand an Geld und Zeit, den der Aufbau und die Unterhaltung der Gegenorganisation erfordern, zu hoch ist, als daß er allein von denen getragen werden könnte, die jeweils an einer Beratung interessiert sind. So müssen auch in diesem Falle alle oder viele Konsumenten beitragen, wenn es zur Organisation ihres Interesses kommen soll. Erst recht gilt das für den Fall des individuell gar nicht zuteilbaren öffentlichen Gutes.

Dem Aufwand an Geld und Zeit, den die einzelnen Konsumenten beitragen müßten, steht nun aber gegenüber, daß das zu produzierende Gut (zum Zeitpunkt der Fälligkeit des Beitrags) keineswegs allen hinreichend wichtig ist. Das liegt teils daran, daß das Interesse an dem Gut oftmals von sehr allgemeiner Art ist (Brune, 1980, S. 138). In anderen Fällen empfindet der einzelne Konsument das Problem nicht als dringlich, zu dessen Lösung das Gut von speziellem Interesse wäre, und mag sich nicht vorstellen, daß es auch für ihn jederzeit relevant werden könnte. Zudem läßt sich selten vermeiden, daß eine Gegenorganisation neben den Zielen, die sie im Interesse der Konsumentenschaft verfolgt, auch eigene Ziele entwickelt, die dann mit denen des einzelnen Konsumenten noch weniger identisch sein müssen als jene. Hinzu kommt, daß es ohne Zwang schwerlich gelingt, wirklich alle Konsumenten an den Kosten einer Interessenorganisation zu beteiligen. Die Beteiligung ist dann für den einzelnen mit der Frustration verbunden, daß ein anderer, der nicht beiträgt, die Früchte der Organisation ebenfalls genießen kann (free-rider).

Ein dauerndes Engagement für eine im Verbraucherinteresse arbeitende Gegenorganisation ist dem einzelnen daher wohl nur möglich, wenn und solange diese Tätigkeit für ihn den Wert eines eigenen Zieles hat. Ist sie ausschließlich *Mittel zur Erreichung anderer Ziele* — nämlich der Verbraucherinteressen, deren externe Vertretung den Hauptzweck der Gegenorganisation darstellt — so kann sich die Entscheidung für oder gegen das Engagement in der Gegenorganisation nicht sehr weit von dem ökonomischen Kosten-Nutzen-Kalkül entfernen. Dies ist der Kern der „Logik des kollektiven Handelns", die von Olson (1965) entwickelt und zwar auf allerlei Unbehagen gestoßen ist, bisher aber weder widerlegt noch durch eine überzeugende Alternative abgelöst werden konnte. Nach Olson spricht die Abwägung von Kosten und Nutzen dann *dagegen*, daß das Individuum sich an organisiertem Gruppenverhalten zur Erzeugung eines öffentlichen Gutes beteiligt oder zu ihm beiträgt, wenn die folgenden drei Negativbedingungen zugleich gegeben sind:

– Die Gesamtkosten der Organisation des Gruppenverhaltens (der Aufwand für Information, Kommunikation, Verhandlungen) sind so hoch, daß sie von besonders motivierten einzelnen allein nicht aufgebracht werden können.
– Eine zusätzliche Motivation des einzelnen durch selektive Anreize (private Güter, die allein denen zugeteilt werden, die sich an den Kosten der Organisation beteiligen) ist nicht möglich.
– Die Reaktionsverbundenheit der Gruppenangehörigen ist gering, der einzelne kann sich also ausrechnen, daß seine Nichtbeteiligung an den Kosten (free-rider-position) nicht ins Gewicht fällt, wenn viele andere sich beteiligen.

Eine Gegenorganisation des Konsumenteninteresses wird nach dieser Logik nur dann zustandekommen, wenn *eine der drei Negativbedingungen fehlt*. In der Tat sind zumindest die ersten beiden Bedingungen nicht immer gegeben. Geht es beispielsweise um das Organisieren eines lokal oder regional begrenzten Boykotts (VZ Baden-Württemberg, 1977) oder einer anderen Aktivität von aktuellem Interesse und nicht sehr langer Dauer (Wieken, 1976, S. 68ff.), so sind die Kosten der Organisation nicht so hoch, als daß sie nicht großenteils von einzelnen Aktiven getragen werden könnten. Auch lokale Verbrauchervereine scheinen oft diesem Prinzip zu folgen (AGVP, 1979). Was die zweite Negativbedingung betrifft, so lassen sich Verbraucherberatung und Verbraucherinformation, vor allem die Information über vergleichende Warentests, im Prinzip als selektive Anreize ausgestaltet. Die Verbraucherorganisationen in den USA und in Großbritannien beispielsweise nutzen diese Möglichkeit (Wieken, 1975, S. 151). Selbst die dritte Negativbedingung läßt sich ausschalten, in einer großen Gruppe allerdings nur durch Zwang. Olson führt als Beleg die Entstehung der Gewerkschaften an (1968, S. 65ff.). Im Falle der Verbraucherorganisation könnte ein solcher Zwang vom Staat ausgeübt werden (Lang, 1980).

Eine Gegenorganisation des Konsumenteninteresses kann, wie erwähnt, auch dann zustandekommen, wenn die Konsumenten in dieser Organisation nicht allein ein Mittel zur Durchsetzung von Interessen sehen, sondern ihr zugleich *den Rang eines eigenen Zieles* einräumen. Das setzt einen Sozialisationsprozeß voraus — eine Erziehung zur Solidarität beispielsweise, wie sie in der Arbeiterschaft stattgefunden hat, als die Gewerkschaften sich erfolgreich durchsetzten — oder eine Neuorientierung der allgemeinen Auffassung vom Markt. Bisher identifiziert man den Markt mit Wettbewerb und Abwanderung. Konsumgütermärkte können zwar auf die Möglichkeit der Abwanderung nicht verzichten, ihre Funktionsfähigkeit beruht aber mindestens ebensosehr darauf, daß die Nachfrager Möglichkeiten des Widerspruchs haben und nutzen. Setzte sich diese Erkenntnis durch, so wäre ein Hemmnis abgebaut, das die Konsumenten bisher daran hindert, im Aufbau und in der Unterhaltung von Verbraucherorganisationen ein besonderen Ziel zu sehen.

Auch dann dürften die Chancen der Verbraucherorganisation wohl insbesondere bei der dezentralen Verfolgung spezieller Verbraucherinteressen liegen (Brune, 1980). Wieweit dazu auch das Führen von Verhandlungen mit dem Ziel einer ex ante einsetzenden Abstimmung der Produktionspläne auf die Konsumentenbedarfe (Biervert et al., 1977a) gehören kann, ist eine offene Frage. In ihrer formalen Struktur unterscheidet sich die Verhandlung nur wenig vom Widerspruch (S. 133). Verhandlungen im Verbraucherinteresse werden, so hat es den Anschein, überwiegend nach dem Prinzip des *ex ante eingelegten Widerspruchs* geführt. Aber die Organisationen, die sich zu diesem Zweck bilden, firmieren in der Bundesrepublik nicht unter dem Etikett „Verbraucherorganisationen". Sie werden als „Bürgerinitiativen" bezeichnet und von der Öffentlichkeit aufgefaßt, auch wenn sie sich mit Verbraucherproblemen beschäftigen (Nelles & Beywl, 1983), im Gegensatz zu den USA, wo sie unter der Bezeichnung „Consumerism" geführt werden (Wieken, 1976).

Bemerkenswert ist dabei, daß die etablierten Verbraucherorganisationen in beiden Ländern sich von solchen Atkionsgruppen ferngehalten haben — und das trotz großer struktureller Unterschiede, sind doch die Verbraucherorganisationen in der Bundesrepublik überwiegend staatlich und in den USA überwiegend privat finanziert. Sehr vereinfacht kann man sagen, daß die etablierten Verbraucherorganisationen in der Bundesrepublik eher nach dem Prinzip der Fremdorganisation, die in den USA eher nach dem der Selbstorganisation strukturiert sind (zu diesen Begriffen: Brune, 1975). Doch ist ihnen gemeinsam, daß sie sich in ihrer Arbeit auf Information und Beratung konzentrieren. Solche Tätigkeiten sind vermutlich eher als Widerspruch und Verhandlung mit einer Position vereinbar, die das Wesen des Marktes noch vorwiegend in Wettbewerb und Abwanderung sieht. Für die Funktionsfähigkeit moderner Konsumgütermärkte aber ist der Widerspruch, auch und gerade der kollektive Widerspruch, von wenigstens ebenso elementarer Bedeutung.

Literatur

Abbott, L. Quality and Competition. New York, N.Y.: 1955, Deutsch: Qualität und Wettbewerb. München: 1958.

AGVP — Arbeitsgruppe für Verbraucherforschung und Verbraucherpolitik — Verbrauchervereine als Form der Selbstorganisation von Verbrauchern in der Bundesrepublik Deutschland. Düsseldorf: Minister für Wirtschaft, Mittelstand und Verkehr des Landes Nordrhein-Westfalen. 1979.

Akerlof, G.A. The market for "lemons": Qualitative uncertainty and the market mechanism. Quarterly Journal of Economics, 1970, **89**, 488–500.

Albert, H. Der Marktmechanismus im sozialen Kräftefeld. In N. Kloten, W. Krelle, H. Müller & F. Neumark (Hrsg.), Systeme und Methoden in den Wirtschafts- und Sozialwissenschaften. Tübingen: 1964, 83–105.

Albert, H. Traktat über kritische Vernunft. Tübingen: 1968.

Albert, H. Traktat über rationale Praxis. Tübingen: 1978.

Alderfer, C.P. Existence, relatedness, and growth. Human needs in organizational settings. New York, London: 1972.

Andreasen, A.R. Consumer dissatisfaction as a measure of market performance. Zeitschrift für Verbraucherpolitik, 1977, **1**, 311–322.

Arndt, H. Mikroökonomische Theorie. 2. Band: Marktprozesse. Tübingen: 1966.

Arndt, H. Markt und Macht. Tübingen: 1973.

Arndt, J. Laboratory studies and the laboratory paradigm of man: Confessions of an uneasy consumer researcher. Zeitschrift für Verbraucherpolitik, 1977, **1**, 32–44.

Badura, B. Bedürfnisstruktur und politisches System. Stuttgart: 1972.

Becker, G.S. Irrational behavior and economic theory. Journal of Political Economy, 1962, 70, 1–14. Deutsch in E. Streissler & M. Streissler (Hrsg.), Konsum und Nachfrage, Köln, Berlin: 1966, 217–230.

Bergström, S. Some reflections on Fornell's paper on corporate consumer affairs departments. Zeitschrift für Verbraucherpolitik, 1979, **3**, 166–167.

Bessoth, R. Leistungsfähigkeit des betrieblichen Vorschlagswesens. Aufbereitung und Darstellung der bisherigen Erkenntnisse. Göttingen: 1975.

Best, A. & Andreasen, A.R. Talking back to business: Voiced and unvoiced consumer complaints. Washington, D.C.: 1976.

Biervert, B., Fischer-Winkelmann, W.F., & Rock, R. Grundlagen der Verbraucherpolitik. Reinbek: 1977a.

Biervert, B., Fischer-Winkelmann, W.F., Köhler, G., & Rock, R. Verbraucherforschung. (Hrsg. von H. Matthöfer). Frankfurt, Main: 1977b.

Böckelmann, F. Werbefernsehkinder. Berlin: 1979.

Brune, H.G. Stärkung der kollektiven Verbraucherposition. In G. Scherhorn, E. Augustin, H.G. Brune, G. Eichler, A. Hoffmann, H. Schumacher, C.H. Werner & K. Wieken, Verbraucherinteresse und Verbraucherpolitik. Göttingen: 1975, 105–120.

Brune, H.G. Organisation von Verbraucherinteressen. Frankfurt: 1980.

Buck, M. & Jacoby, J. Time spent acquiring product information as a function of type of innovation and information load. Purdue Papers in Consumer Psychology, No. 136. Lafayette, Ind.: 1974.

Clark, J.M. Competition as a dynamic process. Washington, D.C.: 1961.

Cox, D.F. (Ed.) Risk taking and information handling in consumer behavior. Boston, Mass.: 1967.

Czerwonka, Ch., Schöppe, G. & Weckbach, S. Der aktive Konsument: Kommunikation und Kooperation. Göttingen: 1976.

Dahl, R.A., & Lindblom, Ch.E. Politics, economics, and welfare. New York, N.Y.: 1953.

Daly, P. The response of consumers to nutrition labeling. Journal of Consumer Affairs, 1976, **10**, 170–178.

Darby, R.R. & Karni, E. Free competition and the optimal amount of fraud. Journal of Law and Economics, 1973, **16**, 67–88.

Dedler, K., Gottschalk, I. & Grunert, K.G. Perceived risk as a hint for better consumer information and better products: Some new applications of an old concept. Paper presented at the 11. Annual Conference of the Association for Consumer Research, Washington, D.C.: October 16–19: 1980.

Dedler, K. & Grunert, K.G. Misleading advertising – concepts, measurements, and policy implications. Paper presented at the Annual Colloquium of European Economic Psychologists, Leuven and Brussels, August 27–29. Stuttgart: Universität Hohenheim, Institut für Haushalts- und Konsumökonomik. 1980.

Deutsch, K.W. Politische Kybernetik. Modelle und Perspektiven. Freiburg, Br.: 1966.

Diener, B.J. The fulfillment of consumer dissatisfaction. In H.K. Hunt (Ed.), Conceptualization and measurement of consumer satisfaction and dissatisfaction. Cambridge, Mass.: 1977, 333–354.

Diller, H. Verbesserungsmöglichkeiten der Verbraucherinformation durch Berücksichtigung verhaltenstheoretischer Erkenntnisse. Zeitschrift für Verbraucherpolitik, 1978, **2**, 24–41.

Downs, A. An economic theory of democracy. New York, N.Y.: 1957. Deutsch: Ökonomische Theorie der Demokratie. Tübingen: 1968.

Duesenberry, J.S. Income, saving, and the theory of consumer behavior. Cambridge, Mass.: 1979.

Dyer, R.F. & Kuehl, P.G. A longitudinal study of corrective advertising. Journal of Marketing research, 1978, **15**, 39–48.

Eekhoff, J. Wohnungspolitik in der Sozialen Marktwirtschaft. Referat auf der Jahrestagung der Gesellschaft für Wirtschafts- und Sozialwissenschaften – Verein für Socialpolitik – in Nürnberg: 1980.

Eichler, G. & Scherhorn, G. Das Verbraucherinteresse. In B. Biervert, W.F. Fischer-Winkelmann & R. Rock (Hrsg.), Verbraucherpolitik in der Marktwirtschaft, Reinbek: 1978, 83–111. Überarbeitete Fassung des 1. Kapitels aus: G. Scherhorn, E. Augustin, H.G. Brune, G. Eichler, A. Hoffmann, H. Schumacher, C.H. Werner & K. Wieken, Verbraucherinteresse und Verbraucherpolitik. Göttingen: 1975.

Falkenstein, R. v. Konsumentenschädigung durch unlautere Geschäftspraktiken. Zeitschrift für Verbraucherpolitik, 1978, **2**, 303–315.

Fornell, C. Corporate consumer affairs departments – A communications perspective. Zeitschrift für Verbraucherpolitik, 1978, **2**, 289–302.

Fornell, C. Corporate consumer affairs departments – in whose interest? Zeitschrift für Verbraucherpolitik, 1979, **3**, 341–345.

French, J.R.P. & Raven, B.H. The bases of social power. In D. Cartwright (Ed.), Studies in social power. Ann Arbor, Mich.: 1959, 150–167.

Friedman, M.P. Unit pricing. In M. Venkatesan (Ed.), Proceedings of the third annual conference of the Association for Consumer Research. Atlanta, Georgia: 1972, 361–369.

Fromm, E. The anatomy of human destructiveness. New York, Chicago, San Francisco: 1973.

Fromm, E. To have or to be? New York, N.Y.: 1976. Deutsch: Haben oder sein. München: 1979.

Gäfgen, G. Die Marktmacht sozialer Gruppen. Hamburger Jahrbuch für Wirtschafts- und Gesellschaftspolitik, 1967, **12**, 45–69.

Galbraith, J.K. The new industrial state. New York: 1967. Deutsch: Die moderne Industriegesellschaft. München, Zürich: 1968.

Gardner, D.M. Is there a generalized price-quality relationship? Journal of Marketing Research, 1971, **8**, 241–243.

Gatewood, R.D. & Parloff, R. An experimental investigation of three methods of providing weight and price information to consumers. Journal of Applied Psychology, 1973, **57**, 81–85.

Grunert, K.G. Kriterien der Wirksamkeit von Verbraucherinformation: Zur Messung des Nutzen informationspolitischer Strategien. Stuttgart: Universität Hohenheim, Institut für Haushalts- und Konsumökonomik, Projekt „Strategien der Verbraucherinformation", Arbeitspapier Nr. 4, Stuttgart: 1979.

Grunert, K.G. Modelle und Techniken des Informationsverhaltens. Stuttgart: Universität Hohenheim, Institut für Haushalts- und Konsumökonomik, Projekt „Strategien der Verbraucherinformation", Arbeitspapier 19, Stuttgart: 1980.

Grunert, K.G., & Saile, H.D. Information needs, supply, and demand as a basis for the development of consumer information material: The INVORMAT-Method. Zeitschrift für Verbraucherpolitik, 1978, **2**, 338—348.

Grunert, K. & Stupening, E. Die gesellschaftliche Bewertung der Werbung: Argumente und Befunde. Frankfurt: 1980.

Gundersen, F.F. Verbraucher- und marktpolitische Konsequenzen einer stärkeren staatlichen Wirtschaftslenkung. Überlegungen zur Entwicklung in Norwegen. Zeitschrift für Verbraucherpolitik, 1980, **4**, 8—16.

Hansen, R. Zum Informationsgehalt von Werbeanzeigen. Dissertation, Hamburg: 1975.

Hansen, U. & Stauss, B. Verbraucherabteilungen in Unternehmen — eine Chance für Unternehmen und/oder Verbraucher? Zeitschrift für Verbraucherpolitik, 1979, **3**, 86—91.

Harrod, R.F. Reflexionen über die Grenzen des Wachstums, ohne Titel. In: Committee for Economic Development (Ed.), Problems of United States economic development. New York, N.Y.: 1958, 207—213.

Hassenstein, B. Verhaltensbiologie des Kindes. München, Zürich: 1978.

Hauser, H. Qualitätsinformationen und Marktstrukturen. Kyklos, 1979, **32**, 739—763.

v. Hayek, F.A. Der Wettbewerb als Entdeckungsverfahren. Kieler Vorträge, N.F. 56. Kiel: 1968.

Herdzina, K. Zur historischen Entwicklung der Wettbewerbstheorie. In K. Herdzina (Hrsg.), Wettbewerbstheorie. Köln: 1974, 15—28.

Heuss, E. Allgemeine Markttheorie. Tübingen: 1965.

Hirsch, F. Social Limits to Growth. London: 1977.

Hirschman, A.O. Exit, voice, and loyalty: Responses to decline in firms, organisations, and states. Cambridge, Mass.: 1970. Deutsch: A.O. Hirschman, Abwanderung und Widerspruch. Tübingen: 1974.

Holliger, E. Ins Unternehmen integrierter Verbraucherschutz. Ein Schweizer Beispiel. Zeitschrift für Verbraucherpolitik, 1980, **4**, 150—153.

Homans, G.C. New York: Social behavior: Its dementary forms. New York, N.Y.: 1961. Deutsch: Elementarformen sozialen Verhaltens. Köln, Opladen: 1968.

Hoppmann, E. Preismeldestellen und Wettbewerb. Wirtschaft und Wettbewerb, 1966, **16**, 97—121.

Hoppman, E. Wettbewerb als Norm der Wettbewerbspolitik. Ordo, 1967, **18**, 77—94. Abgedruckt in K. Herdzina (Hrsg.), Wettbewerbstheorie, Köln: 1974, 230—243.

Hoppmann, E. Zum Problem einer wirtschaftspolitisch praktikablen Definition des Wettbewerbs. In H.K. Schneider (Hrsg.), Grundlagen der Wettbewerbspolitik. Schriften des Vereins für Sozialpolitik N.F. Bd. 58, Berlin: 1968, 9—49.

Hoppmann, E. Behinderungsmißbrauch. Die Entwicklung von per-se Verboten für marktbeherrschende Unternehmen — dargestellt am Beispiel der Umsatzrabatte. Tübingen: 1980.

Houston, M.J. The effect of unit-pricing on choices of brand and size in economic shopping. Journal of Marketing, 1972, **36** (3), 51—54.

Howard, J.A. & Sheth, J.N. The theory of buyer behavior. New York, N.Y.: 1969.

Hunt, H.K. Source effects, message effects and general effects in counteradvertising. In M. Venkatesan (Ed.), Proceedings of the third annual conference of the Association for Consumer Research. Atlanta, Geor.: 1972, 370—381.

Hunt, H.K. (Ed.) Conceptualization and measurement of consumer satisfaction and dissatisfaction. Cambridge, Mass.: 1977.

Imkamp, H. Enhanced human relationships — the true need of consumers? A comment on the paper by Scherl. Zeitschrift für Verbraucherpolitik, 1977, **1**, 109—111.

Imkamp, H. Informationsdefizite: Theoretische Ableitung, empirische Erhebung, politische Bedeutung. Unveröffentlichtes Manuskript. Stuttgart: Universität Hohenheim, Institut für Haushalts- und Konsumökonomik. 1980.

Isakson, H.R. & Maurizi, A.R. The consumer economics of unit pricing. Journal of Marketing Research, 1973, **10**, 227—285.

Israel, J. Der Begriff Entfremdung. Makrosoziologische Untersuchung von Marx bis zur Soziologie der Gegenwart. Reinbek: 1972.

Jacoby, J. Information load and decision quality. Some contested issues. Journal of Marketing Research, 1977, **14**, 596—573.

Jacoby, J., Chestnut, R.W. & Silberman, W. Consumer use and comprehension of nutrition information. Journal of Consumer Research, 1977, **4**, 119—128.

Jacoby, J., Scybillo, G.I. & Busato-Schach, J. Information acquisition behavior in brand choice situations. Journal of Consumer Research, 1977, **3**, 209—216.

Jacoby, J., Speller, D.E. & Kohn, C.A. Brand choice as a function of information load. Journal of Marketing Research, 1974, **11**, 63—69.

Jacoby, J., Speller, D.E. & Kohn-Berning, C.A. Brand choice as a function of information load: Replication and extension. Journal of Consumer Research, 1974, **1**, 33—42.

Janis, I. & Mann, L. Decision making. London: 1977.

Jeromin, S. & Kroh-Püschel, E. Informations- und Entscheidungsverhalten bei der Berufs- und Stellenwahl und Maßnahmen der Verbesserung. Mannheim: Sonderforschungsbereich 24, Teilprojekt X.2, 1978.

Kantzenbach, E. Die Funktionsfähigkeit des Wettbewerbs. Göttingen: 1966.

Katona, G. Psychological analysis of economic behavior. New York, N.Y.: 1951. Deutsch: Das Verhalten der Verbraucher und Unternehmer. Tübingen: 1960.

Katona, G. The powerful consumer. Psychological studies of the American economy. New York, N.Y.: 1960. Deutsch: Die Macht des Verbrauchers. Düsseldorf, Wien: 1962.

Krelle, W. Preistheorie. Tübingen: 1961.

Kristensen, P.S. What consumers want and what they get from complaints directed at the place of purchase. Zeitschrift für Verbraucherpolitik, 1980, **4**, 1−7.

Krockow, Ch. Graf von, Über die Rolle der Dummheit in der Politik. Die Zeit, 1980, **36**, S. 16.

Kroeber-Riel, W. Konsumentenverhalten. (2. Auflage) München: 1980.

Krughoff, R. A model for a consumer information system: Washington Consumer Checkbook. Paper presented at the 10. Annual Conference of the Association for Consumer Research. San Francisco, Calif., October 25−28, 1979.

Lang, B. Kammerprinzip und Verbraucherorganisation. Diskussionspapier. Stuttgart: Universität Hohenheim, Institut für Haushalts- und Konsumökonomik, 1980.

Langer, I., Schulz von Thun, F. & Tausch, R. Verständlichkeit in Schule, Verwaltung, Politik und Wissenschaft. München, Basel: 1974.

Linder, S.B. The harried leisure class. New York, N.Y.: 1970. Deutsch: Das Linder-Axiom oder warum wir keine Zeit mehr haben. Gütersloh: 1971.

Maccoby, M. The gamesmen. The new corporate leaders. New York, N.Y.: 1976. Deutsch: Gewinner um jeden Preis. Reinbek: 1977.

Maslow, A.H. Motivation and Personality. New York, N.Y.: 1953, (2nd ed. 1970).

McConnel, J.D. Effect of pricing and perception of product quality. Journal of Applied Psychology, 1968, **52**, 331−334.

McNulty, P.J. A note on the history of perfect competition, Journal of Political Economy, 1967, **75**, 395−399. Deutsch: in K. Herdzina (Hrsg.), Wettbewerbstheorie, Köln: 1974, 54−61.

Miller, A. Am Anfang war Erziehung. Frankfurt: 1980.

Miller, G.A. The magical number seven, plus or minus two: Some limits to our capacity for processing information. Psychological Review, 1956, 63, 81−97.

Molt, W. Preiswahrnehmung komplexer Güter am Beispiel der PKW-Nutzung. Zeitschrift für Verbraucherpolitik, 1977, **1**, 325−338.

Morris, R.T. Major firms comparatively evaluated. Journal of Consumer Affairs, 1971, **5**, 119−139.

Morris, R.T. & Bronson, C.S. The chaos of competition indicated by Consumer Reports. Journal of Marketing, 1969, 33 (3), 26−34.

Nelles, W. & Bewyl, W. Bürgerinitiativen und Selbsthilfegruppen. In M. Irle (Hrsg.),

Marktpsychologie (Handbuch der Psychologie Bd. 12, 2. Halbband). Göttingen: 1983, 768–833.

Nelson, P. Information and consumer behavior. Journal of Political Economy, 1970, **78** (I), 311–329.

Nelson, P. Advertising as information. Journal of Political Economy, 1974, **82**, 729–754.

Norris, R.T. The theory of consumer demand. New Haven, Conn.: 1941 (2nd ed. 1952).

Ölander, F. The influence of prices on the consumer's evaluation of products and purchases. In B. Taylor & G. Wills (Eds.), Pricing Strategy. London: 1969, 50–69.

Ölander, F. Can consumer dissatisfaction and complaints guide public consumer policy? Zeitschrift für Verbraucherpolitik, 1977, **1**, 124–137.

Olson, M. The logic of collective action. Public goods and the theory of groups. Cambridge, Mass.: 1965, Deutsch: Die Logik des kollektiven Handelns. Tübingen: 1968.

Padberg, D.I. Non-use benefits of mandatory consumer information programs. Zeitschrift für Verbraucherpolitik, 1977, **1**, 5–14.

Pfrommer, M. Verständlichkeit von Verbraucherinformationstexten. Mitteilungsdienst der Verbraucher-Zentrale Nordrhein-Westfalen, 1980, **(3/4)**, 49–56.

Plummer, J.T. Life style, social, and economic trends influencing consumer satisfaction. In H.K. Hunt (Ed.), Conceptualisation and measurement of consumer satisfaction and dissatisfaction. Cambridge, Mass.: 1977, 382–408.

Pross, H. Strandgut der Krise: Arbeitslosigkeit von Frauen in der Bundesrepublik. Hamburger Jahrbuch für Wirtschafts- und Gesellschaftspolitik, 1980, **25**, 123–136.

Raaij, W.F. van; Consumer information processing for different information structures and formats. In B.B. Anderson (Ed.), Advances in Consumer Research, (Vol. 4). Chicago, Ill.: 1977, 176–184.

Raffée, H., Hefner, M., Schöler, M., Grabicke, K. & Jacoby, J. Informationsverhalten und Markenwahl. Die Unternehmung, 1976, **30**, 95–107.

Reifner, U., Gorges, I. & Schmidtmann, A. Verbraucherprobleme und ihre Lösungsmöglichkeiten. Berlin: Wissenschaftszentrum (IIM-discussion paper 79–110). 1979.

Renoux, Y. Corporate consumer affairs departments as seen by a European consultant. Zeitschrift für Verbraucherpolitik, 1979, **3**, 168–170.

Resnik, A. & Stern, B.L. An analysis of information content in television advertising. Journal of Marketing, 1977, **42** (1), 50–53.

Röpke, J. Zur Stabilität und Evolution marktwirtschaftlicher Systeme aus klassischer

Sicht. In E. Streissler & Chr. Watrin (Hrsg.), Zur Theorie marktwirtschaftlicher Ordnungen. Tübingen: 1980, S. 124–154.

Rogers, E.M. & Shoemaker, F.F. Communication of innovations. New York, N.Y.: 1971.

Rosenstiel, L. v., & Ewald, G. Marktpsychologie. Bd. I: Konsumverhalten und Kaufentscheidung. Bd. II: Psychologie der absatzpolitischen Instrumente. Stuttgart: 1979.

Russo, E.I. More information is better: A reevaluation of Jacoby, Speller and Kohn. Journal of Consumer Research, 1974, **1**, 68–72.

Russo, E.I. The value of unit price information. Journal of Marketing Research, 1977, **14**, 193–201.

Russo, E.I., Krieser, G. & Miyashita, S. An effective display of unit price information. Journal of Marketing, 1975, **39** (2), 11–19.

Scherf, G. Consumer dissatisfaction – search for causes and alleviation outside the marketplace. Zeitschrift für Verbraucherpolitik, 1977, **1**, 101–108.

Scherhorn, G. Bedürfnis und Bedarf. Sozialökonomische Grundbegriffe im Lichte der neueren Anthropologie. Berlin: 1959.

Scherhorn, G. Der Wettbewerb in der Erfahrungswissenschaft. Hamburger Jahrbuch für Wirtschafts- und Gesellschaftspolitik, 1969, **14**, 63–86.

Scherhorn, G. Gibt es eine Hierarchie der Bedürfnisse? Thesen zur Entwicklung der Bedarfe in der Konsum- und Arbeitswelt. In B. Biervert, K.H. Schaffartzik & G. Schmölders (Hrsg.), Konsum und Qualität des Lebens, Köln, Opladen: 1972, 291–303.

Scherhorn, G. Marktinformation und Marktmacht. In H.K. Schneider & Chr. Watrin (Hrsg.), Macht und ökonomisches Gesetz. Schriften des Vereins für Socialpolitik N.F. Bd. 74/I, Berlin: 1973, 583–604.

Scherhorn, G. Über die Bedeutung des Verbraucherverhaltens für die Funktionsfähigkeit des Marktes. Zeitschrift für Verbraucherpolitik, 1977a, **1**, 20–31.

Scherhorn, G. Konsum. In R. König (Hrsg.), Handbuch der empirischen Sozialforschung, (2. Aufl.), Bd. 11, Stuttgart: 1977b, 193–265.

Scherhorn, G. (Hrsg.) Verbrauchererziehung in der Bundesrepublik Deutschland. Eine Bestandsaufnahme. Baltmannsweiler: 1979.

Scherhorn, G. Methoden und Chancen einer Beeinflussung der Konsumenten zur rationalen Überprüfung von Präferenzen. In R. Tietz (Hrsg.), Wert- und Präferenzprobleme in den Wirtschafts- und Sozialwissenschaften. Berlin: 1981, 171–194.

Scherhorn, G. Wie unübersichtlich dürfen Konsumgütermärkte werden? Referat auf der Tagung der Gesellschaft für Wirtschafts- und Sozialwissenschaften am 21. Oktober 1981 in Graz. Graz: 1981.

Scherhorn, G. Der Streit über den informierten Konsumenten. In K. Dedler, I. Gottschalk, K.G. Grunert, M. Heiderich, A. Hoffmann & G. Scherhorn (Hrsg.), Das Informationsdefizit der Verbraucher, Frankfurt/M.: 1983 (im Druck).

Scherhorn, G., Augustin, E., Brune, H.G., Eichler, G., Hoffmann, A., Schumacher, H., Werner, C.H. & Wieken, K., Verbraucherinteresse und Verbraucherpolitik. Göttingen: 1975.

Scherhorn, G. & Wieken, K. On the effect of counterinformation on consumers. In B. Strümpel, J.N. Morgan & E. Zahn (Eds.), Human behavior in economic affairs. Amsterdam: 1972, 421–431. Deutsch: Über die Wirksamkeit von Gegeninformationen für Konsumenten. In K.G. Specht & G. Wiswede (Hrsg.), Marketing-Soziologie. Berlin: 1976, 257–266.

Scherl, H. Die Armen zahlen mehr – ein vernachlässigtes Problem der Verbraucherpolitik in der BRD? Zeitschrift für Verbraucherpolitik, 1978, **2**, 110–123.

Schmidbauer, K. Zur Preisstruktur auf Konsumgütermärkten. Ergebnisse einer Sekundäranalyse von Preisvergleichen langlebiger Gebrauchsgüter. Zeitschrift für Verbraucherpolitik, 1977, **1**, 90–97.

Scholl, W. Gesellschaftliche Arbeitsteilung und das Problem der Bedürfnisbefriedigung. Als Ms. vervielf. München: 1981.

Schumacher, E.F. A Guide for the Perplexed. London: 1977. Deutsch: Rat für die Ratlosen. Reinbek: 1979.

Schumpeter, J.A. Theorie der wirtschaftlichen Entwicklung. (2. Auflage.) Berlin: 1926.

Schumpeter, J.A. Kapitalismus, Sozialismus und Demokratie. Bern: 1950.

Schwidder, W. Klinik der Neurosen. In K.P. Kielholz, J.E. Meyer, M. Müller & E. Strömgren (Hrsg.), Psychiatrie der Gegenwart Bd. II/1, (2. Aufl.), Berlin, Heidelberg, New York: 1971, 351–476.

Scitovsky, T. The joyless economy. New York, N.Y.: 1976. Deutsch: Psychologie des Wohlstands. Frankfurt: 1977.

Seligman, M.E. Helplessness. San Francisco, Calif.: 1975.

Selten, R. & Tietz, R. Zum Selbstverständnis der experimentellen Wirtschaftsforschung im Umkreis von Heinz Sauermann. Zeitschrift für die gesamte Staatswissenschaft, 1980, **136**, 11–27.

Shapiro, B.T. Price reliance: Existence and sources. Journal of Marketing Research, 1973, **10**, 286–294.

Spence, A.M. Market Signaling: Informational Transfer in Hiring and Related Screening Process. Cambridge, Mass.: 1974.

Staelin, R. & Payne, J.W. Studies of the informationseeking behavior of consumers. In J.S. Carroll & J.W. Payne (Eds.) Cognition and Social Behavior. Hillsdale, N.J.: 1976, 185–202.

Stigler, G.J. Perfect competition, historically contemplated. Journal of Political Economy, 1957, **65**, 1–17. Deutsch: Die vollständige Konkurrenz im historischen Rückblick. In K. Herdzina (Hrsg.), Wettbewerbstheorie. Köln: 1974, 30–53.

Stigler, G.J. The economics of information. Journal of Political Economy, 1961, **69**, 213–215.

Stiglitz, J.E. Information and economic analysis. In M. Parkin & A.R. Nobay (Eds.), Current economic problems, Cambridge, Mass.: 1975, 27−52.

Streissler, E. Das Konsumentenverhalten als Inflationsursache. Zeitschrift für Nationalökonomie, 1966, **26**, 329−348.

Streissler, E. Macht und Freiheit in der Sicht des Liberalismus. In H.K. Schneider & Chr. Watrin (Hrsg.), Macht und ökonomisches Gesetz. Schriften des Vereins für Socialpolitik N.F. Bd. 74/II, Berlin: 1973, 1391−1426.

Streissler, E. Kritik des neoklassischen Gleichgewichtsansatzes als Rechtfertigung marktwirtschaftlicher Ordnungen. In E. Streissler & Chr. Watrin (Hrsg.), Zur Theorie marktwirtschaftlicher Ordnungen. Tübingen: 1980, 38−69.

Streissler, E. & Streissler, M. Einleitung. In E. Streissler & M. Streissler (Hrsg.), Konsum und Nachfrage, Köln, Berlin: 1966, 13−150.

Streissler, M. Theorie des Haushalts. Stuttgart: 1974.

Strümpel, B. (Ed.) Economic means for human needs. Social indicators for well-being and discontent. Ann Arbor, Mich.: 1976.

Summers, J.O. Less information is better? Journal of Marketing Research, 1974, **11**, 467−468.

Thorelli, H.B., Becker, H. & Engledow, J.L. The information seekers, Cambridge, Mass.: 1975.

Thorelli, H.B. & Engledow, J.L. Information Seekers and information systems: A policy perspective. Journal of Marketing, 1980, **44** (2), 9−27.

Thorelli, H.B. & Thorelli, S.V. Consumer information systems and consumer policy. Cambridge, Mass.: 1977.

Thorelli, H. & Sentell, G.D. Consumer ecology in the lower developed countries: The case of Thailand. In Asia-Pacific Dimensions of International Business (Ed.), Proceedings of the Academy of International Business. Honolulu, Hawaii: 1979, 324−333.

Tuchtfeld, E. Wettbewerbspolitik. In W. Ehrlicher, J. Esenwein-Rothe, H. Jürgensen, & K. Rose, (Hrsg.), Kompendium der Volkswirtschaftslehre, Bd. 2, Göttingen: 1972, 178−187.

Ulmer, P. Kartellrechtswidrige Konkurrentenbehinderung durch leistungsfremdes Verhalten marktbeherrschender Unternehmen. Recht und Wirtschaft heute, 1980, 565−596.

Vilmar, F. (Hrsg.) Menschenwürde im Betrieb. Modelle der Humanisierung und Demokratisierung der industriellen Arbeitswelt. Reinbek: 1973.

VZ − Verbraucherzentrale − Baden-Württemberg. Der Käuferstreik − Die letzte Waffe der Verbraucher. Schwarzbuch 13. Stuttgart: 1977.

Wagener, H.J. Das Spektrum existierender Wirtschaftsordnungen. Referat auf der Jahrestagung der Gesellschaft für Wirtschafts- und Sozialwissenschaften – Verein für Sozialpolitik – in Nürnberg. Nürnberg: 1980.

Wagner, J. Ladendiebstahl – Wohlstands- oder Notstandskriminalität? Heidelberg: 1979.

Ward, S. Consumer Socialization. Journal of Consumer Research, 1974, **2**, 1–14.

Ward, S. & Wackman, D. Family and media influences on adolescent consumer learning. American Behavioral Scientist, 1971, **14**, 415–427.

Ward, S., Wackman, D.B. & Wartella, E. How children learn to buy. Beverley Hills, Calif., London: 1977.

Weber, M. Wirtschaft und Gesellschaft. Tübingen: 1921.

Weber, M. Wirtschaft und Gesellschaft. (5. rev. Aufl.) Tübingen: 1972.

Wieken, K. Institutionen der Verbraucherpolitik. In G. Scherhorn, E. Augustin, H.G. Brune, G. Eichler, A. Hoffmann, H. Schumacher, C.H. Werner & K. Wieken, Verbraucherinteresse und Verbraucherpolitik, Göttingen: 1975, 138–156.

Wieken, K. Die Organisation der Verbraucherinteressen im internationalen Vergleich. Göttingen: 1976.

Wieken, K. Die Bedeutung der Messung von Consumer Dissatisfaction. Zeitschrift für Verbraucherpolitik, 1977, **1**, 322–324.

Wilkie, W.L. Analysis of effects of information load. Journal of Marketing Research, 1974, **11**, 462–466.

Wimmer, F. Corporate consumer affairs departments: Are they really in the interest of the consumer? Zeitschrift für Verbraucherpolitik, 1979, **3**, 91–95.

Windisch, R. Staatseingriffe in marktwirtschaftliche Ordnungen. In E. Streißler & Chr. Watrin (Hrsg.), Zur Theorie marktwirtschaftlicher Ordnungen, Tübingen: 1980, 297–338.

Winn, M. The plug-in drug. New York, N.Y.: 1977. Deutsch: Die Droge im Wohnzimmer. Reinbek: 1979.

Wiswede, G. Marktsoziologie. In M. Irle (Hrsg.), Marktpsychologie. Handbuch der Psychologie Bd. 12, 1. Halbband, Göttingen: 1983, 151–223.

Woll, A. Zur wettbewerbspolitischen Bedeutung der Markttransparenz. In Theoretische und institutionelle Grundlagen der Wirtschaftspolitik, Berlin: 1966, 199–220.

Zetterberg, H.L. Social theory and social practice. New York, N.Y.: 1962.

Ziegler, B. Arzneimittelversorgung und Wettbewerb. Eine Analyse von Marktstruktur, Marktverhalten und Marktergebnis. Wirtschaftspolitische Studien Bd. 54. Göttingen: 1980.

3. Kapitel

Marktsoziologie

Günter Wiswede

3.1 Probleme einer Soziologie des Marktes

3.1.1 Einordnung der Marktsoziologie

3.1.1.1 Die ökonomische Tradition

Probleme des Marktes sind traditionellerweise Gegenstand ökonomischer Theoriebildung. Obgleich die hier in Betracht kommenden Forschungsbereiche, die Markt- und Preistheorie einerseits und die Theorie der Konsumnachfrage andererseits, einen höchst eindrucksvollen Stand formalisierter Modellableitungen repräsentieren, ist diese Tradition in den letzten Jahrzehnten verschiedentlich massiven Angriffen ausgesetzt gewesen (vgl. Albert, 1965, 1967; Grunberg, 1972; Hutchison, 1960; Kornai, 1961; Papandreou, 1958). Auch innerhalb der eigenen Reihen sind vielfach alternative Wissenschaftprogramme entwickelt worden (so vor allem von Hutchison, Morgenstern, Duesenberry, Schmölders, Leibenstein, Scitovsky oder Ironmonger), ohne daß die hierbei implizierte Kritik am Modell-Platonismus (für eine erheblich abgemilderte Kritik vgl. Albert, 1977) breitflächig dazu geführt hätte, die zentralen Ausgangsannahmen dieser Wissenschaftstradition aufzuheben.

Die kritischen Angriffe gegen die ökonomischen Modellableitungen richten sich meist gegen die oft verworfene, doch immer wieder ins Leben gerufene Metapher des homo oeconomicus. Coleman beschreibt ihn als „unsocialized, entirely self interested, not constrained by norms of a system, but only rationally calculating to further his own self interest" (Coleman, 1964, S. 166). Als konstitutiv für diese Denkfigur wird üblicherweise angesehen:

(1) das Rationalprinzip als Verhaltensmaxime,
(2) Gewinn- bzw. Nutzenmaximierung als Zielsetzung,

wobei als Nebenbedingungen totale Markttransparenz sowie unendlich hohe Anpassungsgeschwindigkeit an Datenänderungen impliziert sind. Um die Modellableitungen in „formale Höhen" vorantreiben zu können, muß die ökonomische Analyse ferner einen extensiven Gebrauch der Ceteris-paribus-Prämisse machen. Mit Bezug auf diese Basisannahmen resultieren dann die üblichen Vorwürfe gegen die herkömmliche ökonomische Forschung: daß die Prämissen nicht der Realität entsprechen, daß die Erklärungen nicht bis zur Entstehungsebene ökonomischer Handlungen vordringen, daß alle Ansätze in den künstlichen Grenzen einer durch Ceteris-paribus-Klauseln gefügig gemachten „Wirklichkeit" verbleiben, daß die implizierten Annahmen zu individualistisch am Eigennutz orientiert seien und insofern das Netz sozialer Verflechtungen und kultureller Normen übersehen usw. usf. Die Auffassung, daß die Realistik der Annahmen nichts mit der Prognosefähigkeit der Modelle zu tun hätte (Friedman, 1953), übersieht, daß die erfolgreiche prognostische Verwendung einer Theorie deren empirische Überprüfung involviert und daß kontrollierte Experimente im mikro- und makroökonomischen Bereich wegen der Unmöglichkeit, die relevanten Einflußfaktoren zu erkennen, meist scheitern.

Die Prüfbarkeit der Modelle wird eben entscheidend eingetrübt durch den Umstand, daß die Annahmen mit einer extensiv verstandenen und unspezifiziert belassenen Ceteris-paribus-Klausel versehen sind. Darin werden alle anderen Faktoren, die möglicherweise ebenfalls das Anbieter- oder das Nachfragerverhalten beeinflussen, als Konstanten betrachtet bzw. für irrelevant gehalten. „Irrelevant" sind hierbei in der Regel sog. „außerökonomische" Faktoren, ein restriktives Verfahren, das bereits Myrdal (1963) zugunsten einer Unterscheidung in irrelevante und relevante Faktoren (statt ökonomischer und metaökonomischer Faktoren) aufgeben wollte. In jener Form ist die Anwendung des „ceteris paribus" eine Immunisierungsstrategie par excellence: Jedes Scheitern der Theorie kann bequem dadurch erklärt werden, daß irgendein unbekannter Faktor, der in der „black box" der ceteris vorkomme, die schöne Gesetzmäßigkeit „gestört" habe (vgl. F. Kaufmann, 1958, S. 84). Der Einwand, daß empirisch gehaltvolle Theorien gleichfalls oftmals unter der Konstanthaltung exogener Variablen formuliert werden, greift nicht durch, da solche Theorien gerade jene Randbedingungen spezifizieren. Der Kranz der Ceteris-paribus-Bedingungen muß also eingeschränkt und spezifiziert werden; damit ist er der meßtechnischen Kontrolle zugänglich. Eine solche Kontrolle darf es sich nicht zu leicht machen; sie dürfte kaum dadurch einzulösen sein, daß hülsenhafte, nicht beobachtbare Sachverhalte (wie z.B. Präferenzstrukturen) in den Katalog konstant zu haltender Faktoren aufgenommen werden, da die Konstanz derartiger Konstrukte nicht unabhängig testbar ist (vgl. Hörning, 1970; Schoeffler, 1955).

Von zentraler Bedeutung ist auch die Frage, welchen wissenschaftslogischen Status die Ökonomen ihren Modellen selbst einräumen. Um diese Problematik zu verdeutlichen, greifen wir zunächst das Rationalprinzip heraus, dessen wissenschaftslogischer Stellenwert alles andere als kar ist (vgl. hierzu etwa: Albert, 1963; Coleman, 1964, 1965; Harsanyi, 1969; Heath, 1976; Luce & Raiffa, 1957;

Riker & Ordeshook, 1973; Simon, 1957; Tullock, 1974; Verba, 1961; Wiswede, 1972a). Dabei kommen vor allem folgende Auslegungen in Betracht: (1) Das Rationalprinzip sei eine Fiktion: Man kann dann die Wirklichkeitsbedeutung dieser Fiktion (im Sinne Friedmans, 1953) darin sehen, daß zwar gewisse Annahmen im Bewußtsein ihrer Unrichtigkeit gemacht werden, daß diese jedoch bei der Analyse konkreter Verhaltensweisen von heuristischem Wert seien. (2) Das Rationalprinzip sei eine Hypothese: Diese Interpretation könnte so expliziert werden, daß bestimmte Menschen unter bestimmten Umständen rational handeln. Aufgabe der empirischen Forschung sei es nun herauszufinden, welche Menschen (oder Kategorien von Menschen, z.B. nach Bildungsgrad) unter welchen Umständen (z.B. im Ausmaß des Knappheitsdrucks) rational handeln. Da sich jedoch eine solche Verhaltenstendenz nur in sehr diffuser Form äußern dürfte – immer vorausgesetzt, der Begriff der Rationalität wird jenseits der formalen Festlegung substanziell definiert und operationalisiert –, ist nicht klar, wie empirisch gehaltvolle und prüfbare Hypothesen auf der Basis des Rationaprinzips formuliert werden können. (3) Das Rationalprinzip sei eine Definition: Natürlich läßt sich jedes zielgerichtete Verhalten als subjektiv „rational" auffassen. Erweitert man den definitorischen Spielraum des Prinzips jedoch in dieser Weise, so verliert es als Leerformel jeden Informationsgehalt. (4) Das Rationalprinzip sei ein Postulat: Hier wird in normativer Sinngebung ein Verhalten angeraten, das (möglichst) rational sein sollte. Es handelt sich also um eine Verhaltensempfehlung, nicht dagegen um die Erkenntnis dessen, wie tatsächlich gehandelt wird.

Die zentrale Divergenz der Auffassungen ließe sich auf den Widerspruch zwischen deskriptiver Version (Rationalprinzip als Hypothese) und normativer Konzeption (Rationalprinzip als Postulat) reduzieren. Es ist also zu fragen, was die Analysen der „reinen" Ökonomie primär bezwecken: Reflektieren sie überhaupt auf eine Erklärung der Wirklichkeit? Begreifen sie sich als Realwissenschaft? Oder fungieren sie als Sendboten rational anzuratenden Verhaltens? Im ersten Falle handelt es sich bei der Nationalökomomie um deskriptive Theorie, im zweiten dagegen um präskriptive Theorie, indem Rationalität als Norm und Wert in die Analyse eingeführt wird. Rationalität kann in diesem Sinne auch als sozialer Wert angesehen werden, wenn Individuen ihr Verhalten an einem solchen Wert ausrichten, indem sie „Rationalität" internalisieren. Dies vermutete Max Weber mit seiner Annahme, daß menschliches Verhalten, zumal in ökonomischen Organisationen, immer rationaler werde. Darüber hinaus oder kompensatorisch ist jedoch denkbar, daß Verhalten ex post nach Prinzipien der sozialen Erwünschtheit „rationalisiert" wird; (vgl. zu diesem Doppelaspekt der Rationalität als sozialer Norm: Wiswede, 1972a). Da die deskriptive Version, also der Anspruch, mittels des Rationalprinzips nomologische Hypothesen zu formulieren, kaum einzulösen sein dürfte, bekennen sich Nationalökonomen (insbesondere im Rahmen der ökonomischen Entscheidungstheorie; vgl. etwa

Gäfgen, 1968) explizit zu einer strikt normativen Auslegung. Die durchaus legitime Funktion eines solchen Theorietyps kann dann darin bestehen, daß sie unter dem wertenden Aspekt des Postulats erhebliche praktische Bedeutung erlangt, indem sie etwa aufzeigen kann, welche Bedingungen erfüllt sein müssen, um konkretes Entscheidungshandeln rationaler zu gestalten. Allerdings ist die strikte und explizite Trennung beider Theorietypen nicht die Regel. Eine genaue Analyse der vorhandenen Forschung zeigt vielmehr (vgl. vor allem Myrdal, 1932 bzw. 1963 sowie Albert, 1967, 1977), daß beide Aspekte ständig konfundieren und kaum zu trennen sind.

Vielfach wird seitens der ökonomischen Theorie kritisiert, daß die Psychologie oder die Soziologie bisher keine alternativen Theorievorschläge gemacht haben. Sicherlich ist zutreffend, daß weder in der Psychologie, noch in der Soziologie Theorie-Konzeptionen existieren, die in ihrem (insbesondere formalisierten) Entwicklungsstand mit der ökonomischen Forschung konkurrieren könnten. Es ist ferner zutreffend, daß Psychologen und zumal Soziologen sich bisher dem Anwendungsfeld Wirtschaft – mit Ausnahme des Organisationsbereichs – weitgehend versagen (kritisch hierzu für den Bereich der Psychologie: v. Rosenstiel & Ewald, 1979; für den Bereich der Soziologie: Lazarsfeld, 1976). Daher ist es kein Wunder, daß trotz aller berechtigter Kritik an den Modellen der Wirtschaftstheorie wenig Neigung besteht, sich auf alle Widersprüchlichkeiten und Ungereimtheiten der Nachbardisziplinen einzulassen, um Forschungsergebnisse zu adaptieren, die dem hohen Anspruch deduktiver Theorie kaum genügen und die – innerhalb der verschiedenen Strömungen – Auslegungssache zu sein scheinen. Im Gegenteil scheint sich neuerdings die Tendenz abzuzeichnen, ökonomische Forschungsprogramme im psychologischen, soziologischen und politologischen Bereich gewissermaßen als Grundstruktur von Theorien elementaren sozialen Verhaltens zu übernehmen.

Betriebswirtschaftlich orientierte Ökonomen, die mit ihren theoretischen Ansprüchen bescheidener geblieben sind – schon wegen ihrer pragmatischen Ausrichtung – haben von den Befunden der verhaltensorientierten Sozialwissenschaft eher und früher Gebrauch gemacht. Dies betrifft sowohl den Bereich der Organisation (bzw. der Theorie des „Betriebs"), als auch den Marktbereich, wo freilich die absatzwirtschaftliche Perspektive des Marketing ein recht selektives Erkenntnisinteresse gefördert hat. Auf diese Weise hat sich dieses Forschungsfeld vielfach dem (teilweise berechtigten) Vorwurf der ideologischen Interessengebundenheit (vgl. Fischer-Winckelmann & Rock, 1975) und der Verbreitung von Herrschaftswissen (vgl. Scherhorn, 1975) ausgesetzt. Wenn auch übergreifende Theoriekonzeptionen bisher weitgehend fehlen und Problemstellungen häufig zu partikular formuliert werden, so liegt ihr unabweisbarer Anteil am Erkenntnisfortschritt dennoch in der Tatsache, daß man im Marketing-Bereich ein weites Terrain für die Anwendung moderner Methoden der empirischen Sozialforschung fruchtbar gemacht und damit auch nützliche Hinweise gegeben hat, an denen substanzielle marktsoziologische Forschung ansetzen könnte.

3.1.1.2 Das soziologische Programm

Entsprechend den ökonomischen Perspektiven, von denen der „volkswirtschaftliche" Standpunkt den zentralen Gesichtspunkt der „reinen Theorie" betont, der „betriebswirtschaftliche" Aspekt jedoch mehr den pragmatischen Gesichtspunkt der Marktbeeinflussung herausstellt, ließe sich auch soziologisches Bemühen um eine Analyse der Marktvorgänge in einer doppelten Weise begreifen: einmal als „Marktsoziologie" in jenem Sinn, wie Albert (1967) sie mehr programmatisch als inhaltlich beschreibt – „Marktsoziologie" freilich ohne entscheidungslogischen Unterbau –, zum anderen jedoch als „Marketing-Soziologie" (zu Begriff und Inhalt vgl. Specht & Wiswede, Hrsg., 1976), gewissermaßen als Zulieferant für soziologisch relevante Variablen, etwa beim Studium der Marktsegmentierung. Beiden Aspekten wollen wir uns jetzt zuwenden.

Fraglich ist zunächst, ob mit dem gegenwärtigen Bestand an theoretischer und empirischer Forschung innerhalb der Soziologie überhaupt ein Programm der Marktsoziologie entworfen werden kann, die die herkömmliche ökonomische Markttheorie ablösen könnte. Alberts Grundgedanke ist hierbei der, daß die Ökonomie es eigentlich mit soziologischen Problemstellungen zu tun habe; die Wirtschaftstheorie sei der Versuch der Beantwortung marktsoziologischer Fragestellungen mit entscheidungslogischen Mitteln. „Die zentrale Idee des ökonomischen Denkens ist eine in einem sehr fundamentalen Sinn soziologische Idee: nämlich die, daß sich die Produktion und Verteilung der Güter in einem durch bestimmte juridische Sanktionsmechanismen abgestützten System von kommerziellen Beziehungen zwischen den Personen und Gruppen einer Gesellschaft quasiautomatisch in einer für die Bedürfnisbefriedigung der betreffenden Individuen relevanten Weise regelt" (Albert, 1963, S. 61). Dies ist die Zuspitzung jener These, wonach das wirtschaftliche Geschehen kein autonomes Feld menschlicher Aktivität darstellt, sondern in einen konkret gesellschaftlichen Zusammenhang gestellt werden muß (Parsons & Smelser, 1956, fassen daher folgerichtig die Ökonomie als spezielle Soziologie auf). Hierin spiegelt sich eine Einsicht, die sich unschwer von Marx über Durkheim, Simmel und Weber bis hin zu Parsons verfolgen ließe und die auch innerhalb der Nationalökonomie verschiedentlich ihren Ausdruck gefunden hat (z.B. bei Sombart oder bei Ammon). Die zentrale Vorstellung eines finanziellen Sanktionsmechanismus ist dabei sicherlich eine soziologische Idee: Das System der Märkte erscheint „unter gewissen angebbaren Bedingungen als ein Anreiz- und Steuerungssystem für bestimmte Bereiche des sozialen Lebens, das ohne staatliche Eingriffe mit positiven und negativen Sanktionen finanziellen Charakters – mit Belohnungen und Bestrafungen in Form von Gewinn und Verlust – so arbeitet, daß die verhaltenswirksamen Sanktionen aus dem System selbst hervorgehen, aus den Interaktionen der an ihm teilnehmenden sozialen Einheiten" (Albert, 1967, S. 399).

Freilich wurde diese im Kern soziologische Konzeption der Markttheorie in der soziologischen Forschung — trotz Webers „Wirtschaft und Gesellschaft" Durkheims „Division de travail" und Simmels „Philosophie des Geldes" — kaum zur Kenntnis genommen (vgl. allenfalls Heinemann, 1976; Parsons, 1978; Parsons & Smelser, 1956; Polanyi, Arensberg & Pearson (eds.), 1957; Smelser, 1968, wobei Umrisse einer Soziologie des Marktes — meist in Gegenüberstellung von traditionalen und modernen Gesellschaften — angedeutet werden). Dabei liegt es nahe, den interaktionistischen Aspekt des Marktgeschehens mittels austauschtheoretischer Vorstellungen zu analysieren (so empfiehlt es etwa W. Nord (1974) für den Marktbereich, Bagozzi (1974) für den Marketing-Aspekt). Auch wäre die Fragestellung von Bedeutung, inwieweit der Markt als Strukturprinzip des wirtschaftlichen Geschehens mit dem Gesamtsystem integriert ist, eine Frage, die vor allem die Vertreter der funktionalistischen Schule interessieren dürfte. (Interessant ist in diesem Zusammenhang, daß die Idee des Marktes vornehmlich für ganz andere Problemstellungen aufgegriffen wurde, z.B. beim Studium elementarer Interaktionsprozesse von Homans; im Rahmen der Rollenanalyse beim Studium des Rollenhandelns von Goode, sowie im Rahmen der funktionalistischen Schichtungstheorie von Davis und Moore, die im Kern nichts anderes darstellt als ein Markt-Modell). Jenseits des Marktes als eines Strukturprinzips kann dieser auch als Veranstaltungskomplex begriffen werden, in dem bestimmte Verhaltensmuster, Interaktionssequenzen sowie Kommunikationsstrukturen unter Marktbedingungen zu spezifischer Ausprägung gelangen. Die Ausformung marktlicher Kommunikationsformen, die Entstehung spezifischer Verteilungskanäle und die Förderung bestimmter Einstellungs- und Verhaltenstypen (z.B. Wettbewerbsmentalität) sind mögliche Ergebnisse dieses Veranstaltungskomplexes, die auf ihre genauere soziologische Analyse warten.

Teilaspekte einer Marktsoziologie werden durch Arbeiten abgedeckt, die am ehesten als Beiträge zur Konsumsoziologie angesehen werden können. (Eine interessante Parallele ist, daß Arbeiten, die sich als Marktpsychologie begreifen, z.B. von Rosenstiel & Ewald, 1979, nach einigen allgemeinen und notgedrungen sehr vagen Hinweisen auf die Notwendigkeit der empirischen Erfassung des Anbieterverhaltens sehr schnell zur ausschließlichen Konsumpsychologie bzw. Marketing-Psychologie überleiten.). Konsumsoziologische Forschung speist sich aus verschiedenen Quellen; eine erste besteht in gewissen Modifikationen der ökonomischen Theorie (z.B. Duesenberry, 1952; Friedman, 1957; Modigliani & Bramberg, 1954), wobei — neben dem Hinweis, daß Individuen ihre Entscheidungen im Gruppenkontext treffen — gewisse (meist einfache) soziodemographische Variablen einbezogen werden; eine zweite Quelle resultiert aus Forschungen der „consumer economics" resp. der „psychological economics", in Deutschland der „sozialökonomischen Verhaltensforschung" (vgl. zusammenfassend B. Strümpel, J.N. Morgan, E. Zahn, 1972, sowie G. Katona, 1977; Schmölders, 1978); und eine dritte besteht in Beiträgen aus dem Marketing-Bereich (programmatisch vgl. Glock & Nicosia, 1963; Nicosia & Mayer, 1977), insbesondere die – stereotyp – in den Lehrbüchern zum Thema „consumer research" auftauchende Rubrik „sozio-kulturelle Determinanten des Konsumverhaltens" (mit besonderem Schwergewicht bei: Zaltman & Wallendorf, 1979 sowie: Kroeber-Riel, 1980), wobei einfache soziodemographische Variablen (wie Einkommen, Alter, Geschlecht, Bildungsstand) oder komplexere soziologische Variablen (wie Lebenszyklus, Sozialschicht oder Lebensstil) die Grundlage einer effektiveren Marktsegmentierung bilden (sollen) und hier meist in Konkurrenz zu bestimmten psychologischen Variablen (Selbstbild, Einstellungstypen, Persönlichkeitsmerkmale usw.) stehen. Darüber hinaus werden neuerdings unter dem Stichwort Sozio-Marketing Ausweitungen des Marketing-Konzepts auf den außerökonomischen Bereich vorgeschlagen sowie – unter anderer Perspektive – soziale Auswirkungen von Marketingaktivitäten sowie bestimmter Konsumgewohnheiten auf den gesellschaftlichen Bereich untersucht.

Demgegenüber gibt es nur wenige Soziologen, die sich explizit mit sozialen Dimensionen des Konsumverhaltens befassen (für die USA insbesondere die Forschergruppe um Zaltman; vgl. Zaltman & Bagozzi, 1975; Zaltman & Wallendorf, 1977; 1979; für die Bundesrepublik: Hillmann, 1970; Hörning, 1970; Scheuch, 1975; Wiswede, 1972). Natürlich lassen sich hier angrenzende Problembereiche einbeziehen, z.B. soziologische Untersuchungen des Haushalts (die meist auf einer naiv empiristischen Ebene verbleiben) oder neuere Befunde der Freizeitsoziologie (Dumazedier, 1962; Scheuch & Meyersohn, 1972), die wichtige Hinweise auf den Verwendungsaspekt des Konsumverhaltens vermitteln. Zusammenfassend läßt sich aber sagen, daß marktsoziologische Problemstellungen – auch unter dem Teilaspekt des Konsumverhaltens – von Soziologen bisher keine sehr intensive Bearbeitung erfahren haben, so daß auch der Autor dieses Beitrages seine geistigen Anleihen oftmals aus anderen Fachdisziplinen holen muß, die angesichts der Abstinenz der Soziologen in dieser Frage zur Selbsthilfe gegriffen haben, wobei Erfolge eher auf der empirischen, weniger dagegen auf der theoretischen Ebene erzielt worden sind (In einer ähnlich mißlichen Lage sind, worauf von Rosenstiel und Ewald (1979) verweist, auch Psychologen, die gleichfalls in hohem Maße auf Anleihen und empirische Forschungsergebnisse der Marketing-Literatur angewiesen sind).

Wir werden in der hier folgenden Diskussion zwei Hauptlinien verfolgen: Einmal geht es um „Marktsoziologie" im engeren Sinne, wobei Strukturen und Prozesse im Vordergrund stehen. Betrachtet wird vorwiegend der Gütermarkt (also nicht der Arbeitsmarkt, Finanzmarkt) als Absatzmarkt (nicht als Bezugsmarkt), auch dieser vorwiegend als letzte Station des Marktprozesses: als Interaktionsfeld zwischen Anbietern und Letzt-Verbrauchern. Aus diesem Grunde ist des weiteren das zentrale Thema des Konsumverhaltens zu problematisieren, einmal im Hinblick auf die sozialen Determinanten der Nachfrage (Marktentnahme) und zum anderen auf zentrale Aspekte des Verwendungsverhaltens (Diese werden hier vernachlässigt, da sie nur in einer indirekten Form marktlich relevant sind.). Dabei verwenden wir den Begriff der soziologischen Analyse in sehr „weitherzigem" Sinne: Das Ineinandergreifen von soziologischen und sozialpsychologischen Aspekten sollte gefördert, nicht dagegen verhindert werden.

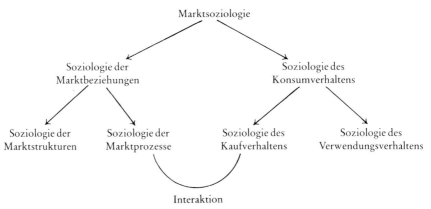

Schema 1: Teilbereiche der Marktsoziologie

Angesichts der Vielzahl möglicher soziologischer Perspektiven, die sich zum Teil gegenseitig ausschließen, bedarf es jedoch einer kurzen Vorbetrachtung, unter welchen Gesichtspunkten marktsoziologische Forschung betrieben werden könnte und welche Perspektive von uns bevorzugt wird.

3.1.2 Perspektiven der Marktsoziologie

3.1.2.1 Zur Perspektive systemorientierter Soziologie

Betrachten wir in diesem Kapitel, unter welchen theoretischen Perspektiven Marktsoziologie betrieben werden kann. Die wichtigsten Ansätze scheinen in diesem Bereich die systemtheoretisch orientierte, die sozialkritisch orientierte und die verhaltensorientierte Soziologie geliefert zu haben. Im Vordergrund steht also zunächst die Systemtheorie, eine Perspektive, die schon deshalb naheliegt, weil sich der Markt als System von Interaktionsbeziehungen begreifen läßt, wobei die Strukturelemente dieses Systems „Markt" — als eines Subsystems der Gesellschaft — in Interdependenz stehen. Dabei wird — zumal von der strukturell-funktionalen Theorie — die Frage problematisiert, inwieweit diese Elemente funktionalen oder dysfunktionalen Charakter haben, d.h. einen Beitrag zur Erhaltung oder Zersetzung des Systems leisten, oder — übergreifen, — inwieweit das Subsystem Markt funktional für das Gesamtsystem „Gesellschaft" ist. Auf diese Weise ist eine Beziehung geschaffen zwischen den Grunderfordernissen sozialer Systeme einerseits und den funktionalen Beiträgen bzw. dauerhaften Leistungen, die diese Erfordernisse erfüllen (vgl. Merton, 1957 bzw. 1968; Parsons, 1951 bzw. 1956). Somit läßt sich das funktionalistische Konzept in stenografischer Form in der folgenden Weise beschreiben: Man untersuche den Beitrag, den ein soziales Element zum Gelingen des Ganzen stiftet und habe damit den Schlüssel zur Einsicht in die Existenz dieses Elementes in der Hand. Ob freilich auf diesem Wege die Probleme der kausalen Analyse, also die Aufgabe einer erklärenden Sozialwissenschaft gelöst werden können, ist außerordentlich zweifelhaft (vgl. Hempel, 1959).

Funktionalistische Systemanalysen im Bereich des Marktes stammen von Heinemann (1969, 1976), Parsons und Smelser (1956) und Smelser (1959), für den Teilbereich der Distributionskanäle als System insbesondere von Stern (1969). Bei vielen anderen Autoren (insbesondere aus dem Marketing-Bereich) erfüllt die Systemperspektive mehr eine heuristische Funktion der Veranschaulichung interdependenter Beziehungen oder der kontextualen Einbettung in übergreifende Zusammenhänge. Für Parsons und Smelser jedoch, sowie für diejenigen Autoren, die im engeren Sinn funktionalistisch argumentieren, bleibt die Problematik des Marktes eingespannt in die spezifische Perspektive dieses Ansatzes. Dabei ist wichtig, daß der Beitrag eines Elementes (z.B. also des Marktes für das Gesamtsystem oder einzelner Strukturelemente des Marktes für diesen als Subsystem) im Hinblick auf vier Problemlösungsbereiche differenziert werden muß:

(1) Im Funktionsbereich „goal attainment" (G) besteht das Problem der Zielrichtung und Zielverwirklichung des Systems.

(2) Im Funktionsbereich „pattern maintenance" (L) besteht das Problem der Aufrechterhaltung von Grundstrukturen.

(3) Im Funktionsbereich „integration" (I) ist das Problem der Integration der Teilelemente zu lösen.

(4) Im Funktionsbereich „adaption" (A) geht es um die Anpassung des Systems an die Umwelt (externes System).

In Anwendung auf den Konsummarkt geben Parsons und Smelser (1957, S. 160) eine (hier vereinfacht wiedergegebene) Darstellung:

Übersicht 1: Markt und AGIL-Schema

	Haushalt		Unternehmung
G	Kaufkraft und Kaufaktivität	←——→	„Standard" eines Konsumgüterangebotes
A	Produktivitätskontrolle	←——→	Ermutigung zur Investition
I	Verpflichtende Entscheidungen	←——→	Generalisierte Zustimmung
L	Bewertung von Produkten	←——→	Vertrauen auf Konformität und Rationalität

Wertsystem des Marktes als Synthese ökonomischer Rationalität und den Werthaltungen der Konsumenten

Diese Einordnung, die im übrigen recht vage Begrifflichkeiten enthält, die auch nach weiteren Erläuterungen durch die Autoren keineswegs klar werden, erfüllt im wesentlichen mehr taxonomische oder auch heuristische Zwecke, denn über die Formulierung der vier Problemlösungsbereiche hinaus enthält das Parsons'sche Paradigma keinerlei explizit formulierte Hypothesen über „funktionale Imperative" oder „funktionale Erfordernisse". Weder gibt es genaueren Aufschluß über den Stellenwert und die Kompensationsfähigkeit sog. „Mechanismen" (z.B. funktionale Alternativen im Sinne „neuer" Distributionskanäle innerhalb des Marktes oder über funktionale Alternativen des Marktes gegenüber anderen Funktionsprinzipien), die unabhängig vom menschlichen Willen und der Motivation der Gesellschaftsmitglieder die funktionsnotwendigen Elemente hervorbringen, noch gibt es eindeutige Hypothesen zum Konzept des „Überlebens" sozialer Systeme oder deren Einheiten (vgl. zur Kritik: Carlsson, 1965; Zetterberg, 1962). Nagel (1956) betont darüber hinaus, daß die funktionalistische Analyse nur bei der Untersuchung zielgerichteter Systeme angewendet werden könne, die zur Selbstregulierung neigen. Danach besitzt das soziale System gewisse Mechanismen, die eine störende Veränderung von Zustandsvariablen kompensieren und zur Aufrechterhaltung eines Gleichgewichts beitragen. Überschreitet jedoch eine Zustandsvariable einen Extremwert — im Falle des Marktes etwa ein Übermaß marktinkonformer staatlicher Eingriffe oder ein besonders hohes Maß an Konzentration im Anbieterbereich —, so tritt keine Kompensation ein, so daß das Gleichgewicht (z.B. zwischen Angebot und Nachfrage) nicht mehr besteht. Im Hinblick auf kompensatorische oder reintegrierende Leistungen, die das System wieder ins Gleichgewicht bringen, bleibt Parsons „Theorie" recht vage (vgl. auch Smelsers ergänzende Vorschläge 1959). Gewiß: Auch die ökonomische Theorie unterstellt ein solches Gleichgewicht, dessen Ausdruck der Preismechanismus ist. Jedoch gibt es auch in der Ökonomie lediglich die blasse Vorstellung, daß die dem Marktmechanismus inhärenten Kräfte letztendlich Ausgleich und Harmonie bewirken würden. In diesem Modell werden Konflikte und Machtkonstellationen, Störungen der Distribution usw. lediglich als freilich lästige, aber doch vorübergehende Störungen angesehen, weil ökonomische Gesetze resp. funktionale Erfordernisse ‚in the long run' schon sicherlich ein neues Gleichgewicht besorgen. Damit sind alle sozialen Entwicklungen letztlich auf zeitlose Verschiebungen zwischen Gleichgewichtszuständen reduziert, wobei unbedacht bleibt, ob das sich neu einpendelnde Gleichgewicht unter soziologischen Gesichtspunkten noch „Identität" mit dem vorangegangenen aufweist, ein Aspekt, der bei einer auf den Preismechanismus reduzierten quantitativen Betrachtungsweise nicht in Erscheinung tritt.

Ein anderes Problem besteht in der funktionalistischen Einordnung des Marktes in das Gesamtsystem, hier insbesondere im Hinblick auf alternative Regelungssysteme. Für Parsons scheint der Gedanke der Funktionstüchtigkeit des Marktes so wesentlich, daß er sich entschließt, diesen in die bevorzugte Klasse der evolutionären Universalien einzubeziehen. Nach Parsons (1964) stellen solche Universalien Komplexe von Strukturen und Prozessen dar, deren Ausbildung die langfristige Anpassungskapazität von Gesellschaften derart steigert, daß nur diejenigen Systeme, die diese Komplexe entwickeln, höhere Niveaulagen der generellen Anpassungskapazität erreichen. In diesem Sinne sei auch eine Geld- und Marktorganisation unerläßlich (und ohne brauchbare funktionale Alternative) zur Erreichung höherer Entwicklungsstadien („höher" meint hier wachsende Differenzierung und Leistungsfähigkeit des Systems). Fortgeschrittene sozialistische Gesellschaften mit hoher Produktivität scheinen dieses Bild jedoch ein wenig zu stören, wie sich Parsons denn auch etwas verwundert äußert über die starke Tendenz der Entwicklungsländer, „sozialistische" Muster zu adaptieren, sich also seiner ethnozentrisch durchsetzten Systemperspektive funktionaler Grunderfordernisse nicht zu fügen.

3.1.2.2 Zur Perspektive „kritisch" orientierter Soziologie

Obgleich Vertreter der sog. „kritischen Theorie" (z.B. Adorno, Habermas und Marcuse) verschiedentlich zu Fragen von „Markt" und „Konsum" Stellung genommen haben, stammen sozialkritische Beiträge zu diesem Thema aus unterschiedlichsten Positionen mit zum Teil höchst verschiedener Zielrichtung. Ganz allgemein handelt es sich hier um ein breites Feld kulturkritischer Betätigung: Wo immer heute in kritischen Begriffen von „Kultur" und „Konsum" ein Zusammenhang besteht – äußerlich in den Begriffen der „Konsumkultur" und des „Kulturkonsums" – fällt Kulturkritik zu wesentlichen Teilen mit einer Kritik am zeitgenössischen Konsumverhalten zusammen und steht damit oftmals stellvertretend für Gesellschaftskritik schlechthin. Konsumkritik scheint selbst zum Objekt des Konsums geworden zu sein: Konsumkritik – eigens zum Konsumieren (Habermas, 1957).

Soweit wir sehen, geht diese Kritik hauptsächlich in drei Richtungen:

(1) „Systemkritik", d.h. Kritik am Markt als Institution, Kritik des „Konsumsystems" als eines kritikwürdigen Entwicklungstyps gegenwärtiger Gesellschaft;

(2) Kritik des Anbieterverhaltens, d.h. kritische Auseinandersetzung mit fragwürdigen Praktiken und Strategien der Anbieter, z.B. mit geplanter Obsoleszenz, manipulierende und verschleiernde Werbung, Förderung konsumtiver Begehrlichkeit usw.;

(3) Kritik des Nachfrageverhaltens, d.h. kritische Betrachtung der Verhaltensweisen im Bereich des Kaufens (z.B. Informationsverhalten), insbesondere aber des Verwendens (z.B. überspannte und „pervertierte" Konsuminteressen, die von den „höheren" Werten des Daseins ablenken).

Wenden wir uns zunächst dem erstgenannten Fragenkreis zu. Die Kritik richtet sich dabei einmal auf die möglicherweise mangelnde Funktionstüchtigkeit des Marktes als Institution, der faktisch keineswegs in der Lage sei, die ihm zugedachte Funktion eines Ausgleichs aller Interessen wahrzunehmen. Die unter Verfechtern des Marktes verbreitete Vorstellung der Harmonie, die Idee eines stets nach Ausgleich strebenden Gleichgewichts sei faktisch schon durch die bestehende Intransparenz des Marktes sowie durch asymmetrische Machtkonstellationen ebensowenig zu realisieren wie jene Ideologie der Konsumentensouveränität, an der festzuhalten nur mehr eine Sache hartgesottener Modelltheoretiker sei. Freilich wird eine solch pauschale Kritik nicht mit dem Erkenntnisprogramm verbunden, unter empirisch-theoretischen Gesichtspunkten einmal die Frage nach dem Ausmaß und den Bedingungen der Funktionstüchtigkeit auch im Vergleich zu möglichen alternativen Wirtschafts- bzw. Gesellschaftssystemen zu untersuchen. Auch ist die Feststellung einer begrenzten Konsumentensouveränität, die fraglos zutrifft, noch nicht dispensiert von der Frage, ob alternative Gesellschaftssysteme ein vergleichbares oder gar höheres Ausmaß an Konsumentensouveränität ausweisen könnten, immer vorausgesetzt, daß eindeutig bestimmt werden kann, was „Souveränität" in diesem Falle bedeutet (vgl. Kap. 3.2.3.3).

Ein weiterer Aspekt besteht darin, daß unter den Gesetzen des Marktes ein ganz bestimmtes „Klima" des Verhaltens und damit ein ganz bestimmter Menschentyp selegiert werde, der betont materialistische Züge trage und vom Geist des Wettbewerbs durchdrungen sei, so daß er den „höheren Werten des Lebens", wie immer man diese definieren mag, ebenso fremd gegenüberstehe wie solchen Werten wie Kooperation und Solidarität (vgl. etwa Gintis, 1975). In diesem Zusammenhang wird der Begriff der „Konsumfelderweiterung" gern in einer anderen „Qualität" verwendet: Die These vom totalen Konsum (Riesman, Denney & Glazer, 1958) behauptet u.a., daß die Konsumentenhaltung sich auf einstmals konsumfremde Lebensbereiche ausdehne. Dadurch erweitere sich der Güterhorizont nicht lediglich quantitativ und qualitativ; unter den Gesetzen des Marktes würden vielmehr vom Bewußtsein der Menschen her neue Konsummöglichkeiten erschlossen, für die es „normalerweise" keinen Markt gebe. Ferner würde unter diesen Bedingungen die Konsumentenhaltung zum dominanten Verhaltensstil, entsprechend dem hohen Gewicht, das der Markt als Vermittler von Normen und Werten dem Verbraucher oktroyiere. Nun ist sicherlich zutreffend, daß Maßstäbe, Normen und Werthaltungen dominanter Daseinsbereiche die Tendenz zeigen, auf benachbarte Lebenssphären auszustrahlen, doch ist es sehr wahrscheinlich, daß solche Aussagen konotativ schon deshalb überfrachtet wirken, weil mit den Begriffen „Konsum" und „Konsumentenhaltung" eindeutig negative Bewußtseinsinhalte („passiv", „verspielt", „unproduktiv" usw.) hypostasiert werden, die ihre puritanische Herkunft nicht verleugnen können.

Die zweite angesprochene Ebene betrifft das Anbieterverhalten. Die Strategien der Anbieter (z.B. geplante Obsoleszenz, Informationsverschleierung, täuschende und manipulierende Werbung, auf lediglich psychische Variation angelegte Imagepolitik usw.) seien tendenziell dazu geeignet, die Funktionstüchtigkeit des Marktes einzutrüben. Dieser Gedanke, daß Marketing-Strategien geradezu marktingkonform zu wirken vermögen (vgl. Clausen, 1964; Moeller, 1970; Picot, 1976; Scherhorn, 1975), ist prinzipiell dann zutreffend, wenn dadurch Verzerrungen im Wettbewerbsgefüge sowie einseitige Vorteile im Sinne asymmetrischer Macht entstehen. Die gegenteilige Argumentation, daß Marketing-Strategien eigentlich — wohl nicht intentional, sondern funktional — dem Verbraucher nützen, da durch moderne Methoden der Marktsegmentierung eine adäquate und zielgerichtete Produktion überhaupt erst möglich sei, indem man nämlich auf die genauen Verbrauchervorstellungen und -bedürfnisse eingehen könne, ist nur zum Teil überzeugend und zudem stark ideologieverdächtig, da Marketing-Strategien zumal im psychologischen Bereich keineswegs immer und ausschließlich auf Transparenz, sondern oftmals bewußt auf Verschleierung hin angelegt sind. Ähnliches gilt für andere Strategien der Käuferbeeinflussung, die — zumal im Bereich der Werbung — das populäre Bild des manipulierten, gegängelten Verbrauchers genährt haben. Freilich zeigt eine genauere Analyse der tatsächlichen Auswirkungen von Marketing-Strategien, daß die Wirksamkeit solch beeinflussender Kommunikation lediglich in einer sehr indirekten Form sowie bei entsprechenden Prädispositionen des Rezipienten möglich ist, und auch dort meist im Rahmen eines komplexen Netzwerkes sozialer Beziehungen, so daß das Bild vom „manipulierten" oder „verführten" Verbraucher in dieser pauschalen Form sicherlich sozialwissenschaftlich unsinnig sein dürfte.

Die dritte Zielrichtung der Konsumkritik richtet sich auf das Nachfrageverhalten im Kauf- und Verwendungsbereich. Seit Thorstein Veblen (1899) spricht man vom demonstrativen Konsum, die Kenner der anthropologischen Szene immer stark an das verschwenderische Potlatch-Zeremoniell der Kwakiutl-Indianer erinnert hat. Von Marx bis Veblen und von Galbraith bis Marcuse wird auch immer wieder jene – sozialwissenschaftlich sinnlose, weil durch nichts einzulösende – Unterscheidung zwischen echten oder natürlichen Bedürfnissen einerseits und künstlichen, unnatürlichen, „pervertierten" Bedürfnissen andererseits beschworen, wobei die Dominanz uferlos gewordener, künstlich hochstilisierter Bedürfnisse zur wachsenden „Entfremdung" des Menschen führe. Diese Entfremdung werde begleitet von zunehmender Angleichung von Anspruchsniveaus aufgrund des genormten Güterangebots (Nivellierungsthese) oder im Sinne der Ausbreitung einer überwiegend passiven Konsumentenhaltung (Passivierungsthese) oder aber als Rückgang der Fähigkeit zur kognitiven Verarbeitung des Gebotenen, wobei das zeitgenössische Konsumieren insbesondere der „höheren" Güter auf infantiler Stufe festgehalten werde (Infantilierungsthese). Wie wir andernorts gezeigt haben (Wiswede, 1972), äußert sich in dieser Sicht eine möglicherweise partiell zutreffende, jedoch andererseits höchst einäugige Perspektive. So laufen z.B. Tendenzen der Nivellierung und Egalisierung Trends der Differenzierung auf anderer Ebene entgegen (vgl. Scherhorn, 1969; Zahn, 1964). Nivellierung oder gar „Proletarisierung" – letzteres ein elitärer Standpunkt aus dem Dunstkreis Adornos – läßt sich auch – in positiver Wertung – als „Demokratisierung" begreifen. Die kritikwürdigen Linien der gegenwärtigen Konsumgesellschaft sind eben komplexer und widersprüchlicher, als eine einäugige Kritik zu bemerken vermag; oft sind sie ambivalent in jenem objektiven Sinne auslegbarer Zeitsignatur und lassen daher mehrere Deutungen zu. Für eine mehr empirisch orientierte Soziologie – Vertreter der kritischen Soziologie würden sagen: der naiven Soziologie, sofern er sich nicht zur Etikettierung als „bürgerlich" entschließt – erscheinen solche Diskussionen interessant, aber wenig fruchtbar, weil in ihnen verzerrte Perspektiven und ideologische Positionen geäußert werden, die auf dem Boden empirisch prüfbarer Sachverhalte eben nicht oder noch nicht einlösbar sind.

3.1.2.3 Zur Perspektive verhaltensorientierter Soziologie

Der gedankliche „Sprung" von der systemtheoretischen zur verhaltensorientierten Soziologie ist im Rahmen des Konzepts „sozialen Handelns" in der Weise hergestellt worden, daß „Handeln" als Ausfüllung eines institutionell gleichsam vorgefertigten „Musters" angesehen wurde. Als vermittelndes Konstrukt wurde hier das der „sozialen Rolle" geschaffen, eine Verhaltenshülse, die von Individuen mit konkretem Inhalt ausgefüllt werde. Dieses Konzept konstatiert Systemzwänge derart, daß sich die gesamte Verhaltensvariabilität auf ganz bestimmte vorgefertigte Rollenmuster — die als interdependentes Netz das System repräsentierten — reduziert. Verhalten wird dann lediglich dahingehend problematisiert, ob es gesellschaftlichen Erwartungsmustern entspricht (vgl. hierzu und zu alternativen Rollenkonzepten Wiswede, 1977). Es ist klar, daß das Handeln der Individuen hier nur unter dem Aspekt der übergeordneten Systemperspektive in Erscheinung tritt. Zur Erklärung des Verhaltens selbst kann diese Perspektive nur bedingt etwas leisten; sie erklärt allenfalls den Varianzanteil, der aus der steuernden Kraft externer (möglicherweise auch internalisierter) Verhaltenserwartungen resultiert. Sie erklärt dagegen nicht, welches Verhalten ein Individuum äußert, wenn soziale Normen schwach regulieren, wenn soziale Erwartungen diffus oder gar nicht geäußert werden. Dies mag im Rahmen marktlicher Beziehungen sicher häufiger der Fall sein als etwa innerhalb starr reglementierter Organisationen. Bestehen widersprüchliche Rollenerwartungen, so werden zusätzliche Verhaltenshypothesen notwendig (vgl. Gross, Mason & McEachern, 1958). Auch bleibt ungeklärt, wann und unter welchen Bedingungen sich Individuen bestimmten Rollenanforderungen fügen und unter welchen anderen nicht.

Eine systemorientierte Rollentheorie sozialen Verhaltens bleibt demnach eingespannt in eine kollektivistische (holistische) Wissenschaftsperspektive, die eher am „Verhalten von Systemen" als am Verhalten von Individuen interessiert ist. Eine alternative Lösung, die auch bei Max Weber vorgezeichnet ist, besteht in der Forschungsperspektive des methodologischen Individualismus, aus dessen Sicht soziale Systeme als strukturierte Personenmehrheiten definiert sind, so daß die jeweils relevanten Merkmale sozialer Systeme als Merkmale von strukturierten Personenmehrheiten angesehen werden können. Eine solche Sichtweise ist nun mit dem traditionellen Vorgehen der ökonomischen Theorie viel eher kompatibel: Auch innerhalb der Ökonomie wurde stets die Verbindung zum individuellen Verhalten gesucht, d.h. mikro- und auch makroökonomische Gesetzmäßigkeiten wurden in aller Regel — wenn auch mit unzulänglichen psychologischen Gesetzen — auf ihre individuelle Basis hin hinterfragt; man denke etwa an die Gossen'schen Gesetze oder an das „psychologische Erfahrungsgesetz" eines Keynes. Holistische Betrachtungen vom Typ der soziologischen Systemtheorie waren der klassischen Ökonomie demnach außerordentlich fremd, und möglicherweise war es gerade jene Blüte der Systemtheorie seit Parsons, die eine echte Annäherung der beiden Teildisziplinen solange erschwerte, bis wiederum der methodologische Individualismus an Boden gewann. So zeigt ein Blick in die sog. „neuere politische Ökonomie" (etwa: Frey, 1977), daß durch die sozialwissenschaftliche Erweiterung der Nutzentheorie — etwa durch neuere Fassungen des Exchangekonzepts — durchaus zentripetale

Tendenzen innerhalb der sozialwissenschaftlichen Disziplinen möglich sind (vgl. zum „ökonomischen Programm" in der Soziologie: Opp, 1978).

Das individualistisch orientierte Vorgehen der Nationalökonomen hat jedoch seitens der Sozialwissenschaften die berechtigte Kritik herausgefordert, daß die dort gebräuchlichen Konzepte in einem sehr engen Sinne „robinsonal" angelegt seien, was einen unangemessenen Gebrauch des Wortes „individualistisch" impliziere. Selbstverständlich darf die Perspektive des methodologischen Individualismus die Wirksamkeit sozialstruktureller Gegebenheiten (z.B. „objektiver" Faktoren, wie soziale Schichtung, Machtverhältnisse, ökonomische Lage, ökologische Situation usw.) nicht leugnen. Auch wenn diese in der verhaltenswissenschaftlichen Erklärung „nur" als „externe Stimuli" in Erscheinung treten, so sind sie damit in keiner Weise in ihrer Bedeutung „reduziert" oder verniedlicht. Im Gegenteil: Die Soziologie hat die Aufgabe, auf die Erklärungsrelevanz jener sozialer Variablen mit Nachdruck hinzuweisen, sie explizit zu machen und die (u.U. zu robinsonal-individualistisch) formulierten Entscheidungstheorien der Psychologie mit diesen Variablen anzureichern oder entsprechende Anschluß- bzw. Hintergrundtheorien bereitzustellen. So sind etwa soziale Motive, die uns beim Konsumverhalten interessieren (vgl. Wiswede, 1973) als Ergebnis bestimmter sozialer Lernprozesse anzusehen, die in ihrem Ursprung erst durch eine soziologische Analyse des Lernmilieus (z.B. Sozialisationshintergrund) voll verstanden werden können. Diese „Anreicherung" psychologischer Theorien mit sozialen Variablen ist umso notwendiger, als sich die Motivationsforschung nach dem Scheitern der Bedürfnistheorien heute weitgehend auf inhaltlich wenig interpretierte formale Kalküle zurückgezogen hat. Hier scheinen uns auch die Grenzen der neueren kognitiv orientierten Entscheidungstheorien zu liegen (z.B. Kaufmann, 1978), die zudem auf den begrenzten Anwendungsbereich „echter Entscheidungen" (im Sinne Katonas, 1977) reflektieren, also echte Wahlhandlungen implizieren.

Sowohl beim Verhalten der Unternehmer als auch beim Verhalten der Verbraucher geht es aber keineswegs stets um echte Entscheidungen im Sinne verfügbarer und/oder perzipierter Alternativen. Im Falle des impulsiven Verhaltens (etwa bei Gütern des Kleinbedarfs) laufen „Entscheidungsprozesse" so schnell ab, daß der Boden kognitiver Theorien hierfür kaum noch tragfähig sein dürfte. Im Falle des habituellen Verhaltens haben sich verfestigte Verhaltensgewohnheiten aufgrund vorangegangener Lernprozesse herausgebildet (insbesondere bei routinisierten Handlungen, etwa im Rahmen der Deckung des periodischen Bedarfs), die eine Entscheidung vorwegnehmen und das Individuum von ständig neuer Entscheidungsfindung entlasten. Und schließlich sind institutionell verankerte Verhaltensweisen zu nennen, die ein breites Spektrum sozialer, kultureller und ökonomischer „Zwänge" reflektieren und die jeweils mögliche Entscheidungen oftmals auf eine sehr schmale Bandbreite einengen. So sind soziale

Motivationen sowohl auf der Unternehmerseite wie auch auf der Verbraucherseite in hohem Maße institutionell und situativ gebunden; viel eher als irgendwelche Maximierungsannahmen bestimmen soziale Vergleichsprozesse und institutionelle Bindungen darüber, welche Investitionen vorgenommen, welche Preise erhöht oder welche Marktnische angepeilt wird, welche Güter begehrt werden und welche nicht, welche Preise man dafür in Kauf nimmt und welche nicht.

Diese sozialen Vergleichsprozesse im Rahmen eines sozial-strukturell oftmals recht eindeutig vordefinierten Entscheidungsraumes sind im Bereich des Unternehmerverhaltens systematisch-empirisch sehr wenig erforscht (Ansätze von Baumol, 1959; Boulding, 1958; Cyert & March, 1963; Katona, 1960; Lazarsfeld, 1976; Simon, 1957; Steiner, 1969, blieben im wesentlichen nur Forschungsprogramme und haben selten zu empirischen Untersuchungen geführt; vgl. z.B. Montgomery & Urban, 1970; Morgenroth, 1964). So wissen wir heute im Rahmen der entscheidungstheoretisch fundierten Marketing-Lehre sehr viel über alle möglichen absatzpolitischen Instrumente und deren kombinative Einsatzmöglichkeiten und Einsatzwirkungen, sehr wenig jedoch über die psychischen und sozialen Aspekte tatsächlicher Unternehmerentscheidungen. Es ist Ausdruck der schon vielfach angedeuteten Asymmetrie in unserem Wissen über Marktteilnehmer, daß systematische Forschungen über soziale Einbindung, Rollensituation, Zielkonflikte und Motivation des Unternehmerverhaltens in sehr viel geringerem Maße vorliegen als es uns beim Studium des Konsumentenverhaltens selbstverständlich erscheint. Neben dem Aspekt wissenschaftlicher Zugänglichkeit und neben den forschungsselegierenden Gesichtspunkten des Herrschaftswissens wirkt hier auch sicherlich das Vorurteil nach, daß Unternehmer und Manager dem Ideal des „homo oeconomicus" doch recht nahe seien, so daß „Rationalität" gewissermaßen die Hauptkomponente ihrer Rollenausstattung darstelle, während der „labile" und „launische" Konsument eher als Untersuchungsobjekt psychologischer und auch soziologischer Forschung von Interesse sei.

Bevor wir dieser asymmetrischen Forschungstradition folgen und uns den sozialen Bestimmungsgründen des Konsumverhaltens zuwenden, wollen wir im nächsten Kapitel den Aspekt des Marktablaufs als eines interaktiven Prozesses darstellen, in dem Verhaltensweisen der Marktteilnehmer aufeinander bezogen sind. Im Vorfeld dieser verhaltensorientiert-soziologischen Analyse hat sich unser Blick zunächst auf die institutionellen Aspekte des Marktgeschehens zu richten, da aus soziologischer Sicht hierin wichtige Rahmenbedingungen für die Spezifik und Konkretion sozialen Verhaltens im Marktbereich zu sehen sind.

3.2 Soziale Aspekte des Marktgeschehens

3.2.1 Markt-Institutionen

3.2.1.1 Der Markt als Institution

Die klassische Nationalökonomie hat sich vorwiegend mit sozialen Gebilden vom Typ des Marktes beschäftigt und durch diese Perspektive zweifellos auch gewisse Einseitigkeiten des Forschungsinteresses eingeleitet, die sich dann auch verschiedentlich dem Ideologieverdacht aussetzen mußten. Soviel ist richtig: Marktsoziologie (wie auch Marktpsychologie) ist als wissenschaftliche Disziplin nur sinnvoll, weil und insofern ökonomische Prozesse nach „Gesetzen" des Marktes ablaufen, d.h. insofern überhaupt funktionsfähige „Märkte" vorhanden sind. Dies ist zumindest dort nicht der Fall, wo starre Organisationsformen bestehen, Tauschvorgänge auf der Basis der Freiwilligkeit nicht stattfinden, wo bürokratische Strukturen die Entfaltung der Marktkräfte verhindern, wo autokratische Führung den Ablauf wirtschaftlicher Vorgänge plant und kontrolliert. Allerdings sind Märkte bisher nie völlig verhindert worden. Entweder kommt es zu Ausweich-Tauschprozessen auf anderer Ebene (Markt der Beziehungen oder Gefälligkeiten) oder aber es bilden sich informelle (z.T. auch illegale) Märkte (z.B. Schwarzhandel), die natürlich ebenso Gegenstand der Marktsoziologie (-psychologie) sein können.

Max Weber bezeichnet den Markt als Idealtypus rationalen Gesellschaftshandelns; nach ihm ist der rationale Tausch die „unpersönlichste praktische Lebensführung", in die Menschen miteinander treten können (Weber, 1972). Zetterberg (1962) versucht, die wesentlichsten Strukturelemente sozialer Beziehungsnetze in zwei Klassen aufzuteilen: in solche, die den Charakter der „Organisation" und in solche, die den Charakter des „Marktes" haben (vgl. hierzu auch Albert, 1967, S. 392ff.; Heinemann, 1969, S. 25ff. sowie den Beitrag von Scherhorn in diesem Handbuch). Das Kriterium ist hier, ob das betreffende Beziehungsnetz der Kontrolle durch eine gemeinsame Führung unterliegt (Typ der zentral organisierten Lenkung) oder nicht (Typ der dezentral-marktmäßigen Steuerung). Eine ähnliche Unterscheidung trifft Dahrendorf (1961) mit seiner Dichotomie von Markt und Plan als zwei Typen ökonomischer Rationalität (diese Unterscheidung ziehen wir wegen des sonst widersprüchlichen Begriffes des „organisierten Marktes" vor). Bei Steuerungssystemen vom Typ des Plans werden die Fragen der Produktion und der Distribution durch den Plan einer zentralen Stelle ex ante entschieden. Bei Steuerungssystemen vom Typ des Marktes wird die Koordination der einzelwirtschaftlichen Teilpläne nach dem Prinzip des „trial and error" (Heinemann, 1969) erst ex post durch die Orientierung am Preismechanismus gewährleistet.

Diese alternativen Lenkungs- und Steuerungsformen, die wir hier in Anlehnung an Zetterberg und Dahrendorf herausgestellt haben, reflektieren im Prinzip die traditionelle Lehre von der Wirtschaftsordnung, die üblicherweise von zwei Koordinationssystemen oder Ordnungsmodellen ausgeht (etwa Eucken, 1947): dem der kollektiven Bindung (Kollektivprinzip) und dem der individuellen Freiheit (Individualprinzip), die als Planwirtschaft (Verwaltungswirtschaft) und als Marktwirtschaft (Verkehrswirtschaft) in Erscheinung treten. Freilich gilt der Hinweis, daß die Begriffe Plan und Markt auch im außerökonomischen Bereich Anwendung finden können, und weiter liegt faktisch meist eine wechselseitige Durchdringung beider Systemprinzipien vor, die im Wort von der „gemischten Wirtschaftsordnung" ihren Ausdruck findet (so spricht etwa Bernholz (1979) gar von einer sozialistischen Marktwirtschaft. Ob freilich eine Konfundierung beider Steuerungsprinzipien im Sinne einer Durchmischung auf allen Ebenen funktionsfähig ist oder nicht, ist umstritten). Auch können die hier angesprochenen Steuerungsformen nebeneinander in einer Wirtschaftsordnung existieren und von verbandswirtschaftlichen Komponenten durchsetzt sein, aber es ist ein gravierender Unterschied, ob überhaupt eine zentrale Planstelle im Sinne übergeordneter (oder überpersönlicher) Zielsetzungen existiert oder nicht, unabhängig davon, wieviele Komponenten von Markt und Plan in das System eingeschmolzen sind. So ist etwa die Frage relevant, ob der Wettbewerb als genereller ökonomischer Koordinierungsprozeß oder lediglich als besondere „psychologische Technik" angesehen wird, die in den Dienst bestimmter ökonomischer Ziele (also auch planwirtschaftlicher Zielsetzungen) gestellt werden kann. In diesem letzteren Sinne spricht man in zentralgeleiteten Plangesellschaften vielfach davon, daß in begrenzter Weise „Märkte" zugelassen oder erwünscht seien.

Die traditionelle Lehre von der Wirtschaftsordnung hat sich vielfach – oftmals unter rechtfertigungsideologischen Vorzeichen – mit der Funktionstüchtigkeit

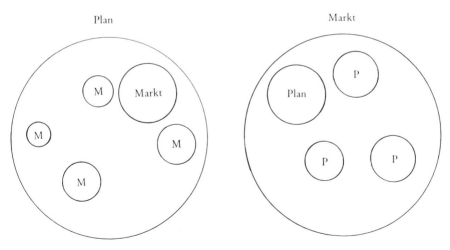

Abb. 1: Plan und Markt als Regelungssystem

der beiden Lenkungssysteme befaßt. Soweit man sich hierbei an den jeweiligen Idealtypen ausrichtet, ist die Diskussion nicht sehr ergiebig, denn die Praxis zeigt, daß das Verhalten der Plan- oder der Marktteilnehmer tendenziell dazu führt, daß die Strukturprinzipien oft bis zur Unkenntlichkeit eingetrübt werden: Bürokratie, Bestechung, erlahmende Motivation, Ausweichstrategien sind mögliche Gegenkräfte, die die Realisierung des Planes vereiteln; Intransparenz, wettbewerbsverzerrende Marktstrategien oder Machtballungen sind mögliche Komponenten, die die Entfaltung des Marktes verhindern. Deshalb wäre eine Soziologie des Marktes unter diesem institutionellen Aspekt aufgerufen, die tatsächlichen Wirkungen der Realisierung der Lenkungssysteme auf der Basis bestimmter Voraussetzungen oder Randbedingungen zu analysieren. Diese Fragestellung ist wichtig etwa für die Beurteilung des Problems, ob und in welchem Umfang ein bestimmtes Lenkungssystem für eine Gesellschaft mit angebbaren Rahmenbedingungen (z.B. Infrastruktur, Stand der Produktion, Entwicklung der Leistungsmotivation usw.) günstig ist oder nicht.

Jenseits der ideologischen Brille, die abzulegen gerade hier wohl sehr schwer sein dürfte, ist diese Frage vor allem unter zwei Gesichtspunkten erörtert worden: einmal unter der Perspektive der „Selbststeuerungsfähigkeit einer Volkswirtschaft" und zum anderen unter dem Aspekt der Verteilungsgerechtigkeit (state failures vs. market failures). Im Hinblick auf die Selbststeuerungsfähigkeit läßt sich die Problemstellung wie folgt beschreiben: Im Ausmaß des Vorhandenseins ganz bestimmter Elastizitätsvoraussetzungen (z.B. Transparenz, Infrastruktur, Motivation usw.) werden Produktivitätsvorteile des Marktsystems (z.B. Stärkung der Initiative, rationale Geldrechnung usw.) sichtbar, bei Fehlen solcher Voraussetzungen werden dagegen Produktivitätsnachteile (z.B. „Kosten" des Wettbewerbs, Machtkonzentration usw.) in Erscheinung treten. Umgekehrt: Im Ausmaß des Vorhandenseins bestimmter Planungsvoraussetzungen (z.B. Überschaubarkeit, Kommunikationssysteme usw.) werden Produktivitätsvorteile des Plansystems evident (z.B. Berücksichtigung des „Gemeinwohls", Aktionsbereitschaft bei Krisen und Mangellagen usw.), bei Fehlen solcher Voraussetzungen überwiegen jedoch die Nachteile dieses Systems (z.B. Schwächung der Initiative, fehlende Bewertungsmaßstäbe für Güter, Zwangskomponente im Kosumbereich usw.). Unter dem Aspekt dieser Fragestellung darf dann auch bezweifelt werden, ob das Problem der Verteilungsgerechtigkeit ohne Kenntnis der hier nur kurz skizzierten Randbedingungen generell im Sinne eines Pro oder Contra beantwortet werden kann.

Bemerkenswert ist in diesem Zusammenhang, daß auch in jeder Marktwirtschaft ein zusätzliches Zwangssystem existiert, das die Bereitstellung öffentlicher Güter besorgt. Die Selbststeuerung der Marktwirtschaft wird nämlich gegenüber allen Gütern versagen, die, wie viele Gegenstände des Kollektivbedarfs, marktverkehrsunfähig sind, also nicht als Waren in Betracht kommen. Ferner ist zu beachten, daß im sozialen Geschehen Transaktionen und Austauschprozesse (auch hinsichtlich geldwerter Güter) stattfinden, die den Markt überhaupt nicht tangieren (Scitovsky, 1977; Smelser, 1967). Es ist u.a. eine Frage gesellschaftlicher Normen, welche Güter auf dem Markt gehandelt werden, und oftmals existieren (partiell) illegitime Märkte (z.B. „graue" Märkte, der Markt für Rauschgift, der Markt für sexuelle Dienstleistungen usw.). Auch scheint der Marktwirtschaft die Tendenz innezuwohnen, Güter und Dienstleistungen dem marktlichen Austausch zu erschließen, die vordem nicht als ökonomische Güter dem Prinzip von Angebot und Nachfrage unterlegen haben (z.B. die marktmäßige Nutzung von Sexualität, von Sehenswürdigkeiten, von künstlerischen Aktivitäten usw.). Dies hat schon Karl Marx (NA 1953) vermutet mit seiner Feststellung, daß der Warencharakter kulturelle Erzeugnisse zu fetischisieren vermag und damit gleichsam in die „Substanz" des Gutes eindringe und nach Marktgesetzlichkeiten deformiere. Welche Güter und Dienstleistungen jedoch als marktfähig angesehen werden, ist damit keine Frage definitorischer Festlegung, sondern Resultat innovativer Expansion des Marktgeschehens sowie der gesellschaftlichen Akzeptanz dieser marktlichen Verwertung aufgrund sozialer Normen und Gewohnheiten.

3.2.1.2 Strukturelemente des Marktes

Als zentrale ökonomische Institutionen werden von Parsons und Smelser (1957) die Arbeitsteilung, der Austausch und der Kontrakt angesehen. Als wichtigstes Strukturprinzip des Marktes wird üblicherweise der Austauschgedanke betrachtet. Als wesentliche strukturelle Teilelemente dieses Prinzips werden von Heinemann (1978, S. 54ff.) herausgestellt:

(1) Freiheit und Gleichrangigkeit der Beziehungen, so daß das Prinzip der freien Austauschbarkeit realisiert werden kann, was auch die Möglichkeit der Ablehnung impliziert.

(2) Das Bestehen von Vergleichsmöglichkeiten in einer doppelten Hinsicht: Vergleich einer Sache mit einer anderen Sache sowie Vergleich von Personen, die eine Sache (oder ähnliche Sachen) zu verschiedenen Bedingungen abgeben wollen.

(3) Das Bestehen eines Kontroll- und Sanktionsmechanismus, hier vor allem als finanzieller Sanktionsmechanismus, der ohne zentrale Führung auf der Grundlage finanzieller Anreize die Steuerung des Verhaltens der Marktteilnehmer ermöglicht.

Heinemann (1978, S. 55), der sich hierbei auf vergleichende kulturanthropologische Studien stützt (Malinowski, 1922; Herskovits, 1952; Bohanan & Dalton, 1965 u.v.a.) sieht in primitiven Gesellschaften diese Strukturelemente nicht entwickelt: Es fehle die prinzipielle Möglichkeit, Beziehungen von Personen und Sachen zu negieren, es fehle an der Möglichkeit, unpersönliche Tauschbeziehungen aus familialen, politischen und religiösen Bindungen herauszulösen, und es sei darüber hinaus keine Interessenverfolgung auf der Grundlage finanzieller Kontrollen und Sanktionen möglich. Das nebenstehende Schaubild verdeutlicht diesen Vergleich anhand der beiden dichotomisch gedachten Gesellschaftstypen „primitiv" und „modern". Der Erkenntniswert solch idealtypischer Gegenüberstellungen ist freilich begrenzt; dies schon deshalb, weil auch in sog. „primitiven" Gesellschaften bereits (konkrete) Märkte vorkommen, in denen existenznotwendige Güter gehandelt werden und wo auch die Entwicklung von Naturgeld — gleichsam eine „dritte Ware" (Vieh, Eisenstäbe, Salz, Leder usw.) — bereits erste Komponenten überpersönlicher und abstrakter Kriterien des Austauschprozesses einleiten. Die nächste Stufe wäre dann — immer

Übersicht 2: Strukturformen ökonomischer Markt- und Tauschsysteme

Soziologische Elemente des Marktes	Ausprägungen	
	primitive Gesellschaften	moderne Gesellschaften
Gesellschaftliche Rahmenbedingungen	geringe soziale Differenzierung multifunktionale gesellschaftliche Institutionen. Verhaltenssteuerung durch Solidaritätsverpflichtungen insbesondere im Rahmen umfassender verwandtschaftlicher Bindungen	hohe soziale Differenzierung zweckspezifische, rollenmäßig ausdifferenzierte Daseinsbereiche. Steuerung durch systemimmanente, auf die jeweilige Grundfunktion bezogene Handlungsnormen
Elemente des Marktes 1. Soziale Beziehungen der Tauschpartner	Eingebunden in langfristige multifunktionale Bindungen; Tauschbeziehungen mit anderen, insbesondere verwandtschaftlicher Bindungen verwoben und moralischen etc. Wertungen unterworfen	funktional spezifisch; unpersönlich; affektiv neutral; frei von familiären, politischen, moralischen, religiösen etc. Bindungen
2. Handlungsorientierung	Normenorientierung, insbesondere im Rahmen von Reziprozitätsnormen	Interessenorientierung, hoher Grad an Individualität
3. Erwartungsstruktur	großer Erwartungshorizont, geringer Möglichkeitshorizont und damit geringe Unsicherheit	kleiner Erwartungshorizont, großer Möglichkeitshorizont und damit geringe Gewißheit
Handlungsvoraussetzungen der Marktpartner	Hohe soziale Identifikation, Bereitschaft zu solidarischem Handeln, geringe Empathie	Fähigkeit der Abstraktion, der Distanzierung und Negierung von Sachen, sozialen Beziehungen und Umständen, hohe Empathie
Organisationsformen der Marktsysteme	a) Tauschsphären auch im wirtschaftlichen Bereich stark segmentiert	Festlegung der Tauschsphären parallel zu den differenzierten gesellschaftlichen Daseinsbereichen

Soziologische Elemente des Marktes	Ausprägungen	
	primitive Gesellschaften	moderne Gesellschaften
1. Festlegung der Tauschsphären	b) Tausch wirtschaftlicher Güter auch gegen Leistungen nicht ökonomischer Art (Prestige, Ansehen, unspezifizierte Dankespflicht)	
2. Festlegung der Gleichheit und der Ungleichheit der Leistungen (Markt als Setzungsprozeß)	Reziprozitätsnormen	Preisbildung, Wertbildung mit Hilfe des Geldes durch Angebot und Nachfrage
3. Sicherung der Äquivalenz der Leistung	Normative Verpflichtungen und Solidaritätsbindungen	Interessenorientierung verbunden mit Regelungen zur Verhinderung komperativer Machtvorteile
Verhaltenssteuerung	Reziprozitätsnormen	finanzieller Kontroll- und Sanktionsmechanismus
Funktionen von Markt- und Tauschsystemen 1. für die Tauschpartner 2. gesamtgesellschaftlich	1. Regelung der „Austauschgerechtigkeit", also a) Festlegung der austauschbaren Leistungen b) Festlegung der Kriterien zur Beurteilung von Gleichheit und Ungleichheit der Leistungen c) Sicherung der Äquivalenz von Leistung und Gegenleistung 2. Integration Erhalt der Stabilität	1. wie in primitiven Gesellschaften, jedoch werden die gleichen Funktionen in anderen institutionellen Regelungen gelöst 2. Steigerung der Autonomie des Teilsystems Wirtschaft, Vergrößerung der Innendifferenzierung

(Heinemann, 1967, S. 67)

noch in sog. primitiven Gesellschaften − die Benutzung von Symbolgeld (Muscheln) im Sinne eines symbolischen Interaktionsmediums (vgl. Parsons, 1978).

Die beiden wesentlichen Strukturwandlungen im Hinblick auf die Entwicklung des modernen Konsumgütermarktes scheinen die zunehmende Depersonalisierung und Komplexisierung zu sein (vgl. auch Smelser, 1967). So sind traditionelle Strukturelemente des Marktes, wie partikularistische Bindungen (etwa aufgrund von Verwandtschaftsbeziehungen) oder die soziale Aufladung von Kaufakten (z.B. das Feilschen um den Preis) heute weitgehend verschwunden und haben einem abstrakteren „Einheitssystem" Platz gemacht, das der Komplexität entgegenwirkt. Dabei wird es auch notwendig, daß stellvertretende Mechanismen die gelockerten Bindungen von Käufer und Verkäufer ersetzen. Diese neuen Mechanismen sind gewissermaßen ein funktionales Äquivalent für die Schaffung besonderer Vertrauensverhältnisse: Garantieerklärungen, die Entwicklung des Markenartikels, der ein besonderes Vertrauen in die Qualität des Produktes signalisieren soll, die abstrakte Werbung, die das persönliche Gespräch zwischen den Marktpartnern zum Teil ersetzen kann, usw. Die gleichen „Mechanismen" erfüllen dann auch die Funktion einer Reduzierung von Komplexität angesichts der Vielfalt der angebotenen Güter und Dienstleistungen; der Intention der Anbieter nach freilich oft einer Reduktion von Komplexität in „ihrem" Sinne.

Die genannten Entwicklungstendenzen kennzeichnen auch die Entfaltung moderner Absatzmethoden und -formen. Markt-Institutionen haben früher auch andere als ökonomische Aktivitäten aufgefangen: der konkrete Markt als Ort des Gesprächs, als Kommunikationszentrum, wo der ökonomische Austauschvorgang oft nur als peripherer Akt, gewissermaßen als Anlaß persönlicher Kontakte, aufgefaßt wurde. Gewiß: Rudimentäre Formen dieses sozialen Tiefgangs von Kaufakten finden wir noch heute: im Laden um die Ecke, bei service- und erklärungsbedürftigen Artikeln im Fachgeschäft, bei Transaktionen von besonderem „Gewicht", wo das persönliche Verkaufsgespräch oder der Besuch von Vertretern unausweichlich wird, und schließlich bei Dienstleistungen schlechthin. Ansonsten dominiert der Versuch, Absatzsysteme und Absatzwege zu depersonalisieren und damit zu objektivieren sowie die ehemals sozialen Elemente von Kauf- und Verkaufshandlungen dem Objekt (dem Produkt) oder der formalen Werbung aufzubürden.

Distributionskanäle und ihre Veränderungen sind im allgemeinen vom Anbieter beherrscht; sie sind jedoch zu wesentlichen Anteilen auf die (mutmaßliche oder tatsächliche) Verbraucherreaktion bezogen und daran orientiert. Man kann die Problematik der Wahl und der Entwicklung solcher Kanäle aus der Sicht der Anbieter aus Kosten-Nutzenüberlegungen ableiten, die durch die jeweiligen Marktbedingungen und die Reaktionen der Verbraucher bestimmt wrden. Dieser Sachverhalt kann also austauschtheoretisch in der Weise gedeutet werden, daß im Sinne eines Belohnungs-Bestrafungs-Modells effiziente oder „günstige" Kanäle bevorzugt, der „tüchtigste" Anbieter demnach belohnt wird, während durch den gleichen Sanktionsmechanismus ineffiziente Kanäle allmählich ausgeschieden werden. Aus systemtheoretischer Sicht kann die Entwicklung neuer Absatzformen als „Mechanismus" gedeutet werden, der als Ergebnis von Gleichgewichtsänderungen im System innovative Strukturen gleichsam als Anpassungsleistung produziert. Neue Absatzkanäle oder die Modifikation vorhandener Kanäle (z.B. das Auftauchen veränderter Vertriebsformen des Einzelhandels) sind in diesem Sinne gewissermaßen die Antworten des Systems auf Störungen im System. Diese „holistische" Erklärung erscheint uns allerdings viel problematischer als eine mögliche austauschtheoretische Deutung. Im Sinne des verhaltensorientierten Ansatzes kann nur ausgesagt werden, daß Anbieter zur Verbesserung ihrer Kosten-Nutzen-Relation günstigere Möglichkeiten der Distribution auszuschöpfen suchen. Sollte dies für das System günstig (funktional) sein – was zu prüfen wohl nicht ganz einfach sein dürfte – so ist dies allenfalls ein nicht-intendiertes Nebenprodukt solchen Verhaltens.

Neuerdings versucht man die Struktur und die Funktion von Distributionskanälen aus systemtheoretischer Sicht näher einzugrenzen. Stern und seine Mitarbeiter (vgl. Stern, (Ed.), 1969) begreifen Verteilungswege als System interdependenter Beziehungen, für das bestimmte Kommunikationsstrukturen, Rollenverflechtungen und Machtkonstellationen konstitutiv sind. Dem System „Handel" entsprechen demnach spezifische Rollen. So besteht etwa ein Satz von Erwartungen über angemessenes Verkäuferverhalten (ein bestimmtes Benehmen, das Gebundensein an gewisse Zusagen usw.), ferner sind die Rollenträger an bestimmte rechtliche Normen, institutionelle Regelungen, wie Preis und Qualitätsvorschriften, gebunden. Abweichungen von den Händler- bzw. Verkäuferrollen können Gegenreaktionen auch vom Typ der Sanktion auslösen (vgl. Burghardt, 1974, S. 146). Dabei sind die jeweiligen Regelungssysteme sehr eng auf die Reziprozität der marktlichen Austauschprozesse bezogen: Veränderungen in der Rollenstruktur beeinflussen dann das Insgesamt der übrigen Rollenbeziehungen.

Die Bemühungen von Stern und seinen Mitarbeitern (vgl. Stern, 1969; Stern & Brown, 1959) um eine systemanalytische Erfassung von Distributionskanälen haben am ehesten im Hinblick auf die Analyse der Machtverteilung innerhalb der Distributionsstruktur befruchtend gewirkt (vgl. Kap. 3.2.3). Für die übrige Thematik erscheint die systemtheoretische Ornamentierung absatzwirtschaftlicher Sachverhalte eher von heuristischer Bedeutung und führt oftmals in die bereits beschriebene Sackgasse holistischer Erklärungsskizzen, die das Bestehen sozialer Institutionen aus ihrer Funktion für das Gesamtsystem ableiten. Die von Stern gewählte Perspektive erscheint uns auch deshalb recht unfruchtbar, weil hier die Distributionskanäle von Herstellern und Händlern als ein vom Konsumverhalten abgetrenntes System begriffen werden, wobei Reaktionen des Konsumsystems lediglich als Störvariablen behandelt werden. Die Art und Weise, wie hier das Subsystem der Distributionskanäle aus dem Gesamtsystem „Wirtschaft" oder „Gesellschaft" herausgelöst wird, macht es sehr wahrscheinlich, daß ein solches Denken in wasserdichten Systemen gerade jene Probleme ausklammert, um die es im Interaktionsgeschehen des Marktes – und hier reflektieren wir wiederum hauptsächlich auf den Konsumgütermarkt – wesentlich geht.

3.2.2 Markt-Interaktionen

3.2.2.1 Form und Gegenstand des Austauschs

Interaktionen werden in der Sozialwissenschaft häufig mit Begriffen des Austauschs beschrieben. Die Vorstellung des Austauschs wurde dabei der Ökonomie entnommen und erst später auf andere Bereiche der Sozialwissenschaften übertragen. Den ersten Anstoß hierzu gaben Ethnologen, wie Thurnwald, Malinowsky (1922) und Mauss – letzterer insbesondere mit seinem richtungsweisenden „Essai sur le don" (1923/24) – die auch für nicht marktwirtschaftlich geregelte Tauschsysteme ermittelten, daß „Geben" und „Nehmen" ein universelles Prinzip darstelle, das breite Teile des sozialen Lebens von Naturvölkern durchziehte und für die Integration von Einzel- und Gruppeninteressen konstitutiv sei (vgl. auch Firth, 1951; Malinowsky, 1922; Polanyi et al. 1957). Obgleich Polanyi und seine Mitarbeiter dieses Tauschsystem als „reciprocative" bezeichnen, durchzieht der Gedanke der Reziprozität den Sozialcharakter solcher Beziehungen nur in einer höchst indirekten, oft sehr verwickelten Weise. So könnte man zunächst vermuten, daß Leistungen vom Typ des Brautgeschenks oder der demonstrativen Vernichtung von Wertobjekten anläßlich zeremonieller Handlungen eher dem Typ des Transfers statt des Tauschs (vgl. zu dieser Unterscheidung Boulding, 1970) entsprechen, zumal direkte Formen der „Bezahlung" als sozial unpassend gelten. Vertreter des Austauschgedankens würden demgegenüber jedoch hervorheben, daß sich auch in solchen Transferleistungen Elemente der „Berechnung" finden lassen, die auf die besondere Logik des Gebens und Nehmens im sozialen Kontext rückführbar sind (vgl. Smelser, 1968, S. 147) und Gegenleistungen auf andere Ebenen entstehen lassen. Die Tatsache der Gegenleistung tritt wohl vor allem deshalb nicht immer hervor, weil diese qualitativ von der Ausgangsleistung völlig verschieden sein kann und keineswegs Zug um Zug erfolgen muß, sondern gewissermaßen gestundet werden kann. Diese Dehnung der Zeitperspektive verliert sich erst in dem Moment, in dem das „primitive Geld" als Ausdruck „gestundeter Gegenseitigkeit" (Georg Simmel, 1958) ein Pfand darstellt geeignet, jederzeit den Ausgleich herbeizuführen.

Obgleich wir bei marktwirtschaftlich geregelten Tauschsystemen über ein objektives, generalisierbares Tauschmedium, nämlich Geld verfügen, das als Ausgleichsmaßstab Güter zu einer quantifizierbaren „Ware" macht – „alles hat seinen Preis" – ist es im Rahmen der soziologischen Analyse unumgänglich, den „Geldschleier" zu durchstoßen und zu den sozialen Basismotivationen und Bedeutungsinhalten der jeweiligen Transaktionen vorzustoßen. Eine Anwendung des inhaltlich ausgeweiteten Exchange-Prinzips auf nicht-geldwerte bzw. immaterielle Güter (z.B. Sympathie, Sicherheit, Freude am Verhandeln usw.) erscheint jedoch auch deshalb notwendig, weil Interaktionsprozesse in „begleitende" Komponenten der Belohnung eingebettet sind, die u.a. durch die soziale Aufladung von Verkaufsinteraktionen bestimmt sind.

Schwierig ist allerdings die Frage, ob der Interaktionsbegriff mitsamt des ihn tragenden Austauschgedankens fruchtbar genug ist, mehrere soziale Ebenen des Interaktionsgeschehens angemessen zu erklären (kritisch hierzu: Scheuch,

1973). Es sei daher daran erinnert, daß das Exchange-Konzept im Rahmen der Sozialpsychologie bzw. der Mikro-Soziologie deutliche Affinität zur Kleingruppenforschung aufweist, so daß auf den ersten Blick eine Orientierung dieses Konzepts an vorwiegend dyadischen oder zumindest überblickbaren „face-to-face-Beziehungen" besonders erfolgreich zu sein scheint. Diese treten am ehesten an der vordersten Front des Marktgeschehens in Erscheinung: etwa bei konkreten Verhandlungen im Rahmen von Käufer-Verkäufer-Interaktionen. In der Tat ist gerade auf diesem Gebiet dyadischer Interaktionen das Austauschprinzip theoretisch und empirisch fruchtbar gewesen (Man vergleiche hierzu die angewachsene Literatur zur Problematik des „personal selling", etwa: Bonoma, 1977; Capon, Holbrock & Hulbert, 1977; Evans, 1963; Olshavsky, 1975; Schoch, 1969; Willett & Pennington, 1976; Wilson, 1977). Wie steht es jedoch mit der Tragfähigkeit des Austauschgedankens, wenn Interaktionen sozial ausgedünnt sind oder sich lediglich auf einer abstrakteren Ebene noch dem Prinzip des Ausgleichs fügen?

Dies hat dazu geführt, zwischen verschiedenen Ebenen oder Formen des Austauschs zu unterscheiden. Vielfach knüpft man deshalb an einen Vorschlag von Levi-Strauss an, der zwischen „restricted exchange" und „generalized exchange" unterschied, wobei der erstgenannte Typ auf dyadisch-reziproke Beziehungen abstellt, der zweite dagegen auf komplexere Beziehungsmuster, „if the reciprocations involve at least three actors and if the actors do not benefit each other directly but only indirectly." (Ekeh, 1974, p. 51f.) Die sozialen Akteure bilden insofern ein System, in dem Individuen nicht unbedingt von ihren unmittelbaren Interaktionspartnern belohnt werden, sondern über verschiedene Stationen (also etwa A → B → C → A usw.). Solche Interaktionssysteme lassen sich dann auch auf höherer Aggregatebene anwenden, etwa auf der Ebene systemischer Interaktion oder etwa im Rahmen ökonomischer Kreislaufmodelle. Sie erfüllen damit allerdings eher eine heuristische Funktion, indem sich etwa zeigen läßt, daß soziale Systeme als komplexe Beziehungsmuster von insgesamt ausgeglichenen Interaktionssequenzen angesehen werden können.

3.2.2.2 Austauschtheoretische Ansätze

Fragen wir also jetzt explizit, ob neuere Exchange-Theorien zum Verständnis marktlicher Austauschbeziehungen angewandt werden können, wie sie etwa im Rahmen der Soziologie (Blau, 1964, 1975; Homans, 1958, 1961; Malewsky, 1967;) und der Sozialpsychologie (Adams, 1965; Thibaut & Kelley, 1959; Walster, Berscheid & Walster, 1976) entwickelt worden sind (vgl. für neuere zusammenfassende Darstellungen Tedeschi, Schlenker & Bonoma, 1973; Ekeh, 1974; Heath, 1976; für den Markt- und Konsumbereich: Bagozzi, 1974; Nord, 1974). Dabei verzichten wir hier auf eine detaillierte Darstellung dieser Theorien (vgl. hierzu den Beitrag von G.F. Müller in diesem Band), sondern verfolgen lediglich das Konzept von Homans, das den Anspruch erhebt, auch komplexere soziale Sachverhalte erklären zu können und durch Hypothesen der Lerntheorie (hier insbesondere Skinner) abgestützt zu sein. Zweitens richten wir unser Augenmerk auf den sozialen Kontext, dessen variierende Rahmenbedingungen auf Art und Inhalt von Austauschbeziehungen einwirken.

Die zentralen Aussagen bei Homans (1967) enthalten (1) das allgemeine Prinzip der Verstärkung belohnten Verhaltens, (2) das Prinzip der Generalisierung auf einem Kontinuum der Ähnlichkeit von Stimuli, (3) ein Valenzprinzip nach Maßgabe des Belohnungswertes, (4) ein (problematisches) Sättigungsprinzip im Hinblick auf bisher erfahrene Belohnungen sowie (5) ein (widerlegbares) Prinzip der Frustration, die in Aggression einmünden soll. Obgleich damit vorwiegend die traditionellen Implikationen des Konzepts operanten Konditionierens angesprochen werden auch diese nicht einmal vollständig, da Aussagen etwa im Hinblick auf die Wirkungen verschiedener Verstärkungsmodi fehlen – glaubt Homans, daß diese Aussagen bereits genügen, um soziale Tatbestände angemessen zu erklären. Mit dieser Beschränkung kann sich Homans freilich nicht zur Gänze auf Skinner stützen; auch wird an verschiedenen Stellen seiner Ausführungen der strikt behavioristische Rahmen durchbrochen, indem etwa gesagt wird, daß Individuen sich nach Normen ausgleichender Gerechtigkeit richten oder indem die Akteure bestimmte Erwartungen darüber hegen, ob Belohnungen und/oder Bestrafungen auch tatsächlich eintreffen.

Bevor wir mögliche Anwendungen auf den Bereich des Marktverhaltens erörtern, sind gewisse grundsätzliche Schwierigkeiten anzusprechen, die einer Überprüfung und Anwendung dieses Konzepts entgegenstehen. Wie auch bei der Verstärkungstheorie generell bleibt es nämlich offen, was genau Individuen jeweils unter Belohnungen und Bestrafungen verstehen. Ähnlich wie auch die Theorie der operanten Konditionierung keine stabilen, interpersonelle und situationsübergreifende Listen von Verstärkerereignissen bereitzustellen vermag, bleibt Homans' Begriff der Belohnung bzw. Bestrafung eine leere Hülse, solange man nichts über die konkreten Bedürfnisse oder Wertvorstellungen von Individuen, Gruppen oder Subkulturen weiß. Sehr häufig sind nun auch Verhaltensweisen sowohl mit Belohnungen (Erträgen) als auch mit Bestrafungen (Kosten) verbunden. Soweit dies der Fall ist und klare Dominanzen nicht zutage treten, ist eine Voraussage kaum möglich, da keine Gewichtungsregel vorliegt (so: Hummell, 1969, S. 1210). Schließlich ist das Sättigungsprinzip in der von Homans formulierten starren Form höchst problematisch; es dürfte lediglich für Restitutionsbedürfnisse gelten, die nach Prinzipien (quasi-)physiologischer Sättigung tilgbar sind, kaum jedoch für sog. Expansionsbedürfnisse (wie Ansehen, Macht, Leistung), die sich eher an bestimmten Vergleichsstandards und Anspruchsniveaus ausrichten.

Die Anwendung auf das Austauschverhalten von Interaktionspartnern ist nun durch die Annahme einer gegenseitigen Erwiderung von Belohnungen und Bestrafungen gegeben: „the propositions of behavioral psychology imply a tendency toward a certain proportionality between the value of others of the behavior a man gives them and the value to him of the behavior they give him" (Homans, 1958, S. 599f.). Malewski (1967, S. 114f.) weist jedoch darauf hin, daß diese austauschtheoretische Wendung keineswegs eine notwendige Konsequenz der Theorie ist, indem nämlich Belohnungen und Bestrafungen, die man von anderen erhält, auch − in gleicher Höhe − erwidert werden. Malewski schlägt daher vor, zwischen Verhaltensweisen zu unterscheiden, die „Alter" unmittelbar Belohnung einbringen und daher von „Alter" reziprok belohnt werden und Verhaltensweisen, die „Ego" direkt Belohnungen einbringen, wenn die betreffende Handlung geäußert wird.

Nun impliziert allerdings die ökonomische Austauschtheorie seit Adam Smith einen partiell anderen Sachverhalt. Sie sagt nämlich aus, daß ein Tauschvorgang immer dann inszeniert wird, wenn die Tauschpartner vorweg − jeder für sich − das angebotene Gegengut höher einschätzen als das auszutauschende (wobei eines dieser Güter Geld sein kann). Ein so formuliertes Prinzip scheint nun im Grunde dem Gedanken einer strikten Reziprozität (Egalität, Equität, Äquivalenz) zu widersprechen, zumindest auf der subjektiven Ebene des einen Marktpartners: eine absolute Gleichheit der Nutzenvorstellungen (Grenzertrag gegen Null) impliziert keinen Stimulus zur Austauschaktivität (für eine genauere Trennung von Reziprozität, Egalität und Komplementarität vgl. Gouldner, 1960; 1974). Je höher jedoch der erwartete Nutzen-Surplus der einen Marktseite, desto höher ist deren Motivation, den Austausch durchzuführen. Da es sich bei diesem Geschehen nicht um ein Null-Summenspiel handelt, darf auch keineswegs angenommen werden, daß das Heraufschrauben des „Preises" für ein Gut stets mit einer proportionalen Einbuße an Nutzen-Surplus der Gegenseite einhergeht, auch wenn dieser bis zu einem gewissen Grade reduziert werden sollte und auch wenn beispielsweise Einbußen an Sympathie oder gar die Äußerung von Feindseligkeit die Interaktionsbeziehung für den „Überforderer" belasten mögen.

Reziprozität in Austauschbeziehungen scheint also lediglich auf der abstrakten Geldseite des Tauschvorganges einlösbar; aber auch dies mag schon eine „verzerrte Reziprozität" widerspiegeln. Homans (1961) bemüht in diesem Zusammenhang seine Regel von der „ausgleichenden Gerechtigkeit" (Gouldner, 1960, spricht von einer Norm der Reziprozität), die dafür Sorge trägt, daß die Austauschbeziehungen nicht asymmetrisch werden. Homans formuliert dieses Ausgleichsprinzip so: „Eine Person, die mit einer anderen in einer Tauschbeziehung steht, wird erwarten, daß sich die Gewinne einer jeden proportional zu ihren Investitionen verhalten, und falls beide von einer dritten Seite belohnt werden, daß diese dritte Instanz besagtes Verhältnis zwischen beiden respektiert" (1961, S. 206). Damit zeichnet Homans bereits den Weg vor, den später Adams (1965) mit seiner Equity-Theorie beschritten hat. Diese Theorie sagt voraus, daß das Individuum eine Abweichung vom Austauschgleichgewicht mit Tendenzen zur Wiederherstellung dieses Gleichgewichts beantworten wird – wobei verhaltensaktive und kognitive Strategien (z.B. höhere oder geringere Bewertung von Nutzenqualitäten) möglich sind – selbst dann, wenn das Individuum einseitige Vorteile aus der Tauschbeziehung empfängt. Auch hier wird der Widerspruch zur Markttheorie deutlich, die gerade davon ausgeht, daß Individuen Tauschverhältnisse nur anstreben, wenn diese ein Surplus an Belohnung erbringen. Dies geht im übrigen auch aus Homans' erstem Postulat hervor (1967): Handlungen werden nur verstärkt (oder aufrechterhalten), wenn sie von (Netto-)Belohnungen gefolgt werden. Darin kann im übrigen auch – unter der Einbeziehung der Zeitperspektive (vgl. hierzu Reichardt 1973) – der Grund gesehen werden, daß Individuen danach trachten, Interaktionsbeziehungen aufrechtzuerhalten. Dies läßt sich mit Prinzipien der operanten Konditionierung erklären: Ein als positiv erlebter Tausch wirkt als Verstärker zur Wiederholung gleichartiger (oder ähnlicher) Tauschvorgänge. Das Suchen nach neuen, anderen Tauschpartnern (und die Gefahr eines möglichen Mißerfolgs) ist zudem mit gewissen Kosten verbunden (dies ist eine Erklärungsskizze für einige Formen der Markentreue oder von Kaufgewohnheiten schlechthin), so daß das Individuum lediglich dann die Suche nach einem anderen Interaktionspartner aufnimmt, wenn es konkret erwartet, dadurch einen höheren (risiko-gewichteten) Netto-Nutzen zu erhalten.

Aus zwei Gründen werden wir also annehmen dürfen, daß Individuen an einem fairen Ausgleich interessiert sind: Erstens werden sie sich den Normen der Reziprozität unterwerfen, soweit sie solche Standards akzeptiert und/oder internalisiert haben. Zweitens könnten Individuen auch aufgrund reiner Kosten-Nutzen-Überlegungen Reziprozität wünschen, etwa deshalb, weil der Partner auf eine andere Interaktion ausweichen könnte (Marktelastizität aufgrund eines günstigeren Vergleichsniveaus für Alternativen), oder etwa aus dem Grunde, daß eine längerfristige Interaktionsbeziehung – Beispiel: der Käufer soll „Dauerkunde" werden – angestrebt wird oder weil ein gutes Interaktions-Klima Bestandteil der Tauschbeziehung und damit Element der Belohnung sein könnte. Individuen werden also im Ausmaß der Akzeptanz von Normen und im Ausmaß übergreifender oder langfristiger Zweckmäßigkeitsüberlegungen dazu neigen, ihre augenblicklichen Machtmittel im Tauschprozeß nicht (oder zumindest nicht immer) voll auszureizen. Eine solche Verhaltenstendenz in Richtung Equität, wie sie etwa in den Ausgleichsvorstellungen eines Homans oder Adams enthalten ist, dürfte also lediglich bei Vorliegen zusätzlicher Bedingungen gegeben sein. Insofern ist es auch nicht verwunderlich, wenn widersprechende Theorien (z.B. Mulders Theorie der Machtausweitung, 1960) davon ausgehen, daß die Inhaber profitträchtiger Interaktionspositionen (oder rollen) dazu neigen, die Beziehung immer asymmetrischer werden zu lassen. Auch diese These dürfte freilich nur unter spezifischen Bedingungen gelten: etwa bei starker Ausprägung des Machtbedürfnisses, bei geringem Durchgreifen regulierender Normen, bei Vorliegen eines (durch Marktprozesse geförderten) Wertsystems, das eher den Gesichtspunkt des Wettbewerbs und des Leistungsvorteils betont, bei schwacher Ausprägung von Aspekten der Solidarität, Kooperation und Egalität.

3.2.2.3 Soziale Rahmenbedingungen

Für die soziologische Analyse des Marktverhaltens ist es keineswegs ausreichend, lediglich die untereinander in Beziehung stehenden Marktpartner in ihren konkreten „Verhandlungen" zu untersuchen, da diese als vollziehende Organe nur einen Aspekt des Marktes darstellen (vgl. hierzu R. Schild, 1977, S. 108). Das Marktverhalten ist vielmehr eingebettet in bestimmte kulturelle, ökonomische und politische Rahmenbedingungen, die das Kalkül des „rational motivierten Interessenausgleichs" (Max Weber, 1972) überlagern, sei es in Form von übergreifenden sozialen Regelungs- und Kontrollmechanismen, sei es durch die Ausdünnung sozialer Interaktionen im Rahmen der Depersonalisierung von Marktvorgängen, sei es ganz umgekehrt durch die Ritualisierung des Austauschgeschehens in einigen „organischen" Märkten, wie etwa der Börse (vgl. hierzu: Fürstenberg, 1970, S. 38), sei es durch die Ungleichgewichtigkeit der Interaktionsbeziehungen aufgrund bestimmter, freilich wechselnder Machtverhältnisse auf dem Markt, oder sei es schließlich durch die Tatsache, daß die Marktpartner – jeder für sich – in je spezifische Interaktionssysteme eingebettet sind und hieraus ihre Präferenzen und Handlungen ableiten.

In Anknüpfung an Schild (1977) wollen wir folgende Rahmenbedingungen marktlicher Interaktionsbeziehungen unterscheiden:

(1) Kulturelle Rahmenbedingungen, insbesondere durch die kulturell geprägten Werthaltungen und Bedürfnisse von Anbietern und Nachfragern (vgl. zur Kulturbedingtheit des Nachfrageverhaltens Kap. 3.1).

(2) Politische Rahmenbedingungen, häufig in regulativer Funktion des Marktmechanismus, insbesondere auch das „Mischungsverhältnis" von Markt und Plan im Rahmen der Wirtschaftsordnung, rechtliche Regelungssysteme, politische Sanktionsmechanismen (z.B. um Wettbewerbsverzerrungen zu verhindern).

(3) Ökologisch-ökonomisch-technologische Rahmenbedingungen, die die Basis des für die Wirtschaft erforderlichen Potentials an Ressourcen darstellen

und die letztlich die Versorgungslage (bzw. den ökonomischen Entwicklungsstand) einer Gesellschaft repräsentieren.

(4) Sozial-strukturelle Rahmenbedingungen, insbesondere das Ausmaß tatsächlich vorhandener Macht auf dem Markt samt den Möglichkeiten zur verbandswirtschaftlichen Intervention, sowie der Einfluß sozialer Gruppierungen, die das Individuum auf dem Markt vertreten und/oder welche das Individuum in seiner Zielsetzung und Motivation sozial prägen.

Diese vier Rahmenbedingungen, die miteinander in Interdependenz stehen, wirken im Sinne eines normativen Gefüges, in dem sich zwischenmenschliche Beziehungen innerhalb des Subsystems „Markt" abspielen. Keineswegs darf man sich von dem Gedanken leiten lassen, daß im Marktgeschehen lediglich soziale Beziehungen des Typs „unmittelbare Marktinteraktion" stattfinden. Interaktionseinflüsse dieser Art sind lediglich ein Teilaspekt aller marktrelevanten sozialen Prozesse, im Falle sozialer Ausdünnung oder weitgehender Formalisierung sogar ein weitgehend irrelevanter: Aktion und Reaktion sind dann voneinander getrennte Ereignisse. Zahlreiche Interaktionsprozesse spielen sich jedoch im Binnensystem der Anbieter und Nachfrager ab, die eingebettet sind in ganz bestimmte Gruppen-, Kommunikations- und Rollenzusammenhänge, die bereits präformierend auf das einwirken, was als Angebot und als Nachfrage in das Marktgeschehen eingeht.

3.2.3 Markt-Macht

3.2.3.1 Grundlagen und Formen der Marktmacht

Wir versuchten zu zeigen, daß zwischen der Aussage, daß Individuen in Austauschbeziehungen einen möglichst hohen Nettogewinn zu erlangen versuchen, und der These, wonach Reziprozität in den jeweiligen Austauschverhältnissen eintreten werde, ein grundsätzlicher Widerspruch besteht. In grober Vereinfachung kann man diesen Widerspruch auch als Antagonismus zwischen (egoistischer) Motivation und (sozialer) Norm ansehen, so daß der Gedanke der Reziprozität hier vor allem als ein das Austauschverhältnis überlagerndes Prinzip angesehen werden muß. Im Widerstreit dieser Prinzipien geht dann die empirische Fragestellung in sehr verschiedene Richtungen: Welches sind die Faktoren, die das jeweilige Ausmaß an Wechselseitigkeit bestimmen? Wie wird der Gedanke der Reziprozität internalisiert? Was geschieht im Falle asymmetrischer Beziehungen? Diese und ähnliche Fragestellungen können unter soziologischen Gesichtspunkten wiederum unter verschiedenen Erkenntnisinteressen formuliert werden: Welches sind die Auswirkungen mangelhafter Wechselseitigkeit auf das soziale System? Entsprechen Ungleichgewichten in solchen Beziehungen bestimmte soziale Spannungslinien? Welche Folgen hat dies für das soziale System? Diese Fragestellungen führen geradewegs zur Untersuchung sozialer Konflikte und Machtverhältnisse, die als Resultat gestörter Austauschbeziehungen interpretiert (vgl. Bohnen, 1971), jedoch keineswegs mit dem Hinweis auf systeminhärente Ausgleichsmechanismen aus der Analyse herausgehalten werden können.

Daher wird es fraglich, ob die Kategorie des Tauschs mit den besonderen Implikationen des exchange-theoretischen Ansatzes im realen Marktgeschehen überhaupt noch tragfähig sein kann. In Übereinstimmung mit den meisten Soziologen kann von Tauschbeziehungen nur sinnvoll gesprochen werden, weil und insofern Spielraum in den Reaktionsweisen gegeben ist (vgl. insb. M.J. Levy jr., 1966). Nur zwischen Gleichwertigen sind asymmetrische Austauschbeziehungen instabil. In dem Ausmaß, in dem Hierarchie und Ungleichheit Strukturelemente sind, also Machtpositionen vorliegen, verändern sich vorhandene Austauschbeziehungen bis hin zur Ergebnis- und Verhaltenskontrolle (Thibaut & Kelley, 1959) des Interaktionspartners. Die Tauschtheorie und das Marktmodell könnten sich deshalb gleichermaßen dem Vorwurf aussetzen, ein harmonisches Bild gleichwertiger und gleichgewichtiger Interaktionsbeziehungen zu entwerfen, das der sozialen Wirklichkeit nicht entspricht. In ähnlich reduktionistischer Weise formulierte schon Böhm-Bawerck im Rahmen der alten ökonomischen Streitfrage „Macht oder ökonomisches Gesetz", daß Macht sich ausschließlich innerhalb der Marktgesetze äußere – analog analysieren etwa Blau (1964) oder Thibaut und Kelley (1959) ja ebenfalls Machtkonstellationen und -einflüsse im Rahmen austauschtheoretischer Prinzipien – und daß diese Macht aufgrund der vorhandenen Gleichgewichtstendenz keineswegs von Dauer sei. Dieser Hinweis auf die formale Gültigkeit ökonomischer Ablaufgesetze auch bei stärksten Einflüssen wirtschaftlicher Macht (vgl. hierzu die Diskussion bei Schneider & Watrin, 1973), erfüllt eher die Funktion der Abschirmung gegenüber der konkreteren Einbeziehung soziologischer Aspekte (vgl. Fürstenberg, 1970, S. 51) und kennzeichnet deutlich die Isolierung der Markttheorie gerade von jenen Einflüssen, die für das Verständnis der Marktvorgänge sozial relevant sind. Wahrscheinlich ist das Verhältnis zwischen Marktmechanismus einerseits und der Komponente sozialer Macht andererseits in einer Interdependenzbeziehung zu sehen (ähnlich: Rothschild, 1973, S. 1100): Machtelemente stoßen auf Schranken, die durch die Funktionsfähigkeit des jeweiligen Marktmechanismus gegeben sind. Anderseits stößt der Marktmechanismus auf die durch Macht gesetzten Grenzen, wobei die Marktform und ihre Ablaufmechanismen wiederum durch Machteinflüsse geformt und verändert werden.

Macht wird mit Max Weber häufig als die Chance verstanden, innerhalb einer sozialen Beziehung den eigenen Willen auch gegen Widerstand durchzusetzen, gleichviel worauf diese Chance beruht. Sofern das Wort „auch" hier unterstrichen wird – viele Machtaktivitäten vollziehen sich nämlich lautlos, auf dem

Wege der Täuschung oder auf der Ebene der Gewöhnung –, dann ist diese Definition kompatibel mit jenen begrifflichen Bestimmungen, die innerhalb der Sozialpsychologie geläufig sind (z.B. Cartwright, 1959; Dahl, 1957; French & Raven, 1959). Die Kategorie der Kosten der Macht (Harsanyi, 1965) informiert außerdem darüber, daß mit der Ausübung von Macht zusätzliche Aufwendungen verbunden sind, z.B. Kontrollkosten, Bändigung von Reaktanz, wachsende Antipathien auf der Gegenseite usw.

Hinsichtlich der Grundlagen sozialer Macht wird häufig auf eine Klassifikation von French und Raven (1959) zurückgegriffen. (Diese Typologie ist vielfach mit der Analyse von Machtbeziehungen in Absatzwegen in Verbindung gebracht worden; vgl. El-Asary & Stern, 1972; Heskett et al. 1970; Weinberg & Zwicker, 1973; wobei man sich jedoch vornehmlich an konfliktträchtigen Beziehungen zwischen Herstellern und Händlern orientiert.) Im Konsumgütermarkt ließen sich folgende Anwendungsfälle aufzeigen:

(1) Belohnungsmacht: Durch Weitergabe von „Vergütungen" (z.B. Preisnachlaß, Lieferzeitverkürzungen etc.) kann z.B. Kundentreue selektiv belohnt werden.

(2) Zwangsmacht: Durch künstliche Verknappung wird ein lebensnotwendiges Gut (etwa im Bereich der Nahrungsmittel oder der Energie), bei dem ein Ausweichen schlecht möglich ist, verteuert.

(3) Expertenmacht: Der Anbieter demonstriert (etwa im Rahmen eines Verkaufsgesprächs) besondere Fachkenntnisse, was insbesondere bei erklärungsbedürftigen Gütern oder bei Produkten mit geringem Zugang zur „physikalischen Realität" (Festinger, 1950) bedeutsam wird. Sowohl auf der Anbieter- als auch auf der Nachfragerseite ist – je in ihrem Bereich – Expertenmacht auch durch besondere Bezugsinstanzen oder opinion leader (etwa durch Marktführer oder durch Konsumführer) wahrscheinlich.

(4) Legitime Macht: Dem Interaktionspartner (z.B. dem Käufer) wird das legitime Recht zugestanden, mehrere Anbieter zu Wort kommen zu lassen, auch wenn partikularistische Bindungen in gewissem Ausmaß bestehen sollten.

(5) Referenzmacht: Sie beruht auf der Wertschätzung, die der Beeinflußte dem Machtausübenden entgegenbringt (z.B. ein besonderes Vertrauensverhältnis). Jenseits der Anbieter-Nachfrager-Beziehung sind sowohl Anbieter als auch Nachfrager – beide jeweils in ihrem Bereich – Bezugsgruppeneinflüssen in hohem Maße ausgesetzt.

Ein so verstandenes Machtkonzept ist mit dem Begriff des sozialen Einflusses nahezu identisch (so auch Cartwright, 1959). Auf der Verhaltensebene sind nun insbesondere jene Einflußformen von Interesse, bei denen der Marktteilnehmer die Asymmetrie der Beziehung bemerkt, die Ausübung von Macht also perzipiert. Dabei erscheinen folgende Gegenstrategien möglich, wobei wir uns hier auf den Nachfrager konzentrieren:

(a) Einwirken auf den Interaktionspartner: Der Nachfrager hat die Möglichkeit, den Anbieter zur Verbesserung seiner Offerte aufzufordern. Angesichts der Vielzahl anonymer und depersonalisierter Kaufakte wird dies allerdings nur in seltenen Fällen geschehen.

(b) Ausweichen auf einen anderen Interaktionspartner: Der Nachfrager entschließt sich, das gleiche Produkt bei einem anderen Hersteller oder Händler zu kaufen.

(c) Ausweichen auf eine andere Produktklasse: Der Nachfrager kann auf einem Kontinuum der Ähnlichkeit auf andere Produktklassen ausweichen, sofern entsprechende Alternativen verfügbar sind.

(d) Dämpfung des Bedürfnisses: Der Nachfrager entschließt sich, künftig mit geringeren Mengen des entsprechenden Produktes auszukommen.

(e) Verlagerung des Bedürfnisses: Der Nachfrager entschließt sich, das entsprechende Bedürfnis zugunsten eines anderen zu vernachlässigen.

(f) Kognitive Umdeutung der Relation: Diese Strategie ist wahrscheinlich, wenn die anderen Möglichkeiten ausgeschöpft sind, so daß sich der Nachfrager an ein ungünstigeres Tauschverhältnis (z.B. im Rahmen der Verknappung von Energie) zu gewöhnen hat.

Man kann diese Auflistung mit der Orientierungshypothese verbinden, daß ein Nachfrager diejenige Gegenstrategie wählen wird, die für ihn mit den geringsten „Kosten" verbunden ist.

Eng mit den möglichen Reaktionen des Nachfragers auf ein bestimmtes Anbieter-Verhalten hängt die Frage zusammen, in welchen Formen sich Macht im Bereich des Marktes überhaupt äußert. Eine traditionelle Unterscheidung trennt zwischen Macht im Parallelprozeß (Macht der Wettbewerber untereinander, also etwa zwischen verschiedenen Anbietern oder auch Nachfragern) und im Austauschprozeß (Macht zwischen Interaktionspartnern), wobei uns hier lediglich der letztgenannte Aspekt und auch hier nur die letzte Station im Prozeß fortlaufenden Austauschs interessiert: nämlich der Konsumgütermarkt. Gäfgen schlägt in diesem Zusammenhang vor (1967), zwischen vier Grundformen der Marktmacht zu unterscheiden:

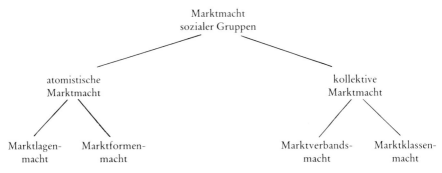

Schema 2: Formen der Marktmacht

Marktlagenmacht ist Ausdruck einer (partiellen oder totalen) Überschußnachfrage bzw. eines Überschußangebotes. Es handelt sich hier um den gleichen Aspekt, der die Rede von einem „Käufermarkt" oder einem „Verkäufermarkt" bestimmt. Gemeint ist, daß Situationen entstehen können, in denen Nachfrage- oder Angebotsengpässe gegeben sind, so daß die resultierende Knappheits- oder Überschußsituation machtbestimmte Aktivitäten auslösen kann. Historisch gilt, daß der Markt sich generell in die Richtung eines „Käufermarktes" gewandelt hat, weil im Rahmen erweiterter Kaufkraft und der Verfügung über diskretionäre Gelder Ermessensspielräume der Disponibilität und Postponibilität auf der Nachfragerseite eingetreten sind, die zumindest tendenziell die „Macht der Verbraucher" (Katona, 1962, in dem hier gemeinten Sinne) stärken. Marktformenmacht entsteht durch Konzentrationserscheinungen (meist auf der Anbieterseite), wobei wettbewerbseinschränkende Wirkungen eintreten können. Dies ist z.B. bei Monopolen der Fall, bei Oligopolen nur dann, wenn zusätzlich Absprachen stattfinden. (Die praktische Erfahrung – und neuerdings auch die ökonomische Theorie – zeigt gerade, daß Oligopole für den Verbraucher viel günstiger sein können als vollkommener Wettbewerb, zumal im Zustand der „Schlafmützen-Konkurrenz"). Marktverbandsmacht ist Ausdruck organisierter Macht und tangiert meist den wirtschaftlichen und den politischen Bereich gleichermaßen; auf sie wird im nächsten Abschnitt noch näher einzugehen sein. Marktklassenmacht entsteht eher informell „durch die Existenz eines beliebigen informellen sozialen Gebildes, welches das Verhalten einer Anbieter- oder Nachfragerrolle normiert oder direkt beeinflußt" (Gäfgen, 1967, S. 51). Beide Marktseiten wirken also faktisch keineswegs atomisiert, wie es die „reine" Wirtschaftstheorie unterstellt; sie sind vielmehr in soziale Gebilde („Klassen") eingeteilt, die eine Gleichrichtung von Präferenzen und Verhaltensweisen bewirken, und diese kann dann so beschaffen sein, daß sie aufgrund der partikularistischen oder subkulturell definierten Zielsetzungen die Marktüberlegenheit eines Partners verstärkt. Ausdruck dieser Macht sind z.B. im Nachfragerbereich das Insistieren auf einer bestimmten Mode innerhalb von Peer-Gruppen oder das habituelle Festhalten an gewissen „branchenüblichen" oder sonstwie sozial verankerten „Spannenvorstellungen" im Anbieterbereich.

3.2.3.2 Kollektive Verbandsmacht

Wie wir gesehen haben, ist die Gleichgewichtigkeit mit dem Resultat des Interessenausgleichs in der sozialen Wirklichkeit nicht oder nur selten gegeben. Im Ausmaß dieser Ungleichgewichtigkeit besteht daher die (politische, ideologische oder rationale) Forderung nach Errichtung von „gegengewichtiger Marktmacht" (Galbraith), was quasi automatisch in Form einer „Dynamik der Gegenverbandsbildung" (Götz Briefs) geschehen kann, ein Mechanismus, der jedoch andererseits nur gewährleistet ist, wenn sich die jeweiligen Interessen im Sinne eines kollektiven Aktionismus als genügend organisierbar erweisen, um auf diese Weise „kollektiv die Leistung zu verweigern bzw. systemrelevante Leistungsverweigerung glaubhaft anzudrohen" (Offe, 1972, S. 142). Da man gemeinhin annimmt, daß Asymmetrien der Macht meist zu Lasten des Konsumenten gehen — eine, wie wir gesehen haben, in dieser Form nicht akzeptable Verallgemeinerung, die situationsspezifisch empirisch geprüft werden müßte — konzentriert sich die Diskussion meist auf die Frage der fehlenden (und verbesserungsbedürftigen) Voraussetzungen für die Bildung effizienter Verbraucherorganisationen (vgl. hierzu: Meyer-Dohm, 1965; Petri, 1979; Raffée & Petri, 1976; Scherhorn, 1975; Scitovsky, 1962; Specht, 1979; Wiswede, 1972).

Die wichtigste Linie dieser Diskussion ist, daß jedes „Interesse" ein Minimum an Solidarität, Stabilität und Homogenität voraussetzt, um gebündelt in Erscheinung zu treten und auf diese Weise effizient zu sein (Th. Geiger, 1949). Das Verbraucherinteresse ist jedoch außerordentlich heterogen, weil die Zielrichtung und Dringlichkeit solcher Interessen auf unterschiedliche Güterquantitäten und -qualitäten ausgerichtet ist, weil auf dem Markt zahlreiche Kategorien von Verbrauchern auftreten, die nach Geschlecht, Alter, Schicht usw. unterschieden sind, die überdies mit höchst verschiedenen Mitteleinsätzen und Zielsetzungen Bedürfnisse befriedigen. Man könnte nun versuchen, den Inhalt des Verbraucherinteresses in sehr allgemeinen Kategorien zu sehen und das Streben nach „niedrigen Preisen", „besseren Qualitäten", „ausreichenden Alternativen" usw. als Ziele einer Verbraucher-Interessenvertretung zu formulieren. Ähnliches versucht Scherhorn (1975, S. 2—68), indem er auf die Prinzipien der Selbstverwirklichung (in der vagen Formulierung von Maslow, 1970) und des Machtausgleichs abstellt. Von einem rein pragmatischen Standpunkt aus hat es sich jedoch als wesentlich wirksamer erwiesen, solche vagen und allgemeinen Zielformulierungen zu meiden und sich vielmehr auf spezifische Sachverhalte zu konzentrieren, wie dies gewöhnlich im Rahmen des „Consumerismus" geschieht (vgl. hierzu auch den Beitrag von Nelles und Beywl im Band „Methoden und Anwendungen in der Marktpsychologie"). Offen bleibt bei all diesen Maßnahmen die Frage der Legitimation in der Formulierung solcher Interessen, zumal gerade die spezifischen Problemlagen sozial schwacher Verbraucher häufig unartikuliert bleiben und die rational nicht so einsichtigen Wünsche etwa des demonstrativen Konsums, als „falsch" oder auf dem Boden „unechter Bedürfnisse" stehend abqualifiziert werden.

Zu diesem Aspekt der Heterogenität gesellt sich die oftmals nur geringe Bedeutsamkeit spezifischer Konsuminteressen im Vergleich mit anderen Interessenbereichen und Verhaltensweisen. Schon Böhm (1951) versucht auf der Basis einer Unterscheidung zwischen Verbraucher- und Produzenteninteressen einerseits sowie Arbeitnehmer- und Arbeitgeberinteressen andererseits ein „quasi-soziologisches Gesetz der Nicht-Organisierbarkeit der Verbraucher" abzuleiten (vgl. hierzu ausführlich und kritisch: Wiswede, 1972, S. 322). Sowohl Produzenten als auch Konsumenten geben danach ihrem gemeinsamen „Produzenten"interesse — die Basis ihres Einkommens — den Vorrang und nehmen höhere Preise für den kleinen Güterausschnitt in Kauf, der die Quelle für den Erwerb aller anderen Güter darstellt.

In der Begründung anders, im Ergebnis jedoch ähnlich behandelt Olson (1968) die Bedingungen, die kollektives Handeln von Personen gleicher Interessenlage begünstigen oder behindern. Olson argumentiert austauschtheoretisch, daß es zu gemeinsamem Handeln im Sinne einer Selbstorganisierung nur dann komme, wenn Individuen mit gleichartigen Interessen sich von kollektiven Gütern (z.B. ein unteilbarer Nutzenvorteil, der allen gemeinsam zugute kommt) einen Nutzenzuwachs versprechen, der höher als ihr Aufwand ist. Insofern folgert Olson, daß große latente Gruppen der Bevölkerung sich nur dann in Verbänden organisieren lassen, wenn diese Verbände ihren Mitgliedern neben den unteilbaren Kollektivgütern auch teilbare private Güter anbieten, deren Preis über den Mitgliederbeitrag bezahlt wird (vgl. Bernholz, 1973, S. 863), oder wenn die Mitgliedschaft erzwungen wird (dies wäre dann allerdings im Sinne Olsons kein Austauschverhältnis mehr). Dieser Sachverhalt, der insbesondere mit der zentralen Variable „Gruppengröße" verknüpft ist, steht nun in der Tat der Artikulierung und Durchsetzung eines gemeinsamen Verbraucherinteresses im Wege, und sei es auch allein deshalb, weil alle Erfolge, die Verbraucherverbände erzielen, den Nichtmitgliedern ebenso zugute kommen wie den Mitgliedern, die etwa Beiträge bezahlen oder verbraucherpolitisch in besonderem Maße engagiert sind.

Man sollte sich jedoch davor hüten, in solchen Überlegungen „eherne Gesetze" zu sehen, die eine beständige Minusposition des Verbrauchers perpetuieren. Denn Verbände sind gelegentlich sehr wohl in der Lage, ihre Machtposition durch Anbindung an den politischen Bereich des Consumerismus zumindest partikular Ungleichgewichte beseitigen und Mißstände (z.B. Täuschung) unter Einschaltung von Medien änderungswirksam und generalisierend publizieren.

Auch sollte zusätzlich gesehen werden, daß angesichts der Wirkung kollektiver Reaktionen im Konsumbereich (Gäfgens „Marktklassenmacht") eine äußere Zusammenfassung in Interessengruppen in vielen Fällen gar nicht erforderlich ist, um auf dem Markt relativ geschlossen als „Machtfaktor" in Erscheinung zu treten (Katona, 1962). Es ist nämlich möglich, daß in bestimmten Fällen „Verbände" auch ohne Interaktion entstehen, die ziemlich einheitlich reagieren, weil sich viele Individuen subjektiv in ähnlichen Situationen befinden. Allerdings sind umgekehrt „Marktklassen" existent – insbesondere die sozial schwachen Gruppierungen – die sich einer direkten Beeinflussung etwa durch verstärkte Verbraucheraufklärung weitgehend entziehen, Marktgruppen, die diese Aufklärung eigentlich am nötigsten hätten.

3.2.3.3 Zur Frage der Konsumentensouveränität

Konsumentensouveränität im Sinne von Hutt (1936), der diesen Begriff geprägt hat, besagt, daß die Entscheidungen des Verbrauchers Wirtschaftsprozeß und Marktgeschehen durchgreifend bestimmen (sollen). In deskriptivem Sinne beinhaltet die Rede von der Konsumentensouveränität die (unhaltbare) Hypothese, daß der Verbraucher in der Marktwirtschaft die alleinige Machtposition habe: Alle Produktion sei darauf ausgerichtet, den Wünschen des Verbrauchers zu entsprechen, wie auch umgekehrt alle Wünsche des Konsumenten sich sofort in einer adäquaten Produktion niederschlagen. In normativem Sinne beinhaltet dieses Prinzip die Annahme, daß man die Leistungen einer Wirtschaft danach beurteilen solle, inwieweit sie den Konsumentenwünschen entsprechen und daß alle Leistungen den „wahren" Bedürfnissen der Verbraucher nachzustreben hätten. „Der Konsumentenwille wird letzten Endes gleichzeitig als ‚Quelle' und als ‚Geltungsgrad', als causa und als ratio der wirtschaftlichen Entscheidungen angesehen ... Er ist die maßgebende Instanz für den Ablauf des Wirtschaftsgeschehens, wie in der klassischen Theorie der Demokratie der Wählerwille das politische Geschehen bestimmt. Ebenso wie in dieser der politische Apparat gewissermaßen nur eine Induktionsmaschine darstellt, die nur den Volkswillen, d.h. die Wünsche der Wähler, in politische Entscheidungen zu transformieren hat und die das unter idealen Bedingungen auch leistet, so wird der Preismechanismus bei vollständiger Konkurrenz als eine Rechenmaschine gleicher Art angesehen, die aus dem Willen der Konsumenten die richtigen Produktionsentscheidungen ableitet (induziert) und gleichzeitig den an der Produktion Beteiligten den Gegenwert ihres ‚produktiven Beitrags', ihrer ‚Leistung' als Einkommen zuteilt." (Albert, 1967, S. 52f.)

Zahlreiche Autoren haben herausgestellt, daß diese Idee der Konsumentensouveränität als rechtfertigungsideologische Konstruktion verwendet werden kann (für den volkswirtschaftlichen Bereich: Albert, 1967; Gintis, 1975; Lipsey, 1963; Rothenberg, 1962; für den betriebswirtschaftlichen Bereich: Fischer-

Winkelmann & Rock, 1975; Kroeber-Riel, 1973; Meyer-Dohm, 1965). In deskriptivem Sinne erweist sich daher höchstens ein sehr eingeschränkter gradueller Begriff der Konsumentensouveränität als tauglich. Der Souveränitätsgrad, identisch mit dem tatsächlichen Einfluß des Verbrauchers auf das ökonomische Geschehen ist hierbei abhängig vom Ausmaß der Lenkung durch den Staat im Sinne des jeweiligen Ordnungsprinzips und zum anderen von der Formation des Marktes und dem Einfluß, der von diesem umgekehrt auf die Konsumsphäre ausgeht. Aus diesem Grund ist in der Welt der sozialen Wirklichkeit das tatsächliche Ausmaß der Konsumentensouveränität stets empirisch dadurch zu bestimmen, inwieweit Interessen und Einflußmöglichkeiten sich faktisch durchzusetzen vermögen. Die Aussage, daß der Verbraucher in der Marktwirtschaft die alleinige Machtposition habe, daß alle Produktion darauf ausgerichtet sei, den (als stabil und gegeben angenommenen) Wünschen der Konsumenten zu entsprechen, wie auch umgekehrt alle Wünsche des Konsumenten sich in einer sofortigen adäquaten Produktion niederschlagen: diese Aussage ist empirisch falsch. Suchen wir die Realität des Marktes auf, so begegnen uns stets graduelle Abstufungen von mehr oder weniger indirekter Souveränität, wobei unbestritten bleibt, daß die Erhöhung der Wahlfreiheit, die Eröffnung möglichst vieler Alternativen sowie die Schaffung von Ermessensspielräumen für Konsumenten den empirisch vorfindbaren Souveränitätsgrad der Verbraucher erhöht haben. Dies gilt vor allem im Vergleich zur Planwirtschaft, die zwischen Produktion und Konsumtion eine nur auf Umwegen überwindbare Distanz errichtet, so daß kaum Nachrichten über die sich auf den Märkten abzeichnenden Knappheitsrelationen durch diese Trennwand dringen. Umgekehrt sind jedoch Verhältnisse denkbar, die den normalen Marktmechanismus vollends untauglich werden lassen und die zur Einschnürung der Konsumfreiheit (im Sinne von Wahlfreiheit) und des Souveränitätsgedankens beitragen. Auch hier sollte man also die günstigere Position des Verbrauchers der Marktwirtschaft nicht aus einer modellhaften Gegenüberstellung der Planwirtschaft und der Marktwirtschaft ableiten, sondern aus empirischen Fakten über die tatsächlichen Verhältnisse auf diesem Markt.

Man hat häufig versucht, das Prinzip der Konsumentensouveränität durch ein verhaltenstheoretisches Belohnungsmodell abzustützen, das etwa folgendermaßen lautet: Wenn solche Anbieter durch eine entsprechende Nachfrage belohnt werden, die sich an den Verbraucherpräferenzen ausrichten, so wird entsprechend den allgemeinen verhaltenstheoretischen Grundsätzen das Verhalten dieser Unternehmer verstärkt, das Verhalten anderer Unternehmer, die durch ausbleibende Nachfrage bestraft worden sind, jedoch abgeschwächt und darauf hingelenkt, sich den Verbraucherpräferenzen künftig anzupassen. Dieses Modell geht in unzulässiger Weise davon aus, daß Verbraucherpräferenzen eine vorgegebene Größe seien, die sich auf dem Hintergrund von Marketing-Strategien der Anbieter nicht als plastisch auffassen lassen. Diese Unterstellung ist allein deshalb abwegig, weil schon durch die Tatsache des Konsumgüterangebotes mitsamt der dieses begleitenden absatzstrategischen Bemühungen (Werbung, Imagepolitik usw.) eine Beeinflussung von Präferenzskalen und Bedürfnissen (zumal im Indifferenzbereich) gegeben ist. In der Formulierung von Kroeber-Riel (1980) wird Konsumentensouveränität immer dann durch das Marketing beeinträchtigt, wenn die Beeinflussung vom Verbraucher nicht bewußt-willentlich kontrolliert werden kann und wenn der Beeinflussungsvorgang zwar bewußt erlebt, aber nicht durchschaut und akzeptiert wird. Somit dürfte die Beurteilung des Konzepts „Konsumentensouveränität" nicht aus einem abstrakten Marktmodell abzuleiten sein, sondern die empirische Analyse der tatsächlichen Bedingungen auf dem Markt erfordern: Die jeweils vorliegenden Marktstrukturen, die Aufteilung der Marktmacht, die Motivationen und Bedürfnisse der Marktteilnehmer sind relevante Randbedingungen zur Ermittlung der faktisch gegebenen relativen Souveränität. Eine der wichtigsten dieser Voraussetzungen dürfte die Funktionstüchtigkeit und die Transparenz des Marktgeschehens sowie die Transparenz des Konsumgüterangebotes sein. Faßt man diese Überlegungen in einer Hypothese zusammen, dann wird man davon ausgehen können, daß der „Souveränitätsgrad" von Verbrauchern um so höher ist, (1) je funktionsfähiger und transparenter der Markt ist; (2) je besser das Konsumenteninteresse artikuliert und zielgerichtet in Erscheinung treten kann; (3) je höher die Ermessensspielräume der Nachfrage im Hinblick auf Disponibilität und Postponibilität sind; (4) je stärker die Marktlagenmacht der Nachfrager im Sinne eines „Käufermarktes" ausgeprägt ist; (5) je weniger nicht bewußte und/oder nicht durchschaubare Kontrollmöglichkeiten durch Individuen oder Institutionen bestehen; (6) je schneller die Sanktionsmittel der Nachfrage eingesetzt werden; (7) je weniger Rollenkonflikte zwischen Produzenten- bzw. Lohninteresse und Konsumenteninteresse auftreten. Allein im Ausmaß des Vorhandenseins solcherart formulierter Rahmenbedingungen ist es überhaupt sinnvoll, den Begriff der Konsumentensouveränität im Zusammenhang mit Problemen der Marktmacht auf empirischer Ebene zu diskutieren.

3.3 Soziale Aspekte der Marktentnahme

3.3.1 Kultureller Kontext

3.3.1.1 Wandlungen des Konsumstils

Das auf dem Markt agierende Individuum kann seine antizipatorischen Intentionen nur innerhalb bestimmter Rahmenbedingungen realisieren, die einmal im ökologischen, ökonomisch-technischen und sozialstrukturellen Bereich das Verhalten als Ausdruck spezifischer Ressourcen eingrenzen und vorstrukturieren und die zum anderen als kultureller Bezugsrahmen mehr oder weniger allgemeinverbindliche Grundmuster „richtigen" oder „wertbezogenen" Verhaltens abgeben. In diesem Kapitel fragen wir zunächst nach diesen kulturellen Rahmenbedingungen, die entscheidend auf alle Bedürfnisse einwirken, die auf dem Markt in Erscheinung treten. Insonderheit soll uns jetzt das Verhalten der Verbraucher interessieren, deren Motivationen und Präferenzen unter dem Aspekt der „Überflußgesellschaft" (Galbraith, 1958) ebensosehr untersuchungsbedürftig erscheinen wie unter dem Gesichtspunkt absatzorientierter Unternehmen. Dabei liegt das Schwergewicht unserer Betrachtung auf der sozial-kulturellen Determination solcher Präferenzen: Auch eine noch so ausgefeilte Entscheidungstheorie oder Austauschtheorie erklärt uns letzlich nicht das Zustandekommen von Präferenzen bzw. Valenzen, sondern bezieht sie vorwiegend als leere Hülsen in das entscheidungstheoretische Kalkül ein. Was Menschen im einzelnen belohnend oder bestrafend erleben, findet sich in keiner generell anwendbaren Liste von Verstärkerereignissen, sondern erhält allenfalls auf dem Hintergrund je spezifischer Lern-Umwelten Konturen, die mit dem Wertsystem von Kulturen und Subkulturen (bis hin zu einzelnen Gruppen und Schichten) zusammenhängen. Von daher ist es also dringend erforderlich, mehr oder weniger formale Entscheidungstheorien mit zusätzlichen sozialen Variablen anzureichern, um zu tatsächlichen Verhaltensprognosen zu gelangen.

Man kann den Einfluß kultureller Wertsysteme auf das Konsumverhalten unter drei Aspekten betrachten. Einmal wäre die Perspektive des sozio-kulturellen Wandels anzuwenden, wobei wir uns die Frage vorzulegen haben, welchem Grundmuster die Entwicklung konsumrelevanter Wertsysteme im Übergang von traditionellen zu modernen Gesellschaften im einzelnen folgt. Zum zweiten wäre eine interkulturelle Betrachtungsweise dahingehend möglich, daß zwischen verschiedenen Kulturkreisen, Gesellschaften oder Nationen Vergleiche der marktrelevanten Wertsysteme oder Verhaltensstile vorgenommen werden, was zu einer fruchtbaren Relativierung ethnozentrischer Perspektiven führen mag. Und schließlich könnte diese Methode der Differenzierung auch innerhalb der eigenen Kultur fortgesetzt werden und Analysen subkulturell abgestufter Verhaltensmuster ermöglichen. Dieser letztgenannte Aspekt trifft sich mit Fragestellungen, die einen Teilbereich des für den Marketing-Bereich so entscheidenden Strategie-Konzepts der Marktsegmentierung abdecken.

Fragen wir also zunächst nach der historischen Entwicklung bestimmter Verhaltensmuster im Konsumbereich. Wir können dabei nur einige wenige Entwicklungslinien stenografisch andeuten; auf ausgedehntere historische Studien sei daher verwiesen (vgl. etwa: Riesman, Denney & Glazer, 1958; Wiswede, 1972; Zahn, 1964). Entscheidend scheint uns zunächst, daß der Stellenwert des Konsums in modernen, entwickelten Gesellschaften eine Bedeutungsverschiebung insofern erfahren hat, als mit der Steigerung von Produktionskapazitäten Absatzmärkte und Konsumbedürfnisse stimuliert werden mußten, um den Absatz der einmal produzierten Güter zu gewährleisten. Dabei sehen wir von der

Tatsache ab, daß der historische Verlauf zunächst zeitweilig sogar eine Einschnürung des Konsumbereichs gegenüber traditionellen, sozial stark vorgeprägten stabilen Konsummustern – bedingt durch die puritanisch-asketische Konsumgesinnung der arbeitsorientierten Kultur – mit sich gebracht hat. Für den weiteren ökonomischen Entwicklungsprozeß mit aufkommender Massenproduktion für einen möglichst breiten Markt ist ein asketischer Konsumstil, der sich am puritanischen Ethos des beginnenden Kapitalismus orientiert, ein durchaus systemschädigendes, dysfunktionales Element. Eine Wachstumsgesellschaft fordert Wachstumsbedürfnisse und einen hieraus resultierenden, von Mobilität und Wandel getragenen Verhaltensstil, um das durch die industrielle Massenproduktion ständig neu entstehende und expandierende Konsumpotential abzubauen. Hierzu ist ein ständiger Umbau der Werte notwendig – etwa die Entthronung des Sparens als eine Tugend – eine stetige Neuorientierung, Folge- und Reaktionsbereitschaft, die der strikten Außenlenkung bedarf. Insofern glaubt Riesman (1958), in der „Verbraucherhaltung" den dominanten Verhaltensstil des Zeitgenossen zu sehen. Dem widerspricht zumindest teilweise, daß auch in der post-puritanischen Epoche der Arbeitsbereich einen wesentlichen Teil menschlicher Verhaltensenergie absorbiert und insofern noch die wichtigste Quelle des sozialen Prestiges und des Selbstwertgefühls darstellen dürfte. Dennoch sind Verflechtungen zwischen Arbeits- und Freizeitsphäre (hier insbesondere der Konsumsphäre) und Verlagerungen des Wertempfindens zugunsten einer eher „hedonistischen" Lebensform („fun morality") nicht zu übersehen. Auch wird möglicherweise schon jetzt eine Wertverlagerung sichtbar, die das von Riesman (1958) und anderen hervorgehobene Verhaltensmuster im Rahmen „post-materieller Einstellungen" (Inglehart, 1977) wieder qualitativ verändert.

Der bisher konsumrelevante Wandel von Werthaltungen berührt vor allem drei Ebenen: die der Güter, die der Bedürfnisse und die des Marktes. Die wichtigsten Entwicklungstendenzen in der Gütersphäre lassen sich allgemein dem Begriff der Konsumfelderweiterung zuordnen; es sind dies vor allem: die Denaturierung (Vorrang des „Gemachten" statt des „Gewachsenen"); die innere Differenzierung (trotz äußerer Normung), so daß sich Vielfalt häufig lediglich auf der Ebene psychisch marginaler Differenzierung vollzieht; die Expansion auf Gebiete, die vordem nicht als „konsumierbar" galten; der Siegeszug dauerhafter Güter (mit allen Implikationen angewachsenen Ermessensspielraums von Konsumenten); die Ausweitung der Mode (und anderer Akzelerationsprinzipien) auf nahezu alle Konsumgüter; die Aufladung der Güter mit sozialer und psychischer Symbolik, so daß diese zur dinglichen Hülle gesellschaftlicher Ambition und Mobilität werden und damit neue Ausdrucksmöglichkeiten und Lebensstile signalisieren und symbolisieren (vgl. zum letzten Punkt insbesondere Levy, 1959; Zahn, 1964). Diese multidimensionale Ausweitung der Güterwelt sowohl in den quantitativen wie auch in den qualitativen Bereich hat wichtige Implikationen für die Entwicklung neuer und anderer Bedürfnisse. Schon Marx sah richtig, daß die Produktion (teilweise) die Konsumtion miterzeugt, „indem sie die erst von ihr als Gegenstand gesetzten Produkte als Bedürfnis im Konsumenten erzeugt" (Marx, 1953, S. 14). Die Kulturanthropologie einerseits und die Lernpsychologie andererseits hat aufgezeigt, daß Bedürfnisse auf der Basis der jeweiligen kulturellen Lernumwelt weitgehend plastisch sind, so daß sie – nach einem Ausdruck Lewins (1926) – der Gegenstandswelt „nachzuwachsen" pflegen (dies etwa im Sinne moderner, kognitiver Anreiztheorien). Insofern bedarf auch jene Bedürfnis- und Motivationsforschung einer entscheidenden Korrektur, die von einem (natur)gegebenen Bauplan menschlicher Bedürfnisse ausgeht (z.B. Maslow 1970, Murray 1938, u.a.) und die – unbelastet vom Sachverhalt sozial-kultureller Durchformung solcher Bedürfnisse – letztlich nur in einer ethnozentrischen und chronozentrischen Perspektive ausmündet.

Dies wiederum hat wichtige Konsequenzen für das Marktgeschehen. Je plastischer Bedürfnisse in Erscheinung treten, je mehr sich das Güterangebot auf viele Dimensionen erweitert, je subtiler und differenzierter die Möglichkeiten der symbolischen Aufladung dieser Güter sind, je größer auch die Wahlmöglichkeiten und Ermessensspielräume der Konsumenten werden, desto mehr schwindet die Marktsicherheit eines Konsumgutes, desto eher wird die „Machbarkeit" des Marktes zum Problem. Das Interaktionsgeschehen zwischen Anbieter und Nachfrager, die einander weitgehend anonym bleiben und sich nur an peripheren Stellen – nämich in Verkaufsinteraktionen – noch treffen, ist – wie wir gesehen haben – höchst komplex und verläuft durch ein Netzwerk verschiedener und von Fall zu Fall höchst unterschiedlicher Brechungen, und keineswegs kann angenommen werden, daß starre und vorgegebene Motivations- und Bedarfslagen dieses Wechselspiel bestimmen. Es ist diese Plastizität der Konsumbedürfnisse, die für den Anbieter Problem und Chance zugleich darstellt.

3.3.1.2 Interkulturelle Differenzierung

Kulturanthropologen und Ethnologen haben uns seit langem auf die Relativität sozialer Wertsysteme aufmerksam gemacht, die sich in interkulturell sehr unterschiedlichen Lebensstilen und Verhaltensmustern niedergeschlagen. Es ist evident, daß davon auch unsere täglichen Verbrauchshandlungen mitbetroffen sind, so daß Konsumstile keineswegs lediglich eindimensional auf einer Skala von Etappen bestimmter ökonomischer Entwicklungsstufen angesehen werden können. Insofern führt auch eine unreflektierte Annahme der Konvergenztheorie (etwa Kerr & Dunlop, 1966), wonach die konsumtiven Verhaltensmuster kraft der unifizierenden Wirkung des industriellen Systems zwischen den Kulturen und Nationen auf die Dauer immer ähnlicher werden, zu höchst ethnozentrischen Betrachtungen, die wesentliche qualitative Unterschiede nicht zu erfassen vermögen. Angesichts der zunehmenden Bedeutung des Export-Marketing ist es nicht verwunderlich, daß sich die Forschung – nach etlichen Fehlschlägen unkritisch transponierter Strategien – unter empirischen und theoretischen Gesichtspunkten mit interkulturellen Vergleichen befassen mußte, um veränderte Perspektiven zum Problem der Akzeptanz bestimmter Botschaften (z.B. Werbekampagnen) oder Innovationen (z.B. neuer Produkte) auf fremden Märkten zu liefern, in denen abweichende Wertsysteme gelten.

Es ist naheliegend, sich bei solchen Studien der Ergebnisse der „cultural anthropology" und der Diffusions- bzw. Innovationsforschung zu bedienen (vgl. hierzu vor allem Rogers, 1962; Rogers & Shoemaker, 1971 sowie den Beitrag von Bollinger & Greif im Band „Methoden und Anwendungen in der Marktpsychologie). Auf diese Weise sind Sheth und Sethi (1977) vorgegangen, wobei letztere versucht haben, eine umfassende Theorie des interkulturellen Konsumverhaltens zu entwickeln. Das zentrale Konstrukt dieser Theorie ist die Veränderungsneigung von Individuen („propensity to change"). Diese Veränderungsneigung sei Ausdruck von drei Größen: dem kulturellen Lebensstil, dem Vorhandensein strategisch günstig operierender Meinungsführer und der Häufigkeit von Kommunikation über die betreffende Innovation. Die erste Variable (cultural life-style) ist eine Übertragung der neuerdings zur Erklärung und Segmentierung als besonders bedeutsam angesehenen Entwicklung von „life-style scales" (siehe Wells & Tigert, 1971 sowie Kap. 3.3.2.3 und 3.3.3.2 dieses Beitrages). Sheth und Sethi unterscheiden in Anlehnung an psychologische und soziologische Traditionen interkultureller Forschung zwischen personalem und normativem Lebensstil, wobei ersterer sich als Kompositum aus verschiedenen Sozialisationserfahrungen und ökonomischen Standards, letzterer dagegen als Ausdruck bestimmter sozialer Zwänge und Verhaltenserwartungen in Erscheinung tritt. Der kulturelle Lebensstil bedingt nach dieser Vorstellung das innovatorische Klima einer Kultur (andere Autoren sprechen hier gelegentlich von „climate of change"). Meinungsführerschaft (strategic opinion leadership) bezieht sich wesentlich auf ausgewählte kleine Gruppen von Individuen, die als Modelle, Sozialisationsagenten oder Multiplikatoren bestimmte Verhaltensweisen initiieren oder verstärken. Nach dieser Vorstellung müssen solche Personen zuerst ausfindig gemacht und angesprochen werden (was in weniger komplexen und weniger pluralistischen Gesellschaften einfacher sein mag als in hochentwickelten komplexen Sozialsystemen), um Innovationen erfolgreich durchsetzen zu können. Kommunikationssysteme schließlich enthalten kommerzielle, neutrale und soziale Quellen, wobei die Autoren insbesondere auf die kognitive Verzerrung der jeweiligen Botschaften abheben, die durch das Erziehungssystem in den jeweiligen Ländern bedingt werden.

Das Modell von Sheth und Sethi ist insbesondere von heuristischer Bedeutung, indem es auf mögliche relevante Variablen in interkulturellen Austauschprozessen hinweist. Da sich dieses Modell als hinreichend offen für die Einbeziehung substanzieller Hypothesen erweist, wäre u.E. dort anzusetzen, wo die Innovationsforschung bereits fundierte, empirisch abgesicherte Vorstellungen entwickelt hat, insbesondere bei Hypothesen, die über Bedingungen der Akzeptanz von Botschaften und/oder Neuerungen aufklären (z.b. relative Vorteilhaftigkeit im Rahmen des Modellverhaltens, und vor allem Kompatibilität mit bestehenden Strukturen und/oder Normen, die den wesentlichsten Faktor für das Ausmaß kognitiver Verzerrung von Botschaften bzw. kognitiver Konsonanz/Dissonanz in der Akzeptanzbereitschaft von Konsumenten darstellen dürfte).

Theoretische Ansätze der hier angedeuteten Art sollten vermehrt zur Beurteilung empirischer Forschungen auf diesem Gebiet herangezogen werden. Leider liegen sehr wenige brauchbare empirische Studien zum interkulturellen Vergleich von Konsummustern vor (vgl. jedoch die Untersuchungen von Katona, Strümpel und Zahn zu „Konsumverhalten, Leistungsmentalität und Bildungsbereitschaft in Amerika und Europa", 1971; sowie einige Untersuchungen aus dem Marketing-Bereich, etwa: Kanter, 1978; Munson & McIntyre, 1978). Exemplarisch konnten etwa Douglas und Urban (1977) zeigen, daß gleiche Einstellungen (etwa die Einstellung zur Rolle der Frau) in verschiedenen Gesellschaften mit unterschiedlichen Verhaltensweisen (z.B. Interesse an modischen Belangen) verknüpft sind. Interkulturell vergleichende Forschung hat sich darüber hinaus mit dem Problem unterschiedlicher kognitiver Stile sowie mit Eigenheiten der Sprache auseinanderzusetzen. So weist Kroeber-Riel (1980) darauf hin, daß Abweichungen im Sprachverständnis nicht-intendierte Wirkungen bei bestimmten Botschaften haben können, so daß die genauen Assoziationen von Wortbedeutungen und Aussagen auf der Basis einer kulturell vorgeformten Sicht stets zu relativieren sind. Diese und andere exemplarische Fälle (vgl. Dunn, 1976) geben Anlaß und Warnung, Marketing-Maßnahmen nicht unbedarft von einer Gesellschaft in die andere zu übertragen, sondern nach kulturellen Eigenheiten zu hinterfragen. Wahrscheinlich ist man nicht gut beraten, wenn man sich auf Komponenten der Konvergenz im Rahmen allgemeiner Industrialisierung verläßt; viele Anzeichen deuten darauf hin, daß in den Entwicklungsländern auf der Suche nach eigener Identität andere kulturelle Muster verfolgt werden als sie dem westlichen Schema der modernen Konsumgesellschaft entsprechen (Wiswede & Kutsch, 1978). Dies bestätigt Dunn (1976), wenn er meint, daß künftig auch im Rahmen des Konsumverhaltens eine größere Sensibilität für eigene kulturelle Identität zu erwarten ist.

3.3.1.3 Intrakulturelle Differenzierung

Die Erkenntnis, daß innerhalb eines Kulturkreises (eines Landes, einer Nation, einer Gesellschaft) Differenzierungen bestehen, ist so alt, wie das soziologische Denken überhaupt. Die kulturbezogene Betrachtungsweise reflektiert hier insbesondere auf das soziale Wertsystem; der wesentliche Gesichtspunkt ist dabei, daß bestimmte subkulturelle Unterschiede bestehen, die sich in Differenzierungen zum allgemeinen Wertsystem (Zusätze, Abstriche oder Modifikationen) ausdrücken lassen. Selten sind die Differenzen so groß, daß es zur Ausformung einer Kontra-Kultur kommt, in der man prinzipiell das Gegenteil von dem für richtig hält, was gesellschaftlich opportun ist. Dennoch sind partielle Kontra-Haltungen für bestimmte Randgruppen (z.B. Hippies), vor allem jedoch für bestimmte Altersgruppen (z.B. Adoleszenzphase) typisch, und diese suchen vielfach in rollenspezifischen bzw. rollenexpressiven Konsumverhaltensweisen ihren sichtbaren Ausdruck.

Das Prinzip der Subkultur mit Verschiebungen der Wertakzente scheint uns geradezu ein Generalnenner der soziologischen Marketing-Forschung zu sein, und mit ihrer Analyse wird zugleich ein Beitrag geleistet zur Marktsegmentierung nach sozialen Gesichtspunkten. Dies ist nichts anderes als der absatzwirtschaftliche Aspekt sozialer Differenzierung: Auch hier geht es um das zentrale Problem der Ermittlung homogener Teilgruppen, freilich nicht im Rahmen der ganzen Gesellschaft, sondern im Hinblick auf den als relevant angesehenen speziellen Teilmarkt. „Differences in life styles and norms of behavior associated with different social structures will normally produce different consumption patterns. For this reason, it is necessary to study various kinds of social structures in order to better understand consumer behavior." (Zaltman & Wallendorf, 1979, S. 71). Fassen wir in diesem Sinne Marktsegmente als Kategorien von Individuen mit mehr oder weniger divergenten Wertvorstellungen auf, so werden konsumrelevante Verhaltensweisen verschiedener Segmente durch jeweils spezifische, wenn auch oft partikulare Wertsysteme erklärt.

Die für die Belange des Marketing relevanten Subkulturen (vgl. Kroeber-Riel, 1980; Markin, 1969; Sturdivant & Stern, 1970) können aufgefaßt werden als

(1) Bewohner fest umrissener geografischer Gebiete mit unterschiedlichen Konsum-Traditionen (z.B. „Weinkulturen", „Bierkulturen")

(2) relativ homogene Bevölkerungsgruppen mit starkem Binnencharakter, also etwa die Gastarbeiter;

(3) die Angehörigen einer gleichen Altersgruppe, wobei lediglich im jugendlichen Alter eine relative Homogenität zu erwarten ist;

(4) die Angehörigen einer bestimmten ethnischen Gruppe, etwa die Farbigen, die Juden usw.;

(5) die Angehörigen bestimmter politischer oder religiöser Gemeinschaften, z.B. die Katholiken. Hier dürften subkulturelle Differenzierungen des Konsumverhaltens nur bei Vereinigungen mit geringer Reichweite vorliegen, etwa bei den Angehörigen extremer Parteien oder Sekten;

(6) die Angehörigen bestimmter Berufsgruppen oder sozialer Schichten, z.B. der Arbeiterklassen, der Berufsgruppe der Manager usw.

Die Marktsoziologie reflektiert hier insbesondere auf die Erklärungskraft komplexerer Analyseeinheiten wie Lebenszyklus oder Schichtzugehörigkeit. Einen möglichen Generalnenner in theoretischer Hinsicht könnte hierbei das Rollenkonzept abgeben, so daß jede einzelne Variable (z.B. Status, Berufszugehörigkeit, Lebensalter usw.) – auch in Kombination – mit bestimmten normativen Erwartungen verknüpft wird, die den jeweiligen Rollenträger auszeichnen. Dieser Aspekt darf nicht mit einem Sachverhalt verwechselt werden, den man mit einem vagen Ausdruck als „Konsumentenrolle" bezeichnet hat. Vielmehr ist daran gedacht, daß Konsumenten in ihrer sozialen Verflechtung einer Anzahl von Rollenerwartungen (auch Rollenkonflikten, Rollendruck usw.) ausgesetzt sind, die ihr Verbrauchsverhalten prägen (vgl. zur Rollenperspektive im Konsumbereich: Hillmann, 1970; Wiswede, 1972; Zaltman & Wallendorf, 1979). Gegenstand der empirischen Forschung ist es sodann, festzustellen, welche Rollenzusammenhänge und Rollenaspirationen das Konsumverhalten in besonderem Maße prägen. So wird etwa im Rahmen einer beruflichen Rolle von Individuen ein ganz bestimmtes Konsumverhalten erwartet, gewissermaßen ein berufsrollenspezifisches konsumtives „Standardpaket" (Roseborough, 1965).

Ähnlich ließen sich verschiedene Altersphasen im Lebensablauf (life-cycle) als Rollensukzession (vgl. Hörning, 1970) auffassen, die von unterschiedlichen Erwartungsmustern geprägt sind.

Der Begriff des Lebensstils, der neuerdings im Rahmen der Bemühungen um „griffigere" Methoden der Marktsegmentierung wieder reaktiviert wird (vgl. Lazer, 1968; Plummer, 1974; Wells (Ed.), 1974; Wells & Tigert, 1971; Wind, 1972), hat insbesondere innerhalb der französischen Konsumsoziologie (z.B. Halbwachs, 1933) als „genres de vie" oder als „trains de vie" im Mittelpunkt empirischer Analyse gestanden. Auch in der neueren Anwendung handelt es sich um ein sehr generelles Konzept, in dem versucht wird, über die Analyse von Aktivitäten, Interessen und Meinungen (AIO-approach) – häufig über vermittelnde Variablen wie: Persönlichkeitsmerkmale, Rollenstadium oder Schichtzugehörigkeit – einen möglichst weiten Umkreis verhaltensrelevanter Rahmenbedingungen abzustecken. Dabei bleibt ein wichtiger Punkt unklar: inwieweit nämlich das Konzept des Lebensstils zur Erklärung spezifischer Konsum-Muster beitragen soll, wenn das Konsumverhalten bzw. der Konsumstil selbst als mehr oder weniger zentraler Teilbereich eben dieses Lebensstils in Betracht gezogen werden muß. Insofern ist es auch nicht verwunderlich, wenn die Untersuchungen zum Bereich genereller Life-Style-Typen (generelle AIO-Items) und spezifischer Produktwahl nur dürftige Korrelationen ausweisen.

Bessere praktische Ergebnisse dürften sich aus der Verwendung produktspezifischer Life-Style-Kataloge (vgl. Richards & Sturman, 1977) ergeben. Je nach

Homogenität und „Griffigkeit" der aufgefundenen Segmente sind dann absatzrelevante Aussagen möglich, jedoch oft nur von geringem theoretischem Interesse, einmal, weil sie sich oft nur auf ganz bestimmte Produktgruppen beziehen und zum anderen, weil sie häufig trivial oder teil-tautologisch sind.

3.3.2 Gesellschaftlicher Kontext

3.3.2.1 Kristallisationseffekte und Konsumschichten

Personenmehrheiten mit gleichem oder ähnlichem sozialen Status werden als Sozialschichten bezeichnet. Dabei wird Status als bewertete (oder bewertbare) Position (Rolle) angesehen. Solche Positionen, die der Bewertung offenstehen, sind vor allem: der Einkommensstatus, der Bildungsstatus, der Berufsstatus. An den Status knüpft sich Prestige und/oder Macht, d.h. Verfügbarkeit über sich und andere Personen. Eine Person hat also in der Regel mehrere Einzelstatus, die in der Perzeption der Gesellschaftsmitglieder in mehr oder weniger ausgeprägter Homogenität assoziiert werden (ob dies der Fall ist, muß empirisch entschieden werden). Personen, von denen man erwartete, daß sie aufgrund ihrer Status-Ausstattung bestimmte Merkmale aufweisen, werden sich bemühen, diesen Erwartungen zu entsprechen. Individuen, die einen relativ geringen Bildungsgrad im Vergleich zu ihrem Einkommen und ihrem Berufsprestige haben, werden versuchen, diesen Mangel zu kompensieren. Solche Personen unterliegen der Status-Inkonsistenz (vgl. zu Begriff und Theorie: Homans, 1961; Lenski, 1954; Malewski, 1967); von ihnen wird u.a. vorausgesagt, daß sie – ähnlich wie die „nouveaux riches", ähnlich wie Personen in marginalen Situationen – zu kompensatorischem Konsumverhalten (etwa im Sinne des demonstrativen Verbrauchs) tendieren.

Wenn nun diese Homogenität im Sinne der Statuskonsistenz schon auf der individuellen Ebene nicht immer anzutreffen ist, so wird es vollends fraglich, ob es hohe Interkorrelationen der Statuszugehörigkeit auch auf der Aggregatebene geben kann. Nur wenn solche Homogenität weitgehend bei sehr vielen Individuen vorausgesetzt werden kann – d.h. wenn Statusinkonsistenzen seltene Ereignisse sind – kommt es zur Schichtkristallisation (Lenski, 1954). Nur in solchem Fall bleibt das Konstrukt „soziale Schicht" nicht lediglich ein Kunstprodukt der Skalierung, sondern spiegelt einen Sachverhalt der gesellschaftlichen Realität wider: auf der „objektiven" Ebene (etwa als trennscharf strukturierte Stände, Klassen oder gar Kasten) oder auf der subjektiven Ebene des Bewußtseins (Klassen- oder Schichtbewußtsein). Vorstellungen von einer „Klassengesellschaft im Schmelztiegel" (Geiger, 1949), einer „nicht-egalitären klassenlosen Gesellschaft" oder einer „nivellierten Mittelstandsgesellschaft" haben zu ähnlichen Relativierungen Anlaß gegeben, wenngleich neuerdings wieder wesentliche Argumente dafür ins Feld geführt werden, daß man in vielen Bereichen die angebliche Nivellierungstendenz doch ein wenig überschätzt habe (vgl. Goldthorpe, Lockwood, Bechhover & Platt, 1968/69, insbesondere im Arbeitsbereich; Hamilton, 1965 im Konsumbereich). Dennoch bleibt die Frage, ob Schichtzugehörigkeit einen genügend homogenen Indikator für differentielles Konsumverhalten darstellt oder ob Einzelstatūs – z.B. der Bildungsgrad oder das Einkommen für sich genommen – trennschärfere Kriterien abgeben, was sicherlich je nach der Spezifikation der abhängigen Variablen unterschiedlich beurteilt werden muß. Möglicherweise ist die Globalvariable „Sozialschicht" auch deshalb für viele Untersuchungszwecke ein unbrauchbarer Indikator, weil die Einzelstatūs jeweils höchst unterschiedliche Konsequenzen für soziale Verhaltensmuster und damit auch für das Konsumverhalten implizieren (Felson, 1975).

Ein bezeichnendes Licht auf dieses weitgehend offene Problem wirft die ausgedehnte Diskussion im Bereich des Marketing, ob denn nun das Einkommen oder aber ein multipler Index der Schichtzugehörigkeit (meist als WARNER-Index oder als SCHEUCH-Index) eine angemessenere Strategie der Segmentierung darstelle (vgl. etwa Myers & Mount, 1973; Slocum & Mathews, 1970). Zaltman und Wallendorf (1979, S. 90) versuchen diese Diskussion in der Feststellung zusammenzufassen: „Level of income has a stronger impact than education, properly value, and occupation combined in the decision to purchase products for in-home use which are of a staple and inconspicuous nature." Deutsche empirische Untersuchungen (z.B. Kätsch, 1966) scheinen im übrigen auch darauf hinzudeuten, daß die Variable Schicht für das Verwendungsverhalten in stärkerem Maße durchgreift als für das Kaufverhalten der Konsumenten (vgl. Kap. 3.3.2.3).

Während Sozialwissenschaftler im allgemeinen darin einig sind, daß die Zugehörigkeit zu einer bestimmten sozialen Schicht mehr oder weniger differentielle Verhaltensweisen zur Folge hat, so wird der umgekehrte Gedanke kaum verfolgt, wonach bestimmte Verhaltensweisen die Chance eines Individuums begünstigen, Mitglied einer spezifischen sozialen Schicht zu werden. Schon Warner (1952) und Lipset und Zetterberg (1956) weisen darauf hin, daß dem Verhalten, zumal dem Konsumverhalten selbst eine stratifizierende Funktion zugeschrieben werden muß (anders: T. Parsons, 1951, der dem Konsumstil lediglich eine expressive und symbolische Funktion einräumt). Eine Konsumschicht ist nach Lipset und Zetterberg durch Lebensstile annähernd gleicher Ranghöhe charakterisiert. Selbst bei gleichem Einkommen bestehen unterschiedliche Interessenlagen und verschiedene Möglichkeiten der Realisierung von Konsumzielen. Das Einkommen ist folglich kein Indikator der Konsumschicht, obgleich es ihre rahmengebende Bedingung darstellt. Ein operationaler Index der Erfassung von Konsumschichten wäre etwa die Ermittlung desjenigen Einkommensteils, der für prestigevermittelnde oder „kulturelle" Belange verwendet wird. Die Identifizierung solcher Konsumschichten wie auch die Ermittlung schichtspezifischer Lebensstile dürfte jedoch vor allem auf das Verwendungsverhalten, weniger jedoch auf das Kaufverhalten der Individuen abzielen.

Vorstellungen aus der älteren Diffusionsforschung, wonach untere Sozialschichten das Konsumverhalten der nächst höheren Schicht nachahmen – entsprechend komme es zu einem „Trickle-down-Effekt" des „sozialen Rutschens" – müssen nach neueren Forschungsergebnissen (z.B. King, 1976) einer Revision unterzogen werden. Die Ausbreitung von Konsummustern dürfte unter den heutigen gesellschaftlichen Bedingungen eher horizontal (oder spiralförmig) verlaufen, wobei andere Diffusionsebenen (z.B. alters- und geschlechtsspezifischer Art) die Ausbreitung nach Schichten überrundet haben dürften (vgl. Wiswede, 1976).

3.3.2.2 Schichtspezifisches Kaufverhalten

Die im vorigen Abschnitt behandelten Schwierigkeiten kennzeichnen nahezu alle Untersuchungen, die stringente Beziehungen zwischen Schichtzugehörigkeit und Konsumverhalten herzuleiten versuchen. Dabei ist insbesondere nicht auszuschließen, daß je nach Untersuchungszweck und je nach Produktklasse speziellere Indikatoren (wie Bildungsgrad, Einkommen usw.) erklärungskräftigere und segmentierungsschärfere Variablen darstellen können. Obgleich nun die Praxis sehr häufig mit Vorstellungen über Schichtzugehörigkeit arbeitet, finden sich vergleichsweise wenig brauchbare empirische Untersuchungen zum schichtspezifischen Konsumverhalten (vgl. jedoch: Coleman, 1968; Levy, 1968; Myers, Stanton & Haug, 1971; Rich & Jain, 1968; Rotzoll, 1967; zusammenfassend Dominguez & Page, 1979). Dies dürfte z.T. daran liegen, daß viel wissenschaftlich verwertbares Material in Archiven der Marktforschungsinstitute verschwindet. Die Verwertbarkeit ist auch dadurch eingeschränkt, daß diese Untersuchungen meist mit partikularen Aufgabenstellungen (z.B. Marktsegmentierung für Zahnpaste) arbeiten, die eine Generalisierung kaum gestatten. Hinzu kommt, daß einige dieser Untersuchungen mittlerweile schon etwas „betagt" sind, obgleich sie in den Lehrbüchern ständig weiter tradiert werden. Neben dem Aspekt der „Kurzlebigkeit" solcher Befunde infolge ständiger Mobilität und Wertverschiebung sind verfügbare US-amerikanische Daten über schichtabhängiges Verhalten nur mit größten Vorbehalten auf die deutsche Konsumszene zu übertragen.

Kroeber-Riel (1980) formuliert eine Orientierungsthese, die Auskunft darüber geben soll, wann eine Marktsegmentierung nach sozialen Schichten brauchbare Ergebnisse verspricht. Er meint, daß dies nur dann sinnvoll ist, wenn man von einer ganz groben Einteilung in drei oder zwei Schichten ausgeht und darauf abzielt, allgemeine und nicht produktspezifische Verhaltensunterschiede tendenziell zu erfassen. Ein solches Vorgehen ist weitgehend identisch mit dem subkulturellen Ansatz, soziale Schichten zu erfassen. Die intervenierende Variable dürfte häufig ein ganz bestimmter Sozialisationsstil sein (vgl. die Literatur zur schichtspezifischen Sozialisation, zusammenfassend: Caesar, 1972). Die Variable Schichtzugehörigkeit reflektiert dann einen ganz bestimmten Lebensstil, der je nach Segregation der Schichten oder Klassen konturiert in Erscheinung tritt. Am ehesten ist dies im Rahmen ökologisch abgegrenzter Gebiete oder im Rahmen häufig interagierender Umgangsgruppen zu beobachten. Freilich gilt, daß „life-style-patterns", so wie sie gegenwärtig in der Marketing-Literatur verwendet werden, auch im Zusammenhang mit „life-cycle-patterns" stehen und damit konfundieren.

Der subkulturelle Ansatz gestattet (meist schwache) Tendenz-Hypothesen darüber, wie sich im Prinzip das Konsumverhalten von Angehörigen oberer und unterer Schichten unterscheidet. So ist verschiedentlich betont worden, daß das Verbrauchsverhalten der unteren Schichten – sicherlich vermittelt durch differentielle Sozialisationsstile – eher gegenwartsbezogen als zukunftsbezogen sei, woraus sich bestimmte Folgerungen etwa über das Sparverhalten oder über die Anschaffung dauerhafter Güter ableiten lassen. Ein mehr familistischer im Gegensatz zu einem individualistischen Konsumstil dürfte in unteren Schichtbereichen zu finden sein. Komarowsky (1968) formuliert Aussagen über „maskuline" sowie autokratische Komponenten bei Haushaltsentscheidungen und kommt zu dem Ergebnis, daß das Ausmaß der autokratischen (männlich dominanten) Komponente im Mittelschichtbereich am niedrigsten ist. Diese Feststellung berührt sich mit der allgemeinen Erkenntnis, daß der Grad der Egalität, der Rollenpartnerschaft und der Rollenvermengung in diesem Mittelschichtbereich am größten ist, was zu der Konsequenz führt, daß hier die meiste Kommunikation über Konsumentscheidungen und Verwendungen stattfinden dürfte.

Ferner hat man das Verhalten der Unterschichtkonsumenten als passivistisch gekennzeichnet, wobei insbesondere auf das niedrige Maß konsumrelevanter Informationssuche hingewiesen wird. Belegt ist ein höheres Maß an Informationsneigung bei Angehörigen höherer Schichten. Dies ist übrigens ein deutlicher Fall, wo die isolierte Behandlung von „Einkommens-Status" und „Bildungs-Status" bei jeweiliger Konstanthaltung der anderen Variablen zu ambivalenten Ergebnissen führen würde. Beim Informationsverhalten dürfte der Bildungsstand die entscheidende Variable sein (vgl. Katona & Mueller, 1955; Kuhlmann, 1970). Schon Caplowitz (1963) fand in seiner berühmten Untersuchung „The poor pay more", daß sich in den Kreisen niedriger Einkommen ein höherer Anteil derer befindet, die überdurchschnittliche Preise für Konsumgüter bezahlen. Die Gründe sind naheliegend: Diese Konsumenten entschließen sich eher zum Teilzahlungskauf; sie benutzen Läden der Nachbarschaft aufgrund partikularistischer Bedingungen; sie wehren Hausierer nicht ab; sie haben Hemmungen, einen Laden wieder zu verlassen; ihr Bildungsgrad erlaubt keine Planung und Informationsselektion; ihr Eingespanntsein in Überlegungen des Lebensnotwendigen gibt keine Möglichkeit zur Distanz, die zur Einholung von Information notwendig ist; der Anteil periodischer, nicht dauerhafter Güter ist bei ihnen größer, und dies sind Güter, bei denen die Einholung von Informationen nicht lohnend ist. Der schädigende Einfluß mangelhafter Information gilt also vor allem für die niedrigen Einkommenschichten (vgl. Andreasen, 1975; sowie neuere deutsche empirische Untersuchungen).

Eine detaillierte empirische Studie über das Einkaufsverhalten der verschiedenen Sozialschichten legen Rich und Jain (1976) vor. Nach diesen Ergebnissen orientieren Konsumenten der Unterschicht ihr Verhalten eher an Primärgruppen, sind also formalen Informationsquellen in minderem Maße ausgesetzt. Je höher die Sozialschicht, desto eher wird in die Zukunft geplant. Prestige und Demonstrationsstreben steigen mit wachsender Sozialschicht, was sich u.a. an einem stärkeren Interesse der oberen Schichten an Modeangelegenheiten zeigt. Frauen der mittleren Schichten unternehmen häufiger einen „Einkaufsbummel" als Frauen der oberen Klassen. Während die Angehörigen der unteren Schichten Absatzformen begünstigen, die eine preisbetonte Vertriebspolitik betreiben, bevorzugen Oberschichtkonsumenten Warenhäuser mit einem ausgesprochen modisch extravaganten Charakter.

Trotz dieser Ergebnisse darf u.E. nicht angenommen werden, daß die „Schichtung" der Absatzformen die tatsächliche Sozialstruktur genau reflektiere (vgl. etwa Leven, 1979). Es ist deshalb nicht immer sinnvoll, bestimmte Geschäftsformen als für eine spezifische Sozialschicht „typisch" herauszustellen, etwa deshalb weil solche Schichten fließende Grenzen haben, statusinadäquate Konsumverhaltensweisen vorkommen und weil die Variable Schichtzugehörigkeit stets im Kontext mit anderen Variablen betrachtet werden muß.

3.3.2.3 Schichtspezifisches Verwendungsverhalten

Die Erforschung des Verbraucherverhaltens hat sich bisher sehr einseitig und punktuell auf die Analyse von Kaufvorgängen konzentriert, ohne zu sehen, daß selbst gleichen Kaufstrukturen höchst unterschiedliche Intentionen und damit auch Motivationen zugrunde liegen können. Entscheidend ist hier der Gesichtspunkt, daß differentielle Verwendungsmodalitäten sowie bei der Verwendung auftretende Lerneffekte im Sinne der Kreiskausalität auf künftige Kaufentscheidungen zurückwirken. Dies gilt nicht lediglich für Güter des wiederkehrenden periodischen Bedarfs, sondern nach dem lerntheoretischen Prinzip der Generalisierung auch für „ähnliche" Anschaffungen.

Eine Asymmetrie der Aufwandsstile wird für Personen vorausgesagt (Wiswede, 1972), die der Statusinkonsistenz unterliegen. Dies bedeutet, daß Personen, die ein instabiles, marginales und/oder inkonsistentes Statusgefüge aufweisen, aus Gründen der Status-Stabilisierung dazu neigen, im externen Bereich, der der sozialen Visibilität unterliegt, überdurchschnittlich hoch zu konsumieren, hingegen im internen Bereich, der der sozialen Sichtbarkeit nicht offensteht, unterdurchschnittlich wenig zu verbrauchen. Diese Disproportionalität des Aufwands dürfte vor allem bei Personen zu beobachten sein, die bei relativ knappem Einkommen ein vergleichsweise hohes Aspirationsniveau entwickeln. Dies erklärt u.a. auch die empirisch beobachtbare Tatsache, daß Angehörige mittlerer Einkommensschichten ihre Informationsaktivitäten verstärken. Ist das Anspruchsniveau (die individuelle leistungsorientierte Zielsetzung) bei vergleichsweise niedrigem bis mittlerem Einkommen hoch, so werden besonders hohe Anstrengungen unternommen, den Knappheitsdruck des Einkommens mit einer Optimierung des Mitteleinsatzes zu kompensieren (vgl. Hörning, 1970).

Die Konsequenz ist, daß der sogenannte „Qualitätsmarkt" bzw. der „obere Markt" keineswegs ein homogenes Publikum ausweist. Coleman (1968) weist hier darauf hin, daß soziale Schichten gewissermaßen doppelt segmentiert werden müssen, weil unter- und überprivilegierte Personen ein- und derselben Sozialschicht differentielle Verhaltensweisen an den Tag legen. (Dieser Ansatz ist natürlich begrenzt, denn auch partielle Überprivilegierung, z.B. relativ höheres Pro-Kopf-Einkommen, könnte bereits den Übergang zu einer anderen Schicht bedeuten, im übrigen jedoch auch nach dem Inkonsistenz-Konzept interpretiert werden.) Mögliche Unterschiede in den Konsummustern können dann einmal in der qualitativen Abstufung liegen: Personen mit höheren Einkommen verwenden zwar Güter, die ihrer Schichtzugehörigkeit entsprechen, jedoch in besseren Qualitäten und/oder zu höheren Preisen oder sie imitieren den Verhaltensstil der darüberliegenden Schicht. Relativ Unterprivilegierte könnten dazu neigen, niedrigere Preise zu bevorzugen, mehr Informationsaktivitäten zu entfalten oder Imitationsware zu kaufen.

Hörning (1970) findet, daß der formal freie Zugang zu Konsumsymbolen (Güter, denen eine status- oder prestigevermittelnde Bedeutung zukommt) zur Unter- oder Überschreitung der sozial ohnehin nur locker fixierten Schichtgrenzen führt. Diese „anomale Appropriation" (Hörning, 1970) von Besitzgütern, die vormals ganz bestimmten sozialen Schichten vorbehalten blieben, hat zunächst zur Folge, daß individuelle Abhebungsmöglichkeiten komplexer und subtiler werden müssen. Die Verlagerung von schichtspezifischen Konsumverhaltensweisen von der Kaufebene – die alle Möglichkeiten der, wenn auch preislich abgestuften Anschaffung für alle eröffnet – in die Verwendungsebene fördert die Bedeutung des „Kulturkonsums", dem man zumindest im Bewußtsein der entsprechenden sozialen Schicht – einen kongenialen Erfahrungs- und Bedeutungshorizont zuspricht. Der signalvermittelnde Charakter der „Kennerschaft" scheint heute in weiten Bereichen die bloßen „Kaufmöglichkeiten" überrundet zu haben (vgl. auch Scheuch, 1975). Von hier aus wird es verständlich, daß die Schichtzugehörigkeit für das Verwendungsverhalten eine erklärungskräftigere Variable darstellt als für das bloße Kaufverhalten. Die stärksten Barrieren scheinen hier gerade die etablierten Oberschichten zu errichten, die es im Gegensatz zu den Aspiranten der tiefer eingestuften Gruppen nicht nötig haben, demonstrativen Konsum im Sinne Veblens (1899) zu entfalten, sondern die gerade durch demonstrativen Nicht-Konsum ihrer herausragenden Position Ausdruck verleihen.

Von hier aus wird auch sichtbar, daß innerhalb der etablierten Oberschichten bestimmte Lebensstile weiter tradiert werden und gewissermaßen als „soziale Konstanten" allzu großen Veränderungstendenzen widerstehen. Dort jedoch, wo soziale Mobilität einen ständigen Wechsel der Konsumstile heraufbeschwört, können einheitliche Verhaltenssyndrome, die man unter dem Begriff des Lebensstils zusammenfassen könnte, nur in wenig auskristallisierter Form in Erscheinung treten. Soziologische Untersuchungen in den europäischen Ländern scheinen jedoch darauf hinzuweisen, daß gerade in Arbeiterkreisen wesentliche Komponenten eines traditionellen Lebensstils weitergetragen werden (vgl. Goldthorpe, 1968/69; Hamilton, 1965; Lipset & Zetterberg, 1956), so daß die globale Nivellierungsthese gerade hier im Bereich des Verwendungsverhaltens, der am ehesten den Lebensstil von Individuen reflektiert, keineswegs evident ist.

3.3.3 Gruppen-Kontext

3.3.3.1 Familie und Lebenszyklus

Für die Ausprägung spezifischer Konsummuster und Lebensstile ist eine Primärgruppe von ganz besonderer Bedeutung: die Familie. Hier ist einmal die Herkunftsfamilie (orientation family) zu sehen; sie vermag durch Internalisierung und Standardisierung zahlreiche Konsumziele rahmengebend für das spätere Konsumverhalten zu beeinflussen. Dies gilt jedoch auch für die spätere Eigenfamilie (procreation family); in ihr finden konsumrelevante Interaktionen und Kommunikationen statt.

Wenden wir uns zunächst kurz der Konsumenten-Sozialisation im Rahmen der Herkunftsfamilie zu (vgl. hierzu insbesondere die Forschungsergebnisse des Kreises um Ward; etwa Ward, 1974). Dabei geht es um die Frage, welche konsumrelevanten Kenntnisse, Einstellungen und Fähigkeiten Kinder in welchem Ausmaß auf welche Weise und mit welchem Bedeutungsgehalt lernen (vgl. auch Scherhorn, 1977). Wie Parsons betont (vgl. Parsons, Bales & Shils, 1953), prägt das Elternhaus vorwiegend die instrumentellen Aspekte des (Konsum)Verhaltens, während die mehr expressiven Komponenten eher durch die Gruppe der Gleichaltrigen (peers) geformt werden (so auch: Riesman & Roseborough, 1955; empirisch: Moshis & Churchill, 1978). Die empirischen Daten zeigen eine „signifikante positive Beziehung zwischen dem Ausmaß innerfamilialer Kommunikation über Konsumprobleme und dem Ausmaß, mit dem der Heranwachsende ökonomische Motivationen für den Konsum geltend macht" (Moshis & Churchill, 1978, S. 70).

In den letzten Jahren hat man sich darüber hinaus sehr intensiv mit den Wirkungen des Fernsehens auf Kinder befaßt (vgl. hierzu: AfK-Studie, 1979; Berey & Pollay, 1968; Bergler & Six, 1979; Ward, 1974; Ward & Wackman, 1971, 1972), wobei den familialen Rahmenbedingungen modifizierende Wirkungen zugeschrieben werden. Dieser Wirkungskomplex kann unter dem Aspekt unmittelbarer Einflüsse untersucht werden (z.B. direkte Realisierung von Konsumwünschen über das Taschengeld; indirekte Realisierung durch Ausübung sozialen Druckes auf die Eltern) oder aber unter dem Gesichtspunkt langfristiger Sozialisationswirkungen; letzteres freilich recht spekulativ (etwa unter Einbeziehung entwicklungspsychologischer Konzepte), wobei lediglich Längsschnittuntersuchungen spezifische Befunde erbringen würden. Für beide Problembereiche, nämlich für die Übernahme elterlicher Konsummodelle, sowie für die mögliche Wirkung von Werbeappellen wäre die Federführung durch eine moderne sozial-kognitive Lerntheorie (etwa Bandura, 1979) wünschenswert, die insbesondere die Bedeutung und die Randbedingungen des Modell-Lernens zu klären sucht.

Im weiteren Verlauf des Sozialisationsprozesses wird in der Konsumforschung häufig das Konzept des Lebenszyklus (life-cycle) verwendet (vgl. zum allgemeinen soziologischen Konzept des life-cycle: Glick, 1947; Kohli, 1978; vgl. zur Anwendung im Konsumbereich: Lansing & Morgan, 1958; Reynolds & Wells, 1977; Wells & Gubar, 1976). Hierbei werden verschiedene (idealtypische) Stadien im Lebensablauf unterschieden; diese lassen sich unter rollenanalytischem Aspekt auch als Rollensukzessionen beschreiben und klassifizieren. Besondere Aufmerksamkeit verdient hierbei das Konsumverhalten im Jugendlichen- und Altersstadium sowie die Anpassung an ein neues Konsumgleichgewicht bei einem Rollenumbruch (z.B. Verlassen des Elternhauses, Heirat, Kinder, Berufsabbruch, Tod des Ehepartners usw.). In Untersuchungen über Meinungsführerschaft sowie in Strategien der Marktsegmentierung war die life-cycle-Variable (produktionsspezifisch) oftmals ein besserer Prädiktor für tatsächliches Konsumverhalten als ein Abstufung nach mehr oder weniger willkürlich gesetzten Altersabschnitten.

Die Life-cycle-Variable ist häufig mit dem schon verschiedentlich diskutierten Life-Style-Konzept in Verbindung gebracht worden (vgl. hierzu: Kap. 3.3.1.3). Denn es scheint plausibel, daß auf den verschiedenen Ebenen des Lebenszyklus auch unterschiedliche Lebensstile realisiert werden. Diese Betrachtungsweise ist jedoch insofern ein wenig eng, weil individuelle Lebensstile auch vor dem allgemeinen Hintergrund der sozialen Herkunft und des Elternhauses (insbesondere unter dem Einfluß der übergreifenden Kontextvariablen „Schichtzugehörigkeit") bestimmt werden sowie durch im Lebensablauf wechselnde Umgangs- und Bezugsgruppen, die den Vergleichstandard und das Aspirationsniveau des einzelnen zumindest ebenso prägen wie eine idealtypologisch definierte Abfolge von Lebensstadien. Generell kann auch angenommen werden, daß der „Lebensstil" sich nicht schlagartig und mit der gleichen Zwangsläufigkeit ändert, wie dies bei Rollenumbrüchen (i.S. des Lebenszyklus) der Fall ist. Wesentliche Konsumgewohnheiten werden mit Sicherheit weitergetragen und keineswegs qua Rollenstation kaleidoskopartig umstrukturiert.

Die Betrachtung des Lebensablaufs steht in engem Zusammenhang mit Aspekten des familialen Konsumverhaltens. Die Familie wird dabei häufig als die den Haushalt tragende Gruppe verstanden. Die Soziologie betrachtet den Haushalt als Subsystem der Familie, genauer: als ein im Rahmen der Familie organisiertes Koordinationssystem des Konsums (Wiswede, 1972). Interessant ist hier vor allem die Rollenstruktur des Haushalts, die in verschiedenen Untersuchungen Gegenstand des soziologischen Interesses gewesen ist (vgl. Dahlhoff, 1980; Davis & Rigaux, 1974; Emge, 1981; Kenkel, 1957, 1961; Shuptrine & Samuelson, 1976; Wiswede, 1976b). Die meisten Untersuchungen stellen das Verhalten der Ehepartner in den Vordergrund und studieren den Einfluß vorwiegend patri- oder matridominanter Entscheidungen auf das Konsumverhalten (daneben werden in Anlehnung an eine Klassifikation von P.G. Herbst häufig auch noch synkratische und autonome Entscheidungen unterschieden; vgl. Davis & Rigaux, 1974). Komarovsky (1968) diskutiert einige interessante Hypothesen, die an die differentielle Rollenstruktur des Haushalts anknüpfen. Danach ist z.B. bei egalitärer Rollenstruktur ein hoher Gemeinsamkeitsanteil sowohl bei der Kaufentscheidung als auch beim Verwendungsverhalten zu erwarten.

Daneben ist zu beachten, daß der Gemeinsamkeitsanteil von Konsumhandlungen auch von der Art der betreffenden Konsumentscheidung selbst abhängt: Isoliertes Handeln wird beim habituellen Bedarf, bei unbedeutenden Kaufentscheidungen, beim periodischen Bedarf, beim Einzelbedarf häufiger sein.

Entsprechend zeigt sich, daß der Anteil gemeinsamer Entscheidungen mit der Höhe des Produktpreises positiv korreliert (Dahlhoff, 1980). Zu differenzieren ist ferner, daß auch der habituelle Bedarf das Ergebnis vorausgegangener gemeinsamer Entscheidungen gewesen sein kann. Auch ist bei solchen periodischen Gütern Gemeinsamkeit zu erwarten, die ins Bewußtsein beider Partner dringen und entsprechende Interaktionen veranlassen.

Historisch gesehen wächst die Rolle des Mannes beim Einkauf auch periodischer Güter (empirisch: Cunningham & Green, 1974 sowie eine deutsche Untersuchung des SPIEGEL-Verlags 1963/64) sowie der Anteil von Kindern und Jugendlichen an Konsum- und Verwendungsentscheidungen (vgl. Caron & Ward, 1975; Ward & Wackman, 1972).

Historisch gilt allgemein, daß der Gemeinsamkeitsanteil im Konsumsektor zugenommen hat, wenn auch die Egalitätsdimension schichtspezifisch und gruppenspezifisch unterschiedlich ausgeprägt ist und hauptsächlich ein Mittelschichtideal reflektieren dürfte (vgl. zur Frage der Egalität bereits die klassische Untersuchung von Wurzbacher, 1969).

Methodisch bedeutsam ist die Tatsache, daß Befragungsergebnisse hier oftmals recht trügerische Ergebnisse erbracht haben, was aus den meist erheblichen Diskrepanzen zwischen selbst-eingeschätztem und fremd-eingeschätztem Einfluß hervorgeht. Erschwerend wirkt sich dabei aus, daß im Rahmen komplexer Entscheidungsprozesse oftmals die Einzelbeiträge kaum zu isolieren sind (eine erste Annäherung bildet der Versuch, zwischen unterschiedlichen Einflüssen innerhalb verschiedener Entscheidungsphasen zu differenzieren). Ferner erstreckt sich differentieller Einfluß möglicherweise auf bestimmte Aspekte oder Attribute des Kaufobjekts (z.B. Preis, technische Beschaffenheit, Prestige-Ausstrahlung usw.). Andererseits werden Einflußgeber ihren faktischen Beitrag möglicherweise (bewußt oder unbewußt) falsch bewerten (überschätzen oder unterschätzen), insbesondere auf dem Hintergrund bestimmter Rollenstereotype. Auf diese Weise erhalten wir oftmals Ergebnisse, die den Einfluß der Frau und der Kinder im haushaltlichen Entscheidungsprozeß unterschätzen. Aus diesen und anderen Gründen vertraut man heute in diesem Bereich eher auf verschiedene Beobachtungsverfahren. So ist im Rahmen solcher Untersuchungen z.B. sehr schnell der „family financial officer" (Ferber & Lee, 1974) zu ermitteln. Kenkel (1961) und andere haben das Bales'sche Kategoriensystem als strukturiertes Verfahren der Beobachtung familialer Interaktionen über Konsumprobleme eingesetzt, wobei konsumrelevante Entscheidungen simuliert wurden. Auch hier sind zahlreiche Bedenken am Platz. Im ganzen dürfte sich das Problem der Entscheidungsbildung in diesem sozialen Raum doch entschieden komplexer darstellen, als es durch einfache Dominanzzuweisungen oder Egalitätstrends nahegelegt wird, weil externe Einflüsse (durch Bezugsgruppen) stattfinden, weil Einflußgeber oft die Auslöser von Unterwanderungseffekten sind und weil familialer Einfluß sich dadurch geltend macht, daß der einzelne Akteur die mutmaßlichen Reaktionen der Familienmitglieder bereits antizipiert.

3.3.3.2 Wirkung von Bezugsgruppen

Für die Heranwachsenden ist neben der Herkunftsfamilie die Gruppe der „peers", der Gleichaltrigen, die wichtigste Einflußquelle, wobei hier insbesondere die expressiven Muster und Modelle des Konsumverhaltens vermittelt werden. Häufig läßt sich im Kontext der Gleichaltrigen ein Prozeß der Gegenkonformität oder auch der Reaktanz beobachten, der einen Gegenpol zum Konsumgefahren der Familie darstellt und meist doch auf diese bezogen bleibt. Insofern trägt das Konsumverhalten der Adoleszenzphase (schichtspezifisch abgestuft) auch lediglich einige wenige kontrakulturelle Züge und wird in der Regel in das allgemeine Normensystem integriert, wenn der Jugendliche die materiellen Konsumziele der Erwachsenen in bestimmten Rollenstadien schätzen lernt und antizipiert, was bei defizitären Chancenstrukturen zu Anomiedruck und damit zu abweichenden Verhaltensweisen von Jugendlichen führen kann (in der Tat macht die Anomietheorie übersteigerte Konsumaspirationen bei gleichzeitig geringen legitimen Mitteln zum zentralen Thema einer Soziologie abweichenden Verhaltens). Andererseits werden für die Jugendlichen der „postmaterialistischen Gesellschaft", die in einer Welt des selbstverständlichen Wohlstands aufgewachsen sind, Konsumziele an Bedeutung verlieren.

Der Einfluß von Bezugsgruppen auf das Konsumverhalten ist vielfach analysiert worden (vgl. zusammenfassend: Stafford & Cocanougher, 1977; sowie den Beitrag von Brandstätter in diesem Band). Bezugsfeld ist hier die Bezugsgruppentheorie i.e.S. (vgl. zusammenfassend Hyman & Singer (Eds.), 1968), darüber hinaus jedoch auch die Theorie der Imitation (z.B. Bandura, 1979) sowie die Theorie sozialer Vergleichsprozesse (Festinger, 1950). Auf diesem Hintergrund ist die Vermittlung konsumspezifischer Normen im Sozialisationsprozeß zu sehen, wobei auch die Betrachtung des Lebenslaufs in engem Zusammenhang mit wechselnden Bezugsgruppen steht, wie sie für die jeweiligen Rollenstadien typisch sind. Bezugsgruppen werden als (Eigen- oder Fremd-)Gruppen angesehen, an denen Individuen Ziel und Stil des Verhaltens kognitiv und affektiv ausrichten. Die Bezugsgruppentheorie behauptet u.a., daß solche Gruppen zum normativen und komparativen Standard herangezogen werden, die ähnliche Einstellungen (z.B. Konsumwünsche) und Fähigkeiten (z.B. Kaufkraft) aufweisen (Ähnlichkeitshypothese) und/oder die vom Individuum als attraktiv angesehen werden, so daß man ihnen angehören möchte (Attraktivitätshypothese). Ein besonders herausragender Typ solcher Bezugsgruppen ist die Aspirationsgruppe, der man angehören möchte und an der das konsumrelevante Anspruchsniveau (insbesondere im Bereich des externen, nach außen hin sichtbaren Standards) definiert wird. Zu hohe Diskrepanz zwischen eigenen Mittelstrukturen und bezugsgruppenvermittelten Aspirationsniveaus kann auch hier Anomiedruck oder Streß im Sinne des „keeping up with the Joneses" erzeugen.

Aus der Theorie des Anspruchsniveaus wissen wir, daß ein Individuum in der Regel ein Anspruchsniveau entwickelt, das höher liegt als das gegenwärtig erreichte (positiver Diskrepanz-Score). Erfolgs- und leistungsorientierte Personen setzen im Sinne der Theorie der Leistungsmotivation meist ein Ziel mit mittlerer subjektiver Erfolgswahrscheinlichkeit, während mißerfolgsmeidende Personen meist ein sehr niedriges oder aber ein sehr unrealistisches spekulatives Anspruchsniveau definieren (Atkinson, 1964). Die Klassifizierung unter diesem Aspekt verschafft interessante Einblicke in differentielle Ausgabestrukturen und spezifisches Sparverhalten. Von soziologischem Interesse ist hierbei vor allem der Umstand, daß weitgehend unabhängig von individualpsychologischen Überlegungen Individuen ihr Anspruchsniveau meist an bestimmten Bezugsgruppen oder Bezugspersonen „festmachen". Je höher die Attraktivität einer Gruppe oder einer Person für ein Individuum ist und/oder je höher ihre perzipierte Kompetenz ist, desto eher wird der Konsument sein Anspruchsniveau an ihr ausrichten. Interessant ist hierbei auch der Fall, wo das eigene Leistungsniveau über dem durch die Gruppe definierten Standard liegt (negativer Diskrepanz-Score). Wenn das Ergebnis ähnlich dem des Bezugssystems liegt und wenn das Vorzeichen des Scores umgekehrt zu dem der Gruppe ist, dann erfolgt die Änderung in Richtung Gruppendurchschnitt. Lediglich dann, wenn ein starker und dauerhafter negativer Diskrepanz-Score erhebliche kognitive Dissonanzen auslöst, dürfte auf lange Sicht ein Wechsel des Bezugssystems erfolgen.

Die Frage, ob perzipierte Produktattribute oder Bezugsgruppeneinfluß im Konfliktfalle stärker durchgreifen, ist von Bourne (1972) empirisch geprüft worden. Produktklassenspezifisch konnte nachgewiesen werden, daß Bezugsgruppeneinfluß in relativ starkem Ausmaß auch dann durchgreift, wenn der Konsument ansonsten eine überwiegend negative Einstellung zum Produkt hat. Stafford (1976) interessierte sich besonders für die Wirkung von Gruppenführerschaft (durch soziometrische Wahl ermittelt) und Kohäsion auf das Konsumverhalten (Präferenz für eine bestimmte Brotmarke). Zumindest bei der von Stafford ausgewählten Produktkategorie konnte ein direkter Einfluß der Kohäsion auf das Zustandekommen einer normierenden Präferenz nicht nachgewiesen werden, obgleich allgemeine Ergebnisse aus dem Bereich der Sozialpsychologie einen solchen Effekt nahelegen. Kohäsion schien vielmehr in der Untersuchung von Stafford ein Interaktionsklima zu schaffen, in dem Gruppenführerschaft am ehesten wirksam sein konnte. Das Experiment von Venkatesan (1976) versuchte schließlich, nachzuweisen, daß die aus der Sozialpsychologie bekannten Konformitätsexperimente auch auf den Konsumbereich übertragen werden können. Homogene Güter (gleiche Anzüge) sollten vom Probanden nach ihrer Qualität getestet werden, wobei die Verbündeten des Versuchsleiters ihr Urteil vorher lautstark zugunsten eines bestimmten Anzugs abgegeben hatten. Der Konformitätseffekt trat auch in der Tat ein. Der Versuch von Venkatesan, eine Reaktanzsituation einzuführen, um die Geltung der Reaktanztheorie (Brehm, 1966) zu überprüfen, scheiterte, weil die von Venkatesan bevorzugte Operationalisierung der Reaktanzbedingungen mit Sicherheit nicht den Aussagen der Theorie angemessen waren (vgl. zu neueren Untersuchungen von Reaktanz im Konsumbereich Feigs, 1976; Wiswede, 1979). Die Experimente beweisen, was schon aus der Konformitätsforschung allgemein hervorgeht, daß andere Personen und Gruppen auf unser Verhalten in starkem Maße einwirken, selbst dann, wenn wir glauben, daß ein solcher Einfluß nicht existiert und wir uns dieser Abhängigkeit nicht bewußt sind. Ferner gilt im Einklang mit Festingers Theorie sozialer Vergleichsprozesse, daß sozialer Einfluß dann in besonderem Maße durchgreifen dürfte, wenn die Teilbeschaffenheiten des Kaufobjektes sowie die Konsequenzen seiner Verwendung unsicher sind, so daß sich Nutzenerwartungen oft nur auf eine soziale Basis gründen können.

3.3.3.3 Personaler Einfluß

Sowohl Produzenten als auch Konsumenten werden in hohem Maße durch personale Kommunikation beeinflußt. Mit der Unsicherheit einer Situation wächst (im Sinne Festingers) die Bereitschaft des Individuums, personale Informationsquellen zu akzeptieren, sich also in verstärktem Maße sozialer Beeinflussung auszusetzen. Nun ist das Risiko einer Kaufhandlung nicht allein durch den fehlenden Einblick in die objektive Beschaffenheit bedingt. Die andere Komponente ist die perzipierte Bedeutsamkeit einer Kaufhandlung, denn es ist offensichtlich, daß ein Konsument die Schwelle perzipierter Bedeutsamkeit bei Bagatellkäufen des täglichen oder periodischen Bedarfs meist nicht erreicht. Somit werden andere Individuen in um so höherem Maße Einfluß auf das Konsumverhalten einer Person nehmen können, je höher das perzipierte Risiko einer Kaufhandlung ist, je höher die perzipierte Ähnlichkeit zwischen den Beeinflußten

(B) und Einflußgebern (E) in bezug auf Wertvorstellungen, Einstellungen und Fähigkeiten ist, je häufiger B und E miteinander interagieren, je attraktiver E für B sind, je intensivere Sanktionsmöglichkeiten B bei E vermuten, je höher das perzipierte Kompetenzgefälle von E zu B ist und je erfolgreicher E bisher bei ähnlichen (Konsum-)Entscheidungen operiert haben (Wiswede, 1976).

Die konsumrelevanten Bezugspersonen sind in vier Bereichen zu finden:

(1) innerhalb der Umgangsgruppen des Individuums (z.B. der Nachbar, der Kollege am Arbeitsplatz);
(2) innerhalb der Aspirationsgruppen des Individuums (z.B. der Vorgesetzte, der ältere Jugendliche);
(3) der Meinungsführer (der in bereichsspezifischer Kompetenz wechseln kann);
(4) der Verkäufer (mit dem der Käufer in direkter Interaktion steht).

Innerhalb der Umgangsgruppen finden wir häufig einen Prozeß, den man als „word of mouth advertising" (Arndt, 1976; Whyte, 1955) bezeichnet hat. Dabei handelt es sich um nicht-intentionale, eher beiläufige Konsumgespräche, in denen bestimmte Auffassungen und Normen über Konsumbelange vermittelt werden. Für die Personen im Aspirationsbereich gilt cum grano salis das über Aspirationsgruppen Gesagte; entscheidend ist zusätzlich, daß solche Modellpersonen (schon aufgrund der Ähnlichkeitsforderung) eine nicht zu hohe Statusdistanz aufweisen dürfen. Aus diesem Grunde finden schon Katz und Lazarsfeld (1955) in ihrer Hypothese vom horizontalen Vergleich, daß auch (konsumrelevante) Meinungsführer meist im eigenen Schichtbereich lokalisiert sind. Die Diskussion der opinion leadership (vgl. im Konsumbereich etwa Grefe & Müller, 1976) konzentriert sich heute sehr stark auf die Modifizierung und Komplexisierung des ursprünglichen Zweistufen-Konzepts sowie auf die Frage der Identifizierung bereichsspezifischer oder überlappender Meinungsführerschaft (vgl. den Beitrag von Brandstätter in diesem Band). Die Frage der Verkaufsinteraktionen (personal selling) wird gegenwärtig mit interaktionistischen Programmen (vgl. zusammenfassend Anderson, 1976) angegangen und sollte künftig vermehrt mit unserem gegenwärtigen Wissen zur Verhandlungsforschung (vgl. etwa Lamm, 1975) empirisch und theoretisch angereichert werden.

Literatur

Adams, J.S. Inequity in social exchange. In Berkowitz (Ed.), Advances in experimental social psychology (Vol. 2). New York, N.Y.: 1965, 267–299.

AfK-Studie Bd. 14 Werbefernsehkinder. Berlin: 1979.

Albert, H. Zur Theorie der Konsum-Nachfrage. Jahrbuch für Sozialwissenschaften, (Bd. 16), 1965, **2**, 139–198.

Albert, H. 1963, wieder abgedruckt in H. Albert (Hrsg.), Modell-Platonismus: Der neoklassische Stil des ökonomischen Denkens in kritischer Beleuchtung. Neuwied, Berlin: 1967, 331–367.

Albert, H. Marktsoziologie und Entscheidungslogik. Ökonomische Probleme in soziologischer Perspektive. Neuwied, Berlin: 1967.

Albert, H. Individuelles Handeln und soziale Steuerung. Die ökonomische Tradition und ihr Erkenntnisprogramm. In H. Lenk (Hrsg.), Handlungstheorien – interdisziplinär. (Bd. 4). München: 1977, 176–192.

Anderson, B.B. (Ed.) Advances in consumer research. (Vol. 3). Chicago, Ill.: 1976.

Andreasen, A.R. The disadvantaged consumer. New York, N.Y.: 1975.

Arndt, J. Mund-zu-Mund-Werbung. In K.G. Specht & G. Wiswede (Hrsg.), Marketing-Soziologie. Soziale Interaktionen als Determinanten des Marktverhaltens. Berlin: 1976, 269–279.

Atkinson, J.W. An introduction to motivation. New York, N.Y.: 1964.

Bagozzi, R.P. Marketing as an organized behavioral system of exchange. Journal of Marketing, 1974, **38** (10), 77–81.

Bagozzi, R.P. Marketing as exchange. Journal of Marketing, 1975, **39** (10), 32–39.

Bandura, A. Sozial-kognitive Lerntheorie. Stuttgart: 1979.

Baumol, W.J. Business behavior, value and growth. New York, N.Y.: 1959.

Berey, L.A. & Polley, R.W. The influencing role of the child in family decision making. Journal of Marketing Research 1968, **7**, 70–72.

Bergler, R. & Six, U. Psychologie des Fernsehens. Bern, Stuttgart, Wien: 1979.

Bernholz, P. Die Machtkonkurrenz der Verbände im Rahmen des politischen Entscheidungssystems. In H.K. Schneider & Chr. Watrin (Hrsg.), Macht und ökonomisches Gesetz. Berlin: 1973, 859–881.

Bernholz, P. Grundlagen der politischen Ökonomie. (Bd. 3) Kapitalistische und sozialistische Marktwirtschaft. Stuttgart: 1979.

Blau, P.M. Exchange and power in social life. New York, N.Y.: 1964.

Blau, P.M. (Ed.) Approaches to the study of social structure. New York, London: 1975.

Böhm, F. Das Mitbestimmungsrecht der Arbeiter im Betrieb. Ordo, Nr. 4. Düsseldorf München; 1951.

Bohanan, P. & Dalton, G. Markets in Africa. New York, N.Y.: 1965.

Bohnen, A. Interessenharmonie und Konflikt in sozialen Austauschbeziehungen. In H. Albert (Hrsg.), Sozialtheorie und soziale Praxis. Meisenheim: 1971.

Bonoma, Th.V. Toward a social analysis of consumtion: Buyer-seller negotiations in context. In A.G. Woodside, I.N. Sheth & P.D. Bennet (Eds.), Consumer and industrial buyer behavior. New York, N.Y.: 1977, 345–353.

Boulding, K. Die neuen Leitbilder. Düsseldorf: 1958.

Boulding, K. Economics as a science. New York, N.Y.: 1970.

Bourne, F.S. Der Einfluß von Bezugsgruppen beim Marketing. In W. Kroeber-Riel (Hrsg.), Marketingtheorie, Verhaltensorientierte Erklärung von Marktreaktionen. Köln: 1972, 141–155.

Brehm, J.W. The theory of psychological reactance. New York, London: 1966.

Burghardt, A. Allgemeine Wirtschaftssoziologie. Pullach: 1974.

Caesar, B. Autorität in der Familie. Reinbek: 1972.

Caplowitz, D. The poor pay more. New York, N.Y.: 1963.

Capon, H., Holbrook, M.B. & Hulbert, J.M. Selling processes and buyer behavior. In A.G. Woodside, I.N. Sheth & P.D. Bennet (Eds.), Consumer and industrial buyer behavior. New York, N.Y.: 1977, 323–332.

Carlsson, G. Betrachtungen zum Funktionalismus. In E. Topitsch (Hrsg.), Logik der Sozialwissenschaften. Köln, Berlin: 1965, 236–261.

Caron, A. & Ward, S. Gift decisions by kids and parents. Journal of Advertising Research, 1975, 14 (4), 15–20.

Cartwright, D. (Ed.) Studies in social power. Ann Arbor, Mich.: 1959.

Clark, L.H. (Ed.) Consumer behavior. (Vol. 1) The dynamics of consumer reactions, (Vol. 2) The life cycle and consumer behavior. New York, N.Y.: 1955.

Clausen, L. Elemente einer Soziologie der Wirtschaftswerbung. Köln, Opladen: 1964.

Coleman, J.S. Collective decisions. Sociological inquiry, 1964, 34, 166–181.

Coleman, J.S. Social structure and a theory of action. In P.M. Blau (Ed.), Approaches to the study of social structure. New York, London: 1975, 76–93.

Coleman, R.P. The significance of social stratification in selling. In M.L. Bell (Ed.), Marketing: a maturing discipline. Chicago; Ill.: 1968, 171–184.

Cunningham, I.C.M. & Green, R.T. Purchasing roles in the US-family. Journal of Marketing, 1974, 38 (4), 61–64.

Cyert, R.M. & March, J.G. A behavioral theory of the firm. Englewood Cliffs, N.J: 1963.

Dahl, R.A. The concept of power. Behavioral Science, 1957, 2, 201–215.

Dahlhoff, H.D. Kaufentscheidungsprozesse von Familien. Frankfurt: 1980.

Dahrendorf, R. Markt und Plan. Zwei Typen der Rationalität. Tübingen: 1961.

Davis, H.L. & Rigaux, B.P. Perception of marital roles in decision processes. Journal of Consumer Research, 1974, 1 (6), 51–62.

Dominguez, L.V. & Page, A.L. (unpublished, z.n. G. Zaltman & M. Wallendorf (Eds.), Stratification in consumer behavior research: a reexamination. New York, N.Y.: 1979, p. 71.

Douglas, S. & Urban, Ch.D. Life-style analysis to profile Women in Int. Markets. Journal of Marketing, 1977, **41** (3), 46−54.

Duesenberry, J.S. Income, saving and theory of consumer behavior. New York, N.Y.: 1952.

Dumazedier, J. Vers une civilisation du loisir. Paris: 1962.

Dunn, S.W. Effect of national identity on multinational promotional strategy in Europe. Journal of Marketing, 1976, **40** (3), 50−57.

Ekeh, P.P. Social exchange theory: the two traditions. Cambridge, Mass.: 1974.

El-Ansary, A.L., Adel, J. & Stern, L.W. Power measurement in the distribution channel. Journal of Marketing Research, 1972, **9** (2), 47−52.

Emge, R.M. Soziologie des Familienhaushalts. Paderborn: 1981.

Eucken, W. Die Grundlagen der Nationalökonomie. 5. Bad Godesberg: 1947.

Evans, F.G. Selling as a dyadic relationship. American Behavioral Scientist, 1963, **6**, 76−79.

Feigs, J. Der Einfluß der Einstellung zu Werbung und Kompetenzempfindung auf die Werbewirkung. Unveröffentlich. emprisch. Untersuchung, Saarbrücken: 1976.

Felson, M. A modern sociological approach to the stratification of material life styles. In B.B. Anderson (Ed.), Advances in Consumer Research, (Vol. 2). Chicago, Ill.: 1975, 3−34.

Ferber, R. & Lee. L..Ch. Husband-wife influence in family purchasing behavior. Journal of Consumer Research, 1974, **1** (6), 47−50.

Festinger, L. Informal social communication. Psychological Review, 1950, **57**, 271−282.

Firth, R. Elements of social organization. London: 1951.

Fischer-Winkelmann, W.F. & Rock, R. (Hrsg.) Markt und Konsument. Zur Kritik der Markt- und Marketingtheorie. Teilband 1 und 2. München: 1975/76.

French, J.R.P. & Raven, B. The bases of social power. In D. Cartwright (Ed.), Studies in social power. Ann Arbor, Mich.: 1959, 607−623.

Frey, B.S. Moderne politische Ökonomie. München, Zürich: 1977.

Friedman, M. The methodology of positive economics. In M. Friedman (Ed.), Essays in positive economics. Chicago, Ill.: 1953.

Friedman, M. A theory of the consumption function. Princeton, N.J.: 1957.

Fürstenberg, F. Wirtschaftssoziologie. Berlin: 1970.

Gäfgen, G. Die Marktmacht sozialer Gruppen. Hamburger Jahrbuch für Wirtschafts- und Gesellschaftspolitik 1967, **12**, 45−69.

Gäfgen, G. Theorie der wirtschaftlichen Entscheidung. (2. Aufl.). Tübingen: 1968.

Galbraith, J.K. The affluent society. Boston, Mass.: 1958.

Geiger, Th. Die Klassengesellschaft im Schmelztiegel. Köln, Hagen: 1949.

Gintis, H. Konsumentenverhalten und Konsumentensouveränität: Gründe für den gesellschaftlichen Verfall. In W.F. Fischer-Winkelmann & R. Rock (Hrsg.), Markt und Konsument. Zur Kritik der Markt- und Marketingtheorie. (Teilband 2), München: 1975, 153–174.

Glick, P.C. The family life cycle. American Sociological Review, 1947, **12**, 44–49.

Glock, Ch.Y. & Nicosia, F.M. Sociology and the study of consumers. Journal of Advertising Research, 1963, **3**, 21–27.

Goldthorpe, J.H., Lockwood, D., Bechhover, F. & Platt, J., The affluent worker. (Vol. 1–3). London: 1968/69.

Gouldner, A.W. The norm of reciprocity. A preliminary statement. American Sociological Review, 1960, **25** (2), 161–178.

Gouldner, A.W. Die westliche Soziologie in der Krise. (2 Bde.). Reinbek: 1974.

Grefe, R. & Müller, S. Interpersonelle Beeinflussung durch „opinion leader". In K.G. Specht & G. Wiswede (Hrsg.), Marketing-Soziologie. Soziale Interaktionen als Determinanten des Marktverhaltens. Berlin: 1976, 281–302.

Gross, N., Mason, W.S. & McEachern, A.W. Explorations in role analysis. New York, N.Y.: 1958.

Grunberg, E. Bemerkungen über die Verifizierbarkeit ökonomischer Gesetze. In H. Albert (Hrsg.), Theorie und Realität. (2. Aufl.) Tübingen: 1972, 203–219.

Habermas, J. Konsumkritik – eigens zum Konsumieren. Frankfurter Hefte, 1957, **7** (9), 13–17.

Halbwachs, M. L'évolution des besoins de la classe ouvrière. Paris: 1933.

Hamilton, R.F. Affluence and the worker: the West German Case. American Sociological Review, 1965, **2**, 310–319.

Harsanyi, J.C. Messung sozialer Macht. In M. Shubik (Hrsg.), Spieltheorie und Sozialwissenschaften. Hamburg: 1965, 190–215.

Harsanyi, J.C. Rational choice models of political behavior vs. functionalist and conformist theories. World Politics, 1969, **21**, 63–84.

Heath, A. Rational choice and social exchange. A critique of exchange theory. London: 1976.

Heinemann, K. Grundzüge einer Soziologie des Geldes. Stuttgart: 1969.

Heinemann, K. Elemente einer Soziologie des Marktes. Kölner Zeitschrift für Soziologie und Sozialpsychologie, 1976, **1**, 48–69.

Hempel, C.G. The logic of functional analysis. In L. Gross (Ed.), Symposium on social theory. Evanston: 1959, 292–297.

Herskovits, M.J. Economic anthropology. New York, N.Y.: 1952.

Heskitt, J.L. et al. Bases and uses of power in interorganization relations. In L.P. Buckling (Ed.), Vertical marketing systems. Glenview, Ill.: 1970, 199–217.

Hillmann, K.H. Soziale Bestimmungsgründe des Konsumentenverhaltens. Stuttgart: 1970.

Hörning, K.H. Ansätze zu einer Konsumsoziologie. Freiburg: 1970.

Homans, G.C. Social behavior as exchange. American Journal of Sociology, 1958, **62**, 597–606.

Homans, G.C. Social behavior. Its elementary forms. New York, N.Y.: 1961 (2nd rev. ed. 1974).

Homans, G.C. Fundamental social processes. In N.J. Smelser (Ed.), Sociology. An introduction. New York, N.Y.: 1967, 30–78.

Hummell, H.J. Psychologische Ansätze zu einer Theorie sozialen Verhaltens. In R. König (Hrsg.), Handbuch der empirischen Sozialforschung. Bd. 2. (2. Aufl.) Stuttgart: 1969, 1157–1277.

Hutchison, T.W. The significance and basic postulates of economic theory. (2nd ed.) New York, N.Y.: 1960 (1rst ed. 1938).

Hutt, W.H. Economics and the public: a study of competition and opinion. London: 1936.

Hyman, H.H. & Singer, E. (Eds.) Readings in reference group theory and research. London: 1968.

Inglehart, R. The silent revolution: Changing values and political styles among Western Publics. Princeton, N.Y.: 1977.

Ironmonger, D.S. New commodities and consumer behavior. Cambridge, Mass.: 1972.

Kätsch, S. Teilstrukturen sozialer Differenzierung. Köln, Opladen: 1966.

Kanter, D.L. The Europeanizing of America. In H.K. Hunt (Ed.), Advances in consumer research. (Vol. 5). Chicago, Ill.: 1978, 408–411.

Katona, G. Das Verhalten der Verbraucher und Unternehmer. Tübingen: 1960.

Katona, G. Die Macht des Verbrauchers. Düsseldorf, Wien: 1962.

Katona, G., Strümpel, B. & Zahn, E. Zwei Wege zur Prosperität. Düsseldorf, Wien: 1971.

Katona, G. Psychological economics. (3rd ed.). New York, N.Y.: 1977.

Katona, G. & Mueller, E. A study of purchase decisions. In L.H. Clark (Ed.), Consumer behavior. (Vol. 1). The dynamics of consumer reactions, New York, N.Y.: 1955, 30–87.

Katz, E., Lazarsfeld, P.F. Personal influence. New York, N.Y.: 1955.

Kaufmann, F. Methodology of the social sciences. (2nd ed.). London: 1958.

Kaufmann, K. Kognitiv-hedonistische Theorie menschlichen Verhaltens. Bern, Stuttgart, Wien: 1978.

Kenkel, W.F. Influence differenciation in family decision-making. Sociology and Social Research, 1957, **42**, 18−25.

Kenkel, W.F. Family interaction in decision-making on spending. In N.N. Foote (Ed.), Consumer behavior. New York, N.Y.: 1961, 83−96.

Kerr, C. & Dunlop, J.T. Der Mensch in der industriellen Gesellschaft. Frankfurt: 1966.

King, C.W. Mode und Gesellschaftsstruktur. In K.G. Specht & G. Wiswede (Hrsg.), Marketing-Soziologie. Soziale Interaktionen als Determinanten des Marktverhaltens. Berlin: 1976, 375−392.

Kohli, M. (Hrsg.) Soziologie des Lebenslaufs. Darmstadt: 1978.

Komarovsky, M. Class differences in family decision-making on expenditures. In H.H. Kassarjian & T.S. Robertson (Eds.), Perspectives in consumer behavior. Glenview, Ill.: 1968, 323−329.

Kornai, J. Economic systems and general equilibrium theory. Acta Oeconomica, 1971, **6**, 297−317.

Kroeber-Riel, W. Marketingtheorie. Verhaltensorientierte Erklärungen von Marktreaktionen. Köln: 1972.

Kroeber-Riel, W. (Hrsg.) Konsumentenverhalten und Marketing. Opladen: 1973.

Kroeber-Riel, W. Konsumentenverhalten. (2. Auflage) München: 1980.

Kuhlmann, E. Das Informationsverhalten der Konsumenten. Freiburg: 1970.

Lamm, H. Analyse des Verhandelns. Stuttgart: 1975.

Lansing, J.B. & Morgan, J.N. Consumer finances over Life-cycle. In L.H. Clark (Ed.), Consumer behavior. New York, N.Y.: 1958, 36−53.

Lazarsfeld, P.F. Zur Soziologie des Geschäftslebens: Konsumenten und Manager. In K.G. Specht & G. Wiswede (Hrsg.), Marketing-Soziologie. Soziale Interaktionen als Determinanten des Marktverhaltens. Berlin: 1976, 27−81.

Lazer, W. Life style concepts in Marketing. In S.A. Greyser (Ed.), Toward scientific marketing. Chicago, Ill.: 1968, 119−122.

Leibenstein, H. A blind interpretation of the economic theory of fertility. The Journal for Economic Literature, 1974, **12**, 457−479.

Lenski, G. Status-crystallization. American Sociological Review, 1954, **21**, 405−413.

Leven, W. Das Konstrukt „Soziale Schicht" zur Erklärung von Betriebstypenpräferenzen von Konsumenten. Zeitschrift für Betriebswirtschaft, 1979, **49** (1), 18−38.

Levy, M.J., jr. Modernization and the structure of societies. Princeton, N.J.: 1966.

Levy, S.J. Symbols for sale. Harvard Business Review, 1959, **37** (4), 117−124.

Levy, S.J. Social class and consumer behavior. In H.H. Kassarjian & T.S. Robertson (Eds.), Perspectives in consumer behavior. Glenview, Ill.: 1968, 386–396.

Lewin, K. Vorsatz, Wille und Bedürfnis. Berlin: 1926.

Lipset, S.M. & Zetterberg, H.L. A theory of social mobility. International Sociological Association (Eds.), Transactions of the third World Congress of Sociology. London: 1956, 155–177.

Lipsey, R. An introduction to positive economics. London: 1963.

Luce, R.D. & Raiffa, H. Games and decisions. New York, N.Y.: 1957.

Malewski, A. Verhalten und Interaktion. Tübingen: 1967.

Malinowsky, B. Argonauts of the Western Pacific. London: 1922.

March, J.G. & Simon, H.A. Organizations. New York, N.Y.: 1958.

Markin, R.J. The psychology of consumer behavior. Engelwood Cliffs, N.J.: 1969.

Marx, K. Kritik der politischen Ökonomie. Berlin: 1953.

Maslow, A.H. Motivation and personality. New York, N.Y.: 1970.

Mauss, M. Essai sur le don. L'Année sociologique. Paris: 1923/24.

Merton, R.K. Social theory and social structure. (3rd ed.) New York: 1968 (1st. ed. 1957).

Meyer-Dohm, P. Sozialökonomische Aspekte der Konsumfreiheit. Freiburg: 1965.

Modigliani, F. & Brumberg, R. Utility analysis and the consumtion function. An interpretation of cross section data. K.K. Kurihara (Ed.), Post-Keynesian economics. New Brunswick, London: 1954, 388–396.

Moeller, C. Gesellschaftliche Funktionen der Konsumwerbung. Stuttgart: 1970.

Montogomery, D.B. & Urban, G.L. (Eds.) Applications of management sciences in marketing. Englewood Cliffs, N.J.: 1970.

Morgenroth, W.M. A method for understanding price determinants. Journal of Marketing Research, 1964, **1**, 17–26.

Moshis, G.P. & Churchill, G.A. Consumers socialization: A theoretical and empirical analysis. Journal of Marketing Research, 1978, **15** (4), 599–609.

Mulder, M. The power variable in communication experiments. Human Relations, 1960, **13**, 241–255.

Munson, M.J. & McIntyre, S.H. Personal values: A cross cultural assessment of self values. In H.K. Hunt (Ed.), Advances in consumer research. (Vol. 5), Chicago, Ill.: 1978, 160–167.

Murray, H.A. Explorations in personality. New York, N.Y.: 1938.

Myers, J.H., Stanton, R.R. & Haug, A.F. Correlates of buying behavior: Social class vs. income. Journal of Marketing, 1971, **35** (10), 8–15.

Myers, J.H. & Mount, J.F. More on social calss vs. income as correlates of buying behavior. Journal of Marketing, 1973, **37** (4), 71–73.

Myrdal, G. Das politische Element in der nationalökonomischen Doktrinbildung. Hannover: 1963 (erstmals 1932).

Myrdal, G. Economic theory and underdeveloped regions. London: 1963.

Nagel, E. A formalization of functionalism. In E. Nagel (Ed.), Logic without metaphysics. Glencoe, Ill.: 1956, 303–324.

Nicosia, F.W. & Mayer, R. Toward a sociology of consumption. In R. Ferber (Ed.), Selected aspects of consumer behavior. Washington, D.C.: 1977, 435–447.

Nord, W. Adam Smith and contemporary social exchange theory. American Journal of Economics and Sociology, 1974, **32**, 344–351.

Offe, C. Politische Herrschaft und Klassenstrukturen. In G. Kress & D. Senghaas (Hrsg.), Politikwissenschaft. Frankfurt: 1972, 180–199.

Olshavsky, R.W. Consumer decision making in naturalistic settings. In B.B. Anderson (Ed.), Advances in consumer research. (Vol. 3) Cincinnati: 1976, 283–287.

Olson, M. Die Logik des kollektiven Handelns. Tübingen: 1968.

Opp, K.D. Das „ökonomische Programm" in der Soziologie. Soziale Welt, 1978, **29** (2), 129–154.

Papandreou, A.G. Economics as a science. Chicago, Ill.: 1958.

Parsons, T. Evolutionary universals in society. American Sociological Review, 1964, **29**, 339–357.

Parsons, T. The social system. (2nd ed.) New York, N.Y.: 1965 (1rst ed. 1951).

Parsons, T. Soziale Struktur und die symbolischen Austauschmedien. In P.M. Blau (Hrsg.), Theorien sozialer Strukturen. Opladen: 1978, 93–115.

Parsons, T., Bales, R.F. & Shils, E.A. Working papers in the theory of action. Glencoe, Ill.: 1953.

Parsons, T. & Smelser, N.J. Economy and society. A study in the integration of economic and social theory. London: 1956.

Petri, K. Die bundesdeutschen Gewerkschaften als Verbrauchervertreter. Die Betriebswissenschaft, 1979, **39** (2), 303–316.

Picot, A. Zur Vereinbarkeit von Marketing und marktwirtschaftlichen Wertvorstellungen. In W.F. Fischer-Winkelmann & R. Rock (Hrsg.), Markt und Konsument. Zur Kritik der Markt- und Marketingtheorie. Teilband 2. München: 1975/76, 91–108.

Plummer, J.T. The concept and application of life-style-segmentation. Journal of Marketing, 1974, **38** (1), 33–37.

Polanyi, K., Arensberg, C.M. & Pearson, H.W. (Eds.) Trade and market in the early empires. Glencoe, Ill.: 1957.

Raffée, H. & Petri, K. Verbraucherverbände. E. Grochla & W. Wittmann (Hrsg.), Handwörterbuch der Betriebswirtschaft, (Bd. III), (4. Aufl.) Stuttgart: 1976, Sp. 4124–4134.

Reichardt, R. Strukturelle Aspekte der Reziprozität und allgemeiner sozialer Austauschphänomene. In H.K. Schneider & Chr. Watrin (Hrsg.), Macht und ökonomisches Gesetz (1. Halbband). Berlin: 1973, 1049–1065.

Reynolds, F.D. & Wells, W.D. Consumer behavior. New York, N.Y.: 1977.

Rich, S.U. & Jain, S.C. Soziale Schicht und Einkaufsverhalten. In K.G. Specht & G. Wiswede (Hrsg.), Marketing-Soziologie. Soziale Interaktionen als Determinanten des Marktverhaltens. Berlin: 1976, 133–150.

Richards, E.A. & Sturman, St.S. Life style segmentation in apperel marketing. Journal of Marketing, 1977, **41** (10), 89–91.

Riesman, D. & Roseborough, H., Careers and consumer behavior. In L.M. Clark (Ed.), The life cycle and consumer behavior. (Vol. 2) New York, N.Y.: 1955, 334–339.

Riesman, D., Denney, R. & Glazer, N. Die einsame Masse. Hamburg: 1958.

Riker, W.H. & Ordeshook, P.C. An introduction to positive political theory. Englewood Cliffs, N.J.: 1973.

Rogers, E.M. Diffusion of innovations. New York, London: 1962.

Rogers, E.M. & Shoemaker, F.F. Communication of innovations. New York, London: 1971.

Roseborough, H. Some sociological dimensions of consumer spending. In N.J. Smelser (Ed.), Readings on Economic Sociology. Englewood Cliffs, N.J.: 1965, 112–118.

Rosenstiel, L. von & Ewald, G. Marktpsychologie. Band 1: Konsumverhalten und Kaufentscheidung. Band 2: Psychologie der absatzpolitischen Instrumente. Stuttgart: 1979.

Rothenberg, J. Consumers sovereignty revisited and the hospitability of freedom of choice. American Economic Review, 1962, **52**, 269–283.

Rothschild, K.W. Macht: Die Lücke in der Preistheorie. In H.K. Schneider & Chr. Watrin (Hrsg.), Macht und ökonomisches Gesetz. (2. Halbband). Berlin: 1973, 1097–1111.

Rotzoll, K.B. The effect of social stratification on marketing behavior. Journal of Advertising Research, 1967, **7** (1), 22–27.

Scherhorn, G. Verbrauch, Verbraucher. In W. Bernsdorf (Hrsg.), WB der Soziologie. Stuttgart: 1969, 1224–1227.

Scherhorn, G. Verbraucherinteresse und Verbraucherpolitik. Göttingen: 1975.

Scherhorn, G. Konsum. In E.K. Scheuch & G. Scherhorn Freizeit, Konsum. In R. König (Hrsg.), Handbuch der empirischen Sozialforschung, Bd. 11. (2. Aufl.) Stuttgart: 1977, 193–265.

Scheuch, E.K. Soziologie der Macht. In H.K. Schneider & Chr. Watrin (Hrsg.), Macht und ökonomisches Gesetz. (2. Halbband). Berlin: 1973, 989–1042.

Scheuch, E.K. Der Charakter des Konsums in modernen Industriegesellschaften. Ein Beitrag zur Soziologie des Konsums. Hamburger Jahrbuch für Wirtschafts- und Gesellschaftspolitik, 1975, **20**, 111−128.

Scheuch, E.K. & Meyersohn, R. (Hrsg.) Soziologie der Freizeit. Köln: 1972.

Schild, R. Der Markt als soziales Interaktionsfeld. Ein verhaltenstheoretischer Ansatz. Der Markt, 1977, **56**, 106−111.

Schmölders, G. Verhaltensforschung im Wirtschaftsleben. Reinbek: 1978.

Schneider, H.K. & Watrin, Chr. (Hrsg.) Macht und ökonomisches Gesetz. (1. und 2. Halbband). Berlin: 1973.

Schoch, R. Der Verkaufsvorgang als sozialer Interaktionsprozeß. Winterthur: 1969.

Schoeffler, S. The failures of economics: a diagnostic study. Cambridge, Mass.: 1955.

Scitovsky, T. On the principle of consumer's sovereignty. American Economic Review, 1962, **52**, 262−268.

Scitovsky, T. Psychologie des Wohlstands. Frankfurt, New York: 1977.

Sheth, J.N. & Sethi, S.P. A theory of cross-cultural buyer behavior. In A.G. Woodside, I.N. Sheth & P.D. Bennett (Eds.), Consumer and industrial buying behavior. New York, N.Y.: 1977. 369−386.

Shuptrine, F.K. & Samuelson, G. Dimensions of marital roles in consumer decision making: revisited. Journal of Marketing Research, 1976, **13** (2), 87−91.

Simmel, G. Philosophie des Geldes. (6. Aufl.) Berlin: 1958.

Simon, H.A. Models of man. London: 1957.

Slocum, J.W. & Mathews, H.L. Social class and income as indicators of consumer behavior. Journal of Marketing, 1970, **34** (2), 69−74.

Smelser, N.J. Social change in the industrial revolution. Chicago, Ill.: 1959.

Smelser, N.J. (Ed.) Readings on economic sociology. Englewood Cliffs, N.J.: 1965.

Smelser, N.J. The sociology of economic life. Englewood Cliffs, N.J.: 1967.

Specht, G. Die Macht aktiver Konsumenten. Stuttgart: 1979.

Specht, K.G. & Wiswede, G. (Hrsg.), Marketing-Soziologie. Soziale Interaktionen als Determinanten des Marktverhaltens. Berlin: 1976.

Spiegel-Verlag (Hrsg.) Die Rolle des Mannes beim Kaufentscheid. Hamburg: 1963/64.

Stafford, J.E. Gruppeneinfluß und Produktwahl. In K.G. Specht, & G. Wiswede (Hrsg.), Marketing-Soziologie. Soziale Interaktionen als Determinanten des Marktverhaltens. Berlin: 1976, 95−110.

Stafford, J.E. & Cocanougher, A.B. Reference group theory. In R. Ferber (Ed.), Selected aspects of consumer behavior. Washington, D.C.: 1977, 361−381.

Steiner, G. Top management planning. London: 1969.

Stern, W.L. (Ed.) Distribution channels: behavioral dimensions. Boston, Mass.: 1969.

Stern, W.L. & Brown, J.W. Distribution channels: a social systems approach. In W.L. Stern (Ed.), Distribution channels: behavioral dimensions. Boston, Mass.: 1969, 6–19.

Strümpel, B., Morgan, J.N. & Zahn, E. (Eds.) Human behavior in economic affairs. Amsterdam: 1972.

Sturdivant, F.D. & Stern, L.W. Managerial analysis in marketing. Glenview, Ill.: 1970.

Tedeschi, J.T., Schlenker, B.R. & Bonoma, T.V. Conflict, power and games. Chicago, Ill.: 1973.

Thibaut, J.W. & Kelley, H.H. The social psychology of groups. New York, N.Y.: 1959.

Tullock, G. The social dilemma. Blacksburg: 1974.

Veblen, TH. Theory of the leisure class. New York, N.Y.: 1899.

Venkatesan, M. Konformitätsdruck und Konsumverhalten. In K.G. Specht & G. Wiswede (Hrsg.), Marketing-Soziologie. Soziale Interaktionen als Determinanten des Marktverhaltens. Berlin: 1976, 85–94.

Verba, S. Assumptions of rationality and non-rationality in models of the international system. World Politics. 1961, **14**, 93–117.

Walster, E., Berscheid, E. & Walster, G.W. New directions in equity research. In L. Berkowitz & E. Walster (Eds.) Advances in experimental and social psychology, (Vol. 9) New York, N.Y.: 1976, 1–42.

Ward, S. Consumer socialization. Journal of Consumer Research, 1974, **1**, 1–14.

Ward, S. & Wackman, D.B. Family and media influences on adolescent consumer learning. American Behavioral Scientist 1971, **14**, 415–427.

Ward, S. & Wackman, D.B. Children's purchase influence attempts and parental yielding. Journal of Marketing Research, 1972, **9**, 316–319.

Warner, W.L. Structure of American life. Edinburgh: 1952.

Weber, M. Wirtschaft und Gesellschaft. (5. Aufl.) Tübingen: 1972.

Weinberg, P. & Zwicker, E. Ansatzpunkte zur Messung und interaktionstheoretischen Interpretation der Macht, dargestellt an Machtbeziehungen in Absatzwegen. In W. Kroeber-Riel (Hrsg.), Konsumentenverhalten und Marketing. Opladen: 1973, 125–136.

Wells, W.D. (Ed.) Life style and psychographics. Chicago, Ill.: 1974.

Wells, W. & Tigert, D. Activities, interests and opinions. Journal of Advertising Research 1971, **11** (8), 27–35.

Wells, W.D. & Gubar, G. Marketing und das Konzept des Lebenszyklus. In K.G. Specht & G. Wiswede (Hrsg.), Marketing-Soziologie. Soziale Interaktionen als Determinanten des Marktverhaltens. Berlin: 1976, 153–172.

Whyte, W.H., jr. The web of word of mouth. In L.H. Clark (Ed.), Consumer behavior. (Vol. 1), New York, N.Y.: 1951, 194–211.

Willett, R.P. & Pennington, A.L. Verkaufsinteraktionen: Kunde und Verkäufer. In K.G. Specht & G. Wiswede (Hrsg.), Marketing-Soziologie. Soziale Interaktionen als Determinanten des Marktverhaltens. Berlin: 1976, 303–321.

Wilson, D.T. Dyadic interactions. In A.G. Woodside, J.N. Sheth & P.D. Bennett (Eds.), Consumer and industrial buying behavior. New York, N.Y.: 1977, 355–365.

Wind, J. Life style analysis: a new approach. In I.C. Alvine (Ed.), Relevance in marketing etc. Chicago, Ill.: 1972, 159–164.

Wiswede, G. Soziologie des Verbraucherverhaltens. Stuttgart: 1972.

Wiswede, G. Rationalität und soziales Wertsystem. Zeitschrift für Wirtschafts- u. Sozialwissenschaft, 1972a, 4, 385–392.

Wiswede, G. Motivation und Verbraucherverhalten. (2. Aufl.). München, Basel: 1973.

Wiswede, G. Ansätze zu einer Theorie der Informations-Neigung. In K.G. Specht & G. Wiswede (Hrsg.), Marketing-Soziologie. Soziale Interaktionen als Determinanten des Marktverhaltens. Berlin: 1976, 235–256.

Wiswede, G. Marktsoziologie und Verhaltenstheorie. In R. Wasilewski & M. Stosberg (Hrsg.), Aspekte soziologischer Forschung. Nürnberg: 1976, 163–173.

Wiswede, G. Theorien der Mode aus soziologischer Sicht. In K.G. Specht & G. Wiswede (Hrsg.), Marketing-Soziologie. Soziale Interaktionen als Determinanten des Marktverhaltens. Berlin: 1976, 393–409.

Wiswede, G. Rollentheorie. Stuttgart: 1977.

Wiswede, G. Reaktanz. Jahrbuch der Absatz- und Verbrauchsforschung, 1979, **2**, 81–110.

Wiswede, G. & Kutsch, Th. Sozialer Wandel. Darmstadt: 1978.

Woodside, A.G., Sheth, J.N. & Bennett, P.D. (Eds.) Consumer and industrial buying behavior. New York, N.Y.: 1977.

Wurzbacher, G. Leitbilder gegenwärtigen deutschen Familienlebens. (4. Aufl.) Stuttgart: 1969.

Zahn, E. Soziologie der Prosperität. München: 1964.

Zaltman, G. & Bagozzi, R.P. Structural analyses and the sociology of consumption. San Francisco, Calif.: 1975.

Zaltman, G. & Wallendorf, M. Sociology: The missing chunk or how we're missed the boat. In B.A. Greenberg & D.N. Bellenger (Eds.), Contemporary Marketing thought. Chicago, Ill.: 1977, 235–238.

Zaltman, G. & Wallendorf, M. Consumer behavior. New York, N.Y.: 1979.

Zetterberg, H.L. Social theory and social practice New York, N.Y.: 1962.

4. Kapitel

Psychologie gesamtwirtschaftlicher Prozesse

Burkhard Strümpel und *George Katona*†

4.1 Überblick

Die gängigen Anschauungen der Wirtschaftswissenschaftler und Politiker über den Ablauf und die Steuerung gesamtwirtschaftlicher Prozesse sind praktisch ohne Rückgriff auf die wissenschaftliche Psychologie enstanden. Gesamtwirtschaftliche Größen (Lohn- und Preisniveaus, Konsum-, Investitions- und Sparquoten), deren Veränderungen und gegenseitige Beeinflussung Gegenstand der makroökonomischen Kreislauftheorie sind, sind letztlich summierte Verhaltensweisen. Implizit in der herrschenden Wirtschaftstheorie ist ein Modell, nach dem diese Kreislaufgrößen sich gegenseitig determinieren. Die Sparquote etwa wird als abhängig vom Gesamteinkommen, das Preisniveau als Funktion der Geldmenge, die Höhe der Nachfrage als vom Preis determiniert betrachtet. Der handelnde Mensch im Zentrum dieser Dynamik wird als anonyme „black box" ausgeblendet. Ein deterministisches Modell, das die Rolle der handelnden Personen ignoriert, entspricht auch dem Weltbild, dem die Praktiker der Wirtschaftspolitik nur zu gern anhängen. Auch sie möchten an voraussagbare stabile Effekte ihrer Eingriffe glauben. So würden sie gern ein für allemal wissen, wieviel zusätzliche Investitionsnachfrage von einer bestimmten Abschreibungsvergünstigung hervorgerufen wird.

Tatsächlich ist jedoch der Mensch in der Mitte zwischen seiner Umwelt und dem ökonomischen Ergebnis seines Verhaltens voll von Eigensinn. Er ist beherrscht von Vorurteilen, launisch, impulsiv und schlecht informiert. Er ist wechselnden Einflüssen unterworfen, aber vergißt oder verdrängt manches Erfahrene, wirft manchmal auch Grundsätze und Weltanschauungen über Bord. Er überträgt Erlebnisse und Erfahrungen von einem Lebensbereich auf den anderen und bringt es sogar fertig, wirtschaftliche Erwartungen zu ändern, wenn einschneidende außerwirtschaftliche Ereignisse eintreten. Er lernt.

Insbesondere ist die Deduzierbarkeit des Konsumentenverhaltens aus rein ökonomischen Daten starken Zweifeln ausgesetzt. Während unternehmerisches

Handeln schon durch den Sachzwang des Wettbewerbs und durch die Professionalisierung der Entscheidungsträger, die durch die organisierte innerbetriebliche Arbeitsteilung noch verstärkt wird, eine größere Chance hat, sich dem wirtschaftlichen Prinzip anzunähern, ist dies für die kleine, nur dilettantisch organisierte Wirtschaftseinheit „Haushalt" zwangsläufig viel weniger der Fall. Die Psychologie gesamtwirtschaftlicher Prozesse ist darauf ausgerichtet, wirtschaftliches Verhalten nicht in erster Linie aus wirtschaftsstatistischen Konstellationen heraus zu erklären, sondern aus einer Analyse der Verhaltensdispositionen der Menschen in einer spezifischen raum-zeitlich bestimmten Situation (Katona, 1951; Schmölders, 1953).

Verhalten aus den Dispositionen der handelnden Menschen zu erklären, entspricht in der Tat der Tradition der Psychologie. Bei der Analyse gesamtwirtschaftlicher Phänomene tritt jedoch ein für Psychologen neuartiges Problem auf: das Phänomen des kollektiven Verhaltens: viele Menschen reagieren gleichzeitig und konform. Die Ursachen solcher gleichgerichteter Reaktionen können einmal in solchen Umweltveränderungen liegen, denen viele Individuen unabhängig voneinander ausgesetzt sind, zum anderen in Interaktionen zwischen Personen und Organisationen. Für diese Prozesse hat sich keine der klassischen Bindestrich-Psychologien für zuständig erklärt – weder die Sozial-, noch die Organisations-, oder die Arbeitspsychologie und auch nicht eine weitgehend auf den Informationsbedarf der Anbieter zugeschnittene Konsumpsychologie.

Dieser Beitrag stützt sich methodisch auf zwei Ansätze: erstens auf die ökonomische Verhaltensforschung, wie sie in den USA von George Katona und in Deutschland von Günter Schmölders begründet wurde, und zweitens auf die neuere Richtung der gesellschaftlichen Wohlfahrts- oder Bedürfnisforschung, die im Gefolge des wissenschaftlichen Interesses am sozialen Wandel und sozialen Indikatoren in den letzten Jahren entwickelt wurde. Die ökonomische Verhaltensforschung entstand als Reaktion auf eine Nationalökonomie, die sich damit begnügt, Kausalbeziehungen zwischen den Ergebnissen des menschlichen Verhaltens zu suchen, ohne dem Verhalten selbst und seinen Motiven Beachtung zu schenken. Sie analysiert die wirtschaftlichen Handlungen des Menschen, d.h. die Verhaltensweisen, die sich in gesamtwirtschaftlichen Prozessen niederschlagen.

Die Wohlfahrts- oder Bedürfnisforschung kehrt die Wirkungskette um und fragt nach den Konsequenzen wirtschaftlicher Prozesse für den Menschen. Sie entstand aus dem Zweifel an der impliziten Annahme der klassischen Wirtschaftstheorie, daß der Marktmechanismus grundsätzlich den Wünschen und Bedürfnisse der Konsumenten zur Durchsetzung verhelfe, und an der traditionellen Theorie der Demokratie, die davon ausgeht, daß der Staat durch das allgemeine Wahlrecht zum Vollstrecker des Volkswillens wird. Die Realität der Marktwirtschaft wie auch der Demokratie lassen in der Tat ernsthafte Mängel an diesen Modellen erkennen. Die unzureichenden Informationsströme und Rückkopplungsmechanismen zwischen Regierung und Bürger, zwischen Produzent und Konsument und zwischen Arbeitgeber und Arbeitnehmer kontrastieren schärfstens mit der Komplexität der betreffenden Entscheidungen und ihrer Folgen. Der einzelne Arbeitsplatzwechsel, der Kaufakt oder die Wahlentscheidung hat oft den Charakter eines umfangreichen „Koppelkaufes". Man tritt eine Stellung an, obwohl die Arbeitszeiteinteilung nicht zusagt, kauft eine Produkt mit all seinen Vor- und Nachteilen, und stimmt für eine Partei, auch wenn man mit weiten Teilen des Programms nicht einverstanden ist. Nur selten ist es daher möglich, solche pauschalen Willensäußerungen als Plädoyer für spezifische institutionelle Änderungen oder politische Maßnahmen auszulegen. Hinzu kommt, daß die Menschen nicht genügend informiert, klug oder sonst fähig sind, Unzufriedenheit in spezifische Empfehlungen oder Präferenzen umzusetzen. Die gegenwärtigen Bemühungen der Sozialforschung, den Erfahrungen der Menschen mit Arbeit und Konsum, mit ihrer physischen und sozialen Umwelt, mit dem Gesundheitswesen und dem Bildungssystem durch Entwicklung von „sozialen Indikatoren" auf den Grund zu gehen, ist Ausdruck eines gesellschaftlichen Bedarfs an Informationen, wie sie den gängigen Statistiken, Wahlanalysen und Umfragen nicht entnommen werden können; dabei geht es letztlich nicht um die Ermittlung des Volkswillens, sondern um noch wenig formulierte oder reflektierte Bedürfnisse, Erlebnisse, Wertvorstellungen.

4.2 Ökonomische Verhaltensforschung

4.2.1 Ökonomisches Verhalten als Problem der Psychologie

Die Analyse wirtschaftlichen Verhaltens nimmt eine Sonderstellung innerhalb der angewandten Psychologie insofern ein, als hier Handlung außerhalb einer Laborsituation relativ einfach isoliert und gemessen werden kann. In den meisten anderen Bereichen der Psychologie muß man sich entweder mit verbalisierten Meinungen und Einstellungen als abhängiger Variablen begnügen oder künstlich geschaffene Versuchsanordnungen akzeptieren.

In grober Vereinfachung könnte man ein Handlungsmodell folgendermaßen wiedergeben (Strümpel, 1980):

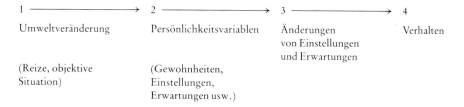

Dabei befaßt sich die Ökonomie herkömmlicherweise mit dem Verhältnis zwischen Stimulus (Umweltveränderung) und Verhalten, das sie in direktem Regreß darzustellen sucht: so wird etwa Konsum als Funktion des Preises, Sparen als Funktion des Zinses, werden Erwerbstätigkeit oder Arbeitsleistung als abhängig von der Entlohnung, Außenhandelsströme als Wechselkursen gesteuert gesehen.

Die These von der rein ökonomischen Determination wirtschaftlicher Handlungen basiert auf der Vorstellung, daß materielle „Sachzwänge" ein bestimmtes Verhalten erzwingen. So müsse ein Arbeitnehmer, um die normale Lebensführung seiner Familie aufrecht zu erhalten, alle Erwerbschancen ausnutzen, oder ein Unternehmer müsse sich ungeachtet möglicherweise stark ausgebildeter philantropischer Neigungen wie ein Gewinnmaximierer verhalten, um ein Wettbewerb bestehen zu können. In den letzten Jahrzehnten hat sich jedoch in der modernen Industriegesellschaft eine Erweiterung des wirtschaftlichen Handlungsspielraums vollzogen. Solange die Produktion noch damit beschäftigt war, elementare Mängel in der Versorgung mit Nahrung, Kleidung, Wohnung oder Energie zu mildern, gab es für den Konsumenten keine nennenswerten Wahlmöglichkeiten. Die Bedarfe selber waren durch Natur und Tradition zwingend vorgegeben, die kaufbaren Mengen durch die geringen Einkommen aufs Äußerste begrenzt. Inzwischen sind größere Einkommensteile für die Befriedigung nicht lebensnotwendiger Bedarfe verfügbar geworden. Damit ist auch die Bandbreite möglicher Nachfrageschwankungen gewachsen. Das Einkommen kann sich heute auf diese, morgen auf jene Güte konzentrieren. Es kann ausgegeben oder langfristig gespart werden.

Dieser zunehmende wirtschaftliche Handlungsspielraum für die Durchschnittsbürger besteht nicht nur in Bezug auf Konsum und Ausgaben. Es erhöhte sich auch der Spielraum auf dem Arbeitsmarkt. Das Netz der sozialen Sicherheit wurde engmaschiger. Die Erwerbspersonen die, auf sich allein gestellt, drei oder mehr Personen von einem Einkommen zu ernähren haben, wurden von der Mehrheit zur Minderheit. Immer mehr Arbeitnehmer, besonders Alleinstehende oder Doppelverdiener, sind nicht mehr bereit, den ersten besten angebotenen Arbeitsplatz zu akzeptieren. Die Ansprüche insbesondere der jüngeren Generation auf interessante, befriedigende Arbeitsplätze sind gestiegen.

Dieser Verhaltensspielraum innerhalb gegebener ökonomischer Randbedingungen ist nun einer Analyse keineswegs unzugänglich. Ansätze, die von anderen Sozialwissenschaften entwickelt wurden, können das bestehende theoretische Vakuum füllen. Es sind folgende Faktoren, von denen neben den quantifizierbaren ökonomischen Rahmenbedingungen das Verhalten bestimmt wird (zum folgenden auch Albert, 1965).

Information: Die neoklassische Theorie setzt Markttransparenz voraus, d.h. volle Information der auf dem Markt gegebenen Preise, Qualitäten und sonstigen Angebotsbedingungen. Demgegenüber reagieren Konsumenten ebenso wie Personen in anderen sozialen Rollen auf erlebte Situationen, die nicht einfach durch die objektive Umwelt bestimmt sind. Die Situationswahrnehmung stellt vielmehr eine selektive Interpretation des jeweiligen Handlungsfeldes dar, die durch Zufuhr neuer Informationen verändert werden kann. So ist etwa die gleich Maßnahme, beispielsweise eine Steuersenkung, grundverschieden interpretiert worden und verhaltensprägend gewesen, je nachdem, ob sie als finanzpolitisch seriös oder als Gefährdung der finanziellen Stabilität gedeutet wurde. Ein entsprechender sozialer Lernprozeß hat etwa Anfang der sechziger Jahre in den USA stattgefunden (Katona, 1960; Katona, 1975).

Habitualisierung: Die neoklassische Theorie geht von überlegtem, „rationalen" Handeln der Wirtschaftssubjekte aus. Es fehlt die wichtige Unterscheidung zwischen echten Entscheidungen und psychologisch verkürzten Handlungsabläufen wie impulsives oder habitualisiertes Verhalten, das letztere gegebenenfalls durch kontraktuelle Festlegungen stabilisiert. Man denke an die Käufe der laufenden Güter des täglichen Bedarfes oder an den Umgang mit Energie, wie er sich etwa in dem Gebrauch von Licht, der Einstellung der Heiztemperatur, den Autofahrgewohnheiten ausdrückt. Zum Bruch einer Gewohnheit bedarf es im allgemeinen starker Motivationskräfte, die nur in den relativ seltenen Fällen auftreten, in denen sich das Individuum mit einer neuen Situation konfrontiert sieht, angesichts derer die üblichen Reaktionsweisen inadäquat erscheinen. Der Unterschied zwischen habituellem Verhalten und echtem Entscheiden ist vor allem deshalb wichtig, weil habituelles Verhalten stabiler ist, während entscheidungsbestimmtes Verhalten stärker schwankt. Es sind insbesondere die Käufe dauerhafter Konsumgüter (Haushaltsgeräte, Automobile usw.), die echte Entscheidungen erfordern und deren Variation Konjunkturschwankungen mit herbeiführen (Katona, 1951).

Gruppenprozesse: Die neoklassische Markttheorie nimmt an, daß die Kaufentscheidungen verschiedener Konsumenten unabhängig voneinander sind. Tatsache ist jedoch, daß soziale Normen, kulturspezifische Wertorientierungen, soziale Vergleiche und Imitation im engeren Sozialmilieu die Reaktion auf gegebene Preis-Einkommenskonstellationen stärkstens prägen. So spricht der Schweizer Nationalökonom W.A. Jöhr von einer „Gleichrichtung des unternehmerischen Handelns" durch Gruppenprozesse, die sich unter anderem in der Motivübernahme von anderen äußern: „Der Mensch neigt dazu, die in gewissen Handlungen sichtbare Motive einer Mehrzahl anderer Menschen, die sich in einer ähnlichen Situation befinden, zu übernehmen. Er spart damit Mühe und Zeit und glaubt, vor großen Irrtümern gefeit zu sein" (Jöhr, 1952, S. 588ff.).

Erwartungen: Weiterhin geht die akzeptierte ökonomische Theorie davon aus, daß Erwägungen über die Zukunft entweder keine Rolle bei den Reaktionen auf die gegenwärtige Situation spielen oder daß die Menschen die Erfahrungen der

Vergangenheit mechanistisch in die Zukunft projizieren. Insofern hat die von J.M. Keynes schon vor fast zwei Menschenaltern ausgeführte These, daß nicht die gegenwärtigen Preise, Einkommen und Gewinne das Verhalten der Käufer und Unternehmer bestimmen, sondern weit stärker die geschätzten zukünftigen, noch nicht zu einer Integration von psychologischen und ökonomischen Variablen bei der Analyse der wirtschaftlichen Realität geführt (Schmölders, Schröder & Seidenfus, 1956). Die Hoffnungen, Sorgen, Befürchtungen und Risikoschätzungen, die wirtschaftliches Verhalten mit beeinflussen, speisen sich nämlich aus den verschiedensten, nicht nur wirtschaftlichen Informationsquellen (vgl. unten 4.2.2.2.2).

Bedarfe, Lebensstile: Die neoklassische Theorie nimmt an, die Präferenz- und Bedarfsstruktur (d.h. konkrete Wünsche nach Konsumgütern, einem „guten" Arbeitsplatz usw.) seien gegeben und der Einzelne bediene sich des Marktes, um gegebene Bedürfnisse zu befriedigen: Konsum lasse ihn also im Grunde unverändert. Demgegenüber erscheinen Präferenzen und Bedarf bis zu einem gewissen Grade veränderlich und formbar; sie werden durch die Erfahrung am Arbeitsplatz oder den Umgang mit Gütern geprägt. Insbesondere zeichnen sich im Gleichschritt mit dem sozioökonomischen Wandel charakteristische Veränderungen der Lebensstile ab, die psychologisch als Werthaltungen operationalisiert werden können (Inglehart, 1980) und sich auf der Verhaltensebene etwa in steigenden Sparquoten, veränderter Leistungsbereitschaft oder höherem Absentismus vom Arbeitsplatz äußern. So läßt sich in vielen Industriegesellschaften neuerdings eine veränderte Arbeitsmotivation nachweisen, die sich aus einer Abkehr von traditionellen Rollenerwartungen (etwa der Disziplin, Unterordnung, Pünktlichkeit) ergibt, eine Wandlung, die die Besetzung solcher Arbeitsplätze erschwert, die persönliche Dienstleistungen und harte körperliche Arbeit erfordern (Noelle-Neumann, 1978; Strümpel, 1977; Yankelovich, 1974; vgl. unten 4.2.2).

Diese wenigen Beispiele mögen genügen, die von der Wirtschaftspsychologie entwickelte Gegenposition zu ökonomistischen Vorstellung, wirtschaftliches Verhalten sei von der jeweiligen wirtschaftlichen Umwelt determiniert, aufzuzeigen.

4.2.2 Konsum und Sparen

4.2.2.1 *Konsum und Einkommen*

Traditionell hat die Ökonomie die Probleme der Produktion in den Mittelpunkt ihrer Aufmerksamkeit gerückt und die Konsumnachfrage demgegenüber vernachlässigt. Die Rolle des Unternehmers, des Kapitalisten, später auch des Arbeiters, kurz, des Produzenten wurde problematisiert; dagegen blieb in der

Vorstellung des Ökonomen der Konsument lange rein reaktiv damit beschäftigt, das erzielte Einkommen auf Konsum und Sparen aufzuteilen. Bei Keynes (1936) werden der Konsum und seine Veränderungen wenigstens schon zur Erklärung der gesamtwirtschaftlichen Aktivität herangezogen, jedoch noch immer nicht als Verhaltensproblem gesehen.

Konsum- und Sparverhalten wirkt in verschiedenartiger Weise auf gesamtwirtschaftliche Prozesse ein. Einmal beeinflußt die Konsumnachfrage als wichtige Komponente der Gesamtnachfrage das wirtschaftliche Aktivitätsniveau und damit den Konjunkturverlauf. Zweitens können Konsumansprüche motivierend auf die Arbeitsleistung wirken, Saturierung mit Konsumgütern demgegenüber das gesellschaftliche Arbeitsangebot vermindern. Drittens wirkt sich Sparen langfristig auf die Einkommens- und Vermögensverteilung und auf die Investitionsfähigkeit einer Volkswirtschaft aus. Aus sozialpolitischer Sicht stehen die Unterschiede der Sparquote und damit der Vermögensbildung zwischen verschiedenen Schichten der Bevölkerung im Vordergrund des Interesses.

Die Volkswirtschaftslehre hat verschiedene Denkfiguren zur Analyse der Aufteilung des Einkommens auf Konsumnachfrage und Erprarnis entwickelt: die sogenannten Einkommenshypothesen oder Konsumfunktionen. Die absolute Einkommenshypothese, die von J.M. Keynes (1936) formuliert wurde, sieht Konsum als abnehmende Funktion des Einkommens. Je höher das Einkommen, desto niedriger der Anteil des Konsums, desto höher der Anteil der Ersparnis. Die relative Einkommenshypothese von Duesenberry (1949) sieht die Konsumquote als abhängig nicht so sehr von der absoluten Höhe des Einkommens als vielmehr von der Position des Einzelnen in der Einkommenspyramide und von der Höhe des vorher bezogenen Einkommens: Die Menschen richten ihre gewünschte Lebenshaltung, wenn irgend möglich, an der ihrer Mitmenschen aus, aber auch an ihrer „gewohnten" Lebenshaltung. Ein einmal erreichtes Konsumniveau ist nur schwer nach unten reversibel. Nach der „Dauereinkommenshypothese" (permanent income hypothesis) von Friedman (1957), Modigliani und Brumberg (1954) ist der Konsum einer bestimmten Periode nicht vom gegenwärtigen Einkommen, sondern von dem langfristigen Durchschnittseinkommen abhängig, das aus dem gegenwärtigen und dem voraussehbaren Einkommen ermittelt wird.

Gemeinsam ist allen diesen Ansätzen die Beschränkung auf eine objektive Größe, das Einkommen, auf der einen Seite dieser funktionalen Beziehung. Unterschiedlich sind die motivationalen Mechanismen, die bei den drei Hypothesen vorausgesetzt werden. Die absolute Einkommenshypothese harmoniert mit der Vorstellung einer Saturierbarkeit durch steigende Versorgung, eines „abnehmenden Grenznutzens" des Konsums, einer Interpretation des Sparens als motivationsschwächere „Restgröße". Die relative Einkommenshypothese setzt voraus, daß die Person ihren Konsumstandard aus dem in der Gesellschaft verbreiteten bezieht sowie etablierte Konsumgewohnheiten als Norm internalisiert, und die permanente Einkommenshypothese traut dem Menschen einen langen Planungshorizont, die Gleichbewertung momentaner und zukünftiger Bedarfe und gegebenenfalls die Bereitschaft und die Fähigkeit zu, sich längerfristig zu verschulden.

Eine Gegenposition zu den ökonomischen Konsumtheorien soll am Beispiel zweier Problembereiche erörtert werden. Im folgenden wird einmal die Analyse kurzfristiger (konjunktureller) Veränderungen des Konsumverhaltens, zum anderen die langfristige Veränderung der Konsum- bzw. Sparquoten verschiedener Gesellschaften behandelt.

4.2.2.2 Konjunkturelle Veränderungen der Konsumquote

4.2.2.2.1 Der psychologische Erklärungsansatz

Nirgendwo lassen sich die Grenzen des Erklärungswertes der obigen Einkommenshypothesen besser belegen als am Anwendungsbeispiel der konjunkturellen Veränderungen der Konsumquote. Hier versagt ein Erklärungsansatz, der auf Einkommensveränderungen aufbaut, nahezu völlig, während ein anderer (4.2.1) weiterhilft. Deskriptiv formuliert: die Schwankungen der Nachfrage der Haushalte hängen nicht so sehr von ihrer *Kauffähigkeit*, dem Einkommen, dem Vermögensstatus oder einer Veränderung dieser Größen ab, als vielmehr von ihrer *Kaufbereitschaft*. Intervenierende Variablen, die die Kaufwilligkeit repräsentieren, vermitteln zwischen Reiz und Reaktion, zwischen Veränderungen des ökonomischen Datenkranzes und dem wirtschaftlichen Verhalten.

Das Institut für Sozialforschung der Universität von Michigan führt seit dreißig Jahren regelmäßige, vierteljährliche Umfragen über Konsumenteneinstellungen zum Zwecke der Konjunkturdiagnose und -prognose durch. Die Kommission der Europäischen Gemeinschaften beschloß 1970, die in den Vereinigten Staaten entwickelten Konsumentenumfragen in ihren Mitgliedsländern zu realisieren. Die theoretische Erwägungen, die dieser Forschungsstrategie zugrundeliegen, lassen sich wie folgt skizzieren: Konsumenten sind wechselnden Stimmungen und Erwartungen unterworfen. Wirtschaftliche oder politische Ereignisse und Nachrichten werden optimistisch oder pessimistisch interpretiert und können das Verhalten vieler Konsumenten zur gleichen Zeit in der gleichen Richtung verändern. Damit bilden wirtschaftliche Einstellungen und Erwartungen den psychologischen Bezugsrahmen, der, eben als „Kaufbereitschaft", darüber entscheidet, ob ein größerer oder kleinerer Anteil der verfügbaren Mittel des Haushalts (Kauffähigkeit) für verschiebbare Anschaffungen verwendet wird. Dabei wirkt Optimismus kauffördernd, während Pessimismus die Kaufneigung reduziert und zur Rücklagenbildung motiviert. Einstellungen und Erwartungen

spielen damit die Rolle von „intervenierenden Variablen", die den Einfluß des
Stimulus (Information über Datenveränderung) auf die Konsum- oder Sparentscheidung modifizieren und filtern. Wie ein bestimmtes Ereignis von den Konsumenten wahrgenommen wird, wird sowohl von dem Gesamtzusammenhang
der derzeitigen Situation bestimmt wie auch von der Art und Weise, in der der
Stimulus in das bestehende Gefüge von Einstellungen, Erwartungen und Motiven hineinpaßt. Die Verhaltenswirkungen eines Ereignisses sind damit sowohl
durch die wirtschaftliche oder auch politische Konstellation des Tages als auch
durch das zur Zeit vorherrschende Meinungsbild bedingt. Dieses verändert sich
im allgemeinen nur langsam: plötzliche Umstrukturierungen der Erwartungen
durch gänzlich unerwartete und einschneidende Ereignisse sind selten. Auch
werden größere Anschaffungen normalerweise nicht plötzlich getätigt, sondern
erfordern einige Vorausplanung. Der aus diesen beiden Umständen resultierende zeitliche Vosprung ist für den Prognostiker außerordentlich wichtig, zumal
da Einstellungsdaten unmittelbar nach den Befragungen aufbereitet werden
können und daher wesentlich eher zur Verfügung stehen als Größen der volkswirtschaftlichen Gesamtrechnung für die gleiche Periode.

Konsumbezogene Einstellungsänderungen lassen sich operational definieren
und mit den Instrumenten der empirischen Sozialforschung messen. Dabei erwiesen sich die folgenden Variablen als besonders ergiebig:

1) Die Einstellung zur *persönlichen Einkommenslage.* Wie schätzen Haushalte
   ihre eigene wirtschaftliche Situation ein und welche Veränderungen erwarten sie?

2) Die Erwartungen der Haushalte zur *gesamtwirtschaftlichen Lage* und zur
   Entwicklung des Geldwertes. Dabei geht es nicht um Konjunkturprognosen
   des Mannes auf der Straße, sondern um die Ermittlung subjektiver Einschätzungen und verhaltenswirksamer Orientierungsgrößen.

3) Die Einschätzung der *gegenwärtigen Situation auf den Konsumgütermärkten,* insbesondere des Preisniveaus und der Qualität der angebotenen Güter.

Die Daten zur Messung der Einstellung und Erwartung der Konsumenten zur
persönlichen und gesamtwirtschaftlichen Situation werden in einem Index zusammengefaßt, der seit 1954 in den USA und seit 1972 in den großen westeuropäischen Ländern zur Erklärung und Prognose der konjunkturellen Veränderungen dient. Während sich der unmittelbare Anwendungsbereich der Konsumentenstimmungsdaten auf die Erklärung und Prognose der Nachfrage nach
dauerhaften Konsumgütern erstreckt (Anschaffungen im Haushalt, Automobile, in den USA auch Erwerb von Wohneigentum), führt jedoch die große volkswirtschaftliche Bedeutung dieser Nachfragekategorie – man denke nur an die
Automobilindustrie – zu einer weitgehenden Entsprechung zwischen den

Stimmungsdaten und darauffolgenden Veränderungen der Konjunktur. In dem folgenden Schaubild wird dieser Zusammenhang für die Vereinigten Staaten illustriert.

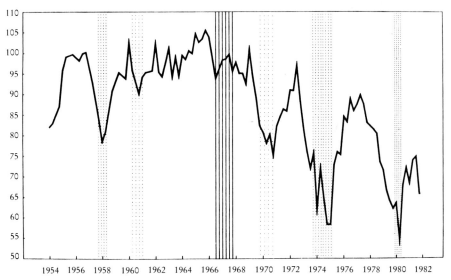

Schaubild 1: Konsumklimaindex in den Vereinigten Staaten
Die schraffierten Teile stellen eine Rezession dar.
(Katona & Strümpel, 1978; auf den neueren Stand gebracht)

Für beide Länder gilt, daß die beiden herausragenden wirtschaftlichen Ereignisse der 70er Jahre, nämlich die Rezession 1973–1975 und diejenige von 1980/81, weder durch die üblichen ökonometrischen Modelle noch durch die Intuition führender Experten im voraus erkannt wurde. Ökonometrische Modelle, ebenso wie auch einfacheren Techniken, etwa Extrapolation, beruhende offizielle Prognosen konnten nicht umhin, die Erfahrungen der erfolgreicheren und berechenbareren Jahrzehnte vorher in die Zukunft fortzuschreiben. Sie mußten daher in der turbulenten wirtschaftlichen Umwelt seit den 70er Jahren scheitern. Demgegenüber hat der konsumpsychologische Ansatz eine gute Chance, sich auch in unruhigen Zeiten zu bewähren, da er fähig ist, die Vielfalt unübersichtlicher Ereignisse, Informationen und Erfahrungen so zu erfassen, wie sie sich in der Wahrnehmung und Bewertung der Entscheidungsträger niederschlagen. Anstatt sich auf vorgefaßte Annahmen über das Weiterbestehen vergangener funktioneller Beziehungen und Aggregatgrößen zu verlassen, berücksichtigt er die veränderliche Interpretation der Aktoren selbst.

4.2.2.2.2 Zur Erklärung von Einstellungsänderungen

Wenn somit dem Psychologen eine direkte Beobachtung der Verhaltensdispositionen unentbehrlich erscheint, so enthebt ihn eine solche doch nicht der Aufgabe, den Mechanismen nachzuspüren, die den kollektiven Veränderungen der Einstellungen und Erwartungen zugrundeliegen. Solche Veränderungen sind auf zweierlei Weise untersucht worden:

1) durch offene Fragen nach den Gründen für die geäußerten Einstellungen und Erwatungen

2) durch Gegenüberstellung der Veränderungen der Konsumentenstimmungen mit makroökonomischen Zeitreihen wie Geldwertminderungen, Arbeitslosigkeit, Veränderungen des Volkseinkommens

4.2.2.2.2.1 Direkte, auf Äußerungen der Befragten beruhende Erklärungsansätze

Was die erste Methode anbelangt, so hat die Universität von Michigan in den meisten ihrer regelmäßigen, vierteljährlichen Untersuchungen ihre Batterie von geschlossenen Fragen mit einer einfachen *offenen Frage* ergänzt: „Warum sind Sie dieser Meinung?" Solche Folgefragen sind bedeutsam deshalb, weil eine breite Palette von Erwägungen unter den verschiedensten Bedingungen und Konstellationen zu Veränderungen von Einstellungen und Erwartungen führen kann.

Veränderungen der Konsumentenstimmungen sind das Ergebnis von Ereignissen in verschiedenen Bereichen: Wirtschaft, Gesellschaft, Außenpolitik. Die Menschen tendieren dazu, ihre Umwelt holistisch, als Ganzheit zu strukturieren. Gute Neuigkeiten in einem Bereich greifen auf die Wahrnehmung in anderen Bereichen über, eine Erscheinung, die auch „Irradiation" (Rosenstiel & Ewald, 1979, Band 2, S. 21) oder in gestaltpsychologischer Terminologie „Generalisierung von Affekt" (Katona, 1960) genannt wird. So führte in den USA das Ende des Zweiten Weltkrieges nicht etwa zu einer Verschärfung der Furcht vor Arbeitslosigkeit, wie eine einfache ökonomische Bewertung der Demobilisierung und Abrüstung nahegelegt hätte, sondern zu einer Welle von wirtschaftlichem Optimismus angesichts der patriotischen Hochstimmung im Gefolge des gewonnenen Krieges. Die Äußerungen, die Befragte zur Begründung ihrer wirtschaftlichen Einstellungen liefern, befassen sich denn auch häufig mit Krieg, internationalen Spannungen, innerer Sicherheit, Wahlen, Kriminalität, Umweltverschmutzung usw., und nicht etwa nur mit klassischen Wirtschaftsproblemen wie Arbeitslosigkeit und Inflation.

Diese Erwägungen lassen die Vorstellung, man könne Verhaltensweisen aus der Veränderung von Aggregatgrößen heraus innerhalb leidlich stabiler Umweltbedingungen akkurat erklären und prognostizieren oder gar „feinsteuern", als naiv erscheinen. Die ökonomische Verhaltensforschung hat immer wieder demonstriert, daß die gleiche Datenveränderung je nach Informationsniveau, Aktualität und „Context" von den Wirtschaftssubjekten verschieden aufgenommen und verarbeitet wird.

Die Erkenntnis, daß die Suche nach einfachen, allgemeingültigen, prognostisch im Zeitverlauf hinreichend stabilen Parametern zwischen wirtschaftspolitischen Maßnahmen und Verhaltenswirkungen vielleicht vergeblich bleiben muß, soll nun keineswegs zur interventionspolitischen Resignation führen. Die Wirtschaftspsychologie, methodisch gestützt auf die empirische Sozialforschung, bietet weiterführende Ansätze an. Die Politik braucht zwei Arten von Informationen:

1) Was werden die Menschen tun, vorausgesetzt, die gegenwärtige Datenkonstellation wird nicht von einer unvorhergesehenen äußeren Störung wesentlich verändert? So bietet z.B. die kontinuierliche Beobachtung von Konsumenteneinstellungen und -erwartungen ein Frühwarnsystem. Sie ermöglicht es dem Wirtschaftspolitiker, festzustellen, ob eine Intervention angezeigt ist oder nicht.

2) Wie würden die Menschen auf eine bestimmte wirtschaftspolitische Maßnahme reagieren? Hier geht es um „bedingte Vorhersagen", die dem Politiker die geeigneten Interventionsinstrumente spezifizieren helfen und es ihm erlauben, diese in der geeigneten Weise, zur rechten Zeit und im rechten Ausmaß einzusetzen. Der Fehlschlag der amerikanischen Steuererhöhung von 1968, die auf die Verringerung der Konsumnachfrage abzielte, aber darin völlig wirkungslos blieb, liefert ein besonders deutliches Beispiel. Als der Kongreß die zehnprozentige Zusatzsteuer auf die persönlichen Einkommen Mitte 1968 beschlossen hatte, wurden viele Wirtschaftsprognosen eilig geändert und wiesen dementsprechend eine verringerte wirtschaftliche Aktivität für das kommende Jahr aus. Im Gegensatz hierzu zeigten die vom Survey Research Center erhobenen Stimmungsdaten, daß sehr viele Konsumenten bereits die Verabschiedung der Zusatzsteuer durch den Kongreß eskomptiert hatten und überdies glaubten, diese Maßnahme würde sich günstig auswirken. Gleichzeitig waren viele Familien noch unter dem frischen Eindruck kräftiger realer Einkommensverbesserungen, die deutlicher wahrgenommen wurden als die Zusatzsteuer. Hinzu kamen günstige außen- und innenpolitische Nachrichten, die den Optimismus anheizten. Die aufgrund der Umfragedaten erstellte Voraussage, daß die Zusatzsteuer die Konsumnachfrage unbeeinflußt lassen würde, erwies sich später als korrekt.

Der Theorietyp, der hier zum Einsatz kommt, unterscheidet sich freilich grundsätzlich von dem in der wissenschaftlichen Wirtschaftspolitik noch vorherrschenden. Es ist nicht mehr nur die Relation von Instrumentalvariable und

Zielvariable, deren Parameter unter vorgeblich stabilen Randbedingungen ermittelt werden. Vielmehr gehen die rapide wechselnden Umweltbedingungen explizit in das Modell ein, indem sie die Relation zwischen Instrumental- und Zielvariable modifizieren, ja sogar bestimmen. Es sind die Erfahrungen der jüngsten Konjunkturgeschichte, wie sie sich zum Beispiel in den gravierenden Mängeln der kurzfristigen ökonometrischen Modelle ausdrücken, die eine solche analytische Schwerpunktverlagerung erfordern.

4.2.2.2.2.2 Indirekte statistische Erklärungsansätze

Ungeachtet der breiten Verankerung der Konsumentenstimmungen weit über den Bereich Wirtschaft hinaus lassen sich einige geradezu permanente neuralgische Punkte im Verhältnis Mensch und Wirtschaft identifizieren, nämlich die *makroökonomisch meßbaren Größen* Inflation, Arbeitslosigkeit und Realeinkommen. Diese häufig publizierten Zeitreihen erreichen die Wahrnehmung des Publikums nicht nur durch die Medien, sondern auch durch unmittelbare Erfahrungen, sei es am eigenen Leibe, sei es mittelbar durch Mitteilungen oder Beobachtungen in der sozialen Umgebung, bei Verwandten, Freunden, Arbeitskollegen. Welche gesamtwirtschaftlichen Entwicklungen sind es nun, die dem Publikum am stärksten auf den Nägeln brennen? Die 70er Jahre sind in allen westlichen Gesellschaften im Gegensatz zu den vorangegangenen Jahrzehnten durch eine deutliche Verschlechterung der Zielerreichung in bezug auf die verbreiteten wirtschaftlichen Erfolgskriterien Geldwertstabilität, wirtschaftliches Wachstum und Beschäftigung charakterisiert. Diejenigen Experten, die von abnehmenden Wachstumsraten auf eine Verschärfung des Verteilungskonfliktes schließen, werden eine besonders starke Korrelation zwischen Veränderungen des Bruttosozialprodukts und den Konsumentenbestimmungen erwarten. Anders diejenigen, die der Arbeitslosigkeit bzw. der Drohung der Arbeitslosigkeit die wichtigste Rolle in der politischen Zielkonkurrenz zumessen; sie werden vermuten, daß wirtschaftliche Einstellungen und Erwartungen hauptsächlich an der Arbeitslosenstatistik orientiert sind. Oder erweist sich etwa die Inflation als das wichtigste und drängendste wirtschaftliche Problem unserer Tage, gemessen an der Stärke der Korrelation mit den wirtschaftlichen Stimmungsdaten?

Die Daten, wie sie in dem Schaubild 2 und in Tabelle 1 dargestellt werden, lassen die überragende Rolle der Inflation erkennen. Der Geldwert hat in weitaus den meisten zwölf Ländern, für die die Frage überprüft werden konnte, die beherrschende Rolle als Quelle der Konsumentenerwartungen gespielt. Inflation trifft nahezu jedermann. Sie entwertet langfristig die Tauschkontrakte auf Geldbasis, und zwar Arbeits- und Kreditverträge gleichermaßen, indem sie die Werteinheit und damit die Geschäftsgrundlage verändert. Die Menschen werden verunsichert, verbittert, fühlen sich übervorteilt. Sitte, Norm und Brauch werden bei der Festsetzung von Preisen und Löhnen weitgehend außer Kraft gesetzt. Im Schlußkapitel dieses Beitrages wird dieses Ergebnis noch im Zusammenhang kommentiert werden.

4.2.2.3 Interkulturelle Unterschiede des Sparverhaltens

4.2.2.3.1 Der Vergleich Deutschland–USA als Anwendungsbeispiel

Interkulturelle Unterschiede des wirtschaftlichen Verhaltens wurden als eigenständiger Brennpunkt für Theorie und Forschung von allen Sozialwissenschaf-

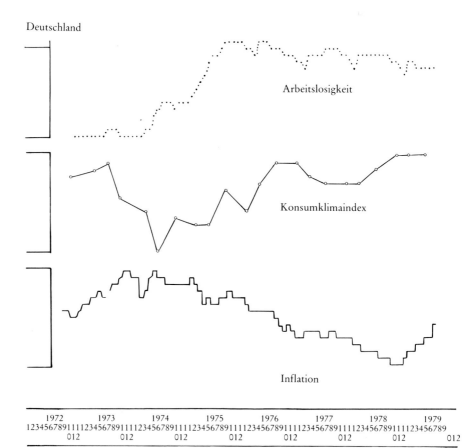

(Strümpel, Kuß & Curtin, 1979).

Schaubild 2: Arbeitslosigkeit (in 1 000), Konsumklimaindex und Inflation (Ansteigen des Konsumpreisindexes in Prozent

ten vernachlässigt. So hat die Nationalökonomie sich damit begnügt, den Stand der wirtschaftlichen Entwicklung eines Landes auf klimatische Gegebenheiten, auf seine Ausstattung mit Rohstoffen, die Zuführung von Kapital, oder seinen Zugang zu Verkehrswegen oder Information zurückzuführen. Die menschlichen Voraussetzungen der wirtschaftlichen Entwicklung wurden als konstant und überall gleichmäßig vorhanden angenommen. Diese Gedankengänge zeigen einen bedenklichen Ethnozentrismus; ihr Geltungsbereich beschränkt sich auf die besondere historische Situation der westlich-abendländischen Zivilisation des 19. und 20. Jahrhunderts.

Ausgehend von den großen und unerklärten Unterschieden in den Sparquoten der Privathaushalte von zwei großen westlichen Ländern, der Bundesrepublik Deutschland und den Vereinigten Staaten, diskutiert dieser Abschnitt einen Erklärungsansatz, der kulturelle und institutionelle Determinanten ausdrücklich berücksichtigt.

Der Kontrast zwischen der vorsichtigen und konservativen Finanzgebarung der Deutschen und der unbefangeneren Verbrauchermentalität der Amerikaner schlägt sich zunächst einmal in der Sparstatistik nieder. Trotz der Meßprobleme, die infolge mannigfaltiger Definitionsunterschiede und Erhebungsprobleme mit internationalen Vergleichen der Spartätigkeit verbunden sind, ist der Abstand zwischen den Sparquoten beider Länder so groß, daß Unschärfen oder Abweichungen in den Definitionen das Gesamtbild nicht verändern können. Um die Verzerrungen durch die hohen und rasch schwankenden Inflationsraten und Zinsniveaus der siebziger Jahre auszuschalten, werden sich die Zahlenbeispiele auf den Vergleich zweier kurzer Perioden, nämlich 1954–1956 und 1968–1970 beschränken.

Die Sparquoten beider Länder weisen eine steigende Tendenz auf. Die Steigerung jedoch ist viel ausgeprägter in Deutschland, wo die Sparquote von etwa 6 Prozent 1955 auf etwa 15 Prozent 1974 gestiegen ist. Die amerikanische Vergleichszahl für 1974 ist mit 7,5 Prozent nur etwa halb so hoch. Sogar wenn man die höhere Sozialabgabenquote in Deutschland aus der Betrachtung herausläßt, ist die Netto-Ersparnisbildung der deutschen Haushalte spätestens seit 1960 beträchtlich höher als die der amerikanischen. Dies gilt, obgleich das deutsche Sozialversicherungssystem seinen Mitgliedern viel mehr „Zwangspausen" abverlangt und entsprechend mehr Einkommenskontinuität für das Alter und die Wechselfälle des Lebens bietet als die amerikanische Sozialversicherung.

Die Brutto-Geldersparnisbildung, d.h. die Ansammlung von Einlagen auf Finanzkonten unterscheidet sich nur wenig für Deutsche und Amerikaner. Die Geldvermögensbildung in den USA wird jedoch durch den stetigen Zuwachs des Ratenkreditvolumens, der in Deutschland kaum eine Rolle spielt, stark beeinträchtigt. In der Bundesrepublik hat sich die Relation von Spareinlagen zum

Tabelle 1: Konsumentenstimmungen in Abhängigkeit von Arbeitslosigkeit und Inflation

	Australien	Belgien	Kanada	Dänemark	Frankreich	Deutschland
Unabhängige Variable	1973:1–1980:1	1972:2–1980:1	1972:2–1980:1	1974:1–1980:1	1972:4–1980:1	1972:2–1980:1
Arbeitslosigkeit	−0.008 (0.008)	−0.03++ (0.004)	−0.04+ (0.02)	0.02 (0.01)	−0.0001+ (0.00002)	−0.01 (0.02)
Inflation	−0.003 (0.003)	−0.02++ (0.003)	−0.01 (0.008)	−0.004 (0.003)	−0.02++ (0.003)	−0.03+ (0.01)
Konstant	1.08++ (0.06)	1.48++ (0.05)	1.25++ (0.15)	0.87++ (0.08)	1.33++ (0.04)	1.08++ (0.11)
R^2	0.0	.673	.092	.203	.645	.151

	Irland	Italien	Japan	Niederlande	Großbritannien	USA
Unabhängige Variable	1974:2–1979:4	1972:2–1980:1	1972:2–1979:3	1972:2–1980:1	1974:2–1980:1	1972:2–1980:2
Arbeitslosigkeit	−0.02 (0.02)	0.04 (0.02)	−0.003 (0.05)	−0.0005 (0.0004)	0.03 (0.02)	−0.02 (0.01)
Inflation	−0.02++ (0.003)	−0.01++ (0.003)	−0.01++ (0.002)	−0.0005 (0.005)	−0.01++ (0.003)	−0.04++ (0.004)
Konstant	1.32++ (0.18)	0.78++ (0.15)	0.99++ (0.10)	1.16++ (0.09)	0.87++ (0.15)	1.49++ (0.10)
R^2	.526	.437	.516	0.0	.474	.664

Die in Klammern aufgeführten Zahlen sind Standardfehler; + signifikant auf dem .05 Niveau; ++ signifikant auf dem .01 Niveau. (Strümpel, Kuß & Curtin, 1980)

verfügbaren Jahreseinkommen zwischen 1960 und 1973 mehr als verdoppelt, von etwa 25 Prozent 1960 auf über 55 Prozent 1974. Allein der Bestand an Spareinlagen ermöglicht es somit der Durchschnittsfamilie, ihren Konsumstatus für den größeren Teil eines Jahres aufrechtzuerhalten. Der Besitz von Geldvermögen in den USA wächst langsamer, übersteigt aber dank einer höheren Ausgangsposition nach dem Zweiten Weltkrieg noch immer die deutschen Reserven. Die Differenz freilich verschwindet, wenn die höhere Schuldenposition amerikanischer Haushalte als Negativposten in die Rechnung einbezogen wird.

4.2.2.3.2 Der psychologische Erklärungsansatz

4.2.2.3.2.1 Begriffserklärung

Während, wie wir gesehen haben, die bekannten Einkommenstheorien des Konsums sich durch verschiedene Formulierungen der erklärenden Variable Einkommen unterscheiden, wird die abhängige Variable, nämlich die Ersparnis oder der Konsum, von diesen Theorien in keiner Weise differenziert gesehen. Nach Kevin Lancaster (1971) ist der von einem Gut gestiftete Nutzen nicht eine eindimensionale Kategorie, sondern ergibt sich aus der Gegenüberstellung der verschiedenen Funktionen eines Gutes mit den bei der Nutzung verfolgten Zwecken. So kann ein Auto gleichzeitig der Fortbewegung und der Repräsentation dienen und mag beiden Belangen in unterschiedlichem Ausmaß gerecht werden. Ähnlich muß auch das Sparen als mögliches Mittel zur Erreichung einer ganzen Palette von Zielen – anschaffungsbezogenes Sparen, Vorsorgesparen etc. – gesehen werden. Verschiedene Nationen und Individuen, sogar solche in ähnlicher Versorgungslage, mögen sich bezüglich der Intensität dieser Ziele wesentlich unterscheiden. Bei näherer Betrachtung ist kaum einzusehen, warum das Sparen zwecks Erwerb eines Hauses den gleichen motivationalen Mechanismus unterliegen soll wie die Ansammlung von Mitteln für unvorhergesehene Katastrophen oder für die Altersversorgung.

In Anlehnung an die Grundgedanken des Valenz-Instrumentalitäts-Erwartungsmodells, sehe ich die Sparmotivation (Valenz) als abhängig erstens von der Stärke der Konsummotivation; da Sparen und Konsumieren in einer Substitutionsbeziehung zueinander stehen, einem gemeinsamen finanziellen Rahmen unterliegen, muß eine starke Konsummotivation tendenziell die Spartätigkeit vermindern; zweitens von der Instrumentalität des Sparens: in welchem Maße wird Sparen nach der Erwartung der Handelnden tatsächlich zur Erfüllung dieser Ziele führen? Und drittens von der Stärke der Ziele, die durch Sparen verfolgt werden (z.B. Sicherheit für den Fall unvorhergesehener Belastungen; Altersversorgung; Anschaffungen). Wenden wir diese Betrachtungsweise nunmehr auf die drastischen Unterschiede im Sparverhalten zwischen Amerikanern und Deutschen an.

Tabelle 2: Spartätigkeit deutscher und amerikanischer Privathaushalte in Prozent des verfügbaren Einkommens

	(1) Geldersparnisbildung nach der Bankstatistik	(2) Erhöhung des Ratenkreditvolumens	(3) Geldersparnisbildung netto (1)./.(2)	(4) Sparquote der volkswirtschaftl. Gesamtrechnung (=Eink. ./. Konsum)	(5) Beiträge zur Sozialversicherung
	%	%	%	%	%
BRD					
1954–56	5,9	7,0	5,2	5,9	–
1968–70	11,7	9,0	10,8	12,3	16,8
USA					
1954–56	9,1	5,8	3,3	6,1	–
1968–70	10,6	4,5	6,1	6,5	8,4

(OECD-Statistiken; United Nations Yearbook of National Accounts 1973)

Die höhere Spartätigkeit der Deutschen im Vergleich zu den Amerikanern könnte dann auf folgende Umstände zurückgeführt werden: Erstens auf eine gewisse Saturierung der Deutschen mit Konsumgütern, die es einer gegbenen Sparmotivation ermöglicht, sich gegenüber einer schwächeren Konsummotivation erfolgreicher durchzusetzen, als dies bei den stärker konsumorientierten Amerikanern der Fall ist; zweitens auf eine offenbar kulturell stabilisierte Verhaltensnorm in Deutschland, die sich auf die Gewährleistung wirtschaftlicher Sicherheit und *gegen den Konsumkredit* richtet und daher das Sparen zuungunsten des Schuldenmachens begünstigt und drittens auf eine Politik der Subventionierung des Haushaltssparens in Deutschland, die die *Instrumentalität* einer gegebenen Sparleistung zum Zwecke der mittel- und langfristigen Kapitalbildung erhöht.

4.2.2.3.2.2 Sparziele und die Stärke der Konsumansprüche

Die besondere Saturierbarkeit der Deutschen läßt sich vielleicht am deutlichsten mit der langfristig nahezu kontinuierlichen Erhöhung der Sparquoten der deutschen Haushalte belegen, die in den Haushaltsrechnungen des Statistischen Bundesamtes erfaßt sind. Nicht nur erkennen wir bei den beiden seit 1960 erfaßten Haushaltstypen eine Verdreifachung der Sparquoten seit 1960, wir stellen auch eine tendenzielle Angleichung der Sparquoten von Rentnern bzw. Arbeitnehmern mit mittlerem Einkommen an die von Arbeitnehmern mit höherem Einkommen fest (Tabelle 3).

Tabelle 3: Entwicklungen der Nettoeinkommen und der Sparquote von 3 Typen privater Haushalte in der Bundesrepublik Deutschland 1960–1978

	Sparquoten in %		
Jahr	Typ 1: Rentnerhaushalte mit geringem Einkommen	Typ 2: Arbeitnehmerhaushalte mit mittlerem Einkommen	Typ 3: Beamten- und Angestelltenhaushalte mit höherem Einkommen
1960	3,0	5,5	–
1961	2,8	4,4	–
1962	2,8	4,6	–
1963	1,1	4,9	–
1964	2,8	3,4	13,2
1965	3,5	5,6	12,6
1966	3,7	5,6	14,9
1967	3,3	6,3	12,4
1968	4,0	5,0	13,0
1969	4,9	5,7	13,2
1970	4,9	8,2	14,3
1971	5,6	10,0	16,9
1972	8,5	12,3	16,7
1973	7,2	12,1	18,1
1974	8,5	12,7	17,3
1975	7,4	13,9	19,2
1976	8,9	12,0	15,6
1977	10,9	10,3	14,7
1978	11,4	13,7	16,1

(Statistisches Jahrbuch für die Bundesrepublik Deutschland 1968, S. 498f.; 1970, S. 462f.; 1978, S. 436f.; und S. 435 (für die Definitionen der Haushaltstypen) sowie Mitteilung des Statistischen Bundesamtes)

Die Konsumwünsche der Deutschen blieben im internationalen Vergleich und sogar, ganz im Gegensatz zu den amerikanischen Erfahrungen, hinter den Einkommenssteigerungen zurück.

Ein Symptom hierfür kann in dem steilen Anstieg des Anteils der Haushalte gesehen werden, die Saturierung mit Anschaffungen erkennen lassen. Auf die von der Nürnberger Gesellschaft für Konsumforschung gestellte Frage, ob der Haushalt während des kommenden Jahres größere Anschaffungen plante, stiegen die negativen Antworten von 16 Prozent 1956 auf 20 Prozent 1959, 31 Prozent 1962 und 46 Prozent 1967. Spätere Daten liegen nicht vor. Umgekehrt erweitern die Amerikaner, die typischerweise die eigene Fähigkeit, im Leben vorwärtszukommen, günstiger einschätzen, ihre Bedürfnisse im Gleichschritt mit ihrem Einkommen. Ungeduld und Optimismus, Ansprüche und wirtschaftliche Anstrengungen sind eng miteinander verknüpft. In den Worten des amerikanischen Soziologen Robert G. Merton (1968):

In dem amerikanischen Traum gibt es kein Endstadium. In jedem Stadium ihrer Karriere möchten die Amerikaner gerade ungefähr 25 Prozent mehr haben – aber natürlich bleibt diese Marge von 25 Prozent bestehen, wenn das ursprüngliche Anspruchsniveau erreicht wird ... Familie, Schule und Arbeitsplatz – die wichtigsten Institutionen, die die Persönlichkeitsstruktur und die Ziele der Amerikaner prägen – wirken zusammen, um den Grad der Disziplin zu vermitteln, der nötig ist, soll ein Individuum beständig ein Ziel verfolgen, das ihm immer wieder unter den Fingern entgleitet.

4.2.2.3.2.3 Sicherheitsstreben

Die Konsolidierung zurückliegender Verbesserungen ist psychologisch vordringlicher als der Wunsch nach weiteren Fortschritten (Katona, Strümpel & Zahn, 1970). Eine große Mehrheit der Deutschen, aber nur eine Minderheit der Amerikaner, übrigens auch der Engländer und Holländer bezeichneten wirtschaftlich Sicherheit als wichtigstes Kriterium der Berufswahl. Auf die 1975/76 gestellte Frage: „Wenn Ihre eigene wirtschaftliche Lage in den nächsten 5–10 Jahren genauso bleiben würde wie sie jetzt ist – wären Sie damit zufrieden oder nicht?" erwiesen sich 69 Prozent der Deutschen aber nur 42 Prozent der Amerikaner als mit dem Erreichten zufrieden (Strümpel, 1977).

Unsicherheit bezüglich der wirtschaftlichen Zukunft hat eine gestörte Haltung zum Konsum und Konsumausgaben zur Folge. Auf die Frage, ob die Leute zur Zeit über ihre Verhältnisse, zu bescheiden oder angemessen lebten, brandmarkten jeweils mehr als die Hälfte der deutschen Befragten ihre Landsleute als zu konsumfreudig. Diese kritische Stellungnahme stieg mit der Erhöhung der Realeinkommen, nämlich von 52 Prozent 1958 auf über 60 Prozent 1963. Die den Befragten 1963 vom Institut für Demoskopie vorgelegte Meinungsäußerung „Wir Deutschen legen zu großen Wert auf ein gutes Leben und leben über unsere Verhältnisse" erhielt Beifall von 61 Prozent der Befragten und wurde nur von 29 Prozent abgelehnt. Der Rest blieb unentschieden (Katona, Strümpel & Zahn, 1970).

Die Vorbehalte gegen den Konsumkredit, die wiederum durch allgemeinere Einstellungen zum Sparen und Borgen bestimmt werden, erklären einen großen Teil der Unterschiede der Sparstatistik. Die Deutschen sammeln beträchtliche Summen für spätere Anschaffungen oder für die Verbesserung ihrer Wohnverhältnisse auf Sparkonten an. Demgegenüber machen die Amerikaner freimütig vom Konsumkredit Gebrauch – anstatt anzusparen, borgen sie bei Anschaffungen und zahlen ab, während sie die Konsumgüter nutzen. In den Vereinigten Staaten hat etwa jeder zweite Haushalt Ratenschulden, in der Bundesrepublik dagegen nur etwa jeder zehnte. Hinzuzuzählen sind hier freilich diejenigen, die von Kontenüberziehungen Gebrauch machen, eine in Deutschland leicht zugängliche Kreditmöglichkeit. In den USA nehmen Haushalte in den mittleren und höheren Einkommensschichten und solche mit kleinen Kindern am häufigsten Konsumkredit auf. Haushalte, die sich in einen positiven Einkommenstrend eingebettet fühlen, entwickeln akute Bedarfe für Konsumgüter und sind eher geneigt, sich zu verschulden. Günstige Einkommenserwartungen erleichtern die Übernahme von Zahlungsverpflichtungen. Während sich in den USA die Identifizierung von Konsumkredit mit Armut oder auch nur mit finanzieller Beengung nahezu verflüchtigt hat, wird das Borgen in Deutschland mit überwältigender Mehrheit mißbilligt. Befürworter des „Lebens auf Pump" finden sich im wesentlichen nur bei Großstadtbewohnern und Arbeitern. Günter Schmölders wies auf den eigenartigen Tatbestand hin, daß „Schulden" und „Schuld" den gleichen etymologischen Ursprung haben (Schmölders, 1966).

Eine Vielzahl von freilich mehr als ein Jahrzehnt alten Umfrageergebnissen über die Einstellungen zum Sparen und zum Schuldenmachen stehen in den USA und Deutschland zur Verfügung und tragen zur Erhellung der grundlegenden Verhaltensunterschiede bei. Wenn Deutsche nach ihren Sparzielen befragt werden, erwähnen sie sehr häufig Anschaffungen, die sie früher oder später zu tätigen beabsichtigen; im Vordergrund steht das Konsumsparen. Die Amerikaner beantworten Fragen über Sparzwecke völlig anders. Die folgende Tabelle zeigt, daß ihre Antworten in drei Kategorien fallen – Sparen für die Wechselfälle des Lebens, für die Altersversorgung und für die Bedarfe der Kinder, vor allem für ihre Ausbildung. Nur eine kleine Minderheit verwies auf größere Anschaffungen – Eigenheim, dauerhafte Konsumgüter.

Tabelle 4: Sparzwecke in Deutschland und den Vereinigten Staaten 1967 und 1966

	%
BRD	
Vorsorge, Sicherheit	44
Anschaffungen	59
Urlaub, Reisen	23
Erziehung, Ausbildung	7
nicht zweckgebunden	15
spart nicht	12
USA	
Unvorhergesehene Ereignisse (Unfall, Krankheit, Arbeitslosigkeit)	45
Altersversorgung	31
Kinder (vor allem Bildung und Ausbildung)	22
Hauskauf	8
Dauerhafte Konsumgüter	7
Mehrfachnennungen möglich	

(Persönliche Kommunikation der Gesellschaft für Konsum-, Markt- u. Absatzforschung, Nürnberg, 1967 (für die deutschen Daten) und Surveys of Consumer Finances, Survey Research Center der University von Michigan (für die amerikanischen Daten). Die Fragen lauteten: „Man kann ja für die verschiedensten Dinge und aus den Gründen sparen. Welche sind Ihre wichtigsten Sparzwecke? Und was noch?")

4.2.2.3.2.4 Instrumentalität: Sparförderung und Inflation

Was die Instrumentalität der Sparleistung anbetrifft, so hat Deutschland seit der Währungsreform ein sehr umfassendes im internationalen Vergleich einmaliges System für die Begünstigung von Spareinlagen geschaffen. Innerhalb gewisser Grenzen wurden Steuerbegünstigungen oder direkte Zuschüsse für längerfristige Sparverträge beschlossen, die besonders dem Bausparer und dem Versicherungssparen zugute kamen. Auch die Vermögensbildung von Arbeitnehmern durch Abzweigung von Lohnbestandteilen ist subventioniert. Diese und andere Anreize zur Kontraktualisierung des Sparverhaltens durch Dauerauftrag, Versicherungsverträge etc. tat ein übriges, um der Sparmotivation die Konkurrenz der Konsumwünsche vom Leibe zu halten. Hinzu kommt, daß die hohen Realzinssätze, die sich aus den laufenden staatlichen Begünstigungen ergeben, zu hohen quasi-automatisch anfallenden Zuwächsen zu den Ersparnissen führen, ohne daß laufende Allokationsentscheidungen von Fall zu Fall erforderlich werden. Und schließlich haben sich in den letzten Jahren die hohen Inflationsquoten in den meisten großen Industrieländern mit Ausnahme der Bundesrepublik Deutschland negativ auf die Instrumentalität des Sparens und damit auf die Sparmotivation ausgewirkt.

Es ist nicht leicht, die Zusammenhänge zwischen der Malaise der siebziger und achtziger Jahre und dem Spar- und Kreditverhalten zu erhellen. Einmal ist auf die „klassische" Reaktion auf Preiserhöhungen hinzuweisen: Preiserhöhungen verstimmen; sie lassen den Konsumenten daran zweifeln, ob er für sein Geld einen entsprechenden Gegenwert bekommt. Zudem lassen sie ihn seine wirtschaftliche Lage in trüberem Licht erscheinen, so daß er, schon aus Erwägungen der Vorsicht, finanzielle Verpflichtungen eher einzuschränken geneigt sein wird. Auf der anderen Seite breitet sich in stark inflationären Perioden die berüchtigte Inflationsmentalität aus. Zwar ist in solchen Perioden die Motivation, etwas für die Zukunft zu tun, außerordentlich stark, aber man verzweifelt vor dieser Aufgabe: Geld zurückzulegen, auf Konten zu sparen verbietet sich, da der Realwert dieser Anlagen unter dem Einfluß der Inflation hinwegschmilzt. Allenfalls Grundbesitz, Kunstwerke oder einige Konsumgüter könnten eine Vermögensbildungsfunktion erhalten. Aber diese „Sparformen" sind relativ illiquide, schwer zu beschaffen, aufzubewahren und zu veräußern, besonders für kleine Sparer und Nichtfachleute. Es ist daher nicht verwunderlich, daß sich während hoher Inflation eine geradezu verzweifelte, resignierende Haltung ausbreitet, die auf unmittelbaren Konsum hinausläuft. „Kaufen wir jetzt, so wissen wir was wir haben; wer weiß, was die Zukunft bringt!"

Die erwähnten Umfragen der Kommission der Europäischen Gemeinschaften enthalten zwei relevante Fragen, die eine, die die Sparbereitschaft unter den gegebenen Umständen ermitteln soll, die andere, die sich mit konkreten Sparabsichten befaßt. Während der Zusammenbruch der Geldwerterwartungen in

Frankreich und Italien zu einer drastischen Verminderung der Sparbereitschaft führte, blieb diese in Deutschland unverändert. Später erhöhte sich der Anteil der Deutschen, die sich für das Sparen aussprachen, sogar noch weiter, während sich umgekehrt die Sparbereitschaft in Italien und Frankreich von den dramatischen Ereignissen des Jahres 1973 nicht wieder erholen konnte. Die folgende Tabelle 5 läßt den Inflationsschock in Frankreich und Italien des Jahres 1974 besonders im Gegensatz zu Deutschland erkennen, einem Land, dessen Bewohner auch in dieser Krisensituation im Sparen noch eine geeignete Verteidigungsstrategie erblickten.

Tabelle 5: Sparbereitschaft in Zeiten der Inflation

	Deutschland		Frankreich		Italien	
	1973	1974	1973	1974	1973	1974
„In Anbetracht der allgemeinen wirtschaftlichen Lage" (sind folgender Meinung)	%	%	%	%	%	%
„Sparen hat (vielleicht) Sinn"	68	65	60	47	66	40
„Sparen hat (wahrscheinlich) keinen Sinn"	29	29	32	47	27	49
Weiß nicht	3	5	8	7	7	11
	100%	99%	100%	100%	100%	100%

Die Interviews wurden im Januar durchgeführt. Die Prozentzahlen ergeben nicht 100%, weil sie auf- oder abgerundet wurden. Quelle: Information P – 30, April 1974, Kommission der Europäischen Gemeinschaft, Brüssel. Fragetext: „Glauben Sie, daß es in Anbetracht der allgemeinen Wirtschaftslage sinnvoll ist, zu sparen?"

4.2.2.3.2.5 Schlußfolgerung

Nach alledem wird verständlich, daß die Theorie der Konsumfunktion an der Aufgabe, interkulturelle Unterschiede der Sparquote befriedigend zu erklären, scheitern müssen. Was die abhängige Variable anbetrifft, so vernachlässigen diese Theorien die große Spannbreite möglicher Sparziele. Die Sparquote ist ein konzeptioneller und statistischer Artefakt; ihre auf verschiedenartige Sparziele gerichteten Komponenten differieren im Hinblick auf Motivations- und Verhaltenskonsequenzen. Was zweitens die Erklärungsvariablen anbetrifft, so beschränken sich diese Theorien auf das Einkommen. Die vorangegangenen Betrachtungen zeigen aber, daß institutionelle und kulturelle Eigenarten einer Gesellschaft und nicht zuletzt die Inflationsrate die sehr unterschiedlichen Voraussetzungen prägen, auf denen die verschiedenen Theorien der Konsumfunktion aufbauen.

4.2.3 Arbeitsmotivation

4.2.3.1 Arbeitsmotivation als gesamtwirtschaftliches Problem

Arbeitsmotivation beschreibt solche psychischen Zustände, die bei der Auseinandersetzung mit Arbeitsaufgaben dafür sorgen, daß die arbeitenden Personen die für die Aufgabenbewältigung gesetzten Ziele mit mehr oder weniger großem Nachdruck anstreben (Kleinbeck, 1980). Die Psychologie gesamtwirtschaftlicher Prozesse definiert ihr Interesse an der Arbeitsmotivation gleichzeitig breiter und enger als die Arbeitspsychologie, aus deren Bereich das vorstehende Zitat stammt. Breiter insoweit, als nicht nur die Leistung auf dem Arbeitsplatz von gesamtwirtschaftlichem Interesse ist, sondern auch die Entscheidung, einen Arbeitsplatz zu suchen und zu übernehmen; enger insoweit, als nicht so sehr die individuellen oder Persönlichkeitsunterschiede in diesen Verhaltensweisen im Mittelpunkt stehen als vielmehr ihre kollektiven Veränderungen und ihre Bezüge zu gesamtgesellschaftlichen Ursachen und Konsequenzen.

Wie Daniel Bell und andere Autoren konstatieren, ist die postindustrielle Ära nach einem breiten Säkularisierungsprozeß durch einen Pluralismus der Werte und Lebensstile gekennzeichnet. Vielleicht das erste Mal in der Geschichte der Menschheit besteht für breite Schichten der Bevölkerung Entscheidungsfreiheit für manche Verhaltensweisen, die erst durch die Lockerung rigider sozialer Rollen möglich geworden sind. So steht der Lebensstil der Ungebundenheit, der weiblichen Berufstätigkeit, des Lebens in der Großstadt, der häufigen Urlaubsreisen, der Mobilität für viele junge Leute heute ebenso zur Auswahl wie ein ganz anderes Konvolut von Merkmalen und Verhaltensweisen, nämlich Kinder zu haben, in einem Vorort zu wohnen, als Hausfrau oder gar „grüne Witwe" relativ angebunden zu sein. In der Arbeitsmarktstatistik schlägt sich diese Änderung darin nieder, daß die Personen des alleinigen Ernährers einer Familie mit Frau und Kindern vom Normalfall zur Ausnahme geworden ist. Die Mehrheit der Beschäftigten sind heute Alleinstehende, Doppelverdiener, mitverdienende Kinder. Hierdurch und durch den Ausbau der Sozialgesetzgebung erhalten Arbeitslose und mit ihrem Arbeitsplatz Unzufriedene gewisse Manövrierspielräume, insbesondere die Möglichkeit, bei der Arbeitsplatzentscheidung wählerischer zu sein. Die auf Selbstverwirklichung, Autonomie und bürgerliche Mitsprache gerichteten Wertprioritäten vornehmlich jüngerer Menschen koexistieren mit den noch dominanten, stärker auf Erwerb und Konsum hin orientierten Grundhaltungen der Mehrheit (Inglehart, 1977). Diese Veränderungen können nicht ohne Rückwirkung auf die Bereitstellung der Arbeitsleistung bleiben, die ja in ökonomischer Perspektive als Produktionsfaktor betrachtet wird. Es ist bezeichnend, daß spätestens seit Kevnes die Problematik der „Nachfragelükke", also veränderten Konsumverhaltens im Gefolge des industriellen Wachstums, ins öffentliche Bewußtsein gerückt ist, während die Konsequenzen erhöhten Wohlstands für das Arbeits- und Erwerbsverhalten erst neuerdings im

Wirtschafts- und Gesellschaftsdenken eine Rolle zu spielen beginnen. Daß Veränderungen der Arbeitszeit, der Arbeitsmoral, der Arbeitsmotivation erst seit kurzem die Aufmerksamkeit der Sozialphilosophen, Kulturkritiker, Systemveränderer und -erhalter finden, mag einmal dadurch zu erklären sein, daß Vollzeitarbeit sich als resistentere, weil zentralere gesellschaftliche Rolle und private Gewohnheit herausgestellt hat als der „totale Konsum", die quasi automatische Übersetzung von erhöhtem Einkommen in erhöhten Lebensstandard. Diese Rolle wird zudem mittels verschiedener institutioneller Vorkehrungen von Arbeitgebern, Gewerkschaftlern und Staat mit Zähnen und Klauen verteidigt. Ihre Aufweichung müßte besonders tiefgreifende Konsequenzen haben, wie von Autoren wie Hannah Ahrendt, Daniel Bell und Ralf Dahrendorf immer wieder nachdrücklich betont worden ist. Nicht nur könnten die durch die Prosperität herbeigeführten Wertveränderungen die Motivation zerstören, denen der Kapitalismus seinen sichtbaren materiellen Erfolg verdankt, sie könnten auch die persönliche und soziale Integration gefährden, oder, wie Elisabeth Noelle-Neumann (1978) sagt, „eine Tendenz zu unmittelbarer Befriedigung statt langfristiger Zielspannung heraufbeschwören".

In diesem Abschnitt soll die vorliegende Evidenz über Veränderungen des Arbeitsverhaltens und der arbeitsbezogenen Präferenzen unter zwei Perspektiven diskutiert werden. Erstens quantitativ am Beispiel der Arbeitszeit: Wie lange arbeiten die Menschen? Wie lange möchten sie gern arbeiten? Zum zweiten soll qualitativ das Ausmaß des Arbeitseinsatzes behandelt werden, der Disziplin, mit der er ausgefüllt wird. In allen Fällen wird ein breites Verständnis von Arbeit zugrunde gelegt. Ich verstehe hier unter Arbeit die Aktivitäten, die auf die Produktion von Gütern und Diensten gerichtet sind. Dazu gehört unselbständige Arbeit ebenso wie selbständige marktbezogene Arbeit, aber auch Eigenarbeit, die der Selbstversorgung oder der Versorgung anderer außerhalb des Marktes dient.

4.2.3.2. Arbeitszeit

Innerhalb weniger Jahrzehnte ist die tarifliche und auch die tatsächlich geleistete Arbeitszeit von Arbeitnehmern in der Bundesrepublik Deutschland und anderen Industriegesellschaften zurückgegangen, wie das folgende Schaubild 3 beispielhaft für die deutsche Chemische Industrie zeigt: (s.S. 249)

Tarifliche Jahresarbeitszeit bezeichnet die Jahresarbeitszeit, die zwischen Arbeitgebern und Gewerkschaften vertraglich ausgehandelt wurde.

Effektive Jahresarbeitszeit ist die Jahresarbeitszeit, die tatsächlich geleistet wurde.

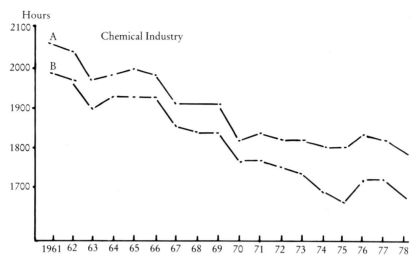

Schaubild 3: Die Entwicklung von tariflicher (A) und effektiver (B) Jahresarbeitszeit in der chemischen Industrie

(Bolle, Fischer & Strümpel, 1981)

Diese drastische Verkürzung, die auf erhöhte Urlaubsansprüche, niedrigere Wochenarbeitszeit und auf die Zunahme des Absentismus zurückzuführen ist, bleibt jedoch hinter den Wünschen vieler Arbeitnehmer selbst dann zurück, wenn der Zusammenhang zwischen Arbeitszeit und Realeinkommen klar herausgestellt wird. In Deutschland überwiegt der Wunsch nach Verkürzung der Arbeitszeit bei weitem den Wunsch nach ihrer Verlängerung und konkurriert durchaus erfolgreich mit dem Wunsch nach Erhöhung der Realeinkommen. Er wird sowohl auf der individuellen wie auch auf der kollektiven Ebene geäußert. Es ist hier nicht der Ort, diese Evidenz, die anderswo dargestellt ist (Mertens, 1979; Noll, 1978; Strümpel, 1977), im Detail zu analysieren. Sie läßt eindrucksvoll und eindeutig den Wunsch nach per saldo verminderter Arbeitszeit vollzeitbeschäftigter Arbeitnehmer erkennen. Die Arbeitsleistung innerhalb einer hierarchischen Organisation, die zwar ein erstaunliches Maß an traditioneller Produktivität erzielt und dem Arbeitnehmer ein regelmäßiges Einkommen geschafft, aber Unterordnung und Autonomieverzicht erfordert, verliert Zulauf, ohne daß sich die Distanzierungstendenzen schon voll auf dem Arbeitsmarkt ausgewirkt hätten. Diese Evidenz bezieht sich jedoch zunächst nur auf männliche unselbständige Erwerbspersonen. Es muß daher weiter gefragt werden:

1) Wie hat sich das berufliche Engagement von Frauen verändert?

2) Welche Strukturänderungen vollziehen sich in Bezug auf selbständige Arbeit? Und

3) Inwieweit wird die „Freizeit" produktiv oder unproduktiv ausgefüllt, in Eigenarbeit umgesetzt?

Zu 1):
Berufstätige Frauen sind häufiger als vor zehn Jahren halbtags tätig (Anhang Tabelle 5). Nur etwa die Hälfte derjenigen, die 1978 ganztägig beschäftigt waren, wünscht dies auch weiterhin zu tun, der Rest zöge Teilzeitarbeit vor. Noch häufiger ist dieser Wunsch bei der „stillen Reserve", den nichtberufstätigen Hausfrauen, von denen viele auf den Arbeitsmarkt streben.

Zu 2):
Die Abkehr von der unselbständigen Arbeit scheint sich nicht in gleichem Maße auf die *selbständige Arbeit* zu erstrecken. Hierfür sprechen einmal die gegenüber Unselbständigen weit höheren Arbeitszeiten der Selbständigen, wie sie in Zeitstudien immer wieder dokumentiert werden, zum anderen das, wenn auch noch nicht quantifizierte Phänomen der sog. „neuen Selbständigen" (Vonderach, 1980), und zum dritten die ebenfalls für Deutschland nicht auch nur einigermaßen zuverlässig quantifizierte, aber höchstwahrscheinlich an Bedeutung zunehmende „Schattenökonomie".

Zu 3):
Eigenproduktion: Die Mechanisierung und Kapitalintensivierung des Haushalts sowie der Zugang zu arbeitssparenden Verbrauchsgütern (Wegwerfgüter, Fertiggerichte etc.), schließlich eine gewisse Nonchalance in Bezug auf traditionelle Tugenden wie Ordnung und Reinlichkeit hat die zur Haushaltsführung nötige Arbeitszeit stark reduziert. Die den Frauen hierdurch zuwachsenden Handlungsspielräume für Erwerbarbeit erweiterten sich noch insofern, als die Männer, ihrerseits von der Berufsarbeit zeitlich entlastet, öfter im Haushalt Hand anlegen. Und schließlich deutet einiges darauf hin, daß produktive Freizeitbeschäftigungen wie „Basteln", „Do-it-yourself-Arbeiten", „Hausarbeiten", „Nähen" sowie Selbstversorgungsaktivitäten wie „Camping" an Zulauf gewonnen haben (Noelle-Neumann, 1978).

4.2.3.3 Arbeitsdisziplin

Nach der Behandlung der *arbeitszeit*bezogenen Veränderungen nun zur Frage nach dem Arbeitseinsatz innerhalb des durch die Arbeitszeit gezogenen Rahmens.

Elisabeth Noelle-Neumann (1978) ist mit einem Buchtitel an die Öffentlichkeit getreten: Werden wir alle Proletarier? — eine rhetorische Frage, mit der sie eine Abfolge von Umfrageergebnissen der letzten zehn bis fünfzehn Jahre schlaglichthaft interpretiert. Sie erkennt zunehmende Anzeichen „der Arbeitsunlust, des Ausweichens vor Anstrengung und Risiko, eine Tendenz zu unmittelbarer Befriedigung statt langfristiger Zielspannung, Egalitätsstreben sowie Statusfatalismus, d.h. Zweifel an der Möglichkeit, durch Anstrengung den eigenen Status zu verbessern."

Anhaltspunkte für entsprechende gesellschaftliche Wertveränderungen auch in anderen Ländern lassen sich aus Umfragedaten gewinnen. Der Zeitgeist war zumindest in den frühen siebziger Jahren in raschem Wandel begriffen, ein Wandel, der sich bei jungen Menschen besonders klar nachweisen läßt. Nach den Untersuchungen von Daniel Yankelovich haben die traditionellen Tugenden der Höflichkeit und Unterordnung, des Fleißes, der Bescheidenheit und des Respekts für Privateigentum auch in den USA an Autorität eingebüßt.

Die Zahl derjenigen hat sich vermindert, die harte Arbeit als erstrebenswert akzeptieren, die das Vergnügen der Pflichterfüllung unterordnen und die erklären, sie würden leicht und willig die Autorität der Vorgesetzten anerkennen bzw. wären bereit, sich in Kleidung und Frisur der Umwelt anzupassen. (Yankelovich, 1974)

Was bedeutet dies für die gegenseitige Abstimmung zwischen Mensch und Wirtschaft? Man könte zunächst versucht sein, die manifeste Wertverschiebung vordergründig zu interpretieren. Wenn die Menschen ihre Erfüllung nicht in erster Linie in materiellen Zielen, in der Produktion und im Konsum sehen, sondern in den Bereichen, die neuerdings das Etikett „Lebensqualität" tragen – eine humane Arbeitswelt, angenehme, rücksichtsvolle Formen des menschlichen Zusammenlebens selbst auf Kosten der Produktivität, vielleicht künstlerische und sportliche Betätigung –, so könnte man vermuten, daß die Menschen mehr Freizeit beanspruchen, weniger für ihre Ausbildung tun, daß sie weniger aus beruflichen Gründen ihren Wohnort wechseln, aber auch, daß Konsumziele weniger motivierend wirken. Oder man könnte umgekehrt erwarten, daß eine Verringerung der Anziehungskraft materieller Belohnung, anstatt die Interessen vom Arbeits- zum Freizeitbereich zu verschieben, lediglich die Akzente bei der Arbeitsmotivation verschieden setzte. Vielleicht handelt es sich nicht um eine Distanzierung von der Arbeit, sondern geradezu um eine Intensivierung der Leistungsmotivation: Wer nach interessanter Tätigkeit strebt, wird vielleicht eher eine Arbeit um ihrer selbst anstatt um materieller Belohnung willen gut ausführen.

Vielleicht läßt sich die Frage nach der Veränderung der Arbeitsmoral nicht gut für alle beruflichen Schichten im gleichen Sinne beantworten. Berufliche Anreize entstehen nicht in einem sozialen Vakuum. Sie sind vielmehr begründet in den für eine soziale Schicht charakteristischen Rollenerwartungen und Möglichkeiten. Handarbeiter erhalten ihr höchstes Einkommen relativ früh im Leben und müssen sich typischerweise bereits in der Lebensmitte mit stagnierenden oder gar abnehmenden Einkommen abfinden, während mittlere und leitende Angestellte, die zu Beginn ihrer Berufstätigkeit relativ wenig verdienen, fast für ihr ganzes Arbeitsleben steigende Einkommen erwarten können. Das rapide Wirtschaftswachstum, gekoppelt mit technischem Fortschritt, hat gerade diesen Gruppen in den vergangenen Jahrzehnten mehr Möglichkeiten als Risiken gebracht.

Es ist denn auch nicht erstaunlich, daß berufliches Vorwärtskommen für Arbeiter im allgemeinen unter dem Vorzeichen der reinen Ausdehnung der Arbeitszeit gesehen wird, wohingegen Angestellte, besonders solche mit höherem beruflichem Status, Berufschancen weniger in einer quantitativen Erhöhung als vielmehr in einer qualitativen Verbesserung oder Veränderung ihrer Arbeitsleistung sehen. Wie aus Tab. 6 ersichtlich ist, meinen amerikanische Arbeiter, um voranzukommen, häufiger ihre Frei- oder Ferienzeit opfern zu müssen, wohingegen Angestellte, besonders höhere Angestellte, eher bereit wären, einen unsicheren Arbeitsplatz in Kauf zu nehmen oder den Wohnort zu wechseln. Die Einstellungen von Angestellten mit geringerem Bildungsstand sind etwa in der Mitte zwischen den beiden anderen Berufsgruppen angesiedelt.

Fragt man nun weiter, von welchen Situationsfaktoren die Bereitschaft zum beruflichen Vorwärtskommen abhängig ist, so zeigen sich wiederum charakteristische Unterschiede. Bei den Arbeitern sind außergewöhnliche Bemühungen zur Mehrarbeit hauptsächlich ein Resultat finanziellen Druckes. Wer knapp bei Kasse ist, ist eher zur Mehrarbeit bereit. Bei den Angestellten jedoch ist es die Einstellung zu den nichtmateriellen Charakteristiken des Berufs, die Arbeitsfreude, die für die Bereitschaft zu erhöhtem beruflichem Engagement den Ausschlag gibt. Wer einer interessanten Tätigkeit hohe Bedeutung zumißt, ist auch am ehesten zur Mobilität und zum Risiko bereit. Während die produktiven Reserven dieser letzten Gruppe durch das „Zuckerbrot" einer ganzen Skala von Belohnungen aktiviert werden, hängt der Arbeitsanreiz für die unteren sozialen Schichten häufiger, wenn auch offensichtlich in abnehmendem Maße, von der „Peitsche" des wirtschaftlichen Zwanges ab. (Strümpel, 1974)

Entsprechend bedeutet „gute" Arbeitsmoral etwas anderes für verschiedene Statusgruppen. Ein „tüchtiger" Arbeiter befleißigt sich der traditionellen Tugenden Pünktlichkeit, Unterordnung und Ehrlichkeit, er ist bereit, einfache repetitive Handlungen regelmäßig, routiniert und zuverlässig unter genauer Beachtung der geschriebenen und ungeschriebenen Regeln auszuführen. In den höheren Status- und Berufsgruppen kommt es mehr auf Risikobereitschaft, Flexibilität, Wendigkeit, Mobilität und Anpassungsfähigkeit an. Es geht hier mehr um Ideen, Problemlösung, Innovation und weniger um die Quantität des Produkts oder der abgeleisteten Arbeitszeit. Das Stereotyp von der „harten" Arbeit paßt mehr auf den erfolgreichen Arbeiter, aber weniger auf den leitenden Angestellten, erstens, weil dessen Berufsausübung in sich selbst mehr Erfüllung bie-

Tabelle 6: Leistungsanreize nach Berufsstellung und Bildungsstand, USA – Männliche Arbeitnehmer 1972, USA

	um beruflich voranzukommen, würde ich			
	... auf Urlaub verzichten	... auf Freizeit verzichten	... weniger Arbeitsplatzsicherheit in Kauf nehmen	... mit Familie umziehen
	%	%	%	%
Arbeiter	63	64	28	38
Angestellte mit geringer Ausbildung	53	61	36	43
Angestellte mit hoher Ausbildung	47	55	46	66

(Eigene Untersuchung des Verfassers, Survey Research Center, Universität von Michigan. Stichprobe etwa 650)

tet, und zweitens, weil entgegen dem vorherrschenden Selbstbild die Arbeitszeit der Oberschichten niedriger ist, wie die wenigen, inzwischen mehrere Jahrzehnte zurückliegenden international vergleichenden Zeitstudien für die Industrieländer zeigen (Szalai, 1972). Sogar die Normen der Ehrlichkeit werden für die höheren Berufsschichten großzügiger ausgelegt: Eine graue Zone zwischen Betriebsausgaben und privatem Konsum, wie etwa Telefonieren auf Geschäftskosten, Ausgehen mit Geschäftsfreunden, Privatfahrten im Firmenwagen, existiert typischerweise für diese Schichten, nicht aber für Arbeiter.

Vergegenwärtigen wir uns noch einmal den Inhalt der obigen Tabelle 6, so wird klar, daß es sich bei den dargestellten Wertverschiebungen allenfalls um eine Abkehr von der *Arbeiter*moral, nicht aber von der *Arbeits*moral handelt, und sicherlich nicht von Tugenden, die traditionell mit der bürgerlichen Oberschicht identifiziert waren. Von der Erosion betroffen ist allerdings die Wertstruktur des sich reibungslos in das Produktionssystem einfügenden Handarbeiters oder des „Routinearbeitnehmers" überhaupt. Eine grundsätzliche Abwendung von der Arbeit läßt sich demgegenüber in den Wertvorstellungen der Deutschen oder Amerikaner in keiner Schicht konstatieren. Zwar machen ältere Arbeitnehmer in beiden Ländern, besser gestellt durch Sozialversicherung, private Pensionsansprüche und Ersparnisse, zunehmend von der Möglichkeit der „flexiblen" Altersgrenze Gebrauch. Umgekehrt zeigt sich jedoch in den USA und, wenn auch etwas später, in der Bundesrepublik eine stark steigende Erwerbstätigkeit verheirateter Frauen.

Besonders bei jungen Leuten haben wir es mit einer Erhöhung der Ansprüche zu tun. Arbeit ist gut, aber sie muß mehr bieten als nur angemessene Bezahlung.

Der traditionell eingestellte Arbeitnehmer opferte seine Arbeitszeit der Firma und suchte Erfüllung im Privatleben. Der von neuen Werthaltungen geprägte junge Berufstätige ist keinesfalls weniger bereit, sich in seiner Arbeit zu engagieren: er tut dies jedoch öfter mit dem Anspruch, sich persönlich zu entfalten. Die traditionelle Standesgesellschaft sorgte für eine Kongruenz zwischen Werthaltung und Berufsrolle. Nennenswerte soziale Mobilität war die Ausnahme. Die schichtspezifischen Werthaltungen, in die Kinder und Jugendliche hineingeboren werden, behielten ihre Relevanz im späteren Erwerbsleben. Die nackte Notdurft des Broterwerbs tat ein übriges, abweichende Berufsansprüche zu unterdrücken. Erst jüngst wird die Emanzipation von dem Zwang der Erfüllung der materiellen Grundbedürfnisse und von schichtspezifischen Werten als Massenerscheinung möglich.

4.2.3.4 Leistungswille in einer veränderten Umwelt

Ziehen wir Bilanz: Die Großorganisationen der zentralisierten, arbeitsteiligen, monetarisierten Wirtschaft schneiden nicht nur im Hinblick auf die Arbeitspräferenzen, sondern auch in Bezug auf die Arbeitsdisziplin relativ ungünstig ab. Die Masse der Arbeitnehmer strebt graduell von dieser Arbeit weg, sowohl was den investierten Zeitaufwand als auch was die Ausprägung der in diesem Bereich erforderlichen traditionellen Tugenden anbelangt.

Unter den Ursachen für diesen Trend zur Distanzierung greifen wir drei heraus: Einmal die Symtome einer „Entmythologisierung des Konsums", einer gewissen Saturierung mit den leicht käuflichen und reproduzierbaren Gütern und Dienstleistungen der postindustriellen Gesellschaft; zum zweiten die Lockerung des Verhältnisses von Leistung und Einkommen in der Großorganisation und zum dritten die gegenüber der Zeit rapiden Wachstums verminderten Aufstiegschancen.

Was den ersten Punkt anbetrifft, der deutlich stärker für die Bundesrepublik als für andere Länder gilt, so sei auf die ständig gestiegene Zahl von Haushalten verwiesen, die in Umfragen erklären, „sie hätten alles", planten keine größere Anschaffung, seien voll ausgestattet. Die Sparquote (Nettosparleistung in Prozent des verfügbaren Einkommens) ist entsprechend von etwa 5% Anfang der fünfziger Jahre auf etwa 15% (mit kurzfristigen Schwankungen) der späten siebziger Jahre gestiegen. Nicht weniger instruktiv ist die tendenzielle Angleichung der Sparquoten der Bezieher höherer an die niedrigerer Einkommen; die Spartätigkeit der ersteren ist überproportional gestiegen (zu allen diesen Punkten vgl. Abschnitt 4.2.2.3).

Es ist kennzeichnend für die Arbeitsorganisation besonders in ihrer zentralisierten oder bürokratisierten Form, daß individuelle Leistungsunterschiede nur schwer meßbar und damit entlohnbar sind. Belohnungen sind notwendigerweise standardisiert, können nur innerhalb enger Grenzen nach Leistung differenziert werden. Solange der Arbeitnehmer seine Leistung nicht soweit vermindert, daß er die Organisation verlassen muß, d.h. solange er ihr angehört, kommt er typischerwiese in den Genuß des Großteils der Belohnungen. Im Zusammenhang mit dem Ausbau der sozialen Sicherheit, wie sie durch Kündigungsschutz, Mitsprache der Arbeitnehmervertretungen etc. erfolgt ist, ist nun die Schwelle, unterhalb derer mangelnde Leistung zum Ausscheiden führt, weiter heraufgesetzt worden (Katz, 1972).

Aber auch abgesehen von unmittelbaren materiellen Anreizen scheint die Entsprechung von Leistung und Belohnung weniger eindeutig geworden zu sein. So weist der verstorbene britische Nationalökonom Fred Hirsch (1976) darauf hin, daß just die Güter und Dienste, die nicht immer effizienter produziert werden können, aber gerade deshalb von den Menschen zunehmend geschätzt werden — eine saubere, ruhige Wohnumwelt, unverdorbene Natur, vor allem eine Ausbildung, die eine Karriere verbrieft — gerade nicht mehr selbstverständlich mit Geld oder beruflicher Leistung zu erlangen sind. In der Phase abflachender Wachstumskurven und geburtenstarken Jahrgänge, die ins Beschäftigungssystem strömen, muß auch der Leistungswille der aufstiegswilligen Bildungsbürger unter den schlechter gewordenen Berufschancen leiden.

4.2.4 Investition und Produktion

Ebensowenig wie das Konsum- und Arbeitsverhalten ist das unternehmerische Verhalten, das sich gesamtwirtschaftlich auswirkt, allein aus wechselnden Umweltkonstellationen heraus erklärbar. Abweichend von den Modellvorstellungen der klassischen und neoklassischen Nationalökonomie, die vollkommene Information voraussetzen, sind unternehmerische Entscheidungen in der Regel Entscheidungen unter beträchtlicher Unsicherheit, bei deren Vorbereitung die Orientierung an anderen Unternehmungen gang und gäbe ist. Daraus folgt, „daß das entscheidende Subjekt in dieser Situation von Stimmungen und Fingerzeigen abhängig wird, was eine ausgesprochene Beeinflußbarkeit durch Äußerungen und Handlungen Dritter erzeugt" (Jöhr, 1972).

Seit 1950 hat das Münchner Ifo-Institut den sozialpsychologischen Beeinflussungsprozeß im Sinne von Jöhr (1952, 1972) mit Hilfe von qualitativen Indikatoren sichtbar gemacht. Seit 1950 befragt dieses Institut monatlich etwa 10000 Unternehmen der Industrie, des Groß- und Einzelhandels- sowie des Dienstleistungsgewerbes. Ein Schwerpunkt der Erhebungen, die in mehr oder weniger abgewandelter Form von vielen anderen Ländern übernommen worden sind, liegt auf sogenannten „finalen" Unternehmensäußerungen, d.h. auf der Erfassung von Plänen, insbesondere von Investitionsplänen, Produktionsplänen, Plänen für die Veränderung der Verkaufspreise und der Beschäftigungszahl. Es werden jedoch auch analog den Konsumentenstimmungen „rezeptiv-kritische" Einstellungen erfaßt, etwa die Beurteilung der Geschäftslage, der Kapazitätsauslastung, des Auftrags- und Lagerbestandes.

Am Beispiel der langjährigen Erfahrungen mit diesen Angaben, die bei den Unternehmensleitungen selbst erhoben werden, läßt sich der relative Beitrag dieser beiden Typen von Daten gut demonstrieren. Die Frage stellt sich zunächst, ob nicht eine Berücksichtigung von Plänen, z.B. Investitionsplänen, völlig ausreicht, um etwa Schwankungen der Investitionstätigkeit, eine wichtige Quelle konjunktureller Veränderungen, vorzeitig zu erkennen. In der Tat stellt die große Mehrheit aller Unternehmen Investitionspläne mit einem Zeithorizont von wenigstens einem Jahr auf. Dennoch werden Investitionspläne ständig überprüft, sodaß ihnen nur eine bedingte Wahrscheinlichkeit zukommt. So nehmen in der Bundesrepublik im Durchschnitt etwa ein Fünftel der befragten Industrieunternehmen schon in den ersten drei Monaten nach Erhebung der Pläne eine größere Planrevision vor. Der Anteil der Planänderung ist dann wesentlich höher, wenn in diese Zeit ein konjunktureller Wendepunkt fällt (Nerb, 1975). Bei derartigen Plankorrekturen handelt es sich meist nicht um Zufallsabweichungen, die etwa eine Tendenz zur gegenseitigen Kompensation nach dem Gesetz der großen Zahl hätten, sondern um systematische Verschiebungen, die die in der Wirtschaft bzw. der Branche vorherrschende Stimmung ausdrücken. Es läßt sich nun zeigen, daß rezeptiv-kritische Äußerungen, d.h. Einstellungen und Erwartungen, die Wahrscheinlichkeit von Planrevisionen bestimmen bzw. im voraus reflektieren (Lindlbauer & Puhani, 1972). Erst die Kombination von finalen und rezeptiv-kritischen Äußerungen schöpft hier den Beitrag psychologisch inspirierter Daten zur Erklärung und Prognose des Investitionsverhaltens voll aus.

4.2.5 Steuerdisziplin und Steuerausweichung

4.2.5.1 *Problemstellung*

Mit zunehmender internationaler wirtschaftlicher Verflechtung gewinnt das Problem der Wettbewerbswirkungen verschiedener nationaler Steuersysteme stark an Bedeutung. In integrierten Wirtschaftsräumen, wie z.B. der Europäischen Gemeinschaft, wird versucht, steuerliche Wettbewerbsverzerrungen durch Harmonisierung zu eliminieren, etwa indem die Bemessungsgrundlagen und -sätze des Einkommensteuerrechts einander angeglichen und die Netto-Umsatzsteuer (Mehrwertsteuer) in allen Ländern eingeführt wird. Der Erfolg dieser Versuche wird stärkstens von kulturspezifischen Orientierungen beeinflußt, die sich meßbar in der Steuermoral, d.h. in der Einstellung der Steuerpflichtigen zur Steuer, zum steuernehmenden Staat, zum Steuerdelikt, zum Steuersünder und zur Steuerstrafe ausprägen und sich auf der Verhaltensebene in unterschiedlichen Graden der Steuererfüllung und Steuerhinterziehung äußern. Die Diskrepanz zwischen den steuerlichen Normen und der Steuererfüllung wird in der Literatur normalerweise als Versagen der Steuerverwaltung oder der Steuerzahler gedeutet. Demgegenüber stellt sich bei näherer Betrachtung heraus, daß historisch gewachsene und kulturell fixierte Rollen- und Erwartungsstrukturen, manifestiert in der Einstellung zur Besteuerung, den Aktionsradius des Steuerrechts bestimmen. Während die privatwirtschaftlichen Leistungsverpflichtungen durch das Prinzip des do ut des, d.h. durch äquivalente Leistungsbeziehungen charakterisiert sind, erscheint das Steuerzahlen psychologisch als „ein weitgehend unmotiviertes Zahlen", das vermeintlich ohne positiv wirksame Motivation auskommen muß (Graumann & Fröhlich, 1957). Die Nichterfüllung privatrechtlicher Schuldverhältnisse verstößt gegen tiefverwurzelte Eigentumsnormen; die Verletzung der Steuerpflicht dagegen ist wie allgemein und auch in den Kreisen der Finanzverwaltung weithin anerkannt wird, moralisch weitgehend indifferent (Schmölders, 1960).

Die bloße Kenntnis der Steuersysteme, der Steuertarife und Steuersätze oder auch des Steueraufkommens als Anteil am Volkseinkommen sagt wenig aus über den Grad der Anpassung der Besteuerung an die individuelle und kollektive Steuerwilligkeit, über die Durchsetzung der Steuergesetze oder über ihre Wirkungen, wie sie sich etwa in Steuerausweichung oder in Steuerflucht äußern. Die Erforschung internationaler Unterschiede des steuerlichen Verhaltens und der Besteuerungstechnik hat im Rahmen der Debatte um die europäische Steuerharmonisierung Bedeutung gewonnen; die Intensivierung der Handelsbeziehungen sowie die Reduzierung der Zölle und sonstigen Hemmnisse des zwischenstaatlichen Warenaustausches haben die internationalen Unterschiede der Steuerbelastung in den Mittelpunkt des handelspolitischen Interesses gerückt. Sollten selbst gleiche Steuergesetze in verschiedenen Ländern zu ganz verschiedenen steuerlichen Belastungen führen, so ergeben sich daraus weittragende Konsequenzen sowohl für den internationalen Steuerbelastungsvergleich als auch für die Strategie der Steuerharmonisierung; diese Erkenntnis müßte einer Harmonisierungsstrategie den Weg bahnen, die auf einer Angleichung der Steuerwirkungen unter Zurückstellung des Vorhabens hinausläuft, lediglich die Steuergesetze, Steuertarife oder Steuersätze zu harmonisieren (Schmölders & Strümpel, 1968).

Verschiedene europäische Länder lassen sehr unterschiedlich weite Lücken zwischen den geltenden Besteuerungsnormen und der herrschenden Steuerwirklichkeit erkennen. In den südeuropäischen Ländern (Spanien, Italien, Griechenland und bereichsweise Frankreich) läßt die Wirklichkeit des steuerlichen Alltags viele der geltenden gesetzlichen Normen zu einer bloßen Farce werden; insbesondere die auch in diesen Ländern sogenannte Einkommensteuer hat sich unter der Wirkung der herrschenden allgemeinen Steuerscheu vielfach in eine Art von Aufwand- bzw. Sollproduktionssteuer verwandelt, die an ganz rohe, möglichst äußerlich sichtbare Merkmale wie Zahl der Hausangestellten, Kraftfahrzeugbesitz, Verfügbarkeit eines Landhauses, Belegschaftsstärke oder Maschinenpark anknüpft, da der Versuch, in die persönlichen Verhältnisse der Steuerpflichtigen einzudringen und von ihnen wahrheitsgemäße Angaben über ihre Einkünfte zu erhalten, immer von neuem gescheitert ist (Strümpel, 1968).

Aufgabe steuerpsychologischer Untersuchungen ist neben der Demonstration der internationalen Unterschiede der Steuerwirklichkeit, insbesondere der Durchsetzbarkeit der auf dem Papier stehenden steuerlichen Bestimmungen, auch die Erklärung dieser Unterschiede. Das Verhalten der Steuerpflichtigen und der Steuerverwaltung ist von der Kultur und den kollektiven historischen Erfahrungen der Völker mit dem Staat und der Besteuerung geprägt. Die Zugehörigkeit zu bestimmten nationalen, beruflichen und anderen sozialen Gruppen ebenso wie die staatsbürgerliche Bewußtseinslage schlagen sich in bestimmten Einstellungen nieder, deren Unterschiede meßbar sind und die darüber hinaus angesichts ihrer vermutlichen Korrelation mit dem effektiven Verhalten ihrer Träger einen gewissen explanatorischen Wert besitzen. Dieser Ansatz soll im folgenden anhand des Datenmaterials entwickelt werden.

4.2.5.2 Einstellung zum Staat und zur Besteuerung

Eine unerläßliche Voraussetzung jedes leistungsfähigen Abgabesystems ist es, daß das Gemeinwesen wenigstens bis zu einem gewissen Grade von den Bürgern anerkannt und akzeptiert wird. Diese Behauptung bedarf der Begründung; wäre es doch denkbar, daß der Zwang zur Steuerleistung bzw. die Drohung mit Steuerstrafen auch ohne Einsicht in die Notwendigkeit der öffentlichen Finanzwirtschaft zur Durchsetzung der Besteuerung ausreicht. Ein Blick auf die Steuerpraxis genügt jedoch, um zu zeigen, daß selbst eine von der administrativen Spitze her perfekt organisierte Steuerkontrolle niemals ohne eine gewisse zumindest passive Duldung durch die Steuerpflichtigen selbst auskommt, die wenigstens eine Begünstigung der Steuerhinterziehung Dritter in der Regel verhindert. Die Fälschung von Belegen und Unterdrückung von Informationen, die der Finanzverwaltung die Heranziehung Dritter zur Besteuerung verunmöglichen, machen, wenn sie zur Regel werden, selbst technisch anspruchslose Steuern undurchsetzbar (Schmölders, 1968); gerade die regelmäßig wiederkehrenden und dadurch besonders zu Buche schlagenden Steuerverkürzungen lassen sich meist nicht von dem einzelnen Steuerhinterzieher allein bewirken, sondern setzen ein Zusammenspiel mehrerer Personen oder wenigstens ihre Mitwisserschaft voraus. Wird das Interesse des steuerfordernden Staates dem der hinterziehenden Geschäftspartner so eindeutig untergeordnet, daß zu diesem Zwecke auch vor einem Steuerdelikt nicht zurückgeschreckt wird, dann ist eine Steuer undurchsetzbar.

Hinzu kommt, daß sich angesichts dieser Sachlage in der Regel nicht einmal die Finanzbürokratie selbst auf die Dauer einer möglicherweise weitverbreiteten Distanzierung von den steuerlichen Normen entziehen kann. Wird der Anspruch des Staates auf die Steuer innerlich nicht respektiert, wird also die Steuererhebung von der Mehrheit der Bevölkerung als mehr oder weniger unrechtmäßig angesehen, so greift diese Einstellung erfahrungsgemäß über kurz oder lang auch auf weite Teile der Beamtenschaft über.

Neben der allgemeinen Einstellung zum steuernehmenden Staat gibt es eine spezielle Einstellung zur Besteuerung. Vor längerer Zeit hat das Kölner Finanzwissenschaftliche Forschungsinstitut einen Versuch unternommen, die Semantik der Kultursprachen daraufhin zu prüfen, welcher Sinn und spezifischer Bedeutungsgehalt den in den verschiedenen Sprachen gebräuchlichen Wörtern und Bezeichnungen aus dem Gebiet der Besteuerung im allgemeinen Sprachgebrauch zukommt (Scholten, 1952). Die französischen und spanischen Bezeichnungen für Steuer („impôt", „impuestos") drücken bereits den Charakter der von oben auferlegten Zwangsabgabe aus, während das deutsche Wort „Steuer" ursprünglich soviel wie Stütze oder Unterstützung bedeutete. Auch daß das Wort für Steuerpächter (maltôtier) in der französischen Sprache zugleich die Bedeutung „Wucherer, Erpresser" oder einfach „Spitzbube" hat, das „imposteur" neben „Steuerbüttel" auch „Betrüger" bedeutet, und daß die Bezeichnung „dodger" für denjenigen, die es mit ihren Steuerpflichten nicht ernst genug nehmen, im Englischen einen verächtlichen Beiklang hat, legt die Hypothese eines „Nord-Süd-Gefälles" der Einstellung zur Besteuerung nahe; diese bestätigt sich in den Antworten auf die Frage nach der allgemeinen Einstellung zum geltenden Steuersystem, die nicht nur auf der individuellen, sondern auch auf einer höheren, d.h. weiter rationaleren, Ebene ansetzte. Die Frage lautete (mit gewissen übersetzungsbedingten Abwandlungen): „Wenn Sie das Steuersystem ganz allgemein betrachten, würden Sie sagen, daß die Steuern im großen und ganzen gerecht verteilt sind, oder sind sie ungerecht verteilt?" (Das folgende nach Schmölders & Strümpel, 1968).

Hier stehen die Engländer einsam an der Spitze; jeder zweite Brite widerstand zumindest noch in den sechziger Jahren der naheliegenden Versuchung, das Steuersystem in Bausch und Bogen der Ungerechtigkeit zu zeihen. In Deutschland und Spanien sind es dagegen etwa drei Viertel, die sich von dem geltenden Steuersystem ausdrücklich distanzieren oder sich, ohne das Steuersystem offen als ungerecht zu bezeichnen, in dieser Frage als unentschieden bekennen. In Frankreich und Italien schmilzt die Zahl derer, die eine positiv gefärbte Antwort geben, auf eine winzige Minderheit zusammen.

4.2.5.3 Grenzen der Steuerdisziplin

Die Funktionsfähigkeit eines Steuersystems äußert sich im internationalen Vergleich nicht so sehr in der Höhe des Steueraufkommens als vielmehr in der

Steuererfüllung (tax compliance), d.h. in dem Grad, in dem die Steuergesetze „durchgesetzt", d.h. die gesetzlich festgelegten Bemessungsgrundlagen steuerlich effektiv erfaßt und zur Besteuerung herangezogen werden. Anzeichen und Symptom eines Nichtfunktionierens ist daher nicht nur das – meist schwer nachweisbare – Ausmaß der Steuerhinterziehung, sondern auch die administrativ sanktionierte Denaturierung der Steuergesetze, wie wir sie insbesondere bei der Personalbesteuerung der südeuropäischen Länder antreffen. Steuerhinterziehung oder Steuerwiderstand läßt sich auf der Einstellungsebene in Verhaltensnormen nachweisen, die die Erfüllung der Steuerpflicht verbieten oder zumindest die Nichterfüllung erlauben. Wird dagegen die Nichterfüllung der gesetzlichen Steuerpflicht sogar administrativ geduldet oder erleichtert, so ist der Mißerfolg des Steuersystems nicht auf Mängel in der „Moral" des Steuerzahlers angewiesen; die Aufweichung der Normen wurde bereits von der Administration besorgt, und Gesetzestreue wird zur Dummheit.

Anders ist das Bild in Ländern, deren Personalsteuern echte Anforderungen an die Motivation und Loyalität ihrer Bürger stellen; hier kann die Steuermoral unmittelbar verhaltenswirksam werden. Eine gewisse Abneigung gegen die Besteuerung und ein verbreiteter Zweifel an der Steuergerechtigkeit sind zwar, so aufschlußreich diese Einstellungen für die in einer Bevölkerung verbreiteten Grundeinstellungen sein mögen, mit einem Mindestmaß an individueller Steuerwilligkeit zunächst noch durchaus vereinbar; sie müssen aber als erste Warnzeichen für eine Lockerung der Steuerdisziplin angesehen werden, die bis zum steuerlich relevanten Verhalten durchschlägt.

Unter den operational zugänglichen Attitüden ist besonders die Einstellung zu Steuerstrafe (vgl. etwa die Frage: „Was wäre als Mindeststrafe für eine vorsätzliche Steuerhinterziehung von – sagen wir – DM 2000,– angemessen: Sollte der Betreffende nur den hinterzogenen Betrag nachzahlen oder darüber hinaus noch eine Geldstrafe bezahlen?") von unmittelbarer Verhaltenswirksamkeit; für etwas, was man selbst tut und innerlich zumindest teilweise als berechtigt empfindet, wird man kaum hohe Strafen fordern. Überdies sind auf der Verhaltensebene, wie eingangs festgestellt, für die Analyse der Funktionsfähigkeit des Steuersystems nicht nur die Versuche, die eigene Steuer abzuschütteln, interessant, sondern auch die passive Duldung und aktive Mitwirkung an der Steuervermeidung der Geschäftspartner. So wurde etwa in Deutschland die Antwort „nur hinterzogenen Betrag nachzahlen" sehr viel häufiger genannt als in Großbritannien, wo eine überwiegende Mehrheit in allen Berufsgruppen das Recht des Staates verteidigte, den vorsätzlichen Steuerhinterzieher zumindest mit einer Geldstrafe zu belegen. Die Einstellung zur Steuerstrafe stellt sich also im Vergleich der Nationen mit durchsetzbarer Personalbesteuerung als durchaus ergiebig für die Beschreibung der Stellungnahme des Bürgers im Interessenkonflikt zwischen den Steuerzahlern und dem Staat heraus. Wer befürwortet, daß gegen ihm unbekannte Steuerhinterzieher Strafen verhängt werden, von dem kann auch erwartet werden, daß er solche Handlungen im täglichen Geschäft nicht tätlich unterstützt.

Fassen wir zusammen: Empirische Erhebungen in sechs europäischen Ländern erbrachten tiefgreifende Unterschiede zwischen der Steuerdisziplin mittel- und nordeuropäischer Länder (Großbritannien, Schweiz, Bundesrepublik Deutschland) und romanischer Länder (Frankreich, Italien, Spanien). In der ersten Gruppe geht die auch dort vorhandene individuelle Abneigung gegen die Steuerpflicht nicht in eine kollektive Frontstellung über. Die Kritik an der Besteuerungsgerechtigkeit richtet sich in erster Linie gegen die vermeintlichen Nutznießer der Steuerhinterziehung, nicht aber gegen den Fiskus. In den romanischen Ländern dagegen ist die innere Distanzierung vom Steuerstaat, von der Beitragspflicht und vom geltenden Steuerstrafrecht so weit gediehen, daß sich eine kollektive Solidarisierung mit dem Steuersünder gegen die Besteuerung abzeichnet. Eine solche Verbrüderung muß die Durchsetzung anspruchsvoller Steuern, wie der Einkommensteuer oder der Netto-Umsatzsteuer vollends vereiteln, sind diese doch auf die wahrheitsgemäße Dokumentation geschäftlicher Transaktionen durch entsprechende Belege angewiesen (Schmölders & Strümpel, 1968; Strümpel, 1968).

4.3 Wohlfahrtsforschung

4.3.1 Anspruchsniveau

Wohlfahrtsökonomik und Psychologie gehen von ganz verschiedenen Traditionen, Grundannahmen und Begriffen an das Problem des Wohlbefindens und seiner Messung heran. Von der Perspektive der Wohlfahrtsökonomik determiniert die Verteilung von Ressourcen die Verteilung der Wohlfahrt. Diese Beziehung wird jedoch nicht als linear betrachtet; nach dem Grundsatz des abnehmenden Grenznutzens ist der Nutzen- oder Wohlfahrtsgewinn, der einer Vermehrung der Ressourcen folgt, eine abnehmende Funktion ihrer ursprünglichen Verfügbarkeit. Je mehr man hat, desto mehr muß man hinzugewinnen, um Fortschritt zu empfinden. Dennoch gilt immer, daß es A kraft seiner größeren Verfügungsmacht über Ressourcen besser geht als B, unabhängig davon, in welcher Epoche, Kultur oder sozialer Umgebung A oder B leben.

Der britische Ökonom Ezra Mishan (1969) bezeichnete schon vor einem Jahrzehnt jeden Versuch, Wohlfahrt durch die Verfügbarkeit materieller Güter zu definieren, als irrelevant. Befinde sich eine Nation jenseits des physischen Existenzminimums, so sei der Besitz von mehr Gütern weder die einzige noch die Hauptquelle menschlichen Wohlbefindens. Diese apodiktische Feststellung scheint zunächst einmal mit der unveränderten Bedeutung wirtschaftlicher Lebensziele selbst unter Bedingungen des Wohlstands zu kontrastieren. Schon Thorstein Veblen (1899) hatte Anfang des Jahrhunderts am Beispiel der Aufwandskonkurrenz des neureichen Bürgertums auf die Demonstrationsfunktion des Konsums hingewiesen. Und bei der Beantwortung der regelmäßig vom Institut für Demoskopie Allensbach an einen repräsentativen Querschnitt von Westdeutschen gestellte Frage: „Was halten sie für die wichtigste Frage, mit der man sich heute in Westdeutschland allgemein beschäftigen sollte?" nehmen wirtschaftliche Belange heute wie vor 30 Jahren die erste Stelle ein. Geld wird begehrt nicht nur in seiner Eigenschaft als Zahlungsmittel; Einkommen und Wohlstand dienen nicht nur zur Befriedigung der materiellen Grundbedürfnisse, sondern auch Sicherheits- und Prestigebedürfnissen. Wirtschaftlicher Status ist eine außerordentliche empfindliche Domäne der menschlichen und gesellschaftlichen Existenz, schon deshalb, weil seine Veränderungen sichtbar und in einer Geldwirtschaft leicht quantifizierbar sind (Gurr, 1970). Und schließlich ist die materielle Version der individuellen Wohlfahrt eine besonders attraktive Meß- und Zielgröße der Sozialpolitik, da sie durch die akzeptierte Strategie des Einkommenstransfers leicht beeinflußbar ist, ganz im Gegensatz zu anderen Komponenten der individuellen Wohlfahrt, wie etwa Gesundheit, soziale Beziehungen oder auch physische Umwelt.

Während die Wohlfahrtsfunktion in der Nationalökonomie vollständig von objektiven Bedingungen, hauptsächlich der Verfügung über materielle Ressourcen, beherrscht wird, setzt die psychologische Theorie des Anspruchsniveaus eine fast unbegrenzte Fähigkeit des Menschen voraus, die Maßstäbe zur Beurteilung seiner Situation an die Realität anzupassen. „As the environment becomes more pleasurable, subjective standards for gauging pleasurableness will rise" (Brickman & Campbell, 1972). Wenn nach Kurt Lewin Ansprüche mit Erfolgen wachsen und nach Mißerfolgen gleichbleiben oder sogar sinken, werden die Erfolgreichen zu Gefangenen einer „hedonistischen Tretmühle", während die weniger Erfolgreichen zwar nicht unbedingt auf ein „einfaches, aber glückliches" Leben rechnen können, wohl aber auf einen Zustand der Zufriedenheit oder Gelassenheit, welchen die Erfolgreichen kraft Gewöhnung an ihre gute Lage auch nur erhoffen können.

Keine dieser stark kontrastierenden Betrachtungsweisen ist besonders hilfreich bei der Erhellung von gesellschaftlichen Problemen wie etwa der offensichtlichen Verschärfung des Verteilungskonfliktes während einer Periode anhaltend hohen durchschnittlichen Lebensstandards. Man denke an die Virulenz der wirtschaftlichen Ansprüche von benachteiligten Schichten in der Gesellschaft, die sich, wie am Beispiel der Frauenbewegung oder der Rassenunruhen ersichtlich, keineswegs auf Perioden abnehmender Versorgung oder zunehmender Diskriminierung beschränkt.

Der konsequenteste Ansatz zur Ausweitung traditioneller Wohlfahrtskriterien besteht in der direkten Erfassung der menschlichen Erfahrung, wie sie von den Anhängern der subjektiven Indikatoren gefordert wird (Campbell & Converse, 1972; Strümpel, 1974). Der Staatsbürger selbst und nicht der Betrachter der Statistik sei die geeignete Instanz zur Feststellung der Wohlfahrt, und eine Methode der Urteilsfindung sei die Messung des Wohlbefindens, d.h. der Zufriedenheit und anderer Dimensionen individueller Bewertung.

Freilich wirft dieses ebenso radikale wie neuartige Konzept schwere wissenschaftstheoretische und methodologische Probleme auf. Solche Indikatoren müssen normativ signifikant sein, um als wohlfahrtsrelevant akzeptiert zu werden, d.h. es muß ein gewisser Konsens darüber bestehen, daß ein Mehr (oder Weniger) erwünscht, gut, von Nutzen ist. Genau hieran mangelt es bei den Zufriedenheitsindikatoren. Kaum jemand sehnt sich nach einer in jeder Beziehung saturierten Bevölkerung. Psychische Outputindikatoren ermangeln auch der interpersonalen Übertragbarkeit. Für Herrn Müller mag sein eigenes Wohlbefinden der zuverlässigste Gesundheitsindikator sein, seine Mitmenschen sind freilich mehr davon beeindruckt, daß der Krankenstand zurückgeht. Umgekehrt trägt der Sozialpolitiker die resignative Selbstbescheidung der Unterdrückten und Diskriminierten mit Recht nicht auf der Aktivseite der gesellschaftlichen Bilanz ein. Die subjektive Beurteilung kann verstanden werden als Quotient von objektiver Versorgungslage in Relation zu den Ansprüchen. Der Zähler ist oft kontrollierbar, der Nenner nur selten. Als Beispiele drängen sich die Anspruchsrevolution der ethnischen Minderheiten und Frauen in den USA und die ebenso schwer steuerbare Anspruchsreduktion im Gefolge so mancher nationaler Krisensituation auf; Patriotismus und Opfergeist begleiteten in Deutschland den Ausbruch des Ersten, nicht aber den des Zweiten Weltkrieges.

Ein Plädoyer für subjektive Indikatoren kann zweierlei anführen. Zum einen institutionalisierte der Wahlzettel sozusagen eine subjektive Version der Wohlfahrt als Erfolgskriterium für die Regierenden, zum anderen hat die Bewertung durch das Individuum Konsequenzen für sein soziales Handeln. Wie Menschen sich fühlen, insbesondere sich durch die Gesellschaft und ihre Institutionen behandelt fühlen, wirkt zurück auf ihr Verhalten in verschiedensten sozialen Rollen, nicht zuletzt auf ihr wirtschaftlich relevantes Verhalten.

Vergegenwärtigen wir uns zunächst einige Ergebnisse der empirischen Forschung über den Einfluß, der von der objektiven wirtschaftlichen Situation auf die subjektive Erfahrung ausgeht. Richard A. Easterlin (1974) analysierte die Beziehungen zwischen dem Sozialprodukt und dem persönlichen Wohlbefinden aufgrund der international vergleichenden Erhebungen von Cantril (1965). Dabei ergab sich keinerlei Korrelation zwischen dem durchschnittlichen Realeinkommen eines Landes und dem Glück oder der Zufriedenheit seiner Bewohner. So sind zum Beispiel die durchschnittlichen Zufriedenheitswerte höher in

Kuba, Ägypten und Israel als in der Bundesrepublik Deutschland und in den USA. Jugoslawien, Nigeria, Brasilien und Polen liegen nur wenig niedriger. Ähnlich berichtet Duncan (1975), daß in der Region Detroit, in der repräsentative Stichproben zweimal — nämlich 1955 und 1971 — mit dem gleichen Fragebogeninstrument interviewt wurden, trotz einer inzwischen erfolgten Erhöhung der Realeinkommen um 40% keine subjektive Erhöhung der Zufriedenheit mit dem Konsumniveau zu erkennen war. Umgekehrt hat sich immer wieder herausgestellt, daß sich Bezieher höherer Einkommen im Durchschnitt als zufriedener einschätzen als Angehörige der unteren sozioökonomischen Schichten (Easterlin, 1974; Strümpel, 1974).

Diese Ergebnisse werden mit der Bedeutung interpersoneller Vergleiche erklärt. Die Menschen beurteilen ihr Einkommen mehr im Vergleich zu dem ihrer Mitmenschen als nach seiner absoluten Höhe. Dieses Phänomen ist unter dem Begriff „relative Einkommenshypothese" zur Erklärung der Konstanz der Sparquote im Zeitverlauf herangezogen worden und ist uns in diesem Zusammenhang bereits begegnet (vgl. Abschnitt 4.2.1). Soziologen haben das Konzept der „relativen Deprivation" entwickelt, und auch die Ökonomen sind mehr und mehr dazu übergegangen, die Armut als ein relatives Phänomen zu deuten.

Alles in allem läßt sich somit eine bemerkenswerte Anpassungsfähigkeit auch an eine verschlechterte wirtschaftliche Situation konstatieren. Die Sozialindikatorenforschung hat neben der relativen Position andere Faktoren identifiziert, die das wirtschaftlich vermittelte Wohlbefinden bei gegebenem Versorgungsniveau beeinflussen und die vermuten lassen, daß es nicht so sehr die Eigenart der menschlichen Bedürfnisse ist als vielmehr der Modus, durch den wirtschaftliche Güter produziert, verteilt und nachgefragt werden, der zur parallelen Erhöhung von Anspruchsniveaus und damit zu den auffälligen Verlusten in der Umsetzung von Wohlstand in Wohlbefinden führt.

Erstens hat sich der intertemporale zusätzlich zum interpersonalen Vergleich als wichtige Einflußgröße erwiesen. Die Menschen pflegen ihre gegenwärtige Situation an der Vergangenheit zu messen. Dabei sind Wohlfahrtsopfer besonders dann zu verzeichnen, wenn die Lage sich verschlechtert: Das Anspruchsniveau ist leichter nach oben als nach unten verschiebbar (Campbell & Converse, 1972; Siegel, 1957). Auch läßt sich direkt eine signifikante Korrelation zwischen zurückliegenden Einkommensänderungen und dem subjektiven wirtschaftlichen Wohlbefinden nachweisen, eine Korrelation, die auch dann bestehen bleibt, wenn der Einfluß der absoluten Einkommenshöhe kontrolliert wird (Strümpel, 1976). Die Frage stellt sich also, ob häufige Schwankungen der individuellen und gesamtwirtschaftlichen Situation, wie sie für die westlichen Industriegesellschaften der siebziger und achtziger Jahre charakteristisch sind, selbst unabhängig von einer möglicherweise langfristigen Auswirkung auf die Produktion deshalb zu Wohlfahrtsverlusten führen, weil sie für viele die Erfahrung häufiger Einkommensverminderungen mit sich bringen.

Zweitens sind Unterschiede in der Anspruchsdynamik zwischen gesellschaftlichen Subkulturen zu verzeichnen. So sind z.B. in den USA Akademiker „saturierbarer", d.h. neigen dazu, die Marge unerfüllter materieller Ansprüche mit steigendem Einkommen stark abzubauen, ganz im Gegensatz zu Geschäftsleuten, Managern und kaufmännischen Angestellten, deren Saturierungskurve in Abhängigkeit vom Einkommen wesentlich flacher ansteigt (Strümpel, 1976). Diese Reaktionsweise stimmt überein mit subkultur-spezifischen Werthaltungen der Akademiker, die wesentlich stärker auf nicht-materielle Werte wie Selbstverwirklichung, befriedigte Tätigkeit ausgerichtet sind als andere Berufsgruppen gleicher Durchschnittseinkommens, deren Werte und Prioritäten stärker um materielle Belange kreisen. Diese Unterschiede sind wohl hauptsächlich auf die Eigenheiten der jeweiligen beruflichen Rollenerwartungen zurückzuführen.

Auch Fred Hirsch distanziert sich in seinem bereits erwähnten (vgl. 4.2.3.4) Buch „Social Limits to Growth" (1976) von der These, das gerade in den siebziger Jahren offenbar gewordene Wohlfahrtsdefizit der Wachstumsgesellschaft sei auf die Anspruchsrevolution zurückzuführen. Vielmehr akzentuiere die Dynamik des Wachstums den Wettbewerb um „positional goods", d.h. um Güter oder Dienste, die ihrer Natur nach nicht beliebig vermehrbar sind.

Die Erhöhung des Realeinkommens habe zwar zu einer gewissen Saturierung mit den Massengütern des materiellen Konsums geführt, dafür aber zu einem um so intensiveren Wettbewerb um die knappen Attribute des sozioökonomischen Status, bei dem der Erfolg des einen die Frustration des anderen sein müsse. Die Folgen seien entweder Preiserhöhungen, die sich makroökonomisch als Inflation niederschlagen, oder Rationierung, wie im Bildungssystem, oder Überfüllung mit entsprechender Qualitätsminderung, wie ebenfalls beispielhaft zu finden in den Bereichen des Bildungssystems, des Verkehrs und der Siedlungsstruktur. Daher könne ein Haushalt von einem Umzug in einen entfernt gelegenen Vorort kaum eine höhere Lebensqualität erhoffen als eine vom materiellen Aufwand her viel bescheidenere innerstädtische Existenz zehn Jahre vorher gewährt habe. Das Zweitauto und die größere Entfernung zur Innenstadt kompensiere typischerweise nur die Qualitätsverschlechterung – Verkehrslärm, Kriminalität, Änderung des sozialen Umfelds –, die sich allmählich in der Innenstadt vollzogen habe. Tendenziell unverändertes subjektives Wohlbefinden trotz höheren Realeinkommens und Aufwandes bedarf in diesem Falle keiner psychologischen Erklärung. Nicht die Beurteilungsmaßstäbe, sondern die psychische und soziale Umwelt haben sich verändert.

Und schließlich ist, wie wir gesehen haben, eine wichtige Dimension des Wohlbefindens, nämlich das wirtschaftliche Sicherheitsgefühl oder die Erwartungsstruktur, zum großen Teil von Umständen abhängig, die außerhalb des Bereiches der Einkommenserzielung liegen.

So prägt eine Vielzahl von symbolischen, durch Massenmedien vermittelten Wahrnehmungen und Ereignissen – Inflation, Arbeitslosigkeit, weltpolitische Verwicklungen, politischer Führungswechsel, Turbulenzen an der Währungsfront – zusätzlich zu den Einkommenserfahrungen selbst die Erwartungen derjenigen, die nicht direkt betroffen sind. Schaubild 1 (vgl. 4.2.2.2.1) zeigte die Veränderungen des von der Universität von Michigan zum Zwecke der Konjunkturprognose entwickelten Index der wirtschaftlichen Stimmungen und Erwartungen der amerikanischen Haushalte, dessen langfristiger Verlauf die säkulare Einkommenssteigerung in keiner Weise wiederspiegelt.

4.3.2 Verteilungskonflikt

4.3.2.1 Unzufriedenheit und relative Deprivation

Relative Deprivation, das Bewußtsein, nicht angemessen an den Ressourcen der Gesellschaft oder einer Organisation teilzuhaben, ist eine besonders wichtige sozialpsychologische Variante im Mittelfeld zwischen Unzufriedenheit und Protestverhalten. Um Deprivation zu empfinden, genügt es nicht, unzufrieden zu sein. Ein Zustand muß sowohl als unerfreulich als auch als ungerechtfertigt erlebt werden.

Die Maßstäbe, die angelegt werden, um die Gerechtigkeit einer Situation zu beurteilen, sind zwar vom Selbstinteresse beeinflußt, drücken aber auch teilweise einen sozialen Konsens über die Verteilungsregeln und ihre Anwendung aus. Immer wieder, so etwa während außergewöhnlicher Situationen – Krieg, Katastrophen –, werden Knappheit, Entbehrungen und Opfer als notwendig oder unvermeidlich akzeptiert. In diesem Sinne kann die Akzeptierung des Verteilungsergebnisses (sense of equity) als Symptom der sozialen Integration gesehen werden, wie sie sich in der Autorität allgemein verbreiteter Normen oder Angemessenheitsvorstellungen über die Verteilung von Ressourcen äußert. Wenn sich umgekehrt sehr viele Menschen ungerechtfertigt behandelt fühlen, so kann dies einmal daran liegen, daß sie sich von den Regeln distanzieren, zum anderen daran, daß sie die geltenden Verteilungsregeln als nicht hinreichend durchgesetzt empfinden.

Wenn sich somit Verhalten, das sich in Verteilungskonflikt auswirkt – individuelle oder kollektive Lohnforderungen, Bereitschaft zu Streik und anderen Protesthandlungen – nicht einfach aus einer diffusen Unzufriedenheit heraus formiert, so sind die zusätzlichen Bedingungen für derartige Handlungen zu spezifizieren. Die Bereitschaft zu entsprechenden Aktionen dürfte nur dann vorhanden sein, wenn die Person die Verantwortung für ihre unbefriedigende Lage bei gesellschaftlichen Institutionen sucht, wenn sie sich weiterhin einer Ideologie verschrieben hat, die die normative Ordnung des Systems in Frage stellt und Konflikt als Mittel zum Zweck legitimiert. Aber all diese Faktoren machen nur die *Valenz* von Konfliktverhalten aus; die Wahrscheinlichkeit, daß es tatsächlich zu entsprechenden Handlungen kommt, hängt darüber hinaus von *Instrumentalitätserwägungen* ab, d.h. von der wahrgenommenen Wahrscheinlichkeit, daß die Handlungen auch tatsächlich zur Verwirklichung der Ziele beitragen (Yuchtman-Yaar, 1980).

Die Equity-Theorie (Adams, 1965; Homans, 1961) postuliert, daß eine Person typischerweise eine „faire" Austauschbeziehung vorzieht, d.h., bei einer Transaktion, sei sie wirtschaftlicher oder anderer Art, ebensoviel herauszuholen wünscht, wie sie eingebracht hat. Diese Vorstellung ist weit von der ökonomischen Denkfigur des „Grenznutzens" entfernt, der ja mit höherem Versorgungsniveau abnehmen soll. Sie legt ausdrücklich nicht die Folgerung nahe, daß diejenigen, die relativ wenig verdienen, kraft höherer Dringlichkeit der Bedürfnisse mit ihrem unterdurchschnittlichen Einkommen unzufrieden zu sein hätten. Vielmehr wird das Gefühl, ungerecht niedrig kompensiert zu werden (inequity), darauf zurückgeführt, daß eine Person der Meinung ist, das Verhältnis seines Transaktionsergebnisses zu seiner Leistung oder dem was er in die Transaktion eingebracht hat, entspreche nicht dem Verhältnis von Ergebnis und Leistung des Transaktionspartners oder anderer, mit denen er sich vergleicht. Unter Vernachlässigung des Falles der Überentlohnung kann subjektiv empfundene Ungerechtigkeit (inequity) schematisch wie folgt repräsentiert werden (Adams, 1965):

$$\frac{E_p}{L_p} < \frac{E_a}{L_a}$$

wobei E = Ergebnis; L = Leistung, beides in der subjektiven Einschätzung der Person. Das Subskript (p) bezeichnet die Person selbst, das Subskript (a) die Referenzperson, die Gegenstand des Vergleichs ist.

Jede Transaktion, die als fair legitimiert ist, hat selbst dann ein gewisses Maß an Billigung, wenn sie nicht besonders gewünscht wird. Umgekehrt ist eine Transaktion, deren Bedingungen als unfair gewertet werden, selbst dann unattraktiv, wenn sie sich nicht unvorteilhaft auf die Person auswirkt. Das Transaktionsergebnis wird nicht absolut, sonder relativ bewertet, es wird einem Maßstab der Austauschgerechtigkeit unterworfen, kurz einem System von Normen oder Regeln, das sozialpsychologisch statt individual psychologisch begründet ist. Entsprechend trägt die Rechtfertigung einer Transaktion auch zur Attraktivität der Personen oder Institutionen bei, die an dieser Transaktion teilnehmen. Hier ergibt sich die Bedeutung des Equity-Konzepts für die Erklärung etwa von Orientierungen der Arbeitnehmer gegenüber den Arbeitgebern und dem sozialen System als Ganzem.

Eine Person kann eine Reihe von Strategien anwenden, um wahrgenommene Ungerechtigkeit zu reduzieren. In einer repräsentativen Umfrage unter amerikanischen Arbeitnehmern (Strümpel, 1976), die vom Institut for Social Research der Universität Michigan durchgeführt wurde, wurden die Befragten gebeten, anhand einer Skala, die als Extremwerte die Bezeichnungen „immer gerechtfertigt" und „niemals gerechtfertigt" enthielt, folgende Frage zu beantworten: „Some people think they get less pay for their job than they justly deserve. What would you like them to do in this situation?" Die Verhaltensweisen, die zur Beurteilung vorgelegt wurden, erstreckten sich von einem allgemein akzeptierten Schritt, der Forderung nach Gehaltserhöhung, bis zu extremen, relativ selten gebilligten Maßnahmen, wie ordnungswidrigem Verhalten oder Teilnahme an einer verbotenen Demonstration (Tabelle 7). Gegenstand der Frage

Tabelle 7: Legitime Reaktionen bei Unterbezahlung, Männliche Arbeitnehmer 1972, USA – Frage: „Manche Menschen glauben, sie bekommen weniger Bezahlung für ihre Arbeit, als ihnen zusteht." Welche Gegenmaßnahmen wären in diesem Fall angemessen?

	immer angemessen	meistens angemessen	manchmal angemessen	meistens falsch	immer falsch	N
Teilnahme an						
... gewerkschaftl. ausgerufenem Streik	8,5%	20,9%	47,0%	14,1%	9,5%	857
... wildem Streik	1,2%	2,7%	22,8%	38,1%	35,2%	843
... Bummelstreik	1,2%	1,6%	9,9%	31,9%	55,4%	861
... friedlicher Protestaktion	6,0%	14,0%	42,0%	16,4%	21,6%	857
... öffentlicher Protestaktion, die Unruhe auslöst	1,0%	2,1%	11,0%	29,6%	56,3%	863
Bitte um Gehaltserhöhung	27,9%	35,0%	33,1%	1,9%	2,1%	860
Schluderei	0,1%	0,3%	1,2%	13,1%	85,3%	864
Krankfeiern	0,1%	0,6%	2,1%	18,6%	78,6%	861

(Eigene Untersuchung des Verfassers, Survey Research Center, Universität von Michigan. Stichprobe: 804. Mehrfachnennungen)

waren nicht nur legitime Versuch, die Verhältnisse zu verändern, sondern auch illegitime, die den Produktionsprozess in Mitleidenschaft ziehen, wie etwa die Verringerung des eigenen Arbeitseinsatzes. Die Ergebnisse deuten an, daß die Arbeitsmoral der Amerikaner von einer möglichen Verbitterung über ein unzureichendes Arbeitsentgelt zumindest normativ nur wenig betroffen ist. Bummelstreik, eigenmächtige Verlängerung der Frühstückspause, „krankfeiern" oder sogar Schluderei wurden 1973/74 nur von einer verschwindenden, unter den jüngeren Befragten freilich überrepräsentierten Minderheit gebilligt.

Tabelle 7 führt zu den folgenden Schlüssen: Die weitestgehend akzeptierten Reaktionen auf subjektive Ungerechtigkeit, etwa das Gefühl, ungerechtfertigt niedrig entlohnt zu werden, sind individuelle Handlungen, die den Marktregeln entsprechen, so etwa die Bitte um Gehaltserhöhung und die Kündigung. In der Häufigkeit der Akzeptanz folgt der kollektive Versuch, die Austauschverhältnisse zu ändern, soweit dieser sich im Rahmen akzeptierter Spielregeln des Streikrechts bewegt. Da für Arbeitskämpfe ein Preis zu zahlen ist, der sowohl in der Münze der sozialen Integration als auch der Produktivität zu entrichten ist, darüber hinaus aber auch persönliche Bemühungen und Risiken nötig sind, dürfte hier die Akzeptanz geringer liegen als bei der vorigen Kategorie. Noch geringer ist die Billigung der kollektiven Handlungen außerhalb der Spielregeln: wilde Streiks, Bummelstreik, ebenso wie individuelle Handlungen außerhalb der Regeln, z.B. Ausdehnung der Arbeitspausen oder „Schluderei"; diese Handlungen werden von nur wenigen Arbeitnehmern gebilligt. Allenfalls die Kampfstrategie des "Sich-die-Arbeit-leicht-Machens" findet noch gewisse Unterstützung. Immerhin ist festzuhalten, daß individuelle Handlungen außerhalb der Regeln, solange sie nicht öffentlich sichtbar sind und den Leistungsstolz verletzen, keineswegs einhellig abgelehnt werden: kollektive Handlungen außerhalb der Spielregeln werden sogar häufig gebilligt, obgleich sie unvermeidlich nach außen sichtbar sind.

4.3.2.2 Maßstäbe für gerechten Lohn

Welche Maßstäbe oder Kriterien für eine Entlohnung halten die Menschen für gerecht und in welcher Beziehung stehen diese Maßstäbe zu dem Verteilungsergebnis des Marktes? Die verfügbaren Daten sind lückenhaft und nicht ganz schlüssig. Sie entstammen auch sehr speziellen Stichproben und beziehen sich auf die amerikanische Gesellschaft um die Mitte der siebziger Jahre.

Tabelle 8 läßt erkennen, daß leistungsbezogene Maßstäbe, wie Fähigkeiten, Fertigkeiten und Arbeitseinsatz solche Merkmale überlagern, die nicht klar leistungsorientiert sind, wie etwa Familiengröße, Seniorität, Ausbildungsstand. Die Mehrheit der Arbeitnehmer spricht sich für Kriterien aus, die sich an dem Beitrag des Einzelnen zum Produktionsprozeß orientieren. Demgegenüber ist in der Realität die Belohnung keineswegs eindeutig an die Leistung des einzelnen Arbeitnehmers gebunden. Die Erhöhungen des Arbeitsentgelts folgen häufig dem formalen Ausbildungsstand, der Dauer der Betriebszugehörigkeit oder dem Alter und kommen damit auch dem Arbeitnehmer zugute, der eine minimale, gerade noch als ausreichend betrachtete Leistung erbringt. (Vgl. Abschnitt 4.2.3.4) „As long as he stays in the system, he can enjoy its rewards" (Katz, 1972).

Die Amerikaner sprechen sich deutlich für Verteilungsnormen aus, die sich an dem spezifischen Beitrag des Einzelnen zum Produktionsprozeß orientieren. Es muß jedoch festgehalten werden, daß der Beitrag, der hier gemeint ist, sich nicht aus der „Grenzproduktivität der Arbeit" im Sinne des Marktideals ergibt. Fähigkeiten, Fertigkeiten und persönlicher Einsatz sind Approximationen für Leistung, die, eng an die Person gebunden, weitgehend unabhängig sind von den wechselhaften Konstellationen des Marktes.

„Subjektive Leistung" orientiert sich eher an der Fähigkeit und den Bemühungen des Einzelnen als an der schwankenden Marktfähigkeit oder auch dem gesellschaftlichen Nutzen der produzierten Güter und Dienste (Vgl. Tabelle 8). Die Menschen scheinen die Leistung eines Polizisten und eines Feuerwehrmannes mit gleich anspruchsvoller Vorbildung und mit gleich hohem Arbeitseinsatz ähnlich zu bewerten, unabhängig davon, daß die einen vielleicht gerade am Arbeitsmarkt im Überfluß zu finden, die anderen aber knapp sind. Diese Interpretation steht im Einklang mit der hohen Inflationsempfindlichkeit, wie sie oben (4.2.2.2.2.2) herausgestellt wurde. Eine hochinflationäre Situation erfordert

Tabelle 8: Legitime Kriterien für die Höhe des Lohns/Gehalts. Frage: „Es gibt verschiedene Ansichten darüber, welche Gesichtspunkte bei der Festsetzung eines angemessenen Lohns/Gehalts berücksichtigt werden sollten. Bitte sagen Sie mir für jeden der folgenden Punkte, ob er mehr oder weniger bei der Festsetzung des Lohns/Gehalts berücksichtigt werden sollte".

	Es sollte *mehr* zählen
Arbeitsjahre	36%
Arbeitsfähig- und Arbeitsfertigkeiten	78%
Vorbildung	37%
Verantwortung auf dem Arbeitsplatz	64%
Arbeitseinsatz	73%
Stellung des Arbeitsplatzes innerhalb der Gesellschaft	42%
Familiengröße	28%
Stichprobe: 804	

(Eigene Untersuchung des Verfassers, Survey Research Center, Universität von Michigan)

häufige Anpassungen der Preise und Löhne: Der Markt entwertet und denaturiert bestehende Kontrakte; er setzt sich allzuhäufig über Sitte, Norm und guten Brauch hinweg.

4.3.3 Wertwandel

4.3.3.1 Postmaterielle Orientierungen

Werthaltungen (oder Werte) sind relativ stabile Persönlichkeitsattribute: sie sind in der Gefühlssphäre angesiedelt und werden normalerweise breit definiert. Der amerikanische Psychologe Milton Rokeach (1970) sagt:

Der Mensch besitzt wesentlich weniger Werte als Einstellungen. Einstellungen werden zu Werthaltungen geprägt. Damit gibt uns das Konzept der Werthaltungen ein effizienteres und einfacheres Instrument in die Hand, um Ähnlichkeiten und Unterschiede zwischen Personen, Gruppen, Nationen, Kulturen zu beschreiben und zu erklären.

Werthaltungen sind nicht gleichbedeutend mit Anspruchshaltungen. Ansprüche können verstanden werden als Leitbilder für ein gutes oder erstrebenswertes Leben, die ein Mensch in sich trägt, zum Beispiel in Bezug auf die Beschaffenheit seiner Wohnung, auf das Sortiment seiner Konsumgüter, auf seine berufliche Position, seine Ersparnisse. Ansprüche pflegen sich mit ihrer Erfüllung zu erhöhen; sie bilden sich in Abhängigkeit von der sozialen Umgebung, besonders von den „Bezugsgruppen" heraus (vgl. Abschnitt 4.2.2.2.1). Demgegenüber sind Werthaltungen dauerhafter, weniger von der unmittelbaren Umgegung beeinflußt. Sie werden typischerweise in Kindheit oder Jugend ausgebildet und begleiten den Menschen etwa als „Grundsätze" oder "Weltanschauung" durch sein Leben.

Diese Gedankengänge, die der Individualpsychologie entlehnt sind, lassen sich für die Analyse des gesamtgesellschaftlichen Wandels nutzbar machen. So beginnt Ronald Inglehart sein 1977 erschienenes Buch mit der Beobachtung, daß die westlichen Völker in der auf den Zweiten Weltkrieg folgenden Periode ihre Bedürfnisse an wirtschaftlicher und äußerer Sicherheit in hohem Grade erfüllen konnten. In einer Periode einmaligen wirtschaftlichen Wachstums ist kein Land Opfer einer feindlichen Invasion geworden. „In short, people are safe and they have enough to eat". Während die ältere Generation mit Wirtschaftskrise, Krieg und Hunger aufgewachsen ist, wurde die Persönlichkeit der jüngeren Menschen in westlichen Industrieländern in Zeiten der Prosperität, des äußeren und inneren Friedens und relativen Wohlstands geprägt. Wenn Werthaltungen wirklich von den Eigenschaften der Umwelt während der Persönlichkeitsformung abhängen, sollte man daher Unterschiede zwischen älteren und jüngeren Personen vermuten. In der Tat finden sich die von Ingelhart sogenannten postmateriellen gesellschaftlichen Werte (Befragte sprechen sich häufiger für gesellschaftliche

Ziele wie Verschönerung der Umwelt, Meinungsfreiheit, mehr Bürgerpartizipation aus, ebenso wie eine Distanzierung von den Werten der Unterordnung unter Autorität, Arbeitsdisziplin, Pünktlichkeit) gehäuft bei den jüngeren Befragten, wohingegen eher materielle oder „strukturkonservative" Werthaltungen (wirtschaftliche Stabilität, Wirtschaftswachstum, Kampf gegen steigende Preise verbunden mit einer Betonung der Ruhe- und Ordnungsthematik) bei den älteren Befragten überwiegen. Es bestehen auch Anhaltspunkte dafür, daß diese auffälligen Wertunterschiede zwischen den Generationen ein Ausdruck langfristigen Wandels sind und nicht nur ein Artefakt des Lebenszyklus. Nach Ingelharts Ansatz dürfte nämlich die Generationenlücke in den Werthaltungen einer wirtschaftlich weniger erfolgreichen Gesellschaft wie Großbritannien nicht so stark ausgeprägt sein wie z.B. in der Bundesrepublik, die ein rasches wirtschaftliches Wachstum erfahren hat und deren jüngere Bewohner daher in einer viel günstigeren wirtschaftlichen Umwelt aufgewachsen sind als die Älteren, eine Hypothese, die empirisch bestätigt wird: In Deutschland sind die intergenerationalen Unterschiede der Werthaltungen am ausgeprägtesten, in Großbritannien am geringsten; die anderen Länder sind sowohl in ihrer wirtschaftlichen Dynamik wie auch in der Stärke des Generationenunterschieds der Werthaltungen zwischen diesen Extremen angesiedelt (Tabelle 9 Inglehart, 1977; 1980).

Tabelle 9: Wertorientierungen nach Alter in 6 europäischen Ländern 1971
In Prozent Materieller (Mat.) und Post-Materieller (P-M) Werthaltung

Alter	BRD			Belgien			Italien		
	Mat.	P-M	N	Mat.	P-M	N	Mat.	P-M	N
16–35	31%	17%	1439	24%	21%	916	32%	17%	1407
36–55	17	8	1431	29	14	851	43	8	1445
56 und älter	57	4	1067	41	7	883	51	5	971

Alter	Frankreich			Niederlande			England		
	Mat.	P-M	N	Mat.	P-M	N	Mat.	P-M	N
16–35	31%	17%	1480	26%	17%	1466	28%	11%	1188
36–55	42	11	1346	36	11	1264	33	4	1352
56 und älter	51	4	1233	42	6	779	44	5	1410

N = Anzahl der Befragten. Als materiell orientiert wurden die Befragten eingestuft, die Inflationsbekämpfung und »Ruhe und Ordnung« als die beiden wichtigsten politischen Ziele herausgreifen; als postmateriell orientiert solche, die freie Meinungsäußerung und mehr Einfluß der Bürger wählen.
(Inglehart, 1977, S. 32)

4.3.3.2 Institutionelle Abschottung

Bei der Untersuchung der Frage, inwieweit das politische und Wirtschaftssystem auf die Veränderung der Werthaltung reagiert, tun wir gut daran, zwei Arten von Akteuren zu unterscheiden: das breite Publikum und professionalisierte Organisationen wie Unternehmen, öffentliche Institutionen oder Verbände. Vieles spricht dafür, daß die Wertveränderungen, die sich im Bereich der Werthaltungen abzeichnen, sich aber etwa bei der Arbeitsmotivation (Abschnitt 4.2.3) und beim Sparverhalten (Abschnitt 4.2.2.3) konkretisieren, nicht zu einem entsprechenden gesellschaftlichen Angebot geführt haben, vielmehr durch mannigfaltige Rigiditäten von dem institutionellen Wandel abgeschottet bleiben. Der Markt nimmt seine Signalfunktion wahr, wird aber an der Ausübung der Allokationsfunktion gehindert. Der Preismechanismus spiegelt die Knappheitsrelationen, die Statistik die veränderten Präferenzen angemessen wieder. In den siebziger Jahren haben sich die Energiepreise vervielfacht, fällt es den Arbeitgebern schwerer, Arbeitsplätze zu besetzen, die den Anforderungen besonders junger Arbeitnehmern auf Autonomie und Entfaltung entsprechen. Eine gewisse Saturierung mit Konsumgütern äußert sich z.B. in Deutschland in kontinuierlich und stark gestiegenen Sparquote, in der Angleichung der relativen Sparleistung von niedrigen und höheren Einkommensbeziehern, in der wachsenden Zahl derer, die weniger Arbeitszeit auch ohne Lohnausgleich einer Erhöhung des Realeinkommens vorziehen. Die Marktdaten lassen erkennen, daß die arbeitsteilige, zentralisierte Produktion auf Leistungs- und Knappheitsgrenzen stößt und daß überdies die in einem solchen Produktionssystem erstellten Güter und Dienste weniger geschätzt und erstrebt werden. Viele Menschen, als Erwerbstätige und Konsumenten, möchten sich, wenn auch nur graduell, von diesem Wirtschaftsstil entfernen. Der Marktmechanismus, der bisher stets der wirtschaftlichen Expansion zu Diensten stand, dem viel darauf zugute gehalten wird, den Wünschen der Menschen bei der Abwicklung von Austauschbeziehungen Geltung zu verschaffen, müßte diesmal bemüht werden, einen geordneten Rückzug von dem real existierenden Kapitalismus zuwege zu bringen.

Daß marktorientierte Ordnungspolitik weit davon entfernt ist, Optionen zur Distanzierung von dem herrschenden Wirtschaftsstil zuzulassen, sei am Beispiel der Waren- und Arbeitsmärkte erläutert.

Warenmärkte: Theorie und Praxis des Marktes ebenso wie die offizielle Verbraucherpolitik sind noch immer darauf ausgerichtet, das Recht der Nachfrager zu gewährleisten, unter den vorhandenen Anbietern und angebotenen Produkten zu wählen, nicht aber dafür zu sorgen, daß „gebrauchswertrationale" Produkte oder öffentliche Leistungen angeboten werden, daß etwa Praktiken unterbleiben, die wenig schmeichelhaft aber treffend als geplanter Verschleiß bezeichnet werden. Die Lebensdauer gehört häufig nicht zu den Produkteigenschaften, mit denen der Wettbewerb zwischen Anbietern ausgetragen wird. Die Marktwirtschaft läßt die technischen und wirtschaftlichen Möglichkeiten einer rationellen Produktgestaltung und eines sparsamen Energie- und Rohstoffeinsatzes unausgeschöpft und muß sich damit den Vorwurf der Ineffizienz ebenso gefallen lassen wie weite Teile des hochbürokratisierten öffentlichen Sektors.

Arbeitsmärkte: Ordnungspolitik versuchte bisher, bestimmte Optionen auf den Arbeitsmärkten zu schaffen und zu erhalten, z.B. die Möglichkeit für den Anbieter, dem „Grenzprodukt" seiner Arbeit entsprechend entlohnt zu werden; nicht aber solche anderen Optionen zu schaffen, die Trade-offs zwischen Lohn und Freizeit oder Qualität der Arbeit ermöglichen. Im Bereich der Arbeitsmärkte fällt einmal das Beispiel der fehlenden „Zeitsouveränität" ins Auge. Es wurde oben (4.2.3.2) darauf hingewiesen, daß viele Arbeitnehmer, besonders Arbeiter, dann liebend gern die Gelegenheit eines vorzeitigen Rückzugs aus dem Berufsleben ergreifen, wenn ein solcher Schritt wirtschaftlich abgesichert ist. Noch immer sind die Menschen bei ihren Entscheidungen über die Teilnahme am Arbeitsmarkt mit einer unbefriedigenden Wahl zwischen den Extremen des Alles oder Nichts konfrontiert. Möglichkeiten zur Teilzeitbeschäftigung sind die Ausnahme statt die Regel. Urlaubszeiten sind tarifvertraglich festgesetzt, „Bildungsurlaub", „Babyjahr", polytechnische Ausgestaltung des Bildungssystems sind Regelungen, die bislang noch in den Entwürfen der Sozialplaner steckengeblieben sind, und selbst die gefeierte flexible Altersgrenze ist flexibel nur nach unten und erleichtert kaum einen graduellen Rückzug aus dem Berufsleben.

4.3.3.3 *Paradigmen und institutionelle Sozialisation*

Sollte es zutreffen, daß unsere Wirtschaftsordnung oder Gesellschaft nicht oder nur sehr langsam auf veränderte Werthaltungen, und populäre Präferenzen reagiert, d.h. nur halbherzig Probleme wie Umweltschutz, Humanisierung der Arbeit, Energiesparen in Angriff nimmt, so müssen wir nach Gründen hierfür suchen. Sehen wir diese darin, daß sich mächtige Institutionen aus wohlverstandenem Eigeninteresse Änderungen widersetzen, so braucht hier die Psychologie nur zur Klärung der Frage bemüht zu werden, unter welchen Bedingungen sich kollektives Verhalten mit dem Ziel der Interessendurchsetzung formiert (vgl. Abschnitt 4.3.3). Man kann aber die Psychologie bereits zur Erklärung des Verhaltens der gesellschaftlichen Akteure heranziehen. So mag man einmal etwa die auf Umweltschutz gerichteten Handlungen der Unternehmen oder des Staates als kognitives Problem interpretieren. Dahinter steht die Vorstellung, daß die schadenstiftende Organisation in dem Augenblick, in dem zweifelsfrei feststeht, daß von ihrer Produktion eine hohe Umweltbelastung ausgeht, die Schäden in jeder zumutbaren Weise verhindern, beseitigen oder kompensieren wird, zumal dann, wenn eine solche Strategie zur Verbesserung ihres öffentlichen Images beiträgt. Dies ist das Modell des Lernens, der problemlösenden Rückkoppelung, das die Verfechter der freiwilligen Erstellung von Sozialbilanzen vertreten (Dierkes, 1974; Müller-Wenk, 1978).

Zweitens kann man die ausbleibende oder langsame Reaktion der Organisationen den Eigenarten der beruflichen Situation von Organisationsmitgliedern zurückführen, die wiederum durch die hierarchischen Strukturen und die Gruppenkommunikation der Arbeitsorganisation verstärkt werden, aber nicht einfach durch Information grundlegend veränderbar sind. Als Beispiel sei der Fall der Realisierung von Umweltschutzgesetzen genannt. Auf beiden Seiten, sowohl in den entsprechenden Abteilungen der Unternehmen wie auch in den kontrollierenden Behörden, sitzen Ingenieure, die die gleichen Ausbildungsgänge – etwa Verfahrenstechnik, Maschinenbau, chemische Technologie absolviert haben. Sie haben gelernt, ihr Gebiet als Produktionstechnologie zu strukturieren wobei dem reibungslosen Ablauf des Betriebsprozesses Vorrang gebührt gegenüber anderen, als peripher betrachteten Belangen. Erst neuerdings formieren sich an einigen Hochschulen Studiengängen, die Umweltschutz zu ihrem Hauptinhalt machen.

So zeigt denn auch eine aufmerksame Betrachtung der gesellschaftlichen Auseinandersetzung etwa um Großtechnologien oder um „harte" oder „sanfte" Strategien der Energiepolitik, daß die Kontrahenten und Sympathisanten dieser Auseinandersetzung in der Regel sehr unterschiedlichen Berufsbildern angehören. Naturwissenschaftlich-technisch Ausgebildete sind besonders häufig unter den Inhabern verantwortlicher Positionen im Energiebereich vertreten: Ingenieure, Kernphysiker, Systemanalytiker oder auch Ökonomen, die etwa in Kosten-Nutzen-Analyse geschult sind. Diese haben in ihrer Ausbildung und Berufspraxis häufig eine Denkweise erlernt, nach der solche Probleme wie etwa die Unterbeschäftigung oder die Energielücke zu ihrer Lösung in erster Linie der Mobilisierung von Kapital und materiellen Ressourcen bedürfen. Gesellschaftlicher Konflikt wird in diesem Weltbild als Ergebnis von Irrtum und Unwissenheit gesehen, der möglichst durch Expertenentscheidungen unter Umgehung des politischen Prozesses gelöst werden sollte (vgl. hierzu die Studie von Straussmann, 1976). Die technisch-pragmatisch-methodologische Ausrichtung dieser Professionen trägt ein übriges dazu bei, Probleme in Teilaspekte zu zerlegen, anstatt Energie, Umwelt und Wirtschaft als Teile eines Gesamtsystems zu strukturieren (Commoner, 1976; Lindberg 1977).

Umgekehrt sind auf der Seite der Kritiker der Strategien traditionellen Wachstums solche Personen überrepräsentiert, die in pädagogischen und Sozialberufen tätig sind. Sie neigen eher dazu, gesellschaftliche Probleme nicht so sehr als technisch, als vielmehr als politisch bedingt und lösungsbedürftig zu betrachten (Nelkin, 1977).

Nicht nur die Wissenschaft, sondern auch wirtschaftliche und andere gesellschaftliche Prozesse sind stärkstens von verbreiteten „Paradigmen" beeinflußt, von impliziten Theorien darüber, wie die Wirtschaft funktioniert, die selektiv bestimmte Aspekte der Erfahrung einfangen und andere ignorieren. Das keynesianische Paradigma, das der Ausdehnung der Produktion materieller Güter eine Schlüsselfunktion bei der Lösung gesellschaftlicher Probleme zumißt, wirkt weit in unsere Epoche hinein. Heute lassen sich drei verschiedene Leitbilder der Wirtschafts- und Gesellschaftspolitik unterscheiden:

Die *industrielle Vision* der Befürworter wirtschaftlichen Wachstums, der Kapitalbildung, derjenigen, die der Produktivitätssteigerung und Wettbewerbsfähigkeit mit dem Ausland höchste Priorität einräumen; die *sozialstaatliche, egalitäre Vision* derjenigen, die Gleichheit, soziale Gerechtigkeit und staatliche Fürsorge als höchste gesellschaftliche Ziele sehen und dem Ausbau des Bildungs- und Gesundheitswesens und öffentlichen Arbeitsbeschaffungsprogrammen besonders positiv gegenüberstehen; und die *Vision der Lebensqualität*, deren Verfechter den Schutz der Natur, eine dezentrale, selbstbestimmte Lebens- und Produktionsweise als vordringlichste Werte verteidigen.

Diese Leitbilder sind verbunden und werden gestützt durch bestimmte kognitive Urteile. Diese dienen nur zu häufig der Rechtfertigung von Interessenstandpunkten. Aus dem Bereich der Arbeitsmarktpolitik wird von Anhängern der industriellen Vision z.B. vertreten, daß die Arbeitsmoral sich verschlechtert hat, was insbesondere auf den starken Ausbau des Netzes der sozialen Sicherheit zurückzuführen sei, daß Arbeitszeitverkürzung zu Wachstumsverlust führen müßte, da, selbst bei Verzicht auf Lohnausgleich, die Arbeitsmärkte „leergefegt" seien. Nach der egalitären Vision ist geringes Realeinkommen noch immer ein zentrales, existentielles Problem breitester Schichten; eine „gleichere" Einkommensverteilung ist ohne größere Produktivitätsopfer zu erzielen. Die Vision der Lebensqualität ist vereinbar mit und wird gestützt durch die Vermutung, daß zentralisierte, arbeitsteilige Großproduktion die Arbeitnehmer unzufrieden macht, die Konsumenten passiv, nervös, oder gar krank, daß demgegenüber flexible Arbeitsplätze und Arbeitszeiten, möglichst an dezentral organisierten Arbeitsplätzen als befriedigend erfahren werden.

Vieles spricht dafür, daß sich diese ideologische Fronten verhärtet haben. Jede der Gruppierungen perfektioniert die Mechanismen für die professionelle Vertretung ihrer politischen Interessen und vermindert damit den Manövrierspielraum für Kompromisse.

Die Reaktion des Publikums nun ist gänzlich anders zu beschreiben als die der Eliten: Verwirrt, pessimistisch, an der Grenze der Resignation, aber kompromißbereit und eher unideologisch. Wenn es den Eliten bis heute nicht gelungen ist, sich aus der neuen Ära einen Reim zu machen, so muß es auch dem breiten Publikum an Leitbildern, Begriffen und Formeln fehlen, um die turbulenten Ereignisse an der Wirtschaftsfront in einen vertrauten Bezugsrahmen einzuordnen. Wenn die Eliten zerstritten sind, kommen selbst statistisch wohldokumentierte Wahrheiten unten nur als Zerrbild an. Angesichts des vorherrschenden Dissenses oben wird Solidarität unten nicht gefordert, ja erscheint sinnlos. So leistet Lohndisziplin nach dem egalitären Paradigma der ungerechtfertigten

Veränderung der Einkommensverteilung zugunsten der Unternehmer Vorschub, und im industriellen Paradigma wird Komfortverzicht im Energiebereich als sozialromantische Abweichung von marktwirtschaftlichen Verhaltensregeln belächelt. Für die Wirtschaftspsychologie ergibt sich die dringende Aufgabe, der Verdichtung derartiger kognitiver Grundorientierungen und Werthaltungen zu Paradigmen, die die wirtschaftlichen Entscheidungen und damit die Anpassung eines Wirtschaftssystems an veränderte Gegebenheiten entscheidend beeinflussen dürften, nähere Aufmerksamkeit zu schenken.

Literatur

Adams, J.S. „Inequity in Social Exchange". In L. Berkowitz (Ed.), Advances in Experimental Social Psychology. (Vol. 2). New York, N.Y.: 1965, 267–300.

Albert, H. Zur Theorie der Konsum-Nachfrage. Jahrbuch für Sozialwissenschaften, Göttingen: 1965, 139–198.

Bolle, M., Fischer, U. & Strümpel, B. Working Time in West Germany. Anglo-German Foundation, London: 1981.

Brickman, P. & Campbell, D.T. Hedonic Relativism and Planning the Good Society. In M.H. Appley (Ed.), Adaptation Level Theory: A Symposium. New York, N.Y.: 1972, 287–302.

Campbell, A. & Converse, P.E. The Human Meaning of Social Change. New York, N.Y.: 1972.

Cantril, H. The Pattern of Human Concerns, New Brunswick, N.J.: 1965.

Commoner, B. The Poverty of Power: Energy and the Economic Crisis. New York, N.Y.: 1976.

Dierkes, M. Die Sozialbilanz. Ein gesellschaftsbezogenes Informations- und Rechnungssystem. Frankfurt, New York: 1974.

Duesenberry, J.S. Income, Saving and the Theory of Consumer Behavior. Cambridge, Mass.: 1949.

Duncan, O.D. Does Money Buy Satisfaction? Social Indicators Research, 1975, **2**, 267–274.

Easterlin, R.A. Does Economic Growth Improve the Human Lot? In P.A. David & M.W. Reder (Eds.), Nations and Households in Economic Growth. New York, N.Y.: 1974, 89–126.

Friedman, M.: A Theory of the Consumption Function. Princeton, N.J.: 1957.

Graumann, K.-F. & Fröhlich W. Ansätze zu einer psychologischen Analyse des sogenannten Steuerwiderstandes; Finanzarchiv N.F., 1957, **17**, 418–430.

Gurr, T.R. Why Men Rebel. Princeton, N.J.: 1970.

Hirsch, F. Social Limits to Growth. A Twentieth Century Study. Cambridge, Mass.: 1976.

Homans, G.C. Social Behavior: Its Elementary Forms. New York, N.Y.: 1961.

Inglehart, R. The Silent Revolution. Princeton, N.J.: 1977.

Inglehart, R. „Sozioökonomische Werthaltungen". In C. Graf Hoyos, W. Kroeber-Riel, L. von Rosenstiel & B. Strümpel (Hrsg.), Grundbegriffe der Wirtschaftspsychologie. München: 1980, 409–419.

Jöhr, W.A. Die Konjunkturschwankungen. Tübingen: 1952.

Jöhr, W.A. Zur Rolle des psychologischen Faktors in der Konjunkturtheorie. Ifo-Studien, 1972, **18** (2), 157–184.

Katona, G. Psychological Analysis of Economic Behavior. New York, N.Y.: 1951. Deutsch: Das Verhalten der Verbraucher und Unternehmer. Tübingen: 1960.

Katona, G. Psychological Economics. New York, Amsterdam: 1975.

Katona, G. The Powerful Consumer. New York, N.Y.: 1960. Deutsch: Die Macht des Verbrauchers. Düsseldorf: 1961.

Katona, G., Strümpel, B. & Zahn, E. Aspirations and Affluence: Comparative Studies in the United States and Western Europe. New York, N.Y.: 1970. Deutsch: Zwei Wege zur Prosperität. Wien, Düsseldorf: 1971.

Katona, G. & Strümpel, B. A New Economic Era. Amsterdam, New York: 1978.

Katz, D. Psychology and Economic Behavior. In B. Strümpel, J.N. Morgan & E. Zahn (Eds.), Human Behavior in Economic Affairs. Amsterdam, London, New York: 1972, 57–82.

Keynes, J.M. The General Theory of Employment, Interest an Money. New York, N.Y.: 1936. Deutsch: Die Allgemeine Theorie der Beschäftigung, des Zinses und des Geldes. Berlin: 1936.

Kleinbeck, U. Arbeitsmotivation. In C. Graf Hoyos, W. Kroeber-Riel, L. von Rosenstiel & B. Strümpel (Hrsg.), Grundbegriffe der Wirtschaftspsychologie. München: 1980, 434–445.

Lancaster, K. Consumer Demand: A New Approach. New York, N.Y.: 1971.

Lindberg, L.N. Energy Policy and the Politics of Economic Development. Comparative Political Studies, 1977, **10**, 355–382.

Lindlbauer, J.D. & Puhani, J. Fortschreibung unternehmerischer Investitionspläne mit Hilfe von Konjunkturtestergebnissen. CIRET-Studien Nr. 18, Ifo-Institut für Wirtschaftsforschung, München: 1972.

Mertens, D. Neue Arbeitsmarktpolitik und Arbeitsmarkt. Mitteilungen des Instituts für Arbeitsmarkt- und Berufsforschung, 1979, **12** (3), 263–275.

Merton, R.G. Social Theory and Social Structure. New York, N.Y.: 1968.

Mishan, E.J. Welfare Economics: An Assessment. Amsterdam: 1969.

Modigliani, F. & Brumberg, R.E. Utility Analysis and the Consumption function: An Interpretation of Cross Section Data. In K.K. Kurihara (Ed.), Post-Keynesian Economics. New Brunswick, N.J.: 1954, 388–436.

Müller-Wenk, R. Die ökologische Buchhaltung. Ein Informations- und Steuerungsinstrument für umweltkonforme Unternehmenspolitik. Frankfurt, New York: 1978.

Nelkin, D. Technological Decisions and Democracy. European Experiments in Public Participation. Beverly Hills, Calif.: 1977.

Nerb, G. Konjunkturprognose mit Hilfe von Urteilen und Erwartungen der Konsumenten und Unternehmer. Berlin: 1975.

Noelle-Neumann, E. Werden wir alle Proletarier? Zürich: 1978.

Noll, H.H. Die individuelle Betroffenheit und subjektive Wahrnehmung von Beschäftigungsproblemen. Mitteilungen des Institus für Arbeitsmarkt- und Berufsforschung, 1978, **11** (4), 405–416.

OECD. OECD-Statistiken; United Nations Yearbook of National Accounts. New York, N.Y.: 1973.

Rokeach, M. A Theory of Organization and Change within Value and Attitude Systems. Unpublished manuscript of a talk. Ann Arbor, Mich.: 1970.

Rosenstiel, L.v. & Ewald, G. Marktpsychologie Bd. II, Psychologie der absatzpolitischen Instrumente. Stuttgart: 1979.

Schmölders, G. Ökonomische Verhaltensforschung. Ordo-Jahrbuch für die Ordnung von Wirtschaft und Gesellschaft, 1953, **5**, 203–244.

Schmölders, G.: Finanzpsychologie. Das Irrationale in der öffentlichen Finanzwirtschaft. Hamburg: 1960.

Schmölders, G. Psychologie des Geldes. Hamburg: 1966.

Schmölders, G. Schröder, R. & Seidenfus, J.M. J.M. Keynes als Psychologe. Berlin: 1956.

Schmölders, G. & Strümpel, B. Vergleichende Finanzpsychologie – Besteuerung und Steuermentalität in einigen europäischen Ländern. Akademie der Wissenschaften und der Literatur. Mainz: 1968.

Scholten, H. Die Steuermentalität der Völker im Spiegel ihrer Sprache. Finanzwissenschaftliches Forschungsinstitut. Köln: 1952.

Siegel, S. Level of Aspiration and Decision Making. Psychological Review, 1957, **64**, 253–262.

Straussmann, J. Technocratic Council and Societal Guidance. In L.N. Lindberg (Ed.), Politics and the Future of Industrial Society. New York, N.Y.: 1976, 126–166.

Strümpel, B. Steuersystem und wirtschaftliche Entwicklung – Funktion und Technik der Personalbesteuerung im sozioökonomischen Wandel. Tübingen: 1968.

Strümpel, B. Economic Well-Being als an Object of Social Measurement. In B. Strümpel (Ed.), Subjective Elements of Well-Being, Paris. OECD: 1974, 75–122.

Strümpel, B. Economic Means for Human Needs. Ann Arbor, Mich.: 1976.

Strümpel, B. Die Krise des Wohlstands. Stuttgart: 1977.

Strümpel, B. Psychologie gesamtwirtschaftlicher Prozesse. In C. Graf Hoyos, W. Kroeber-Riel, L. von Rosenstiel & B. Strümpel (Hrsg.), Grundbegriffe der Wirtschaftspsychologie. München: 1980, 15–29.

Strümpel, B., Kuß, A. & Curtin, R. The Use and Potential of Consumer Anticipations Data in the Countries of the European Communities, First Report. (Unveröffentlicht). Berlin: 1979.

Strümpel, B., Kuß, A. & Curtin, R. The Use and Potential of Consumer Anticipations Data in the Countries of the European Commuinities, Second Report. (Unveröffentlicht). Berlin: 1980.

Szalai, A. et al. The Multinational Comparative Time Budget Research Project. Evian: Sixth World Congress of Sociology: 1966.

Velben, T. The Theory of the Leisure Class. New York, N.Y.: 1899.

Vonderach, G. Die neuen Selbständigen. In Mitteilungen des Institus für Arbeitsmarkt- und Berufsforschung 1980, **13** (4), 153–169.

Yankelovich, D. A Profile of American Youth in the 1970's. New York, N.Y.: 1974.

Yuchtman-Yaar, E. Verteilungskonflikte. In C. Graf Hoyos, W. Kroeber-Riel, L. von Rosenstiel & B. Strümpel (Hrsg.), Grundbegriffe der Wirtschaftspsychologie. München: 1980, 542–551.

5. Kapitel

Bezugsgruppen und Meinungsführer

Martin Kumpf

5.1. Vorbemerkung

Informationen und Mitteilungen werden häufig mit der Absicht formuliert und verbreitet, beim Adressaten eine Einstellungs- oder Verhaltensänderung zu bewirken. Ob dies gelingt, hängt neben vielen anderen Faktoren auch von der sozialen Umwelt des Empfängers ab. So haben die tatsächlichen oder nur vermuteten Reaktionen anderer Personen auf Entscheidungen des Individuums einen erheblichen Einfluß darauf, in welchem Maße Kommunikationen die vom Sender intendierten Effekte erzielen. Menschen vergleichen sich in ihren Meinungen und Urteilen mit anderen und orientieren sich an deren Einschätzungen. Mit dem Begriff der „Bezugsgruppe" werden die Gruppen umschrieben, die in diesem Prozeß als Maßstab dienen. Auch eine Einzelperson, deren Urteil man schätzt, kann diese Funktion innehaben. Bisweilen erreichen Kommunikationen aus Massenmedien erst über einen „Meinungsführer" den eigentlichen Adressaten oder werden erst über die Vermittlung eines Meinungsführers wirksam.

Dieses Kapitel beschäftigt sich mit Einflüssen, die Bezugsgruppen und Meinungsführer auf die Formung und Änderung von Urteilen und Einstellungen sowie auf Entscheidungen haben. Der Darstellung des Forschungsstandes im Hinblick auf Konsumentenverhalten geht ein Überblick über die Entwicklung, allgemeine Konzepte und Fragestellungen der Bezugsgruppen- und Meinungsführerschaftsforschung voraus.

5.2 Bezugsgruppen

5.2.1 Allgemeine Einführung

5.2.1.1 Zur Geschichte der Bezugsgruppenforschung

Es ist eine der grundlegenden Annahmen aller Disziplinen, die sich mit menschlichem Verhalten befassen, daß Einstellungen und Verhalten nicht nur von den

Stimuli determiniert werden, die in einer gegebenen Situation unmittelbar und beobachtbar wirken; die Reaktionen des Individuums sind unter anderem auch bestimmt durch Meinungen und Normen der sozialen Gruppen, denen es sich zugehörig fühlt. Die anderen werden häufig als Bewertungsmaßstab herangezogen, wenn der einzelne die Richtigkeit seiner Meinungen und die Angemessenheit seiner Handlungen überprüft oder sich über die eigene Person ein Urteil bildet.

Nicht immer setzen dabei die Gruppen den Orientierungsrahmen, denen man aufgrund äußerer Merkmale als Mitglied zugordnet ist – ein Gedanke, der – wie Urry (1973, S. 51ff.) nachweist – bereits in den Schriften von Platon, Aristoteles, Bacon und Kant seinen Niederschlag gefunden hat. Eine frühe wissenschaftliche Formulierung findet sich bei William James (1890, S. 315), der die Entwicklung des „potentiellen sozialen Selbst" (potential social self) beeinflußt sieht durch die geistige Auseinandersetzung mit entfernten Personen oder Gruppen, die als normative Bezugspunkte dienen. Cooley (1902) beschrieb, wie Personen dazu kommen können, Normen zu übernehmen, die nicht die der Gruppe bzw. Gruppen sind, denen sie tatsächlich angehören; die imaginäre Befragung eines Gesprächspartners (interlocutor) und die in der Vorstellung ablaufende Auseinandersetzung mit ihm sollen dabei von großer Bedeutung sein. Über „reine Spekulation" (so Hyman & Singer, 1968, S. 7) kam Cooley indes nicht hinaus.

Für die Gruppe, mit der man sich vergleicht, um seinen eigenen Standort (status) zu bestimmen, prägte Hyman (1942) den Begriff der Bezugsgruppe (reference group). Aus den Angaben der von ihm befragten Personen ging hervor, daß die zum Vergleich herangezogene Gruppe mit dem Urteilsgegenstand wechseln kann (um das eigene Aussehen einzuschätzen, benutzt man eine andere Bezugsgruppe als etwa bei der Beurteilung seines sozialen und intellektuellen Status), daß das Vergleichskollektiv nicht notwendig eine Gruppe im sozialpsychologischen Sinn darstellt, und daß nicht in jedem Fall die Gruppen gewählt werden, denen man selbst als Mitglied angehört.

Die Fruchtbarkeit des Konzepts der Bezugsgruppe unterstrich wenig später die „Bennington-Studie" von Newcomb (1943), zu deren Fragestellungen es gehörte, wie sich unterschiedliche Grade von Assimilation an eine Gemeinschaft (in diesem Fall: die Studentenschaft des Bennington College) auf Verhalten und Einstellungen auswirken. Die Identifikation der Mitgliedschafts- und Bezugsgruppen für die einzelnen Studenten erlaubte es, die Veränderungen (oder Nicht-Veränderungen) ihrer politischen Ansichten zu erklären, die im Verlauf des Studiums beobachtet wurden. Während Newcomb in der ersten Publikation der Ergebnisse den Begriff „Bezugsgruppe" nicht gebrauchte, verwendet er ihn später (z.B. Newcomb, 1952) durchgängig, das Konzept erweiternd: Bezugsgruppen liefern nicht nur Vergleichsstandards für die Einschätzung der eigenen Position in Relation zu anderen; sie üben auch Einfluß auf das Verhalten aus. Die Mitgliedschaft in oder die Orientierung an einer Gruppe muß allerdings nicht zwangsläufig zu einer zunehmenden Übernahme ihrer Werte, Einstellungen und Verhaltensweisen führen; eine negative Bezugsgruppe kann dazu dienen, Anhaltspunkte dafür zu liefern, wie man nicht sein sollte oder sein möchte. So können für liberale Studenten ihre konservativen Eltern als negative Bezugsgruppe fungieren.

Die Bedeutsamkeit von Bezugsgruppen erkannte wohl unabhängig von Hyman und Newcomb das Forscherteam um Stouffer (Stouffer, Suchman, DeVinney, Star & Williams, 1949) im Verlauf der Untersuchungen über „The American Soldier". Dort ist zwar nicht der Begriff der Bezugsgruppe zu finden; entsprechende Konzepte spielen jedoch eine zentrale Rolle bei der Erklärung einiger Ergebnisse, die zunächst paradox schienen. So hatten Stouffer et al. beispielsweise gefunden, daß Militärpolizisten die Beförderungschancen für fähige Soldaten weit günstiger einschätzen, als Armeeflieger dies taten − obwohl Militärpolizisten viel seltener zu höheren Rängen aufrückten als die Mitglieder des Armeeflugkorps. Die Erklärung der Autoren war, daß die Armeeflieger eine stärkere „relative Deprivation" wahrnehmen; ihre Meinungen „repräsentieren eine Beziehung zwischen ihren Erwartungen und ihren Leistungen relativ zu den anderen, die mit ihnen im gleichen Boot sitzen"[1] (Stouffer et al., 1949, S. 251; zum Konzept der relativen Deprivation siehe auch Cook, Crosby & Hennigan, 1977; Crosby, 1976; Davis, 1959; Gurr, 1970; Runciman, 1966).

Die Reinterpretation von Material zur relativen Deprivation aus „The American Soldier" durch Merton und Kitt (1950) trug viel dazu bei, das Bezugsgruppenkonzept zu popularisieren. Merton und Kitt stellten dabei den Aspekt des sozialen Vergleichs in den Vordergrund und befaßten sich weniger mit der normativen Funktion von Bezugsgruppen (vgl. Williams, 1970). Eine Theorie formulierten sie nicht; ihr wesentliches Verdienst besteht in der Skizzierung der Probleme, mit denen sich eine solche Theorie zu beschäftigen haben werde. Für besonders dringlich hielten sie die Untersuchung der Frage, welche Prozesse bei der spontanen Wahl von Bezugsgruppen ablaufen und welche Gruppe unter welchen Bedingungen als Bezugsgruppe gewählt wird. Würden nicht häufig solche Gruppen gewählt, zu deren Mitgliedern die Person nicht zählt, so wäre eine Bezugsgruppentheorie uninteressant.

Seit dem Aufsatz von Kelley (1952) hat sich die Trennung zweier Funktionen von Bezugsgruppen, der normativen und der Vergleichsfunktion (normative und comparative functions) weitgehend durchgesetzt. Schon zuvor hatte man

---

[1] Übersetzung hier und im weiteren Text: der Verfasser.

den Begriff der Bezugsgruppe zur Beschreibung zweier unterschiedlicher Arten von Beziehungen zwischen einer Person und einer Gruppe gebraucht. Für eine Reihe von Autoren stellte die Bezugsgruppe eine Gruppe dar, „in der das Individuum akzeptiert werden oder bleiben möchte. Um dies zu fördern, hält es seine Einstellungen im Einklang mit dem, was es als übereinstimmende Meinung der Gruppenmitglieder wahrnimmt. Implizit ist hier der Gedanke, daß die Mitglieder der Bezugsgruppe das Individuum beobachten und bewerten" (Kelley, 1952, S. 411). Die Funktion solcher Gruppen bei der Determination von Einstellungen ist eine normative: Sie setzen Standards für die Person und versuchen, diese durchzusetzen. In diesem Sinne gebrauchten vor allem Newcomb (1948, 1950) und Sherif (1948; Sherif & Sherif, 1969), stellenweise aber auch Merton und Kitt (1950) den Begriff der Bezugsgruppe. – Für andere Autoren bedeutete „Bezugsgruppe" „eine Gruppe, die eine Person als Bezugspunkt benutzt, um sich selbst oder andere einzuschätzen" (Kelley, 1952, S. 412). Solche Gruppen (nur von ihnen hatte Hyman, 1942, gesprochen) erfüllen eine Vergleichsfunktion. Ein und dieselbe Bezugsgruppe kann beide Funktionen gleichzeitig erfüllen; bei Gruppen, zu denen die Person selbst gehört, wird dies, Kelley zufolge, gewöhnlich so sein. Interessanter ist es, wenn eine Person verschiedene Bezugsgruppen hat, von denen einige normative, andere Vergleichs-Funktionen haben.

Das Bezugsgruppenkonzept erfreute sich in den fünfziger Jahren großer Popularität, vor allem um ex-post-Erklärungen für alle möglichen Befunde zu liefern. Empirische Untersuchungen mit dem Ziel, konkrete Hypothesen über die Wahl von Bezugsgruppen und die Effekte sozialer Wahlen zu testen, nahmen einen relativ kleinen Raum ein gegenüber teilweise äußerst sorgfältigen Versuchen zur Abgrenzung von Begriffen, zur terminologischen Verfeinerung. Ein Beispiel dafür ist die Sammlung von Problemen für eine Bezugsgruppentheorie bei Merton (1957), die weniger Forschung initiierte, als das Instrumentarium von „Erklärungen" für bereits vorliegende Ergebnisse erweiterte. Das Unbehagen an dieser Entwicklung äußerte sich früh: Sherif (1953) erkannte Zeichen dafür, daß der Begriff der Bezugsgruppe zu einem „Zauberwort" zu werden drohe, mit dessen Hilfe sich jeder beliebige Sachverhalt im Bereich von Gruppenbeziehungen erklären lasse. Die Definition von Cohen (1962, S. 104) ist nicht auf die Theoretiker zu beziehen, die das Konzept entwickelten, sondern auf seine leichtfertigen Benutzer: „Deine Bezugsgruppe ist die Gruppe, der dein Verhalten folgt, und du verhältst dich wie sie, weil sie deine Bezugsgruppe ist."

Als Hyman und Singer (1968) die „Readings in reference group theory und research" herausgaben, taten sie dies in der Hoffnung, so die Transformation von „Zauber" in Wissenschaft zu erleichtern. Diese Hoffnung, so wird man sagen müssen, hat getrogen. Vielleicht erschwerte die geballte Vorführung ungelöster Probleme die weitere leichtsinnige Verwendung von bezugsgruppentheoretischen Konzepten; wegweisende theoretische oder empirische Entwicklungen sind in den Jahren seit 1968 nicht zu erkennen. Gegenwärtig scheint die Forschungsaktivität — gemessen an der Anzahl der Veröffentlichungen, die sich explizit des Bezugsgruppen-Konzepts bedienen — relativ niedrig zu sein. So gilt auch heute noch der Kommentar von Deutsch und Krauss (1965, S. 202): „Es ist klar, daß sich die Bezugsgruppentheorie mit Fragen beschäftigt, die von zentraler Bedeutung für die Sozialpsychologie sind; weniger klar ist, ob sie es verdient, als Theorie bezeichnet zu werden. Sie enthält keinen einzigartigen Grundgedanken und postuliert keine grundlegend neuartigen sozialen Prozesse. Besonders bedauerlich ist die Tatsache, daß sie bei der Vorhersage individuellen Verhaltens im Hinblick auf Bezugsgruppen wenig hilfreich ist".

Offenbar in weitgehender Unabhängigkeit von den bisher genannten Ansätzen zu einer Bezugsgruppentheorie formulierte Festinger zunächst seine Theorie der informellen sozialen Kommunikation (1950), die er kurz darauf zu einer Theorie der sozialen Vergleichsprozesse (1954) erweiterte. Die Kleingruppenforschung, die er mit Kollegen am Research Center for Group Dynamics betrieb, hatte gezeigt, daß beim Meinungsaustausch zwischen Gruppenmitgliedern oft ein Druck zur Uniformität zu beobachten ist. Festinger erklärt zunächst den Druck zur Kommunikation von Meinungen so: Menschen streben danach, „richtige" Meinungen, Überzeugungen, Einstellungen zu haben. Je weniger die physikalische Realität eine Prüfung der Richtigkeit erlaubt, desto stärker orientiert man sich an der „sozialen Realität". Die „richtige" Meinung ist die, die Personen mit ansonsten ähnlichen Meinungen, Überzeugungen, Einstellungen auch vertreten (Festinger, 1950, S. 272). Wird nun eine Meinungsdiskrepanz zu diesen Personen wahrgenommen, entsteht ein Druck zur Kommunikation; Ziel ist eine Reduktion der Diskrepanz. Im Falle von Einstellungsdiskrepanzen kann die Person ihre Einstellung anpassen, die Einstellung der Vergleichspersonen zu ändern versuchen, die Gruppe verlassen oder aus ihr ausgeschlossen werden.

Der Druck zur Angleichung von Meinungen hat noch eine weitere Quelle: Gruppen bewegen sich in der Regel auf gemeinsame Ziele hin. Je mehr nun Uniformität als förderlich für die Zielerreichung gesehen wird und je abhängiger dabei die einzelnen Mitglieder von der Gruppe sind, desto stärker ist der Uniformitätsdruck.

Die Theorie der sozialen Vergleichsprozesse (Festinger, 1954) stellt, wie gesagt, eine Weiterentwicklung der Theorie der informellen sozialen Kommunikation dar: Nicht nur Einstellungen und Meinungen werden durch sozialen Vergleich überprüft; auch die Einschätzung eigener Fähigkeiten ist das Resultat eines Vergleichs mit anderen, sofern ein „objektives" Kriterium für die Bewertung fehlt.

Auf einige Probleme dieser Theorie und die für unseren Zusammenhang relevante empirische Forschung werden wir später eingehen. Hier sei nur kurz angemerkt, daß vor allem die Formulierung Festingers Schwierigkeiten verursacht hat, für den Vergleich würden Personen bevorzugt, deren Einstellungen den eigenen „ähnlich" oder „nahe" seien. Die Theorie befaßt sich zudem nur mit solchen Vergleichsprozessen, die durch den Wunsch nach einer möglichst richtigen Einschätzung der eigenen Einstellungen und Fähigkeiten motiviert sind; dies ist indessen nur eines von mehreren Motiven, die sozialem Vergleich zugrundeliegen können (vgl. Hyman & Singer, 1968, S. 116). Vielleicht ist diese Beschränkung ein Grund dafür, daß Festingers Theorie innerhalb der soziologischen Bezugsgruppenforschung kaum rezipiert wurde; Merton (1957) erwähnt sie in seinem einflußreichen Aufsatz über „Continuities in the theory of reference groups und social structure" nicht ein einziges Mal.

Sozialpsychologen bedienten sich der Theorie vor allem zur Reinterpretation bereits vorliegender Befunde; eine systematische empirische Forschung zu den Postulaten Festingers gab es nicht, zumal sich der Erfinder selbst wenig später seiner Theorie der kognitiven Dissonanz zuwandte. Noch Latané (1966) hatte zu beklagen, daß nicht einmal die zentralen Annahmen der Theorie jemals experimentell überprüft worden waren. Schachter und Singer (1962) erweiterten dann die Theorie: Sie zeigten, daß unter bestimmten Umständen auch Emotionen durch sozialen Vergleich evaluiert werden. In den darauffolgenden Jahren fand vor allem dieser Aspekt der Theorie Beachtung; die Rolle sozialer Vergleichsprozesse bei der Einschätzung von Einstellungen und Fähigkeiten wurde demgegenüber nur sporadisch untersucht. Dies zeigt sich deutlich an dem von Latané (1966) herausgegebenen Resümé des Forschungsstandes. Immerhin konnte eine zentrale Annahme Festingers klar widerlegt werden: Menschen wählen nicht immer „ähnliche" Andere für den sozialen Vergleich aus. Eine genauere Spezifikation der Bedingungen für die Wahl von Vergleichspersonen und -gruppen gelang in späteren Arbeiten; diese orientierten sich häufig an den Vorschlägen, die bei Latané (1966) gemacht wurden. Der von Suls und Miller (1977) herausgegebene Sammelband spiegelt diese Fortschritte wider, demonstriert aber auch, wie lückenhaft die Kenntnisse in wichtigen Punkten weit mehr als zwanzig Jahre nach der Erfindung der Theorie noch sind. Eine Intensivierung der Forschung zeichnet sich nicht ab. Die „Psychological Abstracts" kennen kein Stichwort „social comparison processes"; die wenigen Veröffentlichungen werden unter dem sehr viel breiteren Stichwort „group influences" erfaßt.

Wir hatten erwähnt, daß Festinger seine Theorie der informellen sozialen Kommunikation und der sozialen Vergleichsprozesse entwickelt hatte, ohne dabei näher auf die zuvor veröffentlichten Arbeiten zu Bezugsgruppen einzugehen. Seine beiden Theorien sind sozialpsychologisch in dem Sinne, daß sein Hauptanliegen die Identifikation der motivationalen Voraussetzungen für soziale Vergleiche ist; aus dem Bedürfnis nach zutreffender Einschätzung von Meinungen und Fähigkeiten leitet er ab, daß Menschen dazu tendieren, mit solchen anderen Gruppen zu bilden, die ähnliche Meinungen und Fähigkeiten haben. Bei dem Soziologen Merton stehen hingegen nicht die Ursachen und Folgen des Sich-Beziehens auf andere für die einzelne Person im Mittelpunkt, sondern die „Struktur und Funktionen der sozialen Umwelten, in denen Individuen lokalisiert sind" (Merton, 1957, S. 281).

Bevor wir zeigen, wie diese Ansätze für die Marktpsychologie nutzbar zu machen versucht wurden, müssen wir einige der zentralen Begriffe und Annahmen explizieren, die im vorausgegangenen Abschnitt nur im Vorübergehen erwähnt wurden.

5.2.1.2 Funktionen und Arten von Bezugsgruppen

Kelleys (1952) Unterscheidung zwischen komparativen und normativen Bezugsgruppen ist nicht so problemlos, wie es auf den ersten Blick aussieht. So weisen Hyman und Singer (1968, S. 24) darauf hin, daß jeder Vergleich mit einer Bezugsgruppe, der die Beurteilung irgendeines Aspekts der eigenen Person zum Ziel hat, insofern „normativ" ist, als die Feststellung einer Diskrepanz Zufriedenheit oder Unzufriedenheit impliziert. Die Erkenntnis, daß man von den Standards einer komparativen Bezugsgruppe in negativer Richtung abweicht, kann zu Unzufriedenheit entweder über die eigene Position oder über die äußeren Bedingungen führen, die die Diskrepanz verursachen. Die Feststellung, sich von einer normativen Bezugsgruppe zu unterscheiden, verursacht hingegen primär oder ausschließlich Unzufriedenheit mit sich selbst. Eine Person kann eine komparative Bezugsgruppe wählen, nicht weil deren (antizipierte) Einschätzung für sie selbst von Belang wäre, sondern weil sie von anderen mit dieser Gruppe verglichen wird.

Die Versuche anderer Autoren, Funktionen von Bezugsgruppen weiter zu differenzieren, als Kelley dies getan hatte (z.B. Cain, 1968; Kemper, 1968; Turner, 1966), bleiben ohne sichtbare Wirkung – vielleicht, weil insgesamt die Forschung zu komparativen Bezugsgruppen vernachlässigt wurde (Hyman & Singer, 1968, S. 8). Sherif & Sherif (1969) hingegen wollen den Begriff der Bezugsgruppe überhaupt nur in seinem normativen Sinn verwendet wissen; sie definieren Bezugsgruppen als „jene Gruppen, zu denen sich ein Individuum als Mitglied in Beziehung setzt oder zu denen es sich psychisch in Beziehung setzen möchte" (S. 418); sie sind die Quellen, aus denen Personen ihre Ziele und ihre Standards zur Bewertung ihrer Leistungen schöpfen. Bezugsgruppen sind konsistente Anker für die Erfahrungen und das Verhalten einer Person; andere Gruppen, mit denen man sich hin und wieder lediglich vergleicht, sollten nach Ansicht der Sherifs nicht Bezugsgruppen, sondern – so es sich nicht vermeiden läßt – Vergleichsgruppen genannt werden.

In welchem Sinn stellen nun Bezugsgruppen Gruppen dar? Wenn sich eine Person beispielsweise an „Akademikern" zu orientieren versucht, so sind diese sicherlich keine Gruppe im soziologischen oder sozialpsychologischen Sinn, denn man wird von „Akademikern" nicht als Mitgliedern eines abgrenzbaren und organisierten Systems mit sozialen Normen, sozialen Positionen und Rollen sprechen können (vgl. z.B. Irle, 1975, S. 450; McDavid & Harari, 1968, S. 235). So hat denn auch Merton (1957, S. 284) bereits eingeräumt, daß der Begriff „something of a misnomer" sei, da Bezugsgruppen auch „Kollektive" (collectivities) von Menschen sein können, die nicht miteinander interagieren, wohl aber ein Gefühl des Zusammengehörens aufgrund gemeinsamer Werte haben (etwa verfolgte ethnische oder andere Minoritäten). Bezugsgruppen sind mitunter auch „soziale Kategorien", Aggregate von Personen mit ähnlichen sozialen Merkmalen – wie z.B. Geschlecht, Alter, Bildung, Familienstand, Einkommen –, die nicht in Interaktion stehen und auch keine distinkten und gemeinsamen Normen haben (Merton, 1957, S. 299). Noch entfernter vom herkömmlichen Gruppenbegriff ist es, wenn „jedes Kollektiv, real existierend oder bloß vorgestellt, beneidet oder verhaßt, dessen Perspektive ein Handelnder einnimmt" als Bezugsgruppe definiert wird – so Shibutani (1955, S. 563), der folgerichtig Bezugsgruppen als „Perspektiven" sieht. Wenn es zudem noch für die zu erklärenden Sachverhalte – die Wahl eines Bezugsobjektes und deren Konsequenzen – für einige Autoren (vgl. z.B. Merton, 1957, S. 302ff) von vergleichsweise geringer Bedeutung zu sein scheint, ob das Bezugsobjekt ein Individuum oder eine Gruppe (auch im weitesten Sinne, als „soziale Kategorie") ist, dann liegt es nahe, nicht mehr von einer „Bezugsgruppentheorie" zu sprechen (so Stafford, 1971). Wir folgen hier dennoch weiter der Konvention und verwenden den Begriff im Bewußtsein seiner Ungenauigkeit.

Einen guten Teil ihrer Attraktivität verdankt die Bezugsgruppentheorie der Tatsache, daß sie den Einfluß solcher Gruppen auf Einstellungen und Verhalten von Individuen betont, in denen diese nicht Mitglieder sind, zu denen sie nicht oder noch nicht gehören. Natürlich dient eine Mitgliedschaftsgruppe einer Person häufig gleichzeitig als Bezugsgruppe; schon die Bennington-Studie von Newcomb (1943) hat indes demonstriert, daß nicht jede Mitgliedschaftsgruppe zur Bezugsgruppe wird (vgl. auch Siegel & Siegel, 1957). Was definiert nun die Mitgliedschaft in einer Gruppe? Auch auf diese Frage ist Merton (1957, S. 274ff.) mit großer Ausführlichkeit eingegangen. Zunächst: Mitgliedschaft ist kein dichotomes Merkmal; es gibt Grade der Mitgliedschaft, die zum Teil durch die Häufigkeit der sozialen Interaktion mit anderen Gruppenmitgliedern determiniert werden. Ganz sicher kann man von Mitgliedschaft sprechen, wenn häufige Interaktion vorliegt und eine Person sich zusätzlich als Mitglied der Gruppe definiert und von anderen – innerhalb wie außerhalb der Gruppe – als Mitglied betrachtet wird. Da die Grenzen von Gruppen nicht statisch sind, ist es möglich, daß die gleiche Person sich in einem bestimmten Kontext als Mitglied einer

Gruppe fühlt und als solches angesehen wird, in einem anderen Kontext hingegen als Nicht-Mitglied gilt.

Merton (1957, S. 288) illustriert die soziale Definition von Gruppengrenzen anhand einer Bemerkung von Albert Einstein während eines Vortrags in Frankreich: „Wenn meine Relativitätstheorie bestätigt wird, wird Deutschland mich als Deutschen für sich in Anspruch nehmen, und Frankreich wird erklären, daß ich der Welt gehöre. Sollte sich meine Theorie als falsch herausstellen, wird Frankreich sagen, daß ich ein Deutscher bin, und Deutschland wird sagen, daß ich ein Jude bin".

Personen, die einer Gruppe gerne angehören würden, tendieren dazu, in einem Prozeß der „antizipatorischen Sozialisation" (Merton & Kitt, 1950, S. 87) die Normen dieser Gruppe zu übernehmen. Besteht die Chance, tatsächlich Mitglied zu werden, so nutzt die antizipatorische Sozialisation dem Individuum, da es mit Belohnungen durch die Gruppe rechnen kann. Ein Beispiel dafür wäre die antizipatorische Sozialisation von Medizinstudenten auf die „Gruppe" der Ärzte hin. Dysfunktional ist sie für das Individuum, für das – in einem geschlossenen System – die erwünschte Mitgliedschaft unerreichbar ist: Lehnt es die Normen seiner bisherigen Mitgliedschaftsgruppen ab, ohne sich deren Einfluß und Macht entziehen zu können, steht es also unter dem Zwang, sich anders verhalten zu müssen, als es eigentlich will, dann befindet es sich in einem schwer auflösbaren Konfliktzustand. Bei offener Zurückweisung der Normen seiner Mitgliedschaftsgruppe läuft es Gefahr, aus ihr ausgeschlossen zu werden, ohne je von seiner Bezugsgruppe als Mitglied akzeptiert zu werden – es wird zur „marginalen Person" (Stonequist, 1937). Daraus kann – Lewin (1941) hat dies am Beispiel mancher Juden gezeigt – Selbsthaß resultieren (vgl. auch Seeman, 1959). Nur am Rande sei bemerkt, daß die Ablehnung der Mitgliedschaftsgruppe als Bezugsgruppe auch deren Solidarität gefährdet.

Für Personen, die der Mitgliedschaft in einer Gruppe indifferent gegenüberstehen, stellt diese nie eine Bezugsgruppe dar. Anders verhält es sich mit denen, die aus irgendwelchen Gründen einer bestimmten Gruppe nicht angehören wollen; sie orientieren sich immerhin an ihr. Hier kann die Gruppe ebenfalls Standards setzen; sie liefert einem Informationen darüber, wie man nicht denken oder sich verhalten sollte. Eine solche Gruppe ist, Newcomb (1948) folgend, eine negative Bezugsgruppe (vgl. Hollander & Willis, 1971; Willis & Hollander, 1964). So können die konservativen Eltern von Studenten, die in einer liberalen Atmosphäre leben und diese schätzen, für diese eine negative Bezugsgruppe sein, radikale Feministinnen für traditionellen Rollenvorstellungen verpflichtete Frauen (und umgekehrt). Sowohl Mitgliedschafts- wie Nichtmitgliedschaftsgruppen können negative oder positive Bezugsgruppen sein; ja, es ist sogar möglich, daß eine Gruppe gleichzeitig positive und negative Bezugsgruppe für eine Person ist – beispielsweise die Familie für einen Heranwachsenden (Newcomb, 1950, S. 226f.).

Personen gehören in der Regel mehreren Gruppen als Mitglieder an und haben die Wahl zwischen einer Vielzahl von Bezugsgruppen. Das soziologische Interesse an Bezugsgruppen leiten einige Autoren (z.B. Sherif & Sherif, 1969, S. 421f.; Shibutani, 1955, S. 565) gerade daraus ab, daß in modernen Gesellschaften, die durch eine relativ große soziale Mobilität gekennzeichnet sind, Menschen unterschiedliche Bezugsgruppen haben, ohne daß sie ihnen notwendigerweise angehören, und daß die Normen dieser Gruppen untereinander in Konflikt geraten können. Solange es einer Gruppe gelingt – etwa durch Isolation von anderen Gruppen –, von ihren Mitgliedern als exklusive (und positive) Bezugsgruppe anerkannt zu werden, ist das Bezugsgruppenkonzept im Grunde uninteressant, denn über die Determination des Verhaltens einzelner Menschen durch die Gruppe, in der sie leben, machen andere Theorien klarere Aussagen. Ein junger Amish beispielsweise, der von Einflüssen von außerhalb seiner Gruppe weitgehend abgeschirmt ist und sich konform den Normen seiner Gemeinschaft verhält, ist kein Fall, der sich zur Demonstration der besonderen Vorzüge des Bezugsgruppenkonzepts aböte; interessant wird es erst, wenn eine Person nicht die Einstellungen und das Verhalten zeigt, die ihre Mitgliedschaftsgruppe(n) nahelegen.

Das bloße Vorhandensein multipler Bezugsgruppen für eine Person bedeutet nun aber nicht, daß die Person zwangsläufig Konflikte erleben muß. Die Normen der verschiedenen Bezugsgruppen einer Person können durchaus kompatibel sein, müssen nicht unbedingt zu Widersprüchen führen. Ein Stahlarbeiter im Ruhrgebiet kann Gewerkschafter, Taubenzüchter, Ehemann, Elternbeirat und SPD-Mitglied sein, ohne um die Vermittlung inkompatibler Normen besorgt sein zu müssen. Jede seiner Bezugsgruppen kann Standards für mehr oder weniger umgrenzte Bereiche des Verhaltens liefern. Eine Person kann eine Bezugsgruppe als legitimen Vermittler von Standards für – beispielsweise – religiöse Normen definieren, und es gleichzeitig als illegitim betrachten, wenn die gleiche Gruppe versuchte, Normen für politisches Verhalten vorzuschreiben (vgl. Charters & Newcomb, 1952). Allerdings könnte man meinen, daß die Wahrscheinlichkeit von Konflikten zwischen den Normen unterschiedlicher Bezugsgruppen in unserer Gesellschaft größer ist als früher; man denke zum Beispiel an die häufig als unvereinbar erlebten Anforderungen, denen berufstätige Mütter ausgesetzt sind.

Wir schließen hier die Explikation des Konzepts der Bezugsgruppe ab. Einigkeit über die Konzepte, soviel hat die kurze Übersicht gezeigt, gibt es nicht. Auf die Darstellung einer ganzen Reihe von Begriffen, die in der langjährigen Diskussion entwickelt wurden, (vgl. die Übersichten von Urry, 1973; Williams, 1970) verzichten wir bewußt. Wären ähnlich große Mühen, wie sie in die vielen Versuche zur Differenzierung von Begriffen, zur Abgrenzung von anderen Positionen und zur Verteidigung der eigenen eingingen, der empirischen Forschung zugute gekommen, so wüßten wir heute mehr über die Bedingungen, unter denen Bezugsgruppen bestimmter Art bestimmte Arten von Wirkungen haben; auf einige Zeugnisse von Begriffsartistik ließe sich dann leicht verzichten. Dachten vielleicht manche Autoren an die alte Maxime, daß für eine schöne Theorie nichts so ruinös ist wie empirische Forschung?

5.2.1.3 Zentrale Probleme der Bezugsgruppenforschung

Die Bezugsgruppen einer Person liefern ihr Vergleichsmaßstäbe für ihre Selbsteinschätzung und die Einschätzung anderer Personen. Normative Bezugsgruppen sind zusätzlich Quellen für Einstellungen, Werte und Normen. Eine Bezugsgruppentheorie müßte erstens Aussagen darüber machen, unter welchen Bedingungen welche Gruppen als Bezugsgruppen gewählt werden, und zweitens, welche Konsequenzen diese Wahlen haben. Eine sozialpsychologische Bezugsgruppentheorie würde sich dabei vor allem auf die Konsequenzen für die Person konzentrieren, die eine Bezugsgruppe gewählt hat; eine soziologische Theorie hätte sich stärker mit solchen Konsequenzen zu beschäftigen, die über die Person hinausreichen. Drittens benötigt die empirische Forschung theoretisch fundierte Meßinstrumente, die es erlauben, die Bezugsgruppen einer Person festzustellen und die von der Theorie postulierten Effekte zu messen.

Zu jedem der drei Problembereiche liegt eine ganze Reihe von Veröffentlichungen vor. Einige der wichtigsten enthält der bereits mehrfach erwähnte von Hyman und Singer (1968) herausgegebene und hervorragend kommentierte Reader. Eine neuere Übersicht und Problemsammlung geben Stafford und Cocanougher (1977). Die Lektüre bestätigt den Eindruck von Williams (1970, S. 547): Es ist schwer, Fragen zum Bezugsgruppenverhalten zu finden, die nicht schon von Merton und Kitt (1950) oder Merton (1957) gestellt wurden. Was an empirischer Forschung vorliegt, wirkt fragmentiert, sowohl was die Terminologie betrifft wie auch die Meßinstrumente und selbstverständlich die Ergebnisse. Wir können hier nur auf wenige Punkte kurz hinweisen.

Warum haben Menschen Bezugsgruppen? Auf diese Frage sind vor allem jene Forscher eingegangen, die sich in erster Linie mit komparativen Bezugsgruppen beschäftigen. Festinger (1954, S. 117) postuliert in seiner Theorie der sozialen Vergleichsprozesse ein Motiv zur zutreffenden Einschätzung der eigenen Fähigkeiten und Meinungen; da diese Einschätzungen das Verhalten beeinflussen, können falsche Einschätzungen unter Umständen schlimme Folgen haben. Hyman und Singer (1968, S. 116) weisen jedoch darauf hin, daß sozialer Vergleich auch hedonistisch motiviert sein kann: Bereits in seiner Untersuchung von 1942 hatte Hyman Anhaltspunkte dafür gefunden, daß ein Ziel des Vergleichs die subjektive Erhöhung der eigenen Stellung in der Gruppe sein kann. – Das Motiv für die Wahl einer Mitgliedschaftsgruppe als normative Bezugsgruppe ist aufgrund deren Sanktionsmacht evident (vgl. French & Raven, 1959). Schwieriger ist die Motivation für die Wahl einer Nichtmitgliedschaftsgruppe zu klären. Man gerät in einen Zirkelschluß, wenn man Unzufriedenheit mit dem eigenen Zustand als Motiv annimmt, da doch diese Unzufriedenheit mindestens teilweise ein Resultat des Vergleichs mit anderen ist, denen es besser geht. Eine Auflösung findet das Problem, wenn man Unzufriedenheit als Folge des Vergleichs mit einer Gruppe ansieht, der es mutmaßlich besser geht, ohne daß man beim Vergleich schon daran dachte, Mitglied dieser Gruppe werden zu wollen. Die spätere Wahl dieser Gruppe als normative Bezugsgruppe dient dann dazu – im Sinne der antizipatorischen Sozialisation Mertons – deren Werte (und nach Möglichkeit auch deren andere relevante Merkmale) zu übernehmen, um in den Genuß ihrer Privilegien zu kommen.

Was bestimmt die Wahl von Bezugsgruppen? Die Theorie der sozialen Vergleichsprozesse macht zur Wahl komparativer Bezugsgruppen eine klare Aussage: Mit einer anderen Person oder einer anderen Gruppe vergleicht man sich um so eher, je geringer die wahrgenommene Diskrepanz zwischen den eigenen Meinungen (bzw. Fähigkeiten) und denen dieser Person oder Gruppe ist; hat man nur die Möglichkeit, sich mit jemandem zu vergleichen, der von einem selbst sehr verschieden ist, so ist man nicht in der Lage, eine subjektiv genaue Einschätzung seiner eigenen Meinungen oder Fähigkeiten vorzunehmen (Festinger, 1954; Hypothese 3 und Korollar 3b). Diese These der Bevorzugung des Vergleichs mit im Hinblick auf das interessierende Merkmal ähnlichen Anderen ist nicht nur die wohl am häufigsten zitierte, sondern auch die inzwischen am besten widerlegte Annahme der Theorie (zur Problematik des Begriffs der Ähnlichkeit s. Tversky, 1977). Aus Festingers eigenen Beispielen geht allerdings hervor, daß es nicht allein auf die Ähnlichkeit der spezifischen zu vergleichenden Einstellungen oder Fähigkeiten ankommt, sondern durchaus auch auf Ähnlichkeiten, die in anderen für den jeweiligen Vergleich relevanten Merkmalen bestehen (vgl. Suls, 1977, S. 5). Will ein Mann beispielsweise die „Richtigkeit" seiner Einstellung zur Benutzung von Herrenparfüms überprüfen, so wird er zum Vergleich vielleicht Männer wählen, die in Merkmalen wie „Virilität" ihm selbst ähnlich erscheinen.

So versuchte 1981 ein Produzent von Herrenkosmetik die Akzeptanz seines Duftwassers als Sponsor einer Suche nach „Deutschlands männlichstem Mann" zu steigern – wobei die Werbung selbstverständlich implizierte, daß die Benutzung von Parfüm der „Männlichkeit" nicht nur nicht abträglich sei, sondern sie sogar zu steigern vermöge.

Festinger betonte aber auch, daß der Vergleich mit einer Person, die im spezifischen zu vergleichenden Merkmal sehr unähnlich sei, uninformativ wäre und daher nicht gesucht werden würde; so würde sich jemand, der vor kurzem das Schachspiel erlernt hat, nicht mit einem Großmeister vergleichen. Latané (1966) widersprach dieser Auffassung: Es sei für den Schachanfänger (um im Beispiel zu bleiben) keinesfalls uninformativ, sich mit einem Meister zu vergleichen; auf diese Weise könne er feststellen, was man in diesem Spiel überhaupt leisten könne und wie weit er selbst davon entfernt sei. Dieses Vorgehen ist informativ auch bei der Einschätzung von Gegenständen: Die Klangqualität eines Radioweckers beurteilt der Kaufinteressent sinnvollerweise nicht nur durch Vergleich mit anderen Geräten in der gleichen Preisklasse, sondern auch durch Vergleich mit einer hochwertigen Stereoanlage.

Welche Faktoren sind es nun, die die Wahl einer Bezugsgruppe beeinflussen, wenn es nicht die Ähnlichkeit der Ausprägung des Merkmals ist, auf das sich der Vergleich bezieht? In der Regel ist es offenbar die Ähnlichkeit, die eine Person insgesamt zwischen sich selbst und der Vergleichsgruppe (oder der Vergleichsperson) wahrnimmt (overall similarity; Castore & DeNinno, 1977). Dieser Befund stimmt überein mit den Annahmen von Merton und Kitt (1950) und Turner (1955). Unter bestimmten Bedingungen werden indes unähnliche Gruppen (oder Personen) für den Vergleich bevorzugt, Vergleiche mit ähnlichen gemieden (Brickman & Bulman, 1977; Mettee & Smith, 1977). Gruder (1977) faßt den Forschungsstand zu diesem Punkt so zusammen: Die Wahl einer (komparativen) Bezugsgruppe wird nicht immer durch das Streben nach einer möglichst zutreffenden Einschätzung bestimmt. Ist man in seiner Selbsteinschätzung verunsichert, so hat das Motiv zur Bewahrung oder Verbesserung des Selbstbildes Vorrang. Ist keines der beiden Motive dominant, wählt man Vergleichspersonen so, daß man zum einen über die eigene Position relativ zu anderen informiert wird (dies wäre im Optimalfall durch Kenntnis aller Verteilungsparameter gewährleistet), im Fall des Fähigkeitsvergleichs gleichzeitig aber darin bestätigt wird, daß die eigene Fähigkeit relativ hoch ist.

Als Bezugsgruppe für Vergleiche wird häufig eine Gruppe gewählt, die in der Situation besonders augenfällig (salient) ist, in der sich eine Person augenblicklich befindet (vgl. z.B. Chapman & Volkman, 1939): andere Versuchspersonen beispielsweise, die in einem Experiment die gleichen Aufgaben zu bearbeiten haben, oder andere Hausfrauen, die an einer Tupperware-Party teilnehmen. Stabil sind solche Wahlen nicht; geraten diese Gruppen wieder aus dem Blickfeld, werden sie auch nicht mehr als Bezugspunkte für Einschätzungen verwendet. Das bedeutet nun nicht, daß die Wahlen nur situationsbedingt oder gar zufällig sind (die zuletzt genannte These stammt von Davis, 1959, S. 282); für Vergleiche bei Merkmalen, die für eine Person wichtig sind, gibt es wohl eine hohe Bezugsgruppenstabilität. Hyman (1942) fand, daß seine Befragten ihren ökonomischen Status in erster Linie und über die Zeit wenig schwankend anhand des Vergleichs mit solchen Gruppen beurteilten, die ähnliche Tätigkeiten ausführten wie sie selbst, die Einschätzung ihres sozialen Status hingegen an der Gruppe ihrer Freunde verankerten. Die stabilen Bezugsgruppen sind demnach in der Regel solche, deren Mitglieder der vergleichenden Person nahe sind. „Nähe" meint dabei zweierlei: Zum einen Ähnlichkeit im Hinblick auf Merkmale, die für den Vergleich relevant sind, zum anderen aber auch räumliche Nähe (Hyman & Singer, 1968, S. 119). Interessant sind die Fälle, in denen Merkmalsunähnlichkeit bei gleichzeitiger räumlicher Nähe gegeben ist − woran orientieren sich beispielsweise die Mitglieder einer statusniedrigen Gruppe, die tagtäglich mit Mitgliedern einer privilegierten Gruppe engen Kontakt haben? Wir wissen nur wenig über die Faktoren, die unter solchen äußeren Bedingungen die Wahl von Bezugsgruppen determinieren; sicher scheint nur zu sein, daß Gruppen (oder Individuen) mit beträchtlicher Merkmalsunähnlichkeit gewählt werden können, wenn der Kontakt zu ihnen häufiger oder intensiver ist als zu Gruppen (oder Individuen) mit ähnlichen Merkmalen (vgl. z.B. Strauss, 1968). Vermutlich nimmt indes die Tendenz zum sozialen Vergleich mit steigender Merkmalsunähnlichkeit zumindest dann ab, wenn eine Person es als legitim ansieht, daß die Ausprägung des Merkmals stark variiert. Konkret: Eine Chefsekretärin wird ihren Lebensstandard nicht an dem des Firmendirektors messen, solange sie der Auffassung ist, daß die Positionsunterschiede und die damit verbundenen Einkommensdifferenzen gewissermaßen „naturgegeben" sind (vgl. Turner, 1955). Wenn es zu verbreiteten Zweifeln an der Legitimität von althergebrachten gesellschaftlichen Rangunterschieden kommt, werden Vergleiche angestellt; die resultierende Unzufriedenheit der Unterprivilegierten kann dann den Nährboden für revolutionäre Bewegungen bilden (vgl. Form & Geschwender, 1962; Urry, 1973).

Wir diskutierten soeben Faktoren, die bei der Wahl von komparativen Bezugsgruppen eine Rolle spielen. Im Hinblick auf Determinanten der Wahl von normativen Bezugsgruppen gilt auch heute noch das Fazit von Hyman und Singer (1968, S. 14f.): Die Forschung hierzu ist mager. Die Mitgliedschaftsgruppe ist zunächst die naheliegende Wahl für eine normative Bezugsgruppe: Sie übt auf unterschiedliche Weise Macht aus (French & Raven, 1959). Sie kann die Einhaltung von Normen belohnen, die Abweichung davon bestrafen (reward power, coercive power). Ein den Gruppennormen entsprechendes Verhalten kann jedoch auch ohne solche Sanktionen auftreten; wenn nämlich das Mitglied sich mit den Normen identifiziert und die Mitgliedschaft hoch bewertet (reference power). Hohe wahrgenommene Übereinstimmung zwischen den eigenen Werthaltungen und Einstellungen und denen einer potentiellen normativen Bezugsgruppe erleichtert deren Wahl (Hartley, 1960; Newcomb, 1963); Übereinstimmung ist demnach nicht bloß als Folge der Wahl zu verstehen, sondern auch als eine ihrer Ursachen. Unter bestimmten Bedingungen − die im einzelnen noch unklar sind − wählen Personen jedoch auch solche Gruppen, deren Werte von denen ihrer bisherigen Mitgliedschaftsgruppe stark divergieren. Das scheint vor allem dann der Fall zu sein, wenn eine Chance gesehen wird, durch Übernahme der „neuen" Werte Mitglied der höher geschätzten neuen Gruppe werden zu können; solche Wahlen müßten dann in Gesellschaften mit hoher sozialer Mobilität besonders häufig sein.

Am Beispiel der „zweiten Generation" von Äusländern in der Bundesrepublik Deutschland: Die Orientierung an wahrgenommenen Werten der deutschen Bevölkerung sollte in dem Maße zunehmen, in dem Gastarbeiterkindern eine realistische Chance geboten wird, in jeder Hinsicht gleichberechtigte „Mitglieder" der deutschen Gesellschaft zu werden (vgl. Frey, Ochsmann, Kumpf & Sauer, 1978).

Der Faktor der Augenfälligkeit oder Nähe, der, wie bereits erwähnt, die Wahl von komparativen Bezugsgruppen beeinflußt, ist auch bei der Wahl normativer Bezugsgruppen von Bedeutung. Wie Festinger, Schachter und Back (1950) zeigten, bilden sich Freundschaften bevorzugt zwischen Personen, die – ohne eigenes Zutun – eine geringe „funktionale Distanz" zwischen sich haben, also z.B. zwischen Zimmernachbarn oder Bewohnern des gleichen Flurs in einem Studentenwohnheim. Freundschaftsgruppen, die aus zunächst zufälligen Kontakten entstanden sind, können sich dann zu normativen Bezugsgruppen entwickeln.

Grundsätzlich kann die Bereitschaft zur Konformität mit Gruppennormen durch zweierlei Arten von „Anziehung" bedingt sein: Die Attraktivität der Gruppe (was sie tut und welche Resultate sie erhält) und die Attraktivität, die einzelne Gruppenmitglieder in den Augen einer Person haben (Hollander, 1967; Stotland, 1959). Über die Anziehung, die anfangs eine einzelne Person ausübte, ohne daß deren Gruppenmitgliedschaft dabei von Bedeutung war, kann es zu einer allmählichen Übernahme der Normen ihrer Gruppe kommen.

Es liegt nahe, neben strukturellen Determinanten der Wahl von Bezugsgruppen auch Persönlichkeitsmerkmale in Betracht zu ziehen. Am ausführlichsten hat sich im Rahmen der Bezugsgruppenforschung R. Hartley (1957, 1960) mit der Frage beschäftigt, welche individuellen Merkmale Personen prädisponieren, die Werte einer Gruppe zu akzeptieren. Sehr kontraintuitiv sind ihre Befunde nicht: Je leichter es Personen (nach ihrer Selbsteinschätzung) fällt, Kontakte zu knüpfen, und je größer ihre Bereitschaft ist, Autoritäten zu akzeptieren und sich mit ihnen zu identifizieren, desto größer ist ihre Bereitschaft, sich den Normen einer neuen Gruppe anzupassen. Auch andere Persönlichkeitsmerkmale sind in diesem Zusammenhang diskutiert worden, so z.B. Selbstwertgefühl (Cox & Bauer, 1964), Innen- vs. Außengelenktheit (Centers & Horowitz, 1963; Linton & Graham, 1959), persönliche Verantwortung (Tucker & Paniter, 1961; für eine kurze Zusammenfassung s. Stafford & Cocanougher, 1977). Es läßt sich allerdings bezweifeln, daß die Suche nach verhältnismäßig globalen und stabilen Persönlichkeitsmerkmalen ein vielversprechender Weg ist, wenn es um die Identifikation von Determinanten der Bezugsgruppenwahl geht (vgl. Mischel, 1973).

Wie werden die Positionen und Normen von Bezugsgruppen wahrgenommen?
Eine wichtige Voraussetzung für die zutreffende Einschätzung der eigenen Po-

sition relativ zu anderen ist es, daß die Position der Vergleichsgruppe richtig wahrgenommen wird. Für die experimentelle Forschung zur Theorie der sozialen Vergleichsprozesse war dies kein problematisiertes Thema: In der weit überwiegenden Mehrzahl der Untersuchungen erhielten die Versuchspersonen eindeutige Mitteilungen über die Position der Vergleichsgruppe, mußten sie also nicht erst aus Daten zweifelhafter Repräsentativität und Validität erschließen. Daß die Position anderer eindeutig zu bestimmen ist, dürfte indes außerhalb des Labors nicht die Regel sein (bei leicht einzuschätzenden Fähigkeiten wohl noch eher als bei Einstellungen oder gar Gefühlen); man muß also davon ausgehen, daß im Prozeß der Informationsverarbeitung Fehler auftreten (beispielsweise durch Unkenntnis der Konsequenzen unzufälliger Stichproben oder aufgrund mangelnder Berücksichtigung der Regression zur Mitte), die die Urteilsgüte beeinträchtigen. Eine hervorragende Darstellung von Fehlerquellen bei der Urteilsbildung findet sich bei Nisbett und Ross (1980). Es ist vermutlich noch schwieriger, die Normen von Gruppen festzustellen, als über die Positionen ihrer Mitglieder im Hinblick auf Fähigkeiten oder Meinungen zutreffende Erkenntnisse zu gewinnen. Ein Teil der Normen einer Gruppe kann von ihren Mitgliedern als so selbstverständlich angesehen werden, daß erst die einhellige Reaktion auf Verstöße ihr Vorhandensein ins Bewußtsein ruft. Für denjenigen, der sich als Nichtmitglied an einer Gruppe orientieren möchte, schaffen nicht nur implizite Normen Schwierigkeiten; Normen können auch als widersprüchlich erscheinen, nur für einen Teil der Gruppe oder einen Teil ihrer Aufgaben Geltung beanspruchen, oder wegen ihrer Verbreitung für die in Frage stehende Gruppe nicht spezifisch sein. Ja, es gibt sogar „gelegentlich Gruppen, deren fundamentaler Wert es ist, daß Individuen ihr Benehmen autonom zu steuern haben; dies schafft Probleme für jene Individuen, die Hinweisreize für ihr Verhalten suchen" (Hyman & Singer, 1968, S. 16). Von Gruppennormen abweichendes Verhalten kann mithin auch bei Personen auftreten, die zur Anpassung bereit sind, aber aus irgendwelchen Gründen unzutreffende Schlüsse über die Normen gezogen haben. Die Reaktionen real existierender Gruppen stellen immerhin noch ein Korrektiv für falsche Schlußfolgerungen dar; ein solches Korrektiv gibt es nicht bei nur vorgestellten oder nicht mehr lebenden Bezugsgruppen und -personen. In solchen Fällen kann das Bezugsobjekt auch zur Projektionsfläche für die eigenen Überzeugungen werden („Was würde Jesus dazu sagen?").

Auf zwei wichtige Problembereiche für die Bezugsgruppenforschung wollen wir hier nur hinweisen, da sie im folgenden Teil im Hinblick auf marktpsychologische Fragestellungen zu behandeln sind. Der erste betrifft die Konsequenzen der Wahl von Bezugsgruppen: Wie werden Selbsteinschätzungen, Werthaltungen und Verhaltensweisen beeinflußt, nachdem eine bestimmte Bezugsgruppe gewählt wurde? Der zweite hat mit den Verfahren zur Messung von Bezugsgruppen zu tun. Die bisherige Forschung ist gekennzeichnet durch eine große

Heterogenität von Instrumenten, deren Verbindung zu den grundlegenden theoretischen Konzepten nicht immer klar ist und deren Zuverlässigkeit nur selten überprüft wurde. Einige Illustrationen zu diesem Punkt geben Hyman und Singer (1968, S. 19ff.).

5.2.2 Bezugsgruppen und Konsumentenverhalten

Wir haben in den vorangegangenen Abschnitten demonstriert, daß „die" Bezugsgruppentheorie nicht existiert, die verwendeten Konzepte vielgestaltig und untereinander nur mangelhaft verbunden sind, und daß es anstelle von deduzierten Hypothesen eine Fülle von ad-hoc-Annahmen gibt. Die meisten der von Merton (1957) genannten Probleme sind der Lösung heute noch so fern wie vor 25 Jahren – und dennoch genoß das Konzept der Bezugsgruppe über lange Jahre eine große Popularität, wenn auch seit Ende der fünfziger Jahre deutliche Abschwächungstendenzen erkennbar sind.

Wie hat sich nun die Forschung zum Konsumentenverhalten dieses Konzeptes bedient? Es hat den Anschein, als habe die Marktpsychologie die Bezugsgruppe erst mit erheblicher Verzögerung für sich entdeckt. Stafford und Cocanougher (1977, S. 370) berichten, bis ungefähr 1965 seien Bezugsgruppeneinflüsse in der Literatur zum Konsumentenverhalten kaum thematisiert worden; zwischen 1965 und 1970 jedoch sind mindestens 30 Veröffentlichungen nachweisbar, in denen das Konzept auf die eine oder andere Weise Verwendung fand. Seit 1970 sei dann die Anzahl der Veröffentlichungen wieder „dramatisch geschrumpft". Warum? Neben der allgemeinen Ernüchterung aufgrund der Mängel, die wir an verschiedenen Stellen genannt haben, sehen Stafford und Cocanougher eine spezifischere Ursache: „Das fundamentalste und negativste methodologische Merkmal der Bezugsgruppen-Literatur, vor allem im Bereich des Konsumentenverhaltens, ist die bis heute andauernde Oberflächlichkeit der Forschung ... Forscher sprangen auf den Bezugsgruppen-Zug, weil das Konzept neu und konkurrenzlos war und jedes Ergebnis veröffentlicht werden konnte. Um tiefergreifende theoretische Überlegungen kümmerte man sich vor der Durchführung von Untersuchungen und der Publikation ihrer Ergebnisse nur wenig... Entmutigend ist (heute) das anscheinend geringe Interesse an intensiveren Bemühungen, dem Einfluß von Bezugsgruppen oder -personen auf Konsumentenverhalten nachzugehen" (Stafford & Cocanougher, 1977, S. 370f.).

In den Jahren, nachdem diese Sätze geschrieben wurden, hat sich in der Bezugsgruppenforschung offenbar nichts ereignet, das zu einem positiveren Urteil führen könnte – das Interesse scheint vielmehr noch weiter nachgelassen zu haben. Wenn wir im folgenden einige Untersuchungen eingehender darstellen, so tun wir dies nicht nur zur Illustration der Kritik, sondern auch in der Absicht, die trotz aller Mängel des Bezugsgruppenkonzepts unbestreitbare Wichtigkeit von Gruppeneinflüssen auf Konsumentenurteile und -verhalten sowie auf Konsumnormen hervorzuheben.

5.2.2.1 Komparative Bezugsgruppen: Gruppeneinflüsse auf die Beurteilung von Produkten

Die Tendenz, die Angemessenheit der eigenen Einstellungen und Meinungen durch Vergleich mit anderen Personen überprüfen zu wollen, ist — Festinger (1954) zufolge — um so stärker, je weniger man die Möglichkeit hat, objektive (und nicht soziale) Kriterien heranzuziehen. Konsumenten stehen nun sehr häufig vor dem Problem, daß sie nicht in der Lage sind, anhand eingehender eigener Prüfung Urteile über angebotene Produkte abzugeben. Die Informationsmängel können objektiv (mangelnde Qualitätstransparenz) oder subjektiv (mangelndes Qualitätsbeurteilungsvermögen) bedingt sein (Kroeber-Riel, 1980, S. 443). Wenn es nicht nur unmöglich ist, die Produkte selbst eindeutig einzustufen, sondern auch Urteile von als hoch glaubwürdig eingeschätzten Quellen fehlen (z.B. Testberichte der Stiftung Warentest, vgl. Silberer, 1979), so steigen die Einflußmöglichkeiten derjenigen Personen, die in der Entscheidungssituation über den Urteilsgegenstand kommunizieren. Dabei kommt es aber auch darauf an, ob die Kommunikation als unverbindliche Meinungsäußerung oder als Versuch aufgefaßt wird, das eigene Urteil gezielt zu beeinflussen. In dem Maße, in dem eine Kommunikation als illegitimer Versuch zur Einschränkung der Entscheidungsfreiheit angesehen wird, entsteht Reaktanz (Brehm, 1966; Brehm & Brehm, 1981; Gniech & Grabitz, 1978): Der Empfänger wird versuchen, seine bedrohte Freiheit wiederherzustellen, indem er beispielsweise die Attraktivität der ihm nahegelegten Alternative abwertet oder die Attraktivität der übrigen Alternativen aufwertet.

Beide Hypothesen — Orientierung am Gruppenurteil, wenn kein Druck zur Anpassung ausgeübt wird, und Widerstand, wenn Druck wahrgenommen wird — überprüfte Venkatesan (1966, 1976). Die Versuchspersonen bekamen die Aufgabe, drei angeblich unterschiedliche, in Wirklichkeit jedoch identische Herrenanzüge zu bewerten und den besten auszuwählen. Ähnlich wie im Experiment von Asch (1951) gaben vor der Versuchsperson jeweils drei „andere Versuchspersonen" (instruierte Mitarbeiter des Versuchsleiters) ihre Urteile ab, und zwar einheitlich für einen der drei Anzüge. Dies geschah in einer Bedingung durch einfache Nennung der bevorzugten Alternative (kein Druck); hier schlossen sich über die Hälfte der Versuchspersonen dem Mehrheitsurteil an. In der zweiten Bedingung gaben die „anderen Versuchspersonen" zu ihren Wahlen begleitende Kommentare zur Induktion von Druck ab, allerdings auf eine verhältnismäßig milde Weise (z.B. „Obwohl ich nicht sicher bin, schließe ich mich ebenfalls an, damit wir uns einig werden."). Solchermaßen — zumindest nach Ansicht des Forschers — in ihrer Entscheidungsfreiheit eingeengt, wählte weniger als ein Drittel der Versuchspersonen die Alternative, die von den anderen bevorzugt worden war. Venkatesan sah damit beide Hypothesen der Untersuchung bestätigt.

Festzuhalten ist jedoch, daß die Art der Beziehung zwischen der Versuchsperson und den „anderen Versuchspersonen" nicht untersucht oder experimentell variiert wurde; es ist also nicht klar, in welchem Sinne die „anderen Versuchspersonen" eine Bezugsgruppe darstellten. Zudem kann der verminderte Einfluß der Mehrheit in der „Reaktanz-Bedingung" alternativ damit erklärt werden, daß die Kommentare der „anderen Versuchspersonen" Urteilsunsicherheit widerspiegelten; in welchem Maße die Versuchspersonen ihre Freiheit eingeengt sahen, wurde nicht kontrolliert.

Im Experiment von Venkatesan unterschieden sich die zu beurteilenden Produkte objektiv nicht voneinander. Man könnte nun, der Theorie der sozialen Vergleichsprozesse folgend, annehmen, daß der Einfluß anderer Personen auf das Urteil wesentlich schwächer ist, wenn sich bereits deutliche eigene Präferenzen herausgebildet haben, sei es aufgrund früherer Erfahrungen mit den Wahlalternativen oder distinkter äußerlicher Merkmale. Weiter ist zu vermuten, daß die Tendenz, sich einem Mehrheitsurteil anzuschließen, um so niedriger ist, je weniger attraktiv das von der Mehrheit bevorzugte Produkt zuvor für den Urteilenden selbst war. Weber und Hansen (1972) führten ein Feldexperiment zur Prüfung dieser Annahmen durch: Zufällig ausgewählte Hausfrauen gaben in einem Interview zunächst ihre ersten Präferenzen für verschiedene Marken dreier Produkte an (Kaffee, Gelatinespeise, Zahnpasta) und sagten auch, welche Marke sie für die zweitbeste hielten, und welche sie noch in Betracht ziehen würden. Später erhielten sie eine briefliche Mitteilung, welche Marken von der Mehrheit der Stichprobe (über deren Zusammensetzung offenbar keine näheren Angaben gemacht wurden) angeblich bevorzugt würden. Bei einem zweiten Interview, das wenige Tage nach dem Erhalt des Briefes stattfand, erhielten die Hausfrauen Gelegenheit, unter verschiedenen Marken der Produkte eine auszuwählen, angeblich als Dank für ihre Mitarbeit. Bei dieser Gelegenheit gaben sie noch einmal Präferenzurteile ab. Die Ergebnisse entsprachen den Hypothesen: Wenn die Mehrheit der Stichprobe angeblich eine andere Marke bevorzugte, wollte ungefähr die Hälfte der Versuchspersonen als Belohnung nicht die im ersten Interview bevorzugte Marke haben; die Neigung, eine andere Marke zu probieren, war stärker, wenn die Bevorzugung der bislang an erster Stelle stehenden Marke schwächer war und die von der Mehrheit präferierte Marke ohnehin schon als zweitbeste Alternative betrachtet worden war. Jüngere Frauen und Frauen mit niedrigerem sozioökonomischen Status waren eher bereit, eine andere als ihre zuvor bevorzugte Marke zu wählen.

Die Interpretation, das fingierte Mehrheitsurteil habe zu einer Änderung der Präferenzhierarchie in dem Sinne geführt, daß nun beim Einkauf eine andere

Marke bevorzugt würde (Weber & Hansen, 1972, S. 323), ist indes höchst fragwürdig: Was tatsächlich gemessen wurde, war das Interesse an kostenlosen Proben. Ein Konsument, der seit langem Zahnpasta X benutzt, Zahnpasta Y aber auch für akzeptabel hält, wird gerne bereit sein, die Marke Y zu probieren, wenn ihn das nichts kostet. Ein Markenwechsel kann die Folge sein; die Bevorzugung der Probe einer neuen Marke vor der vertrauten ist aber nicht schon Indiz dafür, daß ein Markenwechsel stattgefunden hat.

Auch bei der eben zitierten Untersuchung wissen wir nichts darüber, welche Prozesse den Einfluß der angeblichen Mehrheitsmeinung vermittelten. Die Feststellung allein, daß eigene Urteile durch Informationen über Urteile anderer Personen beeinflußt werden können, ist nach einigen Jahrzehnten experimenteller sozialpsychologischer Forschung nicht mehr besonders aufregend; worauf es ankommt, ist die Identifikation der Arten von Beziehungen zwischen Personen, die Richtung, Stärke und Persistenz solcher Einflüsse determinieren. Interessanter als die Bestätigung der Hypothese: „Kleine, informelle soziale Gruppen üben einen Einfluß auf die Markenpräferenz ihrer Mitglieder aus" (Stafford, 1966; 1976, S. 100), ist die Nichtbestätigung einer weiteren Hypothese: „Der Grad des Einflusses, den eine Gruppe auf ein Mitglied ausübt, steht in direkter Beziehung zur ‚Kohäsion' dieser Gruppe". Diese Annahme von Stafford entspricht den Postulaten der Theorie informeller sozialer Kommunikation (Festinger, 1950, insbesondere Hypothesen 1c und 3a), die er indes nicht zitiert. Die Versuchspersonen von Stafford waren wiederum Hausfrauen, die in einer Untersuchung zur Markenpräferenz vier Weißbrot-„Marken" über acht Wochen hinweg beurteilen sollten; die „Marken" (in Wirklichkeit handelte es sich immer um das gleiche amerikanische Weißbrot aus der gleichen Backfabrik) waren lediglich durch Buchstaben gekennzeichnet. Jede Versuchsperson gehörte einer kleinen Gruppe von 4–5 Mitgliedern an, die – anders als in den bisher referierten Untersuchungen – nicht vom Forscher gebildet wurde, sondern bereits vorher bestanden hatte: Zehn Hausfrauen waren gebeten worden, vier Freundinnen, Verwandte oder Nachbarinnen zu nennen, „mit denen sie gerne oder überhaupt einkaufen gehen würden" (Stafford, 1966; 1976, S. 100f.). Die so zusammengestellten Gruppen entwickelten im Lauf der Untersuchung signifikant unterschiedliche Markenpräferenzen; ein Einfluß der Gruppen auf die Urteile ihrer Mitglieder war also nachweisbar. Entgegen der zweiten Annahme waren jedoch die Präferenzen in höher kohäsiven Gruppen nicht einheitlicher als in niedriger kohäsiven. Bei einer näheren Analyse zeigte sich dann, daß die (soziometrisch ermittelte) Gruppenführerin die Wahlen beeinflußte: Je deutlicher sie eine bestimmte Marke bevorzugte, desto höher war die Wahrscheinlichkeit, daß sich die anderen Mitglieder ihrer Gruppe anschlossen, und zwar unabhängig von der Kohäsion der Gruppe.

Wenn vom Einfluß von Gruppenurteilen auf die Urteile einzelner Mitglieder die Rede ist, so wird dabei häufig übersehen, daß die Effekte auch bei eindrucksvoller statistischer Signifikanz in der Regel nicht so stark sind, daß man das Gruppenurteil als die ausschlaggebende Determinante des Individualurteils ansehen könnte – und dies nicht einmal dann, wenn sich ein einzelnes Gruppenmitglied einer geschlossenen Mehrheit gegenübersieht. In dem klassischen Experiment von Asch (1951) beispielsweise blieb immerhin ein Viertel der Versuchspersonen in ihrem Urteil über die Länge von Linien völlig unbeeinflußt vom Urteil derjenigen, die vor ihnen eine (allerdings verhältnismäßig leicht als falsch erkennbare) Schätzung abgegeben hatten; nur ein Drittel der Versuchspersonen verschob die Schätzungen in mehr als 50% der Durchgänge in Richtung der Mehrheit. Der Einfluß einer Bezugsgruppe auf Urteile eines Konsumenten wird nicht sehr hoch sein können, wenn der Konsument innerhalb seiner Bezugsgruppe große Urteilsheterogenität vorfindet (Cohen & Golden, 1972; Pincus & Waters, 1977), oder wenn er, was in den oben erwähnten Untersuchungen nicht thematisiert wurde, nicht nur eine Bezugsgruppe für sein Urteil heranziehen kann, sondern mehrere (deren Urteile mit einer noch geringeren Wahrscheinlichkeit übereinstimmen).

Von daher ist auch die allgemeine Frage nicht sinnvoll, ob Gruppeneinfluß stärker oder schwächer ist als individuelle Urteilstendenzen, ob also eher die Gruppe das Urteil eines Mitglieds prägt oder das Mitglied selbst. In manchen Situationen, etwa wenn Menschen als Gruppenmitglieder entscheiden sollen, treten wohl persönliche Vorlieben in den Hintergrund. Bei einer Untersuchung der Entscheidungsdeterminanten des Konsums von Nahrungsmitteln stellt Bourne (1957, 1972) fest, daß der individuelle Verbrauch besser dadurch vorherzusagen war, wie sehr Freunde des Konsumenten nach dessen Auffassung ein Produkt mochten, als durch die Einschätzung verschiedener Produkteigenschaften durch den Konsumenten selbst. Bourne schloß daraus, daß – zumindest unter den Bedingungen seiner Untersuchung – der Bezugsgruppeneinfluß die persönlichen Einstellungen dominierte. Abgesehen von aller anderen Kritik an dieser Studie (vgl. Kroeber-Riel, 1980, S. 447) ist zu fragen, ob die Interpretation der Daten als Bezugsgruppeneinflüsse überhaupt schlüssig ist. Nehmen wir beispielsweise an, daß eine Person gerne Bier trinkt. Auf die Frage etwa, ob dieses Produkt der Gesundheit mehr schadet als nützt oder ob es dick macht, wird man mit einiger Wahrscheinlichkeit eine zustimmende Antwort erhalten. Wenn man sich dann erkundigt, wie beliebt dieses Produkt bei den Freunden der Person ist, kann man damit rechnen, daß nach Auffassung der befragten Person auch diese Bier schätzen – ganz einfach deshalb, weil es von einem großen Teil der Bevölkerung gemocht wird. Aus dieser Konstellation von Antworten – negative Bewertung einzelner Aspekte eines Produkts gekoppelt mit vermuteter Beliebtheit dieses Produkts bei Freunden – auf einen Bezugsgruppeneinfluß zu schließen, der die individuellen Vorlieben überwiegt, erscheint gewagt. Würde man finden, daß z.B. für den Bierkonsum einer Person die wahrgenommene Beliebtheit von Bier bei ihren Freunden ein besserer Prädiktor ist als die Beliebtheit dieses Produktes bei der befragten Person selbst – erst dann hätte man, mit aller Vorsicht, eine starke Wirkung der Freundschaftsgruppe auf das Konsumverhalten in Betracht zu ziehen. Unabhängig von den vermutlich unzulässigen Schlußfolgerungen Bournes verdient eine von ihm vorgeschlagene Hypothese Beachtung: Das Konsumentenverhalten steht in erster Linie bei auffälligen Produkten unter Bezugsgruppeneinfluß; das hängt vermutlich damit zusammen, daß unauffälliger Konsum keine (positiven oder negativen) Reaktionen anderer Personen nach sich zieht (vgl. Kroeber-Riel, 1980, S. 449). Diese Annahme verweist auf die normative Funktion von Bezugsgruppen, die in Abschnitt 5.2.2.2 zu behandeln ist.

Die Arbeiten zum Einfluß komparativer Bezugsgruppen lassen sich so resümieren: Bei unterschiedlichen Arten von Produkten ließ sich zeigen, daß Urteile über deren Qualität und Konsumpräferenzen durch Informationen darüber beeinflußt werden, wie andere Personen die Produkte beurteilen. Dabei waren die „anderen Personen" in äußeren Merkmalen der urteilenden Person ähnlich: Hausfrauen erhielten Informationen über Urteile anderer Hausfrauen, Studenten hörten oder sahen die Einschätzungen anderer Studenten. Die Vergleichsgruppe wurde also nicht gewählt, sondern war vorgegeben; die Nähe zur Vergleichsgruppe wurde nicht variiert, die Bedeutung der Vergleichsgruppe für die urteilende Person im Hinblick auf die Aufgabe wurde nicht erfaßt. Das bedeutet: Ob nur informationaler sozialer Einfluß wirksam wurde oder auch normativer sozialer Einfluß (Deutsch & Gerard, 1955), läßt sich nicht eindeutig entscheiden. Mit unterschiedlichen Urteilen verschiedener Vergleichsgruppen sahen sich die Versuchspersonen nicht konfrontiert; in Übereinstimmung mit Festingers Theorie sozialer Vergleichsprozesse konnte gezeigt werden, daß einheitlichere Urteile der Vergleichsgruppe mindestens tendenziell zu stärkerer Urteilsangleichung führen.

Eine technologische Umsetzung solcher Befunde wäre für Anbieter mit großen Schwierigkeiten verbunden: Wenn sie mit Informationen über die Einschätzung ihrer Produkte durch eine Vergleichsgruppe werben wollen, so stehen sie nicht nur vor dem Problem, die geeigneten Vergleichsgruppen für verschiedene Verbrauchergruppen identifizieren zu müssen, sondern sie müssen auch – wie bei jeder Art von offener Werbung – davon ausgehen, daß ihre Informationen als Beeinflussungsversuch verstanden werden. Damit kann die Glaubwürdigkeit der Informationen sinken (noch mehr, wenn angegeben wird, die Vergleichsgruppe vertrete eine einheitliche Meinung), vielleicht auch Reaktanz hervorgerufen werden; das Resultat wäre eine geringere Urteilsangleichung oder sogar eine Änderung des Urteils in die entgegengesetzte Richtung, also weg vom Urteil der (angeblichen) Vergleichsgruppe (vgl. die Übersicht von McGuire, 1969, S. 182ff.). Dennoch werden entsprechende Werbestrategien häufig angewandt. Kroeber-Riel und Meyer-Hentschel (1982) geben eine Reihe von Beispielen dafür und nennen zusammenfassend Bedingungen, unter denen Werbung mit „Hinweis auf die Mehrheit" am ehesten Erfolg verspricht: Bei neuen Produkten, bei teuren Produkten, bei Produkten mit sozialer Bedeutung, und bei Produkten mit objektiv ähnlicher oder gleicher Qualität. Die „Mehrheit" soll dabei für die Urteilsbildung des Empfängers möglichst relevant sein, also eine Bezugsgruppe darstellen (vgl. Moschis, 1976); zu vermeiden ist aber, daß dem Empfänger im Falle seiner Urteilsangleichung das Gefühl vermittelt wird, ein Mitläufer zu sein. Dem Bedürfnis nach Akzeptanz durch andere steht nämlich das Bedürfnis nach Einzigartigkeit gegenüber (need for uniqueness; Snyder & Fromkin, 1980).

5.2.2.2 Normative Bezugsgruppen: Gruppeneinflüsse auf Konsumnormen

Bezugsgruppen liefern nicht nur Vergleichsstandards für die Richtigkeit von Urteilen, sondern beeinflussen auch die Vorstellungen darüber, was „gut" ist und angestrebt werden sollte. Wir erinnern daran, daß eine Bezugsgruppe für eine Person gleichzeitig komparative und normative Funktionen haben kann, die in der hier gewählten Gliederung vorgenommene Trennung mithin eine analytische ist. Es ist sehr wohl möglich, daß manche Versuchspersonen der Experimente, die im vorausgehenden Abschnitt dargestellt wurden, die vorgegebenen Vergleichspersonen als Stichprobe aus einer normativen Bezugsgruppe ansahen.

Normativer sozialer Einfluß liegt in dem Maße vor, in dem sich eine Person an Erwartungen orientiert, für das Einhalten von Verhaltensregeln belohnt oder für ein den Regeln nicht entsprechendes Verhalten bestraft zu werden. Die Belohnungen können z.B. bestehen in sozialer Anerkennung oder Verbesserung des Status innerhalb der Gruppe. Als Bestrafungen würden etwa soziale Mißbilligung oder Statusverlust bis hin zum Ausschluß aus der Gruppe gelten. Wichtig ist dabei, daß die Verhaltensregeln nicht unbedingt objektiv als Gruppennormen verstanden sein müssen; für ihre Wirkung auf das Verhalten des einzelnen ist es von ausschlaggebender Bedeutung, ob er glaubt, daß eine bestimmte Norm in einer Gruppe Geltung hat. Verhaltenssteuernd können wahrgenommene Normen schließlich auch dann sein, wenn positive Konsequenzen ihrer Einhaltung nicht sofort und regelmäßig eintreten. Im Zuge der antizipatorischen Sozialisation kann eine Person darauf bedacht sein, die vermuteten Normen einer Gruppe einzuhalten, zu der sie lediglich gehören möchte, mit deren Mitgliedern sie aber keinen Umgang hat und daher auch keine Verstärkung ihres Verhaltens durch diese Gruppe erwarten kann (und vielleicht sogar mit Bestrafung durch ihre Mitgliedschaftsgruppe rechnen muß). Konformes Verhalten mit den Normen einer Nicht-Mitgliedschaftsgruppe deutet auf Identifikation hin. Konformes Verhalten mit einer Mitgliedschaftsgruppe kann sich zwar ebenfalls aus Identifikation mit den Werten dieser Gruppe ergeben, aber auch bloß durch den Wunsch motiviert sein, Belohnungen zu erhalten und Bestrafungen zu vermeiden („compliance"; vgl. Kelman, 1961).

Die Zahl empirischer Untersuchungen über normative Bezugsgruppeneinflüsse auf Verbraucherverhalten ist überraschend niedrig, vor allem, wenn man bedenkt, wie verbreitet mehr oder weniger subtile Hinweise auf positive und negative Folgen der Entscheidung für ein bestimmtes Produkt in der Werbung sind (viele Beispiele mit guten Erläuterungen geben Kroeber-Riel & Meyer-Hentschel, 1982). Wie im vorausgegangenen Abschnitt ist auch hier kein vollständiger Überblick über die vorliegenden Arbeiten beabsichtigt – allein die methodenkritische Aufarbeitung würde einen umfangreichen Beitrag erfordern, dessen Fazit wohl sein müßte, daß in der Mehrzahl der Fälle die Replikation von Befunden zum normativen Gruppeneinfluß gelang, die außerhalb der Konsumentenforschung gemacht wurden, und daß bei Diskrepanzen zu anderswo empirisch bewährten Hypothesen meist unklar ist, wodurch sie zustande kamen.

Damit soll keine für sozialpsychologisch orientierte Konsumentenforschung spezifische Kritik ausgedrückt werden. Das methodische Niveau ist nicht generell schlechter als in anderen Anwendungsgebieten, und die Schwierigkeit, Diskrepanzen zwischen Ergebnissen befriedigend zu erklären, ist ebenfalls kein spezifisches Problem dieser Forschung.

Mehrere Arbeiten gingen allerdings spezifischeren Fragen nach, z.B. bei welchen Produktarten soziale Einflüsse auf Konsumentenentscheidungen schwächer bzw. stärker sind.

Als Beispiele für die erste Gruppe von Veröffentlichungen (Prüfung allgemeiner Hypothesen über normativen Gruppeneinfluß) können die Arbeiten von Burnkrant und Cousineau (1975) und Cocanougher und Bruce (1971) gelten. Cocanougher und Bruce (1971) nahmen an, die Konsumziele von Studenten seien dem (von ihnen vermuteten) Konsumverhalten von Managern um so ähnlicher, je positiver sie selbst einer solchen Laufbahn gegenüberstünden und je günstiger ihre Einstellung zu Managern wäre. Allgemeiner ausgedrückt: Je größer die Attraktivität einer Nicht-Mitgliedschaftsgruppe ist, desto stärker orientiert man sich an den wahrgenommenen Normen dieser Gruppe. Überprüft wurde die Annahme korrelativ. Die Versuchspersonen sollten (nach der Messung ihrer Einstellung zu einer Laufbahn im Management und ihrer Einschätzung von Managern) 38 Produkte danach ordnen, wie gerne sie sie fünf Jahre nach dem Examen besitzen würden (z.B. Stereoanlage, offener Kamin, Golfschläger, Smoking). Bei den gleichen Produkten sollten sie dann angeben, wie typisch ihr Besitz für einen typischen Manager sei. Der Grad der Übereinstimmung zwischen den beiden Einstufungen galt als Maß des Einflusses der Bezugsgruppe auf die Versuchsperson. Die Korrelation dieses Maßes mit den Einstellungsscores war hoch signifikant: Mit wachsender Attraktivität von Managern und der entsprechenden Laufbahn stieg die Übereinstimmung zwischen eigenen Konsumwünschen und dem diesem Personenkreis zugeschriebenen Konsumverhalten. Ähnlich wie bei der weiter oben zitierten Untersuchung von Bourne (1957, 1972) sind auch hier Zweifel anzumelden, ob die Interpretation größerer Übereinstimmung als Indikator für stärkeren Gruppeneinfluß unzweideutig möglich ist: Man kann vermuten, daß mindestens ein Teil der Übereinstimmung darauf zurückgeht, daß ein Teil der Studenten die Konsum-Attribute von Managern attraktiv fand und auf diesem Weg dazu kam, jene Laufbahn für attraktiv zu halten, die für die Erreichung ihrer Konsumziele förderlich schien.

Burnkrant und Cousineau (1975) gingen u. a. der Frage nach, ob der Einfluß des Gruppenurteils stärker ist, wenn eine Person erwartet, daß ihr eigenes Urteil der Gruppe bekannt wird, als wenn sie ihr Urteil anonym abgibt. Wenn es richtig ist, daß bei der Urteilsbildung die vermuteten Konsequenzen der Entscheidung im Hinblick auf die Bewertung durch die Bezugsgruppe von Bedeutung sind, dann müßte im ersten Fall (öffentlich abgegebenes Urteil) der Gruppeneinfluß stärker sein. Die Vorgehensweise von Burnkrant und Cousineau war nun allerdings denkbar schlecht geeignet, Bezugsgruppeneinflüsse bei öffentlichen versus anonymen Urteilen sinnvoll zu prüfen. Wie im Experiment von Cohen und Golden (1972) sollten die Versuchspersonen auch hier die Qualität einer angeblich neuen Kaffeemarke einschätzen. Bevor sie ihr eigenes Urteil abgaben, erfuhren sie die Urteile einer Gruppe, über deren Zusammensetzung nur wenig gesagt wurde (z. B. „andere Studenten, die wie Sie betriebswirtschaftliche Lehrveranstaltungen besuchen"). In der Öffentlichkeits-Bedingung wurden die Namen der Mitglieder der Gruppe genannt; da es sich um fiktive Namen handelte, konnte jede Versuchsperson sofort feststellen, daß sie niemanden davon kannte. In der Anonymitäts-Bedingung blieben die Gruppenmitglieder unidentifiziert. Nach dem Probieren des Kaffees gaben die Versuchspersonen ihr Urteil durch Anheften einer Marke auf einer Skala ab, die auf einer Tafel aufgemalt war. In der Öffentlichkeits-Bedingung wurden die Versuchspersonen aufgefordert, ihren Namen auf die Marke zu schreiben; in der Anonymitäts-Bedingung blieb die Marke unbeschriftet. Beide Versuchspersonen-Gruppen sollten gemäß Instruktion davon ausgehen, daß ihre Marke (d. h. ihr Urteil) bis zum Abschluß der Testreihe auf der Tafel bleiben würde. Die Resultate des Experiments sind in Anbetracht der eben beschriebenen Operationalisierungen nicht verwunderlich: Es zeigte sich nicht etwa eine stärkere Urteilsangleichung in der Öffentlichkeits-Bedingung, sondern sogar eine signifikant schwächere als in der Anonymitäts-Bedingung. Wie die Autoren selbst feststellten, sahen die Versuchspersonen die Gruppe, deren Urteil sie erfahren hatten, offenbar nicht als normative Bezugsgruppe für die Beurteilung von Pulverkaffee an. Es war den Versuchspersonen vollkommen klar, daß ihre Einschätzung weder Belohnung noch Bestrafung nach sich ziehen würde. Unter diesen Umständen scheint es plausibel, den genannten Effekt damit zu erklären, daß in der Bedingung des öffentlichen Urteils die Versuchspersonen mit stärkerer Reaktanz reagierten: Die durch den kaum einsichtigen Zwang zur öffentlichen Urteilsabgabe entstandene Freiheitseinschränkung mag zur Distanzierung vom Gruppenurteil geführt haben. Zudem können Überlegungen über die optimale Selbstpräsentation gegenüber dem Versuchsleiter eine Rolle gespielt haben; paßt man sich öffentlich dem Urteil anderer Personen an, so gerät man leichter in den Verdacht, ein „Mitläufer" zu sein und sich vom Bedürfnis nach sozialer Anerkennung lenken zu lassen, als wenn die Anpassung anonym geschieht. Daß das Ziel des Experiments („demands"; vgl. Gniech, 1976; Orne, 1962) für die Versuchspersonen nicht ganz undurchschaubar war, zeigen Ergebnisse aus der nach-experimentellen Befragung: Eine ganze Reihe von Versuchspersonen (über die genaue Anzahl informieren die Autoren nicht) hatte vermutet, daß die Feststellung normativer Einflüsse Ziel der Untersuchung sei.

Trotz der geringen Bedeutung der Befunde unter dem Aspekt der Einflußmöglichkeiten normativer Bezugsgruppen ist der Befund von Interesse, daß eine anonyme Urteilsabgabe die Angleichung an die Mehrheitsmeinung stärker begünstigte als die öffentliche, weist er doch auf „eine Gefahr hin, die allen Versuchen inhärent ist, Anpassung in Situationen herbeiführen zu wollen, in denen man wenig Einfluß auf die Zuteilung von Belohnungen und Bestrafungen hat. Eine solche Situation liegt vermutlich in der Werbung vor wie auch bei Verkaufsgesprächen, da der Werbende bzw. der Verkäufer im allgemeinen wenig Kontrolle über Belohnungen (oder Bestrafungen) für den potentiellen Kunden hat. Unter diesen Bedingungen kann ein Einflußversuch, der als Bedrohung der Entscheidungsfreiheit aufgefaßt wird, dazu motivieren, ihm Widerstand entgegenzusetzen; diese Motivation kann stärker sein als die zum Nachgeben gegenüber dem Einflußversuch. Das Ergebnis wäre natürlich ein Bumerang-Effekt, das Gegenteil dessen, was beabsichtigt wurde" (Burnkrant & Cousineau, 1975, S. 214).

Kommen wir nun zu zwei Studien, in denen versucht wurde, Produktgruppen zu identifizieren, bei denen die Entscheidung zum Erwerb im besonderen Maße von Bezugsgruppeneinflüssen geprägt wird. Wir haben weiter oben bereits die Annahme von Bourne (1957, 1972) erwähnt, wonach mit steigender Auffälligkeit eines Produkts die Wahrscheinlichkeit von Bezugsgruppeneinflüssen auf die Kaufentscheidung steigt. Auffälligkeit bedeutet dabei nicht nur, daß ein Konsumartikel von anderen gesehen und identifiziert werden können muß; er muß auch hervorstechen und beachtet werden. Deutliche Sichtbarkeit ist im zuletzt genannten Sinn also nicht mit Auffälligkeit gleichzusetzen, wenn „praktisch jeder" das Produkt besitzt (Bourne, 1972, S. 148). Gestützt auf eine Untersuchung von Glock (unveröffentlicht) geht Bourne weiter davon aus, daß Bezugsgruppen zum einen den Kauf von Produktgruppen beeinflussen können, zum anderen auch die Entscheidung für eine bestimmte Marke innerhalb einer Produktgruppe. So gibt er beispielsweise an, daß – zumindest in den USA zum

Zeitpunkt der Untersuchung, über den der Leser nicht informiert wird – die Entscheidungen für einen Autokauf sowie für den Konsum von Zigaretten und Medikamenten nicht nur überhaupt, sondern auch im Hinblick auf die einzelnen Marken stark von Bezugsgruppen geprägt waren; bei Klimaanlagen und Pulverkaffee erstreckte sich der Einfluß nur auf die Produktgruppe selbst, nicht aber auf einzelne Marken oder Produktsorten. Warum nun allerdings Medikamente im oben genannten Sinn auffällig sein sollen, bleibt offen. Schwierig zu bewerten sind Bournes Aussagen ohnehin: Die Klassifikation der genannten Produktgruppen folgte „experimentellen Ergebnissen", wobei aber nicht berichtet wird, wie dabei vorgegangen wurde. Andere Einordnungen – so sollen z.B. beim Kauf von Kühlschränken Bezugsgruppeneinflüsse stark sein, wenn es um den Typ geht, schwach hingegen, wenn es um die Marke geht – sind noch schlechter nachvollziehbar; es handelt sich um „spekulative Klassifizierungen auf der Basis von Generalisierungen, die aus den gesamten Forschungsarbeiten auf diesem Gebiet hergeleitet und durch das Urteil von Seminarteilnehmern bestätigt [sic!] wurden" (Bourne, 1972, S. 149).

Lassen wir es dabei bewenden, daß diese Art von Daten nicht dazu geeignet ist, Aufschluß über die Richtigkeit der durchaus plausiblen Ausgangsthese zu liefern.

Transparenter ist die Vorgehensweise von Lessig und Park (1978). In Anlehnung an die Typologie von Einstellungsfunktionen von Katz und Stotland (1959) unterscheiden sie zunächst drei „motivationale Funktionen von Bezugsgruppen": die Wissens-Funktion, die Nutzenmaximierungs-Funktion und die Wert-Ausdrucks-Funktion. Die erste Funktion erfüllen komparative Bezugsgruppen; ihr Einfluß wird vermittelt durch einen Prozeß der Internalisierung. Normative Bezugsgruppen können Konformität im Sinne äußerer Anpassung (compliance) erzielen, wenn sie über Belohnungs- und Bestrafungs-Macht verfügen; darauf verweist die zweite Funktion. Schließlich kann die Orientierung an den Normen von Bezugsgruppen auch aus Identifikation mit ihnen resultieren; das Individuum richtet sich nach den wahrgenommenen Normen, weil dies seinem Selbstkonzept und seinen eigenen Werten entspricht (vgl. Kelman, 1961). Um die Relvanz dieser Bezugsgruppenfunktionen für unterschiedliche Konsumentscheidungen festzustellen, entwickelten Lessig und Park (1978) 14 Items, die die verschiedenen Funktionen umschreiben.

Beispiele: „Das Individuum sucht Produktinformationen (z.B. über die Qualität von Marke A im Vergleich zu Marke B) bei jenen Freunden, Nachbarn, Verwandten oder Arbeitskollegen, die zuverlässiges Wissen über die verschiedenen Produkte haben" (Wissens-Funktion); „Der Wunsch, den Erwartungen anderer Personen zu genügen, beeinflußt die Kaufentscheidungen des Individuums" (Nutzenmaximierungs-Funktion); „Das Individuum glaubt, daß die Käufer oder Verwender einer bestimmten Marke die Merkmale haben, die es selbst gerne haben würde" (Wert-Ausdrucks-Funktion).

Ihre Versuchspersonen, 100 Hausfrauen, gaben dann für 20 offenbar beliebig ausgewählte Produktgruppen an, in welchem Maße nach ihrer Meinung bei Kaufentscheidungen die in den Items angesprochenen Bezugsgruppenfunktionen von Bedeutung waren. Für jede Produktgruppe ließ sich aus den Antworten die Bedeutung der drei Funktionen berechnen. Die Ergebnisse sind hier nicht im einzelnen darzustellen; im folgenden nur eine kurze Illustration. Es zeigte sich beispielsweise, daß die Suche nach zuverlässigen Produktinformationen beim Kauf von Autos, Farbfernsehern und Klimaanlagen nach den Einschätzungen der Versuchspersonen besonders verbreitet ist, beim Kauf von Bier, Zigaretten und Dosenpfirsichen hingegen als eher untypisch gilt. Beim Autokauf spielen auch die wahrgenommenen Erwartungen anderer und Überlegungen dazu eine große Rolle, wie man sich durch seine Entscheidung „darstellt" – solche Erwägungen sind indes beim Kauf von Dosenpfirsichen von sehr untergeordneter Bedeutung.

Was wir hier vor uns haben, sind – um dies nochmals klar herauszustellen – nicht Daten über Bezugsgruppeneinflüsse, sondern Daten über die Einschätzungen von Hausfrauen, welche Überlegungen bei Kaufentscheidungen für unterschiedliche Produkte verbreiteter bzw. weniger verbreitet sind. Dennoch leiten die Autoren daraus Schlußfolgerungen für die Werbung ab. So wird der Leser darüber unterrichtet, daß z.B. bei der Wahl von Seife, Waschmitteln, Zigaretten und Dosenpfirsichen Bezugsgruppeneinflüsse der gemessenen Arten kaum relevant seien; „Werbemaßnahmen, die einen Hinweis auf Bezugsgruppen enthalten, laufen bei diesen Produkten ein hohes Risiko, daß die Strategie von sehr niedrigem Nutzen ist" (Lessig & Park, 1978, S. 47).

Die genannten Beispiele mögen ausreichen, um die Geltung des alten Satzes von Kurt Lewin zu unterstreichen, daß es nichts Praktischeres gibt als eine gute Theorie. Auch wenn zu konzedieren ist, daß es eine allgemeine Theorie der Bezugsgruppeneinflüsse nicht gibt, auf die die Forschung zum Konsumentenverhalten zurückgreifen könnte, muß man nicht so theorieabstinent und oft auch unbekümmert um Validitätsprobleme vorgehen.

Obgleich also die empirischen Untersuchungen zu normativen Einflüssen von Bezugsgruppen auf das Konsumentenverhalten im allgemeinen wenig aufschlußreich sind, steht es doch außer Frage, daß Hinweise auf vorhandene Konsumnormen oder auf soziale Belohnungen für konformes (seltener auf Bestrafungen für abweichendes) Verhalten effektive Strategien zur Verhaltensbeeinflussung sein können (vgl. Kroeber-Riel, 1980, S. 453). Beispiele für „soziale Apelle" in der Werbung und Überlegungen zu den dabei angesprochenen Bedürfnissen (z.B. sozialer Kontakt, soziale Akzeptanz, Status und Prestige) und den Randbedingungen für den Werbeerfolg sind bei Kroeber-Riel und Meyer-Hentschel (1982) zu finden.

Wir fassen zusammen: Bezugsgruppen haben unzweifelhaft Einfluß auf die Urteilsbildung und die Kaufentscheidungen von Konsumenten. Über die Bedingungen der Wahl von Bezugsgruppen, die Konsequenzen gleichzeitiger Orientierung an mehreren Bezugsgruppen mit unterschiedlichen Urteilen und Normen, die Dimensionen von Entscheidungsproblemen, die für die Vorhersage der Stärke von Bezugsgruppeneinflüssen bekannt sein müßten, und über mögliche Personen-Merkmale, die in Wechselwirkung mit situativen Faktoren die Effekte solcher Einflüsse modifizieren, wissen wir noch nicht genug, um behaupten zu können, daß die Kenntnis der Bezugsgruppenliteratur eine unentbehrliche Voraussetzung für die Konzeption von Einflußstrategien ist. Gegenwärtig dürfte es unmöglich sein, in bezug auf die hier abgehandelten Probleme der Intuition und dem Erfahrungswissen von Werbefachleuten wissenschaftlich fundiert zu widersprechen.

5.3 Meinungsführer

5.3.1 Allgemeine Einführung

Die Bedeutung, die dem Konzept der Meinungsführerschaft in der Konsumentenforschung beigemessen wird, läßt sich daran sehen, daß ihm die meisten einschlägigen Lehrbücher entweder ganze Kapitel oder doch größere Abschnitte widmen. Auf einige deutschsprachige Übersichten sei hier besonders hingewiesen. Der Forschungsstand am Ende der sechziger Jahre wird in zwei Monographien kompetent dargestellt (Luthe, 1968; Müller, 1970); eine neuere Zusammenfassung unter besonderer Berücksichtigung des Konsumentenverhaltens gibt Scherrer (1975). Aufschluß über unterschiedliche Aspekte der Meinungsführerschaft und über die Entwicklung der Hypothese vom „zweistufigen Kommunikationsfluß" vermitteln die Arbeiten von Grefe und Müller (1976), Kreutz (1971), Mayer und Schneider (1978), Renckstorf (1970) sowie Wiswede (1978). Einen systematischen Überblick über den Forschungsstand zur interpersonellen Kommunikation im Konsumgütermarketing gibt Hummrich (1976); in seiner Monographie werden auch die in Deutschland durchgeführten Untersuchungen ausführlich dargestellt.

Bevor wir auf die Probleme und Ergebnisse der Forschung zur Meinungsführerschaft im Konsumbereich eingehen, wollen wir versuchen, einige Gemeinsamkeiten und Unterschiede zwischen Meinungsführern und Bezugspersonen aufzuzeigen; sodann wird die Forschungstradition umrissen, der das Konzept der Meinungsführerschaft entstammt.

5.3.1.1 Meinungsführer und Bezugspersonen

Bei der Diskussion des Bezugsgruppenkonzeptes hatten wir darauf hingewiesen, daß der Begriff der „Gruppe" von manchen Autoren so weit gefaßt wurde, daß im Extremfall eine einzelne Person eine „Bezugsgruppe" darstellen kann (vgl. Stafford, 1971). Merton (1957, S. 302) meint, die Bezeichnung „Bezugsgruppe" sei nur der Kürze halber eingeführt worden; seit Hyman (1942) den Begriff prägte, habe man auch „Bezugspersonen" (reference individuals) darunter verstanden. Der verkürzte Terminus habe dann aber schließlich doch die Forschungsprobleme definiert; „Bezugspersonen" seien empirisch und theoretisch vernachlässigt worden.

Wenn wir nun in diesem Kapitel das Problem der Meinungsführerschaft getrennt von Bezugsgruppeneinflüssen behandeln, müssen wir dies begründen. Sind Meinungsführer etwas anderes als Bezugspersonen? Üben sie auf andere Weise Einfluß auf Urteile und Verhalten aus? Bei der Antwort auf die erste Frage ist eine Begriffsexplikation von Merton (1957) hilfreich. Danach ist eine Bezugsperson ein Individuum, mit dem man sich identifiziert, an dessen Verhaltensweisen und Werten man sich möglichst vollständig ausrichten möchte (vgl. auch den Begriff des „reference idol" von Sherif & Sherif, 1969). Von einem „Rollen-Modell" (role model) soll hingegen gesprochen werden, wenn nur eine partielle Identifikation mit einer Person vorliegt, die sich auf nur eine oder wenige ihrer Rollen bezieht (Merton, 1957, S. 302). In den Definitionen des Meinungsführers spielt Identifikation keine Rolle; Meinungsführer sind danach Personen, die aufgrund ihres überdurchschnittlichen Interesses und außergewöhnlich guten Informationsstandes die Urteilsbildung von Individuen in dem Bereich beeinflussen, in dem sie sich von ihnen abheben. So haben sie primär eine komparative Funktion, nicht die normative, die Merton in seiner Definition der Bezugsperson in den Vordergrund stellt. Meinungsführer können allerdings, der Unterscheidung von Kelley (1952) folgend, als Bezugspersonen für Vergleiche aufgefaßt werden; aufgrund der Spezifität der Bereiche, auf die sich ihr Einfluß erstrecken soll, sowie der Tatsache, daß Identifikation mit ihnen nicht als Voraussetzung ihrer Wirkung gilt, sind sie jedoch keine Bezugspersonen im Sinne von Merton oder Sherif.

Besser begründen als durch definitorische Abgrenzungen dieser Art (denen immer eine gewisse Beliebigkeit anhaftet und allgemeine Beachtung versagt blieb), ließe sich die getrennte Behandlung durch die Forschungstradition. Die Untersuchungen zur Meinungsführerschaft beschäftigen sich in aller Regel mit sozialem Einfluß durch direkte Interaktion und Kommunikation, wobei der Meinungsführer als Vermittler zwischen den Aussagen von Massenmedien und seinen weniger interessierten oder schlechter informierten Gesprächspartnern fungiert. Die Botschaften des Meinungsführers sind verhältnismäßig klar: Die Partei A ist bei der nächsten Wahl der Partei B vorzuziehen; Produkt X ist besser als Produkt Y; Neuerung Z ist gut bzw. schlecht. Wie also der Meinungsführer einen Urteilsgegenstand bewertet, ist eindeutig; eventuelle Mißverständnisse können durch Nachfragen ausgeräumt werden.

Im Gegensatz dazu wirkt zumindest der normative Bezugsgruppeneinfluß häufig nicht durch Kommunikation von Person zu Person, sondern läuft „im Kopf" ab: Eine Person sucht Anhaltspunkte dafür, welches Verhalten für sie als Mitglied ihrer Bezugsgruppe (oder als Kandidat für die Mitgliedschaft) angemessen ist; sie überlegt sich, welche Erwartungen ihre Bezugsgruppe hat und wie sie auf ihre Entscheidungen wohl reagieren würde. Die Erwartungen der Bezugsgruppe müssen also in den meisten Fällen erst durch komplizierte Denkprozesse erschlossen werden; die Schlüsse, die dabei gezogen werden, unterliegen in weit stärkerem Maße Verzerrungstendenzen als dies bei der Interpretation von Meinungsführer-Aussagen der Fall ist (vgl. Nisbett & Ross, 1980). Meinungsführer und Bezugspersonen unterscheiden sich also mindestens tendenziell in der Art, wie sie Einfluß ausüben. Daß Urteile von Bezugsgruppen nicht in direkter Kommunikation vermittelt werden, sondern erst erschlossen werden müssen, gilt allerdings nicht für die meisten experimentellen Untersuchungen zur Theorie der sozialen Vergleichsprozesse, bei denen komparativer Bezugsgruppeneinfluß erforscht wurde. Die Grenzen zwischen den beiden Konzepten verlaufen also keineswegs so klar, daß eine gesonderte Behandlung aus theoretischen Gründen unabweisbar wäre.

5.3.1.2 Zur Geschichte der Meinungsführerforschung

Das Konzept der Meinungsführerschaft (opinion leadership) bzw. des Meinungsführers (opinion leader) hat seine Wurzeln in der amerikanischen Massenkommunikationsforschung. Diese verstand sich anfangs als eindeutig anwendungsbezogene Wissenschaft: Anbieter von Produkten wollten wissen, mit welchen Maßnahmen an welcher Stelle sie den Absatz ihrer Waren am besten steigern könnten. Gefragt waren klare Befunde aus methodisch harter Forschung. Besonders nach Beginn des Zweites Weltkriegs wuchs das Interesse von Politikern und Militärs an der Massenkommunikationsforschung; ihnen war an der Erforschung der Bedingungen gelegen, unter denen Propaganda effektiv ist. Beide Interessen zielen auf die Analyse von Wirkungen ab, die unterschiedliche Arten von Kommunikation auf die Empfänger haben (Merton, 1968, S. 505). Nach der bis in die vierziger Jahre vorherrschenden Modellvorstellung galten die Kommunikationen als Reize, die bei den passiven und isolierten Empfängern Reaktionen hervorrufen, deren Art und Stärke von der persuasiven Qualität des Stimulus abhängen (Müller, 1970, S. 10). Die griffige Formulierung von Berelson, Lazarsfeld und McPhee (1954, S. 234) sieht den Stimulus als Injektion, die einem tatenlosen Empfänger „unter die Haut" geht (hypodermic needle model).

Zweifel an der Annahme, Massenkommunikation erreiche die Empfänger so unmittelbar und entfalte ihre Wirkung in einem sozialen Vakuum, nährte Lewin in den vierziger Jahren in mehreren Aufsätzen, die 1951 unter dem Titel „Psychologische Ökologie" zusammengefaßt wurden. Seiner Konzeption zufolge sind Prozesse (z.B. Verhaltensänderungen) nur dann wissenschaftlich zu verstehen, wenn die „Struktur des Organismus, der Gruppe, der Umwelt oder womit man immer das Feld in einem besonderen Fall bezeichnen will . . . dargestellt und die Kräfte in den verschiedenen Teilen des Feldes . . . untersucht werden" (Lewin, 1951; 1963, S. 209). Seine Beispiele, die seinen Untersuchungen zur Änderung von Eßgewohnheiten entnommen sind, lassen sich leicht auf Kommunikationssituationen übertragen. Will man wissen, welche Kommunikationen beim Empfänger ankommen, so muß man die Kanäle kennen, über die sie zu ihm gelangen können. Diese Kanäle sind indes nicht immer offen; an ihren Pforten werden sie häufig von Pförtnern (gatekeepers) überwacht, die an diesem strategischen Abschnitt des Kommunikationskanals Kontrolle darüber ausüben, ob eine Kommunikation überhaupt in den Kanal gelangt, der zum Empfänger führt.

Lewin beschäftigte sich in der genannten Arbeit, dies ist zu betonen, nicht mit Problemen der Massenkommunikation; kein Wort davon ist zu finden, daß er das Dazwischentreten eines „Pförtners" auf dem Weg vom Sender zum Empfänger als den Normalfall ansah. Der Begriff des gatekeeping hat in die Massenkommunikationsforschung in einem spezifischeren Sinne als dem von Lewin gemeinten Eingang gefunden; er bezeichnet die Nachrichtenproduktion und Informationsselektion durch einen Kommunikator, der Informationen über ein Medium weiterleitet (und nicht direkt wie der Meinungsführer); so Grefe und Müller (1976, S. 4012, mit einigen Belegstellen).

Als einer der Wegbereiter des Konzepts vom Meinungsführer wird Lewin sicher gelten müssen; die erste Formulierung der Hypothese eines zweistufigen Informationsflusses findet sich jedoch (ohne Bezugnahme auf Lewin) in der Wahlstudie von Lazarsfeld, Berelson und Gaudet (1944): Sie hatten während des Präsidentschaftswahlkampfs von 1940 beobachtet, daß die Entscheidungen von weniger interessierten und lange unentschlossenen Wählern durch persönliche Kontakte mit Personen beeinflußt wurden, die sich außergewöhnlich stark für die Wahl interessierten und sehr häufig politische Diskussionen führten. Für ihre eigene Entscheidung sahen diese Meinungsführer jedoch die Massenmedien als effektivere Einflußquelle an als persönliche Beziehungen. „Dies legt die Annahme nahe, daß Ideen vom Radio und gedruckten Medien zu den Meinungsführern fließen und von ihnen zu den weniger aktiven Teilen der Bevölkerung" (Lazarsfeld et al. 1944; 1968, S. 151).

Diese Hypothese, von den Autoren unmißverständlich als solche bezeichnet, hatte ganz außergewöhnlich starke Wirkungen auf die Forschung. Luthe (1968, S. 18) meint, die Erkenntnis der Bedeutung interpersonaler Kommunikation im Beeinflussungsprozeß durch Massenmedien habe zu einer völligen Neuorientierung der Massenkommunikationsforschung geführt und die „Entzauberung der angeblich omnipotenten Massenmedien" eingeleitet (S. 20); Rogers (1969) sah darin die „vielleicht aufregendste Idee d. Kommunikationsforschung" seit 1940.

Was waren nun im einzelnen die Befunde, die Lazarsfeld et al. (1944) zu ihrer bahnbrechenden Hypothese kommen ließen? Erstens: Wähler, die sich erst spät entschieden oder während des Wahlkampfs ihre Entscheidung revidierten, gaben besonders häufig an, durch persönliche Kontakte beeinflußt worden zu sein; während des Wahlkampfs hatten zudem mehr Befragte über die Wahl diskutiert als Wahlreden gehört oder Zeitungskommentare dazu gelesen. Die Autoren schlossen daraus, daß persönliche Kontakte offenbar die Wahlentscheidungen stärker beeinflußten als die Massenmedien dies taten. Zweitens: Unter den Befragten befanden sich Personen, die bei der Einflußnahme auf die Entscheidungen anderer besonders hervortraten. Diese Meinungsführer wurden anhand zustimmender Antworten auf zwei Fragen identifiziert: „Haben Sie in letzter Zeit versucht, jemand von ihren politischen Ansichten zu überzeugen?" und „Hat Sie in letzter Zeit, jemand um Rat in einer politischen Frage gebeten?" Der wesentliche Unterschied, den die Autoren zwischen Meinungsführern und Nicht-Meinungsführern fanden, war das größere politische Interesse der ersteren. Meinungsführer waren in jeder Sozialschicht und Berufsgruppe zu finden und waren ansonsten den Nicht-Meinungsführern sehr ähnlich. Drittens: Meinungsführer erwiesen sich als stärkere Konsumenten von Massenmedien: Sie hörten mehr Radio als die Nicht-Meinungsführer.

Wenn also persönliche Kommunikation so wichtig ist, wenn die einflußreichen Personen über alle Schichten verteilt sind, und wenn sich diese Meinungsführer den Massenmedien stärker aussetzen, dann sind sie vielleicht die Zwischenstation auf dem Weg vom Massenmedium zum weniger interessierten Empfänger. Zweifellos ist es legitim, die Zweistufen-Hypothese aus den geschilderten Daten zu entwickeln. Falsch wäre es hingegen, sie durch diese Daten bereits bestätigt zu sehen. Der Beeinflussungsprozeß nämlich, auf den sie sich bezieht, wurde in der Panel-Studie überhaupt nicht untersucht. Da die Meinungsführer allein aufgrund ihrer eigenen Angaben identifiziert wurden, kann man nicht ausschließen, daß diese sich im wesentlichen nur untereinander konsultierten, vorwiegend mit solchen Personen sprachen, die ähnlich intensiv an der Wahl interessiert waren und Radio- und Zeitungsberichte verfolgten wie sie selbst. Für das hypostasierte Komplement zum Meinungsführer, seine Gefolgschaft, liefert die Untersuchung keinerlei Evidenz (Katz, 1957, S. 64).

Das neue Modell des Einflusses von Massenmedien wurde trotz der von seinen Autoren geübten Zurückhaltung fast umgehend als zutreffende Beschreibung der Wirklichkeit anerkannt. Die Zeit war offensichtlich reif dafür (vgl. Kuhn, 1970); das demonstriert auch die Untersuchung von Einflußmustern in der Kleinstadt „Rovere", die Merton kurz nach der Wahl von 1940 durchführte und 1949 veröffentlichte. Dabei war er gleich davon ausgegangen, daß einflußreiche Persönlichkeiten die Brücke zwischen der „großen Welt draußen", wie sie in Nachrichtenmagazinen geschildert wird, und den Beeinflußten bilden (Merton,

1949; 1968, S. 461). Nachdem er die einflußreichen Persönlichkeiten identifiziert hatte (sie waren jeweils von mindestens 4 von 86 Befragten als Personen genannt worden, von denen sie beeinflußt wurden), machte er sich sogleich daran, sie nach verschiedenen Kriterien zu klassifizieren und ihr Kommunikationsverhalten untereinander zu analysieren. Die Einflußprozesse jedoch, die zwischen ihnen und den anfangs befragten „Beeinflußten" abliefen, studierte Merton nicht.

Den ersten Test der Hypothese vom zweistufigen Kommunikationsfluß beabsichtigten Katz und Lazarsfeld, als sie zwischen 1945 und 1946 die Daten für die (nach ihrem Durchführungsort benannte) Decatur-Studie erhoben (veröffentlicht 1955). Sie untersuchten Meinungsführer in verschiedenen Bereichen: Einkauf, Mode, Politik und Filme. Anders als in der Wahlstudie von 1940 versuchten die Autoren, die Selbstnennungen der Meinungsführer durch Nachfragen bei denen zu validieren, die sie nach ihrer Meinung beeinflußt hatten. Wir wollen auf die Ergebnisse im einzelnen nicht eingehen; große Zweifel an der Gültigkeit von Selbsteinschätzungen der Meinungsführerschaft müssen aber aufkommen, wenn im Durchschnitt nur ungefähr zwei Drittel der angeblich Beeinflußten sich daran erinnerten, mit dem „Meinungsführer" über das von ihm genannte Thema überhaupt gesprochen zu haben. Bei 22% der Personen, die bestätigten, daß ein Gespräch stattgefunden hatte, war zudem die Interpretation eine andere gewesen; sie hielten sich entweder selbst für Ratgeber oder meinten, sie hätten Ratschläge ausgetauscht (Katz & Lazarsfeld, 1955, S. 154. Harte Kritik an der Selbsteinschätzung der Methode zur Feststellung von persönlichem Einfluß übt Kreutz, 1971, S. 180ff. vgl. auch Abschnitt 5.3.2.4 in diesem Beitrag).

Die Ergebnisse zu Merkmalen von Meinungsführern und zur Art und Weise, in der sie Einfluß ausüben, sind im Lichte dieser methodischen Defizite zu sehen. Klar wurde immerhin, daß Meinungsführerschaft keine Persönlichkeitseigenschaft ist; Meinungsführer ist man meist nur in einem umgrenzten Bereich, an dem man ein anerkanntermaßen überdurchschnittliches Interesse hat und in dem man sich (auch nach Auffassung der Ratsuchenden) besonders gut auskennt. Die Einflußnahme geschieht eher beiläufig bei alltäglichen Kontakten; daß überhaupt Einfluß ausgeübt wird, muß dabei weder dem Meinungsführer noch seinem Gesprächspartner bewußt werden. In anderen Merkmalen außer der als höher wahrgenommenen Sachkompetenz unterschieden sich die von Katz und Lazarsfeld identifizierten Meinungsführer nur wenig von den Nicht-Meinungsführern. Für Einkauf, Mode und Filme war die „Stellung im Lebenszyklus" (life-cycle position) noch der beste Prädiktor für Meinungsführerschaft: Bei Einkäufen wurden Frauen mit großen Familien häufiger als andere um Rat gebeten, bei Modefragen und Beurteilungen von Filmen waren junge unverheiratete Frauen überzufällig häufig Meinungsführer. Nur im politischen Bereich waren die Meinungsführer bevorzugt statushöhere Personen. Es wird auch kaum überraschen, daß Meinungsführer etwas häufiger mit anderen Personen zusammenkamen als Nicht-Meinungsführer.

Diese Resultate sind vor allem im Zusammenhang des vorliegenden Beitrags nicht uninteressant; wir müssen aber auch die Frage stellen, wie gut die Ergebnisse mit dem Modell des zweistufigen Kommunikationsflusses in Einklang gebracht werden können. Die Antwort kann kurz ausfallen: In der ursprünglichen Form ließ es sich nach diesen Daten bequem aufrechterhalten, weil es nicht streng geprüft wurde (vgl. Gadenne, 1976): Mangels entsprechender Daten ließ sich nicht ermitteln, ob die Nicht-Meinungsführer auf die Weiterleitung von Informationen durch Meinungsführer angewiesen sind. Als widerlegt hat indes die Annahme zu gelten, daß Meinungsführer (nach ihrer eigenen Einschätzung) in erster Linie von den Massenmedien beeinflußt werden. Nur die Meinungsführer in Modefragen sahen sich selbst zu einem größeren Anteil von Massenmedien beeinflußt als von persönlichen Kontakten; in den anderen drei Bereichen gaben die Meinungsführer dagegen an, stärker von anderen Personen beeinflußt worden zu sein als von Massenmedien – sofern sie überhaupt sagen wollten oder konnten, wodurch ihre Entscheidungen geprägt wurden. Selbst unter der Voraussetzung, daß mehr als nur knapp 30% der Befragten Angaben über die dominierende Einflußquelle auf ihre Entscheidungen gemacht hätten, könnte man diese Daten nicht so einfach interpretieren, wie Katz und Lazarsfeld glauben; die von ihnen attackierte These, daß „Menschen nicht wissen, warum sie sich so verhalten, wie sie sich verhalten" (S. 187f.) ist gerade bei Angaben dieser Art so falsch nämlich nicht (Nisbett & Ross, 1980; Nisbett & Wilson, 1977; Wilson & Nisbett, 1978).

Lazarsfeld und seine Mitarbeiter im Bureau for Applied Social Research der Columbia University waren von der Angemessenheit ihres methodischen Vorgehens so überzeugt, daß sie in ihrer Studie zur Präsidentschaftswahl von 1948 (Berelson, Lazarsfeld & McPhee, 1954) wiederum die Meinungsführer durch Selbstauskunft allein ermittelten. Im Verlauf eines Interviews mehrere Monate vor der Wahl wurden zur Identifikation von politischen Meinungsführern folgende Fragen gestellt: (1) „Wenn Sie sich mit den Leuten vergleichen, die Sie kennen, werden Sie dann häufiger oder seltener als andere nach Ihren politischen Ansichten gefragt?" (2) „Haben Sie in letzter Zeit mit jemand über Politik gesprochen?". Als Meinungsführer definierten Berelson et al. (1954, S. 109) alle Befragten, die entweder auf die erste Frage mit „gleich häufig" und auf die zweite mit „ja" geantwortet hatten. Die Charakteristika der so erfaßten Personen (es waren immerhin 23% der Befragten) waren die gleichen wie in den früheren Untersuchungen: Meinungsführer interessieren sich mehr für Politik und haben auf diesem Gebiet bessere Kenntnisse, sind sozial aktiver und befinden sich an zentralen Stellen des Kommunikationsnetzes; sie beeinflussen (nach ihren Angaben) im wesentlichen Mitglieder der Gruppen, denen sie selbst angehören, und haben einen etwas höheren beruflichen Status und Bildungsstand als Nicht-Meinungsführer.

Von einem Test der Hypothese des zweistufigen Kommunikationsflusses kann bei der Anlage dieser Studie keine Rede sein. Die Analyse der Berichte, die die Teilnehmer des Panel über ihre politische Meinungsbildung gaben, waren aber dazu angetan, eine Modifikation der Hypothese anzuregen. Berelson et al. hatten nämlich gefunden, daß sich die Befragten bevorzugt mit Personen unterhielten, die ihre Meinung bereits teilten und auch beim Medienkonsum Präferenzen für unterstützende Kommunikationen zeigten. Meinungsänderungen während des Wahlkampfs waren entsprechend selten; fanden sie statt, gingen sie meistens in Richtung der wahrgenommenen Gruppenmeinung, die wiederum durch Gespräche mit Gruppenmitgliedern vermittelt worden war. Die Rolle der politischen Meinungsführer ist damit weniger die, Einstellungen zu verändern, als unsichere Gruppenmitglieder auf die vorherrschende Meinung aufmerksam zu machen und vorhandene Tendenzen zu verstärken. Durch die Urteilsangleichung wird nicht nur die Gruppenmitgliedschaft des Einzelnen stabilisiert, sondern auch die Gruppe selbst. (Die Affinität dieser Aussagen zu denen der Theorie sozialer Vergleichsprozesse ist unübersehbar, wenn sich auch Berelson et al. nicht darauf beziehen). Interessant, weil inkonsistent mit der Zwei-Stufen-Annahme, war weiter, daß die Meinungsführer tendenziell häufiger als Nicht-Meinungsführer andere Personen um Rat in politischen Fragen baten (52% vs. 43%; Berelson et al., 1954, S. 110).

In den Wahlstudien von Lazarsfeld und seinen Mitarbeitern, die wir bisher referierten, stand die Untersuchung des Einflußprozesses selbst nicht im Mittelpunkt des Interesses; in der Decatur-Studie schließlich hatte es sich als unmöglich erwiesen, solide Daten über tatsächliche Einflußnahmen zu sammeln. Weit anspruchsvoller in der Vorgehensweise, dafür thematisch wesentlich begrenzter, war die Studie von Coleman, Katz und Menzel (1957) über den Diffusionsprozeß eines neuen Medikaments bei Ärzten. In dieser Untersuchung wurden nicht nur die Informations- und Einflußquellen der Befragten adäquater als zuvor erhoben, sondern erstmals auch die Folgen des Einflusses mit einem valideren Maß als dem der Selbstauskunft gemessen: Die Forscher überprüften die Häufigkeit, mit der die Ärzte das neue Präparat verschrieben. In unserem Zusammenhang ist ein Ergebnis der Untersuchung besonders wichtig: Die Ärzte, die einen besonders großen Einfluß auf die Entscheidung ihrer Kollegen hatten, das Medikament zu verordnen, lesen zwar mehr Fachzeitschriften und besuchen mehr Tagungen, sind aber bei ihrer eigenen Entscheidungsfindung durchaus bestrebt, durch persönliche Kontakte Informationen zu sammeln. Dabei wenden sie sich an Kollegen mit höherem Ansehen. Bis man, ausgehend vom lokalen Meinungsführer, auf einen Meinungsführer trifft, dessen Urteil über das Medikament (angeblich) von persönlichen Kontakten nur zu einem geringen

Teil beeinflußt ist, hat man drei bis vier „Zwischenstationen" zu passieren. Wesentlich besser als in der Untersuchung von Berelson et al. (1954) war hier also die Zwei-Stufen-Hypothese widerlegt worden; Menzel und Katz (1955, S. 352) schlagen als erste explizit vor, die Möglichkeit eines mehrstufigen Kommunikationsflusses in Betracht zu ziehen: Von den Massenmedien, über mehrere Zwischenglieder von Meinungsführern, die miteinander im Austausch stehen, bis hin zu den „Mitläufern".

Das ursprünglich so einfache wie einleuchtende Modell von Lazarsfeld et al. (1944) ließ sich nicht mehr halten. In den Jahren nach 1955 fanden einige zuvor weitgehend vernachlässigte Fragen größere Beachtung: Auf welche Weise übt ein Meinungsführer durch seine Ratschläge Einfluß aus – tritt er ungefragt an weniger informierte Personen heran oder bitten ihn diese um Rat? Sind die Nicht-Meinungsführer wirklich die „Gefolgschaft" der Meinungsführer, wie es die frühen Arbeiten von Lazarsfeld und seinen Mitarbeitern nahelegten? Besteht die Rolle des Meinungsführers primär darin, Inhalte von Massenmedien an jene weiterzugeben, die sie nicht kennen, oder ist er Interpret dieser Inhalte, um im Interesse seiner Gruppe Überzeugungen zu beeinflussen?

Troldahl (1966) versuchte, einige dieser Fragen einer Lösung näherzubringen. Ausgangspunkt seiner Überlegungen waren Befunde von Deutschmann und Danielson (1960), wonach zumindest wichtige Ereignisse der breiten Öffentlichkeit (in den USA) durch Massenmedien und ohne Dazwischenschaltung von Meinungsführern bekannt wurden. Informationen über wichtige Neuigkeiten erreichen die meisten Menschen durch Massenmedien sehr schnell und effektiv. Die Tatsache indes, daß man eher aus den Medien Informationen über wichtige Ereignisse bezieht als von Meinungsführern, impliziert nicht, daß die Medien auch bei der Urteilsbildung von größerer Bedeutung sind. Rogers (1962) zitiert eine Studie über Innovationsprozesse, der zufolge Massenmedien mehr als interpersonale Kontakte dazu beitragen, Kenntnisse über das Vorhandensein einer Innovation zu verbreiten, daß aber die Übernahme-Entscheidungen stärker von direkten Kontakten mit anderen Menschen bestimmt werden. Troldahl (1966) nimmt an, daß die meisten Menschen unmittelbar, in einem Schritt, von den Informationen aus Massenmedien erreicht werden; nur im Hinblick auf Überzeugungen und Verhalten ist der Kommunikationsprozeß zweistufig; hier können Meinungsführer Einfluß ausüben.

Zur Spezifikation der Bedingungen, unter denen Meinungsführer wirksam werden, zieht Troldahl einige fundamentale Thesen aus Theorien der kognitiven Konsistenz heran (Abelson, Aronson, McGuire, Newcomb, Rosenberg & Tannenbaum, 1968; vgl. auch Frey, 1978; Irle, 1975; Stroebe, 1980). Ihnen zufolge gerät eine Person, die als Empfänger einer Botschaft aus einem Massenmedium eine Inkonsistenz zwischen deren Inhalt und ihren Überzeugungen wahrnimmt, in einen psychisch aversiven Zustand. Eine Möglichkeit, diesen zu beseitigen, besteht darin, sich an einen Meinungsführer zu wenden; durch seine Interpretationen kann es der Person gelingen, kognitive Konsistenz wiederzuerlangen. Voraussetzung für Meinungsführerschaft ist demnach wahrgenommene kognitive Inkonsistenz bei Personen, die nach ihrer Einschätzung zur Auflösung der Inkonsistenz selbst nicht fähig sind.

Troldahls Hypothese des einstufigen Kommunikationsflusses von Informationen ist übrigens keine Neuauflage des alten Injektions-Modells (vgl. Rogers, 1973, S. 295): Auch wenn die meisten Menschen unmittelbar durch Massenmedien informiert werden, sind doch die Wirkungen bei ihnen sehr verschieden. Das einstufige Modell gilt allerdings wohl kaum allgemein. Greenberg (1964) formulierte die plausible Hypothese, daß die Wahrscheinlichkeit interpersonaler Vermittlung von Nachrichten am größten ist, wenn diese von mittlerer Wichtigkeit sind. Besonders wichtige Nachrichten (z.B. über Attentate auf Präsidenten) nehmen in allen Medien sofort einen so großen Raum ein, daß man auch als relativ uninteressierter Nutzer davon erfährt; und subjektiv eher unwichtige Nachrichten werden mündlich kaum weitergegeben, weil nicht damit zu rechnen ist, daß sich der Gesprächspartner dafür interessiert.

Wie wenig gerechtfertigt die Annahme gewesen war, daß die Meinungsführer einseitigen Einfluß auf verhältnismäßig passive und desinteressierte „Gefolgsleute" ausüben, unterstreichen schließlich die Untersuchungen von Troldahl, Van Dam und Robeck (1965) und Troldahl und Van Dam (1965). In der ersten Studie zeigte sich, daß Personen, die sich häufig an Meinungsführer wandten, von passiveren Gruppenmitgliedern oft nach ihrer politischen Meinung gefragt wurden, ohne daß sie sich selbst als Meinungsführer einschätzten. Noch stärker aufgeweicht wurde die Differenzierung zwischen Meinungsführern und „Gefolgschaft" in der zweiten Untersuchung. Die Autoren unterscheiden zwischen „Ratgebern" (opinion givers), „Ratsuchern" (opinion askers) und „Inaktiven". Die ersten geben im Verlauf von Gesprächen ihre Meinungen weiter, interessieren sich aber auch für die Meinungen anderer. Die „Ratsucher" waren vorwiegend daran interessiert, die Meinungen anderer zu hören. Bei den „Inaktiven" (63% der Stichprobe) endlich handelte es sich um Personen, die in letzter Zeit mit niemandem über die untersuchten Ereignisse gesprochen hatten. „Ratgeber" und „Ratsucher" unterschieden sich weder im Hinblick auf Medienkonsum und Wissensstand noch in Kontakthäufigkeit und sozialem Status signifikant voneinander.

Die Unterschiede, die Lazarsfeld und seine Mitarbeiter zwischen Meinungsführern und Nicht-Meinungsführern gefunden hatten, beruhen also vielleicht nur darauf, daß sie nicht zwischen „Ratsuchern" und „Inaktiven" trennten, sondern den Meinungsführern eine amorphe „Gefolgschaft" gegenüberstellten. Die Weitergabe einer massenkommunizierten Botschaft an Individuen, die bisher noch keine Kenntnis von dieser Botschaft hatten, stellt, so kann man schließen, nicht die Regel dar. Weitere Bestätigungen für diese Annahme geben Van Den Ban (1964), der die Diffusion von Innovationen in der Landwirtschaft untersuchte, und Arndt (1968), der „Mund-zu-Mund"-Werbung für ein neues Nahrungsmittelprodukt studierte.

Damit wollen wir die Darstellung vom Aufstieg und Fall des Zwei-Stufen-Modells abschließen. Die seit der Veröffentlichung von „The People's Choice" (Lazarsfeld, Berelson & Gaudet, 1944) so zugkräftige These, daß wichtige Kommunikationen aus Massenmedien häufig erst durch die Vermittlung von Meinungsführern an das weniger interessierte Publikum gelangen, kann in dieser Allgemeinheit als widerlegt bezeichnet werden. Offen muß bleiben, wie weit die Entwicklung der Massenmedien dazu beigetragen hat, daß sich in den USA und vermutlich auch in den anderen westlichen Industriegesellschaften keine empirische Evidenz mehr dafür findet, daß der zweistufige Kommunikationsfluß die Regel ist. Über die gesellschaftlichen Randbedingungen, unter denen die Hypothese vielleicht doch gilt, könnten interkulturelle Studien Aufschluß erbringen (vgl. dazu Aufermann, 1971). In jüngster Zeit greifen zudem Überlegungen Platz, ob dem Zwei-Stufen-Modell durch die technische Weiterentwicklung der Massenmedien eine Renaissance beschieden sein könnte. So wird vermutet, daß die immer komplizierteren gesellschaftlichen Informationssysteme die Chancengleichheit im Zugang zu Informationen und in ihrer Nutzung eher einschränken als erhöhen. Aus den neuen Möglichkeiten werden diejenigen den größten Nutzen ziehen, die „ohnehin schon bildungsmäßig und sozial privilegiert sind, was zur wachsenden Wissenskluft zwischen der gesellschaftlichen Gruppe der Gutinformierten und jener der Schlechtinformierten führen könnte" (Bonfadelli, 1980, S. 174). Für die Überprüfung dieser Wissenskluft-Hypothese, erstmals formuliert von Tichenor, Donohue und Olien (1970), werden sich allem Anschein nach in der Bundesrepublik durch die geplante Einführung neuer Medien bald ausgezeichnete Möglichkeiten ergeben.

5.3.2 Meinungsführerschaft und Konsumentenverhalten

Wenn das Konzept der Meinungsführerschaft für die Vorhersage, Erklärung und Steuerung des Verhaltens von Konsumenten herangezogen werden soll, so hat die Forschung zu den folgenden zentralen Fragen Aussagen zu machen: Worin unterscheiden sich Meinungsführer von Nicht-Meinungsführern? Wie eng bzw. breit ist der Produktbereich, in dem Meinungsführer Einfluß auf andere ausüben? Auf welche Weise üben Meinungsführer Einfluß aus? Mit welchen Verfahren lassen sich Meinungsführer ermitteln? Und, für die Anwendung für Anbieter am Markt von höchstem Interesse: Welche Möglichkeiten gibt es, Meinungsführer für ein Produkt zu schaffen bzw. zu gewinnen? Wenn es solche Möglichkeiten gibt: Stehen die dafür aufzuwendenden Kosten in einem vertretbaren Verhältnis zum zu erwartenden Nutzen?

5.3.2.1 Merkmale von Meinungsführern und Nicht-Meinungsführern

In nahezu allen Untersuchungen, die Variablen zu identifizieren versuchten, in denen sich Meinungsführer von Nicht-Meinungsführern unterscheiden, wurden Personen nicht etwa nur dann als Meinungsführer bezeichnet, wenn sie nachgewiesenermaßen die Entscheidungen anderer Personen beeinflußten; vielmehr gelten Personen schon dann als Meinungsführer, wenn sie selbst angeben, häufig von anderen um Rat gefragt zu werden (bzw. in der letzten Zeit um Rat gefragt worden zu sein), und/oder wenn sie andere Personen in ihren Entscheidungen zu beeinflussen glauben, und/oder wenn sie von anderen als Personen benannt werden, die um Rat gefragt werden oder Einfluß ausüben. Die verschiedenen Verfahren zur Messung der Meinungsführerschaft und ihre Problematik werden weiter unten (5.3.2.4) erläutert; an dieser Stelle soll der Hinweis genügen, daß die empirisch ermittelten Korrelate der Meinungsführerschaft im Lichte der möglicherweise unzureichend validen Verfahren zur Messung des Kriteriums zu sehen sind.

Auf die Zusammenstellung von Studien, in denen Variablen gesucht wurden, die zwischen Meinungsführern und Nicht-Meinungsführern diskriminieren, kann hier verzichtet werden. Hummrich (1976, S. 58f.) bietet eine Tabelle an, in der Ergebnisse von sechs Untersuchungen zusammengefaßt sind (Corey, 1971; Gruner & Jahr-Verlag, 1971; Katz & Lazarsfeld, 1955; Myers & Robertson, 1972; Randoe, 1968; Summers, 1970). Dabei trennt er vier Gruppen von Merkmalen:

– sozio-ökonomische Merkmale
– Persönlichkeitsmerkmale
– Merkmale der kommunikativen Aktivität
– Interessensmerkmale

Geprüft wurden unterschiedliche Merkmalsausprägungen von Meinungsführern und Nicht-Meinungsführern in insgesamt sieben Produktgruppen: Nahrungsmittel, Wasch- und Reinigungsmittel, Haushaltsgeräte, Kosmetik, Mode, Möbel und Einrichtung, Autos. Ähnliche Tabellen für die Bereiche Mode, Politik und öffentliche Fragen, Konsumgüter, Familienplanung und Gesundheit, Investitionsgüter liefern Mayer und Schneider (1978).

Zusätzlich zu den bereits von Hummrich (1976) zusammengestellten Arbeiten referieren sie Ergebnisse der Untersuchungen von Anson (1974), Armstrong und Feldmann (1976), Baumgarten (1975), Booth und Babchuk (1972), Brett und Kernaleguen (1975), Eurich (1977), Kingdon (1970), Montgomery und Silk (1971), Ostlund (1973), Placek (1974), Reynolds und Darden (1971), Robertson und Myers (1969), Robinson (1976), Saunders, Davis und Monsees (1974), Schrank und Gilmore (1973), Summers (1971) und Wright (1975).

Die Ergebnisse der verschiedenen Untersuchungen stimmen, so zeigt bereits ein erster Blick auf die genannten Tabellen, in nur wenigen Merkmalen über die verschiedenen Bereiche hinweg überein. So sind beispielsweise Meinungsführer zwar durchschnittlich etwas jünger als Nicht-Meinungsführer, besonders auf den Gebieten Mode und Kosmetik; in anderen Produktgruppen zeigte sich hingegen kein Zusammenhang zwischen Alter und Meinungsführerschaft oder es wurden nur in einem Teil der Untersuchungen Zusammenhänge gefunden. Lediglich sozio-ökonomische Merkmale trennen Meinungsführer von Nicht-Meinungsführern in allen untersuchten Marktbereichen, wenn auch nur tendenziell: Meinungsführer leben in etwas größeren Haushalten, haben einen höheren beruflichen oder sozialen Status, eine bessere Ausbildung und ein höheres Einkommen.

Die theoretisch meistens sehr dürftig fundierte Suche nach Persönlichkeitskorrelaten von Meinungsführerschaft brachte keine Ergebnisse. Auffällig ist dabei, mit welcher Naivität bisweilen das alte Eigenschaftskonzept der Führung (s. dazu Irle, 1970) auf die Meinungsführung übertragen wurde, wenn auch in der Annahme, daß die Eigenschaften von Führern in Gruppen nicht unbedingt identisch seien mit denen von Meinungsführern.

Es leuchtet unmittelbar ein, daß die Wahrscheinlichkeit, Informationen an andere weitergeben zu können und dadurch vielleicht ihre Entscheidungen zu beeinflussen, mit höherer sozialer Aktivität zunimmt. Die vorliegenden Ergebnisse entsprechen dieser etwas trivial anmutenden Annahme. Meinungsführer unterscheiden sich von Nicht-Meinungsführern besonders durch ein höheres Maß informeller sozialer Aktivität. Die ursprüngliche Hypothese, wonach sich Meinungsführer den Medien häufiger und intensiver aussetzen als Nicht-Meinungsführer, kann mit einer Einschränkung ebenfalls als bestätigt gelten: Meinungsführer nutzen vor allem solche Medien häufiger, in denen sie Informationen über den Bereich erwarten können, in dem sie Meinungsführerschaft ausüben; bei der Mediennutzung insgesamt zeigen sich nicht regelmäßig Unterschiede zwischen den beiden Gruppen. Als Folge der stärkeren Nutzung relevanter Medien und höherer Aufmerksamkeit dabei ist der Wissensstand von Meinungsführern besser (vgl. z.B. Richmond, 1977). Sehr plausibel ist es auch, daß Meinungsführer ein stärkeres Interesse für Produkte aus ihrem Gebiet sowie für die Werbung für solche Produkte zu erkennen geben als Nicht-Meinungsführer.

Die Dürftigkeit der vorliegenden Befunde zeigt auch die Zusammenfassung von Robertson (1978, S. 220): "A summary profile of opinion leader traits indicates the tentativeness of existing results. Age varies by product category; social status is most often the same as that of advisees; high gregariousness is uniformly the case; cosmopolitanism, or orientation beyond the local community, is generally cited as the case but has not been explicitly tested for consumer goods; knowledge is generally greater; no distinguishing personality features exist; norm-adherence is greater; and high innovativeness is found."

Auch ohne marktpsychologische Untersuchungen der Art, wie sie hier in aller Knappheit referiert wurden, wäre ein Marketing-Fachmann kaum auf den Gedanken verfallen, eine Person sei mit um so höherer Wahrscheinlichkeit Meinungsführer in einem bestimmten Bereich, je weniger sie sich für Produkte aus diesem Bereich interessiere und je weniger sie darüber wisse. Es würde wohl auch niemand vermuten, daß starkes Interesse und überdurchschnittliches Produktwissen allein schon ausreichen würden, um eine Person zum Meinungsführer zu machen. Die isolierte Betrachtung von einzelnen Merkmalen ist daher ganz offensichtlich ein ungeeigneter Weg, um Korrelate von Meinungsführerschaft zu finden, die mehr als nur trivial sind. Vielmehr sollten Merkmalskombinationen, denen auch theoretische Überlegungen zugrundeliegen, auf ihre Diskriminationsfähigkeit überprüft werden; dabei wäre dann auch zu empfehlen, von der unhaltbaren Dichotomisierung des Kriteriums (Meinungsführer gegenüber Nicht-Meinungsführer) abzugehen.

5.3.2.2 Die Spezifität von Meinungsführerschaft

Die Frage nach der Spezifität von Meinungsführerschaft findet eine überaus einfache und einsichtige Antwort: Die Wahrscheinlichkeit, daß Personen gleichzeitig in mehreren Bereichen als Meinungsführer auftreten, steigt mit der Wahrscheinlichkeit, daß ihre Interessen für die verschiedenen Bereiche positiv korrelieren. Um dies an einem einfachen Beispiel zu illustrieren: Der Meinungsführer für Autos dürfte eher als Meinungsführer auch für Autoreifen in Frage kommen als der Meinungsführer für Mode, der sich für Autos nur wenig interessiert.

Ausführliche Erörterungen und empirische Untersuchungen hierzu liefern Jacoby (1974), King und Summers (1970), Marcus und Bauer (1964), Montgomery und Silk (1971), Myers und Robertson (1972), Silk (1966), Wilkening (1956); Zusammenfassungen geben Hummrich (1976; S. 77ff.) und Mayer und Schneider (1978, S. 167f.).

5.3.2.3 Annahmen zur Kommunikation zwischen Meinungsführern und Nicht-Meinungsführern

Weiter oben hatten wir bereits festgestellt, daß die Annahme zu einfach ist, Meinungsführer gäben in der Regel unaufgefordert Informationen aus Massenmedien an weniger informierte Personen weiter, die sich dann in ihrem Urteil den Meinungsführern anschließen. Persönlicher Einfluß bzw. Informationsübermittlung in Fragen des Konsumverhaltens wird vielleicht ähnlich häufig vom Empfänger initiiert (recipient-initiated influence) wie von der Person, die einen Informationsvorsprung hat (source-initiated influence; Robertson, 1978, S. 215).

Zur unaufgeforderten Informationsabgabe durch Käufer von neuen Produkten vgl. z.B. Engel, Kegerreis und Blackwell (1969), Engel, Knapp und Knapp (1966), Schiffman

(1971). Weitere Angaben, auch über deutsche Untersuchungen, finden sich bei Hummrich (1976, S. 84ff.).

Der Käufer eines neuen Automodells mag im Gespräch ungefragt die Vorzüge seines Wagens herausstellen (weniger wahrscheinlich ist es, daß er seine Nachteile anprangert); der Kaufinteressent wird sich von sich aus an Personen wenden, die er für kompetente Ratgeber hält, und nicht deren spontane Äußerungen abwarten. Das Verständnis einfacher Informationen dürfte kaum dadurch behindert werden, daß ein Empfänger die Übermittlung nicht selbst angeregt hat; man kann aber davon ausgehen, daß die Verarbeitung komplexerer Informationen erschwert und auch die Bereitschaft zur Akzeptanz der Meinung des Kommunikators niedriger ist, wenn das Interesse des Empfängers an dessen Äußerungen gering ist.

Die Kommunikation zwischen Meinungsführern und Nicht-Meinungsführern ist also nicht asymmetrisch in dem Sinne, daß ein im wesentlichen durch Medien über ein bestimmtes Kommunikationsobjekt informierter Meinungsführer einem von diesen Medien isolierten Meinungsfolger sein Wissen weitergibt und Einfluß auf ihn ausübt. Hummrich (1976) schlägt vor, das Modell der asymmetrisch-vielstufigen Meinungsführerschaft durch eine „symmetrische Austauscherkonzeption" zu ersetzen: „Aufgrund der bisherigen Ergebnisse ist es wahrscheinlich, daß der überwiegende Teil der interpersonell kommunizierenden Konsumenten symmetrische Kommunikationsbeziehungen unterhält. Der Teil der Konsumenten, der entweder ausschließlich Informationen sucht oder ausschließlich Informationen abgibt, scheint statistisch eine unbedeutende Rolle zu spielen". (S. 98). Ihre wesentliche Stütze findet diese Konzeption durch übereinstimmende Resultate mehrerer Untersuchungen, wonach sich die (seltenen) „Nur-Informationsgeber" (also die Personen, die gemäß der ursprünglichen Vorstellung Meinungsführer sind) von den (ebenfalls seltenen) „Nur-Informationsnehmern" und der großen Gruppe der „Austauscher" nicht sehr stark unterscheiden, während zu der wiederum größeren Gruppe passiver Konsumenten beträchtliche Differenzen nachweisbar sind (z.B. Allensbach, 1970; Cerha, 1967; Reynolds & Darden, 1971). Passive Konsumenten unterscheiden sich nicht in ihren Persönlichkeitsmerkmalen von den aktiven; den Typ des passiven Konsumenten gibt es wohl nicht. Die Passivität bezieht sich auf den in Frage stehenden Konsumbereich: Sie äußert sich in weniger Interesse an entsprechenden Produkten, an der Werbung dafür und an Medien, die darüber informieren; damit geht einher, daß „informelle produktbezogene soziale Aktivitäten" seltener sind (Hummrich, 1976, S. 115).

Bei diesen „produktbezogenen sozialen Aktivitäten" steht gewöhnlich nicht die reine Informationsübermittlung im Sinne eines Bekanntmachens mit Produkten im Vordergrund. Interpersonelle Kommunikation dient einem Konsumenten in der Vor-Entscheidungsphase vielmehr eher dazu, durch das Kennenlernen der

Urteile und Einstellungen anderer Personen die eigene Entscheidung zu erleichtern; mit zunehmender zeitlicher Nähe zur Entscheidung sinkt die Bedeutung unpersönlicher Informationsquellen (vgl. Engel, Blackwell & Kegerreis, 1969; Gruner & Jahr, 1971; Randoe, 1968; Robertson, 1968; zusammenfassend Hummrich, 1976, S. 122ff.).

Präzise Angaben über die relative Bedeutung von Medien und von interpersoneller Kommunikation bei der Urteilsbildung im Konsumbereich werden sich allerdings allein schon deshalb nie machen lassen, weil Berichte über die Ursachen eigenen Verhaltens Verzerrungstendenzen unterliegen: Viele Menschen würden z. B. nur ungern zugeben, daß ihre Entscheidung zum Kauf eines Produkts im wesentlichen durch die Werbung dafür bestimmt wurde. Andererseits ist denkbar, daß subtile interpersonelle Einflüsse – die auch nicht-verbal sein können – von Betroffenen nicht einmal registriert werden, obgleich sie die Entscheidung nachhaltig beeinflussen; das dürfte um so eher eintreten, je weniger ein bestimmtes Verhalten anderer als „repräsentative" Ursache für die eigene Entscheidung gesehen wird (vgl. Nisbett & Ross, 1980; Nisbett & Wilson, 1977).

Wir müssen also davon ausgehen, daß die Angaben über Entscheidungsgründe, die in Interviews gegeben werden, nicht unbedingt valide sind. Dennoch liegt kein Anlaß vor, daran zu zweifeln, daß interpersonelle Kommunikationsprozesse Entscheidungen auch von Konsumenten stark beeinflussen können. Unter welchen Bedingungen kann man nun damit rechnen, daß die Bereitschaft zur Kommunikation groß ist?

Die Vorzüge, die Gespräche mit anderen Personen für Konsumenten in Entscheidungssituationen haben können, liegen wohl im wesentlichen darin begründet, daß Informationen mit verhältnismäßig niedrigem Aufwand eingeholt werden können und es (anders als bei der Informationsaufnahme aus Medien) möglich ist, bei Unklarheiten sofort nachzufassen. Die wahrgenommene Sachkompetenz eines Gesprächspartners, von dem man annehmen kann, daß er mit seinen Ratschlägen nicht eigene Interessen verfolgt, reduziert die Entscheidungsunsicherheit. Wenn der Gesprächspartner zudem noch ein Mitglied der gleichen sozialen Gruppe ist, kann er neben Informationen über Vorteile und Nachteile eines Produkts auch Hinweise darüber liefern, welche Konsequenzen bestimmte Entscheidungen im Hinblick auf die Wertungen durch die Gruppe haben könnten. Einem rationalen Modell folgend sollte der Konsument in einer Entscheidungssituation in dem Maße Informationen durch interpersonelle Kommunikation suchen, in dem er damit rechnen kann, auf diese Weise mit angemessenen Kosten das ökonomische und soziale Risiko seiner Entscheidung zu reduzieren (vgl. Cox, 1967; Taylor, 1974; Wiswede, 1978). Die Meinungsführer selbst schließlich erwerben sich ihren Wissensvorsprung möglicherweise dadurch, daß sie sich mit dem Ziel der Risikominimierung bei ihren eigenen Entscheidungen besonders gründlich informieren (Cunningham, 1967).

Die Informationssuche von Meinungsführern und von Ratsuchern ist indes nicht immer „neutral" in dem Sinne, daß Informationen, die bereits bestehenden Präferenzen widersprechen, in gleichem Maße gesucht und bei der Entscheidung berücksichtigt wurden wie Informationen, die solche Präferenzen unterstützen. Allerdings kann die einfache Hypothese der Theorie der kognitiven Dissonanz (Festinger, 1957), wonach unterstützende Informationen generell bevorzugt werden, im Lichte neuerer Befunde nicht mehr aufrechterhalten werden. Frey (1981) wies eine Präferenz für widersprechende Informationen nach,

- wenn eine Person mit unterstützenden Informationen bereits sehr vertraut ist
- wenn die widersprechende Information als leicht widerlegbar angesehen wird
- wenn die widersprechende Information für nützlich gehalten wird
- wenn die kognitive Dissonanz in der Entscheidungssituation sehr stark und die Entscheidung nicht irreversibel ist.

Als Fazit können wir festhalten, daß interpersonelle Kommunikation die Entscheidungen von Konsumenten nachhaltig beeinflussen kann; Meinungsführer sind dabei aber keineswegs als autonome Lenker der Entscheidungen einer naiven Gefolgschaft zu verstehen. Von welchen Bedingungen ihre Einflußmöglichkeiten abhängen, ist in groben Zügen bekannt. Der Beitrag, den manche aufwendige Studien (vgl. die Darstellungen bei Hummrich, 1976; Mayer & Schneider, 1978) zum Erkenntnisgewinn leisten, ist jedoch enttäuschend gering. Es nutzt wenig, wenn man − um nur ein Beispiel zu nennen − bei Konsumenten die nach ihrer Meinung wichtigsten Informationsquellen vor Kaufentscheidungen erfragt und dann prüft, ob persönliche und unpersönliche Informationsquellen als gleich oder unterschiedlich wichtig eingeschätzt werden, je nachdem, ob es um neue Reinigungsmittel oder neue Frisuren geht. Solange man nicht weiß, auf welchen Dimensionen sich die betreffenden Entscheidungen für den Konsumenten unterscheiden, kann von einem verwertbaren Erkenntnisgewinn kaum die Rede sein − einmal ganz abgesehen von dem mehrfach angesprochenen Problem der ungeklärten Validität introspektiver Berichte über Entscheidungsdeterminanten. Im letzten Abschnitt (5.3.2.5) werden wir uns mit der Frage befassen, wie das Konzept der Meinungsführerschaft von Anbietern am Markt nutzbar gemacht werden könnte; zuvor jedoch muß noch kurz auf die gängigen Verfahren zur Messung von Meinungsführerschaft und ihre Problematik eingegangen werden.

5.3.2.4 Die Messung von Meinungsführerschaft

Nach der herkömmlichen Konzeption gelten als Meinungsführer solche Personen, die häufiger als andere um Informationen und Ratschläge gebeten werden und infolgedessen die Meinungen und Entscheidungen anderer Personen beeinflussen (so z.B. Rogers & Cartano, 1962). Formulierungen dieser Art legen es nahe, Meinungsführerschaft als — wenn auch möglicherweise bereichsspezifisches — dichotomes Merkmal zu sehen: Personen sind Meinungsführer oder sie sind es nicht. Wie wir gezeigt haben, ist die empirische Evidenz für diese Auffassung sehr schwach. Meinungsführerschaft ist eher als ein Kontinuum zu betrachten: Sie ist in dem Maße gegeben, in dem von einer Person Ratschläge eingeholt und akzeptiert werden. Die unterschiedlichen Auffassungen über Meinungsführerschaft — als dichotome bzw. kontinuierliche Variable — spiegeln sich, wie wir sehen werden, in den Meßverfahren wider. Dabei lassen sich drei Techniken unterscheiden:

Selbstauskunft. Hier bestimmen die Angaben der Befragten, ob sie als Meinungsführer gelten oder nicht. Meistens wird die Zuordnung nach den Antworten auf einige wenige Fragen getroffen; manchmal ist ein einziges Item Grundlage der Klassifikation. So identifizierte Corey (1971) Meinungsführer und Nicht-Meinungsführer durch das Item „Wenn es um Autos geht: Welche der beiden Feststellungen trifft auf Sie am ehesten zu: 1) Freunde und Verwandte kommen gewöhnlich zu mir, um sich beraten und informieren zu lassen. 2) Um Rat und Informationen zu erhalten, gehe ich gewöhnlich zu Freunden oder Verwandten." — Die von Rogers und Cartano (1962) entwickelte Skala zur Messung der Meinungsführerschaft umfaßt sechs Items; Modifikationen dieses Instruments werden häufig verwendet. Man erkundet, wie oft eine Person innerhalb eines bestimmten Zeitraums (in der Originalversion: im letzten halben Jahr) mit anderen über das Urteilsobjekt (z.B. Kleidung) gesprochen hat, wie oft sie im Vergleich zu ihren Freunden oder Nachbarn um entsprechenden Rat gebeten wird, ob sie beim zuletzt geführten Gespräch über das Objekt selbst fragte oder gefragt wurde, ob sie bei Gesprächen über das Objekt eher zuhört oder eher andere zu überzeugen versucht, und in welchem Maße sie glaubt, bei ihren Freunden oder Nachbarn als gute Informationsquelle über dieses Objekt zu gelten.

Im allgemeinen wird aus den Antworten auf Skalen mit mehreren Items ein Summenscore gebildet, der den Grad der Meinungsführerschaft indizieren soll. Daneben finden sich jedoch immer noch Grobeinteilungen in Meinungsführer und Nicht-Meinungsführer, wobei die kritischen Scores willkürlich gesetzt werden.

Ein Beispiel soll genügen: Fenton und Leggett (1971) verwendeten in einer Untersuchung zu Merkmalen von Meinungsführern in „öffentlichen Angelegenheiten" (Politik,

Wirtschaft, Zeitgeschehen) die Sechs-Item-Skala von Rogers und Cartano (1962), wobei für jede Frage drei Antwortalternativen möglich waren. Jede Antwort, die auf Meinungsführerschaft hindeutete, erhielt den Punktwert zwei; jede weiß nicht/bin unsicher-Antwort den Punktwert eins; jede Antwort, die auf Nicht-Meinungsführerschaft hindeutete, wurde mit null gewertet. Als Meinungsführer wurden alle Respondenten bezeichnet, die einen Gesamtpunktwert von mindestens sieben erreichten. Dieser kritische Punktwert kann z.B. durch das folgende Antwortmuster zustandekommen: Ja-Antwort auf die Frage, ob man im letzten halben Jahr mit irgendwelchen Freunden oder Bekannten über öffentliche Angelegenheiten gesprochen habe (die Trennschärfe dieses Items dürfte extrem gering sein!), und „weiß nicht/bin unsicher"-Antworten bei den restlichen fünf Items.

Soziometrische Techniken. Zunächst werden Mitglieder einer Gruppe darüber befragt, an wen sie sich wenden, wenn sie für eine bestimmte (Konsum-)Entscheidung Rat suchen. Die Items sind sehr unterschiedlich formuliert; es ist unklar, ob sie dasselbe messen. So ist es z.B. wahrscheinlich, daß diejenigen Namen aus einer vorgegebenen Liste, die benannt werden als Personen, die man um Rat fragen würde (so Wright, 1975), nicht übereinstimmen mit denen, die man auf die Frage erhalten hätte, an wen man sich innerhalb eines definierten Zeitraums tatsächlich gewandt hat. Zur Unterschiedlichkeit der Formulierungen kommt die geringe Übereinstimmung der Kriterien, nach denen eine Person als Meinungsführer identifiziert wird. Von wieviel Prozent der Befragten muß eine Person mindestens genannt werden, um als Meinungsführer zu gelten? Muß die Selbsteinschätzung dieser Person der Fremdbeurteilung entsprechen, d.h. muß sie sich selbst als Ratgeber wahrnehmen? Und, als entscheidendes Problem: Wie kann gemessen werden, wie stark Personen, die als Ratgeber genannt werden, Konsumentscheidungen beeinflussen (Fenton & Leggett, 1971; Saunders, Davis & Monsees, 1974).

Das hier skizzierte Vorgehen ist extrem aufwendig, zumal wenn eine Vollerhebung der interessierenden Gruppe beabsichtigt ist, um die Kommunikationsstruktur zu einem bestimmten Themenbereich aufzudecken. Unter den Studien, die sich dieser Technik bedienten, ist die bereits erwähnte Untersuchung über die Verbreitung eines neuen Medikamentes die bekannteste (Coleman, Katz & Menzel, 1957; Menzel & Katz, 1955); die Mitglieder der Gruppe waren sehr einfach zu identifizieren, ihre Zahl war relativ klein. Wenn diese Voraussetzungen nicht vorliegen, oder wenn mit einem größeren Anteil von Antwortverweigerern gerechnet werden muß, ist der Einsatz soziometrischer Techniken wenig sinnvoll.

Als ökonomischere Alternative wird bisweilen die Befragung von Schlüsselinformanten genannt; das sind Personen, die nach Meinung des Forschers besonders gut über die Kommunikations- und Einflußstruktur einer Gruppe Bescheid wissen. Ein offensichtliches Problem ist dabei natürlich die Identifikation der Schlüsselinformanten. Die Merkmale intimer Kenner von Kommunikationsstrukturen sind noch weniger erforscht als die von Meinungsführern; man versucht mit dieser Technik mithin, Personen mit nur ungenau beschreibbaren Merkmalen durch Befragung anderer Personen zu identifizieren, von denen man eigentlich erst dann wissen kann, ob sie „Schlüsselpersonen" sind, wenn man die Gruppe und ihre Kommunikationsstruktur bereits kennt. Wenn man aber die Gruppe kennt, bedarf es der „Schlüsselinformanten" im Grunde nicht mehr, da man dann die Meinungsführer auch ohne ihre Hilfe identifizieren kann. Daß diese Technik nur selten verwendet wird, dürfte allerdings weniger auf grundsätzliche Einwände der hier vorgetragenen Art zurückgehen als auf die Umständlichkeit der Messung im Vergleich zu Selbstauskunft-Verfahren.

Ein Problem für die Vergleichbarkeit verschiedener Studien, die mit soziometrischen Techniken oder Selbstauskunft arbeiten, ist der sehr unterschiedliche zeitliche Bezug der Fragen. Manchmal wird lediglich gefragt, an wen man sich „in der Vergangenheit" um Rat gewandt hat, oder es fehlt jeder zeitliche Bezug (z.B. Corey, 1971); manchmal finden sich Formulierungen wie „Have you *recently* been asked..." (Katz & Lazarsfeld, 1955), in denen der zeitliche Bezug vage ist; manchmal wird der Zeitraum explizit genannt (z.B. „im letzten halben Jahr"; Rogers & Cartano, 1962; „im letzten Schuljahr"; Jacoby, 1972).

Objektive Techniken. Um Aussagen über Wirkungen interpersoneller Einflüsse auf Konsumentscheidungen machen zu können, wäre es denkbar, Produkte oder Produktinformationen kontrolliert an (zufällig oder systematisch) ausgewählte Mitglieder einer Gruppe zu geben und die Verbreitung der Meinungen und Produkte zu messen (Myers & Robertson, 1979). Dieses sehr sinnvolle Verfahren ist überaus aufwendig; entsprechend selten wird es eingesetzt (vgl. Myers, 1966).

In der überwiegenden Mehrzahl der Veröffentlichungen dienen Selbstauskünfte der Befragten zur Klassifikation in Meinungsführer und Nicht-Meinungsführer bzw. zur Bestimmung des Grades der Meinungsführerschaft. Angaben zur Zuverlässigkeit und Gültigkeit der Maße finden sich äußerst selten; die wenigen Daten, die vorliegen, müssen sehr skeptisch stimmen. Kirchner (1969) errechnete für die von Katz und Lazarsfeld (1955) verwendeten Items kaum mehr zu unterbietende Retest-Koeffizienten: Für die Meinungsführerschaftsbereiche Mode und Politik lagen sie unter .25. Die längere Skala (sechs Items) von Rogers und Cartano (1962) schnitt in der Untersuchung von Kirchner mit einer Retest-Reliabilität von .79 besser ab; die Split-Half-Reliabilität lag jedoch mit .59 relativ niedrig. Rogers und Cartano selbst hatten für ihre Stichprobe eine Split-Half-Reliabilität von .70 gefunden. Das von Myers und Robertson (1979) verwendete Einzelitem zur Messung der Meinungsführerschaft („Ich beeinflusse andere im Bereich von X ... ziemlich stark, etwas, sehr wenig") zeigte sich ebenfalls als wenig reliabel. Die Retest-Reliabilitäten von zwei Messungen im Abstand von neun Monaten liegen zwischen .31 (für Autos) und .67 (für Politik); für sechs der zwölf gemessenen Bereiche sind die Koeffizienten kleiner als .50. Myers und Robertson spekulieren, daß Meinungsführerschaft in jenen Bereichen stabiler sei, die für eine Person stark wertbesetzt sind, in denen die Ich-Beteiligung hoch ist und für die das Interesse (z.B. durch häufig wiederkehrende Käufe) hoch ist.

Wenn Meinungsführerschaft selbst sehr instabil wäre, so hätte dies natürlich erhebliche Konsequenzen für Anbieter, die sich gezielt an Meinungsführer wenden wollen: Die Ermittlung der aktuellen Meinungsführer wäre sehr aufwendig; die Anbieter könnten nicht davon ausgehen, daß eine Person, die im Januar Meinungsführer war (oder sich mindestens selbst dafür hielt), dies auch im Mai noch sein wird. Eine Entscheidung, zu welchen Teilen die sehr niedrige Stabilität der geschilderten Verfahren auf Instabilität des Merkmals oder auf Mängel der Meßinstrumente zurückgeht, ist nicht möglich. Die wenigen Daten zu anderen Reliabilitätsaspekten weisen jedoch darauf hin, daß die geprüften Verfahren – vorsichtig formuliert – den Anforderungen an Instrumente zur Klassifikation von Personen so wenig entsprechen, daß man zu ihrem Einsatz nicht guten Gewissens raten kann; ein Instrument mit niedriger Reliabilität kann keine hohe Validität haben.

Die in der Literatur berichteten Validitätskennwerte sind, wie man nach dem bisher Gesagten nicht anders erwarten kann, nicht beeindruckend. Die durch Selbstauskunft ermittelten Kennwerte für Meinungsführerschaft korrelieren im allgemeinen nicht sehr stark mit den Daten, die soziometrische Techniken und die Befragung von Schlüsselinformanten liefern (vgl. Jacoby, 1972; Rogers & Cartano, 1962); die konvergente Validität ist also niedrig. Schließlich fehlen Daten zu einem ganz zentralen Aspekt der Validität: Wir wissen nichts darüber, in welchem Umfang die Selbstauskünfte über Meinungsführerschaft mit dem tatsächlichen Einfluß auf Entscheidungen anderer korrelieren. Die vorsichtigste Schlußfolgerung, die wir in diesem Abschnitt ziehen können, ist die, daß zumindest die bisher überprüften Verfahren zur Ermittlung der Meinungsführerschaft durch Selbstauskünfte unzureichend sind.

5.3.2.5 Möglichkeiten zur Steuerung von Meinungsführern durch Anbieter am Markt

Zweifellos ist für Anbieter am Markt die Vorstellung äußerst attraktiv, Meinungsführer durch materielle oder immaterielle Anreize gezielt für ihre Zwecke einzusetzen. Produktgeschenke, Gratisproben, Preisnachlässe, Gutscheine oder die zeitweilige Überlassung neuer Produkte könnten Wege sein, um Meinungsführer mit einem Produkt nicht nur vertraut zu machen, sondern auch ihre Bereitschaft zu erhöhen, sich gegenüber anderen positiv über das Produkt zu äußern (vgl. Hummrich, 1976, S. 155). Einladungen zu Besichtigungen von Betrieben (oder z.B. auch zu Besuchen von Parlament und Parteizentrale auf Veranlassung eines Abgeordneten) können Wissen vergrößern, Interesse verstärken und die Bereitschaft zur Weitergabe von Informationen erhöhen. Das Steuerungsziel läßt sich mit Hummrich (1976, S. 165) so formulieren: „Auf das Segment der Meinungsbildner (dazu gehören „Austauscher", „Nur-Geber" und „Nur-Sucher") ist derart einzuwirken, daß in einem bestimmten Zeitraum ein bestimmtes bzw. optimales Ausmaß interpersoneller Kontakte erreicht wird".

Dabei stellt sich sofort das Problem der Identifikation der Mitglieder der Zielgruppe. Wenn das entsprechende Segment groß ist (z.B. ca. 50% für einige Produktbereiche in der Gruner & Jahr-Studie), erschiene es unter ökonomischen Aspekten wenig sinnvoll, Meinungsführer bzw. Meinungsbildner durch Befragungen zu identifizieren und dann persönlich anzusprechen – selbst wenn für die Klassifikation in die Gruppen der Meinungsbildner und der passiven Konsumenten ein hoch valides Instrument zur Verfügung stünde (so auch Kaas, 1973). Hummrich (1976) sieht dennoch zwei Möglichkeiten, einzelne Meinungsbildner persönlich anzusprechen: Die erste ist der „Einsatz von weisungsgebundenen Meinungsbildnern" (S. 168). Das sollen „Agenten" der Organisation sein, die Produktempfehlungen weitergeben, ohne sich als „Agenten" zu offenbaren. Ganz abgesehen von Fragen der rechtlichen Zulässigkeit und der Übereinstimmung mit Werbecodices dürfte dieses Verfahren einen sehr hohen Aufwand erfordern. Zusätzlich müßte die Organisation mit einem ganz erheblichen Vertrauensverlust rechnen, wenn ihr Vorgehen aufgedeckt würde; das damit verbundene Risiko müßte von Anfang an berücksichtigt werden. – Die zweite von Hummrich genannte Möglichkeit ist die „Gewinnung unabhängiger Informationsgeber" (S. 169). Konsumenten, die man – mehr oder minder intuitiv – für einflußreich hält, sollen durch Gewährung von immateriellen oder materiellen Vorteilen dazu veranlaßt werden, das Produkt weiterzuempfehlen; Hummrich schlägt beispielsweise vor, die ausgewählten Konsumenten sorgfältig zu betreuen, ihnen „Insider-Wissen" und „Produktbegeisterung" zu vermitteln. Das Angebot von Provisionen für Käufe oder von Werbeprämien dürfte ebenfalls die Wahrscheinlichkeit von Produktempfehlungen erhöhen; der Hinweis von Hummrich indes, die Vorteile interpersoneller Kommunikation kämen nur dann zur Geltung, wenn die Informationsempfänger nichts von der materiellen Motivation des Informationsgebers wüßten, ist in dieser kategorischen Formulierung wohl falsch. Viele Organisationen – z.B. Bausparkassen, Versicherungen, Buchclubs, Zeitungsverlage – bieten so offen Werbeprämien an (und dies nicht nur bei ausgesuchten potentiellen Meinungsführern), daß dies dem Informationsempfänger kaum verborgen bleiben kann; dennoch hat es nicht den Anschein, als ob diese Strategie erfolglos wäre. Gewiß trägt das Wissen, daß der Informationsgeber materielle Vorteile hat, wenn man seinen Empfehlungen folgt, tendenziell dazu bei, die Wirksamkeit seiner Ratschläge zu senken (vgl. Brehm & Brehm, 1981; Clee & Wicklund, 1980); es ist aber ratsam, den kurzfristigen wirtschaftlichen Nutzen einer Geheimhaltung gegen die potentiellen Kosten für alle in ein solches Unternehmen Verwickelten sorgfältig abzuwägen.

Die Gewährung von immateriellen Vorteilen (z.B. Vermittlung von „Insider-Wissen" und „Produktbegeisterung") mag mit so hohen Kosten verbunden sein, daß die Ansprache von ausgewählten Konsumenten notwendig ist. Dabei wird man kaum anders als intuitiv vorgehen können: Man könnte die frühen Käufer eines neuen Produkts (sowie sie identifizierbar sind) in die Gruppe aufnehmen; man könnte mit dem Produkt Gutscheine für zusätzliche Informationen liefern in der Hoffnung, daß sich überdurchschnittlich interessierte Käufer als positive Meinungsführer erweisen, sofern sie mit dem Produkt zufrieden sind. Nichts spricht aber dafür, Prämien oder Provisionen nur ausgewählten Konsumenten anzubieten; bei der gegebenen Unmöglichkeit, Meinungsführer zuverlässig zu identifizieren, sollte das Angebot allen Konsumenten offenstehen.

Die Anregungen von Hummrich zur „unpersönlichen Ansprache von Meinungsbildnersegmenten" laufen auf nichts anderes hinaus, als in Medien, die von den am Produkt vermutlich besonders interessierten Personen bevorzugt genutzt werden, möglichst gut zu werben oder bei diesen Personen Direktwerbung einzusetzen. Dabei kommt es darauf an, die Empfänger möglichst stark für das Produkt zu interessieren und sie zur Weitergabe positiver Informationen über das Produkt zu motivieren. Es liegen keine überzeugenden Anhaltspunkte dafür vor, daß Werbung, die bei Meinungsführern positive Wirkungen hätte, bei Nicht-Meinungsbildnern gegenteilige Effekte hervorrufen würde; das wiederum bedeutet, daß die Werbung, die sich an Meinungsbildner richtet, nicht eine besondere Art von Werbung sein muß — die Nicht-Meinungsbildner, nach der Definition von Hummrich (1976, S. 103, 153) „sozial isolierte Konsumenten", werden durch Werbung ohnehin schlechter erreicht.

Die Steuerungsmöglichkeiten für Anbieter am Markt, die sich aus der Forschung zur Meinungsführerschaft ableiten lassen, sind mithin als äußerst beschränkt zu veranschlagen. Wir fassen die wichtigsten Argumente noch einmal zusammen: Es liegt bisher kein Verfahren vor, das nachgewiesenermaßen eine einfache, kostengünstige und valide Identifikation von Meinungsführern (oder auch der umfassenderen Gruppe der Meinungsbildner) erlaubt. Die „Produktion" von Meinungsführern, die als getarnte „Agenten" der Anbieter operieren, ist in mehrfacher Hinsicht fragwürdig; neben dem wohl hohen Aufwand, rechtlichen und ethischen Einwänden wären die negativen Folgen für den Anbieter zu bedenken, wenn die „Agenten" enttarnt werden. Unter der Voraussetzung, daß Meinungsführer oder Meinungsbildner einfach und valide zu identifizieren wären, könnte die gezielte Versorgung dieser Gruppe mit zusätzlichen Informationen oder eine andere Form der „Betreuung" durch den Anbieter ein vernünftiger Weg sein, ein Produkt zu fördern – aber eben auch nur unter der weiteren Voraussetzung, daß die angesprochenen Personen das Produkt wirklich positiv bewerten. Wenig sinnvoll erschiene es dagegen, materielle Vorteile wie Provisionen oder Werbeprämien nur den Meinungsführern oder Meinungsbildnern anzubieten. Für die Anregung schließlich, Anbieter sollten in jenen Medien für ihre Produkte werben, die von den vermutlich überdurchschnittlich stark am Produkt interessierten Personen genutzt werden, hätte es der Forschung zur Meinungsführerschaft nicht bedurft. Es kann kein vernünftiger Zweifel daran bestehen, daß interpersonelle Kommunikation Konsumentscheidungen nachhaltig zu beeinflussen vermag und daß der Grad des wirksamen Einflusses zwischen Personen variiert; zum gegenwärtigen Zeitpunkt ist jedoch nicht zu erkennen, wie Anbieter am Konsumgütermarkt aus der Forschung zur Meinungsführerschaft effiziente Verhaltenstechnologien ableiten könnten.

Literatur

Abelson, R.P., Aronson, E., McGuire, W.J., Newcomb, T.M., Rosenberg, M.J. & Tannenbaum, P.H. (Eds.), Theories of cognitive consistency: A source-book. Chicago, Ill.: 1968.

Allensbach, Institut für Demoskopie. Meinungsbildnerinnen, Untersuchungen über persönliche Beeinflussungsvorgänge zwischen Hausfrauen im Bereich der Haushaltspflege. Allensbach: 1970.

Anson, R.H. Social psychological determinants of recreation: An exploratory analysis. Kansas Journal of Sociology, 1974, **10**, 171–179.

Armstrong, G.M. & Feldmann, L.P. Exposure and sources of opinion leaders. Journal of Advertising Research, 1976, **16**, 21–27.

Arndt, J. A test of the two-step flow in diffusion of a new product. Journalism Quarterly, 1968, **45**, 457–465.

Asch, S.E. Effects of group pressure on the modification and distortion of judgments. In H. Guetzkow (Ed.), Groups, leadership, and men. Pittsburgh: 1951, 177–190. (Deutsche Übersetzung in M. Irle (Hrsg.), Texte aus der experimentellen Sozialpsychologie. Neuwied: 1969, 57–73).

Aufermann, J. Kommunikation und Modernisierung. München–Pullach und Berlin: 1971.

Baumgarten, S.A. The innovative communicator in the diffusion process. Journal of Marketing Research, 1975, **12**, 12−18.

Berelson, B., Lazarsfeld, P.F. & McPhee, W.N. Voting: A study of opinion formation in a presidential campaign. Chicago, Ill.: 1954.

Bonfadelli, H. Neue Fragestellungen in der Wirkungsforschung. Zur Hypothese der wachsenden Wissenskluft. Rundfunk und Fernsehen, 1980, **28**, 173−193.

Booth, A. & Babchuk, N. Informal medical opinion leadership among the middle-aged and elderly. Public Opinion Quarterly, 1972, **36**, 87−94.

Bourne, F.S. Group influence in marketing and public relations. In R. Likert & S.P. Hayes (Eds.), Some applications of behavioral research. Paris: 1957, 211−224. (Deutsche Übersetzung unter dem Titel: Der Einfluß von Bezugsgruppen beim Marketing. In W. Kroeber-Riel (Hrsg.), Marketingtheorie. Köln: 1972, 141−155).

Brehm, J.W. A theory of psychological reactance. New York, N.Y.: 1966.

Brehm, S.S. & Brehm, J.W. Psychological reactance: A theory of freedom and control. New York, N.Y.: 1981.

Brett, J.E. & Kernaleguen, A. Perceptual and personality variables related to opinion leadership in fashion. Perceptual and Motor Skills, 1975, **40**, 775−779.

Brickman, P. & Bulman, R.J. Pleasure and pain in social comparison. In J.M. Suls & R.L. Miller (Eds.), Social comparison processes. New York, N.Y.: 1977, 149−186.

Burnkrant, R.E. & Cousineau, A. Informational and normative social influence in buyer behavior. Journal of Consumer Research, 1975, **2**, 206−215.

Cain, M. Suggested developments for role and reference group analysis. British Journal of Sociology, 1968, **19**, 191−205.

Castore, C.H. & DeNinno, J.A. Investigations in the social comparison of attitudes. In J.M. Suls & R.L. Miller (Eds.), Social comparison processes. New York, N.Y.: 1977, 125−148.

Centers, R. & Horowitz, M. Social character and conformity: A differential in susceptibility to social influence. Journal of Social Psychology, 1963, **60**, 343−349.

Cerha, J. Selective mass communication. Stockholm: 1967.

Chapman, I.W. & Volkmann, J. A social determinant of the level of aspiration. Journal of Abnormal and Social Psychology, 1939, **34**, 225−238.

Charters, W.W. & Newcomb, T.M. Some attitudinal effects of experimentally increased salience of a membership group. In G.E. Swanson, T.M. Newcomb & E.L. Hartley (Eds.), Readings in social psychology. New York, N.Y.: 1952, 415−420.

Clee, M.A. & Wicklund, R.A. Consumer behavior and psychological reactance. Journal of Consumer Research, 1980, **6**, 389−405.

Cocanougher, A. & Bruce, G.D. Socially distant reference groups and consumer aspirations. Journal of Marketing Research, 1971, **8**, 379−381.

Cohen, B.P. The process of choosing a reference group. In J.H. Criswell, H. Solomon & P. Suppes (Eds.), Mathematical methods in small group processes. Stanford, Calif.: 1962, 101–118.

Cohen, J.B. & Golden, E. Informational social influence and product evaluation. Journal of Applied Psychology, 1972, **56**, 54–59.

Coleman, J.S., Katz, E. & Menzel, H. The diffusion of an innovation among physicians. Sociometry, 1957, **20**, 253–270.

Cook, T.D., Crosby, F. & Hennigan, K.M. The construct validity of relative deprivation. In J.M. Suls & R.L. Miller (Eds.), Social comparison processes. New York, N.Y.: 1977, 307–333.

Cooley, C.H. Human nature and the social order. Glencoe, Ill.: 1956. (Nachdruck der Ausgabe von 1902).

Corey, L.G. People who claim to be opinion leaders: Identifying their characteristics by self-report. Journal of Marketing, 1971, **35** (4), 48–53.

Cox, D.F. Risk taking and information handling in consumer behavior. In D.F. Cox (Ed.), Risk taking and information handling in consumer behavior. Boston, Mass.: 1967, 604–639.

Cox, D.F. & Bauer, R.A. Self-confidence and persuasibility in women. Public Opinion Quarterly, 1964, **28**, 453–466.

Crosby, F. A model of egoistical relative deprivation. Psychological Review, 1976, **83**, 85–113.

Cunningham, S.M. Perceived risk as a factor in informal consumer communications. In D.F. Cox (Ed.), Risk taking and information handling in consumer behavior. Boston, Mass.: 1967, 265–288.

Davis, J.A. A formal interpretation of the theory of relative deprivation. Sociometry, 1959, **22**, 280–286.

Deutsch, M. & Gerard, H.B. A study of normative and informational social influences upon individual judgment. Journal of Abnormal and Social Psychology, 1955, **51**, 629–636.

Deutsch, M. & Krauss, R.M. Theories in social psychology. New York, N.Y.: 1965.

Deutschmann, P.J. & Danielson, W.A. Diffusion of knowledge of the major news story. Journalism Quarterly, 1960, **37**, 345–355.

Engel, J.F., Kegerreis, R.J. & Blackwell, R.D. Word-of-mouth communication by the innovator. Journal of Marketing, 1969, **33** (3), 15–19.

Engel, J.F., Knapp, D.A. & Knapp, D.E. Sources of influence in the acceptance of new products for self-medication: Preliminary findings. In R.M. Haas (Ed.), Science, technology, and marketing. Chicago, Ill.: 1966, 776–782.

Eurich, C. Beeinflussungsstrategien zur Weiterentwicklung des Meinungsführerkonzeptes. Zeitschrift für Markt-, Meinungs- und Zukunftsforschung, 1977, **20**, 4285–4299.

Fenton, J.S. & Leggett, T.R. A new way to find opinion leaders. Journal of Advertising Research, 1971, **11**, 21–25.

Festinger, L. Informal social communication. Psychological Review, 1950, **57**, 271–282.

Festinger, L. A theory of social comparison processes. Human Relations, 1954, **7**, 117–140.

Festinger, L. A theory of cognitive dissonance. Stanford, Calif.: 1957. (Deutsche Übersetzung: M. Irle & V. Möntmann (Hrsg.), L. Festinger, Eine Theorie der kognitiven Dissonanz. Bern: 1978).

Festinger, L., Schachter, S. & Back, K. Social pressure in informal groups. New York, N.Y.: 1950.

Form, W.H. & Geschwender, J.A. Social reference basis of job satisfaction: The case of manual workers. American Sociological Review, 1962, **27**, 228–237.

French, J.R.P. & Raven, B. The bases of social power. In D. Cartwright (Ed.), Studies in social power. Ann Arbor, Mich.: 1959, 150–167.

Frey, D. (Hrsg.), Kognitive Theorien der Sozialpsychologie. Bern: 1978.

Frey, D. Informationssuche und Informationsbewertung bei Entscheidungen. Bern: 1981.

Frey, D., Ochsmann, R., Kumpf, M. & Sauer, C. Zukünftiges Verhalten der ausländischen Arbeiter und der zweiten Generation in der Bundesrepublik Deutschland. Eine sozialwissenschaftliche Prognose. Soziale Welt, 1978, **29**, 108–121.

Gadenne, V. Die Gültigkeit psychologischer Untersuchungen. Stuttgart: 1976.

Gniech, G. Störeffekte in psychologischen Experimenten. Stuttgart: 1976.

Gniech, G. & Grabitz, H.J. Freiheitseinengung und psychologische Reaktanz. In D. Frey (Hrsg.), Kognitive Theorien der Sozialpsychologie. Bern: 1978, 48–73.

Greenberg, B.S. Person-to-person communication in the diffusion of news events. Journalism Quarterly, 1964, **41**, 489–494.

Grefe, R. & Müller, S. Die Entwicklung des „Opinion Leader"-Konzeptes und der Hypothese vom zweistufigen Kommunikationsprozeß. Zeitschrift für Markt-, Meinungs- und Zukunfts-Forschung, 1976, **19**, 4011–4034.

Gruder, C.L. Choice of comparison persons in evaluating oneself. In J.M. Suls & R.L. Miller (Eds.), Social comparison processes. New York, N.Y.: 1977, 21–41.

Gruner & Jahr-Verlag. Meinungsbildung im Konsumbereich. Eine Untersuchung zur Bestimmung weiblicher Zielgruppen. Hamburg: 1971.

Gurr, T.R. Why men rebel. Princeton, N.J.: 1970.

Hartley, R.E. Personal characteristics and acceptance of secondary groups as reference groups. Journal of Individual Psychology, 1957, **13**, 45–55.

Hartley, R.E. Personal needs and the acceptance of a new group as a reference group. Journal of Social Psychology, 1960, **51**, 349–358.

Hollander, E.P. Conformity, status, and idiosyncrasy credit. In E.P. Hollander & R.G. Hunt (Eds.), Current perspectives in social psychology (2nd ed.). New York, N.Y.: 1967, 465–475.

Hollander, E.P. & Willis, R.H. Some current issues in the psychology of conformity and nonconformity. In E.P. Hollander & R.G. Hunt (Eds.), Current perspectives in social psychology. London: 1971, 435–450.

Hummrich, U. Interpersonelle Kommunikation im Konsumgütermarketing. Wiesbaden: 1976.

Hyman, H.H. The psychology of status. Archives of Psychology, 1942, 269, pp. 5–38, 80–86. (Teilweise abgedruckt in H.H. Hyman & E. Singer (Eds.), Readings in reference group theory and research. New York, N.Y.: 1968, 147–165).

Hyman, H.H. & Singer, E. (Eds.). Readings in reference group theory and research. New York, N.Y.: 1968.

Irle, M. Führungsverhalten in organisierten Gruppen. In A. Mayer & B. Herwig (Hrsg.), Handbuch der Psychologie, Band 9: Betriebspsychologie. Göttingen: 1970, 521–551.

Irle, M. Lehrbuch der Sozialpsychologie. Göttingen: 1975.

Jacoby, J. Establishing the construct validity of opinion leadership. Purdue Papers in Consumer Psychology, (No. 121), 1972.

Jacoby, J. The construct validity of opinion leadership. Public Opinion Quarterly, 1974, **38**, 81–89.

James, W. The principles of psychology, (Vol. 1). New York, N.Y.: 1950. (Nachdruck der Ausgabe von 1890).

Kaas, K.P. Diffusion und Marketing. Stuttgart: 1973.

Katz, D. & Stotland, E. A preliminary statement to a theory of attitude structure and change. In S. Koch (Ed.), Psychology: A study of a science, (Vol. 3), New York, N.Y.: 1959, 423–475.

Katz, E. The two-step flow of communication: An up-to-date report on a hypothesis. Public Opinion Quarterly, 1957, **21**, 61–78.

Katz, E. & Lazarsfeld, P.F. Personal influence. New York, N.Y.: 1955. (Deutsche Übersetzung: Persönlicher Einfluß und Meinungsbildung. München: 1962).

Kelley, H.H. Two functions of reference groups. In G.E. Swanson, T.M. Newcomb & E.L. Hartley (Eds.), Readings in social psychology. New York, N.Y.: 1952, 410–414. (Abgedruckt in H.H. Hyman & E. Singer (Eds.), Readings in reference group theory and research. New York, N.Y.: 1968, 77–83).

Kelman, H.C. Processes of opinion change. Public Opinion Quarterly, 1961, **25**, 57–78.

Kemper, T.D. Reference groups, socialization, and achievement. American Sociological Review, 1968, **33**, 31–45.

King, C.W. & Summers, J.O. Overlap of opinion leadership across consumer product categories. Journal of Marketing Research, 1970, **7**, 43–50.

Kingdon, J.W. Opinion leaders in the electorate. Public Opinion Quarterly, 1970, **34**, 256–261.

Kirchner, D.F. Personal influence, purchasing behavior, and ordinal position. Unveröffentlichte Dissertation, UCLA, 1969.

Kreutz, H. Einfluß von Massenmedien, persönlicher Kontakt und formelle Organisation. In F. Ronneberger (Hrsg.), Sozialisation durch Massenkommunikation. Stuttgart: 1971, 172–241.

Kroeber-Riel, W. Konsumentenverhalten. München: 1980.

Kroeber-Riel, W. & Meyer-Hentschel, G. Werbung – Steuerung des Konsumentenverhaltens. Würzburg: 1982.

Kuhn, T.S. The structure of scientific revolutions. International Encyclopedia of Unified Science, (Vol. 2, No. 2). Chicago, Ill.: 1970.

Latané, B. Studies in social comparison – Introduction and overview. Journal of Experimental Social Psychology, 1966, Suppl. **1**, 1–5.

Lazarsfeld, P.F., Berelson, B. & Gaudet, H. The people's choice. New York, N.Y.: 1944 (3rd. ed.: New York, N.Y.: 1968).

Lessig, V.P. & Park, C.W. Promotional perspectives of reference group influence: Advertising implications. Journal of Advertising, 1978, **7**, 41–47.

Lewin, K. Self-hatred among Jews. Contemporary Jewish Record, 1941, **4**, 219–232. (Auch in K. Lewin, Resolving social conflicts. Selected papers on group dynamics, hgg. von G. Weiss-Lewin. New York, N.Y.: 1948, 186–200).

Lewin, K. Psychological ecology. In D. Cartwright (Ed.), Field theory in social science. New York, N.Y.: 1951. (Deutsche Übersetzung in D. Cartwright (Hrsg.), Feldtheorie in den Sozialwissenschaften. Bern: 1963, 206–222).

Linton, H. & Graham, E. Personality correlates of persuasibility. In I.L. Janis & C.I. Hovland (Eds.), Personality and persuasibility. New Haven, Conn.: 1959, 69–101.

Luthe, H.O. Interpersonale Kommunikation und Beeinflussung. Stuttgart: 1968.

Marcus, A.S. & Bauer, R.A. Yes: There are generalized opinion leaders. Public Opinion Quarterly, 1964, **28**, 628–632.

Mayer, H. & Schneider, H. Neuere Untersuchungen zur Theorie der Meinungsführerschaft. Jahrbuch der Absatz- und Verbrauchsforschung, 1978, **24**, 128–173.

McDavid, J.W. & Harari, H. Social psychology. Individuals, groups, societies. New York, N.Y.: 1968.

McGuire, W.J. The nature of attitudes and attitude change. In G. Lindzey & E. Aronson (Eds.), Handbook of social psychology, (Vol. 3). Reading, Mass.: 1969, 136–314.

Menzel, H. & Katz, E. Social relations and innovation in the medical profession: The epidemiology of a new drug. Public Opinion Quarterly, 1955, **19**, 337–352.

Merton, R.K. Patterns of influence: A study of interpersonal influence and of communications behavior in a local community. In P.F. Lazarsfeld & F. Stanton (Eds.) Communications research 1948–49. New York, N.Y.: 1949, 180–219. (Unter dem Titel „Patterns of influence: Local and cosmopolitan influentials" in R.K. Merton (Ed.), Social theory and social structure. New York, N.Y.: 1968, 441–474).

Merton, R.K. Continuities in the theory of reference groups and social structure. In R.K. Merton (Ed.), Social theory and social structure. New York, N.Y.: 1957, 335–440.

Merton, R.K. Introduction to Part III: The sociology of knowledge and mass communications. In R.K. Merton (Ed.), Social theory and social structure. New York, N.Y.: 1968, 493–509.

Merton, R.K. & Kitt, A.S. Contributions to the theory of reference group behavior. In R.K. Merton & P.F. Lazarsfeld (Eds.), Continuities in social research: Studies in the scope and method of „The American Soldier". Glencoe, Ill.: 1950, 40–105. (Nachgedruckt in R.K. Merton (Ed.), Social theory and social structure. New York, N.Y.: 1968, 279–334).

Mettee, D.R. & Smith, G. Social comparison and interpersonal attraction: The case for dissimilarity. In J.M. Suls & R.L. Miller (Eds.), Social comparison processes. New York, N.Y.: 1977, 69–101.

Mischel, W. Toward a cognitive social learning reconceptualization of personality. Psychological Review, 1973, **80**, 252–283.

Montgomery, D.B. & Silk, A.J. Clusters of consumer interests and opinion leaders' spheres of influence. Journal of Marketing Research, 1971, **8**, 312–321.

Moschis, G.P. Social comparison and informal group influence. Journal of Marketing Research, 1976, **13**, 237–244.

Müller, P. Die soziale Gruppe im Prozeß der Massenkommunikation. Stuttgart: 1970.

Myers, J.G. Patterns of interpersonal influence in the adoption of new products. In R.M. Haas (Ed.), Science, technology, and marketing. Chicago, Ill.: 1966, 750–757.

Myers, J.H. & Robertson, T.S. Dimensions of opinion leadership. Journal of Marketing Research, 1972, **9**, 41–46.

Myers, J.H. & Robertson, T.S. Stability of self-designated opinion leadership. Unveröffentlichtes Manuskript, 1979.

Newcomb, T.M. Personality and social change. New York, N.Y.: 1943.

Newcomb, T.M. Social psychology. New York, N.Y.: 1950.

Newcomb, T.M. Attitude development as a function of reference groups: The Bennington Study. In G.E. Swanson, T.M. Newcomb & E.L. Hartley (Eds.), Readings in social psychology. New York, N.Y.: 1952, 420–430. (Nachgedruckt in H.H. Hyman & E. Singer (Eds.), Readings in reference group theory and research. New York, N.Y.: 1968, 374–387).

Newcomb, T.M. The persistence and regression of changed attitudes. Journal of Social Issues, 1963, 19, 4, 3–14.

Nisbett, R.E. & Ross, L. Human inference: Strategies and shortcomings of social judgment. Englewood Cliffs, N.J.: 1980.

Nisbett, R.E. & Wilson, T.D. Telling more than we can know: Verbal reports on mental processes. Psychological Review, 1977, 84, 231–259.

Orne, M. On the social psychology of the psychological experiment. American Psychologist, 1962, 17, 776–783.

Ostlund, L.E. Interpersonal communication following McGovern's Eagleton decision. Public Opinion Quarterly, 1973, 37, 601–610.

Pincus, S. & Waters, L.K. Informational social influence and product quality judgments. Journal of Applied Psychology, 1977, 62, 615–619.

Placek, P.J. Direct mail and information diffusion: Family planning. Public Opinion Quarterly, 1974, 38, 548–561.

Randoe, G.J. Some notes on the application of a general theory of diffusion of innovations on household decision-making. Papers of the Esomar Congress. Opatija: 1968.

Renckstorf, K. Zur Hypothese des „Two-Step Flow" der Massenkommunikation. Rundfunk und Fernsehen, 1970, 18, 314–333.

Reynolds, F.D. & Darden, W.R. Mutually adaptive effects of interpersonal communication. Journal of Marketing Research, 1971, 8, 449–454.

Richmond, V.P. The relationship between opinion leadership and information acquisition. Human Communication Research, 1977, 4, 38–42.

Robertson, T.S. The effect of the informal group upon member innovative behavior. In R.L. King (Ed.), Marketing and the new science of planning. Chicago, Ill.: 1968, 334–340.

Robertson, T.S. Diffusion theory and the concept of personal influence. In H.L. Davis & A.J. Silk (Eds.), Behavioral and management science in marketing. New York, N.Y.: 1978, 214–236.

Robertson, T.S. & Myers, J.H. Personality correlates of opinion leadership and innovative buying behavior. Journal of Marketing Research, 1969, 6, 164–168.

Robinson, J.P. Interpersonal influence in election campaigns: Two-step-flow hypotheses. Public Opinion Quarterly, 1976, 40, 304–319.

Rogers, E.M. Diffusion of innovations. New York, N.Y.: 1962.

Rogers, E.M. Modernization among peasants: The impact of communication. New York, N.Y.: 1969.

Rogers, E.M. Mass media and interpersonal communication. In I. De Sola Pool, F.W. Frey, W. Schramm, N. Maccoby & E.B. Parker (Eds.), Handbook of communication. Chicago, Ill.: 1973, 290–310.

Rogers, E.M. & Cartano, D.G. Methods of measuring opinion leadership. Public Opinion Quarterly, 1962, **26**, 435–441.

Runciman, W.G. Relative deprivation and social justice. Berkeley, Calif.: 1966.

Saunders, J., Davis, J.M. & Monsees, D.M. Opinion leadership in family planning. Journal of Health and Social Behavior, 1974, **15**, 217–227.

Schachter, S. & Singer, J.E. Cognitive, social, and physiological determinants of emotional state. Psychological Review, 1962, **69**, 379–399.

Scherrer, A.P. Das Phänomen der Mund-zu-Mund-Werbung und seine Bedeutung für das Konsumentenverhalten. Dissertation, Freiburg (CH): 1975.

Schiffmann, L.G. Sources of information for the elderly. Journal of Advertising Research, 1971, **11**, 33–37.

Schrank, H.L. & Gilmore, D.L. Correlates of fashion leadership: Implications for fashion process theory. Sociological Quarterly, 1973, **14**, 534–543.

Seeman, M. On the meaning of alienation. American Sociological Review, 1959, **24**, 783–791.

Sherif, M. An outline of social psychology. New York, N.Y.: 1948.

Sherif, M. The concept of reference groups in human relations. In M. Sherif & M.O. Wilson (Eds.), Group relations at the crossroads. New York, N.Y.: 1953, 203–231.

Sherif, M. & Sherif, C.W. Social psychology. New York, N.Y.: 1969.

Shibutani, T. Reference groups as perspectives. American Journal of Sociology, 1955, **60**, 562–569.

Siegel, A.E. & Siegel, S. Reference groups, membership groups, and attitude change. Journal of Abnormal and Social Psychology, 1957, **55**, 360–364.

Silberer, G. Warentest, Informationsmarketing, Verbraucherverhalten. Berlin: 1979.

Silk, A.J. Overlap among self-designated opinion leaders: A study of selected dental products and services. Journal of Marketing Research, 1966, **3**, 255–259.

Snyder, C.R. & Fromkin, H.L. Uniqueness. New York, N.Y.: 1980.

Stafford, J.E. Effects of group influences on consumer brand preferences. Journal of Marketing Research, 1966, **3**, 68–75. (Deutsch in K.G. Specht & G. Wiswede (Hrsg.), Marketingsoziologie. Berlin: 1976, 95–110).

Stafford, J.E. Reference theory as a conceptual framework for consumer decisions. In R.L. Day & T.R. Ness (Eds.), Marketing models: Behavioral science applications. Scranton, Penn.: 1971, 112–121.

Stafford, J.E. & Cocanougher, A.B. Reference group theory. In R. Ferber (Ed.), Selected aspects of consumer behavior. Washington, D.C.: 1977, 361–379.

Stonequist, E.V. The marginal man. New York, N.Y.: 1937.

Stotland, E. Determinants of attraction to groups. Journal of Social Psychology, 1959, **49**, 71–80.

Stouffer, S.A., Suchman, E.A. DeVinney, L., Star, S.A. & Williams, R.M. The American Soldier. Vol. 1: Adjustment during army life. Princeton, N.J.: 1949.

Strauss, H.M. Reference group and social comparison processes among the totally blind. In H.H. Hyman & E. Singer (Eds.), Readings in reference group theory and research. New York, N.Y.: 1968, 222–237.

Stroebe, W. Grundlagen der Sozialpsychologie I. Stuttgart: 1980.

Suls, J.M. Social comparison theory and research. An overview from 1954. In J.M. Suls & R.L. Miller (Eds.), Social comparison processes. New York, N.Y.: 1977, 1–19.

Suls, J.M. & Miller, R.L. Social comparison processes. New York, N.Y.: 1977.

Summers, J.O. The identity of women's clothing fashion opinion leaders. Journal of Marketing Research, 1970, **7**, 178–185.

Summers, J.O. Generalized change agents and innovativeness. Journal of Marketing Research, 1971, **8**, 313–316.

Taylor, J.W. The role of risk in consumer behavior. Journal of Marketing, 1974, **38** (2), 54–60.

Tichenor, P.J., Donohue, G.A. & Olien, C.N. Mass media flow and differential growth in knowledge. Public Opinion Quarterly, 1970, **34**, 159–170.

Troldahl, V.C. A field test of a modified „two-step flow of communication" model. Public Opinion Quarterly, 1966, **30**, 609–623.

Troldahl, V.C. & Van Dam, R. Face-to-face communication about major topics in the news. Public Opinion Quarterly, 1965, **29**, 626–634.

Troldahl, V.C., Van Dam, R. & Robeck, G. Public affairs information-seeking from expert institutionalized sources. Journalism Quarterly, 1965, **42**, 403–412.

Tucker, W.T. & Paniter, J.J. Personality and product use. Journal of Applied Psychology, 1961, **45**, 325–329.

Turner, R.H. Reference groups of future-oriented men. Social Forces, 1955, **34**, 130–136.

Turner, R.H. Role-taking, role standpoint and reference group behavior. In B.J. Biddle & E.J. Thomas (Eds.), Role theory: Concepts and research. New York, N.Y.: 1966, 151–159.

Tversky, A. Features of similarity. Psychological Review, 1977, **84**, 327–352.

Urry, J. Reference groups and the theory of revolution. London: 1973.

Van Den Ban, A.W. A revision of the two-step flow of communications hypothesis. Gazette, 1964, **10**, 235–249.

Venkatesan, M. Experimental study of consumer behavior conformity and independence. Journal of Marketing Research, 1966, **3**, 384–387. (Deutsch in K.G. Specht & G. Wiswede (Hrsg.), Marketingsoziologie. Berlin: 1976, 85–93).

Weber, J.E. & Hansen, R.W. The majority effect and brand choice. Journal of Marketing Research, 1972, **9**, 320–323.

Wilkening, E.A. Roles of communicating agents in technological change in agriculture. Social Forces, 1956, **34**, 361–367.

Williams, M.A. Reference groups: A review and commentary. Sociological Quarterly, 1970, **11**, 545–554.

Willis, R.H. & Hollander, E.P. An experimental study of three response modes in social influence situations. Journal of Abnormal and Social Psychology, 1964, **69**, 150–156.

Wilson, T.D. & Nisbett, R.E. The accuracy of verbal reports about the effects of stimuli on evaluations and behavior. Social Psychology, 1978, **41**, 118–131.

Wiswede, G. Meinungsführung und Konsumverhalten. Zur Metamorphose eines kommunikationswissenschaftlichen Konzepts. Jahrbuch der Absatz- und Verbrauchsforschung, 1978, **24**, 115–127.

Wright, P. Factors affecting cognitive resistance to advertising. Journal of Consumer Research, 1975, **2**, 1–9.

6. Kapitel

„Face to Face"-Interaktionen

Achim Engels und *Ernst Timaeus*

6.1 · Zur Bedeutung von ‚Interaktion' und ‚Kommunikation'

„Wo immer zwei oder mehr Individuen sich zueinander verhalten, sei es im Gespräch, in Verhandlungen, im Spiel oder Streit, in Liebe oder Haß, sei es um einer Sache oder um ihrer selbst willen, sprechen wir von sozialen Interaktionen oder zwischenmenschlicher Kommunikation." (Graumann, 1972, S. 1109).

Mit ‚sozialen Interaktionen' in einem solchen alltagssprachlichen Sinne, dem Geschehen in konkreten sozialen Situationen, interpersonalen Verhaltensereignissen, mit dem wechselseitig aufeinander bezogenen Verhalten körperlich ‚ko-präsenter' Personen, soweit dies alles einem Tätigkeitsfeld „Markt" zugeordnet, als „Marktgeschehen" aufgefaßt werden kann, beschäftigt sich der folgende Beitrag.

Versteht man zum einen Marktpsychologie als den Versuch, das Erleben und Verhalten der am Marktgeschehen beteiligten Personen in ihrer Rolle als Anbieter und Nachfrager von Dienstleistungen und Produkten zu beschreiben, zu erklären, vorherzusagen und gegebenenfalls zu ändern und berücksichtigt man zum andern die Alltagserfahrung, daß z.B. die Kauf- und Konsumverhaltensweisen einer Person in wesentlichem Maße von und in den Kontakten mit Familienangehörigen, Freunden, Kollegen und nicht zuletzt eben Anbietern wie z.B. Verkäufern, Vertretern etc. geprägt sind, dann liegt es auf der Hand, die Bedingungen, Verläufe und Konsequenzen solcher Kontakte zum Gegenstand marktpsychologischer Untersuchungen zu machen.

Zur Analyse solcher interaktionaler Phänomene im Marktgeschehen hat die Sozialpsychologie eine Fülle von Konzepten, Theorien und Ergebnissen anzubieten (vgl. z.B. Crott, 1979; Irle, 1975; Piontkowski, 1976). Wir wollen im folgenden Beitrag stichprobenartig prüfen, ob und mit welchem Konzepten und Methoden „Face-to-Face Interaktionen" in der marktwissenschaftlichen Forschung untersucht worden sind. Dabei ist es leider oft erforderlich, empirische

Leerstellen durch plausibel erscheinende Überlegungen zu füllen, bzw. sozialpsychologische Erkenntnisse, die aus anderen Forschungsansätzen stammen, auf den Marktbereich zu übertragen. Natürlich ist eine solche Vorgehensweise selektiv und muß sich an vielen Stellen mit bloßen Literaturverweisen begnügen, wo manchem Leser eine weitergehende Argumentation lieber gewesen wäre. Da aber eigentlich jeder sozialpsychologisch interessante Denkansatz auch bei „Face-to-Face Interaction" ins Spiel gebracht werden kann, erscheinen die Beschränkungen sinnvoll.

Zunächst wollen wir jedoch einige grundsätzliche Überlegungen zum hier verwendeten ‚Interaktionsbegriff' anstellen. Im Eingangszitat, das zur Veranschaulichung des Interaktionsbegriffs im Alltags-Sprachgebrauch dienen sollte, werden die Ausdrücke ‚soziale Interaktion' und ‚zwischenmenschliche Kommunikation' offensichtlich synonym gebraucht.

Geht man einmal davon aus, daß solche Kontakte vor allem dazu genutzt oder sogar extra dazu hergestellt werden, um Informationen über ein Produkt, eine Dienstleistung oder einen marktrelevanten Sachverhalt auszutauschen, oder anders ausgedrückt, der Informationsaustausch als zentrales Merkmal solcher Kontakte angesehen werden kann, dann ist ein solcher Sprachgebrauch zwar naheliegend und verständlich, kann jedoch zur Verwirrung führen. Das kann darauf zurückgeführt werden, daß die gleichen Begriffe in den Sozialwissenschaften für z.T. unterschiedliche Konzepte verwendet werden, bzw. sowohl für ‚Interaktion', als auch für ‚Kommunikation' ganz verschiedene Denkmodelle entwickelt worden sind; entsprechend den verschiedenen wissenschaftstheoretischen Grundorientierungen (Groeben & Westmeyer, 1975; Mertens, 1977; Schneewind, 1977) und gegenstandstheoretischen Rahmenkonzeptionen (vgl. dazu Graumann, 1972; Merten, 1976). Die daraus resultierende Uneinheitlichkeit des Begriffsgebrauchs und Vielfalt der Definitionen wird zwar häufig beklagt, stellt u.E. jedoch kein Problem dar, wenn man einem funktionalen Verständnis von wissenschaftlicher Begriffs- und Theoriebildung folgend (vgl. Innerhofer, Gottwald & Scharfetter, 1976), zwischen dem alltagssprachlichen, deskriptiven Gebrauch des Begriffs ‚Interaktion' und dem von verschiedenen theoretischen Standorten aus unterschiedlich konzipierten ‚hypothetischen Konstrukt', ‚Interaktion' differenziert. Können alltagssprachlich also Interaktion und Kommunikation durchaus synonym für ‚soziales Geschehen' gebraucht werden, so legt die sozialwissenschaftliche Beschäftigung nahe, begrifflich zwischen ‚Interaktion' und ‚Kommunikation' zu unterscheiden, um zum einen inhaltlich an Präzision zu gewinnen und zum anderen nicht durch einen Synonym-Luxus die sozialwissenschaftliche Begriffs-Inflation weiter zu fördern.

Beide Konzepte stellen dann unterschiedliche Perspektiven dar, thematisieren verschiedene Aspekte des gleichen Geschehens. Während ‚Interaktion' u.E. jede wechselseitige Beeinflussung des Verhaltens von A durch Verhalten von B und umgekehrt meint, soll ‚Kommunikation' die Übermittlung von Informationen mit Hilfe von Zeichen z.B. im Rahmen solcher Beeinflussungsprozesse bedeuten (zur Begriffsproblematik vgl. Bentele & Bystrina, 1978; Graumann, 1981; Merten, 1976). Einem solchen funktionalen Verständnis der Begriffsbildung folgend, haben wir diesen Beitrag „Face-to-Face-Interaction" benannt, weil damit unserer Auffassung nach, sowohl der von uns anvisierte Phänomenbereich aus dem sozialen Feld „Markt" („zwei Menschen verhalten sich zueinander"), als auch die von uns bevorzugte Perspektive zur Beschreibung und Erklärung von Anbieter- und Nachfragerverhalten („Wechselseitige Abhängigkeit des Verhaltens zweier – oder mehrerer – Personen voneinander") zum Ausdruck kommt.

Unsere Beschäftigung mit ‚Face-to-Face Interaktionen im Marktgeschehen' geht von ‚Interaktion' im alltagssprachlichen Sinne aus, indem wir uns zunächst mit der Untersuchung der konkreten Kontakte befassen. Dabei geht es um die Darstellung und Kritik empirischer Untersuchungen, die unter den Markenzeichen ‚Personal Selling' und ‚Word of Mouth' bekannt geworden seind. Welche Gesichtspunkte in Zukunft berücksichtigt werden sollten, wird in den Erörterungen zu ‚Forschungsperspektiven' zur Diskussion gestellt.

6.2 ‚Personal selling'[1)]

In den folgenden Abschnitten werden empirische Untersuchungen dargestellt und kritisiert, die für die Forschungspraxis typisch sind. Die Überschriften spiegeln z.T. nur den Standpunkt der Autoren. Wenn es z.B. um „Problemlösen" geht, dann handelt es sich eher um eine periphere Beziehung zu Forschungsbereichen, die gemeinhin unter dieser Etikette subsumiert werden.

6.2.1 Ähnlichkeit – Attraktivität

Der Klassiker Evans (1963) beschreibt eine Verkaufssituation so: „... the ‚sale' is a social situation involving two persons (Evans berücksichtigt also nur Dyaden, die sicher eine häufige Konstellation darstellen, wenn es um personal selling geht). The interaction of the two persons in turn, depends upon the economic, social, physical and personality characteristics of each of them. To understand the process, however, it is necessary to look at both parties to the sale as a dyad,

---

[1)] Um Mißverständnisse zu vermeiden, verzichten wir auf eine Übersetzung ins Deutsche. „Persönlicher Verkauf" kann zu konnotativen Assoziationen führen, die im Anglo-amerikanischen nicht naheliegen.

not individually. Specifically the hypothesis is: the sale is a product of the particular dyadic interaction of a given salesman and prospect rather than a result of the individual qualities of either alone." (1963, S. 76)

Evans distanziert sich damit von einem großen Teil der vorausgegangenen Forschung, deren Hauptinteresse allein verkäuferzentriert war: es wurden Beziehungen zwischen Verkäuferleistungen und Persönlichkeitsvariablen untersucht (siehe z.B. das Sammelreferat von Cotham (1970)). Insgesamt blieben die Ergebnisse kontrovers und trugen wenig zum Verständnis bei, Bedingungen für die Effektivität von Verkäufern aufzuzeigen. Dies Gesamtergebnis erinnert natürlich an die Fehlschläge der sog. Eigenschaftstheorien aus der Führungsforschung (Stogdill, 1948).

In der vielzitierten Arbeit von Evans (1963) geht es um die post hoc angestellten Analysen von Verkäufen von Lebensversicherungen. Die Stichprobe umfaßte 125 Versicherungsvertreter und 500 prospektive Kunden (allerdings wurden 1963 nur ein Drittel der Stichprobe ausgewertet).

Das Hauptergebnis dieser Untersuchung, gewonnen durch schriftliche Befragung ist: Je ähnlicher Verkäufer und Kunde sind, desto größer ist die Wahrscheinlichkeit, daß ein Kauf zustande kommt. Dabei wird die Ähnlichkeit auf den Dimensionen Alter, Größe, Einkommen, Religion, Erziehung, politische Einstellungen und Rauchgewohnheiten gemessen. Als besonders bedeutsam wird hervorgehoben, daß die wahrgenommenen Ähnlichkeiten für religiöse und politische Einstellungen eine ausschlaggebendere Rolle spielten als die „wahren" Einstellungen.

Zu vergleichbaren Ergebnissen kommt Schoch (1969) im deutschen Sprachbereich (Schweiz). Verkaufsobjekte sind Registrierkassen, die an Inhaber von Ladengeschäften, Restaurants u.a. verkauft werden sollen. Käufer lassen sich von Nichtkäufern signifikant in Hinsicht auf spezifisch wahrgenommene Ähnlichkeiten zum Verkäufer unterscheiden: 1. Käufer haben eine geringere soziale Distanz zum Vertreter als Nichtkäufer – soziale Interaktionen werden auch außerhalb des Geschäftsbereichs gewünscht. 2. Käufer vermuten eine größere Ähnlichkeit in Bezug auf politische Einstellungen, Konfession und Autobesitz als Nichtkäufer. – Daß Altersähnlichkeit positiv mit dem Verkauf von Lebensversicherungen korreliert, unterstützt auch die Analyse von Gadel (1964), gewonnen mit Hilfe von 22000 Lebensversicherungspolicen. Da aber nur verkaufte Versicherungen in die Analyse eingingen, bleibt das Ergebnis fragwürdig.

Riordan, Oliver und Donnelly (1977) bringen eine weitere Ähnlichkeitsdimension bei dem Verkauf von Lebensversicherungen ins Spiel. Rollenkongruenz diskriminiert am besten Käufer von Nichtkäufer. Je ähnlicher ein wirklicher Vertreter einem als ideal vorgestellten ist (eingeschätzt wird), desto größer ist die Wahrscheinlichkeit, daß eine Versicherung abgeschlossen wird. Dieses Ergebnis stammt ebenfalls aus schriftlichen Befragungen. Die Autoren übernahmen schon von Evans verwendete bipolare Skalen (z.B. schnell redender − langsam redender Verkäufer; kannte meine Bedürfnisse − kannte meine Bedürfnisse nicht).

Zu einem teilweise vergleichbaren Ergebnis kommt Tosi (1966), wenn es um die Verkaufsinteraktionen von Pharmazievertretern und Apothekern geht. Je mehr der Vertreter den als ideal erwarteten Verhaltensnormen entspricht, mit desto weniger konkurrierenden anderen Vertretern kann er rechnen. Allerdings spielt die Übereinstimmung von Käufer und Verkäufer in der Einschätzung eines idealen Vertreters keine Rolle für die Effektivität des Vertreters.

Alle beschriebenen Studien lassen sich von verschiedenen Standpunkten aus kritisieren:

1. Allen Untersuchungen ist das Merkmal ‚korrelationsstatistisch' gemeinsam; dadurch bleiben gerichtete − kausale − Aussagen ausgeschlossen.

2. Alle erhobenen Daten, die zu Kauf oder Nichtkauf in Beziehung gebracht werden, stammen aus Situationen, die zeitlich dem Kauf-Nichtkaufentschluß folgen. Reaktivität (Bungard & Lück, 1974) kann also nicht ausgeschlossen werden. Diese Interpretation wird durch Ergebnisse eines Laborexperiments von Farely und Swinth (1967) unterstützt. Käufer beurteilen den Verkäufer insgesamt günstiger als Nichtkäufer. Allerdings ging es in diesem Experiment nur um die Simulation einer Verkaufssituation.

3. Diese Kritik trifft allein die Arbeit von Evans (1963). Eine Überprüfung der statistischen Berechnungen durch Capon, Holbrook und Hulbert (zit. n. Holbrook & O'Shaughnessy, 1976) führte zu nicht signifikanten Ergebnissen. Die Autoren machen allerdings keine Aussage darüber, ob sie den kompletten Datensatz oder nur einen Teil davon reanalysiert haben.

Je ähnlicher, desto attraktiver erscheint alter. Für diese Aussage existiert beträchtliche, empirisch fundierte Evidenz (so z.B. das Sammelreferat von Hinde, 1979). Erklärungen für diese Beziehung werden von Hinde zusammengefaßt: „Those likely to have the widest applicability are that perceived similarity is associated with consensual validation, that it facilitates communication, and that it leads to positive beliefs, perhaps in holding promise of rewarding interaction in contexts demanding reciprocity" (1979, S. 110).

Inwieweit diese Erkenntnisse auf personal selling übertragen werden können, bleibt schließlich empirisch zu prüfen. Allein die Art der untersuchten Stichproben − in der Mehrzahl Ehepaare, Freunde − läßt diese Einschränkung als gerechtfertigt erscheinen. Trotzdem können gerade die theoretisch begründeten

Erklärungsansätze, den Ausgangspunkt für fruchtbare Interpretationen und Folgeuntersuchungen abgeben.

Nach Freedman, Carlsmith und Sears (1970) gilt: „... similarity increases the possibility that two people will reward and reinforce each other directly." (S. 88) Das damit angesprochene Modell des operanten Konditionierens kann bei einem Gespräch zwischen zwei Personen folgendes bedeuten. Es fällt jedem Partner leicht, das herauszuhören, mit dem er übereinstimmt, um dann zuzustimmen. Das verschafft, gleichgültig worüber die Rede ist, die sog. Vertrauensbasis (Rapport). Das ist schlicht eine Konsequenz wechselseitiger positiver Verstärkungen. Spezifische Dimensionen der Ähnlichkeit schränken dann das, worüber die Rede ist, ein. Solange man in ihnen verbleibt, identische oder ähnliche Merkmale der Partner gleichsam die Quelle der positiven Verstärker sind, kann sich eine gute Beziehung zwischen beiden entwickeln. Anhand dieser Modellskizze können soziale Episoden konstruiert werden. Für unseren Fall wären Interaktionen zwischen Käufer und Verkäufer abzubilden. In Labor- und Felduntersuchungen wäre dann zu prüfen, ob einmal der vorausgesagte Rapport hergestellt werden kann und zum anderen, ob Rapport eine Bedingung für das Kaufverhalten von Kunden ist.

6.2.2 Ähnlichkeit und ‚expertise'

Die Arbeit von Brock (1965) ist ein genuines Feldexperiment. Zwei Mitarbeiter des Autors arbeiteten fünf Monate lang als Verkäufer in einem Einzelhandelsgeschäft für Farben. Sie versuchten systematisch, die Kaufentscheidungen von Kunden zu beeinflussen, und zwar nachdem ein Kunde eine bestimmte Wahl getroffen hatte, empfahlen sie ein Produkt, daß sich im Preis unterschied. In der Hälfte der Fälle wurde die Ähnlichkeit zwischen Verkäufer und Kunde dadurch hervorgehoben, daß der Verkäufer erzählte, die gleiche Menge wie der Kunde verbraucht zu haben, in der anderen Hälfte der Fälle wurde darauf hingewiesen, zwanzigmal so viel verarbeitet zu haben. Auf diese Weise versucht Brock Ähnlichkeit und Unähnlichkeit, die gleichzeitig als ‚expertise' definiert wurde, in ihren Auswirkungen zu prüfen. Die Ergebnisse weisen auf eine Überlegenheit des Faktors Ähnlichkeit hin, und zwar gleichgültig, ob ein teureres oder billigeres Produkt empfohlen wurde.

Woodside und Davenport (1974) kritisieren zu recht die getroffene Manipulation von Ähnlichkeit und ‚expertise', die eher eine Entweder-Oder-Entscheidung als eine Und-Entscheidung begünstigen. Entweder ist Ähnlichkeit der ‚expertise' überlegen oder umgekehrt, aber eine gleichgewichtige Wirkung von Ähnlichkeit und ‚expertise' ist methodisch ausgeschlossen, da sie auf eine Bestätigung der Nullhypothese hinauslaufen würde. Anders formuliert, Ähnlichkeit und ‚expertise' werden auf *einer* logisch definierten Dimension variiert.

Eine am Inhalt der Manipulationen orientierte Kritik kann es als fragwürdig erscheinen lassen, daß ein Experte durch die Häufigkeit des Umganges mit einem Produkt hinreichend definiert ist.

In einem Feldexperiment variieren deshalb Woodside und Davenport (1974) Ähnlichkeit und ‚expertise' unabhängig voneinander. Das Verkaufsobjekt ist ein neues Reinigungsmittel für Kassettenrekorder, das solchen Kunden empfohlen wird, die gerade eine oder mehrere Tonkassetten gekauft haben. Ähnlichkeit wird durch Äußerungen des Verkäufers variiert, die entweder hervorheben, daß man den gleichen oder anderen Musikgeschmack hat wie der Kunde. Expertise wird entweder durch Vorführen der Handhabung des Produktes oder durch den Hinweis, daß man selbst nichts über die Funktionsweise wisse, aber die Gebrauchsanweisung hilfreich sei, ins Spiel gebracht.

Sowohl für Ähnlichkeit als auch für ‚expertise' kann ein statistisch signifikanter Effekt nachgewiesen werden. Außerdem ist ‚expertise' signifikant effektiver als Ähnlichkeit. In einem weiteren Feldexperiment – in vergleichbarer Situation – von Woodside und Pitts (1976) konnte der ‚expertise'-Effekt bestätigt werden.

In einer Simulationsstudie von Busch und Wilson (1976) – Studenten bekommen einen Videofilm vorgeführt, in dem ein Versicherungsvertreter den Kauf einer Lebensversicherung empfiehlt – konnten erneut Effekte für Ähnlichkeit und ‚expertise' nachgewiesen werden. Wenn es um die Einschätzung von Vertrauen gegenüber dem Versicherungsvertreter ging, dann erwies sich die ‚expertise'-Manipulation als effektiver gegenüber der Ähnlichkeits-Manipulation: ‚expertise' erklärte 20% Varianz gegenüber 6,4% für Ähnlichkeit. Dieses Ergebnis entspricht dem Resultat von Woodside und Davenport (1974). Allerdings muß betont werden, daß es sich hier um ein Simulationsexperiment handelt, das als abhängige Variablen allein Einstellungsskalen bzw. Verhaltensabsichten verwendet. Wenn die Studenten-Vpn ihre Namen, Adressen und Telefonnummern für einen späteren Kontakt angeben konnten, dann zeigte sich, daß weder Ähnlichkeits- noch Expertise-Manipulationen Wirkung zeigten.

Ein besonders sorgfältig geplantes, feldähnliches Experiment, wurde von Sawyer, Deutscher und Obermiller (1980) mit Studenten als Vpn durchgeführt. Es ging um den Verkauf eines Tenniskurses für Studenten der Ohio-State-Universität. Das Experiment variierte drei unabhängige Variablen: ‚expertise', Geschlecht und VL, insgesamt sieben Personen, die den Tenniskursverkäufer spielten. ‚Expertise' wurde durch mündliche Kommentare variiert, die einmal den Vl als tenniserfahrenen Experten darstellten, zum anderen deutlich machten, daß der Vl ein Tennis-Laie war. Ein standartisierter Verkaufstext stand den Vl zur Verfügung. Sie wurden aber gleichzeitig ermuntert, mit eigenen Worten Sinngemäßes zu sagen, Fragen zu stellen und zu provozieren.

Nach dem Verkaufsgespräch wurden die abhängigen Variablen von einem anderen VL gemessen. Die unabhängige Variable ‚expertise' führte zu Effekten für kognitive Dimensionen. Die Einschätzungen der VL als Experten oder Laie, kenntnisreich oder -arm unterschieden sich signifikant in Übereinstimmung mit der Manipulation. Auch Analysen spontaner Äußerungen der Vpn zu einem Playback des Verkaufsgespräches ergaben Vergleichbares. ‚Expertise' blieb allerdings wirkungslos bei drei kritischen Abhängigen Variablen: Anmeldung zum Tenniskurs, Anzahlung für den Kurs und Anmeldung für eine Einführungsveranstaltung. Eine Analyse unter Berücksichtigung der einzelnen Verkäuferrollenspieler ergab nur für einen VL einen ‚expertise'-Effekt: Carl, der einzige wirkliche Tennisexperte erhält mehr Anmeldungen zum Kursus, wenn er seine „wirkliche" Rolle spielt. Der Tennisexperte kommt zu diesem Resultat, obwohl er als Experte nicht signifikant anders wahrgenommen wird als die anderen VL in dieser Rolle. Vielleicht ist dieses Ergebnis der Grund dafür, daß die Autoren für diesen Fall „unbewußte Wünsche" postulieren, die zu einem aggressiveren Verhalten beim Verkaufsabschluß geführt haben, wenn der Experte sich selbst spielen durfte. Das VL-spezifische Ergebnis, Interaktionen abhängiger Variablen mit den VL die sie applizieren, hat psychologische und soziologische Tradition (z.B. Hyman, Cobb, Feldman, Hart & Stember, 1954; McGuigan, 1963). Ebenso hat Capon (1975) bereits früher solche Effekte im Bereich personal selling nachweisen können.

Die Kritik an ihrem eigenen Experiment (Sawyer et al., 1980) ist so sorgfältig wie ihre Planung. Ihr Hauptargument, daß die Kaufneigung überhaupt der Faktor ist, der die größte Varianz in Verkaufssituationen erklärt, klingt für die von den Autoren verwandte Situation psychologisch plausibel, ist aber nicht auf alle Verkaufssituationen generalisierbar, z.B. dann, wenn es sich um Situationen handelt, die zu Spontankäufen führen (Wochenmärkte, Schützenfeste etc.).

Alle dargestellten Untersuchungen lassen keine Entscheidungen darüber zu, ob Ähnlichkeit oder ‚expertise' effektiver sind. Selbst Bush und Wilson (1976) die mit einem Ergebnis auf die relativ große Überlegenheit von ‚expertise' verweisen können, möchten die Generalisierbarkeit situationsspezifisch eingeschränkt wissen. Sie meinen, daß es beim sog. Industrieverkauf sich üblicherweise um zeitlich länger andauernde Beziehungen zwischen Käufer und Verkäufer handelt und dann der Faktor Ähnlichkeit eine größere Rolle spielt. Wenn aber zutrifft, daß Sympathie auch eine Funktion von Kontakthäufigkeit ist (Homans-'sche Regel, 1950), und Sympathie positiv mit Ähnlichkeit korreliert, dann ist eine solche vermittelte Konfundierung zu berücksichtigen.

Die Empfehlung des Wirtschaftswissenschaftlers Bänsch (1977) für Verkäufer, sich verständlich auszudrücken, eher einfach als kompliziert, eher kurz als weitschweifig etc. (siehe die vier „Verständlichmacher", Langer, Schulz von Thun &

Tausch, 1974) zu sprechen, steht das Alltagsstereotyp gegenüber, daß Fachleute häufig von Fachchinesisch Gebrauch machen. Daraus kann man den Schluß ziehen, daß man erst dann einen Experten als solchen wahrnimmt, wenn er diesem Stereotyp in seinem Verhalten entspricht.

Als ein — sicher exotisch erscheinender — Beleg für die Gültigkeit dieser Behauptung gilt das von Armstrong (zit. n. Psychologie Heute, 1980, Nr. 8, S. 6—7) untersuchte „Dr. Fox - Phänomen". Dr. Fox hielt einen Nonsens-Vortrag mit wissenschaftlichem hohen Anspruch vor einem fachkundigen Publikum, das prompt den Vortrag positiv bewertete. Dieser Gag nimmt aber dann ernstere Formen an, wenn es in Folgeuntersuchungen um die Bewertung wissenschaftlicher Aussagen ging, wo der gleiche Inhalt einmal sprachlich einfach, zum anderen kompliziert formuliert wurde. Die Kompetenz der Forschung (der Forscher) wurde höher eingestuft, wenn der Text kompliziert formuliert war. Die Texte betrafen Bereiche der Betriebswissenschaft. Die aus diesen Untersuchungen zu ziehenden Schlußfolgerungen sind nicht eindeutig, z.B. werden kompliziert geschriebene wissenschaftliche Artikel generell, gleichgültig um welche Wissenschaft es sich handelt, von Kollegen als qualifizierter wahrgenommen? Oder haben solche Artikel eine größere Chance gedruckt, verkauft zu werden? Welche Merkmale, welche Verhaltensweisen den Eindruck von Expertise bei Käufern spezifischer Produkte erwecken, dürfte in jedem Falle untersuchenswert sein. Zumindest scheint eine Entscheidung zwischen den Strategien — „Dr. Fox" versus „vier Verständlichmacher" nicht ohne empirische Prüfung sinnvoll.

6.2.3 Interaktive Personvariablen

„Personal selling is seen as interpersonal communication or the psychological process of taking account of the cues originating in the selling environment" (Pruden & Peterson, 1971). Wenn man Kommunikation und Interaktion als äquivalente Begriffe auffaßt, dann könnte diese Beschreibung auch von Evans (1963) stammen, der eher gegen Persönlichkeitsvariablen, gemessen allein bei Verkäufern und in Beziehung zu Kaufausgängen gesetzt, argumentiert. Pruden und Peterson untersuchen erneut Persönlichkeitsvariablen als Prädiktoren für Verkaufssituationen. Sie beziehen sich dabei auf die „self-other orientation theory of personality" von Ziller (1971). Es handelt sich dabei um eine Theorie, die die wahrgenommenen Beziehungen zwischen ego und alter abbildet, z.B. ego versus Freunde oder Arbeitskollegen.

Die alter-ego-Beziehungen werden auf verschiedenen Dimensionen nichtsprachlich gemessen, und zwar durch abstrakte Symbole, die die jeweils gefragte Beziehung zwischen ego und alter optisch abbildet.

Das Ziel der exploratorischen Studie war, Beziehungen zwischen einem solchen Satz von Persönlichkeitsvariablen und Arbeitszufriedenheit und Arbeitsleistung von Verkäufern zu untersuchen.

91 Vertreter für Baumaterialien, die mit Einzelunternehmen oder Industrieverbrauchern ihre Geschäfte machten, wurden schriftlich befragt. Sowohl Arbeitszufriedenheit, als auch Arbeitsleistung wurden von den Betroffenen skaliert. Die Selbsteinschätzung für Arbeitsleistung begründen die Autoren mit verschiedenen Argumenten: 1. Es besteht keine Einigkeit für ein valides Meßinstrument, d.h. es kann keine Entscheidung getroffen werden zwischen einerseits Verkaufsvolumen und Profit und andererseits dem Aufrechterhalten einer guten Beziehung. 2. Individuelle Leistung kann deshalb schwer bestimmt werden, weil erfolgreiche Verkaufsabschlüsse von anderen Vertretern abhängen können. 3. Eine Einschätzung durch den Vorgesetzten hat keine direkte Beobachtungsbasis. Alle drei Argumente erscheinen plausibel, allerdings ist es möglich, auch andere Schlußfolgerungen daraus abzuleiten, nämlich diese Variablen durch Schätzskalen zu kontrollieren und in die Untersuchung mit einzubeziehen. Die Korrelationsanalysen führten zu zwei Hauptergebnissen: 1. Leistung wird am besten durch die Machtvariable vorausgesagt. Dabei bedeutet hier Macht, die subjektiv wahrgenommene Über- oder Unterlegenheit gegenüber einem signifikanten Anderem. Für den gegebenen Fall ergab sich die Beziehung: Je überlegener der Verkäufer sich gegenüber seinem Kunden einschätzte, desto höher bewertet er auch seine Leistungen als Verkäufer. 2. Je marginaler ein Verkäufer sich beurteilt, für desto erfolgreicher hält er sich. Marginal bedeutet hier die Position des Verkäufers zwischen Kunde und eigenem Unternehmen, er verhält sich neutral beiden gegenüber oder ist, wie die Autoren meinen, offen gegenüber neuen Informationen.

Vergleichbare Beziehungen wurden zwischen Arbeitszufriedenheit und Macht, bzw. Marginalität festgestellt.

Scheibelhut und Albaum (1973) beziehen sich auf die gleiche Theorie von Ziller, verwenden allerdings andere Variablen als Pruden und Peterson. Sie untersuchen u.a. Immobilienverkäufer und vergleichen zwei Extremgruppen — mit entweder überdurchschnittlich hohem oder niedrigem Einkommen. Regressionsanalysen ergaben, daß hohe Komplexität und niedrige Identifikation mit Majoritäten den erfolgreichen Verkäufer auszeichnen. Dabei bedeutet Komplexität die Anzahl der Dimensionen des Selbst, die wahrgenommen werden. Die komplexere Person geht mehr auf andere ein und die Wahrscheinlichkeit, Ähnlichkeiten zwischen sich und anderen wahrzunehmen ist groß. Dieses Ergebnis kann in Übereinstimmung mit den bisher geschilderten Resultaten gesehen werden, die entweder Ähnlichkeit kontrollierten (Korrelationsstudien) oder variierten (Experimentalstudien). Bei dieser Dimension geht es allerdings nicht um spezifische Ähnlichkeiten, sondern um die Kompetenz, Ähnlichkeit zu entdecken. Identifikation mit Majoritäten bedeutet, Ähnlichkeit zwischen sich und der Mehrheit zu sehen. Hier handelt es sich um eine eher pauschale, undifferenzierte Ähnlichkeitsbeziehung. Die Unterscheidung dieser beiden Arten von Ähnlichkeiten erscheint psychologisch sinnvoll, ob sie sich aber mit Hilfe von Faktorenanalysen bestätigen lassen, bleibt offen.

Beide Untersuchungen werden von der gleichen Kritik getroffen, die wir im Zusammenhang mit den Untersuchungen von Evans (1963), Gadel (1964), Riordan, Oliver und Donnelly (1977) und Schoch (1969) geäußert haben.

6.2.4 Behavioristen als Interaktionisten

Der Prozeß der Interaktion bei personal selling hat bei den Autoren, die sich für Ähnlichkeit, ‚expertise' und interaktive Merkmale interessierten, wenig oder gar keine Aufmerksamkeit gefunden.

Eine sehr frühe Untersuchung von Chapple und Donald (1947) macht einen ersten und entscheidenden Schritt in diese Richtung. Sie untersuchten das Verkaufspersonal eines Warenhauses (N = 244) mit Hilfe des sog. Interaktions-Chronographen. In speziell strukturierten Einzelinterviews werden die Zeiten und Zeitverläufe von Sprechakten, Schweigen, Nicken, Lachen und Gestikulieren registriert, also sowohl verbale als auch non-verbale Aktivitäten. Allerdings spielen bei der Auswertung die Inhalte der Aktivitäten keine Rolle.

Ein Interview dauert ca. 25 Minuten und ist in fünf Perioden aufgeteilt. In der ersten Periode fragt der Interviewer z.B. nach Arbeitsproblemen oder danach, mit welchen Kunden man gut auskommt. Nach diesem Einstieg hält sich der Interviewer zurück, fragt höchstens nach Beispielen, bestätigt was gesagt wurde, wiederholt. In der 2. Periode reagiert der Interviewer auf Schweigen ebenfalls mit Schweigen, insgesamt 12 mal. Die 3. Periode entspricht der ersten. In der 4. unterbricht der Interviewer die Verkäufer und versucht sie durch Reden am Reden zu hindern, insgesamt 12 mal. Die letzte Periode entspricht der ersten.

Die Art dieses Interviews wird pragmatisch begründet: Es hat sich als nützlich erwiesen. Trotzdem kann man annehmen, daß der Aufbau des Interviews so etwas wie ein Schema für Verkaufsgespräche darstellen sollte.

Aus den Interviews werden — bezogen auf die verschiedenen Perioden — Aktivitätsindices berechnet. Diese Indices, sowie ein Mittelwert für die Gesamtaktivität werden mit den Verkaufsleistungen (in Dollar gemessen) in Beziehung gesetzt. Diese Vergleiche finden innerhalb von Verkäufergruppen mit gleichen Verkaufsobjekten statt. Es werden jeweils Rangordnungen miteinander verglichen.

Ein Hauptergebnis war: Die Gesamtaktivität korreliert positiv mit den Verkaufsleistungen. Die Rangordnungen stimmten in 75% der Fälle perfekt überein.

Die einzelnen Aktivitätsindices wurden jeweils bestimmten Verkaufssituationen zugeordnet. Die Verkaufssituationen wurden mit Hilfe von zwei Dimensionen klassifiziert: Ausstattung der Verkaufsräume und ob, bzw. welche Art von Anprobegelegenheiten zur Verfügung standen. Die für diese Einteilungen berechneten Rangkorrelationen lagen zwischen 0.85 und 1.0.

Voraussagestudien bestätigten die Brauchbarkeit der mit Hilfe des Interaktions-Chronographen definierten Indices. Bei der Anstellung von unerfahrenem Verkaufspersonal lieferten die Indices valide Prädiktoren für den zukünftigen Verkaufserfolg. Aus Einzelfallbeobachtungen ziehen die Autoren den Schluß, daß spezielle Warenkenntnisse nicht ausschlaggebend für Verkaufserfolge sind. Zuordnungen zu bestimmten Verkaufssituationen aufgrund der Aktivitätsindices erweisen sich immer überlegen.

Ein Vergleich von 15 besonders erfolgreichen Verkäufern hinsichtlich ihrer Aktivitätsindices ergab zweierlei: 1. Die durchschnittliche Gesamtaktivität war hoch, 2. Die Variabilität für alle anderen Indices war groß. Daraus ziehen die Autoren den Schluß: Für hervorragende Verkäufer existieren *keine* ähnlichen Merkmale, die in der Lage sind, die Anforderungen verschiedener Verkaufssituationen zu überspielen.

Der Erfolg eines Verkäufers sollte nicht nur in Dollar gemessen werden. Zu diesem Zweck untersuchten die Autoren Reklamationen. Von einigen Ausnahmen abgesehen, scheinen die Verkäufer die meisten Reklamationen zu produzieren, die sich in der 4. Periode des Interviews kaum unterbrechen lassen.

Die lange Zeit vergessene Untersuchung von Chapple und Donald (1947) berücksichtigt zwar beobachtbare interaktive Merkmale, aber diese beziehen sich nicht auf das wechselseitige Verhalten in der Verkaufssituation selbst. Die Auswertungen klammern inhaltliche Dimensionen aus, selbst eine Diskrimination nach Sprech- und nonverbalen-Akten wird nicht verfolgt. Die gemachten statistischen Aussagen sind global und nicht nachprüfbar.
Schließlich muß der Zeitpunkt der Untersuchungen bei einer möglichen Generalisierung der Resultate gewertet werden. Die Autoren vermerken selbst an einer Stelle die gegebene Knappheit von Verkaufsgütern im Nachkriegsjahr 1945. Trotz der Summe dieser Kritik, könnten die Untersuchungen — vor allem methodische — Anregungen für die Zukunft provozieren. — Mehr als 40 Jahre nach Chapple berichtet Morgan (1980) über seine jahrelangen Erfahrungen im personal selling-Bereich. Dem Zeitgeist entsprechend wird personal selling als social skill verstanden: „Social skill is the ability to achieve the objectives that a

person has for interacting with others – whatever they may be – collecting or passing on accurate information, persuading or selling; helping people to learn; and so on (S. 104)".

Ähnlich Chapple arbeitete Morgan für eine Firma, in diesem Falle für Rank Xerox. Untersucht werden allein die sprachlichen Interaktionen von Verkaufsgesprächen, und zwar die Inhalte. Dabei spielen drei Kategorien zur Analyse der Inhalte eine Hauptrolle, da sie sich praktisch in ihrer Beziehung zum Verkaufserfolg bewährt haben: A. Aussagen, die Produkt- oder Servicemerkmale beschreiben; B. Aussagen, die Gebrauch oder Nutzen des Produktes für den Käufer herausstellen und C. Aussagen darüber, in wie weit ein Produkt, gekennzeichnet auch durch B. und C., einem bestimmten Bedürfnis entspricht, das ein Käufer zum Ausdruck gebracht hat.

Alle Verhaltensweisen, die unter A oder B oder C subsumiert werden können, sind Verkäuferverhaltensweisen.

Erste Ergebnisse, gewonnen in Großbritannien, ergaben, daß die Kategorie C am stärksten mit Verkaufserfolg assoziiert war. Gleichzeitig konnte beobachtet werden, daß die Kategorie C Seltenheitswert hatte. Das Verhältnis der Kategorien A versus C betrug 3:1.

Die Kategorie C enthält Aussagen, die auf die Bedürfnisse der Käufer eingehen. Um diese Bedürfnisse zu erfahren, sind Fragen der Verkäufer eine notwendige Voraussetzung, und das Frageverhalten sollte positiv mit der Anzahl der Verkäufe korrelieren. Diese Hypothese wurde durch einen Extremgruppenvergleich bestätigt. Ein Vergleich zwischen Verkäufern die viel und die wenig fragten, führte zu einem nahezu perfekten Zusammenhang.

Aufgrund dieser Ergebnisse wurden Verkäufer in einem bestimmten geographischen Bereich „on the job" trainiert. Nach dem Training konnte sowohl ein Ansteigen der kritischen Verhaltensweisen, als auch der Verkaufsraten beobachtet werden.

Diese Ergebnisse waren die Voraussetzung für eine internationale Untersuchung in 14 europäischen Ländern, die sich auf etwa 3500 Verkaufsgespräche stützen konnte. Der Verkaufserfolg, der häufig von mehr als einem Gespräch abhängt, wurde 4-stufig skaliert (von Verkauf bis Ablehnung, mit zwei Zwischenstufen).

Die positive Assoziation zwischen Verkaufserfolg und Kategorie C konnte bestätigt werden. Der vorher gefundene Zusammenhang zwischen Verkaufsfragen und Verkaufserfolg konnte nicht reproduziert werden. Eine umgekehrte u-förmige Beziehung zwischen beiden Variablen ergab sich. Den ersten Ergebnissen wurde damit nur z.T. widersprochen, da sich, was die Anzahl der Verkäuferfragen anbelangte, ihre Koordinaten auf dem ansteigenden Teil der umgekehrt u-förmigen Kurve befanden. Eine Reanalyse von Käuferaussagen auf Verkäuferfragen, ließ ein Unterscheidung von zwei Kategorien zu: Äußererungen über implizite Bedürfnisse, das waren Probleme, Schwierigkeiten und Unzufriedenheiten mit der augenblicklichen Situation und Äußerungen über explizite Bedürfnisse, dabei handelt es sich um eindeutige Aussagen über Wünsche, Vorstellungen und Intentionen.

Erfolgreiche Verkaufsgespräche unterscheiden sich von nicht erfolgreichen dann dadurch, daß sowohl implizite als explizite Bedürfnisse von den Käufern häufiger geäußert werden. Das zu lösende Forschungsproblem bestand jetzt für Morgan darin, das kritische Käuferverhalten durch Verkäuferverhalten zu provozieren.

Dazu diente ein Interaktionsprozeßmodell, das nicht nur Verkäufer-, sondern auch die kritischen Käufervariablen abbildet und zudem einen Zeitverlauf von Gesprächen berücksichtigt. Die Stationen eines Verkaufsgesprächs sind:

1. Verkäuferfragen, die Hintergrundinformationen über den Käufer liefern.

2. Hier gilt es die jeweiligen Schwierigkeiten und Probleme des Käufers in seiner Situation anzusprechen.

Beide Fragearten führen zu Käuferreaktionen, die seine impliziten Bedürfnisse zur Sprache bringen.

3. Durch Nachfragen des Verkäufers werden die Implikationen verfolgt, die mit den Schwierigkeiten des Käufers zusammenhängen, das Problembewußtsein des Käufers präzisieren.

4. Schließlich sollen Verkäuferfragen herausfinden, für wie wichtig der Käufer die Lösung seines Problems einschätzt.

Fragen der zuletzt genannten Art offenbaren dann die expliziten Bedürfnisse des Käufers, und der Verkäufer kann gezielt Problemlösungsvorschläge machen.

Vorläufige Ergebnisse konnten die Brauchbarkeit des Modells bestätigen. Außer der Kategorie, die sich auf Fragen zu Hintergrundinformationen bezieht, konnte ein positiver Zusammenhang zwischen den Fragen und Antworten zu Verkaufserfolg demonstriert werden. Zu vergleichbaren Ergebnissen führten auch Trainingsmaßnahmen „on the job".

Zur Kritik der Untersuchungen muß gesagt werden:

1. Bleibt die Methode der Datengewinnung unklar. Ob Beobachter eingesetzt

worden sind oder Tonbandprotokolle oder beides, geht aus den gemachten Angaben nicht hervor.

2. Der Autor verhält sich absolut abstinent gegenüber Inferenzstatistik. Alle Angeber haben statistisch beschreibenden Charakter und selbst wenn Mittelwerte berichtet werden, fehlen Angaben für Streuungsmaße. Die Gültigkeit der Ergebnisse bleibt also insgesamt fragwürdig.

Die Strategie der Untersuchungen, insoweit aus korrelativen Zusammenhängen Trainingsmaßnahmen zur Validierung der Zusammenhänge abgeleitet werden, ist methodisch exakt. Allerdings ist zu fragen, welche Variablen beim Training ‚on the job' wirksam waren. Das unmittelbar gegebene Feedback durch einen Personalmanager wird allein vom Autor herausgestellt. Die Konfundierung dieser operanten Konditionierungsstrategie mit der puren Anwesenheit einer weiteren Person beim Verkaufsgespräch wird nicht diskutiert. Für einen Käufer kann aber ein Verkaufsgespräch anders erlebt werden, wenn er sich zwei Personen gegenüber sieht. Psychologisch betrachtet, ist nicht auszuschließen, daß entweder sein Selbstwertgefühl ansteigt oder aber er sich unter Druck gesetzt fühlt.

6.2.5 Problemlösung

Willett und Pennington (1966) vertreten den Standpunkt, daß personal selling von langlebigen Konsumgütern als Problemlösungsprozeß verstanden werden kann. Zu diesem Zweck werten sie Tonbandprotokolle von Verkaufsgesprächen, die in 11 Einzelhandelsgeschäften stattgefunden haben, mit Hilfe des von Bales (1950) entwickelten Beobachtungsschemas (Interaktions-Prozeß-Analyse) aus. Allerdings werden nur solche Interaktionen berücksichtigt, die sofort oder innerhalb von 14 Tagen zu einem Kaufabschluß führten.

Cum grano salis kommen die Autoren zu dem Schluß: Interaktionen beim Verkauf langlebiger Konsumgüter (Küchengeräte, Geräte der Unterhaltungselektronik) können erfolgreich mit Hilfe des Systems von Bales abgebildet werden.

Penningtons (1968) eigene Analyse des gesamten Datensatzes geht von einem Verhandlungskonzept für die verbalen Käufer-Verkäufer-Interaktionen aus. Verbale Akte werden 10 verschiedenen Kategorien zugeordnet und mit dem Verkaufserfolg korreliert. Eine multiple Diskriminanzanalyse kann 80% der Verkaufsausgänge korrekt voraussagen. In wie weit dieses Ergebnis aber durch die Analysemethoden mitdeterminiert ist, das bleibt selbst für den Autor eine offene Frage.

Olshavsky (1973) analysiert erneut eine Auswahl von Interaktionen aus dem gleichen Datensatz von Willett und Pennington. Die Analysen beruhen auf 40

Transaktionen, die entweder zum Kauf eines Eisschrankes oder eines Farbfernsehers geführt haben. Drei konsekutive Interaktionsphasen (Orientierung, Evaluation und Konsumtion) des Verkaufsgesprächs werden danach ausgewertet, welche produktbezogenen Merkmale den einzelnen Phasen zuzuordnen sind. In der Evaluationsphase spielt z.B. der Preis des Produkts eine häufige Rolle.

Insgesamt kommt Olshavsky zu dem Schluß, daß der Verkäufer bei der Auswahl von Alternativen dominierte.

Insofern von den Autoren Inhaltsanalysen von Verkaufsgesprächen vorgenommen werden, die beide Partner der Interaktionen in gleicher Weise berücksichtigen, kommt den Untersuchungen eine besondere sozialpsychologische Bedeutung zu. Zumal wenn man erinnert, daß z.B. Morgan (1980) erst nach einer Reihe von Untersuchungen davon Kenntnis nehmen muß, daß der Ausgang von Verkaufsgesprächen nicht nur von Variablen determiniert wird, die kennzeichnend nur für einen Teil einer Dyade sind. Die ‚interaktionistische' Art zu analysieren, summieren von Häufigkeiten verbaler Akte innerhalb spezifischer Kategorien unabhängig vom Sprecher (Käufer oder Verkäufer), wird allerdings von Holbrook und O'Shaughnessy (1976) kritisiert; und zwar im Hinblick darauf, welche Konsequenzen daraus zu ziehen sind, wenn es um Verkaufserfolg geht.

Anders formuliert, es fehlen Folgeuntersuchungen experimenteller Art, die systematisch Verhaltensweisen variieren, wie es z.B. Morgan (1980) unternommen hat. Allein bei Olshavsky findet sich immerhin der Hinweis, das Transaktionen erfolgreicher sein könnten, wenn der Verkäufer zu Beginn der Interaktion mehr Fragen an den Käufer stellt, die auf seine Wünsche zielen. Diese Vermutung findet Bestätigung durch einige Ergebnisse von Morgan.

6.2.6 ‚Persuasion'

Wie bringt man jemanden dazu, etwas zu tun, was er normalerweise nicht tut? Wie verkauft man ein Produkt als Hersteller an Einzelhändler, die dieses Produkt bisher nicht in ihrem Sortiment hatten, sondern alternative Produkte verkauften? Varela (1971) gilt als besonders erfindungsreich, wenn es um solche Probleme geht. Er benutzt dabei u.a. mehr oder weniger bewährte Erkenntnisse der Sozialpsychologie, die man gemeinhin den Grundlagen dieser Wissenschaft zuordnet, oder auch als interessante, aber irrelevante Laborexperimente abqualifiziert.

Das bekannte Laborexperiment von Asch (1956) zur Erzeugung konformen Verhaltens läuft in einer Version Varelas dann folgendermaßen ab. Die Einzelhändler wurden nicht wie üblich von einem Vertreter des Herstellers aufgesucht, sondern in kleinen Gruppen zum Hersteller eingeladen. Ein Demonstrationsraum diente zur Vorführung der Produkte. Nach der Präsentation eines Produktes, versucht der Verkäufer anhand nonverbaler Zeichen herauszufinden, wer von den Anwesenden am günstigsten beeindruckt erscheint. Dieser wird dann um seine Meinungsäußerung gebeten und sie zu erläutern. Dies Verfahren allein entspricht der zuerst von Lewin (1958) angewandten Commitment-Strategie. Während dieser Zeit versucht der Verkäufer herauszufinden, welche andere Person die deutlichsten Zustimmungsreaktionen produziert und fordert sie wie gehabt zum Sprechen auf, usw. bis zur letzten Person, die dann einer einhelligen Majorität gegenüber steht. Die erzielten Erfolge waren den von Asch erhaltenen Ergebnissen vergleichbar.

Ehe aber die Strategie à la Asch angewandt werden konnte, war zunächst ein anderes Problem zu lösen, nämlich die Einzelhändler überhaupt dazu zu bringen, den Hersteller aufzusuchen. Mit Hilfe der ‚foot in the door'-Technik (Freedman & Fraser, 1966) wurde das Problem gelöst. Die Einzelhändler waren zunächst gebeten worden, ein Firmenschild des Produktherstellers aufzustellen. Wurde dieser Bitte gefolgt, dann erst, eine Woche später, erfolgte die Aufforderung und Einladung, den Hersteller aufzusuchen.

Schließlich blieb es noch übrig, die Einzelhändler bei der Stange zu halten, langfristige Abnehmer für den Hersteller zu erhalten. Zukünftige mögliche Konkurrenten des Herstellers sollten von vornherein wenige Chancen haben. Zu diesem Zweck wurden Maßnahmen getroffen, die aus McGuires (1964) Immunisierungstheorie abgeleitet wurden.

Es ist sicher nicht nur die Summe der eingesetzten Strategien, die aus sozialpsychologischen Erkenntnissen abgeleitet oder besser kreativ assoziiert werden, die Varela (1971) von durchschlagenden Erfolgen berichten lassen. Zweifellos ist der Autor ein Meister der Collage-Technik, wenn es um die Anwendung psychologischer Forschungsergebnisse geht.

Zur Kritik der Vorgehensweise Varelas ist zu sagen: 1. Zwar ist nichts erfolgreicher als der Erfolg, aber es macht skeptisch, wenn nur Erfolge herausgestellt werden. Varela mag sich dadurch als guter Verkäufer für Psychologie für seine Auftraggeber präsentieren. 2. Die präsentierten Fallgeschichten enthalten keine überprüfbaren Datenangaben. Z.B. bleibt es auch beim geschilderten Fall im Dunkeln, wie viele prospektive Käufer schließlich zum Demonstrationsraum des Herstellers gelangten. Zumindest sind es nach den Angaben des Autors nur solche, die wenigstens zwei Verhalten (commitments) investiert haben: das Firmenschild aufgestellt haben und den Weg zum Hersteller gegangen sind. Die dann folgenden Maßnahmen sind also in dieser Hinsicht konfundiert. 3. Die im gegebenen Fall getroffenen Maßnahmen implizieren eine ungewöhnliche Kontakthäufigkeit zwischen Käufer und Verkäufer, und es ist nicht auszuschließen, daß dieser Variable mehr psychologische Bedeutung zukommt, als den besonderen Überredungsstrategien. Diese Vermutung muß und kann natürlich empirisch überprüft werden, solange man bereit ist, auch Fehlschläge zu riskieren.

6.2.7 ‚Foot in the door' — ‚door in the face'

Die Strategie ‚foot in the door' besagt, daß wer einer kleinen Forderung nachgibt, wahrscheinlich auch eine größere Forderung erfüllt, oder anders formuliert, das Erfüllen einer größeren Bitte ist eine Funktion der Erfüllung einer kleineren. Schon Varela (1971) hatte früh von dieser Technik gebrauch gemacht, die zuerst von Freedman und Fraser (1966) zur Provokation spezifischer Hilfeleistungen angewandt wurde. ‚Door in the face' ist eine Strategie, die damit rechnet, daß einer großen Forderung nicht nachgekommen wird, dadurch aber die Wahrscheinlichkeit steigt, daß eine folgende kleinere Bitte erfüllt wird.

Beide Strategien sind, wie die Autoren behaupten im Marktgeschehen erprobt worden (Mowen & Cialdini, 1980, Pendleton & Batson, 1979; Reingen, 1978; Reingen & Kernan, 1977; Reingen & Kernan 1979; Tybout, 1978). Allerdings geht es in den Feldexperimenten eher um Verhaltensweisen, die dem Bereich „Hilfeleistung" zuzurechnen sind, nämlich um Spendeverhalten, Ausfüllen von Fragebogen und Empfehlungen unterschreiben. Allein, wenn es um die Bearbeitung von Fragebögen geht, könnten die verwandten Strategien und Ergebnisse für Marktforscher interessant sein, die sich in der Lage fühlen, ihre Fragebögen an Respondenten verkaufen müssen. Im Gegensatz zu den genannten Autoren haben Sternthal, Scott und Dholakia (1976) ein Feldexperiment im genuinen Marktgeschehen durchgeführt. Es ging um den Verkauf eines Zeitschriftenabonnements, ‚Foot in the door' erwies sich als relativ erfolgreich. Prospektive Abonnenten erhielten vier alternative Angebote zum Ausprobieren für 14 Tage: 1. Zeitschrift zum regulären Preis, 2. 50% Preisnachlaß, 3. Freiexemplare und 4. Freiexemplare plus 50-Cent-Koupons, einzulösen in einem Selbstbedienungsrestaurant.

Die Bedingung 50% Preisnachlaß sollte die Strategie ‚foot in the door' realisieren. Diese Bedingung führte zu signifikant häufigeren Subskriptionen, ausgenommen die 1. Bedingung, nämlich zum regulären Preis für eine begrenzte Zeit zu kaufen. Dieses spezielle Ergebnis mag Ironie aufkommen lassen.

Da die Interaktionen in diesem Experiment Telefongespräche waren, ist ihre Bedeutung, zumal Inhaltsanalysen der Gespräche nicht realisiert wurden, für unser Thema stark eingeschränkt.

6.2.8 „Toughness"

Wenn man auch nicht behaupten kann, daß alle bisher geschilderten Untersuchungen durchweg verkäufer- oder herstellerzentriert waren, da ja z.B. ein Merkmal wie „Ähnlichkeit" in einer Kauf-Verkaufs-Dyade beide Seiten miteinbezieht, so waren doch in jedem Fall von der Verkaufsseite gezielte Maßnahmen ergriffen worden, wenn es sich um ein experimentelles Vorgehen handelte. Cialdini, Bickman und Cacioppo (1979) variieren dagegen das Verhalten von Gebrauchtwagenkäufern. Sie konnten zeigen, daß eine ‚harte' Verhandlungsstrategie zu Anfang gegenüber einer ‚weichen' sich für den Käufer auszahlte. Die Käufer fragten zuerst nach dem Preis für ein größeres Auto und wiesen den Preis als nicht akzeptabel zurück und verhandelten anschließend erfolgreich um Preisnachlaß für ein kleineres Auto. Akzeptierte man den Preis für das größere Gefährt als fair und versucht anschließend über den Preis eines kleineren Wagens zu handeln, dann wäre man zum gleichen Ergebnis gekommen, als wenn man gar nicht erst verhandelt hätte.

Daß Handeln um den Preis Verbrauchern Nutzen bringen kann, lehrt nicht nur die Alltagserfahrung, sondern wurde zuletzt auch von einer Verbraucherzeitung (DM, 1979, Nr. 12) in einer Serie von Einzelfallstudien (Test-Käufe) dokumentiert.

Journalistisch wohl aufbereitet, werden Verhandlungsgespräche geschildert, die zu Preisnachlässen bei langlebigen Gebrauchsgütern führten. Die Fallbeschreibungen lassen ‚toughness' oder auch Zähigkeit erkennen, d.h. der ‚Käufer' ließ sich von seiner Forderung auf Preisnachlaß nicht abbringen.

Ein Beispiel aus dem Bereich des ‚industrial selling' der Bauindustrie ergänzt das Bild von der Verkäuferseite (manager magazin, 1979, Nr. 8). Verkäufer wurden nach Feldbeobachtungen ‚on the job' mit einer Reihe flankierender Maßnahmen, die das Verhalten des Managements betrafen, darauf trainiert, nicht jeder Forderung nach Rabatt, die die Einkäufer erhoben, nachzugeben, sondern hart zu bleiben. Die angewandten Immunisierungsstrategien waren nach der Einschätzung der Trainer und des Managements erfolgreich.

Gerade diese Fallgeschichten provozieren Überlegungen der Art, was wohl passiert, wenn jeweils trainierte Partner sich in einer Verkaufssituation treffen. Aber auch das Feldexperiment von Cialdini et al (1979) wie die Fallbeschreibungen legen ihr Hauptgewicht jeweils auf *einen* Partner einer Verkaufsdyade, der gleichsam die unabhängige Variable darstellt, während dem anderem eher eine abhängige Rolle zugeschrieben wird.

6.3 ‚Word of mouth'

Neben den bisher erörterten Anbieter-Nachfrager-Interaktionen spielen vor allem Nachfrager-Nachfrager-Interaktionen eine wesentliche, wenn nicht sogar die entscheidende Rolle im Marktgeschehen. Zahllose Untersuchungen haben inzwischen gezeigt, daß der direkte Meinungsaustausch der Konsumenten untereinander über die verschiedenen Produkte und Dienstleistungen für die Kauf- und Konsumentscheidung ausschlaggebend ist.

Obwohl auch die eigenen Alltagserfahrungen sicher jedem zeigen, daß Unterhaltungen mit Familienangehörigen, Freunden, Nachbarn, Kollegen etc. über die unterschiedlichsten Konsumgüter und Dienstleistungen ganz wichtig für Konsum- und Kaufentscheidungen sind, und von Mund-zu-Mund weitergegebene Information sicher auch die älteste Form von „Werbung" darstellen (vgl. Scheele, 1979) wurden derartige Phänomene lange Zeit hinsichtlich ihres Funktionierens und ihrer Wirksamkeit nicht oder nicht intensiv genug beachtet. Zwar haben „Marketing-Praktiker" immer wieder in Einzelmaßnahmen versucht, solche Effekte zu nutzen (vgl. Beispiele in Arndt, 1967) eine systematische Untersuchung wurde jedoch erst durch die Arbeit von Lazarsfeld, Berelson und Gaudet (1944) angeregt.

Lazarsfeld, Berelson und Gaudet stellten bei der Analyse des Wählerverhaltens in einer amerikanischen Kleinstadt fest, daß der Einfluß sozialer Gruppen und deren Mitglieder auf die Wahlentscheidungen wesentlich größer war, als bis dahin vermutet. Sie widersprachen damit vor allem der bis dahin gängigen Auffassung von der überragenden Wirksamkeit der Massenmedien und der durch sie transportierten Informationen. Die von ihnen begründete These vom ‚Twostep-flow' massenmedialer Kommunikation und das darin enthaltene Konzept des ‚Opinion Leaders' fand eine starke Resonanz in der sozialwissenschaftlichen Forschung, ist jedoch seit Mitte der 60'er Jahre heftig kritisiert und modifiziert worden (z.B. Grefe & Müller, 1976; Hummrich, 1976; Kreutz, 1971; Renckstorf, 1973; Schenk, 1978; der Beitrag von Kumpf).

Das ursprüngliche Modell betonte die Bedeutung von Face-to-Face Interaktionen durch die Vorstellung, daß die massenmediale Information nicht direkt die Mehrheit der anvisierten Kommunikationsempfänger (Wähler, Konsument, Käufer etc.) erreicht, sondern daß ‚Meinungsführer' als Vermittler, Filter, Interpretator die Information zunächst aufnehmen und dann entsprechend verarbeitet an die Empfänger weitergeben. Als Meinungsführer fungieren in diesem Zusammenhang Mitglieder der für den jeweiligen Empfänger relevanten Gruppen, die auf diese Weise in besonderem Maße Einfluß ausüben.

Die nachfolgenden Untersuchungen haben jedoch ergeben, daß die Informationen in der Regel auch direkt von den Massenmedien aus die Empfänger erreichen, die Vorstellung von der „Relaisfunktion" des Meinungsführers im Prozeß der Massenkommunikation nicht haltbar ist. ‚Einfluß' im Sinne einer bloßen Informationsübermittlung muß also den Massenmedien direkt zugeschrieben werden; dagegen „müssen die Einflußchancen der Massenmedien eingeschränkt werden, wenn es sich um einstellungs- und verhaltensändernde massenmediale Aussagen handelt, die an die Rezipienten kommuniziert werden. Einstellungs- und Verhaltensänderungen durch persuasive Massenkommunikation werden nämlich noch immer durch die in den sozialen Netzwerken ‚Publikum' ablaufenden interpersonalen Kommunikationsprozesse behindert, modifiziert oder aber auch gefördert und legitimiert. Der persönliche Einfluß, typisch etwa in der Form von Meinungsführern ist allerdings differenzierter zu behandeln als in der Two-Step-Flow-Hypothese, denn Meinungsführer spielen in den interpersonellen Beeinflussungsprozessen eine geringere Rolle als man bisher annahm. Der gerichtete Einflußprozeß muß nämlich durch einen wechselseitigen ersetzt werden, weil Einstellungs-, Meinungs- und Verhaltensänderungen häufig durch Meinungsteilung zustande kommen, indem ‚Opinion Leader' und ‚Opinion Seeker' Rollentausch als Ratgeber und Ratsucher praktizieren" (Schenk, 1978, S. 251).

Die Vorstellung von einseitig beeinflussenden ‚Opinion Leadern' und passiven ‚Followern' ist aufzugeben zu Gunsten der adäquateren Vorstellung von graduell unterschiedlich an der interpersonellen Kommunikation über ein bestimmtes Produkt o.ä. beteiligten Personen. Es ist keineswegs so, daß lediglich die sogen. Meinungsführer Kontakte initiieren, um anderen Personen (ihre Follower) zu beeinflussen; sowohl die Meinungsführer interagieren im Rahmen ihres eigenen Meinungsbildungsprozesses und beeinflussen sich damit gegenseitig, aber auch Nicht-Meinungsführer initiieren auf der Suche nach weiteren, über die massenmedial vermittelten hinausgehende Information, Kontakte mit Meinungsführern.

Angemessener ist die Vorstellung, daß verschiedene Personen verschiedene Positionen in Kommunikationsnetzen einnehmen, die sich z.B. unterscheiden hinsichtlich ihrer Zentralität, ihrem Umfang an Elementen und ihrer Intensität etc. „Meinungsführer" sind dann lediglich zentralere und aktivere Personen in einem themenspezifischen Netz.

Wichtig ist hier festzuhalten, daß von diesen aktiven Meinungstauschern die relativ zur Gesamtzahl der anvisierten Empfänger größere Zahl der relativ „Inaktiven" abzugrenzen ist. Damit sind diejenigen gemeint, die hinsichtlich des anstehenden Meinungsgegenstandes zwar von den Massenmedien erreicht werden (können), sich jedoch nicht selbst am Meinungsbildungsprozeß oder an der Mund-zu-Mund Kommunikation beteiligen und auch den Aktiven nicht einbezogen werden. Statt der ursprünglichen Differenzierung in ‚Opinion Leader' und ‚Follower' sollte demnach zwischen Aktiven (Suchern, Gebern, Austauschern) und Inaktiven hinsichtlich des Meinungsbildungsprozesses und damit auch hinsichtlich der Einflußstruktur unterschieden werden (vgl. zur Differenzierung der Rollen Hummrich, 1976).

Das Modell eines ‚Two-step-Flow' muß also erweitert werden zu einem ‚Multi-step-Flow', da neben einer einstufigen Informationsübermittlung ein mehrstufiger gegenseitiger Beeinflussungsprozeß feststellbar ist.

Wir wollen nun die konkrete Situation „Meinungsaustausch" über ein Produkt näher ins Auge fassen, um evtl. etwas Näheres über die speziellen Verursachungsmomente oder die speziellere Motivation zur Teilnahme an dieser Situation zu erfahren.

Zu diesem Zweck wollen wir den Komplex „Meinungsaustausch" zerlegen in Information, Meinung, Rat abgeben und aufnehmen. In der realen Situation dürften zwar Abgeben oder Aufnehmen nie allein oder in reiner Form auftreten, aus analytischen Gründen ist eine getrennte Behandlung jedoch sinnvoll. Einen guten Ansatzpunkt in diesem Zusammenhang bietet eine von Dichter (1958, 1966) durchgeführte Befragung von 255 Verbrauchern aus dem Raum New York. In den meisten marktpsychologischen Veröffentlichungen der Folgezeit zu dieser Fragestellung wird direkt oder indirekt auf die Ergebnisse dieser Untersuchung zurückgegriffen. Leider wird allerdings vor allem in deutschsprachigen Beiträgen, Dichters Untersuchungsansatz als ‚tiefenpsychologisch' bezeichnet, was sicher weitgehend als Mißverständnis hinsichtlich der eingesetzen Befragungsmethode „Tiefeninterview" erklärt werden kann. Dichter hat eben keinen Theoriebezug, auch keinen tiefenpsychologischen, seiner Ergebnisse gesucht; er hat lediglich versucht die Antworten seiner Befragten zu kategorisieren, um dann eben ohne Umweg über eine (explizite) Theorie dem Werbepraktiker hilfreiche Konsequenzen anzubieten. Dichter betont, daß der Kommunikator zwar keine materiellen Interessen verfolge, das Sprechen über die spezifischen Produkte, mit den spezifischen Partnern und den spezifischen Worten, jedoch einen ‚psychologischen Gewinn' vermittle. Dichter arbeitet folgende 4 Motivations-Kategorien heraus (quasi eine Inhaltstheorie der Motivation, vgl. Campbell, Dunette, Lawler & Weick, 1970).

"1) PRODUCT-INVOLVEMENT — Experience with the product (or service) produces a tension which is not eased by the use of the product alone, but must be channeled by way of talk, recommendation, and enthusiasm to restore the balance (provide relief).

2) SELF-INVOLVEMENT — in other cases the accent is more on the self of the person than on the product, with the latter serving as a means through which the speaker can gratify certain emotional needs. As we shall see, there exists potentially a whole host of them, but they can all be subsumed under the overall category of „self-confirmation".

3) OTHER-INVOLVEMENT — Here the product chiefly fills the need to "give" something to the other person, to "share" one's pleasure with him or her, or to express care, love, or friendship. In these instances the recommendation takes the place of a "gift", just as a thoughtful gift often expresses a tacit "Recommendation", ("Because I have had pleasure in this, I want you, too, to have it — here it is").

4) MESSAGE-INVOLVEMENT — This refers to talk which is mainly stimulated by the way the product is presented through advertisements, commercials, or public relations, but is not necessarily based on the speaker's experience with the product proper." (Dichter, 1966, S. 148).

Wenden wir uns nun dem Empfängeraspekt des Meinungsaustausches zu und fragen uns, welche (Motivations-)Erklärungsansätze für die Aufnahme von oder Suche nach Informationen über Produkte und Dienstleistungen angeboten werden.

Andere Personen als Informationsquellen werden dann aufgesucht, wenn eine Kaufentscheidung ansteht, mit der der Konsument ein relativ hohes „Risiko" verbunden sieht.

Mit dem Konzept des ‚wahrgenommenen Risikos', eingeführt von Bauer (1960), wird der Aspekt der Konsumentenentscheidung thematisiert, daß hinsichtlich der möglichen Entscheidungsfolgen eine mehr oder weniger starke Unsicherheit bestehen kann.

Folgt man dem Ansatz von Taylor (1974), lassen sich 3 Komponenten ausmachen, die zur Wahrnehmung eines Risikos beitragen:

1) Produktmerkmale: z.B. Neuheit, Kompliziertheit, finanzieller Wert, Konsequenzenreichtum etc. (vgl. Schoch's Aussagen bei welchen Produkten ‚personal selling' besonders relevant wird; 1969).

2) Persönlichkeitsmerkmale: z.B. Selbstvertrauen, Risikobereitschaft, kognitive Stile.

3) Wahlsituation: vgl. Situationsvariablen und Umweltfaktoren als Bedingungsfeld für extensives Entscheidungsverhalten, z.B. Bedeutung des Käufers, soziale Sichtbarkeit etc.

So gesehen ist jede Kaufentscheidung mit einem gewissen ‚Risiko'-Erleben behaftet. Ergänzt man diese Sichtweise um die Kernthese, daß jeder (Konsument) bemüht ist, das Ausmaß seiner Unsicherheit, seines Risikoerlebens zu „optimieren", dann folgt daraus, daß das konkrete Kaufverhalten ganz wesentlich beeinflußt wird durch die individuellen Techniken des Konsumenten, unangenehm Erlebtes, eine Toleranzschwelle übersteigendes ‚Risiko erleben' zu reduzieren bzw. mangelndes ‚Risiko' auf ein entsprechend angenehmes Maß zu verstärken (Cox, 1967, S. 630). (Vgl. Kroeber-Riel, 1980, S. 254/55 + 351ff.; Kuhlmann, 1978; Panne, 1977; Rosenstiel & Ewald, 1979, Bd. 1, S. 92ff.) Bedenkt man nun, daß die Suche nach weiteren Informationen, bzw. die Bereitschaft angebotene Informationen auf- und anzunehmen eine wesentliche solche Technik ist (Schweiger, Mazanec & Wiegele, 1976), dann ist die Teilnahme an einer Face-to-Face Interaktion eine wesentliche Verhaltensmöglichkeit.

Das wahrgenommene Risiko, als hypothetisches Konstrukt stellt somit eine Mediatorvariable dar, die ‚zwischen' diesen Bedingungskomponenten und der Aufnahme von bzw. der aktiven Suche nach Informationen z.B. bei Freunden, Familienangehörigen, Verkäufern etc. ‚vermittelt'. Dabei muß daran erinnert werden, daß Informationssuche *eine* Form der Risikohandhabung darstellt (andere Techniken z.B. Markentreue, Orientierung am Preis etc.).

Neben der Risiko-Perspektive der Kaufentscheidung generell spielt auch die Art der benötigten Information eine wesentliche Rolle.

Andere Personen werden als Informationsquellen auch dann interessant, wenn spezielle Informationen und Bewertungen gesucht werden, die sonst nicht ohne weiteres zu erhalten sind (aus den Massenmedien, der Produktinformation etc.). Dabei hält man sich an Verkäufer oder herstellerorientierte Personen, wenn ein besonderer Zeit- und/oder Kostenaufwand für eine intensive Informationssuche nicht gerechtfertigt erscheint, bzw. es sich bei den gesuchten Informationen um einfache Aussagen über die Beschaffenheit und Gebrauchseignung des Produktes handelt. Neutrale Berater werden besondern als Informationslieferanten für Detailfragen der Beschaffenheit und Gebrauchseignung sowie zur Bestimmung der Preis-Qualitäts-Relation angegangen. Die in diesem Abschnitt angesprochenen persönlichen Partner spielen dagegen besonders dann eine Rolle, wenn Kriterien zur Bewertung oder Nachteile des Produktes interessieren. (Vgl. zur aktiven Informationssuche Engel, Kollat & Blackwell, 1978; Kroeber-Riel, 1980).

Dementsprechend sind solche Kontakte besonders in den Vergleichs- und Bewertungsphasen der Kaufentscheidung interessant bzw. gewinnen mit zunehmender Dauer des Diffusionsprozesses, also für relativ späte Adopter, zunehmend an Bedeutung. Die wahrgenommene, vermutete oder zugeschriebene Glaubwürdigkeit und Kennerschaft des Informanten bezüglich der anstehenden Thematik, des Produktes etc. stellt für das Informationsverhalten eine wichtige Komponente dar. Man sucht nach Informanten, die bezüglich des Problems „qualifizierter" sind als man selbst (vgl. King & Summers, 1967), wodurch in dem jeweiligen Zusammenhang auch der Meinungsaustausch mit Personen wahrscheinlicher wird, die nicht nach dem Ähnlichkeitsprinzip als Interaktionspartner in Frage kämen. In den meisten Fällen spielen zunächst einmal die Familienangehörigen bzw. die Personen, mit denen man zusammen in einem Haushalt lebt, eine wesentliche Rolle. Über diesen relativ engen Personenkreis hinaus, sind Freunde, Bekannte, Nachbarn und Kollegen die ‚bevorzugten' Meinungspartner. Nach Auffassung von King und Summers (1967) machen die einschlägigen Untersuchungen deutlich, daß vor allem räumliche und soziale Nähe entsprechende Kontakte fördern (vgl. Homans, 1950). Ganz ähnliche Ergebnisse hat die sozialpsychologische Forschung zum Stichwort „Attraktion" erbracht (vgl. z.B. Berscheid & Walster, 1978). Dabei wird „Attraktion" als Bereitschaft zur Interaktion aufgefaßt, die ihrerseits gefördert wird durch solche Faktoren wie Nähe, Ähnlichkeit, Komplementarität, Reziprozität, physische Attraktivität etc. (vgl. dazu Crott, 1979; Piontkowski, 1976; Sader, 1976).

Daraus ergeben sich Konsequenzen hinsichtlich der Wirksamkeit von massenmedial versus interpersonell vermittelten Informationen (vgl. z.B. Engel, Blackwell & Kollat, 1978, S. 245ff.; Hummrich, 1976, S. 127). Auch wenn für die verschiedene Phasen des Kaufentscheidungsprozesses die Relationen etwas unterschiedlich sind, so wird als Fazit der Forschung doch meist akzeptiert:

„Die persönliche Kommunikation ist wirkungsvoller als die Massenkommunikation." (Kroeber-Riel, 1980, S. 474).

Diese allgemeine Aussage wird meist noch dahingehend differenziert, daß massenmedialer Kommunikation eine andere Funktion zugeordnet wird als persönlicher Kommunikation (vgl. Cox, 1963; Rogers, 1973): „. . ., daß von der interpersonellen Kommunikation kaufentscheidende Einstellungs- und Präferenzbildungen bzw. -änderungen zu erwarten sind, während die unpersönlichen unternehmungskontrollierten Medien eher die Funktion haben, den Konsumenten das betreffende Produkt bekannt zu machen." (Hummrich, 1976, S. 128).

Dabei liegt es dann nahe, daß beide Informationsquellen im Entscheidungsprozeß sich gegenseitig ergänzen. Die besondere Wirksamkeit der persönlichen Kommunikation wird meist auf die größere Flexibilität des Geschehens und die damit verbundene Ausrichtung auf die spezielle Situation und Bedürfnislage der beteiligten Personen zurückgeführt. Außerdem wirkt sich die persönliche Bekanntheit der Partner dahingehend aus, daß Glaubwürdigkeit, Fachkenntnisse und die mit der Informationsabgabe verbundene Absicht des Partners relativ gut eingeschätzt und leichter akzeptiert werden können. Die gemeinsame Zugehörigkeit zu einer Umgangsgruppe ermöglicht dem Informationsgeber auch eine gewisse Kontrolle über die Anwendung der abgegebenen Informationen auszuüben und sozialen Druck zu installieren (Arndt, 1967; Grefe & Müller, 1976; Schenk, 1978).

6.4 Zur Kritik der Forschungspraxis

Der in den vorangegangenen Kapiteln geschilderte Forschungsstand soll unter drei entscheidenden Gesichtspunkten reflektiert werden. Dabei geht es um Exkurse über Interaktionsmodelle, nonverbales Verhalten und Untersuchungsmethoden aus sozialpsychologischer Sichtweise.

6.4.1 Interaktionsmodelle – ethischer Exkurs

Die Etikette „Die Angst des Psychologen vor der Interaktion" (Graumann, 1979) ist in gewisser Weise auch kennzeichnend für die referierten Untersuchungen im Marktgeschehen. Zwar läßt sich z.B. im Bereich personal selling eine Entwicklung erkennen, die von personenzentrierter zu eher prozeßorientierter Forschung verläuft, aber das bleiben Ausnahmen.

Interaktionsmodelle könnten hier eine wesentliche Lücke füllen, um reales Geschehen adäquat zu untersuchen und abzubilden.

Von den für den Bereich personal selling entwickelten Interaktionsmodellen (z.B. Olshavsky, 1976; Wilson, 1976) ist das von Sheth (1976) konstruierte und besonders gelobte (Capon & Hulbert, 1976) am umfassendsten. Ausgehend von der Feststellung: „. . . there is a conspicous absence of any comprehensive conceptualization of theory of buyer-seller interaction" (S. 382), stellt der Autor ein Modell vor, daß für *alle* Arten von Käufer-Verkäufer-Situationen, gleichgültig wie interagiert wird (schriftlich, per Telefon oder face-to-face) gelten soll. Als Basispostulat formuliert Sheth: Die Qualität der Interaktion ist eine Funktion der Kompatibilität zwischen Käufer und Verkäufer in Hinsicht auf den Stil und den Inhalt der Kommunikation. Beide Dimensionen werden dichotomisiert miteinander kombiniert und führen zu entsprechenden Konsequenzen. Eine Transaktion ist ideal, wenn für beide Dimensionen Kompatibilität gegeben ist, uneffektiv, wenn nur Kompatibilität für eine Dimension herrscht und keine Transaktion kommt zustande, wenn beide Dimensionen inkompatibel sind. Beide Dimensionen werden differenziert beschrieben und zudem als abhängig von exogenen Faktorenbündeln definiert. In wie weit das globale Modell Utilität besitzt, kann sicher nicht nur durch den Optimismus des Autors validiert werden. Trotz des postulierten hohen Anspruches lassen sich aus den Konstruktionen von Sheth keine konkreten Forschungsstrategien ableiten.

Einen induktiven Weg zur Konstruktion eines Modells haben Woodside und Taylor (1978) und Taylor und Woodside (1980) versucht. Sie analysieren in zwei Schritten Gespräche von Versicherungsvertretern mit ihren Kunden. Das aus den Analysen abstrahierte Phasenmodell entspricht nach Ansicht der Autoren den eher deduktiven Konzeptualisierungen von Wilson (1976), die ihrerseits von Austauschkonzepten Homans (1958) abgeleitet wurden. Selbst wenn man die Generalisierungen der Autoren akzeptiert, so muß doch kritisch angemerkt werden, daß ihre Analysen nur auf wenigen Fällen beruhen und damit kommt den Aussagen höchstens ein hypothetischer Wert zu.

Angesichts der gegebenen Lage gilt es danach zu fragen, in wie weit andere Interaktionsmodelle existieren, die sich — wenn auch in anderen Kontexten — bewährt haben und auf face-to-face-Situationen im Marktgeschehen psychologisch sinnvoll anwenden lassen.

Das Eigentümliche mancher bekannter Interaktionsmodelle ist allerdings ihre strikte Bezogenheit auf die Handlungen *eines* Individuums. Das trifft im Besonderen auf das Modell der sozialen Fertigkeiten von Argyle (1967) zu. Das gleiche gilt für das von Morgan (1980) in Anlehnung an Argyle entwickelte Modell. Ein handelndes Individuum verfolgt seine Ziele zwar mit Hilfe eines anderen Individuums, die Zielerreichung ist also sozial bedingt; aber es handelt sich eben um egoistische Ziele.

Bei einer neueren Erörterung des Argyle-Modells im Kontext von reinforcement werden interaktionalere Überlegungen angestellt (Argyle, 1979b). Reinforcement wird eine zentrale Rolle zugeschrieben:

"When interactor A does what B wants him to do, B is pleased and sends immediate and spontaneous reinforcements: smile, gaze, approving noises, etc.; and modifies A's behavior, probably by operant conditioning, for example modifying the content of his utterances. At the same time A is modifying B's behavior on exactly the same way. These effects appear to be mainly outside the focus of conscious attention, and take place very rapidly. It follows that anyone who gives strong rewards and punishments in the course of interaction will be able to modify the behavior of others in the desired direction." (S. 140).

Interaktion wird also als ein Prozeß aufgefaßt, in dem wechselseitiges operantes Konditionieren passiert. Die Beschreibungen Argyles skizzieren ein zunächst einfach erscheinendes Modell. Ob Realitäten in ihm abgebildet werden können, bleibt zu prüfen. Insofern Reziprozität ein Bestandteil des Prozesses ist, kann auf empirisch-begründete Erkenntnisse verwiesen werden. In Felduntersuchungen und in einem Laborexperiment gelangte Rosenfeld (1966a, 1966b, 1967) zu positiven Korrelationen non-verbaler Verhaltensweisen bei dyadischen Interaktionen.

Wichtiger erscheint zunächst, in wie weit das Modell Anweisungen zur Beobachtung konkreter Interaktionen erlaubt. Schwierigkeiten bestimmter Art werden schon angedeutet, nämlich, daß Verhalten zwischen Personen schnell abläuft, die Aufmerksamkeit der Beteiligten, bezogen auf das ablaufende Verhalten, nicht groß ist. Daraus ergibt sich, daß eine Befragung der Beteiligten nach passierten Interaktionen wahrscheinlich zu Ergebnissen führt, die Realität unzureichend abbilden.

Die Analyse sozialer Interaktionen ist danach auf das hic et nunc eben dieser Interaktionen angewiesen. Diese triviale Aussage verlangt allerdings den Einsatz technischer Beobachtungsinstrumente und verhindert oder erschwert dadurch in erheblichem Maße die Beobachtung konkreter sozialer Situationen, wie z.B. solche aus der Klasse des personal selling. Die Validität, die das Modell des operanten Konditionierens für sich beanspruchen kann, wenn es um Verhaltensänderungen geht, spricht allerdings dafür, höhere Kosten für einen Nutzen zu ertragen, der anders – vielleicht – nicht zu erreichen ist.

Jones und Gerard (1967) unterschieden in ihrem Interaktionsmodell vier verschiedene Typen bei denen zwischen zwei Personen Reaktionsketten in der Zeitfolge verlaufen (s. Abb. 1). Eine Reaktion der Person A löst eine Reaktion B aus und umgekehrt. Gleichzeitig werden Handlungsabsichten der Individuen unterstellt: A wie B produzieren eine Reaktion, die Teil einer Reaktionskette ist, die zielgerichtet verläuft.

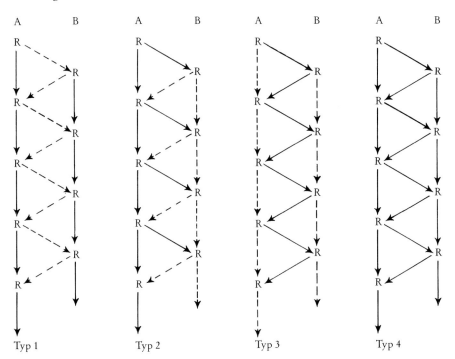

Abb. 1: Interaktionstypen

Erläuterungen der Typen im laufenden Text: Ausgezogene Pfeile: Außer der zeitlichen Folge besteht eine kausale Beziehung, z.T. mit Einschränkungen. Gestrichelte Pfeile: Es besteht eine Reihenfolge in der Zeit (Jones & Gerard, 1967).

Der Typ 1 beschreibt eine Pseudokontingenz. Jeder Partner verfolgt sein eigenes Ziel und die Beziehung zwischen den Personen läuft wie ein Ritual ab. Die Effektivität solcher Interaktionen wird z.B. von Manz (1980) hervorgehoben, wenn es um alltägliche Routinen, wie u.a. um den Kauf einer Fahrkarte geht.

Die asymmetrische Kontingenz wird gern als Musterbeispiel einer Befehlskette gesehen, A fordert B zu einer Handlung auf, die allein seinem Plan entspricht. Dieser Typ 2 wird u.E. nicht nur durch Verhaltensketten charakterisiert, wo gehorsames Verhalten einem Befehl folgt, sondern die Interaktionsstruktur spiegelt auch solche Fälle, wo einer Aufforderung unmittelbar nachgekommen wird. Viele Alltagssituationen scheinen dieser Struktur zu gehorchen. Der Aufforderung, „Geben Sie mir bitte . . ." wird normalerweise schnell gefolgt, man bekommt, was man haben will. Solche Interaktionen werden nach Berne (1964) auch als Skript bezeichnet. Sie funktionieren nach der Ansicht von Langer, Blank und Chanowitz (1978) wie Instinkthandlungen. In einem Feldexperiment konnten die Autoren die Grenzen solcher Interaktionsstrukturen aufzeigen. Der Bitte, beim Kopieren in einer Warteschlange vorgelassen zu werden, mit der Pseudobegründung „weil ich Kopien zu machen habe", wird sofort nachgekommen, wenn der Bittsteller fünf Seiten zu kopieren hat, aber bei zwanzig Seiten bleibt die Bitte erfolglos.

Zweifellos werden Alltagssituationen mit Hilfe dieser Interaktionsstruktur erfolgreich geregelt. Interaktionen in Einzelhandelsgeschäften, im Bäcker-Fleischerladen etc. repräsentieren ökologische Validität. Natürlich haben nicht alle Interaktionen in solchen Verkaufssituationen den Charakter asymmetrischer Kontingenz.

Typ 3, die reaktive Kontingenz interagierender Partner, ist dadurch gekennzeichnet, daß die Personen keine bestimmten Ziele verfolgen, aber einer den anderen beeinflußt. Das kann ein Streitgespräch sein, das sich zu Handgreiflichkeiten aufschaukelt, die keiner gewollt hat oder ein Schwätzchen, das die Zeit kostet, die keiner eigentlich ausgeben wollte oder ein Bummel über einen Flohmarkt, wo man etwas erwirbt, an das man vorher nicht gedacht hat und das der Besitzer auch nicht zu verkaufen plante.

Der vierte Interaktionstyp besteht aus der wechselseitigen Kontingenz der Partner. Jeder verfolgt sein Ziel und wird vom anderen modifiziert. Diese Interaktionsform kann auch als wechselseitige operante Konditionierung interpretiert werden, und es gelten dann die von Argyle formulierten Aussagen.

Die von Jones und Gerard unterschiedenen Interaktionsstrukturen sind idealtypisch zu verstehen. Sie können aber Ankerpunkte für vergleichende Analysen abgeben, wo Interaktionen daraufhin untersucht werden, in wie weit sie sich den einzelnen Typen zuordnen lassen, bzw. Ähnlichkeiten aufweisen oder aber genuin anderer Art sind.

„Zwischen Kauf und Verkauf lauerte die Sünde" (Scheele, 1979). Hinter diesem Buchtitel verstecken sich gelungene Abhandlungen über die Geschichte der Werbung. Der Titel kann aber auch kennzeichnend sein für die Meinungen die Kunden über Geschäftsleute haben und umgekehrt. Kunden sind manchmal sehr mißtrauisch und befürchten von Verkäufern überredet, gar betrogen zu werden. Der Umfang beklagter Ladendiebstähle wiederum läßt Kunden in einem schlechten Licht erscheinen. Die Souveränität wechselseitigen Mißtrauens besteht darin, das es unabhängig von den Fakten variieren kann. Ein Verkäufer hält jemanden für einen Dieb der keiner ist, ein Kunde fühlt sich übervorteilt, obwohl man spezielle Bedingungen für ihn eingeräumt hat. Die Gründe dafür können in den abgelaufenen Face-to-Face Interaktionen liegen (s. dazu den Abschnitt über „Nonverbales Verhalten").

Eine weitverbreitete Meinung behauptet schließlich die relative Macht- und Hilflosigkeit der Verbraucher. Das wird dann z.T. durch die Ungleichheit der Resourcenverteilung zwischen Anbieter und Nachfrager begründet. Dieses Argument betont die Einflußlosigkeit des „kleinen" Verbrauchers gegenüber marktbeherrschenden Anbietern. Der kleine Mann kann sich scheinbar nur Hilfe bei Verbraucherberatungsstellen und speziellen verbraucherorientierten Publikationen holen.

Möglichkeiten zur Selbsthilfe stehen aber im Prinzip auch dem kleinen Verbraucher zur Verfügung. Eine Strategie liefern die sog. ‚break'-Experimente (Garfinkel, 1963). Wir setzen dabei voraus, daß auch Verkaufsinteraktionen wenigstens teilweise wie Rituale verlaufen. Ein Käufer hat es in der Hand, gegen seine eigenen Gewohnheiten zu verstoßen, sich z.B. in einem Bäckerladen so zu verhalten, wie er es in einem Schuhgeschäft gewohnt ist. Gedankenexperimente dieser Art erlauben dem Verbraucher sein eigenes Verhalten zu analysieren und mit sich selbst und seinem Gegenüber zu experimentieren.

Wie man sich aus Gewohnheiten Vorteile verschaffen kann und mit welchen Selbstkosten man zu rechnen hat, dafür liefern Langer et al (1978) und Milgram (1974) zwei alltagsnahe Beispiele. Um in einer Warteschlage vor einem Kopiergerät vorgelassen zu werden, genügt es, diese Bitte schlicht auszusprechen und eine Scheinbegründung dafür zu nennen.

Scheinbar noch einfacher ist es, einen Platz in der U-Bahn zu bekommen. Man muß nur eine sitzende Person um ihren Platz bitten und in 50% der Fälle bekommt man ihn, und zwar ohne jegliche Begründung (Milgram, 1974). Die Erfahrungen Milgram's verweisen allerdings darauf, wie schwer es für die VL war, das Experiment zu realisieren. Man versuchte, entgegen dem Auftrag, Begründungen für die Bitte zu signalisieren. Danach kann man vermuten, daß „break"-Experimente im personal selling Bereich, zwar leicht geplant, aber nur mit erheblichen psychischen Kosten durchgeführt werden können, die sicher interindividuell variieren.

Wenn es richtig ist, daß Interaktionen im Marktgeschehen im Wesentlichen face-to face passieren, dann sollte diese Tatsache in besonderer Weise berücksichtigt werden. Dann kommt es nicht nur darauf an, welches egoistische Ziel man über die Interaktionen erreicht, ob z.B. ein profitabler Verkauf und/oder ein optimaler Einkauf von Gütern oder Dienstleistungen zustande kommt. Vielmehr könnten die Wege, die zu solchen Zielen führen, eben die Face-to-Face Interaktionen zu einem eigenständigen, wenn auch nicht unabhängigen Ziel werden, wo sich ein wechselseitiger Austausch humaner Qualitäten realisieren kann. Das bedeutet mit Sicherheit nicht nur die Herstellung von Einvernehmen, sondern genauso das Austragen von Streit. Dabei kann ein Merkmal von Face-to-Face Interaktionen besonders hilfreich sein, nämlich die unmittelbare und schnelle Rückkoppelung.

6.4.2 Nonverbales Verhalten

Alltagserfahrungen machen deutlich, daß nichtsprachlichen Verhaltensweisen ganz wesentliche Bedeutung für das Zustandekommen, den Verlauf und das Ergebnis sozialer Begegnungen zukommt. Umso überraschender ist eigentlich, daß solche Verhaltensweisen in der traditionellen Sozialpsychologie kaum explizite Beachtung als Untersuchungsgegenstand gefunden haben, obwohl sie doch implizit oft eine wesentliche Rolle spielten.

So haben sicher Forscher, die Interaktions-Prozeß-Analysen mit Hilfe des Bales'schen Kategoriensystems durchführten (in welchem theoretischen oder Fragestellungs-Kontext auch immer) bei ihren Live-Beobachtungen Blickrichtung, Mimik o. ä. herangezogen, um die einzelnen verbalen Aussagen hinsichtlich Inhalt und Gerichtetheit entsprechend zu kategorisieren.

Seit Beginn der 60-er Jahre erfährt die relativ starke Ausrichtung der traditionellen Sozialpsychologie auf eine experimentelle Laborforschung in zunehmendem Maße Kritik. Im Rahmen einer ‚Sozialpsychologie des psychologischen Experimentierens' (vgl. Mertens, 1975; Timaeus, 1974) geraten ebenfalls nonverbale Verhaltensmerkmale in den Blickwinkel der Forscher insofern, als durch Hinweis auf sie zahlreiche experimentelle Ergebnisse als ‚Artefakte' entlarvt wurden (vgl. Bungard, 1980). Hier soll der Hinweis auf Arbeiten von und im Anschluß an Rosenthal (1966) genügen, der herausfand, daß VL in psychologischen Experimenten mit Hilfe von Blickverhalten, Mimik, Sprechweise etc. ihre Vpn. auch unwissentlich oder unabsichtlich in Richtung der eigenen Erwartungen und Hypothesen beeinflussen.

Im von Argyle proklamierten ‚New Look' der Sozialpsychologie werden nonverbale Verhaltensweisen als bisher unerkanntes Kerngebiet zum zentralen Thema als ‚Elemente der Interaktion' (Argyle, 1972a; v. Cranach & Konau, 1970). Argyle regt zur Untersuchung aller in Alltagsbegegnungen beobachtbarer Verhaltenselemente an, fordert die genaue Erfassung der grundlegenden Interaktionsphänomene einer Theoriebildung voranzusetzen und bemüht sich vor allem um eine Integration der Erkenntnisse aus Ethologie, Anthropologie, Soziologie, Linguistik und Psychologie. Ein solcher Ansatz – die Analyse des sozialen Verhaltens in Termini der grundlegenden Interaktionselemente und die Einbeziehung biologischer und kultureller Ursprünge – entspricht einer Forschungsrichtung, die in den letzten Jahren zunehmendes Interesse gefunden und für die sich das Sammeletikett „Nonverbale Kommunikation" (NVK) eingebürgert hat (vgl. zur Terminologie Scherer & Wallbott, 1979, S. 11ff). Inzwischen liegen zahlreiche Publikationen vor, die einen guten Überblick über Ansätze und Stand der Forschung vermitteln (z.B. Duncan, 1969; Harper, Wiens & Matarazzo, 1978; Harrison, 1973; Knapp, 1980; Wiener, Devoe, Rubinow & Geller, 1972; in deutscher Sprache Argyle, 1979a; Graumann, 1972; Scherer, 1970; als populäres Taschenbuch ist Morris, 1978 empfehlenswert). Die Menge der Einzelartikel und Artikelsammlungen ist kaum noch zu übersehen (Vgl. v. Cranach & Vine, 1973; Hinde, 1972; Kendon, Harris & Key, 1975; Siegmann & Feldstein, 1978; Weitz, 1974; in deutscher Sprache Scherer & Wallbott, 1979). Mit dem gemeinsamen Etikett ist jedoch keineswegs auch ein gemeinsames Konzept, einheitliches Forschungsprogramm o.ä. verbunden. Vertreter ganz verschiedener Wissenschaftsherkunft beschäftigen sich aus den unterschiedlichen inhaltlichen, methodischen und methodologischen Blickwinkeln ihrer Mutterdisziplinen mit den verschiedenen Formen nichtsprachlichen Verhaltens und ihren möglichen Funktionen in der sozialen Interaktion (vgl. die Übersicht über die verschiedenen Ansätze in Ochmann, 1981 – im Anschluß an Argyle, 1972b). In diesem Zusammenhang kann jedes Verhaltensmerkmal zum Untersuchungsgegenstand werden, auf mögliche Funktionen hin überprüft werden. Untersucht werden zum Beispiel relativ stabile Merkmale wie Körperbau, Gesichtszüge, Hautbeschaffenheit etc. oder in der konkreten Situation stark variierende Merkmale wie Blickverhalten (Anschauen oder Blickkontakt – Dauer, Häufigkeit bzw. Blicklänge) Mimik, Gestik, Körperhaltungen und -bewegungen, interpersonelle Distanzen aber auch in den anderen Sinnesmodalitäten wahrnehmbare Merkmale, wie z.B. Sprechweise, Tonfall, Tempo, Lautstärke etc. (Olfaktorisch, taktil, gustatorisch wahrnehmbares Verhalten muß natürlich auch hinzugezählt werden, wird de facto jedoch kaum untersucht). Dabei obliegt es jeweils dem Forscher, wie komplex er ‚seine' Verhaltenseinheit anlegt, ob er mehr Mikro-Verhaltensaspekte herauspartialisiert oder komplexere Konfigurationen angeht, die mehrere Verhaltensbereiche einbeziehen.

Sprachliches Verhalten dient vor allem dazu, Informationen über Tatsachen, Meinungen oder Sachprobleme etc. zu übermitteln. Nonverbales Verhalten kann sprachliches Verhalten wiederholen, ersetzen, ergänzen, betonen oder regulieren' bzw. sprachlichem Verhalten widersprechen (vgl. Ekman, 1965; auch Scherer, 1979c); eine solche Funktion, nämlich als ‚Qualifier' (Ekman & Friesen, 1972) der verbalen Äußerungen könnte man auch als ‚metakommunikative' bezeichnen. Darüberhinaus kann man eine kommunikative Funktion nonverbalen Verhaltens konstatieren.

Die bislang vorliegenden Forschungsergebnisse machen deutlich, daß nonverbale Verhaltensweisen für bestimmte Arten der Informationsübermittlung, der Eindrucksbildung und zur Interaktionsregelung ebenso bedeutsam, wenn nicht sogar bedeutsamer sind als gesprochene Worte. Besonders gut geeignet sind sie wohl zur Klärung der emotionalen Befindlichkeit, der interpersonellen Beziehung und zur wechselseitigen Steuerung des gemeinsamen Interaktionsprozesses beider Partner (zu Funktionen nonverbaler Verhaltensweisen siehe Scherer, 1979b,c).

Dies entspricht durchaus gängigen Alltagserfahrungen; allerdings hat sich der populäre Denkansatz als zu einfach erwiesen, wonach jeder einzelnen Verhaltensweise eine bestimmte Bedeutung zugeordnet werden kann, und eine Kenntnis dieser Bedeutung dabei helfe, seine Mitmenschen besser zu durchschauen, ihre ‚wahren' Meinungen, Absichten und Charakterzüge zu erkennen (vgl. zu populären Fehlmeinungen Vorwort in Knapp, 1980; Soucie, 1979). Diesem Denken entsprechend findet man auch in der umfangreichen Ratgeberliteratur für den Verkaufspraktiker zahlreiche Empfehlungen und Denkanstöße über günstige und ungünstige, wirksame und unwirksame Effekte von Blickverhalten, Mimik, Gestik, Körperhaltung, Körperorientierung und -distanz, Kleidung, Raumarrangements etc. (vgl. Frisch, 1979). Leider jedoch transportieren manche Autoren dabei oft nur populäre Klischeevorstellungen oder verkürzt und unkritisch übernommene Aussagen aus der umfangreichen populären Literatur zur ‚Körpersprache' (vgl. dazu Knapp, 1980, oder Vorwort in Koivumaki, 1975), statt auf die Multifunktionalität und Situationsspezifität der einzelnen Verhaltensweisen hinzuweisen.

Allerdings gibt es auch so gut wie keine Untersuchung aus dem Tätigkeitsfeld ‚Markt' in der nonverbalen Verhaltensweisen in irgendeiner Weise expliziter Untersuchungsgegenstand waren und auf deren Ergebnisse fundierte Aussagen aufzubauen wären. Angesichts dieser Situation liegt es dann nahe, Forschungsergebnisse aus anderen Tätigkeitsfeldern oder aus dem Labor heranzuziehen. Wegen der Kontext- und Situationsgebundenheit und der vielfältigen möglichen Funktionen der einzelnen Verhaltensmerkmale ist bei solchen Übertragungen oder besser ‚impliziten Verallgemeinerungen' von Forschungsergebnissen zu nonverbalen Verhaltensweisen das Fehlerrisiko besonders hoch. Als heuristisches Prinzip scheint uns ein solches Vorgehen sinnvoll, die tatsächliche Gültigkeit des Befundes sollte jedoch im neuen Tätigkeitsfeld jeweils erneut geprüft werden (siehe unter: Forschungsperspektiven).

Eine solche Abstinenz gegenüber der expliziten Untersuchung nonverbalen Verhaltens in der einschlägigen Forschung muß jedenfalls verwundern, zumal entsprechende Hinweise auf die Bedeutung und Notwendigkeit der Berücksichtigung nicht fehlen, besonders wenn es um die gezielte Beeinflussung von Interaktionspartnern geht (z.B. bezüglich ‚Personal selling': Davis & Silk, 1972; Hulbert & Capon, 1972; Schoch, 1969; Webster, 1968).

Chapple und Donald (1974) haben zwar auch nonverbale Verhaltensweisen zunächst registriert, sie aber dann undifferenziert mit verbalen Akten in Aktivitätsindizes zusammengefaßt. Schoch stellte zwar fest, daß Käufer sich häufiger an einen „freundlichen Gesichtsausdruck, Vertrauen erweckenden, offenen Blick, fröhliches Lachen, eine angenehme, männliche Stimme" erinnern (Schoch, 1969, S. 13); solche Ergebnisse beruhen jedoch auf sprachlichen Äußerungen der Käufer, die zudem noch von ihrem Gedächtnis abhängen. Lediglich Varela (1971) machte bei seiner Arbeit direkten Gebrauch von mimischen Äußerungen (s.o.).

Im Zusammenhang mit ‚Word of Mouth' Beeinflussung weist lediglich Dichter (1966) darauf hin, daß ‚Expressive Movements' für die Wirksamkeit verbaler Empfehlungen eine wesentliche Rolle spielen: „Psychologists have established the fact that ‚truth' in terms of a person's inner experience is expressed by the conveyance of emotions in the form of ‚expressive movements' which can be perceived by the other person. Indeed, it is considered one of the functions of emotions to inform the other person about the speaker's inner experience. Thus the real meaning of a product and of its effect to the user is revealed not only through the choice of the speaker's words, but also through the discharge of emotions in inflection, face and body expressions, and gestures." (Dichter, 1966, S. 155).

Bonoma und Felder (1977) beklagen denn auch, daß die NVK-Forschung im Marketingbereich fast keine Beachtung gefunden habe; Gründe dafür seien zum einen die kaum zu überschauende Vielfalt und unterschiedliche Fundierung der gewonnenen Erkenntnisse, zum anderen fehle es an einer für die Marketing-Praxis brauchbaren Umsetzung der Methoden und Ergebnisse. Könne man dagegen systematisch die Bedeutung nonverbaler Verhaltensweisen angeben oder das Zusammenspiel verbaler und nonverbaler Aktionen richtig interpretieren, ergäben sich verschiedene Fortschritte für das Marketing:

„1. A systematic class of unobtrusive and nonreactive measures would be available with which to measure consumer reaction or the effectiveness of marketing appeals.

2. The consistency of verbal with nonverbal (or vice versa) behavioral components could be computed regularly as a measure of communicational conflict or correspondence in marketing transactions.

3. The nonverbal components of sellers' behaviors could be targeted more specifically as manageable and possible teachable skills." (Bonoma & Felder, 1977, S. 170).

Besonders deutlich wird die Wichtigkeit nonverbalen Verhaltens in den Situationen, in denen verbal übermittelte Informationen und gleichzeitig gezeigtes nonverbales Verhalten nicht zueinander „passen", d.h. der hervorgerufene Eindruck dem Aussageinhalt widerspricht. Zahlreiche Experimente wurden zu diesem Phänomen durchgeführt (Alkema & Gilmiur, 1971; Argyle, Salter, Nicholson, Williams & Burgess, 1970; Bugenthal, Kaswan & Love, 1970; Mehrabian & Ferris, 1967; Mehrabian & Wiener, 1967) und kamen übereinstimmend zu dem Ergebnis, daß den nonverbalen Verhaltensmerkmalen und dem durch sie hervorgerufenen Eindruck im Prinzip mehr Glauben geschenkt wird. Wichtig ist an dieser Stelle festzuhalten, daß solche ‚Diskrepanzen' auf jeden Fall Verwirrung und Unsicherheit beim Wahrnehmenden hervorrufen. Bugenthal et al (1970) zeigen zudem auf, daß es darüber hinaus auf verschiedene konkrete Bedingungen ankommt (Alter und Geschlecht der Beteiligten, Aussageinhalt – z.B. Lob oder Tadel), wie denn nun im Einzelfall das ‚Eindrucksergbnis' aussieht (vgl. auch Wegner, 1976).

Die generelle Tendenz, nonverbalen Verhaltensweisen relativ mehr zu vertrauen, wird meist damit erklärt, daß man davon ausgeht, derartige Verhaltensweisen unterlägen weniger den Kontroll- und Steuerungsmöglichkeiten, wie es bei verbalem Verhalten der Fall ist. Wenn es auch sicherlich schwierig sein dürfte Mimik, Blick, Körperhaltung etc. in allen Einzelheiten bewußt zu steuern, so gibt es zum anderen doch genügend Hinweise dafür, daß unser nonverbales Verhalten keineswegs immer spontan und ungesteuert ist.

Ekman, Friesen und Ellsworth (1972) stellten fest, daß es offensichtlich Äußerungsregeln gibt, die angeben, welchen Gefühlsausdruck, welche Personen in welchen Situationen zeigen dürfen, ohne von ihrer sozialen Umwelt entsprechend Sanktionen zu erfahren.

Eine ‚Beerdigung' erfordert das Zeigen eines traurigen, ernsten Gesichtes. Lächeln oder ein freudiges Gesicht wäre in unserer Kultur dem Anlaß völlig unangemessen, ganz besonders für die näheren Anghörigen des Verstorbenen und würde allgemeine Mißbilligung hervorrufen. Die reale emotionale Stimmung wird also durch derartige ‚Äußerungsregeln' nicht direkt zum Ausdruck kommen, sondern entsprechend gefiltert, verstärkt oder ersetzt durch die ‚angemessene' Mimik (Ekman, Friesen & Ellworth, 1972).

Am glaubwürdigsten dürften wohl relativ autonome, physiologische Veränderungen sein, wie Erröten, Atembeschleunigung, Pupillenreaktionen o.ä. Solche Verhaltensweisen unterliegen nur ganz selten gezielten Beeinflussungs- und Kontrollmöglichkeiten; dafür allerdings stellen sie für sich genommen auch nur relativ allgemeine Signale dar, d.h. man kann nur sagen, daß eine relativ deutliche emotionale Reaktion stattfindet. Welcher Qualität sie ist und auf welchen speziellen Aspekt des Geschehens sie genau zu beziehen ist, bleibt jedoch der Interpretation des Wahrnehmenden und allen damit verbundenen Irrtumsrisiken überlassen.

Dieses Risiko versuchte man in einem großen Teil der Forschung dadurch zu minimieren, daß man, dem populären Denken entsprechend, relativ isolierte, minimale Verhaltenseinheiten bildete und diese auf ihre jeweilige ‚Bedeutung' hin untersuchte. Zu diesem Zweck ignorierte man oft die Eingebettetheit in komplexe, dyadische (oder umfangreichere) Interaktionsprozesse und ‚konstruierte' durch die spezifische Versuchsanordnung einen Kontext, dessen Wirksamkeit man bei der anschließenden Generalisierung einer ‚gefundenen' Bedeutung außer Acht ließ.

Nun hat aber gerade die NVK-Forschung gezeigt, daß die ‚Bedeutung' einzelner Verhaltensmerkmale stark von den jeweiligen Dispositionen des wahrnehmenden Individuums abhängen, ebenso von der Art der Beziehung zwischen Akteur und wahrnehmendem Partner, vom Zeitpunkt des Auftretens im ablaufenden Interaktionsprozeß und nicht zuletzt vom situativen Kontext in dem die Interaktion stattfindet. Außerdem liegen in jedem Moment dem wahrnehmenden Partner eine Vielzahl von Verhaltenseinheiten in den verschiedenen Bereichen vor, bzw. können auch aufeinanderfolgende zu unterschiedlichen Zusammenhängen zusammengefaßt werden. Fraglich bleibt dann, nach welchen Prinzipien die ‚Bedeutungen' der größeren Einheiten abgeleitet werden. Die Gestaltpsychologie läßt jedenfalls vermuten, daß es sich hierbei nicht um einfache Additionen der Teilbedeutungen handeln kann, sondern daß hier ‚neue' Qualitäten ins Spiel kommen, die über die Bedeutung der einzelnen Merkmale hinausgehen. Insofern muß man sich in einem derartigen Forschungsansatz mit der Konstatierung von ‚Kann-Bedeutungen' zufriedengeben. (Vgl. das Konzept des ‚probabilistischen Kodes' bei Scherer, 1979a).

Mehrabian und Williams (1969) untersuchten in 3 voneinander unabhängigen Experimenten, inwieweit die Absicht, jemand von etwas zu überzeugen, sich in Blickverhalten, Mimik, Gestik, interpersoneller Distanz etc. niederschlägt; ebenso interessierte sie, inwieweit solche Verhaltensweisen bei Partnern zu dem Eindruck beitragen, die gemachte Aussage sei überzeugend. Die Autoren wählten die Verhaltensmerkmale für ihre Untersuchungen aus, von denen sie in vorangegangenen Experimenten herausgefunden hatten, daß sie mit der Einstellung gegenüber Partnern zusammenhängen. Speziell handelte es sich dabei um die Einstellungskomponenten der pos./neg. Bewertung und Statusrelation (vgl. zum theoretischen Hintergrund Mehrabian, 1972); in ihnen sahen sie Parallelitäten zu den in der Persuasionsforschung als bedeutsam erkannten Variablen ‚Trustworthiness' und ‚Expertise' (zur Persuasionsforschung vgl. McGuire, 1973; Miller & Burgoon 1978, Beiträge in Roloff & Miller, 1980).

Mehrabian und Williams (1969) fanden heraus, daß beabsichtigte wahrgenommene Überzeugungskraft mit folgenden Merkmalen zusammenhängt: einem „Mehr an Überzeugungskraft" entsprachen: mehr mimische Aktivität und Gestik, mehr Kopfnicken, weniger weit zurückgelehnte Sitzhaltung und weniger Selbstmanipulationen (Hände am Kopf oder im Gesicht). Bei Männern wurden leicht angespannte Körperhaltungen außerdem als weniger überzeugungskräftig eingeschätzt als entspannte. Da dies für weibliche Personen nicht galt, schließen die Autoren hier, daß geschlechtsspezifische Unterschiede bezüglich sozial adäquatem Verhalten bestehen.

Aufrechte Körperhaltungen, ein sicherer Gang, der Gebrauch von illustrierenden Gesten, und das Vermeiden von nervösen Verhaltensgewohnheiten (Kratzen am Kopf, Hand im Gesicht, etc.) erhöhen die Wahrscheinlichkeit, daß jemandem von seinem Partner größere Glaubwürdigkeit zugeschrieben wird.

Strong, Taylor, Bratton und Coper (1971) bestätigen die obigen Ergebnisse, obwohl sie ihre Vpn die Akteure hinsichtlich „Attractiveness" einschätzen ließen. Bedenkt man jedoch ein Standardergebnis sozialpsychologischer Attraktivitätsforschung (Berscheid & Walster, 1978), daß nämlich attraktive Personen mehr Einfluß haben, dann kann man hier inhaltliche Parallelen ziehen: mehr nonverbale Aktivität führte nämlich zu höheren Attraktivitätseinschätzungen.

La Crosse (1975) arbeitete mit je einer 6-stufigen Attractiveness und einer Persuasiveness Skala und erhielt für beide das gleiche Ergebnis: Lächeln, Kopfnikken, Handgesten, 80% Anschauen, frontale Körperorientierung und 20° Vorbeugen des Oberkörpers wurden positiver eingeschätzt, gegenüber 40% Anschauen, 20° Rückwärtslehnen und 30° seitlich gedrehte Körperorientierung bei Fehlen der gestischen und mimischen Aktivität der agierenden Person.

McGinley, LeFevre und McGinley (1975) untersuchten den Einfluß von Körperhaltungen von Sprechern auf das Ausmaß der Meinungsänderung bei Zuhörern. Zu dem Zweck zeigten sie ihren Vpn Dias einer Sprecherin, deren Vortrag über ein kontroverses Thema vom Tonband abgespielt wurde. Durch die Erfassung der Einstellung ihrer Versuchspersonen zu diesem Thema vor und nach dem Vortrag konnten sie den Meinungsänderungseffekt des Vortrages abschätzen. Die Autoren fanden nun, daß dieser Effekt größer war, wenn die auf den Dias gezeigte Sprecherin sogenannte „offene" Körperhaltungen innehatte, im Gegensatz zu „geschlossenen" Positionen.

Als ‚offen' galten: Zurücklehnen, Beine ausgestreckt, Knie auseinander, ein Fuß über das andere Knie, Ellbogen weg vom Körper, Hände nach außen gehalten und Arme entweder seitlich außen gehalten oder angehoben. Als ‚geschlossen' galten: Ellbogen am Körper, Arme gekreuzt, Hände im Schoß gefaltet, Knie aneinander gepreßt oder Beine übereinandergeschlagen oder Füße zusammen. (Hier fallen unmittelbare Parallelen zu Mehrabian's Unterscheidung zwischen angespannter = geschlossener und entspannter = offener Körperhaltung im Sitzen auf.)

Zahlreiche Untersuchungen zeigen, daß das Blickverhalten eine wesentliche Rolle für die Beurteilung von Interaktionspartnern hat (vgl. Argyle & Cook, 1976).

Besonders interessant in unserem Zusammenhang ist die Beurteilung des Akteurs hinsichtlich seiner Glaubwürdigkeit. Zeugenaussagen wurden z.B. für weniger glaubwürdig gehalten, wenn der Aussagende am Befrager vorbei oder nach unten schaute. (Hemsley & Doob, 1976). Beebe's (1974) Untersuchung ergab, daß ein Sprecher als fähiger, besser informiert und sachkundiger, aber auch als ehrlicher und freundlicher angesehen wurde, wenn er das Publikum mehr anschaute.

Schaut man den Partner an, während man ihm etwas sagt, wird man mit größerer Wahrscheinlichkeit für glaubwürdig und kompetent gehalten. Schaut man dagegen den Partner nicht an, wird man entweder für weniger ehrlich gehalten oder es wird unterstellt, man müsse sich stark auf seine Gedanken konzentrieren und sei deswegen, wahrscheinlich wegen geringer Kompetenz, in seinen Aussagen weniger glaubwürdig.

Auch die Sprechweise ist in diesem Zusammenhang wichtig. Ein ruhiger, langsamer und leiser Sprechstil ruft günstigere Einschätzungen hervor als gegenteilige Merkmale (Burgoon & Saine, 1978, S. 182ff.). Ebenso wirkt sich eine hohe Stimme und wenig Stimmvariation negativ aus.

Addington (1971) untersuchte den Zusammenhang zwischen Stimmerkmalen und zugeschriebener Glaubwürdigkeit. Besonders ungünstig wurden beurteilt die Merkmale: throaty (rauh, heiser), denasal (nicht-nasal), tense (angespannt), nasal (näselnd), monotone (monoton) und breathy (atemlos, flüsternd).

Bei Mehrabian und Williams korrelierten zwei Stimmerkmale signifikant mit dem Grad in dem Überzeugungsabsicht wahrgenommen wurde: Lautstärke (r = .46) und vokale Aktivität (r = .51), die durch das Ausmaß der Frequenzvariation gemessen wurde. Dabei sollte jedoch die Bedeutung von Lautstärke relativiert werden. Zwar konnte auch Packwood (1974) bestätigen, daß Statements, die als besonders überzeugend im Rahmen eines Beratungsgespräches eingeschätzt wurden, mit größerer Lautstärke gesprochen waren als für weniger überzeugend gehaltene Aussagen; er glaubt jedoch, daß überlaute Aussagen eher feindselig als überzeugend wirken, und vermutet daher eine umgekehrt uförmige Relation zwischen Lautstärke und Überzeugungskraft.

Ohne die spezifischen theoretischen und empirischen Hintergründe von solchen klassischen Konzepten der Persuasionsforschung („Sendercharakteristika") diskutiert zu haben, wurden also von der NVK-Forschung Verhaltensmerkmale herausgearbeitet, die als Attributionsgrundlage für ‚Credibility', ‚Expertise', ‚Trustworthiness', ‚Confidence' oder ‚Persuasiveness' dienen können. Dabei muß daran erinnert werden, daß für die Zuschreibung positiver Merkmale ‚Konsistenz' aller Verhaltensbereiche eine Grundvoraussetzung ist und daß die tatsächliche Zuschreibung nicht alleine vom Vorliegen dieser Verhaltensmerkmale, sondern vom jeweiligen Kontext aller Umstände abhängt. Cronkhite und Liska (1980) machen dies sehr deutlich, indem sie die Vorstellung der ‚alten Persuasionsforschung' von fixen Sendercharakteristika unabhängig von Mitteilungsinhalt, Empfänger etc. kritisieren und diese Charakteristika als relative Ergebnisse eines permanenten Zuschreibungsprozesses durch den Empfänger neu konzipieren. In diesem Konzept stellt das beobachtbare Senderverhalten einen Teil der für das ‚Ergebnis' relevanten Bedingungen dar.

So gesehen sind die obengenannten Verhaltensweisen einer Person unter einem ‚ceteris paribus'-Vorbehalt als wichtige Komponenten eines Beeinflussungsprozesses anzusehen, etwa als die Grundlage oder als Rahmenbedingung dafür, daß verbalisierte Inhalte entsprechende Meinungsänderungen bewirken können. Je nachdem welche verbale Einflußstrategie gewählt wird, müssen die passenden nonverbalen Komponenten produziert werden (vgl. zu Einflußstrategien Burgoon & Bettinghaus, 1980; Marwell & Schmitt, 1967), um in den Augen des anderen glaubwürdig zu sein.

Neben solchen Beeinflussungsprozessen, in denen der größere Teil der insgesamt gezeigten Aktivitäten vom Einflußgeber ausgeht und Einfluß sich ganz deutlich in Ausmaß und Struktur von Verbalisierungen niederschlägt, sind jedoch auch andere Formen der Beeinflussung wichtig, die überwiegend in nonverbalen Verhaltensweisen Ausdruck finden. In diesen Fällen ist nicht der Produzent von verbalen Äußerungen der Einflußgeber sondern der ‚Empfänger'. Gemeint sind hier zunächst so simpel erscheinende Verhaltensformen wie Anlächeln, Nicken etc., die als Äußerung von Zustimmung interpretiert werden. Welch enormer Einfluß jedoch durch den gezielten Einsatz nonverbaler ‚Verstärker' ausgeübt werden kann, haben z.B. die Untersuchungen zur ‚verbalen Konditionierung' gezeigt (zusammenfassend Mees, 1976) und wird durch die Arbeiten eigentlich noch deutlicher, die die Ergebnisse unter dem Gesichtspunkt der Artefaktproblematik diskutieren (Bay, 1980; Bungard, 1980). Unabhängig von der klassischen Streitfrage der ‚Awareness' zwischen Behavioristen und Kognitivisten oder von der genauen Klärung, warum die Vpn in den Laborexperimenten Konditionierungsreaktionen zeigten, bleibt festzuhalten, daß sie beeinflußt wurden bzw. durch nonverbale Verhaltensweisen gezielt beeinflußbar sind.

Die ‚Anwendung' solcher Verstärkungstechniken etwa im ‚Personal Selling' liegt auf der Hand: Möglicherweise wäre die systematisch ‚positive' nonverbale Reaktion auf ‚erwünschte' verbale Äußerungen des Partners über das zum Verkauf anstehende Produkt (und entsprechend negative oder passive auf unerwünschte) eine Methode den Partner zu überwiegend positiven Äußerungen zu bringen, womit im Sinne einer ‚Self-Persuasion' auch eine entsprechende Einstellungsbildung einhergehen dürfte (zum ‚Cognitive Response'-Ansatz der Persuasion vgl. Perloff & Brock, 1980). Solche Beeinflussung durch den Empfänger einer verbalen Äußerung über nonverbale Verhaltensweisen liegt natürlich auch immer schon dann vor, wenn er spontan auf die Partner-Sender-Aktionen reagiert. Gerade solche Reaktionen sind für den sensiblen Partner Hinweise dafür, in welche Richtung er weiter agieren kann oder soll, wenn er bestimmte Effekte hervorrufen will, bzw. mit welchen Effekten er zu rechnen hat, wenn er auf diese Art weiter agiert.

Diese ‚nonverbalen Rückmeldungen' sind die Grundlage für die Flexibilität der Interaktionsdyade und damit auch für die größere Effektivität interpersonaler Beeinflussungsversuche, im Gegensatz zur massenmedial vermittelten Werbung (vgl. oben ‚word of mouth'). Will man nun die tatsächlich stattfindenden Beeinflussungsprozesse im Rahmen von ‚Face-to-Face Interaktionen' erfassen, dann kann es auf gar keinen Fall ausreichen, sich auf die Analyse der sprachlichen ‚Ereignisse' zu beschränken. Im Gegenteil: Um die „Bedeutung" der verbalen Aussagen richtig kategorisieren zu können, nämlich welche Bedeutung eine Senderäußerung aus der Sicht des/der Empfänger hat, dazu müßte systematisch das nonverbale Senderverhalten (als ‚Qualifier' oder als Metakommunikation) und das Empfängerverhalten (als Indikator für die Bedeutungszuschreibung berücksichtigt werden. So gesehen lassen die bisherigen Ansätze zur Erforschung von Face-to-Face Interaktionen im Marktgeschehen noch alle Möglichkeiten offen.

6.4.3 Untersuchungsmethoden

Die folgenden Erörterungen zum interpersonellen Einfluß beziehen sich auf den Bereich „word of mouth". Für die Untersuchungen interpersonellen Einflusses ist die Befragung der beteiligten Personen unseres Erachtens als Methode ungeeignet. So ist es nicht unproblematisch, wenn die Befragten sich selbst erinnern sollen, durch welche Informationsquelle (Massenmedien, Personen etc.) sie sich bei der Kaufentscheidung haben beeinflussen lassen (vgl. die Zusammenfassung von Untersuchungsergebnissen bei Engel, Blackwell & Kollat, 1978, S. 245–253), bzw. welches Ereignis für die eigene Entscheidung ausschlaggebend gewesen sei. Dies setzt voraus, daß:

a) alle potentiellen Einflußquellen hinsichtlich des tatsächlich ausgeübten Einflusses richtig eingeschätzt werden,

b) zum Zeitpunkt der Frage diese Rangreihe richtig erinnert wird und

c) die gestellte Frage dann auch tatsächlich so beantwortet wird.

Hummrich (1976, S. 128) faßt mit einem Verweis auf Lucas und Britt (1966) zusammen: „Die direkte Erfragung desjenigen Mediums, das für den Kauf bzw. die Adoption die entscheidenden Informationen lieferte, stellt allerdings hohe Anforderungen an die befragten Konsumenten. Es hat sich z.B. gezeigt, daß viele Menschen nur ungern den Einfluß der Werbung auf ihr Kaufverhalten eingestehen. Selbst bei ‚ehrlichen' Antworten ist es fraglich, ob bestimmte Informationsquellen als Kausalfaktoren der Kaufentscheidung durch direktes Befragen identifiziert werden können, da für einen bestimmten Kauf oft ein Bündel von Faktoren bestimmend ist, das zu konkretisieren der Befragte überfordert ist."

Die prinzipiell gleichen Bedenken gelten auch bei der Erfassung des Ausmaßes an ausgeübtem bzw. erhaltenem interpersonellen Einfluß; dies wird besonders an der Problematik des Meinungsführerkonzeptes bzw. an der Operationalisierung und Identifizierung von Meinungsführern deutlich (vgl. zur Meßproblematik Zusf. in Kumpf, in diesem Handbuch; Hummrich, 1976, S. 53ff.; Engel et al., 1978, S. 281ff.; Kroeber-Riel, 1980, S. 488ff).

In der Marketing- wie auch in der Forschungspraxis bedient man sich auch hier des Verfahrens der Selbstauskunft, ohne sich jedoch hinsichtlich ganz wesentlicher Merkmale der Meinungsführerrolle einig zu sein. Ganz unterschiedlich werden jedenfalls die Kriterien hinsichtlich des Ausmaßes und des Zeitraumes gesetzt, in denen man Informationen abgegeben haben muß, um sich als Meinungsführer qualifizieren zu können.

Besonders gravierend scheint jedoch die konkrete Frageformulierung zu sein, die die Art der erforderlichen Informationsabgabe bestimmt. Es ist sicher ein großer Unterschied, wenn man folgende verschiedene Aktivitäten abfragt: „Mit Freunden oder Bekannten über ... gesprochen haben", „Freunden oder Bekannten einen Rat geben", „Freunde oder Bekannte von ...überzeugt haben" oder allgemein „bezüglich des Kaufes von ... Freunde oder Bekannte beeinflußt haben".

Von ganz entscheidender Bedeutung ist das konkrete methodische Vorgehen des Forschers. Lazarsfeld et al. (1974) haben bereits bei der Formulierung der an die untersuchten Personen gestellten Fragen einer einseitigen Beeinflussung als Befragungsergebnis entscheidende Starthilfen gegeben, bzw. eine potentielle Wechselseitigkeit konnte gar nicht bei der Beantwortung dieser Fragen herauskommen. Dies geschah sicher nicht mit Absicht, im Gegenteil. Die Forscher wollten ja nur die Bedeutung der persönlichen Einflusses gegenüber der Massenkommunikation hervorheben und belegen. Allerdings darf eben dieses im

‚historischen Zusammenhang' wichtige Ergebnis – Widerlegung einer These durch ein Gegenbeispiel – nicht auf alle möglichen Vergleiche – Beeinflussung durch Massenmedien vs. persönlicher Einfluß – verallgemeinert werden.

Lazarsfeld et al. fragten zur Identifizierung ihrer ‚Opinion Leader':

1. "Have you tried to convince anyone of your political ideas recently?" und

2. "Has anyone used your advice on a political question recently?"

Beantwortete jemand eine der beiden Fragen positiv, dann galt er als Opinion Leader. Interessanterweise sind beide Fragen so formuliert, daß mit ihnen nur Face-to-Face Interaktionen erfaßt werden, in denen relativ übergewichtig bis einseitig eine Person der anderen etwas gibt, mitteilt oder Einfluß ausübt. Obwohl aber schon in der zweiten Frage anklingt, daß eine solche einseitige Beeinflussung ja auch vom Beeinflußten her initiiert werden kann und diese Initiative auch eine Beeinflussung darstellt, hätte eine Beeinflussung des Opinion Leaders durch andere Personen nur dann erfaßt werden können, wenn die gleichen Situationen auch mit umgekehrter Beeinflussungsrichtung bei den gleichen Befragten abgeprüft worden wären. Also:

3. "Has anyone tried to convince you ..."
4. "Have you asked anyone's advice ..."

Auf diese Weise hätte das Informationsverhalten in der Stichprobe „vollständig" erfaßt werden können; zumindest hätten die Forscher eine Gruppe von Personen identifizieren können, die sowohl überzeugen, als auch überzeugt werden, Rat geben und nach Rat fragen, oder allgemeiner, Meinungen mit anderen austauschen, ein Ergebnis, das spätere Untersuchungen zur Revision des einseitig beeinflussenden Opinion Leaders erbrachten (vgl. Troldahl, 1966, Troldahl & van Dam, 1965; zum Austauschkonzept Hummrich, 1976).

Der methodische Mangel hängt vielleicht mit der Tatsache zusammen, daß Lazarsfeld und Mitarbeiter in ihrer ersten Untersuchung und viele Forscherkollegen danach, ihr Untersuchungsfeld im Rahmen der politischen Meinungsbildung, der Nachrichtenübermittlung hatten, man das ‚two-step-flow' Modell nur in relativ speziellen Fragestellungen belegen konnte, seine Gültigkeit jedoch für den gesamten Bereich massenmedialer Kommunikation annahm. Eine einseitige Beeinflussung ist jedenfalls plausibel, wenn man sich darauf beschränkt, zu untersuchen, wer eine neue Nachricht an wen weitergibt, bzw. woher man sie erfährt. Daß man in solchen Situationen relativ passiv ist, erscheint selbstverständlich, da man ja nicht z.B. permanent nach allen möglichen und „unmöglichen" Ereignissen seine Mitmenschen abfragt (aktive Informationssuche bei Personen), sondern höchstens aus generellem Interesse die Massenmedien rezipiert; zum anderen kann natürlich auch keine nachrichtenrelevante Rückmeldung erfolgen, wenn jemand einem anderen etwas mitteilt, was dieser noch nicht wußte. Dieser kann die Nachricht nur aufnehmen und evtl. kommentieren, aber das Geschehen auf das sich die Nachricht bezieht ja nicht mehr verändern. Insofern beeinflußt er den Nachrichtengeber natürlich nicht.

Solange der Forscher sich also nur auf diese Nachricht konzentriert, kann er plausiblerweise keine Beeinflussung des Leaders durch den Follower feststellen. Die Ausblendung des eigentlichen Übermittlungsprozesses und die Beschränkung auf ein Interaktions-(teil-)ergebnis („von wo her kam die Information") ließen also den eigentlich wechselseitig ausgeübten Einfluß nicht deutlich werden: z.B. welche Meinung der Informant sich über den Partner bildete und damit evtl. die Wahrscheinlichkeit sich änderte, mit der er diese Person bei einer späteren ähnlichen Situation wieder ansprechen würde. Außerdem scheint diese Situation mit dem Bereich des alltäglichen Kauf- und Konsumverhaltens und den dafür relevanten Face-to-Face Kontakten eben doch nicht unbedingt vergleichbar. Bei der Übermittlung von Nachrichten war der Empfänger wegen des ‚Neuigkeiten-Aspekts' zur relativen Passivität verurteilt; aber selbst bei neuen Produkten hat er ja meist eine gehörige Portion Vorkenntnisse über alternative Produkte bzw. seine bisherigen Konsumvorlieben.

Dabei wird auch das Grundproblem akut, ob der Ansatz bei der Gesprächsinitiative in der Tat zur validen Beantwortung der Grundfrage hilft: „Wer beeinflußt wen?" Während des Gespräches ist es wahrscheinlich, daß beide mehr oder weniger sowohl produktbezogene Informationen abgeben als auch sozioemotionale Verhaltensweisen zeigen. Die Frage muß nun sein, ob es nicht sinnvoll ist, statt generell vom Merkmal der Initiative auszugehen, differenzierter analysierend, die Gesprächsstruktur mit Hilfe z.B. der Bales'schen Kategorien zu erfassen und erst dann den jeweiligen persönlichen Kontakt zu klassifizieren. Auf jeden Fall ist es denkbar, daß zwar jemand einen Kontakt initiiert, dies bei späterer Befragung auch als „spontane Informationsabgabe" erinnert, es sich jedoch in Wirklichkeit nur um eine Informationssuche handelt: Der Informationssucher sprach so begeistert, daß sein Partner die Erfahrungen oder Vermutungen nur durch nonverbale Verhaltensweisen zu bestätigen brauchte (keine produktbezogene Information), ohne selbst weitere Aspekte einzubringen; dieses Partnerverhalten war für den Pseudo-Geber bereits genügend Information, um nicht offen in entsprechenden Formulierungen seine eigentliche Informationssuche kundtun zu müssen. (Vgl. bei Katz & Lazarsfeld, 1955, wo mehr Befragte ein stattgefundenes Gespräch bestätigten, wenn sie selbst Ratgeber (61–71%) statt Ratsucher (56–57% je nach Produkt) gewesen waren.)

Auch die Untersuchung von Kauf- und Konsumentscheidungen von Familien erfordert die Beschäftigung mit Face-to-Face Interaktionen. Leider hat man sich jedoch bisher darauf beschränkt herauszufinden, unter welchen Bedingungen wer am Entscheidungsprozeß beteiligt ist. Burns und Granbois (1980) überprüften 84 Arbeiten zu Kaufentscheidungen in Familien und beurteilen den Stand der Forschung wie folgt:

"The body of research exists as a small host of mainly empirical studies, most of which do not have a rigorous theoretical foundation nor precise statements of testable hypotheses. Our knowledge is highly specific to the perceived influence shared by husbands and wives in their recollections of a small set of tactical decisions encountered in the purchase of large durable goods. The knowledge is further restricted by wide reliance on cross sectional data secured from convenience samples and measured on scales which are simplistic in design and of questionable reliability and unknown validity. We are reasonably certain, that variability exists between products, between decisions, and between families". (S. 22)

Interessant sind natürlich besonders die Strategien der Entscheidungsfindung. Dazu liegen heuristische Kategorisierungsansätze vor (Davis, 1976), empirische Evidenz für die Brauchbarkeit solcher Modelle fehlt jedoch.

Heffring (1980) diskutiert in einem ausgezeichneten Beitrag die methodische Problematik der Untersuchung von Kaufentscheidungen in Familien. Er fordert, sich nicht mit der Identifikation verschiedener Rollenstrukturen bei Familienentscheidungen zufrieden zu geben, sondern auch die Interaktions-, Kommunikations- und Beeinflussungsprozesse zu analysieren, die den einzelnen Strukturen entsprechen. Dazu muß dem Konzept der Rolle generell und der Definition der einzelnen Rollen speziell mehr Aufmerksamkeit gewidmet werden.

Es sei auch zu klären, auf welche Art von Entscheidung bzw. auf welchen Einzelaspekt der Gesamtentscheidung sich die Analyse bezieht. Für die Rekonstruktion der Rollenstruktur ist schließlich zu beachten, daß die befragten Personen zum einen die verschiedenen Beeinflussungsversuche und Einflußverteilungen ganz unterschiedlich wahrnehmen und zum anderen als beteiligte Rollenträger in ihren Antworten unter Umständen relativ einseitige Informationen liefern (von den Risiken eine erwünschte, statt der tatsächlichen Rollenverteilung zu beschreiben, ganz abgesehen). Solche ‚Artefaktrisiken', schlägt Heffring (1980) vor, durch Einbeziehung nicht zum ‚Kern der Familie' gehörender Personen (vgl. Konzept des „Buying Center", Webster & Wind, 1972) und durch Befragung mehrerer Beteiligter zu minimieren.

In diesem Zusammenhang wägt er die Vor- und Nachteile der Befragungsmethode zur Erfassung von Rollen- und Einflußstrukturen ab und vergleicht sie mit denen von Beobachtungsmethoden.

Besonders interessant ist die Frage, inwieweit die Partner in der Lage sind, ihre Rolle im Kaufentscheidungsprozeß adäquat wahrzunehmen und zu beurteilen.

Kenkel und Hoffmann (1956) fanden heraus, daß per Fragebogen erhobene Rollen vor und nach einer zu Untersuchungszwecken gemeinsam getroffenen Entscheidung nur wenig mit den vom Forscher beobachteten Interaktionsmuster übereinstimmen. Turk und Bell (1972) verglichen 9 verschiedene Methoden, Rollenstrukturen bzw. Machtverteilungen bei einer experimentellen Entscheidungsaufgabe zu erfassen. Sie faßten als Ergebnis zusammen: "Reports of different members of the same family to the questionnaire measures were found to vary. An individual's responses to questionnaire measures were found to be associated with his normative perspective on male dominance. Independent observational measures were unrelated to each other and to questionnaire measures. The degrees of association among all measures were found to be so low that it is clear the measures are not equivalent," (1972, S. 215) (vgl. Ruhfus, 1976, S. 106/7).

Kenkel (1957) versuchte die Interaktionsmuster von Ehepaaren mit Hilfe des Bales'schen Kategoriensystems zu erfassen und rekonstruierte aus den Ergebnissen die Rollen der einzelnen Partner im Kaufentscheidungsprozeß. Er fand die traditionelle Vorstellung bestätigt, daß der Mann eher eine instrumentelle, die Frau die sozial expressive Rolle übernimmt: Der Mann sprach mehr und produzierte mehr Ideen, die Frau war mehr um das emotionale Klima der Interaktion bemüht. Natürlich sind die jeweils herausgefundenen Rollenstrukturen von der herrschenden Idealvorstellung von ‚Familie', der allgemeinen Lebenseinstellung und Persönlichkeitsmerkmalen der Familienmitglieder abhängig; für die Marketingpraxis dürfte jedoch besonders wichtig sein, ob derartige Muster zusammenhängen mit der Produktgattung, der Art der zu treffenden Entscheidung, dem Stadium des Entscheidungsprozesses etc.

Ruhfus (1976) schlägt vor, ein Beobachtungsschema für Kaufentscheidungen nach dem Muster des Bales'schen Systems zu konstruieren, das den besonderen Bezug der Kommunikationsinhalte zu Kaufentscheidungen und Marketingfragen herstellen würde; dabei denkt er besonders an eine Kategorisierung der Inhalte nach produkt-, marken- und preisspezifischen Gesichtspunkten.

Im relativen Gegensatz zu den im Forschungsfeld ‚word of mouth' verwandten Methoden können die Untersuchungsstrategien im Forschungsfeld ‚personal selling' als elaboriert gelten. Diese Aussage gilt im besonderen Maße für das Laborexperiment von Sawyer, Deutscher und Obermiller (1980), die außerdem zu den wenigen Studien gehört, die mit der zwar immer geforderten, aber kaum erfüllten Forderung nach prozeßorientiertem Vorgehen ernst macht.

Ausgehend von Grundsatzüberlegungen, die von Aronson und Carlsmith (1968) über den Einsatz unabhängiger Variablen bei psychologischen Experimenten angestellt worden sind, entscheiden sich Sawyer et al. (siehe auch S. 10) für den Einsatz von Rollenspielen, die von verschiedenen VL durchgeführt werden. Die diskutierte Alternative, den Vpn Filme vorzuführen, wird nicht berücksichtigt, weil vermutete mundane Realität (die „Lebensechtheit") gering eingestuft wird. Ein wichtiges Ergebnis des Experiments war eine Interaktion zwischen VL und der unabhängigen Variablen. Wahrscheinlich gab es Unterschiede zwischen den verschiedenen Rollenspielen, die diesen Effekt produzierten. Dieses Resultat hätte weitere Experimente für seine Erklärung verlangt, z.B. Replikationen mit anderen Rollenspielern und anderen Vpn. Ebenso erscheint dann der Einsatz von Videotechniken notwendig, um die möglichen interindividuellen Differenzen der Interaktionen analysieren zu können.

Eine andere wichtige Kritik an den Methoden ist von Swasy (1980) geäußert worden. Sie bezieht sich auf die Art der Erfassung der kognitiven Responses der Vpn. Sawyer et al. versuchen ‚hinter die Gedanken' ihrer Vpn zu kommen, die sie während der Interaktionen hatten. Zu diesem Zweck erhalten die Vpn ein Playback über die passierten Gespräche von einer Tonkassette. Das Playback erfolgt allerdings mit zeitlicher Verzögerung und nachdem eine Reihe von abhängigen Variablen appliziert worden waren. Die von Swasy erwähnte Unüblichkeit dieses Verfahrens, das frühe Vorläufer in der Denkpsychologie hat (Duncker, 1935), daß nämlich das ‚laute Denken' während oder kurz nach der kritischen Interaktion erfolgt, ist nicht nur allein zu kritisieren. Entscheidender noch ist, daß Reaktivität aufgrund der zwischenliegenden Messungen nicht auszuschließen ist. Die Vernachlässigung der interaktionalen Perspektive wird dadurch deutlich, daß das Playback nur mit den Vpn nicht aber mit den VL durchgeführt wird. In anderen Bereichen der Interaktionsforschung gilt das eher als selbstverständlich (Cranach, Kalbermatten, Indermühle & Gugler, 1980). Insofern Woodside und Taylor (1978) ähnlich vorgingen, trifft sie die gleiche Kritik.

Im Gegensatz zu Sawyer et al., die, nachdem sie einen unerklärten Interaktionseffekt erhielten, nicht weiter experimentierten, steht die Verfahrensweise von Morgan (1980). Einmal erhaltene Resultate werden in weiteren Untersuchungen überprüft. Das Wechselspiel zwischen Feldbeobachtungen und deren Analysen, die für Trainingsmaßnahmen herangezogen wurden, führte zu einem heuristischen Interaktionsmodell (siehe den Abschnitt ‚Behavioristen als Interaktionisten' S. 8–11).

Im Vergleich zu den bisher genannten Autoren zeichnen sich die von Willet und Pennington (1966), Pennington (1968) und Olshavsky (1973) angestellten Analysen verbaler Sprechakte durch ihre Komplexität aus. Von gleichen Datensätzen ausgehend, werden verschiedene Kategoriensysteme ausprobiert. Eine Kreuzvalidierung, Überprüfung der Resultate mit anderen Datenstichproben, wurde allerdings nicht vorgenommen (s. den Abschnitt ‚Problemlösen').

Varela (1971) zeichnet sich als Einziger dadurch aus, daß er direkten Gebrauch von nonverbalen Verhaltensweisen prospektiver Kunden macht. Die Intensität nonverbaler Zustimmungsreaktionen werden zur Durchführung von Beeinflussung eingesetzt. Inwieweit dabei die beobachtenden VL eine über ihre neutrale Rolle als Beobachter hinausgehende, nicht nur registrierende Funktion ausübten, bleibt unerwähnt. Die Hypothese, daß sich die VL im Sinne einer operanten Strategie verhalten haben, nämlich auf die gewünschten nonverbalen Verhaltensweisen ihrer Vpn auch zustimmend nonverbal reagierten, muß Vermutung bleiben, da Videotechniken nicht zum Einsatz kamen.

Wichtig für eine Generalisierung der Ergebnisse von Varela ist auch der kulturelle Kontext, in dem sie gewonnen wurden. Wie man aus der kulturvergleichenden Forschung zur nonverbalen Kommunikation weiß (z.B. Argyle, 1979a; Morris, 1978) kann man damit rechnen, daß sich südamerikanische Vpn expressiver verhalten als z.B. Engländer, denen man ein ‚pokerface' nachsagt.

6.5 Forschungsperspektiven

Um mit zukünftiger Forschung bei face-to-face Interaktionen im Marktgeschehen ökologische Validität zu erreichen, sind teilweise trivial erscheinende Anforderungen, teilweise komplexe Forschungsstrategien zu berücksichtigen. Wenn man z.B. etwas über face-to-face Interaktionen in Erfahrung bringen will, dann reicht eine Befragung der beteiligten Personen nach dem Geschehen nicht aus, es sei denn, man ist an bestimmten Prozessen der Personenwahrnehmung, Stereotypisierung etc. allein interessiert. Um z.B. die Klasse der nonverbalen Verhaltensweisen in ihrem für entscheidend gehaltenen Kontext exakt untersuchen zu können, müssen sie entsprechend präzise mit Hilfe von Medientechniken abgebildet werden. Vergleichbares gilt für die Klasse verbaler Verhaltensweisen. Diese Anforderungen mögen trivial erscheinen, sie sind aber Bedingungen für ökologische Validität. Unter komplexen Forschungsstrategien verstehen wir ein Vorgehen, das drei häufig getrennt eingenommene Perspektiven miteinander verbindet:

A) Systematische Feldbeobachtungen
B) Laborexperimente
C) Feldexperimente

Die Forschung sollte in zeitlicher Folge von A nach C und je nach gefundenen Problemlösungen auch von C nach A usw. verlaufen.

Zu A: Wenn systematische Feldbeobachtungen mit Hilfe von Videotechniken exakt registriert werden, können sie z.B. dazu dienen, bestimmte Interaktionsmodelle auf ihren Realitätsgehalt zu überprüfen. Zu wissen, nach welchen Skripten (Berne, 1964) oder Interaktionstypen (Jones & Gerard, 1967) personal selling im Einzelhandel, im Kaufhaus oder beim Industrieverkauf abläuft, bzw. den Anteil, den sie am gesamten Prozess haben, zu registrieren, dürfte allein schon einen erheblichen Kenntnisgewinn bedeuten. Das Playback für die Interaktionspartner kann dazu dienen, Probleme, Variablen und Hypothesen zu formulieren, die zunächst die Planung von Laborexperimenten mitdeterminieren. Damit soll der Einfallsreichtum der Forscher nicht eingeschränkt, sondern relativiert werden.

Zu B: Obwohl wir schon eine Verschränkung von systematischen Feldbeobachtungen und Laborexperimenten angedeutet haben, sollte auch unabhängig von dieser Verzahnung theorie- und modellgeleitete Planung in die Überlegungen mit einbezogen werden. Denn eine bloße Bezogenheit auf das, was in gegebenen Feldsituationen passiert, kann sozusagen auch blind dafür machen, was passieren könnte. Im Allgemeinen erlauben Laborexperimente die gezielte Manipulation aller unabhängigen Variablen. Für unseren Fall, wo mindestens zwei Partner face-to-face interagieren, lassen sich über *jeden* Partner Bedingungen ins Spiel bringen und in ihren Auswirkungen überprüfen. Selbst eine differenzierte Manipulation der Verhaltensweisen beider Partner einer Interaktion muß nicht lebensfremd erscheinen, wenn man sich an die Existenz von Ritualen oder auch Konventionen erinnert.

Laborexperimente der genannten Art sind sicher dann besonders aufwendig an Zeit und anderen Kosten, wenn es nicht nur gilt, statistisch signifikante Effekte zu erreichen, sondern auch erhebliche Varianzanteile zu erklären. Welchen Varianzanteil man für ‚erheblich' hält, ob 10% oder 25% oder ..., sollte vor dem Experiment entschieden werden.

Ebenso wie bei den systematischen Feldbeobachtungen sollten die beteiligten Interaktionspartner nach den Versuchen ein audiovisuelles Playback erhalten. Dies ist auch eine für den Forscher notwendige Kontrollmaßnahme, der nämlich prüfen muß, inwieweit geplante Realisierungen auch verwirklicht worden sind. Gerade aus der Artefaktforschung (Timaeus, 1974) ist bekannt, daß diese selbstverständlich erscheinende Strategie allzu oft vernachlässigt worden ist. Mit Hilfe des Playbacks können auch Trainingsziele verfolgt werden – das Einüben von spezifischen Verhaltensweisen bei face-to-face Interaktionen. Das gilt im besonderen Maße, wenn die Vpn aus den Stichproben stammen, die in nachfolgenden Feldexperimenten die Datenquellen darstellen. Wenn es also um spezifische Situationen des personal selling geht, dann könnten auch schon in Laborexperimenten ‚echte' Verkäufer und ‚echte' Kunden die Vpn darstellen. Ein solches Vorgehen würde es auch ermöglichen, im Sinne von Aktionsforschung, nicht nur die Ziele einer Partei im Marktgeschehen zu verfolgen.

Zu C: Die Konsequenz von Laborexperimenten sind Feldexperimente. Das bedeutet, daß erst nach dem Nachweis von Haupt- und Interaktionseffekten – im statistischen Sinne — und erst nachdem das Ziel, X% Varianz sind erklärt, erreicht ist, Feldexperimente folgen. Das kann als eine aufwendige Verdoppelung experimenteller Realitäten gewertet werden. Diesem Argument kann entgegengehalten werden: 1. Replikationen von Resultaten, die auf diese Weise gewonnen werden, repräsentieren die geforderte ökologische Validität; 2. da psychologische Variablen allgemein als besonders kontextsensibel gewertet werden, erscheint eine schlichte Generalisation von Ergebnissen, die in einem Laboratorium gewonnen worden sind auf spezifische Alltagssituationen naiv.

Literatur

Addington, D.W. The effect of vocal variation on ratings of source cedibility. Speech Monographs, 1971, **38**, 242–247.

Argyle, M. Soziale Interaktion. Köln: 1972a.

Argyle, M. Non-verbal communication in human social interaction. In R.A. Hinde (Ed.), Non-verbal communication. Cambridge, Mass.: 1972b, 243–415.

Argyle, M. Körpersprache und Kommunikation. Paderborn: 1979a.

Argyle, M. New developments in the analysis of social skills. In A. Wolfgang (Ed.), Nonverbal behavior. New York; N.Y., 1979b, 139–158.

Argyle, M., Alkema, F. & Gilmiur, R. The communication of friendly and hostile attitudes by verbal and nonverbal singles. European Journal of Social Psychology, 1971, **1** (3), 385–402.

Argyle, M. & Cook, M. Gaze and mutual gaze. Cambridge; Mass.: 1976.

Argyle, M., Salter, V., Nicholson, H., Williams, M. & Burgess, Th. The communication of inferior and superior attitudes by verbal and nonverbal singles. British Journal of Social and Klinical Psychology, 1970, **9**, 222–231.

Armstrong, J.Sc. Zit. nach Psychologie Heute, 1980, **1**, 7–8.

Arndt, J. Word of mouth advertising. New York, N.Y.: 1967.

Aronson, E. & Carlsmith, J.M. Experimentation in social psychology. In G. Lindzey & E. Aronson (Eds.), Handbook of social psychology. New York, N.Y.: 1968, 1–79.

Asch, S.E. Studies of independence and conformity. A minority of one against an unanimous majority. Psychological Monographs, 1956, **70**, 1–126.

Bales, R.F. A set of categories for the analysis of small group interaction. American Sociological Review, 1950, **15**, 258–278.

Bänsch, A. Verkaufspsychologie und Verkaufstechnik. Berlin: 1977.

Bauer, R.A. Consumer behavior as risk taking. In R.S. Hancock (Ed.), Dynamite Marketing for a Changing World. American Marketing Association. Chicago, Ill.: 1960, 389–398.

Bay, R.H. Verbale Konditionierung – Plädoyer gegen eine black-box-Vp. In W. Bungard (Hrsg.), Die „gute" Versuchsperson denkt nicht. München: 1980, 125–144.

Beebe, S.A. Eye contact: A nonverbal determinant of speaker credibility. The Speech Teacher, 1974, **23**, 21–25.

Bentele, G. & Bystrina, I. Semiotik. Stuttgart: 1978.

Berne, E. Games people play. New York, N.Y.: 1964.

Berscheid, E. & Walster, E.H. Interpersonal attraction (2nd ed.), Reading, Mass.: 1978.

Bonoma, T.V. & Felder, L.C. Nonverbal communication in marketing: Toward a communicational analysis. Journal of Marketing Research, 1977, **14**, 169–180.

Brock, T.C. Communicator – recipient, similarity and decision change. Journal of Pesonality and Social Psychology, 1965, **1**, 650–654.

Bugenthal, D.E., Kaswan, J.W. & Love, L.R. Perception of contradictory meanings conveyed by verbal and nonverbal channels. Journal of Pesonality and Social Psychology, 1970, **16**, 647–655.

Bungard, W. Sozialpsychologische Forschung im Labor: Ergebnisse, Konzeptualisierungen und Konsequenzen der sogenannten Artefaktforschung. Habilitationsschrift an der Wirtschafts- und Sozialwissenschaftlichen Fakultät der Universität Köln. Köln: 1980.

Bungard, W. & Lück, H.E. Forschungsartefakte und nichtreaktive Messverfahren. Stuttgart: 1974.

Burgoon, J.K. & Saine, T. The unspoken dialogue – A introduction to nonverbal communication. Boston, Mass.: 1978.

Burgoon, M. & Bettinghaus, E.P. Persuasive message strategies. In M.E. Roloff & G.R. Miller (Eds.), Persuasion: New directions in theory and research. London: 1980, 141–169.

Burns, A.C. & Granbois, D.H. Advancing the study of family purchase decision-making. In J.C. Olson (Ed.), Advances in Consumer Research, (Vol. 7). Ann Arbor, Mich.: 1980, 221–226.

Busch, P. & Wilson, D.T. An experimental analyis of a salesman's expert and referent bases of social power in the buyer seller dyad. Journal of Marketing Research, 1976, **13**, 3–11.

Campbell, J.P., Dunette, M.D., Lawler, E.E. & Weick, K. Managerial behavior, performance, and effectiveness. New York; N.Y.: 1970.

Capon, N. Persuasive effects of Sales messages developed for interaction process analysis. Journal of Applied Psychology, 1975, **60**, 238–244.

Capon, N. Holbrook, M. & Hulbert, J. The selling process: A review of research. Unpublished paper. Columbia University. New York, N.Y.: undated.

Capon, N. & Hulbert, J.M. Interpersonal interaction and persuasion process: An overview. In B.B. Anderson (Ed.), Advances in Consumer Research, (Vol. 3). Chicago, Ill.: 1976, 405–406.

Chapple, E.D. & Donald, G. jr. An evaluation of department store salespeople by the interaction chronograph. Journal of Marketing, 1947, **12**, 173–185.

Cialdini, R., Bickman, L. & Cacioppo, J. 1979. Zit. n. Psychologie Heute. 1980, **1**, 11–12.

Cotham, J.C. Selecting salesmen: Approaches and problems. In Minnesota State University (Ed.), Business Topics, 1970, **18**, 64–72.

Cox, D.F. The audience as communicators. In Toward Scientific Marketing. American Marketing Association. Dez. 1963, 58–72. Deutsch in K.G. Specht & G. Wiswede (Hrsg.), Marketingsoziologie. Berlin: 1976, 219–234.

Cox, D.F. (Ed.) Risk taking and information handling in consumer behavior. Boston, Mass.: 1967.

Cranach, M.v., Kalbermatten, U., Indermühle, K. & Gugler, B. Zielgerichtetes Handeln. Bern: 1980.

Cranach, M.v. & Konau, E. Die Elemente der Interaktion als unerkanntes Kerngebiet der Sozialpsychologie. Zeitschrift für Sozialpsychologie, 1970, **1**, 377–383.

Cranach, M.v. & Vine, J. (Eds.) Social communication and movement. London: 1973.

Cronkhite, G., Liska, J.R. The judgement of communicant acceptability. In M.E. Roloff & G.R. Miller (Eds.), Persuasion: New directions in theory and research. London: 1980, 101–139.

Crott, H. Soziale Interaktion und Gruppenprozesse. Stuttgart: 1979.

Davis, H.L. Decision making within the household. Journal of Consumer Research, 1976, **2**, 241–260.

Davis, H.L. & Silk, A.J. Interaction and influence processes in interpersonal selling. Sloan Management Review, 1972, **13**, 59–76.

Dichter, E. The motivations of word-of-mouth advertising – How advertising and word-of-mouth influence one another. Quarterly Psychology Report for Business, 1958, **3** (1), 3ff.

Dichter, E. How word-of-mouth advertising works. Havard Business Review, 1966, **44** (6), 147–66.

Duncan, S.D. Nonverbal communication. Psychological Bulletin, 1969, **72**, 118–137.

Duncker, K. Zur Psychologie des produktiven Denkens. Berlin: 1935.

Ekman, P. Communication through nonverbal behavior: A source of information about an interpersonal relationship. In S.S. Tomkins & C.E. Izard (Eds.), Affect, cognition, and personality – Empirical studies. New York, N.Y.: 1965, 390–442.

Ekman, P. & Friesen, W.V. Hand movements. Journal of Communication, 1972, **22**, 353–374.

Ekman, P., Friesen, W.V. & Ellsworth, P. Emotion in the human face: Guidelines for research and an integration of the findings. New York, N.Y.: 1972.

Engel, J.F., Blackwell, R.D. & Kollat, D.T. Consumer behavior (3rd ed.). Hinsdale, Ill.: 1978.

Evans, F.B. Selling as a dyadic relationship – a new approach. The American Behavior Scientist, 1963, **6**, 76–79.

Farley, J. & Swinth, R.L. Effects of choice and sales message on customer-salesman interaction. Journal of Applied Psychology, 1967, **51**, 107–110.

Freedman, J.L., Carlsmith, J.M. & Sears, D.O. Social psychology. London: 1970.

Freedman, J.L. & Fraser, S.C. Compliance without pressure: the foot-in-the-door technique. Journal of Personality and Social Psychology, 1966, **4**, 195–202.

Frisch, U. Analyse von Empfehlungen in der populärwissenschaftlichen Ratgeberliteratur zum Verkäuferverhalten. Unveröff. Examensarbeit, Essen: 1979.

Gadel, M.S. Concentration by salesman on congenial prospects. Journal of Marketing, 1964, **28** (4), 64–66.

Garfinkel, H. A conception of, experiments with, 'trust' as a condition of stable concerted actions. In O.J. Harvey (Ed.), Motivation and social interaction: Cognitive determinants. New York, N.Y.: 1963, 115–138.

Graumann, C.F. Interaktion und Kommunikation. In C.F. Graumann (Hrsg.), Handbuch der Psychologie, Bd. 7,2: Sozialpsychologie. Göttingen: 1972, 1109–1262.

Graumann, C.F. Die Scheu des Psychologen vor der Interaktion. Ein Schisma und seine Geschichte. Zeitschrift für Sozialpsychologie, 1979, **10**, 284–304.

Graumann, C.F. Interpersonale Kommunikation. In H. Werbik & H.-J. Kaiser (Hrsg.), Kritische Stichwörter: Sozialpsychologie. München: 1981, 174–191.

Grefe, R. & Müller, S. Interpersonale Beeinflussung durch ‚opinion leader' – Die Entwicklung des ‚OL'-Konzepts und der Hypothese vom zweistufigen Kommunikationsprozeß. Zeitschrift für Markt-, Meinungs- und Zukunftsforschung, 1976, **19**, 4011–4034.

Groeben, N. & Westmeyer, H. Kriterien psychologischer Forschung. München: 1975.

Harper, R.G. Wiens, A.N. & Matarazzo, J.D., Nonverbal communication: The state of the art. New York, N.Y.: 1978.

Harrison, R.P. Nonverbal communication. In I. Pool & W. Schramm (Eds.), Handbook of communication. Chicago, Ill.: 1973, 93–115.

Heffring, M.P. Measuring family decision making: Problems and prospects. In J.C. Olson (Ed.), Advances in Consumer Research, (Vol. 7). Ann Arbor, Mich.: 1980, 492–498.

Hemsley, G.D. & Doob, A.N. Effect of looking behavior on perceptions of a communicators credibility. Paper presented of the APA meeting. Chicago, Ill.: 1976.

Hinde, R.A. (Ed.) Non-verbal Communication. Cambridge, Mass.: 1972.

Hinde, R.A. Towards understanding relationships. London: 1979.

Holbrook, M. & O'Shaughnessy, J. Influence process in interpersonal persuasion. In B.B. Anderson (Ed.), Advances in Consumer Research, (Vol. 3). Chicago, Ill.: 1976, 364–369.

Homans, G.L. The human group. New York, N.Y.: 1950.

Homans, G.C. Human behavior as exchange. American Journal of Sociology, 1958, **63**, 597–606.

Hulbert, J. & Capon, N. Interpersonal communication in marketing: An overview. Journal of Marketing Research, 1972, **9**, 27–34.

Hummrich, U. Interpersonelle Kommunikation im Kosumgütermarketing – Erklärungsansätze und Steuerungsmöglichkeiten. Wiesbaden: 1976.

Hyman, H.H., Cobb, W.J., Feldman, J.J., Hart, C.W. & Stember, C.H. Interviewing in social research. Chicago, Ill.: 1954.

Innerhofer, P., Gottwald, P. & Scharfetter, L. Anmerkungen zu einer pragmatisch orientierten Wissenschaftstheorie. In P. Gottwald & C. Kraiker (Hrsg.), Zum Verhältnis von Theorie und Praxis in der Psychologie. Mitteilungen der DGVT e.V., Sonderheft 1, Weinheim: 1976, 47–71.

Irle, M. Lehrbuch der Sozialpsychologie. Göttingen: 1975.

Jones, E.E. & Gerard, H.B. Foundations of social psychology. New York, N.Y.: 1967.

Katz, E. & Lazarsfeld, P.F. Personal influence. New York, N.Y.: 1955.

Kendon, A., Harris, R.M. & Key, M.R. Organization of behavior in face-to-face interaction. Den Haag: 1975.

Kenkel, W.F. Influence differentiation in family decision making. Sociology and Social Research, 1957, **42**, 18–26.

Kenkel, W.F. & Hoffmann, D.K. Real and conceived roles in family decision making. Marriage and Family Living, 1956, **18**, 311–316.

King, C.W. & Summers, J.O. Dynamics of interpersonal communication: The interaction dyad. In D.F. Cox (Ed.), Risk taking and information handling in consumer behavior. Boston, Mass.: 1967, 240–264.

Knapp, M.L. Essentials of nonverbal communication. New York, N.Y.: 1980.

Koivumaki, J.H. 'Body language taught here': Critique of popular books on nonverbal communication. Journal of Communication, 1975, **25**, 26–30.

Kreutz, H. Einfluß von Massenmedien, persönlicher Kontakt und formelle Organisation. In F. Ronneberger (Hrsg.), Sozialisation durch Massenkommunikation. Stuttgart: 1971, 172–241.

Kroeber-Riel, W. Konsumentenverhalten. (2. Auflage). München: 1980.

Kuhlmann, E. Effizienz und Risiko der Konsumentenentscheidung. Stuttgart: 1978.

LaCrosse, M.B. Nonverbal behavior and perceived counselor attractiveness and persuasiveness. Journal of Consulting Psychology, 1975, **22** (6), 563−566.

Langer, E., Blank, A. & Chanowitz, B. The mindlessness of ostensibly thoughtful action: The role of 'placebic' information in the interpersonal interaction. Journal of Personality and Social Psychology, 1978, **36**, 635−642.

Langer, J., Schulz v. Thun, F. & Tausch, R. Verständlichkeit. München: 1974.

Lazarsfeld, P.F., Berelson, B. & Gaudet, H. The people's choice. New York, N.Y.: 1944.

Lewin, K. Group decicion and social change. In E.E. Maccoby, Th. M. Newcomb & E.L. Hartley (Eds.), Readings in social psychology. New York, N.Y.: 1958.

Lucas, D.B. & Britt, S.H. Messung der Werbewirkung. Essen: 1966.

Manz, W. Erziehung und Gesellschaft. München: 1980.

Marwell, G. & Schmitt, D.R. Dimension of compliance-gaining behavior: An empirial analysis. Sociometry, 1967, **30**, 350−364.

McGinley, H., LeFevre, R. & McGinley, P. The influence of a communicator's body position on opinion change in others. Journal of Personality and Social Psychology, 1975, **31** (4), 686−690.

McGuigan, F.J. The experimenter: A neglected stimulus object. Psychological Bulletin, 1963, **60** (4), 421−428.

McGuire, W.J. Inducing resistance to persuasion. In L. Berkowitz (Ed.), Advances in experimental social psychology (Vol. 1). New York, N.Y.: 1964, 191−229.

McGuire, W.J. Persuasion, resistance, and attitude change. In I. Pool & W. Schramm (Eds.), Handbook of communication. Chicago, Ill.: 1973, 216−252.

Mees, U. Verbales Konditionieren − Analyse eines Paradigmas. Zeitschrift für klinische Psychologie und Psychotherapie, 1976, **24** (4), 331−347.

Mehrabian, A. Nonverbal communication. Chicago, Ill.: 1972.

Mehrabian, A & Ferris, S.R. Inference of attitudes from nonverbal communication in two channels. Journal of Consulting Psychology, 1967, **32**, 298−252.

Mehrabian, A. & Wiener, M. Decoding of inconsistant communications. Journal of Personality and Social Psychology, 1967, **6**, 109−114.

Mehrabian, A. & Williams, M. Nonverbal concomitants of perceived and intended persuasiveness. Journal of Personality and Social Psychology, 1969, **15**, 37−58.

Merten, K. Kommunikation − Eine Begriffs- und Prozeßanalyse. Opladen: 1976.

Mertens, W. Sozialpsychologie des Experiments. Hamburg: 1975.

Mertens, W. Aspekte einer sozialwissenschaftlichen Psychologie. München: 1977.

Milgram, St. Zit. n. Travis. C. The frozen world of the familiar stranger. Psychology today, 1974, **8**, p. 72.

Miller, G.R. & Burgoon, M. Persuasion research: Review and commentary. In B.D. Ruben (Ed.), Communication yearbook 2. New Brunswick, N.J. 1978, 29–48.

Morgan, R.G. Analysis of social skills: The behavior analysis approach. In W.T. Singleton, P. Spurgeon & R.B. Stammers (Eds.), The analysis of social skills. New York, N.Y.: 1980, 103–130.

Morris, D. Der Mensch mit dem wir leben. München: 1978.

Mowen, J.C. & Cialdini, R.B. On implementing the door-in-the-face compliance technique in a business context. Journal of Marketing Research, 1980, **17**, 253–258.

Ochmann, H.-J. Nichtverbale Kommunikation und Adoleszenz. Frankfurt: 1981.

Olshavsky, R.W. Customer-salesman interaction in appliance retailing. Journal of Marketing Research, 1973, **10**, 208–212.

Olshavsky, P.W. Consumer decision making in naturalistic settings: Salesman-prospect-interaction. In B.B. Anderson (Ed.), Advances in Consumer Research, (Vol. 3), Chicago, Ill.: 1976, 379–381.

Packwood, W.T. Loudness as a variable in persuasion. Journal of Consulting Psychology, 1976, **21**, 1–2.

Panne, F. Das Risiko im Kaufentscheidungsprozeß. Die Beiträge risikotheoretischer Ansätze zur Erklärung des Kaufentscheidungsverhaltens des Konsumenten. Frankfurt: 1977.

Pendleton, M.G. & Batson, C.D. Self-presentation and the-door-in-the-face technique for inducing compliance. Personality and Social Psychology Bulletin, 1979, **5**, 77–81.

Pennington, A.L. Customer-Salesman bargaining behavior in retail transactions. Journal of Marketing Research, 1968, **5**, 255–266.

Perloff, R.M. & Brock, T.C. . . . 'And thinking makes it so': Cognitive responses to persuasion. In M.E. Roloff & G.R. Miller (Eds.), Persuasion: New directions in theory and research. London: 1980, 67–69.

Piontkowski, U. Psychologie der Interaktion. München: 1976.

Pruden, H.O. & Peterson, R.A. Personality and performance-satisfaction of industrial salesman. Journal of Marketing Research, 1971, **8**, 501–504.

Reingen, P.H. & Kernan, J.B. Compliance with an interview request: A foot-in-the-door, self-perception interpretation. Journal of Marketing Research, 1977, **14**, 365–369.

Reingen, P.H. On the social psychology of giving: Door-in-the-face and when even a penny helps. In H.K. Hunt (Ed.), Advances in Consumer Research (Vol. 5). Ann Arbor, Mich.: 1978, 1–4.

Reingen, P.H. & Kernan, J.B. More evidence on interpersonal yielding. Journal of Marketing Research, 1979, **16**, 588–593.

Renckstorf, K. Zur Hypothese des ‚two-step-flow' der Massenkommunikation. In D. Prokop (Hrsg.), Massenkommunikationsforschung. (Bd. 2). Frankfurt: 1973, 176–186.

Riordan, E.A., Oliver, R.L. & Donnelly, J.H. jr. The unsold prospect: Dyadic and attitudinal determinants. Journal of Marketing Research, 1977, **14**, 530–537.

Rogers, E.M. Mass media and interpersonal communication. In I. Pool & W. Schramm (Eds.), Handbook of communication. Chicago, Ill.: 1973, 290–310.

Roloff, M.E. & Miller, G.R. (Eds.) Persuasion: New directions in theory and research. London: 1980.

Rosenfeld, H.M. Instrumental affiliative functions of facial and gestural expressions. Journal of Personality and Social Psychology, 1966a, **4**, 65–72.

Rosenfeld, H.M. Approval-seeking and approval-inducing functions of verbal and nonverbal responses in the dyad. Journal of Personality and Social Psychology, 1966b, **4**, 597–605.

Rosenfeld, H.M. Nonverbal reciprocation of approval: An experimental analysis. Journal of Experimental Psychology, 1967, **3**, 102–111.

Rosenstiel, L. von & Ewald, G. Marktpsychologie. (2 Bde.). Stuttgart: 1979.

Rosenthal, R. Experimenter effects in behavioral research. New York, N.Y.: 1966.

Ruhfus, R. Kaufentscheidungen von Familien – Ansätze zur Analyse des kollektiven Entscheidungsverhaltens im privaten Haushalt. Wiesbaden: 1976.

Sader, M. Psychologie der Gruppe. München: 1976.

Sawyer, A.G., Deutscher, T. & Obermiller, C. Can seller/customer interaction and influence be studied in the laboratory? In J.C. Olson (Ed.), Advances in Consumer Research (Vol. 7). Ann Arbor, Mich.: 1980, 393–399.

Scheele, W. Zwischen Kauf und Verkauf lauert die Sünde – Jahrhunderte der Werbung in Geschichten und Bildern. Stuttgart: 1979.

Scheibelhut, J.H. & Albaum, G. Self-other orientations among salesman and nonsalesman. Journal of Marketing Research, 1973, **10**, 97–99.

Schenk, M. Publikums- und Wirkungsforschung. Tübingen: 1978.

Scherer, K.R. Kommunikation. In K.R. Scherer & H.G. Wadllbott (Hrsg.), Nonverbale Kommunikation: Forschungsbericht zum Interaktionsverhalten. Weinheim: 1979a, 14–24.

Scherer, K.R. Die Funktion des nonverbalen Verhaltens im Gespräch. In K.R. Scherer & H.G. Wallbott (Hrsg.), Nonverbale Kommunikation: Forschungsbericht zum Interaktionsverhalten. Weinheim: 1979b, 25–32.

Scherer, K.R. Nonverbale Kommunikation. In A. Heigl-Evers (Hrsg.), Lewin und die Folgen – Psychologie des 20. Jahrhunderts, (Bd. 8). Zürich: 1979c, 358–366.

Scherer, K.R. & Wallbott, H.G. (Hrsg.) Nonverbale Kommunikation: Forschungsberichte zum Interaktionsverhalten. Weinheim: 1979.

Schneewind, K.A. (Hrsg.) Wissenschaftstheoretische Grundlagen der Psychologie. München: 1972.

Schoch, R. Der Verkaufsvorgang als Interaktionsvorgang. Winterthur: 1969.

Schweiger, G., Mazanec, J. & Wiegele, O. Das Modell des erlebten Risikos – Struktur und Operationalisierungskonzepte. Der Markt, 1976, **60**, 93–103.

Sheth, J.N. Buyer-seller interaction: A conceptual framework. In B.B. Anderson (Ed.), Advances in Consumer Research (Vol. 3). Chicago, Ill.: 1976, 383–386.

Siegman, A.W. & Feldstein, S. (Eds.), Nonverbal behavior and communication. Hillsdale, N.J.: 1978.

Soucie, R.M. Common misconceptions about nonverbal communication: Implications for training. In A. Wolfgang (Ed.), Nonverbal behavior: Application and cultural implications. New York, N.Y.: 1979, 209–218.

Sternthal, B., Scott, C.A. & Dholakia, R.R. Self-perception as a means of personal influence: the foot-in-the-door technique. In B.B. Anderson (Ed.), Advances in Consumer Research (Vol. 3). Chicago, Ill.: 1976, 387–393.

Stogdill, R. Personal factors associated with leadership: a survey of the literature. Journal of Personality, 1948, **25**, 35–71.

Strong, S.R., Taylor, R.G., Bratton, J.C. & Coper, R.G. Nonverbal behavior and perceived counselor characteristics. Journal of Consulting Psychology, 1971, **18**, 554–561.

Swasy, J.L. Comments on buyer-seller research. In J.C. Olson (Ed.), Advances in Consumer Research (Vol.7). Ann Arbor, Mich.: 1980, 400–404.

Taylor, J. The role of risk in consumer behavior. Journal of Marketing, 1974, **38** (2), 54–60.

Taylor, J.L. & Woodside, A.G. An examination of the structure of buying-selling interactions among insurance agents and prospective customers. In J.C. Olson (Ed.), Advances in Consumer Research (Vol. 7). Ann Arbor, Mich.: 1980, 387–392.

Timaeus, E. Experiment und Psychologie – Zur Sozialpsychologie psychologischen Experimentierens. Göttingen: 1974.

Tosi, H.L. The effects of expectation levels and role consensus on the buyer-seller dyad. Journal of Business, 1966, **39**, 515–529.

Troldahl, V.C. A field test of a modified 'two-step flow of communication' model. Publice Opinion Quarterly, 1966, **30**, 609–623.

Troldahl, V.C. & van Dam, R. Face-to-face communication about major topics in the news. Publice Opinion Quarterly, 1965, **29**, 626–634.

Turk, J. & Bell, L. Measuring power in families. Journal of Marriage and the Family, 1972, **34**, 215–222.

Tybout, A.M. Relative effectiveness of three behavioral influence strategies as supplements to persuasion in a marketing context. Journal of Marketing Research, 1978, **15**, 229–242.

Varela, J.A. Psychological solutions to social problems. New York, N.Y.: 1971.

Webster, F.E. Interpersonal communication and salesman effectiveness. Journal of Marketing, 1968, **32** (3), 7–13.

Webster, F.E. & Wind, Y. Organizational buying behavior. Englewood Cliffs, N.J.: 1972.

Wegner, D. Zum Problem der experimentellen Messung von Eindrucksqualitäten einander widersprechender Signale. Hamburg: 1976.

Weitz, S. (Ed.) Nonverbal communication: Readings with commentary. New York, N.Y.: 1974.

Wiener, M., Devoe, S., Rubinow, S. & Geller, J. Nonverbal behavior and nonverbal communication. Psychological Review, 1972, **79** (3), 185–214.

Willett, R.P. & Pennington, A.L. Customer and salesman: the anatomy of choice and influence in a retail setting. Proceedings of the American Marketing Association, Fall 1966, 598–616.

Wilson, D.T. Dyadic interaction: An exchange process. In B.B. Anderson (Ed.), Advances in Consumer Research (Vol. 3). Chicago, Ill.: 1976, 394–397.

Woodside, A.G. & Davenport, J.W. jr. The effect of salesman similarity and expertise on consumer purchasing behavior. Journal of Marketing Research, 1974, **11**, 198–206.

Woodside, A.G. & Pitts, R.E. Consumer response to alternative selling strategies: A field experiment. In B.B. Anderson (Ed.), Advances Consumer Research (Vol. 3). Chicago, Ill.: 1976, 398–404.

Woodside, A.G. & Taylor, J.L. Observations of buyer and seller transactions. In H.K. Hunt (Ed.), Advances in Consumer Research (Vol. 5). Ann Arbor, Mich.: 1978, 643–652.

Ziller, R.C. The social self: Schemas of the self and significant others. New York, N.Y.: 1971.

7. Kapitel

Perzeption, Kognition: Image

Waldemar Lilli

7.1 Einleitung

Der Ausdruck „Image" wird hauptsächlich in der Markt- und Absatzforschung seit Mitte der 50er Jahre benutzt. Darunter werden zum Teil ganz unterschiedlich akzentuierte, subjektive Vorstellungen oder Bilder verstanden, die „Konsumenten" über ein „Produkt" haben. Mit „Konsumenten" sind jedoch nicht nur Käufer und Verbraucher von Waren und Dienstleistungen gemeint, sondern z.B. etwa auch Wähler, die ein Image über Parteien und Kandidaten haben. Ganz offensichtlich kann man Images über Personen und Personengruppen, über unbelebte Objekte, über Situationen, kurz: über alle Arten von Reizen haben, die in der Umwelt vorkommen. Die sich daraus ergebenden inhaltlich vielfältigen Möglichkeiten der Ausfüllung des Begriffs bildet eine der Haupt-Schwierigkeiten der Image-Forschung.

Eine zweite, ganz anders geartete Schwierigkeit entspringt der nahezu totalen Überschätzung des Image-Konzepts, sowohl was die Breite des dahinterstehenden Potentials an psychologischen Theorien als auch was seine Praxisrelevanz angeht; zu oft ist Image als eine ‚Zauberformel' zur Vergrößerung von Marktanteilen und Umsatzsteigerungen angepriesen und mißbraucht worden.

Diese beiden Schwierigkeiten haben und hatten auch weitgehende Folgen: Die Vielfalt der möglichen Begriffsbestimmungen führte zu fruchtlosen Streitereien darüber, welches nun der ‚richtige' Begriffsinhalt sei, wann man von Image sprechen sollte und wann nicht. Während dies aber eher nur akademische Auseinandersetzungen hervorbrachte, steckte in der Zauberformel-Mentalität fatalerweise die Idee von der Allmacht der Psychologie. Die wissenschaftliche Psychologie hat es wenigstens zu Anfang weitgehend versäumt, diesem Irrglauben energisch genug entgegenzutreten.

Die zum Teil unbefriedigende Situation der Image-Forschung dokumentiert sich heute auch darin, daß es einerseits entschiedene Gegner des Konzepts gibt, die seine Abschaffung fordern, während andererseits von Befürwortern nach wie vor die eminente Bedeutung des Image-Konzepts betont wird. In diesem Spannungsfeld der kontroversen Anschauungen gedeihen immer noch viele Publikationen.

Eine der folgenreichsten Entwicklungen ist sicherlich darin zu sehen, daß die empirisch arbeitende, wissenschaftliche Psychologie das für weite Bereiche des menschlichen Verhaltens wichtige Image-Konzept weitgehend widerspruchslos der an Lösungen ihrer Probleme sehr interessierten Praxis, vor allem den Markt- und Konsumtechnologen überließ, so daß der Eindruck entstehen kann, als sei nicht nur der Begriff, sondern das ganze Konzept des Image eine Erfindung von praxisorientierten Markt- und Absatzforschern.

Als Beweise für die Dominanz praxisorientierter Arbeiten in der Image-Forschung können die geringen Fortschritte der theoretisch-konzeptionellen Diskussion angesehen werden sowie die überwiegende Beschäftigung mit Fragen der Messung von Images, wobei man vorrangig eine Erhöhung der Genauigkeit in der Erfassung von Images anstrebt, obwohl vielfach gar nicht so recht klar ist, um was es sich bei diesem exakt Gemessenen eigentlich handelt.

So ist es auch nicht verwunderlich, daß die Frage, was unter Image zu verstehen ist, im Laufe der Zeit immer wieder gestellt wurde. Wie die Literatur zeigt, hat sich dabei eine ganze Reihe von Antworten ergeben, in denen teilweise identische, teilweise sich gegenseitig ergänzende Aspekte aufgegriffen werden.

Die durch all diese definitorischen Umschreibungen angesprochenen Sachverhalte beziehen sich auf eine Reihe von grundlegenden psychologischen Theoremen, auf die man eingehen muß, wenn das Thema „Image" systematisch behandelt werden soll. Daran zeigt sich auch, daß mit Image eben durchaus nicht nur ein *marktpsychologischer* Tatbestand angesprochen wird, auch wenn der *Begriff* des Image fast ausschließlich in diesem Anwendungsbereich der Psychologie benutzt worden ist als eines der zentralen Kürzel für psychologische Einflüsse im Marktgeschehen. Vielleicht ist gerade durch die lang anhaltende, erst in neuerer Zeit zunehmend überwundene Trennung zwischen Grundlagenforschung und praxisnaher Anwendungsforschung und der damit zusammenhängenden Abstinenz der wissenschaftlich orientierten Psychologie von der Praxis (und umgekehrt!) unter anderem auch eine Verdeutlichung der Verankerung des Image-Konzepts in grundlegenden Theorien der Psychologie unterblieben. In diesem Artikel soll gerade die theoretische Verankerung des Image-Konzepts besser als bisher zu verdeutlichen versucht werden. In diesem Sinne sieht es der Autor auch nicht als seine Aufgabe an, den zahlreichen in der Literatur zu findenden definitorischen Beschreibungsversuchen einen weiteren, zur Erhöhung seiner Tragfähigkeit möglichst weit gefaßten Definitionsversuch hinzuzufügen, sondern er möchte den Versuch machen, durch Herausarbeitung der grundlegenden Wahrnehmungs- und Kognitions-Prozesse zu einer Präzisierung der vielfältigen Aspekte des Image-Konzepts beizutragen.

In den Abschnitten 7.1.1 bis 7.1.3 werden zunächst die wesentlichen Grunddimensionen der subjektiven Realitätsbewältigung angesprochen, die den allgemeinpsychologischen Hintergrund bilden für die daran anschließende marktpsychologische Image-Diskussion (Punkt 7.2). Zwischen einer Begriffs- (7.2.1) und einer Theorie-Diskussion (7.2.2) wird unterschieden um das vielfach festzustellende, unhinterfragte Verharren in Beschreibungskategorien zu veranschaulichen angesichts durchaus verfügbarer psychologischer Erklärungsmöglichkeiten des Image. Im Abschnitt 7.2.3 wird die praxisnahe Imageforschung an einem Beispiel erläutert und im abschließenden Gliederungspunkt 7.2.4 wird die Entwicklung in diesem Forschungsbereich diskutiert.

7.1.1 Zur Fundierung des psychologischen Realitätsbegriffes

Eine der konstituierenden Annahmen der Psychologie bezieht sich auf die Frage, wie Realität erlebt wird. Diese Frage zu explizieren ist u.a. auch deshalb wichtig, weil andere Disziplinen, wie etwa die Wirtschaftswissenschaften, die sich psychologischer Erkenntnisse als Hilfsmittel bei der Lösung ihrer Probleme bedienen wollen, immer auch den psychologischen Realitätsbegriff zu akzeptieren haben, selbst wenn dieser nicht mit ihrer Realitätsauffassung übereinstimmt.

Nicht die physikalische Wirklichkeit ist ausschlaggebend – so lautet die Antwort der Psychologie – sondern das anschauliche Erlebnis der Wirklichkeit, das für die Wirklichkeit Gehaltene, Gedachte oder Erinnerte (Metzger, 1963). Direkt auf die Marktpsychologie zielend wurde diese Annahme von Spiegel (1961) treffend formuliert: „Nicht die objektive Beschaffenheit einer Ware ist die Realität in der Marktpsychologie, sondern einzig die Verbrauchervorstellung."

Für das Verständnis des Image-Konzepts ergeben sich gerade aus dieser Grundannahme wichtige Hinweise:

1. Zwischen der objektiven Beschaffenheit der Umwelt und der subjektiv erlebten Welt besteht keine 1:1-Beziehung, sondern im günstigsten Falle eine Beziehung im Sinne von Repräsentanz. Die Informations-Aufnahme und -Verarbeitungssysteme des Menschen funktionieren nicht in Parallelität zur physikalischen Welt, wie dies noch die klassische Elementenpsychologie angenommen hat (vgl. Rohracher, 1960); im menschlichen Organismus entsteht nicht etwa eine Art Film der objektiven Realität, sondern die einkommenden Informationen werden transformiert, erlebnismäßig organisiert und erfahrungsabhängig inter-

pretiert (z.B. Neisser, 1967). Durch Prozesse beim ‚Transport' und bei der ‚Transformation' objektiver Reizdaten, die zu den und in den Zentren der menschlichen Informationsverarbeitung stattfinden, treten Informationsverluste und -verformungen auf, die für bestimmte Reize und Reizsituationen typisch sind. Das Ausmaß dieser Verluste und Verformungen unterliegt womöglich weiteren Variationen, die durch Umstände beim Betrachter entstehen.

Für den Produzenten und Unternehmer ist damit klar, daß er die subjektiven Eindrücke ermitteln und kontrollieren muß, die die Konsumenten von seinen Produkten haben.

Die Diskrepanz zwischen (objektiven) Reizdaten und (subjektivem) Reizerlebnis bildet für den Unternehmer den Kernpunkt der Image-Problematik. Prinzipiell lassen sich dabei zwei Ursachenzentren lokalisieren, in denen diese Diskrepanz entstehen kann; sie kann zustandekommen (1) durch ‚Fehler' des individuellen Informationssystems, also durch Vorgänge beim Empfänger der Reizbotschaften oder (2) durch ‚Fehler' des Image-Objektes, die der Sender der Reizbotschaften, d.h. der Unternehmer zu vertreten hat.

2. Das Erlebnis eines Reizes bzw. die konkrete Verbrauchervorstellung von einem Produkt könnte − zumindest theoretisch − die wahrnehmbare Beschaffenheit dieses Reizes vollständig umfassen, obwohl der vollständig informierte Verbraucher sicherlich nur eine Idealvorstellung ist. Als Regelfall muß man ansehen, daß die Vorstellungen über ein Produkt nur durch Teilaspekte dieses Produkts determiniert sind. Hier haben wir es mit der durchaus praktischen Frage der Reizgebundenheit von Eindrücken zu tun, d.h. mit der Frage, wie stark sich die Verbrauchervorstellung überhaupt auf das Produkt bezieht, um das es geht. Die Bindung von subjektiven Vorstellungen an bestimmte Objektmerkmale kann total sein, so daß andere Einflüsse minimiert werden; diese Bindung kann auch gegen Null gehen, so daß andere Einflüsse maximal wirksam sein können.

Für die Fälle hoher Reizbindung des Image könnten die psychophysischen Theoreme der Wahrnehmung und Informationsverarbeitung Erklärungswert besitzen, für die Fälle geringer Reizbindung dagegen kognitive Ansätze, wie etwa das Attitüden- und das Stereotypenkonzept. In späteren Kapiteln wird darauf näher eingegangen, wobei vor allem die marktpsychologisch bedeutsamen Gesichtspunkte berücksichtigt werden.

3. Die erwähnten Diskrepanzen und Fehler, die sich als Folge der besonderen Art der menschlichen Realitätsbewältigung einstellen, sind genau auseinanderzuhalten von den Fehlern, die etwa in konkreten Image-Untersuchungen als Folge eines bestimmten Vorgehens entstehen können. Es ist jedoch darauf hinzuweisen, daß sich solche im weitesten Sinne methodenspezifischen Fehler unter anderem direkt in den Reaktionsvariablen, z.B. in der Darstellung eines Pro-

dukts durch Pbn, niederschlagen und damit die Vorstellungsrealität verfälschen können.

Für den an einer unmittelbar inhaltlichen Ergebnisinterpretation interessierten Unternehmer muß es äußerst wichtig sein, die methodischen Einflüsse abschätzen zu können.

Eine Reihe von darüber hinaus typischen Untersuchungsfehlern sind gerade auch in anwendungsbezogenen Arbeiten anzutreffen; hier einige Beispiele:

Solche Fehler können durch die Gesamtanlage einer Untersuchung begünstigt sein, wenn z.B. bestimmte Ergebnisse von vornherein eine höhere Eintretenswahrscheinlichkeit haben als andere (self-fullfilling prophecy-Effekte); die Versuchsanweisungen können in einer bestimmten Weise mißverständlich sein, sodaß eine Diskrepanz zwischen Untersuchungsziel und vermeintlicher Untersuchungsaufgabe von vornherein schon besteht; die zu beurteilenden Produkte können mehrdeutig präsentiert werden, sodaß die Reaktionen heterogen werden und damit die durch Merkmale des Produkts zu erklärende Varianz abnimmt; die Reaktionsmöglichkeiten der Pbn können eingeengt sein, indem z.B. wesentliche Aspekte des Meinungsgegenstands nicht angesprochen werden; es ist auch denkbar, daß die Antwortkategorien zu grob sind, sodaß sie die notwendigen Differenzierungen nicht zulassen.

7.1.2 Das Image-Problem im allgemeinen Bezugsrahmen von Perzeption und Kognition

Wenn wir Image als Bild, Abbild oder Vorstellungsbild von einem Meinungsgegenstand verstehen, und dieses Verständnis des Image ist wohl am weitesten akzeptiert, dann lassen sich davon ausgehend analytisch zwei Aspekte ausgliedern, die beide gleichermaßen grundlegend sind für die hier gemeinte, subjektive Art und Weise der Realitätsbewältigung. Gemeint sind die aufeinander bezogenen und miteinander verflochtenen hypothetischen Konstrukte Wahrnehmung und Kognition, die beide eine jeweils andere betonte Perspektive der menschlichen Informationsverarbeitung ansprechen:

1. Der *Wahrnehmungsaspekt* geht vom sensorischen Kontakt des Betrachters mit seiner Umwelt aus; der sensorische Kontakt bezieht sich insbesondere auf die in einem Reiz selbst enthaltenen Informationen. Es handelt sich um einen primären Vorgang der Informationsaufnahme, in dessen Rahmen dem Organismus 3 Aufgaben gestellt sind: (1) Die Aufgabe der Reizdetektion (Ist da etwas?), (2) die Aufgabe der Reizidentifikation (Was ist da?) und (3) die Aufgabe der Reizdiskrimination (Welche Reizunterschiede bestehen?).

Hiermit wird die *Reizbezogenheit des Image* thematisiert, diese Betrachtungsweise hebt auf die Determinanten des Image ab, die vom Objekt ausgehen.

2. Der *Kognitionsaspekt* betont die in der Person des Betrachters vor sich gehenden Denk- und Erkennensprozesse. Die einkommenden Informationen werden in einen Erfahrungskontext eingeordnet, und dadurch verändert, ergänzt und interpretiert.

Hiermit wird die *Organismusbezogenheit des Image* herausgestellt, dieser Aspekt weist auf die Möglichkeit hin, daß das Image eine gewisse Unabhängigkeit vom Objekt haben kann.

Für die besondere Art der Konstruktion von Realität, die mit dem Image-Begriff verdeutlicht werden soll, scheinen insbesondere drei Funktionen charakteristisch zu sein:

Die erste ist die Wissens-Funktion des Image: Für den Organismus ist es offensichtlich lebensnotwendig zu wissen, und das heißt wenigstens, Umweltinformationen einordnen zu können. Die Wissensfunktion bietet sozusagen einen Schutz vor Überraschungen, sie gibt somit Sicherheit für die Umweltbewältigung.

Die zweite ist die Erwartungsfunktion des Image: Das in der Vergangenheit erfahrene Wissen dient als Vorhersagepotential für zukünftige Ereignisse. Dieser Vorwegnahme – Aspekt des Image macht es möglich, sich schneller zu orientieren. Eine zukünftige Reizsituation wird also im Sinne einer Identifikationsaufgabe mit einer Erwartungshypothese gelöst.

Die dritte ist die Konsistenz-Funktion des Image: Sie ist instanzenübergreifend und damit möglicherweise die wichtigste: Die Konstruktion bzw. Rekonstruktion der Umwelt muß konsistent bzw. stabil sein. Wissen und Erwartung sollen eine subjektiv widerspruchsfreie Rekonstruktion des Meinungsgegenstands zulassen. Vor allem dadurch, daß alle nach der Entstehung des Image folgenden Wahrnehmungskontakte mit dem Reizobjekt wegen der bestehenden Wissens- und Erwartungsstrukturen nur noch im Sinne der Lösung einer Identifikationsaufgabe bestehen, wird eine gewisse Stabilität des Image garantiert.

In den folgenden Abschnitten sollen die drei funktionalen Aspekte des Image etwas genauer diskutiert werden. Hierbei wird insbesondere auch auf die beiden klassischen Arbeiten von Boulding (1956) und Lippmann (1922) Bezug genommen werden.

7.1.2.1 Wissen und Erwartung

Verhalten, so sagt Boulding, hängt vom Image ab. Die Frage, der er in seinem Buch nachgeht, ist die nach der Determinanz des Image.

Images sind das Ergebnis der Erfahrungen des Individuums. Vom Augenblick der Geburt an gibt es einen konstanten Strom von Botschaften, die in den Organismus eindringen. Zunächst sind die einkommenden Informationen noch undifferenziert, aber mit zunehmendem Wachstum des Kindes werden sie graduell besser unterschieden in Personen und Gegenstände, damit beginnt das bewußte Image; das Kind beginnt sich selbst als Objekt des Image inmitten einer Welt von Objekten zu sehen.

Mit zunehmendem Alter dehnt sich das Image aus, das sich das Kind von der Welt macht.

Jedesmal, wenn eine Botschaft auf den Organismus trifft, wird das Image wahrscheinlich dadurch graduell verändert und dadurch ändern sich auch die Verhaltensmuster des Organismus entsprechend.

Boulding weist auf den Unterschied zwischen dem Image und der Botschaft hin, die das Individuum erreicht. Die Botschaften bestehen aus Informationen im Sinne von strukturierten Erfahrungen.

Die Bedeutung einer Botschaft kommt in der Veränderung zum Ausdruck, die sie im Image bewirkt.

Wenn eine Botschaft auf ein Image trifft, kann folgendes passieren:

1. Das Image kann unberührt bleiben; die Botschaft fügt zu dem Image nichts hinzu.

2. Die Botschaft fügt etwas zu dem Image hinzu, d.h. das Image wird dadurch irgendwie klarer.

3. Das Image wird durch die Botschaft radikal geändert; man spricht dann von einem Bekehrungseffekt.

Image ist bei Boulding subjektives Wissen, aber auch Erwartung. Er unterscheidet zwischen images of facts und images of value: Value bezieht sich auf unser Weltbild, d.h. auf übergeordnete Orientierungen, die auf Skalen, wie z.B. besser – schlechter oder positiv – negativ, zum Ausdruck kommen. Um den Effekt von Botschaften auf diesen Skalen feststellen zu können, muß die Hierarchie dieser Skalen bekannt sein. Die Wertskalen eines Individuums sind die wichtigsten Einzelelemente, die den Effekt der empfangenen Botschaften auf das Image beeinflussen. Eine weder gute noch schlechte Botschaft hat geringe oder gar keine Wirkung auf das Image. Für das bestehende Image günstige Botschaften verursachen keine Reorganisation dieses Image, können aber die Resistenz gegen ungünstige Botschaften erhöhen. Die Stabilität oder Änderungsresistenz einer Wissensstruktur hängt auch von ihrer internen Konsistenz ab. Damit ist keineswegs nur logische Konsistenz gemeint. Es scheint eine Art von Prinzip der Minimierung internen Drucks zu geben; dadurch sind manche Images stabiler und andere instabiler offenbar nur aus Gründen des internen Drucks.

Bereits in Fällen einfacher Sinneswahrnehmung kann man feststellen, daß die durch die Sinne einkommenden Botschaften durch ein Wertsystem vermittelt werden. Es gibt keine Tatsachen an sich, sondern nur Botschaften, die durch ein veränderliches Wertsystem gefiltert sind.

Boulding nennt sein Image-Konzept eine ‚organische Theorie des Wissens'. Ihre fundamentale These: Subjektives Wissen (knowledge) ist etwas, das eine bestimmte Person besitzt und dieses Wissen ist ohne die Person des Wissenden undenkbar. Boulding vermutet, daß das Anwachsen von Wissen dem Anwachsen einer organischen Struktur vergleichbar ist. Mit organischer Struktur meint er, daß das Wissen Prinzipien des Wachstums und der Entwicklung folgt, die denjenigen ähnlich sind, die wir im komplexen Organismen kennen. In jeder Organisation gibt es externe und interne Faktoren des Wachstums. Wachstum findet durch eine Art Metabolismus statt. Die Akkumulation von Wissen ist aber nicht bloß die Differenz zwischen Botschaften, die eingekommen sind und Botschaften, die ausgegeben werden; es ist nicht vergleichbar einem passiven Reservoir, sondern einer Organisation, die nach Maßgabe eines aktiven, internen Organisationsprinzips funktioniert, vergleichbar dem Prinzip der Gene bei der Organisation der Körperstruktur. Gene sind ‚innere Lehrmeister', die ihre eigene Form und Willen den weniger geformten Teilen in ihrer Umgebung aufdrücken. Ähnliches kann man für das Wachstum von Images annehmen. Wissen wächst sowohl durch die Tätigkeit des ‚inneren Lehrmeisters' als auch durch die von außen kommenden Botschaften.

Die bedeutsamen Prozesse des ökonomischen Lebens, wie z.B. Inflation, Deflation, Depression usw., werden nach Ansicht von Boulding zum großen Teil durch den Prozeß der Reorganisation ökonomischer Images gesteuert.

Im gesamten Marktgeschehen spielen Images eine wesentliche Rolle. Im Falle des Marktoligopols z.B. muß das Image nicht nur die Reaktion der anderen auf das eigene Verhalten enthalten, sondern es muß auch ein Image über die Reaktion der anderen auf die eigenen Aktionen bestehen, denn die Folgen der eigenen Aktion hängen von den Reaktionen der Konkurrenten ab.

Der Erwartungseffekt, d.h. die Verwendung von Wissen und Erfahrung zur Vorhersage zukünftiger Ereignisse kann so begründet werden, daß einerseits das Wissen von der Welt nicht vollständig ist, andererseits aber immer über die beobachtete Realität hinausgeht. Wenn man die Frage stellt, auf welche Weise die Beziehungen zwischen Umweltinformationen hergestellt werden, dann kann man zwei Standpunkte finden (Bruner, 1964):

1. Die Annahme der Relation, d.h. bei Beobachtung von zwei oder auch mehreren (neutralen) Reizen entsteht unmittelbar ein Sinn für Beziehungen zwischen diesen Reizen; Beispiele daür liefern die Beobachtungen zur phänomenalen Kausalität (Michotte, 1963): Bewegungen bestimmter physikalischer Körper werden im Sinne eines Beziehungszusammenhangs als wechselseitig verursacht interpretiert.

2. Die Annahme von Korrelationen, d.h. daß in Gegenwart eines Sachverhalts bzw. eines Reizes und einer Beziehung sofort ein anderer Sachverhalt abgeleitet wird.

Beide Annahmen deuten darauf hin, daß bei der Aufnahme und Verarbeitung von Umweltinformationen über die gegebenen Daten hinausgegangen wird. Dabei sind nach Bruner (1964, 1974) im wesentlichen vier Prinzipien und Wege zu nennen, denen sich der Organismus bedient und die er beschreibt:

1. Das einfachste Prinzip besteht im Definieren–Lernen von Eigenschaften funktionsgleicher Objekte und der Nutzung der vorhandenen, bereits definierten Eigenschaften als Grundlage für die Entscheidung darüber, ob ein neuer Reiz ein Exemplar einer bekannten Klasse von Objekten ist oder nicht. Hier ist es also das Hinausgehen über die Sinnesdaten bezüglich der Klassen-Identität. Die grundlegendste Art, über die Sinnesdaten hinaus zu gehen, besteht in der Bildung von Gleichheits- oder Ähnlichkeits-Kategorien.

2. Ein zweites Prinzip bringt die Redundanz der Umwelt ins Spiel. Die Frage, was mit wem regelmäßig zusammen vorkommt, kann an dem unvollständigen Wort P.YC.OL.GIE demonstriert werden, das man unschwer als Psychologie erkennen kann. In bedeutsamen Kontexten werden Reize leichter erkannt als wenn sie isoliert dargeboten werden. Wenn der wahrscheinliche Inhalt eines bestimmten Kontextes einmal gelernt ist, dann kann man über die gegebenen Sinnesdaten hinausgehen, indem man das Auftreten ihrer wahrscheinlichen Begleitumstände vorhersagt.

3. Ein drittes Prinzip besteht darin, daß Worte, die durch Geräusch markiert sind, dann leichter erkannt werden können, wenn sie in einem sinnvollen, d.h. in einem für ihr Auftreten sehr wahrscheinlichen Kontext präsentiert werden.

4. Typisch ist der von der Eindrucksbildung (impression formation) her bekannte Fall, daß etwa von einer Person nur wenige Daten bekannt sind, bei der

Beschreibung dieser Person aber dennoch weit darüber hinausgegangen wird (vgl. Asch, 1946). Das hängt damit zusammen, daß Wahrscheinlichkeiten gelernt werden darüber, welche Eigenschaften mit welcher anderen Eigenschaft einhergeht (vgl. Tajfel, 1963), was eine bestimmte Art der Konstruktion von Realität darstellt.

7.1.2.2 *Konsistenz und Stabilität der Umweltkonstruktion*

Im Unterschied zu Boulding (1956) sieht Lippmann (1922) die Frage der subjektiven Deutung der Realität unter dem Gesichtspunkt der schnellen, überblickhaften Orientierung, die eine gewisse Unschärfe oder gar Fehlerhaftigkeit zur Folge haben kann. Die „Bilder in unserem Kopf", wie er die subjektive Deutung der Realität nennt, diese Bilder repräsentieren die beobachtbare Realität nicht detailgetreu, sondern nur typenhaft, sie sind Stereotype: "The subtlest and most pervasive of all influences are those which create and maintain the repertoire of stereotypes. We are told about the world before we see it. We imagine things before we experience them. And those preconceptions, unless education has made us acutely aware, govern deeply the whole process of perception. They mark out certain objects as familiar or strange, emphasizing the difference, so that the slightly familiar is seen as very familiar, and the somewhat strange als sharply alien. They are aroused by small signs, which may vary from a true index to a vague analogy." (Lippmann, 1922, S. 89 und 90).

Die Attraktivität seines Konzepts der Sozialstereotypen, mit dem er die anscheinend so verschiedenartigen Phänomene, wie individuelle Voreingenommenheit, historisch gewachsene Ideologien und kulturelle Traditionen, die Wirkung von Normen in kleinen Gruppen, sowie die Auseinandersetzung innerhalb und auch zwischen sozialen Institutionen auf ein einheitliches Prinzip zurückführen konnte, lag gerade darin, daß diese Vielfalt von Ursachen alle das Ergebnis einer prägnanten Übergewichtung von bestimmten Elementen der Umwelt sein können, das Ergebnis einer vereinfachenden, entscheidungserleichternden Formel, die er als Stereotyp bezeichnete.

Wie später auch Boulding hat Lipmann damit im Unterschied zu den seinerzeit vorherrschenden Reiz-Reaktions-Erklärungen behavioristischer Tradition, in der sich die komplexen Wechselbeziehungen zwischen Individuum und sozialer (gesellschaftlicher) Umwelt nur schwer einfügen lassen, ein kognitives Erklärungskonzept vorgelegt, in welchem die Vielfalt sozialer Prozesse einbegriffen wird. Was die „Social-Perception"-Richtung (z.B. Bruner, 1951; Bruner & Postman, 1951; Postman, 1951) erst später propagierte, nämlich den motivationalen Einfluß auf die kognitiven Orientierungen bei der Umweltbewältigung, ist in Lippmanns Konzept ebenfalls bereits angedeutet.

Gerade auch die Erkenntnis, daß die „Bilder in unserem Kopf" mit der „äußeren Welt" keineswegs übereinstimmen müssen und daß sie dennoch das menschliche Handeln stärker steuern als die objektiven Bedingungen dieser äußeren Welt, zeigt die Modernität seiner gedanklichen Argumentation.

Das in seinen Analysen enthaltene theoretische Potential wurde lange Zeit hindurch nicht richtig erkannt. In zahlreichen Untersuchungen ist zunächst immer wieder nur der Aspekt der Fehlerhaftigkeit und der Starrheit von Stereotypen bei der Beurteilung von Reizen der sozialen Umwelt hervorgehoben worden, ein Aspekt, der bis hin zur Annahme von defizitären psychischen Prozessen bei der individuellen Reizverarbeitung reichte. (Zum Beispiel Child, 1936; Gahagan, 1933; Hayakawa, 1950; Litterer, 1933; Menefee, 1936; Rice, 1926; Sargent, 1939; Sherif, 1936) Vor allem auch durch die Koppelung an ein bestimmtes Untersuchungsverfahren, die „adjektive checklist"-Technik (Katz & Braly, 1933, 1935) erfuhr der Stereotyp-Ansatz eine einschneidende inhaltliche Einengung, die zum Teil bis heute nicht überwunden ist, wie man neueren Arbeiten zu diesem Thema entnehmen kann (Bergler & Six, 1972; Brigham, 1971; Cauthen, Robinson & Krauss, 1971; Lilli 1982).

In Wirklichkeit hat Lippmann weniger die realitätsverzerrende Funktion von Stereotypen und vielmehr den durchaus positiven Aspekt der schnellen Orientierung durch Vereinfachung betont; er hat damit nicht nur auf die Notwendigkeit, sondern auch auf die Nützlichkeit von Stereotypen bei der Umweltbewältigung hingewiesen, ihre Entlastungsfunktion angesichts einer sonst nicht sinnhaft zu konstruierenden Umwelt herausgestellt. Gerade dieser Aspekt ist für das marktpsychologische Image-Konzept von größter Bedeutung.

In den Fünfziger Jahren gab es verschiedene Versuche, das Stereotyp-Konzept in Anlehnung an die weite Fassung Lippmanns deutlicher mit psychologischem Fundament zu versehen. In den USA treten dabei Fishman (1956) und Vinacke (1956, 1957) hervor, in Deutschland vor allem Hofstätter (1949, 1960; auch Heintz, 1957; Sodhi & Bergius, 1953), in England Gordon (1962).

7.1.3 Image als subjektive Realitätsbewegung: 4 Thesen

Am Schluß der Ausführungen über die grundlegenden Prozesse der subjektiven Realitätsbewältigung können einige zentrale Aspekte des Image wenigstens vorläufig spezifiziert werden:

1. Der Vollständigkeit halber ist festzuhalten, daß Images eine besondere Form der subjektiven Realitätbewältigung darstellen. In unseren späteren Ausführungen wird diese besondere Form in ihren verschiedenen theoretischen Aspekten

herausgearbeitet werden, so daß die Image-Konzeption so weit wie möglich von anderen Konzeptionen der subjektiven Informationsverarbeitung abgehoben oder Übereinstimmungen mit anderen Konzeptionen dargelegt werden.

2. Images sind das Resultat von sensorischen Kontakten mit Objekten und Sachverhalten der Umwelt. Das heißt nicht, daß der sensorische Kontakt mit dem Reiz zeitlich vor der Entstehung des Image stattgefunden haben muß; das heißt nur, daß sich das Image auf den bestimmten Reiz bezieht, ohne diesen keinen Sinn hat. Es wird immer dann aktualisiert, wenn ein Kontakt mit dem Reiz besteht.

3. Wenn man davon ausgeht, daß bereits Wahrnehmungs-Erfahrungen im Sinne der Lösung von Detektions-, Indentifikations-, und Wiedererkennens-Aufgaben einen bestimmten Reiz betreffend vorliegn, dann haben wir es mit dem Image-Aspekt des Wissens und der Erwartung zu tun; ein Image ist Wissen über tatsächliche oder vermeintliche Eigenschaften des in Frage stehenden Sachverhaltens; dieses Wissen stellt sich als eine Interaktion von Reiz-Information mit den Instanzen der Informationsbewertung dar. Der Erwartungs-Aspekt für zukünftige Reizkontakte folgt aus dem Wissen über die (vermeintlichen) Eigenschaften des Image-Gegenstands.

4. Die besondere Form der subjektiven Realitäts-Bewältigung, die durch die Image-Konzeption angesprochen wird, ist vielleicht am deutlichsten im Aspekt der schnellen und prägnanten Orientierung gekennzeichnet im Sinne von Stereotyp, wobei die Starrheit der das Image determinierenden Reiz-Eigenschaften insofern eine wichtige Rolle spielt, als Images von Sachverhalten sonst nicht durch einfache Reaktivierung ihre verhaltensdeterminierende Rolle spielen könnten, auf die die Image-‚Produzenten' hoffen. In diesem Aspekt von Images deutet sich auch gleichzeitig die Gefahr der totalen Manipulationsmöglichkeit an, da sich Produkte und Sachverhalte u.U. unbemerkt und womöglich ungeniert ändern lassen, wenn man nur die für die Aktivierung des Image entscheidende ‚Oberflächenstruktur' des Produkts beibehält.

7.2 Zur marktpsychologischen Image-Diskussion

Während Boulding (1956) allgemein die subjektive Vorstellung von der Umwelt (Weltschau) meinte, wenn er den Ausdruck Image benutzte und Lippmann (1922) mit den „Bildern in unserem Kopf" bzw. Stereotypen ebenfalls ganz allgemein die subjektive Repräsentanz der Realität im Auge hatte, stellt die Image-Konzeption für die Marktpsychologie eine sehr viel stärker auf konkrete Sachverhalte – bestimmte Produkte und Marken, Firmen und Ladengeschäfte – ausgerichtete, zweckorientierte, Konzeption dar. Image wird hier zum Instrument des Marketing; es hat für den Waren- oder Dienstleistungs-Produzenten einen diagnostischen Wert, wenn er feststellen möchte, wie sein Produkt am Markt „ankommt"; Image stellt eine prognostische Größe dar, wenn der Produzent durch die „Schaffung" eines attraktiven Produkt-Image den Konsumenten zum Kauf dieses Gutes veranlassen möchte.

Neben dieser sehr viel stärker auf konkrete Objekte und eine bestimmte Funktion des Image gerichteten Perspektive bezieht die marktpsychologische Diskussion auch eine Besonderheit in der *Blickrichtung*, die sie beim Image-Problem einnimmt: Im Rahmen marktpsychologischer Überlegungen hat das Image-Konzept die Aufgabe, die einseitige Kommunikationsbeziehung zwischen Waren-Produzenten und Waren-Konsumenten am Markt für die Produzentenseite transparenter zu machen. *Aufgrund der rechtzeitigen und genaueren Kenntnis der Vorstellungen und Präferenzen des Publikums soll es möglich gemacht werden, die Produkte besser an den Wünschen der Konsumenten zu orientieren und bei Änderungen des Publikumsgeschmacks schneller zu reagieren.* Das konkrete Ziel der Marktpsychologie besteht in diesem Sinne in der von der Produzentenseite ausgehenden, gestaltenden Beeinflusung der Publikumsvorstellungen zur Steigerung der Attraktivität des Produktangebots.

Selbst wenn die Annahme der Determination des individuellen Verhaltens durch Vorstellungen und Präferenzen empirisch kaum endgültig zu bestätigen sein wird, muß in diesem Zusammenhang dennoch auf die hohe Verantwortung hingewiesen werden, die den marktpsychologisch Handelnden zukommt, wenn sie sich des Beeinflussungs-Instrumentes „Image" bedienen; als unabdingbare Forderung muß gelten, daß bei der konkreten Gestaltung von Images unter allen Umständen die Aspekte der Konsumenten-Information gegenüber denen der Konsumenten-Manipulation im Vordergrund stehen.

7.2.1 Die marktpsychologische Begriffs-Diskussion

Durch die in der Marktpsychologie vorherrschenden Orientierung am Konkreten verwundert es nicht, daß unter Image in verschiedenen Fällen verschiedenes verstanden worden ist. Nur wenige Autoren haben sich bemüht, die herrschende Begriffsvielfalt zu ordnen und vor Begriffsüberdehnungen zu warnen. Ein wirklich umfassender systematischer Entwurf einer Image-Konzeption ist dabei aber bis heute nicht gelungen. Zu diesem Zustand hat die Tatsache sicherlich nicht wenig beigetragen, daß überwiegend *Beschreibungsaspekte* und selten oder kaum *Erklärungsaspekte* des Image im Vordergrund standen; letztere erschienen vielleicht auch gar nicht so dringlich angesichts der offensichtlich praktischen Relevanz des Image als einer meßbaren Größe zur Vorhersage und zur Beeinflussung des Konsumentenverhaltens.

Im Folgenden wird die in der marktpsychologischen Literatur geführte Image-Diskussion nach zwei Gesichtspunkten dargestellt, die in der einschlägigen Literatur zu bestimmten Zeiten im Vordergrund standen. Der eine Gesichtspunkt wird durch eine vorwiegend auf Begriffsdiskussion und Begriffsausdeutung zielende Literatur repräsentiert; die damit implizierte Argumentationsweise zielte auf den ‚wahren' Inhalt des Image-Begriffs und seine Abgrenzung von anderen verwandten Phänomenen. Sie war zumindest im deutschen Sprachraum bis Mitte der 60er Jahre dominierend.

Der andere Gesichtspunkt wird durch das Bemühen um systematische Erklärungsversuche repräsentiert, wobei auf empirische Untersuchbarkeit der genannten Variablen des Image geachtet wurde.

Die Begriffs- und Bedeutungsdiskussion des Image, eine um die Illusion eines einheitlichen Image-Konzepts streitende Auseinandersetzung, hat sich natürlich durchaus auch auf bestehende globale psychologische Theoriekonzepte bezogen; in der Regel tat sie dies aber in einer eher unverbindlichen und wenig detaillierten Weise.
In den Anfängen wurde das Image-Problem im Rahmen einer Motivations-Psychologie gesehen; eine bald deutlich werdende Perspektive interpretierte Image als Ausdruck des Gesamterlebnisses gestalt- und ganzheitspsychologisch. Die psychodynamische Betrachtungsweise stellte Images als Wunschbilder dar, entstanden durch den Mechanismus der Projektion; in diesem Zuge ist auch eine Art Wiederspiegelungs- oder Identifikationstheorie zu erwähnen, nach der das Image, das sich jemand von einem Objekt macht, vor allem seine eigene Persönlichkeit wiederspiegeln soll.

7.2.1.1 Die erste Veröffentlichung

Die *erste Veröffentlichung*, in der marktpsychologisch bedeutsame Image-Aspekte explizit angesprochen und Vorschläge zu ihrer praktischen Erhebung gemacht wurden, war die von Gardner und Levy (1955); im Sinne von Markenbild und Markenpersönlichkeit im Zusammenhang mit einem bestimmten Produkt ist der Ausdruck Image vermutlich bereits 1939 von Ernest Dichter (1939, 1961) verwendet worden (vgl. auch Domizlaff, 1939, 1962).

Der Begriff wurde vor allem für die Praxis der Markt- und Absatzforschung schnell zu einer Art Zauberformel (Bergler, 1966), was vielleicht erklärlich wird, wenn man die weit verbreitete, hauptsächlich durch psychodynamische Konzepte geförderte Laienvorstellung von der Allmacht der Psychologie, Unbewußtes im Menschen zu erkennen und zu erklären, bedenkt. Durch die daraus erwachsenen übersteigerten Hoffnungen an ihre Leistungsfähigkeit hat die Psychologie gerade im Bereich der Wirtschaft vielfache Enttäuschung bereitet, die in dem Maße abgebaut und auf ein vernünftiges Erwartungsniveau gebracht werden können, indem kognitive Erklärungskonzepte und quantitative Untersuchungsmethoden als zentrale Instrumente der empirisch arbeitenden, modernen Psychologie verstanden werden.

Eine große Zahl von Autoren sahen das Image-Konzept zunächst im Rahmen und im Zusammenhang mit Motivation, womit eine aus der Persönlichkeit des Konsumenten kommende, von äußeren Reizen nicht direkt ableitbare Verhaltenssteuerung mit stark zum Unbewußten tendierenden Grundannahmen gemeint war. Zu diesen Autoren kann man z.B. Frederick (1957), Henry (1958), Martineau (1957), Mitchell (1958), Moore (1957) und Smith (1955) rechnen.

7.2.1.2 Frühe Bestandsaufnahme der Image-Konzeption

Der Stand der Image-Forschung wird erstmals von Kleining (1959) in einem größeren Aufsatz referiert. Er hebt besonders zwei Aspekte des Image als wesentlich hervor, nämlich (1) die Dynamik, mit der er auf die Wirkung von Kräften des sozialen Feldes hinweist und (2) die Ganzheit, mit der er die gestaltformenden Qualitäten der psychischen Kräfte meint. Seine Image-Konzeption ist weitgehend gestaltpsychologisch untermauert. Das Image ist – da es einerseits die individuelle Eigenart des Kommunikanden widerspiegelt und andererseits die Eigenart des Gegenstands der Kommunikation betrifft – zwischen den beiden Polen „Persönlichkeit" und „Reiz" eingespannt. Images sind das Resultat der dynamischen Auseinandersetzung einer Person mit der Umwelt, sie stellen Projektionen psychischer Energie auf Reize dar.

In vielfacher Hinsicht unplausibel sind die von Kleining vorgenommenen Abgrenzungen des Image von verwandten Begriffen (vgl. Bergler, 1966). Vom Image als einem ‚legitimen seelischen Komplex' hebt er Stereotyp als eine ‚Realitätsverfälschung' kontrastierend ab; ähnlich wie Stereotype sieht er Vorurteile als ‚verfälschte Vorstellungen' z.B. über Minoritäten und Rassen. Spitzfindig ist auch sein Versuch, den von Hofstätter und Lübbert (1958) verwendeten Begriff des Rufes als eine wenig objektbezogene Vorstellung vom Image abzuheben.

Begriffe wie Ansehen, Prestige, Goodwill oder Geltungsnutzen sieht er als Teilaspekte der dynamischen Ganzheit des Image an.

An inhaltlichen Image-Untersuchungen sind bis zu dieser Zeit vorwiegend Arbeiten über bestimmte Produkt-Arten (z.B. Bier, Zigaretten, Waschmittel) und Markenartikel zu nennen, von denen einige von der bekannten Social Research Incorporation in Chikago durchgeführt wurden (vgl. Henry, 1958; Martineau, 1957; Newman, 1957). Auch über Werbung und Werbeträger, wie z.B. Zeitschriften, Zeitungen und Fernsehen, sind Image-Untersuchungen durchgeführt worden (Social Research Incorporation, 1957). Neben diesen, im eigentlichen Sinne marktorientierten Untersuchungen finden sich aber auch Studien, wie z.B. die von Gardner (1959) und Gardner und Rainwater (1955) über Großunternehmen und Industrieverbände; man kann auch die Studie von Davis, Gardner und Gardner (1941) über soziale Schichten und andere Studien aus dem politischen Bereich (Faber, 1956; Kleining, 1958; Rainwater, 1956), in denen z.B. Vorstellungen über Politiker ermittelt wurden, als Image-Untersuchungen bezeichnen.

Die Vielgestaltigkeit der Verwendung des Image-Begriffes wird von Kleining auch dadurch demonstriert, daß er auch Untersuchungen über (semantische) Vorstellungen zu Farben, Formen, Zahlen und Namen usw. unter Image-Untersuchungen subsummiert (Kleining, 1959).

Bei einer anscheinend beliebigen Verwendung des Image-Begriffs stellt sich die Frage nach einer Image-Konzeption immer dringlicher, einer Konzeption, die als tragfähige Basis für die Vielzahl der heterogenen Untersuchungen dienen könnte. Die Antwort von Kleining auf diese Frage begnügt sich weitgehend mit der Auflistung von Beschreibungskategorien: Er spricht von ‚Image-Nähe‘, was den Aspekt der Intensität der Auseinandersetzung einer Person mit einem Image-Gegenstand betrifft und von ‚Image-Stabilität‘, was den Aspekt des unveränderten Fortbestandes von Images angesichts wechselnder Bedingungen angeht. Diese phänomenologische Beschreibung von Image wird ergänzt durch die merkwürdige Sichtweise, das Image eines Produkts als seine „Persönlichkeit" (Martineau, 1958) zu bezeichnen und mit entsprechenden Ausdrücken (z.B. jung, dynamisch, aggressiv, männlich usw.) zu belegen. Die hierin enthaltene Analogie zur Psychologie der Persönlichkeitsdynamik ist von zweifelhaftem Wert und schafft irreführende Vorstellungsbezüge.

Die folgenden Gesichtspunkte seiner Image-Konzeption tragen bereits deutliche Züge der Praxisorientierung: Eine weitere Beschreibungskategorie Kleinings bezieht sich auf Gesetzmäßigkeiten des inneren Aufbaus, d.h. der Struktur von Images; in einer Untersuchung des Profils von Politikern (Adenauer und Ollenhauer) spricht er von einfachen (einschichtigen) und mehrschichtigen Images; bei letzteren ist davon die Rede, daß hinter einer „Image-Schale" ein „Image-Kern" liegt, der sich wesentlich von der „Image-Oberfläche" unterscheidet. Die Analyse und Beschreibung der Image-Struktur soll die Möglichkeit der vergleichenden Image-Forschung eröffnen. Images mit gleicher Struktur sollen sich demnach leichter miteinander verbinden können als Images mit verschiedenem Aufbau.

Für die Praxis des Marketing erkennt Kleining als besonders wichtig auch den jeweiligen Image-Inhalt, d.h. die Frage, was von den jeweils kommunizierten Reiz-Informationen in das Vorstellungsbild von diesem Reiz eingeht.

Um die eigentliche Bedeutung eines Image zu erkennen, muß man nach Kleining von der „Erlebnisoberfläche" bzw. dem manifesten Gehalt eines Meinungsgegenstandes auf die ihm zugrunde liegenden Ideen und Kräfte, auf den latenten Gehalt zurückgehen.

Zu diesen ganzen Ausführungen passend sind die Vorstellungen und Referenzen Kleinings bezüglich der Methoden der Erfassung von Images. In der Praxis sieht er qualitative gegenüber quantitativen Verfahren – die nur jeweils einen Ausschnitt des gesamten Image-Komplexes erfassen – meistens als überlegen an. Angesichts offensichtlicher Fortschritte der quantitativen Methode hat sich diese Ansicht nur noch bei einer Minderheit von Praktikern bis heute halten können.

7.2.1.3 Konzeptionelle Ausweitung der Diskussion

In der Folgezeit wird der *Begriff des Image* in der Markt- und Absatzliteratur zunehmend diskutiert, wobei man eine mehr absatzwirtschaftlich betonte Sichtweise (z.B. Meyer, 1964, 1965; Radler, 1958a, 1958b; Winkler, 1967) und eine eher psychologische Sichtweise (z.B. Berth, 1959, 1963; Brückner, 1967; Fichtner, 1958; Hartmann, 1962; Lange, 1958, 1959; Ohde, 1957) unterscheiden kann.

Mit dem Image-Begriff setzt sich z.B. auch Wolf (1966) kritisch auseinander und er warnt vor Begriffsüberdehnung und einer geradezu glaubensähnlichen Verwendung dieses Terminus (auch Brückner, 1967). Im Zusammenhang mit dem ihn primär interessierenden Vorurteilsproblem kommt er in späteren Publikationen (Wolf, 1969, 1979) immer wieder auf die schwierige Abgrenzungsproblematik im Umfeld der Begriffe „Vorurteil, Stereotyp, Attitüde und Image" zurück.

Mit seinem Buch über die „Psychologie des Marken- und Firmenbildes" versuchte Bergler (1963) ein praxisorientiertes, systematisches Image-Konzept zu entwerfen. Das Marken- und Firmen-Image wird als entscheidendes Kommunikationsmittel, als Brücke zwischen Wirtschaftsunternehmen einerseits und Publikum, d.h. Kunden, Konsumenten, andererseits verstanden. Das Image einer Marke oder einer Firma trägt nach Bergler den „Charakter des Typischen" in sich. Das Firmen- oder Markenbild ist das Resultat wechselseitiger Verbindung und Integration von Erwartungen und dem diesen entsprechenden objektiven und symbolischen (psychologischen) Angebot. Konkret äußert sich dies in der mit der Firma bzw. einer Marke verbundenen allgemeinen Gefühlsqualitäten, emotionalen Wünschen, Hoffnungen, Befürchtungen, Qualitätsvorstellungen und Erwartungen, Niveaueinstellungen und Prestigevorstellungen usw.

An psychologischen Grund-Tatsachen seiner Image-Konzeption nennt Bergler (1963) als erstes den Prozeß der Projektion als einen generellen Vorgang der in die Situationsbewältigung weitgehend unbewußt eingehenden individuellen und gruppenspezifischen Bedeutsamkeitsgehalte bzw. in einem engeren Sinne als das Verhältnis von (subjektiver) Wahrnehmungswelt und Außenwelt, d.h. die Wahrnehmungsinhalte werden als Bestandteile der äußeren (physikalischen) Welt gesehen und erlebt, sie werden in diese Außenwelt projiziert. Die damit angesprochene Verlagerung nach außen kommt z.B. darin zum Ausdruck, daß einer Firma oder einem Produkt ganz bestimmte Qualitäten zugeordnet werden, die diesen vielleicht gar nicht oder eben nur teilweise tatsächlich zukommen.

An zweiter Stelle der psychologischen Grundtatsachen nennt Bergler die psychologische Struktur, den Aufbau von Images. Sie stellt sich für ihn im Sinne eines stereotypen Systems dar; in einer späteren Arbeit entwirft Bergler (1966) ein kognitionstheoretisches Konzept, das unter dem Gliederungspunkt 7.2.2.2 behandelt wird.

7.2.1.4 Versuche der Fundierung des Image-Konzepts

Einen wesentlichen Beitrag zur marktpsychologischen Image-Diskussion hat auch Johannsen (1967, 1971, 1974) geleistet. Vor allem in seiner Arbeit über das Marken- und Firmen-Image (1971) hat er versucht, durch übersichtliche, schematische Darstellung der in der Literatur vorwiegend diskutierten Begriffsdimensionen des Image zur Entwirrung der herrschenden Begriffsvielfalt beizutragen. Sein Bemühen verfolgt vor allem auch das Ziel, die Eigenständigkeit des Image-Konzeptes gegenüber anderen wichtigen ähnlichen Konzepten herauszuarbeiten, die im Problemfeld der Umwelt- und Informationsbewältigung eine Rolle spielen:

So scheinen ihm Stereotyp und Vorurteil (1) eher personen- und gruppen-orientiert zu sein, eher in der Minoritäten- und Rassen-Forschung Anwendung zu finden, (2) eher durch negative Wertaspekte im Sinne von Voreiligkeit und Überverallgemeinerung, (3) und durch geringe Wandelbarkeit gekennzeichnet zu sein, (4) hohe Plastizität durch eine geringe Reizgebundenheit zu enthalten, (5) insgesamt eher detail- als ganzheitsbezogen zu sein und (6) eher mittels quantitativer Methoden erfaßt zu werden.

Demgegenüber ist das Image bzw. Vorstellungsbild nach seiner Auffassung (1) eher am dinglich–gegenständlichen Objektbereich (Image von Produkten und Firmen) orientiert, (2) wertneutraler, im Sinne eines „legitimen seelischen Komplexes" stärker unmittelbar erfahrungsbezogen, z.B. durch das „Produkterlebnis" oder das „Firmenerlebnis", (3) durch geringere Plastizität, aber größere Prägnanz, d.h. stärkere Gebundenheit an die Reizgrundlage gekennzeichnet, (4) insgesamt stärker ganzheitlich–komplex und (5) eher mit qualitativen Methoden erfaßbar.

Trotz der so propagierten begrifflichen Eigenständigkeit des Image akzeptiert er dennoch mit Bergler (1966) das Konzept des stereotypen Systems als allgemeinen Oberbegriff, unter dem sich alle diese Erscheinungen subsummieren lassen.

Johannsen (1971) sieht aber das Image-Konzept nicht nur als stereotypes System, sondern er stellt es auch in den umfassenden Rahmen von sozialen Einstellungen bzw. Attitüden; durch die Betonung dieses Aspekts wird die spezifische Bedeutung von Images weiter präzisiert. Von Einstellungen im Zusammenhang z.B. mit Fragen der Werbung hatte bereits Marbe (1927) gesprochen, in der psychologischen Praxis sind Untersuchungen mit Einstellungsskalen weit verbreitet (z.B. GfK, 1968). Für Johannsen ist es angesichts dieser Tatsache umso verwunderlicher, daß in der bisher vorliegenden Image-Literatur die Nähe zu Stereotyp und Vorurteil häufig betont wird, die enge Beziehung von Image zu sozialer Einstellung dagegen kaum Erwähnung findet. Dabei zeigen sich gerade hier eine Reihe von Gemeinsamkeiten, die er folgendermaßen kennzeichnet:

(1) Attitüden und Images enthalten kognitive, affektive und konative (verhaltensmäßige) Komponenten,

(2) beide haben sozialen, personalen und evaluativen Charakter, und

(3) beide dienen der Orientierung der Person in ihrer sozialen Umwelt.

Ähnlichkeiten zwischen Attitüde und Image sieht Johannsen auch bezüglich ihrer Entstehungs- und Änderungsprozesse, z.B. (1) die Entstehung und Änderung von Attitüden und Images ist abhängig von weiteren Informationen, die das Individuum aus seiner Umwelt erhält, (2) die Entstehung und Änderung von Attitüden und Images ist abhängig von affektiven Erlebnissen (vgl. Roth, 1967).

Weniger deutlich sind die Ähnlichkeiten, wenn es um den Fall der direkten Übernahme von „fertigen" Einstellungen durch Bezugsgruppen und Vorbildern geht; dennoch sind diese Bedingungen für die Entstehung von Images wesentliche intervenierende Größen.

Der theoretische Fundus, der im Problembereich Attitüden zur Verfügung steht, ist für Johannsen zur Erläuterung von Fragen im Zusammenhang mit der Konstituierung, Strukturierung und Veränderung von Images sehr nützlich; insbesondere scheinen ihm die Theorien des kognitiven Gleichgewichts, die Kongruenztheorie, die Theorie der kognitiv-affektiven Konsistenz (Rosenberg, 1960, 1967) und die Theorie der kognitiven Dissonanz (Festinger, 1957, 1978) nützlich zu sein (vgl. auch Irle, 1967).

Beide Konzepte, Image und Attitüde, stellt Johannsen unter Bezugnahme auf Roth (1967) wiederum unter den Oberbegriff des stereotypen Systems, den er gewissermaßen als Sammelbezeichnung für alle erworbenen erlebens- und verhaltenssteuernden Bedingungen extensiv verwendet.

Im Unterschied zu einer Reihe anderer Autoren (z.B. Kroeber-Riel, 1975; Winkler, 1973), die auf den Image-Begriff zugunsten des Einstellungsbegriffs ganz verzichten wollen, ist für Johannsen (1971) der Image-Begriff unverzichtbar, den er nunmehr als Sonderfall einer Attitüde, d.h. als das Insgesamt von Einstellungen beschreibt, die gegenüber einem Produkt oder einer Firma bestehen (vgl. auch Rosenstiel & Ewald, 1979b).

Durch Vergleiche und gegenseitige Aufrechnung der verschiedenen, in der Literatur als wichtig bezeichneten Aspekte oder Merkmale, von ihm auch Dimensionen des Image genannt, versucht Johannsen (1971), ein verbindliches Beschreibungsprofil zu erstellen. Dieses Unterfangen gipfelt in einem Thesen-Katalog, der nachfolgend in gekürzter Fassung wiedergegeben wird (siehe auch Johannsen, 1974):

1. Das Image ist das Ergebnis der Auseinandersetzung des Individuums mit der Gesellschaft und dem Meinungsgegenstand.

2. Das Image stellt ein komplexes mehrdimensionales, klar strukturiertes System von großer Prägnanz und Plastizität dar.

3. Das Image bildet eine Ganzheit im Sinne der Gestaltpsychologie.

4. Das Image durchläuft bestimmte Entwicklungsstufen, z.B. von einer Entstehungsphase zu einer Phase der stereotypen Verfestigung.

5. Das Image enthält objektive und subjektive, richtige und falsche Vorstellungen, Einstellungen und Erfahrungen einer Person von einem Meinungsgegenstand.

6. Das Image enthält Symbolcharakter für seinen Träger; es hat eine bestimmte Bedeutung und einen bestimmten Aufforderungscharakter für ihn.

7. Das Image hat eine bestimmte Projektionsfunktion für seinen Träger, indem es mit bestimmten Motivationen und Erwartungen belegt ist.

8. Das Image stellt eine Bewertung und Vereinfachung im Sinne von Typisierung und Reduktion auf als charakteristisch erlebte Details des Meinungsgegenstands dar.

9. Images haben sowohl kognitive wie affektive und behaviorale soziale und personale evaluative Komponenten.
10. Images erleichtern die psychologische Bewältigung der Umwelt und tragen somit sowohl zur Orientierung als auch zur Individualisierung, sowie zur Bedürfnisbefriedigung bei.
11. Das Image repräsentiert die psychische Realität und ist insofern ein legitimer entlastender seelischer Komplex.
12. Das Image ist in seinen wahren Grundstrukturen dem Träger oft nicht voll bewußt.
13. Das Image ist dennoch kommunizierbar und mit empirischen Methoden erfaßbar.
14. Images enthalten Züge der Originalität, Dauerhaftigkeit und der Stabilität; sie bleiben im Rahmen der „Stilamplitude" beeinflußbar, d.h. sowohl von „innen" korrigierbar, wie von „außen" manipulierbar.
15. Das Image wirkt mitbestimmend bei der Meinungs- und Verhaltensentstehung im sozialen Feld.
16. Das Image stellt eine relativ neue Konzeption der Orientierung und Kommunikation dar.
17. Mit Image soll auf die psychologischen Aspekte von Produkten, Firmen und Dienstleistungen hingewiesen werden; in diesem Sinne ist es ein Instrument des Marketing.

7.2.1.5 Zur Kritik am Image-Konzept

Was sich bei Johannsen (1971) noch wie eine einleuchtende Begriffs-Festlegung ansah, geriet später immer mehr zu einer kritischen Abrechnung mit dem Image-Konzept insgesamt vor allem auch wegen der zu geringen Eindeutigkeit des Konzepts bezüglich der Vorschriften zur Operationslisierung. Vielleicht stand die marktpsychologische Image-Diskussion bisher noch zu stark unter dem Zwang, zu einem einheitlichen Konzept zu kommen; da dieses aber gerade hinsichtlich der für Praktiker relevanten Problemlagen unmöglich ist, die marktpsychologische Diskussion aber kaum die Vielfalt praktischer Image-Probleme zum Gegenstand hatte, sondern mehr eine sehr wenig verbindliche, von heterogenen Beispielen geprägte Begriffsabgrenzungs-Debatte führte. Für den sowohl an einer theoretischen Fundierung, als auch an passenden operationalen Definitionen des Image Interessierten mußte zunächst eine Entscheidung über die wichtigsten Image-Aspekte fallen, d.h. eine Einengung des Image-Konzepts auf eine theoretisch herleitbare und praktisch übersetzbare Perspektive.

Dies ist nun in der Tat keine Entwicklung, die erst in den 70er Jahren eingesetzt hätte; tatsächlich gibt es schon länger auch theoretisch fundierte empirische Ansätze (z.B. Bergler, 1966; Berth, 1963; Hofstätter & Lübbert, 1958; Spiegel, 1961), aber neuere Arbeiten sind hier gegenüber den älteren doch meistens durch einen rigoroseren, methodisch betonten Empirismus gekennzeichnet. Eine gewisse Radikalität der Neuorientierung in der Image-Forschung wird auch dadurch dokumentiert, daß man den Begriff des Image ganz ablegen und ihn durch den Begriff der sozialen Einstellung (Attitüde) ersetzen will (Hoffmann, 1972; Kroeber-Riel, 1975; Mazanec, 1979; Winkler, 1973). Das Image eines Produktes oder Sachverhaltes soll demnach durch das Insgesamt der Einstellungen repräsentiert werden, die im Zusammnhang mit diesem Produkt oder Sachverhalt bestehen (Rosenstiel & Ewald, 1979b).

Nun scheint diese Attitüden-Perspektive der Image-Problematik zwar aus Gründen der auch schon bisher dominierenden Untersuchungsansätze gerechtfertigt, denn in der Tat wurden auch schon früher meistens die Meinungen und Bewertungen von Objekten erfaßt, wenn man Images erfassen wollte. Es scheint jedoch auch dadurch, daß man den Image-Begriff durch den Begriff der Attitüde ersetzt, das Problem der Beliebigkeit des Begriffs-Inhalts keineswegs ausgeräumt zu sein. Es bleibt nach wie vor die Schwierigkeit, die jeweiligen Besonderheiten der Situation einer Produkt- oder Objekt-Wahrnehmung und ihrer kognitiven, innersubjektiven Verarbeitung präzise genug zu spezifizieren, um besser zu verdeutlichen, was die subjektive Perspektive zum Produkt- oder Meinungs-Gegenstand darstellt, damit man möglicherweise erkennen kann, wie der infrage stehende Sachverhalt bzw. das Produkt beim Betrachter, d.h. dem potentiellen Konsumenten, kognitiv repräsentiert ist. Das Attitüden-Konzept ist in den meisten seiner vielfältigen Versionen auch gar nicht wesentlich präziser als das Image-Konzept. Was daher durch die Abkehr vom Image-Konzept und dem Übergang in das Attitüden-Konzept bei marktpsychologischen Untersuchungen zum Thema Wahrnehmung und Kognition von Produkten an Fortschritt übrigbleibt, scheint tatsächlich „nur" ein allerdings keineswegs zu unterschätzender Fortschritt der Erhebungs- und Untersuchungsmethodik zu sein. Die wesentlich pragmatischer orientierte amerikanische Marktpsychologie hat sich in diesem Punkt schon immer viel leichter getan (z.B. Myers & Alpert, 1968); die Vielzahl der diesbezüglichen Publikationen z.B. im Journal of Retailing beweisen dies (z.B. Cardozo, 1975; May, 1974; Oxenfeld, 1975; Pathak, Crissy & Sweitzer, 1975).

7.2.2 Marktpsychologische Theorienkonzepte des Image

Die neueren marktpsychologischen Image-Ansätze lassen sich nach drei Erklärungsperspektiven unterscheiden. Die eine Perspektive, die hauptsächlich von Spiegel (1961) und Berth (1963) und auch von Richter (1977) vertreten wird, geht von Lewins (1951) Feldtheorie aus; das Image über einen Sachverhalt wird als Ergebnis der Auseinandersetzung von sozialen Kräften angesehen, die auf das Individuum einwirken.

Nach der zweiten Perspektive ist das Image über einen Sachverhalt das Ergebnis eines kognitiven Prozesses der Informations-Verarbeitung; hierunter fallen das Konzept stereotyper Systeme von Bergler (1966), sowie die auf dem Attitüdenkonzept beruhenden Image-Ansätze, von denen das ‚Trommsdorff-Modell' als Beispiel behandelt wird (Trommsdorff, 1975).

Die dritte Perspektive, nach der Images nicht als zwischen Reiz und Reaktion intervenierende Variable, sondern im Sinne behavioristischer Lernkonzepte als durch Belohnung entstandene Verhaltensgewohnheiten verstanden werden, wird von Kunkel und Berry (1968) vertreten.

7.2.2.1 Marktmodelle

Eigentlich ist es naheliegend, den Markt als ein soziales Feld anzusehen, in dem die Konsumenten durch Kräfte der Anziehung und Abstoßung dazu kommen, sich für oder gegen ein bestimmtes Angebot zu entscheiden.

Die grundlegenden feldtheoretischen Überlegungen gehen auf Lewin (1936, 1951) zurück; sie können in kurzer Form folgendermaßen umrissen werden: Individuen haben physiologische und psychologische Bedürfnisse, was dazu führt, daß (1) durch Bedürfnisdruck ein Spannungszustand entsteht, den die Individuen durch entsprechende Reaktionen zu reduzieren versuchen. Die Bedürfnisse beeinflussen (2) die wahrgenommene Attraktivität von Alternativen (outcomes) bezüglich ihrer Fähigkeit, die Spannung abzubauen. Die so zustandekommende Attraktivität eines Reizes hat Lewin Valenz, d.h. erlebte Anziehungskraft genannt. Der entscheidende Verhaltensprädiktor ergibt sich nach Lewin aus dem Wert, den ein Individuum von bestimmten Aktionen erwartet.

7.2.2.1.1 Das Marktmodell von Spiegel

Das bekannteste psychologische Marktmodell, mit dessen Hilfe die Struktur der Meinungsverteilung im sozialen Feld dargestellt und erklärt werden soll, stammt von Spiegel (1961). Es fand hauptsächlich in der Marktpsychologie gro-

Frage ist, ob es neben diesem unbestreitbaren Beschreibungswert auch einen Erklärungswert hat. Die Kritik an Spiegels Modell nennt im wesentlichen 5 Punkte (vgl. z.B. Hoffmann, 1972; Rosenstiel & Ewald, 1979b):

(1) Der Literatur (etwa Gutjahr, 1972) kann man entnehmen, daß das Marktmodell in Anwendungsuntersuchungen offenbar vielfach erprobt wurde und sich dabei bewährt hat; die empirischen Daten sind jedoch unseres Wissens nie publiziert worden. Selbst wenn es sich dabei um Daten von Auftragsforschungen handeln sollte, was wir vermuten, so sollte es nach Ablauf einer angemessenen Geheimhaltungsfrist möglich sein, die interessierte Öffentlichkeit zu informieren.

So müssen wir im Augenblick davon ausgehen, daß ein grundlegender Test des Marktmodells von Spiegel bis heute aussteht.

(2) Bei der Festlegung der Koordinaten, die im konkreten Fall das soziale Feld aufspannen, wird auf der Ebene von Kollektivdaten gearbeitet, sodaß evtl. bebedeutsame individuelle Unterschiede der Dimensionsstruktur verdeckt bleiben. Neuere Forschungen im Bereich politischer Attitüden geben jedoch Hinweise, daß zumindest bereichsspezifisch die Annahme einer überindividuellen Gültigkeit von Dimensionsstrukturen nicht von der Hand zu weisen ist (Hartmann & Wakenhut, 1972a, 1972b, 1973, 1975).

(3) Ein Problem stellt die Bestimmung eines Meinungsgegenstandes im Feld als den Ort der spontanen Anhänger dar. Hierbei wird von der vereinfachenden Annahme ausgegangen, daß Images – etwa im Sinne von Stereotypen – hohe interindividuelle Übereinstimmung besitzen (vgl. Spiegel & Nowak, 1974). Es ist natürlich nicht auszuschließen, daß die Wahrnehmung eines bestimmten Meinungsgegenstands wenigstens bei seiner Markteinführung heterogen ist, d.h. geringe interindividuelle Übereinstimmung aufweist und diese Übereinstimmung erst später gewinnt. In diesem Fall sind die Anhänger zumindest anfänglich nicht an einem Ort konzentriert, sondern über das gesamte Feld verteilt. Hofstätter und Lübbert (1958) haben zeigen können, daß diese Streuung von Anhängern tatsächlich beobachtbar ist und Berth (1963) hat dies in seinem Ansatz explizit berücksichtigt.

(4) Eine gravierende Kritik knüpft an den unklaren Vorschriften zur Operationalisierung des Aufforderungsgradienten an. Seine Steilheit wird einerseits durch die Distanz zwischen Personen und Meinungsgegenstand bestimmt und diese ist eindeutig operationalisiert; andererseits ist er durch die globale Größe der Bedürfnishöhe bestimmt, deren Messung deshalb unklar bleibt, weil sie manchmal als Gruppen-Mittelwert, manchmal als Individualwert und damit aber stark streuender Wert aufgefaßt wird. Rosenstiel und Ewald (1979b) argumentieren in Anlehnung an Hoffmann (1972) sehr radikal, wenn sie die Rolle

des Aufforderungsgradienten im Marktmodell von Spiegel im Sinne einer Immunisierungsstrategie interpretieren; danach muß der Gradient immer dann zur Erklärung herhalten, wenn aus der Image-Nähe allein das Verhalten nicht mehr vorhergesagt werden kann.

(5) Es bleibt eine offene Frage, ob bei Veränderungen der Marktsituation (z.B. Einführung von neuen Produkten, Durchführung absatzfördernder Maßnahmen bei bestehenden Produkten usw.) von unveränderten Positionen der Konsumenten im Markt ausgegangen werden kann.

7.2.2.1.2 Das Marktmodell von Berth

Das Marktmodell von Berth (1963) ist im Wesentlichen eine vereinfachende Variante des Modells von Spiegel, sodaß hier lediglich auf die Unterschiede zu diesem eingegangen wird.

1. Das Image, das eine Person über einen Meinungsgegenstand hat, wird bei Berth (1963) folgendermaßen ermittelt: Die Position der Person im spezifischen sozialen Feld ergibt sich aus ihren Idealvorstellungen über die in Frage stehende Produktart. Die Orte der tatsächlich auf dem Markt konkurrierenden Produkte werden durch die individuellen Einstufungen dieser Produkte auf den Dimensionen festgestellt, die das Feld konstituieren. Damit kann jedes Produkt praktisch genauso viele Orte im Feld einnehmen wie Personen vorhanden sind. Außerdem wird jede Person nach dem von ihr bevorzugten Produkt gefragt; es besteht die Annahme, daß dabei das Produkt genannt wird, das der Position der Person am nächsten liegt.

2. Der Grad der Einheitlichkeit eines vorherrschenden Image kann dadurch bestimmt werden, daß z.B. bei Anhängern bestimmter Produkte Mittelwerte und Streuungen berechnet werden, wobei insbesondere die Streuung als Indikator der Einheitlichkeit gelten kann.

3. Latente und manifeste Marktnischen werden rein aus den Distanzen im Feld ohne Berücksichtigung von Gradienten ermittelt.

4. Berth (1963, S. 224ff.) führt 3 verschiedene Ebenen des Psychischen in sein Modell ein, und zwar (1) die Ebene der Aussage, (2) die Ebene der echten Empfindung und (3) die Ebene des Unbewußten. Während er eindeutige Meßvorschriften zur Erhebung des Image mit dem Hinweis auf Variationen des Semantischen Differentials für die erste Ebene angeben kann, weist er für die beiden anderen Ebenen lediglich auf den Einsatz von indirekten und projektiven Verfahren hin, ohne genaue Vorschriften anzuführen. Es verwundert daher auch nicht, daß die praxisnahe Anwendung dieses Modells etwa bei der Frage der

Einführung neuer Produkte durch die Annahme der 3 Ebenen stark erschwert wird.

7.2.2.1.3 Das Konzept des Image-Marketing von Richter

Richter (1977) entwirft ein sehr globales Konzept des Image-Marketing; ihm geht es vor allem um die Beeinflussung des Verhaltens. Er sagt dazu: „Feldtheoretische Verhaltensbeeinflussung ist ein Problem der attraktiven Weltbildgestaltung, d.h. Vergrößerung des Aufforderungscharakters von Weltbildern durch Glaubwürdigkeit, Prägnanz, soziale Nähe, Verständlichkeit usw. Kennt man die Feldkonstrukte des Anforderungscharakters und ihre Operationalisierung, sowie deren Zusammenhänge, so läßt sich nahezu jede beliebige Zueinanderordnung von Vorstellungen, Gefühlen und Verhaltensweisen eines Weltbildes verhaltensrelevant verwirklichen. Jedes Feldkonstrukt repräsentiert in seiner Operationalisierung ein Image-Marketing-Modell." (Richter, 1977, S. 26).

In diesem Zitat kommt die Denkweise Richters programmatisch zum Ausdruck. Sein Konzept läßt sich in folgenden Punkten zusammenfassen:

1. Ein jedes soziales Feld wird durch eine spezielle Reihe von Feldkonstrukten bestimmt; das entscheidende Konstrukt ist dabei der Anforderungscharakter eines Meinungsgegenstands. Er repräsentiert den zentralen Ort im sozialen Feld, über seine Optimierung erfolgt die Realisation von Verhalten. Die angemessene Operationalisierung des Anforderungscharakters ist die Voraussetzung dafür, daß Vorstellungen, Gefühle und Verhaltensweisen im Feld beeinflußt werden können.

2. Über welche Feldkonstrukte z.B. Korrekturen von über Meinungsgegenständen bestehenden Images vorgenommen werden, ergibt sich aus der Situation des in Frage stehenden Meinungsgegenstands sowie seiner Zielgruppe innerhalb des Bezugsrahmens dieser Feldkonstrukte.

3. Richter unterscheidet zwischen unabhängigen und abhängigen Feldkonstrukten des Anforderungscharakters. Unter den unabhängigen Feldkonstrukten nennt er (1) den Grad der Personenhaftigkeit (psychische Funktionalität), (2) den Grad der Umweltlichkeit (soziale Funktionalität), (3) den Grad der Zwischenweltlichkeit (physische Funktionalität). Richter nennt 67 abhängige Feldkonstrukte, die zum Teil auf verschiedenen „Ebenen" operationalisiert werden; es erscheint wahrscheinlich, daß sich diese Zahl noch erhöht.

4. Der Autor geht davon aus, daß jeder Lebensbereich im sozialen Feld im wesentlichen durch 3 Hauptdimensionen beschrieben werden kann, deren inhaltliche Festlegung vom jeweiligen sozialen Feld abhängt. Diese Drei-Faktoren-

Struktur wurde in umfangreichen repräsentativen Erhebungen in der Bundesrepublik an über 3000 Meinungsgegenständen regelmäßig vorgefunden.

5. Als Erhebungstechniken der Hauptdimensionen sowie der übrigen Feldkonstrukte kommen in erster Linie des Polaritätenprofil, statement-Batterien, sowie experimentelle Verfahren in Betracht. Wird die Erhebung mit dem Polaritätenprofil vorgenommen, so ist durch eine Affinitätsanalyse der Ist- und Zielbilder und anschließender faktoranalytischer Reduktion der Ähnlichkeitsmatrizen die Möglichkeit gegeben, Image-Verhältnisse bereits im dreifaktoriellen Raum mit hohem Erklärungswert darzustellen. Die beiden anderen genannten Methoden sieht Richter eher als Ergänzung der Polaritäten-Erhebung.

Kritische Anmerkungen zum Modell des Image-Marketing:

(1) Wie die beiden schon genannten Feldmodelle, so handelt es sich auch hier in erster Linie um ein beschreibendes Modell, dessen ‚Format' durch die nahezu beliebige Ausdehnung der Zahl von wirksamen Feldkonstrukten nicht festgelegt ist. Damit ist dieses Modell gleichzeitig nicht falsifizierbar.

(2) Die große Zahl der Feldkonstrukte stellt auch deshalb ein Problem dar, weil diese in vielen Fällen nicht unterschiedlich, d.h. nicht eindeutig operationalisiert werden können.

(3) Die Unterscheidung zwischen unabhängigen und abhängigen Konstrukten ist keine theoretische, sondern eine empirische; sie ist zudem irreführend, weil alle Konstrukte über Reaktionen der Pbn erhoben werden. Gemeint sind (voneinander unabhängige) Hauptdimensionen und ergänzende (voneinander abhängige) Bestimmungsgrößen des Anforderungscharakters.

7.2.2.1.4 Kritik der feldtheoretischen Image-Konzeption

Zur Frage des praktischen Nutzens der besprochenen Marktmodelle sind noch einige ergänzende Bemerkungen angebracht:

Die feldtheoretische Betrachtung als Grundlage für Image-Untersuchungen ist sicherlich fruchtbar und bietet eine Reihe von praxisgerechten Möglichkeiten des Vorgehens beim Aufbau, der Pflege und der Korrektur von Images. Aber man muß auch hier sehen, daß es sich wiederum nur um *einen* denkbaren Aspekt neben anderen denkbaren Aspekten handelt, der allerdings in den 60er Jahren vor allem durch das Modell von Spiegel bekannt gemacht und von Praktikern oft favorisiert worden ist.

Eine gravierende Problematik der beiden Marktmodelle liegt darin, daß sie sich nur auf „Ein-Produkt-Märkte" beziehen, eine Unternehmung aber normalerweise mehr als ein Produkt anbietet. Damit ergibt sich häufig eine gegenseitige Abhängigkeit von Produkt-Images und es stellt sich die Frage ihrer Harmonisierung, was von den Feldmodellen nicht gelöst werden kann.

An der Frage der Dimensionalität des Feldes stoßen diese Modelle nicht nur hinsichtlich ihrer Anschaulichkeit an ihre Grenzen, sondern auch hinsichtlich ihrer konkreten Einsatzmöglichkeiten bei komplexen Marktsituationen. Der Wert dieser Modelle für Einzelanalysen ist jedoch unbestritten. (In der Marketing-Literatur ist heute von ‚Marktmodellen' manchmal bereits dann die Rede, wenn es lediglich um die räumliche Veranschaulichung von empirischen Daten geht, die etwa auf der Grundlage von Methoden der multidimensionalen Skalierung oder Cluster-Analysen gewonnen worden sind (z.B. Dichtl, Bauer & Schobert, 1980).

Zur Diskussion des Wertes von Markt-Modellen und des Image-Konzepts im Rahmen des absatzpolitischen Instrumentariums kann auf Müller (1971) und auf Rosenstiel & Ewald (1979b) verwiesen werden.

7.2.2.2 Psychologie stereotyper Systeme:
Das Konzept von Bergler

Beim Zustandekommen vom Images wirken nach Bergler (1963, 1966) zwei Prozesse zusammen:

(1) Der erste Prozeß ist die Projektion, ein Vorgang, durch den die subjektiven und gruppenspezifischen Vorstellungen und Wertungen nach außen verlagert werden. Einer Firma oder einem Produkt können auf diese Weise bestimmte Eigenschaften zugeschrieben werden, die diese im Extremfall garnicht besitzen oder die ihnen nur teilweise zukommen.

(2) Der zweite Prozeß liegt in der Organisation, im Aufbau eines Image, in der Zueinanderordnung der einzelnen Image-Bestandteile und der Beziehung zwischen Images. Die Organisationsstruktur von Images stellt sich für ihn im Sinne von stereotypen Systemen dar.

Von stereotypen Systemen spricht er deshalb, weil die meistens über Polaritätenprofile empirisch ermittelten Vorstellungen über Meinungsgegenstände (1) durchweg in sich mehrfaktoriell strukturiert sind und (2) in vertikaler und horizontaler Ebene mit anderen Systemen in Beziehung stehen.

Als Beispiel eines ‚Verbundes' stereotyper Systeme lassen sich anführen: Der typische Raucher – der typische Nichtraucher, denen als Unterkategorien der typische Zigarren-, Zigaretten- und Pfeifenraucher folgen und die Ebene der höchsten Differenzierung wird durch die typischen Raucher einer ganz bestimmten Zigarren-, Zigaretten- oder Tabakmarke gebildet.

Stereotype Systeme bilden sich demnach auch nicht isoliert, sondern immer in Abhebung von anderen Systemen aus; die Vorstellung des benzinsparenden Autos bildet sich etwa im Kontrast zur Vorstellung des Luxuswagens.

Jeder Mensch besitzt nach Bergler (1966) eine Vielzahl stereotyper Systeme, deren Existenz für ihn die Bewältigung seiner Umwelt auf einer quasi-objektiven Basis überhaupt nur ermöglicht. In umfangreichen empirischen Erhebungen konnte er die Existenz solcher Systeme nachweisen.

Die interindividuelle Variabilität dieser Systeme hängt davon ab, ob im konkreten Fall Dimensionen von persönlicher (auto-stereotyper) Bedeutung eine Rolle spielen oder ob Dimensionen wichtig sind, die die urteilende Person nicht direkt betreffen, d.h. heterostereotype Bedeutung haben.

Folgt man diesem Ansatz, dann geht die Entwicklung eines Image in zwei aufeinanderfolgenden Schritten vor sich: Das Image über einen Sachverhalt entwickelt sich (1) nach seiner kategorialen Ähnlichkeit zu anderen Sachverhalten und (2) nach der graduellen Unähnlichkeit auf den gemeinsamen Dimensionen.

Bergler (1966) hat einen Katalog von 10 Merkmalen stereotyper Systeme aufgeführt, die die Breite seines Ansatzes dokumentieren:

1. Stereotype Systeme sind latent vorhandene allgemeine Formeln von großer Prägnanz, die der emotionalen und pseudorationalen Bewältigung von objektiv nicht zugänglichen Situationen dienen.

2. Stereotype Systeme sind schematische Interpretationsformen der Wirklichkeit, die einer schnelleren Orientierung dienen.

3. Es handelt sich um verfestigte und zeitlich stabile, inflexible Schemata.

4. Stereotype sind das Ergebnis einer subjektiv notwendigen Vereinfachung komplexer Sachverhalte.

5. Stereotype Systeme sind gruppenspezifisch gebrauchte, prägnante typologische Formeln; sie stellen ein überschaubares System von Merkmalsgruppierungen dar.

6. Stereotype Systeme bilden sich auf den verschiedenen Ebenen der Abstraktion aus; sie sind untereinander und mit anderen Systemen verbunden.

7. Stereotype Systeme sind gruppenspezifisch, auch wenn sie als individuelle Überzeugungen dargestellt werden.

8. Stereotype Systeme mit einem hohen Grad an Verfestigung und Konstanz können sich sowohl auf unterschiedliche Fremdgruppen wie auf verschiedene Eigengruppen beziehen.
9. Stereotype Systeme sind gleichbedeutend mit Erwartungssystemen; sie sind Rollenschemata.
10. Stereotype Systeme laden die Wahrnehmungssituation mit ganz bestimmten Erwartungen auf.

Kritische Bemerkungen zu diesem Ansatz: Angesichts des hohen Verallgemeinerungsgrades der Psychologie stereotyper Systeme von Bergler ist es nicht verwunderlich, wenn sich zahlreiche Image-Forscher auf dieses gewissermaßen als gemeinsamen Nenner einigen können. Insofern liegt die Stärke dieses Ansatzes in einer Integrationsfunktion. Mit Blick auf das drängende Problem, zu empirisch prüfbaren Aussagen zu kommen, erweist sich dieser Vorteil jedoch als eine Schwäche. Die angeführten Bestimmungsstücke stereotyper Systeme verweisen vielfach auf Mechanismen, hinter denen selbst wieder eigenständige theoretische Konzepte stehen (z.B. Schemata, Erwartungshypothesen, Urteilsverzerrungen). Neuerdings liegen sozialpsychologische Theorien zum Stereotyp vor, die zu der dringend nötigen operationalen Präzisierung des so verstandenen Image-Konzepts beitragen können (Hamilton, 1979; Lilli, 1982).

7.2.2.3 Ein Verhaltensmodell des Image: Kunkel und Berry

Kunkel und Berry (1968) bezweifeln den praktischen Wert des kognitiven Image-Ansatzes, in dem Image ein intervenierendes Konstrukt darstellt, das nicht direkt gemessen werden kann. Diese Autoren favorisieren ein praxisbezogenes, operationales Image-Konzept im Rahmen eines Verhaltensmodells.

Image wird im Sinne eines Verhaltensmusters verstanden. Grundlegend für dieses Konzept ist die Annahme, daß die meisten Verhaltensmuster gelernt sind; Verhalten wird durch Verstärkung erworben, es wird dispositionell verfügbar dadurch, daß bestimmte Aktivitäten belohnt werden, während andere bestraft werden und dadurch aus dem für eine konkrete Situation bestehenden Verhaltensrepertoire ausscheiden.

In Anlehnung an Staats und Staats (1963) enthält dieses Verhaltenskonzept die folgenden Einzelheiten:

1. Verhalten (R) wird erworben und aufrecht erhalten oder gelöscht durch kontingente Reize, die auf das Verhalten folgen. Die Präsentation von verstärkenden Reizen (S^r), d.h. von Belohnungen, oder die Beseitigung aversiver Reize

(S^a), d.h. von Bestrafungen, erhöht die Wahrscheinlichkeit, daß ein Verhalten wiederholt wird. Im umgekehrten Fall, also bei Beseitigung verstärkender und Präsentation aversiver Reize sinkt die Wahrscheinlichkeit der Verhaltenswiederholung.

2. Die Wirksamkeit eines kontingenten Reizes hängt von Variablen des Zustands der Person (SV) ab, d.h. von Bedingungen der Sättigung oder Deprivation in einer Vielzahl von Bereichen. Bei Deprivation werden verstärkende Reize in dem Maße wirksam, in dem sie diesen auf physiologisch oder kulturell bedingten Wurzeln beruhenden Zustand reduzieren können.

3. Wird ein verstärkender Reiz präsentiert, nachdem eine Handlung in einem bestimmten Kontext ausgeführt wurde, z.B. Einkauf eines Wintermantels in einem bestimmten Kaufhaus, dann erhöht sich die Wahrscheinlichkeit, daß hier wieder eingekauft wird. Die Elemente des Kontextes, in dem eine Handlung verstärkt wurde, werden diskriminative Reize (S^D) genannt. Wird das Verhalten in einem anderen Kontext nicht belohnt ($S^\triangle$) oder hat es aversive Konsequenzen, dann sinkt die Wahrscheinlichkeit der Verhaltenswiederholung in diesem Kontext; z.B. führt schlechte Bedienung in der Schuh-Abteilung dieses Kaufhauses zum Nichtkauf.

Im Sinne dieses Ansatzes kann man Images als diskriminative Reize für die erwartete Verstärkung einer Handlung bezeichnen. Das Image eines Ladengeschäfts ist die Gesamtheit der erwarteten Verstärkungen, die eine Person mit dem Kauf in diesem Geschäft assoziiert.

Zu irgendeinem Zeitpunkt ist das Image eines Ladengeschäfts das Ergebnis früherer verschiedentlicher Verstärkungen im Kontext dieses Geschäfts. Die persönliche Vorerfahrung fördert die Entstehung eines günstigen oder ungünstigen Image, insbesondere durch belohnende bzw. bestrafende Konsequenzen. Ob diese Konsequenzen verstärkend oder aversiv wirken, hängt wesentlich von Variablen des persönlichen Befindens ab, was die Autoren als eine Operationalisierung von Motivation ansehen.

Während manche dieser Variablen physiologischer Natur sind (man kauft z.B. einen Pullover, weil man friert), sind die meisten Deprivationen, denen Individuen ausgesetzt sind, kulturbedingt, d.h. sie sind das Ergebnis gesellschaftlicher Normen und Werte. Diese können direkt wirksam sein, indem sie etwa den Mangel an neuen Kleidern verdeutlichen als einen Deprivationszustand in einer Subkultur, in der es wichtig ist, modisch up to date zu sein. Diese Normen und Werte beeinflussen auch die primären Bedürfnisvariablen, indem sie festlegen, welche Speisen und Getränke z.Zt. modern sind.

Da Normen und Werte über Subkulturen streuen, kann man eine Vielzahl von Verhaltensmustern innerhalb einer Gesellschaft erwarten. Normen definieren die Grenzen der akzeptierten Verhaltensmuster; werden sie verletzt, so erfolgen Sanktionen.

Da manche Normen für alle, andere wiederum nur für bestimmte Gruppen gelten, gibt es auch Unterschiede von Belohnungen und Bestrafungen, Deprivationsdefinitionen und diskriminative Reize, d.h. Images. Beispiel: Für manche Personen ist der geringe Preis eines Produkts belohnend, für andere dagegen die richtige Marke dieses Produkts. Manche erleben einen Mangel, wenn sie keine neuen Kleider haben, andere dagegen nicht.

Die Determinanten des Kauf-Verhaltens bzw. der Kauf-Vermeidung werden gebildet (1) aus den Prinzipien des Lernens und (2) den Normen. Da die Lernprinzipien für alle gleichermaßen gelten, müssen die individuellen Verhaltensunterschiede auf den konkret wirksamen sozialen Kontext und seine subjektive Wirkung zurückzuführen sein.

Zur Kritik am Verhaltensmodell des Image: Der Ansatz von Kunkel und Berry (1968) zielt auf die Konzipierung eines konkret einzusetzenden Instruments für das Management von Ladengeschäften; dies hat einige Einschränkungen zur Folge:

1. Das Konzept ist nicht direkt auf andere Image-Sachverhalte generalisierbar; es geht vom unmittelbaren Verhaltenserlebnis aus, was in vielen Fällen keine realistische Vorstellung zuläßt (z.B. bei Images über Produkthersteller, Images über ganz neue Produkte usw.).

2. Das Image über ein Geschäft steuert das Kaufverhalten nur in dem unmittelbar erlebten Erfahrungsbereich. War die Erfahrung beim Kauf des Produktes A belohnend, so wird dieses Produkt weiterhin im gleichen Geschäft gekauft; waren aversive Erlebnisse beim Kauf vorhanden, so wird dieses Produkt dort nicht mehr gekauft.

3. Da das Image eines Kaufhauses von den produktspezifischen Erlebnissen des Käufers abhängt, ist nicht ganz klar, ob das Kriterium für den Kauf auch anderer Produkte in diesem Geschäft die Gesamtzahl der positiven Erlebnisse mit diesem oder die positiven Erlebnisse mit einem Produkt darstellt, das dem neuen ähnlich ist.

4. Das Konzept läßt offen, ob man von jeweils einem oder von mehreren verhaltenssteuernden Images sprechen sollte.

5. Da das Image über einen Sachverhalt sich aus den konkreten Käufererlebnissen zusammensetzt, müssen diese empirisch durch unstrukturierte Fragebogen festgestellt werden. Erst diese Befragung gibt Auskunft über die relevanten Dimensionen des Image.

Die Autoren ermittelten 12 Dimensionen des Image von Ladengeschäften (Preis, Qualität, Produktsortiment, Mode, Verkaufspersonal, örtliche Bequemlichkeit, andere Annehmlichkeiten, Dienstleistung, Verkaufsförderung, Werbung, Geschäftsatmosphäre, Kulanz) und Berry (1969) hat in umfangreichen Erhebungen ermittelt, daß fast 99% der erhobenen Image-Daten durch dieses Kategorien-Schema abgedeckt werden.

7.2.2.4 Die Attitüdenkonzeption des Image

Das einfache behavioristische Reiz-Reaktions-Modell ist lange Zeit hindurch als adäquate Basis angesehen worden für die Feststellung von Verhalten des Konsumenten gegenüber einem bestimmten Produkt. Der Glaube an die Erklärungskraft dieses Modells ist im konkreten Fall möglicherweise bereits durch wenige systematische Beobachtungen von Kaufsituationen zu erschüttern; die Ursachen des Kauf-Verhaltens sind kaum sinnvoll nur auf die gegenwärtige Reiz-Situation — etwa die in einem bestimmten Rahmen angebotenen Produkte — zurückzuführen, sondern zwischen Reiz und Verhalten vermitteln subjektive Verarbeitungsprozesse, durch die wahrgenommenen Objekte vor dem Hintergrund früherer Erfahrungen sowie aktueller Erfordernisse gefiltert werden. Solche Verarbeitungsprozesse wirken als intervenierende Variablen (Tolman, 1958) zwischen Reizsituation (imput) und Verhalten (output). Die Annahme gilt, daß die Verhaltensvarianz von daher zu einem größeren Teil erklärt werden kann als durch den Reiz selbst.

Für die praxisbezogene Sichtweise der verhaltenswissenschaftlichen Absatzforschung mag die Erweiterung der S—R-Formel durch intervenierende Verarbeitungsprozesse zunächst vielleicht als ein Umweg erscheinen, da die wichtigen Beziehungsgrößen Reiz und Reaktion direkt beobachtbar sind, wogegen sich die innerorganismischen Verarbeitungsprozesse einer direkten Beobachtung entziehen; sie sind hypothetische Konstrukte, die nur indirekt erschlossen werden können. In dem Bemühen, dennoch eine möglichst große Praxisnähe zu bewahren, wird die generelle Problematik der Verhaltensrelevanz von intervenierenden Konstrukten auf die Frage eingeengt, welche die für das Konsumentenverhalten konkret bedeutsamen intervenierenden Variablen sind.

Diese Sichtweise ist in der modernen Image-Forschung dominierend; ihr theoretischer Ausgangspunkt bilden bestimmte Versionen des Attitüdenkonzepts.

Die Problemorientierung dieser Forschung kommt in dem Bestreben zum Ausdruck, (1) die zwischen Reizsituation und Verhaltensauftreten intervenierenden Attitüde mit ihren Bestimmungsstücken möglichst exakt zu operationalisieren und zu messen um (2) die Verhaltensrelevanz von Image-Erhebungen entscheidend zu erhöhen.

Für diese Forschungstradition ist kennzeichnend, daß man sich mit vorliegenden theoretischen Varianten des Attitüdenkonzepts kaum befaßt, dafür aber umso ausführlicher die für die Praxis entscheidende Frage der Verhaltensprognose durch Attitüdenmessungen diskutiert. Darauf wird noch eingegangen werden.

7.2.2.4.1 Zur Komponentengliederung von Attitüden

Die Attitüdendiskussion hat die Sozialpsychologie mehrere Jahrzehnte lang beschäftigt (vgl. Allport, 1935; Fleming, 1967); so ist es nicht verwunderlich, daß verschiedene Konzepte entstanden sind (vgl. McGuire, 1969).

Eine der nützlichsten Klassifikationen, nach der man die verschiedenen Ansätze ordnen kann, geht von der Art und Anzahl der separat wirksamen Komponenten aus, die eine Attitüde enthalten kann:

(1) Das Ein-Komponenten-Konzept: Zahlreiche Forscher sehen das Attitüdenkonzept auf eine einzige Komponente beschränkt; die Attitüde ist eine einzige Response-Tendenz gegenüber einem Meinungsgegenstand, nämlich die Tendenz, ein Objekt in positiver oder negativer Weise zu bewerten (z.B. Bem, 1970; Collins, 1970; Elms, 1970; Insko & Schopler, 1972). In diesem Sinne hat Thurstone (1928, 1946) die Attitüde schon früher operational definiert als die Intensität eines positiven oder negativen Affekts für oder gegen ein psychologisches Objekt.

Die meisten Techniken zur Messung von Attitüden basieren in der Tat auf der Erfassung der affektiven Tendenz, d.h. es werden Antwortdimensionen wie ‚gut–schlecht, sympathisch–unsympathisch' oder ‚mögen–nicht mögen' vorgegeben. Vom Gesichtspunkt eines Grundlagenforschers aus gesehen gibt es wenigstens 3 Gründe, dieses Konzept zu favorisieren:

1. Es enthält die in allen anderen Konzeptionen für entscheidend angesehen affektive Komponente.

2. Die Definition von Attitüde als Tendenz, Objekte positiv oder negativ zu bewerten, stimmt mit den weit verbreiteten Operationalisierungen überein.

3. Bei diesem Konzept sind keine weiteren a priori-Annahmen nötig wie bei den anderen Konzepten.

Vom Gesichtspunkt einer praxisgerechten Image-Erfassung wird die Ein-Komponenten-Lösung der am Markt anzutreffenden Situation in der Regel nicht angemessen sein, wiewohl die affektive Komponente in empirischen Untersuchungen regelmäßig einen beachtlichen Teil der Varianz bindet.

(2) Das Zwei-Komponenten-Konzept: Zur vollständigen Beschreibung einer Attitüde halten es eine Reihe von Forschern, unter ihnen z.B. Rosenberg (1960, 1967) für erforderlich, über den reinen Bewertungsaspekt eines Meinungsgegenstands hinauszugehen; für ihn und andere Autoren enthalten Attitüden eine affektive und eine kognitive Komponente. Letztere besteht aus Überzeugungen (beliefs), daß der in Frage stehende Meinungsgegenstand die Erreichung anderer positiv oder negativ bewerteter Ziele erleichtert oder erschwert.

Rosenbergs Konzeption hebt auf die grundlegende Struktur von Attitüden ab. Der affektive Response auf einen Meinungsgegenstand gründet sich auf Überzeugungen oder Kognitionen, die diesen Meinungsgegenstand in eine Kausalbeziehung zu positiv oder negativ bewerteten Zielvorstellungen bringt. Die Überzeugung, daß ein Objekt eine negativ bewertete Zielvorstellung erleichtert und eine positive erschwert, führt zu einer negativen affektiven Attitüdenkomponente und umgekehrt. Die Attitüde einer Person zu einem Objekt ist nach Rosenberg operational bestimmt durch das Produkt aus der subjektiven Wichtigkeit eines Ziels der Person (value importance) und der subjektiven Überzeugung der Person, daß das Objekt dieses Ziel fördert bzw. hemmt (perceived instrumentality).

Andere Formulierungen des Zwei-Komponenten-Konzepts, wie etwa die in Marketing-Untersuchungen präferierte von Fishbein (z.B. 1963, 1967) und Mitarbeitern (Fishbein & Ajzen, 1972, 1975; Fishbein & Hunter, 1964; Fishbein & Raven, 1962; auch Jones & Gerard, 1967) sind der Rosenberg'schen ähnlich und verstehen Attitüden als auf Objekte gerichtete affektive Antworten, die auf Überzeugungen (beliefs) beruhen, daß diese Objekte instrumentell verbunden sind mit anderen Objekten oder Zielen.

Zur Erhebung vom Images nach dieser Konzeption sind einige Voraussetzungen zu bedenken, die die konkrete Operationalisierung betreffen:

1. Die zur Erfassung der Komponenten verwendeten Skalen müssen voneinander unabhängig sein, damit ein Summenwert gebildet werden kann, der den Gesamteindruck widergibt. Zu Fragen der Gewichtung von Einzeleindrücken im Gesamteindruck vgl. z.B. die Grundlagen-Arbeiten von Anderson (1965, 1974), Rosch (1977) und Schümer (1971) sowie die marktpsychologischen Arbeiten von Day (1972) und Mazanec (1975).

2. Da die Attitüde das Produkt aus affektiver und kognitiver Komponente ist, muß sichergestellt sein, daß die Skalen zur Messung der verschiedenen Komponenten tatsächlich verschiedene Aspekte erfassen, d.h. weitgehend unkorreliert sind. Zu diesen Fragen haben sich z.B. Sheth & Talarzyk, (1972) und Sheth (1973) geäußert.

(3) Das Drei-Komponenten-Konzept: Gerade unter dem marktpsychologischen Gesichtspunkt der Verhaltenserklärung aufgrund von Attitüdenmessungen scheint das Drei-Komponenten-Konzept besonders relevant zu sein. Neben der affektiven und der kognitiven Komponenten soll mit der Verhaltenskomponente insbesondere die konkrete Handlung (overt behavior) gegenüber dem Meinungsgegenstand erfaßt werden (z.B. Sampson, 1971; Secord & Backman, 1964; Zimbardo & Ebbesen, 1970).

Von den bisher genannten Konzepten sind hier die meisten Annahmen über das Wesen von Attitüden enthalten. Aber spätestens bei diesem Konzept erhebt sich die Frage, ob den unterschiedlichen Komponenten entsprechende unterschiedliche operationale Definitionen gegenüberstehen. Dieses ist vor allem auch in bezüglich der Verhaltenskomponente eine offene Frage; was in empirischen Arbeiten als Messung der jeweiligen Komponenten vorgefunden wird, ist oftmals beliebig und keineswegs eindeutig.

An dieser Stelle ist es wohl angebracht zu betonen, daß auch das Attitüdenkonzept unter Anwendungsgesichtspunkten nur als ein approximatives Konzept verstanden werden sollte. Allein daraus abgeleitete Messungen versetzen den Markt- und Meinungsforscher sicherlich nicht in die Lage, im konkreten Fall die Gesamtvarianz zu erklären. Realistischerweise kann also das Ziel empirischer Forschung lediglich darauf gerichtet sein, durch die Erhebung weniger, theoretisch wichtiger Komponenten einen für wesentlich gehaltenen Beitrag zur Reduktion der Gesamtvarianz zu leisten. Wenn man dabei vom Attitüdenkonzept ausgeht, dann muß die konkrete Frage korrekterweise lauten: Unter welchen *Bedingungen* kann eine Attitüdenmessung einen bedeutsamen Teil etwa des Verhaltens von Konsumenten gegenüber einem Produkt auf dem Markt erklären? Es kann nur um die Frage gehen, wie weit das Verhalten in konkreten Situationen durch Attitüden *mitbestimmt* werden, wann Attitüde und Verhalten aufeinander bezogen sind und welche Faktoren die Höhe der Korrelation bestimmen. Wie zahlreiche Untersuchungen zum Prognosewert von Attitüdenerhebungen zeigen, die sich meistens an das Modell von Fishbein (z.B. 1967) anlehnen, schwankt dieser eben in Abhängigkeit von besonderen operationalen Bedingungen zwischen 0% und 64% (vgl. Bass & Wilkie, 1973; Bruce, 1971; Chapman, 1970; Cowling, 1971; Sampson & Harris, 1970).

7.2.2.4.2 Zur Verhaltensrelevanz von Attitüdenmessungen

Diese in der Literatur weithin und unter allen denkbaren Aspekten beleuchtete Problematik (z.B. Benninghaus, 1973; Bergler, 1977; Deutscher, 1973; Lappe, 1977; Meinefeld, 1977; Petermann, 1979, 1980; Six, 1975; Warner & DeFleur, 1969; Wicker, 1969) beruht teilweise auf einer Fehleinschätzung der Zielgenauigkeit psychologischer Konzepte bei der Erklärung von Realität und teilweise auf der Überschätzung der methodischen Möglichkeiten zur Erhebung und Analyse empirischer Daten, wie sie Marketingpraktiker offenbar benötigen. Konkret haben die Schwierigkeiten mit der Bestimmung der Verhaltensrelevanz von Attitüdenmessungen mehrere Wurzeln:

(1) Die Kausalbeziehung zwischen Attitüde und Verhalten ist keineswegs eindeutig; eine Attitüde kann als Verhaltensursache genauso in Frage kommen wie umgekehrt ein bestimmtes Verhalten zu einer Attitüde bzw. Attitüdenänderung führen kann; es erscheint daher angebracht, von einem prinzipiell variablen Beziehungsgefüge der beiden Indikatoren des Verhaltenskontinuums auszugehen.

(2) Es muß keineswegs nur eine *einzige* Attitüde zu einem Meinungsgegenstand geben, es sind vielmehr gleichzeitig *mehrere* Attitüden denkbar, die nebeneinander bestehen können. Damit wird die Frage akut, welcher Attitüdenaspekt für welchen Verhaltensaspekt bedeutsam ist.

(3) Die Ebenen der Messung sind meistens unterschiedlich; in aller Regel erfolgt die Attitüdenmessung auf verbalen Skalen und die Messung des konkreten Verhaltens bezieht sich auf die Erhebung von Beobachtungskategorien; damit sind Unterschiede in der Datenqualität verbunden.

(4) In den einschlägigen empirischen Untersuchungen spielt das Kausalitätsproblem kaum eine Rolle; vorherrschend sind Korrelationsstudien, die somit lediglich Aufschlüsse geben hinsichtlich der Höhe und Richtung von Zusammenhängen der Attitüden- und Verhaltensmessungen in konkreten Situationen, aber keine Aussagen über Ursache und Wirkung zulassen.

Übersichten zum Bereich des Konsumentenverhaltens geben z.B. Kassarjian (1971) und Sampson (1971).

Auf diesem Gebiet sind einige empirische Arbeiten erschienen, die sich mit dem konkreten Prognosewert von Attitüdenerhebungen befaßten. Von Optimisten vielfach zitiert wird die Studie von Banks (1950), weil ihre Ergebnisse für einen hohen Prognosewert von Präferenzeinschätzungen für das konkrete Kaufverhalten sprechen: Banks korrelierte den Teil seiner Probanden mit sehr hohen Präferenzen für eine bestimmte Produktmarke mit dem Käuferanteil dieser Marke und fand als Mittelwert aus 7 Produktgruppen eine Korrelation von .92!

Im Unterschied zu dieser wenig befriedigenden Vorgehensweise besteht bei Längsschnittstudien die Möglichkeit, durch den zeitlichen Vorlauf oder die Verzögerung, die zwischen Attitüden- und Verhaltensmessung auftritt, die Kausalbeziehung wenigstens abzuschätzen. In diesem Sinne ist die Längsschnittstudie von Sheth (1970) beachtenswert: Dieser Autor befragte ein Panel von 954 Hausfrauen mehrmals telefonisch in einem Zeitraum von 6 Monaten nach ihren Einschätzungen von 3 verschiedenen Marken eines Instant-Frühstücks, von denen

2 gerade zu Beginn der Erhebung auf den Markt gekommen waren. Verhaltensindikator war eine Frage nach den Einkäufen dieser Produkte. Die Attitüde wurde über 3 Indikatoren erfaßt, nämlich (1) als Summe der Einschätzungen auf 7 wesentlichen Produkt-Attributen, (2) als affektive Einschätzung der Produktmarken auf einer Sympathie-Skala und (3) als Faktor-Score, der aus den 7 Attributen gebildet wurde.

Es gab 3 Befragungszeitpunkte, wobei zwischen dem ersten und dem zweiten eine Zeitspanne von einem Monat, zwischen dem zweiten und dem dritten fünf Monate lagen. Bei der ersten Befragung wurde die Einstellung zu dem einzigen auf dem Markt angebotenen Produkt gemessen; zur gleichen Zeit waren die beiden anderen Produktmarken erschienen. Bei der zweiten Befragung wurden die Einstellungen zu allen drei Produkten erhoben und die bis dahin erfolgen Käufe registriert. Bei der dritten Befragung wurden wiederum Einstellungen und Einkäufe erfaßt.

Bei dieser Studie konnten nur 10% der Verhaltensänderungen auf vorausgegangenen Attitüdenänderungen zurückgeführt werden, was ein sehr viel glaubwürdigeres Bild des prinzipiellen Vorhersagepotentials von Attitüdenerhebungen vor das Verhalten abgibt als dies bei weniger gut kontrollierten Studien, wie z.B. der von Banks (1950), der Fall ist.

Durch Berücksichtigung konkreter Situationsbedingungen in der Attitüdenmessung können zum Teil wesentlich höhere Prozentsätze der Varianzaufklärung erreicht werden: Sandell (1968) hat z.B. die Frage nach den Einstellungen über bestimmte Getränke situationsspezifisch formuliert und damit über 70% der Verhaltensvarianz aufklären können. Der situationsspezifische Ansatz von Attitüdenerhebungen ist bereits in der klassischen Studie von DeFleur und Westie (1958) anzutreffen. Für die praxisorientierte marktpsychologische Attitüdenforschung kann dieser Ansatz sehr hilfreich sein, wenn es gelingt, die operationalen Schwierigkeiten zu meistern, die vor allem darin bestehen, daß die am Markt anzutreffenden Verhaltenssituationen vielgestaltig sind. Möglicherweise kann man sich damit behelfen, daß man mit Situationstypen arbeitet.

Manche Forscher, z.B. Rokeach (1966) und Tittle und Hill (1967), halten es allerdings für erforderlich, daß die Situation der Datenerhebung neutral sein soll; danach wäre der Varianzanteil, der nicht durch die Attitüdenmessung aufgeklärt wird, als Fehlervarianz anzusehen. Auch hat sich mehrfach bestätigt, daß mit zunehmender Intensität einer Attitüde zu einem Objekt der Einfluß von Situationsvariablen abnimmt (Day, 1970; Rokeach, 1966).

Die in zahlreichen neueren Arbeiten der Markt- und Absatzforschung vertretene Auffassung, daß Attitüdenerhebungen zur Prognostizierung von konkretem Verhalten geeignet sind und gegenüber herkömmlichen Methoden der Image-

Messung zudem einige Vorteile bieten (vgl. Trommsdorff, 1976) kann in 3 Punkten präzisiert werden:

1. Die Attitüde gegenüber einem Objekt oder Sachverhalt, d.h. die Einstufung dieses Objekts auf einer Bewertungsdimension (z.B. gut–schlecht) ist eine Verhaltensdeterminante gegenüber diesem Objekt.

2. Die besonderen Randbedingungen für den kausalen Schluß Attitüde – Verhalten werden durch situative Variablen kodeterminiert; für Untersuchungen, in denen praktische Problemlösungen angestrebt werden, ist ihre Messung dringend geboten.

3. Das Attitüdenkonzept darf gerade in seinem Wert für den praxisnahen Einsatz nicht überstrapaziert werden; zur Erklärung des Konsumentenverhaltens stellt es aber sicherlich *eine* bedeutsame intervenierende Variable dar.

7.2.2.4.3 Das Image-Modell von Trommsdorff

Ein Beispiel für eine detailliert ausgearbeitete Image-Konzeption auf der Grundlage des Attitüdenkonzepts gibt die Dissertation von Trommsdorff (1975). Dieser Autor geht vornehmlich auf die kognitiven Attitüdentheorien von Rosenberg (1960, 1967) und vor allem von Fishbein (1963, 1967) ein; sie erscheinen ihm für die Entwicklung eines sowohl theoretisch fundierten, als auch mit adäquaten operationalen Vorschriften versehenen, marktorientierten Image-Modells geeignet. Seine Ausführungen gipfeln in dem Entwurf eines ‚kognitiven Attitüdenmodells', das in erster Linie als ein praktikables Meßmodell für die Belange des Marketing fungieren soll. Die Grundstruktur dieses Modells kann in 8 Punkten verdeutlicht werden:

1. Das Modell geht vom S–O–R-Schema aus, d.h. von der Vorstellung, daß der individuelle Organismus (O) Stimuli (S) aufnimmt und verarbeitet und Reaktionen (R) abgibt. Gemessen werden individuelle Attitüden, d.h. die Aussage des Modells beschränkt sich auf die S–O-Beziehung.

Um zu einer Verhaltensprognose zu kommen, sind neben der Attitüde zu einem Objekt weitere Variablen zu erheben, die sich auf die jeweils konkrete Situation beziehen, in der das Objekt angetroffen wird.

2. Die Attitüde, die eine Person gegenüber einem Produkt einnimmt, wird als abhängige Variable aufgefaßt; unabhängige Variablen sind Eindruckswerte, d.h. subjektiv bewertete Einstufungen von Attributen des Produkts (Ausprägungen). Diese Eindrucksausprägungen faßt Trommsdorff als kognitives Gerüst der Attitüde auf, die quantitative und Wahrscheinlichkeits-Vorstellungen umfassen.

Jede einzelne Eindrucksausprägung muß subjektiv bewertet sein, damit sie als Eindruckswert in das Modell eingehen kann. Die einzelnen Eindruckswerte werden durch eine entsprechende, in Vorversuchen erfolgte item-Selektion nach ihrer Wichtigkeit für den Gegenstand der Attitüde ausgewählt.

3. Eindruckswerte werden nicht direkt gemessen, sondern als Eindrucksdifferenzen zwischen der Ideal- und der Real-Einschätzung eines Produkts erfaßt. Dahinter steht die Annahme, daß die perzipierte Diskrepanz zwischen Ideal- und Real-Bild von einem Objekt mit dem Eindruckswert dieses Objekts korreliert ist. Je kleiner die Differenz, desto höher wird der Eindruckswert eines Objektmerkmals eingeschätzt.

Aus den Mittelwertdifferenzen zwischen Ideal- und Real-Einschätzung pro Skala kann man Erkenntnisse gewinnen, z.B. über die Korrekturmöglichkeiten von Images (vgl. auch Klenger & Krautter, 1972).

4. Das Modell folgt dem Konzept von Fishbein (1963), nach dem die einzelnen Eindruckswerte sich zu einer Attitüde additiv zusammenfassen lassen. Formal heißt dies: Die geschätzte Attitüde (E) einer Person (i) gegenüber einem Produkt (j) ist gleich der Summe der absoluten Differenzen zwischen der von der Person empfundenen Ausprägung dieser Marke mit dem einstellungsrelevanten Merkmal k (B_{ijk}) und der Ideal-Ausprägung der von der Person an Produkten derselben Produktklasse wie j empfunden wurde mit dem Merkmal k (I_{ik}).

Die entsprechende Formel zeigt folgendes Bild:

$$E_{ij} = \sum_{k=1}^{n} |B_{ijk} - I_{ik}|$$

5. Das Modell enthält die Annahme, daß alle maximalen Eindruckswerte gleich sind; zwei gleichgroßen Ideal-Real-Differenzen stehen immer zwei gleichgroßen Eindruckswerte gegenüber (Annahme der Linearbeziehung). Diese Annahme ist eine notwendige Bedingung des Fishbein-Modells.

Eine weitere Annahme ist in der Darstellung der Eindrucksdifferenzwerte als absolute Werte enthalten, d.h., die Abweichung des Realeindrucks z.B. in positiver Richtung wird genauso bewertet wie eine gleichgroße Abweichung in negativer Richtung (Symmetrieannahme).

6. Das Modell von Trommsdorff hat gewiss Ähnlichkeiten mit anderen Ansätzen, auf die nur kurz hingewiesen werden kann:

Der Ansatz von Sheth (1970) enthält im Unterschied zum Trommsdorff'schen Ansatz keine getrennte Darstellung von Eindrucksausprägung und Eindrucksbewertung, sodaß „kognitive" und „motivationale" Daten zur Attitüdenbeeinflussung nicht unabhängig voneinander gewonnen werden können.

Formale, aber keine inhaltliche Ähnlichkeit besteht zum Ansatz von Lehmann (1971; auch Beckwith & Lehmann, 1973).

Als ganz wesentlichen Vorteil seiner Version im Vergleich zu anderen vorliegenden Varianten des Fishbein-Modells im Marketing hält Trommsdorff die Berücksichtigung von nicht-monotonen Beziehungen zwischen Eindrucksausprägungen und Eindruckswerten.

7. Der Autor versucht abschließend, sein Modell wiederum in den Rahmen des Image-Konzepts einzufügen. Dabei geht er von den in der Literatur genannten zentralen Bestimmungsstücken des Image-Begriffs aus und prüft, wie weit diese durch Variablen seines Modells erfaßt werden.

Abgesehen von dem Aspekt der Ganzheitlichkeit scheint ihm eine Integration seines Modells weitgehend möglich, wenn man das Gefüge von Eindruckswerten eines Objekts mit dem Image dieses Objekts gleichsetzt.

8. Die Datenerhebung erfolgt mittels eines an das semantische Differential angelehnte ‚Image-Differential'; die Konstruktion dieses Meßinstruments ist bei Trommsdorff (1975, insbesondere ab Seite 81) ausführlich beschrieben.

7.2.2.4.4 Zur Kritik an der Attitüdenkonzeption des Image

Vom Konzeptionellen her liegen die Vorteile des Attitüdenansatzes zur Erläuterung der Image-Problematik im Vergleich zu anderen Ansätzen nicht so eindeutig auf der Hand, wie dies die einschlägige Marketing-Literatur glauben machen könnte. Einige der Schwierigkeiten wurden in den vorausgegangenen Kapiteln angesprochen. 4 allgemeine Kritikpunkte sind erwähnenswert:

1. Gerade wenn man sich die Frage nach der zukünftigen Entwicklung der marktpsychologischen Image-Forschung auf der Grundlage des Attitüdenkonzepts stellt, eröffnen sich u.E. keine optimistischen Perspektiven: Mit Attitüde ist eben tatsächlich nur die ‚inside story' (Barron, Byrne & Griffitt, 1974), sind lediglich die innerpsychischen Vorstellungen über Sachverhalte der Umwelt und ihr prädispositionaler Charakter gemeint. Das reale Verhalten ist durch Bezugnahme auf dieses Konzept allein nicht ausreichend vorhersagbar. Auch die Erhebung der Attitüdenkomponente ‚Verhaltensintention' erweitert die Möglichkeiten der Verhaltensprognose nur unter ganz bestimmten Bedingungen.

2. Die grundlegende Attitüdenliteratur enthält viele für die Image-Problematik wertvolle Hinweise, die bei marktpsychologischen Image-Untersuchungen oft

vernachlässigt werden. Beispielsweise wird die horizontale und vertikale Gliederungsstruktur von Attitüden, die Verankerung von Objekt-Attitüden in übergeordneten Normen- und Wertsystemen zu wenig beachtet. Für die Erfordernisse der Praxis, bei der Image-Erhebungen sowohl Prognose- als auch Diagnosefunktion für die Beurteilung von Marktchancen eines Produkts haben können, ist es jedenfalls ratsam, neben den auf das in Frage stehende Objekt selbst zielenden Daten auch die Daten zu erfassen, die die eher längerfristigen Dispositionen der Konsumenten betreffen.

3. In der Marketing-Literatur ist eine deutliche Präferenz für das Attitüdenmodell von Fishbein feststellbar; hierin liegt eine unnötige Selbstbeschränkung auf einen Ansatz, dessen Grundpositionen durchaus nicht unumstritten sind.

4. Die Festlegung auf ein Konzept bringt es mit sich, daß Perspektiven der Forschungsentwicklung vornehmlich im Operationalisierungs- und Meßbereich liegen. Bei einer zu starken Betonung solcher sicherlich wichtigen Fragen könnte die Gefahr drohen, daß das *psychologische* Attitüdenkonzept zu einer Sozialtechnologie vorkommt. Nichts wäre weniger wünschenswert als dies.

7.2.3 Praxisnahe Image-Forschung: Das Beispiel des Geschäfts-Image

In der marktpsychologischen Denkweise ist das Image ein Kommunikationsmittel zwischen Warenproduzent und Warenkonsument. Das Kommunikationsanliegen wird im wesentlichen einseitig betrachtet, der Produzent ist an den Vorstellungen und Meinungen interessiert, die Konsumenten über seine Ware haben. Images über einzelne Produkte und Vorstellungen über Firmen (good will) fungieren für ihn gewissermaßen als Ersatz für direktere Formen der Kommunikation.

Damit ist natürlich nicht die ganze Geschichte des Markgeschehens umrissen, wenngleich vielleicht ihr schwierigster Teil. In aller Regel trifft der Konsument am Markt nicht auf den Produzenten, sondern auf den Warenverteiler, den Handel, der den Erfolg des Produktes beim Konsumenten garantieren soll. Für die Institution des Handels ist das Image *einzelner* Produkte naturgemäß weniger zentral; hier interessieren vor allem die Vorstellungen, die Konsumenten vom Gesamtangebot an Waren und Dienstleistungen, d.h. vom Geschäft selbst haben. Wenn Images verhaltenssteuernde Orientierungen sind, dann kann erwartet werden, daß positive Vorstellungen des Konsumenten über Warenangebote in Verkaufsgeschäften die Wahrscheinlichkeit des Einkaufs in bestimmten Häusern erhöht.

Für die Leitungsgremien von Geschäften sind Imageerhebungen unmittelbar wichtig, weil sie wesentliche Entscheidungshilfen für marktgerechtes Geschäftsgebaren geben. Der Forschung kommt hier die Aufgabe zu, konkret-inhaltliche Fragestellungen so zu beantworten, daß sie in Handlungsentscheidungen umgesetzt werden können.

Sewell (1975) hat eine Liste von aus der Praxis kommenden Problemstellungen zusammengestellt; dem aufmerksame Leser wird nicht entgehen, daß in diesen realitätsnahem Formulierungen Sachverhalte wiederkehren, die gewissermaßen auf eine prinzipielle Art in theoretischen Formulierungen vorweggenommen wurden (siehe Gliederungspunkt 7.2.2).

Neben dem verständlichen, aber nicht immer realisierbaren Wunsch nach einfachen und sparsamen Datenerhebungen sind inhaltliche Fragen von primärem Interesse: Welches sind für die Konsumenten die zentralen Komponenten des Ladengeschäfts? Haben Konsumenten ein einziges, generelles Image über ein Geschäft oder werden sie von verschiedenen Images geleitet, je nachdem, welches Produkt sie suchen? Bestehen Images in Form von dominanten Eindrücken – etwa über die Modernität oder Seriosität eines Geschäfts – die die konkreten Eindrücke überlagern? Sind diese Eindrücke den Konsumenten selbst nicht bewußt, d.h. wird ihr Einkaufsverhalten von Eindrücken gesteuert, ohne daß sie hierüber Klarheit haben? (Eine kaum schlüssig zu beantwortende Frage, die dennoch wieder und wieder mit Hilfe projektiver Verfahren zu ergründen versucht wird.)

Wie weit basieren Geschäfts-Images auf Faktoren der aktuellen Realität und wie weit spielen Eindrücke aus früheren Erlebnissen eine Rolle? Sollte bei Neueröffnung eines Geschäfts durch entsprechende Werbemaßnahmen eine Art von ‚Voraus-Image' erzeugt werden oder sollte der Image-Aufbau von den ersten Reaktionen der Kunden ausgehen?

Zusammenfassend läßt sich sagen, daß Image-Untersuchungen der Geschäftsleitung von Einzelhandelsunternehmen Informationen zu wenigstens 3 Problemkomplexen liefern sollen:

(1) zu den konkret-inhaltlichen Dimensionen, die das Geschäfts-Image der Konsumenten wesentlich bestimmen,

(2) zur Position des eigenen Geschäfts im Vergleich mit Konkurrenzgeschäften auf den zentralen Image-Dimensionen,

(3) zur Stabilität und Änderung des Image-Profils, die sich über die Zeit hinweg bemerkbar machen.

7.2.3.1 Zur Entwicklung der verkaufsbezogenen Image-Forschung

Die moderne und praxisgerechte Imageforschung im Verkaufsbereich geht von zwei Zielrichtungen aus: einerseits von den Besonderheiten des Verkaufsgeschäfts (Verkaufsorientierung), andererseits von den Besonderheiten der Konsumenten (Konsumentenorientierung); es wird erkannt, daß eine volle Transparenz der Ursachen für geschäftlichen Erfolg oder Mißerfolg Informationen in *beiden* Richtungen voraussetzt. Seit ihrem Beginn hat sich die verkaufsbezogene Image-Forschung im wesentlichen in 3 Richtungen entwickelt.

Die erste Entwicklungsrichtung verbindet sich mit dem Namen Martineau (1957, 1958) und seinem weitbekannten Konzept der Persönlichkeit des Verkaufsgeschäfts: Neben den funktionalen Faktoren der Lage und des Ortes, der Preisgestaltung und des Warenangebots spielt bei den Konsumenten eine Vorstellung über die ‚Persönlichkeit' des Geschäfts eine Rolle.

Die frühe, hier ansetzende Forschung ist zumindest in ihrer ersten Phase noch ganz der Tradition der Motivationsforschung verhaftet, in der es um das Auffinden von ‚letzten' Erklärungen des ökonomischen Verhaltens ging (Lucas & Britt, 1950; Newman, 1957). Die Vorstellung von der Geschäfts-Persönlichkeit findet auch heute noch vielfache Beachtung, wenngleich in modifizierter Form. Oft wird damit eine Art gestalthafter Eindrucksbildung umschrieben, in die beobachtbare und nicht beobachtbare, wandelbare und nicht wandelbare Eigenschaften eines Geschäfts einbezogen sind (Sewell, 1975). Für Oxenfeld (1975) enthält ein Geschäftsimage weit mehr als nur Tatsachenbeschreibungen; er sieht es weniger im Sinne einer die Realität abbildenden Fotografie, sondern mehr im Sinne eines interpretationsfähigen Portraits.

Andere Ansätze halten sich stärker an beobachtbare Faktoren, wie Preisniveau, Qualität und Service, die von den Konsumenten bewertend zu einem Image verbunden werden; es besteht die Annahme, daß das Geschäftsimage davon abhängt, wie gut die beobachtbaren Faktoren des Geschäfts dem individuellen Anspruchsniveau entsprechen (vgl. Lindquist, 1975).

Die zweite Entwicklungsrichtung ist eher konsumenten-orientiert; das Untersuchungsinteresse ist auf Fragen des Lebensstils von Konsumenten oder Käufer-Typologien ausgerichtet (Tigert, 1966; Wells, 1974). In den Arbeiten von Eleanor May (1971, 1972, 1973) werden psychografische Variablen berücksichtigt; diese Autorin hat sich besonders um die Berücksichtigung praktischer Erfordernisse in der Forschung bemüht (kritisch dazu: Dickinson, 1975).

Die dritte Entwicklungsrichtung ist durch den Trend gekennzeichnet, Untersuchungen zum Geschäftsimage *und* zu psychografischen und Lebensstil-Variablen der Konsumenten in den Rahmen multiattributiver Entscheidungsansätze zu stellen (Arnold, Ma & Tigert, 1978; King, Tigert & Ring, 1975; Ring, 1979). Wahrnehmungen und Präferenzen der Kunden bilden die Grundlage für ein Modell des Kaufverhaltens (Green & Wind, 1973; Wilkie & Pessemier, 1973). In vielen dieser Studien werden Geschäften und Konsumenten Positionen auf Basisdimensionen zugewiesen, die das soziale Feld des Einkaufens und Verkaufens konstituieren. Die Kombination beider Gesichtspunkte und die auf der Grundlage bestimmter Verfahren der multidimensionalen Skalierung (z.B. Carroll, 1972) gegebene räumliche Repräsentation (joint-space representation, Pessemier, 1980) erweitern die deskriptiven und analytischen Möglichkeiten der Imageforschung ganz erheblich.

Pessemier (1979) hat eine Liste von Variablen zur Charakterisierung von Konsumenten und Verkaufsgeschäften zusammengestellt, deren Erfassung das konkrete Beziehungsgefüge zwischen diesen beiden Seiten des Kommunikationsprozesses verständlich und durchschaubar machen soll.

7.2.3.2 Beispiele praxisnaher Image-Forschung

In den folgenden Abschnitten soll die Behandlung praktischer Fragen in der Imageforschung beispielhaft verdeutlicht werden. Die Lektüre dieser Abschnitte kann dem an Details interessierten Leser das Studium der einschlägigen Literatur, vor allem der Zeitschriften (etwa das Journal of Marketing, das Journal of Marketing Research, das Journal of Retailing, der Zeitschrift Marketing oder das Journal of Consumer Research) nicht ersetzen. Hier sollen nicht in erster Linie die Einzelheiten sondern die in der Forschung insgesamt sichtbaren Tendenzen in inhaltlicher und methodischer Hinsicht veranschaulicht werden.

7.2.3.2.1 Dimensionen des Geschäfts-Image

In der Literatur besteht weitgehende Einigkeit darüber, daß ein Geschäftsimage als Interaktion von funktionalen (hier: beobachtbaren, jedermann zugänglichen) Faktoren und subjektiven, nur indirekt zugänglichen Vorstellungen und Bewertungen im Zusammenhang mit diesen Faktoren zustandekommt. Unmittelbar praxisrelevant für die Entscheidungen der Geschäftsleitung sind die empirisch regelmäßig nachweisbaren konkreten Bestimmungsstücke des Geschäftsimage.

Lindquist (1975) hat bei einer Durchsicht von 26 Forschungsberichten 9 Gruppen von Attributen des Verkaufsgeschäfts gefunden, die als inhaltliche Bestandteile des Geschäftsimage der Konsumenten in Frage kommen können. Im einzelnen handelt es sich um: (1) Waren, Güter und Dienstleistungen, die ein Geschäft anbietet; als Attribute werden genannt: Qualität, Sortimentsbreite und -

tiefe, Mode, Garantien, Preisgestaltung. (2) Bedienung, d.h. allgemeiner Service des Geschäfts, Beratung durch Verkaufspersonal, Selbstbedienung, Warenumtauschgepflogenheiten, Zustellservice, Kreditgewährung. (3) Kundschaft und Personal, d.h. angesprochene Käuferschichten, Kongruenz von Selbst- und Geschäfts-Image, Verkaufspersonal. (4) Geschäftsausstattung in technischer (Klimaanlage, Fahrstühle), hygienischer (Toiletten, Waschräume) und architektonischer Hinsicht (Großzügigkeit der Räume, Beleuchtung, Möblierung). (5) Bequemlichkeit, d.h. allgemeine Annehmlichkeiten des Einkaufs, örtliche Bequemlichkeiten, Parkmöglichkeiten. (6) Förderungsmaßnahmen wie Verkaufsförderung, Werbung, Auslagen, Handelsmarken, Symbole und Farben. (7) Geschäftsatmosphäre, d.h. positive Einstimmung der Kunden durch Freundlichkeit, vermittelte Wärme. (8) Institutionelle Faktoren, d.h. Wirkung des Geschäfts auf die Kunden hinsichtlich Konservativität – Modernität, Reputation, Seriosität. (9) Zufriedenheit nach dem Kauf, ist der Kunde mit der gekauften Ware und dem Geschäft zufrieden.

Es muß darauf hingewiesen werden, daß diese von Lindquist (1975) vorgenommene Zusammenstellung von Eigenschafts-Gruppen als Inhalte des Geschäftsimage nicht die sehr wahrscheinlich auftretenden kombinierten Wirkungen der Attribute enthält (vgl. Marks, 1976); es handelt sich hier lediglich um Belege der je einzeln wirksamen Image-Attribute. Die Feststellung der Wichtigkeit, die den einzelnen Attributen bei der Formulierung des Geschäftsimage durch befragte Kunden zugemessen wird, basiert auf der relativen Häufigkeit, mit der diese in den von Lindquist durchgesehenen Forschungsberichten genannt wurden.

Die Warendimension, die Service-Dimension und die Lage des Geschäfts erweisen sich empirisch als die Schlüsseldimensionen des Geschäftsimage; alle anderen Attribut-Gruppen erfahren zwar ebenfalls gewisse empirische Unterstützung, tragen jedoch insgesamt wesentlich weniger zur Varianzaufklärung bei als die 3 Schlüsseldimensionen.

Als bedeutsames Ergebnis ist die Feststellung von Lindquist zu werten, daß sich die inhaltliche Dimensionen, des Geschäfts-Image im Zeitraum von fast 20 Jahren (1955 – 1973) kaum geändert haben.

7.2.3.2.2 Das Image des treuen Kunden

Für die Existenz eines Ladengeschäfts ist entscheidend, daß die Kunden immer wieder zum Einkauf kommen. Neben einem positiven Geschäftsimage ist ein zweiter Garant dafür eine treue Kundschaft. Die Frage zu beantworten, wie sich die Kundschaft eines Geschäfts zusammensetzt, führt daher zu einer wesentlichen und das Gesamtbild ergänzenden Erkenntnis. Kenntnisse von den Determinanten der Kundentreue zu haben ist für Warenhäuser mit einem in der

Regel hohen Anteil an Laufkundschaft weniger bedeutsam als für Einzelhandelsgeschäfte (z.B. Donnahoe, 1956). Enis und Paul (1970) fanden in ihrer Untersuchung zur Geschäftstreue in Lebensmittelgeschäften, (1) daß diese von der Höhe der Ausgaben für Lebensmittel abhängig ist, (2) daß die treuen Kunden in ihrem Geschäft mehr Geld ausgeben als weniger treue Kunden, (3) daß die Geschäfte mit der größten Stammkundschaft den größten Marktanteil besitzen und (4) daß die Bedienung treuer Kunden nicht aufwendiger ist als die von Gelegenheitskäufern.

Angesichts von teilweise widerspruchsvollen Ergebnissen (Cunningham, 1961; Tate, 1961) haben Reynolds, Darden & Martin, (1975) das Image des treuen Kunden von einer umfassenden Lebensstil-Analyse her untersucht. Ihre Daten stammen aus einer Fragebogenerhebung an Hausfrauen in einer Kleinstadt im Südosten der Vereinigten Staaten von Amerika. Danach stellt sich das ‚Portrait‘ der treuen Kundin so dar: Sie ist ziemlich konservativ, wenig unternehmungslustig, zeitbewußt, mit einer starken Heim- und Ortsbindung und schätzt die lokalen Einkaufsmöglichkeiten höher ein als die der nächstgelegenen Großstadt.

An praktischen Hinweisen folgt aus dieser Untersuchung: Wenn das Ziel dieser Kleinstadt-Geschäfte darauf gerichtet ist, diese Konsumentengruppe verstärkt anzusprechen, dann sollten sie (1) kein großstadtorientiertes Geschäftsimage pflegen, (2) die Bequemlichkeit eines örtlichen Einkaufs vor allem unter dem Gesichtspunkt der Zeitersparnis herausstellen und (3) diese Konsumenten am besten über die adressat-inaktiven Medien (Rundfunk und Fernsehen) mit weiteren Informationen versorgen.

7.2.3.2.3 Vorstellungen von Geschäftsleuten über das Image ihres Geschäfts

Die Untersuchung von Pathak, Crissy und Sweitzer (1975) hat das antizipierte Image bzw. die Vorstellungen zum Gegenstand, die sich Geschäftsinhaber vom Image der Konsumenten über ihr Geschäft machen. Die Bedeutsamkeit dieser Frage ist evident, da diesbezügliche Fehlvorstellungen zu falscher Geschäftspolitik führen können (McClure & Ryan, 1968).

Die Studie wurde in einem ländlichen Bezirk des Staates Michigan/USA an Kunden und Managern von 4 Warenhäusern durchgeführt, die unterschiedliche Käuferschichten ansprachen. In Anlehnung an Wyckham, Lazer und Crissy (1971) wurde ein Semantisches Differential mit 30 bipolaren Skalen zur Messung eines Gesamt-Geschäftsimage und zur Bestimmung der 4 zentralen Dimensionen des Geschäftsimage (Bequemlichkeit des Einkaufs, Verkaufspersonal, Angemessenheit des Geschäfts, örtliche Bequemlichkeit) erhoben.

Die Ergebnisse legen die Vermutung nahe, daß die Warenhausmanager die Wahrnehmungen der Kunden bezüglich der greifbaren (z.B. Einkaufsbequemlichkeit) Attribute eher korrekt antizipieren können als bezüglich der nicht greifbaren, atmosphärischen Attribute. Je niedriger die soziale Schicht der durch ein Warenhaus angesprochenen Kundschaft, desto weniger korrekt ist das von den Managern antizipierte Geschäftsimage der Kunden.

Drei Erkenntnisse erscheinen generalisierbar: (1) Warenhaus-Manager neigen dazu, ihre Häuser auf allen Imagedimensionen zu überschätzen. (2) Manager von Massenwaren-Geschäften sind primär verkaufsorientiert, d.h., die nicht greifbaren Facetten des Marketing werden von ihnen zu wenig beachtet. (3) Manager von Warenhäusern des gehobenen Status antizipieren das Geschäftsimage ihrer Kunden besser als Manager von Warenhäusern mit niedrigerem Status.

Doyle und Fenwick (1975) führten eine methodisch anspruchsvolle Studie durch. Sie vertreten die Auffassung, daß man die Wahrnehmung der Konsumenten hinsichtlich der Schlüsseldimensionen eines Ladengeschäfts *individuell* erfassen muß, um zu praktisch brauchbaren Erkenntnissen zu gelangen. In der einschlägigen Forschungspraxis ist es üblich, Mittelwerte über Konsumenten zu bilden, womit immer wesentliche Informationen verloren gehen, deren Berücksichtigung aber eine zielgenaue Konsumenten-Segmentierung erst möglich macht. Die Autoren schlagen daher eine Analyse über Individualdaten (individual difference scaling) vor, die zwei Vorteile bietet: (1) Die im Image enthaltenen Dimensionen werden direkt aus den Antworten der Pbn gewonnen, ohne daß der Forscher selbst datenstrukturierend eingreift. Die subjektiv wichtigen Dimensionen werden damit besser getroffen. (2) Mit dieser Methode lassen sich die Konsumenten nach der Homogenität ihrer Wahrnehmung segmentieren. Dies ist besonders wichtig, weil sich die Konsumenten tatsächlich in ihren individuellen Wahrnehmungen unterscheiden und vermutlich die Geschäfte bevorzugen, die ihrem Selbstimage am besten entsprechen; letzteres wurde von Bellenger, Steinberg und Stanton, (1976) bestätigt.

Das Ergebnis von Erhebungen auf der Grundlage des ‚individual difference scaling' sind räumliche Repräsentationen von Geschäften, aus denen sich ihre Stärken und Schwächen auf den für die Konsumenten wichtigen Dimensionen gewissermaßen ‚ablesen' lassen.

7.2.3.2.4 Zur Variation des Geschäftsimage über Produktklassen

Die Untersuchung von Cardozo (1975) geht von der Annahme aus, daß die Erhebung eines generellen Geschäftsimage wenig sinnvoll ist angesichts der offenkundigen Tatsache, daß vor allem größere Geschäfte in Abteilungen gegliedert sind und verschiedene Produktarten anbieten. Wenn die Einkaufserfahrungen der Kunden im Image ihren Niederschlag finden, dann muß das Geschäftsimage gemäß den Produktarten und Geschäftsabteilungen variieren, mit denen Erfahrungen gemacht wurden. Es erscheint daher einleuchtend, das Geschäftsimage produktklassen- bzw. abteilungsbezogen zu analysieren und es damit auf die primäre Handlungsebene zu stellen.

Zur Bestimmung des produktklassen-bezogenen Geschäftsimage benutzte Cardozo (1975) eine unstrukturierte psycholinguistische Technik. Es wurden zwei Produktklassen untersucht, Hygiene- bzw. Schönheitsartikel und Haushaltswaren. Pbn waren Hausfrauen der mittleren und gehobenen Mittelklasse in Minneapolis und Milwaukee/USA, die im Einzugsgebiet der untersuchten Warenhäuser wohnten. Jede Probandin hatte zunächst die Namen der Warenhäuser anzugeben, die ihr einfielen, wenn sie Haushaltswaren bzw. Schönheitsartikel einkaufen wollte. Diese Namen wurden auf Papierstreifen geschrieben. Die Ähnlichkeitsbeziehungen zwischen den Warenhäusern wurden erhoben, indem die Pbn die entsprechenden Namensschildchen auf einem vorbereiteten Steckbrett räumlich zueinanderordneten. Anschließend wurde nach den Gründen der gewählten Anordnung gefragt. Zum Schluß mußte das ideale Warenhaus für Schönheitsartikel bzw. Haushaltswaren in das Steckbrett eingefügt und die Ähnlichkeiten und Unterschiede zu den anderen Warenhäusern genannt werden. In dieser Studie wurden 3 Arten von Daten erhoben: (1) Die Pbn hatten die Namen von Warenhäusern anzugeben, (2) die räumlichen Distanzen auf dem Steckbrett gaben die allgemeinen Ähnlichkeitsbeziehungen der Geschäfte an und (3) waren Adjektive zu nennen, mit denen die Ähnlichkeiten und Unterschiede zwischen den Geschäften verbal ausgedrückt wurden.

Ergebnisse: Wie erwartet variierten die Geschäftsimages entsprechend der nachgefragten Produktart. Durch die Produktinstruktion bedingt ging der Anteil der im generellen Geschäftsimage gemeinsam enthaltenen Dimensionen auf 45% zurück.

Eine produktartspezifische Erhebung des Image erlaubt für die Geschäftsleitung von Warenhäusern viel gezieltere Maßnahmen als dies bei Erfassung des unspezifizierten Gesamtimage möglich ist.

7.2.4 Zur Problematik der Entwicklung in der marktpsychologischen Image-Forschung

7.2.4.1 Allgemeine Problematik

Die Image-Forschung ist keine selbständige Forschungsdisziplin, sondern sie steht als Teilgebiet der Marktpsychologie respektive des psychologischen Marketing heute in erster Linie unter den praxisbezogenen Forderungen der Markt- und Absatzforschung. Für die Marketing-Praxis ist Image-Forschung dann von höchstem Wert, wenn sie Entscheidungshilfen zur Bewältigung konkreter Probleme liefert, die der Alltag der Markt- und Absatzwirtschaft stellt.

Der Markt-Psychologie und mit ihr der Image-Forschung wird damit eine dienende Funktion zugewiesen und es drängt sich die Frage auf, ob sie unter diesem ‚Druck der Praxis' nicht ihre Eigenschaft als Teilgebiet der Psychologie einbüßt und womöglich zu einem bloßen Instrument des Marketing reduziert wird. Einige Anzeichen sprechen dafür. So hat Goldman (1979) bei seiner Durchsicht der einschlägigen Marketing-Literatur festgestellt, daß die Verzahnung mit der psychologischen Grundlagenliteratur kaum systematische Züge trägt, sondern eher zufällig ist. Allerdings finden neuere theoretische Entwicklungen der Psychologie auch wegen ihrer häufig nicht überschaubaren (und von den Forschern nicht explizierten!) Anwendungsimplikationen nur schwer den Weg in die Marketing-Literatur. Es sei beispielsweise daran erinnert, wie lange es gedauert hat, bis das weitbekannte Konzept der kognitiven Dissonanz (Festinger, 1957, 1978) zur Erklärung von Problemen im Markt- und Konsumbereich herangezogen wurde (z.B. Raffeé, Sauter & Silberer, 1973).

Eine der Hauptschwierigkeiten für die Weiterentwicklung dieses Forschungsbereichs liegt nach wie vor in der Verständigung zwischen Anwendungspraxis und Grundlagenforschung. Myers, Greyser und Massy (1979) kommen nach einer Durchsicht der Literatur hinsichtlich der Forschungsentwicklung zu der Empfehlung, daß vor allem die Kommunikation zwischen den Institutionen der wissenschaftlichen Forschung und denen der Praxis wesentlich verbessert werden muß, wenn beiderseits befriedigende Fortschritte erzielt werden sollen. Ganz konkrete Verbesserungsvorschläge macht z.B. auch Troll (1981), wenn er die Durchführung gemeinsamer Projekte, die Entwicklung von Informationsdiensten oder Arbeitsgemeinschaften von Praktikern und Marketing-Studenten empfiehlt. Die Schwierigkeiten liegen in der Tat schon in den Ausbildungsmöglichkeiten: In den USA ist die Verzahnung der beteiligten wissenschaftlichen Grunddisziplinen Psychologie und Betriebswirtschaftslehre und ihr Praxisbezug in der akademischen Ausbildung wesentlich weiter entwickelt als dies etwa in der Bundesrepublik Deutschland der Fall ist. An deutschen Hochschulen und Universitäten bestehen – von wenigen Ausnahmen abgesehen – institutionelle Barrieren, die es für die Studierenden der Betriebswirtschaftslehre und der Psychologie schwer machen, eine fächerübergreifende Ausbildung zu absolvieren, die für den angesprochenen Problembereich dringend erforderlich wäre.

Zur Überwindung der vielfältigen Kommunikationsschwierigkeiten zwischen Forschung und Praxis werden Fachleute benötigt, die in der Lage sind, Grundlagenerkenntnisse der problemrelevanten Wissensdisziplinen für praktische Erfordernisse verfügbar und mit Hilfe gesicherter Erhebungsmethoden untersuchbar zu machen. Auf der anderen Seite muß das Verständnis der Praxis für den Wunsch der Wissenschaftler geweckt werden, einen Zugang zu dem empirischen Daten zu bekommen, die viel zu häufig in den Archiven von Marketingabteilungen verschwinden, ohne auf ihren wissenschaftlichen Wert hin gesichtet worden zu sein. Hier liegt ein Haupthindernis, dessen Beseitigung eine dauerhafte und kontinuierliche Erkenntnisgewinnung des gesamten Forschungsbereiches ermöglichen könnte.

7.2.4.2 Konzeptionelle Entwicklung

Um die vielfältigen Forderungen der marktpsychologischen Praxis erfüllen zu können, bedarf es einer Ausweitung der wissenschaftlichen Perspektive in der Image-Forschung. Weder das Festhalten an ganz bestimmten einzelnen Konzeptionen noch die Suche nach Patentrezepten können dabei als aussichtsreiche Wege der Entwicklung angesehen werden angesichts der Tatsache, daß die heute zur Verfügung stehenden Ansätze der Psychologie durchweg eine geringe Reichweite der Erklärung besitzen. In der marktpsychologischen Literatur hat sich die Erkenntnis noch nicht endgültig durchgesetzt, daß die Vorstellungen, Images, Attitüden und Stereotype der Konsumenten als kognitive Repräsentationen mit prädispositivem Charakter Hintergrunddaten darstellen, die nur in dem Maße das Verhalten der Konsumenten zu beschreiben erlauben, mit dem es gelingt, die komplexen Interaktionen dieser individuellen Erkenntnisse mit den Komponenten der konkreten Produkt-, Markt- und Kaufsituation empirisch zu klären. Dazu bedarf es aber nicht *einzelner*, sondern *vieler*, möglichst verschiedenartiger Betrachtungsmodelle. Wenn die Image-Forschung ihre Aufgabe als Instrument des Marketing erfüllen soll, dann muß sie notwendigerweise von Konzepten ausgehen, in denen das Zusammenwirken mehrerer unabhängiger Variablen angenommen wird. Vertretbare Lösungen sind weder von ‚Ein-Faktor-Konzepten' noch von n-faktoriellen Erklärungsmodellen vom Typ des Image-Marketing-Ansatzes zu erwarten, wie ihn etwa Richter (1977) vorgeschlagen hat (vgl. Gliederungspunkt 7.2.2.1.3).

In der marktpsychologischen Literatur sind vom Konzeptionellen her zwei Entwicklungen sichtbar: *Die eine* ist dem Attitüdenansatz vorwiegend in der Tradition von Fishbein und Mitarbeitern verpflichtet; hierbei wird u.a. versucht, das Verhaltens-Intentions-Modell zu verbessern und weiterzuentwickeln (z.B. Schnedlitz, 1979, 1981).

Die getrennte Erhebung von Attitüde und normativ wirksamen Faktoren wird z.B. von Minard und Cohen (1979) als eine Möglichkeit vorgeschlagen, um zu präziseren Analysen des Kaufverhaltens zu gelangen als dies aufgrund des Fishbein-Modells bisher der Fall war. Miller und Ginter (1979) plädieren für eine situationsspezifische Erhebung von Attitüde und Verhalten; als ein fruchtbarer Weg erscheint ihnen die Erforschung der Beziehungen zwischen situativen und nicht situativen Faktoren. Ein zusammengefaßter und gewichteter ‚Situationsfaktor' könnte danach ein generelles Maß für Attitüde und Verhalten gegenüber einem Produkt bilden. Dieser Ansatz ist besonders relevant für Produktarten, die in unterschiedlichen Kaufsituationen angeboten werden.

Ein gegenüber dem Fishbein-Ansatz eigenständiges Verhaltens-Intentions-Konzept entwirft Warshaw (1980). Die Grundannahme seines mehrstufigen Ansatzes: Verhaltensintention ist eine Funktion von Motivation und situativen Variablen. Nach seinen eigenen Ergebnissen ist dieses Modell dem von Fishbein bezüglich Validität, Reliabilität und Prognosekraft überlegen.

Die zweite, in ihrer theoretischen Perspektive wesentlich weniger eingeengte konzeptionelle Entwicklung sucht die Orientierung und das Verhalten der Konsumenten unter den Aspekten der Informationssuche und Entscheidung zu erklären (Arnold et al., 1978; Ring, 1979). Sheluga, Jacard und Jacoby (1979) versuchen mit ihrem Ansatz z.B. eine Integration des Informations-Suche-Prozesses mit der Produktattribut- und Präferenzeinschätzung. Nach ihren Ergebnissen ist die Entscheidung der Pbn aufgrund der Informationssuche zwar rational, es werden jedoch nicht unbedingt die vorhergesagten Produktentscheidungen getroffen, wenn die verfügbare Produktvielfalt und die Vielfalt der Produkteigenschaften in Betracht gezogen werden.

Mit dieser Entwicklung deutet sich nicht nur ein sehr fruchtbares Forschungsfeld an (z.B. Olshavsky & Granbois, 1979; Shocker & Srinivasan, 1979; Tyebjee, 1979), sondern der Entscheidungsansatz erlaubt es aufgrund seiner Perspektive auch, andere Konzeptionen darauf zu beziehen, wie dies etwa am Beispiel des Attributionsprozesses von Mizerski, Golden und Kernan (1979) versucht worden ist.

Der Informations-Verarbeitungs- und Entscheidungs-Ansatz erscheint für die praktischen Erfordernisse des Marketing auch deshalb von Vorteil zu sein, weil dieser umfassende Bezugsrahmen die Möglichkeit eröffnet, den gesamten Orientierungs- und Verhaltensprozeß der Konsumenten als Sequenz darzustellen und in bestimmten, zu benennenden Abschnitten empirisch anzugehen.

7.2.4.3 Methodische Entwicklung

Für einen Forschungsbereich, dessen primäres Interesse auf die Erhebung empirischer Daten gerichtet ist, sind die Untersuchungsmethoden wesentliche Hilfsmittel zur Erkenntnisgewinnung. Je besser diese Methoden sind, desto größeres Vertrauen kann natürlich in die damit gewonnenen Daten gesetzt werden. Dabei spielt die Zuverlässigkeit und Gültigkeit der verwendeten Meßinstrumente eine Schlüsselrolle. Aber gerade Validitäts- und Reliabilitätsuntersuchungen des Meßinstruments haben im Marketing-Bereich bisher kaum eine Rolle gespielt. Zwar stellt Ray (1979) fest, daß sich die Zahl der mit Validitäts-

und Reliabilitätskriterien befaßten Untersuchungen in den letzten 5 Jahren verdoppelt hat, dennoch sind die absoluten Zahlen gering: Im Journal of Marketing Research, einer renommierten Zeitschrift, haben sich im genannten Zeitraum lediglich 8% der einschlägigen Arbeiten mit Meßproblemen befaßt. Peter (1979) hat weit über 400 Arbeiten zum Konsumenten-Verhalten durchgesehen und gefunden, daß in weniger als 5% der Fälle die Reliabilität des Meßinstruments überprüft worden ist. Jacoby (1976) berichtet, daß in der gesamten, von ihm durchgesehenen Literatur zur Markentreue (brand loyalty) nur eine Arbeit zu finden war, die sich mit der Test-Retest-Reliabilität des Meßinstruments befaßt.

Die Bedeutung, die der Überprüfung des Meßinstruments zukommt, kann weder unter Forschungs- noch unter Praxisgesichtspunkten überschätzt werden. Ohne eine ausreichende Forschung in dieser Frage kann eine gesicherte Interpretationsbasis der Ergebnisse nicht erreicht werden. Hier liegt ein Hauptproblem gerade der praxisnahen Forschung, dessen Lösung u.a. auch davon abhängt, daß bei Praktikern das Verständnis für gute Methodik zunimmt.

Wohin tendiert nun die Entwicklung in methodischer Hinsicht? In Parallelität zu der im Konzeptionellen zu beobachtenden Tendenz zu komplexen Ansätzen werden multivariate Verfahren zunehmend favorisiert (vgl. Doyle & Fenwick, 1975; Pessemier, 1980; Ray, 1979). Der Forderung nach differenzierteren empirischen Daten wird im wesentlichen mit zwei Vorgehensweisen Rechnung zu tragen versucht, nämlich einmal mit multivariaten Verfahren und zum anderen mit multimethodischen Vorgehensweisen. Einige Beispiele mögen diese Tendenzen verdeutlichen.

Jain und Etgar (1977) gehen von einer freien Antworttechnik zur Bestimmung der Image-Komponenten aus und wenden ein nonmetrisches multidimensionales Skalierungsmodell nach Kruskal und Carmone (1969) an. Durch das ‚free-response'-Verfahren erhalten sie Dimensionen, die für das Management direkt als Entscheidungsgrundlage dienen, da sie von den befragten Konsumenten selbst kommen.

Den Pbn werden z.B. die Namen von Warenhäusern vorgegeben und sie sollen diese frei beschreiben. Die so erhaltenen Aussagen werden inhaltlich analysiert und die Häufigkeit der mit den einzelnen Geschäften assoziierten Aussagen wird ausgezählt. Daraus ergibt sich eine Matrix aus Geschäften x Aussagen bzw. genannten Eigenschaften, die mittels eines mutlidimensionalen Skalierungs-Algorithmus analysiert wird (Kruskal & Carmone, 1969), wobei die Werte in den Zellen der Matrix die ‚assoziative Nähe' ausdrücken, die ein Geschäft zu einer Eigenschaft einnimmt. Mit Hilfe dieses Algorithmus soll ein gemeinsamer Raum (joint space) für Warenhaus-Namen und genannte Eigenschaften gefunden werden, der kleinstmögliche Dimensionalität besitzt.

Die Konfiguration von Warenhaus-Namen und genannten Eigenschaften geben die manifeste Struktur der Häufigkeits-Assoziations-Matrix wieder. Die Dimensionen dieser Konfiguration und die Position der Punkte auf diesen bilden die Grundlage der Bewertung eines Warenhauses und die Bestimmun seiner Position im Vergleich zu anderen Warenhäusern.

Ähnlich wie Jain und Etgar bringt auch Singson (1975) ein nonmetrisches MDS-Verfahren zur Anwendung. In seiner Untersuchung geht es ihm um genauere Einsicht in das Geschäftswahl-Verhalten der Konsumenten, indem er Wahrnehmungsunterschiede und Präferenzen der Käufer für verschiedene Geschäfte mit deren sozio-ökonomischen Merkmalen in Beziehung setzt (vgl. Howard & Sheth, 1969). Mit Hilde des MDS-Verfahrens werden die individuellen Wahrnehmungen von n Objekten im geometrischen Raum mit m Dimensionen repräsentiert. Wie bei der Faktorenanalyse wird mit dieser Datenreduktionstechnik im mehrdimensionalen Raum mit geringster Zahl von Dimensionen versucht, einen set beobachtbarer Ähnlichkeitsurteile darzustellen. Die Grundannahme dabei ist die, daß Konsumenten eine Mehrzahl von Objekten (z.B. Geschäfte, Produkte) gleichzeitig auf mehreren Dimensionen (und keineswegs nur auf einer einzigen) als mehr oder weniger ähnlich wahrnehmen.

Für marktpsychologische Untersuchungen empfiehlt sich die Verwendung der nonmetrischen MDS unter anderem auch deshalb, weil dabei häufig nur ordinale Daten zur Verfügung stehen.

Das in der Image-Forschung weitaus am häufigsten verwendete Verfahren ist das Semantische Differential in seinen verschiedenen Versionen. In der Regel enthält ein solches Differential eine Reihe von bipolar formulierten, 5- bis 7-stufigen Eigenschaftsskalen. (Eine unipolare Variante, die stapel-scale, benutzen z.B. Hawkins, Albaum & Best, 1974, 1976). Die Vorteile, die dieses Verfahren hat, sind unbestritten (vgl. Bergler 1975; Kelly & Stephenson, 1967): Einfachheit der Erhebung, leichte Quantifizierbarkeit der Daten, geringe Anforderungen an das verbale Ausdrucksvermögen der Pbn, brauchbare Reliabilitäten, hohe Qualität der Daten durch die Annahme von Intervallskalen-Niveau und der damit verbundenen Möglichkeit, verschiedene Datenreduktions-Techniken anzuwenden.

Die hauptsächliche Kritik an diesem Verfahren setzt bei der Tatsache an, daß es sich um eine forced-choice-Technik handelt, d.h. daß die Auswahl der Eigenschaften vorgegeben ist, womit die Möglichkeit besteht, daß die für den Probanden wichtigen items nicht enthalten sind. McDougall und Fry (1975) schlagen daher zur Verbesserung der Daten-Interpretierbarkeit ein das Semantische Differential ergänzendes ‚open-ended'-Verfahren vor, mit dessen Hilfe man die relevanten Image-Dimensionen bei den Betroffenen selbst erheben kann und das auch eine bessere Möglichkeit bietet, auftretende ‚weiß-nicht'-Antworten zu erfassen, die darauf hindeuten können, daß sich ein Image nicht ausgebildet hat. Der Mangel des Semantischen Differentials, daß die Pbn die neutrale Kategorie als ‚weiß-nicht'-Antwortmöglichkeit benutzen, kann durch offene Frageform einigermaßen ausgeglichen werden.

Aufgrund eines empirischen Vergleichs kommen die Autoren zu dem Schluß, daß eine kombinierte Datenerhebung mit beiden Methoden jedenfalls zu einer Steigerung der Ergebnisqualität beiträgt, ohne daß der Umfang der Datenerhebung nennenswert zunimmt.

Auch James, Durand und Dreves (1976) sowie Marks (1976) geht es darum, die Vorteile der Erhebung mittels des Semantischen Differentials zu erhalten und einige Nachteile dieses Verfahrens zu beheben:

James et al. beziehen sich auf Rosenberg und Fishbein und gehen von einem multi-attributiven Attitüdenmodell aus. Mit ihrem dreiteiligen Meßinstrument erfassen sie (1) ein generelles, eindimensionales Image-Maß (evaluation), (2) ein globales Wichtigkeits-Maß der in Voruntersuchungen ermittelten Image-Dimensionen (importance) und (3) ein belief-Maß des Image-Objekts auf den ermittelten Dimensionen.

In Anlehnung an Bass und Talarzyk (1972) wird für jedes Image-Objekt und jede Dimension ein mittleres belief-importance-Maß berechnet, das das vorhergesagte Attitüdenmaß darstellt; anschließend wird dieses Maß mit dem eindimensionalen evaluations-Maß korreliert.

Erhebungen mittels dieses Attitüdenmodells liefern den betrieblichen Entscheidungsgremien Informationen (1) zum Image-Objekt selbst, (2) zu konkurrierenden Image-Objekten und (3) zur Segmentierung von Konsumentengruppen.

Marks (1976) geht es insbesondere um die genauere Erfassung des (kognitiven) Image-Bildungs-Vorgangs, d.h. der Interaktion der salienten Image-Dimensionen, wie sie in den Köpfen der Konsumenten vor sich gehen kann. Das Problem der Interaktion löst er mittels Faktorenanalysen durch die Aggregierung beobachteter Variablen nach Maßgabe ihrer Interkorrelation in Dimensionen. Die Bewertung der Dimensions-Wichtigkeit erreicht Marks mittels multidimensionaler Regressionsanalyse: Wenn die Gesamtattitüde gegenüber einem Objekt die abhängige Variable darstellt und die Faktor-scores der Pbn die unabhängigen Variablen, dann erlaubt die Regressionsanalyse die Bestimmung der Faktor-Wichtigkeit.

Die Anwendung beider Techniken, der Faktorenanalyse und der multiplen Regression macht es danach möglich, umfangreiche Datenerhebungen sinnvoll zu reduzieren und interpretieren zu können.

7.2.4.4 Schlußbemerkungen

Die angeführten konzeptionellen und methodischen Beispiele mögen genügen, um die Richtung der Entwicklungen zu verdeutlichen. Ohne jeden Zweifel sind gegenüber den 60er Jahren insbesondere in der Imageforschung, aber auch in der marktpsychologischen Forschung insgesamt wesentliche Fortschritte zu verzeichnen. Es ist dennoch sehr wohl angebracht, auf einige Probleme und Risiken zu verweisen, die deutlicher als bisher in das Bewußtsein der Forscher und Praktiker gerückt werden müssen, wenn die Entwicklung in Richtung auf mehr systematische, mittels sauberer Methoden gewonnene, aussagekräftige Erkenntnisse der empirischen Untersuchungen vorankommen soll.

1. Nach wie vor stützt sich der ganz überwiegende Teil der empirischen Untersuchungen ausschließlich auf die Datenermittlung über Interviews. Dies muß als ein unbefriedigender, verbesserungswürdiger Zustand angesehen werden. Hier sollten multiple Meßverfahren verstärkt zum Zuge kommen, vor allem auch solche, die nicht auf Interview-Basis beruhen.

Einen sinnvollen Weg eröffnet die multitrait-multimethod-Matrix (Campbell & Fiske, 1959); damit können die gerade im Marketing-Bereich zahlreich wirksamen Variablen berücksichtigt werden, die durch Interview-Techniken nicht zu erschließen sind.

2. Die wünschenswerte Erhöhung der Zuverlässigkeit von empirischen Ergebnissen hängt wesentlich von der Güte des eingesetzten Meßinstruments ab. Validitäts- und Reliabilitätskriterien der verwendeten Instrumente sollten daher stärker beachtet werden als bisher.

3. In zu vielen Untersuchungen besteht das sample der Pbn aus Studenten, einer Population, die zwar leicht erreichbar ist, aber unter gegebenen Anwendungsgesichtspunkten oft nur eine (sicherlich kostengünstige) Ersatzlösung sein kann. Um praxisnahe Dateninterpretationen zu erreichen, müssen realistischere samples in Betracht kommen.

Das Situations-sampling ist ebenfalls weitgehend unterentwickelt; für manche Problemstellungen ist gerade die Berücksichtigung realistischer Situationen der Datenerhebung von entscheidender Bedeutung.

4. Ganz generell muß die Forderung nach Entwicklung von mehr und vielfältigeren Test-Methoden erhoben werden, in denen wissenschaftliche mit praktischen Erfordernissen verbunden sind. Auch dafür ist die verstärkte Kooperation zwischen Wissenschaft und Praxis eine Voraussetzung.

5. Die kaum befriedigende Kommunikations- und Kooperations-Situation zwischen Wissenschaft und Praxis ist immer noch das Haupthindernis für den

Entwicklungsfortschritt. Hier kann die Lösung nicht einfach im zufälligen und sporadisch stattfundenden gegenseitigen Erfahrungsaustausch liegen, sondern hier sind detailliertere und kontinuierlichere Kommunikationsformen nötig, wie z.B. die dauerhafte Einrichtung von gemeinsamen Seminaren im Rahmen der wissenschaftlichen Ausbildung.

Auch die wissenschaftlich und die praktisch orientierten Publikationsorgane könnten zum gegenseitigen Verständnis beitragen, wenn sie sich der jeweils anderen Autorengruppe stärker als bisher öffnen würden.

Literatur

Allport, G.W. Attitudes. In C. Murchison (Ed.), Handbook of Social Psychology, Worcster, Mass.: 1935, 798–884.

Anderson, N.H. Averaging versus adding as a stimulus combination rule in impression formation. Journal of Experimental Psychology, 1965, **3**, 394–400.

Anderson, N.H. Cognitive Algebra. In L. Berkowitz (Ed.), Advances in Experimental Social Psychology (Vol. 7). New York, N.Y.: 1974.

Arnold, St., Ma, S. & Tigert, D. A comporative analysis of determinant attributes in retail store selection. In H.K. Hunt (Ed.), Advances in Consumer Research (Vol. 5). Ann Arbor, Mich.: 1978, 663–667.

Asch, S.E. Forming Impressions of Personality. Journal of Abnormal and Social Psychology, 1946, **41**, 258–290.

Banks, S. The relationship between preference and purchase of brands. Journal of Marketing, 1950, **15** (2), 145–157.

Baron, R.A., Byrne, D. & Griffitt, W. Social Psychology, Understanding human interaction. Boston, Mass.: 1974.

Bass, F.M. & Talarzyk, W.W. An attitude model for the study of brand preference. Journal of Marketing Research, 1972, **9**, 93–96.

Bass, F.M. & Wilkie, W.L. A comparative analysis of attitudinal predictions of brand preference. Journal of Marketing Research, 1973, **10**, 262–269.

Beckwith, N.E. & Lehmann, D.R. The importance of differential weights in multiple attribute models of consumer attitude. Journal of Marketing Research, 1973, **10**, 141–145.

Bellenger, D.N., Steinberg, E. & Stanton, W.W. The congruence of store image and self image. Journal of Retailing, 1976, **52**, 17–32.

Bem, D.J. Beliefs, Attitudes, and Human Affairs. Belmont, Calif: 1970.

Benninghaus, H. Soziale Einstellungen und soziales Handeln. In G. Albrecht, H. Daheim & F. Sack (Hrsg.), Soziologie. Opladen: 1973, 671–707.

Bergler, R. Die Psychologie des Marken- und Firmenbildes. Stuttgart: 1963.

Bergler, R. Psychologie stereotyper Systeme, Bern. Stuttgart: 1966.

Bergler, R. (Hrsg.) Das Eindrucksdifferential. Theorie und Technik. Bern, Stuttgart: 1975.

Bergler, R. Einstellung und Verhalten als theoretisches Problem. In K.D. Hartmann & K.F. Koeppler (Hrsg.), Fortschritte der Marktpsychologie. Frankfurt: 1977, 53–67.

Bergler, R. & Six, B., Stereotype und Vorurteile. In C.F. Graumann (Hrsg.), Handbuch der Psychologie, (Band 7, 2). Göttingen: 1972, 1371–1432.

Berry, L.L. The components of department store image. Journal of Retailing, 1969, **41**, 1–16.

Berth, R. Marktforschung zwischen Zahl und Psyche. Stuttgart: 1959.

Berth, R. Wähler- und Verbraucherbeeinflussung. Empirische Grundlagen und theoretische Ansätze. Stuttgart: 1963.

Boulding, K. The Image. Ann Arbor, Mich.: 1956.

Brigham, J.C. Ethnic stereotypes. Psychological Bulletin, 1971, **76**, 15–38.

Bruce, J. First experiences with Fishbein theory and survey methods. ESOMAR Seminar on „Translating advanced advertising theories into research reality". Madrid: 1971, 25–39.

Brückner, P. Die informierende Funktion der Wirtschaftswerbung. Berlin: 1967.

Bruner, J.S. Personality dynamics and the process of perceiving. In R.R. Blake & G.V. Ramsey (Eds.), Perception: An approach to personality. New York, N.Y.: 1951, 121–147.

Bruner, J.S. On perceptual readiness. Psychological Review, 1957, **64**, 123–152.

Bruner, J.S. The course of cognitive growth. American Psychologist, 1964, **19**, 1–15.

Bruner, J.S. Beyond the information given. London: 1974.

Bruner, J.S. & Postman, L. An Approach to Social Perception. In W. Dennis & R. Lippitt (Eds.), Current Trends in Social Psychology. Pittsburg: 1951, 71–118.

Campbell, D.T. & Fiske, D.W. Convergent and discriminant validation by the multitrait-multimethod-matrix. Psychological Bulletin, 1959, **56**, 81–105.

Cardozo, R.N. How Images vary by product class. Journal of Retailing, 1975, **50**, 85–98.

Carroll, J.D. Individual differences and mulitdimensional scaling. In R.N. Shepard, A.K. Romney & S.B. Nerlove (Eds.), Multidimensional scaling (Vol. 1), Theory. New York, London: 1972, 105–155.

Cauthen, N.R., Robinson, J.E. & Krauss, H.H. Stereotypes: A review of the literature 1962–1968. Journal of Social Psychology, 1971, **84**, 103–125.

Chapman, W.S. Some observations on „a user's guide to Fishbein". Journal of the Market Research Society, 1970, **12**, 189–191.

Child, I.C. The judging of occupations form printed photographs. Journal of Social Psychology, 1936, **7**, 117–118.

Collins, B.E. Social Psychology. Reading, Mass.: 1970.

Cowling, A.B. Consequences of applying the Fishbein model to advertising planning. ESOMAR Seminar on „Translating advanced advertising theories into research reality". Madrid: 1971, 41–59.

Cunningham, R.M. Customer loyalty to store and brand. Harvard Business Review, 1961, **39** (6), 136–147.

Davis, A., Gardner, B. & Gardner, M. Deep South. Chicago, Ill.: 1941.

Day, G.S. Buyer Attitudes and Brand Choice Behavior. New York, N.Y.: 1970.

Day, G.S. Evaluating models of attitude structure. Journal of Marketing Research, 1972, **9**, 279–286.

DeFleur, M.L. & Westie, F.R. Verbal attitudes and overt acts; an experiment on the salience of attitudes. American Sociological Review, 1958, **23**, 667–673.

Deutscher, I. (Ed.) What we say, what we do. Sentiments and acts. Glenview, Ill.: 1973.

Dichter, E. Strategie im Reich der Wünsche. Düsseldorf: 1961. Original 1939.

Dichtl, E., Bauer, H.H. & Schobert, R. Die Dynamisierung mehrdimensionaler Marktmodelle am Beispiel des deutschen Automobjlmarktes. Marketing, Zeitschrift für Forschung und Praxis, 1980, **2**, 163–177.

Dickinson, R.A. Book Reviews. Journal of Retaling, 1975, **51**, 81–85.

Domizlaff, H. Die Gewinnung des öffentlichen Vertrauens. Hamburg: 1939, 1962.

Donnahoe, A.S. Research study of consumer loyalty. Journal of Retailing, 1956, **1**, 15–23.

Doyle, P. & Fenwick, I. How store image affects shopping habits in grocery chains. Journal of Retailing, 1975, **50**, 39–52.

Elms, A. Social Psychology and Social Relevance. Boston, Mass.: 1970.

Enis, B.M. & Paul, G.W. Store loyalty as a basis for market segmentation. Journal of Retailing, 1970, **46**, 42–56.

Faber, M. The Perception of Political Parties and Candidates. Proceedings of the 64th Congress of the APA. Chicago, Ill.: 1956.

Festinger, L. A theory of cognitive dissonance. Evanston, III.: 1957. Deutsche Übersetzung von M. Irle & V. Möntmann, Theorie der kognitiven Dissonanz. Bern: 1978.

Fichtner, H.E. Zum gegenwärtigen Stand der Motivforschung aus der Sicht ihrer Praxis. In G. Bergler & W. Vershofen (Hrsg.), Jahrbuch für Absatz- und Verbrauchsforschung, 1958, **4**, 207—226.

Fishbein, M. An investigation of the relationships between beliefs about an object and the attitude towards that object. Human Relations, 1963, **16**, 233—239.

Fishbein, M. Readings in attitude theory and measurement. New York, London, Sydney: 1967.

Fishbein, M. & Ajzen, I. Attitudes and Opinions. Annual Review of Psychology, 1972, **23**, 487—544.

Fishbein, M. & Ajzen, I. Belief, Attitude, Intention and Behavior: An Introduction to Theory and Research. Reading, Mass., Menlo Park, Calif., London, Amsterdam, Don Mills, Ontario, Sydney: 1975.

Fishbein, M. & Hunter, R. Summation versus balance in attitude organization and change. Journal of Abnormal and Social Psychology, 1964, **69**, 505—510.

Fishbein, M. & Raven, B.H. The A-B-Scales: An operational definition of belief and attitude. Human Relations, 1962, **15**, 35—44.

Fishman, I.A. An examination of the process and function of social stereotyping. Journal of Social Psychology, 1956, **43**, 27—64.

Fleming, D. Attitude: The history of a concept. Perspectives in American History, 1967, **1**, 287—365.

Frederick, J.G. Introduction to Motivation Research. New York, N.Y.: 1957.

Gahagan, L. Judgments of occupations from printed photographs. Journal of Social Psychology, 1933, **4**, 128—134.

Gardner, B. What is a corporate image? Southwest Marketing Conference. Houston, Texas: 1959 (Unpublished Manuscript).

Gardner, B. & Levy, S. The product and the brand. Harvard Business Review, 1955, **33** (2), 33—40.

Gardner, B. & Rainwater, L. The mass image of bis business. Harvard Business Review, 1955, **33** (6), 61—66.

Gfk, Die Gfk-Skalen. Ansatz, Methodik und Verfahren der psychologischen Einstellungsmessung. In G. Bergler & W. Vershofen (Hrsg.), Jahrbuch der Absatz- und Verbrauchsforschung, 1968, **14** (3), 261—283.

Goldman, A. Publishing activity in marketing as an indicator of its structure and disciplinary bondaries. Journal of Marketing Research, 1979, **16**, 485—494.

Gordon, R. Stereotypy of imagery and beliefs as an ego defense. British Journal of Psychology, 1962. Monograph Supplement.

Green, P.M. & Wind, Y. Multiattribute decisions in marketing. Hillsdale, III.: 1973.

Gutjahr, G. Markt- und Werbepsychologie. Teil I: Verbraucher und Produkt. Heidelberg: 1972.

Hamilton, D.L. A cognitive-attributional analysis of stereotyping. In L. Berkowitz, (Ed.), Advances in Expperimental Social Psychology (Vol. 12), New York, N.Y.: 1979, 53–84.

Hartmann, H. & Wakenhut, R. Automatische Klassifikation nach gesellschaftlich-politischen Attitüden. Zeitschrift für Sozialpsychologie, 1972a, **3**, 305–312.

Hartmann, H. & Wakenhut, R. Zur Dimensionalität gesellschaftlich-politischer Attitüden bei unterschiedlichen Gruppen. Zeitschrift für Sozialpsychologie, 1972b, **3**, 96–115.

Hartmann, H. & Wakenhut, R. Über Aktualität und Effizienz von Attitüdenskalen. Zeitschrift für Sozialpsychologie, 1973, **4**, 195–206.

Hartmann, H. & Wakenhut, R. Strukturanalysen in der Attitüdenforschung: Theorie und Methode. Zeitschrift für Sozialpsychologie, 1975, **6**, 164–171.

Hartmann, K.D. Ein Beitrag zum Problem des „Brand-Image". GFM-Mitteilungen zur Markt- und Absatzforschung, 1962, **8** (3/4), 85–88.

Hawkins, D.I., Albaum, G. & Best, R. Stapel scale or semantic differential in marketing research? Journal of Marketing Research, 1974, **11**, 318–322.

Hawkins, D.I., Albaum, G. & Best, R. Reliability of retail store images as measured by the stapel scale. Journal of Retailing, 1976, **52**, pp. 31–38; 92–93.

Hayakawa, G.L. Recognizing stereotypes as substitutes for thought. Review of General Semantics, 1950, **7**, 208–210.

Heintz, P. Soziale Vorurteile. Köln: 1957.

Henry, H. Motivation Research. London: 1958.

Hoffmann, H.-J. Werbepsychologie. Berlin: 1972.

Hofstätter, P.R. Die Psychologie der öffentlichen Meinung. Wien: 1949.

Hofstätter, P.R. Psychologie. Frankfurt: 1957.

Hofstätter, P.R. Das Denken in Stereotypen. Göttingen: 1960.

Hofstätter, P.R. & Lübbert, H. Bericht über eine neue Methode der Eindrucksanalyse in der Marktforschung. Psychologie und Praxis, 1958, **2**, 71–77.

Howard, J.A. & Sheth, J.N. The Theory of Buyer Behavior. New York, N.Y.: 1969.

Insko, C.A. & Schopler, J. Experimental Social Psychology. New York, N.Y.: 1972.

Irle, M., Entstehung und Änderung von sozialen Einstellungen (Attitüden). In F. Merz (Hrsg.), Bericht über den 15. Kongreß der Deutschen Gesellschaft für Psychologie. Göttingen: 1967, 194–221.

Jacoby, J., Consumer Research: Telling it like it is. In B.B. Anderson (Ed.), Advances in Consumer Research (Vol. 3). Cincinnati, Ohio: 1976, 1–11.

Jain, A.K. & Etgar, M. Measuring store image through multidimensional scaling of free response data. Journal of Retailing, 1977, **52**, pp. 61–70, 95–96.

James, D.L., Durand, R.M. & Dreves, R.A. The use of a multiattribute attitude model in a store image study. Journal of Retailing, 1976, **52**, 23–32.

Johannsen, M. Vom Bekanntheitsgrad zum Imagebegriff. Die Anzeige, 1967, **1**, 8–10.

Johannsen, M. Das Marken- und Firmen-Image. Berlin: 1971.

Johannsen, M. Image. In B. Tietz (Hrsg.), Handwörterbuch der Absatzwirtschaft. Stuttgart: 1974, 809–825.

Jones, E.E. & Gerard, H.B. Foundations of Social Psychology. New York, N.Y.: 1967.

Kassarjian, H.H. Personality and consumer behavior: A review. Journal of Marketing Research, 1971, **8**, 409–418.

Katz, D. & Braly, K.W. Racial stereotypes of 100 college students. Journal of Abnormal and Social Psychology, 1933, **28**, 280–290.

Katz, D. & Braly, K.W. Racial prejudice and racial stereotypes. Journal of Abnormal and Social Psychology, 1935, **30**, 175–193.

Kelly, R.F. & Stephenson, R. The Semantic Differential: An information source for designing retail patronage appeals. Journal of Marketing, 1967, **31** (4), 43–47.

King, C., Tigert, D. & Ring, L. Contemporary fashion theory and retail shopping behavior: A segmentation analysis. In E. Nuazze (Ed.), Combined Proceedings (No. 37). Chicago, Ill.: 1975.

Kleining, G. Wo steht die Motivforschung heute? Der Markenartikel, 1958, **20**, 154–159.

Kleining, G. Zum gegenwärtigen Stand der Imageforschung. Psychologie und Praxis, 1959, **3**, 198–212.

Klenger, F. & Krautter, J. Simulation des Käuferverhaltens, Teil 1: Werbewirkung und Käuferverhalten. Wiesbaden: 1972.

Kroeber-Riehl, W. Konsumentenverhalten. München: 1975.

Kruskal, J.B. & Carmone, F.J. Howe to use M-D-SCAL (Version 5 M) and other useful information. Murray Hill, N.J.: 1969.

Kunkel, J.H. & Berry, L.L. A behavioral conception of retail image. Journal of Marketing, 1968, **32** (4), 21–27.

Lange, F.K. Psychologische Probleme des „Markenbildes". Der Markenartikel, 1958, **20**, 908–920.

Lange, F.K. Zur Analyse des „Markenbildes". Die Anzeige, 1959, **35**, 188–199.

Lappe, H. Die Verhaltensrelevanz von Einstellungen als methodisches Problem. In K.D. Hartmann & K.F. Koeppler (Hrsg.), Fortschritte der Marktpsychologie. Frankfurt: 1977, 71–84.

Lehmann, D.R. Television show preference. Application of a choice model. Journal of Marketing Research, 1971, **8**, 47–55.

Lewin, K. Principles of topological Psychology. New York, London: 1936.

Lewin, K. Field theory in social science. New York, N.Y.: 1961.

Lilli, W. Zum Vorhersagewert von Einstellungen für das reale Verhalten. Marketing, Zeitschrift für Forschung und Praxis, 1980, **2**, 179−184.

Lilli, W. Grundlagen der Stereotypisierung. Göttingen: 1982.

Lindquist, J.D. Meaning of image. Journal of Retailing, 1975, **50**, 29−38.

Lippmann, W. Public Opinion. New York, N.Y.: 1922.

Litterer, O.E. Stereotype. Journal of Social Psychology, 1933, **4**, 59−69.

Lucas, D.B. & Britt, St. Advertising Psychology and Research. New York, N.Y.: 1950.

Marbe, K. Psychologie der Werbung. Stuttgart: 1927.

Marks, R.B. Operationalizing the concept of store image. Journal of Retailing, 1976, **52**, 37−46.

Martineau, P. Motivation in Advertising: Motives that make people buy. New York, N.Y.: 1957.

Martineau, P. The personality of the retail store. Harvard Business Review, 1958, **36** (1), 47−55.

May, E.G. Image evaluation of a department store. Cambridge, Mass.: 1971.

May, E.G. Department store images: Basic findings. Cambridge, Mass.: 1972.

May, E.G. Management applications of retail image research. Cambridge, Mass.: 1973.

May, E.G. Pratical applications of recent retail image research. Journal of Retailing, 1974, **50**, pp. 15−20, 116.

Mazanec, J. Einstellungsmessung in der Marktforschung: eindimensional-summativ oder mehrdimensional? Der Markt, 1975, **55**, 89−92.

Mazanec, J. Probabilistische Meßverfahren in der Marketingforschung. Marketing. Zeitschrift für Forschung und Praxis, 1979, **1**, 174−186.

McClure, P.J. & Ryan, J.K. Difference between retailers' and consumers perceptions. Journal of Marketing Research, 1968, **5**, 35−40.

McDougall, G.H.G. & Fry, J.N. Combining two methods of image measurement. Journal of Retailing, 1975, **50**, 53−61.

McGuire, W.J. The nature of attitudes and attitude change. In G. Lindzey & E. Aronson (Eds.), The Handbook of Social Psychology, (Vol. III.). Reading, Mass.: 1969, 136−314.

Meinefeld, W. Einstellung und soziales Handeln. Hamburg: 1977.

Menefee, S.L. The effect of stereotyped words on political judgments. American Sociological Review, 1936, **1**, 614−621.

Metzger, W. Psychologie. Die Entwicklung ihrer Grundannahmen seit der Einführung des Experiments. Darmstadt: 1963.

Meyer, P.W. Die Problematik der Koordination von Ergebnissen der Marktmessung und der Marktbildforschung im Unternehmen. In G. Bergler & W. Vershofen (Hrsg.), Jahrbuch der Absatz- und Verbrauchsforschung, 1964, **10** (2), 90−97.

Meyer, P.W., Das betriebswirtschaftliche Marktmodell. Ein Beitrag der Markttheorie. Betriebswirtschaftliche Forschung und Praxis, 1965, **17** (11/12), 638−666.

Michotte, A. The perception of causality. London: 1963.

Miller, K.E. & Ginter, J.L. An investigation of situational variation in brand choice behaviors and attitude. Journal of Marketing Research, 1979, **16**, 111−123.

Minard, P.W. & Cohen, J.B. Isolating attitudinal and normative influences in behavioral intentions models. Journal of Marketing Research, 1979, **16**, 102−110.

Mitchell, A. The brand image and advertising effectiveness. ESOMAR-Conference, Cortina d'Ampezzo: Vortragsmanuskript, 1958.

Mizerski, R.W., Golden, L.L. & Kernan, J.B. The attribution process in consumer decision making. Journal of Consumer Research, 1979, **6**, 123−140.

Moore, H. What is a brand image? Art Direction, 1957, **10**, 12−18.

Müller, G. Das Image des Markenartikels. Opladen: 1971.

Myers, J.H. & Alpert, M.I. Determinant buying attitudes: Meaning and measurement. Journal of Marketing, 1968, **32** (4), 13−20.

Myers, J.G., Greyser, S.A. & Massy, W. The effectiveness of marketing's ‚R+D' for marketing management: An assessment. Journal of Marketing, 1979, **43** (1).

Neisser, U. Cognition and Reality. San Francisco, Calif.: 1967.

Newman, J.W. Motivation Research and Marketing Management. Norwood, Mass.: 1957.

Ohde, H.J. Das Marken-Erlebnis. In Der Markt, heute und morgen. Referat auf der 3. Jahrestagung der VDM, 1957.

Olshavsky, R.W. & Granbois, D.H. Consumer decision making fact or fiction? Journal of Consumer Research, 1979, **6**, 93−100.

Osgood, C.E. The nature and measurement of meaning. Psychological Bulletin, 1952, **49**, 197−237.

Osgood, C.E., Suci, G.J. & Tannenbaum, P.H. The Measurement of Meaning. Urbana, Ill.: 1957.

Oxenfeld, A.R. Developing a favorable price quality image. Journal of Retailing, 1975, **50**, 8−14.

Pathak, D.S., Crissy, W.J.E. & Sweitzer, R.W. Customer image versus the retailer's anticipated image. Journal of Retailing, 1975, **50**, 21−28.

Pessemier, E.A. Retail patronage behavior. Working Paper, Purdue University, West Lafayette, Ind.: 1979.

Pessemier, E.A. Store image und positioning. Journal of Retailing, 1980, **56**, 94−106.

Peter, P. Reliability: A review of psychometric basics and recent marketing practices. Journal of Marketing Research, 1979, **16**, 6−17.

Petermann, F. Einstellung und Verhalten − eine methodenkritische Einordnung einer sozialpsychologischen Fragestellung. In S. Hormuth (Hrsg.), Sozialpsychologie der Einstellungsänderung. Meisenheim: 1979, 247−262.

Petermann, F. (Hrsg.) Einstellungsmessung, Einstellungsforschung. Göttingen: 1980.

Postman, L. Toward a general theory of cognition. In J.H. Rohrer & M. Sherif (Eds.), Social psychology at the crossroads. New York, N.Y.: 1951, 242−272.

Radler, R. Die Marktstellung maßgeblicher Marken. In G. Bergler & W. Vershorfen (Hrsg.), Jahrbuch der Absatz- und Verbrauchsforschung, 1958a, **4**, 144−153.

Radler, R. Markeninvestition und Markenbild. In G. Bergler & W. Vershofen (Hrsg.), Jahrbuch der Absatz- und Verbrauchsforschung, 1958b, **4** (3), 178−183.

Raffeé, H., Sauter, B. & Silberer, G. Theorie der kognitiven Dissonanz und Konsumgüter-Marketing. Wiesbaden: 1973.

Rainwater, L. Presidential Images. Chicago, Ill.: 1956 (unpublished manuscript).

Ray, M.L. Measurement and marketing research − is the flirtation going to lead to a romance? Journal of Marketing Research, 1979, **16**, 1−6.

Reynolds, F.D., Darden, W.R. & Martin, W.S. Developing an image of the story-loyal customer. Journal of Retailing, 1975, **50**, 73−84.

Rice, S.A. Stereotypes: A source of error in judging human character. Journal of Personality Research, 1926, **5**, 267−276.

Richter, H.J. Einführung in das Image-Marketing. Stuttgart, Berlin, Köln, Main: 1977.

Ring, L.J. Retail Positioning: A multiple discriminant analysis approach. Journal of Retailing, 1979, **55**, 25−36.

Rohracher, H. Einführung in die Psychologie. Wien, Innsbruck: 1960.

Rokeach, M. Attitude change and behavioral change. Public Opinion Quarterly, 1966, **3**, 529−550.

Rosch, E. Zur Angemessenheit von Integrationsmodellen in der sozialen Eindrucksbildung. Zeitschrift für Sozialpsychologie, 1977, **8**, 247−255.

Rosenberg, M.J. An analysis of affective-cognitive consistency. In M.J. Rosenberg, C.I. Hovland, W.J. McGuire, R.P. Abelson & J.W. Brehm (Eds.), Attitude Organization and Change. New Haven, Conn.: 1960, 15−64.

Rosenberg, M.J. Cognitive Structure and Attitudinal Affect. In M. Fishbein (Ed.), Readings in Attitude Theory and Measurement. New York, London, Sydney: 1967, 325−331.

Rosenstiel, L. v. & Ewald, G. Marktpsychologie, Band II, Psychologie der absatzpolitischen Instrumente. Stuttgart, Berlin, Köln, Mainz: 1979b.

Roth, E. Einstellungen als Determination individuellen Verhaltens. Göttingen: 1967.

Sampson, E.E. Social Psychology and Contemporary Society. New York, N.Y.: 1971.

Sampson, P. Attitude Measurement and Behavioral Prediction in Market Research using a priori Psychological Models of Consumer Behaviour: A Review of the supporting evidence for the value of such models. ESOMAR/WAPOR Congress, Helsinki: 1971, 45–75.

Sampson, P. & Harris, P. A user's guide to Fishbein. Journal of the Market Research Society, 1970, **1**, 145–189.

Sandell, R.G. Effects of attitudinal and situational factors on reported choice behavior. Journal of Marketing Research, 1968, **5**, 405–408.

Sargent, S.S. Emotional stereotypes in the Chicago Tribune. Sociometry, 1939, **2**, 69–75.

Schmidt, H.D., Brunner, E.J. & Schmidt-Mummendey, A. Soziale Einstellungen. München: 1975.

Schnedlitz, P. Einstellungsmäßige und normative Determination von Kaufabsichten. Dissertation, Universität Graz. Graz: 1979.

Schnedlitz, P. Multiattributive und soziale Beeinflussung von Kaufabsichten. Schriftreihe der Betriebswirtschaftlichen Institute (Nr. 5), Universität Graz. Graz: 1981.

Schümer, R. Eine experimentelle Untersuchung zur sozialen Eindrucksbildung. Zeitschrift für Sozialpsychologie, 1971, **2**, 92–108.

Schulz, R. Kaufentscheidungsprozesse des Konsumenten. Wiesbaden: 1972.

Secord, P.F. & Backman, C.W. Social Psychology. New York, N.Y.: 1964.

Sewell, S.W. Discovering and improving store image. Journal of Retailing, 1975, **50**.

Sheluga, D.A., Jacard, J. & Jacoby, J. Preference, search, and choice: An integrative approach. Journal of Consumer Research, 1979, **6**, 166–176.

Sherif, M. An experimental study of stereotypes. Journal of Abnormal and Social Psychology, 1936, **29**, 371–375.

Sheth, J.N. An investigation of relationships among evaluative beliefs, affect, behavioral intention and behavior. Unpublished Paper, University of Illionois: 1970.

Sheth, J.N. Brand Profiles from Beliefs and Importances. Journal of Advertizing Research, 1973, 37–42.

Sheth, J.N. & Talarzyk, W.W. Perceived instrumentality and value importance as determinants of attitudes. Journal of Marketing Research, 1972, **9**, 6–9.

Shocker, A.D. & Srinivasan, V. Multiattribute approaches for product concept evaluation and generation: A critical review. Journal of Marketing Research, 1979, **16**, 159–180.

Singson, R.L. Multidimensional scaling analysis of store image and shopping behavior. Journal of Retailing, 1975, **51**, pp. 38–52, 93.

Six, B. Die Relation von Einstellung und Verhalten. Zeitschrift für Sozialpsychologie, 1975, **6**, 270–296.

Smith, G.H. Motivation Research in Advertising and Marketing. New York, N.Y.: 1954 (deutsch: Warum Kunden kaufen. München: 1955).

Social Research Incorporation, A study of Motivations relating to Soaps and Chemical Detergents. Chicago, Ill.: 1957.

Sodhi, K.S. & Bergius, R. Nationale Vorurteile. Berlin: 1953.

Spiegel, B. Die Struktur der Meinungsverteilung im sozialen Feld. Das psychologische Marktmodell. Bern, Stuttgart: 1961.

Spiegel, B. & Nowak, H. Image und Image-Analyse. In W. Dummer (Hrsg.), Marketing Enzyklopädie. München: 1974, 965–977.

Staats, A.W. & Staats, C.K. Complex Human Behavior: A systematic extension of learning principles. New York, N.Y.: 1963.

Tajfel, H. Stereotypes. Race, 1963, **5**, 3–14.

Tate, R.S. The supermarket battle for store loyalty. Journal of Marketing, 1961, **25** (6), 8–13.

Thurstone, L.L. Attitudes can be measured. American Journal of Sociology, 1946, **52**, 39–40.

Tigert, D.J. Consumer typologies and market behavior. Doctoral Dissertation, West Lafayette, Ind.: 1966 (Purdue University).

Tittle, C.R. & Hill, R.J. Attitude measurement and prediction of behavior: An evaluation of conditions and measurement techniques. Sociometry, 1967, **30**, 199–213.

Tolman, E.C. Behavior and psychological man. Berkley, Calif.: 1958.

Troll, K. Transfer-Praxis: Thesen und Erfahrungen. Absatzwirtschaftliche Zeitschrift für Marketing, 1981, **24**, 96–100.

Trommsdorff, V. Die Messung von Produktimages für das Marketing. Grundlagen und Operationalisierung. Köln, Berlin, Bonn, München: 1975.

Trommsdorff, V. Image und Einstellungsmessung in der Marktforschung. Der Markt, 1976, **57**, 28–32.

Tyebjee, T.T. Response time, conflict, and involvement in brand choice. Journal of Consumer Research, 1979, **6**, 195–304.

Vinacke, W.E. Explorations in the dynamic processes of stereotyping. Journal of Social Psychology, 1956, **43**, 105–132.

Vinacke, W.E. Stereotype as social concepts. Journal of Social Psychology, 1957, **46**, 229–243.

Warner, L.G. & DeFleur, M.L. Attitudes as an interactional concept: Social constraint and social distance as intervening variables between attitudes and action. American Sociological Review, 1969, **34**, 153–169.

Warshaw, P.R. A new model for predicting behavioral intentions. An alternative to Fishbein. Journal of Marketing Research, 1980, **17**, 153–172.

Wells, W.D. Life style and psychographics. Chicago, Ill.: 1974.

Wicker, A.W. Attitudes versus actions: The relationship of verbal and overt behavioral responses to attitude objects. Journal of Social Issues, 1969, **25**, 41–78.

Wilkie, W.L. & Pessemier, E.A. Issues in marketing's use of multi-attribute attitude models. Journal of Marketing Research, 1973, **10**, 423–441.

Winkler, A. Kommt dem Image-Begriff eine entscheidende Bedeutung in der modernen Absatzforschung zu? ESOMAR-Kongreß, Wien: 1967, 469–487.

Winkler, A. Kritische Überlegungen zur Tragfähigkeit des Image-Begriffs. In G. Bergler & W. Vershofen (Hrsg.), Jahrbuch der Absatz- und Verbrauchsforschung, 1973, **19**, 147–156.

Wolf, H.E. Die Beziehungen zwischen Vorurteils-Image und Warenbild. GFM-Mitteilungen für Markt- und Absatzforschung, (Band 9), 1966.

Wolf, H.E. Zur Soziologie der Vorurteile. In R. König (Hrsg.), Handbuch der empirischen Sozialforschung, (Band 2), 1969, 912–960.

Wolf, H.E. Kritik der Vorurteilsforschung. Stuttgart: 1979.

Wyckham, R.G., Lazer, W. & Crissy, W.J.E. Images and Marketing: A selected and annotated bibliography. Chicago, Ill.: 1971.

Zimbardo, P.G. & Ebbesen, E.B. Influencing attitudes and changing behavior. Reading, Mass.: 1970.

8. Kapitel

Probleme der Motivations- und Emotionsforschung

Dorothee Dickenberger und *Gisla Gniech*

8.1 Einleitung

Die Frage der Motivation menschlichen Handelns ist seit Beginn dieses Jahrhunderts expliziter Forschungsgegenstand der empirischen Psychologie. Die Vielfalt von Problembereichen, die unter dem Namen Motivation erforscht wurden, läßt sich an der nachfolgenden Übersicht erkennen, in der zu dem Namen der Hauptvertreter der Motivationsforschung die wesentlichsten der von ihnen verwendeten Begriffe aufgeführt sind.

In diesem Beitrag müßte dargestellt werden, wie sich das Verhalten von Personen auf „Märkten" durch Motivation erklären läßt. „Marktgeschehen" beinhaltet aber in seiner allgemeinsten Form nicht minder vielfältige Aspekte, Prozesse und Merkmale. Es müßten also, ausgehend von motivationalen Gegebenheiten, Ereignissen wie z.B. der Kauf von Kaffee der Marke X (und nicht Y) oder dem Haus Nr. 1 (und nicht 2), die Stimmabgabe für die politische Partei A (und nicht B) oder die Wahl des Berufes N (und nicht M) erklärt oder vorhergesagt werden.

Die Voraussetzungen zur Erklärung und Vorhersage solchen Verhaltens sind denkbar ungünstig: Es gibt nicht *eine* Theorie der Motivation, sondern verschiedenste Theorien, die unterschiedliche Sachverhalten im Zusammenhang zielgerichteten Handelns analysieren und erklären. Der bisher am weitestgehend untersuchte Sachverhalt ist das leistungsmotivierte Handeln, die Leistungsmotivation. Heckhausen (1980) integriert über 100 empirische Untersuchungen (der letzten knapp 50 Jahre), um die Entwicklung des Leistungsmotivs darzustellen und bemerkt: „Ein solcher Versuch zur Integration muß natürlich beim jetzigen Kenntnisstand spekulativ bleiben" (S. 677). Wieviel spekulativer muß dann der Versuch sein, Marktverhalten, bei dem eine Fülle von Motiven unterstellt werden kann, zu erklären! Das (Grundlagen-)Forschungsprogramm marktbezogener Motivationsforschung, auf das die Autoren zur adäquaten Behandlung dieses Themas zurückgreifen könnten, fehlt noch (auch wenn sporadisch in der Motivationsforschung Verhaltensweisen untersucht werden, die als

Nachfrageverhalten klassifiziert werden können). Führt man sich andererseits vor Augen, welches die Grundfrage der Motivationsforschung ist, nämlich das „Wozu menschlichen Handelns", so ist bei dieser Breite der Fragestellung nicht verwunderlich, daß dieser Forschungszweig der Psychologie trotz der Fülle der theoretischen und empirischen Arbeiten Fragen des Markt-Verhaltens der Nachfrager nur in Ansätzen beantworten kann. So wie es sich in der Motivationsforschung als fruchtbar erwiesen hat, von der Erforschung des allgemeinen Konzepts – Motiv – auf spezielle, eng umgrenzte Fragestellungen – Leistungsmotiv(ation) – überzugehen, verspricht auch in der Marktpsychologie dieses Vorgehen am ehesten Erfolg beim Versuch, motivationale Aspekte des Marktgeschehens zu erklären. Hier wird auch das Schwergewicht dieses Beitrages liegen; der Darstellung der Motivationsforschung ist bereits ein anderer Band dieses Handbuches gewidmet.

Das zweite Thema dieses Kapitels, Emotion, ist zwar einerseits integrierbarer Bestandteil der Motivationsforschung, hat aber andererseits motivationsunabhängige Forschungsarbeiten aufzuweisen. Doch auch hier ist der Versuch, die Auswirkungen von Emotionen auf das Verhalten von Nachfragern zu spezifizieren, problematisch. Auch im Bereich der Emotion gibt es eine Reihe unterschiedlicher Theorien, die verschiedene Aspekte von Emotionen zu erklären versuchen. Obwohl in allen neueren Modellen des Verbraucherverhaltens (z.B. Howard & Sheth, 1969; Nicosia, 1966; s. dazu auch Kotler, 1966; Kover, 1967; Meffert, 1971) neben Motiven auch Emotionen als Kodeterminanten in den Entscheidungsprozeß einbezogen sind, fehlt ein (Grundlagen-)Forschungsprogramm marktbezogener Emotionsforschung, das geeignet wäre, Emotionen und ihre Auswirkungen so zu spezifizieren, daß sie im Rahmen solcher Modelle auch einsetzbar wären (eine Ausnahme bilden hierbei die Arbeiten zu Effekten furchterregender Kommunikation, auf die später eingegangen wird).

Durch diese Vorbemerkungen ist deutlich, daß sich in dem vorliegenden Kapitel kein abgerundetes Bild über Motivationen und Emotionen von Nachfragern finden wird. Es werden statt dessen einige, vornehmlich kognitiv orientierte, Theorien der Motivation bzw. Emotion vorgestellt, sowie deren Überprüfung im Zusammenhang mit Nachfrageverhalten aufgezeigt. Anschließend werden die Möglichkeiten der Messung von Emotionen und Motivationen dargestellt und diskutiert. Überlegungen zur Anwendbarkeit motivations- und emotionspsychologischer Konzepte auch in Bezug auf Märkte wie „Politik", „Arbeit" und „Ökologie" beenden das Kapitel.

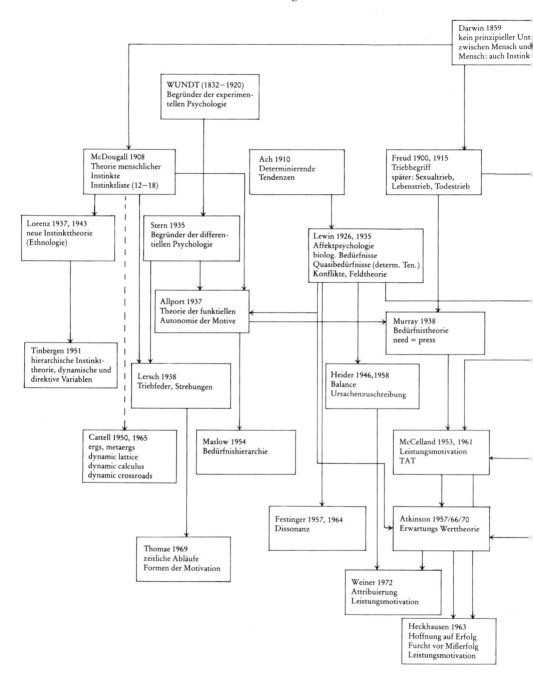

Abb. 1: Geschichte der Motivationsforschung (in Anlehnung an Madsen 1974)

Probleme der Motivations- und Emotionsforschung

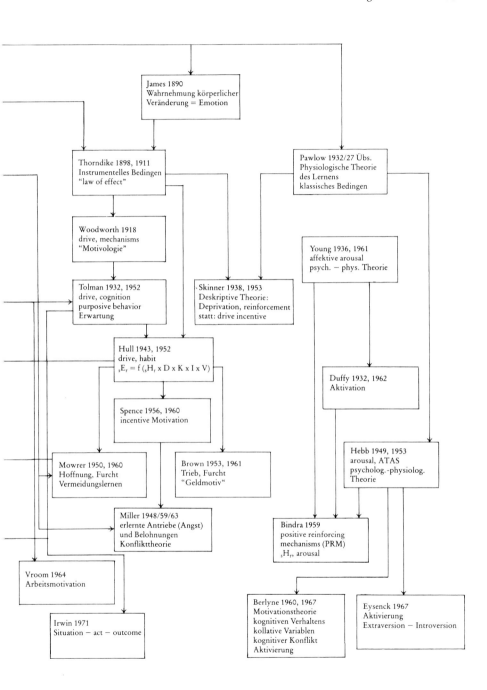

8.2 Motivation

Der Begriff Motivation ist eine gedankliche (Hilfs-)Konstruktion. Dieses hypothetische Konstrukt soll erklärend zwischen „vorauslaufenden Bedingungen der *Situation*, individuellen Besonderheiten der *Person* und dem nachfolgenden *Handeln*" vermitteln (Heckhausen, 1980, S. 29). Die Problematik dieses Konstruktes liegt darin, daß es zu zirkulären Scheinerklärungen verführt: beliebiges Handeln wie z.B. den Kauf eines Spiels mit einem Spielmotiv zu erklären. Nur wenn die Bedingungen für das Vorhandensein eines „Motivs" angegeben werden können, wenn spezifiziert wird, mit welcher Art – ggf. auch welchen Arten – (zielgerichteten) Handelns dieses Motiv zu verbinden ist und dann noch situative Gegebenheiten identifiziert werden, die dieses Motiv anregen, hat ein solches Konstrukt Erklärungswert.

In der Motivationsforschung lassen sich zwei grundlegende Antwortmuster auf die Frage nach dem Wozu menschlichen Handelns identifizieren. Einmal ist das Augenmerk auf Eigenschaften, Triebe, Instinkte, Bedürfnisse, *Motive,* also auch dispositionelle Faktoren der Handlungsdetermination gerichtet; auf der anderen Seite sind es eher die Prozeß- und Funktionsvariablen der Motivation, die situationsabhängig Handlungen in Richtung auf ein Ziel steuern und mit der Zielerreichung wieder schwinden.

Nach einer kurzen Darstellung der *Motiv*forschung wird das Problem *Motivation* das Hauptgewicht dieses Kapitels tragen. Es sind hier vor allem kognitiv orientierte Theorien, aus denen spezielle Aspekte zur Erklärung von zielgerichtetem Handeln herausgegriffen werden.

8.2.1 Motiv-Forschung

Zunächst sei nochmals erwähnt, daß es sich bei Motiven nicht um direkt beobachtbare, um tatsächliche Sachverhalte handelt, sondern um ein Denkmodell, eine intervenierende Variable (Tolman, 1932). „Motiv" bezeichnet Eigenschaften/Zustände von Personen, die in sich die Richtung auf ein Ziel tragen. Wenn Motive aber als Erklärungsglied, als intervenierende Variable zwischen Anfangsbedingung und Zielzustand „ausgedacht" sind, ist ihre Menge nur abhängig von der Kreativität des Forschers. Die Listen, die für die verschiedensten Instinkte, Triebe oder Motive zeitweise aufgestellt wurden, sind entsprechend lang: Bernard (1924) fand 14046 Instinkte.

8.2.1.1 Welche Motive gibt es?

Bei der Erforschung der Motive menschlichen Handelns findet man Begriffe wie „Trieb" (Freud, 1915; Hull, 1943), „Instinkt" (Lorenz, 1937; McDougall,

1908), „Bedürfnis" (Maslow, 1954; Murray, 1938), „Neigung" (McDougall, 1932), „Eigenschaften" (Allport, 1937), „Antriebserlebnisse" (Lersch, 1938), „Erg" (Cattell, 1957). Der erste Forscher, der motiviertes Handeln durch *Instinkte* erklärte, war McDougall. Seine Definition von Instinkt ist sehr weitreichend: Instinkte sind angeborene Dispositionen, die die Wahrnehmung beeinflussen, durch emotionale Impulse Handlungen aktivieren und steuern (1908, S. 25): Instinkte sind der Motor für menschliches Verhalten und Denken. McDougall stellt die wesentlichen Instinkte mit ihren dazugehörigen Emotionen zusammen: Es sind dies folgende 12:

1. flight and the emotion of fear
2. repulsion and the emotion of disgust
3. curiosity and the emotion of wonder
4. pugnacity and the emotion of anger
5. self-abasement and the emotion of negative self-feeling of subjection
6. self-assertion and the emotion of positive self feeling of elation
7. parental instinct and the tender emotion
8. reproduction   – – – –
9. desire for food   – – – –
10. gregoriousness   – – – –
11. acquisition   – – – –
12. construction   – – – –

Als Folge der Instinktkontroverse (vs. Watson, 1919) sprach McDougall später von Neigungen (propensities); seine Erklärung „motivierten Handelns" änderte sich nicht wesentlich: "A propensity is a disposition, a functional unit of the minds total organisation and it is one, which when it is excited generates an active tendency, a striving, an impulse or drive towards some goal" (1932, S. 118).

Murray (1938) ging über solche eher einseitige Betrachtungsweise der Motivation als durch dispositionelle Personenfaktoren determinierte Eigenschftstheorie hinaus. Die Person (Organismus) und die wahrgenommene Situation stehen unter gegenseitigem Einfluß. Die Person ist aktiv, sie reagiert nicht nur auf die Situation, sondern sucht Situationen gestaltend auf. Murray führt zwei „hypothetische Konzepte" ein: 1.) „need" (Bedürfnis), als Eigenschaft der Person „an organic potentiality or readiness to respond in a certain way under given conditions. In this sense need is a latent attribute of an organism" (1938, S. 61) und 2.) „press" (Druck) als entsprechendes Konzept auf der Situationsseite: „... kind of effect an object or situation is exerting or could exert upon the subject" (1938, S. 748). Zwischen Bedürfnis und Druck besteht eine Wechselwirkung derart, daß ein situationsbedingter Druck das entsprechende Bedürfnis bei der Person hervorruft und umgekehrt ein Bedürfnis den dazu gehörigen situativen Druck aufsucht. Diese Wechselwirkung nennt Murray „thema".

In langwierigen Versuchsreihen hat Murray eine Liste von (psychogenen) Bedürfnissen aufgestellt und versucht, die Ausprägung dieser Bedürfnisse zu erfassen sowie diese durch Variation der Situation anzuregen. Einzelne seiner Motive wie need (for) achievement (n ach), need affiliation (n aff), need power (ursprünglich n dominance) sind in späteren Jahren wieder aufgegriffen und Ausgangspunkt umfassender Forschungsarbeiten geworden (z.B. Leistungsmotiv: Heckhausen, 1963; McClelland, Atkinson, Clark & Lovell, 1953; Weiner, 1965; Anschlußmotiv: Atkinson, Heyns & Veroff, 1954; Machtmotiv: McClelland, 1970; Veroff, 1957).

Murrays Beitrag zur Motivationsforschung bestand außerdem in der Entwicklung eines Verfahrens zur objektivierten Motivmessung: des thematischen Auffassungs-Tests (Thematic Apperception Test: TAT). Die Versuchspersonen erfinden unter Berücksichtigung gezielter Fragen Geschichten zu Bildern. Diese Geschichten werden ausgewertet, indem immer dann Punktwerte vergeben werden, wenn von „Bedürfnissen", „Druck" oder „Thema" (mit entsprechenden Formulierungen) berichtet wird. Dieses Verfahren wurde speziell bei der Messung des Leistungsmotivs eingesetzt.

Zwei weitere Namen sollten in diesem Zusammenhang genannt werden: Cattell (1957; 1958; 1965) versucht Motive in einem umfangreichen, zweistufigen Verfahren zu klassifizieren, indem er über die Erfassung von Motivationsstärken durch faktorenanalytische Methoden zu Motivdispositionen kommt.

Maslow (1954) wendet sich von der Auflistung einzelner Motive weg zu einer Abgrenzung von Motivklassen, die hierarchisch geordnet sind. Diese Hierarchie ist wertbezogen und ordnet die Motivklassen nach ihrer Position in der Persönlichkeitsentwicklung. Zuunterst stehen physiologische und Sicherheitsbedürfnisse; wenn diese befriedigt sind, stehen Bedürfnisse nach Liebe und Geborgenheit, dann das Bedürfnis nach Selbstachtung und erst nach deren Befriedigung die Bedürfnisse nach Selbstverwirklichung im Vordergrund. Es handelt sich zwar einerseits um eine eigenschaftsorientierte Motivklassifikation, die situationsunabhängig ist; die Frage aber, welche Motive unter welchen Bedingungen wirksam werden, ist durch die hierarchische Anordnung und die Annahme, daß niedrige Bedürfnisse befriedigt sein müssen bevor höhere auftauchen, implizit beantwortet.

Dieser Strang der Motivationsforschung wurde in neuerer Zeit nur im Rahmen der Humanistischen Psychologie weiterverfolgt, hauptsächlich wurden statt dessen einzelne Motive herausgegriffen und bezüglich Genese, Anregung und Meßbarkeit erforscht. Allen voran steht das Leistungsmotiv, aber auch Anschluß-, Macht-, Aggressions- und Hilfeleistungsmotive wurden weitreichenden Untersuchungen unterzogen und gegen andere Motive abzugrenzen versucht.

Insofern wird die Beantwortung der nächsten Frage, nämlich nach dem Zustandekommen der Motive, sich entweder auf allgemeine, aber inzwischen überholte Auffassungen stützen müssen oder im Detail einzelner, vielfältig untersuchter Motive versinken.

8.2.1.2 Wie entstehen Motive?

Allen Motivationstheoretikern gemeinsam ist die Annahme, daß der Mensch eine Vielzahl von Motiven (Instinkten, Trieben) hat und daß diese Motive nur bei Vorhandensein bestimmter innerer oder äußerer Bedingungen in Form zielgerichteten Handelns wirksam werden. Insofern kann die Frage nicht heißen, „Warum hat die eine Person ein Motiv A und die andere nicht", sondern „Warum ist Motiv A bei der einen Person stärker ausgeprägt als bei der anderen" (bzw. in anderem Zusammenhang: Wie können die Bedingungen spezifiziert werden, die das Motiv A in unterschiedlicher Stärke wirksam werden lassen). Allen Motivationstheoretikern gemeinsam ist die Annahme, daß es interindividuelle Unterschiede in der Motivstärke gibt. Diese Unterschiede sind sowohl ontogenetisch wie phylogenetisch determiniert. Die Unterschiede zwischen den Motivtheorien liegen einerseits in der Art des Umwelteinflusses wie auch in der Spezifität, mit der diese Einflußgrößen in Bezug auf Art, Dauer, Zeitpunkt angegeben werden.

Zur Illustration sei in Form einer (unvollständigen) Zitatensammlung die Position Murray's angedeutet:

"... the relative strength of needs at birth (or shortly after birth) is different in different children" – "Later the strength of some needs may be attributed to intense or frequent gratifications (reinforcements), some of which rest on specific abilities" – "Indeed, some needs may emerge out of latancies because of gratitudes or the chance attainment of end situations through random movements" – "Some needs may become established because of their success in furthering other, more elementary needs." (Murray, 1938, S. 128ff.)

Aus Murray's Ausführungen ist nicht zu entnehmen, welche Einflußfaktoren ein bestimmtes Bedürfnis in welcher Richtung verändern. Betrachtet man die Ergebnisse jahrelanger Forschung zur Leitungsmotivation, wird allerdings deutlich, daß Murrray solches für die zwanzig von ihm näher untersuchten Bedürfnisse kaum leisten konnte: Heckhausen (1980, S. 641–683) integriert über hundert Untersuchungen zur Darstellung der zwölf Entwicklungsmerkmale leistungsmotivierten Handelns, die er in folgendem Schema darstellt:

In diesem Schema sind die drei Motivdeterminanten des Leistungshandelns, die zugleich das Ausmaß interindividueller Unterschiede determinieren, dargestellt.

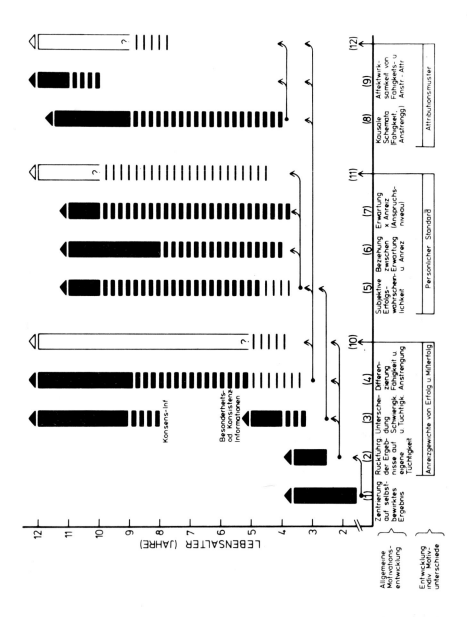

Abb. 2: Hypothetisches Schema der lebensaltersbezogenen Entwicklung der zwölf Merkmale der Motivationsentwicklung (nach Heckhausen, 1980, 678). (Geschlossene Säulen deuten die Übergangsperiode an, bis ein Merkmal bei der Mehrheit der Gleichaltrigen zu beobachten ist; unterbrochene Säulen zeigen Vorformen und Übergangsstadien des Entwicklungsmerkmals an. Die horizontalen Pfeile unterhalb der Säulen weisen auf funktionslogische Verknüpfungen zwischen den Merkmalen hin)

1. „Anreizgewichte von Erfolg und Mißerfolg"
Hierzu gehören zunächst die Wahrnehmung der Wirkung eigenen Handelns und später die Zurückführung dieser Wirkung auf die eigene Tüchtigkeit. Noch später entwickelt sich die Differenzierung zwischen Tüchtigkeit und Schwierigkeit einer Aufgabe einerseits und Fähigkeit und Anstrengung andererseits. Es handelt sich hierbei um kognitive Prozesse, die das Warum, die Ursache von Handlungs*ergebnissen* klären, um *Kausalattributionen*. Einerseits müssen entwicklungsabhängige kognitive Fähigkeiten ausgebildet sein, um solche Ursachenzuschreibungen vornehmen zu können, andererseits wird klar, daß hier bereits interindividuelle Unterschiede durch unterschiedliche Zuschreibung von Ursachen auftreten können.

2. „Persönlicher Standard"
Die Entwicklungsmerkmale „subjektive Erfolgswahrscheinlichkeit", „Beziehung zwischen Erwartung und Anreiz", sowie „Anspruchsniveau" setzen eine höhere kognitive Entwicklungsstufe voraus. Einerseits muß das Kind eine Vorstellung seiner eigenen kognitiven Fähigkeiten haben, andererseits muß es die Schwierigkeit einer Aufgabe richtig wahrnehmen, um Erfolgswahrscheinlichkeit einschätzen zu können. Als absolut sicher oder nicht zu bewältigende Aufgaben müssen mit ihrer Urhebergröße, dem Anreiz der Aufgaben, in Beziehung gebracht werden und diese Beziehung in ein subjektives Anspruchsniveau für die Bewältigung von leistungsthematischen Aufgaben umgesetzt werden. Auch hier sind interindividuelle Unterschiede in der Zielsetzung (Anreiz) und der Aufgabenwahl (Erwartung) Determinanten der Motivstärke.

3. „Attributionsmuster"
Die letzte Gruppe der Entwicklungsmerkmale bezieht sich auf die Herausbildung kognitiver Sturkturen zur Erklärung des Zustandekommens von Leistungsergebnissen. Die Ursachen eines Erfolges können dann − interindividuell verschieden − entweder in höherer Fähigkeit und geringerer Anstrengung oder eher in Anstrengung als in Fähigkeit gesehen werden (das gleiche gilt für Mißerfolg).

(In dieser Darstellung der Entwicklung leistungsmotivierten Handelns sind Attributionsprozesse ein zentraler Bestandteil. Das Nebeneinander zweier Forschungsgebiete, nämlich der Attributions- und der Motivationsforschung, bietet sich an, um die deutlichen Unterschiede zweier zunächst sehr ähnlicher Fragestellungen hervorzuheben: Die Motivationsforschung fragt nach dem *Wozu* des Verhaltens, sie hat das zielgerichtete Handeln zum Gegenstand. Die Attributionsforschung fragt nach dem *Warum* des Handlungs*ergebnisses;* der Forschungsgegenstand ist die − nachträgliche − Erklärung von Verhalten, von Handeln, das Auffinden von Ursachen. Ausgangspunkt dieser Forschungsrichtung war in erster Linie Heider's 1958 erschienenes Werk „The Psychology of Interpersonal Relations", auch wenn die Frage nach Ursache und Wirkung bereits 1944 von Heider & Simmel angeschnitten wurde.)

8.2.2 Motivations-Forschung

Ebenso wie der Begriff „Motiv" ist die Motivation ein hypothetisches Konstrukt. Bei dem Begriff Motivation soll auf prozessuale Aspekte abgehoben werden: Motivation soll hier verstanden werden als situationsabhängiges, auf ein Ziel gerichtetes und zum Ziel hin steuerndes Aktivitätspotential, das bei Zielerreichung wieder verschwindet. So verstandene Motivationsforschung muß also Situationsbedingungen spezifizieren, die zielgerichtetes Handeln „auslösen" können, muß Personenvariablen einbeziehen, um z.B. unterschiedliche Intensitäten solchen Handelns unter sonst gleichen Bedingungen zu erklären, muß „zielgerichtet" vorgehen und Faktoren identifizieren, die den Motivations*prozeß* beeinflussen. Die Breite dieser Fragestellung spiegelt sich wider in der Zahl der Theorien und Forscher, die hier einzuordnen sind: Betrachtet man die Darstellung auf Seite 473–474, so wird das Übergewicht motivationsbezogener Forschung deutlich. Für eine Darstellung dieser Forschungsrichtung muß deshalb auf Lehr- und Handbücher verwiesen werden (Bolles, 1967; Heckhausen, 1980; Madsen, 1961, 1974; Thomae, 1965). Statt dessen wird zunächst die vielversprechende kognitive Motivationstheorie von Irwin (1971) (die allerdings noch wenig weiterführende Bearbeitung erfahren hat), vorgestellt und daran anschließend Ergebnisse aus zwei weiteren kognitiven Theorien vorgestellt, die insofern aus der Fülle der Ansätze herausragen, als sie erhebliche Forschungsaktivitäten auch in marktanwendungsbezogener Hinsicht initiiert haben: Die Theorie der kognitiven Dissonanz (Festinger, 1964) und die Theorie der psychologischen Reaktanz (Brehm, 1966).

8.2.2.1 „Situation – Handlung – Ergebnis" – Theorie (Irwin)

Diese drei Komponenten des zielgerichteten Handelns sind die Konstruktionsgrundlage der von Tolman beeinflußten kognitiven Motivationstheorie W. Irwins (1971).
Der Begriff Motivation umfaßt „die physische und soziale Umgebung des Orgnismus sowie seine eigene psychologische und physiologische Eigenheit und Zustand vor einer Handlung" (S. 12, Übers. d. Verf.). Unter Handlung versteht Irwin alles, was eine Person tun kann. Die Handlung wird vor allem unter den Gesichtspunkten alternativer Handlungen und Handlungsergebnis-Erwartungen analysiert. Die Vorstellung der Ergebnisse entspricht der der Situation, wobei sich Situation auf einen Zeitpunkt vor – und Ergebnis auf einen Zeitpunkt nach der Handlung bezieht. Im folgenden wird die Theorie Irwins unter Ver-

zicht auf die Formalisierungen der einzelnen Konzepte in ihren Grundzügen dargestellt.

8.2.2.1.1 Definitionen

Situation: Will man Verhaltensweisen miteinander vergleichen, die aus unterschiedlichen Situationen resultieren, so müssen sowohl die − wesentlichen − Gemeinsamkeiten dieser Situationen („common prior field") als auch die zu untersuchenden Unterschiede zwischen den Situationen, „discriminanda", identifiziert werden. Durch das weitere Konzept des „Null discriminandum" können Situationen so dargestellt werden, daß sowohl die Variation einzelner Situationsdeterminanten bezüglich Intensität und Richtung, als auch in Bezug auf Vorhandensein/Nicht-Vorhandensein möglich ist.
Auf der Situationsseite der Analyse führt Irwin des weiteren die *Unterscheidung*, „discrimination" ein, die sich auf die Wahrnehmung der „discriminanda" von Seiten der Person bezieht.

Ergebnis („outcome"): Auch hier wird zwischen verschiedenen Ergebnissen unterschieden, indem Gemeinsamkeiten („common outcome field") von den Unterschieden („differential outcomes") getrennt werden. (Zur präzisen Beschreibung eines „outcome" wird das Konstrukt des „Null differential outcome" eingeführt).

Vorliebe − Bevorzugung: Das der „Unterscheidung" in der Situation entsprechende Konzept des Ergebnisses ist die Vorliebe, („preference"), für ein Ergebnis. Während allerdings die Unterscheidung eine symmetrische Beziehung zwischen einem Paar von discriminanda darstellt (die Unterscheidung ist nicht gerichtet), ist die Vorliebe eine asymmetrische Beziehung zwischen zwei Ergebnissen (richtungsbezogene Qualität der Vorliebe). Die Bewertung von Ergebnissen erfordert weiterhin das Konzept der Indifferenz „indifference". Vorliebe und Indifferenz unterscheiden sich logisch dadurch, daß Vorliebe transitiv ist (wenn a gegenüber b und b gegenüber c vorgezogen wird, dann wird auch a gegenüber c vorgezogen), Indifferenz aber nicht (wenn a und b indifferent sind und b und c auch, ist es nicht notwendig, daß auch a und c indifferent sind).

Handlungs-Ergebnis-Erwartung: Dies zentrale Konzept der Theorie Irwins enthält drei Begriffe und ist wieder als das Ergebnis eines Vergleichs zu sehen: P vergleicht die Wahrscheinlichkeit, das Ergebnis O durch die Handlungsalternative a_1 zu erreichen mit der Wahrscheinlichkeit, O durch Alternative a_2 zu erreichen (nicht gleichzusetzen mit der Wahrscheinlichkeit für O!).

8.2.2.1.2 Zielgerichtetes Handeln

Zielgerichtetes Handeln beinhaltet nach Irwin folgende Schritte: Person P befindet sich in einer Situation S und vergleicht zwei Ergebnisse O_1 und O_2. P präferiert O_1 gegenüber O_2. Person P hat zwei Handlungsalternativen a_1 und a_2 und vergleicht die Wahrscheinlichkeiten, das Ergebnis O_1 durch Handlung a_1 oder a_2 herbeizuführen zu können und die Wahrscheinlichkeiten O_2 durch Handlung a_1 gegenüber a_2 zu erreichen. P erwartet O_1 als Ergebnis von a_1 (gegenüber a_2) und O_2 als Ergebnis von a_2 (gegenüber a_1). Diese drei Elemente bilden eine verzahnte Triade („interlocked triad"). Damit ist Handeln intendiert „if and only if its occurrence upon the existence of an interlocked triad in which the expected outcome of the act in question is also the preferred outcome and the expected outcome of the alternative act is also the dispreferred outcome" (S. 78). Zur Illustration möge Irwins (1971, S. 94) Beispiel einer nicht intendierten Handlung dienen: A zielt auf B mit einer Pistole und drückt ab, mit dem Ergebnis, daß B umfällt und stirbt. Angenommen A hatte geglaubt, daß die Pistole nicht geladen war, so daß er nicht erwarten konnte, durch irgendeine Handlung B zu erschießen. Die Handlungs-Ergebnis-Erwartung der Handlung „Pistole abdrücken" war aufgrund obiger Annahme sicher nicht B's Tod. Selbst wenn B's Tod also ein von A gewünschtes Ereignis war, so handelt es sich hier nicht um zielgerichtetes Verhalten. Dieser Beweis kann mittels Irwins Formalisierungen theoriekonform geführt werden.

Sind von den drei Elementen einer verzahnten Triade zwei bekannt und kann man annehmen, daß die Wahl einer Handlungsalterntive davon abhängig ist, so kann das dritte Element erschlossen werden.

Das bevorzugte Ergebnis ist psychologisch als motivationaler Zustand repräsentiert (gegenüber der *kognitiven Erwartung* des bevorzugten Ergebnisses als Folge einer bestimmten Handlung), wobei der Begriff der Bevorzugung eher der „Motivation" zuzuordnen ist und eine Gruppe ähnlicher bevorzugter Ergebnisse dem Konzept „Motiv" entspricht.

Die Anwendungsmöglichkeit dieser Theorie liegt deutlich in intentionalem, also zielgerichtetem, im strengen Sinne motivationalem Handeln und schließt damit z.B. Impuls-Käufe, bei denen nach Kollat und Willet (1967) ein Bedürfnis gar nicht erkannt und entsprechend auch kein Ziel vorhanden ist, aus. Bei der Beschränkung auf zielgerichtetes Handeln sind aber, und hierin liegt der Vorteil der Theorie, die Parameter des Modells erfaßbar, da das Individuum bereits ein formuliertes Ziel hat.

8.2.2.2 Die Theorie der kognitiven Dissonanz

Die Theorie der kognitiven Dissonanz (Festinger, 1957) ist eine kognitive Konsistenztheorie, der die Annahme zugrunde liegt, daß Individuen dazu neigen, Gedanken, Überzeugungen, Einstellungen und Verhaltensweisen auf sinnvolle und vernünftige Weise zu organisieren (Zajonc, 1960, S. 280). Nach Festinger ist kognitive Dissonanz ein Trieb, Bedürfnis- oder Spannungszustand, der einen Druck zur Reduktion oder Elimination seiner selbst erzeugt.

8.2.2.2.1 Definitionen

Beziehungen zwischen Kognitionen: Zwischen Kognitionen („cognitive elements") die als Wissen einer Person über sich selbst, ihr Verhalten und ihre Umwelt verstanden werden, können *irrelevante* oder *relevante* Beziehungen bestehen. Eine irrelevante Beziehung zwischen zwei Kognitionen liegt vor, wenn beide zusammenhangslos im kognitiven System einer Person nebeneinander auftreten. Kann aus einem kognitiven Element etwas über das andere gefolgert werden, so sind die beiden Kognitionen füreinander *relevant*.

Konsonanz, Dissonanz: Stehen zwei Kognitionen in relevanter Beziehung zueinander und folgt eine Kognition aus der anderen, so ist ihre Beziehung *konsonant*. Zwei Kognitionen stehen in einer *dissonanten* Beziehung, wenn „considering these two alone, the obverse of one element would follow from the other" (Festinger, 1957, S. 13). Die Stärke der kognitiven Dissonanz ist abhängig von der Wichtigkeit der in der dissonanten Beziehung stehenden Kognitionen und vom Verhältnis der Zahl dissonanter und konsonanter Beziehungen zu weiteren Kognitionen.

8.2.2.2.2 Zielgerichtetes Handeln

Ist die Beziehung zwischen zwei Kognitionen dissonant, so erzeugt diese Dissonanz einen Druck zur Reduktion oder Beseitigung von Dissonanz, wobei dieser Druck umso größer ist, je stärker die Dissonanz ist. Das Ziel der Reduktion oder Beseitigung von Dissonanz kann auf verschiedene Weise durch Veränderung des kognitiven Systems erfolgen: Durch *Addition* neuer konsonanter Kognitionen, durch *Subtraktion* von dissonanten Kognitionen oder durch *Substitution* von Kognitionen, also Subtraktion dissonanter und gleichzeitige Addition konsonanter Kognitionen. Welcher dieser drei Dissonanzreduktionsmodi auftritt, hängt von dem Widerstand der Kognitionen gegen Änderung ab: In dem Maße, in dem eine Kognition mit weiteren Kognitionen in konsonanter Beziehung steht, steigt der *Widerstand* dieser Kognition *gegen Änderung* (– denn wenn diese Kognition geändert würde, entstünde Dissonanz durch alle bisher konsonanten Beziehungen). Festinger nennt als weitere Determinante für den Änderungswiderstand einer Kognition das Ausmaß, in dem eine Kognition die Realität widerspiegelt.

8.2.2.2.3 Modifikationen der Theorie

Während nach Festinger (1957) allein die Inkonsistenz bzw. der Widerstand zwischen zwei Kognitionen, die in relevanter Beziehung zueinander stehen, Bedingung für die Entstehung kognitiver Dissonanz ist, führen spätere Modifikationen zusätzliche Entstehungsbedingungen ein. Nach Brehm und Cohen (1962) sind neben der Inkonsistenz zwischen zwei Kognitionen die Selbstverpflichtung („commitment") und die Freiwilligkeit bzw. Entscheidungsfreiheit („volition") notwendige Entstehungsbedingungen. Vor allem im Bereich der Marktpsychologie hat diese Modifikation − im Gegensatz zu einer Reihe anderer − erhebliche Aufmerksamkeit erfahren (z.B. Engel & Light, 1968). Nach Aronson (1968, 1969) kann Dissonanz nur dann entstehen, wenn eine der betroffenen Kognitionen eine feste Erwartung z.B. über sich selbst, das eigene Verhalten oder die Umwelt ist.

Durch die Modifikationen von Bramel (1968) erfährt die Theorie eine weitgehende Einschränkung, indem als zusätzliche Bedingung für Dissonanz die Notwendigkeit der Inkompetenz und/oder Immoralität der Person eingeführt wird.

Als weitere Modifikation der Theorie (vollständigere und ausführlichere Darstellung der Modifikationen siehe Frey, 1978; Festinger, 1978) soll die Revision von Irle (1975) genannt werden, da dieser Ansatz nicht wie die bisherigen eine Einengung des Geltungsbereichs ist, sondern eine Präzisierung der Formulierung von Festinger anstrebt. Irle kann durch die Einführung einer dritten Kognition, der subjektiven Hypothese (H_s), die die Erklärung der relevanten Beziehung zwischen zwei Kognitionen ist, folgendes erreichen:

Die Stärke der Dissonanz und der Änderungswiderstand einer Kognition sind unabhängig voneinander − die Stärke der Dissonanz wird durch die Sicherheit übr die Richtigkeit der Hypothese (der Erklärung der Beziehung zwischen den Kognitionen) bestimmt. Die Änderungsresistenz einer Kognition ist, analog zu Festinger (1957) und Brehm und Cohen (1962) umso größer, je mehr weitere Kognitionen mit dieser Kognition in konsonanter und je weniger in dissonanter Beziehung stehen.

8.2.2.2.4 Empirische Untersuchungen

Festinger diskutiert folgende Dissonanzsituationen:

1. Dissonanz nach Entscheidungen („postdecisional dissonance"),

2. Handeln nach erzwungener Einwilligung („forced compliance"),

3. Die selektive Informationsaufnahme („selective exposure to information") und

4. Die Rolle der sozialen Unterstützung („social support") (hierzu siehe vor allem Kap. 5 und 10).

Vor allem zu den ersten drei Bereichen ist eine unübersehbare Menge von Veröffentlichungen auch im Bereich der Marktpsychologie erschienen. Umfassende Darstellungen bzw. kritische Diskussion finden sich z.B. bei Hummel, 1969; Kroeber-Riel, 1980; Oshikawa, 1969; Raffée, Sauter & Silberer, 1973).

Nach einer Entscheidung tritt Dissonanz dadurch auf, daß die positiven Aspekte einer nicht gewählten Alternative mit der Entscheidung in dissonanter Beziehung stehen. Die Hypothese, daß als Folge der Dissonanz eine Umbewertung der Alternativen erfolgt, indem die Attraktivität der gewählten steigt und die der nicht gewählten Alternative sinkt („spreading apart"), konnte in einer Reihe von Untersuchungen gefunden werden (z.B. Brehm, 1956; Mittelstaed, 1969). Losciuto und Perloff (1967) ließen Vpn 9 Schallpltten beurteilen. Eine Gruppe konnte anschließend zwischen der dritt- und der viertattraktivsten Platte (Dissonanz hoch), die andere Gruppe zwischen der dritt- und der achtattraktivsten Schallplatte eine auswählen. Erwartungsgemäß bewerteten die Vpn dann die gewählte Schallplatte erheblich attraktiver und die nicht gewählte weniger attraktiv als bei der ersten Messung, wenn sie unter sehr ähnlichen Platten zu wählen hatten (hohe Dissonanz). Die Wahl zwischen zwei ganz verschiedenen Platten, von denen die eine hoch und die andere niedrig bewertet wurde, führte hypothesengemäß nicht zu einem starken Divergenzeffekt, da zwar negative Aspekte der gewählten Alternative „verdrängt" werden mußten, die am zweitschlechtesten bewertete Schallplatte aber kaum positive Aspekte aufzuweisen hatte.

Die Untersuchungen zum „Divergenzeffekt" sind jedoch nicht eindeutig (und haben mehrfach zu Kritik angeregt, z.B. Chapanis & Chapanis, 1964). Festinger und Walster (1964) fanden den gegenteiligen Effekt (s.a. Brehm & Wicklund, 1970): Vpn wählten häufiger die Alternative, die sie vorher als weniger attraktiv eingestuft hatten. Dieser Effekt des Bedauerns, „Regret", scheint jedoch außer von der Dissonanzstärke davon abhängig zu sein, wieviel Zeit nach einer Entscheidung vergangen ist: Brehm und Wicklund (1970) fanden, daß Versuchspersonen, die einen Aufsatz über eine von zwei als gleich erfolgreich bewertete

Person schreiben sollten, ihre Entscheidung für die eine Person zunächst (1. bis 6. Minute) bedauerten, d.h. geringer bewerteten, dann aber die von ihnen gewählte Person wieder besser einschätzten.

Diese Veränderung innerhalb der zehn Minuten nach der Entscheidung war aber nur nachzuweisen, wenn die Vpn vor der zweiten Bewertung über die von ihnen „gewählte" Person nachgedacht hatten; ohne solches Nachdenken war über die gesamte Zehnminutenperiode der Effekt des Bedauern aufgetreten. (Zur reaktanztheoretischen Erklärung dieses Sachverhaltes s. Wicklund, 1974, bzw. Kap. 8.2.2.3).

Ausgehend von den Ergebnissen des klassischen Experiments von Festinger und Carlsmith (1959) sind die Effekte erzwungener Zustimmung vielfach untersucht worden (vgl. Frey, 1971). Es stellten sich dabei zwei notwendige Bedingungen für den Dissonanzeffekt der Attraktivitätssteigerung von Verhalten bei nicht ausreichender Rechtfertigung für Inkonsistenz zwischen solchem Verhalten (Attitüden) und dazugehörigen Attitüden heraus: Die Entscheidungsfreiheit und ein hoher Grad an Selbstverpflichtung („commitment").

Eine der „forced compliance" ähnliche Argumentation liegt der „effort justification" (Aronson, 1961; s.a. Doob, Carlsmith, Freedman, Landauer & Tom, 1969; Insko, Worchel, Songer & Arnold, 1973; Shaffer & Hendrich, 1971) zugrunde. Die Attraktivität von z.B. einer Aufgabe wird umso größer je höher der Aufwand für diese Aufgabe war. Cardozo (1965) konnte zeigen, daß Vpn qualitativ gleiche Kugelschreiber besser beurteilen, wenn sie viel, als wenn sie wenig Geld kosten: Einen minderwertigen Kugelschreiber gekauft und trotzdem viel Geld ausgegeben zu haben, führt zu Dissonanz, die durch Aufwerten der Qualität des Kugelschreibers reduziert werden kann.

Eine andere Möglichkeit zur Reduktion von Dissonanz ist die selektive Suche (bzw. das selektive Vermeiden) von Informationen. Einen Überblick gibt z.B. Wicklund und Brehm (1976). Durch Information, die die Entscheidung für eine Alternative stützen, also deren positive Merkmale herausstellen, kann Dissonanz, die nach einer Entscheidung auftritt, abgebaut werden. Ehrlich, Guttmann, Schoenbach und Mills (1957) prüften diese Hypothese: Sie konnten zeigen, daß Autokäufer verstärkt die Annoncen über das von ihnen gekaufte Fabrikat lasen und weniger die Annoncen über die Autos, die sie nicht gekauft, bzw. gar nicht in Betracht gezogen hatten. Die Problematik selektiver Informationssuche (s. Freedman & Sears, 1965) zeigt sich z.B. durch folgende Überlegung: Es kann sehr sinnvoll sein, sich widersprechenden Informationen auszusetzen, wenn diese (etwa für zukünftiges Verhalten) nützlich sind (Canon, 1964; Freedman, 1965) und um sie zu widerlegen (Kleinhesselink & Edwards, 1975; Lowin, 1967, 1969).

8.2.2.3 Die Theorie der psychologischen Reaktanz

Das Marktgeschehen einer auf Wettbewerb basierenden Gesellschaft ist von erfolgreichen Einflußversuchen gekennzeichnet. Die Theorie der psychologischen Reaktanz (Brehm, 1966, 1972) erklärt Widerstandsreaktion auf Versuche, Entscheidungsfreiheit zu bedrohen oder zu eliminieren: Personen, die sich in ihrer Entscheidungsfreiheit bedroht fühlen, sind motivational erregt. Diese motivationale Erregung richtet sich gegen weitere Freiheitsbedrohung und auf die Wiederherstellung der (bedrohten) Freiheit.

8.2.2.3.1 Definitionen

Freiheit: Die Freiheit einer Person besteht darin, daß sie sich entscheiden kann, ob, wann, wo und wie sie etwas tut, was sie prinzipiell zu tun in der Lage ist. Die Wichtigkeit einer solchen Freiheit ist nach Brehm (1966) der „instrumentelle Wert, den dieses Verhalten für die Befriedigung von Bedürfnissen hat, multipliziert mit der tatsächlichen oder potentiellen maximalen Stärke dieser Bedürfnisse" (S. 42, Übers. d. Verf.). Als weitere Determinante der Wichtigkeit führt Dickenberger (1979) die Erwartung von Freiheit in Anlehnung an das Erwartung × Wert-Konzept von Atkinson (1957) ein. Je weniger wahrscheinlich die Ausübung einer Freiheit ist, je weniger man sie also erwartet, desto wichtiger wird die Freiheit zunächst, um dann bei einer Wahrscheinlichkeit von unter 0.5 wieder an Wichtigkeit zu verlieren.

Freiheitseinengung: Wicklund (1974) unterscheidet drei Arten von Freiheitseinengung: 1. Sozialen Einfluß, d.h. Situationen, in denen Personen von anderen Personen dazu gebracht werden sollen, etwas Bestimmtes zu tun oder zu lassen, sich den Forderungen der/des anderen anzupassen. 2. Barrieren, d.h. Ereignisse, die eine Person an der Verfolgung eines Zieles hindern. 3. Selbstverhängte Einengung entsteht im Verlauf einer Handlungs- oder Erkenntnisentscheidung durch – sukzessiven – Ausschluß von Alternativen: der Freiheitsspielraum wird zunehmend kleiner, ausgeschlossene Alternativen gewinnen an Attraktivität (s.a. „Regret-Phänomen", 8.2.2.2.4).

8.2.2.3.2 Zielgerichtetes Handeln

Wird die Freiheit einer Person bedroht, so erlebt die Person Reaktanz, ein motivationaler Zustand, der auf die Wiederherstellung der Freiheit gerichtet ist. Die Reaktanz ist um so stärker, je wichtiger die bedrohte Freiheit, je größer der Freiheitsverlust (absolut und relativ) und je stärker die Bedrohung ist. Zur Wiederherstellung der Freiheit kann die Person das bedrohte Verhalten dennoch ausüben (direkte Freiheitswiederherstellung); wenn dies nicht möglich ist, so kann die Freiheit indirekt wiederhergestellt werden a) durch Attraktivitätssteigerung der bedrohten Alternative, b) durch Engagement in ein dem bedrohten Verhalten ähnliches Verhalten, c) durch Aktivierung einer anderen Person, das bedrohte Verhalten zu zeigen oder d) durch Aggression gegen die Quelle der Bedrohung.

Die Frage, welche der möglichen Ausdrucksformen psychologischer Reaktanz als Folge einer Freiheitsbedrohung zu erwarten ist, konnte bisher nur auf Plausibilitätsebene beantwortet werden: „Subjektive" Reaktanzeffekte wie Attraktivitätsveränderung, die durch die Umwelt kaum kontrollierbar sind, haben eine höhere Auftretenswahrscheinlichkeit als „öffentliche" Reaktanzeffekte wie Widerstand oder Aggression gegen die Quelle, die aufgrund ihrer anti-sozialen Natur häufig nicht akzeptierbar sind (dazu s.a. Gniech & Grabitz, 1978).

In Einflußsituationen, die psychologische Reaktanz entstehen lassen, können auch andere Motivationen vorhanden sein. In der Konformitätsforschung werden Bedingungen analysiert, die in eben solchen Einflußsituationen zu Nachgeben und Anpassen führen. In Anlehnung an Miller (1944) entwickelten Gniech und Dickenberger (1981) ein Konfliktmodell, das bei Auftreten von konfligierenden Motiven Angaben über zu erwartendes Verhalten macht. Mit zunehmendem sozialen Einfluß (von p_1 auf p_2) steigt die Konformitätstendenz; wird der soziale Einfluß so groß, daß er freiheitseinengende Qualität für die Person gewinnt, so tritt psychologische Reaktanz auf und die Konformitätstendenz nimmt ab (von p_2 auf p_3). Wird der soziale Einfluß noch stärker, (nach p_3), so ist das Reaktanzmotiv gegenüber dem Konformitätsmotiv größer und resultiert in aktiver Opposition.

8.2.2.3.3 Empirische Untersuchungen

Die Zahl der Untersuchungen, bei denen reaktanztheoretische Überlegungen im Marktbereich geprüft werden, ist nicht sehr groß, es sollen aber auch hier nur einige Studien zur Illustration angeführt werden. Für ausführliche Darstellungen sei auf Brehm und Brehm (1981), Gniech und Grabitz (1978) und Wicklund (1974) verwiesen sowie für den Marktbereich auf Clee und Wicklund (1980), Kroeber-Riel (1980) und Wiswede (1979).

In einer Reihe von Studien wurden die Reaktionen von Konsumenten untersucht, wenn diese Einflußversuchen ausgesetzt waren, die der Vorgehensweise von Werbung oder Preisgestaltung auf dem Markt entsprechen. Bei Wicklund, Slattum und Solomon (1970) konnten Versuchspersonen eine von sechs Sonnenbrillen, die sie zu beurteilen hatten, am Ende des Experiments günstiger kaufen. Während die Versuchspersonen die Brillen probierten, kommentierte die Vl mit Worten „die steht Ihnen sehr gut", „sind wie für sie gemacht" u.a. Hatte die Vl am Ende des Experiments deutlich gemacht, daß sie eine Provision für jede ver-

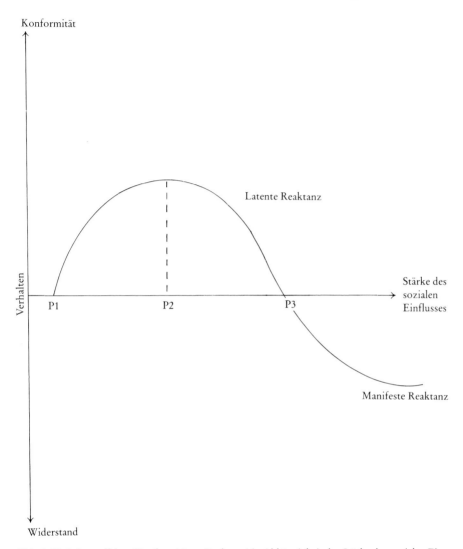

Abb. 3: Verhaltenseffekte (Konformität – Reaktanz) in Abhängigkeit der Stärke des sozialen Einflusses

kaufte Brille erhielt, führten die positiven Kommentare dazu, daß die Brillen sehr niedrig eingestuft wurden. Die Vpn konnten so ihre Freiheit der Vl gegenüber demonstrieren, keine Sonnenbrillen zu kaufen. Vpn, die nur die positiven Kommentare gehört hatten, aber nicht annehmen konnten, daß die Vl Vorteil aus dem Kauf einer Brille ziehen würde, stuften die Sonnenbrillen wesentlich besser ein: Ihre Freiheit, sich für oder gegen den Kauf einer Brille zu entscheiden, war nicht bedroht worden (s.a. McGillis & Brehm, 1973). In einem Feldexperiment von Weiner-Regan und Brehm (1977) wurde versucht, Kunden eines Supermarktes zum Kauf einer bestimmten Brotmarke zu beeinflussen. Jeder Käufer erhielt bei Betreten des Supermarktes die schriftliche Aufforderung zum Kauf einer Brotsorte zusammen mit einem Geldbetrag. Die Stärke des sozialen Einflusses wurde durch die Variation der Aufforderung („Bitte probieren Sie . . .", „Heute kaufen Sie . . .") und Geld (Geldwert des Brotes bzw. ein höherer Betrag) bestimmt. Es zeigte sich, daß der Einfluß durchaus in die intendierte Richtung ging: Während Kundinnen, die keinem Einfluß ausgesetzt wurden (Kontrollgruppe), zu 24% die Brotmarke kauften, stieg die Kaufrate bei mäßigem Einfluß auf 70%. Diese Anpassung sank jedoch auf 51% ab, wenn der Einflußversuch sehr stark war. Widerstand gegen den Einflußversuch führt entsprechend der Konfliktmodellargumentation in diesem Fall nicht dazu, daß weniger Käufer die genannte Brotsorte kaufen als ohne solchen Einfluß, er führt dazu, daß ein unter schwachen Bedingungen sehr erfolgreicher Einfluß erheblich weniger erfolgreich ist, wenn die Käufer verbal fast gezwungen werden, das Brot zu kaufen.

Als letztes sei auf die Arbeit von Mazis , Settle und Leslie (1973) hingewiesen, die die Auswirkungen des Verbots phosphathaltiger Waschmittel auf die Attraktivität dieser Waschmittel untersuchten. In Miami, wo die phosphathaltigen Mittel per Gesetz nicht mehr verkauft werden durften, fühlten sich die Käufer in ihrer Freiheit eingeengt – dies um so mehr, wenn sie durch das Verbot auch noch die Marke wechseln mußten. Der reaktanztheoretischen Argumentation entsprechend wurden die phosphathaltigen Waschmittel von diesen Käuferinnen deutlich besser eingestuft als von entsprechenden Käuferinnen im nahegelegenen Tampa, wo keine Restriktionen durch das Antiphosphatgesetz bestanden. (Henion, 1972, konnte demgegenüber zeigen, daß Maßnahmen zum Umweltschutz durchgeführt werden konnten, ohne daß Reaktanzeffekte auftraten: Karten an den Regalen, die über die negative Auswirkungen von Phosphaten informierten, bewirkten, daß phosphathaltige Waschmittel weniger gekauft wurden).

Im politischen Bereich ist es vor allem die Zensur, die reaktanzmotiviertes Verhalten und kognitive Veränderungen bewirken. Reaktanzeffekte als Folge von Zensur konnten in einer Reihe von Untersuchungen aufgezeigt werden (z.B. Worchel & Arnold, 1973; Worchel, Arnold & Baker, 1975). Kornberg, Lindner und Cooper (1970) konnten jedoch zeigen, daß schon die Möglichkeit, daß ein favorisierter Wahlkandidat die Wahl verlieren konnte, zu Reaktanzeffekten führt: Personen, die einen „Vielleicht-Verlierer" wählen wollten, zeigten ein erheblich höheres Interesse an der Wahl als Personen, die den voraussichtlichen Gewinner präferierten.

Es wurden zwei Theorien vorgestellt, die eine Reihe von Forschungsarbeiten in bezug auf Motivgeschehen initiiert haben – diese Theorien befassen sich aber nur mit sehr kleinen Ausschnitten im Marktverhalten. Sie wollen nur erklären, warum jemand z.B. trotz intensiver Werbung für ein Produkt oder eine Partei von eben diesem Produkt oder der Partei Abstand nimmt (Reaktanz), warum jemand, der sich ein Auto gekauft hat, nun anschließend dieses Auto gegen alle, auch berechtigte, Angriffe verteidigt und evtl. sogar Bekannte meidet, die die Qualität anderer Autos hervorheben (Dissonanz). Diese Theorien wollen und können nicht erklären, warum dieses Auto vor anderen Autos gekauft wurde, welche Motive zu einem solchen Kauf geführt haben, warum generell ein Produkt oder eine Partei anderen vorgezogen wird. Diese Theorien haben jedoch den Vorteil, daß überprüfbare Hypothesen ableitbar sind und daß eine Reihe von Bedingungen spezifiziert wurden, unter denen Reaktanz oder Dissonanz z.B. gar nicht auftreten.

Es wird hier also der Anspruch aufgegeben, komplexe Sachverhalte zu erklären – daß dieser Anspruch zu Unbehagen geführt hat, ist vielfach nachzulesen (z.B. Andritsky, 1976; Fennell, 1975). Eingetauscht wird dafür ein anderes Unbehagen: nur einzelne, teilweise nebensächliche Aspekte des Marktverhaltens erklären zu können.

8.3 Emotion

Unter Emotion versteht man Gefühl, Stimmung, Erregung, Gemütsbewegung o.ä. Emotion bezieht sich darauf, wie ein Mensch sich fühlt. Nach Schlosberg (1954, Weiterentwicklung von Woodworth, 1938) lassen sich Emotionen durch die drei Dimensionen: 1. angenehm/unangenehm, 2. Aufmerksamkeit/Ablehnung und 3. Ausmaß der Aktivierung, beschreiben. „Emotion" wird häufig angesehen als Gegenpol zu „Kognition": Emotion ist Fühlen, Kognition Denken. Betrachtet man aber den motivationalen Charakter von Emotion, so regen Emotionen Denkprozesse an. Für Theoretiker wie Schachter (1964), Valins (1967) oder Bem (1974) sind Kognitionen die zentralen Bestandteile von Emotionen; sie gehen davon aus, daß Emotionen Resultate kognitiver Verarbeitung interner oder externer Reize sind.

Das Konzept Emotion war Forschungsgegenstand im Zusammenhang mit Antrieb, Bekräftigung für/bei Lernen (z.B. Miller, 1951), Verteidigungs-, Vermeidungsprozesse (z.B. Freud, 1926/61), natürlicher Auswahl (z.B. Darwin, 1872/1904), interpersonaler Kommunikation (z.B. Osgood, 1966), zentraler Nervenfunktionen (z.B. Lindsley, 1951) oder autonomer Nervenfunktionen (z.B. Cannon, 1927). Es verwundert also hier so wenig wie beim Begriff der Motivation, daß keine allgemein akzeptierte Definition von Emotion vorliegt. Die Frage, wie eine bestimmte Emotion entsteht, welche Faktoren einen emotionalen Zustand determinieren, ist noch Gegenstand kontroverser Meinungen (s. z.B.

die Diskussion Schachter und Singer (1979) vs. Maslach (1979b) Marshall und Zimbardo (1979)).

Neben der eher allgemeinen Frage des Zustandekommens von Emotionen wird die Frage nach den Auswirkungen eines emotionalen Zustandes jeweils für spezifische Emotionen beantwortet. Wenn Emotionen untersucht werden, denen (im Gegensatz zu Stimmungen) „handlungsunterbrechende Eigenschaften" zugeschrieben werden, so sind es meist negative Gefühle wie Stress, Angst, Ärger und Aggressionen (Averill, 1974). Bei Stimmungen werden Auswirkungen positiver vs. negativer Zustände untersucht (Clark & Isen (in Vorb.)).

8.3.1 Emotionstheorien

Im Verlauf der Erforschung von Emotionen findet man ein breites Spektrum von theoretischen Positionen, angefangen mit solchen, die Emotion als Erfahrung körperlicher Veränderungen ansehen (z.B. James, 1884), bis hin zu der Auffassung, daß Emotion das Resultat eines – kognitiven – Informationsverarbeitungsprozesses ist, wobei physische Aspekte als Information gelten (z.B. Valins, 1967, 1970). Es gibt Autoren, die Emotion als einen statischen psychologischen Zustand erfassen, dessen Quelle außerdem Antriebe auslöst (die zu Handlungsimpulsen führen, z.B. Shand, 1914). Dem gegenüberzustellen sind Autoren, die Emotion als dynamische Impulse, als Motive ansehen (z.B. Leeper, 1970; Tomkins, 1968). Es sind Autoren zu finden, die vorschlagen, das Konzept Emotion überhaupt aufzugeben: Duffy (1962) argumentiert, daß Emotion in bezug auf physiologische Unterschiede uninteressant sei. Einzig die Intensität und die Richtung (Annäherung-Vermeidung) liefere brauchbare Ansätze zur Erklärung von Handeln.

Im vorliegenden Beitrag konzentrieren wir uns wieder auf kognitiv orientierte Theorien. Zur Einführung werden einige frühe, eher physiologisch orientierte Ansätze dargestellt, es folgen das kognitive Sequenzmodell von Arnold (1960) und Schachters Zwei-Faktoren-Theorie der Emotion. Als letztes werden Überlegungen von Clark und Isen (in Vorb.) zu „Gefühlen" aufgezeigt. Für eine umfassende Darstellung der Emotionsforschung wird auf entsprechende Lehrbücher verwiesen (z.B. Izard, 1977; Strongman, 1973; Young, 1961).

8.3.1.1 Frühe Theorien

Mit James (1884, 1890) und Lange (1885) wird „Emotion" ein Forschungsgegenstand der (experimentellen) Psychologie. Sie argumentieren, daß die Wahrnehmung der körperlichen Veränderung mit der Emotion identisch ist; die Perzeption von Ereignissen in der Umwelt löst in den Viscera und der Skelettmuskulatur Veränderungen aus. Diese körperliche Reaktion wird an die Hirnrinde zurückgemeldet. Die so entstandene (bewußte) Wahrnehmung der körperlichen Reaktion *ist* die Emotion. Damit muß es zu jeder subjektiven, emotionalen Erfahrung eine entsprechende körperliche Reaktion geben.

Genau an diesem Punkt setzt die Kritik Cannons (1927, 1929) an der James-Lange-Theorie an: Er argumentiert, daß sich körperliche Prozesse bei verschiedenen Emotionen nicht zu unterscheiden scheinen, daß die Wahrnehmung visceraler Veränderungen nicht genau genug ist, um zwischen verschiedenen Emotionen zu unterscheiden, daß diese Veränderungen zu langsam ablaufen, um das unmittelbare gefühlsmäßige Erleben zu bedingen, und daß eine totale Trennung der Viscera vom zentralen Nervensystem emotionales Verhalten nicht eliminiert.

Cannon (1927, 1929, 1931) sieht die Aktivierung bestimmter Strukturen des zentralen Nervensystems als Ursache emotionaler Zustände: Wenn im Cortex emotionsauslösende Impulse eintreffen, so wird die Hemmung des Thalamus (durch den Cortex) aufgehoben. Der Thalamus entlädt sich einerseits zum Cortex hin und löst emotionales Erleben aus, andererseits zur Skelettmuskulatur und den Eingeweiden und bewirkt damit die physiologische Veränderung als Ausdruck der Emotion. Der Haupteinfluß dieser von Bard (1934) reformulierten Theorie auf die Emotionsforschung liegt in der Gegenposition und damit Kritik an der James-Lange-Theorie; inhaltlich ist die Cannon-Bard-Theorie einerseits zu stark physiologisch, andererseits wird die zentrale Rolle des Thalamus für die Entstehung von Emotionen bezweifelt (Cofer, 1978, S. 93).

8.3.1.2 Kognitive Emotionstheorien

Nach Arnold (1960) besteht Emotion aus zwei Komponenten: einer statischen und einer dynamischen. Die Bewertung (appraisal) einer wahrgenommenen Situation als positiv oder negativ ist statisch, der Impuls hin zum positiv bewerteten bzw. weg vom negativ bewerteten ist die dynamische Komponente. Emotion ist definiert als eine gefühlsmäßig erlebte, aufsuchende oder vermeidende Verhaltenstendenz, deren begleitende physiologische Reaktion den Ausdruck der Emotion bestimmt. Lazarus Arbeiten (1966, 1968) stellen eine Erweiterung des Ansatzes von Arnold dar: Die emotionale Reaktion besteht aus drei Dimensionen; der kognitiven, der physiologischen und der mototisch-verhaltensmäßigen. Die kognitiv-subjektive Bewertung einer Situation impliziert nach Lazarus auch eine Bewertung der Möglichkeiten, die die Person zur Bewältigung der Emotion sieht. Die daraus resultierende Handlungsaktivierung mobilisiert entsprechende physiologische Veränderungen. Als Bewältigungsstrategien nennt Lazarus einmal (direkte) Handlungen, zum anderen rein kognitives Neubewerten der Situation („reappraisal"). Durch solche kognitive Bewältigungsstrategie kann die emotionale Reaktion völlig verändert werden. Lazarus, Opton, Nomikos und Rankin (1965) führten z.B. Versuchspersonen Filme mit bedrohlichem Inhalt vor. Sie legten den Vpn zwei Strategien zur kognitiven Neubewertung nahe: Entweder den Inhalt zu leugnen, also den fiktiven Charakter des Films zu betonen, oder aber den Film sehr distanziert zu betrachten. Durch diese Neubewertungsstrategien waren bei den Versuchspersonen die physiologischen Reaktionen erheblich geringer als bei Vpn, die den Film unvorbereitet gesehen hatten. Lazarus kann damit zeigen, daß die drei Komponenten der Emotion sich gegenseitig modifizieren und damit auch die emotionale Reaktion ändern können.

Ausgangspunkt von Schachters Überlegungen war das Experiment von Maranon (1924), das auch Cannon zu seiner Kritik an der James-Lange-Theorie angeregt hatte (zur Kritik Schachters an James s. Oswald, 1981): Maranon hatte gefunden, daß die Injektion von Adrenalin (ähnliche Effekte wie „emotionsbedingte" physiologische Veränderungen: Ansteigen des systolischen Blutdrucks, Erhöhung des Blutzuckers, Zittern etc.) eine Reihe von Patienten von Emotionen berichten ließ; allerdings nur so, „als ob" sie diese hätten. Schachter injizierte in dem inzwischen klassischen Experiment (Schachter & Singer, 1962, s.a. Schachter & Wheeler, 1962) Versuchspersonen Adrenalin, ohne sie über die Art und Wirkung der Injektion zu informieren. Er nahm an, daß die Vpn versuchen würden, die auftretenden physischen Reaktionen – da sie deren tatsächliche Ursache nicht kennen – aufgrund von äußeren, situativen Bedingungen zu erklären. Die situative Variation wurde durch das Verhalten einer anderen Person in vergleichbarer Lage vorgenommen: Einmal verhielt sich diese Person euphorisch, in der anderen Bedingung zunehmend verärgert. Die Versuchspersonen, die über die (tatsächlichen) Effekte der Injektion nicht oder fehlinformiert waren, berichteten erwartungsgemäß über stärkere Ärger- bzw. Euphorie-Emotionen als die Versuchspersonen der Kontrollgruppe, die über die Wirkung der Adrenalininjektion informiert waren.

Schachter faßt seine Überlegungen in folgenden drei Behauptungen zusammen (Schachter, 1964, S. 53):

1. Befindet sich ein Individuum in einem Zustand physiologischer Erregung, für den es keine selbstverständliche Erklärung hat, dann wird es diesen Zustand entsprechend der ihm zur Verfügung stehenden Kognitionen kennzeichnen. Auf diese Weise kann derselbe Erregungszustand, in Abhängigkeit von den kognitiven Aspekten der Situation, ganz unterschiedlich gekennzeichnet werden.

2. Befindet sich ein Individuum in einem physiologischen Erregungszustand, für den es eine plausible Erklärung hat, so entsteht kein Bedürfnis zur Bewertung, und das Individuum wird seinen Zustand nicht mittels alternativer Kognitionen erklären.

3. Sind emotionsträchtige Informationen vorhanden, so wird das Individuum nur in dem Maße emotional reagieren oder emotionales Erleben berichten, in dem gleichzeitig ein Zustand physiologischer Erregung vorhanden ist.

In dem oben dargestellten Experiment von Schachter und Singer (1962) war einer weiteren Gruppe von Versuchspersonen ein Placebopräparat injiziert worden. Diese Versuchspersonen hatten nicht, wie erwartet, die schwächsten Emotionen berichtet, sondern lagen höher als die informierten Personen und niedriger als die falsch informierten. Zur Erklärung dieses Ergebnisses schlägt Irle (1975, S. 150) eine Ergänzung der Theorie vor (die der Argumentation von Nisbett & Schachter, 1966, S. 288, entspricht):

4. Wenn kognitive (perzeptive) externe oder interne Signale („cues") auftreten, die zu einer spezifischen Emotion bisher in Beziehung standen, so wird auf diese Kognition hin in dem Maße ein physiologischer Erregungszustand entstehen, in dem diese Kognitionen als realitätsgebunden erfahren werden.

Danach ist es nicht notwendig, daß ein physiologischer Erregungszustand vorhanden ist, der durch kognitive Erklärung zur Emotion wird, sondern auch Kognitionen können physiologische Erregung hervorrufen.

Auch Valins (1966, 1967) argumentiert, daß physiologische Erregung nicht notwendige Bedingung für Emotionen ist — die kognitive Repräsentation physiologischer Vorgänge reicht aus: Er konnte zeigen, daß auch durch Vortäuschen körperlicher Erregung — Hören des angeblich „eigenen" Herzschlags beim Anschauen weiblicher Aktbilder — Emotionen gesteigert werden können. Die Bilder, bei denen die Vpn einen höheren Herzschlag gehört hatten, wurden später attraktiver eingeschätzt als die anderen Bilder.

Maslach (1979a, 1979b) und Marshall und Zimbardo (1979) kritisieren die Annahme Schachters, daß körperliche Erregung an sich neutral sei und es ausschließlich von der Interpretation der situativen Bedingung abhängt, zu welcher Emotion diese Erregung führt. Maslach (1979a) argumentiert, daß Personen körperliche Erregung eher negativ empfinden, daß „der Zustand unerklärter Erregung nicht so affektiv neutral ist, wie Schachter und Singer angenommen haben" (1962, S. 577). Posthypnotisch induzierte Erregung führte in Maslachs Untersuchungen unabhängig von dem fröhlichen oder ärgerlichen Verhalten des angeblichen Partners zu deutlich schlechterer Stimmung.

Marshall und Zimbardo (1979) führten eine Teilreplikation des Schachter-Singer-Experiments durch. Sie untersuchten nur die affektiven Reaktionen der durch Adrenalininjektionen erregten Personen in einer positiven Situation, also mit einem euphorischen Partner. Auch hier waren euphorische Aktivitäten von Adrenalinerregten Personen deutlich geringer als die der Personen, denen ein nicht-erregendes Placebopräparat injiziert worden war. Speziell wurde bei den Personen, denen eine erhöhte Adrenalindosis gegeben wurde, das geringste Ausmaß euphorischer Aktivitäten gefunden. Marshall und Zimbardo folgerten aus ihren Ergebnissen, daß zum einen offenbar Adrenalin-erzeugte Erregung eher mit negativen Affekten assoziiert wird und daß weiterhin Emotionen nicht in dem von Schachter angenommenen Ausmaß von zufälligen, vorübergehenden situativen Gegebenheiten bestimmt werden.

Leventhal (1980) kommt aufgrund der vorhandenen Literatur zu dem Schluß, daß

1. Emotionen durch einen dritten, unabhängigen Mechanismus hervorgerufen werden und daß Emotionen nicht notwendig das Vorhandensein von Erregung oder Kognition voraussetzt.

2. Es muß zwischen drei Arten von Kognition unterschieden werden: Wahrnehmungskognition (1) der Situation als bedrohend, unterstützend etc., sozialen (2) und konzeptuellen (3) Kognitionen. Die Wahrnehmungskognition scheint für Emotionen wichtiger zu sein.

3. Wahrnehmungskognitionen resultieren aus (äußeren) Bedingungen oder aus (innerlichen) Erfahrungen von Erregung und können mit affektgenerierenden Mechanismen eng verknüpft sein. Diese Verbindungen sind es, die dem affektiven System Stabilität verleihen.

Ohne auf die an diese Überlegungen anknüpfende Emotionstheorie Leventhals einzugehen, wird deutlich, daß keine der bisherigen Positionen aufrecht erhalten werden kann:

Bestimmte Arten körperlicher Erregung führen nicht zu bestimmten Emotionen: Es gibt z.B. Fehlattribution körperlicher Erregung. Dienstbier und Munter (1971) fanden, daß Personen, die ihre beim Mogeln entstehende Erregung als Nebenwirkung eines Präparates (eigentlich Placebo) interpretieren können, in größerem Umfang mogeln.

Körperliche Erregung ist nicht affektiv neutral: Hohe Erregungsstufen wurden vielfach als negativ empfunden. Maslach (1979a) vermutet, daß das im täglichen Leben häufigere Zusammentreffen von körperlicher Erregung und negativer emotionaler Erfahrung der Grund für die negative Bewertung nicht erklärter Erregung ist.

Subjektives emotionales Empfinden ist zu verstehen als Resultat eines Prozesses, in dem körperliche Erregung und Kognitionen in unterschiedlichem Ausmaß vorhanden sind und sich gegenseitig beeinflussen (und damit auch modifizieren können).

8.3.1.3 Stimmungen

Ereignisse, die nicht sehr intensiv sind, die ablaufendes Verhalten nicht unterbrechen, werden vielleicht keine emotionale Reaktion hervorrufen, die Stimmung einer Person können sie aber dennoch beeinflussen. Solche Stimmungen haben zwar keine *spezifischen* verhaltensmäßigen Komponenten, können aber als Prädisposition verstanden werden, in einer bestimmten Weise zu handeln (Nowlis, 1970). Clark und Isen (in Vorb.) vermuten, daß Stimmungen außerdem nicht notwendig von physiologischen Erregungen begleitet sein müssen. Stimmungen führen dazu, daß man die Welt in einem anderen Licht sieht. Positive Stimmung führte z.B. in unterschiedlichen Experimenten zu mehr Hilfeleistung (Isen, 1970), positiverer Einstellung zu anderen (Gouaux, 1971) oder der Wahl positiver statt negativer Information über das Selbst (Mischel, Ebbesen & Zeiss, 1973).

Clark und Isen postulieren zwei Arten kognitiver Prozesse der Verhaltensdetermination von Stimmungen:

1. Automatische Prozesse: Wenn eine Person in eine Stimmung gerät, werden automatisch und ohne Intention Gedanken oder Ereignisse, die mit dieser Stimmung assoziiert sind im Gedächtnis abrufbar.

2. Kontrollierte Prozesse: Diese Prozesse beziehen sich auf intendierte, bewußte Strategien, die Personen anwenden, um eine positive Stimmung beizubehalten oder einer negativen Stimmung entgegenzuwirken.

8.3.2 Empirische Untersuchungen

Im folgenden sollen exemplarisch marktbezogene Untersuchungen nach folgenden Gesichtspunkt aufgeführt werden: *Emotionen* (3) sind das Ergebnis einer Interaktion von *physiologischen Erregungszuständen* (1) und *kognitiven* (2) Prozessen wie Zuschreibung oder Bewertung.

8.3.2.1 Physiologische Erregung

Schachter (1968) wendet seine Zwei-Faktoren-Theorie auf Eßverhalten an: Hunger, der zunächst physiologische Reaktion auf einen Mangelzustand ist, wirkt sich offenbar unterschiedlich aus: Übergewichtige Personen können die internen Signale der Nahrungsdeprivation nicht adäquat verarbeiten. Nisbett und Kanouse (1969) prüften diese Hypothese in einer Feldstudie. Supermarktkunden wurden gefragt, wann sie zuletzt etwas gegessen hätten und als normal- oder übergewichtig klassifiziert. Es wurde angenommen, daß normalgewichtige Kunden, die lange nichts gegessen hatten, mehr Nahrungsmittel kaufen würden als die, die kurz vorher gerade gegessen hatten. Dieser Unterschied in der Menge der eingekauften Nahrungsmittel sollte bei den übergewichtigen Kunden nicht auftreten. Die Hypothese konnte in bezug auf die normalgewichtigen Käufer bestätigt werden. Die übergewichtigen Käufer aber kauften um so weniger Nahrungsmittel, je länger die letzte Mahlzeit zurücklag. Einen ähnlichen Effekt fanden Tom und Rucker (1975): Nahrungsdeprivation führte bei übergewichtigen dazu, daß sie Dias mit Darstellungen von (u.a.) Nahrung geringer einschätzten, reduzierte Kaufabsichten äußerten und weniger aßen. Es scheint also weniger das *Nicht*beachten interner Stimuli zu sein als eine eher dysfunktionale Reaktion auf die physischen Stimuli.

8.3.2.2 Kognitive Prozesse

Die Interpretation eines Erregungszustandes ist ein kognitiver Prozeß, bei dem nach Ursachen für diesen Zustand gesucht wird. Mintz und Mills (1971) ließen Vpn einen überzeugenden Aufsatz gegen jährliche Röntgenuntersuchungen zur TBC-Vorbeugung lesen. Sie gingen davon aus, daß ein vorher verabreichtes Koffeinpräparat, von dem die Vpn glaubten, es sein analgetisch, zu einer verstärkten physiologischen Erregung führte, die von den Vpn als Erregung durch das Thema des Aufsatzes interpretiert wurde. Diese Fehlattribution müßte dann zu einer stärkeren Attitüdenänderung führen. Der erwartete Effekt des Koffeins war im Vergleich zu einer Placebokontrollgruppe nachweisbar; außerdem zeigte sich aber, daß Personen, die über die tatsächliche Wirkung des Koffeinpräparates aufgeklärt waren, ihre Einstellung nicht in dem Maße änderten wie Vpn, die ihre Erregung ausschließlich auf den Aufsatz zurückführen mußten, da sie das Koffeinpräparat für sensitivitätsmindernd hielten.

In ähnlicher Weise soll Werbung, die bei der Darstellung von Produkten z.B. das emotional erregende „Kindchenschema" (Nötzel, 1978) benutzt, dazu führen, daß die durch produktfremde Darstellungen aufgetretene Erregung „fälschlicherweise" dem Produkt attribuiert wird.

8.3.2.3 Emotionen

Es ist vor allem die Emotion Furcht, deren Auswirkungen seit Beginn der fünfziger Jahre in einer Vielzahl von Untersuchungen analysiert wurde. Die furchterregenden Themen dieser Arbeiten beziehen sich hauptsächlich auf die Bereiche Gesundheit und öffentliche Sicherheit. (Angesichts des vermutlich geringer werdenden Effekts angsterregender Kommunikation bei häufiger Wiederholung ist die Zurückhaltung im Marketing, entgegen der Meinung von Ray und Wilkie (1970), bei der Verwendung von Furcht eher positiv zu beurteilen.)

Janis und Feshbach (1953) untersuchten die Auswirkungen von drei unterschiedlich bedrohlichen Vorträgen über Zahnhygiene auf das Verhalten von Schülern. Sie fanden, daß die nur leicht bedrohlichen Appelle das größte Ausmaß von Verhaltensänderung zur Folge hatte. In den nachfolgenden Untersuchungen konnte dieser Zusammenhang z.T. bestätigt werden, z.T. zeigte sich das Gegenteil: Stark bedrohliche Appelle führten zu mehr Verhaltens- oder Einstellungsänderungen als weniger furchterregende Kommunikationen, in einigen Arbeiten konnte kein Unterschied zwischen hoher und niedriger Bedrohung festgestellt werden. (Übersichten dazu s. z.B. Higbee, 1969; Leventhal, 1970).

Für die Variable Glaubwürdigkeit der Quelle konnte in der Folgezeit nachgewiesen werden, daß sie mit dem Angstniveau interagierte und damit einige Inkonsistenzen aufklären kann; andere Variablen brachten weitere Inkonsistenzen oder beeinflußten das Ausmaß von Verhaltensänderung unabhängig vom Angstniveau. Hewgill und Miller (1965) z.B. zeigten, daß bei hoher Glaubwürdigkeit der Quelle stark angsterregende Kommunikation zu mehr Einstellungsänderung führt als weniger angsterregende Kommunikation.

Ebenso konnte für Persönlichkeitsvariablen wie Selbstwertgefühl gezeigt werden, daß Personen mit hoher Ausprägung dieser Variablen eher auf starke Bedrohung reagieren, während bei Personen mit geringem Selbstwertgefühl stärkere Verhaltensänderungen bei geringerer Bedrohung auftraten (z.B. Dabbs & Leventhal, 1966; Kornzweig, 1968; Zemach, 1966).

Leventhal, Singer und Jones (1965) und Leventhal, Jones und Trembly (1966) zeigten, daß genaue, spezifische Empfehlungen zur Vermeidung der Bedrohung dazu führte, daß sich mehr Vpn gegen Tetanus impfen ließen, als wenn die Vpn keine expliziten Anweisungen erhielten. Die Zunahme der Impfungen als Folge der „Anleitung" fand sich für alle Stufen der bedrohlichen Kommunikation.

In einer zusammenfassenden Analyse der Forschung zur angsterregenden Kommunikation diskutiert Higbee (1969) weitere Erklärungsmöglichkeiten der z.T. recht widersprüchlichen Befunde. Er argumentiert, daß die Art der Reaktion auf furchterregende Kommunikation auch vom Thema abhängen könnte, daß zweitens die Art der Medien (gedruckt/Tonband/Film etc.) sich unterschiedlich auf die Wahrnehmung stark oder weniger stark bedrohlicher Kommunikation auswirken könnte, daß drittens die Reaktion durch die Auswahl der Versuchspersonengruppe (Schüler/Studenten/Soldaten etc.) kodeterminiert ist und daß viertens die Vergleichbarkeit von Verhaltensabsichten, Einstellungen und tatsächlicher Konformität nicht von vornherein unterstellt werden kann.

Neben diesen eher methodischen Erklärungen argumentieren Higbee und Heslin (1968) theoretisch, daß der Zusammenhang zwischen der Stärke der furchterregenden Kommunikation und dem Ausmaß der Attitüden- bzw. Verhaltensänderung quadratisch ist: Mit zunehmender Stärke der furchterregenden Kommunikation steigt das Ausmaß der Attitüden- bzw. Verhaltensänderung zunächst an und wird dann wieder geringer (s. a. Janis, 1968; Janis & Leventhal, 1968; McGuire, 1968; Millman, 1968). Higbee und Heslin (1968) unterscheiden zwei gegenläufige Dimensionen der furchterregenden Kommunikation: die Stärke der Bedrohlichkeit eines Ereignisses und die Wahrscheinlichkeit ihres Auftretens. Mit zunehmender Bedrohlichkeit eines Ereignisses steigt die Motivation zur Vermeidung dieses Ereignisses, gleichzeitig aber nimmt dadurch die Wahrscheinlichkeit des Auftretens des Ereignisses ab. Damit ist ab einem bestimmten Punkt das Ereignis so unwahrscheinlich, daß die Notwendigkeit, es zu vermeiden, kaum noch vorhanden ist. Entsprechend wird den kommunizierten Vorschlägen zunehmend weniger Folge geleistet.

In der Werbung wird hauptsächlich versucht, Emotionen anzusprechen bzw. mit Konsumartikeln zu verbinden, die eine Tendenz hin zu etwas positiv Bewertetem (Arnold, 1960) beinhalten. Es werden Emotionen „benutzt", die Personen gern haben würden. Ausgangspunkt sind hierbei die Untersuchungen von Staats und Staats (1957, 1958), die zeigen konnten, daß durch gleichzeitige Darbietung von als „angenehm" bzw. „unangenehm" eingeschätzten Worten mit sinnlosen Silben ein Konditionierungseffekt auftrat. Die sinnlosen Silben wurden anschließend je nach Bedingung als „angenehm bzw. „unangenehm" beurteilt (dazu s. a. Kroeber-Riel, 1980).

Die Möglichkeiten, Personen in positive Stimmungen zu versetzen, sind vielfältig. Dorcus (1932) z.B. untersuchte die Assoziation, die Personen zwischen Farben und gefühlsbetonten Worten haben (s. a. Murray & Deabler, 1957). In der Untersuchung von Laird (1932) zeigte sich, daß Strümpfe hinsichtlich Qualität dann besser beurteilt wurden, wenn sie parfümiert waren, als wenn sie ohne Duftzugabe vorgelegt worden waren.

Isen, Clark, Shalker und Karp (1978) ließen in einem großen Einkaufszentrum kleine Werbegeschenke verteilen, um auf diese Art gute Laune bei den Beschenkten zu induzieren. Einige Meter weiter wurden die Personen gebeten, an einer „Verbraucherbefragung" teilzunehmen, und beantworteten dann Fragen zur Qualität und Haltbarkeit/Reparaturanfälligkeit ihres Autos und ihres Fernsehers. Aufgrund der Überlegungen von Clark und Isen (in Vorb.) wurde die Hypothese aufgestellt, daß Personen, die gute Laune haben, sich eher an positive Ereignisse erinnern als Personen, die keine gute Laune haben. Diejenigen also, die ein Geschenk erhalten hatten, müßten sich eher an positive Aspekte ihres Autos/Fernsehers erinnern. In der Tat zeigte sich, daß die Bewertung von Auto/TV (bezüglich der Reparaturanfälligkeit und Qualität) bei den nicht beschenkten Befragten deutlich geringer war als bei den Personen, die ein kleines Werbegeschenk erhalten hatten.

Zusammenfassend läßt sich folgendes feststellen: Die Bedeutung emotionaler Determinanten des Marktverhaltens ist allgemein anerkannt, über die spezifischen Auswirkungen der verschiedenen Emotionen können bislang nur teilweise Aussagen gemacht werden. Ausnahmen bilden hier allenfalls die Erforschung furchterregender Kommunikation (s. 8.3.2.3) sowie die Aktivierung als einer Komponente von Emotion, für die – allerdings relativ allgemeine – Vorhersagen gemacht werden können (s.a. Kroeber-Riel, 1980).

8.4 Erfassung bzw. Messung von Motivation/Emotion

Es sind hauptsächlich drei aufeinander aufbauende Fragenkomplexe, die sich in der Marktpsychologie in bezug auf Motivation/Emotion stellen:

1. Wie kann man die Ausprägung eines Motivs, einer Motivation, einer Emotion feststellen? Unterscheiden sich z.B. Inhaber unterschiedlicher beruflicher Positionen in bezug auf die Ausprägung ihres Leistungsmotivs?

2. Welche situativen Gegebenheiten sind für bestimmte Motive/Motivausprägungen anregend? Könnten (in Fortführung des Beispiels aus 1.) die situativen (Arbeitsplatz-)Bedingungen so gestaltet werden, daß sie leistungsmotiviertes Handeln fördern?

3. Wie wirken sich Emotion bzw. Motivation auf Verhalten aus?

Zur Beantwortung der ersten beiden Fragen sind Verfahren notwendig, mit denen Art und Stärke von Motiven bzw. Emotionen erfaßt werden können. Zur Bearbeitung der dritten Frage müssen unterschiedliche Motivations- oder Emotionsstärken vorhanden sein oder hergestellt, d.h. experimentell induziert werden. Verschiedene Ausprägungen von Motivation und Emotion als Ausgangsbedingungen werden unter 8.4.1.4, im Anschluß an die Meßmethoden, besprochen.

8.4.1 Motivationsmessung als Grundlagenforschung

Entsprechend dem Grad der „Öffentlichkeit" des Verhaltens kann man beim Messen von Motiven/Emotionen unterscheiden zwischen Reaktions- oder Verhaltensmessungen und Messungen der subjektiven Erlebnisse bzw. Verhaltensabsichten. Da Motivationen bzw. Emotionen aktivierende Funktion haben, kann diese Aktivierung als solche gemessen werden (Physiologische Messung). Häufig werden das Motiv bzw. die Emotionen über das dadurch bedingte Verhalten gemessen, wie z.B. destruktives Verhalten als Indikator für Aggression.

Im folgenden werden Messungen von Aktivierung, subjektiven Erlebnissen und Verhalten näher betrachtet.

8.4.1.1 Aktivierungsmessung

In dem umfassenden, von Schönpflug (1969) herausgegebenen Buch über „Methoden der Aktivierungsforschung" findet sich eine gute Übersicht von Groll-Knapp (1969) über die „Messung physiologischer Aktivierungsindikatoren" (S. 239–287). Diese sollen hier noch einmal kurz aufgeführt werden, um die Erfassungsmöglichkeit der physiologischen Aktivierung, die mit Motivation/Emotion einhergeht, im Rahmen der vorliegenden Arbeit abzuhandeln.

Die Autorin Groll-Knapp nennt acht Ableitungen bzw. Messungen physiologischer Aktivierungsindikatoren:

a) Gehirnelektrische Erscheinungen

Namentlich werden hier das Elektroenzephalogramm (EEG), das Elektrokortikogramm, transkortikale Ableitungen und Tiefenableitungen aufgeführt. Die Daten werden normalerweise an der intakten Kopfhaut abgenommen. Die kortikalen und Tiefenableitungen finden in der Motivationsforschung keine Anwendung, da sie nur operativ durchführbar sind (s. Haider, in Schönpflug, 1969, S. 133).

b) Elektromyographie

Die Bestimmung der Muskelaktivität gibt Hinweise auf den allgemeinen Spannungszustand einer Person. Die direkte Messung der Muskelspannung kann man nicht vornehmen, man verwendet statt dessen elektrische Begleiterscheinungen der Muskelaktivität (Aktionspotentiale). Diese Muskelaktivität kann durch Nadelelektroden direkt am Muskel abgenommen werden; für die Motivationsforschung wird üblicherweise höchstens die Oberflächenmessung (z.B. am Augenmuskel) bevorzugt.

c) Elektrische Hauterscheinungen (Psychogalvanographie, Elektrodermatographie)

Bereits Ende des 19. Jahrhunderts sind Änderungen des Hautwiderstandes als Ausdruck vasomotorischer Aktivität beschrieben worden. Bei emotionaler Erregung fällt der Widerstand bei schwacher Reizung durch Strom zwischen zwei Hautpunkten ab. Die Messung muß immer auf einen individuellen Basiswert (das Grundniveau) bezogen werden. Die physiologischen Ursachen der Widerstandsänderung der Haut (PGR = psychogalvanischer Reflex bzw. GSR = galvanic skin response) sind noch nicht vollständig erforscht. Die Korrelation zwischen GSR und Schweißdrüsenaktivität wird nicht als direkter Zusammenhang zwischen dem Auftreten von Körperschweiß und der Abnahme des Hautwiderstandes gesehen, sondern lediglich als eine Verbindung zwischen präsekretorischer Aktivität der Zellmembranen an den Schweißdrüsen, die deren Permeabilität erhöht und so zu einem Absinken des Widerstandes führt.

d) Mikrovibration

Am menschlichen Körper ist ein winzig kleiner Tremor durch Registrierung mechanischer Impulse an der Oberfläche immer nachweisbar. Diese als Mikrotremor oder Mikrovibration (MV) bezeichneten Schwingungen können über zwei Techniken registriert werden: Direkt im Vergleich zu einem Ruhepunkt O (Wegmessung), was sehr schwierig ist, weil der Bezugspunkt O häufig auch in ein schwingendes System integriert ist. Indirekt dadurch, daß der selbst schwingende Meßwertaufnehmer durch den dazukommenden Körpertremor in erhöhte Schwingung versetzt wird (Beschleunigungsmessung).

e) Plethysmographie

Während ursprünglich der Begriff nur auf die Messung der auf Durchblutungsverhältnisse zurückführenden Volumensänderung von Organen oder Körperteilen angewendet wurde, wird er heute als Sammelname für die verschiedenen Techniken der Messung von Durchblutungsverhältnissen gebraucht. Man unterscheidet das Pulsvolumen (Veränderungen der Blutfülle in Abhängigkeit vom Pulsschlag: Volumenanstieg durch systolischen Bluteinstrom und Abfall bis zum diastolischen Tiefpunkt) und das Blutvolumen (absolute Blutmenge in einem Körperteil). Die häufigste Meßart ist die Volumensplethysmographie, bei der entweder der zum Messen bestimmte Körperteil in ein (nicht dehnbares) Gefäß gelegt wird, das mit (inkompromierbarer) Flüssigkeit gefüllt ist. Jede Volumenänderung führt zu einer Verdrängung der Flüssigkeit, die in einem Steigrohr abgelesen werden kann (evtl. von dort direkt aufgezeichnet wird). Oder aber man legt mit leitenden Substanzen gefüllte, dehnbare Manschetten um den zu untersuchenden Körperteil: Volumenänderungen bedingen eine Dehnung des Systems, und das wiederum verursacht eine Veränderung der elektrischen Leitfähigkeit, die dann als Maß gilt. Diese Arten der Messung sind anfällig gegen Bewegungsartefakte.

Weitere, kompliziertere Meßtechniken liegen einmal in der Fotoplethysmographie, bei der die Durchblutung peripherer Gefäße mittels Licht (entweder durchscheinend oder widerspiegelnd) gemessen wird; zum anderen in der Rheoplethysmographie, bei der die u.a. von der Durchblutung abhängige elektrische Leitfähigkeit des Gewebes erfaßt wird. Diese letzte Methode ist aber noch nicht endgültig erforscht.

Für die Untersuchung emotionaler Erregung wurde die periphere Durchblutung selten benutzt (s. Legewie, in Schönpflug, 1969, S. 177); besser können Blutdruckwerte erhoben werden (s. Legewie, in Schönpflug, 1969, S. 172). Beide Funktionen steigern sich mit zunehmender emotionaler Erregung (z.B. Freude, Furcht, Wut). Damit ist Blutdruck und Pulsfrequenz auch als Aktivierungsindikator bei Motivation zu gebrauchen.

f) Pulsfrequenz und Pulsrhythmik

Neben Fotokardiographie (Durchleuchtung von Körperteilen, wobei erhöhte Blutmenge zu geringerer Lichtdurchlässigkeit führt; wird meist am Ohrläppchen abgenommen) benutzt man die Phonokardiographie (bei der die Herztöne über ein Mikrophon verstärkt werden; diese Erhebungsart ist nicht unanfällig gegen Bewegungsstörungen und Einflüsse, die durch das Auftreten von zwei Herztönen entstehen).

Am besten eignet sich die Kardiotachometrie, wie sie über die Elektrokardiographie (EKG) gemessen wird, für die Bestimmung der Pulsfrequenz.

g) Atmung

Die Messung des Atemzug- und Atemzeitvolumens (Spirometrie, z.B. zur Erfassung des Gasabtausches als Energieverbrauchsindikator) findet in der Motivations-/Emotionsforschung kaum Anwendung, da sie üblicherweise mit einer Atemmaske durchgeführt wird. Die äußere Atmung untersucht man in erster Linie durch Messung der Veränderung des Brustumfanges (wobei als Fehler alle Bewegungen des Brustkorbes einkalkuliert werden müssen). Diese Messung führt zu Aussagen über Frequenz und Atemtiefe. Bei psychischer Anstrengung nimmt die Frequenz zu, und die Atmung verflacht (wohingegen im entspannten Schlaf die Atemtiefe zunimmt und die Frequenz abnimmt). Bei körperlicher Arbeit wachsen sowohl Frequenz wie Volumen infolge des Sauerstoffverbrauchs.

h) Temperatur

Man unterscheidet Kern- und Oberflächentemperatur. Die Kerntemperatur ist relativ konstant, aber individuell verschieden. Generell ist die exakte Erfassung der Temperatur schwieriger, als allgemein angenommen wird. Interpretierbar sind bereits Kerntemperaturschwankungen von 0,01 °C (am besten abgenommen am Trommelfell des Außenohrs, da dieser Meßwert nahe am Temperaturregulierungszentrum des Gehirns – Hypothalamus – liegt). Eine Aktivierungssteigerung zeigt sich in einem Anstieg der Kerntemperatur bis zu 2 °C unabhängig von der Umgebungstemperatur (Schmidt & Thews, 1977, S. 531).

Abschließend sollen noch drei Gesichtspunkte behandelt werden, die für das Messen dieser physiologischen Aspekte der Motivationen/Emotionen von Bedeutung sind, nämlich 1. Schlaf- und Wachzustände, 2. Gütekriterien der Maße, 3. Reaktivität.

Psychische Zustände lassen sich je nach dem Grad der Aktivierung auf einem Schlaf-Wachkontinuum lokalisieren. Höchste Erregung und Tiefschlaf lassen keine koordinierten Reaktionen zu. Optimale Verhaltensorganisation ist bei einem mittleren Aktivierungsniveau („wache Aufmerksamkeit") möglich. Daraus ergibt sich eine umgekehrt u-förmige Beziehung zwischen Antriebsstärke und Leistung. Dieser als „Yerkes-Dodson-Gesetz" bekannte Sachverhalt (Yerkes & Dodson, 1908) besagt, daß eine optimale Leistungsfähigkeit bei mittlerer Motivation gegeben ist; zu geringe oder zu hohe Motivation wirken „leistungs"-hemmend.

Bezüglich der Gütekriterien von Aktivierungsindikatoren für motivationale/emotionale Zustände muß beachtet werden, daß Aktivierung per se kein Anzeichen für Motivation oder Emotion darstellt (Aktivierung kann mit körperlicher Anstrengung einhergehen, Anzeichen einer Krankheit sein oder auch medikamentös erzeugt werden): Aktivierung als Begleitzustand ist richtungsneutral entweder hoch oder niedrig, erst der qualitative Aspekt bedingt das Motiv/die Emotion (nämlich ob es z.B. positiv als Verliebtheit erlebt wird oder negativ als Wut).

Die Messung der physiologischen Daten selbst ist objektiv und zuverlässig. Die Gültigkeit ist in Frage gestellt, wenn sie als alleinige Indikatoren benutzt werden sollen. Z.B. ist die Interpretation von Daten der sog. Lügendetektoren äußerst gefährlich. Die physiologischen Begleitumstände (Hautwiderstand, Atmung, Blutdruck und Herzschlagfrequenz) treten auf, gleichgültig, ob die mit inquisitorischen Fragen konfrontierte Person schuldig ist oder nur furchtsam vor der Prozedur selbst. Eine Lüge ist durch derartige Apparaturen nicht entdeckbar, sondern lediglich die Reaktion auf die Fragen.

Ein wichtiger Aspekt bei der Erhebung von Motivationsdaten ist die Tatsache, daß die Beobachtung bzw. Messung selbst einen Zustand des „Aufgeregtseins" bei den Probanden hervorruft. Diese sog. „Reaktivität" ist ein Zustand (vergleichbar mit „Lampenfieber" oder gar „Prüfungsangst"), der sich in subjektiv erlebter unangenehmer Spannung und physiologischer Aktivierung bemerkbar macht. Im Verhalten zeigt sich Reaktivität in unterschiedlicher Weise: Am häufigsten durch Meiden derartiger Situationen oder durch extrem kontrolliertes Verhalten, entweder als sozial erwünscht (der Pb verhält sich so, wie er meint, der Vl erwarte es von ihm, oder alle anderen potentiellen Pbn verhielten sich ebenso), oder aber er sabotiert das Experiment. Die Pbn-Motivationen von Versuchsteilnehmern sind andernorts ausführlich beschrieben worden (Gniech, 1976). Durch die Interaktion mit den zu messenden Motiven sind diese Artefakte besonders zu beachten.

8.4.1.2 Die Erfassung der subjektiven Erlebnisse

Die in diesem Abschnitt zu behandelnde Erfassung der subjektiven Erlebniskomponente von Motivation stellt die häufigste Art der Messung von Motiven dar: Die Stärke von Motiven wird meistens mit Hilfe verbaler Äußerungen gemessen (s.a. speziell für Konsumbereich Smith, 1954/55). Aufgrund der allgemeinen Bekanntheit dieser Verfahren werden nur einige Methoden beispielhaft angesprochen.

a) Die Befragung (z.B. van Koolwijk & Wieken-Mayser, 1974; Mayntz, Holm & Hübner, 1969)

Handlungsziel	Emotion	Einstellungsaussage
1. Mating	Sex	I want to fall in love with a beautiful woman
2. Gregariousness	Loneliness	I would rather spend free time with people than by myself
3. Parental Protectiveness	Pity	I want to help the distressed, whereever they are
4. Exploration	Curiosity	I like to read books, newspapers, and magazines
5. Escape to security	Fear	I want my country to get more protection against the terror of the atom bomb
6. Self assertiveness	Pride	I want to be smartly dressed, with a personal appearance that commends admiration
7. Narcistic sex	Sensuosness	I want to enjoy my own company, thoughts and reveries

Abb. 4: Motivationsdispositionen: Handlungsziel, Emotion und Beispiele der Einstellungsaussagen
(nach Cattell 1957, 514ff, 541)

Den Probanden werden schriftlich (s.a. Richter, 1971) oder mündlich (Interview, s.a. Scheuch, 1967) direkte oder indirekte Fragen zu ihrem emotionalen bzw. motivationalen Zustand gestellt. Die Fragen bzw. Aussagen können so formuliert sein, daß Antwortalternativen vorgegeben sind (z.B. Skalen, Tests, z.B. Miller, 1977) oder daß dem Befragten die Formulierung seiner Antwort selbst überlassen ist (offene Fragen).

Als Beispiel sollen Einstellungsaussagen zu sechs Motivdispositionen, für die Testbatterien entwickelt sind, dienen, die Cattell, 1957 entwickelt hat.

b) Sematisches Differential (z.B. Bergler, 1975)

Osgood (1952) und Hoffstätter (1957) entwickelten dieses, auch Polaritätsprofil genannte Verfahren, um die subjektive Bedeutung eines Begriffs quantifizierbar zu machen. Pbn stufen dabei jeweils einen Begriff auf mehreren, meist siebenstufigen Skalen ein, deren Extreme verbalisiert sind. Osgood fand drei grundlegende Dimensionen für die Bedeutung von Begriffen: 1. Beurteilung (z.B. gut – – – – – – schlecht), 2. Macht (z.B. stark – – – – – – schwach) und 3. Aktivität (z.B. spannend – – – – – – langweilig). Die von den Pbn vorgenommenen Abstufungen eines Begriffs auf den verschiedenen bipolaren Skalen lassen sich zu einem „Polaritätsprofil" verbinden. (In den unter 8.2.3.2.3 erwähnten Untersuchungen von Staats und Staats (1957, 1958) wurden Einstellungen mit dem semantischen Differential erhoben.) Das Hauptproblem dieses Verfahrens liegt in der Auswahl der Begriffe sowie der bipolaren Skalen.

c) Projektive Verfahren (z.B. Kerlinger, 1979)

Ausgangsüberlegung für dieses Verfahren war, daß Personen bei der Wahrnehmung und Interpretation von Situationen Personen durch ihre (momentanen) eigenen Wünsche, Bedürfnisse, Motive etc. beeinflußt werden; sie projizieren ihre eigenen Vorstellungen in das hinein, was sie sehen. Das bekannteste projektive Verfahren der Motivationsforschung ist der Thematische Apperzeptions-Test (TAT), der von Morgan und Murray

1935 veröffentlicht wurde (s.a. 8.2.1.1). Die Probanden erzählen zu Bildtafeln mit schemenhafter Schwarz-Weiß-Darstellung sozialer Situationen kurze Geschichten.

Die Auswertung dieser Geschichten lehnt sich an Murrays „Needs" and „Press" an. Die Erwähnung von Bedürfnissen, Wünschen etc. der Hauptperson sowie von situationsbedingten Umwelteinflüssen werden gewichtet, ausgezählt und summiert. Revers und Teubner entwickelten 1968 ein Verfahren zur inhaltlichen Kurzauswertung des TAT.

Lindzey (1959) unterscheidet fünf Arten projektiver Verfahren: 1. Assoziationstechniken (der Pb sagt das, was ihm bei einem Stimulus als erstes einfällt), 2. Konstruktionsverfahren (z.B. TAT, Rohrschach-Test), 3. Ergänzungsverfahren (der Pb ergänzt spontan unvollständige Sätze), 4. Expressive Verfahren (Pb stellt etwas her, wird aber in bezug auf seine Handlung – statt des Produktes – beachtet, z.B. Rollenspiel) und 5. Auswahl- bzw. Ordnungsverfahren.

Das Hauptproblem der projektiven Verfahren liegt in der Überprüfung von Reliabilität (die Wünsche, Bedürfnisse, die in die „Projektion" einfließen, sind erheblichen Veränderungen im Zeitablauf unterworfen) und Validität.

8.4.1.3 Verhaltensmesung

Von erheblichem Interesse bei der Untersuchung von Motivation/Emotion ist die Prognose von Verhalten. Man stellt sich vor, daß bestimmte Verhaltensweisen besonders durch „Angst", andere durch „Aggression" und wieder andere durch „Neugier" u.a. entstehen. Man kann jetzt natürlich direkt von „aggressiven" Verhaltensweisen (wie z.B. Schlagen bei Bandura & Walters, 1963) auf das Vorhandensein eines Motivs schließen. Die abhängige Variable wäre aber in diesem Fall nicht durch eine einzige Verhaltensweise definiert, sondern eine ganze Reihe unterschiedlicher Ausdrucksformen der zu untersuchenden Motivation müßten als Maß für das Vorhandensein des Motivs beobachtet werden (z.B. für Aggression von rein physischer Gewaltanwendung über verbale Aggressionsäußerungen bis hin zu nicht-verbalen Mimik-, Gestik- und Kinesikreaktionen).

Im folgenden werden zwei Verfahren dargestellt, bei denen Verhalten quantifiziert wird.

a) Beobachtung

Die Universität des Saarlandes besitzt ein Labor für angewandte Verhaltensforschung im Institut für Konsum- und Verhaltensforschung, in dem Interaktionen zwischen Personen beobachtet und die Gefühlsrregungen von Individuen gemessen werden können, wie es hier aufgezählt wurde; im Institut wird u.a. eine besondere Form der Erregungsmessung angewendet, nämlich die Stimmenfrequenzanalyse. Unbemerkt von der beobachteten Person können in einem Gespräch ihre Spannungen untersucht werden, die z.B. in Verhandlungen auftreten.

Häufig werden, besonders in der Produkt- und Werbeforschung (aber auch in der Kriminalistik), Blickveränderungen analysiert. Eines der benutzten Blickregistriergeräte ist der „NAC Eye-Mark-Recorder 4", das von Böcker und Schwerdt (1981) methodisch überprüft wurde. Die Autoren kommen zu dem Schluß, daß „der Einsatzbereich, in dem verläßliche Ergebnisse zu erwarten sind, ... in mehrfacher Weise eingeschränkt werden" muß (S. 353).

Neben diesen sehr speziellen Verhaltensaspekten kann Verhalten auch allgemeiner beobachtet werden. Für eine ausführliche Darstellung der Vorgehensweisen wird z.B. auf König (1967) oder Grüner (1974) verwiesen.

b) Nicht-reaktive Verfahren

Die Probleme, die in Untersuchungen durch die Interaktion von Forscher und Pb auftauchen (Artefakte s.a. Bungard & Lück, 1974; Gniech, 1976; Rosenthal & Rosnow, 1969) können durch Verfahren umgangen werden, bei denen auf eine solche Interaktion verzichtet wird. Webb, Campbell, Schwartz und Sechrest (1975) zeigen auf, daß es eine Reihe von „Spuren" von Verhalten gibt, die man finden kann, ohne mit den Personen in Kontakt zu kommen, an deren Verhalten man interessiert ist. Z.B. kann die Stärke der Fußbodenabnutzung in einem Einkaufszentrum Aufschluß über das Ausmaß des Käuferinteresses an bestimmten Läden geben. Sie weisen ferner auf die schriftlichen Aufzeichnungen bei Behörden, Instituten, Industrie u.a. als Quelle für Verhaltensindizes hin.

8.4.1.4 Herstellen von Anfangsbedingungen

Speziell bei der unter 8.4 genannten Frage 3 stellt sich häufig das Problem, daß ein Motiv, eine Emotion „vorhanden" sein muß, damit die Auswirkungen auf das Verhalten registriert werden können.

Es gibt generell zwei Techniken, um das Vorhandensein des zu untersuchenden Motivs zu gewährleisten: 1. die experimentelle Manipulation (z.B. Etablierung der unabhängigen Variablen einer Leistungsmotivationskomponente durch die Situation) und 2. die Auswahl von Personen, bei denen das Merkmal bekanntermaßen in unterschiedlichen Ausprägungen vorhanden ist (z.B. Etablierung der unabhängigen Variablen „Angst" in Form von klinisch als „depressiv" eingestuften Patienten).

Die zwei Arten der Herstellung von Anfangsbedingungen sollen am Beispiel der Angstbereitschaft und Emotionalität (nach Graumann, 1969, S. 65–73) illustriert werden:

1. Induktion von Angst kann vorgenommen werden durch

    a) Androhung von Strafe oder anderen unangenehmen Erlebnissen;

    b) Stellung einer Aufgabe, die wegen zu großer Schwierigkeit oder Unlösbarkeit nicht zu bewältigen ist;

    c) Etablierung eines sozialen Druckes, der in Form von Kritik oder sonstiger Bewertung die Abweichung von einer Norm feststellt;

d) Erzeugung einer Mißerfolgssituation (verstärkt, indem eine Leistung als besonders relevant bezeichnet wird).

Nach Gärtner-Harnach (1972, S. 57–64) sind dies Situationen, bei denen Meßinstrumente für „akute (Leistungs-) Angst" angewendet werden müssen. Sie zählt dazu eine Reihe von Techniken auf.

2. Im Gegensatz zu diesen mehr situativ abhängigen Angstzuständen stellt sie Angst als überdauerndes Persönlichkeitsmerkmal dar (S. 24–56) und nennt Fragebogen sowie projektive Verfahren als Meßinstrumente. Graumann (1969, S. 67) zählt bei den ängstlichen Individuen und Organismen folgende Möglichkeiten auf:

a) Diagnostizierte Ängstlichkeit

Manifeste Angst läßt sich im Gespräch, im Fragebogen oder projektiven Tests erheben. Sie wird am häufigsten mit Leistung in Verbindung gebracht, da sie in Test- oder Prüfungssituationen bei fast allen Personen nachweisbar ist. Eine gute Übersicht gibt Gärtner-Harnach (1972).

b) Gezüchtete Ängstlichkeit (Emotionalität)

Es wird anhand von Beobachtungen angenommen, daß manche Individuen aufgrund ererbter Konditionen leichter zu erregen sind als andere. Diese meist psychosomatische Hypersensibilität hängt eng mit Ängstlichkeit zusammen. Sie wird häufig mit Neurotizismus bezeichnet. Der Ausdruck „gezüchtet" stammt aus der Tier-Verhaltensforschung. Man hat durch Auswahl und Fortpflanzung bestimmter Rattenstämme „emotionale" (ausgedrückt in erhöhter Urinierungs- und Defäkationsrate) und „nichtemotionale" Tiere erhalten, die sich in einem kritischen Test klar voneinander unterscheiden (Hall, 1951).

Die Fragwürdigkeit der Übertragung von solchen Konzepten auf die Human-Psychologie soll hier betont, aber nicht weiter untersucht werden.

Ängstliche Personen können als solche erkannt werden durch die Verhaltenskonsequenzen der motivationalen Angst. Das Verhalten (s. nächster Abschnitt) drückt sich meist durch Rückzugstendenzen (Flucht, Introversion, Handlungsunfähigkeit) aus. Da alle diese Anzeichen aber nicht eindeutig sind, ist das sicherste Diagnostikum für Angst und Ängstlichkeit die Äußerung des Individuums über seinen psychischen Zustand, der als unangenehm erlebt wird.

8.4.2 Motivationsforschung in der Praxis

Die Diskussionen um die „Nützlichkeit" psychologischer Forschung münden nach einer Analyse von Erklärung und Prognose meist an dem Punkt, wo über Wertfreiheit und Weltverbesserung gestritten wird; dieses Feld der wissenschaftstheoretischen Argumentation soll hier nicht erneut aufgerollt werden. Man könnte übrlegen, ob die von Brandstädter (1976) geäußerten Gedanken in einem Kapitel über Motivationen Anwendung finden sollen (der Autor verweist auf die „grundsätzlichen Schwierigkeiten der empirischen Sicherung von bedürfnis- und motivationsanalytischen Hypothesen" ... „deren Beachtung für das Problem einer Verbesserung individuellen Verhaltens und Erlebens von erheblicher Bedeutung sein dürfte" S. 236).

Nicht davon soll aber hier die Rede sein, sondern von der Übertragbarkeit der Messungen von Motiven aus der Grundlagenforschung in die praktische Arbeit.

Zwei Bereiche benutzen Erkenntnisse aus der Motivationsforschung, und zwar einmal die Grundlagenforschung der Psychologie selbst, zum anderen die angewandten Forschungsbereiche.

8.4.2.1 Motivation als Teilgebiet der Psychologie

In allen Bereichen, der zugegebenermaßen „willkürlichen", aber traditionell auch funktionstüchtig eingeteilten Psychologie (s. 7 Fächer des Grundstudiums), die aber heute unter anderen Anforderungen neu überdacht werden sollte, finden sich Aspekte der Motivationspsychologie. Die Motivationen werden nach obengenanntem Schema unter dem Fach „Allgemeine Psychologie" behandelt; aber in fast jedem Lehrbuch der „Sozialpsychologie" findet sich mindestens ein Kapitel über Motivationen, weil Motive gelernte Handlungsdeterminanten sind.

Motivationen werden als erklärende Faktoren bei vielen psychologischen Theorien herangezogen: Z.B. Wahrnehmungsabwehr (SD-Theorie s. Upmeyer, 1981), z.B. Lern- und Leistungssteigerung (s. Heckhausen, 1980), z.B. Widerstandsvrhalten (Reaktanztheorie, s. Dickenberger & Gniech, 1981).

Allen diesen Theorieansätzen gemeinsam ist die aktivierende Funktion von Motiven, wobei unterschiedliche emotionale Qualitäten zu den speziellen Verhaltensweisen führen.

Größere Bedeutung im Kontext des vorliegenden Bandes ist aber sicher den motivationspsychologischen Anteilen in den Praxisfeldern zuzuschreiben.

8.4.2.2 Motivationsanalysen in Praxisfeldern

Vergegenwärtigt man sich die Anwendungsfelder, in denen motivationspsychologische Fragen eine Rolle spielen (ein Kapitel, das in allen Lehrbüchern der Psychologie fehlt), so läßt die Totalaufzählung aller Bereiche die relevanten Praxisfelder erkennen. Motivationsanalysen werden gemacht: Bei sozialpolitischen Problemen, die z.B. Alter, Familie, Jugend, Freizeit, Sport, Umwelt, Wohnen, Gesundheit, Sexualität, Verkehr, Kriminalität, Militär betreffen; Motivationen werden erforscht bei Markt- und Konsumuntersuchungen, bei Wahlforschungen, bei Arbeits- und Organisationsstudien etc.

Im vorliegenden Band über „Marktpsychologie" sollen Beispiele aus Bereichen, die „Märkte" vorweisen, genannt werden. Dieses sind die ökologische Psychologie, Berufswahl und Arbeitslosigkeit, Konsum und Wählerverhalten. (Es entfallen die Bereiche der klinischen und pädagogischen Psychologie, d.h. Gesundheitswesen und Ausbildungswesen.)

8.4.2.2.1 Ökologische Psychologie

Probleme mit dem natürlichen Lebensraum des Menschen resultieren aus menschlichem Verhalten. Bestimmte Motivstrukturen sind Ursachen für z.B. Umweltverschmutzung, zu dichte Besiedlung, Reduktion der Pflanzen- und Tierwelt. Eine Analyse des geschädigten Systems zeigt, daß Interessenkonflikte bestehen zwischen verschiedenen Gruppen, aber auch innerhalb einzelner Individuen.

Die Ökologische Psychologie beschäftigt sich mit den Möglichkeiten, die Probleme, d.h. Interessenkonflikte, abzubauen und eine Erhöhung der Lebensqualität herbeizuführen: Die wissenschaftliche Analyse aller Bedingungsfaktoren von Umweltstörungen hat ein humanistisches Ziel. Damit ist inhaltlich die übliche Trennung zwischen Forschung und Veränderung aufgehoben. Dieser Fortschritt wissenschaftlicher Effektivität birgt zweifelsfrei die Gefahr von Fehlern durch (1) das „trial- und error"-Verfahren, das manchmal bei der Suche nach Ursachen nicht zu umgehen ist, und (b) die mehr oder minder willkürliche Festlegung von Interessen-Prioritäten.

Eine Reihe von Beispielen zu dem „zirkulären Muster" von Interventionen, die Gegenstand der psychologischen Ökologie sind, werden bei Zimbardo und Ruch (1978, s. Nachwort = Ein Zukunftstraum) diskutiert: „Menschen verändern die natürliche Umgebung und erzeugen physikalische und soziale Strukturen. Diese beengen, leiten und verändern uns wiederum, wobei sie bestimmte Verhaltensweisen – oft in einer Art und Weise, die wir nicht erwartet hätten – bestärken, während sie andere entmutigen oder verhindern." John Platt von der Universität von Michigan hat auf „Fallen" aufmerksam gemacht, die sich manchmal in sozialen Systemen entwickeln, wobei Menschen manchmal Verhaltensweisen zeigen, von denen sie wissen, daß sie langfristig schädlich für sie sind, aber nicht wissen, wie sie sie unterlassen können (Zimbardo & Ruch, 1978, S. 528).

Die Bedeutung dieses neuen Forschungsaspektes kann am besten durch die Tatsache demonstriert werden, daß die DFG Ende der 70er Jahre ein Schwerpunktprogramm „Psychologische Ökologie" eingerichtet hat.

Kaminski (1976, S. 260) weist darauf hin, daß in der Vergangenheit der Umwelt-Psychologie fast ausschließlich Kognitionen erkundet worden sind. Im Rahmen des vorliegenden Kapitels gesehen, bedeutet dies, daß die motivations- und bedürfnispsychologischen Aspekte häufig über Introspektionen erfaßt worden sind. Augenblicklich findet eine Umorientierung auf Verhaltensdaten statt (die zunehmende Bedeutung von Untersuchungen zu Territorialverhalten wird damit plausibel, s. Gniech & Preuss, 1980).

Ökologie ist ursprünglich eine biologische Teildisziplin, die sich „mit der Erforschung der *Wechselwirkung* lebender Organismen (Pflanzen, Tiere, Menschen) miteinander und mit ihrer nicht-belebten (räumlich-materiellen) Umgebung" befaßt (s. Eckensberger in Graumann, 1978, S. 52). Die psychologische Betrachtungweise ökologischer Systeme zentriert sich mehr auf verhaltens-determinierende Tendenzen, die allgemein Motive genannt werden. Da die Erfassung dieser Konstrukte schwierig ist, geht man in neuerer Zeit dazu über, die Handlungen selbst zu analysieren. Die damit eingehandelten Nachteile sind einmal die Komplexität und zum anderen die Nichteindeutigkeit der beobachteten und registrierten Daten. Statt hypothetischer Konstrukte hat man Reaktionen: Die Interpretation ist hier wie da schwierig!

8.4.2.2.2 Spezielle Aspekte des Arbeitsmarktes

Eines der bekanntesten Modelle über Arbeitsmotivation hat Vroom (1964) aus seiner Theorie entwickelt. Es beinhaltet die Komponenten

(a) Erwartung eines bestimmten Handlungsergebnisses und

(b) Valenz des Ergebnisses als bestimmend für die Handlungsstärketendenz.

Dieses Modell wird in fast allen Büchern zur Arbeitspsychologie zitiert (s. z.B. Hoyos, 1974, S. 189–197, von Rosenstiel, 1975, S. 68–69 sowie 171–173, Offe & Stadler, 1980, darin besonders Offe & Offe, S. 177–193).

Die Forschung über Arbeitsmotivation ist immer determiniert worden durch eine Überflußgesellschaft und deshalb häufig mehr im Bereich der differentiellen Psychologie und Persönlichkeitsforschung diskutiert worden. Unter dem heutigen aktuellen soziokulturellen Stand des Mangels an Ressourcen verschiedener Art, der zu dem Problem der Knappheit von Arbeitsplätzen geführt hat, müßte man das Thema enger fassen.

Von den vielfältigen Bereichen der Arbeitswelt, die durch Motivations-Psychologen betreut werden, wie Unfallforschung, Absentismus etc. sollen deshalb nur zwei hier besonders betont werden: Berufswahl und Arbeitslosigkeit (die im weitesten Sinne zur Sozialisationsforschung gerechnet werden können, s. Daheim, 1977).

Sieht man die Arbeitsplatzwahl unter dem Gesichtspunkt innen- und außengeleiteter Aspekte, so ist ein Kontinuum von Berufswahl über Arbeitsplatz- und Berufswechsel (= Mobilität) zu Arbeitslosigkeit denkbar, bei dem die in Interaktion stehenden Determinanten von Berufswahl, nämlich die persönlichen Merkmale und die gesellschaftlichen Bedingungen, sich schwerpunktmäßig verschieben. Während bei der Wahl eines Berufes (s. Heinz, 1976) die Entwicklung von kindlichen Abenteuerphantasien über sozial erwünschte Berufe zu einer realistischen Abwägung von Interesse, Fähigkeit und gegebener Bedingung läuft und somit noch relativ große Anteile persönlicher Vorlieben eine Rolle spielen, wird bei Berufsmobilität dieser Individualbereich stärker durch äußere Bedingungen dominiert, um schließlich bei der Arbeitslosigkeit fast ganz ausgeschaltet zu werden. Arbeitslosigkeit ist nahezu ausschließlich von außen determiniert, wobei aber die psychologischen Konsequenzen allein durch die negative Bewertung enorm sind (Kieselbach & Offe, 1979).

Arbeit an sich besitzt eine hohe Wertstellung. (Nur 34% der befragten Berufstätigen gab nach einer SPIEGEL-Umfrage im Jahr 1975 an, bei einem durch eine Erbschaft hinreichend gesicherten Lebensauskommen nicht weiter arbeiten zu wollen, s. Wacker, 1976, S. 178/179.) Das erklärt auch die große emotionale Beteiligung der Betroffenen bei den beiden hier diskutierten Komplexen Berufswahl und Arbeitslosigkeit. Der größte Anteil der Motivationen wird dabei offensichtlich aus der Bezugsgruppe übernommen.

Bezüglich der Feststellung (= Messung) solcher „gemischten" Motive gibt es größte Schwierigkeiten: Einerseits spielt die subjektive Bewertung oder Erwünschtheit eine große Rolle, andererseits versuchen Personen häufig, eine „objektive" Bewertung abzugeben, die aber nicht Grundlage ihrer Handlungen ist (s. Bollinger-Hellingrath, Gniech & Rost-Schaude, 1978). Dieses ist der Grund, warum bei der Beratung durch die Arbeitsämter häufig so große Probleme bei der Feststellung der tatsächlichen Berufswünsche auftreten (ein Instrument zur Erfassung der Berufsinteressen ist der B-I-T von Irle, 1955). Dieser Aspekt ist noch mehr relevant bei der in den folgenden Abschnitten behandelten Konsumentenforschung und teilweise auch bei der Wahlforschung.

8.4.2.2.3 Konsumentenverhalten

Im vorliegenden Band ist verständlicherweise ein breiter Raum für den Breich Werbewirksamkeit und Konsumentenverhalten reserviert (s. die Beiträge von Lück, v. Rosenstiel, Silberer, Six, Wiswede).

Auf Modelle des Käuferverhaltens, wie sie z.B. bei Diehl (1977), Kotler (1966) und Schewe (1973) diskutiert werden, soll hier nicht weiter eingegangen werden. Es sollen im folgenden lediglich als Spezialspekte die Punkte angesprochen werden, an denen die gradlinige Umsetzung von Bedürfnissen, Interessen und Motiven in Handlungen gestört zu sein scheint.

Wenn z.B. eine Hausfrau in einem Markforschungs-Test einerseits *sagt*, sie präferiert das Waschmittel A, dann aber tatsächlich in einem Testladen das Waschmittel Z kauft, so mag es an vielerlei Gründen liegen:

Zunächst existiert möglicherweise das bereits erwähnte Phänomen der Diskrepanz zwischen den individuellen Wünschen und den vermeintlich als „richtig" geltenden Ansprüchen der Umwelt, d.h. zwischen subjektiven und sozialen Gesichtspunkten. Eine Norm sozialer Erwünschtheit ist wirksam: Die Frau nimmt immer A, obwohl sie weiß, daß ihre Bekannten alle Z verwenden, und sie ihre Marke bereits mehrfach verteidigen mußte. Dazu hat sie jetzt keine Lust.

Es kann eine Neugiermotivation wirksam sein: Die Frau nimmt immer A, aber heute will sie mal Z ausprobieren, weil es ohne weitere Konsequenzen ist.

Es wirkt vielleicht eine Motivation, die persönliche Handlungsfreiheit zu demonstrieren (= psychologische Reaktanz), wodurch das Verhalten der Hausfrau reine Opposition wird und lediglich sabotierende Funktion hat (s. 8.2.2.3).

Es ist auch möglich, daß die Frau gar keine wirkliche Präferenz für irgendein Waschmittel besitzt, da sie der Meinung ist, sie seien sowieso alle gleich.

Der Marktforscher kommt allerdings in Schwierigkeiten, da er wohl von der Hypothese ausgeht, daß Konsumenten echte Präferenzen besitzen und daß die Motivations- und Handlungsebenen kongruent sind.

Eine mit obigem Beispiel auftretende Problematik liegt in dem Konzept der „Markentreue". Unter Markentreue versteht man gewöhnlich, daß der Verbraucher bei wiederholten Käufen eines bestimmten Produktes dieselbe Marke wählt (aber nicht, daß er *alle* Produkte, die unter dieser Marke laufen, kauft).

Verschiedene motivationspsychologische Konzepte können bei vorhandener Markentreue (für empirische Untersuchungen ist eine genaue, einheitliche

Operationalisierung notwendig) erklärend herangezogen werden: Sicherheitsstreben bzw. geringe Risikobereitschaft, Kongruenz im Verhalten bzw. Reduktion kognitiver Dissonanz, soziale Abhängigkeit bzw. fehlende Neugier (Innovation). Diese und alle weiteren Fragen im Kontext von Motivation und Werbewirksamkeit sowie Kaufverhalten sind bei v. Rosenstiel und Ewald (1979) ausführlich diskutiert.

Ein mit umgekehrten Vorzeichen versehenes Konzept zur „Markentreue" findet sich bei der Wahlforschung im Konzept des „Wechselwählers".

8.4.2.2.4 Wählerverhalten

Das Problem der Wechselwähler ist in der Literatur bisher stiefmütterlich behandelt worden. Von der psychologischen Forschung her läßt sich das Phänomen über Attitüdenänderung, reaktantes Widerstandsverhalten bis zum Desinteresse hin erklären. Methodische Probleme sind dabei noch nicht berücksichtigt; es kann sich auch um ungenaue Veränderungsmessungen handeln (s. Petermann, 1978) oder allgemein um Bias (Gniech, 1980).

Die Politikwissenschaft diskutiert das Problem der Wechselwähler nicht so abstrakt nach Mechanismen, sondern versucht, inhaltlich bedeutsame Beziehungen zwischen politischen Ereignissen und Wahlverhalten (= Wahlausgang) herzustellen. (Daß dabei auch generelle psychologische Erklärungsansätze eine Rolle spielen, zeigte Irle bereits 1971; diese Anregungen sind aber von der Politikwissenschaft nur in spärlichem Umfang aufgegriffen worden.) Die wenigen Ansätze von größerer theoretischer Reichweite zur Erklärung von Wahlverhalten gehen vom Konzept der Partei-Identifikation aus (s. Kaase, 1977, darin besonders die Beiträge von Falter sowie Berger).

Generell wird aber Wahlforschung mehr aus praktischen Gründen betrieben, nämlich als Forschung zur Stabilisierung der Machtstruktur einer jeden auftraggebenden Partei. Den Ergebnissen sollen solche Informationen entnommen werden, die dazu dienen, die eigene Position zu stärken.

Bezüglich der Wechselwähler gibt es unterschiedliche Interpretationen. Man schwankt zwischen den Polen „wache Aufmerksamkeit" und „Desinteresse", d.h. man interpretiert Wechselwähler einmal als taktisch kluge Wähler, zum anderen als die Unentschlossenen (s. Küchler in Kaase, 1977, S. 151–152).

8.4.2.2.5 Fazit

Bei allen vier Bereichen, die diskutiert werden, nimmt mit der Identifikationsnähe der Anteil von Eigenmotivation, der mögliche Veränderungen durch Unabhängigkeit bewirkt, zu. Je größerer Einfluß durch die gesellschaftliche Komponente gegeben ist, desto mehr soziale Kontrolle und starres Verhalten in bezug auf den verselbständigten Wert an sich (z.B. Befürworten der staatlich vorgeschlagenen Maßnahmen, z.B. Akzeptanz jeglicher Arbeit, z.B. Markentreue, z.B. Präferenz eines Parteinamens, unabhängig von den Parteiprogrammen) ist zu beobachten.

Die Messung der dem Verhalten zugrunde liegenden Motivation wird weder durch den Umstand, daß so unterschiedliche Ursachen eine Rolle spielen, noch durch die Probleme, die die Feldforschung generell in sich birgt (s. Gniech, 1981) erleichtert.

8.5 Schlußbetrachtung

Wie bereits in der Einleitung angesprochen wurde, ist die Erforschung der Motivation menschlichen Handelns für die Erklärung und Vorhersage von Verhalten notwendig, kann aber noch nicht in dem Maße Ergebnisse aufzeigen, wie es dringlich erscheint.

In dem von uns zu behandelnden Teilgebiet der Motivationsforschung, nämlich den Motiven in marktpsychologischen Zusammenhängen, ist dieser Mangel an Forschungsergebnissen besonders deutlich festzustellen. Es existiert zwar einerseits eine Fülle von Einzelergebnissen aus der Grundlagenforschung, und es werden andererseits von Marktforschern (des Arbeits- oder Konsummarktes) immer wieder dringendst Lösungen für die an sie gestellten Fragen gesucht, d.h. Probleme sind bergeweise vorhanden, aber es fehlt eine Verbindung zwischen diesen beiden Bereichen: Kooperative Forschung zwischen Motivationspsychologen und Marktforschern ist selten.

Dabei bietet es sich für die Grundlagenforschung geradezu an, die vielfältigen Möglichkeiten der angewandten Forschung zu nutzen. Die Marktpraxis sollte die sich für sie stellenden Probleme präzise formulieren. Diese genauen Fragestellungen könnten dann in Zusammenarbeit mit den Motivationspsychologen in den reichhaltigen Feldbedingungen des Marktes operationalisiert werden. Damit entfiele die Suche nach Paradigmen, die in der Grundlagenforschung nur allzu häufig extra zum Zweck der Untersuchung künstlich etabliert werden (s. Gniech, 1976 und 1981).

Für die Arbeits- und Konsumforscher ergäbe sich ein Fortschritt dadurch, daß die Grundlagenforschung adäquate Theorien und Methoden zur Verfügung stellen könnte, die präzisere Prognosen zuließen.

Dieses Fazit mag enttäuschen — es sollte jedoch motivieren: Nur umfangreiche Forschungsaktivitäten könnten Beweise für ein „nicht-möglich" erbringen — in vielen Bereichen steht die anwendungsbezogene Erforschung von Motivation und Emotion als Verhaltensdeterminate noch am Anfang, in extensiver erforschten Bereichen läßt sich das „nicht-möglich" auch nicht aufzeigen!

Literatur

Ach, N. Über den Willensakt und das Temperament. Leipzig: 1910.

Allport, G.W. Personality: A psychological interpretation. New York, N.Y.: 1937.

Andritzky, K. Die Operationalisierbarkeit von Theorien zum Konsumentenverhalten. Berlin: 1976.

Arnold, M.B. Emotion and personality (Vol. 1). New York, N.Y.: 1960.

Aronson, E. The effect of effort on the attractiveness of rewarded and unrewarded stimuli. Journal of Abnormal and Social Psychology, 1961, **63**, 375–380.

Aronson, E. Dissonance theory: Progress and problems. In R.P. Abelson, E. Aronson, W.J. McGuire, T.M. Newcomb, M.J. Rosenberg, & P. H. Tannenbaum (Eds.), Theories of cognitive consistency: A sourcebook. Chicago, Ill.: 1968, 5–27.

Aronson, E. Theory of cognitive dissonance: A current perspective. In L. Berkowitz (Ed.), Advances in experimental social psychology. (Vol. 4). New York, N.Y.: 1969, 2–34.

Atkinson, J.W. Motivational determinants of risktaking behavior. Psychological Review, 1957, **64**, 359–372.

Atkinson, J.W. & Birch, D. A dynamic theory of action. New York, N.Y.: 1970.

Atkinson, J.W., Heyns, R.W., & Veroff, J. The effect of experimental arousal of the affiliation motive on thematic apperception. Journal of Abnormal and Social Psychology, 1954, **49**, 405–410.

Atkinson, J.W., & O'Connor, P. Neglected factors in studies of achievement oriented performance. Social approval as incentive and performance decrement. In J.W. Atkinson & N.T. Feather (Eds.), A theory of achievement motivation. New York, N.Y.: 1966, 299–325.

Averill, J.R. An analysis of psychological symbolism and its influence on theories of emotion. Journal for the Theory of Social Behavior, 1974, **4**, 147–190.

Bandura, A., & Walters, R.M. Social learning and personality development. New York, N.Y.: 1963.

Bard, P. Emotion: The neurohumonol basis of emotional reactions. In C. Murchinson (Ed.), Handbook of general experimental psychology. Worchester: 1934.

Bem, D.J. Cognitive alternation of feeling states: A discussion. In H. Condon & R.E. Nisbett (Eds.), Thought and feeling. Chicago, Ill.: 1974, 211–233.

Berger, M. Stabilität und Intensität von Parteieignung. In M. Kaase (Hrsg.), Wahlsoziologie heute. Analysen aus Anlaß der Bundestagswahl 1976. Politische Vierteljahresschrift, 1977, **18**, Heft 2–3.

Bergler, R. (Hrsg.) Das Eindrucksdifferential. Bern/Stuttgart/Wien: 1975.

Berlyne, D.E. Conflict, arousal, and curiosity. New York, N.Y.: 1960.

Berlyne, D.E. Arousal and reinforcement. In D. Levine (Ed.), Nebraska Symposium on Motivation, 1967. Lincoln, Nebr.: 1967, 1–110.

Bernard, L.L. Instinct: A study in social psychology. New York, N.Y.: 1924.

Bindra, D. Motivation. A systematic reinterpretation. New York, N.Y.: 1959.

Böcker, F. & Schwerdt, A. Die Zuverlässigkeit von Messungen mit dem Blickaufzeichnungsgerät NAC Eye-Mark-Recorder 4. Zeitschrift für experimentelle und angewandte Psychologie, 1981, **28**, 353–373.

Bolles, R.C. Theory of motivation. New York, N.Y.: 1967, (2nd ed. 1975).

Bollinger-Hellingrath, C., Gniech, G. & Rost-Schaude, E. Das Attraktivitätskonzept. In M. Irle (Hrsg.), Attraktivität von Entscheidungsalternativen und Urteilssicherheit. Bern: 1978, 29–33.

Bramel, D. Dissonance, expectation, and the self. In R.P. Abelson, E. Aronson, W.J. McGuire, R.M. Newcomb, M.H. Rosenberg & P.H. Tannenbaum (Eds.), Theories of cognitive consistency: A sourcebook. Chicago, Ill.: 1968, 355–365.

Brandtstädter, J. Zur Bestimmung eines Tabugegenstandes der Psychologie. – Bemerkungen zum Problem der „Verbesserung" menschlichen Verhaltens. – In G. Eberlein & R. Pieper (Hrsg.), Psychologie – Wissenschaft ohne Gegenstand? Frankfurt: 1976, 233–244.

Brehm, J.W. Post-decision changes in the desirabilty of alternatives. Journal of Abnormal and Social Psychology, 1956, **52**, 384–389.

Brehm, J.W. A theory of psychological reactance. New York, London: 1966.

Brehm, J.W. Responses to loss of freedom: A theory of psychological reactance. Morristown, N.Y.: 1972.

Brehm, J.W. & Cohen, A.R. Explorations in cognitive dissonance. New York, N.Y.: 1962.

Brehm, J.W. & Wicklund, R.A. Regret and dissonance reduction as a function of postdecision salience of dissonant information. Journal of Personality and Social Psychology, 1970, **14**, 1–7.

Brehm, S.S. & Brehm, J.W. Psychological reactance: A theory of freedom and control. New York, N.Y.: 1981.

Brown, J.S. Problems presented by the concept of aquired drives. In J.S. Brown, H.F. Harlow, L.J. Postman, V. Nowlis, M.T. Newcomb & O.H. Mowrer (Eds.), Current theory and research in motivation: A Symposium. Lincoln, Nebr.: 1953, 1–21.

Brown, J.S. The motivation of behavior. New York, Toronto, London: 1961.

Bungard, W. & Lück, H.E. Forschungsartefakte und nicht-reaktive Meßverfahren. In E.K. Scheuch & H. Sahner (Hrsg.), Studienskripte zur Soziologie. Stuttgart: 1974.

Cannon, W.B. The James-Lange theory of emotions: A critical examination and an alternative theory. American Journal of Psychology, 1927, **34**, 106–124.

Cannon, W.B. Bodily changes in pain, hunger, fear and rage. New York, N.Y.: 1929.

Cannon, W.B. Again the James-Lange and the thalamic theories of emotion. Psychological Review, 1931, **38**, 281–295.

Canon, L.K. Self-confidence and selective exposure to information. In L. Festinger (Ed.), Conflict, decision and dissonance. Stanford, Calif.: 1964, 83–95.

Cardozo, R.N. An experimental study of customers effort, expectation and satisfaction. Journal of Marketing Research, 1965, **3**, 244–249.

Cattel, R.B. Personality: A systematic, theoretical and factural study. New York, N.Y.: 1950.

Cattell, R.B. Personality and motivation structure and measurement. New York, N.Y.: 1957.

Cattell, R.B. Extracting the correct number of factors in factor analysis. Educational Psychological Measurement, 1958, **18**, 791–838.

Cattell, R.B. The scientific analysis of personality. Baltimore: 1965.

Chapanis, N.P. & Chapanis, A. Cognitive dissonance: Five years later. Psychological Bulletin, 1964, **61**, 1–22.

Clark, M.S. & Isen, A.M. Feeling states and social behavior. In A.H. Hastorf & A.M. Isen (Eds.), Cognitive social psychology. (in Vorb.)

Clee, M.A. & Wicklund, R.A. Consumer behavior and psychological reactance. Journal of Consumer Research, 1980, **6**, 389–405.

Cofer, C.N. Motivation und Emotion. München: 1978.

Dabbs, J.M., Jr. & Leventhal, H. Effects of varying the recommendation in a fear-arousing communication. Journal of Personality and Social Psychology, 1966, **4**, 525–531.

Daheim, H. Berufssoziologie. In R. König (Hrsg.), Handbuch der empirischen Sozialforschung. Band 8: Beruf – Industrie – Sozialer Wandel in unterentwickelten Ländern. Stuttgart: 1977, 1–100.

Darwin, C. Origin of species by means of natural selection. London: 1859.

Darwin, C. The expression of the emotions in man and animals. London: 1904 (Originally published 1872).

Dickenberger, D. Ein neues Konzept der Wichtigkeit von Freiheit: Konsequenzen für die Theorie der Psychologischen Reaktanz. Weinheim: 1979.

Dickenberger, D. & Gniech, G. The theory of psychological reactance. In M. Irle (Ed.), Studies in decision making: Social, psychological and socio-economic analysis. New York, N.Y.: 1982, 311–341.

Diehl, J.M. Motivationforschung im Bereich des Konsumentenverhaltens. In E. Todt (Hrsg.), Motivation. Heidelberg: 1977, 237–303.

Dienstbier, R.A. & Munter, P.O. Cheating as a function of the labeling of natural arousal. Journal of Personality and Social Psychology, 1971, **17**, 208–213.

Doob, A.N., Carlsmith, M.J., Landauer, T.K. & Tom, S.Jr. Effect of initial selling price on subsequent sales. Journal of Personality and Social Psychology, 1969, **11**, 345–350.

Dorcus, R.M. Habitual word associations to colors as a possible factor in advertising. Journal of Applied Psychology, 1932, **16**, 277–287.

Duffy, E. The relationship between muscular tension and quality of performance. American Journal of Psychology, 1932, **44**, 535–546.

Duffy, E. Activation and behavior. New York, N.Y.: 1962.

Eckensberger, L.H. Die Grenzen des ökologischen Ansatzes in der Psychologie. In C.F. Graumann (Hrsg.), Ökologische Perspektiven in der Psychologie. Bern: 1978, 49–76.

Ehrlich, D., Guttman, R.I. Schoenbach, P. & Mills, J. Postdecision exposure to relevant information. Journal of Abnormal and Social Psychology, 1957, **54**, 98–102.

Engel, J. & Light, L. The role of psychological commitment in consumer behavior: An evaluation of the theory of cognitive dissonance. In F. Bass, C. King & E. Pessemier (Eds.), Applications of the sciences in marketing management. New York, N.Y.: 1968, 179–206.

Eysenck, H.J. The biological basis of personality. Springfield: 1967.

Falter, J.W. Einmal mehr: Läßt sich das Konzept der Parteiidentifikation auf deutsche Verhältnisse übertragen? In M. Kaase (Hrsg.), Wahlsoziologie heute. Analysen aus Anlaß der Bundestagswahl 1976. Politische Vierteljahresschrift, 1977, **18**, Heft 2–3.

Fennell, G. Motivation research revisited. Journal of Advertising Research, 1975, **15** (3), 23–28.

Festinger, L. A theory of cognitive dissonance. Evanston, Ill.: 1957.

Festinger, L. (Ed.). Conflict, decision and dissonance. Stanford, Calif.: 1964.

Festinger, L. Theorie der kognitiven Dissonanz. Hrsg: M. Irle & V. Möntmann. Bern: 1978.

Festinger, L. & Carlsmith, J.M. Cognitive consequences of forced compliance. Journal of Abnormal and Social Psychology, 1959, **58**, 203–210.

Festinger, L. & Walster, E. Postdecision regret and decision reversal. In L. Festinger (Ed.), Conflict, decision and dissonance. Stanford, Calif.: 1964, 100–110.

Freedman, J.L. Long-term behavioral effects of cognitive dissonance. Journal of Experimental Social Psychology, 1965, **1**, 145–155.

Freedman, J.L. & Sears. D. Selective exposure. In L. Berkowitz (Ed.), Advances in experimental social psychology, (Vol. 2). New York, N.Y.: 1965, 58–97.

Freud, S. Die Traumdeutung. (1900). Gesammelte Werke, Bd. II–III. Frankfurt: 1952.

Freud, S. Triebe und Triebschicksale (1915). Gesammelte Werke, Bd. X. Frankfurt: 1952.

Freud, S. Inhibitions, symptoms and anxienty. (1926). London: 1961.

Frey, D. Der augenblickliche Stand der „forced compliance"-Forschung. Zeitschrift für Sozialpsychologie, 1971, **2**, 323–342.

Frey, D. (Hrsg.), Kognitive Theorien der Sozialpsychologie. Bern: 1978.

Gärtner-Harnach, V. Angst und Leistung. Weinheim: 1972.

Gniech, G. Störeffekte in psychologischen Experimenten. Stuttgart: 1976.

Gniech, G. Experimenteller Bias – dargestellt am Beispiel der Einstellungsforschung. In F. Petermann (Hrsg.), Einstellungsmessung und Einstellungsforschung. Göttingen: 1980, 85–98.

Gniech, G. Störeffekte bei psychologischen Untersuchungen im Feld. In J.L. Patry (Hrsg.), Feldforschung. Bern: 1981, 259–275.

Gniech, G. & Grabitz, H.J. Freiheitseinengung und psychologische Reaktanz. In D. Frey (Hrsg.), Kognitive Theorien der Sozialpsychologie. Bern: 1978, 48–73.

Gniech, G. & Preuss, V. Territorialität: Über das Verhalten in „sozialen" Räumen. In E.H. Witte (Hrsg.), Beiträge zur Sozialpsychologie. Weinheim: 1980, 226–232.

Gouaux, C. Induced affective states and interpersonal attraction. Journal of Personality and Social Psychology, 1971, **20**, 37–43.

Graumann, C.F. Motivation. Einführung in die Psychologie, Bd. 1. Frankfurt: 1969.

Graumann, C.F. (Hrsg.) Ökologische Perspektiven in der Psychologie. Bern: 1978.

Groll-Knapp, E. Die Messung physiologischer Aktivierungsindikatoren. Bonn, Stuttgart, Wien: 1969.

Grüner, K.W. Beobachtung. Stuttgart: 1974.

Haider, M. Elektrophysiologische Indikatoren der Aktiviertheit. In W. Schönpflug (Hrsg.), Methoden der Aktivierungsforschung. Psychologisches Kolloquium, Bd. VI. Bonn, Stuttgart, Wien: 1969, 125–156.

Hall, C.S. The genetics of behavior. In S.S. Stevens (Ed.), Handbook of experimental psychology. New York, N.Y.: 1951, 304–329.

Hebb, D.O. The organisation of behavior. New York, N.Y.: 1949.

Hebb, D.O. Heredity and environnment in mammalian behavior. British Journal of Animal Behavior, 1953, **1**, 43–47.

Heckhausen, H. Hoffnung und Furcht in der Leistungsmotivation. Meisenheim: 1963.

Heckhausen, H. Motivation und Handeln. Berlin: 1980.

Heider, F. Attitudes and cognitive organisation. Journal of Psychology. 1946, **21**, 107–112.

Heider, F. The psychology of interpersonal relations. New York: 1958.

Heider, F. & Simmel, M. An experimental sutdy of apparent behavior. American Journal of Psychology, 1944, **57**, 243–259.

Heinz, W.R. Zum Zusammenhang zwischen Arbeitssituation und Sozialisation am Beispiel der „Berufswahl". In Th. Leithäuser & W.R. Heinz (Hrsg.), Produktion, Arbeit, Sozialisation. Frankfurt: 1976, 146–170.

Henion, K.E. The effect of ecologically relevant information on detergent sales. Journal of Marketing Research,1972, **9**, 10–14.

Hewgill, M.A. & Miller, G.R. Source credibility and response to fear-arousing communications. Speech Monographs, 1965, **32**, 95–101.

Higbee, K.L. Fifteen years of fear-arousal: Research on threat appeals: 1953–1968. Psychological Bulletin, 1969, **72**, 426–444.

Higbee, K.L. & Heslin, R. Fear-arousing communications and and the probability of occurence of the threatened consequences. Paper presented at the meeting of the Indiana Psychological Association, French Lick: 1968.

Hoffstätter, P.R. Psychologie. Frankfurt/M.: 1957.

Howard, J.A. & Sheth, J.N. The theory of buyer behavior. New York, N.Y.: 1969.

Hoyos, C. Graf, Arbeitspsychologie. Stuttgart: 1974.

Hull, C.L. Principles of behavior. New York, N.Y.: 1943.

Hull, C.L. A behavior system: An introduktion to behavior theory concerning the individual organism. New Haven, Conn.: 1952.

Hummel, H.J. Psychologische Ansätze zu einer Theorie sozialen Verhaltens. In R. König (Hrsg.), Handbuch der empirischen Sozialforschung, (Bd. 2). Stuttgart: 1969, 1157–1277.

Insko, C.A., Worchel, S., Songer, E. & Arnold, S.E. Effort, objective self-awareness, choice and dissonance. Journal of Personality and Social Psychology, 1973, **28**, 262–269.

Irle, M. Berufs-Interessen-Test. Göttingen: 1955.

Irle, M. Einige sozialpsychologische Bedingungen der Wähler-Beeinflussung. In H. Albert (Hrsg.), Sozialtheorie und soziale Praxis. Meisenheim: 1971, 225–256.

Irle, M. Lehrbuch der Sozialpsychologie. Göttingen: 1975.

Irwin, F.W. Intentional behavior and motivation − A cognitive theory. Philadelphia, Pa.: 1971.

Isen, A.M. Success, failure, attention and reactions to others: The warm glow of success. Journal of Personality and Social Psychology, 1970, **15**, 294−301.

Isen, A.M., Clark, M., Shalker, Th.E. & Karp, L. Affect, accessibility of material in memory and behavior: A cognitive loop. Journal of Personality and Social Psychology, 1978, **36**, 1−2.

Izard, C.E. Human emotions. New York, N.Y.: 1977.

James, W. What is an emotion? Mind, 1884, **9**, 188−205.

James, W. The principles of psychology. New York, N.Y.: 1890.

Janis, I.L. The contours of fear. New York, N.Y.: 1968.

Janis, I.L. & Feshbach, S. Effects of fear-arousing communications. Journal of Abnormal and Social Psychology, 1953, **48**, 78−92.

Janis, I.L. & Leventhal, H. Human reactions to stress. In E.F. Borgatta & W. Lambert (Eds.), Handbook of personality theory and research. Chicago, Ill.: 1968, 1041−1085.

Kaase, M. (Hrsg.) Wahlsoziologie heute. Analysen aus Anlaß der Bundestagswahl 1976. Politische Vierteljahresschrift, 1977, **18**, Heft 2−3.

Kaminski, G. (Hrsg.) Umweltpsychologie − Perspektiven, Probleme, Praxis. Stuttgart: 1976.

Kerlinger, F.N. Grundlagen der Sozialwissenschaften, (Bd. 2). Weinheim, Basel: 1979.

Kieselbach, Th. & Offe, H. (Hrsg.) Arbeitslosigkeit. Darmstadt: 1979.

Kleinhesselink, R.R. & Edwards, R.E. Seeking and avoiding beliefdiscrepant information as a function of its perceived refutability. Journal of Personality and Social Psychology, 1975, **31**, 787−790.

König, R. Die Beobachtung. In R. König (Hrsg.), Handbuch der empirischen Sozialforschung. (Bd. 1). Stuttgart: 1967, 107−135.

Kollat, D.T. & Willet, R.P. Customer impulse purchasing behavior. Journal of Marketing Research, 1967, **4**, 21−31.

van Koolwijk, J. & Wieken-Mayser, M. (Hrsg.). Techniken der empirischen Sozialforschung. Bd. 4. Erhebungsmethoden: Die Befragung. München, Wien: 1974.

Kornberg, A., Lindner, D. & Cooper, J. Unterstanding political behavior: The relevance of reactance theory. Midwest Journal of Political Science, 1970, **14**, 131−138.

Kornzweig, N.D. Behavior change as a function of fear-arousal and personality. Unpublished doctoral dissertation. Yale University: 1968.

Kotler, P. Wissenschaftliche Modelle für die Erklärung des Käuferverhaltens. Der Markt, 1966, 79−87.

Kover, A. Models of man as defined by marketing research. Journal of Marketing Research, 1967, **4**, 129–132.

Kroeber-Riel, W. Kosumentenverhalten. München: 1980.

Küchler, M. Was leistet die empirische Wahlsoziologie? Eine Bestandsaufnahme. In M. Kaase (Hrsg.), Wahlsoziologie heute. Politische Vierteljahresschrift, 1977, **18**, Heft 2–3.

Laird, D.A. How the consumer estimates quality by subconcious sensory impression. Journal of Applied Psychology, 1932, **16**, 241–246.

Lange, C. The emotions. Baltimore, VA.: 1885.

Lazarus, R.S. Psychological stress and the coping process. New York, N.Y.: 1966.

Lazarus, R.S. Emotions and adaptation: Conceptual and empirical relations. In W.J. Arnold (Ed.), Nebraska symposium on motivation. Lincoln, Nebr.: 1968, 175–270.

Lazarus, R.S., Opton, E.M.Jr., Nomikos, M.S. & Rankin, N.O. The Principle of short-circuiting ot threat: Further evidence. Journal of Personality, 1965, **33**.

Leeper, R.W. The motivational and perceptual properties of emotions as indicating their fundamental charakter and role. In M. Arnold (Ed.), Feelings and emotions. New York, N.Y.: 1970, 151–168.

Legewie, H. Indikatoren von Kreislauf, Atmung und Energieumsatz. In W. Schönpflug (Hrsg.), Methoden der Aktivierungsforschung. Psychologisches Kolloquim, Bd. VI. Bern, Stuttgart, Wien: 1969, 157–194.

Lersch, P. Aufbau des Charakters. München: 1938.

Leventhal, H. Findlings and theory in the study of fear communication. In L. Berkowitz (Ed.), Advances in experimental social psychology. (Vol. 5). New York, N.Y.: 1970, 120–186.

Leventhal, H. Toward a comprehensive theory of emotion. In L. Berkowitz (Ed.), Advances in experimental social psychology. (Vol. 13). New York, N.Y.: 1980, 139–207.

Leventhal, H., Jones, S. & Trembly, G. Sex differences in attitude and behavior change under condition of fear and specific instructions. Journal of Experimental Social Psychology, 1966, **2**, 387–399.

Leventhal, H., Singer, R.P., & Jones, S. Effects of fear and specificity of recommendation upon attitudes and behavior. Journal of Personality and Social Psychology, 1965, **2**, 20–29.

Lewin, K. Untersuchungen zur Handlungs- und Affekt-Psychologie I. Vormerkungen über die psychischen Kräfte und Energien und über die Struktur der Seele. Psychologische Forschung, 1926, **7**, 294–329.

Lewin, K. Untersuchungen zur Handlungs- und Affekt-Psychologie II. Vorsatz, Wille und Bedürfnis. Psychologische Forschung, 1926, **7**, 330–385.

Lewin, K. A dynamic theory of personality: Selectes papers. New York, N.Y.: 1935.

Lindsley, D.B. Emotion. In S.S. Stevens (Ed.), Handbook of experimental psychology. New York, N.Y.: 1951, 473–513.

Lindzey, G. On the classification of projective techniques. Psychological Bulletin, 1959, **56**, 158–168.

Lorenz, K. Über die Bildung des Instinktbegriffs. Naturwissenschaften, 1937, **25**, 289–331.

Lorenz, K. Die angeborenen Formen möglicher Erfahrung. Zeitschrift für Tierpsychologie, 1943, **5**, 235–409.

Losciuto, L.A. & Perloff, R. Influence of product preference on dissonance reduction. Journal of Marketing Research, 1967, **4**, 286–290.

Lowin, A. Approach and avoidance: Alternative modes of selective exposure to information. Journal of Personality and Social Psychology, 1967, **6**, 1–9.

Lowin, A. Further evidence for an approach – avoidance interpretation of selective exposure. Journal of experimental social psychology, 1969, **5**, 265–271.

Madsen, K.B. Theories of motivation. Cleveland, Ohio.: 1961.

Madsen, K.B. Modern theories of motivation. Kopenhagen: 1974.

Maranon, G. Contribution à l'étude de l'action émotive de l'adrenaline. Revue Francaise d'Endocrinologie, 1924, **2**, 301–325.

Marshall, G.D. & Zimbardo, P.G. Affective consequences of inadequately explained physiological arousal. Journal of Personality and Social Psychology, 1979, **37**, 970–988.

Maslach, C. The emotional consequence of arousal without reason. In C.E. Izard (Ed.), Emotions in personality and psychopathology. New York, N.Y.: 1979(a), 565–590.

Maslach, C. Negative emotional biasing of unexplained arousal. Journal of Personality and Social Psychology, 1979(b), **37**, 953–969.

Maslow, A.H. Motivation and personality. New York, N.Y.: 1954.

Mayntz, R., Holm, K. & Hübner, P. Einführung in die Methoden der empirischen Soziologie. Köln: 1969.

Mazis, M.B., Settle, R.B. & Leslie, D.C. Elimination of phosphate detergents and psychological reactance. Journal of Marketing Research, 1973, **10**, 390–395.

McClelland, F.C. Methods of measuring human motivation. In J.W. Atkinson (Ed.), Motives in fantasy, action, and society. Princeton, N.J.: 1958, 7–42.

McCelland, D.C. The achieving society. Princeton, N.J.: 1961.

McCelland, D.C. The two faces of power. Journal of International Affairs, 1970, **24**, 29–47.

McCelland, D.C., Atkinson, J.W., Clark, R.A. & Lowell, E.L. The achievement motive. New York, N.Y.: 1953.

McDougall, W. An introduction to social psychology. London: 1908.

McDougall, W. The energies of men. London: 1932.

McGillis, D.B. & Brehm, J.W. Compliance as a function of inducements that threaten freedom and freedom restoration — A field experiment. Unveröffentlichtes Manuskript, Duke University: 1973.

McGuire, W.J. Personality and susceptibility to social influence. In E.F. Borgatta & W. Lambert (Eds.), Handbook of personality theory and research. Chicago, Ill.: 1968, 1130–1187.

Meffert, H. Modelle des Käuferverhaltens und ihr Aussagewert für das Marketing. Zeitschrift für die gesamten Staatswissenschaften, 1971, **127**, 327–353.

Miller, D. Handbook of research design and social measurement. New York, N.Y.: 1977.

Miller, N.E. Experimental studies of conflict. In J. McV. Hunt (Ed.), Personality and the behavioral disorders (Vol. 1). New York, N.Y.: 1944, 431–465.

Miller, N.E. Studies of fear as an acquirable drive: I Fear as motivation and fear-reduction as reinforcement in the learning of new responses. Journal of Experimental Psychology, 1948, **38**, 89–101.

Miller, N.E. Learnable drives and rewards. In S.S. Stevens (Ed.), Handbook of experimental psychology. New York, N.Y.: 1951, 435–472.

Miller, N.E. Liberalization of basic S-R-concepts: Extensions to conflict behavior, motivation, and social learning. In S. Koch (Ed.), Psychology: A study of science (Vol. 2). New York, N.Y.: 1959, 196–292.

Miller, N.E. Some reflections on the law of effect produce a new alternative to drive reduction. In M.R. Jones (Ed.), Nebraska Symposium on Motivation. Lincoln, Nebr.: 1963, 65–112.

Millman, S. Anxiety, comprehension, and susceptibility to social influence. Journal of Personality and Social Psychology, 1968, **9**, 251–256.

Mintz, P.M. & Mills, J. Effects of arousal and information about its source upon attitude change. Journal of Experimental Social Psychology, 1971, **7**, 561–570.

Mischel, W., Ebbesen, E. & Zeiss, A. Selective attention to the self: Situational and dispositional determinants. Journal of Personality and Social Psychology, 1973, **27**, 129–142.

Mittelstaed, R. A dissonance approach to repeat purchasing behavior. Journal of Marketing Research, 1969, **6**, 444–446.

Morgan, C.D. & Murray, H.A. A method for investigating fantasies: The thematic apperception test. Archieves of Neurological Psychiatry, 1935, **4**, 289–306.

Mowrer, H.O. Learning theory and personality dynamics. New York, N.Y.: 1950.

Mowrer, H.O. Learning theory and behavior. New York, N.Y.: 1960.

Murray, H.M. Explorations in personality. New York, N.Y.: 1938.

Murray, D.C. & Deabler, H.L. Colors and mood-tones. Journal of Applied Psychology, 1957, **41**, 279–283.

Nicosia, F.M. Consumer decision processes. Englewood Cliffs, N.J.: 1966.

Nisbett, R.E. & Kanouse, D.E. Obesity and food deprivation and supermarker shopping behavior. Journal of Personality and Social Psychology, 1969, **12**, 289–294.

Nisbett, R.E. & Schachter, S. Cognitive manipulation of pain. Journal of Experimental Social Psychology, 1966, **2**, 227–236.

Nötzel, R. Das Kindchenschema in der Werbung. Eine Untersuchung über Ansätze zur Verhaltensforschung bei der Reaktion auf Werbemittel. Interview und Analyse, 1978, **5**, 305–311.

Nowlis, V. Mood: Behavior and experience. In M.B. Arnold (Ed.), Feeling and emotions. New York, N.Y.: 1970, 261–277.

Offe, S. & Offe, H. Leistungsmotivation und Arbeitsmotivation. In H. Offe & M. Stadler (Hrsg.), Arbeitsmotivation. Darmstadt: 1980, 177–193.

Offe, H. & Stadler, M. Arbeitsmotivation. Darmstadt: 1980.

Osgood, C.E. The nature and measurement of meaning. Psychological Bulletin, 1952, **49**, 197–239.

Osgood, C.E. Dimensionality of the semantic space for communication via facial expression. Scandinavian Journal of Psychology, 1966, **7**, 1–30.

Oshikawa, S. Can cognitive dissonance explain consumer behavior? Journal of Marketing, 1969, **33**, 44–49.

Oswald, M. Konkurriert Schachters Emotionstheorie mit der Theorie James'? Zeitschrift für Sozialpsychologie, 1981, **12**, 134–140.

Pawlow, I.P. Conditioned reflexes. London: 1927.

Petermann, F. Veränderungsmessung. Stuttgart: 1978.

Raffée, H., Sauter, B. & Silberer, G. Theorie der kognitiven Dissonanz und Konsumgüter-Marketing. Der Beitrag der Theorie der kognitiven Dissonanz zur Erklärung und Gestaltung von Kaufentscheidung bei Konsumgütern. Wiesbaden: 1973.

Ray, M.L. & Wilkie, W.L. Fear: The potential of an appeal neglected by marketing. Journal of Marketing, 1970, **34** (1), 54–62.

Revers, W.J. & Taeuber, K. Der Thematische Apperzeptionstest. Bern: 1968.

Richter, H.J. Die Strategie schriftlicher Massenbefragungen. Bad Harzburg: 1971.

v. Rosenstiel, L. Die motivationalen Grundlagen des Verhaltens in Organisationen: Leistung und Zufriedenheit. Berlin: 1975.

v. Rosenstiel, L. & Ewald, G. Marktpsychologie. Bd. I: Konsumverhalten und Kaufentscheidung, Bd. II: Psychologie der absatzpolitischen Instrumente. Stuttgart: 1979.

Rosenthal, R. & Rosnow, R.L. (Eds.) Artefact in behavioral research. New York, N.Y.: 1969.

Schachter, S. The interaction of cognitive and physiological determinants of emotional state. In L. Berkowitz (Ed.), Advances in experimental social psychology, (Vol. 1). New York, N.Y.: 1964, 49–80.

Schachter, S. Obesity and eating. Science, 1968, **161**, 751–756.

Schachter, S. & Singer, J.E. Cognitive, social, and physiological determinants of emotional state. Psychological Review, 1962, **69**, 379–399.

Schachter, S. & Singer, J.E. Comments on the Maslach and Marshall-Zimbardo experiments. Journal of Personality and Social Psychology, 1979, **37**, 989–995.

Schachter, S. & Wheeler, L. Epinephrine, chlorpromazine, and amusement. Journal of Abnormal and Social Psychology, 1962, **65**, 121–128.

Scheuch, E.K. Das Interview in der Sozialforschung. In R. König (Hrsg.), Handbuch der empirischen Sozialforschung, (Bd. 1). Stuttgart: 1967, 136–196.

Schewe, C.D. Selected social psychological models for analysing buyers. Journal of Marketing, 1973, **37** (3), 31–39.

Schlosberg, H. Three dimensions of emotion. Psychological Review, 1954, **61**, 81–88.

Schmidt, R.F. & Thews, G. Physiologie des Menschen (nach Rein/Schneider). Berlin: 1977.

Schönpflug, W. (Hrsg.) Methoden der Aktivierungsforschung. Bern: 1969.

Shaffer, D.R. & Hendrick, C. Effects of actual effort and anticipated effort on task enhancements. Journal of Experimental Social Psychology, 1971, **7**, 435–447.

Shand, A.F. The foundation of character. New York, N.Y.: 1914.

Skinner, B.F. The behavior of organisms: An experimental approach. New York, N.Y.: 1938.

Skinner, B.F. Science and human behavior. New York, N.Y.: 1953.

Smith, G.H. Motivation research in advertising and marketing. New York, N.Y.: 1954.

Spence, K.W. Behavior theory and conditioning. New Haven, Conn.: 1956.

Spence, K.W. Behavior theory and learning: Selected papers. Englewood Cliffs, N.J.: 1960.

Staats, C.K. & Staats, A.W. Meaning established by classical conditioning. Journal of Experimental Psychology, 1957, **54**, 74–80.

Staats, A.W. & Staats, C.K. Attitudes established by classical conditioning. Journal of Abnormal and Social Psychology, 1958, **57**, 37–40.

Stern, W. Allgemeine Psychologie auf personalistischer Grundlage. Den Haag: 1935.

Strongman, K.T. The psychology of emotion. London: 1973.

Thomae, H. (Hrsg.) Handbuch der Psychologie, Bd. 2 (Motivation). Göttingen: 1965.

Thomae, H. Vita humana. Beiträge zu einer genetischen Anthropologie. Frankfurt: 1969.

Thorndike, E.L. Animal intelligence: An experimental study of associative processes in animals. Psychological Review Monographs Supplement, 1898, **5**, 551–553.

Thorndike, E.L. Animal intelligence. New York, N.Y.: 1911.

Tinbergen, N. The study of instinct. London: 1951.

Tolman, E.C. Purposive behavior in animals and men. New York, N.Y.: 1932.

Tolman, E.C. A cognition motivation model. Psychological Review, 1952, **59**, 389–400.

Tom, G. & Rucker, M. Fat, full, and happy. Effects of food deprivation, external cues, and obesity on preference ratings, consumption, and buying intentions. Journal of Personality and Social Psychology, 1975, **32**, 761–766.

Tomkins, S.S. Affects: Primary motives of man. Humanitas, 1968, **3**, 321–345.

Upmeyer, A. Perceptual and judgemental processes in social contexts. In L. Berkowitz (Ed.), Advances in experimental social psychology, (Vol. 14). New York, N.Y.: 1981.

Valins, S. Cognitive effects of false heart rate feedback. Journal of Personality and Social Psychology, 1966, **4**, 400–408.

Valins, S. Emotionality and information concerning internal reaction. Journal of Personality and Social Psychology, 1967, **6**, 458–463.

Valins, S. The perception and labeling of body changes as determinants of emotional behavior. In P. Black (Ed.), Physiological correlates of emotion. New York, N.Y.: 1970, 229–243.

Veroff, J. Development and validation of a projective measure of power motivation. Journal of Abnormal and Social Psychology, 1957, **54**, 1–8.

Vroom, V.H. Work and motivation. New York, N.Y.: 1964.

Wacker, A. Arbeitslosigkeit als Sozialisationserfahrung – Skizze einer Interpretationsansatzes. In Th. Leithäuser & W.R. Heinz (Hrsg.), Produktion, Arbeit, Sozialisation. Frankfurt: 1976, 171–187.

Watson, J.B. Psychology from the standpoint of a behaviorist. Philadelphia, PA.: 1919.

Webb, E.J., Campbell, D.T., Schwartz, R.D. & Sechrest, L. Nichtreaktive Meßverfahren. Weinheim, Basel: 1975.

Weiner, B. Need achievement and the resumption of incompleted tasks. Journal of Personality and Social Psychology, 1965, **1**, 165–168.

Weiner, B. Theories of motivation: From mechanism to cognition. Chicago, Ill.: 1972.

Weiner-Regan, J. & Brehm, J.W. Konsequenzen eingeschränkter Entscheidungsfreiheit am Beispiel des Kaufverhaltens. In J.J. Koch (Hrsg.), Sozialer Einfluß und Konformität. (Das Feldexperiment in der Sozialforschung 2). Weinheim: 1977.

Wicklund, R.A. Freedrom and reactance. New York, N.Y.: 1974.

Wicklund, R.A. & Brehm, J.W. Perspectives on cognitive dissonance. Hillsdale, N.J.: 1976.

Wicklund, R.A., Slattum, V. & Solomon, E. Effects of implied pressure toward commitment on ratings of choice alternatives. Journal of Experimental Social Psychology, 1970, **6**, 449–457.

Wiswede, G. Reaktanz – Zur Anwendung einer sozialwissenschaftlichen Theorie auf Probleme der Werbung und des Verkaufs. Jahrbuch der Absatz- und Verbraucherforschung, 1979, **25**, 81–110.

Woodworth, R.S. Dynamic Psychology. New York, N.Y.: 1918.

Woodworth, R.S. Experimental psychology. New York, N.Y.: 1938.

Worchel, S. & Arnold, S.E. The effects of censorship and attractiveness of the censor on attitude change. Journal of Experimental Social Psychology, 1973, **9**, 365–377.

Worchel, S., Arnold, S.E. & Baker, M. The effekts of censorship on attitude change: The influence of censor and communication characteristics. Journal of Applied Social Psychology, 1975, **5**, 227–239.

Wundt, W. Grundzüge der physiologischen Psychologie. Leipzig: 1874.

Wundt, W. Grundriß der Psychologie. Leipzig: 1896.

Yerkes, R.M. & Dodson, J.D. The relation of strength of stimulus to rapidity of habit-formation. Journal of Comparative Neurology and Psychology, 1908, **18**, 459–482.

Young, P.T. Motivation of behavior: The fundamental determinants of human and animal activity. New York, N.Y.: 1936.

Young, P.T. Motivation and emotion: A survey of the determinants of human and animal activity. New York, N.Y.: 1961.

Zajonc, R.B. The concepts of balance, congruity, and dissonance. Public Opinion Quarterly, 1960, **24**, 280–296.

Zemach, M. The effects of guilt-arousing communications on acceptance of recommendations. Unpublisheddd doctoral dissertation, Yale University: 1966.

Zimbardo, P.G. & Ruch, F.L. Lehrbuch der Psychologie. Berlin, Heidelberg: ³1978.

9. Kapitel

Einstellungen und Werthaltungen

Günter Silberer

9.1 *Einleitung*

Einstellungen und Werhaltungen des Menschen sind bislang in verschiedenen sozialwissenschaftlichen Disziplinen untersucht worden. Dabei handelt es sich um recht intensive und extensive Forschungsbemühungen, die sich in einem einzigen Beitrag längst nicht mehr umfassend darstellen lassen. Dies gilt auch für den Bereich der *Marktpsychologie*, in dem vor allem die Einstellungen von *Verbrauchern* untersucht worden sind.

Während die *Einstellungsforschung* im Vergleich zur Werthaltungsforschung nicht nur zahlreichere empirische Studien, sondern auch eine fortgeschrittenere Entwicklung relevanter Theorien vorweisen kann, tritt die *Werte- bzw. Werthaltungsforschung* nur langsam etwas stärker in den Vordergrund. Die neuerdings gestiegene Aktualität der Werteforschung dürfte vor allem mit der heutigen Umbruchsituation in entwickelten und unterentwickelten Ländern zu tun haben, die vielfach mit Begriffen wie „*Tendenzwende*" oder „*Wertwandel*" belegt wird. Diese allgemeine Entwicklung resultiert im ökonomischen Bereich insbesondere aus der immer deutlicher sichtbaren sowie spürbaren Verknappung von Ressourcen einerseits und der Umweltbelastung andererseits. Von daher ist nicht nur die Forderung nach veränderten Einstellungen und Werthaltungen der Produzenten, Händler und Konsumenten zu verstehen, sondern auch die Forderung nach einer intensiveren *Analyse* der relevanten Einstellungen und Werthaltungen und deren Veränderung im Zeitablauf. Ähnliches gilt für außerökonomische Bereiche, zumal diese mit dem ökonomischen Sektor ohnehin eng verflochten sind.

Der vorliegende Beitrag befaßt sich primär mit Einstellungen und Werthaltungen der Konsumenten. Dies bedeutet zunächst, daß entsprechende Untersuchungen, die vor allem im Bereich der Marketing-Forschung durchgeführt wurden, eine bevorzugte Beachtung finden. Doch müssen auch die Ansätze und Ergebnisse der übrigen Forschungsbereiche bzw. sonstiger sozialwissenschaftlicher Disziplinen berücksichtigt werden, da diese für die Einstellungen und Werthaltungen der Konsumenten ebenfalls von Bedeutung sind. Noch fehlt der Nachweis dafür, daß Einstellungen und Werthaltungen der Konsumenten anderen „Gesetzen" unterliegen bzw. mit anderen Theorien zu erklären sind als die Einstellungen und Werthaltungen des Menschen in anderen Lebensbereichen (vgl. Irle, 1967, S. 194).

Die Ausrichtung der Überlegungen auf Einstellungen und Werthaltungen des *Konsumenten* schließt übrigens nicht aus, daß die meist allgemein formulierten theoretischen Aussagen und empirischen Ergebnisse der Marketing-Forschung und anderer Disziplinen in der Regel auch dort herangezogen werden können, wo es Einstellungen und Werthaltungen der *Anbieter* zu untersuchen und deren Verhalten zu erklären gilt.

Nun zum *Aufbau* des folgenden Beitrags: In *Punkt 9.2* werden zunächst einige zentrale Einstellungs- und Werthaltungs*begriffe* vorgestellt, auch deren Beziehung zueinander. Dieser Teil ist sowohl für die Messung von Einstellungen und Werthaltungen als auch für die Interpretation entsprechender Untersuchungsergebnisse von großer Bedeutung.

Daran anschließend befaßt sich *Punkt 9.3* mit gängigen und neueren *Methoden* der empirischen Erfassung von Einstellungen und Werthaltungen. Im Vordergrund stehen dabei jene Meßmethoden, die im Marketing-Bereich entwickelt bzw. weiterentwickelt wurden und dort häufig Verwendung finden.

Einstellungen und Werthaltungen sind zumindest teilweise recht komplexe und dynamische, d.h. sich im Zeitablauf ändernde psychologische Sachverhalte, deren Struktur und deren Genese von verschiedenen Einflußfaktoren abhängig sind. *Punkt 9.4* beschäftigt sich deshalb mit *Mechanismen* und *Determinanten* der Genese und Änderung von Einstellungen und Werthaltungen, vor allem mit den hierbei relevanten Theorien. Einstellungen und Werthaltungen werden dabei gewissermaßen als „abhängige Variable" betrachtet – ein Vorgehen, bei dem die Frage nach dem Einfluß von Einstellungen und Werthaltungen auf beobachtbares Verhalten weitgehend ausgeklammert ist.

Die im Verwendungszusammenhang besonders interessierende Frage, inwieweit sich ein *beobachtbares Verhalten*, beispielsweise die Wahl einer bestimmten Produktmarke, aus den jeweils vorhandenen Einstellungen und Werthaltungen des Konsumenten *erklären* oder gar *prognostizieren* läßt, wird in *Punkt 5* aufgegriffen. Dieser Abschnitt behandelt die Einstellungen und Werthaltungen somit als „*unabhängige Variable*" (und das entsprechende beobachtbare Verhalten als abhängige Variable). Dabei werden auch sonstige Determinanten des beobachtbaren Verhaltens kurz behandelt, sofern diese den Einfluß der Einstellungen und Werthaltungen auf das betrachtete Verhalten berühren.

Den Abschluß dieses Beitrags – *Punkt 9.6* – bilden Hinweise auf einzelne *Forschungsdefizite* und ausgewählte Überlegungen zur *Umsetzung* von Ergebnissen der Einstellungs- und Werthaltungsforschung im Bereich des unternehmerischen *Marketing* und im Bereich der *Verbraucherpolitik*.

9.2 Zur Konzeptualisierung von Einstellungen und Werthaltungen

Einstellungen und Werthaltungen werden in der Literatur unterschiedlich definiert. Im folgenden lassen sich jedoch nur einige grundlegende Konzeptualisierungen von Einstellungen und Werthaltungen vorstellen.

9.2.1 Grundlegende Einstellungsbegriffe bzw. Einstellungskonzepte

Grundlegende Einstellungsbegriffe bzw. Einstellungskonzepte lassen sich in Anlehnung an DeFleur und Westie (1963) anhand folgender *Kriterien* klassifizieren: (a) je nachdem, ob sie auf psychische bzw. latente Sachverhalte oder auf beobachtbares Verhalten abstellen, und (b) nach der Anzahl der vermuteten Einstellungsdimensionen.

Zu (a): Die meisten Einstellungsbegriffe charakterisieren eine (individuelle) Einstellung als „*hypothetisches Konstrukt*", als „*latente Struktur*" oder als Bereitschaft, gegenüber einem bestimmten „Objekt" mit bestimmten Verhaltensweisen zu reagieren (siehe z.B. Allport, 1935; DeFleur & Westie, 1963). Eine so verstandene Einstellung wird in der Regel nicht aus beobachtbaren Verhaltensweisen erschlossen, sondern aus den *verbalen* Äußerungen, die sich auch als „*Meinungen*" bezeichnen lassen.

Dieser Einstellungskonzeption lassen sich jene Einstellungsbegriffe gegenüberstellen, die sich mehr oder weniger explizit auf das *beobachtbare Verhalten* beziehen. Dies trifft z.B. dort zu, wo die Einstellung mit der „Wahrscheinlichkeit der Wiederkehr von Verhaltensweisen eines bestimmten Typs oder einer bestimmten" Richtung gleichgesetzt wird (DeFleur & Westie, 1963, S. 21). Als Vertreter dieser „*Wahrscheinlichkeitskonzeption*" läßt sich z.B. Campell (1950, S.31) anführen, der die Einstellung (Attitüde) als „Konsistenz in den Verhaltensweisen gegenüber sozialen Objekten" definiert. Die so verstandenen Einstellungen werden dann nicht über geäußerte Meinungen, sondern über die Bestimmung von „Auftrittswahrscheinlichkeiten" von Verhaltensweisen erfaßt. Die Vertreter der Wahrscheinlichkeitskonzeption begründen ihre Position vor allem damit, daß die Vermutung latenter Strukturen unergiebig und das Abstellen auf beobachtbares Verhalten zumindest einfacher und/oder zuverlässiger sei (vgl. z.B. DeFleur & Westie, 1963, S. 296 und 298).

Eine eindeutige Abgrenzung der soeben skizzierten Gruppen von Einstellungsbegriffen ist im Einzelfall nicht immer möglich, so z.B. dann nicht, wenn die Konsistenz bzw. Wahrscheinlichkeit beobachtbarer Verhaltensweisen lediglich als *Indikatoren* für latente Strukturen bzw. Reaktionsbereitschaften betrachtet werden. Eine explizite, eindeutige Trennung zwischen dem als Einstellung definierten Sachverhalt einerseits und den als Indikatoren einer Einstellung betrachteten Sachverhalte, an denen die Messung anknüpft, andererseits, ist daher dringend geboten. Jedenfalls muß sich die Wahrscheinlichkeitskonzeption der Einstellung mit dem Vorwurf auseinandersetzen, bei der Erklärung und Prognose offenen Verhaltens *tautologisch* zu argumentieren. Weissberg (1965) und Alexander (1966) kritisieren in diesem Zusammenhang, daß Einstellungen gemäß der Wahrscheinlichkeitskonzeption nur als „abhängige Variable" fungieren können. Herrmann (1969) vertritt eine ähnliche Auffassung, indem er das Wahrscheinlichkeitskonzept der Einstellung lediglich als *deskriptives* Vorgehen kennzeichnet, das Konzept latenter Prozesse dagegen als erklärendes bzw. explikatives Konstrukt. Bei einer solchen Kritik kommt allerdings die Überlegung zu kurz, daß die zu einem bestimmten Zeitpunkt ermittelten Auftrittswahrscheinlichkeiten bestimmter Verhaltensweisen durchaus geeignet sein können, das Verhalten zu einem späteren Zeitpunkt zu *prognostizieren*. Mees und Kehl (1979, S. 297f.) schlagen daher vor, nicht nur verbale Indikatoren der Einstellung zu verwenden, sondern auch bzw. in Ergänzung dazu eine „systematische länger dauernde Beobachtung vieler Verhaltensweisen des jeweiligen Individuums" durchzuführen, wenn zeitlich stabile Einstellungen zu erfassen sind.

Zu (b): Das zweite, oben angeführte Unterscheidungskriterium, die *Anzahl* der postulierten *Einstellungsdimensionen*, erhält seine Bedeutung in erster Linie dort, wo Einstellungen als *latente* Strukturen bzw. Prozesse verstanden werden. Hier lassen sich dann *eindimensionale* und *mehrdimensionale* Einstellungskonzepte unterscheiden.

Als bedeutende Vertreter der *eindimensionalen* Einstellungskonzeption gelten vor allem Thurstone (1931), Fishbein (1966; 1967a) und McGuire (1969). Unter einer Einstellung wird hier in erster Linie die individuelle *Zuneigung* bzw. *Abneigung* gegenüber einzelnen „Objekten", Gegenständen u. dgl. verstanden. Dies kommt z.B. bei Thurstone (1931, S. 20) zum Ausdruck, der eine Einstellung als „affect for or against a psychological object" definiert. Wenn die eindimensionale Einstellungskonzeption gerade in empirischen Arbeiten eine große Bedeutung erlangen konnte, dann vor allem aufgrund der praktischen Vorteile, die mit einer Messung derart einfach konzipierter Einstellungen verbunden sind. Gegen die eindimensionale Einstellungskonzeption läßt sich aber einwenden, daß es einer empirischen Überprüfung zu überlassen ist, wieviele Dimensionen die jeweils interessierende Einstellung aufweist.

Im Gegensatz zum eindimensionalen Einstellungskonzept gehen die *mehrdi-*

mensionalen Einstellungskonzepte davon aus, daß eine Einstellung aus zwei oder mehr Komponenten besteht. Bei den mehrdimensionalen Einstellungskonzepten steht das *Drei-Komponenten-Modell* bzw. das Trinitätskonzept im Vordergrund. Eine Einstellung wird hier als überdauerndes, interdependentes und mehr oder weniger konsistentes „System" verstanden, das eine *kognitive*, eine *affektive* und eine *konative* bzw. *handlungsbezogene* Komponente aufweist (so z.B. Krech, Crutchfield & Ballachey, 1962; McGuire, 1969; Rokeach, 1968; Triandis, 1964, 1967).

Die *kognitive* Komponente der Einstellung bezieht sich auf die Vorstellungen (oder Überzeugungen) eines Individuums über das jeweilige Einstellungsobjekt. Dabei wird der *Kategorienbildung* bzw. der Organisation von Wahrnehmungsergebnissen eine besondere Stellung eingeräumt. Triandis (1971/dt. 1975, S. 12—14) stellt die *horizontale* Kategorisierung (Diskriminierung) und die *vertikale* Kategoriesierung (Wahl des Abstraktionsniveaus) als wichtige Prozesse in den Vordergrund und nennt die „Zentralität" oder „Ich-Beteiligung" der Vorstellungen und Überzeugungen als wichtige Faktoren, welche die kognitive Komponente einer Einstellung beeinflussen.

Mit der *affektiven* Komponente der Einstellung – auch als Gefühlskomponente bezeichnet – soll in erster Linie das *Gefühl* erfaßt werden, das ein Individuum einem Gegenstand entgegenbringt: angenehme (positive) oder unangenehme (negative) *Empfindungen*. In diesem Zusammenhang könnte ein Individuum z.B. gefragt werden, in welchem Ausmaße es bestimmte Personen sympathisch bzw. unsympathisch findet. Da mit entsprechenden Urteilen zugleich eine *Bewertung* von Gegenständen stattfindet, wird die affektive Einstellungskomponente gelegentlich auch als *evaluative* Komponente bezeichnet und entsprechend operationalisiert (vgl. z.B. Kroeber-Riel, 1980, S. 194; Oppermann, 1976, S. 11). Eindeutige Bewertungen, z.B. auf der Dimension „gut vs. schlecht" oder „wertvoll vs. wertlos", werden bei manchen Autoren dagegen eher der kognitiven Einstellungskomponente zugeordnet (siehe z.B. Süllwold, 1969, S. 476).

Die *handlungsbezogene* Komponente einer Einstellung soll schließlich der *Handlungsbereitschaft* bzw. der *Handlungsintention* eines Individuums gegenüber dem Einstellungsobjekt Rechnung tragen. Dazu läßt sich anmerken, daß die Handlungsbereitschaft nicht zur tatsächlichen Ausführung der betreffenden Handlung führen muß. Triandis (1975, S. 16f.) stellt in diesem Zusammenhang auf die *soziale Norm* ab bzw. auf die individuelle Vorstellung von dem, was als „richtiges" bzw. als erlaubtes Verhalten gilt. Solche Vorstellungen können dem widersprechen bzw. entgegenwirken, was sich aus der kognitiven und affektiven Einstellungskomponente als Verhaltenstendenz ergibt. Dennoch vertritt Triandis die Auffassung, daß die drei soeben skizzierten Komponenten einer Einstellung „im allgemeinen konsistent" sind (ebenda, S. 17).

Kritiker des Drei-Komponenten-Modells der Einstellung haben vor allem auf die Schwierigkeiten einer eindeutigen Trennung der einzelnen Komponenten hingewiesen (zusammenfassend z.B. Oppermann, 1976, S. 10—50). Sie argumentieren aber auch damit, daß die vorgenommene Komponentenbildung zu wenig dazu beitrage, die Erklärung und Prognose beobachtbaren Verhaltens gegenüber eindimensional konzipierten Einstellungen zu verbessern (vgl. Six, 1975, S. 274). Oppermann (1976, S. 31) hält es nicht zuletzt der begrifflichen Klarheit wegen für sinnvoll, die Verhaltensabsicht als gesonderte Variable zu betrachten und es empirischen Studien zu überlassen, inwieweit die Verhaltensabsicht aus der Bewertung eines Objekts (=Einstellung) resultiert bzw. mit einer solchen Bewertung konsistent ist.

Aus strukturtheoretischen Überlegungen heraus kommt Kerlinger (1967) zu einer *„Dualen Theorie der Einstellung"*. Einstellungen sind hier im Gegensatz zur eindimensionalen Konzeption (siehe oben) *nicht* als *„bipolar"* (z.B. progressiv vs. konservativ), sondern als *„dual"* zu verstehen, da sie nachweislich gemischte Elemente (z.B. progressive und konservative Komponenten) enthalten können. Diese Einstellungskonzeption ließe sich auch bei einer Weiterentwicklung des Trinitätskonzepts heranziehen, wobei allerdings die Konsistenzthese entsprechend zu modifizieren wäre. Kerlinger (1967) stellt sich mit seiner Konzeption jedenfalls gegen die Auffassung, daß Einstellungen stets auf einem eindimensionalen Pro-Contra-Kontinuum adäquat abgebildet werden können.

Als multidimensionales Einstellungskonzept läßt sich im erweiterten Sinne auch der Ansatz von Rokeach (1968) anführen. Rokeach schlägt vor, zwischen der Einstellung gegenüber einem bestimmten *Objekt* (oder einer *Person*) und der Einstellung gegenüber der relevanten (Handlungs-)*Situation* zu unterscheiden, so daß beide zusammen gewissermaßen als eine *„Gesamteinstellung"* in bezug auf bestimmte Objekte in bestimmten Situationen verstanden werden können. Rokeach (1968, S. 455) geht bei seinem Vorschlag davon aus, daß die Erklärungs- und Prognosekraft älterer Einstellungskonzepte dadurch verbessert werden kann, daß die Einstellung gegenüber einer Situation ihre Berücksichtigung findet. Dazu läßt sich anmerken, daß die Einstellung gegenüber einer Situation mit der konativen Einstellungskomponente im Trinitätskonzept nicht ohne weiteres gleichgesetzt werden darf. Es ist z.B. denkbar, daß auch die „Handlungsbereitschaft" gegenüber bestimmten Objekten mit der jeweiligen (Handlungs-)Situation variiert und insofern eine Unterscheidung zwischen der Handlungsbereitschaft und der Einstellung gegenüber einer Situation sinnvoll sein kann.

Im Marketing-Bereich spielen bei der Ermittlung von Produkteinstellungen der Konsumenten sog. *multiattributive Einstellungskonzepte* eine große Rolle (vgl. z.B. die Übersicht bei Wilkie & Pessemier, 1973). Diesen Konzepten bzw. Modellen liegt ein Einstellungsbegriff zugrunde, der sich in die bislang erwähnten

Einstellungskonzepte nicht ohne weiteres einordnen läßt. Das Grundmodell multiattributiver Einstellungskonzepte besteht darin, daß die Einschätzungen einzelner Produktmerkmale mit der jeweiligen subjektiven Gewichtung bzw. Bedeutung zu einer (Gesamt-)Produkteinstellung verknüpft werden (z.B. additiv oder multiplikativ). Indem die einzelnen Dimensionen des Einstellungsobjekts meist nur als kognitive oder affektive bzw. als kognitiv-affektive Komponenten erfaßt werden, handelt es sich so gesehen um ein *ein*dimensionales Einstellungskonzept. Es ist aber insofern *mehr*dimensional, als die Urteile über bzw. die Einstellungen gegenüber einzelnen Eigenschaften des Einstellungsobjekts als Elemente einer Gesamteinstellung angesehen werden.

9.2.2 Zum Begriff der ‚Werthaltung'

Der Wertbegriff spielte im *philosophischen* und *theologischen* Bereich schon früh eine große Rolle, so z.B. die Frage nach dem Wesen des Guten und nach dem, wonach der Mensch streben soll (vgl. Friedrichs, 1968, S. 5). In diesem Beitrag geht es allerdings nicht um philosophische oder theologische Wertungen, die ggf. nur in Schriften existieren, sondern allein um *erfahrungswissenschaftliche* Kategorien, um „Werthaltungen" als erfaßbare psychologische und damit individuelle „Sachverhalte".

Eine klassische Definition des „Wert"-Begriffs stammt von Kluckhohn (1962, S. 395): „Wert ist eine explizite oder implizite, für ein Individuum oder eine Gruppe charakteristische Konzeption des Wünschenswerten, welche die Auswahl unter verfügbaren Handlungsarten, -mitteln und Zielen beeinflußt." Wesentlich ist dabei das Abstellen auf die „*Konzeption des Wünschenswerten*", wobei der Begriff „Konzeption" vor allem den relativ hohen *Abstraktionsgrad* einer Werthaltung zum Ausdruck bringen soll. („Implizit" besagt in dieser Definition, daß ein Individuum sich seiner Wertung nicht bewußt zu sein braucht.)

Kritik an der Werte-Definition von Kluckhohn richtete sich vor allem darauf, daß nur auf handlungsrelevante Werte abgestellt wird und von daher die Gefahr einer Tautologie besteht, wenn entsprechend definierte Werte bzw. Werthaltungen zur Erklärung von Verhaltensweisen herangezogen werden sollen. So führt z.B. Adler (1956, S. 278) aus, daß es Werte geben kann, die das Verhalten nicht beeinflussen, und daß geäußerte Werte und das entsprechende Verhalten auseinanderfallen können. Nicht unproblematisch ist bei Kluckhohn auch die Trennung zwischen Werten und Zielen, es sei denn, daß Werte bzw. Werthaltungen als die grundlegenderen, abstrakteren Kategorien verstanden werden.

Werthaltungen werden in der Regel als relativ *stabile* Konzepte des Wünschenswerten charakterisiert, so z.B. in der folgenden Definition von Rokeach (1973,

S. 25): „To say that he has an enduring prescriptive or proscriptive belief that a specific mode of behavior or end-state of existence is preferred to an oppositive mode of behavior of end-state." Hier fehlt also die Einengung auf verhaltensrelevante Werte, so daß es sich um die umfassendere Definition handelt. Zugleich wird zum Ausdruck gebracht, daß das Wünschenswerte in einem Vergleich von Alternativen zum Ausdruck kommt. Dies macht z.B. auch Friedrichs (1968, S. 73) deutlich, der Werte als „bewußte oder unbewußte Vorstellungen des Wünschenswerten" ansieht, „die sich in Präferenzen von Alternativen niederschlagen."

Der *Fundamentalcharakter von Werthaltungen* wird häufig darin gesehen, daß sie – so wird zumindest vermutet – breite Verhaltensbereiche beeinflussen. Dies kommt z.B. in der Definition von Nadel (1953, S. 264) zum Ausdruck, der eine Werthaltung als „an idea of worthwhileness governing a class of actions" versteht. Hier läßt sich jedoch anmerken, daß die Breite des von Werthaltungen beeinflußten Verhaltens im Zweifel kein zweckmäßiges Abgrenzungskriterium darstellt, sondern eher zum Gegenstand empirischer Untersuchungen gemacht werden sollte.

Wie bei den Einstellungen, so gibt es auch bei den Werthaltungen solche Konzeptualisierungen, die dieses Konstrukt als *mehrdimensional* charakterisieren, z.B. die Unterscheidung von Rokeach (1973) zwischen *instrumentellen* Werten, die sich auf grundlegende Verhaltensweisen beziehen (z.B. Mut und Höflichkeit) und *terminalen* Werten, die existentielle Ziel- bzw. Wunschvorstellungen (z.B. Weltfrieden) zum Gegenstand haben – eine Unterscheidung, die Rokeach von Lovejoy (1950) und Hilliard (1950) übernimmt. In diesem Zusammenhang stellt sich auch die Frage, inwieweit Werthaltungen als rein kognitive oder als kognitiv-affektive Konstrukte verstanden werden sollen.

Wenn z.B. Kmieciak (1976, S. 149) feststellt, daß viele Wertedefinitionen den *kognitiven* Aspekt betonen, dann ist damit nicht ausgeschlossen, daß Werthaltungen – zumindest teilweise – auch eine *affektive* Komponente aufweisen. Hierzu vertritt z.B. Friedrichs (1968, S. 81) die Auffassung, daß Werthaltungen (bzw. „Werte") ebenfalls „affektiv besetzt" sind. Nach Rokeach (1973, S. 7) enthalten Werte bzw. Werthaltungen nicht nur eine *kognitive* und eine *affektive*, sondern auch eine *konative* Komponente. Hieraus ergibt sich dann ein *Drei-Komponenten-Modell der Werthaltung*, das dem Trinitätskonzept der Einstellung unmittelbar entspricht.

9.2.3 Zur Unterscheidung zwischen Einstellungen und Werthaltungen

Das Typische einer *Einstellung* wird allgemein darin gesehen, daß sich diese auf einen bestimmten Sachverhalt bezieht und somit einen „fokalisierten Referenten" bzw. einen *Bezugspunkt* aufweist (vgl. Irle, 1967, S. 197; 1975, S. 292f.). Wenn Werthaltungen als subjektive Konzeptionen des Wünschenswerten verstanden werden, haben sie ebenfalls einen Bezug. Dieser Bezug wird jedoch auf einer etwas anderen Ebene gesehen – im Bereich grundlegender und abstrakterer Vorstellungen oder Ideen. Der Übergang zwischen Einstellungen und Werthaltungen ist durchaus fließend. Irle vertritt deshalb die Auffassung, daß die Unterscheidung zwischen „Attitüden" (verstanden als relativ stabile Einstellungen) und „Werten" (Werthaltungen) relativ willkürlich ist (1967, S. 197). Demnach können die Werthaltungen durchaus auch als Einstellungen verstanden werden, die sich allerdings auf *abstraktere* Sachverhalte beziehen.

Wenn in der Literatur auf den Zusammenhang zwischen Einstellung und Werten bzw. Werthaltungen überhaupt eingegangen wird, dann steht meist folgende Überlegung im Vordergrund: *Werthaltungen* nehmen im kognitiven System die *zentralere Position* ein. Im Gegensatz zu einer Einstellung ist ein Wert bzw. eine Werthaltung auch eher als ein *Imperativ,* oder zumindest als ein *Maßstab* (Standard) zu begreifen, der sowohl Einstellungen als auch Verhaltensweisen beeinflußt (siehe hierzu vor allem den Ansatz von Rokeach, 1968). In diesem Zusammenhang finden sich auch Verweise darauf, daß einzelne Werte bzw. Werthaltungen einen weit größeren Bereich von „Objekten" oder „Ereignissen" beeinflussen als einzelne Einstellungen und insofern als die *„ökonomischere" Analyseeinheiten* angesehen werden können (siehe z.B. Kmieciak, 1976, S. 154; Rokeach, 1968, S. 168; Rosenberg, 1956). Außerdem werden Werthaltungen einer Person als *„Referenzsystem"* für deren Einstellungen betrachtet – als ein Bezugssystem, in dem die Einstellungen *„verankert"* sind (vgl. Katz & Stotland, 1959; Newcomb, 1959). Dieser Überlegung folgen z.B. experimentelle Studien zur Einstellungsänderung bei Beeinflussungsversuchen, in denen die Verankerung von Einstellungen in übergreifenden Werthaltungen als ein Indikator der sog. *Änderungsresistenz* einzelner Kognitionen bzw. einzelner Einstellungen herangezogen wird (siehe z.B. v. Cranach, Irle & Vetter, 1969).

9.3 *Zur Messung von Einstellungen und Werthaltungen*

Die *Überprüfbarkeit* theoretischer Aussagen über Einstellungen und Werthaltungen hängt ebenso wie deren Umsetzung in der „Praxis" entscheidend davon ab, inwieweit diese Konstrukte *empirisch erfaßt* werden können. Hierbei gibt es eine große Anzahl verschiedener Möglichkeiten, die in der kaum noch überschaubaren Literatur zur *Einstellungsmessung* und in der weniger umfangreichen Literatur zur Messung von Werthaltungen aufgezeigt sind. Die folgenden Ausführungen müssen sich daher darauf beschränken, einige „klassische" Verfahren und vor allem solche Verfahren der Messung von Einstellungen und

Werthaltungen kurz vorzustellen, die im Marketing-Bereich entwickelt bzw. weiterentwickelt werden und dort häufig zur Anwendung kommen. Da Werthaltungen als „grundlegende Einstellungen" verstanden werden können, lassen sich die in der Einstellungsforschung entwickelten Meßinstrumente in der Regel auch bei der Erfassung von Werthaltungen heranziehen.

9.3.1 Grundlegende Anforderungen an ein Meßinstrument

Von einem Instrument zur Messung von Einstellungen und Werthaltungen ist wie von jedem anderen sozialwissenschaftlichen Meßverfahren in erster Linie zu fordern, daß es (1) *valide* ist, d.h. daß es erfaßt, was es zu messen vorgibt, und (2) *reliabel* bzw. zuverlässig ist, d.h. konsistente und stabile Ergebnisse liefert (vgl. z.B. Friedrichs, 1973; Lienert, 1969; Scheuch & Zehnpfennig, 1974, S. 172–177). Für die Entwicklung und Anwendung konkreter Verfahren der Einstellungsmessung und der Ermittlung von Werthaltungen ist vor allem auch die *Ökonomie* des jeweiligen Verfahrens von großer Bedeutung, derzufolge der Aufwand in angemessener Relation zum (Meß-)Erfolg stehen soll. Wenn viele Untersuchungen im Bereich der Einstellungs- und Werteforschung darauf verzichten, die Validität und Reliabilität des angewandten Verfahrens zu überprüfen, so ist dies vor allem aus der Aufwendigkeit solcher Prüfungen zu erklären.

9.3.2 Zum Prozeß der Einstellungsmessung bzw. der Erfassung von Werthaltungen

Die bei der Einstellungsmessung bzw. der Erfassung von Werthaltungen erforderlichen Schritte lassen sich in einem Prozeßschema zusammenfassen (vgl. Petermann, 1980a, S. 14–20):

(1) die Wahl der *Fragestellung*,
(2) die *Operationalisierung* der zu erfassenden Einstellung/Werthaltung,
(3) die „*Planung der Erhebungsstrategie*" (ob z.B. Labor- oder Feldforschung),
(4) die *Wahl des Meßinstruments*
    und schließlich
(5) die *Ergebnis- bzw. Datenanalyse*.

Diese Stufen sind mehr oder weniger *interdependent*. Bei der Erfassung von Einstellungen und Werthaltungen empfiehlt es sich daher, die Entscheidungen in den einzelnen Stufen aufeinander abzustimmen.

9.3.3 Einzelne Reaktionsmessungen als Grundelemente verschiedener Methoden der Messung von Einstellungen und Werthaltungen

Die meisten Methoden der Einstellungsmessung, auf die weiter unten zum Teil näher eingegangen wird, beruhen auf mehr oder weniger zahlreichen einzelnen „Reaktions-Messungen", die recht unterschiedlicher Natur sein können.

(1) Zum Skalenniveau der Reaktionsmöglichkeiten:

Hier unterscheidet man zwischen *Nominal-, Ordinal-, Intervall- und Ratio-Skalen* (vgl. z.B. Scheuch & Zehnpfennig, 1974, S. 103f.). Bei der *Nominalskala*, dem niedrigsten Meßniveau, werden den zu beurteilenden Gegenständen lediglich Eigenschaften zugewiesen. Werden dabei Zahlen verwendet, dann dienen diese nur dazu, Eigenschaften bzw. Klassifikationen numerisch zu identifizieren. Beim *Ordinalskalenniveau* sind Aussagen über die Rangfolge von Objekten bzw. Tatbeständen möglich. Eine solche Rangfolge kann ggf. in bezug auf ein genau definiertes Merkmal erbeten bzw. erstellt werden. Bei *Intervallskalen* ist es dagegen möglich, Unterschiede zwischen Objekten bzw. Tatbeständen als *Abstände* auf einem Kontinuum darzustellen bzw. zu interpretieren. Numerisch gleiche Intervalle repräsentieren gleiche Abstände bei den erfaßten Sachverhalten. Das höchste Meßniveau weist die *Ratio- bzw. Verhältnisskala* auf. Anders als die *Intervallskala* besitzt die Ratioskala einen absoluten oder natürlichen Nullpunkt. Deswegen sind hier alle arithmetischen Operationen (einschließlich Multiplikation und Division) zulässig.

Vom Meßniveau der einzelnen Responses hängt es ab, mit welchen Verfahren die jeweiligen Ergebnisse ausgewertet werden können – die Bildung von *aggregierten Maßen*, z.B. von Gesamtpunktwerten bei einzelnen Einstellungen, inbegriffen.

(2) Zur „Modalität" der Reaktionsmöglichkeiten:

Eine grundlegende Unterscheidung, die über den Aspekt des Skalenniveaus hinausgeht, ist die Differenzierung zwischen einer *Kategorischen Skala* und einer *Magnitude-Skala* (vgl. z.B. Wegener, 1978; 1980). Bei der *Kategorischen* Skalierung, die in der Einstellungsforschung eindeutig dominiert, müssen die befragten Personen die zu skalierenden Stimuli einer *begrenzten* Anzahl von Kategorien zuordnen, während bei der *Magnitude-Skalierung* um eine direkte Größenschätzung gebeten wird, ohne daß eine Begrenzung des Reaktionsraums stattfindet.

Eine solche Größenschätzung kann in verschiedenen „*Modalitäten*" stattfinden, nicht nur als *numerische* Größenschätzung, sondern beispielsweise auch als Angaben in Form von *Linien* und *Flächen* – zwei Modalitäten, die auch im Rahmen traditioneller Befragungen durchführbar sind. Dabei wird unterstellt, daß eine Person die Stärke einer Empfindungsintensität oder das Ausmaß einer Eigenschaftsbeurteilung unmittelbar angeben kann.

Die Vorteile einer *Magnitude-Skalierung* gegenüber der kategorischen Skalierung werden vor allem darin gesehen, daß (1) keine Begrenzung des Antwortspielraums stattfindet und somit die Breite möglicher Reaktionen weder künstlich gestaucht noch auseinandergezogen wird, und daß (2) dort, wo die einzuschätzenden Gegenstände in den relevanten Eigenschaften ähnlich sind und z.B. dieselbe Kategorienzuordnung erhalten würden, die befragte Person bei der Magnitude-Skalierung immer noch differenzieren kann (Näheres zur Anwendung der Magnitude-Skalierung bei der Messung von Einstellungen, auch zur Anwendung und Überprüfung entsprechender Ergebnisse, findet sich bei Wegener, 1978; 1980, und der dort zitierten Literatur; siehe auch Bauer, 1980, der dieses Verfahren kürzlich im Marketing-Bereich angewandt hat).

(3) Zur Dimensionalität der Reaktionsmöglichkeiten:

Bei einzelnen Skalenvorgaben läßt sich — je nach der Bezeichnung der Endpunkte — zwischen *unipolaren* und *bipolaren* Skalen unterscheiden.

So kann z.B. die Beurteilung eines Gegenstandes auf dem Kontinuum „alt—neu" anhand einer einzelnen, bipolaren Punkte-Skala (z.B. von +3 bis −3) vorgenommen werden, wobei der eine Endpunkt (+3) mit „sehr neu" und der andere Endpunkt (−3) mit „sehr alt" bezeichnet wird. Bei einer *unipolaren* Skala würde hier eine Skala nur für die Dimension „neu" (z.B. auf dem Kontinuum „sehr neu" bis „überhaupt nicht neu") *und* eine zweite Skala nur für die Dimension „alt" zur Beurteilung vorgelegt werden (vgl. Fishbein & Ajzen, 1975, S. 55).

(4) Zur Anzahl und Determiniertheit der Reaktionsmöglichkeiten:

Hinsichtlich der Anzahl der Reaktionsmöglichkeiten kann u.a. zwischen *einzelnen* Antwortvorgaben, z.B. einem Zustimmungs-Ablehnungs-Kontinuum, und *multiplen* Antwortvorgaben bzw. der *„Multiple-Choice-Technik"* unterschieden werden. Ebenso grundlegend ist die Unterscheidung zwischen sog. *geschlossenen* und *offenen* Fragen. Während bei den geschlossenen Fragen die Antwortmöglichkeiten vorgegeben bzw. „determiniert" sind, können die befragten Personen bei den offenen Fragen den Inhalt und Umfang der Antwort (weitgehend) selbst bestimmen.

9.3.4 Ausgewählte Modelle und Instrumente der Einstellungsmessung

Aus der großen Anzahl vorhandener Modelle und Instrumente der Einstellungsmessung werden hier nur einige herausgegriffen. Einen umfassenderen

Überblick über verschiedene, vor allen Dingen „klassische" Methoden der Einstellungsmessung findet sich z.B. bei Dawes (1977), Edwards (1957), Fishbein (1967), Fishbein und Ajzen (1975), Petermann (1980), Scheuch und Zehnpfennig (1974) Süllwold (1969) und Summers (1970).

9.3.4.1 „Klassische" Skalen der Einstellungsmessung

(a) Das Rangordnungsverfahren (im engeren Sinne)

Beim Rangordnungsverfahren im engeren Sinne werden die befragten Personen aufgefordert, Meinungsgegenstände in eine Rangordnung zu bringen. Diese „individuellen" Rangordnungen werden dann relativ einfach ausgewertet, indem die Rangordnung eines Meinungsgegenstandes z.B. im Rahmen einer *Durchschnittsrechnung* bestimmt wird.

(b) „Rangordnungs-Skalen"

Bei „Rangordnungs-Skalen" wird die Position von Meinungsgegenständen ebenfalls per Rangurteile bestimmt, den Befragten jedoch ein *Maßstab* für ihre Einschätzungen vorgegeben. Solche Maßstäbe können graphische, numerische oder verbale Unterteilungen eines Kontinuums darstellen. Dabei hofft man, nicht nur Rangordnungen, sondern auch Intervall-Skalen zu erhalten. Solche Rangordnungs-Skalen, die oft im Rahmen anderer Skalierungsverfahren (s.u.) zur Anwendung kommen, sind einfachen Rangordnungen zwar überlegen, ihre Interpretation als Intervall-Skalen ist jedoch nicht immer ohne weiteres möglich (vgl. Scheuch und Zehnpfennig, 1974, S. 108).

(c) Der Paarvergleich

Wie der Name besagt, werden beim Paarvergleich jeweils *zwei* Meinungsgegenstände miteinander verglichen bzw. zur Beurteilung vorgelegt. Sind insgesamt „n" Gegenstände zu beurteilen, dann müssen beim *vollständigen* Paarvergleich insgesamt $\frac{n(n-1)}{2}$ Vergleiche pro Person durchgeführt werden. Um die Aufwendigkeit dieses Verfahrens zu reduzieren, kann ein *unvollständiger* Paarvergleich durchgeführt werden, bei dem nur ein Teil der zu vergleichenden Paare vorgelegt wird und deren Verteilung auf die Befragten nach dem Zufallsprinzip erfolgt (vgl. Torgerson, 1958, S. 191–194).

Mit Hilfe eines von Thurstone entwickelten Algorithmus kann man versuchen, aus den Ergebnissen der Paarvergleiche Einstellungswerte auf einem theoretischen Kontinuum zu berechnen (näher z.B. Kaas, 1980; Sixtl, 1967). Die ordinalen Diskriminationsurteile werden dabei in Intervallskalenwerte transformiert.

(d) Die Methode der gleicherscheinenden Intervalle

Die Methode der gleicherscheinenden Intervalle wurde von Thurstone und Shave (1929) entwickelt. Dabei handelt es sich um eine eindimensionale Skala bzw. um ein in *gleiche* bzw. *gleicherscheinende Intervalle* eingeteiltes *Kontinuum* mit verschiedenen Statements über den zu messenden Gegenstand. Im Gegensatz zur Paarvergleichsmethode ist hier nur eine *einmalige* Beurteilung eines Meinungsgegenstandes erforderlich, so daß sich die Belastung der zu befragenden Personen verringert.

Das Verfahren der gleicherscheinenden Intervalle geht nicht nur von der Eindimensionalität der zu messenden Einstellung, sondern auch davon aus, daß die bei der Skalenentwicklung konsultierten Personen gültige Aussagen über die Abstände zwischen den verschiedenen Statements machen können.

Die so konstruierte Skala findet ihre *Anwendung*, indem Personen aufgefordert werden, bei den einzelnen Aussagen oder Statements mit „ja" oder „nein" zu antworten bzw. jene anzukreuzen, denen die zustimmen.

(e) Die Methode der sukzessiven Intervalle

Die ebenfalls von Thorstone entwickelte Methode der *sukzessiven Intervalle* unterscheidet sich von der Methode der gleicherscheinenden Intervalle lediglich in einem Punkt. Die Personen werden gebeten, nicht nur eine Aussage, sondern drei nebeneinander liegende Statements anzukreuzen, die ihre Einstellung bzw. Position am besten repräsentieren. Der Einstellungswert wird dann als Mittelwert der drei angekreuzten Statements errechnet (vgl. z.B. Triandis, 1975, S. 60f.).

(f) Die Methode der nachträglich bestimmten Abstände

Anders als bei der Methode der gleicherscheinenden Abstände oder Intervalle, bei der die Annahme *gleicher* Abstände problematisch sein kann, werden bei der Methode der nachträglich bestimmten Abstände im Rahmen der *Skalenkonstruktion* keine Intervalle angestrebt. Bei dieser Methode, ebenfalls von Thurstone entwickelt und von Saffir (1937) erstmals publiziert, werden die Intervallbreiten und die Skalenwerte für die einzelnen Aussagen erst im nachhinein errechnet bzw. ermittelt.

(g) Die Methode der summierten Einschätzungen (Likert-Skala)

Bei der von Likert (1932) entwickelten Methode der summierten Einschätzungen werden skalierte Beurteilungen einzelner einstellungsrelevanter Statements „summiert" und die Endsumme als Maß einer Gesamteinstellung herangezogen. Aufgrund der Verteilung von Gesamtpunktwerten lassen sich die hohen bzw. niedrigen Punktwerte als *positive* bzw. *negative* Einstellungen interpretieren.

Im Rahmen der *Konstruktion* einer solchen Skala muß zunächst eine relativ große Zahl von Aussagen für die „Probeskala" formuliert werden, die als Indikatoren der zu messenden Einstelleung gelten können. Dabei benötigt man solche Statements, bei denen die Antworten durch eine *monotone* Funktion beschrieben werden kann. Jedem Item werden in der Regel fünf Antwortkategorien zugeordnet, die von völliger Zustimmung bis zu völliger Ablehnung reichen. Durch *Addition* der einzelnen (ungewichteten) Punktwerte wird der *Gesamtpunktwert* einer Person ermittelt. In der einfachen Summierung von Einzelpunktwerten liegt die Problematik dieser Technik, denn sie unterstellt u.a., daß die einzelnen Angaben auf *Intervallniveau* vorliegen – eine Annahme, die nach Likert zulässig ist, aber möglicherweise nicht für alle Meinungsgegenstände und für alle Personengruppen zutrifft (so z.B. Andritzky, 1976, S. 68).

Bei der Erstellung der *endgültigen* Skala gilt es dann diejenigen Items auszuwählen, die zwischen Personen mit hohen und niedrigen Gesamtpunktwerten bzw. mit positiven und negativen Einstellungen ausreichend stark *diskriminieren*. Auf diese Weise sollen auch solche Aussagen ausgeschieden werden, die sich nicht auf die zu messende Einstellung beziehen.

Da die Likert-Skala auch davon ausgeht, daß die zu messende Einstellung *eindimensional* ist, muß mit der Skalenkonstruktion bzw. mit der Statementauswahl auch die *Überprüfung der Eindimensionalität* einhergehen. Andernfalls besteht die Gefahr, daß in den Gesamtpunktwerten unterschiedliche Dinge zu einem Wert vereinigt werden. (Zu den verschiedenen *Verfahren,* die bei der Überprüfung der Eindimensionalität von Items herangezogen werden können, siehe z.B. Andritzky (1976, S. 70–72), Edwards (1957), Shaw und Wright (1967).

(h) Die Skalogramm-Analyse

Mit der Skalogramm-Analyse entwickelte Guttman (1944) ein Verfahren, daß in erster Linie dazu dient, skalierbare Aussagen bzw. Statements zu gewinnen, d.h. solche Items, die eine offenbare Beziehung zu *einem* gemeinsamen Faktor besitzen bzw. *eindimensional* sind.

Der Skalogramm-Analyse liegt die Annahme und Forderung zugrunde, daß sich die Statements so ordnen lassen, daß im Idealfall alle Personen, die einem Statement zustimmen, eine höhere Rangordnung einnehmen als jene Personen, welche die gleiche Aussage ablehnend beurteilen (Stouffer, Guttman, Suchman & Lazarsfeld, 1950, S. 5). Aus dem *Umschlagpunkt,* an dem Zustimmungen einer Person in Ablehnungen umschlagen, müßte sich daher deren Rang bzw. deren Plazierung auf der entwickelten (Rangordnungs-)Skala ergeben.

Bei der *Entwicklung* einer solchen Skala werden die zusammengestellten Items den Versuchspersonen zur Annahme oder Ablehnung vorgelegt. Dann wird geprüft, ob diese bzw. welche Items eine Skala im Sinne Guttmans bilden. Nur in diesem Falle bzw. bei zulässigen Antwortschemata lassen sich sowohl die Items als auch die befragten Personen in eine Rangreihe bringen. Für die Überprüfung der Skalierbarkeit des Beobachtungsmaterials, das in aller Regel von der „idealen" Skala abweicht, wurden verschiedene Techniken entwickelt, so z.B. die sog. Cornell-Technik von Guttmann (1947). Solche Techniken geben an, wie die Wendepunkte in den Antworten der Teilnehmer zu finden bzw. zu bestimmen sind.

Eine entwickelte Skala kommt zur Anwendung, in dem sich die befragten Personen bei den einzelnen Statements zustimmend oder ablehnend äußern sollen. Die in ihrer Entwicklung recht aufwendige Guttman-Skala läßt sich relativ leicht anwenden, da sie mit wenigen Items (vgl. Stosberg, 1980, S. 115) und zwei einfachen, dichotomen Antwortkategorien auskommt. Einstellungswerte ergeben sich als Gesamtpunktwerte aus den Plazierungen auf der Skala, welche den Wendepunkten im Antwortmuster entsprechen.

(i) Das Semantische Differential (Polaritätsprofil)

Eine häufig angewandte Methode der Einstellungsmessung ist die Erstellung eines Polaritätsprofils bzw. des Semantischen Differentials – ein Verfahren, das von Osgood (1952) und Osgood, Suci und Tannenbaum (1957) entwickelt wurde.

Bei diesem Verfahren werden *bipolare Eingenschaftswörter* vorgelegt, die sich auf den Einstellungsgegenstand beziehen und den „semantischen Raum" bilden sollen. Die befragten Personen haben bei jedem einzelnen Gegensatzpaar (z.B. gut/schlecht) ihre diesbezügliche Beurteilung des Meinungsgegenstandes auf einer vorgegebenen, meist siebenstufigen Skala abzugeben.

Bei der *Entwicklung* eines Semantischen Differentials bzw. der Auswahl der endgültigen Gegensatzpaare sollte im Rahmen einer *Faktorenanalyse* untersucht werden, welche latenten gemeinsamen Dimensionen den einzelnen Kontinua zugrunde liegen bzw. welche *minimale* Zahl solcher Dimensionen den semantischen Raum *zureichend* wiedergeben (vgl. Scheuch & Zehnpfennig, 1974, S. 124). In empirischen Untersuchungen zu unterschiedlichen Begriffen bzw. Meinungsgegenständen haben sich nach Osgood immer wieder die gleichen Faktoren ergeben – nämlich die als „*Bewertung*" (z.B. gut/schlecht), als „*Potenz*" (z.B. stark/schwach) und als „*Aktivität*" (z.B. aktiv/passiv) bezeichneten Faktoren (Osgood, Suci & Tannenbaum, 1957, S. 38).

9.3.4.2 Gängige Methoden und Modelle der Einstellungsmessung im Marketing-Bereich

Die meisten klassischen Methoden der Einstellungsmessung gehen von der Eindimensionalität der zu messenden Einstellungen aus. Ein an der Beeinflussung bzw. Steuerung von Einstellungen interessierter Praktiker möchte aber vor allem auch die Struktur bzw. die einzelnen Elemente einer Einstellung kennenlernen. Deshalb hat sich die Einstellungsmessung im Marketing-Bereich in die folgenden beiden Richtungen der „multivariaten Meßmethodik" entwickelt:

Erstens die Verfeinerung und Differenzierung jener Meßinstrumente, welche die Gesamtbeurteilung eines Meinungsgegenstandes durch den Befragten aus den Teilurteilen (über einzelne Attribute) ermitteln (*kompositorische* Einstellungsmessung) und *zweitens* die Analyse latenter bzw. grundlegender Einstellungs*dimensionen* aus erhobenen Gesamturteilen, um die Struktur bzw. die Dimensionen von Einstellungen zu ermitteln, in erster Linie anhand bestimmter multivariater Auswertungsverfahren (*dekompositorische* Einstellungsmessung) (vgl. Trommsdorff, Bleicker & Hildebrandt, 1980, S. 273).

Auf beide Entwicklungslinien der Einstellungsmessung im Marketing-Bereich, die zum Teil schon in der obigen Darstellung einzelner „klassischer" Instrumente der Einstellungsmessung zumindest im Ansatz erkennbar sind, soll in den nächsten beiden Abschnitten näher eingegangen werden.

Eine *dritte* Entwicklung der Einstellungsmessung im Marketing-Bereich bezieht sich auf die Erfassung der *affektiven* Komponente von Einstellungen mit Hilfe verschiedener *physiologischer Meßverfahren*. Diese Methodik der Einstellungsmessung ist im Marketing-Bereich vor allem von Kroeber-Riel aktiviert und vorangetrieben worden. Auf diese Entwicklung soll dann im letzten Abschnitt näher eingegangen werden.

9.3.4.2.1 Multiattributive Einstellungsmodelle

Zu Beginn der 70er Jahre traten in der marketingorientierten Einstellungsforschung die sog. *multiattributiven Einstellungsmodelle* in den Vordergrund. Bei diesen Ansätzen wird davon ausgegangen, daß die Gesamteinstellung gegenüber einem Objekt (z.B. einer Produktmarke) aus der „*Instrumentalität*" der einzelnen Objekteigenschaften resultiert und aufgrund der direkt ermittelten individuellen Beurteilung solcher Eigenschaften oder Attribute bzw. der *Aggregation* der diesbezüglichen Urteile gemessen werden kann. Die Bedeutung solcher Einstellungsmodelle als Meßkonzepte in der marketingorientierten Einstellungsforschung erklärt sich in erster Linie aus der Erwartung, daß auf diese Weise nicht nur die Gesamteinstellungen besser erfaßt und erklärt werden können, sondern auch mehr über die Einstellungs*struktur* in Erfahrung gebracht wird als bei der bloßen Erhebung von Gesamteinstellungen. Aufgrund der Kenntnis einer Einstellungsstruktur können nämlich konkrete Ansatzpunkte für die gezielte Beeinflussung von (Produkt-)Einstellungen aufgezeigt werden.

Inzwischen sind verschiedene *Varianten* multiattributiver Einstellungsmodelle entwickelt worden (eine Darstellung solcher Varianten findet sich z.B. bei Freter, 1979; van Raaij, 1976; Trommsdorff, 1975; Wilkie & Pessemier, 1973). Diese Varianten lassen sich grundlegend danach unterscheiden, ob sie die Vorstellung von einem *Ideal-Objekt* (z.B. einem Ideal-Produkt) als Bezugspunkt für die Einstellung gegenüber *konkreten* Objekten in die Messung einbeziehen oder nicht.

9.3.4.2.1.1 Modellvarianten ohne Berücksichtigung von „Idealvorstellungen"

Die wichtigsten Varianten des multiattributiven Einstellungsmodells *ohne* Berücksichtigung von „Idealvorstellungen" sind der Ansatz von Rosenberg, der Ansatz von Fishbein, das „Adequacy-Importance"-Modell und das „Adequacy-Value"-Modell (vgl. Freter, 1979, S. 164–166; Mazis, Athola & Klippel, 1975).

Bei Rosenberg (1956; 1960; 1965) ergibt sich die Gesamteinstellung aus den subjektiven Vorstellungen von den Möglichkeiten eines Objekts, die subjektiven „Werte" (values) zu fördern bzw. zu beeinträchtigen – aufgeteilt in die Bedeutung solcher Werte *(value importance)* und in die empfundene Instrumentalität des Objekts bezüglich solcher Werte *(perceived instrumentality)*. Die Gesamteinstellung ergibt sich durch Summierung über die Zahl der Werte und nicht über die Zahl der Objekteigenschaften. Diese Unterscheidung wird dann bedeutsam, wenn mehrere Produkteigenschaften nur *einen* „Wert" fördern bzw. beeinträchtigen.

Bei Fishbein (1967a, b; 1972) und Fishbein und Ajzen (1972) bezieht sich die *Bedeutungskomponente* dagegen auf die Bewertung einstellungsrelevanter Objekteigenschaften (evaluative aspect). Diese Bedeutungskomponente wird hier – wie bei Rosenberg – mit einer *Eindruckskomponente* verknüpft, nämlich mit der *Wahrscheinlichkeit*, mit der eine Person das Objekt mit einer bestimmten Eigenschaft verbindet (strength of belief).

Im Gegensatz zum Fishbein-Modell stellt das *„Adequacy-Importance"Modell* darauf ab, in welchem *Ausmaß* einzelne Eigenschaften bei einem Objekt vorhanden sind. Diese Eigenschaften werden dann nach ihrer subjektiven *Bedeutung* auf der Dimension „wichtig–unwichtig" gewichtet. Dieses Meßmodell ist im Bereich der Konsumentenforschung besonders häufig zur Anwendung gekommen (vgl. Bettman, Capon & Lutz, 1975b, S. 1; Freter, 1979, S. 165; Mazis et al., 1975, S. 40).

Das *„Adequacy-Value"-Modell* von Cohen, Fishbein und Ahtola (1972) arbeitet ebenfalls mit mengenmäßigen Merkmalsausprägungen. Anders als beim „Adequacy-Importance" – Modell wird das Bedeutungsgewicht hier jedoch anhand einer „wertgeladenen" Skala mit den Polen „gut"/„schlecht" erfaßt (vgl. Freter, 1979, S. 166).

Weitere multiattributive Modelle, z.B. das Modell von Sheth (1974), können als mehr oder weniger starke Modifizierungen dieser vier Grundmodelle verstanden werden. Ein interessanter Versuch stammt in diesem Zusammenhang von Miller (1975), der bei seinen multiattributiven Einstellungsmodellen explizit auf die *situative* Ausprägung der einzelnen Einstellungselemente abstellt.

Werden bei solchen Modellen die einzelnen Einstellungskomponenten anhand von Rating-Skalen gemessen und den einzelnen Antworten Punktwerte zugeordnet, dann können über die multiplikative oder additive Verknüpfung dieser Komponenten *Punktwerte* für die Gesamteinstellungen gegenüber verschiedenen *Objekten* errechnet werden. Eine Einstellung ist dann um so positiver, je höher der *Gesamtpunktwert* ausfällt, so daß sich bei mehreren Objekten auch eine *Rangfolge* ermitteln läßt.

9.3.4.2.1.2 Modellvarianten mit Berücksichtigung von „Idealvorstellungen"

Den bislang dargestellten multiattributiven Einstellungsmodellen liegt hinsichtlich der Ausprägung von Objekteigenschaften – zumindest implizit – die Annahme zugrunde: „Je mehr, desto besser!". Diese Annahme muß aber nicht zutreffend sein. Möglicherweise wird z.B. eine Produkteigenschaft nur bis zu einem bestimmten Ausmaß bevorzugt. Der Konsument kann sich an einem *Idealprodukt* orientieren, das in der Realität keineswegs existieren muß. Von diesen Überlegungen gehen jene multiattributiven Einstellungsmodelle aus, welche die Vorstellung vom Idealprodukt explizit berücksichtigen. In diesen Modellen ergibt sich der Wert einer Gesamteinstellung gegenüber einem real vorhandenen Objekt oder Produkt aus der *Verrechnung einzelner Distanzen* zwischen dem „realen Produkt" und dem „Ideal-Produkt" (vgl. Dubois, 1975; Freter, 1979, S. 168; Trommsdorff, 1975). Solchen Meßkonzepten zufolge ist eine Einstellung gegenüber einem Produkt um so positiver, je geringer die Distanz zum Ideal-Produkt ausfällt. Durch die Multiplikation der Distanzen zwischen den Real- und Idealausprägungen einzelner Eigenschaften mit einem *Gewichtungsfaktor* läßt sich der Tatsache Rechnung tragen, daß den einzelnen Eigenschaften eines Objekts nicht dieselbe Bedeutung zukommt.

Auch bei den multiattributiven Einstellungsmodellen, welche „Idealvorstellungen" berücksichtigen, sind inzwischen verschiedene *Varianten* entwickelt worden, so z.B. die Ansätze bei Lehmann (1971), Beckwith und Lehmann (1973),

Ginter und Bass (1972) und Trommsdorff (1975). (Näheres zur Struktur verschiedener multiattributiver Einstellungsmodelle, auch zur Messung und Verknüpfung der einzelnen Modellkomponenten sowie zu den jeweiligen Implikationen solcher Verknüpfungen, siehe z.B. Freter, 1979.)

Multiattributive Einstellungsmodelle mit der Berücksichtigung von Idealvorstellungen sind für den Marketing-Bereich insbesondere auch deswegen von Bedeutung, weil mit der Ermittlung von „Idealvorstellungen" (z.B. bezüglich eines Produkts) wertvolle Hinweise für die Absatzpolitik, z.B. für die Entwicklung neuer Produkte und die Konzeption von Werbemaßnahmen, gewonnen werden können (vgl. Hammann & Erichson, 1978, S. 149).

Nachdem verschiedene Untersuchungen gezeigt haben, daß eine Gewichtung der einzelnen Einstellungsdimensionen bzw. Objekteigenschaften nur wenig oder nichts zur Erklärung der Varianz der Gesamteinstellung beträgt (siehe z.B. Waung, 1975), wurde vorgeschlagen, auf die Erfassung von Bedeutungskomponenten ganz zu verzichten. Hierzu entwickelte sich eine sog. *Gewichtungskontroverse,* auf die hier lediglich verwiesen sei (siehe Freter, 1979, S. 175f. und Trommsdorff, 1975 sowie die dort angegebenen Quellen).

9.3.4.2.2 Die „Multidimensionale Skalierung" von Einstellungen und das Verfahren des „Conjoint Measurement"

Ein entscheidender Nachteil der meisten klassischen Methoden der Einstellungsmessung besteht – wie gesagt – darin, daß sie von der *Eindimensionalität* der zu messenden Einstellungen ausgehen. Als Alternative bot sich daher die sog. *Multidimensionale Skalierung* (MDS) an, die in der Zwischenzeit gerade im Marketing-Bereich intensiv vorangetrieben wurde (vgl. z.B. Dichtl & Schobert, 1979; Green & Carmone, 1970).

Bei den Möglichkeiten einer Auswertung von Ergebnissen beim „Semantischen Differential" wurde bereits auf ein Verfahren – nämlich die Faktorenanalyse – hingewiesen, mit dessen Hilfe grundlegende Einstellungsdimensionen ermittelt werden können. Die MDS ist ebenfalls weniger ein Verfahren der Einstellungsmessung im herkömmlichen Sinne, sondern vielmehr ein *Verfahren der Datenauswertung,* insbesondere ein *Verfahren der Datenreduktion.* Im Unterschied zu den „linearen Skalierungsmethoden" bzw. zur Messung von Eigenschaften eines (Einstellungs-)Merkmals auf *einer* Dimension werden bei der MDS vor allem auf der Basis von Vergleichsurteilen sog. Ähnlichkeitsdaten gewonnen und hinsichtlich ihrer relativen Position auf einem „Ähnlichkeitskontinuum" skaliert (vgl. Torgerson, 1958). Hängen solche Ähnlichkeitsdaten nur von der Variation *eines* Merkmals ab, lassen sie sich auf *einem Kontinuum* abtragen; sind sie dagegen durch die unabhängige Variation *mehrerer* Merkmale bedingt, dann ergibt eine „Auffaltung" der Distanzen keine Gerade, sondern eine *Konfiguration mit „n" Dimensionen* (Scheuch & Zehnpfennig, 1974, S. 148).

Bei der *Datengewinnung* genügt es also, wenn Meinungsgegenstände (z.B. Produktmarken) — z.B. im Paarvergleich — lediglich in ihrer Ähnlichkeit eingeschätzt bzw. verglichen werden (auf dem Kontinuum „vollkommen ähnlich" bis „vollkommen unähnlich"). Dieses Vorgehen bietet sich beispielsweise dann an, wenn eine Identifikation relevanter Eigenschaften den Befragten schwer fällt (so z.B. Hammann & Erichson, 1978, S. 151) oder wenn bei kriterienbezogenen Urteilen mit verzerrten Antworten (z.B. „sozial erwünschten" Angaben) zu rechnen ist. Statt der unspezifizierten Ähnlichkeitsurteile können aber auch kriterienbezogene Urteile und auf andere Weise ermittelte Ähnlichkeiten wie z.B. Korrelationskoeffizienten, stochastische Abhängigkeiten oder Distanz-Ratings der MDS zugrunde gelegt werden (Guttman, 1968; Scheuch & Zehnpfennig, 1974, S. 148f.; Torgerson, 1958).

Je nach dem Skalenniveau der Ausgangs- und Ergebnisdaten lassen sich folgende *Gruppen* einzelner *MDS-Verfahren* unterscheiden (vgl. Green & Carmone, 1970; Hammann & Erichson, 1978, S. 150; Torgerson, 1958):

(1) *„Metrische Methoden":* metrische, meist intervallskalierte Ausgangs- und Ergebnisdaten. Zu diesen Methoden gehören die faktorenanalytischen Verfahren.

(2) *„Nicht-metrische Methoden im engeren Sinne":* nicht-metrische, lediglich rangskalierte Ausgangs- und Ergebnisdaten.

(3) *„Nicht-metrische Methoden im weiteren Sinne":* nicht-metrische Ausgangsdaten, jedoch metrische, intervallskalierte Ergebnisdaten.

Bei der *Auswertung der Ausgangsdaten* hat die MDS vor allem *zwei Aufgaben:* Erstens die *Ermittlung der latenten Dimensionen,* deren Anzahl zum Zwecke der Übersichtlichkeit möglichst klein sein soll (Problem der Ermittlung der kleinstmöglichen Dimensionalität); zweitens die *Gewinnung von Skalenwerten* auf den extrahierten Raumachsen. Dabei stehen verschiedene Rechenverfahren zur Verfügung, auf die hier nicht eingegangen werden kann (siehe hierzu Andritzky, 1976, S. 125—130; Green & Carmone, 1970; Hammann & Erichson, 1978, S. 150—160; Shepard, Romney & Nerlove, 1972; Torgerson, 1958). Erhebliche Schwierigkeiten kann die *Interpretation* errechneter Lösungen bereiten (die Bezeichnung der gefundenen Dimensionen inbegriffen), welche in der Regel nur aus der Problemkenntnis des Analytikers heraus vorgenommen wird. (Vorschläge zur Lösung des Interpretationsproblems finden sich beispielsweise bei Aaker, 1971; Andritzky, 1976, S. 127f.; Green & Carmone, 1970.)

Wenn die MDS eine erfolgversprechende Methode der Einstellungsmessung darstellt, dann insbesondere deswegen, weil auf diese Weise (1) Nachteile einer direkten, kriterienbezogenen Befragung vermieden werden können, (2) mit relativ einfachen Datenerhebungstechniken die ggf. vorhandene Multidimensionalität einer Einstellung erfaßt und dargestellt wird und (3) — anders als bei herkömmlichen Meßverfahren — die Dimensionen einer Einstellung nicht schon ex ante bzw. vor der Messung erkannt sein müssen, sondern mit der Erhebung gewissermaßen simultan erfaßt werden.

Im Rahmen der Einstellungsmessung interessiert u.a. auch, wie groß der „Beitrag" einzelner Merkmale des Meinungsgegenstandes zur Gesamteinstellung bei verschiedenen Merkmalskombinationen einzuschätzen ist. Dabei kann auf das Verfahren des „Conjoint Measurement" zurückgegriffen werden — ein relativ neues Verfahren aus der mathematischen Psychologie, das mit der MDS eng verwandt ist und in letzter Zeit auch im Marketing-Bereich bei der Analyse von Konsumentenpräferenzen herangezogen wird (siehe z.B. Green & Rao, 1971; Johnson, 1974; Wind, 1973).

Beim Conjoint Measurement, das z.B. bei Thomas (1979) ausführlich dargestellt und bei Dichtl und Schobert (1979, S. 159f.) an einem Beispiel kurz erläutert wird, werden die Personen gebeten, *kategoriale* oder *ordinale Gesamturteile* über solche Gegenstände abzugeben, deren *Eigenschaften systematisch variiert* worden sind, so daß sie jeweils unterschiedliche *Merkmalskombinationen* aufweisen. Mit Hilfe bestimmter Programme der *Multidimensionalen Skalierung* oder spezieller *Conjoint-Measurement-Programme* werden dann alle Gesamturteile (Ähnlichkeits- oder Präferenzurteile) und alle Merkmalsausprägungen so miteinander verknüpft (multidimensional skaliert), daß die vorgefundenen Relationen zwischen den *Gesamturteilen* „bestmöglichst" reproduziert werden. Ist diese Verknüpfung gefunden, dann können für alle Merkmale intervallskalierte Werte angegeben werden, an denen sich ihr „*Beitrag*" zum Gesamturteil — dem „joint effect" der Einzelmerkmalsausprägungen — ablesen läßt.

Ein entscheidender Vorteil der Conjoint Measurement-Technik läßt sich darin sehen, daß anhand einfacher bzw. einfach zu erhebender Ausgangsdaten eine relativ differenzierte Analyse von Gesamturteilen bzw. Einstellungen geliefert werden kann. Über die Analyse unterschiedlicher Merkmalskombinationen wird es gerade bei diesem Verfahren möglich, auch sog. „*trade offs*" einzelner Merkmale zu ermitteln, und damit z.B. die Frage zu beantworten, wie weit der Preis eines Produkts erhöht werden kann, wenn eine neue Produkteigenschaft hinzukommt, ohne daß dadurch das Gesamturteil über das Produkt verschlechtert wird (vgl. hierzu und zu weiteren Vorteilen des Conjoint Measurement z.B. Johnson, 1974, S. 126, und Wind, 1973, S. 11).

9.3.4.2.3 Physiologische Methoden zur Messung der affektiven Einstellungskomponente

Physiologische Methoden der Einstellungsmessung werden insbesondere bei der Messung *affektiver* Einstellungskomponenten eingesetzt. Es handelt sich dabei um Verfahren, welche die physiologischen und damit non-verbalen Reaktionen des Menschen auf bestimmte Stimuli messen. Zu solchen Reaktionen zählen vor allem solche, die sich über (1) *elektro-physiologische* Indikatoren (Messung elektrischer Impulse des Körpers), (2) Indikatoren von *Kreislauf, Atmung und Energieumsatz* sowie (3) *biochemische* Indikatoren erfassen lassen (vgl. Kroeber-Riel, 1980, S. 71–76 und die dort angegebene Literatur). Häufig erfaßte Reaktionen sind der *galvanische Hautreflex* und Veränderungen der *Pupillengröße* (vgl. Dawes, 1977, S. 239). Physiologische Indikatoren, die als sensible und gültige Maßgrößen für sog. *Aktivierungsvorgänge* angesehen werden (so z.B. Kroeber-Riel, 1980, S. 71), können bei der Einstellungsmessung nicht nur auf affektive Zustände hinweisen, sondern auch auf die *Stärke* und *Wichtigkeit* einer Einstellung (ebenda, S. 185).

Aktivierungsmaße zeigen für sich allein genommen jedoch nicht an, ob es sich um *positive* oder *negative* affektive Zustände handelt. Deshalb müssen zur Klärung dieses Sachverhalts verbale Äußerungen hinzugezogen werden (ebenda, S. 76). Ein entscheidender *Vorteil* der Physiologischen Einstellungsmessung ist darin zu sehen, daß physiologische Reaktionen auf bestimmte Stimuli – hier Einstellungsobjekte – anders als verbale Äußerungen (1) weniger kognitiv steuerbar und somit zuverlässiger sind und (2) weder eine bewußte Kognition solcher Vorgänge noch eine adäquate Verbalisierungsfähigkeit voraussetzen (ebenda, S. 70f.)

9.3.4.3 Probabilistische Modelle der Einstellungsmessung

In den probabilistischen Modellen der Einstellungsmessung, welche vor allem auf Überlegungen von Lazarsfeld (1950; 1959) beruhen, wird die empirisch zugängliche „Beobachtungsebene" mit der theoretisch angenommenen „Konstruktebene" in besonderer Weise verknüpft: Probabilistische Einstellungsmodelle postulieren eine *Wahrscheinlichkeitsbeziehung* zwischen beiden Ebenen. Einem Punkt auf der Datenebene wird ein *Spektrum möglicher Punkte* auf der Einstellungsebene zugeordnet – eine Zuordnung, die sich als *Wahrscheinlichkeitsverteilung* kennzeichnen läßt (Wakenhut, 1980, S. 134).

Eine wesentliche *Aufgabe* probabilistischer Analyseverfahren besteht darin, ein Modell zu konstruieren, das (a) die Beziehungen zwischen den manifesten und den latenten Parametern – die Variation der Indikatorwahrscheinlichkeiten im latenten Raum – und (b) die Struktur bzw. Dimensionalität dieses Raumes spezifiziert (vgl. Scheuch & Zehnpfennig, 1974, S. 136).

In seiner Zusammenstellung *probalistischer Modelle* der Einstellungsmessung unterscheidet Wakenhut (1980, S. 138–151) zwischen *ein- und mehrdimensionalen Ansätzen* und stellt im einzelnen folgende Modelle kurz vor: (1) Die Skalenanalyse von Mokken (1971), das Spezielle logistische Modell" von Rasch (1960), das Modell von Birnbaum (1968) und die „Analyse latenter Strukturen" von Lazarsfeld (1950) als „eindimensionale Modelle" und (2) das Modell von Andersen (1974) sowie das „Polychotome logistische Modell" von Rasch (1960) als „*mehrdimensionale* Ansätze". Scheuch und Zehnpfennig (1974) skizzieren darüber hinaus das Modell von Bechtel (1968), das eine stochastische Version des deterministischen, eindimensionalen „*Verfahrens der transferierten Einschätzungen*" darstellt.

Der wesentliche Vorteil probabilistischer Modelle der Einstellungsmessung besteht darin, daß sich aus ihnen *Wahrscheinlichkeiten* für Verhaltensprognosen ableiten lassen, die dem individuellen Verhaltensspielraum gerechter werden als deterministische Meßmodelle (vgl. Wakenhut, 1980, S. 136). Die größte Verbreitung haben die probabilistischen Modelle für dichotome Daten gefunden, nämlich die Skalenanalyse von Mokken und das spezielle logistische Modell von Rasch (siehe z.B. die Studie von Wakenhut, 1974). Um die Vorteile solcher Verfahren adäquat nutzen zu können, bedarf es allerdings noch mehrerer Untersuchungen (vgl. Henning in: Triandis, 1975, S. 74). Dies wird z.B. durch die Ergebnisse bei Ace und Barth (1973) und dem gescheiterten Versuch von Mazanec (1979) unterstrichen, das Rasch-Modell bei der Analyse des „Image-Transfers" bei Konsumgütern heranzuziehen.

9.3.4.4 Methoden der indirekten Einstellungsmessung

Von einer *indirekten* Erfassung von Einstellungen wird in der Regel dann gesprochen, wenn die Personen, deren Einstellung erfaßt werden soll, normalerweise (1) nicht wissen, daß sie „beobachtet" bzw. untersucht werden (indirekte Messung im *engeren* Sinne) oder (2) zumindest nicht wissen, daß ihre Einstellung erfaßt werden soll (indirekte Messung im *weiteren* Sinne) (vgl. Dawes, 1977, S. 230). Da die Tatsache der „Beobachtung" und insbesondere die Kenntnis des Untersuchungszweckes zu „*reaktiven*", z.B. „sozial erwünschten" Antworten führen kann, hat insbesondere Campbell (1950) auf die Entwicklung indirekter Verfahren der Einstellungsmessung gedrängt.

Bei den Verfahren der im *weiteren* Sinne definierten indirekten Einstellungsmessung können drei Kategorien unterschieden werden: (a) Methoden der indirekten Einstellungsmessung anhand verbaler Äußerungen des Befragten, (b) die Erfassung des offenen Verhaltens, wenn dies als Indikator einer Einstellung (definiert als psychologische Variable) angesehen wird, und (c) die physiologischen Methoden der Einstellungsmessung. Auf letztere wurde bereits oben näher eingegangen.

9.3.4.4.1 Methoden der indirekten Einstellungsmessung anhand *verbaler* Äußerungen

Zwar ist es auch bei den durchweg als *direkte* Methoden der Einstellungsmessung bezeichneten Verfahren durchaus möglich, daß eine befragte Person nicht weiß, daß ihre Einstellung gemessen wird, doch gibt es Verfahren der Einstellungsmessung, bei denen eine Kenntnis des Untersuchungsgegenstandes seitens der Befragten weit weniger häufig zu erwarten ist.

Zu diesen Verfahren zählt z.B. die „Fehler-Wahl-Methode" von Hammond (1948), bei der den befragten Personen Multiple-Choice-Items vorgelegt werden, um angeblich ihr Sachwissen in verschiedenen Bereichen festzustellen. Bei einigen Items sind die Antwortalternativen jedoch so konstruiert, daß Wertungen abgegeben werden müssen, welche auf vorhandene Einstellungen hinweisen (können).

In einem anderen Verfahren, das von Dawes, Singer und Lemons (1972) stammt, werden die Personen gebeten, Einstellungsstatements lediglich erst einmal zu formulieren, und zwar a) solche, denen eine „typische" Person zustimmen würde, die eine der Versuchsperson *entgegengesetzte* Meinung vertritt, und b) solche, denen eine „typische" Person zustimmen würde, die *denselben* Standpunkt vertritt wie die Versuchsperson (vgl. Dawes, 1977, S. 237–239).

Bei der *Partner Preference-Technik* von Rokeach und Mezei (1966) äußern Mitarbeiter des Versuchsleiters bestimmte Meinungen. Die Personen werden dann nach der „Attraktivität" des einzelnen Mitarbeiters als sozialer Partner (z.B. als Kollege) befragt, so daß auf diese Weise eine indirekte Ermittlung von Einstellungen gegenüber den vorgetragenen Meinungen stattfindet.

Weitere Verfahren, bei denen die befragten Personen normalerweise nicht wissen, daß Einstellungen gemessen werden, und die in der Literatur oft als *„Projektive Verfahren"* bezeichnet werden, sind z.B. der Wort-Assoziations-Test, der Satz-Ergänzungs-Test, der Cartoon-Test und der Thematische Apperzeptions-Test (vgl. Kerby, 1975, S. 416–423). Bei diesen Verfahren geht man davon aus, daß in der erfaßten „Projektion" von Motiven, Empfindungen u.dgl. auf andere Personen auch Einstellung der „Versuchsperson" gemessen und psychologische Abwehrhaltungen, wie sie bei direkten Verfahren der Einstellungsmessung zu befürchten sind, umgangen werden.

Beim *Wort-Assoziations-Test* wird eine Wort-Liste – z.B. Markennamen – vorgelegt. Die Versuchsperson hat dann bei jedem der vorgelegten Wörter spontan jenes Wort anzugeben, daß ihr „in den Sinn kommt". Aus solchen – ggf. ausgewählten – Assoziationen sollen Hinweise auf Einstellungen – zumindest den vorgelegten Wörtern gegenüber – gewonnen werden.

Beim *Satz-Ergänzungs-Test* besteht die Vorlage aus unvollständigen Sätzen, die von den Versuchspersonen ebenfalls spontan zu ergänzen sind. Von den hierbei erwarteten Projektionen der Versuchspersonen erwartet man ähnliche Aufschlüsse wie beim Wort-Assoziations-Test. Dasselbe gilt für die sog. *Cartoon-Tests*, bei denen die Vorlagen aus Bildgeschichten bestehen, in denen die Aussagen von Personen anhand sog. Sprechblasen zum Teil von vornherein schriftlich fixiert, zum Teil jedoch von den Versuchspersonen selbst einzusetzen sind.

Der *Thematische-Apperzeptions-Test (TAT)* ist dem Cartoon-Test sehr ähnlich. Während beim Cartoon-Test nur die Reaktionen einer oder einzelner Personen auf die explizierten Aussagen anderer Personen angesehen werden müssen, arbeitet der TAT mit relativ offen dargestellten Situationen (z.B. nur in Bildform, d.h. ohne Text), die von den Versuchspersonen als solche zu interpretieren sind. Solche Interpretationen werden beim TAT normalerweise in der Form kurzer niedergeschriebener Geschichten erbeten.

Ein weiteres projektives Verfahren hat Haire (1950) speziell für den Konsumgüterbereich entwickelt. Bei diesem Verfahren werden zwei als *Einkaufslisten* deklarierte Produktlisten vorgelegt, die – bis auf eine einzige Ausnahme – identische Produkte bzw. Marken enthalten. Die Marke, deren Beurteilung interessiert, erscheint lediglich auf einer der beiden Listen. Die Personen werden dann gebeten, eine kurze Beschreibung derjenigen Person zu geben, welche die jeweilige Einkaufsliste angefertigt haben könnte. Aus der ggf. unterschiedlichen Beschreibung dieser Person wird dann auf die Einstellung gegenüber der interessierenden Marke geschlossen.

Zu den Methoden der *indirekten* Einstellungsmessung anhand verbaler Äußerungen kann auch die Technik des *Tiefeninterviews* gerechnet werden, bei dem der Interviewer vermeidet, direkte Fragen zu stellen und der Interviewpartner von sich aus über bestimmte Themen oder Gegenstände erzählen soll (vgl. Kerby, 1975, S. 414–416). Ähnliches gilt für die unstrukturierte *Gruppendiskussion* bzw. für das offene *Gruppengespräch*.

Die bislang angeführten Verfahren der indirekten Einstellungsmessung haben gegenüber den zum Teil standardisierten Verfahren der direkten Einstellungsmessung in mehr oder weniger starkem Maße den *Vorteil*, daß ggf. vorhandene Abwehrhaltungen unterlaufen werden können. Anderseits bringen sie aber auch erhebliche *Probleme* mit sich, die insbesondere mit der *Interpretation* der gewonnenen Ergebnisse verbunden sind. In der Regel erfordern entsprechende Interpretationen erhebliche psychoanalytische Vorkenntnisse, wodurch sich das Interpretationsproblem allerdings nicht völlig lösen läßt. Die Anwendung solcher Methoden empfiehlt sich wohl am ehesten dort, wo es in Voruntersuchungen darum geht, *relevante* Items für die Konstruktion „objektiverer", *direkter* Methoden der Einstellungsmessung zu finden.

9.3.4.4.2 Die Erfassung des offenen *Verhaltens* als indirekte Messung von Einstellungen

Wenn eine Einstellung auf *offenes Verhalten* bezogen definiert wird, dann kann eine Erfassung entsprechender Verhaltensweisen z.B. per Befragung oder Beobachtung – dem alltäglichen Sprachgebrauch folgend – als *direkte* Messung bezeichnet werden. Von einer *indirekten* Einstellungsmessung läßt sich aber dann sprechen, wenn offene Verhaltensweisen als Indikatoren einer Einstellung, die als latente Variable verstanden wird, angesehen werden und wenn die Teilnehmer die „Beobachtung" oder zumindest den Zweck der Untersuchung nicht erkennen können.

In diesem Zusammenhang läßt sich z.B. die „Technik der verlorenen Briefe" von Milgram, Mann und Harter (1965) anführen. Bei dieser Methode werden frankierte Briefe an verschiedene Adressaten, z.B. Organisationen, an verschiedenen Plätzen „verloren". Die relative Anzahl derjenigen Briefe, die aufgehoben und eingeworfen werden, gilt dann als Indikator für die Einstellung der jeweiligen Bevölkerung dem jeweiligen Adressaten gegenüber.

Vergleichbare Methoden gehen ebenfalls von der Annahme aus, daß im beobachtbaren Verhalten unterschiedlichen Objekten oder Personen gegenüber die entsprechenden Einstellungen zum Ausdruck kommen, so z.B. die *Technik der simulierten Unglücksfälle*, bei der die Hilfsbereitschaft der Passanten unterschiedlichen Personen oder Rassen gegenüber erfaßt wird (vgl. Dawes, 1977, S. 231). Auch die *Auswertung von Spuren* wie z.B. Abnutzungserscheinungen bei Büchern in einer Bibliothek oder der Anteil von Verpackungen unterschiedlicher Produktmarken im Haushaltsmüll wird in diesem Zusammenhang gelegentlich angeführt (vgl. ebenda, S. 230f.; Bungard & Lück, 1974).

Unter Umständen kann eine nicht-reaktive Erfassung von Verhaltensweisen im Rahmen einer *teilnehmenden Beobachtung* gelingen – ein Verfahren, das z.B. von Meinefeld (1977, S. 205–216) für die Einstellungsmessung insbesondere mit dem Argument vorgeschlagen wird, daß sich auf diese Weise soziale Phänomene „naturalistisch", d.h. in ihrer „natürlichen Umgebung" erforschen lassen. Bei einer teilnehmenden Beobachtung läßt sich jedoch nicht generell ausschließen, daß sich die beobachteten Personen „reaktiv" verhalten.

Da offenes Verhalten in der Regel von mehreren Faktoren – nicht nur von den relevanten Einstellungen – bestimmt wird, ist die Brauchbarkeit solcher Verfahren, die über manifestes Verhalten die zugrunde liegenden Einstellungen messen, im Zweifel eher gering – es sei denn, daß es gelingt, Reaktionen gegenüber unterschiedlichen Meinungsgegenständen in *vergleichbaren* Situationen zu erfassen.

9.3.5 Zur Messung von Werthaltungen

Da Werthaltungen als grundlegende Einstellungen verstanden werden können (siehe oben Punkt 9.2.3), lassen sich die im Bereich der *Einstellungsforschung* entwickelten Meßinstrumente mehr oder weniger modifiziert auch zur Messung von Werthaltungen heranziehen. Dies wird bestätigt, wenn man die Instrumente betrachtet, die bei der Messung von Werthaltungen bislang zur Anwendung gekommen sind. Da die Werthaltungen im Vergleich zu den mehr objektbezogenen Einstellungen bisher relativ selten untersucht wurden, ist die *Erfahrungsbasis* der Werthaltungsmessung insgesamt recht gering. Dies gilt in besonderem Maße für die Messung von Werthaltungen im Konsumbreich.

Wie bei der traditionellen Einstellungsmessung hängt die Wahl eines bestimmten Meßinstruments auch bei der empirischen Ermittlung von Werthaltungen entscheidend vom zugrunde gelegten *Wertbegriff* und vom *Gegenstand* der Messung ab. Im einzelnen ist u.a. zu bestimmen (vgl. Stiksrud, 1979, S. 466f.), (1) ob sich die zu messende Werthaltung auf einen erwünschten *Zustand* (terminal value) und/oder auf einen erwünschten *Zielerreichungsweg* (instrumental value) (vgl. Rokeach, 1973) bezieht, (2) ob *allgemeine* und/oder *bereichsspezifische* Werte (z.B. konsumbezogene Werthaltungen) gemessen werden sollen, (3) in welchem *Bezugssystem* die subjektive Werthaltung eingeordnet ist (ob es sich z.B. um individuell oder gesellschaftlich wünschenswerte Sachverhalte handelt) und (4) welcher *Antwortspielraum* dem Befragten dargeboten werden soll (z.B. die Art und Anzahl der Antwortmöglichkeiten).

Bei der Messung von Werthaltungen besteht zunächst die relativ häufig genutzte Möglichkeit, anhand von *Werteskalen* bzw. *Wertlisten* zu erfassen, wie vorgegebene Werte von der befragten Person beurteilt werden.

Zu solchen Skalen zählen z.B. die folgenden Meßinstrumente:

— Das *Rangreihen-Verfahren* von Rokeach (1967a), bei dem der Proband gebeten wird, 18 terminal values und 18 instrumental values in eine Rangreihe zu bringen (siehe z.B. auch Stiksrud, 1976).

— Das Verfahren von Gordon (1960), bei dem alle Werte in ihrer persönlichen *Wichtigkeit* beurteilt werden sollen (vgl. die deutsche Fassung des Fragebogens bei Müller-Fohrbrodt, Häfele, Häfele, Kaden, Wandel & Wieken, 1975). Bei der Wertliste von Baggaley (1973) müssen die Versuchspersonen auf einer Likert-Skala angeben, wie *wünschenswert* sie die einzelnen Werte ansehen.

— Die Methode von Allport und Vernon (1931), bei der — in Anlehnung an Spranger (1927) — ausformulierte Wahlmöglichkeiten, und zwar Aussagen über ökonomisch, sozial, religiös, ästhetisch, politisch und theoretisch orientierte Lebensformen vorgelegt und die jeweiligen Präferenzen der Probanden ermittelt werden. Mit ähnlichen Vorlagen arbeitet Morris (1965), doch kommt hier ein 7-stufiges Zustimmungs-Ablehnungs-Kontinuum als Antwortskala zum Einsatz. Mit skalierten *Richtigkeitsangaben* arbeitet beispielsweise der Fragebogen von Friedland und Carlson (1973).

Bei der Messung von Werthaltungen besteht weiterhin die Möglichkeit, über *offene Fragen* zu ermitteln, was eine Person als „Wert" bzw. als „wünschenswert" ansieht. Dieses Verfahren bietet sich zumindest dann an, wenn es darum geht, bei der Konstruktion einer Wertskala bzw. bei Erstellung einer Wertliste relevante Items zu sammeln. Mit offenen Fragen untersuchten z.B. Lutte, Mönks, Sarti und Preun (1970) Leitbilder und Ideale der europäischen Jugend, wobei die zahlreichen Antworten inhaltsanalytisch ausgewertet werden mußten. Derartige Auswertungen sind sicherlich kompliziert und aufwendig, aber durchaus in der Lage, relativ komplexe Werthaltungen zu erfassen (vgl. Stiksrud, 1979, S. 472).

Weitere Möglichkeiten der Erfassung von Werthaltungen, zu denen u.a. die Auswertung von *Präferenzurteilen* und *Wahlhandlungen* (beispielsweise bei der *Paarvergleichsmethode* von Thurstone, 1959) zählt, werden in der Werteforschung relativ selten angewandt. Hier bieten aber gerade die neueren Verfahren der Einstellungsmessung wie z.B. die der Multidimensionalen Skalierung die Chance, grundlegende bzw. latente Dimensionen verschiedener Werthaltungen aufzudecken.

Eine der wenigen Untersuchungen, die Werthaltungen im Konsumbereich zu erfassen versuchen, stammt von Vinson, Scott und Lamont (1977). Dabei wurde zwischen *Grundwerten* (global values), bereichsspezifischen Werten und präferierten Produkteigenschaften (evaluative beliefs) unterschieden und damit ein dreistufiges *Hierarchie-Modell* konsumrelevanter Werte zugrunde gelegt, das dem unterschiedlichen *Abstraktionsgrad* von Werthaltungen Rechnung tragen soll. Zur Messung der Grundwerte übernehmen Vinson et al. Items aus der Rokeach-Skala, die jedoch nicht in eine Rangreihe zu bringen, sondern – wie andere Items auch – auf einem Wichtigkeits-Kontinuum zu beurteilen waren (ebenda, S. 47).

Akzeptiert man die Auffassung, daß die bei Vinson, Scott und Lamont (1977) erfaßten „präferierten Produkteigenschaften" Werthaltungen auf einem niedrigen Abstraktionsniveau darstellen, dann werden solche Werthaltungen auch mit den oben dargestellten Multiattributiven Modellen der Einstellungsforschung gemessen, sofern diese „*Idealvorstellungen*" über einen Meinungsgegenstand berücksichtigen.

9.3.6 Zur Messung der Veränderung von Einstellungen und Werthaltungen im Zeitablauf

Die Erforschung von Einstellungen und Werthaltungen beschäftigt sich häufig auch mit der Veränderung von Einstellungen und Werthaltungen im Zeitablauf. Dabei tauchen methodische und *forschungsstrategische Probleme* auf, die hier nur kurz angesprochen werden sollen.

Bei der Auswahl von Meßmethoden ist in diesem Zusammenhang zu beachten, daß beim Einsatz solcher Methoden, die lediglich *globale* bzw. eindimensionale Messungen erlauben, die Gefahr besteht, daß eine *Veränderung der Struktur* von Einstellungen oder Werthaltungen unerkannt bleibt. Von daher empfehlen sich solche Methoden und Modelle, die eine Erfassung dieser Struktur ermöglichen (z.B. multiattributive Modelle).

Zur Auswahl der Meßmethode bleibt weiterhin festzuhalten, daß bei wiederholten Messungen möglichst *identische* Meßverfahren zur Anwendung kommen sollten. Bei der Ermittlung längerfristiger Veränderungen von Einstellungen und Werthaltungen ist allerdings sicherzustellen, daß den dabei herangezogenen Indikatoren zu den verschiedenen Zeitpunkten jeweils die gleiche Bedeutung oder Aussagekraft beigemessen werden kann (vgl. z.B. Hartmann & Wakenhut, 1973; Renn, 1973, S. 49f.). Anderenfalls sind Meßergebnisse zu unterschiedlichen Zeitpunkten nicht miteinander vergleichbar, auch wenn „identische" Meßinstrumente eingesetzt wurden.

Ein weiteres methodisches Problem resultiert in diesem Zusammenhang aus der Gefahr, daß die Ergebnisse einer wiederholten Messung bei denselben Personen bereits dadurch beeinflußt sein können, daß schon einmal gemessen wurde. Die erste Messung kann z.B. *Sensibilisierungs-* und *Lerneffekte* hervorgerufen bzw. induziert haben (vgl. Triandis, 1975, S. 221f.). Um solche Effekte kontrollieren zu können, muß im Grunde eine *Kontrollgruppe* herangezogen werden, bei der dann lediglich eine Messung stattfindet.

Die Messung von Einstellungs- und Werthaltungsänderungen wird nicht nur aussagekräftiger, sondern auch anspruchsvoller, wenn zugleich potentielle bzw. vermutete *Gründe* solcher Änderungen analysiert werden sollen. Anhand des von Solomon (1949) vorgeschlagenen Designs für experimentelle Studien lassen sich die Effekte vermuteter Determinanten und die Wirkungen der ersten Messung (siehe oben) sowie deren Interaktion ermitteln (vgl. Irle, 1975, S. 44; Triandis, 1975, S. 222). Ein solches Vorgehen ist in der Regel jedoch sehr *aufwendig*, vor allem dann, wenn es sich um ein „Feldexperiment" handelt. In der Praxis dominieren daher sog. *quasi-experimentellen Forschungsansätze* (vgl. Petermann, 1980b, S. 199f.). Hier ist dann aber ebenfalls eine Kontrolle möglicher Störgrößen anzustreben.

Bei der *Auswertung* der Ergebnisse, welche eine Untersuchung der Einstellungs- oder Werthaltungsänderungen liefert, können dann verschiedene *Verfahren* Anwendung finden, so z.B. uni- und multivariate *Varianzanalysen*, *Zeitreihenanalysen* oder die *Pfadanalyse* (eine Aufzählung weiterer Verfahren und eine kurze Darstellung einer Auswahl solcher Verfahren für den Bereich der Einstellungsforschung findet sich z.B. bei Petermann, 1980b).

9.3.7 Zur Beurteilung und Überprüfung von Meßinstrumenten insbesondere im Bereich der Einstellungsforschung

Die Beurteilung eines Meßinstruments hängt in erster Linie von den *Zielsetzungen* der jeweiligen Untersuchung ab, so daß die Frage nach dem „besten" Instrument der Einstellungsmessung so nicht gestellt oder zumindest nicht generell beantwortet werden kann. Es macht z.B. einen Unterschied, ob die Prognose der Markenwahl ansteht, wo ggf. globale Einstellungsmaße ausreichen, oder ob der Erfolg von Maßnahmen, die Einstellungsänderungen bewirken sollen, zu erfassen ist, so daß sich eher Strukturmodelle der Einstellungsmessung anbieten.

Bei der relativ allgemeinen Beurteilung von Meßinstrumenten der Einstellungs- und Werthaltungsforschung kann auf jene Arbeiten verwiesen werden, welche die *Reliabilität* und *Validität* von Meßinstrumenten überprüfen.

Bei *Reliabilitätsuntersuchungen* zeigte sich, daß die Zuverlässungkeit „klassischer" Einstellungsskalen wie z.B. der Likert-, Thurstone- und Guttman-Skala und des Semantischen Differentials im allgemeinen recht hoch ist (vgl. z.B. Robinson & Shaver, 1969; Shaw & Wright, 1967). Im Marketing-Bereich fanden dies z.B. Kassarjian und Nakanishi (1967) und Axelrod (1968) beim Vergleich weiterer Verfahren der direkten Einstellungsmessung, zu denen auch awareness- und Intentionsmaße gezählt wurden. *Indirekte Verfahren* der Einstellungsmessung erwiesen sich dagegen als weniger zuverlässig (siehe z.B. Kidder & Campbell, 1970). Hinsichtlich der „single-response-measures" fanden z.B. Osgood, Suci und Tannenbaum (1957) hohe Reliabilitätswerte für die bipolare 7-Punkte-Skala beim Semantischen Differential und Davidson (1973) für die bipolare Skala mit dem Kontinuum „wahrscheinlich/unwahrscheinlich". Angesichts solcher Ergebnisse kann man davon ausgehen, daß gängige Verfahren der direkten Einstellungsmessung in der Regel recht zuverlässig (reliabel) sind.

Auch bei *Validitäts-Analysen* standen die „klassischen" Einstellungsskalen im Vordergrund. Dabei wurde vor allem die *Übereinstimmungsvalidität* solcher Instrumente untersucht bzw. geprüft, inwieweit verschiedene Instrumente beim identischen Meßobjekt zum selben Ergebnis kommen.

Auf diese Weise verglichen Edwards und Kenney (1946) die Likert-Skala mit zwei Thurstone-Skalen und fanden hoch korrelierte Ergebnisse. Bei der Konfrontation eines Semantischen Differentials mit einer Guttman-Skala kamen Osgood, Suci und Tannenbaum (1957) zu einem ähnlichen Ergebnis. Tittle und Hill (1967) verglichen insgesamt sechs Instrumente der Einstellungsmessung. Dabei ergab sich beim Vergleich zwischen einer Likert-Skala und einer Thurstone-Skala eine geringere Ergebnis-Korrelation als in der Studie von Edwards und Kenney (1946) (r = .59), und die Ergebnis-Korrelation war beim Vergleich eines Semantischen Differentials mit der Thurstone-Skala noch geringer (r = .43).

Kassarjian und Nakanishi (1967) verglichen insgesamt sieben Meßinstrumente miteinander – das Semantische Differential und Thurstone-Skalen allerdings ausgenommen – und fanden dabei keine (signifikant) abweichenden Ergebnisse. Ostrom (1969) sowie Fishbein und Ajzen (1974) stellten eine hohe Ergebnis-Korrelation beim Vergleich einer einfachen Selbsteinstufungs-Skala mit vier klassischen Einstellungsskalen (Thurstone, Guttman, Likert und Semantisches Differential) fest. Zur Übereinstimmungsvalidität verschiedener Instrumente der Einstellungsmessung liegen somit zum Teil gegenläufige Ergebnisse vor.

Ein einheitlicheres Bild liefern jene Studien, die verschiedene Möglichkeiten bzw. Inhalte einzelner Reaktionsmaße wie z.B. Skalen mit dem Kontinuum „wahrscheinlich/unwahrscheinlich", „wahr/falsch", „stimme zu/stimme nicht zu" oder „möglich/unmöglich" vergleichen (so z.B. Ajzen, 1971; Davidson, 1973; Fishbein & Raven, 1962). Hier wurden nämlich jeweils ähnliche, meist hoch korrelierte Ergebnisse vorgefunden.

Soll aufgrund von Einstellungsmessungen eine Verhaltenserklärung und -prognose angegeben werden, dann ist vor allem die *Vorhersagevalidität* eines Meßinstruments von großen Interesse, vor allem der Vergleich zwischen dem Ergebnis der Einstellungsmessung und dem relevanten, tatsächlichen Verhalten. In der Studie von Tittle und Hill (1967) erwies sich die Likert-Skala – im Vergleich zu fünf anderen Meßmethoden (die Thurstone-Skalierung und das Semantische Differential eingeschlossen) – als das zuverlässigste Verfahren. Beim Vergleich weiterer Methoden der direkten Einstellungsmessung fand z.B. Axelrod (1968), daß mit der Methode der „First Brand Awareness" am besten der *„Markenwechsel"* und mit der *„Constant Sum Scale"*, bei der die Versuchspersonen eine bestimmte Anzahl von Punkten auf verschiedenen Alternativen bzw. Meinungsgegenständen verteilen, am besten der *„Wiederholungskauf"* prognostiziert werden kann. Weitere Arbeiten zur Prognosevalidität bestimmter Meßinstrumente, vor allem multiattributiver Einstellungsmodelle, die im Marketing-Bereich durchgeführt wurden, stammen z.B. von Arndt und Grønhaug (1978), Bass, Pessemier und Lehmann (1972), Heeler, Kearney und McChaffey (1973), Raju, Bhagat und Sheth (1975), Woodside, Clohey und Combes (1975). Auch hier waren zum Teil recht unterschiedliche Erfolge zu verzeichnen. Dies kann u.a. daraus resultieren, daß das tatsächliche Verhalten – also das Validitätskriterium – von vielen Faktoren, nicht nur von Einstellungen, abhängig ist, was für die entsprechende Prognosevalidierung von Instrumenten der Einstellungsmessung ein grundsätzliches Problem darstellt.

Andere Validitätsarten wie z.B. die *Inhaltsvalidität* und die *Konstruktvalidität* sind bei Instrumenten der Einstellungsmessung selten untersucht worden (zur Unterscheidung verschiedener Validitätsarten siehe z.B. Scheuch & Zehnpfennig, 1974, S. 175f. und Breitung, 1979). Dies gilt auch für die *Unterscheidungsvalidität*, derzufolge ein Instrument dann valide ist, wenn es bei der Messung unterschiedlicher Variablen unterschiedlichen Ergebnisse liefert.

Campbell und Fiske (1959) haben ein Verfahren entwickelt, mit dessen Hilfe die Reliabilität sowie die Übereinstimmungs- und Unterscheidungsvalidität eines Meßinstruments simultan erfaßt werden kann: die „*multitrait-multimethod matrix*". Bei diesem Verfahren wird eine Interkorrelations-Matrix erstellt, in welche die Korrelationen folgender Werte eingehen: die Ausprägungen verschiedener (Einstellungs-)Merkmale, die anhand *verschiedener* Meßinstrumente gemessen wurden, sowie die Werte dieser Merkmale, die anhand *einer* Meßmethode erfaßt wurden. Aus dem multiplen Vergleich der entsprechenden Korrelationswerte ergeben sich die oben angeführten Validitätsmaße sowie das Ausmaß der Reliabilität der herangezogenen Meßinstrumente (näheres hierzu siehe Campbell & Fiske, 1959; 1967). Beispiele für die Anwendung der multitrait-multimethod matrix bei der Überprüfung von Instrumenten der Einstellungsmessung liefern z.B. Davidson (1973) und Hildebrandt (1980). Dabei wurden auch Maße der *Verhaltensintention* in die Analyse einbezogen.

Bei den bislang vorliegenden Ergebnissen zur Reliabilität und Validität von Meßinstrumenten der Einstellungsforschung ist u.a. zu bedenken, daß dabei stets nur ein Teil der verfügbaren Meßinstrumente überprüft werden konnte. Vorsicht ist bei der Verallgemeinerung bisheriger Ergebnisse vor allem auch insofern geboten, als zum Teil recht unterschiedliche Personenkreise und Meinungsgegenstände analysiert wurden und bei modifizierten Meßinstrumenten andere Resultate erzielt werden können. Dies gilt z.B. auch dann, wenn neuere Möglichkeiten der Datenaufbereitung und der Datenauswertung realisiert werden (zum Problem der Datenaufbereitung, speziell zur „Reskalierung" von Daten bei multiattributen Modellen der Einstellungsmessung siehe z.B. Holbrook, 1977). Zu diesen neueren Möglichkeiten zählt u.a. auch der *Causal Modeling Approach* (siehe z.B. Bagozzi, 1980; Hildebrandt, 1980a; 1981), der sich vor allem dort anbietet, wo es die Validität verschiedener Meßmodelle und Meßverfahren zu beurteilen gilt. Der Causal Modeling Approach (mit dem entsprechenden Datenverarbeitungsprogramm) zeichnet sich in erster Linie dadurch aus, daß die theoretischen Annahmen des Meßmodells recht detailliert analysiert und das Ausmaß systematischer Meßfehler bei verschiedenen Operationalisierungen bzw. verschiedenen Meßmethoden bestimmt werden können.

9.4 Zur Entstehung und Änderung von Einstellungen und Werthaltungen

Was die Entstehung und Änderung von Einstellungen und Werthaltungen betrifft, so ist bislang vor allem die *Änderung von Einstellungen* nach Beeinflussungsversuchen analysiert worden. Dies erklärt sich in erster Linie aus dem Interesse anwendungsorientierter Forschungsrichtungen wie z.B. der allgemeinen Massenkommunikationsforschung und speziell der Werbewirkungsforschung, *Ansatzpunkte* für die Steuerung von Einstellungen zu finden. Im Rahmen solcher Bemühungen sind inzwischen zahlreiche theoretische Ansätze entwickelt und noch zahlreichere empirische Studien durchgeführt worden, um die *Determinanten* einer Einstellungsänderung herauszufinden.

Im Vergleich zur Änderung vorhandener Einstellungen wurde deren *Entstehung* relativ selten untersucht; hierzu liegen vergleichsweise wenige elaborierte Erklärungskonzepte vor. Dasselbe gilt für die Entstehung und Änderung von *Werthaltungen*. Zahlreiche Ergebnisse der Einstellungsforschung können aber durchaus auf die Entstehung und Änderung von Werthaltungen übertragen werden.

9.4.1 Zur „Organisation" von Einstellungen und Werthaltungen

Da die Aussagen zur „*Organisation*" von Einstellungen und Werthaltungen ein theoretisches Bezugssystem für die Analyse ihrer Entstehung und Änderung liefern, sei zunächst auf grundlegende Mechanismen dieser „Organisation" eingegangen. Dabei sind zwei Analyseebenen zu unterscheiden: (1) die *innere* Organisation einer *einzelnen* Einstellung oder Werthaltung und (2) die Organisation *mehrerer* Einstellungen und/oder Werthaltungen im „kognitiv-affektiven System" einer Person.

9.4.1.1 Zur inneren Organisation einer einzelnen Einstellung oder Werthaltung

Die innere Organisation einer einzelnen Einstellung oder Werthaltung wird in der Literatur durchweg vor dem Hintergrund *gleichgewichtstheoretischer* Aussagen behandelt. Soweit eine Einstellung oder Werthaltung überhaupt als Kombination mehrerer Elemente verstanden wird, geht man nämlich in der Regel davon aus, daß sich diese Elemente so organisieren, daß ein *„psycho-logisches Gleichgewicht"* bzw. eine psycho-logische Vereinbarkeit der relevanten Elemente erreicht bzw. erhalten wird (vgl. z.B. Triandis, 1975, S. 179f.).

Somit kann beispielsweise die *Änderung* einer Einstellung oder Werthaltung als eine *Umorganisation* der relevanten Elemente betrachtet werden – ein Prozeß, der grundsätzlich nicht nur den *Inhalt* einzelner Elemente, sondern auch deren *Gewichtung* bzw. *Wichtigkeit* und deren *Verknüpfung* betrifft. Dabei ist u.a. zu erwarten, daß sich vor allem jene Elemente als resistent bzw. *stabil* erweisen, welche (1) besonders *wichtig, zentral* bzw. *affektiv besetzt* und (2) in der vorhandenen kognitiv-affektiven Struktur gut *eingebettet* bzw. verankert sind (vgl. Abelson & Rosenberg, 1958; Festinger, 1957/dt. 1978; McGuire, 1966; Rosenberg, 1960a; Zajonc, 1960).

9.4.1.2 Zur Organisation von Einstellungen und Werthaltungen innerhalb eines kognitiv-affektiven Systems

Einzelne Einstellungen und Werthaltungen werden in der Regel als Elemente eines *übergreifenden Wert-Einstellungs-Systems* angesehen. Zur Organisation solcher Systeme bzw. zur Verknüpfung der Einstellungen und Werthaltungen liegen bislang jedoch kaum elaborierte Modelle vor. Man begnügt sich hier in der Regel mit der Annahme, daß die mehr objektbezogenen Einstellungen in den grundlegenderen Werthaltungen verankert sind – daß die Werthaltungen gewissermaßen ein Bezugssystem für die Einstellungen darstellen (vgl. Irle, 1960, S. 549–551; Lewin, 1951, S. 104–113; Newcomb, 1952, S. 130).

Am häufigsten wird in diesem Zusammenhang auf das *Wert-Einstellungs-Modell* von Rokeach (1971; 1973) zurückgegriffen. Dieses Model unterscheidet mehrere *Hierarchieebenen:* an der Spitze stehen die sog. *terminalen Werte*, auf der zweiten Ebene die *instrumentellen Werte*, darunter sog. *Einstellungssysteme* und auf der untersten Ebene *einzelne* Einstellungen und Überzeugungen. Dabei nimmt Rokeach an, daß mit der abnehmenden Hierarchieebene (1) der *Abstraktionsgrad* der einzelnen Elemente fällt und (2) deren *Anzahl* sowie deren *Dynamik* (bzw. Veränderbarkeit) ansteigen.

In empirischen Analysen von Werthaltungen wird jedoch in der Regel weniger auf Hierarchierelationen abgestellt, sondern eher nach *Lebensbereichen* differenziert (vgl. z.B. den Bericht über solche Studien bei Bargel, 1979). Dabei ist über die Organisation von Werthaltungen allerdings noch nicht sehr viel ausgesagt.

Ob das gesamte Wert-Einstellungs-System eines Individuums beispielsweise so organisiert ist, daß ein psycho-logisches *Gleichgewicht* angestrebt wird, läßt sich derzeit nicht beurteilen. Es ist wohl nicht zu erwarten, daß *alle* Werthaltungen und Einstellungen einer Person miteinander verbunden und alle miteinander verbundenen Elemente des Wert-Einstellungs-Systems in ein Gleichgewicht bzw. in widerspruchsfreie Beziehungen gebracht sind. Gleichgewichtstendenzen dürften eher nur in einzelnen Subsystemen, z.B. bei den zentralen Werthaltungen, wirksam sein.

9.4.2 Theoretische Ansätze und ausgewählte Befunde zur Entstehung und Änderung von Einstellungen und Werthaltungen

Die große Zahl theoretischer Ansätze und empirischer Befunde zur Entstehung und Änderung von Einstellungen und Werthaltungen lassen sich in *zwei Gruppen* einteilen: zum einen in jene Konzepte und Studien, die sich primär mit der *kurzfristigen* Beeinflussung und Veränderung bereits *vorhandener* Einstellungen befassen, zum anderen in jene Arbeiten, die sich primär auf die *Entstehung* sowie auf die *längerfristige* Änderung von Einstellungen und Werthaltungen beziehen.

9.4.2.1 *Erklärungskonzepte und Untersuchungsergebnisse zur kurzfristigen Beeinflussung und Änderung vorhandener Einstellungen*

9.4.2.1.1 Gleichgewichtstheoretische Ansätze

Bei der Erklärung von Einstellungsänderungen standen bislang gleichgewichtstheoretische Ansätze im Vordergrund. Zu diesen zählen vor allem die *Balance-Theorie* von Heider (1946), die *Kongruenz-Theorie* von Osgood und Tannenbaum (1955), die *Theorie der kognitiv-affektiven Konsistenz* von Rosenberg (1956) und die *Theorie der kognitiven Dissonanz* von Festinger (1957), welche die empirischen Studien besonders beeinflußt hat. Eine kurze Darstellung solcher Ansätze findet sich u.a. bei Fishbein und Ajzen (1975), Irle (1967; 1975), Kroeber-Riel (1980, S. 217–225), Zajonc (1979).

Die Grundannahme dieser Ansätze besagt im wesentlichen, daß Kognitionen bzw. kognitiv-affektive Elemente zum Gleichgewicht tendieren bzw. psychologische Widersprüche als unangenehm empfunden und deshalb reduziert werden. Ungleichgewichte bzw. kognitive Dissonanzen werden u.a. dann erwartet, wenn einstellungsdiskrepante Informationen zugeführt werden, wenn einstellungsdiskrepantes Verhalten ausgeführt wird oder wenn sich unerwünschte Verhaltenskonsequenzen einstellen (vgl. z.B. Festinger, 1957/dt. 1978).

Die Dissonanzstärke und der Druck zur Dissonanzreduktion hängen u.a. von der *Wichtigkeit* der dissonanten Kognitionen, und diese vor allem vom *Ego-Involvement*, von ihrer *affektiven Besetzung* und ihrer *Verankerung* in Werthaltungen ab. Eine *Dissonanzreduktion* kann z.B. dadurch erfolgen, daß „konsonante" Informationen bevorzugt und „dissonante" Informationen abgewehrt oder „verzerrt" werden, um vorhandene Einstellungen „abzusichern" bzw. beizubehalten. In der *empirischen Forschung*, die von gleichgewichtstheoretischen Überlegungen ausgeht, sind vor allem Einstellungsänderungen nach inadäquaten Belohnungen, nach getroffenen Entscheidungen und nach der Zufuhr einstellungsdiskrepanter Informationen untersucht worden. Mit der entscheidungs- und informationsinduzierten Dissonanz haben sich auch zahlreiche Studien im Bereich der *Konsumentenforschung* befaßt, insbesondere mit der Änderung von Einstellungen gegenüber den Entscheidungsalternativen – z.B. verschiedenen Produktmarken – *nach* einer getroffenen Auswahlentscheidung. Näheres zum gleichgewichtstheoretischen Ansatz und zum neuesten Stand der Dissonanztheoretischen Forschung siehe insbesondere bei Frey (1978), Irle (1975) und Irle und Möntman (1978) und zu den relevanten Arbeiten aus dem Marketing-Bereich z.B. Cummings und Venkatesan (1975), Kroeber-Riel (1980), Raffée, Sauter und Silberer (1973) und Silberer (1980).

9.4.2.1.2. Die Assimilation-Kontrast-Theorie

Die Assimilation-Kontrast-Theorie von Sherif und Hovland (1961) befaßt sich vor allem mit dem Einfluß der Diskrepanz zwischen der vorhandenen Einstellung und der zugeführten Information auf die Einstellungsänderung nach Beeinflussungsversuchen (vgl. z.B. auch Frey, 1979, und Irle, 1960). Die Assimilation-Kontrast-Theorie unterscheidet beim Einstellungsträger zwischen einem Akzeptanzbereich und einem Ablehnungsbereich. Fällt eine Information bzw. die in ihr vertretene Einstellung in den Akzeptanzbereich, so wird diese näher zur eignen Position hin interpretiert als sie tatsächlich ist *(Assimilationseffekt)*, während im Ablehnungsbereich der umgekehrte Effekt eintritt, d.h. eine Position als diskrepanter interpretiert wird, als sie tatsächlich ist *(Kontrasteffekt)*. Wie *breit* ein Akzeptanzbereich ausfällt, hängt entscheidend von der jeweiligen *Ich-Beteiligung* (vgl. z.B. v. Cranach, Irle & Vetter, 1969) und *Extremität* der vorhandenen Einstellung ab: er ist um so schmaler, je höher z.B. die Ich-Beteiligung einzustufen ist. Beeinflussungserfolge im Sinne einer intendierten Einstellungsänderung sind demnach am ehesten dann zu erwarten, wenn einstellungsdiskrepante Informationen noch auf den Akzeptanzbereich treffen. So konzipierte Strategien der Einstellungsänderung setzen somit die Kenntnis des Akzeptanzbereiches voraus, so daß in der Regel entsprechende Vorstudien durchzuführen sind.

9.4.2.1.3 Die Reaktanztheorie

Wie die Assimilation-Kontrast-Theorie beschäftigt sich die Reaktanztheorie von Brehm (1966) mit Reaktionen auf Beeinflussungsversuche; sie konzentriert sich jedoch auf solche Situationen, in denen eine Beeinflussung als *Freiheitseinschränkung* empfunden wird. Die Reaktanztheorie, die vom Streben nach einer Wiederherstellung eingeschränkter Freiheit ausgeht, sagt für solche Situationen eine „Trotzreaktion" voraus, die sich u.a. als *Bumerangeffekt* äußert. Dieser Effekt — vergleichbar mit dem Kontrasteffekt bei Sherif und Hovland (1961) — besteht beispielsweise darin, daß sich bedrohte bzw. „attackierte" Einstellungen nach Beeinflussungsversuchen in die entgegengesetzte Richtung ändern. Derartige Wirkungen und andere Reaktanzeffekte wie z.B. die Aufwertung eines bedrohten Freiheitsspielraums werden vor allem dann erwartet, wenn Beeinflussungsversuche *massiv* (aufdringlich), *einseitig* und *durchschaubar* sind, wenn sie als *illegitim* empfunden werden und der bedrohte Freiheitsraum als *wichtig* angesehen wird. Näheres zum neuesten Stand der Reaktanztheorie und zu verschiedenen Ergebnissen der Reaktanzforschung findet sich z.B. bei Grabitz-Gniech und Grabitz (1978), Kroeber-Riel (1980), Silberer (1980a) und Wicklund (1979a).

9.4.2.1.4 Die Inokulationstheorie

Mit seiner Inokulationstheorie spezifiziert McGuire (1964) jene Bedingungen, unter denen Beeinflussungsversuche dazu führen, daß Einstellungen „immun" bzw. änderungsresistent werden. Die Inokulationstheorie besagt hierzu im wesentlichen, daß vor allem das *aktive* Sichauseinandersetzen mit Pro- und Contraargumenten (z.B. durch das Schreiben eines entsprechenden Aufsatzes) die Entwicklung von *Verteidigungsmechanismen* fördert und eine Immunisierung von Einstellungen bzw. deren Stabilisierung bewirkt. Eine kurze Darstellung verschiedener empirischer Arbeiten zur Inokulationstheorie von McGuire (1964) findet sich z.B. bei Irle (1975, S. 367—370).

9.4.2.1.5 Weitere „sozialpsychologische" Theorien der Einstellungsänderung

Im Bereich der Einstellungsforschung sind weitere „sozialpsychologische Theorien" der Einstellungsänderung entwickelt bzw. herangezogen worden, auf die hier allerdings nur kurz hingewiesen sei. Zu diesen Theorien zählen vor allem folgende Ansätze:

(a) die *„mere exposure-Hypothese"* von Zajonc (1968), derzufolge allein die wiederholte Darbietung von Stimuli deren Attraktivität erhöht;

(b) die *„mere thought-Hypothese"* von Tesser und Cowan (1975), die besagt, daß das bloße Nachdenken über ein Einstellungsobjekt zu einer Extremisierung der entsprechenden Einstellung führt;

(c) die *„response contagion-Theorie"* von Nuttin (1975), derzufolge sog. „responses" auf bestimmte Stimuli davon abhängig sind, ob bzw. wie auf vorherige Situationen reagiert wurde (allein die wiederholte Einstellungsmessung innerhalb eines before/after-Designs kann daher auf die Einstellung einwirken);

(d) die *„impression management-Theorie"* von Tedeschi, Schlenker und Bonoma (1971), derzufolge Personen sich darum bemühen, ihre „Identität" zu sichern, und daher u.a. darauf achten, wie sie von anderen Personen gesehen werden; das „impression management" beeinflußt somit nicht nur die Einstellungen selbst, z.B. bei der Antizipation von sozialen Interaktionen, sondern auch deren Äußerung, z.B. bei der Einstellungs*messung* (vgl. hierzu auch die „self-perception-Theorie" von Bem (1972) und die „Theorie der objektiven Selbstaufmerksamkeit" von Wicklund (1979b), und

(e) der *„Attributionstheoretische Ansatz"* (vgl. z.B. Heider, 1958; Jones & Davis, 1965; Kelley, 1967), der auch als Theorie der Einstellungsänderung z.B. von Fishbein und Ajzen (1975, S. 45−49) herangezogen bzw. dargestellt wird. *Attributionsprozesse,* in denen eine Person über die Gründe des eigenen Verhaltens und die des Verhaltens anderer Personen Annahmen macht, können nämlich ebenfalls die Veränderung von Einstellungen verursachen und beeinflussen.

Auf weitere Theorien der Einstellungsänderung, die sich jedoch primär mit längerfristigen Entwicklungsprozessen befassen, wird weiter unten (Punkt 9.4.2.2) eingegangen.

9.4.1.6 Der Informationsverarbeitungs-Ansatz

Bei der Analyse von Einstellungsänderungen wird neuerdings verstärkt auf den Informationsverarbeitungs-Ansatz zurückgegriffen (vgl. z.B. Bettman, Capon & Lutz, 1975; McGuire, 1968; 1972). Es handelt sich dabei weniger um eine geschlossene Theorie der Informationsverarbeitung bzw. der Einstellungsänderung, sondern vielmehr um einen *Bezugsrahmen* für die Analyse von Einstellungsänderungsprozessen (vgl. z.B. McGuire, 1972, S. 118), anhand dessen sich z.B. die oben angeführten „Theorien" durchaus integrieren lassen. Der Informationsverarbeitungs-Ansatz rückt den dynamischen Charakter der Einstellungsänderung in den Vordergrund, indem solche Vorgänge explizit als Prozesse der *Aufnahme, Verarbeitung* und *Speicherung* einstellungsrelevanter Informationen verstanden werden. So gesehen müssen Informationen, die eine Einstellungsänderung bewirken sollen, *wahrgenommen, verstanden* und *verarbeitet* (z.B. akzeptiert) werden (vgl. z.B. McGuire, 1972, S. 119).

Der Informationsverarbeitungs-Ansatz ist inzwischen gerade im Bereich der *Konsumentenforschung* entscheidend weiterentwickelt worden (siehe z.B. Bettman, 1979; Jacoby, 1975). Dabei wurde der zunächst dominierende deskriptive Charakter dieses Ansatzes aufgrund zahlreicher Studien zu den Einflußfaktoren verschiedener Informationsverarbeitungsmechanismen (z.B. der Menge der dargebotenen Informationen) weitgehend überwunden. Ein umfassender Überblick über die entsprechenden Ergebnisse, die sich nicht nur bei der Analyse von Einstellungsänderungen heranziehen lassen, findet sich insbesondere bei Bettman (1979). Einen kurzen Überblick über die relativ häufig untersuchte Beziehung zwischen dem sog. *information load* und der Informationsverarbeitung liefern z.B. Raffée und Fritz (1980). Angesichts der steigenden Fülle von Informationen, die heute an das Publikum herangetragen werden, sind diesbezügliche Arbeiten auch für die Einstellungsforschung zunehmend von Bedeutung.

9.4.2.1.7 Der Kommunikationstheoretische Ansatz

Wie der Informationsverarbeitungs-Ansatz stellt der Kommunikationstheoretische Ansatz bei der Erklärung von Einstellungsänderungen kein geschlossenes Theoriegebäude, sondern lediglich einen allgemeinen *Bezugsrahmen* dar. Indem der Kommunikationstheoretische Ansatz deutlich macht, daß Versuche der Einstellungsänderung per Kommunikation in ihrer Wirksamkeit vor allem von Eigenschaften der *Kommunikationsquelle,* des *Kommunikationskanals,* der kommunizierten *Botschaft(en)* und von den „*Dispositionen*" des Rezipienten abhängig sind, zeigt er eine breite Palette möglicher Determinanten der Einstellungsänderung auf. Wie der Informationsverarbeitungs-Ansatz liefert auch der Kommunikationstheoretische Ansatz vor allem ein „heuristisches Konzept", wenn es darum geht, die Ursachen von Einstellungsänderungen zu analysieren.

Der Kommunikationstheoretische Ansatz ist im Bereich der Einstellungsforschung keineswegs neu, denn spätestens seit den Arbeiten von Hovland, Janis und Kelley (1953) zur Wirksamkeit kommunikativer Beeinflussungsversuche ist er bei der Analyse von *Einstellungsänderungen* wiederholt herangezogen worden. Dies gilt insbesondere für jene Arbeiten, in denen jeweils der Stand der empirischen Einstellungsforschung darzustellen versucht wurde (so z.B. Eagly & Himmelfarb, 1978, S. 521–527; Frey, 1979; Triandis, 1975, S. 252–296). Wenn im folgenden ebenfalls einige ausgewählte Determinanten der Einstellungsänderung aufgezeigt werden, mit denen sich empirische Untersuchungen befaßt haben, ist keineswegs ausgeschlossen, daß sich solche Ergebnisse anhand mehrerer der oben genannten Theorien der Einstellungsänderung interpretieren lassen.

9.4.2.1.7.1 Eigenschaften der Informationsquelle bzw. des Kommunikators

Eigenschaften einer Informationsquelle bzw. eines Kommunikators, die als Determinanten des Beeinflussungserfolges bzw. der Einstellungsänderung relativ häufig untersucht wurden, sind vor allem (1) die *Glaubwürdigkeit* und (2) die *Attraktivität* des Kommunikators.

(1) Daß mit zunehmender *Glaubwürdigkeit* des Kommunikators dessen Beeinflussungserfolge zunehmen, konnte mehrfach nachgewiesen werden, so z.B. von Hovland und Weiss (1951) und Hovland, Janis und Kelley (1953). Glaubwürdigkeit kann in verschiedenen Sachverhalten zum Ausdruck kommen, so z.B. im *Sachverstand*, im sozialen *Status* oder in den *Intentionen* des Kommunikators, so daß es sich hier um ein *multidimensionales* Konzept bzw. um ein „Faktorbündel" handelt (vgl. Berlo, Lemert & Hertz, 1969). „Experten" erwiesen sich vor allem bei der Beeinflussung der kognitiven Dimension einer Einstellung als wirksam (vgl. Jones & Gerard, 1967).

Neueren Untersuchungen zufolge muß die These von der Bedeutung der Glaubwürdigkeit einer Informationsquelle für deren Wirksamkeit jedoch eingeschränkt werden. Untersuchungen wie z.B. die von Johnson und Scileppi (1969) und Rhine und Severance (1970) zeigen nämlich, daß der Grad der Glaubwürdigkeit eines Kommunikators nur bei niedriger *Ich-Beteiligung* des Rezipienten relevant ist. Die geringe Bedeutung der Glaubwürdigkeit bei hoher Ich-Beteiligung ergibt sich vermutlich daraus, daß sich die Aufmerksamkeit des Rezipienten hier primär auf den Kommunikationsinhalt richtet (so z.B. Frey, 1979, S. 32).

Hinsichtlich der *Dauer* von Glaubwürdigkeitseffekten, nämlich dessen Verringerung im Zeitablauf, des sog. *sleeper effect,* liegen widersprüchliche Ergebnisse vor. Während verschiedene Arbeiten einen „sleeper effect" nachwiesen (z.B. Hovland & Weiss, 1951), konnten Gillig und Greenwald (1974) diesen Effekt in keiner ihrer sieben Replikationen feststellen. (Zur Präzisierung der Bedingungen, unter denen ein sleeper effect eintritt, siehe neben Gillig & Greenwald, 1974, auch Schulman & Worrall, 1970, und Johns, Lannon & Lovell, 1972).

(2) Die einer „Alltagserwartung" entsprechenden Annahme, daß *attraktive* (z.B. sympathische) Kommunikatoren wirksamer sind als weniger attraktive (bzw. unsympathische), kann angesichts der einschlägigen Untersuchungsergebnisse in dieser generellen Form ebenfalls nicht aufrechterhalten werden. In verschiedenen Studien zeigte sich sogar, daß unsympathische Kommunikatoren eine größere Einstellungsänderung in der intendierten Richtung bewirken konnten als sympathische Kommunikatoren (so z.B. Zimbardo, Weisenberg & Firestone, 1965). Als Erklärung dafür wird meist die Dissonanztheorie herangezogen (vgl. z.B. Frey, 1979, S. 33, 38). Jedenfalls zeigen verschiedene Studien in diesem Zusammenhang, daß die Wirkung attraktiver bzw. unattraktiver Kommunikatoren von verschiedenen Faktoren abhängig ist, so z.B. vom *Inhalt* Kommunikation. Harvey (1962) konnte in diesem Zusammenhang zeigen, daß Kritik seitens eines Freundes die vergleichsweise größeren Auswirkungn hat.

Snyder und Rothbart (1971) variierten in ihrem Experiment nicht nur die Attraktivität des per Foto dargestellten Kommunikators, sondern auch das Einspielen einer Rede per Tonband. Bei eingespielter Rede war der attraktivere Kommunikator wirksamer als der nicht attraktive, während in der Bedingung „keine Rede" das Gegenteil festgestellt werden konnte. Hinsichtlich der Attraktivität eines Kommunikators lassen sich auch jene Studien anführen, die sich mit dessen äußeren *Erscheinung* (z.B. McGinley, LeFevre & McGinley, 1975), mit dem Geschlecht (z.B. Whittaker & Meade, 1967) und der *Rasse* (z.B. Aronson & Golden, 1962) befassen. Solche Faktoren können auch dann wirksam sein, wenn sie mit dem jeweiligen Meinungsgegenstand in keinem inhaltlichen bzw. thematischen Zusammenhang stehen.

9.4.2.1.7.2 Eigenschaften bzw. Art des Kommunikationskanals

Zum Einfluß des *Kommunikationskanals* auf die Einstellungsänderung per Kommunikation liegen vergleichsweise wenige Untersuchungsergebnisse vor. Dies dürfte sich u.a. aus den Schwierigkeiten erklären, die in der Regel mit einem Medienvergleich verbunden sind (siehe hierzu z.B. Kraus, 1975). So ist es in den Studien zum Einfluß des Kommunikationskanals auf die Einstellungsänderung z.B. nicht immer gelungen, „Störgrößen" wie z.B. der Inhalt der kommunizierten Informationen auszuschalten bzw. zu kontrollieren (so auch Frey, 1979, S. 35), so daß sich darüber unterschiedliche Ergebnisse erklären lassen. Anhand vorliegender Ergebnisse läßt sich u.a. annehmen, daß *audiovisuelle* Medien in der Regel wirksamer sind als *auditive*, und diese wiederum wirksamer als die sog. *Printmedien* (siehe hierzu den Überblick bei Chaiken & Eagly, 1976). Wie die Untersuchung von Chaiken und Eagly (1976) zeigt, besteht dieser Zusammenhang jedoch nicht, wenn es sich um komplexe bzw. schwierige Sachverhalte handelt: in solchen Fällen erweisen sich Printmedien bzw. geschriebene Botschaften als die wirkungsvolleren.

Relevant ist in diesem Kontext auch die recht umfangreiche *Diffusionsforschung,* wo u.a. die Wirksamkeit der personalen Kommunikation mit der medialen, vor allen Dingen der sog. Massenkommunikation verglichen wird (siehe z.B. Kaas, 1973; Rogers, 1962). Aus den Ergebnissen dieser Forschungsrichtung läßt sich herauslesen, daß *unpersönliche* Informationsquellen vor allem bei der *Bekanntmachung* neuer Produkte, *persönliche* Quellen vor allem bei deren *Bewertung* (seitens des Konsumenten) wirksam sind (vgl. auch Kroeber-Riel, 1980, S. 580). Da in realen Situationen in der Regel beide Quellen wirksam sind, wird – wie beim Intermediavergleich – auch in diesem Zusammenhang das methodische Problem deutlich, die ermittelten *Verbundwirkungen* verschiedener Informationsquellen „auseinanderzurechnen" (ebenda).

9.4.2.1.7.3 „Eigenschaften" der kommunizierten Botschaften

Als Determinanten der Einstellungsänderung im Rahmen kommunikativer Beeinflussungsversuche sind vor allem die „Eigenschaften" der kommunizierten Botschaften zum Gegenstand zahlreicher Untersuchungen gemacht worden. Da auch hier die Ergebnisse dieser Arbeiten keineswegs umfassend dargestellt und diskutiert werden können, soll es genügen, ausgewählte Eigenschaften der kommunikativen Botschaften und einige Untersuchungen aus diesem Forschungsbereich kurz anzusprechen.

Angesicht einschlägiger Forschungsarbeiten können vor allem folgende „Eigenschaften" einer kommunizierten Botschaft als mehr oder weniger wichtige Determinanten der Kommunikationswirkung (hier: Einstellungsänderung) angeführt werden:

— der „*Darbietungsstil*": ob es sich z.B. um eine *dynamische* vs. *langweilige* Darbietung handelt (siehe hierzu Eagly & Himmelfarb, 1978);

— die „*Beeinflussungsstrategie*": ob z.B. eine *Ablenkungstechnik* zum Einsatz kommt, um die Durchschaubarkeit der Beeinflussungsabsicht(en) zu reduzieren (Untersuchungen von Festinger und Maccoby (1964) und Freedman und Sears (1965) zeigen, daß Ablenkungen – unter bestimmten Bedingungen – stärkere Einstellungsänderungen bewirken);

— die „*Struktur*" *der Botschaft*: in welcher *Reihenfolge* die einzelnen Argumente vorgebracht werden (hier haben zahlreiche Arbeiten untersucht, ob bzw. wann zuerst vorgebrachte Argumente oder Informationen wirkungsvoller sind als zuletzt vorgebrachte (primacy-effect) oder umgekehrt (recency-effect) (eine Übersicht über solche Arbeiten liefern z.B. Lana, 1964; Rosnow, 1966; Triandis, 1975, S. 272–275, und Frey, 1979, S. 34f.), ob positive, *erfreuliche Botschaften* vor den unerfreulichen oder danach dargeboten werden (siehe hierzu z.B. McGuire, 1957) oder ob nur *Pro-Argumente* oder sowohl *Pro-* als auch *Contra-Argumente* vorgebracht werden (siehe hierzu z.B. Secord & Backman, 1974, und für den Bereich der Werbewirkungsforschung z.B. Faison, 1961);

— das „*Abstraktionsniveau*" und die „*Komplexität*" der Botschaft(en): zum Abstraktionsniveau siehe z.B. die Arbeit von Kanouse und Abelson (1967) und zur Komplexität insbesondere den Beitrag von Streufert und Fromkin (1972), wobei sich u.a. zeigt, daß die Wirkung solcher Variablen in erster Linie von den kognitiven Fähigkeiten der Rezipienten (z.B. deren „kognitiver Komplexität") abhängig ist;

— die *Verständlichkeit* der Botschaft: hierzu konnte z.B. Eagly (1974) nachweisen, daß verzerrte, schwer verständliche Inhalte einer Botschaft nicht nur weniger informativ, sondern auch weniger wirksam waren;

- der *Inhalt* der Botschaft(en): zahlreiche Arbeiten haben sich mit dem Inhalt der Botschaft(en) als Determinante der Einstellungsänderung befaßt und dabei u.a. untersucht, wie sich unterschiedlich starke *Furchtappelle* bzw. angsterzeugende Informationen auswirken (zu den zahlreichen, aber unterschiedlichen Ergebnissen dieser Forschung siehe z.B. Triandis, 1975, S. 284–278), wie wirksam sog. *Warnungen* sind (siehe hierzu vor allem Aspler & Sears, 1968, und Papageorgis, 1968), wie sich unterschiedlich große „Lügen" auswirken (siehe Helson, Blake & Mouton, 1958) und vor allem wie sich solche Informationen auswirken, die vom Standpunkt bzw. *von der Einstellung des Rezipienten* unterschiedlich stark *abweichen*. Zu den zahlreichen Arbeiten, die sich mit der Wirkung einstellungsdiskrepanter Informationen befassen, siehe z.B. die Zusammenstellung bei Triandis (1975, S. 287–295) und vor allem auch die Darstellung relevanter Ergebnisse aus dem Bereich der dissonanztheoretischen Forschung z.B. bei Frey (1978; 1979) und Irle und Möntmann (1978). Zur Interpretation der zum Teil widersprüchlichen Ergebnisse sei hier auf die oben kurz dargestellten Theorien der Einstellungsänderung verwiesen, insbesondere auf die „Assimilations-Kontrast-Theorie" von Sherif und Hovland (1961).

9.4.2.1.7.4 „Dispositionen" des Rezipienten

Daß die Dispositionen des Rezipienten für Einstellungsänderungen von Bedeutung sind, wird bereits in jenen Arbeiten deutlich, die sich mit der Wirkung einstellungsdiskrepanter Informationen befassen (siehe oben Punkt (c)). Es sind jedoch Untersuchungen durchgeführt worden, die sich nicht nur mit den „Eigenschaften" der relevanten Einstellungen beim Rezipienten, sondern auch mit anderen „Dispositionen" des Rezipienten näher befaßt haben.

Bei den Eigenschaften der relevanten Einstellung(en) des Rezipienten hat sich wiederholt gezeigt, daß die *Ich-Beteiligung* (ego-involvement) eine zentrale Variable darstellt und daß sich die Einstellungen bei hoher Ich-Beteiligung als besonders *stabil* erweisen. Daß dies auch im Konsumentenbereich gilt, wurde z.B. von Miller (1965) und Rine und Polowniak (1971) nachgewiesen. Mit einer hohen Ich-Beteiligung dürfte auch eine *Verankerung* der Einstellung *in (grundlegenden) Werthaltungen* einhergehen. Jedenfalls fanden hier z.B. v. Cranach, Irle und Vetter (1969), daß bei den so verankerten Einstellungen sogar mit „Bumerangeffekten" (Veränderungen in entgegengesetzter Richtung) gerechnet werden muß. Wie die Studie von Reierson (1967) zeigt, sind auch solche Einstellungen schwer zu ändern, die eine „*substantielle Informationsbasis*" aufweisen. Damit ist die Verankerung von Einstellungen in „Fakten" bzw. relativ gesicherten Kenntnissen angesprochen.

Die für Einstellungsänderungen relevanten Dispositionen eines Rezipienten gehen über die Eigenschaften jener Einstellung, die geändert werden soll, hinaus. Zu den ebenfalls relevanten Dispositionen zählen auch relativ allgemeine, grundlegende und überdauernde Dispositionen wie z.B. die *Intelligenz*, die allgemeine *Selbsteinschätzung* und das bereichsspezifisch unterschiedlich ausgeprägte *Selbstvertrauen* eines Rezipienten. In diesbezüglichen Studien ist auch untersucht worden, ob es so etwas wie ein allgemeines Persönlichkeitsmerkmal „Beeinflußbarkeit" gibt. Dasselbe gilt für die Frage, ob eine solche Beeinflußbarkeit z.B. vom *Alter* und vom *Geschlecht* des Rezipienten abhängig ist.

Bezüglich der *Intelligenz* fanden z.B. Eagley und Warren (1976), daß mit steigender Intelligenz die Tendenz zur Einstellungsänderung bei Botschaften mit fundierten Argumenten (leicht) steigt, bei nicht fundierten Argumenten dagegen abnimmt. Weiterhin konnte in einigen – nicht in allen – Studien gefunden werden, daß mit einer geringen *Selbsteinschätzung* eine hohe Beeinflußbarkeit verbunden ist (so z.B. bei Hovland, Janis & Kelley, 1953; Leventhal & Perloe, 1962). Außerdem kann als gesichert gelten, daß sich jüngere Personen eher beeinflussen lassen als ältere, was für die These, daß Frauen beeinflußbarer sind als Männer, in dieser generellen Form nicht zutrifft (vgl. hierzu Kroeber-Riel, 1980, S. 280f. und die dort angegebene Literatur; vgl. auch Eagly & Himmelfarb, 1978, S. 527). Kroeber-Riel (1980, S. 208f.) weist mit Recht darauf hin, daß in diesem Zusammenhang die „allgemeine Selbsteinschätzung" nicht mit dem Selbstvertrauen verwechselt werden darf, da letzteres in unterschiedlichen Bereichen unterschiedlich ausfallen kann und im Konsumbereich z.B. von der Produktkenntnis des Konsumenten und der Kaufsituation abhängig ist.

9.4.2.1.7.5 Weitere Determinanten des Kommunikationserfolges „Einstellungsänderung"

Wie die Kommunikationsforschung zeigt, hängen Kommunikationswirkungen noch von weiteren Faktoren ab, die bislang nicht explizit angesprochen wurden, aber dennoch als potentielle Determinanten auch der Einstellungsänderung angesehen werden müssen. Zu diesen Faktoren zählen vor allem die *Häufigkeit* der Informationsdarbietung, die *Kommunikationssituation* und die *Interaktion* zwischen Kommunikator und Rezipient(en). Im Bereich der Einstellungsforschung hat z.B. Zajonc (1968) nachgewiesen, daß die Attraktivität von Stimuli und somit auch deren Wirkung mit der Häufigkeit ihrer Darbietung steigt. Auch für den Faktor Kommunikationssituation soll ein Beispiel genügen. Silverthorne und Mazmanian (1975) konnten in ihrer Studie zeigen, daß Zwischenrufe aus dem Publikum die Wirksamkeit eines Redners verringern. Einflüsse sind sicherlich nicht nur von der jeweiligen Aktivität der sozialen Umwelt, sondern auch von anderen „Eigenschaften" der Kommunikationssituation − z.B. von Lichtverhältnissen bei visuellen Botschaften − zu erwarten. Daß schließlich auch die Interaktionsbeziehung zwischen den Kommunikationspartnern für den Kommunikationserfolg „Einstellungsänderung" von Bedeutung sind, wurde z.B. von Hazen und Kiesler (1975) und von Newtson und Czerlinsky (1974) nachgewiesen.

9.4.2.2 Erklärungskonzepte und Untersuchungsergebnisse zur Entstehung und (eher) längerfristigen Änderung von Einstellungen und Werthaltungen

Ausgehend von der unumstrittenen Annahme, daß Einstellungen und Werthaltungen „gelernt" sind, orientieren sich jene Versuche, die *Entstehung* und (eher) *längerfristige Änderung* von Einstellungen und Werthaltungen zu erklären, in erster Linie an *lerntheoretischen Aussagen* bzw. Erkenntnissen. Diese Orientierung bezieht sich in der Regel weniger auf einzelne elaborierte Lerntheorien, sondern primär auf grundlegende Lernformen oder Lernmechanismen, auf die hier zunächst kurz eingegangen sei. Darüber hinausgehende, spezifischere Erklärungskonzepte sind in unterschiedlichen Disziplinen entwickelt worden, so z.B. in der Soziologie, Politologie und Psychologie. Sie weisen daher unterschiedliche Betrachtungsebenen und Aussagenschwerpunkte auf. Aus diesem Bereich können hier nur einige richtungsweisende Beispiele herausgegriffen werden.

9.4.2.2.1 Grundlegende Lernformen als Bezugsrahmen für die Erklärung der Entstehung und längerfristigen Veränderung von Einstellungen und Werthaltungen

Grundlegende Lernformen, die insbesondere bei der Entstehung von Einstellungen als Erklärungskonzepte explizit herangezogen werden, sind vor allem die *Klassische Konditionierung* und die *Operante bzw. Instrumentelle Konditionierung* (siehe z.B. Olson & Mitchell, 1975; Triandis, 1975, S. 142−146), darüber hinaus z.B. auch die Form des *Imitationslernens* (einen Überblick über diesbezügliche Erklärungsversuche liefern z.B. Eyfert & Kreppner, 1972; Irle, 1967, und Lange, 1971).

(a) Über den Mechanismus der *Klassischen Konditionierung* kann erklärt werden, daß bestimmte Reaktionen (auch sog. evaluative responses), die zunächst nur von einem Stimulus erzeugt werden, auch von einem anderen erzeugt werden können, wenn beide Stimuli eine gewisse Zeit lang kombiniert auftreten. Wird z.B. in wiederholt dargebotenen und beachteten Anzeigen nicht nur das Produkt, sondern auch der Markenname dargeboten, so ist zu erwarten, daß nach einer gewissen Zeit auch der Markenname allein in der Lage ist, jene „Reaktion" zu erzeugen (z.B. eine positive emotionale Empfindung oder Vorstellung bezüglich des umworbenen Produkts), die zunächst nur eine ansprechende Produktdarstellung hervorrufen konnte (vgl. Kroeber-Riel, Hemberle & v. Keitz, 1979, S. 5; Staats, 1968, S. 39). Dieser Reaktionstransfer von einem Stimulus zum anderen, der mit Hilfe der Klassischen Konditionierung erklärt werden *kann*, ist u.a. von Razran (1940), Staats und Staats (1967) und im Marketing-Bereich neuerdings von Kroeber-Riel, Hemberle und v. Keitz (1979) und Kroeber-Riel und v. Keitz (1980) empirisch analysiert worden.

(b) Der Mechanismus *„Instrumentelle Konditionierung"* — das Lernen am „Erfolg" — dürfte für die Entstehung und Änderung von Einstellungen und Werthaltungen zumindest ebenso bedeutsam sein wie die Klassische Konditionierung. Infolge der „Instrumentellen Konditionierung" hängen Lernerfolge davon ab, ob und welchen „*Erfolg*" bestimmte Verhaltensweisen nach sich ziehen bzw. erwarten lassen. Bezogen auf Einstellungen und Werthaltungen ist u.a. zu erwarten, daß Stimuli (z.B. Gegenstände und Verhaltensweisen), die Belohnungen nach sich ziehen (versprechen), zu positiven Einstellungen führen, während Bestrafungen negative Einstellungen generieren (vgl. Triandis, 1975, S. 145; Weiss, 1979). Es kann weiterhin angenommen werden, daß permanente Belohnungen (Bestrafungen) vorhandene positive (negative) Einstellungen und Werthaltungen stabilisieren, während sich abwechselnde Belohnungen und Bestrafungen eher destabilisierend auswirken (letzteres gilt nicht für diskontinuierliche Belohnungen bzw. Bestrafungen). Schließlich ist zu erwarten, daß Belohnungen und Bestrafungen (bzw. diesbezügliche Erwartungen) auch dafür verantwortlich sind, ob Einstellungen und Werthaltungen gegenüber bestimmten Sachverhalten überhaupt herausgebildet werden.

Bei näherer Betrachtung von Verstärkungsmechanismen ist u.a. zu unterscheiden, (1) ob eine Einstellung oder Werthaltung oder lediglich deren verbale *Äußerung* verstärkt bzw. beeinflußt wird, (2) welche Belohnungen bzw. Bestrafungen überhaupt relevant sind, was vor allem zur Frage nach den relevanten *Motiven* einer Person bzw. nach den relevanten *Funktionen* einer Einstellung oder Werthaltung für die betreffende Funktion führt (zu Einstellungsfunktionen siehe z.B. Katz & Stotland, 1959) und (3) ob es sich um Belohnungserwartungen aufgrund *eigener* oder *fremder* (z.B. beobachteter) Erfahrungen oder lediglich aufgrund wiederholter Belohnungs*versprechungen* (z.B. in der Werbung) handelt, da diese z.B. unterschiedlich glaubwürdig und somit unterschiedlich wirksam sein dürften.

(c) Kritik an Erklärungsversuchen, die ausschließlich auf die Mechanismen der Klassischen und Instrumentellen Konditionierung zurückgreifen, bezieht sich u.a. darauf, daß das Auftreten *neuer* Reaktionen (bzw. Reaktionsmuster) auf diesem Wege nicht befriedigend erklärt werden kann (vgl. z.B. Irle,

1967). Bandura und Walters (1963) und Bandura (1965) schlagen deshalb vor, das *Imitationslernen* zu berücksichtigen und damit auch solche Situationen, in denen Verhaltensweisen und deren Belohnung beobachtet werden können und *keine* Belohnungen des *Beobachters* stattfindet. Die per Beobachtung erworbenen bzw. zur Kenntnis genommenen Reaktionsmöglichkeiten (-muster) können auf der Seite des Beobachters erst viel später zur Ausführung kommen, wie z.B. Bandura (1962) selbst experimentell nachgewiesen hat. Diese Erkenntnis macht die Notwendigkeit deutlich, zwischen der *Aneignung* (acquisition) und der *Ausführung* (performance) von Reaktionsmöglichkeiten zu unterschieden. Beim Erwerb neuer Einstellungen und Werthaltungen, die als neue Orientierungs- und Bewertungsreaktionen verstanden werden können, sollte diese Unterscheidung ebenfalls Beachtung finden (vgl. Irle, 1967, S. 198–201).

(d) Zentrale Lernformen bzw. Lernmechanismen, die bislang nur zum Teil angesprochen wurden, aber für die Entstehung und Änderung von Einstellungen und Werthaltungen ebenfalls von Bedeutung sind, beinhalten die *Generalisierung* und die *Differenzierung* von Stimuli *und* Responses (Reaktionen). Wird ein neuer Stimulus genauso oder ähnlich wahrgenommen oder beurteilt wie ein bereits bekannter Stimulus (z.B. bei der Klassischen Konditionierung), dann liegt eine sog. *Reizgeneralisierung* vor. Eine *Reizdiskriminierung* findet statt, wenn die zunächst als ähnlich oder identisch wahrgenommenen Stimuli differenziert beurteilt werden. Analog hierzu können Generalisierungs- und Diskriminierungsprozesse bei den *Reaktionen* stattfinden. Wird auf ähnliche Stimuli in einer differenzierteren Weise reagiert als zuvor, dann wird dieser Prozeß als *Reaktionsdifferenzierung* bezeichnet, während eine *Reaktionsgeneralisierung* dann stattfindet, wenn sich das Reaktionsmuster bei unterschiedlichen Stimuli im Zeitablauf „vereinheitlicht" (vgl. zu diesem Mechanismus z.B. Krais, 1977, S. 337–340). Solche Prozesse, denen auch Einstellungen und Werthaltungen unterliegen, sind in ihrer Ausformung u.a. davon abhängig, welche *Informationen* über die Unterschiede und Gemeinsamkeiten verschiedener Sachverhalte (z.B. Einstellungsobjekte) zugeführt werden – ob es sich bei Produkten z.B. um vage formulierte Werbebotschaften einzelner Anbieter oder um Ergebnisse „vergleichender Warentests" handelt.

9.4.2.2.2 Ein Prozeßmodell der Entwicklung von (Produkt-)Einstellungen

In Anlehnung an den „concept learning-Ansatz" von Osgood (1963) und Wason und Johnson-Laird (1972) skizziert Howard (1977, S. 10–13) ein *Drei-Stufen-Modell* des concept learning, das unmittelbar als ein *Prozeßmodell* der Entwicklung von (Produkt-)Einstellungen herangezogen werden kann (vgl. hierzu auch Kaas & Dieterich, 1979, die diesen Ansatz als „Theorie der Habitualisierung" des Konsumentenverhaltens verwenden).

Howard (1977) unterscheidet zwischen folgenden drei Phasen des concept learning: (1) concept formation, (2) concept attainment und (3) concept utilization.

(1) In der *concept formation*-Phase, die sich an den ersten Kontakt mit einem neuen Produkt (z.B. der Marke Nescafé als einen Vertreter dieser neuen Produktart: löslicher Kaffee) anschließt, bildet sich zunächst einmal eine Vorstellung (concept) über die neue Produktkategorie. Dabei ist zu erwarten, daß das neue Produkt in bereits vorhandene Kategorien eingeordnet bzw. mit bereits bekannten Kategorien (z.B. mit gemahlenem Kaffee) verglichen wird und sich dabei jene „*Kriterien*" herausbilden, anhand derer das neue Produkt beurteilt werden kann.

(2) Die sich daran anschließende Phase des *concept attainment* bzw. der Ausformung einer ersten, eher groben Vorstellung kommen die entwickelten Beurteilungskriterien zur Anwendung. Das neue Produkt wird z.B. mit anderen Produktmarken, ggf. auch solchen der neuen Produktkategorie, verglichen, so daß sich schließlich bezogen auf die konkrete(n) neue(n) Produktmarke(n) *ausgeprägtere Markenvorstellungen* oder -einstellungen herausbilden.

(3) Bei der *concept utilization* kommen die erlernten Vorstellungen (concepts) oder Einstellungen zur Anwendung, z.B. beim Kaufgeschehen, indem verschiedene Marken (z.B. verschiedene Marken löslichen Kaffees) vor dem Kauf als Entscheidungsalternativen miteinander verglichen werden. Bei dieser Anwendung erlernter Vorstellungen bzw. Einstellungen wird davon ausgegangen, daß diese nicht mehr in Frage gestellt bzw. verändert werden und die Wahl einer bestimmten Produktmarke von anderen Faktoren, z.B. vom Preis und von der Erhältlichkeit bestimmter Marken, abhängig ist (vgl. Howard, 1977, S. 11).

Diese Phaseneinteilung ist sicherlich nur eine *idealtypische* Darstellung des concept learning (vgl. Kaas & Dieterich, 1979, S. 17) und von daher eine starke Vereinfachung der in der Realität sicher komplexeren Entwicklungsprozesse. Zu bezweifeln wäre insbesondere die Annahme, daß bei der concept utilization keine Änderung der entwickelten Vor- bzw. Einstellungen mehr stattfindet. Um die Prozesse der Einstellungsänderung nach ersten „Anwendungserfahrungen", z.B. eine Änderung von Produkteinstellungen nach einschlägigen Konsumerfahrungen, nicht völlig außer acht zu lassen, müßte etwa eine vierte, idealtypische Phase der *Veränderung* bzw. *Revision* von Vor- bzw. Einstellungen hinzugefügt werden.

Weiterhin läßt sich zu diesem Prozeßmodell der Einstellungsbildung kritisch anmerken, daß die oben bereits angesprochene „Reiz- und Reaktions*diskriminierung*" zu sehr im Vordergrund steht und „Generalisierungsprozesse" vernachlässigt werden. Auch steht die *Deskription* von Entwicklungsprozessen noch zu sehr im Mittelpunkt. Doch liefert ein solches Prozeßmodell zumindest einen *Bezugsrahmen,* wenn es darum geht, differenziertere Theorien der Entstehung und Änderung von Einstellungen, die oben skizzierten Lernformen bzw. Lernmechanismen inbegriffen, in einem umfassenderen Erklärungsversuch zu integrieren.

9.4.2.2.3 Zur Erklärung der Entstehung und Änderung von Werthaltungen

Theoretische Ansätze, die bei einer Erklärung der Enstehung und Änderung von Werthaltungen herangezogen werden können, sind in verschiedenen wissenschaftlichen Disziplinen entwickelt worden, so z.B. in der Philosophie, der Ökonomie, der Kulturanthropologie, der Soziologie und Psychologie. Wie der Überblick über solche Ansätze bei Kmieciak (1976, S. 24–146) zeigt, sind diese Ansätze, die keineswegs nur Werthaltungen bzw. deren Genese und Änderung erklären wollen, recht heterogen, so z.B. bezüglich der Wertdefinition, der Betrachtungsebene, des Abstraktionsgrades, der Auswahl potentieller Einflußfaktoren usw. (vgl. z.B. auch Friedrichs, 1968; Klages & Kmieciak, 1979; Scholl-Schaaf, 1975). Im folgenden soll es jedoch genügen, wenn lediglich ein Erklärungsansatz herausgegriffen wird, nämlich der von R. Inglehart. Auf andere Ansätze wie z.B. auf den Ansatz von Max Weber (1973) und dessen Übertragung auf den Konsumbereich bei Bartelt (1978) oder auf die für soziologische Werttheorien typische Verknüpfung der individuellen und gesellschaftlichen Ebene (siehe hierzu z.B. Klages, 1977) sei hier lediglich verwiesen.

Inglehart (1977; 1979) geht bei seiner personen- und generationsbezogenen Erklärung der Enstehung und Änderung von Werthaltungen von folgenden beiden „Haupthypothesen" aus:

(1) der sog. *Mangelhypothese:*
„Die Prioritäten eines Individuums reflektieren seine sozio-ökonomische Umwelt. Man schätzt jene Dinge subjektiv am höchsten ein, die verhältnismäßig knapp sind."

(2) und der sog. *Sozialisationshypothese:*
„Das Verhältnis zwischen sozioökonomischer Umwelt und Wertprioritäten ist nicht eines der unmittelbaren Anpassung. Eine beträchtliche zeitliche Verzögerung spielt hierbei eine Rolle, da die Grundwerte einer Person zum größten Teil jene Bedingungen reflektieren, die während der Jugendzeit herrschten."
(Inglehart, 1979, S. 280)

Beide Annahmen sind — so Inglehart — für eine Theorie des *Wandels* von Werthaltungen von zentraler Bedeutung (ebenda). Dasselbe gilt wohl auch für die

Entstehung von Werthaltungen. Anhand der Inglehartschen Hypothesen kann jedenfalls u.a. erklärt werden, warum sich z.B. die derzeit immer deutlicher werdenden Knappheitsverhältnisse im Energiebereich zeitlich verzögerte Folgen im Wertebereich nach sich ziehen. Ein weiteres Anwendungsbeispiel bieten die Knappheitsverhältnisse nach dem Zweiten Weltkrieg und die „Konsumwellen" (Freßwelle, Bekleidungswelle, Haushaltswelle, Edelfreßwelle usw.). Die *Theorie der Bedürfnishierarchie* von Maslow (1970), die bei der Erklärung dieser Konsumwellen auch von anderen Autoren herangezogen wird, versucht Inglehart bei der Präzisierung seiner Mangelhypothese anzuwenden (vgl. hierzu z.B. auch Strümpel, 1977, S. 56f.). Die zentrale Hypothese bei Maslow (1970) besagt, daß die Grundbedürfnisse des Menschen: (1) die physiologischen Bedürfnisse, (2) das Streben nach Sicherheit, (3) nach Zugehörigkeit und Liebe, (4) nach Ansehen oder Geltung und (5) nach „Selbstverwirklichung" in dieser Reihenfolge aktiviert bzw. verhaltenswirksam werden: ein bestimmtes Grundbedürfnis wird dann aktiviert, wenn die Bedürfnisse mit niedrigerer Rangordnung hinreichend befriedigt werden können (konnten). Knappheitsverhältnisse stellen sich vor dem Hintergrund solcher und anderer bedürfnistheoretischer Aussagen jedenfalls als ein Ergebnis des Zusammenwirkens „objektiver" und „subjektiver" Sachverhalte dar. Ausgehend von Maslows Bedürfnistheorie und vom derzeitigen, materiellen Wohlstand nimmt Inglehart u.a. an, daß in entwickelten Gesellschaften, insbesondere in deren besser gestellten Schichten, zur Zeit ein grundlegender Wertwandel stattfindet: der *Übergang* von „materialistischen" zu „postmaterialistischen" Werten. Diese These ist ebenso auf Kritik gestoßen wie die Theorie von Maslow, zumal bei beiden Erklärungsversuchen „*eindeutige*" empirische Ergebnisse nicht vorliegen (vgl. Klages, 1977, S. 300). In diesem Zusammenhang kann u.a. angenommen werden, daß die neuerdings verschärften ökonomischen Knappheitsverhältnisse dem von Ingelhart postulierten Übergang zu postmaterialistischen Werten eher entgegenwirkten.

Zur theoretischen Einordnung und Weiterentwicklung solcher Erklärungen der Entstehung und Änderung von Werthaltungen läßt sich wiederum auf die oben skizzierten *Lerntheoretischen* Konzepte (bzw. Lernformen und -mechanismen) verweisen, denn die allgemeine und unbestrittene Aussage, daß Einstellungen gelernt sind, gilt wohl auch für den Bereich der Werthaltungen. Um dies an einem Beispiel zu verdeutlichen: Wenn z.B. angenommen und nachgewiesen wird, daß die Werbung immer wieder an vorhandene Werthaltungen der Konsumenten anknüpft und somit deren Stabilisierung bzw. Affirmation bewirkt, lassen sich derartige Effekte, die sich auch als mediale *Sozialisationswirkungen* bezeichnen lassen (siehe z.B. Ronneberger, 1971), durchaus über verschiedene Mechanismen der „Konditionierung" — stellvertretende Belohnungen beim Beobachtungslernen inbegriffen — plausibel erklären.

9.5 Einstellungen und Werthaltungen als Determinanten des tatsächlichen Verhaltens

9.5.1 Vorbemerkungen

Da Einstellungen in der Regel als Determinanten des „tatsächlichen Verhaltens" dem Einstellungsobjekt gegenüber angesehen werden, haben sich zahlreiche theoretische Analysen und empirische Untersuchungen mit dem Zusammenhang zwischen Einstellungen und Verhalten befaßt. Dies gilt auch für den Marketing-Bereich, in dem insbesondere die Frage behandelt wurde, ob anhand von Produkteinstellungen der Kauf von Produkten erklärt und prognostiziert werden kann. Im Vergleich zur Erforschung der Einstellungs-Verhaltens-Relation ist die Analyse der Beziehungen zwischen Werthaltungen und Verhalten bislang stark vernachlässigt worden.

Bevor im folgenden näher auf die Einstellungs-Verhaltens-Relation eingegangen wird, sei hier ganz kurz auf die unterschiedliche Konzeptualisierung der beiden Variablen „Einstellung" und „Verhalten" hingewiesen. Wie bereits in Abschnitt 9.2. dargelegt wurde, kann eine *Einstellung* nicht nur als *„latente" Variable* bzw. als ein der Beobachtung unzugängliches theoretisches Konstrukt konzeptualisiert werden, sondern auch als *„Konstanz von Verhaltensweisen"* gegenüber bestimmten Objekten. Die Frage nach der Einstellungs-Verhaltens-Relation stellt sich somit in erster Linie dann, wenn die Einstellung als latente Variable angesehen wird, denn im Falle der verhaltensorientierten Einstellungsdefinition würde man letztlich doch nur von Verhalten auf Verhalten – als von gleichem auf gleiches schließen.

Was die nicht minder wichtige Konzeptualisierung der Variablen „*Verhalten*" angeht, so wird bei der Frage nach der Einstellungs-Verhaltens-Relation zumindest implizit an das sog. *offene Verhalten* bzw. an ein direkt beobachtbares Verhalten gedacht (vgl. Fishbein, 1966, S. 215f.). Diese Verhaltenskategorie erfaßt aber recht heterogene Sachverhalte, nicht nur sog. *Handlungen* wie z.B. der Kauf eines Produkts, sondern grundsätzlich auch andere Verhaltensweisen wie z.B. Kommunikations- und Wahrnehmungsprozesse, soweit diese einer direkten Erfassung zugänglich sind (zur Verhaltenskonzeptualisierung und -messung siehe Six, 1975, S. 280f. und die dort angegebene Literatur).

9.5.2 Grundannahmen zur Beziehung zwischen Werthaltungen, Einstellungen und Verhalten

Den zahlreichen Ausführungen zur Einstellungs-Verhaltens-Relation, auf die in den nächsten beiden Abschnitten näher einzugehen sein wird, liegen im Grunde zwei elementare Annahmen zugrunde, die sich letztlich auch für die

Beziehung zwischen Werthaltungen und Verhalten formulieren lassen: (1) die uneingeschränkte, *allgemeine Konsistenzhypothese* und (2) die eingeschränkte oder *reduzierte Konsistenzhypothese* (vgl. hierzu Meinefeld, 1977, S. 26–29; Triandis, 1975, S. 20–23; Warner & DeFleur, 1969, S. 153f.).

Die selten explizierte, inzwischen kaum noch vertretene *allgemeine Konsistenzhypothese* besagt in diesem Zusammenhang, daß (sich) das Verhalten einem Meinungsgegenstand gegenüber aus der jeweiligen Einstellung gegenüber diesem Gegenstand resultiert (erklären läßt) – mit anderen Worten: daß diese beiden Variablen stets eindeutig bzw. hoch – und zwar positiv – miteinander korrelieren.

Demgegenüber besagt die *reduzierte Konsistenzhypothese*, daß eine *generelle*, hohe Korrelation zwischen Einstellungen und Verhalten nicht zu erwarten ist, weil das Verhalten nicht nur von Einstellungen beeinflußt wird, sondern auch von anderen, nicht minder wichtigen Faktoren wie z.B. von Gewohnheiten, von sozialen Normen und (anderen) situativen Bedingungen, von den Realisationsmöglichkeiten beim Verhalten u. dgl. mehr (vgl. hierzu z.B. auch Benninghaus, 1973, S. 697; Insko & Schopler, 1967, S. 370f., und Oppermann, 1976, S. 48).

Diese beiden Grundannahmen lassen sich grundsätzlich auch auf die Beziehung zwischen *Werthaltungen und Verhalten* übertragen. Dasselbe gilt für die „Dreierbeziehung" zwischen *Werthaltungen, Einstellungen und Verhalten*, wenn man annimmt, das Werthaltungen eher „vermittelt", d.h. über die Einstellungen auf das Verhalten einwirken.

Vor dem Hintergrund der allgemeinen und der reduzierten Konsistenzhypothese lassen sich nun einzelne Modelle der Einstellungs-Verhaltens-Relation darstellen und einordnen.

9.5.3 Modelle der Einstellungs-Verhaltens-Relation und ausgewählte Untersuchungsergebnisse

9.5.3.1 Das „einfache Konsistenzmodell" der Einstellungs-Verhaltens-Relation

Der allgemeinen Konsistenzhypothese entsprechend wird beim „einfachen Konsistenzmodell der Einstellungs-Verhaltens-Relation" davon ausgegangen, daß ein Verhalten gegenüber einem bestimmten Objekt eindeutig aus der jeweiligen Einstellung diesem *Objekt* gegenüber resultiert. Diese Annahme, in der Gleichung (1) formalisiert dargestellt, findet sich in der Literatur – meist implizit – insbesondere dort, wo eine Konsistenz zwischen der kognitiven, affektiven und konativen Einstellungsdimension postuliert und die konative Komponente mit dem tatsächlichen (offenen) Verhalten gleichgesetzt wird (so z.B. bei

McGuire, 1966, S. 1; vgl. hierzu Meinefeld, 1977, S. 26−28; Secord & Backman, 1974, S. 109−111; Zajonc, 1968a, S. 617−622).

(1) $V = f(E_{Obj})$

V = Verhalten gegenüber einem bestimmten Objekt
E_{Obj} = Einstellung gegenüber dem relevanten Objekt

Diesem Modell zufolge erklären sich „ablehnende" Verhaltensweisen aus „negativen" Einstellungen. Probleme bei der Erklärung und Prognose von Verhaltensweisen resultieren hier aber nicht nur aus der notwendigen Bestimmung der mehrdeutigen Begriffe „Ablehnung" vs. „Bejahung", sondern auch daraus, daß nicht eindeutig gesagt wird, welches Verhalten bei „neutralen", indifferenten Einstellungen zu erwarten ist.

Empirische Untersuchungen zur Einstellungs-Verhaltens-Relation, wie sie im oben skizzierten Modell gesehen werden, haben nun aber schon sehr früh und wiederholt gezeigt, daß dieses „einfache Konsistenzmodell" der Realität nicht gerecht wird (so z.B. Corey, 1937; LaPierre, 1973; Lohman & Reitzes, 1954; Saenger & Gilbert, 1950). Die angenommene Beziehung zwischen der Einstellung und dem Verhalten einem bestimmten Gegenstand gegenüber erwies sich in derartigen Untersuchungen als entweder nicht vorhanden oder zumindest als sehr schwach geprägt, so daß eine Weiterentwicklung des Einstellungs-Verhaltens-Modells als dringend geboten erscheinen mußte.

9.5.3.2 Das Modell der Einstellungs-Verhaltens-Relation von Rokeach (1968)

Empirische Untersuchungen zur Einstellungs-Verhaltens-Relation machen mehrfach deutlich, daß das Verhalten gegenüber einem bestimmten Objekt nicht nur von der jeweiligen *objektbezogenen* Einstellung, sondern auch von der jeweiligen *Verhaltenssituation* abhängig ist. Von diesem Ergebnis ausgehend entwickelte Rokeach (1968) ein Modell der Einstellungs-Verhaltens-Relation, das situativen Einflüssen explizit Rechnung trägt. Dies geschah dadurch, das Rokeach die „*Einstellung zur Situation*", in der das Objekt auftritt, als eine zweite Variable einführte. Demnach resultiert ein bestimmtes Verhalten nicht nur aus der objektbezogenen Einstellung, sondern auch aus der situationsbezogenen Einstellung, was formalisiert in Gleichung (2) zum Ausdruck kommt.

(2) $V = f(E_{Obj.} + E_{Sit.})$

V = Verhalten gegenüber einem Objekt in einer bestimmten Situation
$E_{Obj.}$ = Einstellung gegenüber dem Objekt
$E_{Sit.}$ = Einstellung gegenüber dieser Situation

Im einzelnen geht Rokeach (1968) davon aus, daß (a) $E_{Obj.}$ und $E_{Sit.}$ voneinander unabhängig sind, (b) beide Einstellungen für sich allein genommen das Verhalten nur zu einem gewissen Grade vorhersagen können, aber (c) zusammen diese Prognose erheblich verbessern, und daß (d) diese Vorhersage weiterhin verbessert wird, wenn $E_{Obj.}$ und $E_{Sit.}$ mit ihrer „empfundenen Bedeutsamkeit" gewichtet werden. In einer gezielten Untersuchung konnten Rokeach und Kliejunas (1972, S. 196) alle vier Annahmen bestätigen.

9.5.3.3 Modelle der Einstellungs-Verhaltens-Relation von Fishbein (1967a; 1972) und Ajzen und Fishbein (1970)

Während Rokeach (1968) in seinem Modell ausschließlich mit Einstellungsvariablen operiert, ziehen Fishbein (1967a; 1972) und Ajzen und Fishbein (1970) weitere Variablen heran, die nicht als Einstellungen bezeichnet werden. Bei diesen Variablen handelt es sich zum einen um die subjektive bzw. persönliche Überzeugung, ob bzw. inwieweit ein bestimmtes Verhalten „richtig" ist (die *subjektive „Verhaltensnorm"*), und zum anderen um die *„soziale Norm"*, d.h. die Beurteilung eines bestimmten Verhaltens durch die *„relevante"* soziale Umwelt. Diese beiden „Normen" werden insofern relativiert bzw. gewichtet, als jeweils die subjektive *Bereitschaft*, sich diesen Normen entsprechend zu verhalten, Berücksichtigung findet.

Ein weiteres elementares Charakteristikum der Einstellungs-Verhaltens-Modelle bei Fishbein (1967a; 1972) und Ajzen und Fishbein (1970) ist darin zu sehen, daß mit den soeben genannten Faktoren und der Einstellungsvariable primär versucht wird, die Verhaltensabsicht bzw. die *Verhaltensintention* zu erklären bzw. zu prognostizieren. Diese Verhaltensintention ist den Autoren zufolge eine unmittelbare Voraussetzung des tatsächlichen Verhaltens, so daß eine enge Beziehung zwischen der Verhaltensintention und dem Verhalten angenommen wird. Dennoch liegt diesen „Einstellungs-Verhaltensabsichts-Verhaltens-Modellen" die Annahme zugrunde, daß Einstellungen und Normvorstellungen die Verhaltensintention unmittelbar und damit stärker beeinflussen als das tatsächliche Verhalten.

Schließlich sind die Modelle von Fishbein (1967a; 1972) und Ajzen und Fishbein (1970) dadurch gekennzeichnet, daß bei der Einstellungsvariable nicht die Einstellung gegenüber einem bestimmten Objekt, sondern die Einstellung einem bestimmten *Verhalten* gegenüber herangezogen wird – genauer: die Einstellung zum Verhalten einem bestimmten Objekt gegenüber.

Das ursprüngliche und ausführliche Modell von Fishbein (1967a) läßt sich formalisiert wie folgt darstellen:

$$(3)\ V \approx VI = f(E_{Verh.} + N_{Subj.} \times B + N_{Soz.} \times B)$$

V	=	Verhalten
VI	=	Verhaltensintention
$E_{Verh.}$	=	Einstellung zum Verhalten (gegenüber einem bestimmten Objekt)
$N_{Subj.}$	=	„subjektive Norm" bzw. die Überzeugung, ob bzw. inwieweit ein bestimmtes Verhalten richtig ist
$N_{Soz.}$	=	„soziale Norm" bzw. die Beurteilung dieses Verhaltens seitens relevanten (sozialen) Umwelt
B	=	die subjektive Bereitschaft, sich der subjektiven bzw. der sozialen Norm entsprechend zu verhalten

Die in Gleichung (3) genannten Variablen $E_{Verh.}$, ($N_{Subj.} \times B$) und ($N_{Soz.} \times B$) sind nach Fishbein (1967a) jeweils entsprechend ihrer „subjektiven Bedeutung" zu gewichten. Bei diesen *Gewichtungsfaktoren* handelt es sich um solche, die über eine Regressionsanalyse empirisch zu bestimmen sind.

Das Modell von Ajzen und Fishbein (1970) ist nichts anderes als eine *gekürzte Version* das soeben dargestellten Modells von Fishbein (1967a). Diese Version bringt die Überzeugung zum Ausdruck, daß eine Verhaltensintention im wesentlichen davon abhängt, wie (a) die Einstellung diesem Verhalten gegenüber und wie (b) die subjektive Überzeugung, daß dieses Verhalten „richtig" ist, ausgeprägt sind. Die Struktur des reduzierten Fishbein-Modells kommt in Gleichung (4) zum Ausdurck, in der wiederum – der Einfachheit halber – auf die Darstellung der (empirisch zu ermittelnden) Gewichtungsfaktoren verzichtet wird.

$$(4)\ V \approx VI = f(E_{Verh.} + N_{Subj.})$$

(Erläuterung: siehe Gleichung (3))

Diese „Kürzung" des Fishbein-Modells bei Ajzen und Fishbein (1970) wurde von den Autoren später jedoch wieder aufgehoben, nachdem sich in empirischen Studien die Überlegenheit des „umfassenderen" Modells gezeigt hatte (siehe hierzu Ajzen & Fishbein, 1972, und DeVries & Ajzen, 1972).

Ajzen und Fishbein (1973) berichten außerdem von Ergebnissen, die vermuten lassen, daß die Variable „Subj. Norm" eher ein Maß der Verhaltensintention darstellt. Bonfield (1974) fand dagegen, daß die Variable „Subj. Norm" (bzw. Beurteilung der Richtigkeit eines Verhaltens) mit der „Einstellung diesem Verhalten gegenüber" ausgetauscht werden kann. Von daher wird es verständlich, wenn Fishbein (1972) in einer neueren Fassung seines Modells auf die Variable „Subj. Norm" verzichtet und zu folgendem Modell kommt, das hier als „*revidiertes Fishbein-Modell*" bezeichnet werden soll.

(5) $V \approx VI = f(E_{Verh.} + N_{Soz.} \times B)$

(Erläuterung: siehe Gleichung (3))

Unter Berücksichtigung der Gewichtungsfaktoren (w_0 und w_1) lautet die Gleichung (5) folgendermaßen:

(5a) $V \approx VI = f(E_{Verh.}) w_0 + (N_{Soz.} \times B) w_1$

Da eine „soziale Norm" in unterschiedlicher Ausprägung von unterschiedlichen Gruppen, Schichten oder gar Bezugspersonen kommen kann, z.B. von Eltern, Freuden, Arbeitskollegen, religiösen Gruppen etc. (so Fishbein, 1967, S. 490), muß dem ggf. Rechnung getragen werden. Ryan und Bonfield (1975) tun dies, indem sie Gleichung (5) in folgende Form bringen:

(5b) $V \approx VI = f([E_{Verh.}] w_0 + \sum_{j=1}^{k} [N_{Soz.j} \times B_j] w_1)$

$N_{Soz.j}$ = soziale Norm der j-ten Gruppe, Schicht oder Bezugsperson
B_j = subj. Bereitschaft, dieser j-ten Norm zu entsprechen

Das „revidierte Fishbein-Modell" (Fishbein, 1972) hat sich in zahlreichen empirischen Studien bewährt, auch im Bereich der Konsumentenforschung (vgl. Ajzen & Fishbein, 1973; Ryan & Bonfield, 1975). Eine Übersicht über einschlägige Forschungsergebnisse im Marketing-Bereich, die sich bei Ryan und Bonfield (1975, S. 125–131) findet, macht die beachtliche Erklärungskraft des revidierten Fishbein-Modells deutlich, auch die relative Bedeutung der einzelnen Variablen und die Korrelation zwischen der Verhaltensintention und dem tatsächlichen Verhalten. Die durchschnittliche multiple Korrelation zwischen der Verhaltensintention einerseits und der Einstellung ($E_{Verh.}$) und der Norm-Variablen ($N_{Soz.} \times B$) andererseits liegt bei den von Ryan und Bonfield (1975) herangezogenen Untersuchungen bei .60; die durchschnittliche Korrelation zwischen der Verhaltensintention und dem tatsächlichen Verhalten bei .44 (ebenda, S. 125). Diese Korrelationen variieren u.a. mit dem untersuchten *Produkt*(-bereich) und der untersuchten *Population* (Verbraucherschicht). Wenn der Anteil der jeweils erklärten Varianz (des Verhalten bzw. der Verhaltensabsicht) insgesamt niedriger ausfällt als in typischen „sozialpsychologischen" Studien, so erklärt sich dies u.a. daraus, daß die Zentralität bzw. die subjektive Wichtigkeit der analysierten Einstellungen und/oder Meinungsgegenstände im Marketing- bzw. Konsumbereich in der Regel geringer ausfällt als dort, wo z.B. Einstellungen gegenüber anderen Rassen oder religiösen Gruppen untersucht wird (vgl. Ryan & Bonfield, 1975, S. 125). Daß die Einstellungs-Verhaltens-Relation mit dem involvement bzw. mit der Wichtigkeit eines Objekts steigt, konnte auch im Marketing-Bereich nachgewiesen werden (siehe ebenda).

Zwei neuere Tests des revidierten Fishbein-Modells im Konsumbereich unterstreichen dessen Erklärungs- und Prognosekraft. Wilson, Mathews und Harvey (1975) untersuchten Einstellungen und Kaufintentionen von Hausfrauen gegenüber verschiedenen Zahnpasta-Marken. Obwohl hier kein hohes involvement zu erwarten war, ergab sich bei der multiplen Korrelation zwischen der Verhaltensintention einerseits und den Einstellungen und „normative beliefs" andererseits immerhin der Wert von .67 (ebenda, S. 42). Die ermittelte Korrelation zwischen der Verhaltensintention und der „tatsächlichen Markenwahl" – die Personen konnten eine Marke unter verschiedenen auswählen (als Teil des Honorars für's Mitmachen) – lag bei .90. Der Test des revidierten Fisbein-Modells bei einem high-involvement Produkt, einem Pkw, ergab bei Raju, Bhagat und Sheth (1975) einen weniger engen Zusammenhang: die multiple Korrelation lag hier bei .47. Anders als bei Wilson et al. (1975) wurden hier nicht nur Hausfrauen, sondern auch Studenten herangezogen, so daß die verschieden hohen Korrelationskoeffizienten aus der unterschiedlichen Stichprobenzusammensetzung resultieren können.

9.5.3.4 Das Modell der Einstellungs-Verhaltens-Relation von Sheth (1971; 1974)

Angesichts der Erkenntnis, daß bei low involvement-Situationen ein weniger enger Zusammenhang zwischen Einstellungen und Verhalten zu erwarten ist und aufgrund der plausiblen Annahme, daß in solchen Situationen die situativen Einflüsse, insbesondere auch unerwartete Ereignisse bzw. Verhaltensbedingungen besonders relevant sind, hat Sheth (1971; 1974) für den Bereich des Konsumentenverhaltens ein eigenes Einstellungs-Verhaltens-Modell entwickelt. Die Struktur des Modells ergibt sich aus den folgenden *Annahmen* (siehe Sheth, 1974, S. 243–252):

(1) Verhalten resultiert aus
  (a) der *„affektiven Einstellung"* (affect) gegenüber dem Objekt, die als eindimensional angenommen wird,
  (b) der *Verhaltensabsicht* bzw. der subjektiven Wahrscheinlichkeit, sich in einer bestimmten Art gegenüber dem Objekt zu verhalten (z.B. Kaufwahrscheinlichkeit bzw. -absicht)
  und
  (c) aus *unerwarteten Ereignissen*, die auf das tatsächliche Verhalten einwirken (z.B. Werbebotschaften am point of purchase).

Weitere Annahmen beziehen sich dann auf die Determinanten der beiden ersten Variablen:

(2) Die „*affektive Einstellung*" ergibt sich vor allem
   (a) aus den sog. *Annahmen* über die Eigenschaften des Objekts, insbesondere den sog. „*evaluative beliefs*", die allerdings nicht immer vorhanden sein müssen,
   und
   (b) solchen Tendenzen, die sich aus objektbezogenen *Gewohnheiten* oder *Konditionierungsprozessen* ergeben (habit or conditioning).

(3) Die *Verhaltensabsicht* resultiert
   (a) ebenfalls aus den „*evaluative beliefs*" gegenüber dem Objekt,
   (b) aus *sozialen Einflüssen* auf das Verhalten gegenüber dem Objekt, insbesondere aus sozialen *Normen*,
   und
   (c) aus der vom Subjekt *antizipierten Verhaltenssituation*.

Dabei ist u.a. zu bedenken, daß diese drei Faktoren in einer konfliktären Beziehung zueinander stehen können (Sheth, 1974, S. 249), z.B. dann, wenn ein luxuriöses Auto als positiv beurteilt, dessen Kauf von der relevanten sozialen Umwelt jedoch negativ sanktioniert wird.

Sheth (1971; 1974) greift mit seinem Modell somit wie Fishbein auf die Verhaltensintention zurück. Es unterscheidet sich vom Fishbeinschen Ansatz jedoch darin, daß (1) die Einstellung gegenüber dem Objekt und nicht die Einstellung gegenüber dem Verhalten herangezogen und (2) der Einfluß situativer Faktoren differenzierter behandelt wird.

In formalisierter Form läßt sich das *Sheth-Modell* folgendermaßen darstellen:

$$(6) \quad V = f(VI + E_{Obj.} + UE)$$

V = Verhalten gegenüber einem Objekt
VI = Verhaltensintention
$E_{Obj.}$ = Einstellung (affect) gegenüber diesem Objekt
UE = unerwartete Ereignisse (in der Verhaltenssituation)

$$(6a) \quad VI = f(SA + SE + AS)$$

SA = subjektive Annahmen bzw. Überzeugungen bezüglich der Objekteigenschaften
SE = soziale Einflüsse (insbesondere normativer Art)
AS = antizipierte (Verhaltens-)Situation

(6b) $E_{Obj.} = f(SA + G/K)$

SA = subjektive Annahmen bzw. Überzeugungen bezüglich der Objekteigenschaften
G/K = Gewohnheitstendenzen oder Konditionierungseffekte

Um die Erklärungs- und Prognosekraft seines Modells zu überprüfen, zog Sheth (1971; 1974) den Kauf verschiedener Lebensmittel betreffende Befragungsergebnisse aus einem Hausfrauenpanel heran und ermittelte die kanonische Korrelation zwischen den einzelnen Modell-Variablen. Wie erwartet, ergab sich dabei, daß die Varianz der objektbezogenen Einstellung am besten (53%–65%), die Verhaltensintention am zweitbesten (32%–37%) und das (Kauf-)Verhalten am wenigsten gut (8%–10%) erklärt werden konnte (Sheth, 1974, S. 258). Der Einbezug der Variablen „Soziale Einflüsse", „Antizipierte Situation" und „Unerwartete Ereignisse" trugen nachweislich dazu bei, die Verhaltensintention und das Verhalten besser zu erklären (ebenda, S. 261). Beim Test des gesamten Modells zeigte sich allerdings, daß die Varianz des (Kauf-)Verhaltens nur zu 24% erklärt werden konnte (S. 263). Dazu hatte eine einzige situative Variable besonders viel beigetragen, nämlich die Erhältlichkeit einer bestimmten Produktmarke (S. 265), was die zentrale Bedeutung unerwarteter Ereignisse bei der Prognose des Verhaltens in „realen" Situationen unterstreicht. Sheth, der beim Test seines Modells hinsichtlich der Verhaltensprognose offensichtlich nicht sehr erfolgreich war, führt dieses Resultat primär auf die elementare Schwierigkeit zurück, die Variablen „Soziale Einflüsse", „Antizipierte Situation" und „Unerwartete Ereignisse" zuverlässig zu erfassen. Dies resultiert bei der Variablen „Unerwartete Ereignisse" u.a. aus der *Vielfalt* solcher Ereignisse (Sheth, 1974, S. 267f.).

Eine modifizierte Version des oben dargestellten Sheth-Modells wurde von Raju, Bhagat und Sheth (1975) getestet, auch das revidierte Fishbein-Modell, um die Leistungsfähigkeit beider Modelle vergleichen zu können. Studenten und Hausfrauen wurden über eine bestimmte, für sie relevante Automarke befragt – als abhängige Variable aber nur die Kaufintention, nicht das Kaufverhalten ermittelt.

Die überprüfte, modifizierte Fassung des Sheth-Modells hatte folgende Struktur (auf die Darstellung der Gewichtungsfaktoren wurde verzichtet):

(7) $VI = f(SA + SS + P + AS)$

SA = subjektive Annahmen bzw. Überzeugungen bezüglich der Objekteigenschaften
SS = „Sozialer Stereotyp" als Ausdruck der relevanten sozialen Norm

P = Prädisposition aufgrund der bisherigen Zufriedenheit mit dem Produkt als Ausdruck der produktbezogenen, eindimensional gemessenen Produkteinstellung
AS = antizipierte Verhaltenssituation als Ausdruck situativer Einflüsse

Während das vergleichbar operationalisierte (revidierte) Fishbein-Modell in dieser Studie immerhin eine multiple Korrelation von .47 ergab, erwies sich das überprüfte Sheth-Modell mit der entsprechenden Korrelation von .73 als eindeutig überlegen (siehe Raju, Bhagat & Sheth, 1975, S. 418 und S. 421). Dieses Ergebnis kann als ein weiterer Beleg dafür angesehen werden, daß der Einbezug situativer Bedingungen, insbesondere der unerwarteten Ereignisse, die Verhaltenserklärung und -prognose verbessert. Diejenigen Faktoren, die sowohl beim Fishbein- als beim Sheth-Modell den mit Abstand größten und nahezu identischen Beitrag bei der Erklärung der Varianz (der VI!) leisteten, waren jedoch die sog. Einstellungsvariablen: Im Fishbein-Modell die *verhaltens*bezogene Einstellung und im (modifizierten) Sheth-Modell die *objekt*bezogene Prädisposition aufgrund der bisherigen (Produkt-)Zufriedenheit (ebenda).

9.5.3.5 Die Reformulierung des Konsistenzmodells der Einstellungs-Verhaltens-Relation von Ajzen und Fishbein (1977)

Während den soeben dargestellten Modellen der Einstellungs-Verhaltens-Relation von Ajzen und Fishbein (1970), Fishbein (1967a; 1972), Raju, Bhagat und Sheth (1975) und Sheth (1971; 1974) die *Annahme der reduzierten Konsistenz* zwischen Einstellung und Verhalten zugrunde liegt, was nicht zuletzt in der erwarteten, wenn auch begrenzten Diskrepanz zwischen der Verhaltensintention und dem Verhalten zum Ausdruck kommt, ist die *allgemeine Konsistenzannahme* erst in einem neueren Versuch wieder ernsthaft aufgegriffen worden. Dieser Versuch, der im reformulierten Konsistenzmodell der Einstellungs-Verhaltens-Relation von Ajzen und Fishbein (1977) zum Ausdruck kommt, mag angesichts zahlreicher Befunde, die der Konsistenzannahme mehr oder weniger eindeutig widersprechen, überraschen; doch Ajzen und Fishbein lassen bei der Begründung ihrer Modellannahmen die zahlreichen einschlägigen Forschungsergebnisse keineswegs außer acht.

Der *zentrale Gedanke*, der dem reformulierten Konsistenzmodell der Einstellungs-Verhaltens-Relation von Ajzen und Fishbein (1977) zugrunde liegt, besteht darin, daß sowohl die Einstellung als auch das Verhalten als „*Gesamtheiten*" (entities) verstanden und behandelt werden. Ajzen und Fishbein (1977, S. 889f.) nehmen an, daß diese beiden Gesamtheiten jeweils insgesamt vier *Elemente* aufweisen, nämlich

(1) das *Verhalten* (action) (z.B. Zubereitung eines Abendessens),

(2) das *Ziel* (target) bzw. den Adressaten dieses Verhalten (z.B. Freunde, die zum Essen eingeladen werden),
(3) die *Situation*, in der das Verhalten ausgeführt wird bzw. werden soll (context) (z.B. zuhause)
und
(4) den *Zeitpunkt* des Verhaltens (time) (z.B. Samstagabend).

Die *Grundhypothese* bei Ajzen und Fishbein (1977, S. 890f.) besagt dann folgendes: Eine Einstellung eignet sich als Erklärungs- bzw. Prediktorvariable bezüglich eines Verhaltens insoweit, als die Einstellung bzw. die „attitudinal entity" dem Verhalten bzw. der „behavioral entity" entspricht; d.h. je höher das Ausmaß dieser Korrespondenz, desto enger die Einstellungs-Verhaltens-Relation. Nach Ajzen und Fishbein (1977, S. 891) hängt die Einstellungs-Verhaltens-Relation zumindest *zu einem großen Teil* von der Korrespondenz beider Gesamtheiten ab.

Das Einstellungs-Verhaltens-Modell von Ajzen und Fishbein (1977) läßt sich somit folgendermaßen formalisiert darstellen:

$$(8) \quad V_{abcd} = f(E_{abcd})$$

a = Verhaltenselement
b = Adressatenelement
c = Situationselemente (context)
d = Zeitpunkt des Verhaltens

Ajzen und Fishbein (1977) unternahmen zwar keinen Versuch, dieses Modell empirisch zu testen, ziehen aber ingesamt 109 Studien zur Einstellungs-Verhaltens-Relation heran, um die Berechtigung ihres Ansatzes zu überprüfen (ebenda, S. 892–914). Bei 84 dieser analysierten Studien konnten Ajzen und Fishbein eindeutig zwischen (1) einer geringen, (2) einer teilweisen und (3) einer hohen Korrespondenz der untersuchten Einstellungs- und Verhaltens-„Gesamtheiten" differenzieren. Bei den restlichen 25 Untersuchungen ließen sich jeweils mehrere Korrespondenzgrade feststellen, weil in diesen Studien jeweils mehrere Einstellungs-Verhaltens-Relationen bzw. mehrere Meinungsgegenstände untersucht worden waren. Die Analyse der insgesamt 142 erfaßten Einstellungs-Verhaltens-Relationen ergab u.a. folgendes:

(1) bei *geringen* Korrespondenzgraden zeigten sich meistens nicht signifikante Einstellungs-Verhaltens-Relationen;
(2) bei *mittleren* Korrespondenzgraden waren die Ergebnisse zur Einstellungs-Verhaltens-Relation sehr inkonsistent; in der Mehrzahl dieser Fälle zeigten sich jedoch schwache, aber immerhin signifikante Korrelationen zwischen der Einstellung und dem Verhalten;

(3) bei *hohen* Korrespondenzgraden konnten dagegen beträchtliche und signifikante Korrelationen zwischen der Einstellung und dem Verhalten gefunden werden.

In diesem Ergebnis darf nach Ajzen und Fishbein (1977, S. 913f.) zumindest eine tendenzielle Bestätigung ihrer Grundannahme gesehen werden — tendenziell deshalb, weil in den bislang durchgeführten Studien zur Einstellung-Verhaltens-Relation die sog. Gesamtheiten nur unvollständig erfaßt wurden. Vernachlässigt wurden vielfach die Situation und so gut wie immer der Zeitpunkt des Verhaltens. Eine umfassende und gezielte Überprüfung des reformulierten Konsistenzmodells von Ajzen und Fishbein (1977) steht somit noch aus.

Vergleicht man das reformulierte Konsistenzmodell von Ajzen und Fishbein mit dem oben skizzierten „einfachen Konsistenzmodell" der Einstellungs-Verhaltens-Relation, dann wird vor allem deutlich, daß Ajzen und Fishbein mit ihrem Modell im Grunde von einem „einfachen Zwei-Variablen-Modell" weit entfernt sind und daß auch mit diesem Modell versucht wird und versucht werden kann, situative und soziale Einflußfaktoren zu berücksichtigen. Insofern ist das reformulierte Konsistenzmodell den anderen, oben skizzierten Einstellungs-Verhaltens-Modellen überlegen, weil es einen einheitlicheren theoretischen Bezugspunkt aufweisen kann.

9.5.4 Determinanten der tatsächlichen und der gemessenen Einstellungs-Verhaltens-Relation

In den oben skizzierten Modellen der Einstellungs-Verhaltens-Relation sind bereits einige Faktoren genannt worden, die eine Diskrepanz zwischen Einstellung(en) und Verhalten verursachen bzw. erklären können. In diesem Abschnitt sei etwas umfassender auf solche Faktoren eingegangen. Dabei sind auch solche Einflußfaktoren zu berücksichtigen, die sich aus der Operationalisierung und Messung der Einstellungs- und Verhaltensvariable ergeben und den *gemessenen* Zusammenhang zwischen Einstellung und Verhalten beeinflussen.

9.5.4.1 Determinanten der tatsächlichen Einstellungs-Verhaltens-Relation

Ausgehend von den oben bereits dargestellten Modellen der Einstellungs-Verhaltens-Beziehung (siehe Abschnitt 9.5.3), lassen sich zunächst folgende Determinanten der Einstellungs-Verhaltens-Relation als „intervenierende Variable" anführen:

— soziale und subjektive *Normen*,
— die subjektive *Bereitschaft*, sich diesen Normen entsprechend zu verhalten,

- die *Verhaltensintention*
  und
- *unerwartete Ereignisse.*

Darüber hinaus werden in der Literatur jedoch noch *weitere Faktoren* angegeben, die auf die Einstellungs-Verhaltens-Relation einwirken. Zu diesen Faktoren zählen vor allem folgende:

- die *Umsetzbarkeit* von Einstellung(en) in Verhalten (Ehrlich, 1969) und damit u.a. die Verfügbarkeit von *Verhaltensalternativen* sowie das Vorhandensein verbaler, intellektueller und sozialer *Fähigkeiten* (Wicker, 1969); mit Fishbein und Ajzen (1975, S. 379) sind hier auch die verfügbaren *Ressourcen* z.B. an Zeit und Geld sowie die ggf. erforderliche *Kooperation* seitens Dritter anzuführen; solche Faktoren dürften gerade auch beim Kaufverhalten des privaten Haushalts „verhaltensrelevant" sein;

- *konkurrierende Motive* (Gross & Niman, 1975; Wicker, 1969) und andere Persönlichkeitsfaktoren wie z.B. *Werthaltungen* (Oppermann, 1976, S. 42), soweit diese nicht schon über die Einstellungsvariablen erfaßt werden;

- die Gefahr, daß unmittelbar relevante *„Triaden"* (Einstellungen, Kognitionen, Verhaltensweisen) mit anderen Triaden in Konflikt geraten (Insko & Schopler, 1967);

- die *(Außer-)Gewöhnlichkeit* des Verhaltens; nach Tittle und Hill (1967, S. 200) ist eine höhere Einstellungs-Verhaltens-Korrelation zu erwarten, wenn es sich um ein „normales" und „allgemein übliches" Verhalten handelt (vgl. auch Petermann, 1979, S. 249);

- der *Wiederholungsgrad* des Verhaltens, wobei Tittle und Hill (1967) erwarten, daß bei „repetitiven Verhaltenskonfigurationen" eine enge Einstellungs-Verhaltens-Beziehung besteht;

- das *involvement* und das *commitment;* sowohl mit dem Grad der Selbst-Beteiligung als auch mit dem Ausmaß des Sichfestlegens auf ein bestimmtes Verhalten steigt die Einstellungs-Verhaltens-Korrelation (vgl. Fendrich, 1967; Goodmonson & Glaudin, 1971; Sherif, Kelly, Rodgers, Sarup & Tittler, 1973);

- die tatsächliche oder vermutete *Anwesenheit anderer Personen* und deren *Einstellungen* (vgl. Gross & Niman, 1975; Latané & Rodin, 1969; Six, 1975, S. 290f.), wodurch nicht nur die Wirkung sozialer Normen, sondern auch die Relevanz von Faktoren wie involvement und commitment erhöht werden dürfte;

— die *situativen Zwänge und Anreize,* wobei z.B. Brannon (1976, S. 196) annimmt, daß sich die Einstellungs-Verhaltens-Relation abschwächt, wenn die Person zum Verhaltenszeitpunkt starken *Zwängen* unterliegt oder wenn in der Verhaltenssituation dominierende Schlüsselreize wirksam werden, welche die (gemessene) Einstellung irrelevant machen. Mit den Zwängen und Schlüsselreizen sind die bereits oben genannten Faktoren „Verhaltensrealisierungsmöglichkeiten" und „unerwartete Ereignisse" eng verknüpft.

9.5.4.2 *Determinanten der gemessenen Einstellungs-Verhaltens-Relation*

Auf die Einstellungs-Verhaltens-Relation einwirkende Faktoren, die in der Literatur neben den oben (in Abschnitt 9.5.4.1) genannten Variablen angeführt werden, beziehen sich meist auf die *Konzeptualisierung, Operationalisierung* und *Messung* der Einstellungs- und Verhaltens-Variablen und sind somit insbesondere dann zu beachten, wenn es *gemessene* Einstellungs-Verhaltens-Relationen zu interpretieren gilt.

9.5.4.2.1 Zur Konzeptualisierung und Operationalisierung von Einstellung(en) und Verhalten

Was die Konzeptualisierung und Operationalisierung von Einstellung(en) und Verhalten angeht, so ist eine enge Einstellungs-Verhaltens-Relation am ehesten dann zu erwarten, wenn beide Variablen (a) auf einen vergleichbaren *Abstraktionsniveau* und (b) als *korrespondierende Gesamtheiten* (entities) operationalisiert werden (vgl. Ehrlich, 1969; Fishbein & Ajzen, 1975; Oppermann, 1976, S. 48; Six, 1975; Six, 1980, S. 64). Von daher wird mehrfach die Auffassung vertreten, daß bei einer multidimensionalen Konzeptualisierung bzw. Messung der Einstellungs- *und* Verhaltensvariablen eine engere Einstellungs-Verhaltens-Relation zu erwarten ist. Dasselbe gilt dort, wo eine Messung *aller relevanten* Einstellungen gefordert wird (so z.B. bei Triandis, 1975, S. 21f.), was die Kenntnis jener Einstellungen voraussetzt, die mit einem bestimmten Objekt oder Verhalten verknüpft werden (vgl. Gross & Niman, 1975, S. 366f.).

Da in der bisherigen Erforschung von Einstellungs-Verhaltens-Relationen die Konzeptualisierung der *Verhaltensvariable* vernachlässigt wurde, sieht z.B. Six (1980, S. 81) in der Erfassung des Verhaltens die *derzeit wichtigste Aufgabe* der Einstellungs-Verhaltens-Forschung. Six (1980, S. 66–72) schlägt vor, dabei insbesondere folgende *Differenzierungsaspekte* des offenen Verhaltens zu beachten: (1) die Indikatormenge, (2) den Realisierungsgrad (insbesondere die erforderlichen Anstrengungen), (3) die Spezifität und (4) die Selbstverpflichtung des Verhaltens. Mit Petermann (1979, S. 249) wäre noch die Unterscheidung zwischen dem Verhalten in alltäglichen Situationen und dem Verhalten in außergewöhnlichen Situationen hinzuzufügen.

Da die Einstellungs-Verhaltens-Relation in starkem Maße auch von situativen Bedingungen des Verhaltens abhängig ist, zumindest von der Einstellung gegenüber der Verhaltenssituation, muß in diesem Zusammenhang auch die Konzeptualisierung der „*Situation*" beachtet werden. Je eher eine adäquate bzw. verhaltensrelevante Konzeptualisierung der Situation gelingt, desto eher läßt sich aus entsprechenden Einstellungs- und/oder Situationsvariablen heraus ein bestimmtes Verhalten erklären und prognostizieren. Auf die Versuche, das komplexe, schwierige Problem der verhaltensrelevanten Typologisierung von Situationen zu lösen, kann hier lediglich verwiesen werden (vgl. hierzu z.B. Moos, 1973; Wakenhut, 1978a). Zu erwähnen bleibt schließlich, daß empirisch ermittelte Einstellungs-Verhaltens-Relationen auch von der Konzeptualisierung sonstiger Variablen wie z.B. der unerwarteten Ereignisse, sozialen Normen, des commitments, der Ressourcen und Fähigkeiten sowie der verfügbaren Verhaltensalternativen abhängig sind, soweit diese in das zugrunde gelegte Einstellungs-Verhaltens-Modell einbezogen werden.

9.5.4.2.2 Zur Messung von Einstellungs- und Verhaltensvariablen

Gemessene Einstellungs-Verhaltens-Relationen hängen des weiteren vom jeweils verwendeten Meßinstrument bzw. von der Erhebungsmethode ab, insbesondere von der *Validität* und *Reliabilität* der verwendeten Instrumente (vgl. Gross & Niman, 1975; Liska, 1974; Tittle & Hill, 1967) und damit u.a. von der *Erhebungssituation* und den damit verbundenen *Störgrößen* (vgl. Petermann, 1979, S. 250) sowie von der *Verbalisierungsfähigkeit und -bereitschaft* der Befragten, wenn Einstellunge und/oder Verhaltensweisen per Befragung erfaßt werden (vgl. Ehrlich, 1969, S. 31f,). Brannon (1976, S. 186) fordert in diesem Zusammenhang z.B., daß sich Befragte nicht darüber bewußt sein sollen, daß ihre Einstellungen und ihr Verhalten miteinander verglichen werden.

Was den *Zeitpunkt* der Einstellungsmessung angeht, so sind zumindest zwei Sachverhalte zu beachten: Zum einen erscheint die *ex post-Messung* von Einstellung und Verhalten deshalb problematisch, weil Einstellungen danach tendieren, sich an das realisierte Verhalten anzupassen (Rationalisierungseffekt; Reduktion kognitiver Dissonanz; vgl. Festinger, 1957; Irle & Möntmann, 1978; Silberer, 1980). Eine ex post ermittelte Einstellungs-Verhaltens-Korrelation ist daher fragwürdig, wenn daraus das Verhalten im nachhinein erklärt und/oder künftiges Verhalten prognostiziert werden soll. Findet dagegen die Einstellungsmessung *vor* der Verhaltensrealisation statt, was grundsätzlich geboten ist, so muß aber andererseits damit gerechnet werden, daß (1) der Meßvorgang an sich schon eine Einstellungsänderung induziert und daß (2) eine Verhaltensprognose daran scheitert, daß in der Zeit zwischen der Einstellungsmessung und dem tatsächlichen Verhalten nicht kontrollierte Einstellungsänderungen stattfinden (vgl. hierzu Brannon, 1976, S. 186; Fishbein & Ajzen, 1975, S. 380).

Beide Effekte führen dazu, daß die erfaßte Einstellungs-Verhaltens-Korrelation reduziert wird.

Die erfaßte Einstellungs-Verhaltens-Relation kann schließlich auch populationsspezifisch gelagert sein. Problematisch ist daher die Konzentration der Einstellungsforschung auf *Studenten* — nach Wicker (1969) wurden ca. zwei Drittel der Einstellungs-Untersuchungen bei Studenten durchgeführt. Es ist z.B. denkbar, daß allein schon die *Einstellungs-Verhaltens-Konsistenz* bei dieser Population *als soziale Norm* wirksam ist, wirksamer als in anderen Populationen, so daß diesbezügliche Ergebnisse allein von daher nicht ohne weiteres auf andere Populationen übertragen werden dürfen.

9.5.4.2.3 Zur Auswertung von Untersuchungsergebnissen bezüglich der Einstellungs-Verhaltens-Relation

Gemessene Einstellungs-Verhaltens-Relationen hängen schließlich auch davon ab, auf welche Art und Weise diesbezügliche Zusammenhänge errechnet wurden. Dabei muß z.B. in Betracht gezogen werden, daß in verschiedenen Studien *verschiedene Korrelationsanalysen* durchgeführt wurden (so z.B. Petermann, 1979, S. 250). Ob z.B. auch nicht-lineare Zusammenhänge existieren, wurde so gut wie nicht überprüft. Vernachlässigt wurde auch die Analyse der *Interaktion* verschiedener relevanter *Einstellungen*, obwohl die ermittelten Einstellungs-Verhaltens-Korrelationen auch davon abhängig sind (siehe z.B. die Analyse von Liska, 1974, S. 262–270). Angesichts dieser Situation schlägt Petermann (1979, S. 254f.) u.a. vor, „theoretisch begründbare Clusteranalysen" durchzuführen — also die Einstellungs-Verhaltens-Relationen anhand leistungsfähiger Auswertungsmethoden zu analysieren.

9.5.5 Zur Beziehung zwischen Werthaltungen und Verhalten

Während die Einstellungs-Verhaltens-Beziehung relativ häufig untersucht worden ist, klafft eine unübersehbare Forschungslücke in bezug auf die Beziehung zwischen Werthaltungen und Verhalten (siehe z.B. Bergler, 1974, S. 142–150; Klages & Kmieciak, 1979; Kmieciak, 1976; Scitovsky, 1977, S. 172–188). In den wenigen Studien, die sich mit der Verhaltensrelevanz von Werthaltungen in anderen Bereichen befaßt haben, zählen z.B. die Untersuchung von Williams (1951) zur Berufswahl und die von England (1967) zum Managerverhalten. Die empirische Analyse grundlegender bzw. allgemeiner Werthaltungen sowie *konsumbezogener* und damit „bereichsspezifischer" *Werthaltungen* von Vinson, Scott und Lamont (1977) hat sich lediglich mit deren Relation zur Gewichtung von Produkteigenschaften und zur Präferenz bestimmter Produkttypen (im Pkw-Bereich) befaßt und somit das realisierte Kauf- und Konsumverhalten ausgeklammert. Letzteres gilt z.B. auch für die Studie von Bruhn (1978) zum „sozialen Bewußtsein von Konsumenten", in der kein Verhalten, sondern lediglich Verhaltensabsichten gemessen wurden (ebenda, S. 110). Angesichts dieser Forschungslage lassen sich nur Vermutungen über die Beziehungen zwischen Werthaltungen und tatsächlichen Verhaltensweisen im Konsumbereich anstellen.

Vinson et al. (1977, S. 45f.) nehmen an, daß Werthaltungen sowohl die *Ziele* einer Person als auch deren *Zielerreichungsmethode* beeinflussen, und daß Werthaltungen vor allem bei wichtigen Entscheidungen von Bedeutung sind. Somit kann wie bei der Einstellungs-Verhaltens-Relation angenommen werden, daß auch die Enge der Werthaltungs-Verhaltens-Relation mit dem *Involvement* (bzw. mit dem Grad der Wichtigkeit des Verhaltens oder dem Grad der „Selbst"-Beteiligung) positiv korreliert.

Die Beeinflussung von Zielen und Zielerreichungsmethoden wird bei Vinson et al. (1977) nur den fundamentalen Werthaltungen zugesprochen. Diese Autoren bringen zumindest aber implizit zum Ausdruck, daß die bereichsspezifischen, weniger abstrakten und insgesamt zahlreicheren Werthaltungen eine Brückenfunktion übernehmen und die allgemeineren „fundamentalen Werte" auf Produktpräferenzen zumindest über die Idealvorstellungen (von einem Produkt) einwirken (vgl. auch Scott & Lamont, 1973). Es kann wohl generell angenommen werden, daß die Beziehung zwischen Werthaltungen und Verhalten *weniger eng* ist als die Beziehung zwischen Einstellungen und Verhalten sowie die Beziehung zwischen Werthaltungen und Idealvorstellungen über einzelne Meinungsgegenstände. Dies läßt sich z.B. damit begründen, daß bei der Werthaltungs-Verhaltens-Relation mit der Anzahl der relevanten Werthaltungen und Einstellungen bzw. mit der Anzahl der beteiligten Elemente des kognitivaffektiven Systems die *Gefahr konfliktärer Beziehungen* zwischen diesen Elementen wächst, was im Einzelfall sicher vom Umfang dieses Systems und damit von der Verknüpfung einzelner Elemente abhängt. So wäre z.B. zu fragen, ob ein Raucher, der zugleich auf Gesundheit Wert legt, das Rauchen mehr oder weniger ambivalent, bestimmte Zigarettenmarken aber positiv beurteilt, seine gesundheitsbezogene Werthaltung mit der Einstellung zum Rauchen oder zu bestimmten Zigarettenmarken überhaupt in Verbindung bringt.

Die Werthaltungs-Verhaltens-Relation dürfte schließlich auch davon abhängen, was unter dem Verhalten verstanden wird — einzelne *Verhaltensakte* oder *Verhaltensmuster*. Auf den Konsumbereich bezogen kann z.B. erwartet werden, daß sich allgemeine und bereichsspezifische Werthaltungen im Lebens- oder Konsumstil eines Konsumenten bzw. eines privaten Haushalts stärker niederschlagen als in einzelnen Kaufentscheidungen (zur Analyse von Lebens- und Konsumstilen siehe z.B. Uusitalo, 1979). Aber auch bei einzelnen Kaufentscheidungen wird man danach unterscheiden müssen, inwieweit ein Produkt bzw. eine bestimmte Poduktkategorie dazu dient, die Persönlichkeit oder den

sozialen Status des Besitzers zu demonstrieren. Auch Werthaltungen dürften –
wie Einstellungen (siehe Katz & Stotland, 1959) – verschiedene *Funktionen*
ausüben, zu denen u.a. die Selbstdarstellungsfunktion zählt.

9.6 Ausgewählte „Leerfelder" und Anwendungsbezüge der Einstellungs- und Werthaltungsforschung im Marketing der Konsumgüteranbieter und im Rahmen der Verbraucherpolitik

9.6.1 Ausgewählte „Forschungslücken" bzw. Aufgaben der künftigen Einstellungs- und Werthaltungsforschung

Die Aussagekraft und damit die Anwendungsmöglichkeiten von Ergebnissen
der Einstellungs- und Werthaltungsforschung lassen sich künftig sicherlich weiter verbessern. Dies dürfte um so eher gelingen, je mehr die Klärung folgender
Problemkreise vorangetrieben wird:

(1) das Problem der *zuverlässigen Erfassung* von Einstellungen und Werthaltungen.

In diesem Bereich liegt es nahe, u.a. folgende Fragen aufzugreifen und weiterzuverfolgen:

– die Frage nach der *Validität* und *Reliabilität* verschiedener Verfahren der Einstellungsmessung sowie die Frage nach der Überlegenheit des *kombinierten* Einsatzes verschiedener Meßmethoden, z.B. der Kombination direkter und indirekter Methoden;

– die Frage nach der *Validierung* von Meßinstrumenten sollte sowohl bei der direkten als auch bei der indirekten Erfassung von Einstellungen und Werthaltungen darauf abzielen, inwieweit das tatsächliche *Verhalten* als Validitätskriterium überhaupt geeignet ist. Die vielfach vertretene Ansicht, daß Einstellungen und Werthaltungen das offene Verhalten nicht allein determinieren, legt diese Frage durchaus nahe.

– Da sich die *„Situation"* als wichtige Determinante des Verhaltens herausgestellt hat, sollten auch die Versuche, diese komplexe Variable zu erfassen, weitergeführt werden. Hier existieren noch viele ungelöste Meßprobleme, auch dort, wo die „Einstellung zur Situation" zu konzeptualisieren bzw. zu operationalisieren ist. Dasselbe gilt für die Erfassung des tatsächlichen *Verhaltens*.

– Des weiteren sollte eine *„Theorie der Einstellungs- und Werthaltungs-Messung"* zumindest als Fernziel nicht aus dem Auge verloren werden – eine

Theorie, die u.a. angibt, unter welchen Bedingungen welche „Artefakte" zu erwarten sind (vgl. Gniech, 1980) und wie diese vermieden werden können. Was benötigt wird, ist im Grunde eine theoretisch fundierte und empirisch abgesicherte „Technologie der Messung von Einstellungen und Werthaltungen" (vgl. Trommsdorff, 1980).

(2) das Problem der *Erklärung* und *Prognose* von *Einstellungs- und Werthaltungs-Änderungen*

Wie in diesem Beitrag gezeigt wurde, existieren verschiedene „*Partial- oder Minitheorien*", die bei der Erklärung und Prognose von Einstellungs- und Werthaltungsänderungen (Entwicklungsprozesse inbegriffen) herangezogen werden können. Hier liegt es nicht nur nahe, die Gültigkeit solcher Theorien vor allem in lebensnahen Situationen weiter zu überprüfen, sondern auch deren *Integration* in eine *umfassendere Theorie* der Genese und Änderung von Einstellungen und Werthaltungen in Angriff zu nehmen. Nach Frey (1979, S. 43) wäre es dabei zunächst einmal sinnvoll, die einzelnen „Minitheorien" zu „formalisieren" bzw. zu kodifizieren, um deren Integrationsfähigkeit, deren Überlappung mit und deren Widerspruch zu anderen „Minitheorien" leichter beurteilen zu können.

(3) das Problem der *Erklärung* und *Prognose des Verhaltens* anhand von Einstellungen und Werthaltungen.

Das gerade für den Anwendungsbezug zentrale Problem der Erklärung und Prognose des (offenen) Verhaltens ist sicherlich sehr vielschichtig. Es liegen in diesem Bereich bislang allerdings nicht wenige theoretische und empirische Analysen zur Einstellungs-Verhaltens-Relation vor. Dennoch bleibt derzeit u.a. folgendes weitgehend offen:

– Die Beziehungen zwischen *Werthaltungen, Einstellungen und Verhaltensweisen* – also die Interaktion aller drei Variablen bzw. Variablengruppen, wobei auch zu prüfen wäre, inwieweit diese Interaktion in verschiedenen Lebens- oder Verhaltensbereichen unterschiedlich zu beurteilen ist.

– Eine Teilaufgabe sollte dabei insbesondere auch darin bestehen, die reformulierte Fassung der Konsistenzhypothese bezüglich der Einstellungs-Verhaltens-Relation von Ajzen und Fishbein (1977) gezielt empirisch zu überprüfen, denn die Theorie- und Modellbildung bei der Verhaltenserklärung und -prognose könnte bei einer Bestätigung des reformulierten Konsistenzmodells erheblich einfacher („eleganter") werden.

– Während der Einfluß von Einstellungen auf *einzelne Verhaltensakte* wie z.B. Kaufentscheidungen relativ häufig untersucht wurde, ist der Einfluß von

Einstellungen *und* Werthaltungen auf sog. *Verhaltensmuster* wie z.B. Lebens- oder Konsumstile relativ unerforscht geblieben. Hier bieten sich Ansatzpunkte sowohl für die Theoriebildung als auch für gezielte empirische Studien — vor allem für sog. Langzeituntersuchungen.

— Des weiteren bietet es sich an, die Verhaltenserklärung und Prognose anhand von Einstellungen und Werthaltungen unter Berücksichtigung des derzeitigen Erkenntnisstandes dort systematischer einzubringen, wo vorhandene *Kaufentscheidungsmodelle* (siehe z.B. Bebié, 1978; Engel, Blackwell & Kollat, 1978; Klenger & Krautter, 1972; Schulz, 1972) zu beurteilen und neue Kaufentscheidungsmodelle zu entwickeln sind. (Ein Versuch, diese Aufgabe in Angriff zu nehmen, hätte diesen Beitrag gesprengt, ist aber dennoch für den Bereich der Konsumentenforschung von großer Bedeutung.) Ähnliches gilt für den Brückenschlag von der Einstellungsforschung zur Analyse der *Konsumentenzufriedenheit,* eine inzwischen weitgehend eigenständige Forschungsrichtung (siehe z.B. Hunt, 1977). Dies liegt durchaus nahe, wenn man bedenkt, daß Zufriedenheitsurteile in der Regel ohne weiteres als eine Äußerung von Einstellungen angesehen werden können.

9.6.2 Anwendungsbezüge der Einstellungs- und Werthaltungsforschung im Marketing der Konsumgüteranbieter und im Rahmen der Verbraucherpolitik

Ergebnisse der Einstellungs- und Werthaltungsforschung fanden schon immer große Beachtung im *Marketing der Konsumgüteranbieter;* sie lassen sich aber auch im Rahmen der *Verbraucherpolitik* heranziehen. Für beide Bereiche gilt, daß die Beachtung von Einstellungen und Werthaltungen des Konsumenten in folgenden Sektoren stattfinden kann:

(1) bei der sog. *Ist-Analyse,* d.h. bei der Feststellung der Ausgangssituation im Konsumentenbereich,

(2) bei der *Prognose* von Einstellungen, Werthaltungen und Verhaltensweisen des Konsumenten — *Wirkungs*prognosen bezüglich verschiedener *Strategien* und *Maßnahmen* des Konsumgüter-Marketing und der Verbraucherpolitik inbegriffen,

(3) bei der *Soll-Vorgabe* für Strategien und Maßnahmen bzw. der Formulierung von Zielen für das Anbieter-Marketing und die Verbraucherpolitik sowie

(4) bei der *Erfolgs-Kontrolle* bzw. der Erfolgsmessung bezüglich marketing- und verbraucherpolitischer Aktionen.

Im einzelnen lassen sich dabei unter anderem folgende, etwas konkretere Anwendungsmöglichkeiten bzw. Verwendungen von Einstellungs- und Werthaltungs-Daten anführen:

Im Rahmen der *Ist-Analyse* bietet z.B. der Vergleich von Einstellungen gegenüber bestimmten Produkten oder Leistungen (der Konsumgüteranbieter sowie der Verbraucherpolitik) mit den sog. Ideal-Einstellungen bzw. den Wunschvorstellungen des Konsumenten eine gute Möglichkeit, Marktlücken bzw. unbefriedigte *Bedürfnisse* des Konsumenten festzustellen. Dabei liegt es nahe, den Markt bzw. die Konsumenten den festgestellten Diskrepanzen entsprechend zu *segmentieren* und die eigenen mit konkurrierenden Leistungen sowie tatsächliche mit potentiellen Angeboten zu vergleichen (zur einstellungsbezogenen *Marktsegmentierung* siehe z.B. Bauer, 1976; Dichtl, 1974). Auf diese Weise lassen sich ggf. Marktnischen feststellen. Spiegel (1961) unterscheidet in diesem Zusammenhang zwischen *manifesten* und *latenten* Marktnischen: Eine *manifeste* Nische existiert dann, wenn das Angebot den Bedürfnissen des Konsumenten nicht entspricht und dieses Angebot nicht in Anspruch genommen wird. Eine *latente* Nische ist dagegen dort vorhanden, wo das Angebot zwar genutzt – z.B. das Produkt gekauft – wird, die Konsumenten aber auf eine Alternative umsteigen würden, wenn diese angeboten würde und ihren Wunsch- oder Idealvorstellungen näher käme (vgl. hierzu z.B. auch Freter, 1979, S. 180f.; Kroeber-Riel, 1980, S. 205). Die Ist-Analyse kann bei diesem Vorgehen somit zugleich auch der *Produktpositionierung* dienen und damit der nachfrage- bzw. bedürfnisgerechten *Konzeption „neuer" Produkte* (vgl. Kroeber-Riel, 1980, S. 204f.).

An die Ist-Analyse schließt sich normalerweise die *Prognose* von Marktsituationen und Marktreaktionen an, je nachdem, ob eine Maßnahme ins Auge gefaßt wird oder nicht. Hier können Einstellungen und Werthaltungen als Prediktoren des Nachfrageverhaltens herangezogen werden – u.a. als Teilelemente umfassender Prognosemodelle wie z.B. komplexerer Kaufentscheidungsmodelle (vgl. z.B. das Modell von Klenger & Krautter, 1972). Wie z.B. die Studie von Kaas (1980) deutlich macht, lassen sich Einstellungswerte auch bei der *Prognose von „Marktanteilen"* heranziehen. Solche Prognosen hängen u.a. davon ab, welche Strategien und welche konkreten Maßnahmen der Marktbeeinflussung geplant bzw. als Entscheidungsalternativen zu berücksichtigen sind.

Bezogen auf Einstellungen des Konsumenten gegenüber vorhandenen Angeboten einerseits und den „Ideal-Produkten" andererseits können nach Kroeber-Riel (1980, S. 202f.) grundsätzlich zwei absatzpolitische *Strategien* in die Überlegungen einbezogen werden:

(1) die *Anpassung des Angebots* an die Einstellungen des Konsumenten;

(2) die *Anpassung der Einstellungen* des Konsumenten an das Angebot.

Oft kommen beide Strategien kombiniert zum Einsatz, u.a. deswegen, weil die vorhandenen Ressourcen nur selten eine vollständige Anpassung des Angebots an die Idealvorstellungen der Konsumenten ermöglicht. Dies gilt in der Regel auch für die „Leistungen" der Verbraucherpolitik, so z.B. für das Informationsangebot einer neutralen Testinstitution (vgl. z.B. Kandler, 1980; Silberer, 1979). Bei *normativer* bzw. *ethischer Betrachtung* können grundsätzlich beide Strategien als problematisch angesehen werden; hier wäre dann ohnehin auf den „Einzelfall" bzw. auf die konkreten Ziele und Maßnahmen abzustellen. Soll z.B. im Rahmen verbraucherpolitischer Maßnahmen angesichts der immer knapper werdenden Ressourcen (Energie, Rohstoffe, natürliche Umwelt) ein neues „*Wertesystem*" der Konsumenten und ein „*Neuer Lebensstil*" angestrebt werden (vgl. z.B. Bartelt, 1978; Zilleßen, 1978), so dürfte sich dies wohl nur langfristig realisieren lassen.

Was die Anwendung von Einstellungs- und Werthaltungs-Daten bei der Gestaltung einzelner *Marketing-Instrumente* angeht, so können u.a. folgende Ansatzpunkte genannt werden:

(1) im Rahmen der absatzpolitischen *Kommunikation* z.B. die Strategie der psychologischen *Produktdifferenzierung,* d.h. der Differenzierung von Einstellungen gegenüber vergleichbaren oder gar identischen Leistungen (siehe z.B. Kroeber-Riel, Hemberle & v. Keitz, 1979), oder die Strategie des sog. *Imagetransfers,* d.h. die Übertragung einer vorhandenen, gefestigten Einstellung gegenüber einem bestimmten Produkt auf ein anderes Produkt, um ein erfolgreiches „image" bei „Partnerprodukten" zu nutzen (siehe hierzu Mazanec, 1979; Schweiger, 1978),

(2) im Rahmen der *Preispolitik* z.B. die Strategie der psychologischen *Preisdifferenzierung* und der segmentspezifischen Gestaltung von wahrgenommenen Preis-Qualitäts-Relationen anhand gemessener Preis- und Qualitäts-Beurteilungen (vgl. z.B. Anttila, 1977; Kaas, 1980),

(3) im Rahmen der *Produktpolitik* z.B. die Strategie der segmentspezifischen, *tatsächlichen Differenzierung* von Produkten – die Entwicklung neuer Produkte inbegriffen – insbesondere anhand ermittelter „Ideal-Vorstellungen" des Konsumenten (siehe z.B. Kroeber-Riel, 1980, S. 203f.; Trommsdorff, 1975); hier wird den *multiattributiven Einstellungsmodellen* – ebenso wie bei der Nutzung von Einstellungsanalysen bei der Werbung – eine überlegene, weil *diagnostisch* wertvollere Funktion zugesprochen,

(4) im Rahmen der *Distributionspolitik* z.B. die Strategie, die Absatzkanäle so zu wählen und zu gestalten, daß sie den diesbezüglichen Ideal-Vorstellungen der relevanten Abnehmersegmente möglichst nahe kommen (vgl. z.B. Tietz, 1969).

Was schließlich die *Erfolgskontrolle* bei verschiedenen absatz- und verbraucherpolitische Maßnahmen angeht, so kann festgestellt werden, daß die *Einstellungen* des Konsumenten in zunehmendem Maße als Erfolgskriterien Verwendung finden (Kroeber-Riel, 1980, S. 199). Dies gilt wiederum in erster Linie für die *mehrdimensionale* und *multiattributive* Einstellungsmessung, denn auf diesem Wege kann z.B. bei der *Werbewirkungsmessung* festgestellt werden, bei welchen Produkteigenschaften eine Produktbeurteilung verbessert wurde und ob sich die Anzahl sowie die subjektive Bedeutung der einstellungsrelevanten Attribute verändert haben (vgl. z.B. Freter, 1979, S. 180; Klenger & Krautter, 1972, Bd. 1; Roloff, 1974). Dasselbe gilt im Grunde auch für die Erfolgskontrolle bei anderen Marketing-Instrumenten, insbesondere im Rahmen der Produktpolitik.

Bleibt zum Schluß festzustellen, daß Einstellungen und Werthaltungen nicht die einzigen relevanten Erfolgskriterien einer Absatz- und Verbraucherpolitik darstellen. Dem tatsächlichen Verhalten der Konsumenten kommt eine zumindest ebenso hohe Bedeutung zu. Man kann aber davon ausgehen, daß das *Problem der Zurechnung* von „Wirkungen" bei Einstellungswerten weniger komplex ist als das Zurechnungsproblem beim Verhalten. Da das Verhalten vermutlich nicht nur von Einstellungen abhängig ist, was u.a. von der Konzeption der Einstellungsvariablen abhängt, kann somit auch nicht ohne weiteres von einstellungsbezogenen Erfolgen auf verhaltensbezogene Erfolge geschlossen werden.

Literatur

Aaker, D.A. (Ed.) Multivariate Analysis in Marketing: Theory and Application. Belmont, CA.: 1971.

Abelson, R. & Rosenberg, M.J. Symbolic Psychology: A Model of Attitudinal Cognition. Behavioral Science, 1958, **3**, 1–13.

Ace, M.E. & Barth, R.T. The Rasch Model in Attitude Measurement. Proceedings of the 81st Annual Convention of the American Psychological Association. Montreal, Canada 1973, (Vol. 8). Washington, D.C.: American Psychological Association 1973, 48–49.

Adler, F. The Value Concept in Sociology. American Journal of Sociology, 1956, **62**, 272–279.

Ajzen, J. Attribution of Dispositions to an Actor: Effects of Perceived Decision Freedom and Behavioral Utilities. Journal of Personality and Social Psychology, 1971, **18**, 144–156.

Ajzen, J. & Fishbein, M. The Prediction of Behavior from Attitudinal and Normative Variables. Journal of Experimental Social Psychology, 1970, **6**, 466–487.

Ajzen, J. & Fishbein, M. Attitudes and Normative Beliefs as Factors Influencing Behavioral Intentions. Journal of Personality and Social Psychology, 1972, **21**, 1–9.

Ajzen, J. & Fishbein, M. Attitudinal and Normative Variables as Predictors of Specific Behavior. Journal of Personality and Social Psychology, 1973, **27**, 41–57.

Ajzen, J. & Fishbein, M. Attitude-Behavior Relations: A Theoretical Analysis and Review of Empirical Research. Psychological Bulletin, 1977, **84** (5), 888–918.

Alexander, C.N. Attitude as a Scientific Concept. Social Forces, 1966, **45**, 278–281.

Allport, G.W. Attitudes. In C. Murchison (Ed.), Handbook of Social Psychology. Worcester, Mass.: 1935, 798–844.

Allport, G.W. The Nature of Prejudice. Boston–Cambridge, Mass.: 1959.

Allport, G.W. & Vernon, P.E. A Test for Personal Values. Journal of Abnormal and Social Psychology, 1931, **26**, 231–248.

Andersen, E.B. Das mehrkategorielle logistische Testmodell. In W.F. Kempf (Hrsg.), Probalistische Modelle in der Sozialpsychologie. Bern: 1974, 57–80.

Andritzky, K. Die Operationalisierbarkeit von Theorien zum Konsumentenverhalten. Berlin: 1976.

Anttila, M. Consumer Price Perception. Helsinki: 1977.

Arndt, J. & Grønhaug, K. Exploring. Relations among Awareness, Attitude, and Behavior. European Journal of Marketing, 1978, **12** (2), 171–177.

Aronson, E. & Goldon, B.W. The Effect of Relevant and Irrelevant Aspects of Communicator Credibility on Opinion Change. Journal of Personality, 1962, **30** (2), 135–146.

Aspler, R. & Sears, D.O. Warning, Personality, Involvement, and Attitude Change. Journal of Personality and Social Psychology, 1968, **9**, 162–166.

Axelrod, J.N. Attitude Measures that Predict Purchase. Journal of Advertising Research, 1968, **8** (1), 3–17.

Baggaley, A.R. Principal-Components Analysis of Counterculture and Opposing Values. Proceedings of the 81st Annual Convention of the American Psychological Association, Montreal, Canada 1973, (Vol. 8), Washington, D.C., American Psychological Association: 1973, 51–52.

Bagozzi, R.P. Causal Models in Marketing. New York, N.Y.: 1980.

Bandura, A. Social Learning Through Imitation. In M.R. Johnes (Ed.), Nebraska Symposium on Motivation. Lincoln, Nebr.: 1962, 211–269.

Bandura, A. Vicarious Processes: A Case of No-trial Learning. In L. Berkowitz (Ed.), Advances in Experimental Social Psychology, (Vol. 2), New York, N.Y.: 1965.

Bandura, A. & Walters, R.H. Social Learning and Personality Development. New York, N.Y.: 1963.

Bargel, T. Überlegungen und Materialien zu Wertdisparitäten und Wertwandel in der

BRD. In H. Klages & P. Kmieciak (Hrsg.), Wertwandel und Gesellschaftlicher Wandel. Frankfurt/M, New York, N.Y.: 1979, 147–184.

Bartelt, M. Der Wandel des gesellschaftlichen Wertsystems als Orientierung für einen Neuen Lebensstil – verzichten oder verändern. Opladen: 1978, 73–121.

Bass, F.M., Pessemier, E.A. & Lehmann, D.R. An Experimental Study of Relationships Between Attitudes, Brand Preference, and Choice. Behavioral Science, 1972, **17** (6), 532–541.

Bauer, E. Markt-Segmentierung als Marketing–Strategie. Berlin, München: 1976.

Bauer, H. Die Magnitudekalierung – Eine Alternative zur Kategorial- und Ähnlichkeitskalierung. Unveröffentlichtes Manuskript. Universität Mannheim, Institut für Marketing: 1980.

Bebié, A. Käuferverhalten und Marketing-Entscheidung. Konsumgütermarketing aus der Sicht der Behavioral Sciences. Wiesbaden: 1978.

Bechtel, G.J. Folded and Unfolded Scaling from Preferential Paired Comparisons. Journal of Mathematical Psychology, 1968, **5**, 333–357.

Beckwith, N.E. & Lehmann, D.R. The Importance of Differential Weights in Multiple Attribute Models of Consumer Attitude. Journal of Marketing Research, 1973, **10**, 141–145.

Bem, D.J. Self-Perception Theory. In L. Berkowitz (Ed.), Advances in Experimental Social Psychology (Vol. 6), New York, N.Y.: 1972, 1–62.

Benninghaus, H. Soziale Einstellungen und soziales Verhalten. In G. Albrecht, H. Werbik & G. Winter (Hrsg.), Soziologie. Opladen: 1973, 671–707.

Bergler, R. Sauberkeit. Norm – Verhalten – Persönlichkeit. Bern, Stuttgart, Wien: 1974.

Bergler, R. & Six, B. Stereotype und Vorurteile. In K.F. Graumann (Hrsg.), Handbuch der Psychologie 7, Bd. 2: Sozialpsychologie, Göttingen: 1972, 1371–1432.

Berlo, D.K., Lemert, J.B. & Mertz, R.J. Dimensions for Evaluating the Acceptability of Message Sources. Public Opinion Quarterly, 1969, **33**, 563–576.

Bettman, J.R. An Information Processing Theory of Consumer Choice. Reading, Mass. u.a.: 1979.

Bettman, J.R., Capon, N. & Lutz, R.J. Information Processing in Attitude Formation and Change. Communication Research, 1975, **2** (3), 267–278.

Bettman, J.R., Capon, N. & Lutz, R.J. Multiattribute Measurement Models and Multiattribute Attitude Theory: A Test of Construct Validity. Journal of Consumer Research, 1975, **1**, 1–15.

Birnbaum, A. Some Latent Trait Models and Their Use in Inferring an Examinee's Ability. In F.M. Lord & M.R. Novick (Eds.), Statistical Theories of Mental Test Scores. Reading, Mass.: 1968, 397–479.

Bonfield, E.H. Attitude, Social Influence, Personal Norms, and Intention Interactions as Related to Brand Purchase Behavior. Journal of Marketing Research, 1974, **11**, 379–389.

Brannon, R. Attitudes and the Prediction of Behavior. In B. Seidenberg & A. Snadowsky (Eds.), Social Psychology. An Introduction. New York, N.Y.: 1976, 145–198.

Brehm, J.W. An Theory of Psychological Reactance. New York, N.Y.: 1966.

Breitung, A. Kritische Analyse der Validitätsproblematik von Verfahren der Einstellungsmessung – Ein methodologischer Beitrag zum Design von Einstellungskalierungen. In H. Meffert, H. Steffenhagen & H. Freter (Hrsg.), Konsumentenverhalten und Information. Wiesbaden: 1979, 209–224.

Bruhn, M. Das soziale Bewußtsein von Konsumenten. Erklärungsansätze und Ergebnisse einer empirischen Untersuchung in der Bundesrepublik Deutschland. Wiesbaden: 1978.

Bungard, W. & Lück, H.E. Forschungsartefakte und nicht-reaktive Meßverfahren. Stuttgart: 1974.

Campbell, D.T. The Indirect Assessment of Social Attitudes. Psychological Bulletin, 1950, **47** (1), 15–38.

Campbell, D.T. & Fiske, D.W. Convergent and Discriminant Validation by the Multitrait-Multimethod Matrix. Psychological Bulletin, 1959, **56** (2), 81–105.

Campbell, D.T. & Fiske, D.W. Convergent and Discriminant Validation by the Multitrait-Multimethod Matrix. In M. Fishbein (Ed.), Readings in Attitude Theory and Measurement. New York, London, Sydney: 1967, 282–289.

Chaiken, S. & Eagley, A.H. Communication Modality as a Determinant of Message Persuasiveness and Message Comprehensibility. Journal of Personality and Social Psychology, 1976, **34**, 605–614.

Cohen, J.B., Fishbein, M. & Ahtola, O.T. The Nature and Uses of Expectancy-Value Models in Consumer Attitude Research. Journal of Marketing Research, 1972, **9** (4), 456–460.

Corey, St.M. Professed Attitudes and Actual Behavior. Journal of Educational Psychology, 1937, **28**, 271–280.

Cranach, M.v., Irle, M. & Vetter, H. Größe und Richtung der Änderung sozialer Einstellungen als Funktion ihrer Verankerung in Wertsystemen. In M. Irle (Hrsg.), Texte aus der experimentellen Sozialpsychologie. Neuwied, Berlin: 1969, 343–377.

Cummings, W.H. & Venkatesan, M. Cognitive Dissonance and Consumer Behavior: A Review of the Evidence. In M.J. Schlinger (Ed.), Advances in Consumer Research (Vol. 2), Chicago, Ill.: 1975, 21–31.

Davidson, A.R. The Prediction of Family Planning Intentions. Unpublished Doctoral Dissertation, University of Illinois: 1973.

Dawes, R.M. Fundamentals of Attitude Measurement. New York, N.Y.: 1972. Deutsche Übersetzung und Bearbeitung von B. Six & H.J. Henning, Grundlagen der Einstellungsmessung. Weinheim, Basel: 1977.

Dawes, R.M., Singer, D. & Lemons, F. An Experimental Analysis of the Contrast Effect and its Implications for Intergroup Communication and the Indirect Assessment of Attitude. Journal of Personality and Social Psychology, 1972, **21**, 281–295.

DeFleur, M.C. & Westie, F.R. Attitude as a Scientific Concept. Social Forces, 1963, **41**, 17–31.

DeVries, D.L. & Ajzen, J. The Relationship of Attitudes and Normative Beliefs to Cheating in College. Journal of Social Psychology, 1971, **83**, 199–207.

Dichtl, E. Die Bildung von Konsumententypen als Grundlage der Marktsegmentierung. WiSt. (Wirtschaftswissenschaftliches Studium), 1974, **3** (2), 54–59.

Dichtl, E. & Schobert, R. Mehrdimensionale Skalierung. Methodische Grundlagen und betriebswirtschaftliche Anwendungen. München: 1979.

Dubois, B. Ideal Point versus Attribute Models of Brand Preference: A Comparison of Predictive Validity. In M.J. Schlinger (Ed.), Advances in Consumer Research (Vol. 2) University of Illinois at Chicago Circle: 1975, 321–333.

Eagley, A.H. Comprehensibility of Persuasive Arguments as a Determinant of Opinion Change. Journal of Personality and Social Psychology, 1974, **29**, 758–773.

Eagley, A.H. & Himmelfarb, S. Attitudes and Opinions. Annual Review of Psychology, 1978, **29**, 517–554.

Eagley, A.H. & Warren, L. Intelligence, Comprehension and Opinion Change. Journal of Personality, 1976, **44** (3), 266–242.

Edwards, A.L. Techniques of Attitude Scale Construction. New York, N.Y.: 1957.

Edwards, A.L. & Kenny, K.C. A Comparison of the Thurstone and Likert Techniques of Attitude Scale Construction. Journal of Applied Psychology, 1964, **30** (1), 72–83.

Ehrlich, H.J. Attitudes, Behavior, and the Intervening Variables. The American Sociologist, 1969, **4**, 29–34.

Engel, J.F., Blackwell, R.D. & Kollat, D.T. Consumer Behavior (3rd ed.), Hinsdale, Ill.: 1978.

England, G.W. Personal Value Systems of American Managers. Academy of Managment Journal, 1967, **10** (1), 53–68.

Eyfert, K. & Kreppner, K. Entstehung, Konstanz und Wandel von Einstellungen. In C.F. Graumann (Hrsg.), Handbuch der Psychologie, Bd. 7, (2. Aufl.), Göttingen: 1972, Sp. 1342–1370.

Faison, E.W.J. Experimental Comparison of the Effectiveness of One-Sided and Two-Sided Mass Communications on the Influence of Economic Attitudes. Paper presented at a meeting of the American Association of Public Opinion Research. Berkeley, CA.: 1961.

Fendrick, J.M. A Study of the Association Among Verbal Attitudes, Commitment, and Overt Behavior in Different Experimental Situations. Social Forces, 1967, **45**, 347–355.

Festinger, L. A Theory of Cognitive Dissonance. Evanston, Ill.: 1957. Deutsch: M. Irle & V. Möntmann (Hrsg.), L. Festinger. Theorie der kognitiven Dissonant. Bern, Stuttgart, Wien: 1978.

Festinger, L. & Maccoby, N. On Resistance to Persuasive Communication. Journal of Abnormal and Social Psychology, 1964, **68**, 359–366.

Fishbein, M. The Relationship between Beliefs, Attitudes, and Behavior. In S. Feldman (Ed.), Cognitive Consistency. New York, N.Y.: 1966, 199–233.

Fishbein, M. (Ed.) Readings in Attitude Theory and Measurement. New York, N.Y. u.a.: 1967.

Fishbein, M. Attitude and the Prediction of Behavior. In M. Fishbein (Ed.), Readings in Attitude Theory and Measurement. New York, N.Y. u.a.: 1967a, 477–492.

Fishbein, M. The Search for Attitudinal-Behavior Consistency. In J.B. Cohen (Ed.), Behavioral Science Foundations of Consumer Behavior. New York, N.Y.: 1972, 245–252.

Fishbein, M. & Ajzen, J. Attitudes and Opinions. Annual Review of Psychology, 1972, **23**, 487–544.

Fishbein, M. & Ajzen, J. Attitudes Toward Objects as Predictors of Single and Multiple Behavioral Criteria. Psychological Review, 1974, **81**, 59–74.

Fishbein, M. & Ajzen, J. Belief, Attitude, Intention, and Behavior: An Introduction to Theory and Research. Reading, Mass. u.a.: 1975.

Fishbein, M. & Raven, B.H. The AB Scales: An Operational Definition of Belief and Attitudes. Human Relations, 1962, **15**, 35–44.

Freedman, J.L. & Sears, D.O. Warning, Distraction, and Resistance to Influence. Journal of Personality and Social Psychology, 1965, **1**, 262–266.

Freter, H. Interpretation und Aussagewert mehrdimensionaler Einstellungsmodelle im Marketing. In H. Meffert, H. Steffenhagen & H. Freter (Hrsg.), Konsumentenverhalten und Information. Wiesbaden: 1979, 163–184.

Frey, D. Überblick über kognitive Konsistenztheorien. In H. Crott & F.G. Müller (Hrsg.), Sozial- und Wirtschaftspsychologie. Hamburg: 1978, 13–33.

Frey, D. Einstellungsforschung: Neuere Ergebnisse der Forschung über Einstellungsänderungen. Marketing. Zeitschrift für Forschung und Praxis, 1979, **1** (1), 31–45.

Friedland, D.L. & Carlson, E.R. A Factorial Study of Moral Value Judgments. Proceedings of the 81st Annual Convention of the American Psychological Association. Montreal, Canada 1973 (Vol. 8), Washington, D.C.: 1973, 317–318.

Friedrichs, J. Werte über soziales Handeln. Ein Beitrag zur soziologischen Theorie. Tübingen: 1968.

Friedrichs, J. Methoden empirischer Sozialforschung. Reinbek: 1973.

Gillig, P.M. & Greenwald, A.G. Is it Time to Lay the Sleeper Effect to Rest? Journal of Personality and Social Psychology, 1974, **29**, 132–139.

Ginter, J.L. & Bass, F.M. An Experimental Study of Attitude Change, Advertising, and Usage in New Product Introduction. Purdue University, Lafayette, Ind. Paper No. 358,: 1972.

Gniech, G. Experimenteller Bias (am Beispiel der Einstellungsforschung). In F. Petermann (Hrsg.), Einstellungsmessung – Einstellungsforschung. Göttingen, Toronto, Zürich: 1980, 85–98.

Goodmonson, C. & Glaudin, V. The Relationship of Commitment-free Behavior and Commitment Behavior: A Study of Attitude Toward Organ Transplantation. Journal of Social Issues, 1971, **27**, 171–183.

Gordon, L.V. Survey of Interpersonal Values. Chicago, Ill.: 1960.

Grabitz-Gniech, G. & Grabitz, H.J. Freiheitseinengung und Psychologische Reaktanz. In D. Frey (Hrsg.), Kognitive Theorien der Sozialpsychologie. Bern, Stuttgart, Wien: 1978, 48–73.

Green, P.E. & Carmone, F.J. Multidimensional Scaling and Related Techniques in Marketing-Analysis. Boston, Mass.: 1970.

Green, P.E. & Rao, V.R. Conjoint Measurement for Quantifying Judgmental Data. Journal of Marketing Research, 1971, **8**, 355–363.

Gross, St.J. & Niman, C.M. Attitude-Behavior Consistency: A Review. The Public Opinion Quarterly, 1975, **39**, 358–368.

Guttman, L.P. A Basis for Scaling Qualitative Data. American Sociological Review, 1944, **9** (3), 139–150.

Guttman, L.P. The Cornell-Technique for Scale and Intensity Analysis. Educational and Psychological Measurement, 1947, **7**, 247–279.

Guttman, L.P. A General Nonmetric Technique for Finding the Smallest Coordinate Space for a Configuration of Points. Psychometrica, 1968, **33**, 469–506.

Haire, M. Projective Techniques in Marketing Research. Journal of Marketing, 1950, **14** (5), 649–656.

Hammann, P. & Erichson, B. Marktforschung. Stuttgart, New York: 1978.

Hammond, K.R. Measuring Attitudes by Error-Choice: An Indirect Method. Journal of Abnormal and Social Psychology, 1948, **43**, 38–48.

Hartmann, H. & Wakenhut, R. Über die Aktualität und Effizienz von Attitudenskalen. Zeitschrift für Sozialpsychologie, 1973, **4**, 195–206.

Harvey, O.J. Personality Factors in Resolution of Conceptual Incongrueties. Sociometry, 1962, **26**, 336–352.

Hazen, M.D. & Kiesler, S.B. Communication Strategies Affected by Audience Opposition, Feedback, and Persuasibility. Speech Monographs, 1975, **42**, 56–68.

Heeler, R.M., Kearney, M.J. & McChaffey, B. Modeling Supermarket Product Selection. Journal of Marketing Research, 1973, **10**, 34–37.

Heider, F. Attitudes and Cognitive Organization. Journal of Psychology, 1946, **21**, 107–112.

Heider, F. The Psychology of Interpersonal Relations. New York, N.Y.: 1958.

Helson, H., Blake, R.R. & Mouton, J.S. An Experimental Investigation of the Effectiveness of the "Big Lie" in Shifting Attitudes. Journal of Social Psychology, 1959, **48**, 51–60.

Herrmann, Th. Lehrbuch der empirischen Persönlichkeitsforschung. Göttingen: 1969.

Hildebrandt, L. Ex-Post-Validierung von Meßmethoden. Unveröffentlichtes Manuskript, TU Berlin, FB 18. Berlin: 1980.

Hildebrandt, L. Modelling of Causal Relationships between Attitudes Towards Consumer Information. Paper presented at the Annual Colloquium of European Economic Psychologists, Leuven, Brussels: 1980a.

Hildebrandt, L. Konfirmatorische Analysen von Verhaltens-Theorien. Eine Studie über Einstellungen und Werten zur Prognose von Kaufverhalten (Arbeitstitel), Dissertation TU Berlin (in Vorbereitung): 1981.

Hilliard, A.L. The Forms of Value. New York, N.Y.: 1950.

Hofstätter, P.R. Einführung in die Sozialpsychologie, (4. Aufl.). Stuttgart: 1966.

Holbrook, M.B. Comparing Multiattribute Attitude Models by Optimal Scaling. Journal of Consumer Research, 1977, **4** (3), 165–171.

Hovland, C.J. Janis, J.L. & Kelley, H.H. Communication and Persuasion. Psychological Studies of Opinion Change. New Haven: 1953.

Hovland, C.J. & Weiss, W. The Influence of Source Credibility of Communication Effectiveness. Public Opinion Quarterly, 1951, **15**, 635–650.

Howard, J.A. Consumer Behavior: Application of Theory. New York, N.Y. u.a.: 1977.

Hunt, H.K. (Ed.). Conceptualization and Measurement of Consumer Satisfaction and Dissatisfaction. Proceedings of Conference Conducted by Marketing Science Institute. Cambridge, Mass.: 1977.

Inglehart, R. The Silent Revolution. Princeton, N.J.: 1977.

Inglehart, R. Wertwandel in den westlichen Gesellschaften: Politische Konsequenzen von materialistischen und post-materialistischen Prioritäten. In H. Klages & P. Kmieciak (Hrsg.), Wertwandel und gesellschaftlicher Wandel. Frankfurt/M., New York: 1979, 279–316.

Insko, C.A. & Schopler, J. Triadic Consistency: A Statement of Affective-Cognitive-Conative Consistency. Psychological Review, 1967, **74**, 361–376.

Irle, M. Eine Analyse von Beziehungen zwischen verwandten Einstellungen und Kenntnissen über den Gegenstand der Einstellungen. Zeitschrift für Experimentelle und Angewandte Psychologie, 1960, **7**, 547–573.

Irle, M. Entstehung und Änderung von sozialen Einstellungen (Attitüden). In F. Merz (Hrsg.), Bericht über den 25. Kongreß der Deutschen Gesellschaft für Psychologie. Münster 1968. Göttingen: 1967, 194–221.

Irle, M. Lehrbuch der Sozialpsychologie. Göttingen, Toronto, Zürich: 1975.

Irle, M. & Möntmann, V. Die Theorie der kognitiven Dissonanz: Ein Resümee ihrer theoretischen Entwicklung und empirischen Ergebnisse 1957–1976. In L. Festinger: Theorie der kognitiven Dissonanz (hrsg. v. M. Irle & V. Möntmann), Bern, Stuttgart, Wien: 1976, 274–365.

Jacoby, J. Perspectives on a Consumer Information Processing Research Program. Communication Research, 1975, **2** (3), 203–215.

Johns, S., Lannon, J. & Lovell, M.R.C. Theory of "Sleeper Effect". In Thompson Organization Ltd. (Ed.), Ten Years of Advertising Media Research 1962–1971, London: 1972, 141-159.

Johnson, M.M. & Scileppi, J.A. Effects of Ego-Involvement Conditions of Attitude Change to High and Low Credibility Communicators. Journal of Personality and Social Psychology, 1969, **13**, 31–36.

Johnson, R.M. Trade-Off Analysis of Consumer Values. Journal of Marketing Research, 1974, **11**, 121–127.

Jones, E.E. & Davis, K.E. From Acts to Dispositions: The Attribution Process in Person Perception. In L. Berkowitz (Ed.), Advances in Experimental Social Psychology (Vol. 2), New York, N.Y.: 1965, 219–266.

Jones, E.E. & Gerard, H.B. Foundations of Social Psychology. New York, N.Y.: 1967.

Kaas, K.P. Diffusion und Marketing. Das Konsumentenverhalten bei der Einführung neuer Produkte. Stuttgart: 1973.

Kaas, K.P. The Price-Attitude-Response Relationship and Demand Curve Estimation. Working Paper-International Series, Institut für Konsum- und Verhaltensforschung an der Universität des Saarlandes. Saarbrücken: 1980.

Kaas, K.P., Thurstone's "Law of Comparative Judgment". WiSt (Wirtschaftswissenschaftliches Studium), 1980a, **9** (5), 233–235.

Kaas, K.P. & Dieterich, M. Die Entstehung von Kaufgewohnheiten bei Konsumgütern. Marketing. Zeitschrift für Forschung und Praxis, 1979, **1** (1), 13–22.

Kandler, C. Marketing-Management von Warentestinstitutionen. Ein Beitrag zum Non-Business-Marketing und zur Verbraucherpolitik. Berlin: 1980.

Kanouse, D.E. & Abelson, R.P. Language Variables Affecting the Persuasiveness of Simple Communications. Journal of Personality and Social Psychology, 1967, **7**, 158–163.

Kassarjian, H.H. & Nakanishi, M. A Study of Selected Opinion Measurement Techniques. Journal of Marketing Research, 1967, **4**, 148–153.

Katz, D. & Stotland, E. A Preliminary Statement to a Theory of Attitude Structure and Change. In S. Koch (Ed.), Psychology: A Study of a Science (Vol. 3), New York, N.Y.: 1959, 424–475.

Kelley, H.H. Attribution Theory in Social Psychology. In D. Levine (Ed.), Nebraska Symposium on Motivation. Lincoln, Nebr.: 1967, 192–238.

Kerby, J.K. Consumer Behavior. Conceptual Foundations. New York, N.Y.: 1975.

Kerlinger, F.N. Social Attitudes and their Criterial Referents: A Structural Theory. Psychological Review, 1967, **74**, 110–122.

Kidder, L.H. & Campbell, D.T. The Indirect Testing of Social Attitudes. In G.F. Summers (Ed.), Attitude Measurement. Chicago, Ill.: 1970, 333–385.

Klages, H. Handlungsrelevante Probleme und Perspektiven der soziologischen Wertforschung. In H. Lenk (Hg.), Handlungstheorien interdisziplinär IV, Sozialwissenschaftliche Handlungstheorien und spezielle systemwissenschaftliche Ansätze. München: 1977, 291–306.

Klages, H. & Kmieciak, P. (Hrsg.), Wertwandel und gesellschaftlicher Wandel. Frankfurt/M., New York: 1979.

Klenger, F. & Krautter, J. Simulation des Käuferverhaltens. Teil I: Werbewirkung und Käuferverhalten; Teil II: Analyse eines Kaufprozesses? Teil III: Computermodell des Käuferverhaltens. Wiesbaden: 1972.

Kluckhohn, C. Values and Value-Orientation in the Theory of Action. In T. Parsons & E. Shils (Eds.), Toward a General Theory of Action. New York, Evanston: 1962, 388–433.

Kluckhohn, F.R. & Strodtbeck, F.L. Variations in Value Orientations. Evanston,, Ill.: 1961.

Kmieciak, P. Wertstrukturen und Wertwandel – Grundlegungen einer interdisziplinären Wertforschung mit einer Sekundäranalyse von Umfragedaten. Göttingen: 1976.

Krais, A. Lernpsychologie der Markenwahl. Lernpsychologische Grundlagen des Konsumgütermarketing. Frankfurt/M., Zürich: 1977.

Kraus, H. Intermediavergleich. Die Problematik der fallorientierten intermedial vergleichenden Ermittlung der Werbeträgertiefenwirkung. Frankfurt/M., Zürich: 1975.

Krech, D., Crutchfield, R.S. & Ballachey, E.L. Individual in Society. A Textbook of Social Psychology. New York, N.Y.: 1962.

Kroeber-Riel, W. Konsumentenverhalten (2. erw. Aufl.), München: 1980.

Kroeber-Riel, W. Hemberle, G. & Keitz, W.v. Product Differentiation by Emotional Conditioning. A Sucessful Marketing-Strategy in Spite of the Critical Consumer? Working Paper – International Series. Institut für Konsum- und Verhaltensforschung an der Universität des Saarlandes. Saarbrücken: 1979.

Kroeber-Riel, W. & v. Keitz, W. Conditioning of Attitude. A Noninformational Approach in Attitude Formation. Working Paper, International Series, Institut für Konsum- u. Verhaltensforschung an der Universität des Saarlandes. Saarbrücken: 1980.

Lana, R.E. Three Theoretical Interpretations of Order Effects in Persuasive Communications. Psychological Bulletin, 1964, **61**, 314–320.

Lange, L. Konditionierung und Einstellungsänderung. Zeitschrift für Psychologie, 1971, **179** (3), 300–331.

LaPiere, R.T. Attitudes vs. Actions. Social Forces, 1934, **13**, 230–237.

Latané, B. & Rodin, J. A Lady in Distress: Inhibiting Effects of Friends and Strangers on Bystander Intervention. Journal of Experimental Social Psychology, 1969, **5**, 189–201.

Lazarsfeld, P.F. Logical and Methematical Foundations of Latent Structure Analysis. In S.A. Stouffer, L. Guttman, E.A. Suchman & P.F. Lazarsfeld (Eds.), Measurement and Prediction. Princeton, N.J.: 1950, 362–412.

Lazarsfeld, P.F. Latent Structure Analysis. In S. Koch (Ed.), Psychology: A Study of a Science, (Vol. 2), New York, N.Y.: 1959, 476–543.

Lehmann, D.R. Television Show Preference: Application of a Choice Model. Journal of Marketing Research, 1971, **8**, 47–55.

Leventhal, H. & Perloe, S.J. A Relationship between Self-Esteem and Persuasibility. Journal of Abnormal and Social Psychology, 1962, **64**, 355–388.

Lewin, K. Repression, Retrogression, and Development. In K. Lewin (Ed.), Field Theory in Social Science. New York, N.Y.: 1951, 87–129.

Lienert, G.A. Testaufbau und Testanalyse (3. Aufl.). Weinheim, Berlin, Basel: 1969.

Likert, M. A Technique for the Measurement of Attitudes. Archives of Psychology, 1932, **140**, 44–53.

Liska, A.E. Emergent Issues in the Attitude-Behavior Consistency Controversy. American Sociological Review, 1974, **39**, 261–272.

Lohman, J.D. & Reitzes, D.C. Deliberately Organized Groups and Racial Behavior. American Sociological Review, 1954, **19**, 342–348.

Lovejoy, A.O. Terminal and Adjectival Values. Journal of Philosophy, 1950, **47**, 593–608.

Lutte, G. Mönks, F., Sarti, S. & Preun, H. Leitbilder und Ideale der europäischen Jugend. Ratingen: 1970.

Maslow, A.H. Motivation and Personality (2nd ed.). New York, Evanston, London: 1970.

Mazanec, J. Probabilistische Meßverfahren in der Marketingforschung. Ein empirischer Anwendungsversuch zur Planung absatzpolitischer Strategien des Imagetransfers. Marketing. Zeitschrift für Forschung und Praxis, 1979, **1**, 174–186.

Mazis, M.B., Ahtola, O.T. & Klippel, R.E. A Comparison of Four Multi-Attribute Models in the Prediction of Consumer Attitudes. Journal of Consumer Research, 1975, **2**, 38–52.

McGinley, E., LeFevre, R. & McGinley, P. The Influence of a Communicator's Body Position on Opinion Change in Others. Journal of Personality and Social Psychology, 1975, **31**, 686–690.

McGuire, W.J. Order of Presentation as a Factor in "Conditioning" Persuasiveness. In C.J. Hovland (Ed.), The Order of Presentation in Persuasion. New Haven, Conn.: 1957, 98–114.

McGuire, W.J. Inducing Resistance to Persuasion – Some Contemporary Approaches. In L. Berkowitz (Ed.), Advances in Experimental Social Psychology (Vol. 1), New York, N.Y.: 1964, 191–229.

McGuire, W.J. The Current Status of Cognitive Consistency Theories. In S. Feldman (Ed.), Cognitive Consistency: Motivational Antecedents and Behavioral Consequents. New York, N.Y.: 1966, 1–46.

McGuire, W.J. Personality and Attitude Change: An Information-Processing Theory. In A.G. Greenwald, T.C. Brock & T.M. Ostrom (Eds.), Psychological Foundations of Attitudes. New York, N.Y.: 1968, 171–196.

McGuire, W.J. The Value of Attitudes and Attitude Change. In G. Lindzey & E. Aronson (Eds.), The Handbook of Social Psychology (Vol. 3), Reading, Mass.: 1969, 136–314.

McGuire, W.J. Attitude Change: The Information-Processing Paradigm. In C.G. McClintock (Ed.), Experimental Social Psychology. New York, N.Y.: 1972, 108–141.

Mees, U. & Kehl, D. Ein Vorschlag zur Neudefinition des Einstellungskonzepts. Psychologische Beiträge, 1979, **21**, 294–309.

Meinefeld, W. Einstellung und soziales Handeln. Reinbek: 1977.

Milgram, S., Mann, L & Harter, S. The Lost-Letter Technique of Social Research. Public Opinion Quarterly, 1965, **29**, 437–438.

Miller, N. Involvement and Dogmatism as Inhibitors of Attitude Change. Journal of Experimental Social Psychology, 1965, **1**, 121–132.

Miller, U.E. A Situational Multi-Attribute Attitude Model. In M.J. Schlinger (Ed.), Advances in Consumer Research (Vol. 2), University of Illinois at Chicago Circle: 1975, 455–463.

Mokken, R.J. A Theory and Procedure of Scale Analysis. The Hague: 1971.

Moos, R.H. Conceptualizations of Human Environments. American Psychologist, 1973, **28**, 652–665.

Morris, C.W. Varieties of Human Value (2nd ed.). Chicago, Ill.: 1965.

Müller-Fohrbrodt, G., Häfele, A., Häfele, M., Kaden, W., Wandel, I. & Wieken, W. Analyse des Fragebogens zur Erfassung sozialer Werte. Übertragung des Survey of Interpersonal Values von L.V. Gordon, Arbeitsbericht aus dem Sonderforschungsbereich 23 der Universität Konstanz. Konstanz: 1975.

Nadel, S.F. The Foundations of Social Anthropology (2nd ed.). Glencoe, Ill.: 1953.

Newcomb, T.M. Social Psychology. London: 1952.

Newcomb, T.M. Individual System of Orientation. In S. Koch (Ed.), Psychology: A Study of a Science (Vol. 3), New York, N.Y.: 1959, 384–422.

Newtson, D. & Czerlinsky, T. Adjustment of Attitude Communications for Contrasts by Extreme Audiences. Journal of Social Psychology, 1974, **30**, 829–837.

Nuttin, J.M. The Illusion of Attitude Change: Towards a Response Contagion Theory of Persuasion. New York, Leuven: 1975.

Olson, J.C. & Mitchell, A.A. The Process of Attitude Acquisition: The Value of a Developmental Approach to Consumer Attitude Research. In M.J. Schlinger (Ed.), Advances in Consumer Research (Vol. 2), University of Illinois at Chicago Circle: 1975, 249–264.

Oppermann, R. Einstellungen und Verhaltensabsicht. Eine Studie zur schulischen Weiterbildung. Darmstadt: 1976.

Osgood, C.E. The Natur and Measurement of Meaning. Psychological Bulletin, 1952, **49**, 197–237.

Osgood, C.E. Psycholinguistics. In S. Koch (Ed.), Psychology: A Study of a Science (Vol. 6), New York, N.Y.: 1963, 244–316.

Osgood, C.E. Suci, G.J. & Tannenbaum, P.H. The Measurement of Meaning. Urbana Ill.: 1975.

Osgood, C.E. & Tannenbaum, P.H. The Principle of Congruity in the Prediction of Attitude Change. Psychological Review, 1955, **62**, 42–55.

Ostrom, T.M. The Relationship between the Affective, Behavioral and Cognitive Components of Attitude. Journal of Experimental Social Psychology, 1969, **5** (1).

Papageorgis, D. Warning and Persuasion. Psychological Bulletin, 1968, **70**, 271–282.

Petermann, F. Einstellung und Verhalten: Eine methodenkritische Einordnung einer sozialpsychologischen Fragestellung. In St.E. Hormuth (Hrsg.), Sozialpsychologie der Einstellungsänderung. Königstein/Ts.: 1979, 247–262.

Petermann, F. (Hrsg.) Einstellungsmessung – Einstellungsforschung. Göttingen, Toronto, Zürich: 1980.

Petermann, F. Einstellungsmessung und -forschung: Grundlagen, Ansätze und Probleme. In F. Petermann (Hrsg), Einstellungsmessung – Einstellungsforschung. Göttingen, Toronto, Zürich: 1980a, 9–36.

Petermann, F. Erfassung und quantitative Beschreibung von Einstellungsänderungen. In F. Petermann (Hrsg.), Einstellungsmessung – Einstellungsforschung. Göttingen, Toronto, Zürich: 1980b, 195–215.

van Raaij, F. Consumer Evaluation Processes with Regard to Multi-Attribute Alternatives. Tilburg Papers on Consumer Evaluation Processes. No. 10, Tilburg (Netherlands): 1976.

Raffée, H. & Fritz, W. Informationsüberlastung des Konsumenten. In Graf C. Hoyos, W. Kroeber-Riel, L. v. Rosenstiel & B. Strümpel (Hrsg.), Grundbegriffe der Wirtschaftspsychologie. München: 1980, 83–90.

Raffée, H., Sauter, B. & Silberer, G. Theorie der kognitiven Dissonanz und Konsumgüter-Marketing. Der Beitrag der Theorie der kognitiven Dissonanz zur Erklärung und Gestaltung von Kaufentscheidungen bei Konsumgütern. Wiesbaden: 1973.

Raju, P.S., Bhagat, R.S. & Sheth, J.N. Predictive Validation and Cross-Validation of the Fishbein, Rosenberg, and Sheth Models of Attitudes. In M.J. Schlinger (Ed.), Advances in Consumer Research (Vol. 2), University of Illinois at Chicago Circle: 1975, 405–425.

Rasch, G. Probabilistic Models for Some Intelligence and Attainment Tests. Kopenhagen: 1960.

Razran, G. Conditioned Response Changes in Rating and Appraising Sociopolitical Slogans. Psychological Bulletin, 1940, **37**, p. 418.

Reierson, C.G. Attitude Changes Toward Foreign Products. Journal of Marketing Research, 1967, **4** (4), 385–387.

Renn, H. Die Messung von Sozialisierungswirkungen. München: 1973.

Rhine, R.T. & Severance, L.T. Ego-Involvement, Discrepancy, Source Credibility, and Attitude Change. Journal of Personality and Social Psychology, 1970, **16**, 175–190.

Rine, R.J. & Polowniak, W.A.J. Attitude Change, Commitment, and Ego-Involvememt. Journal of Personality and Social Psychology, 1971, **19**, 247–250.

Robinson, J.P. & Shaver, P.R. Measures of Social Psychological Attitudes. Ann Arbor, Mich.: 1969.

Rogers, E.M. Diffusion of Innovations. New York, London: 1962.

Rokeach, M. Value Survey. Sunnyvale, Calif.: 1967.

Rokeach, M. Beliefs, Attitudes, and Values. A Theory of Organization and Change. San Francisco, Calif.: 1968.

Rokeach, M. The Measurement of Values and Value Systems. In G. Abcarian & W. Soule (Eds.), Social Policy and Political Behavior. Columbus, Ohio: 1971, 21–39.

Rokeach, M. The Nature of Human Values. New York, N.Y.: 1973.

Rokeach, M. & Kliejunas, P. Behavior as a Function of Attitude-Toward-Object and Attitude-Toward-Situation. Journal of Personality and Social Psychology, 1972, **22**, 194–201.

Rokeach, M. & Mezei, L. Race and Shared Belief as Factors in Social Choice. Science, 1966, **151**, 167–172.

Roloff, S. Ein Mediaselektionsmodell zur optimalen Bestimmung der zahlenmäßigen und zeitlichen Streuung von Werbeeinschaltungen und Werbeträgern. Dissertation Saarbrücken: 1974.

Ronneberger, F. (Hrsg.) Sozialisation durch Massenkommunikation. Stuttgart: 1971.

Rosenberg, M.J. Cognitive Structure and Attitudinal Affect. Journal of Abnormal and Social Psychology, 1956, **53**, 367–372.

Rosenberg, M.J. An Analysis of Affective-Cognitive Consistency. In C.I. Hovland & M.J. Rosenberg (Eds.), Attitude Organization and Change. An Analysis of Consistency Among Attitude Components. New Haven, London: 1960, 15–64.

Rosenberg, M.J. A Structural Theory of Attitude Dynamics. Public Opinion Quarterly, 1960a, **24**, 319–340.

Rosenberg, M.J. Inconsistency Arousal and Reduction in Attitude Change. In I.D. Steiner & M. Fishbein (Eds.), Current Studies in Social Psychology, New York, N.Y.: 1965, 121–134.

Rosnow, R.L. Whatever Happened to the "Law of Primacy"? Journal of Communication, 1966, **16**, 10-31.

Rudolp, W. Die amerikanische "Cultural Anthropology" und das Wertproblem. Berlin: 1959.

Ryan, M.J. & Bonfield, E.H. The Fishbein Extended Model and Consumer Behavior. Journal of Consumer Research, 1975, **2**, 118–136.

Saenger, G. & Gilbert, E. Customer Reactions to the Integration of Negro Sales Personnel. International Journal of Opinion and Attitude Research, 1950, **4**, 57–79.

Saffir, M.A. A Comparative Study of Scales Constructed by Three Psycho-physical Methods. Psychometrica, 1937, **2**, 179–198.

Scheuch, E.K. & Zehnpfennig, H. Skalierungsverfahren in der Sozialforschung. In R. König (Hrsg.), Handbuch der empirischen Sozialforschung. Bd. 3a: Grundlegende Methoden und Techniken, 2. Teil (3. erw. Aufl.), Stuttgart: 1974, 97–203.

Scholl-Schaaf, M. Werthaltungen und Wertsystem – Ein Plädoyer für die Verwendung des Wertkonzepts in der Sozialpsychologie. Bonn: 1975.

Schulman, G.J. & Worrall, C. Salience Patterns, Source Credibility, and the Sleeper Effect. Public Opinion Quarterly, 1970, **34**, 371–382.

Schweiger, G. Ergebnisse einer Image-Transfer-Untersuchung. In Österreichische Werbewissenschaftliche Gesellschaft (Hrsg.), Die Zukunft der Werbung. Bericht der 25. Werbewissenschaftlichen Tagung. Wien, München: 1978, 129–138.

Schulz, R. Kaufentscheidungsprozesse des Konsumenten. Wiesbaden: 1972.

Scitovsky, T. Psychologie des Wohlstands. Die Bedürfnisse des Menschen und der Bedarf des Verbrauchers. Frankfurt/M., New York: 1977.

Scott, J.E. & Lamont, L.M. Relating Consumer Values to Consumer Behavior: A Model and Method for Investigation. In T.W. Greer (Ed.), Increasing Marketing Productivity. Chicago, Ill.: 1973, 283–288.

Secord, P.F. & Backman, C.W. Social Psychology (2nd ed.), New York, N.Y.: 1974.

Shaw, M.E. & Wright, J.M. Scales for the Measurement of Attitudes. New York, N.Y. etc.: 1967.

Shepard, R.N., Romney, A.K. & Nerlove, S.B. (Eds.) Multidimensional Scaling, (Vol. 1): Theory; (Vol. 2): Applications, New York, London: 1972.

Sherif, C.W., Kelly, M., Rodgers, H.L., Sarup, G. & Tittler, B.I. Personal Involvement, Social Judgment, and Action. Journal of Personality and Social Psychology, 1973, **27**, 311–328.

Sherif, M. & Hovland, C.J. Social Judgement: Assimilation and Contrast Effects in Communication and Attitude Change. New Haven, Conn.: 1961.

Sheth, J.N. Affect, Behavioral Intention, and Buying Behavior as a Function of Evaluative Beliefs. In P. Pellemans (Ed.), Insights in Consumer and Market Behavior. Namur, Belgien: 1971, 98–124.

Sheth, J.N. A Field Study of Attitude Structure and Attitude-Behavior Relationship. In J.N. Sheth (Ed.), Models of Buyer Behavior: Conceptual, Quantitative, and Empirical. New York, N.Y.: 1974, 242–268.

Silberer, G. Warentest – Informationsmarketing – Verbraucherverhalten. Die Verbreitung von Gütertestinformationen und deren Verwendung im Konsumentenbereich. Berlin: 1979.

Silberer, G. Dissonanz bei Konsumenten. In Graf C. Hoyos, W. Kroeber-Riel, L. v. Rosenstiel & B. Strümpel (Hrsg.), Grundbegriffe der Wirtschaftspsychologie. München: 1980, 344–351.

Silberer, G. Reaktanz bei Konsumenten. In Graf C. Hoyos, W. Kroeber-Riel, L. v. Rosenstiel & B. Strümpel (Hrsg.), Grundbegriffe der Wirtschaftspsychologie. München: 1980a, 386–391.

Silverthorne, C.P. & Mazmanian, L. The Effects of Heckling and Media of Presentation on the Impact of a Persuasive Communication. Journal of Social Psychology, 1975, **96**, 229–236.

Six, B. Die Relation von Einstellung und Verhalten. Zeitschrift für Sozialpsychologie, 1975, **6**, 270–296.

Six, B. Das Konzept der Einstellung und seine Relevanz für die Vorhersage des Verhaltens. In F. Petermann (Hrsg.), Einstellungsmessung – Einstellungsforschung. Göttingen, Toronto, Zürich: 1980, 55–84.

Sixtl, F. Meßmethoden der Psychologie. Weinheim: 1967.

Snyder, M. & Rothbart, M. Communicator Attractiveness und Opinion Change. Canadian Journal of Behavioral Science, 1971, **3** (4), 377–387.

Solomon, R. An Extension of Control Group Design. Psychological Bulletin, 1949, **46**, 137–150.

Spiegel, B. Die Struktur der Meinungsverteilung im sozialen Feld. Bern, Stuttgart: 1961.

Spranger, E. Lebensformen. Geisteswissenschaftliche Psychologie und Ethik der Persönlichkeit (6. Aufl.). Halle: 1927.

Staats, A.W. Learning, Language, and Cognition. London: 1968.

Staats, A.W. & Staats, C.K. Attitudes Established by Classical Conditioning. In M. Fishbein (Ed.), Attitude Theory and Measurement. New York, London, Sydney: 1967, 377–381.

Stiksrud, H.A. Diagnose und Bedeutung individueller Werthierarchien. Frankfurt/M., Bern: 1976.

Stiksrud, H.A. Zur Operationalisierung von Wertpräferenzen. In H. Klages & P. Kmieciak (Hrsg.), Wertwandel und gesellschaftlicher Wandel. Frankfurt/M., New York: 1979, 463–479.

Stosberg, M. Klassische Ansätze in der Einstellungsmessung. In F. Petermann (Hrsg.), Einstellungsmessung – Einstellungsforschung. Göttingen, Toronto, Zürich: 1980, 99–116.

Stouffer, S.A., Guttman, L., Suchman, E.A. & Lazarsfeld, P.F. Measurement and Prediction. Princeton, N.J.: 1950.

Streufert, S. & Fromkin, H.L. Cognitive Complexity and Social Influence. In J.T. Tedeschi (Ed.), The Social Influence Process. Chicago, Ill.: 1972, 150–196.

Strümpel, B. Die Krise des Wohlstands. Das Modell einer humanen Wirtschaft. Stuttgart u.a.: 1977.

Süllwold, F. Theorie und Methodik der Einstellungsmessung. In C.F. Graumann (Hrsg.), Handbuch der Psychologie, Bd. 7: Sozialpsychologie, 1. Halbband. Göttingen: 1969, 475–514.

Summers, G.F. (Ed.) Attitude Measurement. Chicago, Ill.: 1970.

Tedeschi, J.T., Schlenker, B.R. & Bonoma, T.U. Cognitive Dissonance: Private Ratiocination or Public Spectable? American Psychologist, 1971, **26**, 685–695.

Tesser, A. & Cowan, C.L. Some Effects of Thought and Number of Cognitions on Attitude Change. Social Behavior and Personality, 1975, **3**, 165–173.

Thomas, L. Conjoint Measurement als Instrument der Absatzforschung. Marketing. Zeitschrift für Forschung und Praxis, 1979, **1** (3), 199–211.

Thurstone, L.L. The Measurement of Social Attitudes. Journal of Abnormal and Social Psychology, 1931, **26**, 249–269.

Thurstone, L.L. The Measurement of Values. Chicago, Ill.: 1959.

Thurstone, L.L. & Chave, E.J. The Measurement of Attitude. Chicago, Ill.: 1929.

Tietz, B. Die Möglichkeiten und Grenzen der Imageforschung im Einzelhandel. In Betriebswirtschaftliche Beratungsstelle für den Einzelhandel (Hrsg.), Sonderschrift Nr. 50 der Schriften zur Berufs- und Betriebsförderung im Einzelhandel. Köln: 1969, 20–35.

Tittle, Ch.R. & Hill, R.J. Attitude Measurement and Prediction of Behavior: An Evaluation of Conditions and Measurement Techniques. Sociometry, 1967, **30** (2), 199–213.

Torgerson, L.R. Theory and Methods of Scaling. New York, N.Y.: 1958.

Triandis, H.C. Exploratory Factor Analysis of the Behavioral Component of Social Attitudes. Journal of Abnormal and Social Psychology, 1964, **68**, 420–430.

Triandis, H.C. Towards an Analysis of the Components of Interpersonal Attitudes. In C.W. Sherif & M. Sherif (Eds.), Attitude, Ego-Involvement, and Change. New York, N.Y.: 1967, 227–270.

Triandis, H.C. Attitude and Attitude Change. New York, N.Y.: 1975/Einstellungen und Einstellungsänderungen. Übersetzt und bearbeitet von B. Six und K.-H. Steffens. Weinheim, Basel: 1975.

Trommsdorff, V. Die Messung von Produktimages für das Marketing – Grundlagen und Operationalisierung. Köln u.a.: 1975.

Trommsdorff, V. Towards a Theory of Artifacts in Consumer Evaluation Questioning. Unveröffentlichtes Manuskript, TU Berlin, FA 3, Berlin: 1980.

Trommsdorff, V., Bleicker, U. & Hildebrandt, L. Nutzen und Einstellung. WiSt (Wirtschaftswissenschaftliches Studium), 1980, **9** (6), 269–276.

Uusitalo, L. Consumption Style and Way of Life. Helsinki: 1979.

Vinson, D.W., Scott, J.E. & Lamont, L.M. The Role of Personal Values in Marketing and Consumer Behavior. Journal of Marketing, 1977, **41** (2), 44–50.

Wakenhut, R. Messung gesellschaftlich-politischer Einstellungen mit Hilfe der Rasch-Skalierung. Bern, Stuttgart, Wien: 1974.

Wakenhut, R. Über die Einbeziehung von Situationen in psychologischen Messungen. Ein Beitrag zur interaktionistischen Persönlichkeitsforschung. Bern, Frankfurt/M.: 1978.

Wakenhut, R. Probabilistische Modelle in der Einstellungsmessung. In F. Petermann (Hrsg.), Einstellungsmessung – Einstellungsforschung. Göttingen, Toronto, Zürich: 1980, 134–152.

Warner, L.G. & DeFleur, M.L. Attitude as an Interactional Concept: Social Constraint and Social Distance as Intervening Variables between Attitudes and Action. American Sociological Review, 1969, **34**, 153–169.

Wason, P.C. & Johnson-Laird, P.N. Psychology of Reasoning. Cambridge, Mass.: 1972.

Waung, S. Explaining Behavior with Weighted, Unweighted, and Standardized Attitude Scores. In M.J. Schlinger (Ed.), Advances in Consumer Research (Vol. 2). University of Illinois at Chicago Circle: 1975, 345–355.

Weber, M. Die protestantische Ethik I, (hrsg. v. J. Winckelmann), (3. Aufl.), Hamburg: 1973.

Wegener, B. Einstellungsmessung in Umfragen: Kategorische vs. Magnitude-Skalen. In ZUMA-Nachrichten, Zentrum für Umfragen, Methoden und Analysen, (Nr. 3). Mannheim: 1978, 3–27.

Wegener, B. (Ed.) Social Attitudes and Psychophysical Measurement. Hillsdale, N.J.: 1980.

Weiss, R.F. Lernen durch Verstärkung im Rahmen überzeugender Kommunikation. In S. E. Hormuth (Hrsg.), Sozialpsychologie der Einstellungsänderung. Königstein/Ts.: 1979, 133–144.

Weissberg, N.C. Attitude as a Scientific Concept. Social Forces, 1965, **43**, 422–425.

Whittaker, J.O. & Meade, R.D. Sex of the Communicator as a Variable in Source Credibility. Journal of Social Psychology, 1967, **72**, 27–34.

Wicker, A.W. Attitudes versus Actions: The Relationship of Verbal and Overt Behavioral Responses to Attitude Objects. Journal of Social Issues, 1969, **25**, 41–78.

Wicklund, R.A. Der verneinende und der rebellische Mensch: Die Theorie der psychologischen Reaktanz. In S.E. Hormuth (Hrsg.), Sozialpsychologie der Einstellungsänderung. Königstein/Ts.: 1979a, 81–89.

Wicklund, R.A. Objektive Selbstaufmerksamkeit: Ein theoretischer Ansatz der Persönlichkeits- und Sozialpsychologie. In S.E. Hormuth (Hrsg.), Sozialpsychologie der Einstellungsänderung. Königstein/Ts.: 1979b, 228–246.

Wilkie, W.L. & Pessemier, E.A. Issues in Marketing's Use of Multi-Attribute Attitude Models. Journal of Marketing Research, 1973, **10**, 428–441.

Williams, R.M. American Society: A Sociological Interpretation. New York, N.Y.: 1951.

Wilson, D.T., Mathews, H.L. & Harvey, J.W. An Empirical Test of the Fishbein Behavioral Intention Model. Journal of Consumer Research, 1975, **1** (4), 39–48.

Wind, Y. A New Procedure for Concept Evaluation. Journal of Marketing, 1973, **37** (1), 2–11.

Woodside, A.G., Clohey, J.D. & Combes, J.M. Similarities and Differences of Generalized Brand Attitudes, Behavioral Intentions, and Reported Behavior. In M.J. Schlinger (Ed.), Advances in Consumer Research (Vol. 2), University of Illinois at Chicago Circle; 1975, 335–344.

Zajonc, R.B. The Concepts of Balance, Congruity and Dissonance. Public Opinion Quarterly, 1960, **24** (3), 280–286.

Zajonc, R.B. Attitudinal Effects of Mere Exposure. Journal of Personality and Social Psychology, 1968, **9** (1), 1–27.

Zajonc, R.B. Thinking: Cognitive Organization and Processes. In D.L. Sills (Ed.), International Encyclopaedia of Social Sciences (Vol. 15), New York, N.Y.: 1968a, 615–622.

Zajonc, R.B. Die Konzepte des Gleichgewichts, der Kongruenz und der Dissonanz. In

S.E. Hormuth (Hrsg.), Sozialpsychologie der Einstellungsänderung. Königstein/ Ts.: 1979, 15–29.

Zilleßen, H. Selbstbegrenzung und Selbstbestimmung. Über die politischen Voraussetzungen für einen neuen Lebensstil. In K.W. Wenke & H. Zilleßen (Hrsg.), Neuer Lebensstil – verzichten oder verändern? Opladen: 1978, 122–166.

Zimbardo, P.G., Weisenberg, M. & Firestone, I. Communication Effectiveness in Producing Public Conformity and Private Attitude Change. Journal of Personality, 1965, **33** (2), 233–255.

10. Kapitel

Anbieter-Nachfrager-Interaktionen

Günter F. Müller

10.1 Einführung

Unter den traditionellen Forschungs- und Anwendungsschwerpunkten der Marktpsychologie finden sich Anbieter-Nachfrager-Interaktionen zumeist weitgehend ausgeklammert. Die motivationalen und kognitiven Prozesse, die das direkte Aufeinandertreffen und unmittelbare Zusammenwirken zweier oder mehrerer Marktpartner begleiten, stellen somit ein von psychologischer Seite bislang relativ vernachlässigtes Untersuchungsfeld dar. Die Gründe für diese Zurückhaltung und für das selbst in neueren Lehrbüchern der Marktpsychologie dokumentierte geringe Interesse an „Käufer-Verkäufer"-Beziehungen (z.B. bei v. Rosenstiel & Ewald, 1979b) ist sicher nicht damit zu erklären, daß dem interpersonalen Kontakt, dem Gespräch oder der Verhandlung geringe Bedeutung für Markttransaktionen zukäme. Ein großer Teil des Einzelhandels wickelt seine Geschäfte auf diese Weise ab und präferiert Formen des persönlichen Verkaufs umso stärker, je anspruchsvoller und hochwertiger das jeweilige Warenangebot ist. Auch mit der Inanspruchnahme von Service-Leistungen sind häufig Beratungsgespräche verbunden; in manchen Bereichen, wie dem Versicherungsgewerbe, gelten sie sogar als obligatorischer Bestandteil des Transaktionsprozesses. Selbst bei weitgehend anonymisiertem Produktvertrieb wie der Selbstbedienung oder dem Warenversand lassen sich Interaktionen antreffen, etwa wenn Sonderwünsche oder Reklamationen eine Modifikation von Verkaufskonditionen erforderlich machen. Zwar läßt sich vermuten, daß die Kaufentscheidungen bei Konsumgütern oder Waren des täglichen Bedarfs in stärkerem Maße durch die jeweilige Produkt- und Preisgestaltung, durch Werbung und Sales Promotion beeinflußt werden. Persönliche Verkaufskontakte können solche Maßnahmen jedoch auch bei diesen Produkten funktionell ergänzen und verlängern (vgl. Kaufmann, 1967). Der relative Einfluß von Interaktionsprozessen für das Zustandekommen von Kaufabschlüssen nimmt dann allerdings rasch zu, wenn man von Kaufentscheidungen auf Verbraucherebene zu gewerblichen Kaufentscheidungen, vom Konsumgüterbereich zum Investitionsgüterbereich oder von der privaten Haushaltsversorgung zur Versorgung ganzer Organisationen übergeht. Hier finden dann in immer größerem Umfang Verhandlungen über den jeweiligen Modus des Austausches statt, so daß eine Interaktion zwischen Anbietern und Nachfragern zum integralen Bestandteil der Anbahnung, Vereinbarung und Realisation von Markttransaktionen wird (vgl. Kutschker & Kirsch, 1978). Die Zurückhaltung der Psychologie, diese Facetten des Marktgeschehens zu analysieren, hat sicherlich mehrere Ursachen. Drei ohne Zweifel besonders gewichtige Gründe lassen sich dabei aus verschiedenen Sammeldarstellungen empirischer Untersuchungen über Käufer-Verkäufer-Beziehungen sowie aus theoretischen Arbeiten über die Relevanz von Marktinteraktionen herausfiltern (vgl. z.B. Bonoma, Bagozzi & Zaltman, 1978; Capon, Holbrook & Hulbert, 1977; Davis & Silk, 1972). Sie sollen als einleitende Positionsbestimmung kurz skizziert werden.

Als ein sehr bedeutender Grund erweist sich ganz offensichtlich der *„scientific approach"* der Marktpsychologie. Traditionell *individuen*zentriert legt dieser Ansatz eine *entweder* anbieter- *oder* nachfragerspezifische Analyse marktrelevanter Verhaltensweisen nahe. Er präsentiert sich in diesem Sinn einerseits als Verkäufer- oder Verkaufspsychologie (Bänsch, 1977; Kropff, 1963; Robinson & Stidsen, 1967) und andererseits als Psychologie des Konsumentenverhaltens (Bergler, 1972; Gutjahr, 1972; Jacoby, 1976a; v. Rosenstiel & Ewald, 1979a) oder industrieller Kaufentscheidungen (Sheth, 1973). Der klassische Forschungsansatz der Marktpsychologie läßt sich als S−O−R-Paradigma charakterisieren, in welchem der Einfluß marktrelevanter Stimuli (z.B. Werbung, Verkäuferverhalten) auf marktrelevante Reaktionen (z.B. Absatz, Konsum) unter Rekurs auf psychologische Konstrukte (z.B. Verbraucherpersönlichkeit, individuelle Bedürfnislage, kognitive Konsistenz) begründet und erklärt wird. Obwohl diese, von Bonoma et al. (1978) auch als *„unit-paradigm"* des Marktverhaltens bezeichnete Forschungsperspektive für Situationen adäquat erscheint, in denen Käufer primär Rezipienten von selbst nicht unmittelbar zu beeinflussenden Reizqualitäten sind, erweist sie sich für solche Situationen als unzureichend, in denen Käufer und Verkäufer im direkten Kontakt sowohl agieren, d.h. aufeinander einwirken, als auch reagieren, d.h. voneinander beeinflußt werden. Für Verhaltenseffekte, die der unmittelbaren Interaktion von Marktpartnern zuzurechnen sind, können aus den üblichen Grundlagendisziplinen der Marktpsychologie wie der Allgemeinen Psychologie, der Persönlichkeitspsychologie oder auch der individuenzentrierten Sozialpsychologie nur begrenzt Schlußfolgerungen gezogen werden. Entwicklungen innerhalb der wissenschaftlichen Psychologie, von Erklärungskonzepten für Einzelreaktionen zu Erklärungskonzepten für ganze Reaktionssequenzen fortzuschreiten oder statische Verhaltensansätze durch Handlungs- und Interaktionstheorien zu ersetzen, sind in der Marktpsychologie bislang wenig beachtet worden (vgl. Bonoma et al., 1978; Bonoma, 1979). Auch zahlreiche der zu Käufer-Verkäufer-Beziehungen durchgeführten Untersuchungen erweisen sich somit als theoretisch unzureichend begründet. Nach Sheth (1976, S. 382) beinhalten sie eine Ansammlung weitgehend unverbundener Hypothesen, die zu interessanten Einzelbeobachtungen, aber auch zu widersprüchlichen und trivialen Forschungsergebnissen führen.

Neben den im S−O−R-Paradigma der Marktpsychologie liegenden konzeptuellen Barrieren, wird eine problemadäquate Analyse von Anbieter-Nachfrager-Interaktionen auch dadurch erschwert, daß die sich *interdisziplinär* mit Käufer-Verkäufer-Beziehungen beschäftigenden Wissenschaftszweige ihre Erkenntnisse zu wenig koordinieren und integrieren. Dies trifft im gegebenen Kontext vor allem für die Zusammenarbeit zwischen Marktpsychologie, Marktsoziologie und betrieblicher Marketing-Lehre zu. Empirische Untersuchungen zeichnen sich zumeist eher durch *adhoc*-Pragmatismus als durch systematisches Erkenntnisstreben aus und entsprechend einseitig erfolgt dann eine Selektion der als wichtig erachteten Verhaltensdeterminanten. Sehr prominent ist beispielsweise das Untersuchungsziel, Ursachen und Korrelate „effektiven" Verkaufsverhaltens zu erhellen. Je nach Provenienz des jeweiligen Forschers werden die als relevant erachteten Bestimmungsgrößen aus der Sozialpsychologie (z.B. Glaubwürdigkeit der Verkaufsbotschaft; vgl. Brock, 1965), der Mikrosoziologie (z.B. Rollenerwartung oder Rollenkonsens zwischen Käufern und Verkäufern; vgl. Tosi, 1966) oder der Ökonomie (z.B. multiattributer Produktnutzen; vgl. Wilson & Busch, 1973) übernommen. Zwar zeigte sich hierbei häufig, daß der Verkaufserfolg mit diesen und ähnlich „abgeleiteten" Bedingungen variiert, der *Erklärungs*wert entsprechender Befunde ist jedoch begrenzt. Meist bleibt die Gültigkeit der erhaltenen Ergebnisse auf die jeweils untersuchte Situation beschränkt, oder die getesteten Hypothesen beschreiben die erhaltenen Befunde lediglich mit anderen Worten. Bemühungen in Richtung auf einen integrativen, z.B. sozialwissenschaftlichen Ansatz zur Analyse von Käufer-Verkäufer-Beziehungen werden erst in den letzten Jahren verstärkt erkennbar und haben die empirische Forschung bislang kaum beeinflußt (Johnston, 1978; Sheth, 1979; Woodside, Sheth & Bennett, 1977; Zaltman & Wallendorf, 1979).

Neben konzeptuellen Barrieren des marktpsychologischen Forschungsparadigmas und geringer psychologischer, soziologischer und ökonomischer Forschungskoordinierung sind schließlich auch *methodische* Gründe für den punktuellen Erkenntnisstand über Anbieter-Nachfrager-Interaktionen verantwortlich. Dies hängt mit Konsequenzen spezifischer Untersuchungspläne und mit Fragen der Ergebnisvalidität zusammen. So erfordern Untersuchungen mit zwei oder mehreren Personen pro Beobachtungseinheit in der Regel einen größeren Durchführungsaufwand als Untersuchungen an Einzelpersonen. Neben dem zusätzlichen Stichprobenbedarf für eine vergleichbare Teststärke statistischer Auswertungsverfahren sind zumeist auch beträchtliche organisatorische Anstrengungen zu leisten, um eine der jeweiligen Fragestellung angemessene Rekrutierung, Koordinierung und Observierung von Personen sicherzustellen.

Untersuchungen *in vivo* greifen häufig stark in den Geschäftsbetrieb von Verkaufsorganisationen ein und werden deshalb nicht immer geduldet; Untersuchungen im Labor erfordern in der Regel mehr oder weniger komplexe Verkaufssituationen oder Interaktions-Szenarios, deren Entwicklung und Einsatz ein Forschungsdebüt erheblich belasten. Empirische Studien über Anbieter-Nachfrager-Interaktionen lassen sich mithin selten kostengünstig durchführen. Bislang weist die einschlägige Forschung bestenfalls dort eine gewisse Kontinuität auf, wo mit Laborsimulationen oder einer speziellen Feld*situation* gearbeitet wird (Müller, 1982; Stern, Sternthal & Craig, 1973, 1975; Woodside & Davenport, 1974, 1976; Woodside & Pitts, 1976). Die Besonderheiten bei der Ergebnisgewinnung wirken sich auch auf die Validität vorliegender Befunde aus. So legen sehr häufig bereits forschungsökonomische Erwägungen die Wahl bestimmter Untersuchungsverfahren nahe. Bei der empirischen Analyse von Käufer-Verkäufer-Beziehungen läßt sich hierbei eine sehr ausgeprägte „angewandt"- und „grundwissenschaftlich"-orientierte Forschungsrichtung unterscheiden. Es liegt in der Natur der Sache, daß stärker an einer Ergebnisanwendung interessierte Forscher bei ihren Untersuchungen primär die Zielgrößen „externer Validität" im Auge haben, d.h. auf Situations- und/oder Stichprobenrepräsentativität Wert legen, während stärker grundwissenschaftlich interessierte Forscher ihre Untersuchungen primär an den Zielgrößen „interner Validität" orientieren, d.h. einen Teil der Realbedingungen bewußt ausblenden, um Kausalzusammenhänge aufdecken zu können. Im ersten Fall arbeitet der Forscher dann zumeist mit Feldmethoden, und es ist ihm wichtig, daß er aus den erhaltenen Daten Hinweise für die Lösung konkreter Probleme erhält. Im zweiten Fall arbeitet er mit Labormethoden und legt Wert darauf, daß ihm die erhaltenen Daten eine bestimmte Vermutung über Ursache–Wirkung–Relationen bestätigen oder widerlegen. Erkenntnisfortschritte erfordern ein systematisches Sich-Ergänzen *beider* Forschungsrichtungen, da die Zielgrößen externer und interner Validität nicht simultan realisierbar sind (vgl. Gadenne, 1976). Dieses Ineinandergreifen angewandter und grundwissenschaftlicher Forschung ist bei der Analyse von Anbieter-Nachfrager-Interaktionen jedoch erst in Ansätzen zu erkennen. So zeichnet sich etwa der „*personal-selling*"-Bereich in übergroßem Ausmaß durch den Einsatz von Feldmethoden aus, während etwa im Bereich von Käufer-Verkäufer-Verhandlungen die Verwendung von Labormethoden überrepräsentiert ist. Allerdings lassen sich die bereits erwähnten Trends in Richtung auf eine mehr integrierte Forschungsarbeit mittlerweile auch beim methodischen Vorgehen registrieren (Capon, 1975; Cialdini, Bickman & Cacioppo, 1979; Kutschker & Kirsch, 1978; Müller & Galinat, 1982).

Die besonderen Merkmale des Untersuchungsgegenstands machen es erforderlich, den Inhalt dieses Handbuchbeitrags nach drei allgemeinen Themenschwerpunkten hin auszurichten. Den ersten Themenschwerpunkt stellen *strukturelle* Komponenten einer interaktionistischen Marktverhaltensanalyse dar. Es soll darin der Rahmen für einen sozialwissenschaftlichen Ansatz zum Verständnis von Käufer-Verkäufer-Beziehungen abgesteckt werden. Der zweite Themenschwerpunkt ist der Behandlung interaktionsrelevanter *psychischer* Prozesse gewidmet. Hierbei wird versucht, über die Theorie des Sozialen Austauschs zu einer Spezifizierung grundlegender Motivationen und Kognitionen von Marktpartnern zu gelangen. Im dritten Themenschwerpunkt werden schließlich *empirische* Ergebnisse aus verschiedenen Bereichen von Anbieter-Nachfrager-Interaktionen dokumentiert. Das Ziel dieses Themenschwerpunkts wird dahingehend verstanden, sowohl Befunde der angewandten und grundwissenschaftlichen Forschung zu verbinden, als auch Perspektiven für die weitere Forschungsarbeit zu skizzieren.

10.2 Strukturelle Komponenten einer interaktionistischen Marktverhaltensanalyse

10.2.1 Der Paradigmawechsel im Marketing

Um verstehen zu können, weshalb Anbieter-Nachfrager-Interaktionen erst seit verhältnismäßig kurzer Zeit in empirischen und theoretischen Arbeiten zunehmend thematisiert und etwa auch auf Fachtagungen der Association of Consumer Research oder der American Marketing Association diskutiert werden (vgl. Anderson, 1976; Bonoma & Zaltman, 1978), ist es notwendig, ein wenig ausführlicher auf das einzugehen, was Bonoma et al. (1978, S. 49) als *„crisis of consciousness in marketing"* bezeichnen. Diese Krise resultiert aus einer insbesondere von Kotler und Levy (1969) oder Kotler (1972a, b) vertretenen Position, unter „Marketing" einen sehr viel allgemeineren Vorgang zu verstehen als lediglich die „Ausrichtung aller unternehmerischen Aktivitäten auf die Markterfordernisse" (Bidlingmaier, 1973, S. 13). Die Verfechter eines *„generic concept of marketing"* lösen sich von der rein ökonomischen Gegenstandsbestimmung ab und betrachten Marketing statt dessen als *sozialen* Prozeß, der überall dort stattfindet, wo Personen, Gruppen oder Organisationen — nicht notwendigerweise Verkäufer, Verkaufsteams oder Industrieunternehmen — mit Transaktion und Austausch von Ressourcen — nicht notwendigerweise materiellen Ressourcen — beschäftigt sind. Insbesondere die Auffassung, daß es sich bei den Ressourcen des Austausches auch um immaterielle Werte handeln kann, hat weitreichende Implikationen. So lassen sich nicht nur die Aktivitäten politischer Parteien, gesellschaftlicher Organisationen oder kultureller Vereinigungen als Marketing auffassen (Parteien z.B. bieten im Wahlkampf mehr Stabilität durch Inflationsprogramme an, Freizeitclubs stellen Freude und Entspannung durch Kontakte mit Gleichgesinnten in Aussicht, Schauspielhäuser versprechen Unterhaltung durch Operetten- und Komödienabende), vielmehr betreibt auch jedes Individuum (bewußt oder unbewußt) Marketing, etwa wenn es sein Tapeziergeschick bei der Wohnungsrenovierung von Freunden einsetzt, einem Berufskollegen bei der Lösung einer schwierigen Aufgabe behilflich ist oder sich spezifische Fertigkeiten und Kenntnisse bei Gehaltsverhandlungen so teuer wie möglich bezahlen läßt. Nach Kotler (1972b) ist das Vorhandensein eines „Marktes" allein davon abhängig, ob die angebotenen Werte auch nachgefragt sind, d.h. die mit ihrem Einsatz intendierten Reaktionen hervorrufen. So existiert ein Markt für wirtschaftspolitische Stabilität, wenn dadurch Wählerstimmen gewonnen werden können, und es existiert ein Markt für ein bestimmtes Vereins- und Kulturangebot, wenn sich dadurch zusätzliche Mitgliedschaften oder erhöhte Besucherzahlen erreichen lassen. Entsprechend würde man auch dann von einem Markt sprechen, wenn eine Person ihre Hilfestellung gegen soziale Anerkennung oder ihre berufliche Qualifikation gegen eine Gehaltserhöhung zu tauschen vermag.

Obwohl diese Verallgemeinerung des Marketingkonzepts von manchen Ökonomen kritisiert und als wenig nützlich für die Lösung realer Absatzprobleme betrachtet wurde (Luck, 1969; Tucker, 1974), so hat sie doch dreierlei bewirkt: Sie hat auf den *sozialen* Charakter von Marktprozessen aufmerksam gemacht, darauf hingewiesen, die *Transaktion* bzw. den *Austausch* als wesentliches Kennzeichen von Marktvorgängen anzusehen und nicht etwa nur das Verhalten *einer* Marktpartei, und eine Perspektive skizziert, die Marktvorgänge zwischen *Personen* genauso einschließt wie Marktvorgänge zwischen *Gruppen* und *Organisationen*. Es ist interessant, daß die von Kotler (1972b, S. 13) als markt-konstituierend angesehenen Bestimmungsgrößen z.T. auch in Definitionen sozialer Interaktion enthalten sind (vgl. Beitragsabschnitt 10.3.1). Nach Kotler enthält ein Markt zwei oder mehr Parteien, die a) Interesse an einem Austausch haben, b) Ressourcen besitzen, die für den/die anderen von Wert sind, und c) über Kommunikations- und „Liefer"-Kanäle verfügen, um die Transaktion vorzubereiten und auszuführen.

Bonoma et al. (1978) zeigen, daß die „Bewußtseinskrise" im Marketing viel mit der Problematik des einleitend erwähnten traditionellen Forschungsansatzes der Marktpsychologie gemeinsam hat, in dem das Verhalten einzelner Marktpartner ebenfalls quasi isoliert, d.h. ohne seine sozialen Wechselbeziehungen auf dem Markt analysiert wird. Diese Autoren schlagen deshalb vor, sich stärker auf interaktionistische Untersuchungsfoki zu konzentrieren. Um die konzeptuellen Unterschiede zwischen einer individuen- und interaktionszentrierten Forschungsperspektive herauszuarbeiten, diskutieren sie drei grundlegende Paradigmata. Diese sind in Abbildung 1 wiedergegeben.

Ein qualitativer Unterschied zwischen Paradigma 1 und den Paradigmata 2 und 3 besteht darin, daß als kleinste analytische Einheit nicht mehr das Individuum, z.B. der Konsument oder der Einkaufsrepräsentant einer Organisation, son-

	Paradigma 1	Paradigma 2	Paradigma 3
Struktur	S→O→R	A ↔ B	(A ↔ B) C
Fokus	Individuum	Dyade	System
Verhaltens-einfluß	exogen: Stimulus-Response	wechselseitig: Interdependenz	multipel: funktionale Erfordernisse
Prozesse	– Rationalität – Kontrolle – geschlossene Systeme – Input-Output	– Austausch – Macht und Einfluß-Relation – Verhandlung – gemeinsame Problemlösung	– Systemhomöostase – Beziehungen zw. Systemteilen und dem Gesamtsystem – offene Systeme

Abb. 1: Paradigmata einer Marktverhaltensanalyse

dern die „Funktionsgruppe", im einfachsten Fall die dyadische Käufer-Verkäufer-Beziehung angesehen wird. Während das dyadische Grundparadigma von weitgehend stabilen externen Zuständen der Transaktion ausgeht, sind in Paradigma 3 variierende Systemzustände und deren Einfluß auf die in der Kerneinheit ablaufenden Prozesse mitberücksichtigt. Als variierende Systemzustände treten beispielsweise die den Kauf begleitenden sozialen Aktivitäten in Erscheinung. Bei gewerblichen Einkäufen zählen dazu die zahlreichen Interaktionen der Entscheidungsträger innerhalb von Nachfrager- und Anbieterorganisationen (Zaltman & Bonoma, 1977). Aber auch Kaufentscheidungen auf Konsumentenebene sind sehr häufig durch Verhandlungsprozesse in der Familie oder im Freundes- und Kollegenkreis mitbeeinflußt (Johnston, 1978).

Inwieweit interaktionszentrierte Forschungsparadigmata einen adäquateren Zugang zum Verständnis marktbezogener Verhaltensweisen ermöglichen und wieviel zusätzliche Verhaltensvarianz durch Berücksichtigung von Interaktionseffekten aufgeklärt werden kann, ist jedoch letztlich eine empirische Frage und nicht pauschal zu beantworten. Systematische Untersuchungen im Rahmen des Grundparadigmas 3, dem sich insbesondere „makroskopisch" orientierte Marketingforscher wie Lazer (1971), Bell (1972) oder auch Kotler (1972b) verpflichtet fühlen, sind mit den zur Zeit entwickelten Forschungsmethoden kaum realisierbar. Ähnliche Schwierigkeiten treten bei empirischen Analysen der zahlreichen intra- und interorganisationalen Prozesse auf, die gewöhnlich mit gewerblichen Kaufentscheidungen zusammenhängen (vgl. z.B. Bonoma & Zaltman, 1978). Untersuchungsergebnisse, die sich dem Grundparadigma 2 zuordnen lassen, rechtfertigen allerdings eine interaktionistische Marktverhaltensanalyse und haben in gewisser Weise auch deren Konzeptualisierung vorbereitet. So fanden bereits Cox (1963), Arndt (1968) oder Engel, Blackwell und Kegerreis (1969), daß verkaufsfördernde Auswirkungen informaler Kontakte eher als Effekt von Zwei-Weg-Kommunikationen zwischen Verbrauchern als durch einseitige Einflußnahme produkterfahrener Erstverwender zustandekommen. Vergleichbare Befunde resultieren bei Untersuchungen zur Effizienz von Verkäufern. Hier lieferten Indikatoren der sozialen Situation zwischen Käufer und Verkäufer sehr viel bessere Prädiktoren für den Absatzerfolg als vergleichsweise Indikatoren der einzelnen Verkäuferpersönlichkeit (vgl. Evans, 1963; Schoch, 1970). Den Studien von Miner (1962) oder Rich (1966) zufolge determinieren spezifische Verkäufereigenschaften selten mehr als 10% der Varianz der Verkaufseffizienz und auch der Einsatz aufwendiger Diagnose- und Auswertungsmethoden erbrachten nur geringe Steigerungen der Vorhersagegültigkeit (vgl. Lamont & Lundstrom, 1977). Im dyadischen Paradigma sind erfolgreiche Transaktionen eine Funktion von Käufermerkmalen, Verkäufermerkmalen und von Merkmalen der jeweiligen sozialen Käufer-Verkäufer-Konstellation. Sie können, wie Bonoma (1977) vorschlägt, adäquat durch die Relation $T = f(I, K, V)$ abgebildet werden, in der „I" die Art der wechselseitigen sozialen Abhängigkeit oder Interdependenz zwischen den Marktpartnern und „K" und „V" die jeweils als Käufer und Verkäufer agierenden Individuen symbolisieren. In den nun folgenden Kapitelabschnitten wird versucht, die „I"-Variable dieser Funktionsgleichung näher zu bestimmen.

10.2.2 Formen wechselseitiger sozialer Abhängigkeit von Marktpartnern

In der von Bonoma (1977) vorgeschlagenen analytischen Perspektive, eine Transaktion als Funktion individueller Käufer- und Verkäufermerkmale sowie der wechselseitigen sozialen Abhängigkeit von Marktpartnern anzusehen, besitzt „Interdependenz" den Status einer unabhängigen Bestimmungsgröße des Austausches. Sie kann z.B. als charakteristische „Vorstrukturiertheit" der sozialen Situation in Erscheinung treten, den involvierten Personen bestimmte Handlungsanforderungen auferlegen oder spezifische Interaktionsergebnisse in Aussicht stellen. Eine von ökonomischer, sozialwissenschaftlicher und sozialpsychologischer Seite oft zitierte Struktur-Taxonomie enthält die Kategorien „kooperative Interdependenz", „konkurrierende Interdependenz" und „zielambivalente Interdependenz" (Johnston, 1978; McClintock, 1977; Schelling, 1960; Tedeschi, Schlenker & Bonoma, 1973; Zaltman & Wallendorf, 1979). Mit Hilfe dieser Taxonomie lassen sich unterschiedliche Zustände identifizieren, welche aktuelle Marktsituationen für Käufer und Verkäufer aufweisen können.

10.2.2.1 Kooperative Interdependenz

Kooperative wechselseitige Abhängigkeit zwischen Personen kennzeichnen eine soziale Situation, in der das Hauptproblem für die Interagierenden darin besteht, eine gemeinsame Handlungsstrategie zu entwickeln (Johnston, 1978, S. 520). Schelling (1960) spricht hier auch von einer Koordinierungssituation, weil sich die besten Ergebnisse für beide Partner dadurch erreichen lassen, daß diese ihre Aktionen geeignet aufeinander abstimmen. Für McClintock (1977, S. 63) ist kooperative Interdependenz dann vorhanden, wenn es für den Interaktionserfolg mehr oder weniger notwendig ist, daß die Partner an einer Maximierung des gemeinsamen Nutzens interessiert sind. Um Interdependenzstrukturen zu verdeutlichen, kann man sich einer einfachen graphischen Technik, der sogenannten „Ergebnis"-Matrix bedienen, die im Rahmen der formal-ökonomischen Spieltheorie entwickelt (v. Neumann & Morgenstern, 1944) und von den Sozialpsychologen Thibaut und Kelley (1959) verwendet wurde, um Verhaltenskonsequenzen sozialer Interaktion abzubilden. Die Zellen der Matrix enthalten unterschiedliche Werte *(„payoffs")*, welche die mit bestimmten Handlungsalternativen verbundenen materiellen und/oder immateriellen Gewinne oder Verluste symbolisieren. Abbildung 2 zeigt eine kooperative Interdependenzstruktur für zwei Marktpartner X und Y, die, wie einmal angenommen werden soll, mit dem Problem der Koordinierung von Werbestrategien konfrontiert sind.

		Einzelhändler X	
		überregionale Werbung	regionale Werbung
Produzent Y	überregionale Werbung	X: +5* Y: +5	X: +10 Y: +10
	regionale Werbung	X: +10 Y: +10	X: +1 Y: +1

* zu erwartender Umsatzgewinn pro Produkt-Einheit (z.B. in DM-Einheiten).

Abb. 2: Kooperative Interdependenzstruktur

Unter der Voraussetzung, daß die Marktpartner bestrebt sind, ihren Gewinn zu maximieren, ist es für sie günstig, *unterschiedliche* Werbestrategien zu wählen. Erst wenn sich im vorliegenden Beispiel Überregional- und Regionalwerbung ergänzen, kann die größte positive Umsatzveränderung und damit auch der größte Gewinn für beide Marktpartner erwartet werden (+10). Die Ergebnis-Matrix zeigt auch, welche Konsequenzen unkoordinierte Handlungsentscheidungen haben. Im Fall einer überregionalen Werbung durch beide Marktpartner betrüge die zu erwartende Umsatzsteigerung lediglich +5, z.B. deshalb, weil sich Werbemaßnahmen überlappen und regionale Bereiche nicht adäquat versorgt sind. Im Falle einer regionalen Werbekonzentration würden beide Marktpartner mit +1 sogar das schlechteste aller Ergebnisse erzielen, z.B. weil insgesamt zu wenige Verbraucher angesprochen werden. Eine effektive Koordinierung von Handlungsentscheidungen bei kooperativer Interdependenz läßt sich dadurch erreichen, daß Personen eine bestimmte Interaktions-Routine entwickeln oder sich an bereits vorhandene Regeln und Usancen halten. Im vorliegenden Fall könnten die Marktpartner etwa der Konvention folgen, daß Produzenten überregional werben, z.B. mit Fernsehspots oder mit Anzeigen in überregionalen Zeitungen und Zeitschriften, und Einzelhändler für regionale Werbemaßnahmen, z.B. für Anzeigen in Lokalzeitungen oder Sonderangebotsaktionen verantwortlich sind.

10.2.2.2 Konkurrierende Interdependenz

Eine konkurrierende bzw. „kompetitive" wechselseitige Abhängigkeit liegt vor, wenn sich die Interaktionsgewinne der Partner zu Null addieren, d.h. Gewinne des einen Partners zu Verlusten des anderen führen. Deutsch (1969) bringt Konkurrenz mit divergierenden Zielen von Personen in Zusammenhang. Diese sind bei kompetitiver Interdependenz unvereinbar, da die Wahrscheinlichkeit für einen Partner, sein Gewinnziel zu erreichen, in dem Maße ansteigt, in dem die Wahrscheinlichkeit für den anderen Partner, sein Gewinnziel ebenfalls zu erreichen, absinkt. Eine für Marktinteraktionen typische kompetitive Interdependenzstruktur zeigt Abbildung 3.

		Kunde X	
		Preisvorschlag 1	Preisvorschlag 2
Automobil-Verkäufer Y	Preisvorschlag 1	X: + 5* Y: − 5	X: − 10 Y: + 10
	Preisvorschlag 2	X: − 15 Y: + 15	X: + 12 Y: − 12

* zu erwartende Veränderung des Eingangspreises vom „Realpreis" (z.B. in 10-DM-Einheiten)

Abb. 3: Konkurrierende Inderdependenz-Struktur

Die Marktpartner sind hier ein Automobilhändler Y und sein Kunde X, deren Handlungsalternativen angenommenerweise zwei Preisvorschläge umfassen, bei denen der Zugewinn des einen Partners automatisch einen vergleichbaren Verlust des anderen Partners bedeutet. Eine derartige Situation kennzeichnet häufig das „harte" Stadium von Preisverhandlungen, wenn sich weitere Konzessionen für die Interagierenden nicht mehr lohnen. Unter der Voraussetzung, daß X und Y trotz dieser Konstellation eine Transaktion vornehmen möchten (z.B. wegen der für X und Y außergewöhnlich ungünstigen Angebots-Nachfrage-Situation), so gibt es nur für einen der Partner eine optimale Lösung. Wenn sich beide angesichts der gegebenen Ausgangslage überlegen, welchen Preisvorschlag sie machen sollen, dann können sie ihre Entscheidung entweder am größten Eigengewinn oder am kleinsten Eigenverlust orientieren. Eine Gewinnmaximierungsstrategie birgt dabei gewisse Risiken, da der Partner ebenfalls gewinnen oder doch zumindest den größten Verlust verhindern möchte. Eine Verlustminimierungsstrategie ist bei kompetitiver Interdependenz günstiger, da sie das Verlustrisiko nach unten absichert und trotzdem die Option auf einen Gewinn offenhält. Eine Verlustminimierungsstrategie ist hierbei auch als „rationale" Handlungsentscheidung definierbar (vgl. Lee, 1971) und kann z.B. offene Verteilungskonflikte verhindern. Sie veranlaßt im angenommenen Beispiel den Kunden X zu Preisvorschlag X2, den Händler Y zu Preisvorschlag Y1 und führt damit zu einem Endpreis, bei dem der Verkäufer gewinnt.

10.2.2.3 Zielambivalente Interdependenz

Bei Sozialwissenschaftlern herrscht Einigkeit darüber, daß der überwiegende Teil wechselseitiger Abhängigkeiten zwischen Personen und damit auch zwischen Marktpartnern eine aus Kooperation und Konkurrenz gemischte Interdependenzstruktur aufweist. Nach Tedeschi, Schlenker und Bonoma (1973, S. 12) handelt es sich dabei um Situationen, die einen Gewinn erwarten lassen, wenn beide Personen ihre Handlungen geeignet koordinieren, in denen sich jedoch auch ein höherer Profit auf Kosten des Partners erzielen läßt. Deutsch (1976, S. 27) begründet, weshalb rein kooperative und kompetitive Interdependenzstrukturen in der komplexen Sozialrealität vergleichsweise weniger häufig vorkommen: „In den meisten Alltagssituationen lassen sich eine Reihe komplexer Ziele und Nebenziele nachweisen. Deshalb können Individuen im Hinblick auf ein Ziel gleichgerichtet wechselbezogen (= kooperativ) und im Hinblick auf ein anderes Ziel entgegengesetzt wechselbezogen (= kompetitiv) sein. Die Mitglieder eines Basketballteams können – was das Gewinnen angeht – in gleichgerichteter Wechselbeziehung stehen. Sie können aber durchaus konkurrieren im Hinblick auf die Starrolle innerhalb des Teams. Gleichgerichtete Wechselbeziehung ist auch möglich im Zusammenhang mit Nebenzielen und entgegengesetzte Wechselbeziehung in Verbindung mit Hauptzielen und umgekehrt. Firmen, die das gleiche Produkt herstellen, können in Bezug auf die totale Marktexpansion kooperativ sein. Wenn es allerdings um den Anteil geht, den sich jeder zu erobern hofft, entsteht Konkurrenz." Abbildung 4 enthält ein marktthematisches Beispiel für zielambivalente Interdependenz.

	Großverbraucher X	
	Produkt-menge X1	Produkt-menge X2
Produkt-menge Y1	X: 10* Y: 10	X: 12 Y: 2
Produkt-menge Y2	X: 2 Y: 12	X: 5 Y: 5

Großhändler Y (Zeilenbeschriftung links der Tabelle)

* zu erwartender Gewinn aus der Transaktion einer bestimmten Produktmenge (z.B. in DM-1000-Einheiten).

Abb. 4: Zielambivalente Inderdependenzstruktur

Ein Großverbraucher X und ein Großhändler Y haben angenommenerweise jeweils zwei Alternativen für die Transaktion einer bestimmten Produktmenge, wobei einmal unberücksichtigt bleiben soll, ob die fraglichen Mengen fix oder innerhalb einer bestimmten Grenze variabel sind. Der zielambivalente Charakter der Situation kommt darin zum Ausdruck, daß es sich für die Marktpartner zwar lohnt, eine Transaktion vorzunehmen – zu Konditionen der X1Y1-Menge beispielsweise –, daß es für beide jedoch keine gemeinsame Strategie gibt, um ihren Maximalgewinn zu erzielen. Produktmengen mit den höchsten individuellen Profiten verursachen Gewinneinbußen beim Partner (X2Y1 und X1Y2); entscheiden beide Partner nach Gewinnmaximierungs-Gesichtspunkten, müssen sie mit der ebenfalls ungünstigen Transaktions-Bedingung X2Y2 Vorlieb nehmen. Welche Strategie bei zielambivalenter Interdependenz „rational" ist, kann anhand von Merkmalen der Gewinnverteilung allein nicht bestimmt werden (vgl. Luce & Raiffa, 1957). Dies hängt von zusätzlichen individuellen und situativen Faktoren ab. Besteht z.B. Grund, den Intentionen des Partners zu mißtrauen, so ist es zweifellos eher rational, einer Verlustminimierungs-Strategie zu folgen, d.h. X2 bzw. Y2 zu wählen. Zeigt sich jedoch – etwa aufgrund vorausgegangener Absprachen – daß ein gemeinsames Interesse an einer Kompromißlösung vorhanden ist, dann ist es eher rational, eine kooperative Strategie einzuschlagen und sich für X1 bzw. Y1 zu entscheiden.

10.2.2.4 Interdependenz und individuelle Zielpräferenz

Eine Taxonomie wechselseitiger sozialer Abhängigkeit als kooperative, konkurrierende und zielambivalente Interdependenz impliziert nicht, daß Personen in entsprechend strukturierten Situationen notwendig auch kooperative, kompetitive oder aus kooperativen und kompetitiven Anteilen gemischte *Präferenzen* haben müssen. Sie impliziert lediglich, daß die Art und Verteilung möglicher Ergebnisse gemeinsamer Handlungen und das Auftreten kooperativer und/oder kompetitiver Verhaltensweisen kovariieren, wobei die Frage nach der

Motivation dieser Verhaltensweisen offen bleibt. In der Tat können individuelle Strategieentscheidungen Ausdruck einer Reihe von Zielpräferenzen sein, und in der Sozialrealität dürften „reine" Präferenzen wohl ebenso häufig anzutreffen sein wie „reine" Interdependenzstrukturen (Deutsch, 1973; Griesinger & Livingstone, 1973). Das Gesagte läßt sich anhand einer Vektor-Darstellung von Motivationen verdeutlichen, die in Situationen wechselseitig sozialer Abhängigkeit unterschieden werden können. Bei dyadischen Beziehungen sind die motivationalen Vektoren in einem zweidimensionalen Ergebnis-Raum angeordnet, dessen Koordinaten als „Nutzen"-Achsen der Interagierenden zu verstehen sind. Abbildung 5 zeigt die Wirkrichtung von fünf, in interdependenten Situationen insbesondere durch den Sozialpsychologen McClintock (1972, 1977) empirisch nachgewiesenen Motivationen. Diese lassen sich beschreiben und definieren als (1) Altruismus = Maximierung von Ergebnissen des Partners; (2) Kooperation = Maximierung von gemeinsamen Ergebnissen; (3) Egoismus = Maximierung von eigenen Ergebnissen; (4) Konkurrenz = Maximierung von eigenen Ergebnisvorteilen, Minimierung von Ergebnisvorteilen des Partners; (5) Aggression = Minimierung von Ergebnissen des Partners.

In Bezug auf die Vorziehenswürdigkeit von zu erwartenden Interaktionsergebnissen postuliert McClintock (1977, S. 57), „daß eine Person die Ergebniskombination präferiert, welche die größte Projektion auf den bei ihr dominaten motivationalen Vektor aufweist." Um die potentiell mögliche Motivierung individueller Handlungsentscheidungen bei wechselseitiger sozialer Abhängigkeit zu verdeutlichen, sind in Abbildung 5 je zwei Ergebniskombinationen aus den Interdependenz-Beispielen der vorangegangenen Beitragsabschnitte aufgenommen. Betrachtet man die aus dem Beispiel kooperativer Interdependenz genommenen Ergebnisalternativen A und B, so würde ein kooperativ motivierter, aber auch ein egoistisch oder altruistisch motivierter Marktpartner die Gewinnkombination A(+10, +10) der Gewinnkombination B(+5, +5) vorziehen. Betrachtet man die aus dem Beispiel konkurrierender Interdependenz genommenen Ergebnisalternativen D(−10, +10) und C(−15, +15), so ist eine Entscheidung für D nicht nur kompetitiv motiviert, vielmehr hätte sich auch ein egoistisch oder aggressiv motivierter Marktpartner für diese Handlungsstrategie entschieden. Betrachtet man schließlich die aus dem Beispiel für zielambivalente Interdependenz genommenen Gewinnkombinationen A(+10, +10) und E(+12, +2), so würden sich kooperativ und altruistisch motivierte Partner für A, egoistisch, kompetitiv oder aggressiv motivierte Partner hingegen für E entscheiden.

Eine Differenzierung zwischen Interdependenzstruktur und Präferenzen von beteiligten Individuen ist insbesondere für das Ätiologieverständnis interpersonaler Konflikte von Bedeutung. Interessengegensätze können danach sowohl auftreten, wenn die zur Verfügung stehenden Ressourcen nicht ausreichen, um

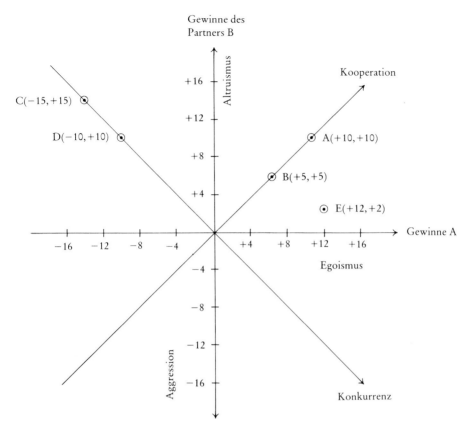

Abb. 5: Motivationale Vektoren eines Marktpartners A bei Gewinninterdependenz mit B

die Ansprüche beider Partner zufriedenzustellen (z.B. im Falle konkurrierender Interdependenz), als auch wenn die Verhaltensintentionen der Beteiligten disparat sind (z.B. im Fall zielambivalenter Interdependenz, wenn eine Partner kooperativ, der andere jedoch egoistisch motiviert ist).

10.2.3 Machtverhältnisse zwischen Anbietern und Nachfragern

Die Feststellung, daß sich qualitative Unterschiede bei der Interdependenz von Marktpartnern aufzeigen lassen, sagt noch nichts über das *Ausmaß* wechselseitiger Abhängigkeit aus. Die Interdependenz in Zwei- und Mehrpersonen-Beziehungen kann potentiell beliebig viele Kombinationen individueller Handlungsergebnisse aufweisen, wobei lediglich Varianten vollständiger Abhängigkeit Einzelner innerhalb von sozialen Beziehungen ausgeschlossen sind (vgl. Kelley & Thibaut, 1978). In sozialwissenschaftlichen Marktverhaltensanalysen finden sich quantitative Interdependenzvariationen zu Klassen unterschiedlicher Machtverhältnisse zusammengefaßt (Bonoma, 1977; Zaltman & Wallendorf, 1979). Als prototypisch gelten dabei drei Arten von Machtverhältnissen, die sowohl dyadische Interaktionen als auch solche zwischen mehr als zwei Marktpartnern umfassen. Im Rahmen von dyadischen Käufer-Verkäufer-Beziehungen werden „disparate" Machtverteilungen bzw. asymmetrische Abhängigkeitsrelationen und „funktional-äquivalente" Machtverteilungen bzw. balancierte Abhängigkeitsrelationen unterschieden. Für Mehrpersonenbeziehungen sind multiple asymmetrische und/oder balancierte Abhängigkeitsrelationen denkbar, wobei sogenannte „gruppenorientierte" Machtverteilungen eine eigenständige Kategorie bilden. Hier präsentieren sich Personen als Einheit, um auf Abhängigkeitsveränderungen innerhalb eines größeren sozialen Kontexts hinzuwirken.

10.2.3.1 Disparate Machtverteilung

Eine disparate Machtverteilung zwischen zwei Personen ist dadurch gekennzeichnet, daß ein Partner eine starke, der andere Partner eine im Vergleich dazu schwache Position besitzt, um die Ergebnisse gemeinsamer Aktivitäten zu beeinflussen. Effekte unilateraler Beeinflussung wurden theoretisch und empirisch ausgiebig analysiert, da sie lange Zeit mit dem Vorhandensein sozialer Macht schlechthin gleichgesetzt wurden (vgl. Tedeschi & Bonoma, 1972). Dies schlägt sich auch in verschiedenen Definitionen von „Macht" nieder: Für Schur (1969, S. 85) beispielsweise ist Macht die Fähigkeit, das Verhalten anderer Personen mit den eigenen Intentionen in Übereinstimmung zu bringen; ähnlich definiert MacIver (1964, S. 77), für den sich Macht als Kapazität zur Kontrolle, Regulierung und Lenkung des Verhaltens von Personen oder Dingen darstellt. Auch Dahl (1957) begreift Macht als unilateral, wenn er sie mit den Möglichkeiten von Personen in Zusammenhang bringt, andere Personen zu Verhaltensweisen zu bewegen, die diese sonst nicht zeigen würden. Sozialpsychologische Untersuchungen zum Verhalten bei disparater Machtverteilung konzentrierten sich überwiegend auf Reaktionen von Personen in der schwachen Position, es wurden jedoch vereinzelt auch Strategien überlegener Personen analysiert (vgl. Kipnis, 1974). Da disparate Machtverteilungen diesen Untersuchungen zufolge durch Belohnungen zustandekommen können, die ein starker Partner für weitgehend unveränderte Akzeptierung erwünschter Verhaltensweisen in Aussicht stellt, existieren nach Bonoma (1977) unbalancierte Abhängigkeitsrelationen zwischen Marktpartnern überall dort, wo Transaktionen zu „Festangeboten" (Waren des täglichen Gebrauchs, niedrigpreisige Produkte, Spezialprodukte) stattfinden. Größere Einflußanteile sollten dabei den *Anbietern* zukommen. Die Überlegenheit der Anbieterseite sieht Bonoma (1977) in der Professionalisierung des Verkaufsvorgangs und dem sich daraus ergebenden *„know-*

how" für eine gewinnorientierte Auswahl der Produktpalette, Festlegung des Preisgefüges, Gestaltung der Warenauslage, Außenpräsentation von Angeboten und Förderung ihres Absatzes. Sofern professionalisierte Absatzförderung den Einsatz von Verkaufspersonal beinhaltet, profiliert diese sich als gezielte Schulung des Personals in Warenkenntnissen, Argumentationstechniken und Überzeugungsfertigkeiten. Während die Anbieterseite als kompetenter Marktpartner auftritt oder durch ausgebildetes Verkaufspersonal repräsentiert wird, betrachtet der individuelle Verbraucher seine Rolle als Käufer selten vergleichsweise bewußt und souverän. Er versteht den Vorgang des Einkaufs selten als *aktiven* Eingriff in das Marktgeschehen und intendiert mit seinen Entscheidungen nur in geringem Ausmaß eine gezielte Beeinflussung der auf dem Markt vorherrschenden Transaktionsbedingungen. Dieser Gesichtspunkt läßt es auch fraglich erscheinen, ob – auf der Ebene des konkreten Kaufverhaltens – das Vorhandensein von sogenannten „Käufermarkt"-Verhältnissen, d.h. von starker Anbieterkonkurrenz, allein ausreicht, um von einer stärkeren Machtposition der Nachfrager zu sprechen (vgl. Bänsch, 1974). Auch wenn Käufer mehr Möglichkeiten zum Preis-, Qualitäts- oder Produktvergleich besitzen, so folgt damit noch nicht zwingend, daß sie diese Möglichkeiten auch tatsächlich ausnützen. Häufig sind mit dem Auffinden günstiger Kaufalternativen materielle und psychische Kosten, etwa Weg-, Zeit- und Energieinvestitionen verbunden und rechtfertigen den mit einem billigeren Produktangebot verbundenen Geldgewinn nicht.

Auf ein weiteres, wenngleich die Ebene gesellschaftlicher Machtverhältnisse betreffendes Indiz für eine stärkere Position der Anbieterseite, machen Zaltman und Wallendorf (1979) aufmerksam. Die Autoren verweisen hierzu auf den Verbraucherschutz und zeigen, daß staatliche Interventionen zur rechtlichen Absicherung von Konsumenten gegen unseriöse Marktpraktiken, Qualitätsmängel oder überhöhte Preise ein deutliches Merkmal für disparate Machtverteilungen auf dem Markt darstellen. Nach Meinung der Autoren ist die Tatsache, daß der Einfluß auf das Verhalten der Anbieterseite von einer mächtigeren Instanz, dem Staat, kommen muß, ein Indiz dafür, daß der „schwache" Marktpartner aus eigenen Initiativen (noch) nicht in der Lage ist, seine Interessen wirkungsvoll vertreten und schützen zu können.

10.2.3.2 Funktional-äquivalente Machtverteilung

Eine funktional-äquivalente Machtverteilung liegt dann vor, wenn zwei Personen vergleichbar starke Ausgangspositionen besitzen und deshalb in der Lage sind, die Ergebnisse gemeinsamer Aktivitäten mitzubestimmen und mitzubeeinflussen. Die Interaktion bei weitgehend balancierten Verhältnissen wechselseitiger Abhängigkeit weist damit zumeist – implizit oder explizit – den Charakter einer *Verhandlung* auf (vgl. auch Bonoma, 1976). Die Partner sind bestrebt zu klären, was jeder gibt und nimmt bzw. einbringt und erhält (Rubin & Brown, 1975, S. 2), sie versuchen, Einigungslösungen zu finden, die für beide akzeptabel sind (Lamm, 1975, S. 21), oder möchten einfach nur einen Konsens darüber herbeiführen, wie künftige Interaktionen reglementiert sein sollen (Sawyer & Guetzkow, 1965, S. 466). Als Voraussetzung für Verhandlungen und damit auch für das Vorhandensein einer funktional-äquivalenten Machtverteilung werden bestimmte Wertigkeitsniveaus der Ressourcen angesehen, die den Austausch konstituieren. Um in ihren Besitz zu gelangen sind *beide* Partner bereit, von eigenen Vorstellungen über die Bedingungen der Transaktion abzurücken und Zugeständnisse an die Interessen des anderen zu machen. Bonoma (1977) vertritt die Auffassung, daß einer Transaktion hochpreisiger Güter, der Inanspruchnahme teurer Dienstleistungen oder dem Absatz großer Produktmengen funktional-äquivalente Machtverteilungen zugrunde liegen. Aufgrund der Wertigkeit des hierbei involvierten Ressourcenpotentials hat die Käuferseite Gelegenheit, ihre Transaktionsvorstellungen zu artikulieren und bei aufscheinenden Diskrepanzen über den Austauschmodus eine geeignete Kompromißvereinbarung zu fordern. In Situationen, in denen Verhandlungen um Transaktionsbedingungen geführt werden können, z.B. beim Automobilkauf oder bei gewerblichen Ein- und Verkäufen, sind die Marktpartner nicht beliebig ersetzbar. Beide gewinnen viel, wenn der Austausch zustande kommt, und wegen der begrenzten Anzahl geeigneter Angebots- und Nachfragealternativen sind auch die Kosten substantiell, wenn der Austausch nicht zustande kommt. Zaltmann und Wallendorf (1979) bringen auch erhöhte Anstrengungen der Anbieterseite, Käufer durch individuelle Angebote und Vorleistungen zu umwerben, mit funktional-äquivalenten Machtverteilungen in Zusammenhang. Solche Vorleistungen stellen erste Konzessionen an die Nachfragerseite dar, da sie wie etwa die regelmäßige Kundenpflege durch Besuchskontakte oder gesonderte Service- und Reklamationsvereinbarungen mit zusätzlichen Investitionen verbunden sind. Daneben haben jedoch auch die Produktpreise selbst in der Regel nur Richtcharakter und sind keine fixen Größen, die bei einer Kaufentscheidung akzeptiert werden müssen. Sie sind ihrem Status nach zumeist Eingangsangebote der Anbieterseite und drücken deren maximale Gewinnerwartung aus. Nach Bonoma (1977, S. 351) sehen sich Marktpartner bei funktional-äquivalenten Machtverteilungen mit dem Problem konfrontiert, einen Transaktionsmodus der Form $X = aY$ auszuhandeln. Die Interaktion konzentriert sich auf eine Vereinbarung des Multiplikators „a", d.h. auf einen Konsens darüber, wieviel Ressourceneinheiten „X" (z.B. Geldeinheiten) wievielen Ressourceneinheiten „Y" (z.B. Wert einer speziellen Neuwagenausstattung) entsprechen sollen. Der Verkäufer orientiert sich dabei an der Attraktivität des Produkts für den Käufer, der Käufer an der Attraktivität seines Geldes für den Verkäufer. Während der Interaktion versuchen die Partner einen Kompromiß zu finden, der als „fairer" Marktwert gelten kann und einen für beide Seiten vorteilhaften Austauschmodus darstellt.

10.2.3.3 Gruppenorientierte Machtverteilung

Eine gruppenorientierte Machtverteilung ist für solche Interaktionen typisch, in denen Personen zusammenwirken, um – innerhalb eines größeren Interaktionsrahmens – effektiver auftreten und Interessen stärker durchsetzen zu können, als sie dazu vergleichsweise als Einzelakteure in der Lage wären. Die Machtverhältnisse *innerhalb* solcher Gruppierungen sind nicht von primärer Bedeutung, entscheidend ist vielmehr die Machtentfaltung „nach außen", d.h. gegenüber nicht involvierten Personen oder Gruppierungen. Entsprechende Sozialeinheiten haben den Charakter von *Koalitionen*, die sich bilden, um durch bewußte gemeinsame Nutzung individueller Ressourcen eine Veränderung von Abhängigkeitsverhältnissen herbeizuführen (vgl. Kelley & Thibaut, 1978, S. 301; Schneider, 1975, S. 183). Diese Veränderungen können entweder in Richtung auf balancierte oder in Richtung auf unbalancierte Machtverteilungen erfolgen. Im ersten Fall würde man von einer Koalition der „Schwachen", im zweiten Fall von einer Koalition der „Starken" sprechen. In beiden Fällen intendiert die Koalition, größere Gewinnansprüche stellen und gegen den Widerstand der ausgeschlossenen Personen oder Gruppierungen durchsetzen zu können. Bei Marktinteraktionen lassen sich nach Zaltmann und Wallendorf (1979) drei Arten von Koalitionen unterscheiden: a) Käufer-Käufer-Koalitionen, b) Verkäufer-Verkäufer-Koalitionen und c) Käufer-Verkäufer-Koalitionen. Ähnlich wie im Zusammenhang mit funktional-äquivalenten Machtverteilungen wird für das Zustandekommen von Koalitionen auf dem Markt angenommen, daß die in Ansicht stehenden Profite substantiell sind und den Aufwand bei der Koordinierung individueller Ressourcen und Einzelaktivitäten rechtfertigen. So kann die Bildung von Käufer-Käufer-Koalitionen auf Konsumentenebene davon abhängig sein, ob sie die Abnahme größerer Mengen eines bestimmten Produkts ermöglicht und die Käuferseite auf diese Weise in die Lage versetzt, Preisverhandlungen mit Anbietern zu führen und günstige Abschlüsse zu tätigen. Ähnlich läßt sich das Zustandekommen von Verkäufer-Verkäufer-Koalitionen verstehen. Nachfrageveränderungen könnten etwa verschiedene Einzelhändler dazu motivieren, ihre Sortimentspolitik besser aufeinander abzustimmen, um Umsatzverluste zu verhindern. Auch Käufer-Verkäufer-Koalitionen, bzw. Interessengemeinschaften zwischen Produzenten und Großhändlern oder Groß- und Einzelhändlern, entstehen nicht *ad hoc*, sondern wären z.B. erst dann eine attraktive Marktstrategie, wenn sich durch konzertierte Aktionen Kosteneinsparungen in der Warendistribution oder Verkaufsförderung erreichen ließen.

Während sich gruppenorientierte Machtverteilungen „nach außen" nicht von disparaten oder funktional-äquivalenten Machtverteilungen unterscheiden, heben sie sich durch ihre Binnenstrukturierung qualitativ von dyadischen Beziehungen ab. Bonoma (1976) charakterisiert diese Binnenstrukturierung als „bilaterales Machtsystem", d.h. als System wechselseitiger kooperativer Beziehungen zwischen allen Individuen der betreffenden sozialen Einheit. Obwohl die individuellen Beiträge und Ressourcen der einzelnen Koalitionsmitglieder variieren können und damit auch ihr relativer Einfluß in der Gruppierung, so sind diese Unterschiede nicht Gegenstand koalitionsinterner Auseinandersetzungen. Dies bedeutet nach Bonoma (1976, 1977) jedoch nicht, daß ein bilaterales Machtsystem gänzlich frei von Konflikten ist. Meinungsverschiedenheiten können durchaus auftreten, etwa darüber, durch welche spezifische Strategie eine Maximierung des gemeinsamen Nutzens zu erreichen sei. Von einer konstruktiven Regelung eines solchen Konflikts profitieren jedoch alle Gruppenmitglieder, so daß das Ziel möglichst effektiver Außendarstellung und Interessenvertretung nicht in Frage gestellt ist. Koalitionsinterne Strategiekonflikte haben eher den Charakter „integrativen Verhandelns" (Walton & McKersie, 1965) oder gemeinsamen Problemlösens (Filley, 1975) und fördern damit sowohl die internen Belange der Gruppe als auch deren Effizienz bei externen Auseinandersetzungen.

10.2.4 Machtgrundlagen und Arten der Machtausübung bei Marktpartnern

Bislang wurden verschiedene Formen der Machtverteilung beschrieben, ohne detaillierter zu behandeln, worauf die Macht der Marktpartner im einzelnen beruhen kann und wie sie im Interaktionsprozeß in Erscheinung tritt. Eine Spezifizierung von Machtgrundlagen und Arten der Machtausübung läßt sich dabei aus verschiedenen sozialpsychologischen Ansätzen ableiten, die auf Arbeiten von Bonoma und Rosenberg (1975), Tedeschi et al. (1973) oder Tedeschi und Lindskold (1976) zurückgehend auch im Zusammenhang mit Käufer-Verkäufer-Beziehungen diskutiert wurden (Bonoma, 1977; Zaltman & Wallendorf, 1979). In diesen Ansätzen werden die Grundlagen sozialer Macht in einer Kontrolle über die Interaktionsökologie, über interpersonale Verstärker und bilaterale Informationskanäle gesehen, und die Machtausübung mit diversen Spielarten offener und versteckter Einflußnahme sowie einflußvorbereitender Sozialaktivitäten in Zusammenhang gebracht. Da das Vorliegen spezifischer Machtgrundlagen nicht notwendig auch deren interaktiven Einsatz impliziert (vgl. Schneider, 1977) wird im folgenden zwischen „potentieller" und „aktualisierter" Macht von Marktpartnern unterschieden.

10.2.4.1 Potentielle Macht von Marktpartnern

10.2.4.1.1 Ökologische Kontrolle

Ökologische Kontrolle umfaßt alle Möglichkeiten, Umweltbedingungen so zu gestalten, daß sich Verhaltensweisen anderer Personen in der gewünschten Weise verändern (vgl. Cartwright, 1965). Diese Art von Kontrolle setzt das Vorhandensein materieller und/oder immaterieller Ressourcen voraus, mit denen sich verhaltensrelevante physikalische, psychische und/oder soziale Zustände manipulieren lassen. Eine Kontrolle der *physikalischen* Umweltbedingungen, von Dahl und Lindblom (1953) auch als „round-about control" bezeichnet, üben in moderater Form Institutionen wie Schulen, Kliniken oder Betriebe und in extremer Form Einrichtungen wie der Strafvollzug aus. Für die Verweildauer in diesen Institutionen müssen sich Personen sowohl auf das jeweilige bauliche und räumliche Milieu einstellen als auch dem Rhythmus der einzelnen Organisationsabläufe unterwerfen. Auf interpersonaler Ebene hängt „round-about control" oft mit verschiedenen Arten zufällig vorhandener oder gezielt genutzter „Standort"-Ressourcen zusammen. Zu solchen Standort-Ressourcen zählen die Nähe zu einem Mikrophon bei Podiumsdiskussionen genauso wie z.B. der Heimvorteil bei Verhandlungen. In beiden Fällen sind die spezifischen Umweltbedingungen für die Einflußnahme günstig, da sie – wie im ersten Fall – eine nachdrücklichere und schnellere Meinungsartikulierung erlauben, oder – wie im zweiten Fall – die Möglichkeit bieten, durch geeignete Raumwahl und Gestaltung der Sitzordnung, durch Organisation eines Rahmenprogramms oder durch Hinzuziehung hauseigener Experten eine günstige Verhandlungsatmosphäre zu schaffen.

Anders als bei der Kontrolle physikalischer Umweltbedingungen bezieht sich eine Kontrolle *psychisch-sozialer* Umweltbedingungen auf Effekte, die durch gezielte Exposition spezifischer Verhaltensweisen erreicht werden. Diese Verhaltensweisen besitzen für andere Personen die Funktion von „Schlüsselreizen" („cues") und können dadurch vorgeformte Reaktionsmuster auslösen (vgl. Jones & Gerard, 1967). Grundlage dieser Art von Machtausübung sind mehr oder weniger intime Kenntnisse individueller Gewohnheitsstrukturen und deren potentielle Verwendbarkeit, um intendierte Einwilligungseffekte zu erreichen. Entsprechende Kenntnisse benutzen nicht nur Eltern, um in aufwandsökonomischer Weise das Verhalten ihrer Kinder zu beeinflussen, auch Konsumgewohnheiten lassen sich auf diese Weise aktivieren. Ökologische Kontrolle im psychisch-sozialen Bereich beinhaltet nach Tedeschi und Lindskold (1976) nicht nur die Präsentation, sondern auch die Vorenthaltung von Schlüsselreizen. Dazu würde etwa die Kenntnis von Auswirkungen eines bewußten „*non-decision-making*" zählen. Im öffentlichen Leben können entsprechende Kenntnisse dazu dienen, unliebsame Lösungen politischer, gesellschaftlicher oder wirtschaftlicher Probleme zu blockieren. Jedoch auch bei alltäglichen Interaktionen setzt das Wissen um Effekte der Reizvorenthaltung Personen in die Lage, auf andere Personen einzuwirken. So ist es einer einkaufenden Mutter beispielsweise möglich, den Bonbonwünschen ihres kleinen Sohnes dadurch zu begegnen, daß sie diese in der Nähe von Süßwarenangeboten bewußt „überhört".

Machtverhältnisse zwischen Anbietern und Nachfragern basieren selten ausschließlich auf der Kontrolle ökologischer Bedingungen. Im Einzelfall kann allerdings jede der drei in Kapitelabschnitt 10.2.3 genannten Machtverteilungen als Folge physikalischer und/oder psychisch-sozialer Umweltgestaltung in Erscheinung treten. Formen von *„round-about control"* finden sich etwa dort, wo Anbieter ein Produktions- oder Vertriebsmonopol besitzen und potentiell in der Lage sind, über eine künstliche Verknappung des Marktangebots auf die Preisgestaltung von Produkten einzuwirken. Aber auch weniger einschneidende Möglichkeiten der Einflußnahme, wie Verbrauchermärkte „ins Grüne" zu verlegen, um Konsumenten verstärkt zu Großeinkäufen zu bewegen, sind als Konsequenz von *„round-about control"* definierbar. Der ökologische Vorteil, den Anbieter im allgemeinen bereits dadurch haben, daß Konsumenten zu ihnen kommen, erstreckt sich darüberhinaus auf die Innenausstattung von Verkaufsräumen, auf absatz- und „spontankauf"-fördernder Produktpräsentationen (Verpackung, Plazierung, Layout) oder auf das Lancieren von Spezial- und Sonderangeboten (vgl. Kroeber-Riel, 1975; Spiegel, 1970). Funktional-äquivalente und gruppenorientierte Machtverteilungen implizieren ein ausgeglicheneres Potential an Kontrolle physikalischer und/oder psychisch-sozialer Umweltbedingungen. Im Falle des Besuchsverkaufs oder bei Investitionsgüterverhandlungen kommen auch die Nachfrager in den Genuß von Heimvorteilen. Ähnliches gilt für eine Verhaltenssteuerung während der Interaktion. Die Machtpartner haben die Möglichkeit direkter gegenseitiger Beeinflussung und können je nach Kenntnis oder Einschätzung von Gewohnheitsstrukturen und Reaktionstendenzen ihre Kommunikationsbeiträge mit Reizqualitäten versehen, die sie dem Ziel vorteilhafter Angebote und günstiger Transaktionsmodi näherbringen. Interaktive Reizkontrolle umfaßt dabei nicht allein die bewußte Selektivpräsentation verbaler Kommunikationsinhalte, sondern zudem den Bereich non-verbaler Kommunikationselemente. In diesem Sinn erweist sich z.B. auch eine mimisch-gestische „Synchronisation" der Marktpartner als verhaltensrelevant (vgl. Argyle, 1967, 1972).

10.2.4.1.2 Verstärkerkontrolle

Verstärkerkontrolle in interpersonalen Beziehungen ist mit dem Ausmaß materieller und/oder immaterieller Belohnungen und Bestrafungen verbunden, mit denen eine Person erwünschte Verhaltensweisen bei anderen Personen hervorrufen oder intensivieren bzw. unerwünschte Verhaltensweisen unterdrücken oder vermindern kann. French und Raven (1959) beziehen „Belohnungsmacht" auf die Kontrolle von Ressourcen, die anderen Personen nützen bzw. andere Personen vor Nachteilen bewahren und somit als positive Verstärker fungieren, und „Bestrafungsmacht" auf die Kontrolle von Ressourcen, die anderen Personen schaden bzw. in eine aversive Situation bringen. Als aversiver bzw.

negativer Verstärker erweist sich allerdings nicht nur die Bestrafung selbst, sondern auch das Vorenthalten von erwarteten, obligaten oder gewohnten Belohnungen. Positive Verstärker haben danach als Machtmittel einen größeren Wirkungsradius als negative Verstärker, weil sie sowohl gegeben als auch verweigert werden können. Auf welche *konkreten* Ressourcen sich Verstärkerkontrolle zu beziehen vermag, haben Foa (1966), Foa und Foa (1971, 1976, 1980) und Turner, Foa und Foa (1971) spezifiziert. Eine von diesen Autoren erstellte und empirisch untersuchte Taxonomie interpersonaler Ressourcen enthält je drei Klassen materieller und immaterieller Verstärker. Als materielle Verstärker unterschieden die Autoren a) *Geld* bzw. Gegenstände mit einem standardisierten Austauschwert, b) *Güter* bzw. direkt verwertbare Produkte, Objekte und Materialien, und c) *Dienstleistungen* bzw. Verhaltensaktivitäten, die den Charakter von Arbeitseinsatz für andere haben. Immaterielle Verstärker sind a) *Zuneigung* bzw. gefühlsbetonte Aufmerksamkeit, Wärme oder Trost, b) *soziale Anerkennung* bzw. bewertende Aussagen über Prestige, Achtung und Wertschätzung, und c) *Wissen* bzw. sachbezogene Ratschläge, Meinungen, Anweisungen oder Einsichten. Eine auf Verstärkerkontrolle basierende Machtverteilung setzt voraus, daß Ressourcen, über die eine Person verfügt, von anderen Personen nachgefragt werden. Im interaktiven Kontext ist die Nachfrage nicht für alle der genannten Ressourcen gleich, so daß das Ausmaß an Verstärkerkontrolle davon abhängt, welche Ressourcen den aktuell oder permanent größeren Belohnungswert besitzen. Der Belohnungswert von Ressourcen kann wiederum von der jeweils gegebenen sozialen Situation beeinflußt sein, so daß sich mit objektiv gleichen Ressourcen (z.B. Geld) in intimen, familiären oder freundschaftlichen Beziehungen nicht die gleichen Reaktionen erzielen lassen wie in spontanen, oberflächlichen Kontakten des täglichen Umgangs oder in eher sachbetonten Beziehungen des Berufs- und Arbeitslebens. Turner et al. (1971) zeigten in diesem Zusammenhang für Freundschaftsbeziehungen, daß die am häufigsten ausgetauschten Ressourcen immaterieller Natur sind (Zuneigung 22%, soziale Anerkennung 20%, Information 19%), und daß materielle Ressourcen eine vergleichsweise geringe Relevanz als Verstärker besitzen (Dienstleistungen 19%, Güter 12%, Geld 8%).

In Käufer-Verkäufer-Beziehungen spielen materielle und/oder immaterielle Verstärker eine entscheidende Rolle, da ihr Vorhandensein letztlich das konstituiert, was im engeren bzw. ökonomischen oder weiteren bzw. sozialen Sinn als Markt zu bezeichnen ist (s.o. 10.2.1; vgl. Kotler, 1972b). Verstärkerkontrolle ist in zentraler Weise ein Indikator dafür, welche Machtverhältnisse sich auf dem Markt etablieren. So resultiert eine disparate Machtverteilung z.B. deshalb, *weil* Anbieter spezifischer Güter oder Dienstleistungen von einem kontinuierlichen Bedarf ausgehen können und dadurch in der Lage sind, Transaktionsbedingungen und Preise nach ihren Vorstellungen festzulegen. Wie bereits erwähnt, sind die Möglichkeiten des individuellen Nachfragers, durch die von ihm kontrollierten Ressourcen, sein Kaufbudget, auf den Austauschmodus einzuwirken, relativ gering. Er kann hier bestenfalls auf den Konsum bestimmter Produkte verzichten und hoffen, daß die Solidarität möglichst vieler Verbraucher den Anbieter zu Preisnachlässen und Sonderangebotsaktionen bewegt. Konsumverzicht wird häufig jedoch dadurch erschwert, daß die Verkäuferseite materielle Ressourcen für Werbe- und Sales-Promotion-Maßnahmen bereitstellen kann und so in der Lage ist, den Belohnungswert von Gütern und Dienstleistungen mit zusätzlichen Verstärkerqualitäten wie „soziale Anerkennung" zu versehen. Erst die Kontrolle von Ressourcen, die so dimensioniert sind, daß ihre Vorenthaltung aversive Konsequenzen für die Anbieterseite hat, bietet dem individuellen Nachfrager Möglichkeiten, nun auch seinerseits auf das Verkäuferverhalten Einfluß zu nehmen.

10.2.4.1.3 Informationskontrolle

Informationskontrolle als Machtgrundlage bedeutet nicht, daß Personen über Fachwissen oder Kenntnisse verfügen, die nachgefragt sind. Diese Art von Informationsvorsprung hat Ressourcen-Charakter und ist — im Sinne von „Experten-Macht" — unter Verstärkerkontrolle subsummierbar. Informationskontrolle im hier gemeinten Sinn bezieht sich auf Besonderheiten des Umgangs mit, des Zugangs zu und der selektiven Steuerung von Information und Kommunikation. Machtgrundlage ist infolgedessen eine Kontrolle von Kommunikationskanälen, die es entsprechend ausgestatteten Personen erlaubt, Informationen gezielt weiterzugeben oder zurückzuhalten, modifiziert weiterzugeben oder vor der Weitergabe gar bewußt zu verfälschen. Eine wichtige Voraussetzung dafür, andere Personen durch Informationssteuerung zu beeinflussen, ist die Glaubwürdigkeit der Kommunikation und die Vertrauenswürdigkeit des Kommunikators (vgl. z.B. Irle, 1975, S. 282f.). Um Verhaltenseffekte durch Informationskontrolle erzielen zu können, steht einer Person ausschließlich das Medium der Kommunikation zur Verfügung; kündigt sie beispielsweise negative Konsequenzen an, wenn sich eine andere Person nicht in der gewünschten Weise verhält, so vermag sie diese Konsequenzen selbst nicht zu realisieren (es sei denn, sie verfügt zusätzlich über Verstärkerkontrolle). Mit Hilfe von Informationskontrolle läßt sich Kommunikation nach Tedeschi und Lindskold (1976, S. 307) in dreierlei Weise ausgestalten: a) als Überredung, z.B. durch selektive Präsentation möglichst „plausibler" Argumente für die beabsichtigte Reaktion; b) als Verpflichtungsaktivierung, z.B. durch selektive Präsentation „normativer" Werte oder Hinweise darauf, was im intendierten Sinn als „angemessen" zu gelten hat; sowie c) als Einschmeichelung, z.B. durch selektive Präsentation personenbezogener „Positiv"-Informationen demjenigen gegenüber, von dem man sich einen Vorteil erwartet. Nach Kelley und Thibaut (1969) stellt Informationskontrolle insbesondere dann eine effektive Machtgrundlage dar, wenn Personen mit gegebenen Verhältnissen ihres engeren oder weiteren sozialen Umfelds unzufrieden sind und nach „Lösungen" suchen, entsprechende Bedingungen zu ändern und zu verbessern. Politische Parteien bedienen sich der Informationskontrolle, wenn sie Bürger zunächst gezielt auf wirtschaftliche oder gesellschaftliche Mißstände hinweisen, den aversiven Charakter dieser Mißstände für den Einzelnen betonen und dann die Vorteile eigener Gegenstrategien herausstellen. In ähnlicher Weise werden auch Wirtschaftsunternehmen aktiv, wenn sie durch Werbung auf bestimmte Konsumdefizite aufmerksam machen und Produktlösungen für deren Beseitigung vorschlagen.

Ein wirkungsvolles Potential zur Steuerung von Information stellen Massenmedien dar. Art und Intensität ihrer Nutzung haben für das Verständnis von Marktvorgängen große Bedeutung (vgl. den Beitrag von Kumpf in diesem Handbuch) und sind auch Indikatoren dafür, welche Machtverteilung zwischen Anbietern und Nachfragern vorliegt oder in welcher Richtung sich diese verändert. So hat sich beispielsweise eine Verbesserung der relativen Machtposition der Käuferseite ergeben, seit Verbraucherorganisationen in Tageszeitungen oder Illustrierten die Ergebnisse von Warentests veröffentlichen. Die Anbieterseite wurde auf diese Weise veranlaßt, mehr als bisher auf die Qualitätsstandards ihrer Produkte zu achten (vgl. Silberer, 1978). Verbraucherinformationen enthalten zudem Hinweise auf Preisspannen von Produkten und öffnen Konsumenten häufig erst den Blick für Interventionen oder Forderungen während des Kaufvorgangs.

Bei gewerblichen Transaktionen oder Verhandlungen um hochpreisige Produkte eröffnet Informationskontrolle die Möglichkeit, über eigene Ergebniserwartungen und Gewinnspannen zu bluffen oder „taktische" Angebote zu unterbreiten. Ein entsprechender Einsatz von Informationskontrolle begleitet die Interaktion explizit oder implizit und wird von Personen nicht selten auch als typisches Kennzeichen von Verhandlungen angesehen (vgl. Johnson & Cohen, 1967). Es finden sich Merkmale von Überredung vor, etwa wenn argumentiert wird, weshalb eigene Kostenkalkulationen oder Profitmargen keine oder keine weiteren Zugeständnisse zulassen. Ebenso sind Elemente von Verpflichtungsaktivierung vertreten, beispielsweise wenn die eigenen Einigungsvorstellungen als „fair" und „berechtigt" ausgegeben werden, um den Partner zum Einlenken zu bewegen. Schließlich können auch Elemente einschmeicheln der Kommunikation als Verhandlungsstrategie dienen, etwa wenn Komplimente an den Partner die Verhandlungsatmosphäre entspannen oder eine bescheidene Art der Selbstdarstellung den Partner zu Konzessionen aus Großzügigkeit verleiten sollen (vgl. Druckman, 1977; Tedeschi & Lindskold, 1976).

10.2.4.2 Aktualisierte Macht von Marktpartnern

Die Kontrolle von ökologischen Interaktionsbedingungen, von materiellen und immateriellen Verstärkern oder von Möglichkeiten zur selektiven Informationssteuerung sagt noch nichts darüber aus, ob, und wenn ja in welcher Weise und Intensität, eine Ressourcenaktivierung erfolgen muß, damit Personen in der gewünschten Weise reagieren. Immer dann beispielsweise, wenn Machtverhältnisse legitimiert erscheinen oder auf Sympathie, Attraktivität und Identifikation beruhen, lassen sich Verhaltensweisen von Personen ohne expliziten Belohnungseinsatz und ohne spezifische Informationsstrategie beeinflussen (vgl. Collins & Raven, 1969; French & Raven, 1959). Jedoch auch im Falle einer Verstärkerkontrolle ist der Einsatz positiver und negativer Sanktionen häufig nicht notwendig, sondern es genügt bereits eine Ankündigung entsprechender Verhaltenskonsequenzen, um Einwilligung bei Personen zu erzielen. In ähnlicher Weise muß auch Informationskontrolle nicht notwendig als aufwendige Kommunikations-„Politik" oder Verschleierungstaktik in Erscheinung treten, vielmehr können unter bestimmten Bedingungen auch schlichte Aufforderungen, sich einsichtsvoll zu verhalten, oder einfache Handlungsempfehlungen zu vergleichbaren Effekten führen.

Tedeschi et al. (1973) und Tedeschi, Schlenker und Lindskold (1972) haben verschiedene Varianten der Aktualisierung von Macht im Interaktionsprozeß ausführlich beschrieben und zu systematisieren versucht. Eine von diesen Autoren unter sozialpsychologischer Perspektive vorgenommene Klassifizierung in offene und versteckte soziale Einflußnahme wurde später von Bonoma und Rosenberg (1975) sowie Tedeschi und Lindskold (1976) um die Kategorie einflußvorbereitender Kommunikation erweitert und in dieser Form durch Zaltman und Wallendorf (1979) auch zur Charakterisierung von Machtaktualisierungen zwischen Marktpartner verwendet.

10.2.4.2.1 Offener Einfluß

Soweit sich offener Einfluß auf die Ankündigung eines spezifischen Ressourceneinsatzes bezieht, kann er entweder als *Versprechung* oder als *Drohung* in Erscheinung treten. Beide Formen der Einflußnahme können nach Tedeschi und Lindskold (1976) in kontingente und nichtkontingente Sanktionsankündigungen unterteilt werden. Kontingente Sanktionsankündigungen enthalten neben der versprochenen oder angedrohten Handlungskonsequenz die Spezifizierung des erwünschten Verhaltens (z.B. „wenn Sie nicht X tun, dann werde ich Y tun" oder „wenn Sie X für mich tun, dann werde ich Y für Sie tun"), nichtkontingente Sanktionsankündigungen enthalten lediglich Hinweise darauf, daß belohnende oder bestrafende Handlungen folgen (z.B. „ich werde Y tun"). Auf den Konflikttheoretiker Schelling (1966) geht eine zusätzliche Unterteilung von kontingenten Drohungen in „Aufforderungs-" und „Unterlassungs-"Drohungen zurück. Erstere koppeln die Vermeidung negativer Sanktionen damit, daß Personen ein bestimmtes Verhalten zeigen, zweitere hingegen damit, daß Personen ein bestimmtes Verhalten unterdrücken. Die Effektivität von Versprechungen und Drohungen steigt mit dem Umfang an Verstärkerkontrolle, der Größe der angekündigten Sanktionen und der wahrgenommenen Glaubwürdigkeit des Sanktionseinsatzes (vgl. Horai & Tedeschi, 1969; Tedeschi et al., 1972). Zudem sind Drohungen unter sonst gleichen Bedingungen wirkungsvoller als Versprechungen (vgl. Tedeschi et al., 1973). Die Effektivität des Machteinsatzes kann durch geeignete Kombination *beider* Einflußvarianten allerdings noch weiter gesteigert werden (vgl. Johnston, 1972).

Bei Marktinteraktionen sind Drohungen und Versprechungen für funktional-äquivalente Machtverteilungen charakteristisch. Hier kann sich der Nachfrager etwa von der Drohung des Nicht-Kaufs eine gewisse Chance ausrechnen, den Anbieter zu Konzessionen zu bewegen. Bei gewerblichen Verhandlungen sind gegenseitige Sanktionsankündigungen obligatorisch. So können Konzessionen, die ein Marktpartner macht, als Versprechungen gelten, wenn sie − bei entgegenkommendem Verhalten auch des anderen Marktpartners − weitere Zugeständnisse erwarten lassen und beide Seiten damit einer zufriedenstellenden Verhandlungslösung näher bringen. Konzessionen können aber auch Drohcharakter annehmen, z.B. dann, wenn weitere Zugeständnisse von der Akzeptierung unattraktiver Einwilligungsbedingungen abhängig gemacht werden (vgl. Hamner & Yukl, 1977). Verhandlungen enthalten häufig beide Arten von Einflußnahme; eine prominente Variante besteht z.B. darin, sich explizit gegen weitere Konzessionen auszusprechen, dem Marktpartner für seine Einwilligung jedoch eine bestimmte Kompensationsbelohnung in Aussicht zu stellen. Beim Neuwagenkauf beziehen sich Kompensationsbelohnungen meist auf einen günstigen Übernahmepreis des gebrauchten alten Fahrzeugs oder auf den Einbau eines im Preis des neuen Fahrzeugs nicht enthaltenen Extrateils.

Eine zweite Variante von Machtaktualisierung stellen *Warnungen* und *Ratschläge* dar. Diese Art des Einflusses ist typisch für den Einsatz von Informationskontrolle. Das bedeutet, daß die mit entsprechenden Aufforderungen verbundenen Verhaltenskonsequenzen nicht durch den Einflußnehmenden selbst realisiert werden können. Warnungen und Ratschläge enthalten lediglich die Vorhersage bestimmter Ereignisse, deren Eintreffen oder Nichteintreffen kein Teil der Interaktion mit der beeinflussenden Person ist, sondern sich zumeist auf die Bewältigung von Problemen bezieht, die außerhalb der betreffenden Beziehung existieren. Als Teil von Verkaufsbotschaften sind Ratschläge z.B. auf die Verwendervorzüge, Warnungen auf die Verwendernachteile bestimmter Produkte bezogen. Ein in diesem Zusammenhang sozialpsychologisch viel untersuchter Gegenstandsbereich sind kognitive Effekte von Warnungen mit furchterregendem Charakter (Janis, 1967; McGuire, 1968). Experimentelle Ergebnisse zeigten dabei, daß zwischen der Intensität furchterregender Kommunikation und der dadurch erzeugten Einstellungsänderung bei Personen eine umgekehrte U-förmige Beziehung besteht. Warnungen vor extrem negativen Konsequenzen unerwünschter Verhaltensweisen erzielten somit einen vergleichsweise geringen Überredungseffekt. Verkaufsfördernde Kommunikation enthält üblicherweise sowohl Warnungen als auch Ratschläge („Paradontose führt zu Zahnausfall, regelmäßige Zahlpflege mit X stoppt Paradontose"). Da die einflußnehmende Person lediglich als Ereignis-„Moderator" auftritt, muß sie verstärkt glaubwürdig erscheinen. Verkäufer präsentieren sich deshalb nicht selten als „Modelle" für eine Verwendung der angebotenen Produkte, verweisen auf Kunden, die mit einer Kaufentscheidung zufrieden waren oder argumentieren mit Ergebnissen von Qualitätsuntersuchungen und unabhängigen Warentests.

Weitere Varianten von Machtaktualisierung bei Informationskontrolle sind *Appelle* und *Bitten*. Kommunikationsinhalte dieser Art nehmen keinen Bezug auf direkt oder indirekt erfahrbare und durch Umweltereignisse objektivierbare positive oder negative Verhaltenskonsequenzen, sie nehmen vielmehr Bezug auf die im zu beeinflussenden Individuum vermuteten moralischen Werte und die mit wertkonformem oder -diskrepantem Verhalten verbundenen positiven oder negativen Gefühlserlebnissen. Appelle, gewisse Interaktionskonventionen zu beachten, oder Bitten um Hilfeleistung in einer schwierigen Situation sind Beispiele dieser Art von Einflußnahme. In Käufer-Verkäufer-Beziehungen spielen entsprechende Kommunikationsinhalte mitunter eine taktische Rolle, wenn sie dazu dienen, die eigenen Transaktionsvorstellungen normativ „abzupolstern" oder durch Fairneßappelle Schuldgefühle beim Partner zu induzieren.

10.2.4.2.2 Versteckte Einflußnahme

Im Gegensatz zur offenen Einflußnahme sind sich Personen bei versteckter oder manipulativer Einflußnahme weder der spezifischen Machtaktualisierung noch des Effekts dieser Machtaktualisierung auf ihr Verhalten und Erleben bewußt. Ökologische Kontrolle ermöglicht diese Art von Einflußnahme in der Regel dann, wenn physikalische Umweltbedingungen „verhaltens-sensitiv" gestaltet werden oder Kommunikationsreize zu Spontanreaktionen verleiten (vgl. 10.2.4.1.1). Versteckte Einflußnahme findet sich jedoch auch im Bereich von Verstärkerkontrolle vor. Untersuchungen zur sogenannten verbalen Konditionierung haben gezeigt, daß sich durch gezielten Einsatz immaterieller Verstärker, wie „soziale Anerkennung", manipulative Verhaltenseffekte erzielen lassen (vgl. Verplanck, 1955). So konnte bei Telefonumfragen allein durch eine selektive Verwendung des Wortes „gut" eine Beantwortungstendenz bei den Interviewten induziert werden, die diese selbst – wie Nachbefragungen belegten – nicht bewußt wahrnahmen. Im Kontext von Anbieter-Nachfrager-Interaktionen kann eine sozialkompetente Verwendung von Lob (zur Verstärkung von Verhaltenstendenzen in gewünschter Richtung) oder Mißbilligung (zur Unterdrückung von Verhaltenstendenzen in nicht gewünschter Richtung) darüber mitentscheiden, in welcher Weise sich Austauschbeziehungen entwickeln und wie ökonomisch und sozial zufriedenstellend ihre Ergebnisse sind (vgl. Levy & Zaltman, 1975, S. 32f.). Versteckte Einflußnahme bei Informationskontrolle erfolgt sehr häufig über verschiedene Strategien manipulativer Überredung. Eine aufwandsökonomische Strategie besteht darin, sich den von Hoveland und Weiss (1951) gefundenen „sleeper"-Effekt zunutze zu machen. Dieser im Zusammenhang mit Einstellungsänderungen entdeckte Effekt wirkt sich so aus, daß ein Kommunikator rascher vergessen wird als der Inhalt seiner Kommunikation und somit auch dann noch Einfluß auf Kognitionen ausübt, wenn keine Verbindung mehr zwischen Information und Urheber der Information existiert. Weitere Varianten manipulativer Überredung sind die indirekte Informationssteuerung und die Präsentation von Gegenargumenten. Indirekte Informationssteuerung bezieht sich auf eine Verschleierung der „Offensichtlichkeit" von Beeinflussungsabsichten. Experimentellen Untersuchungen zufolge lassen sich Einstellungen dadurch modifizieren, daß bei Zielpersonen bewußt der Eindruck erweckt wird, als seien Kommunikation und Überredung nicht direkt an sie gerichtet, sondern gelten anderen Individuen (Brock & Becker, 1965). Die Präsentation von Gegenargumenten bezieht sich auf eine gezielte Selektion von Informationen, die gegen die eigene Position und/oder Überzeugung sprechen. Der Eindruck der Zurückstellung eigener Interessen und Belange läßt die Kommunikation glaubwürdiger erscheinen und hat deshalb stabile Einstellungsänderungen zur Folge (Mills & Jellinson, 1967). Die Strategie der Gegenargumente wird auch mit effektivem Verkäuferverhalten in Zusammenhang gebracht, wenn darauf hingewiesen wird, daß bei der Kundenberatung und Produktempfehlung der Eindruck entstehen soll, als würden den Käuferinteressen und -präferenzen auch gegen die Absatzinteressen des Anbieters der Vorzug gegeben (vgl. Bänsch, 1977, S. 53ff.).

10.2.4.2.3 Einflußvorbereitende Interaktionsaktivitäten

Unter einflußvorbereitenden Interaktionsaktivitäten verstehen Bonoma und Rosenberg (1975) sowie Tedeschi und Lindskold (1976) solche Verhaltensweisen, die der Exploration des sozialen Umfelds und der gezielten Suche nach Information über andere Personen zum Zwecke späterer Einflußnahme dienen. Tedeschi und Lindskold (1976) unterscheiden vier Arten sozialexplorativer Verhaltensaktivitäten: a) strategische Sondierung, b) Interpretationsfeedback, c) Selbsteröffnung, d) Sprachwitz. Zur strategischen Sondierung gehört es, durch direkte Befragung oder Gespräche Aufschluß über Merkmale von Personen, z.B. ihre Präferenzen, Meinungen, Ansichten oder Wertschätzungen zu erhalten. Die Intention strategischer Sondierung ist dabei eine bessere Vorhersagbarkeit des Verhaltens von Personen. Informationsquellen können nicht nur Unterhaltungen mit den jeweils interessierenden Personen selbst sein, sondern auch — oder mitunter bevorzugt — Klatsch, Gerede und „*small-talk*" über diese Personen. So kann es bei wichtigen Verhandlungen für eine Planung eigener Strategien vorteilhaft sein, Informationen über den „Ruf" prospektiver Verhandlungspartner zu erhalten und zu erfahren, welche Stärken und Schwächen ihnen nachgesagt werden. Aber auch bei der Abwicklung alltäglicher Transaktionen vermögen Verkäufer erfolgreicher zu agieren, wenn sie zunächst die Vorstellungen, Meinungen und Vorschläge von Käufern erkunden, bevor sie mit eigenen Einflußversuchen beginnen (Willet & Pennington, 1966). — Interpretationsfeedback und Selbsteröffnung sind spezifische Methoden der Gesprächsführung, mit denen der Gesprächspartner unter Rekurs auf Normen des sozialen Umgangs zur Preisgabe von Information über sich selbst bewegt werden soll. Interpretationsfeedback funktioniert so, daß das vom Gesprächspartner Gesagte nur wenig interpretativ verändert wird und als eigener Kommunikationsbeitrag wieder in das Gespräch einfließt. Die Initiative zur Fortführung des Gesprächs geht so, ohne selbst viel Information preisgegeben zu haben, an den Partner zurück (Konversationsnorm: „Ich spreche — sie sprechen") und ermutigt diesen, das Gesprächsthema aus seiner persönlichen Perspektive weiterzuentwickeln. Eine Professionalisierung hat diese Kommunikationsmethode in der Klinischen Psychologie erfahren (vgl. z.B. Tausch, 1968), wo sie Patienten zu symptombezogener Artikulierung und weitgehend ungestörter Selbstreflexion anhalten soll. Bei der Methode, durch Selbsteröffnung Informationen zu erhalten, wird die Gesprächsinitiative nicht dem Partner überlassen, sondern durch gezielte Aussagen über eigene persönliche und private Belange in Richtung auf die interessierenden Partnermerkmale gelenkt. Derartige Initiativen sollen den Gesprächspartner dazu motivieren, in vergleichbarer Weise zu reagieren (Reziprozitätsnorm) und möglichst mehr Informationen preiszugeben als man selbst in das Gespräch eingebracht hat (Rechtfertigung des eigenen Vertrauensvorschusses). Experimentelle Untersuchungen belegen in diesem Zusammenhang, daß sogar Selbsteröffnungen intimer Art die Preisgabe vergleichbar intimer Informationen auszulösen vermögen (vgl. Jourard, 1971; Worthy, Gary & Kahn, 1969). — Sprachwitz schließlich ist eine mehr indirekte Methode, an persönliche Informationen zu gelangen. Er ermöglicht es, die Gesprächsatmosphäre zu entspannen, sich selbst auf unproblematische Art mitzuteilen und den Gesprächspartner „zu binden". — Die drei zuletzt genannten Kommunikationsvarianten wurden in ihrer Relevanz für Markttransaktionen bislang nicht systematisch untersucht. Sie lassen sich bestenfalls mehr oder weniger versteckt in Leitlinien für „optimales" Verkäuferverhalten wiederfinden (vgl. Bänsch, 1977, S. 53ff.).

10.2.5 Zusammenfassung und Kritik

In den zurückliegenden Kapitelabschnitten wurde versucht, grundlegende Komponenten einer interaktionistischen Marktverhaltensanalyse herauszuarbeiten. Diese Komponenten sind ihrem Status nach struktureller Natur, d.h. charakteristisch für verschiedene Beziehungsmuster auf dem Markt und den durch sie definierten Verhaltensspielraum von Käufern und Verkäufern. Im Rahmen eines dyadischen Forschungsparadigmas wurde auf drei prototypische Formen wechselseitiger Abhängigkeit zwischen Marktpartnern eingegangen sowie auf unterschiedliche Machtverteilungen, Machtgrundlagen und Varianten der Machtaktualisierung verwiesen. Wechselseitige Abhängigkeiten von Anbietern und Nachfragern können kooperative, konkurrierende oder zielambivalente Ergebnisstrukturen aufweisen sowie als unbalancierte oder balancierte Abhängigkeitsrelationen in Erscheinung treten. Bei unbalancierten Abhängigkeitsrelationen bzw. disparater Machtverteilung auf dem Markt wird davon ausgegangen, daß sich Anbieter in der stärkeren Position befinden, bei balancierten Abhängigkeitsrelationen bzw. funktional-äquivalenter Machtverteilung werden beide Marktpartner als etwa gleich stark angesehen. Gruppenorientierte Machtverteilungen nehmen eine Sonderstellung ein, da bei diesen sowohl externe als auch interne Strukturen wechselseitiger Abhängigkeit vorhanden sind. Das Zustandekommen von Machtverhältnissen und die offenen oder versteckten Varianten einer Machtaktualisierung lassen sich als Folge ökologischer Kontrolle, Verstärkerkontrolle und Informationskontrolle von Marktpartnern begreifen. Einer Machtaktualisierung können Sondierungen der Machtverhältnisse auf interpersonaler Ebene vorausgehen.

Die Vorteile einer strukturalen Analyse von Marktinteraktionen bestehen darin, daß sie plausible Deskriptionen von Beziehungsmerkmalen anbieten und sinnvolle Vorschläge zu deren Ordnung und Klassifikation macht. Sie spezifiziert somit, welche Zustände der physikalischen und sozialen Umwelt für Markttransaktionen mutmaßlich wichtig sind (Arten von Interdependenz, Machtverteilungen, Machtgrundlagen) und welche Verhaltensphänomene mit diesen Umweltzuständen prinzipiell in Beziehung stehen können (Varianten der Machtaktualisierung). Mit einer strukturalen Interaktionsanalyse sind jedoch auch Nachteile verbunden. So läßt sich die Korrespondenz zwischen bestimmten Umweltbedingungen und Verhaltensweisen – auch wenn es gelingt, sie empirisch zu belegen – zumeist nicht ohne implizite oder explizite psychologische Zusatzannahmen *begründen* (z.B. unverzerrte Situationswahrnehmung oder individuelles Gewinnmaximierungsstreben). Weiterhin impliziert der strukturale Ansatz ein relativ *statisches* Interaktionsverständnis, da von den involvierten Individuen weitgehend abstrahiert wird und deshalb solche Effekte unberücksichtigt bleiben, die z.B. durch das Zusammentreffen unterschiedlich orientierter Personen zustandekommen. Ein dritter Nachteil strukturaler Interaktionsanalyse besteht schließlich darin, daß es selten gelingt, hinreichend *unabhängige* Kategorien von Situationen und Verhaltensweisen zu definieren. So erscheint etwa eine Differenzierung von Interdependenzstrukturen dann nicht mehr sinnvoll, wenn die Kategorie zielambivalenter Interdependenz so weit gefaßt werden kann, daß nahezu alle Interaktionen von Personen darunter subsummierbar sind. Ähnliche Probleme wirft die Klassifizierung von Machtgrundlagen und -aktualisierungen auf, wenn wechselseitige Abhängigkeitsverhältnisse die Kontrolle und den Einsatz *multipler* Ressourcen implizieren und zusätzlich situationsspezifische Gewichtungen dieser Ressourcen zu berücksichtigen sind. Ein psychologischer Zugang zu Anbieter-Nachfrager-Interaktionen, wie er in den nun folgenden Kapitelabschnitten entwickelt wird, vermeidet einige dieser Nachteile.

10.3 Interaktion und Austausch: Begriffsbestimmungen und Theorien

10.3.1 Begriffsbestimmungen

10.3.1.1 Psychologische Definitionen von Interaktion

Der Begriff „Interaktion" kennzeichnet in der Psychologie seit einigen Jahren nicht mehr nur soziale Verhaltensweisen. Er ist vielmehr auch zum zentralen Terminus allgemeiner Ansätze menschlichen Handelns geworden und schließt in diesem Sinn Interaktionen mit der unbelebten Umwelt ein. Unter einer solchermaßen umfassenderen Perspektive wird „Interaktion" als komplexes Wechselspiel situations- und personenspezifischer Determinanten individuellen Verhaltens angesehen (vgl. Magnusson & Endler, 1977, S. 4). Overton (1973) und Overton und Reese (1973) unterscheiden zwischen statischer und dynamischer Interaktion. Lantermann (1980) identifiziert bei der dynamischen Interaktion zusätzlich eine „kognitions"- und „transaktions"-dynamische Variante. Im Kontext eines *statischen* Interaktionsverständnisses ist Verhalten eine Funktion des Zusammenwirkens mehrerer voneinander unabhängiger Merkmale der Person und der Situation. Es wird dabei angenommen, daß das Verhalten selbst nicht unmittelbar modifizierend auf die agierende Person und die jeweilige Situation zurückwirkt. Im Kontext eines *kognitions-dynamischen* Interaktionsverständnisses werden Person und Situation als aufeinander bezogen betrachtet und (durch kognitive Strukturierungsprozesse vermittelt) als wechselseitig interdependent definiert. Individuelles Verhalten wird hier als Resultat personeninterner Akkomodations- und Assimilationsvorgänge betrachtet. Ein *transaktions-dynamisches* Interaktionsverständnis enthält die weitergehende Annahme, daß individuelles Verhalten modifizierend auf die Situation einwirkt und von der veränderten Situation wiederum Einflüsse auf die Kognitionen der Person ausgehen. Verhalten ist folglich auch eine Funktion von Ergebnissen individueller Aktivitäten, die bestimmten Handlungsentscheidungen vorausgegangen sind. Während ein statisches Interaktionsverständnis häufig ausreicht, das Verhalten von Personen bei der Auseinandersetzung mit Anforderungen der unbelebten Umwelt zu analysieren (z.B. die Bewältigung eines handwerklichen Problems oder die Lösung einer technischen Aufgabe), lassen sich Verhaltensweisen in sozialen Situationen zumeist nur im Kontext eines dynamischen Interaktionsverständnisses untersuchen. Der dynamische Aspekt sozialer Situationen kommt nach Irle (1975, S. 398) grundlegend darin zum Ausdruck, daß Aktionen einer Person P_1 die Aktionen mindestens einer weiteren Person P_2 affizieren, und umgekehrt P_1 von Aktionen dieser Person P_2 affiziert wird. Eine ähnliche Begriffsbestimmung findet sich bei Piontkowski (1976, S. 10). Hier wird für soziale Interaktion als charakteristisch angesehen, daß zwei oder mehr Personen in der Gegenwart des oder der anderen und auf der Grundlage individueller Verhaltenspläne spezifische Verhaltensweisen aussenden und dadurch die Möglichkeit eröffnen, daß diese auf Verhaltensweisen der anderen Person bzw. Personen einwirken und umgekehrt. Unter dem Gesichtspunkt unterschiedlicher Intensität der wechselseitigen Einwirkung auf individuelle Verhaltensweisen beschreiben Jones und Gerard (1967) vier grundlegende Typen sozialer Interaktion. Die Autoren gehen davon aus, daß sich soziale Situationen auf einem Kontinuum lokalisieren lassen, das zwischen sozial nahezu unbeeinflußten und sozial nahezu vollständig determinierten Verhaltensweisen variiert. Abbildung 6 zeigt die vier Interaktionstypen für den Fall einer Zwei-Personen-Beziehung. Bei Pseudointeraktion wird das Verhalten der Beteiligten fast ausschließlich durch individuelle „Pläne", bei reaktiver Interaktion fast ausschließlich durch „Reize", die das jeweilige vorausgegangene Verhalten des Partners enthält, beeinflußt. Asymmetrische und totale Interaktion stellen Mischformen aus diesen „reinen" Varianten wechselseitiger Verhaltenseinwirkung dar.

Im Falle von *Pseudointeraktion* sind die Verhaltensweisen von A und B auf ein individuell weitgehend vorbestimmtes Ziel hin ausgerichtet. Die Sozialpartner müssen sich lediglich bestimmte „Stichworte" oder Verhaltenssignale geben ($V_{p1} \ldots V_{pn}$), um ihr Repertoire an Einzelaktivitäten abwickeln zu können. Die Sequenz dieser Einzelaktivitäten ist sehr häufig durch Rituale festgelegt, die sich im Umgang mit anderen Personen herausbilden und welche dann für die Interagierenden ein spezifisches Rollenverhalten festlegen (z.B. Vorstellungsrituale, Party-Rituale u.a.). Im Falle von *asymmetrischer Interaktion* wirkt eine Person durch ihr planmäßiges Vorgehen stark auf das Verhalten der anderen Person ein. Person B reagiert lediglich ($V_{r1} \ldots V_{rn}$), ohne dadurch selbst in größerem Umfang die weiteren Aktionen von A modifizieren zu können. Sozialsituationen dieser Art finden sich häufig dort, wo Personen im Rahmen eines bestimmten Interaktionsziels Anordnungen erteilen (z.B. beim Militär oder in autoritären

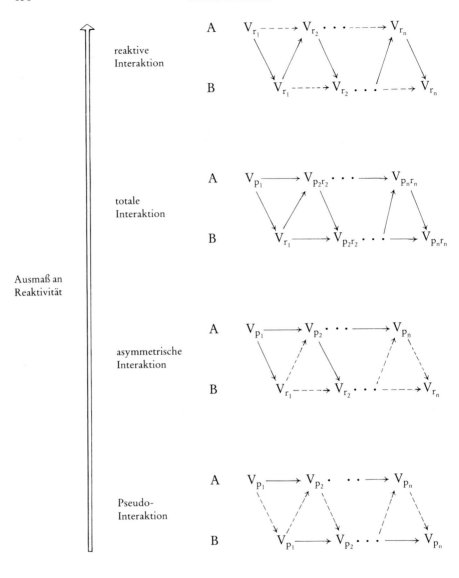

Abb. 6: Grundtypen sozialer Interaktion

Betriebsorganisationen). *Totale Interaktion* enthält eine Mischung aus planvollen und reaktiven Verhaltensweisen, die eine beiderseitige Revision von Plänen und Korrektur von Einzelaktivitäten zur Folge hat. A und B möchten bestimmte Ziele verwirklichen, ihr Verhalten läuft jedoch nicht vorprogrammiert ab, sondern wird auf die Reaktionen des Partners abgestimmt ($V_{p1r1} \ldots V_{pnrn}$). Sachliche Gespräche und Diskussionen oder gemeinsame Problemlösungen verlaufen zumeist auf diese Art, aber auch Verhandlungssituationen zählen zu Beispielen totaler Interaktion. Im Falle von *reaktiver Interaktion* schließlich ist die „Spontaneität" des Verhaltens von A und B maximal. Es werden keine nennenswerten individuellen Ziele verfolgt, die Einzelaktivitäten sind primär an der vorausgegangenen Reaktion der anderen Person orientiert. Eine stark reaktive Komponente können Sozialsituationen wie „*small talks*" haben, in denen die Kommunikationspartner auf alle mögliche Gesprächsthemen „einsteigen"; reaktive Interaktion ist manchmal jedoch auch in emotional belastenden Sozialsituationen anzutreffen, z.B. in interpersonalen Konflikten, wenn diese sich in einer Spirale gegenseitiger Aggressionen aufschaukeln.

Nach Argyle (1977) sind für das Zustandekommen des jeweiligen Interaktionstyps drei psychische Mechanismen verantwortlich: a) die Motivation der Sozialpartner bzw. die Art ihrer Handlungsziele und die Intensität ihrer Interaktionspräferenzen; b) kognitive Verarbeitungsprozesse bzw. Bewertung von Handlungsstrategien und Verhaltensinterpretationen; c) Wahrnehmungsprozesse bzw. die Fähigkeit der Interagierenden zur Reizdiskrimination und -selektion. Wie Argyle (1977; vgl. auch 1972) annimmt, wird jede Einzelaktivität im Interaktionsverlauf von diesen drei psychischen Mechanismen beeinflußt und über Rückkopplungsprozesse modifiziert. Seiner Meinung nach entwickeln sich Interaktionen aus den sozialen Fertigkeiten der beteiligten Personen heraus und reflektieren somit deren Kompetenz beim Umgang mit spezifischen Interaktionssituationen. Bestimmte Arten von Interaktionen, wie z.B. asymmetrische Interaktion oder Pseudointeraktion können somit auch als Folge einseitiger oder wechselseitiger Fertigkeitsdefizite oder sozialer Inkompetenzen zustandekommen und einfach deshalb perpetuieren, weil Personen die Einzelaktivitäten des Partners inadäquat wahrnehmen und kognitiv verarbeiten oder ein unzureichendes Regelverständnis von der betreffenden Situation besitzen.

10.3.1.2 Soziale Interaktion als Austausch

Aus den zitierten psychologischen Begriffsdefinitionen geht hervor, daß der Aspekt wechselseitiger Einwirkung eine zentrale Bestimmungsgröße für Interaktion darstellt. Welchen *funktionalen* Stellenwert diese wechselseitige Einwirkung für die beteiligten Personen besitzt, wird dabei nicht expliziert. Eine für den Bereich sozialer Interaktion sehr einfache Annahme lautet, daß Menschen aufeinander angewiesen sind, um bestimmte Bedürfnisse zu befriedigen und daß sie Verhaltensweisen und Einzelaktivitäten darauf abstimmen, diese Bedürfnisbefriedigung zu erlangen (vgl. Graumann, 1972). Wechselseitige Einwirkung läßt sich so als Folge verschiedener Möglichkeiten verstehen, mit denen ein Individuum anderen Personen Befriedigung gewähren (oder verweigern) kann und dadurch in der Lage ist, selbst in den Genuß belohnender Aktivitäten zu kommen. Der Aspekt „individueller Bedürftigkeit" und damit zusammenhängend der belohnenden (Ein-)Wirkung von Personen wurde von Homans (1958) dahingehend ausgelegt, daß fundamentale Tauschprinzipien der Ökonomie auch der sozialen Interaktion zugrunde liegen. Seiner Meinung nach verfügen Personen sowohl im ökonomischen als auch im sozialen Bereich über etwas, dessen andere bedürfen, und ob es sich dabei um Güter, Aktivitäten oder den Ausdruck von Gefühlen, Einstellungen und Meinungen handelt, ist lediglich eine Frage der individuellen Wertschätzung, tangiert jedoch das zugrundeliegende Wirkprinzip nicht. Für Homans (1972, S. 30) ist soziale Interaktion ein Prozeß, der darin besteht, daß Aktivitäten (oder Gefühle) von einer anderen Person erwidert (belohnt oder bestraft) werden, gleichgültig um welche Art von Aktivitäten (oder Gefühle) es sich dabei handelt.

Die Problematik einer Definition sozialer Interaktion als Austausch ist von psychologischer Seite ausgiebig diskutiert (und kritisiert) worden (vgl. Michener & Suchner, 1972; Nord, 1969; Secord & Backman, 1974). Einige Hauptargumente dieser Diskussion sollen kurz behandelt werden.

„Bedürftigkeit" im ökonomischen Sinn hängt von zwei Bedingungen ab: von der *Knappheit des Angebots* bestimmter Produkte oder Dienstleistungen und von der *Intensität der Nachfrage* nach diesen Produkten oder Dienstleistungen auf dem Markt. Diese beiden Bedingungsgrößen bestimmen die Höhe des Gewinns, den die Marktpartner aus einer Transaktion ziehen, da sich der Profit aus der Differenz zwischen dem berechnet, was die einzelnen Marktpartner an eigenen Ressourcen einbringen, und dem, was sie dafür an anderen Ressourcen dafür erhalten. In der Ökonomie repräsentieren die eigenen Ressourcen den *Kostenfaktor* des Austauschs und werden dort gewöhnlich auch quantitativ erfaßt bzw. in allgemein akzeptierten Werten wie z.B. Geld ausgedrückt. Auf diese Weise wird der Austausch in Termini spezifischer Preise für Ressourcen definierbar. Die Höhe von Preisen und damit auch die Höhe der Gewinne folgen den Gesetzen von Angebot und Nachfrage. Abb. 7 verdeutlicht das Zusammenwirken von Angebot und Nachfrage für den Preis eines imaginären Produkts X.

Wie ersichtlich ist, variiert die „Wertigkeit" von X einerseits in Abhängigkeit von einer spezifischen Nachfragefunktion. Ökonomisch definiert bildet die Nachfragefunktion die maximalen Mengen eines Produkts ab, für die eine bestimmte Gruppe von Personen bereit ist, zu einem bestimmten Zeitpunkt einen bestimmten Preis zu zahlen (Friedman, 1962). Der negative Funktionsverlauf

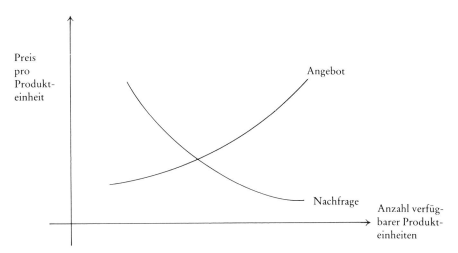

Abb. 7: Angebots- und Nachfragefunktionen eines Produkts X

trägt der Tatsache Rechnung, daß Personen (bei gleichbleibendem Bedarf) bereit sind, für ein Produkt mehr zu bezahlen, wenn dieses knapp ist als wenn dieses im Überfluß auf dem Markt zur Verfügung steht. Die Wertigkeit von X variiert andererseits jedoch auch in Abhängigkeit von einer spezifischen Angebotsfunktion. Diese gibt an, zu welchen Preisbedingungen sich eine bestimmte Mengenversorgung des Marktes für den Hersteller oder Verteiler eines Produkts „lohnt". Der positive Verlauf dieser Funktion verdeutlicht, daß es für den Anbieter eines Produkts nur interessant ist, mehr zu erzeugen, wenn er auch mehr verdient, z.B. höhere Produktionskosten durch höhere Preise kompensieren kann. Der effektive Preis für Produkt X bzw. die Konditionen, bei denen sich der Austausch „stabilisiert", resultiert als Schnittpunkt beider Funktionen, da sowohl Nachfrager als auch Anbieter profitieren, wenn sie sich auf diesen Punkt zubewegen.

Um vor einer allzu verkürzten Übertragung ökonomischer Tauschprinzipien auf den sozialen Bereich zu warnen, wird im allgemeinen auf vier Unterschiede hingewiesen (Boulding, 1962; Michener & Suchner, 1972; Nord, 1969; vgl. bereits Blau, 1955): a) Ökonomischer Austausch enthält gewöhnlich unmißverständliche gegenseitige Interaktionsverpflichtungen und klar spezifizierte Austauschobjekte (Geld, Güter). Beim sozialen Austausch sind die gegenseitigen Verpflichtungen nicht festgelegt. Eine Hilfeleistung kann mit sozialer Anerkennung, mit Informationen oder mit einem Geschenk beantwortet werden oder auch gänzlich ohne Erwiderung bleiben. Die formelle Indeterminanz sozialen Austauschs läßt auch keine eindeutige Zuordnung der Rollen von „Anbietern" und „Nachfragern" mehr zu. b) Die Gesetze von Angebot und Nachfrage im ökonomischen Austausch sind an den idealisierten Bedingungen eines „perfekten" Marktes orientiert, d.h. unterstellen maximale Anbieterkonkurrenz (kein Anbieter kann ein bestimmtes Produkt teurer anbieten ohne Käufer zu verlieren) und vollständige Preistransparenz für die Nachfrager. Auch wenn diese Voraussetzungen für nationale Märkte als approximiert angesehen werden können, so herrschen für Groß- und Endverbraucher-Märkte häufig keine in diesem Sinn idealen Bedingungen. Unterschiedliche regionale Versorgungslagen oder Unkenntnis von Konsumenten sorgen sehr oft für Instabilitäten der Angebots- und Nachfragefunktionen und für größere Gewinne bei einem der Marktpartner. Nach Michener und Suchner (1972, S. 248) ist ein *„imperfect market"*-Modell auch für sozialen Austausch typischer. Die Autoren zeigen, daß soziale Einflußnahme ständig für Instabilitäten beim Austausch sorgt und häufig auch als gezielte Strategie eingesetzt wird, um das Ausmaß eigener Bedürfnisbefriedigung zu erhöhen. c) Die für Bedingungen eines perfekten Marktes gültigen Angebots- und Nachfragefunktionen implizieren eine eindeutige monetäre Präferenzordnung, d.h. repräsentieren die „Grenznutzen" eines Produkts bzw. diejenigen Preise, welche die jeweils günstigsten Aufwands-/Ertragsverhältnisse aufweisen. Eine grenznutzenorientierte Bestimmung des effektiven Austauschpreises erscheint jedoch relativ willkürlich, da sich die Konditionen eines stabilen Austausches z.B. auch über sogenannte Indifferenzfunktionen, d.h. Funktionen, die die Menge von gleichattraktiven Aufwands-/Ertragsverhältnissen abbilden, herleiten lassen (vgl. Blau, 1955, S. 169ff.). Präferenz oder Indifferenz sind ihrerseits jedoch nur graduelle Abstufungen einer Skala subjektiver Wertschätzung für verschiedene Austauschalternativen und variieren in diesem Sinn sowohl in Abhängigkeit von der Art involvierter Ressourcen als auch von den am Austausch beteiligten Personen. d) Ein vierter Unterschied zwischen ökonomischem und sozialem Austausch bezieht sich auf die Art der Werte-Qualität von Ressourcen und auf die sich daraus ergebenden Interaktionskonsequenzen. So impliziert ökonomischer Austausch gewöhnlich die Transaktion positiver Werte und eine Interaktion erfolgt und perpetuiert zumeist auf freiwilliger Basis. Sozialer Austausch enthält demgegenüber auch negative Werte, d.h. Bestrafungen oder vorenthaltene Belohnungen und kann unter bestimmten Bedingungen sogar als unfreiwillige Beziehung in Erscheinung treten (vgl. Abschnitt 10.3.2.1.3).

Die genannten Unterschiede sind z.T. schwerwiegend und werfen insbesondere auf der operationalen Ebene zahlreiche Probleme auf („welchen Preis hat eine Gefühlsäußerung Y?"). Sie sprechen damit jedoch nicht automatisch gegen die Möglichkeit, das *Prinzip* des Tauschs zur funktionalen Charakterisierung sozialer Interaktion heranzuziehen (vgl. Secord & Backman, 1974).

10.3.1.3 Arten des Austauschs zwischen Marktpartnern

Auf den sozialen Charakter von Transaktionen zwischen Marktpartnern haben, wie in Abschnitt 10.2.1 erwähnt, Kotler und Levy (1969) sowie Kotler (1972a, b) aufmerksam gemacht. Diese Autoren konnten durch ihre Verbindung von Marketinglehre und Sozialwissenschaft in ähnlicher Weise zu einem integrativeren Verständnis von Anbieter-Nachfrager-Interaktionen beitragen wie etwa Homans (1958, 1961) durch seine Verbindung von Psychologie und Nationalökonomie. Eine Fortentwicklung des Ansatzes von Kotler (1972b), die vor allem von Bagozzi (1974, 1975, 1978) geleistet wurde, läßt weitere interdisziplinäre Annäherungen erkennen und erlaubt infolgedessen auch eine präzisere Bestimmung des Bereichs von Marktinteraktionen, der als Gegenstand sozialwissenschaftlicher und psychologischer Verhaltensanalysen in Frage kommt.

Nach Bagozzi (1975, S. 32ff.) lassen Markttransaktionen drei verschiedene Arten des Austauschs erkennen: a) den elementaren Austausch; b) den generalisierten Austausch; c) den komplexen Austausch. Elementarer Austausch zwischen Marktpartnern vollzieht sich auf der Basis von Relationen der Form „A ↔ B", wobei „ ↔ " den Vorgang „gibt an ... und erhält von" und „A" und „B" verschiedene Marktpartner wie Konsumenten und Einzelhändler oder Verkaufsrepräsentanten und gewerbliche Einkäufer symbolisieren. Beim generalisierten Austausch sind mindestens drei Marktpartner (A, B, C) in den Vorgang des Gebens und Nehmens involviert, ihre Beziehung untereinander läßt jedoch nur indirekte wechselseitige Einflußnahme zu. Diese Art des Austauschs vollzieht sich auf der Basis von Relationen der Form „A→ B→ C→ A", wobei „→ " für „gibt an ..." steht. Die kostenlose Überlassung von Produktproben durch einen Hersteller (A) an Einzelhändler (B) zur Weiterverteilung an Konsumenten (C) mit dem Ziel der Umsatzsteigerung für A kann als Beispiel für den generalisierten Austausch angesehen werden. Komplexer Austausch als dritte Kategorie enthält ein System elementarer Austauschbeziehungen, in dem bei mindestens drei Marktpartnern A, B und C mindestens zwei direkt interagierende Dyaden enthalten sind. Diese Art des Austausches vollzieht sich auf der Basis von Relationen der Form „A ↔ B ↔ C"; ein klassisches Marketingbeispiel ist der sogenannte Verteilungskanal, in dem eine Produktdistribution sowohl direkte Kontakte zwischen Herstellern (A) und Händlern (B) als auch zwischen Händlern (B) und Verbrauchern (C) erfordert.

Da, wie bereits verdeutlicht, nicht nur der Austausch, sondern auch die wechselseitige Verhaltenseinwirkung als interaktionstypisch anzusehen sind, werden Käufer-Verkäufer-Beziehungen, die dem generalisierten Austausch angehören, aus den weiteren Betrachtungen ausgeschlossen.

Neben der Charakterisierung von Markttransaktionen in Termini spezifischer Austauschmodi differenziert Bagozzi (1975, 1978) auch nach verschiedenen Inhaltsqualitäten des Austauschs. Als Kategorien unterscheidet er a) den utilitaristischen Austausch, b) den symbolischen Austausch und c) den aus utilitaristischen und symbolischen Anteilen gemischten Austausch. – Unter dem utilitaristischen Austausch versteht Bagozzi (1975, S. 36) eine Transaktion, die auf der Grundlage materieller Ressourcen (z.B. Güter gegen Geld oder Güter gegen Güter) und mit der Intention einer Nutzung dieser Ressourcen im Sinne ihrer funktionalen Bestimmung (z.B. als Investitionsgut) vonstatten geht. Utilitaristischer Austausch ist professionalisiert, d.h. betont Maximierung des mit der Transaktion verbundenen Kosten-/Nutzen-Verhältnisses. Im Sinne dieses Kriteriums wird z.B. angenommen, daß die Marktpartner „rational" handeln und ihre Transaktionsentscheidungen an derjenigen Austauschalternative ausrichten, welche die günstigste Gewinnkalkulation aufweist. Im Gegensatz zum utilitaristischen Austausch wird symbolischer Austausch als ökonomisch unbestimmt angesehen. Er gilt als Transaktion von materiellen und/oder immateriellen Ressourcen, die keine eindeutig quantifizierbare Gewinnkalkulation zulassen. Transaktionen aus der Sicht von Endverbrauchern sind häufig von dieser Art, da die Bestimmung des Austauscherfolgs sehr stark von subjektiven Gewinn-„Eindrücken" abhängt. In die Gewinneindrücke von Konsumenten etwa fließen nicht nur unterschiedliche Bewertungen des funktionalen Produktnutzens („Funktionssymbole"), sondern auch die mannigfaltigen, emotionalen und/oder psychisch-sozialen Belohnungsqualitäten ein, die mit dem betreffenden Produkt assoziiert werden („Image-Symbole", vgl. Levy, 1959). Für den aus utilitaristischen und symbolischen Anteilen gemischten Austausch wird schließlich angenommen, daß die Marktpartner eine Transaktion sowohl unter ökonomischen als auch symbolischen Gesichtspunkten betrachten. Entsprechend ist der Austausch für die Interagierenden nur partiell am ökonomischen Rationalitätskriterium orientiert und Kosten-Nutzen-Kalkulationen werden eher im Hinblick auf zufriedenstellende Ergebnisse als im Hinblick auf maximale Profite angestellt. Ähnlich der im Zusammenhang mit verschiedenen Interdependenzstrukturen geführten Diskussion (vgl. Abschnitt 10.2.2) erscheint es sinnvoll, den rein utilitaristischen und rein symbolischen Austausch als Endpunkte eines Kontinuums anzusehen, zwischen denen sich – mit unterschiedlichen Anteilen auf beiden Dimensionen – der überwiegende Teil von Anbieter-Nachfrager-Interaktionen lokalisieren läßt. *Anbieter-Nachfrager-Interaktionen sollen im folgenden somit als soziale Situationen definiert werden, in denen zwei oder mehrere Marktpartner durch Austausch ökonomisch und symbolisch belohnender Aktivitäten und mit dem Ziel zufriedenstellender individueller Ergebnisse wechselseitig aufeinander einwirken.*

10.3.2 Sozialpsychologische Austauschtheorie

Das, was in der Sozialpsychologie als „Austauschtheorie" firmiert, ist kein in sich geschlossenes System allgemeiner Aussagen über das Sozialverhalten von

Personen; vielmehr handelt es sich dabei um eine Ansammlung zum Teil sehr heterogener Erklärungsansätze, Postulate und Hypothesen, denen eine begrenzte Anzahl von Annahmen über die vermittelnde Rolle psychischer Prozesse bei sozialer Interaktion zugrunde liegen (vgl. Chadwick-Jones, 1976, S. 1). Entsprechende Annahmen sind allgemeinpsychologischen Theorien, primär denen des Lernens und der Motivation, entnommen, aber auch Rationalitäts- und Verhaltensannahmen der Ökonomie dienen als Prämissen. Neben Erklärungsansätzen, die sich explizit als „Austauschtheorien" verstehen, liegen auch eine Reihe „austausch-impliziter" Ansätze vor, die – z.T. in denkpsychologischer Tradition – Annahmen über die kognitive Verarbeitung sozialer Reize enthalten. Obwohl in diesen Theorien mitunter nicht direkt auf Interaktionen im hier verstandenen Sinn Bezug genommen wird oder in erster Linie die reaktive Komponente sozialer Kognition thematisiert erscheinen, ist eine Integration in einen austauschtheoretischen Bezugsrahmen möglich (vgl. Adams, 1965; Kelley & Thibaut, 1978; Shaw & Costanzo, 1970) und im Hinblick auf Verhaltensprognosen auch angezeigt (vgl. Kapitelabschnitt 10.4).

10.3.2.1 Austausch-explizite Ansätze

10.3.2.1.1 Die Bekräftigungstheorie von Homans

George C. Homans (1958, 1961, 1972, 1974) baut seine Theorie des Sozialverhaltens auf den Prinzipien des instrumentellen Lernens auf. Jedoch nur ein Teil der von ihm formulierten Basisaussagen enthält lerntheoretische Erklärungskonzepte wie Reiz-Generalisation, positive Verstärkung und Sättigung. Aussagen, die Konstrukte wie Belohnungswert, ausgleichende Gerechtigkeit oder Belohnungserwartung enthalten, implizieren gleichzeitig Annahmen über Verhaltensmotivation und -kognition (vgl. Graumann, 1972; Piontkowski, 1976). Die Basisaussagen der Theorie lauten (vgl. Homans, 1972, S. 45ff.; Homans, 1974, S. 32f.):

1) „Wenn die Aktivität einer Person früher während einer bestimmten Reizsituation belohnt wurde, wird diese sich jener oder einer ähnlicher Aktivität umso wahrscheinlicher wieder zuwenden, je mehr die gegenwärtige Reizsituation der früheren gleicht." (Reizgeneralisationsthese)

2) „Je öfter eine Person innerhalb einer gewissen Zeitperiode die Aktivität einer anderen Person belohnt, desto häufiger wird jene sich dieser Aktivität zuwenden." (Erfolgsthese)

3) „Je wertvoller für eine Person eine Aktivitätseinheit ist, die sie von einer anderen Person enthält, desto häufiger wird sie sich Aktivitäten zuwenden, die von der anderen Person mit dieser Aktivität belohnt wurden." (Wertthese)

4) „Je öfter eine Person in jüngster Vergangenheit von einer anderen Person eine belohnende Aktivität erhielt, desto geringer wird für sie der Wert jeder weiteren Einheit jener Aktivität sein." (Sättigungsthese)

5) „Je krasser das Gesetz der ausgleichenden Gerechtigkeit zum Nachteil einer Person verletzt wird, desto wahrscheinlicher wird sie das emotionale Verhalten an den Tag legen, das wir Ärger nennen." (Frustrationsthese)

Die fünfte Basisaussage hat Homans später (1974) reformuliert und auch auf den Fall positiver Abweichungen vom Gesetz distributiver Gerechtigkeit zu verallgemeinern versucht.

5a) „Wenn eine Person für ihr Verhalten nicht in erwarteter Weise belohnt oder unerwartet bestraft wird, dann wird sie ärgerlich; sie verhält sich mit zunehmender Wahrscheinlichkeit aggressiv und belohnt sich durch Ergebnisse, die sie durch Aggression erreicht."

5b) „Wenn eine Person für ihr Verhalten die erwartete oder eine noch größere Belohnung erhält oder eine erwartete Bestrafung nicht eintritt, dann ist sie erfreut. Sie verhält sich mit zunehmender Wahrscheinlichkeit entgegenkommend und belohnt sich durch Ergebnisse, die sie durch Zustimmung erreicht."

Den Basisaussagen 1 und 2 zufolge kommen Interaktionen durch Ähnlichkeit mit früher positiv erlebten sozialen Situationen zustande und perpetuieren als Folge der Belohnungshäufigkeit individueller Aktivitäten. Die Basisaussagen 3 und 4 nehmen Bezug auf den eigentlichen Austauschprozeß. Der „Wert" einer Aktivität ist nach Homans das Ergebnis der Kalkulation von Aufwänden (materielle und/oder psychische Kosten) und Erträgen (materielle und/oder psychische Gewinne), die mit den fraglichen Aktivitäten verbunden sind. „Wert" hat den Status eines „Netto-Profits", der durch Subtraktion von Gewinnen aus der Aktivitätserwiderung und Kosten aus der eigenen Aktivitätsexposition resultiert. Basisaussage 3 verweist darauf, daß man für höhere Gewinne auch höhere Kosten in Kauf zu nehmen bereit ist, d.h. sich häufiger in einer Weise verhält, die wiederum den Interaktionspartner zu belohnenden Aktivitäten stimuliert, usw. Basisaussage 4 spricht den Aspekt der „kritischen" Häufigkeit von belohnenden Aktivitäten an. Sind belohnende Aktivitäten in übergroßer Anzahl verfügbar, so nehmen Personen für ihr Erreichen keine nennenswerten Anstrengungen mehr auf sich (dies entspricht dem abnehmenden Grenznutzen im Gesetz der Nachfrage, vgl. 10.3.1.2). Anhand der Definition des Wertes von Aktivitäten läßt sich auch das Prinzip der distributiven Gerechtigkeit verdeutlichen. Der Netto-Profit NP einer Person A für eine soziale Aktivität X ergibt sich als $NP_x = Gewinn_{aus\ x} - Kosten_{für\ x}$; entsprechendes gilt für eine Person B und deren soziale Aktivität Y, mit der sie X beantwortet: $NP_y = Gewinn_{aus\ y} - Kosten_{für\ y}$.

Als distributiv gerecht definierte Homans zunächst einen Austausch auf „gleichwertiger" Grundlage, d.h. $NP_x = NP_y$ (Homans, 1958, S. 604). Er relativierte diese Auffassung jedoch, da seiner Meinung nach die Wertigkeit sozialer Aktivitäten auch von differenziellen Merkmalen der Personen abhängt, welche diese Aktivitäten aussenden. Entsprechende Personenmerkmale gehen dann als „Investitionen" wie z.B. gesellschaftliches Ansehen, Alter, Erfahrung, ethnische oder soziale Herkunft in den Austausch ein. Eine Definition distributiver Gerechtigkeit erfolgt somit auf „proportionalitätswertiger" Grundlage, d.h. $NP_x:Invest._x = NP_y:Invest._y$ (Homans, 1961; 1972, S. 64). Wie die Basisaussagen 5a und 5b verdeutlichen, hat Homans (1974) in der Revision seiner Theorie das Konzept der distributiven Gerechtigkeit zugunsten interaktiver Erwartungen von Personen aufgegeben. Das Zustandekommen solcher Erwartungen kann durch Gerechtigkeitserwägungen beeinflußt sein, andere Erwägungen und Ansprüche, wie z.B. solche, den eigenen Gewinn zu maximieren oder mit dem Partner zu rivalisieren, können jedoch ebenfalls zu verhaltensbestimmenden Größen werden.

Für Anbieter-Nachfrager-Interaktionen läßt sich aus dem Ansatz von Homans folgern, daß ein Austausch umso eher zustandekommt, je häufiger Käufer und Verkäufer in ähnlichen Situationen die Erfahrung von materiellen und/oder immateriellen Belohnungen gemacht haben, je größer — erwartet oder unerwartet — die Nettogewinne der Interaktion ausfallen oder auszufallen versprechen und als je gerechter die Verteilung der Nettogewinnverhältnisse angesehen wird. Längerfristige Käufer-Verkäufer Beziehungen können sich immer dann entwickeln, wenn die Marktpartner aus der Interaktion profitieren und sich gleichzeitig angemessen behandelt fühlen.

10.3.2.1.2 Grundlegende Annahmen der Austauschtheorie von Blau

Der austauschtheoretische Ansatz von Blau (1964) enthält trotz seiner letztlich soziologischen Zielsetzungen einige wesentliche psychologische Annahmen, welche die in der Theorie von Homans (1961) enthaltenen Vermutungen über Belohnungen und Gewinne in interpersonalen Beziehungen ergänzen. Diese Ergänzungen bestehen zum einen in der motivationstheoretisch begründeten Unterscheidung zwischen „extrinsischen" und „intrinsischen" Belohnungen, zum anderen in einer Relativierung des Aspekts der Profitreziprozität und distributiven Gerechtigkeit beim Austausch. Die von Blau vorgenommene Belohnungsdifferenzierung, die einer Antriebstheorie von Berlyne (1960) folgt, trägt dem selbstmotivierenden Charakter menschlicher Aktivitäten Rechnung. Verhaltensmotivierung erfolgt danach nicht nur durch Verstärkung von außen, sondern auch durch personeninterne Verstärkung bzw. durch die allein in der Exposition von Aktivitäten liegende Belohnung für das Individuum. Intrinsisch belohnend können nach Blau beziehungsinhärente Werte wie „gegenseitige Zuneigung" oder „freundschaftliche Anerkennung" sein. Personen ergreifen hier die Initiative häufig nicht primär deshalb, um eine spezifische Reaktion beim Partner zu provozieren, sondern um einen spontan-aktiven Beitrag zur Beziehungsentwicklung zu leisten. Extrinsische Belohnungen werden von Blau als instrumentelle Austauschwerte betrachtet, die solche Verhaltensweisen verstärken, welche – in materieller und/oder immaterieller Hinsicht – einen möglichst großen Nettogewinn für die Interagierenden erwarten lassen. Blau teilt in diesem Punkt die Position von Homans (1961). Neben einer Belohnungsdifferenzierung findet sich bei Blau auch eine genauere Aufschlüsselung der Kostenseite von Aktivitäten. Es werden insgesamt drei Arten von Kosten unterschieden: a) Investitionskosten, b) Direktkosten und c) Alternativkosten. Investitionskosten umfassen persönlichkeitsspezifische Einsätze wie Fähigkeiten und Fertigkeiten bzw. stellen den Aufwand zu deren Erlangung in Rechnung. Direktkosten sind situationsspezifische Einsätze eigener Aktivitäten, um in den Genuß belohnender Verhaltensweisen des Interaktionspartners zu gelangen. Mit der Kategorie der Alternativkosten berücksichtigt Blau solche Einsätze, die als Zeitaufwand für die Interaktion mit einer bestimmten Person in Erscheinung treten und entgangenen Belohnungen aus alternativen Sozialkontakten oder nichtsozialen Aktivitäten Rechnung tragen. Da nach Auffassung von Blau der Kostenaspekt sozialer Aktivität umso mehr abnimmt, je größer der Anteil intrinsischer Belohnung am Austausch ist, enthält jede Form von „Ver-Persönlichung" der Interaktion ein aufwandsökonomisches Gewinnpotential für die beteiligten Personen.

Neben den genannten Ergänzungen versucht Blau auch, das Konzept der distributiven Gerechtigkeit zu erweitern. Homans (1961) geht davon aus, daß Personen bestrebt sind, den Zustand eines unausgewogenen Austauschs zu vermeiden und eine gerechte Gewinnverteilung herzustellen bzw. beizubehalten. Obwohl Blau diese Motivationsannahme akzeptiert, verweist er darauf, daß es gerade im Bereich sozialer Interaktion und beim Austausch von Ressourcen, die keinen definierten „Preis" haben, häufig nicht möglich ist, die Ausgewogenheit von Profiten beständig zu überprüfen und bei Abweichungen von gerechten Gewinnverteilungen sofort zu intervenieren. Da Personen aufgrund diffuser Belohnungswerte eine gewisse Toleranz für das aufweisen müssen, was als angemessene Erwiderung auf bestimmte Aktivitäten zu gelten hat, ist es nach Blau möglich, daß sich Sozialbeziehungen für kürzere oder längere Zeit in einem unausgewogenen Zustand befinden. Blau leitet aus dieser Unbestimmtheit des Austauschs eine der distributiven Gerechtigkeit entgegenwirkende Verhaltensbereitschaft ab: Seiner Meinung nach können Personen auch motiviert sein, über den gezielten *Mehr*einsatz belohnender Aktivitäten oder hoch bewerteter Ressourcen einen Zustand der Unausgewogenheit zu stabilisieren, um dadurch andere Personen von sich abhängig zu machen und Macht über deren Verhalten zu gewinnen. Mit der Unterscheidung zwischen ausgewogenem und unausgewogenem Austausch weist Blau auf ein gewisses Dilemma hin, in welches Interaktionspartner geraten können, da sich distributive Gerechtigkeit und die Schaffung von Abhängigkeit nicht simultan realisieren lassen. Dieses Dilemma muß jedoch nicht notwendig destruktive Folgen für eine Beziehung haben. Solange die *potentielle* Möglichkeit besteht, einseitige Gratifikationen im Verlaufe der Interaktion zu erwidern, kann distributive Gerechtigkeit zumindest langfristig wiederhergestellt werden. Für Marktinteraktionen wäre zu folgern, daß sich ein Belohnungsmehreinsatz auf Dauer lohnt, da er Abhängigkeiten schafft und zu Folgetransaktionen verpflichtet.

10.3.2.1.3 Austauschattraktivität und -abhängigkeit in der Theorie von Thibaut und Kelley

Entstehung und Verlauf von Interaktionen werden in den Theorien von Homans (1961) und Blau (1964) sehr allgemein mit dem Belohnungswert sozialer Aktivitäten begründet. Dabei wird weitgehend offen gelassen, *wie* Personen den für sie günstigsten Modus des Austausches finden, und für welche Handlungsstrategien sie sich entscheiden. Das Problem der Wahl geeigneter Handlungsstrategien ist nach Thibaut und Kelley (1959) ein Problem der Ergebnisbewertung dieser Strategien und der im Zusammenhang damit ablaufenden Vergleichsprozesse. Für eine Ergebnisbewertung relevant sind zwei Standards, gegen die die Konsequenzen möglicher Handlungsstrategien „getestet" werden: gegen das Vergleichsniveau VN, das sich – vergleichbar den Gewinn-Erwartungen im Ansatz von Homans (1961) – auf der Basis von Erfahrungen mit Ergebnissen in ähnlichen Interaktionen oder mit bereits erhaltenen Belohnungen in der augenblicklichen Sozialbeziehung herausgebildet hat, sowie gegen das Vergleichsniveau $VN_{(alt)}$, das die Gewinnerwartungen in anderen Beziehungen als der augenblicklichen oder bei nichtsozialen Aktivitäten repräsentiert. Durch Einführung dieser beiden Standards können Thibaut und Kelley zeigen, daß aktuell günstige Interaktionsergebnisse nicht automatisch die Stabilität einer sozialen Beziehung sichern und ungünstige Interaktionsergebnisse nicht automatisch zur Aufkündigung der Beziehung führen müssen. Abbildung 8 verdeutlicht dies am Beispiel eines Interaktionsgewinns IG, den Personen angenommenerweise als optimale Ausbeute des ihnen zu einem bestimmten Zeitpunkt zur Verfügung stehenden Verhaltensrepertoires erwarten können. Wie ersichtlich wird, ist mit objektiv gleichem IG je nach relativer Positionierung von VN und $VN_{(alt)}$ eine vollkommen andere Austauschkonstellation verbunden.

Thibaut und Kelley diskutieren diese (und noch andere mögliche) Konstellationen des Austauschs in Termini der Attraktivität einer sozialen Beziehung und der Abhängigkeit von ihr. Ein Bezug zu Anbieter-Nachfrager-Interaktionen ließe sich dabei wie folgt herstellen: Die Konstellationen 1 und 2 zeigen zwei vom Vergangenheitsvergleich her gesehen profitable und zufriedenstellende In-

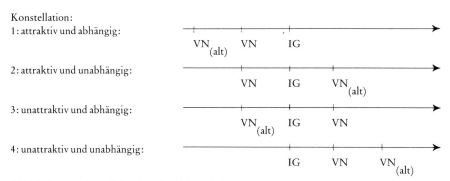

Abb. 8: Austauschattraktivität und -abhängigkeit

teraktionen (IG>VN). Dennoch sind sie unterschiedlich stabil, da bei Konstellation 2 noch größere Gewinne außerhalb der gegebenen Beziehung in Aussicht stehen (VN$_{alt}$>IG). Verbraucher etwa, die sich beim einzigen Lebensmittelgeschäft in ihrer unmittelbaren Wohnumgebung überdurchschnittlich gut versorgt fühlen, haben keinen Grund, diese Beziehung aufzugeben. Zwar können sie ihre Ansprüche im Verlaufe der Zeit nach oben hin anpassen, die Beziehung bleibt wegen fehlender Versorgungsalternativen jedoch stabil. Ergeben sich allerdings plötzlich solche Versorgungsalternativen, z.B. durch Eröffnung eines neuen Geschäfts, und werden durch diese größere Vorteile in Aussicht gestellt, dann tendiert die Beziehung dazu, instabil zu werden. Die Verbraucher sind zwar nach wie vor mit der gewohnten Versorgungsquelle zufrieden, sie orientieren ihre Ansprüche jedoch zunehmend auch an den Belohnungsperspektiven des neuen Geschäfts. Eine dadurch eingeleitete Neuanpassung von Gewinnerwartungen kann dann im Verlaufe der Zeit zu einer dem Fall 4 entsprechenden Austauschkonstellation führen. Die gegebene Beziehung erscheint unattraktiv (VN>IG), die Verbraucher werden unzufrieden, und da sie durch die vorhandene Versorgungsalternative zudem unabhängig von der alten Versorgungsquelle sind, muß der betreffende Händler um seine Kunden fürchten. Daß eine Beziehung trotz wenig zufriedenstellender Ergebnisse jedoch auch stabil zu sein vermag, hängt, wie Austauschkonstellation 3 verdeutlicht, damit zusammen, daß aktuell vorhandene Handlungsalternativen noch schlechtere Gewinne in Aussicht stellen. So bleibt Verbrauchern trotz hoher Ansprüche nichts anderes übrig, als sich notgedrungen mit einer schlechten Versorgungslage abzufinden, wenn quantitäts- und qualitätsgünstigere Angebote fehlen oder nur unter großem Aufwand zu beschaffen sind. Im Hinblick auf die Begründung der letztgenannten Austauschkonstellation gehen Thibaut und Kelley über die in den Ansätzen von Homans (1961) und Blau (1964) enthaltenen Annahmen hinaus. Für Homans und Blau erfolgt soziale Interaktion implizit stets auf freiwilliger Basis. Thibaut und Kelley können darüber hinaus auch unfreiwilliges Verbleiben in einer Beziehung erklären. So ist es unmittelbar einsichtig, daß Verbraucher bei einem durch Anbietermonopol diktierten Austausch wenig Möglichkeiten haben, wirkungsvoll auf eine ausbeuterische Preispolitik zu reagieren, auch wenn sie dies von ihren Ansprüchen her gesehen gerne tun würden.

10.3.2.1.4 Austausch und Symbolischer Interaktionismus

Einer Publikation von Singelmann (1972) zufolge lassen sich austauschtheoretische Ansätze um grundlegende Annahmen der Theorie des Symbolischen Interaktionismus (vgl. Blumer, 1969; Rose, 1967) ergänzen und erweitern. Personen richten ihr Verhalten nicht nur an „objektiven" Interaktionsbedingungen aus, sondern agieren auch auf der Grundlage wechselnder Bedeutungen und subjektiver Interpretationen dieser Bedingungen. Subjektive Transformationsprozesse werden auch von Thibaut und Kelley in der Weiterentwicklung ihrer Theorie berücksichtigt und als wichtige Bestimmungsgrößen beim Übergang von der Erklärung spezifischer Einzelaktivitäten zur Erklärung komplexer sozialer Verhaltensweisen angesehen (Kelley & Thibaut, 1978, S. 19). Die durch die Theorie des Symbolischen Interaktionismus angeregten Extensionen beziehen sich sowohl auf kognitive und motivationale Annahmen als auch auf zentrale Verhaltensaussagen.

Die im Bereich *kognitiver* Annahmen enthaltenen Konzepte der Erwartung distributiver Gerechtigkeit oder des Vergleichsniveaus können der Theorie des Symbolischen Interaktionismus zufolge nicht losgelöst von der Wahrnehmung der jeweiligen Interaktionspartner und der ganzheitlichen Interpretation des spezifischen Handlungskontextes definiert werden. Der Wert bzw. die subjektive Bedeutsamkeit und Zweckdienlichkeit sozialer Aktivitäten ist – auch bei involvierten materiellen Belohnungen – in den seltensten Fällen eine intersubjektiv vergleichbare Größe. Er kommt vielmehr häufig unter dem Einfluß von Wahrnehmungsfehlern, mangelhafter Attribution von Handlungsabsichten oder inadäquater kognitiver Strukturierung der Austauschkonstellation zustande. Nach der Theorie des Symbolischen Interaktionismus hängen Austauscherwartungen sowie Urteile über Austauschfairneß und -alternativen u.a. von den *Rollen* ab, die Individuen in verschiedenen Bereichen ihrer sozialen Umwelt ein- und übernehmen, und die ihnen Orientierung über Bedeutungen und Werte von Verhaltensweisen in der Interaktion mit anderen Personen geben. So kann etwa der „Wert" des Verhandlungserfolgs einer Person X nicht losgelöst von deren Rolle als Verkaufsrepräsentant einer Firma Y gesehen werden, da diese Rolle den Rahmen für individuelle, ökonomische oder soziale Bedeutungen eines entsprechenden Interaktionsergebnisses absteckt. Der Verhandlungserfolg mag auf individueller Ebene ein Symbol für die Durchsetzungsfähigkeit der Person X, auf ökonomischer Ebene ein Symbol für die Konkurrenzfähigkeit eines bestimmten Produkts und auf sozialer Ebene ein Symbol für die Reputation und des positiven Image der vertretenen Firma darstellen. Darüber hinaus kann auch die Verhandlungssituation selbst Träger von Bedeutungen sein und die Wertbeimessung des Verhandlungserfolgs beeinflussen. Solche Bedeutungen ergeben sich aus der Beziehung der Verhandlungspartner und sind z.B. ein Symbol dafür, wie „fair" oder den Regeln seriöser Geschäftspraktiken entsprechend die eingesetzten Strategien waren, um das vorteilhafte Resultat zu erreichen.

Die *motivationalen* Annahmen austauschtheoretischer Ansätze werden von der Theorie des Symbolischen Interaktionismus in den Kontext der „Selbst"-Entwicklung des Menschen gestellt. Das Streben nach Belohnungen oder die Vermeidung von Bestrafungen und ungerechter Behandlung erhält durch Sozialisationseinflüsse spezifische Objektbezüge. Diese fordern zur Identifikation mit signifikanten Personen heraus und ermöglichen durch Ähnlichkeits- und Unähnlichkeitsvergleiche eine zielgerichtete Verhaltenssteuerung. Das Sich-Hineinversetzen in andere Personen erleichtert es Individuen nicht nur, belohnende Interaktionspartner ausfindig zu machen, es gibt ihnen auch Anhaltspunkte, welche Aktivitäten sie in die Beziehung einbringen müssen, um profitieren zu können. Streben Personen z.B. danach, positive Aspekte ihres Selbstkonzepts und vorteilhafte Einschätzungen ihrer eigenen Person durch andere Personen validieren zu lassen, so können sie durch Informationen belohnt werden, die ihrer Selbsteinschätzung entsprechen. Gegenseitige Attraktion würde sich z.B. dadurch erklären lassen, daß Individuen die für das Selbstkonzept des Partners signifikanten Symbolqualitäten und Bedeutungsdimensionen kennen und adäquat auf diese reagieren. Methoden des Kennenlernens von Werten anderer Personen bestehen darin, möglichst viele unterschiedliche Rollen zu übernehmen oder sich stark an Symbolen und Attributen von primären und sekundären Bezugsgruppen zu orientieren, die anderen Personen als normativer Standard für den Wert sozialer Aktivitäten dienen. In diesem Sinn wäre etwa auch zu erwarten, daß Verhandlungspartner davon profitieren können, wenn sie nicht nur in der Rolle des Vertreters *einer* Interessenseite (z.B. als Verkaufsrepräsentant), sondern auch in der Rolle des Vertreters der anderen Interessenseite (z.B. als gewerblicher Einkäufer) agieren bzw. agiert haben, oder wenn sie durch Aussehen und Auftreten zu erkennen geben, daß sie sich den gleichen Gruppensymbolen wie der Partner verpflichtet fühlen.

Auch die *Verhaltensaussagen* austauschtheoretischer Ansätze werden von der Theorie des Symbolischen Interaktionismus im Kontext des Rollen- und Selbstkonzepts reinterpretiert und erweitert. Interaktionsverhalten ließe sich danach angemessen nur im Kontext einer subjektiv definierten sozialen Umwelt erklären, in welcher Individuen in einem dialektischen Prozeß auf Handlungsprobleme reagieren und selbst Handlungsprobleme erzeugen und beständig ihre Wahrnehmung von sich und anderen strukturieren und umstrukturieren. So etwas wie interaktive Ausgewogenheit oder Reziprozität des Gebens und Nehmens würde lediglich in relativ geschlossenen Systemen sozialer Beziehungen möglich sein, wäre jedoch für die normalerweise gegebenen vielschichtigen Interaktionsebenen von Individuen eher untypisch. Dies folgt bereits aus den zahlreichen Rollen, die eine Person simultan einnimmt, ein Aspekt, der bereits von Blau (1964, S. 26) konstatiert wurde. Häufig zieht die Ausgewogenheit des Austausches auf einer Interaktionsebene, z.B. im beruflichen Bereich, die Unausgewogenheit des Austausches auf einer anderen Interaktionsebene, z.B. im privaten Bereich nach sich. Ausdifferenzierungen von Sozialbeziehungen und zunehmende Komplexität von Austauschverpflichtungen erzeugen nach Singelmann (1972, S. 421) Spannungen und Konflikte im Selbst-Konzept von Personen und sorgen dadurch für permanenten Druck, sich neu an die soziale Realität anzupassen. Dieser Anpassungsdruck kann auf der Verhaltensseite sowohl eine Intensivierung als auch Aufkündigung sozialer Beziehungen bewirken, aber auch zu deren Neudefinition beitragen. Dies läßt sich am Beispiel von Repräsentantenverhandlungen verdeutlichen. Gewerbliche Einkäufer befinden sich häufig in einem sogenannten *„boundary role conflict"*, d.h. in einem Konflikt zwischen den Erwartungen ihres Auftraggebers und denen ihres Verhandlungspartners (Adams, 1976). Sich abzeichnende Unvereinbarkeiten bei Zielvorgaben der Organisation und Vorstellungen des Verhandlungspartners geben dabei Gelegenheit zu unterschiedlichen Interpretationen und Verhaltens ausgestaltungen der Situation. Eine Identifizierung mit den Organisations-Erwartungen etwa könnte es nahelegen, die Verhandlung als „Wettstreit" zu betrachten, bewußt die Konfrontation mit dem Verhandlungspartner zu suchen und um der Bestätigung eigenen Durchsetzungsvermögens willen auch ein Scheitern der Verhandlung in Kauf zu nehmen. Eine Identifikation mit wichtigen, während der Interaktion aufscheinenden Sachzwängen könnte es jedoch auch nahelegen, die Verhandlung als „gemeinsames Problem" umzudefinieren, nach Kompromißformeln zu suchen, die eine Einigung trotz gegebener Inkompatibilitäten möglich machen oder neuartige Lösungsvorschläge zu erarbeiten, von denen beide Parteien profitieren.

10.3.2.1.5 Austausch unter entscheidungstheoretischer Perspektive

In einer von dem Sozialwissenschaftler Meeker (1971) publizierten Arbeit wird versucht, den Wert-Aspekt sozialen Austauschs in den Kontext interaktionaler Entscheidungsregeln zu stellen. Die „Rationalität" von Personen, d.h. deren Streben nach Maximierung eigener Gewinne oder Minimierung eigener Verluste ist dabei nur *eine* unter verschiedenen anderen, ebenfalls „vernünftigen" Entscheidungsdevisen des Austauschs. Ausgangspunkt für Meeker ist eine verhaltensunabhängige Definition des *Werts* sozialer Aktivitäten, da die etwa in der 3. Basisaussage von Homans (1972, vgl. 10.3.2.1.1) enthaltene Begriffsbestimmung tautologisch wird, wenn der Wert von Belohnungen durch die Häufigkeit von Aktivitäten ausgedrückt wird, die eine Person entfaltet, um in den Genuß von Belohnungen zu gelangen. In Anlehnung an Hamblin und Smith (1966) definiert Meeker „Werte" deshalb als spontan emotionale Reaktionen, „Verhaltensweisen" hingegen als bewußt kalkulierte Reaktionen einer Person auf Umweltreize. Nach dieser Definition sind „Werte" konditionierte, keinem willentlichen Einfluß unterworfene (*„nonvoluntary"*) Reaktionstendenzen, während unter „Verhaltensweisen" das Resultat von evaluativen und an den Konsequenzen von Handlungsalternativen orientierten kognitiven Prozessen verstanden wird. „Verhalten" ist somit willentlichen Einflüssen unterworfen (*„voluntary"*) und läßt sich als Ergebnis „vernünftiger" Entscheidungen begreifen. Die Steuerung des Verhaltens erfolgt nach Meeker regelhaft und nach bestimmten Devisen, die einer Person angeben, wie sie die präferierten Werte in der Interaktion erlangen kann. Meeker (1971, S. 489ff.) identifiziert wenigstens sechs Entscheidungsregeln, die je nach Präferenz unterschiedliche Aktivitäten nach sich ziehen. Diese Regeln stellen sich für die Interaktion einer Person P_1 mit einer anderen Person P_2 wie folgt dar: (1) „Rationalität": Die Entscheidung erfolgt nach dem Kriterium eines maximalen Interaktionsergebnisses für P_1 bzw. einer Maximierung ihres aus Aufwand und Ertrag resultierenden Nettogewinns. (2) „Altruismus": Die Entscheidung erfolgt nach dem Kriterium eines maximalen Interaktionsergebnisses für P_2. (3) „Gruppennutzen": Die Entscheidung erfolgt nach dem Kriterium der Summe von Nettogewinnen für P_1 und P_2. (4) „Konkurrenz": Die Entscheidung erfolgt nach dem Kriterium einer Maximierung der Differenz von Interaktionsergebnissen für P_1 und P_2, gegeben diese Differenz ist positiv für P_1. (5) „Status-Konsistenz": Die Entscheidung erfolgt entweder nach dem Kriterium einer Differenzmaximierung von Interaktionsergebnissen mit positiver Differenz für P_1, wenn deren Status höher ist als der von P_2, und mit negativer Differenz für P_1, wenn P_2 den höheren Status hat, oder nach dem Kriterium einer Differenzminimierung von Interaktionsergebnissen, wenn P_1 und P_2 den gleichen Status haben. (6) „Reziprozität": Die Entscheidung erfolgt nach dem Kriterium einer Differenzminimierung zwischen dem Aufwand, den P_1 für das Interaktionsergebnis von P_2 auf sich nimmt, und dem Aufwand, den P_2 für das Interaktionsergebnis von P_1 auf sich nimmt. Mit Ausnahme von der fünften und sechsten Regel nimmt Meeker auf Werte Bezug, die auch in einem Entscheidungsmodell von Messick und McClintock (1968) oder McClintock (1972, 1977) enthalten sind (vgl. 10.2.2.4). Für Meeker stellen diese Werte jedoch keine eigenständigen Motive dar, wie dies Messick und McClintock postulieren, sondern sind internalisierte Normen, die kultur- und gesellschaftsspezifische Variationen des sozialen Austauschs kodeterminieren. Nach Auffassung von Meeker (1971, S. 492f.) sind individuelle Verhaltensentscheidungen eine Funktion zweier Bestimmungsgrößen: a) der Anwendung wenigstens einer Regel als soziale Norm für eine spezifische Austauschsituation; b) des Wechsels dieser Regel, wenn die Anwendung einer anderen Regel aufwandsökonomischer ist. Die zweite Annahme hat allerdings bereits Homans (1961; vgl. 1972, S. 67) vorweggenommen, indem er schreibt: „Tatsächlich sind wir dabei, den Ruf des ,homo oeconomicus' wiederherzustellen. Die Schwierigkeit bei ihm bestand nicht darin, daß er ‚ökonomisch' war, daß er also seine Mittel zum eigenen Vorteil verwendete, sondern daß er unsozial und materialistisch eingestellt und ausschließlich an Geld und materiellen Gütern interessiert war. (...) Was an ihm nicht stimmte, das waren seine Werte: ihm war nur ein begrenzter Bereich von Werten erlaubt; der neue homo oeconomicus ist nicht derart beschränkt. Er kann alle nur denkbaren Werte vom Altruismus bis zum Hedonismus besitzen; solange er seine Mittel nicht völlig vergeudet, ist sein Verhalten immer noch ökonomisch."

Eine andere Art entscheidungstheoretischer Ansätze versucht, den Wert von Verhaltensweisen und Austauschobjekten über den subjektiv erwarteten oder multiattributen Nutzen zu bestimmen (Tedeschi et al. 1972, 1973; Wilson, 1976, 1977; vgl. auch Lee, 1971). Tedeschi et al. (1972, S. 287ff.) wenden ein Modell subjektiv erwarteten Nutzens zur heuristischen Beschreibung der Effektivität von Verhaltensweisen an, mit denen andere Personen in Richtung auf bestimmte Interaktionsziele beeinflußt werden sollen. In diesem Modell wird der subjektiv erwartete Nutzen einer Aktivität als Produktsumme aus dem Nutzen möglicher Konsequenzen dieser Aktivität und der Wahrscheinlichkeit des Eintretens dieser Konsequenzen berechnet. Ein Vergleich von Nutzenwerten verschiedener Aktivitäten würde dann Verhaltensvorhersagen erlauben unter der Voraussetzung, daß Personen an einer Nutzenmaximierung interessiert sind. Die Bestimmung von Nutzenwerten ist jedoch insbesondere im interaktiven Kontext problematisch, so daß eine Anwendung dieses Modells zur Analyse von Austauschvorgängen bislang aussteht. Ein anderer, ähnlich gelagerter Ansatz befaßt sich mit dem Nutzen verschiedener Merkmale von Austauschobjekten. Nach Wilson (1970, 1977) setzt sich der Nutzen eines Objekts, z.B. eines Produkts A aus unterschiedlich bewerteten Attributen $a_1, a_2 \ldots a_n$ zusammen. Der Austauschwert von A wäre dann als multiattributer Nutzen darstellbar und ließe sich als Produktsumme aus Wichtigkeit und erwartetem Nutzen einzelner Attribute berechnen. Obwohl die Bestimmung multiattributer Nutzenwerte ohne Schwierigkeiten gelingt und Produktpräferenzen auch mit Hilfe solcher Werte vorhergesagt werden können (vgl. Huber, 1975), steht eine Anwendung dieses Ansatzes auf Austausch*verhalten* bislang ebenfalls aus.

10.3.2.2 Austausch-implizite Ansätze

Vier der bislang behandelten Theorien enthalten eher beiläufig Aussagen darüber, welche systematischen Verhaltenseinflüsse von der individuellen Wahrnehmung und kognitiven Verarbeitung spezifischer Interaktions- und Austauschkonstellationen ausgehen. Einzig die Theorie des Symbolischen Interaktionismus nimmt zu Fragen subjektiver Situationsinterpretation Stellung und beschreibt Konsequenzen verschiedener Bedeutungen sozialer Situationen für das Handeln von Personen. Da dieser Ansatz jedoch eher globale Verhaltensannahmen enthält und von seinem Gültigkeitsanspruch her gesehen auch nur sehr schwer empirisch überprüft werden kann, ist eine genauere Analyse kognitiver Transformationsprozesse nicht ohne weiteres möglich. Diese Nachteile weisen die im folgenden zu behandelnden Ansätze nicht auf und erlauben somit fundiertere Aussagen darüber, wie Personen gegebene Interaktionsbedingungen rezipieren, und von welchen Bewertungen dieser Interaktionsbedingungen sie ihre Handlungsentscheidungen abhängig machen.

10.3.2.2.1 Attributionsprozesse

Ein sehr häufiges, speziell für die Anfangsphasen sozialer Interaktion typisches Merkmal ist die relative Intransparenz von Zielen und Absichten des Interaktionspartners und die damit zusammenhängende Unsicherheit, wie die Ergebnisse gemeinsamer Aktvitäten zu bewerten sind. Sozialpsychologen wie Kelley (1971, 1973, 1978) und Bem (1967, 1972) zufolge sind Personen in dieser Situation bestrebt, Unsicherheit durch Ursachenzuschreibung („Attribution") eigener Verhaltensweisen und solcher von Interaktionspartnern zu reduzieren und die soziale Situation transparenter und verständlicher zu machen. Die Art der Ursachenzuschreibung für spezifische Verhaltensaktivitäten und die Art, wie sich Personen das Zustandekommen bestimmter Interaktionsergebnisse erklären, beeinflußt sowohl die Bedeutung der gesamten Interaktion als auch die Bewertung von Gewinnen, die durch sie vermittelt werden.

Auf eine grundlegende Arbeit von Heider (1958) zurückgehend, enthält der Ansatz von Kelley (1971, 1973, 1978; vgl. auch Meyer & Schmalt, 1978) Aussagen darüber, wie Individuen bei der Ursachenzuschreibung von Verhaltensweisen *anderer* Personen verfahren. Kelley identifiziert drei unterschiedliche Attributionsprinzipien, die im folgenden am Beispiel einer Käufer-Verkäufer-Beziehung erläutert werden sollen. Prinzip 1 ist das sogenannte *„Kovariationsprinzip"*. Es besagt, daß bestimmte Verhaltensweisen einer Person denjenigen Ursachen aus einer Menge möglicher Ursachen zugeschrieben werden, mit denen diese Verhaltensweisen über die Zeit hinweg zusammen auftreten. Zeitstabile Ursachen können dabei entweder solche sein, die der *Person* des Interaktionspartners attributierbar sind, oder solche, die einer bestimmten Handlungs*situation* des Interaktionspartners zugeschrieben werden. Ein Verkäufer A beispielsweise kann die Entscheidung eines ihm bekannten Kunden B, das Produkt X zu erwerben, in der spezifischen „Persönlichkeit" von B vermuten, wenn der Kunde gewöhnlich mit detaillierten Produktpräferenzen aufwartet, wenn er – etwa im Gegensatz zu sonstigen Kunden – gezielten Beeinflussungsversuchen in Richtung auf Konkurrenzprodukte widersteht, und wenn sich darüber hinaus zeigt, daß B wesentliche funktionelle und/oder symbolische Attribute von X auch bei anderen Kaufentscheidungen berücksichtigt. Um den Kauf von X der spezifischen Situation des B, z.B. der fachkompetenten Beratung, die ihm A angedeihen läßt, zuzuordnen, müssen Informationen darüber vorliegen, daß A auch andere Kunden überzeugt hat, das Produkt X zu erwerben, und daß in der Folge sowohl B als auch die anderen Kunden einen Kauf von X nur noch über A abwickeln. Wie das Beispiel verdeutlicht, erfordern Attributionen nach dem Kovariationsprinzip einen beträchtlichen Aufwand an Zeit und gezielter Beobachtung. Um zuverlässige Verhaltenserklärungen zu erhalten, müssen Ursache-Wirkungs-Zusammenhänge während der Interaktion systematisch ausgetestet und gegen Zufallsursachen abgesichert werden. Da dies für Personen kognitiv und von den objektiven Beobachtungsmöglichkeiten her gesehen häufig nicht zu leisten ist, läßt sich auch kaum ausschließen, daß lediglich spezielle Umstände für das infrage stehende Verhalten verantwortlich sind (im obigen Beispiel etwa eine plötzliche Laune von A, X zu kaufen) oder daß irgendeine Kombination zeitstabiler und -instabiler Ursachen den Verhaltenseffekt hervorrufen. Kelley (1978, S. 227ff.) ist deshalb der Ansicht, daß Personen Attributionen bereits auf der Basis von einigen wenigen Verhaltensbeobachtungen (im Extremfall einer einzigen Beobachtung) vornehmen und das Informationsdefizit durch bereits vorhandene Erfahrungen ausgleichen. Im Kontext eines sogenannten „*Konfigurationsprinzips*" unterscheidet Kelley zwei allgemeine Varianten erfahrungsgeleiteter Validierung von Verhaltenserklärungen, wobei eine Variante den Fall der Abschwächung, die andere Variante den Fall der Aufwertung von Ursachen berücksichtigt. Das *Abschwächungsprinzip* besagt, daß die Bedeutung einer bestimmten Ursache für eine vorliegende Beobachtung sinkt, wenn einer Person auch andere Ursachen plausibel erscheinen. Das *Aufwertungsprinzip* besagt, daß eine einmal vollzogene Handlung eher der betreffenden Persönlichkeit des Handelnden zugeschrieben wird, wenn man von Schwierigkeiten, Kosten, Opfern und Risiken weiß, mit denen die Exposition des betreffenden Verhaltens verbunden ist. Danach könnte im obigen Beispiel der Verkäufer A sehr viel sicherer auf eine personenspezifische Ursache der Kaufentscheidung des B schließen, wenn er etwa weiß, daß B dem Erwerb des Produktes X trotz finanziell angespannter Lage nicht zu widerstehen vermag.

Auswirkungen von Attributionsprozessen auf die Ergebnisbewertung in Interaktionen ergeben sich daraus, daß Personen gewisse Zuschreibungs-Schemata präferieren und im Sinne dieser Präferenzen belohnt werden können. So erweisen sich Attributionen durch das Selbstwertgefühl einer Person beeinflußt (vgl. Meyer & Schmalt, 1978). Personen neigen z.B. dazu, Mißerfolge von Handlungen auf die Situation oder die besonderen Umstände zurückzuführen, Erfolge hingegen ihren eigenen Fähigkeiten zuzuschreiben (Snyder, Stephan & Rosenfield, 1976). Auch haben Personen die Tendenz, ihre Verhaltensintentionen und -absichten in andere Personen hineinzuprojezieren und deren Verhaltensweisen je nach beobachteter Stimmigkeit positiv oder negativ zu beurteilen (Kelley & Stahelsky, 1970a, b). Insgesamt scheinen Individuen persönlichkeitsspezifische Attributionen zu präferieren und dabei dem Einfluß von Dispositionen, Einstellungen oder Orientierungen für das Zustandekommen von Handlungsergebnissen größere Bedeutung beizumessen als dem Einfluß der Situation (Ross, 1977). Sie lassen sich z.B. stärker durch Personen beeinflussen, deren Verhaltensweisen Überzeugungen oder Engagement zu erkennen geben und nicht durch äußere Faktoren, wie etwa Rollenzwängen, verursacht erscheinen. In diesem Sinn würden intentional attributierbare Interaktionsgewinne einen größeren subjektiven Belohnungswert aufweisen als (objektiv gleiche) Gewinne, deren Zustandekommen jedoch bereits durch situative Umstände zu erwarten ist.

Nach Bem (1967, 1972; vgl. auch Grabitz, 1978) haben Personen nicht nur das Bedürfnis, sich Verhaltensweisen anderer Personen zu erklären, sie stehen vielmehr sehr häufig auch vor dem Problem, nach Ursachen *eigener* Verhaltensweisen zu suchen, um deren Konsequenzen valider bewerten zu können. Dieses Problem entsteht, wie Bem meint, immer dann, wenn die Handlungen von Personen nicht unter vollständiger kognitiver und/oder emotionaler Kontrolle ablaufen und erst die gezeigten Verhaltensweisen gewisse Anhaltspunkte über die Realitätsnähe eigener Pläne, über das Ausmaß eigener Fähigkeiten oder über Art und Intensität eigener Motive, Einstellungen und Gefühle liefern. Entsprechend postuliert Bem (1972, S. 2; vgl. auch Herkner, 1980, S. 31f.), daß Individuen die Kenntnisse über ihre eigenen Einstellungen, Gefühle oder andere innere Zustände zum Teil aus Beobachtungen ihres eigenen offenen Verhaltens und/oder der Umstände, unter denen dieses Verhalten stattfindet, ableiten, und daß sie sich besonders dann funktionell in der gleichen Position wie ein außenstehender Beobachter befinden, wenn die inneren Reize schwach, mehrdeutig oder nicht ohne weiteres interpretierbar erscheinen. Nach Bem beeinflussen solche Selbstwahrnehmungsprozesse u.a. die Entstehung neuer Einstellungen, da es dem individuellen Wertgefühl von Personen weniger schadet, zu den in einer ungewohnten Situation gezeigten Verhaltensweisen zu stehen, diese quasi kognitiv abzupolstern und im nachhinein dispositionell zu rechtfertigen, als bereits eingetretene Handlungsfolgen zurückzunehmen oder inkonsistent zu reagieren. Ein auf diese Weise erklärbares und auch im Bereich von Anbieter-Nachfrager-Interaktionen untersuchtes Phänomen ist die Beeinflußbarkeit von Personen durch sogenannte *"foot-in-the-door"*-Strategien (Freedman & Fraser, 1966; Sternthal, Scott & Dholakia, 1976). Bringt man Personen dazu, einer geringfügigen Bitte nachzukommen, so zeigt sich, daß diese anschließend mehr geneigt sind, auch eine größere Forderung zu akzeptieren, als wenn man sogleich mit der größeren Forderung an sie herantritt. Der Theorie von Bem zufolge schließen Personen aus ihrem konzilianten Verhalten der geringfügigen Bitte gegenüber, daß sie eine positive Einstellung zum fraglichen Forderungsobjekt besitzen und sind dann auch massiveren Forderungsansprüchen gegenüber aufgeschlossener. Die Attribuierung einer positiven Einstellung kann somit den Belohnungswert von Interaktionsergebnissen erhöhen.

10.3.2.2.2 Kognitive Balance

Neben Attributionen beeinflussen auch solche kognitiven Prozesse die Ergebnisbewertung sozialer Interaktionen, welche mit der Bewältigung intrapsychischer Spannungen zusammenhängen. Eine Reihe von sozialpsychologischen Theorien gehen von der Annahme aus, daß Personen bestrebt sind, ihr Denken und Handeln in konsistenter Weise zu organisieren und einen Zustand der Balance und Widerspruchsfreiheit zwischen ihren Überzeugungen, Einstellungen, Werten und Verhaltensweisen herzustellen und zu sichern (vgl. Frey, 1978a). Störungen des kognitiven Gleichgewichts rufen einen aversiven Spannungszustand hervor, welcher Personen dazu motiviert, spannungsreduzierend bzw. -eliminierend aktiv zu werden. Elaborierte Theorien, die Aussagen über die Bewältigung solcher Spannungen machen, sind die Dissonanztheorie (Festinger, 1957; Irle, 1975; vgl. auch Frey, 1978b) und die Equity-Theorie (Adams, 1965; Walster, Berscheid & Walster, 1973; 1976; vgl. auch Müller & Crott, 1978a, b).

Kognitive Dissonanz kann durch eine Reihe von Ereignissen ausgelöst werden, die eigene Verhaltensweisen oder solche von anderen Personen mit sich bringen. Allein das Vorhandensein verschiedener Handlungsalternativen vermag bereits Dissonanz hervorzurufen, da diese Alternativen zumeist sowohl positiv als auch negativ bewertete Attribute aufweisen, sowohl angenehme als auch unangenehme Konsequenzen erwarten lassen und nicht nur Vorteile, sondern auch Nachteile haben. Die Festlegung auf eine Handlungsalternative impliziert somit notgedrungen auch eine gewisse Anzahl miteinander unvereinbarer Kognitionen. Dissonanz kann jedoch ebenfalls von außen induziert sein, etwa wenn Personen mit Kommunikationsinhalten konfrontiert werden, die den eigenen Einstellungen, Meinungen oder Überzeugungen widersprechen, wenn es Personen mit Interaktionspartnern zu tun haben, die sich erwartungsdiskrepant verhalten oder wenn bei gemeinsamen Aktivitäten nachteilige Ergebnisse antizipierbar sind. Nach Frey (1978a, S. 254) hängen Entstehung und Ausmaß kognitiver Dissonanz davon ab, wie freiwillig Handlungsentscheidungen getroffen werden, wie stark sich Personen an sie gebunden fühlen, und wie groß der Anteil und die Wichtigkeit von entscheidungsunterstützenden und -widersprechenden Attributen der gewählten Alternativen sind. Die Reduktion der Dissonanz erfolgt dann nach dem Prinzip kognitiver Ökonomie und Effizienz und legt die Wahl von Strategien nahe, welche eine maximale kognitive Balance bei gleichzeitig minimaler Änderung des kognitiven Systems ermöglichen. Dieses Kriterium für Dissonanzreduktion kann sich je nach Art der Entscheidung unterschiedlich auswirken (vgl. Frey, 1978b, S. 22f.): Ist die Entscheidung noch vorläufig oder unverbindlich, d.h. hat sie zunächst noch den Charakter eines „inneren" Überzeugtseins oder einer noch unausgesprochenen Festlegung auf eine Alternative, so können Dissonanzen leichter durch Entscheidungsrevision reduziert werden; ist die Entscheidung hingegen artikuliert oder endgültig, so besteht eine ökonomische Reduktionsstrategie in der Aufwertung von Attributen der gewählten Alternativen und/oder einer Abwertung von Attributen der nicht gewählten Alternativen.

Eine Übertragung dissonanztheoretischer Annahmen für den Bereich sozialer Interaktion wird in der sogenannten Equity-Theorie vollzogen. Adams (1965) verbindet in dieser Theorie die Ansätze von Festinger (1957) und Homans (1961). Er sieht distributive Gerechtigkeit als wesentliche Determinante kognitiver Balance an und postuliert, daß unausgewogener Austausch („inequity") zu Dissonanzen bei den Interaktionspartnern und zu Reduktionsaktivitäten führt. Nach Adams lassen sich eine Reihe interaktionsspezifischer, auf die Wiederherstellung distributiver Gerechtigkeit abzielende Strategien identifizieren. Personen können die eigenen Aufwände senken oder erhöhen, auf Senkung oder Erhöhung von Aufwänden der Interaktionspartner bestehen, eigene Aufwände und Erträge und/oder solche der Interaktionspartner kognitiv auf- oder abwerten, die Interaktionspartner wechseln oder „aus dem Felde gehen". Die Präferenz für spezifische Strategien sollte auch im Falle sozialer Interaktion von kognitiver Ökonomie und Effizienz beeinflußt sein. So nimmt Adams (1965) u.a. an, daß Personen eher auf Änderung von Beiträgen der Interaktionspartner drängen als eigene Beiträge modifizieren, oder umso weniger zur Abwertung eigener Beiträge bereit sind, je zentraler ihnen diese für ihr Selbstwertgefühl erscheinen. Ein wesentlicher Aspekt der Weiterentwicklung der Equity-Theorie von Walster et al. (1973, 1976) ist eine detaillierte „inequity"-Analyse. Da Personen durch ungerechten Austausch sowohl bevorteilt als auch benachteiligt sein können, stehen ihnen unterschiedliche Reduktionsstrategien zur Auswahl. Im Falle der Bevorteilung können sie Kompensationsangebote machen und durch Erhöhung ihrer Beiträge den Gewinn der Interaktionspartner steigern. Sie könne „inequity" aber auch reduzieren, indem sie das Ausmaß ihrer Beurteilung herabspielen, die Benachteiligung der Interaktionspartner untertreiben oder die Verantwortung für das Zustandekommen des unausgewogenen Austauschverhältnisses abweisen. Als Verhaltensreaktionen im Falle ungerechter Benachteiligung nennen Walster et al. (1973, 1976) die Strategien „Kompensationsforderung" und „Rache", später fügen sie noch die Strategie der Koalitionsbildung hinzu (Walster, Walster & Berscheid, 1978). Jedoch auch benachteiligte Personen können „inequity" kognitiv reduzieren, etwa indem sie dem bevorteilten Partner „vergeben" oder ihre Benachteiligung bewußt ignorieren. Im Gegensatz zu Personen, die durch „inequity" profitieren, präferieren benachteiligte Personen eher verhaltensaktive Reduktionsstrategien, wie z.B. Rache (Crott, Lumpp & Wildermuth, 1976; Müller, 1979b, 1980b). Sie verwenden kognitive Strategien offenbar erst dann, wenn die Benachteiligung groß ist, und das Eingeständnis ihrer Existenz mit grundlegenden Einstellungen, wie dem Glauben an eine gerechte Welt, kollidieren würde (Lerner & Mathews, 1967).

Bei Käufer-Verkäufer-Beziehungen kann kognitive Dissonanz im Zusammenhang mit verschiedenen materiellen und/oder immateriellen Werten und Belohnungserwartungen des Austauschs auftreten. So bilden Konsumenten offenbar dezidierte Vorstellungen heraus, was als „fairer" Preis für ein bestimmtes Produkt zu gelten hat (Jacoby, 1976b) oder welche Qualität angemessenerweise von einem Kundenservice zu erwarten ist (Huppertz, Arenson & Evans, 1978). Die Dissonanzreduktion bei Negativabweichung von diesen Erwartungen fügt dem Austausch selten belohnende Qualitäten zu (eine Ausnahme bilden vielleicht Reklamationen, die von der Anbieterseite großzügig reguliert werden), die Perzeption einer gerechten Behandlung oder die Dissonanzreduktion bei Positivabweichungen von den Erwartungen wertet den Austausch demgegenüber in der Regel auf („Zufriedenheitsbonus"). Die Wahrnehmung eines gerechten Austauschs wird allerdings auch durch den Anonymitäts- bzw. Vertrautheitsgrad der sozialen Beziehung beeinflußt (vgl. Mikula, 1980; Mikula & Schwinger, 1978), so daß unter sonst gleichen Bedingungen bei einander gut bekannten Marktpartnern eine größere Dissonanztoleranz zu erwarten ist als vergleichsweise bei Marktpartnern, zwischen denen lediglich eine einmalige Transaktion stattfindet.

10.3.2.2.3 Akkommodation von Gewinnansprüchen und Interessenpolarisierung

Objektiv gleiche Austauschergebnisse können je nach Art ihres Zustandekommens im Interaktionsverlauf unterschiedlich bewertet werden. Sie resultieren häufig aus impliziten oder expliziten Verhandlungen, in denen Personen versuchen, möglichst vorteilhaft abzuschneiden. Nach Kelley und Thibaut (1978, S. 231f.) sind die Realisierungschancen eigener Gewinnvorstellungen zunächst verhältnismäßig ungewiß. Die im Kommunikationsprozeß sich laufend vergrößernde Transparenz von Zielen und Ansprüchen der Interaktionspartner ermöglicht dann jedoch zunehmend validere Beurteilungen der Belohnungsperspektiven. Einen Bewertungs-„Bonus" erhalten dabei solche Interaktionsergebnisse, deren Zustandekommen die beteiligten Personen kontrollieren und in Richtung auf eine prosoziale, kooperative Veränderung beeinflussen können (vgl. Kelley & Thibaut, 1978) oder die sich nach bilateraler Akkommodation individueller Gewinnansprüche und wechselseitiger Konzessionen an den Interaktionspartner erreichen lassen (vgl. Osgood, 1962; Siegel & Fouraker, 1960). Der Bewertungsbonus resultiert aus materiellen und immateriellen Gewinnen, die gemeinsames Vertrauen in und Interesse an einem Konsens mit sich bringen. Einen Bewertungs-„Malus" erhalten dementgegengesetzt Interaktionsergebnisse, deren Zustandekommen mit Frustrationen kooperativer Austauscherwartungen durch kompetitive oder egoistische Gewinnansprüche verbunden ist (vgl. Teger, 1970) oder die über eine starke Einengung des Entscheidungsspielraums von Interaktionspartnern erzielt werden (vgl. Gniech & Grabitz, 1978). Der Bewertungsmalus resultiert aus materiellen und immateriellen Kosten, die eine Interessenpolarisierung und Konfliktverstärkung zwischen den Interaktionspartnern mit sich bringen.

Belohnungseffekte der Akkommodation von Gewinnansprüchen hängen nach Kelley und Thibaut (1978, S. 235) damit zusammen, daß Individuen die kooperativen Verhaltensreaktionen des Interaktionspartners ihren eigenen Initiativen zuschreiben können. Der „Nutzwert" wechselseitiger Zugeständnisse läßt sich theoretisch durch das von Frey, Kumpf, Ochsmann, Rost-Schaude und Sauer (1976) postulierte Konstrukt der „kognitiven Kontrolle" begründen. Danach sind Individuen bestrebt, Ereignisse und Zustände ihrer Umwelt aktiv zu beeinflussen und drohende Verluste dieser Einflußmöglichkeiten zu vermeiden. Konziliante Partner können sich also bereits dadurch belohnen, daß sie den aversiven Zustand eines Kontrollverlustes voneinander fernhalten oder doch zumindest dafür sorgen, daß er in tolerierbaren Grenzen bleibt. Den Theorien von Siegel und Fouraker (1960) und Osgood (1962) zufolge sind Personen in der Lage, Akkommodation durch wechselseitige Anspruchsniveauanpassung und/ oder progressiv-reziproke Anspruchsreduzierung zu steuern. Die wechselseitige Anspruchsniveauanpassung kommt primär bei noch nicht genügender Transparenz der Austauschbedingungen zustande. Um die Gewinnerwartungen des Partners zu erkunden, werden zunächst taktisch überhöhte Gewinnansprüche artikuliert. Zeigt sich der Partner unbeeindruckt, werden die Ansprüche gesenkt, um Gegenkonzessionen einzuleiten. Macht der Partner nun seinerseits Zugeständnisse, können sich die eigenen Gewinnansprüche stabilisieren, bis der Partner wiederum auf Konzessionen besteht, usw.. Werden die Austauschbedingungen transparenter, so läßt sich im Vertrauen auf die reziproke Erwiderung von Zugeständnissen rasch eine Einigung erzielen, die beidseitig zufriedenstellende Gewinnergebnisse aufweist. Die Resultate solcher Akkommodationen von Gewinnansprüchen haben für künftige Interaktionen in der Regel normativen Charakter und erleichtern dadurch die weitere Zusammenarbeit der Partner (vgl. Thibaut & Kelley, 1959).

Einen Bewertungsmalus erhalten Interaktionsergebnisse dann, wenn ihr Zustandekommen von Kompetitiv-Assimilationen und/oder Reaktanzempfindungen begleitet ist. Kompetitiv-Assimilationen treten auf, wenn entgegenkommendes Verhalten beabsichtigt oder unbeabsichtigt ausgenützt und vertrauensvolle Kooperationsabsichten frustriert werden. Das dadurch ausgelöste Kontrasterlebnis läßt Gewinnachteile negativer erscheinen als sie objektiv sind, da sich betroffene Personen nicht nur übervorteilt, sondern zudem auch für dumm verkauft, menschlich enttäuscht, oder in ihrem Vertrauen mißbraucht fühlen. Die Reaktionen auf ein derartiges Erlebnis fallen durchweg aggressiver aus, als wenn Personen in der Lage sind, sich von vornherein auf einen kompetitiven oder egoistischen Partner einzustellen (Kelley & Stahelski, 1970b). Der Bewertungsmalus von Reaktanzempfindungen ergibt sich daraus, daß eine von außen kommende Einengung des Handlungsspielraums bei wichtigen Entscheidungen aversiv erlebt wird und zu Verhaltensweisen motiviert, die in erster Linie der Wiederherstellung der Entscheidungsfreiheit dienen. Typische Verhaltensweisen sind „nun-erst-recht"-Reaktionen oder „aus-dem-Felde-gehen". Wie negativ Personen Kompetitiv-Assimilationen und Einengungen der Handlungsfreiheit letztlich bewerten, hängt auch von Attributionsprozessen ab. Einen größeren Bewertungsmalus erhalten Benachteiligungen und Freiheitseinengungen dann, wenn sie den Intentionen des Interaktionspartners, d.h. personeninternen Ursachen zugeschrieben werden können (Kelley & Stahelski, 1970b; Müller, 1980a; Teger, 1970; Worchel & Andreoli, 1974). Situative Ursachenzuschreibungen, wie z.B. Rollenzwänge, lassen unerfreuliche Interaktionsergebnisse für Personen dagegen offenbar erträglicher erscheinen. Externe Attributierungen mögen auch für die (kurzfristigen) Erfolge beim sogenannten Hochdruckverkauf verantwortlich sein, bei dem Verkäufer die Einwände und Bedenken von Kunden systematisch abblocken und überhören und durch massiven Einsatz von Überredungstechniken die Abnahme eines bestimmten Produkts „erzwingen" (vgl. Bänsch, 1977). Allerdings kann hier auch ein weniger großer Bewertungsmalus dazu führen, daß sich Kunden in Zukunft für ein Konkurrenzprodukt entscheiden oder den Besuch bestimmter Geschäfte vermeiden.

10.3.3 Zusammenfassung und Kritik

In den zurückliegenden Beitragsabschnitten wurde versucht, die für Anbieter-Nachfrager-Interaktionen relevanten Bestimmungsgrößen unter psychologischem Aspekt zu analysieren und im Kontext austausch-expliziter und -impliziter Theorien der Sozialpsychologie zu beleuchten. Anbieter-Nachfrager-Interaktionen konnten dabei als soziale Situationen definiert werden, in denen zwei oder mehrere Marktpartner durch Austausch utilitaristisch und symbolisch belohnender Aktivitäten und mit dem Ziel zufriedenstellender individueller Ergebnisse wechselseitig aufeinander einwirken. Verschiedenen theoretischen Ansätzen zufolge erwiesen sich der Belohnungswert von Aktivitäten und das Kriterium zufriedenstellender Interaktionsergebnisse dadurch beeinflußt, welche Motivationen durch den Austausch angeregt werden, und wie Personen die spezifischen Interaktionsbedingungen kognitiv verarbeiten. So nimmt die Theorie von *Homans* an, daß individuelle Gewinneindrücke mit der Häufigkeit extrinsisch belohnender Aktivitäten variieren, und daß die Zufriedenheit mit Interaktionsergebnissen davon abhängt, in welchem Ausmaß bestimmte Gewinnerwartungen zutreffen bzw. einer ausgewogenen Gewinnverteilung entsprechen. In der Theorie von *Blau* wird zusätzlich auf den Wertaspekt intrinsischer Belohnung von Sozialaktivitäten hingewiesen und postuliert, daß sich mit Interaktionsergebnissen auch Abhängigkeiten schaffen lassen. In Erweiterung der Theorien von Homans und Blau führen *Thibaut und Kelley* das Kriterium des Belohnungswerts von alternativen Interaktionen und nichtsozialen Aktivitäten ein und können auf diese Weise verdeutlichen, unter welchen Bedingungen Personen auch wenig attraktive Interaktionsergebnisse akzeptieren. Die Theorie des *Symbolischen Interaktionismus* verweist darauf, daß in die Bewertung des Austauschs differenzielle Einflüsse der Sozialisation von Personen eingehen, und daß eine Beurteilung von Interaktionsergebnissen nicht unabhängig davon erfolgt, aus welcher rollen- und selbstkonzeptspezifischen Perspektive heraus die soziale Situation interpretiert wird. Die sozialpsychologische *Entscheidungstheorie* macht auf bewertungsrelevante Einflüsse der Anwendung verschiedener Interaktionsregeln aufmerksam und weist auf die Bedeutung des subjektiven Nutzens von Handlungsstrategien hin. Die aus austausch-impliziten Theorien ableitbaren Bewertungsunterschiede treten als Folge von *Attributionstendenzen*, von Erlebnissen *kognitiver Balance bzw. Dissonanz*, sowie von *Akkomodations- und Polarisierungsprozessen* während der Interaktion in Erscheinung. Eine Aufwertung erfahren Interaktionsergebnisse, deren Zustandekommen eigenen positiven Einstellungen zugeschrieben werden kann oder den Eindruck kognitiver Kontrolle vermitteln. Eine Abwertung erfahren Interaktionsergebnisse, wenn sie mit Ungerechtigkeitsempfindungen assoziiert sind, eine Kompetitiv-Assimilation nach sich ziehen oder Reaktanz auslösen.

Der Beitrag, den austausch-explizite und -implizite Theorien der Sozialpsychologie für ein besseres Verständnis des Verhaltens in Käufer-Verkäufer-Beziehungen leisten, besteht in der Erkenntnis, daß Verlauf und Ergebnis von Marktinteraktionen in zentraler Weise davon abhängen, wie die beteiligten Personen ihre soziale Situation wahrnehmen, in welcher Weise sie „signifikante" Reize dieser Situation (einschließlich der selbstproduzierten) kognitiv verarbeiten und nach welchen Regeln oder mit welchen Zielen sie Handlungsentscheidungen treffen. In Erweiterung strukturaler Interaktionsanalysen (vgl. 10.2.5) lassen sich die Verhaltensweisen von Anbietern und Nachfragern als Resultat dynamischer Rückkopplungsprozesse im motivationalen und kognitiven System der Marktpartner begreifen. Dies bedeutet, daß auch die Ergebnisse der Interaktion (Kauf oder Nicht-Kauf, Fortsetzung oder Abbruch einer Geschäftsbeziehung, Wiederkauf oder Wechsel des Marktpartners) über strukturale Interdependenzen hinaus als Funktion der psychischen Repräsentanz solcher Interdependenzen und deren Veränderungen im Zeitverlauf anzusehen wären. Die Marktpartner können, müssen jedoch nicht notwendig in ihrer Interpretation der sozialen Situation und der gegenseitigen Abhängigkeitsverhältnisse übereinstimmen, und es läßt sich auch bei objektiv vorhandenen Belohnungsmöglichkeiten nicht von vorneherein ausschließen, daß Interaktionen erwartungsdiskrepant, konfliktär oder ähnlich asynchron verlaufen. Im Kontext austausch-expliziter und -impliziter Theorien der Sozialpsychologie ist Interdependenz kein „*fait accompli*", sondern entsteht und verändert sich als Folge individueller Situationswahrnehmungen, Belohnungserwartungen und Gewinnansprüchen. In diesem Sinn kommt auch dem Interaktionsverlauf eine große Bedeutung zu, da dieser Aufschluß darüber gibt, ob und wenn ja in welchem Ausmaß Korrespondenz zwischen den Ansichten der beteiligten Personen besteht und wie in Abhängigkeit davon der Belohnungswert wechselseitiger Aktivitäten zu beurteilen ist. Ein Nachteil austausch-expliziter und -impliziter Theorien besteht — zumindest was ihren augenblicklichen Formulierungsstand betrifft — in der z.T. noch starken Ausrichtung am klassischen S-O-R-Paradigma psychologischer Forschung. Dies birgt, wie auch Graumann (1979, S. 294ff.) meint, die Gefahr, Verhaltensanteile der einzelnen Interaktionspartner „halbiert" zu betrachten, als relativ isolierte Reaktionsphänomene zu untersuchen, und die Aufeinanderbezogenheit und wechselseitige Determinanz der Verhaltensweisen zu vernachlässigen.

10.4 Empirische Forschungsschwerpunkte

Es wurde bereits in der Einleitung zu diesem Handbuchbeitrag darauf hingewiesen, daß eine empirische Untersuchung von Anbieter-Nachfrager-Interaktionen mit sehr verschiedenartigen inhaltlichen Zielsetzungen und unter Verwendung unterschiedlicher Methoden erfolgt. Es gerät dadurch zu einem schwierigen Problem, die Forschungsbefunde adäquat zu selegieren, angemessen gewichtet zu präsentieren und in eine sinnvoll gestaltete Gliederungsordnung zu bringen. Vorliegende Sammeldarstellungen systematisieren empirische Untersuchungsergebnisse nach recht uneinheitlichen Kriterien. In den Überblicksartikeln von Webster (1968) oder Davis und Silk (1972) sind Studien danach ausgesucht, wie relevant sie für die Effektivitätssteigerung von Verkaufspersonal und „*sales force*"-Management sind. Eine im Gegensatz dazu eher wissenschaftspragmatisch begründete Präsentation findet sich bei Holbrook und O'Shaughnessy (1976) oder Capon, Holbrook und Hulbert (1977). Käufer-Verkäufer-Untersuchungen sind dort nach strukturellen Variablen des jeweils verwendeten Forschungsplans selegiert und werden daraufhin geprüft, ob sie exogene oder endogene Interaktionsmerkmale analysieren, einseitige oder wechselseitige Einflußprozesse beim Transaktionsvorgang berücksichtigen, ob ausschließlich Kaufentscheidungen oder auch Komponenten kaufvorbereitender Kommunikation als Forschungsgegenstand dienen, und ob Labor- oder Feldmethoden zur Datenerhebung herangezogen werden. Den Sammeldarstellungen dieser anwendungs- und problemorientierten „*personal selling*"-Forschung stehen zahlreiche Übersichtsarbeiten der eher grundwissenschaftlich orientierten „*bargaining*"-Forschung gegenüber. Eine Ergebnisdokumentation erfolgt dort z.B. in der Weise, welche Interaktionsbedingungen psychologisch relevant sind (vgl. Müller, 1982), welche Bedeutung sozialstrukturelle Kontextvariablen haben (vgl. Crott, 1972, Lamm, 1975) oder welche Einflüsse von der Vertreterschaft und Repräsentation in Verhandlungen ausgehen (vgl. Crott, Kutschker & Lamm, 1977a). In neueren Publikationen wird darüber hinaus zwischen 2- und n-Personen-Verhandlungen unterschieden und damit auch nach der Koalitionsfähigkeit der Austauschbeziehung differenziert (vgl. Sauermann, 1978a, b). Da sich der *„personal selling"*-Bereich und der *„bargaining"*-Bereich forschungshistorisch weitgehend unbeeinflußt voneinander entwickelt haben, geben die zitierten Arbeiten nur in begrenztem Umfang eine Orientierungshilfe, wie sich beide Quellen themenrelevanter Befunde integrieren lassen. Im folgenden wird deshalb versucht, das empirische Material inhaltlich neu zu ordnen. Als Gliederungsdevise soll die bereits im Kapitelabschnitt 10.2.3 behandelte und auf Bonoma (1976, 1977, 1979) zurückgehende Klassifizierung von Anbieter-Nachfrager-Interaktionen nach dem Kriterium *unterschiedlicher Machtverhältnisse* dienen. Eine Differenzierung nach disparaten, funktionaläquivalenten und gruppenorientierten Austauschbeziehungen erlaubt sowohl eine umfassende Berücksichtigung relevanter Forschungsschwerpunkte als auch eine eindeutige Zuordnung vorliegender Befunde. Um über diese inhaltliche Systematisierung hinaus auch eine methodologische Einordnung einschlägiger empirischer Ergebnisse zu ermöglichen, sollen im nun folgenden Kapitelabschnitt zunächst verschiedene Verfahren beschrieben werden, mit denen Daten über Anbieter-Nachfrager-Interaktionen gewonnen wurden.

10.4.1 Methodologieaspekte von Anbieter-Nachfrager-Untersuchungen

Empirische Analysen von Transaktions- und Austauschvorgängen erstrecken sich auf drei Ebenen sozialer Umweltbezüge und lassen sich in Interaktionen zwischen Organisationen und Nationen (Crott, Kutschker & Lamm, 1977b), Gruppen (Worchel, 1979) und Individuen (Müller, 1982) unterteilen. Die unterschiedliche Komplexität der Interaktionen auf diesen Ebenen generiert dabei eine Reihe spezifischer Methoden- und Erkenntnisprobleme, die auch für eine Auswahl von Einzeluntersuchungen bedeutsam sind.

Eine Entscheidung für Verfahren, um *interorganisationale* oder *-nationale Austauschvorgänge* zu untersuchen, wird dadurch beeinflußt, welche Erkenntnisansprüche an das resultierende Datenmaterial gestellt werden. Der Anspruch einer realitätsnahen und komplexitätsadäquaten Erfassung interaktionsrelevanter Bedingungen und Prozesse erfordert in der Regel die Durchführung von *Fallstudien* oder die Auswertung von *Erlebnisberichten* und *Dokumenten.* Diese Methoden ermöglichen detaillierte Deskriptionen verschiedener Phasen der

Transaktionsanbahnung und Aushandlung von Transaktionsbedingungen sowie der darin beobachtbaren Aktionen und Problemlösungen einzelner Interessenvertreter und Experten. Den Vorteilen einer wirklichkeitsgetreuen Abbildung des Untersuchungsgegenstandes stehen allerdings die Nachteile mangelnder Generalisierbarkeit und geringer Erklärungskraft deskriptiver Analysen gegenüber. Eine stärker theoretisch begründete und an größerer Vergleichbarkeit von Befunden interessierte Forschung interorganisationaler und -nationaler Austauschprozesse arbeitet deshalb mit *feldverwandten Simulationen* (Guetzkow, 1962; Huppertsberg, 1975; Stern, Bagozzi & Dholakia, 1977; Streufert, Kliger, Castore & Driver, 1967) oder mit repräsentativen *Feldstudien* (Kutschker & Kirsch, 1978; Tanter & Rosenau, 1970). Die Nachteile dieser Methoden, wie unerfahrene Untersuchungsteilnehmer und eingeschränkte Situationsrepräsentativität bei Simulationen oder Stichprobenausfälle und Befragungsrestriktionen bei Feldstudien, gelten dabei im Vergleich zu Nachteilen von Einzelfallanalysen als weniger gravierend. Diese Position wird hier geteilt. Daraus folgt eine Konzentration auf Austauschprozesse zwischen *Organisationen* (z.B. Hersteller und Verwender von Investitionsgütern), weil in diesem Bereich einige entsprechend akzentuierte Studien vorliegen.

Im Gegensatz zu Interaktionen zwischen Organisationen sind die sozialen Umweltbezüge bei *Austauschvorgängen zwischen Gruppen* weniger komplex und das Problem der Situationsrepräsentativität damit weniger schwerwiegend. Obwohl es auf dieser Ebene bereits möglich erscheint, Feldexperimente durchzuführen (vgl. Sherif, Harven, White, Hood & Sherif, 1961), resultiert das Gros vorliegender Befunde aus *experimentellen Laborsimulationen* (Klimoski, 1978). Im Gegensatz zu „Organisationen" können „Gruppen" als solche im Labor konstituiert und mit Aufgaben betraut werden, die eine Interessenvertretung „nach außen" erfordern. Die Untersuchung von Fragen, wie Gruppenmitglieder ihre Austauschvorstellungen aggregieren, auf welche Weise sie das Problem der Gruppenvertretung lösen, mit welchem „Auftrag" sie den Gruppenvertreter in die Interaktion mit anderen Gruppenvertretern entsenden und wie der Abgesandte in der Verhandlung abschneidet, ist somit realitätsnah möglich, ohne gleichzeitig Abstriche in Bezug auf experimentelle Kontrollen machen zu müssen. Obwohl Gruppengegenwart herstellbar ist, können aus dem spezifischen Laborkontext dennoch Einschränkungen für die Befundvalidität resultieren. So läßt sich aus forschungsökonomischen Gründen häufig nur mit Kleingruppen arbeiten, die – um eine genügend große Anzahl von Beobachtungen zu erhalten – zudem aus einander unbekannten Personen zusammengestellt werden müssen. Da *adhoc*-Gruppen weder eine gemeinsame Gruppengeschichte noch eine natürliche Rollendifferenzierung aufweisen, muß beides durch geeignete Versuchsanweisung erst hergestellt werden. Dies birgt insbesondere bei unerfahrenen, mit bestimmten experimentellen Aufgaben nicht vertrauten Untersuchungsteilnehmern (Studenten) die Gefahr, daß sich diese mit den Gruppenbelangen und den Gruppenzielen nur in dem Maße identifizieren, wie es ihrem naiven Situationsverständnis nach angemessen erscheint. Dieser Nachteil fällt allerdings stärker bei solchen Experimenten ins Gewicht, bei denen Versuchspersonen lediglich dazu aufgefordert werden, sich eine Gruppe *vorzustellen* und aus der Rolle des Vertreters dieser Gruppe heraus zu interagieren. Hier ist es in viel größerem Ausmaß lediglich eine Frage des Etiketts, welcher Art von Gruppe eine Person angehört, wie ihre Rolle definiert ist, und in welchem strukturellen Vertretungskontext sie sich bewegt. Im Gegensatz zu derartigen „Rollenspielsituationen" können *adhoc*-Gruppen nach Dawes (1980, S. 183f.) für die Dauer einer experimentellen Aufgabe zumindest ein gemeinsames Problembewußtsein entwickeln und auf diesem Hintergrund sowohl für eine hohe Ich-Beteiligung ihrer Mitglieder als auch für engagierte Interessenvertretung nach außen sorgen. Im gegebenen Zusammenhang sollen Experimente danach ausgewählt werden, ob sie entsprechende „Teambedingungen" herstellen bzw. variieren und in ihrem Einfluß auf den Intergruppenaustausch untersuchen.

Auf der Ebene von *Austauschprozessen zwischen Individuen* finden sich neben Feldstudien und Laborsimulationen insbesondere Feldexperimente und Laborexperimente mit reduzierten Versuchssituationen als Forschungsmethoden vor. Diese Ebene des Austauschs impliziert eine weitgehend selbständige Ausgestaltung der Situation durch die Interagierenden, und so konzentrieren sich typische Untersuchungsfragestellungen auf dyadische Käufer-Verkäufer-Beziehungen, wie man sie etwa bei Einzelhandelstransaktionen oder bei Verhandlungen „in eigener Sache" antrifft.

Die Durchführung von *Feldexperimenten* bringt den Vorteil mit sich, Bedingungen in dem Kontext variieren zu können, in dem auch eine Anwendung der Forschungsergebnisse ins Auge gefaßt wird. Die Überlegenheit dieser Methode in bezug auf Situationsrepräsentativität und Verhaltensauthentizität muß allerdings damit bezahlt werden, daß es nur unter großem Aufwand gelingt, Einflüsse solcher Faktoren zu kontrollieren, welche *neben* den manipulierten Bedingungen für das infrage stehende Verhalten von Bedeutung sind bzw. die Effekte der manipulierten Bedingungen konfundieren können. Es liegt in der Natur der Untersuchungssituation „Feld", daß der Forscher nur annähernd zu steuern vermag, was sich zu welchem Zeitpunkt beobachten und messen läßt oder wann welche Personen mit welchen Variationen der experimentellen Bedingungen konfrontiert werden. Kontrollstarke Versuchspläne stoßen sehr schnell an natürliche Durchführbarkeitsgrenzen, z.B. weil sich die dazu benötigte Anzahl von Beobachtungen nicht realisieren läßt, der erforderliche Zeitaufwand für die Untersuchungsdurchführung zu groß ist oder das geplante Ausmaß experimenteller Variation eine zu starke Belastung für die Feldrealitäten mit sich bringt. Obwohl Feldexperimente eine Verhaltensverursachung durch die manipulierten Kontextbedingungen nicht zweifelsfrei belegen können, stellen sie dennoch eine wichtige Methode für eine praktische Bewährung von Theorien dar. In diesem Sinn wurden sie beispielsweise zur Untersuchung zahlreicher Effekte herangezogen, die austausch-explizite und -implizite Ansätze für das Verhalten in realen Kaufsituationen vermuten ließen.

Die Bedeutung theorieprüfender *Laborexperimente* für das Verständnis von Austauschprozessen ergibt sich aus der Notwendigkeit, Erkenntnisse über relevante Verhaltensursachen zu erweitern und zu präzisieren. Der Vorteil einer umfassenderen Kontrolle von Störeinflüssen im Labor generiert mitunter jedoch auch Probleme eigener Art. So erfordert das für den Nachweis kausaler Beziehungsrelationen notwendige „Konstanthalten jener Bedingungen, die die ‚reine Beziehung' zwischen den jeweils thematisierten unabhängigen und abhängigen Variablen überlagern" (Maschewsky, 1980, S. 137f.), sehr oft artifizielle oder stark abstrahierte Interaktionssituationen, die den Verhaltensspielraum der Untersuchungsteilnehmer extrem einengen und auf ein genau reglementiertes Reaktionsspektrum festlegen. Um *„carry-over"*-Effekte aus dem Erfahrungs- und Wissenshintergrund der Versuchspersonen zu eliminieren, sind experimentelle Anforderungen und Rollenzuweisungen selten „veralltäglicht" und realitätsnah definiert. Weiterhin können Untersuchungsteilnehmer häufig nur auf wenigen Kanälen miteinander kommunizieren (z.B. schriftlich), haben keinen *„face-to-face"*-Kontakt und verbleiben daher — anders als etwa bei den Simulationsexperimenten — in gegenseitiger Anonymität. Kritiker von Untersuchungen mit reduzierten Situationen verweisen darauf, daß ein eindeutiger Ursachen-Wirkungs-Nachweis auch bei hochkontrollierten Kontextbedingungen nicht möglich ist, weil die Kontrollmaßnahmen selbst artefaktanfällig sind (Harré & Secord, 1976; Holzkamp, 1972). So können etwa gerade *wegen* der Unbestimmtheit der Situation bei den Versuchspersonen Rollenmißverständnisse entstehen (Schneider, 1979) oder Interaktionen mit dem Versuchsleiter eine unverhältnismäßig große Bedeutung und Signalwirkung für erwünschtes Verhalten im Experiment gewinnen (Mertens, 1975). Diese und auch andere Nachteile wie die Variation nur weniger Bedingungsfaktoren oder die Beschränkung auf eine geringe Anzahl von Reaktionsmessungen stellen jedoch den prinzipiellen Nutzen hochkontrollierter Laborexperimente nicht in Frage. Der Grund liegt darin, daß es bislang keine besseren Methoden gibt, Vermutungen und/oder theoretische Aussagen über verhaltensrelevante Einflüsse spezifischer Umweltbedingungen einer möglichst strengen Prüfung zu unterziehen (Gadenne, 1976). Im gegebenen Zusammenhang werden deshalb ebenfalls Befunde aus Laborexperimenten mit reduzierten Situationen berücksichtigt, denn sie haben in verschiedenen Forschungsschwerpunkten von Käufer-Verkäufer-Beziehungen die Ergebnisse aus Fragebogenuntersuchungen ergänzt und relativiert, sowie auch neue Verständnisperspektiven des Verhaltens von Marktpartnern eröffnet.

10.4.2 Untersuchungen im Rahmen disparater Käufer-Verkäufer-Beziehungen

In disparaten Käufer-Verkäufer-Beziehungen besitzt die Nachfragerseite bezüglich spezifischer Ergebnisse des Austauschs lediglich zwei Entscheidungsalternativen: Entweder sie akzeptiert eine Transaktion zu den Bedingungen, welche die Anbieterseite vorgibt, oder sie verzichtet darauf, bestimmte Produkte, Güter oder Dienstleistungen zu erwerben. In die Kategorie disparater Marktbeziehungen fällt ein Großteil der *„personal selling"*-Forschung, die — unter einer interaktionistischen Perspektive — an Determinanten für absatzförderndes Verhalten interessiert ist.

10.4.2.1 Ähnlichkeitseinflüsse

Interaktionsorientierte Analysen des Absatzerfolgs von Verkäufern wurden empirisch in größerem Umfang erstmals von Lombard (1955) sowie Evans (1963, 1964, 1968) durchgeführt. Im Rahmen einer Befragung von Verkäuferinnen und Kunden der Bekleidungsabteilung eines Kaufhauses fand Lombard heraus, daß der Eindruck eines gegenseitigen persönlichen Interesses als valider Prädiktor für Kaufentscheidungen und Verkaufserfolge angesehen werden kann. Evans hat dann — auch unter Bezug auf den austauschtheoretischen Ansatz von Homans (1961) — die allgemeine Hypothese formuliert, daß Absatzerfolg und dispositionelle, demographische und/oder biographische Ähnlichkeit von Käufer und Verkäufer kovariieren. Übereinstimmende Attribute des individuellen und sozialen Hintergrundes, wie z.B. Alter, Berufsstatus, politische Einstellung, private Interessen oder moralische Werte sollten die gegenseitige Attraktivität und Sympathie erhöhen, der Interaktion zusätzliche Belohnungsqualitäten hinzufügen und dadurch die Transaktion erleichtern. Die Gültigkeit dieser Hypothese untersucht Evans anhand von Feldstudien, welche er auf der Basis von Zufallsstichproben erfolgreicher und nicht erfolgreicher Kundenkontakte aus dem Bereich des Versicherungsgewerbes durchführte. Eine Auswertung von Interviews und Befragungen selegierter Versicherungsagenten und Versicherungskunden führte zu Ergebnissen, die sich im Sinne der Ähnlichkeitshypothese interpretieren ließen. Mehr Abschlüsse erzielten Agenten, wenn sie mit Kunden interagierten, die eine ähnliche Körpergröße besaßen, der gleichen Altersgruppe, Einkommensklasse und Religionsgemeinschaft angehörten, sowie ähnliche politische Einstellungen und Genußpräferenzen hatten. Wie auch bei Lombard (1955) erwies sich die *wahrgenommene* Ähnlichkeit als besonders verkaufseffektiv. Perzipierten die Kunden z.B. eine ihrer eigenen Situation entsprechende Religions- und Parteizugehörigkeit des Agenten, so schlossen sie häufiger Versicherungen ab, als wenn sie Diskrepanzen auf diesen Merkmalen wahrnahmen. Als trennschärfster (auch statistisch signifikanter) Indikator erwies sich die Wahrnehmung der Parteizugehörigkeit. Evans (1963) registrierte hier eine Erfolgsquote von 48% bei Ähnlichkeit und von 20% bei Unähnlichkeit.

In einer Reihe von Folgestudien wurde versucht, die Untersuchungsergebnisse von Evans zu erweitern oder in anderen Marktbereichen zu replizieren. So erhellte eine Analyse von 22000 Versicherungspolicen, die Gadel (1964) durchführte, daß das Ähnlichkeitskriterium „Alter" insbesondere dann zum Verkaufserfolg beiträgt, wenn die Versicherungsagenten jung sind und noch relativ wenig Aquisitionserfahrung besitzen. Die Bedeutung von Ähnlichkeitsfaktoren für den Absatz von Pharmazieprodukten untersuchte Tosi (1966). Im Rahmen einer Feldstudie sollten Kovariationen der Ähnlichkeitsmerkmale „Rollenkonsens" und „Verhaltenserwartung" mit den Erfolgskriterien „Absatzmenge" und „Anzahl der Konkurrenzkontakte von Drogisten" nachgewiesen werden. Es zeigten sich zwar keine substantiellen Korrelationen zwischen Absatzmenge und Ähnlichkeitsmerkmalen, bei der Anzahl von Konkurrenzkontakten ließ sich jedoch ein signifikanter Zusammenhang mit dem Aspekt der Verhaltenserwartung sichern. Je erwartungskongruenter die Pharmareferenten auftraten, desto weniger häufig versorgte sich der Drogist aus Angeboten anderer Firmenvertreter. Eine „Service"-Studie an Tankstellen konnte ebenfalls Ähnlichkeitszusammenhänge aufdecken (Albaum, 1967). Hier erwies sich das Ausmaß der Übereinstimmung von Serviceangebot der Tankstelle und Servicepräferenz der Kunden als Prädiktor für den Umsatz an Benzin. Signifikante Serviceaspekte waren eine schnelle und freundliche Bedienung; Sauberkeit der Station und Kreditmodalitäten spielten demgegenüber eine untergeordnete Rolle. Die interkulturelle Stabilität der Befunde von Evans (1963) analysierte Schoch (1969, 1970) in einer Felduntersuchung zu Verkaufserfolgen schweizerischer Registrierkassenvertreter. Er verglich erfolgreiche und nicht erfolgreiche Kundenkontakte und konnte anhand von Befragungsdaten die Evans-Ergebnisse im wesentlichen replizieren. Es zeigte sich beispielsweise, daß die Wahrnehmung des persönlichen Vertreterstils und der Aufgeschlossenheit des Vertreters privaten Themen und gemeinsamen Interessen gegenüber mit den Kaufentscheidungen variierten, und daß kaufende Kunden in bezug auf Konfession, Eigentumsverhältnis und Sozialstatus eine geringere Distanz zum Vertreter perzipierten als nicht kaufende Kunden.

Trotz ihres Beitrags für ein interaktionistisches Verständnis des Verkaufsvorgangs weisen die genannten Untersuchungen einige methodische und inhaltliche Unzulänglichkeiten auf (vgl. auch Capon et al., 1977). An den Arbeiten von Evans (1963) und Schoch (1970) läßt sich z.B. kritisieren, daß beobachtete Unterschiede nicht gegen Zufallsvariation abgesichert sind. Bei statistischen Signifikanzprüfungen stellen sich zumeist nur einige der „augenscheinlich" vorhandenen Differenzen als bedeutsam heraus und können auch verläßlich im Sinne der Untersuchungshypothesen interpretiert werden. Ein für alle der zitierten

Arbeiten geltender Nachteil hängt mit deren Charakter als Feldstudien und Nachbefragungs*untersuchungen* zusammen. So läßt sich anhand der gewonnenen Ergebnisse nicht klären, ob Ähnlichkeitsperzeptionen die Kaufentscheidungen beeinflussen, ob nicht umgekehrt die Kaufentscheidung auf die Wahrnehmung des Verkäufers zurückwirkt, oder ob Ähnlichkeitsperzeptionen und Kaufentscheidungen nicht von einer dritten, in den Untersuchungen unberücksichtigt gebliebenen Bestimmungsgröße determiniert werden. Weitere Unzulänglichkeiten enthalten schließlich die in den Studien erhobenen Daten. Diese decken lediglich Antezedenz- und Ergebnisvariablen des Austauschs ab und lassen Variablen des eigentlichen Interaktionsprozesses außer acht.

Die Arbeiten von Evans (1963, 1964) haben jedoch auch eine Reihe von experimentellen Untersuchungen angeregt, die fundiertere Analysen von Ähnlichkeitseinflüssen erlaubten und zudem größtenteils den kommunikativen Aspekt des Verkaufsvorgangs mitberücksichtigten. In einem Feldexperiment, das Brock (1965) durchführte, wurde „Ähnlichkeit" dadurch variiert, daß Verkäufer nach einem vorprogrammierten Schema entweder bestimmte Kaufvorstellungen von Kunden teilten oder davon abweichende Vorstellungen äußerten. Das Experiment fand in einem Farbengeschäft statt und lief stets dann ab, wenn sich ein Kunde für den Kauf einer vorher festgelegten Farbsorte entschieden hatte. Die Intervention des Verkäufers zielte darauf ab, daß der Kunde seine Entscheidung revidiert und entweder zu einer billigeren oder teureren Produktsorte überwechselt. Der Verkäufer berichtete hierzu von eigenen Erfahrungen mit dem vorgeschlagenen Produkt und verwies entweder auf eine Mengenverwendung, wie sie auch der Kunde im Auge hatte (Ähnlichkeitsbedingung), oder auf eine deutlich größere Mengenverwendung (Unähnlichkeitsbedingung). Die Ergebnisse zeigten, daß sich 45 von 88 Personen neu entschieden, und daß erwartungsgemäß diejenigen Verkäufer einen größeren Einfluß ausübten, die vorgaben, vergleichbare Farbmengen verwendet zu haben. Die Häufigkeit einer Entscheidungsrevision zur teureren oder billigeren Produktvariante hin unterschied sich dabei nicht signifikant. Woodside und Davenport (1974) untersuchten die Stabilität des von Brock festgestellten Effekts in einer Situation, in welcher die Kunden eines Musikgeschäfts zum Kauf eines zusätzlichen Produktes bewegt werden sollten. Das Experiment begann jeweils an der Kasse des Geschäfts, an der die Kunden Musikkassetten bezahlten, die sie vorher ausgewählt hatten. Hier wurden sie auf das Zusatzprodukt, einen Tonkopfreiniger für Kassettengeräte, hingewiesen. Im Zusammenhang mit diesem Hinweis ließ der Verkäufer dann entweder erkennen, daß er ähnliche Musik wie der Kunde präferiert (er orientierte sich dabei an der Kassettenwahl des Kunden), oder daß er einen anderen Musikgeschmack besitzt (z.B. klassische Musik schätzt, wenn der Kunde Kassetten aus dem Unterhaltungsbereich kaufen wollte). Die Ergebnisse des Experiments bestätigten die Ähnlichkeitshypothese. Verkäufer, die vergleichbare Musikpräferenzen äußerten, setzten signifikant mehr Zusatzprodukte ab als Verkäufer, die einen anderen Musikgeschmack zu erkennen gaben. Auswirkungen wahrgenommener Ähnlichkeit auf Kunden*einstellungen* haben Busch und Wilson (1976) in einem Laborexperiment untersucht. Die Autoren variierten das Ausmaß der Ähnlichkeit mit Hilfe fingierter Dossiers, welche studentische Versuchspersonen über einen später auf Videogeräten präsentierten Versicherungsagenten erhielten. Der Inhalt dieser Dossiers orientierte sich in systematischer Weise an präexperimentellen Befragungsantworten der Versuchspersonen zu religiösen Werten, Erziehungsvorstellungen, politischen Meinungen, usw., wobei „Ähnlichkeit" als über 80%-ige, „Unähnlichkeit" als unter 30%-ige Übereinstimmung bei den abgefragten Werten, Vorstellungen und Meinungen operationalisiert war. Nach der Video-Präsentation wurden die Versuchspersonen aufgefordert, den Versicherungsagenten auf verschieden Einstellungsdimensionen zu beurteilen. Ähnlichkeitseinflüsse ließen sich sowohl bei professionsbezogenen als auch personenbezogenen Einstufungen nachweisen. Im Vergleich zu Versuchsteilnehmern, denen der Agent als unähnlich präsentiert wurde, hielten die Versuchsteilnehmer in der Ähnlichkeitsbedingung den Agenten für vertrauenswürdiger, fanden seine Argumente überzeugender und waren eher bereit, mit diesem auch privat zu verkehren und sich in Bezug auf nicht geschäftliche Angelegenheiten beeinflussen zu lassen.

Wie die zitierten Untersuchungen zu erkennen geben, erweist sich interpersonale Ähnlichkeit als verkaufsfördernde Bestimmungsgröße in disparaten Käufer-Verkäufer-Beziehungen. Ihr psychischer Wirkmechanismus kann dabei sowohl im motivationalen als auch kognitiven Bereich vermutet werden. Unter motivationalem Aspekt fügen ähnliche Personen dem Austausch intrinsische Belohnungsqualitäten zu. Aufgrund äußerer Merkmale, Präferenzen oder Interessen ist der Verkäufer auch als Sozialpartner attraktiv. Unter kognitivem Aspekt wirken ähnliche Personen „stabilisierend". Indem sich der Verkäufer in bezug auf Meinungen, Ansichten oder Werte als Vergleichsperson präsentiert, vermag er kaufbegleitende Dissonanzen beim Kunden zu reduzieren und/oder interne Attributierungen seines Verhaltens durch den Kunden auszulösen.

10.4.2.2 Kompetenzeinflüsse

Fachkompetenz ist ein wesentliches Merkmal der Berufsrolle von Verkäufern und erzeugt in diesem Sinn bestimmte Informationserwartungen, mit denen Käufer bei indifferenten, vagen, konfligierenden oder expliziten Produktvorstellungen in die Interaktion eintreten (vgl. O'Shaughnessy, 1972). Auswirkungen unterschiedlicher Verkäuferkompetenz auf Kaufentscheidungen und kaufbezogene Einstellungen wurden in den bereits zitierten Untersuchungen von Woodside und Davenport (1974) und Busch und Wilson (1976) sowie in einer Untersuchung von Woodside und Davenport (1976) analysiert. Die Kompetenzvaraition im Musikgeschäft-Experiment von Woodside und Davenport (1974) erfolgte über unterschiedliche Angaben, die der Verkäufer zu verwendungsrelevanten Attributen des abzusetzenden Zusatzprodukts machte. In der „Kompetenz"-Bedingung gab der Verkäufer detaillierte Informationen über Funktion, Aufgabe und Leistung des Tonkopfreinigers, in der „Inkompetenz"-Bedingung nannte der Verkäufer lediglich den globalen Verwendungszweck des Zusatzprodukts und verwies für weitere Informationen auf die beiliegende Gebrauchsanweisung. Erwartungsgemäß setzten kompetente Verkäufer mehr Tonkopfreiniger ab als inkompetente Verkäufer. Da Woodside und Davenport sowohl Einflüsse der Kompetenz als auch Einflüsse der Ähnlichkeit nachweisen konnten, analysierten sie die *relative* Effektstärke beider Variablen. Dabei zeigte sich, daß die Kompetenzbedingung größere Auswirkungen auf den Absatzerfolg hat als die Ähnlichkeitsbedingung. Dieses Ergebnis muß allerdings mit Vorsicht betrachtet werden, da weder Abfolge noch Länge der Kompetenz- und Ähnlichkeits-Kommunikation kontrolliert wurden. So konnte die Kompetenzbedingung einfach deshalb einen größeren Effekt hervorgerufen haben, weil die Produktinformation ca. doppelt so lang wie die Personeninformation war und zusätzlich stets im Anschluß an die Personeninformation gegeben wurde („*recency effect*", vgl. Irle, 1975, S. 124f.). In einer Folgeuntersuchung variierten Woodside und Davenport (1976) neben der Kompetenz des Verkäufers auch den Preis des Zusatzproduktes. Sie gaben vier unterschiedliche Preisniveaus vor, konnten bei den Verkaufserfolgen jedoch keine Wechselwirkung mit der Kompetenzbedingung feststellen. Es zeigte sich somit, daß kompetente Verkäufer unabhängig vom Preisniveau des Zusatzprodukts bessere Ergebnisse erzielten als inkompetente Verkäufer. Robuste Kompetenz-Effekte fanden auch Busch und Wilson (1976), die wie Woodside und Davenport (1974) Kompetenz und Ähnlichkeit innerhalb eines Versuchsplans variierten. Die im Rahmen der bereits beschriebenen Experimentalanordnung ausgegebenen Kompetenzdossiers enthielten unterschiedliche Informationen über das Ausmaß an Praxiserfahrung, die Art des Schulabschlusses, die Anzahl von Fortbildungslehrgängen und die Quoten von Verkaufsabschlüssen des video-präsentierten Versicherungsagenten. In den Beurteilungen der Versuchspersonen zeigte sich dann, daß ein kompetent erscheinender Agent als argumentativ überzeugender perzipiert wurde und eine größere Bereitschaft zu Gesprächen über eine Versicherung weckte als ein weniger kompetent erscheinender Agent. Darüberhinaus hielten die Versuchspersonen den kompetent erscheinenden Agenten für vertrauenswürdiger und schätzten seine Fachkenntnis auch in nicht versicherungsbezogenen Belangen höher ein.

Interessant an den Ergebnissen der Experimente von Woodside und Davenport (1974) und Busch und Wilson (1976) ist, daß weder für Kaufentscheidungen noch für kaufrelevante Einstellungen signifikante *Wechselwirkungen* zwischen der Ähnlichkeits- und Kompetenzbedingung festgestellt wurden. Dies läßt eine weitgehende Unabhängigkeit beider Einflußgrößen vermuten und legt dadurch eine psychologische Interpretation nahe, wie sie etwa in der von Blau (1964) vorgeschlagenen Unterscheidung zwischen intrinsischer (auf Ähnlichkeitsattraktion beruhender) und extrinsischer (auf Nützlichkeit von Fachkompetenz beruhender) Belohnung des Austauschs zum Ausdruck kommt.

10.4.2.3 Kommunikationsprozesse

Untersuchungen zu dieser Thematik beschränken sich zumeist auf deskriptive Analysen von Verbalakten in natürlichen Verkaufssituationen. Untersuchungsvariablen sind transaktionstypische Kommunikationsinhalte von Käufer und Verkäufer im Interaktionsverlauf, deren Beziehung zur Verkaufseffektivität zumeist durch *post hoc*-Vergleiche hergestellt wird.

In einer Studie von Willet und Pennington (1966) wurde versucht, die Kommunikation zwischen Verkäufer und Kunden verschiedener Haushaltwarengeschäfte mit Hilfe der interaktionsanalytischen Methode von Bales (1950) zu untersuchen. Diese Methode erlaubt es, Verbalakte nach verschiedenen sozialemotionalen und sachorientierten Gesichtspunkten zu klassifizieren und Prozesse gemeinsamer Problemlösung in 2-Personen-Beziehungen oder Gruppen zu erhellen. Willet und Pennington werteten Tonbandprotokolle von insgesamt 210 Käufer-Verkäufer-Interaktionen aus, unter denen sich 132 erfolgreiche und 78 nicht erfolgreiche Transaktionen befanden. Dabei zeigte sich, daß Käufer und Verkäufer überwiegend sachbezogen kommunizierten. Mit einem Anteil von 38,7% am stärksten vertreten waren Verbalakte, die mit der Abgabe von Produktinformation zu tun hatten; mit 37,6% folgten Verbalakte, die sich auf Produktbewertungen bezogen; 14,6% fielen auf informations- und meinungssuchende Kommunikationsinhalte. Von der Anzahl der Verbalakte her gesehen, dominierten die Verkäufer das Interaktionsgeschehen; ihr Anteil an der Kommunikation war ca. doppelt so groß wie derjenige der Kunden. Eine besonders deutliche Differenz resultierte im Bereich informations- und meinungssuchender Kommunikationsinhalte. Beim Vergleich erfolgreicher und nicht erfolgreicher Verkaufsabschlüsse fanden Willet und Pennington, daß sich effektive Interaktionen durch einen erhöhten Anteil meinungs- und empfehlungssuchender sowie empfehlungsgebender Verbalakte auszeichneten. Zudem konnten sie feststellen, daß Anteile negativ-sozialemotionaler Verbalakte, die Dissens, Spannung und Widerspruch ausdrücken, im Verlauf erfolgreicher Interaktionen abnahmen, im Verlauf nicht erfolgreicher Interaktionen jedoch sehr stark anstiegen. Um Kommunikationseinflüsse auf die Verkaufseffektivität und auf Einstellungen dem Verkäufer gegenüber eingehender zu analysieren, führte Capon (1975) ein Experiment durch, in dem er Anteile informationssuchender und -gebender Verbalakte systematisch variierte. Als experimentelle Situation diente der Telefonverkauf von Zeitungsabonnements. Entgegen den Untersuchungserwartungen wirkten sich die Kommunikationsbedingungen jedoch weder bedeutsam auf Absatzerfolge noch auf postexperimentell gemessene Kundeneinstellungen aus. In Bezug auf die abhängigen Variablen registrierte Capon lediglich signifikante Wechselbeziehungen zwischen den Kommunikationsbedingungen und seinen in der Verkäuferrolle agierenden studentischen Helfern. Dies deutet darauf hin, daß die Effekte verbaler Kommunikation ganz offensichtlich durch individuelle Unterschiede im non-verbalen Bereich überlagert wurden, und daß − zumindest für Erfolge im Telefonverkauf − Aspekte wie Stimmhöhe und -modulation, Sprechgeschwindigkeit, Deutlichkeit der Artikulation oder Tonfall der Stimme ebenso relevant zu sein scheinen wie spezifische Sprechinhalte (vgl. dazu den Beitrag von Timaeus in diesem Band).

Eine Untersuchung von Olshavsky (1973) widmete sich der Frage, ob es mit Kommunikationsanalysen möglich ist, „typische" Phasen erfolgreicher Verkaufsinteraktionen zu identifizieren. Durch Verbalakt-Aufschlüsselungen, denen 40 Verkaufsgespräche über Kühlschränke und Farbfernsehgeräte zugrunde lagen, konnten drei solcher Phasen diagnostiziert werden. Nach Art der ausgetauschten Informationen ließen sich diese als Orientierungsphase, Bewertungsphase und Abschlußphase der Interaktion benennen. In der ersten Phase wurde das Verkaufsgespräch nahezu ausschließlich durch die vom Kunden eingebrachten Produktattribute beeinflußt. Als besonders prominent erwiesen sich dabei Ausführungen über eine bestimmte Gerätemarke. Kommunikationsinhalte der zweiten Phase waren dann Attribute wie Größe, Preis und technische Einzelheiten. Hier übernahmen die Verkäufer die Initiative, indem sie detaillierte Informationen zur relativen Gewichtung der Produktmerkmale gaben und fachkompetente Beurteilungen einzelner Produkteigenschaften vornahmen. Die Abschlußphase der Interaktion wies relativ ausgeglichene Kommunikationsanteile auf, wobei neben noch offen Verwendungsfragen auch Bezahlungs- und Anlieferungsmodalitäten zur Sprache kamen. Aus den erhaltenen Ergebnissen zog Olshavsky den Schluß, daß effektives Verkaufsverhalten − zumindest in dem von ihm untersuchten Bereich − eine umfassende Produktinformation und extensive Merkmalsbewertung durch den Verkäufer erfordert. Für die Bedeutung sozialemotionaler Verbalakte fand er hingegen keine Hinweise in seinen Analysen. Um Ergebnis-Interpretationen deskriptiver Kommunikationsanalysen zu erleichtern, hat Olshavsky (1976) später angeregt, neben Verbalakt-Aufschlüsselungen auch kommunikationsbegleitende Kognitionen von Käufern und Verkäufern zu explorieren. Er machte dazu den Vorschlag, die Methode der Protokollerhebung einzusetzen, bei der Versuchsteilnehmer aufgefordert werden, alle Überlegungen im Zusammenhang mit ihrem Verkaufs- bzw. Kaufproblem zu artikulieren und vom Forscher registrieren zu lassen (diese bereits von Duncker (1935) zur Analyse von Lösungsstrategien bei Denksportaufgaben eingesetzte Methode wurde u.a. von Newell und Simon (1972) wiederentdeckt). In einer Pilot-Studie haben Woodside und Taylor (1978) mit der Protokollmethode gearbeitet und versucht, Aufschlüsse über psychische Vorgänge bei drei Lebensversicherungs-Transaktionen zu erhalten. Die Äußerungen der

Versicherungsagenten und -kunden wiesen dabei insbesondere auf die Existenz impliziter Verhandlungsprozesse und deren Bedeutung für den Verkaufserfolg hin. So gab es in den verschiedenen Transaktionsphasen (Anbahnung, Beratung, Abschluß) immer wieder latente Zielkonflikte zwischen Agenten und Kunden, und es wurden unterschiedliche Möglichkeiten kogniziert, auf welche Weise das Versicherungsproblem zu lösen sei. Die Effektivität des Agenten zeigte sich hier ganz offensichtlich im „Management" solcher Situationen. Die Protokollanalysen erhellten, daß eine „synchronisierte" Verkaufsstrategie darin bestand, Erwartungen und Ansprüche des Kunden zu Beginn und während der Interaktion zutreffend zu decodieren (anhand verbaler Äußerungen *und* nonverbaler Signale) und in eine stimmige, der jeweiligen Problemlösclage angemessene Informations- und Reaktionsstrategie umzusetzen. Systematische Verhaltenseffekte impliziter Verhandlungsprozesse sind – wegen des kasuistischen Charakters – aus der Studie von Woodside und Taylor nicht ableitbar, ihre Analyse könnte sich jedoch ganz sicherlich für weitere Untersuchungen auf diesem Gebiet empfehlen.

10.4.2.4 Einflüsse des Aufforderungsdrucks der Verkaufsbotschaft

In den zu diesem Forschungsbereich vorliegenden Untersuchungen werden Auswirkungen von Verkäufer-Interventionen analysiert, die entweder einen starken, zumeist emotional bestimmten oder schwachen, zumeist sachlich bestimmten Aufforderungsdruck enthalten, ein bestimmtes Produkt zu kaufen. Die generelle Hypothese dieser ausschließlich experimentellen Untersuchungen lautet, daß ein schwacher Aufforderungsdruck zu besseren Absatzergebnissen, mehr Käuferzufriedenheit und günstigeren Einstellungen dem Produkt und dem Verkäufer gegenüber führt als starker Aufforderungsdruck. Eine Begründung der Hypothese erfolgt dabei im Kontext von Annahmen über Reaktanzempfindungen, kognitive Dissonanz und Prozesse der Selbstwahrnehmung bei Personen.

In Feldexperimenten von Weiner und Brehm (1966) sowie McGillis und Brehm (1973) wurden Auswirkungen des Aufforderungsdruck beim Brotkauf von Supermarktkunden untersucht. Eine moderate Aufforderung lautete „*please try* ...", eine starke Aufforderung „*you are going to buy* ..." und „*you will buy only* ...". Erwartungsgemäß wurde bei moderater Aufforderung mehr gekauft als bei starker Aufforderung, ein Ergebnis, das die Autoren einer weniger großen Einengung der Kaufentscheidungsfreiheit des Kunden zuschrieben.

Farley und Swinth (1967) führten ein Experiment durch, in welchem 87 weibliche Versuchsteilnehmer mit einem Verkäufer konfrontiert wurden, der als Produkt eine bestimmte Art von Maßband anpries. Die Verkaufsbotschaft bestand entweder darin, das Produkt und seine Verwendung sachlich zu beschreiben (geringer Aufforderungsdruck) oder den Besitz des Produkts als unerläßlich für Frauen in der sozialen Rolle der Versuchsteilnehmer auszugeben (starker Aufforderungsdruck). Abhängige Variablen waren die Häufigkeit, mit der sich die Versuchsteilnehmer nach dem Experiment für die Mitnahme des Produkts entschieden, sowie verschiedene produkt- und verkäuferbezogene Einstellungsmessungen. Auswirkungen der Verkaufsbotschaft ließen sich dabei lediglich im kognitiven, nicht jedoch im Verhaltensbereich nachweisen: Bei sachlicher Präsentation wurden Produkt und Verkäufer durchweg positiver beurteilt als bei Unerläßlichkeitspräsentation. Farley und Swinth machen den größeren „Nutz"-Wert sachlicher Produktinformationen für die gefundenen Effekte verantwortlich. Diese Erklärung erscheint jedoch bestenfalls für unterschiedliche Einstellungen dem Produkt gegenüber, nicht jedoch für die unterschiedlichen Verkäuferbeurteilungen adäquat zu sein. Wie Ergebnisse einer besser kontrollierten experimentellen Untersuchung von Reizenstein (1971) belegen, entstehen durch einseitige Verkäufer-Interventionen kognitive Dissonanzen, die sich immer dann leicht durch Anzweifeln der Verkäufer*glaubwürdigkeit* reduzieren lassen, wenn die Verkaufsbotschaft die „persönlichen" Bedürfnisse des Käufers zu kennen vorgibt. Unter Laborbedingungen stellte Reizenstein fest, daß eine sachbetonte *„soft-sell"*-Strategie die Präferenzordnung und Attraktivitätsbeurteilung von Produkten verändern konnte, eine emotionsbetonte *„hard-sell"*-Strategie jedoch zu Bumerang-Effekten führte. Danach wären auch die Ergebnisse von Farley und Swinth plausibler als dissonanzbegründete Abwertung von Produkt und Verkäufer nach der Unerläßlichkeitspräsentation zu interpretieren.

In einer Reihe von Experimenten wurde analysiert, welche Auswirkungen Kommunikationen haben, die der eigentlichen Verkaufsbotschaft vorgelagert sind. Es wurde angenommen, daß Aufforderungsdruck und Effizienz objektiv gleicher Verkaufsbotschaften je nach Art kommunikativer „Hinstimmung" variieren. Besonders prominent in dieser Hinsicht sind Untersuchungen zu Einflüssen sogenannter *„foot-in-the-door"*- und *„door-in-the-face"*-Strategien. Ausgehend von grundwissenschaftlichen Arbeiten, die Freedman und Fraser (1966), Cialdini, Vincent, Lewis, Catalan, Wheeler und Darby (1975) oder Cann, Scherman und Elkes (1975) publiziert haben, lassen sich für beide Arten von Strategien eine Verminderung des Aufforderungsdrucks und eine verstärkte Kaufeinwilligung vermuten. *„Foot"*-Strategien bestehen darin, mit einer kleinen und leicht erfüllbaren (Auf-)Forderung oder Bitte den Weg für die eigentlich intendierte höherwertige Verhaltensreaktion zu bahnen. Ihr Wirkmechanismus läßt sich durch die Attributierung einer positiven Einstellung dem fraglichen Forderungsobjekt gegenüber erklären (vgl. Bem, 1972). *„Face"*-Strategien bestehen darin, eine überzogene und unerfüllbare (Auf-)Forderung oder Bitte auszusprechen und die eigentliche Verhaltensreaktion so zu erreichen, daß man sie als „Konzession" auf die Unnachgiebigkeit der ersten Forderung gegenüber folgen läßt. Ihr Wirkmechanismus kann durch Reziprozitätsdruck erklärt werden, den Normen wie „Man sollte Zugeständnisse anderer Personen durch eigene Zugeständnisse erwidern" erzeugen (vgl. Osgood, 1962).

Auswirkungen von „foot"-Strategien beim Telefonverkauf von Zeitschriftenabonnements untersuchten Sternthal, Scott und Dholakia (1976; vgl. auch Scott, 1976). Zwei Wochen vor dem „kritischen" Verkaufskontakt wurden insgesamt 336 Personen angerufen und mit einem der folgenden vier Angebote konfrontiert: a) 14-Tage-Abonnement der Zeitschrift zum regulären Preis (50 Cents), b) 14-Tage-Abonnement zum halben Preis (25 Cents), c) kostenloses 14-Tage-Abonnement, d) kostenloses 14-Tage-Abonnement plus 50-Cents-Gutschein. Abhängige Variable für diese Versuchsgruppen sowie für eine vorher nicht kontaktierte Kontrollgruppe war der Abschluß eines sechs-monatigen Abonnements ($ 6) beim kritischen Verkaufskontakt. Die Ergebnisse zeigten zunächst, daß die „foot"-Strategien im Durchschnitt keine größeren Verkaufszahlen erbrachten als die einmaligen Verkaufskontakte in der Kontrollbedingung. Durch Einzelvergleiche ließ sich jedoch ein „foot"-Effekt für das 14-Tage-Abonnement zum halben Preis nachweisen. Sternthal et al. folgerten aus diesem Resultat, daß der jeweilige Anreiz des ersten Angebots als Randbedingung für die Effektivität von „foot"-Strategien mitberücksichtigt werden muß. Reingen und Kernan (1979) führten ein Experiment durch, in dem sie Auswirkungen der „foot"- und „face"-Strategie einem direkten Vergleich unterzogen. Sie arbeiteten ebenfalls mit Telefonkontakten, „verkauft" werden sollte hier jedoch das Ausfüllen und Beantworten eines 6-seitigen Marktforschungsfragebogens. Es wurden insgesamt 381 Personen kontaktiert und jeweils einer von vier Bedingungen zugeordnet: a) „foot": Wenn sich die kontaktierten Personen bereit erklärten, einige Fragen zu Konsumgewohnheiten zu beantworten, wurden ihnen vier Fragen gestellt. Anschließend erfolgte die „kritische" Bitte. b) „face": Die kontaktierten Personen wurden mit der Perspektive eines 3-Stunden-Interviews zu Konsumgewohnheiten konfrontiert. Anschließend erfolgte die „kritische" Bitte. c) Kontrollbedingung I: Den kontaktierten Personen wurde die „kritische" Bitte sogleich übermittelt. d) Kontrollbedingung II: Eine Anzahl von Personen erhielten den 6-seitigen Fragebogen ohne vorausgehenden Anruf. Abhängige Variablen waren das Ausmaß telefonischer Zustimmung und tatsächlicher Fragebogenbearbeitung durch die Versuchsteilnehmer. Die erhaltenen Befunde ermöglichten keinen eindeutigen Nachweis von „foot"- und „face"-Effekten. Zwar zeigte sich, daß die „foot"-Strategie mehr verbale Zustimmung und tatsächliche Mitarbeit auslöste als die „face"-Strategie. Gegenüber den Kontrollbedingungen ließen sich vergleichbare Unterschiede jedoch nicht sichern. Hansen und Robinson (1980), sowie Mowen und Cialdini (1980) haben die Ergebnisse von Reingen und Kernan (1979) mit operationalen Unzulänglichkeiten der Untersuchungssituation in Verbindung gebracht (z.B. keine abgestufte „foot"-Variation; „Interview" als „face"-Kriterium, dann jedoch „Fragebogen" als kritische Bitte). In eigenen Experimenten haben sie dann eine kontrollstärkere Untersuchung beider Strategie-Effekte versucht. Hansen und Robinson widmeten sich dabei der Analyse von „*foot*"-Effekten, Cialdini und Mowen der Analyse von „*face*"-Effekten eingehender. Hansen und Robinson variierten sowohl das „*foot*"-Format als auch die kritische Bitte auf zwei Stufen. Der von Reingen und Kernan verwendeten „*foot*"-Bedingung fügten sie eine „Sondierungs"-Bedingung hinzu, in der die kontaktierten Personen um ihre Meinung zum Befragungsthema gebeten wurden. Die kritische Bitte bezog sich auf einen Fragebogen, der entweder aus 32 oder 102 Items bestand. In der Kontrollbedingung fanden keine Vorkontakte statt. Bei dieser Anordnung konnten – unabhängig von Fragebogenlänge – robuste „*foot*"-Effekte für Rücklaufquoten und -geschwindigkeit gefunden werden. Als besonders effektiv erwies sich die Sondierungsbedingung. Sie erzielte eine um 12,7% höhere Rücklaufquote als die Standard-„*foot*"-Bedingung und stellte damit die Bedeutung des jeweiligen „*foot*"-Anreizes erneut unter Beweis. Mowen und Cialdini (1980) wählten für ihre Experimente eine andere Situation als Reingen und Kernan. Zwar baten sie die Personen ebenfalls um Mitarbeit bei einer Fragebogenuntersuchung, der Kontakt erfolgte jedoch durch direktes Ansprechen und nicht über Telefon. In der ersten Studie variierten sie die Größe der „*face*"-Bitte, indem sie diese einmal ohne, einmal mit Hilfeappell formulierten. Ein gegenüber der Kontrollbedingung positiver „*face*"-Effekt zeigte sich dabei nur für die Bedingung, in welcher *kein* Hilfeappell die erste Bitte begleitete. In der Diskussion dieses Ergebnisses äußern Mowen und Cialdini die Vermutung, daß es für das Zustandekommen des „*face*"-Effekts wichtig sei, die zweite Bitte als integralen Teil der ersten erscheinen zu lassen (dies würde auch das Ergebnis von Reingen und Kernan erklären, da „Fragebogen" nicht notwendig als integraler Teil von „Interview" perzipiert werden muß). Eine Überprüfung der Vermutung in einer zweiten Studie führte zu dem Resultat, daß die Wahrnehmung „echter" Konzessionen nur dann einen Einfluß hat, wenn die zweite Bitte im Vergleich zur „*face*"-Bitte noch einen relativ großen Gefallen abverlangt. Bei einer kleineren Bitte war es für das Verhalten der Versuchspersonen irrelevant, ob der zweite Fragebogen Teil des ersten war oder einen anderen Zweck verfolgte. In diesem Ergebnis lassen sich gewisse Parallelen zu Befunden aus „*foot*"-Experimenten erkennen, denn ganz offensichtlich hängt auch die Effizienz der „*face*"-Strategie davon ab, wie Verhältnis, Format und Anreiz von Erst- und Zweitbitte beschaffen sind.

10.4.2.5 „Inequity"-Einflüsse

Einige wenige Studien im Bereich disparater Käufer-Verkäufer-Beziehungen haben sich auch der „Nachaustausch-Phase" gewidmet und hierbei vor allem Aspekte der Fairneß von Transaktionsbedingungen untersucht. Leventhal, Younts und Lund (1972) führten zwei Feldexperimente durch, in denen sie die

Frage nach der „*inequity*"-Toleranz von Käufern stellten. Mit Hilfe des Tür-zu-Tür-Verkaufs von Haushaltsprodukten analysierten sie, unter welchen Bedingungen Personen, die ein Reinigungsmittel kaufen, einen nachträglich angebotenen Rabatt akzeptieren. Leventhal et al. vermuteten, daß die Käufer einer derartigen Gratifikation nicht pauschal zustimmen (wie dies nach Gewinnmaximierungsgesichtspunkten zu erwarten wäre), sondern daß sie die Herkunft des Rabattangebots differenzierend berücksichtigen. Überprüft wurde diese Vermutung dadurch, daß die Verkäufer den Rabatt entweder als „*goodwill*"-Geste der Herstellerfirma oder als persönliche Gratifikation ausgaben. Dabei zeigte sich, daß die Käufer den Rabatt lediglich in der Firmenbedingung akzeptierten, als persönliche Gratifikation hingegen ablehnten. Ob dieser Unterschied auf die Wahrnehmung sozialer Distanz und/oder Kapitalstärke des Rabattgebers zurückzuführen war, untersuchten Leventhal et al. im zweiten Experiment. Sie stellten darin vier Untersuchungsbedingungen her und differenzierten bei der Rabattquelle zwischen dem Verkäufer, einem Einzellieferanten, einer Gruppe von Lieferanten und der Herstellerfirma. Die erhaltenen Resultate sprachen nicht für das Distanz-Kriterium, da im Verhalten der Käufer keine Unterschiede zwischen dem Verkäufer, einem Einzellieferanten und einer Gruppe von Lieferanten festgestellt werden konnte. Es stellte sich vielmehr auch in dieser Studie heraus, daß die Käufer überwiegend nur den Herstellerrabatt akzeptierten und ihre Entscheidung somit offenbar in erster Linie am Kapital-Kriterium orientierten. Wie Leventhal et al. argumentieren, läßt das beobachtete Käuferverhalten durch Fehlen von Befragungsdaten keine weitergehenden Deutungen zu; die größere „*inequity*"-Toleranz der Herstellerfirma gegenüber erscheint den Autoren jedoch insofern illustrativ, als sie auf das „Profit"-Image größerer Anbieter-Organisationen verweisen könnte, welches kleine individuelle Vorteile rechtfertigt, sobald sie sich ergeben. Kognitive Dissonanz ließe sich in ökonomischer Weise so reduzieren, daß der eigene Zusatznutzen nicht als substantielle Benachteiligung des Herstellers, bzw. seiner Gewinnbilanz angesehen wird.

Eine Untersuchung, die „*inequity*"-Reaktionen von Käufern bei wahrgenommener Benachteiligung analysierte, wurde von Huppertz, Arenson und Evans (1978) durchgeführt. 160 Studenten bearbeiteten dazu einen Fragebogen, in dem 16 Kaufsituationen geschildert wurden, die unterschiedliche Informationen über Preis-„*inequity*", Service-„*inequity*", Einkaufshäufigkeit und Wert des Einkaufsgegenstandes enthielten und nach wahrgenommener Fairneß und angemessener Verhaltensreaktion beurteilt werden sollten. Die Antworten der Versuchsteilnehmer zeigten u.a., daß Preis-„*inequity*" für die Fairneßeinstufung einer Kaufsituation wichtiger ist als vergleichsweise Service-„*inequity*". Service-„*inequity*" war für Befragte lediglich bei weitgehend ausgewogener Preisgestaltung ein relevanter Beurteilungsfaktor. Auch der Wert des Einkaufsgegenstandes und die Einkaufshäufigkeit in einem Geschäft beeinflußten die Fairneßwahrnehmungen. Bei hochwertigen Produkten wurden die Austauschkonditionen als unfairer beurteilt als bei Produkten des täglichen Bedarfs. Häufige Einkäufe in ein und demselben Geschäft assoziierten die Versuchsteilnehmer mit mehr Benachteiligungen als gelegentliche Einkäufe in einem Geschäft. Die Antworten über angemessene Verhaltensreaktionen wurden primär durch Preis- und Service-*„inequity"* beeinflußt. So zeigte sich eine durchgehende Präferenz, bei Wahrnehmung von Preis- und/oder Service-*„inequity"* das Geschäft zu verlassen und den beabsichtigten Kauf entweder andernorts zu tätigen oder auf das Produkt zu verzichten. Einen Wechsel des Geschäfts hielten die Versuchspersonen insbesondere bei unausgewogener Preisgestaltung für angemessen. Als interessant erwies sich die Beobachtung, daß andere Arten der *„inequity"*-Reduktion wie Beschwerden über Service oder Preisreklamationen vergleichsweise selten genannt wurden, und wenn, dann zumeist auf Situationen beschränkt blieben, in denen Preis- oder Service-*„inequity"* mit häufigem Geschäftsbesuch zusammenfielen. Obwohl auch dieser Befund darauf hindeutet, daß sich „inequity" und Geschäftstreue nicht zwangsläufig ausschließen müssen, ließ die Präferenz für das „Aus-dem-Felde-gehen" doch erkennen, daß die Befragten den Aufwand direkter Interventionen in der Regel scheuen. Die mochte im Falle der von Huppertz et al. geschilderten Situation allerdings auch eine Folge weiterer Randbedingungen gewesen sein (Supermarkt-Anonymität, Vorhandensein alternativer Versorgungsquellen).

10.4.2.6 Resümée

Wie die dargestellten Befunde verdeutlichen, sind für die Effizienz von Verkäufern bzw. deren Erfolg, Anbahnung, Verlauf, Ergebnis und/oder Bewertung des Austauschs zu beeinflussen, folgende Bedingungen günstig: a) interpersonale Ähnlichkeit, b) fachkompetente Exposition, c) Sachlichkeit der Verkaufsbotschaft, d) wenig Aufforderungsdruck, e) kommunikative Hinstimmung, f) angemessenes Verkaufsverhalten. Die Relevanz dieser Bedingungen läßt sich mit Hilfe sozialpsychologischer Theorien im großen und ganzen plausibel begründen. Operationale Besonderheiten erfordern zwar gewisse Zugeständnisse an den Erkenntniswert einzelner Untersuchungen, jedoch weisen die Befunde durchaus einen gewissen Grad an *„multi-method"*-Stabilität auf (vgl. Campbell & Fiske, 1959). Trotzdem erscheint es angebracht, spezifische Verhaltensannahmen kritisch zu reflektieren und gewählte Versuchsanordnungen daraufhin zu prüfen, inwieweit die gewonnenen Befunde nicht auch andere Interpretationen zulassen. In den Versuchsplänen der oben zitierten *„foot"*-Experimente blieb z.B. stets unkontrolliert, ob nicht ein Vorkontakt *per se* bereits − unabhängig vom jeweiligen Inhalt der Kommunikation − vermehrte Zustimmung hervorruft. So ist es denkbar, daß allein die Existenz eines Vorkontakts die nachfolgende Interaktion „verpflichtender" erscheinen läßt als eine „kalt" gestartete Interaktion. Der *„foot"*-Effekt wäre in diesem Fall aber als reiner Verstärkungseffekt interpretierbar und ein Umweg über das Konstrukt der Selbstwahrnehmung überflüssig.

10.4.3 Untersuchungen im Rahmen funktional-äquivalenter Käufer-Verkäufer-Beziehungen

Funktional-äquivalente Käufer-Verkäufer-Beziehungen zeichnen sich dadurch aus, daß Verhandlungen um den Austauschmodus geführt werden. Solche Verhandlungen müssen nicht notwendig institutionalisierter Teil der Transaktion sein, wie dies etwa im Investitionsgüterbereich der Fall ist; sie können ebenso gut spontan entstehen, z.B. dadurch, daß Nachfrager bestimmte Verkaufsbedingungen (Preis, Ausstattung, Anlieferung) eines Produkts nicht akzeptieren und für sie günstigere Konditionen zu erreichen versuchen. In dieser Weise werden etwa Verbraucher aktiv, wenn sie hochwertige Produkte zu kaufen beabsichtigen oder Qualitätsreklamationen bei Gütern des täglichen Bedarfs zum Anlaß nehmen, Preisminderung geltend zu machen. Empirische Untersuchungen zu Verhandlungsprozessen zwischen Marktpartnern lassen zwei Kategorien erkennen, an denen sich auch die folgenden Beitragsabschnitte orientieren: Eine Kategorie umfaßt *interindividuelle* Verhandlungen. Hier treten Verbraucher oder eigenverantwortliche Zwischenkäufer als Verhandler in Erscheinung. Die zweite Kategorie enthält *Repräsentanten*-Verhandlungen. Hier sind beide Marktpartner in soziale und/oder organisationale Rollenverpflichtungen eingebunden.

10.4.3.1 Untersuchungen zu interindividuellen Verhandlungen

10.4.3.1.1 Verbraucher als Verhandler

Eine der ersten empirischen Untersuchungen zu expliziten Verhandlungen zwischen Verbrauchern und Verkäufern hat Pennington (1968) durchgeführt. Er protokollierte 210 Verkaufsgespräche, die in verschiedenen Geschäften um hochwertige Haushaltsgeräte geführt wurden, und analysierte diese im Hinblick darauf, wie oft und auf welche Weise Kunden verhandelten und ihre Kaufentscheidung als „Einigung" verstanden wissen wollten. Interviews nach diesen Verkaufsgesprächen ermöglichten es zudem, die Verhandlungsaktivitäten zu demographischen Kundenmerkmalen in Beziehung zu setzen und spezifische Verhandlungspräferenzen zu explorieren. Bei den als „echte" Verhandlungsaktivitäten klassifizierbaren Interventionen der Kunden stellte Pennington fest, daß mit durchschnittlich 15,6 Prozentanteil pro Verkaufsgespräch relativ selten versucht wurde, bessere Konditionen auszuhandeln. Das Initiieren von Verhandlungen war abhängig davon, wie informiert die Kunden waren (Verhandler hatten bereits andere Geschäfte besucht und kannten sich bei verschiedenen

Produktmarken besser aus), welchen Dringlichkeitsgrad der Kauf besaß (Verhandler hatten es mit der Geräteanschaffung weniger eilig), welche Schulbildung die Kunden aufwiesen (Verhandler hatte einen höheren Schulabschluß) und an welchem Ort das Verkaufsgespräch stattfand (in Kaufhäusern wurde weniger verhandelt als in Einzelhandelsgeschäften). In den Fällen, in denen verhandelt wurde, zeigte sich, daß eine Verweigerung von Zugeständnissen durch den Verkäufer überzufällig häufig dazu führte, daß die Kunden ihre Kaufentscheidung aufschoben bzw. auf einen Sofortkauf verzichteten.

Welche systematischen Einflüsse vom Ausmaß der Konzessionsbereitschaft des Verkäufers ausgehen, haben Allen, Kahler, Tatham und Anderson (1977) experimentell untersucht. Als abhängige Variable in dieser Untersuchung diente die Zufriedenheit mit der Verkäuferinteraktion. Im Rahmen einer marktthematischen Laborsimulation sollten 64 studentische Versuchspersonen den Kauf einer Stereoanlage nachvollziehen und zu diesem Zweck mit drei Verkäufern Kontakt aufnehmen, die − nach vorprogrammiertem Schema − entweder Preiskonzessionen machten oder nicht. Um zu prüfen, ob auch die Erwartung von Konzessionen eine Rolle spielt, stellten Allen et al. ihre Untersuchungsteilnehmer präexperimentell entweder auf verhandlungsbereite oder nicht-verhandlungsbereite Verkäufer ein. Den Ergebnissen zufolge erwiesen sich sowohl die Konzessionserwartung der Käufer als auch die Konzessionsbereitschaft der Verkäufer als zufriedenheitsrelevant. Größere Zufriedenheit resultierte bei Interaktionen mit konzessionsbereiten Verkäufern, wobei Zugeständnisse, die unerwartet kamen, besonders positiv erlebt wurden. Da sich − von vier Ausnahmen abgesehen − alle Versuchspersonen entschieden, beim Verkäufer mit dem günstigsten Angebot zu kaufen, waren diese Unterschiede nicht durch Preisdifferenzen konfundiert und konnten somit als reine Verhandlungseffekte gedeutet werden. Eine Untersuchung, in welcher die Auswirkungen unterschiedlicher Konzessionsbereitschaft der Käuferseite analysiert wurden, führten Cialdini et al. (1979) durch. Es wurde darin der Frage nachgegangen, wie sich Verbraucher verhalten sollten, um einen möglichst vorteilhaften Austauschmodus zu vereinbaren. Nach der Anspruchsniveauanpassungs-Hypothese von Siegel und Fouraker (1960) erwarteten Cialdini et al., daß es sich auszahlt, hohe Anfangsforderungen zu stellen und eine geringe Konzessionsbereitschaft zu signalisieren. Das zur Überprüfung dieser Hypothese durchgeführte Feldexperiment spielte in verschiedenen amerikanischen Autohäusern, in denen ein verhaltensprogrammierter Kunde die Konditionen für einen Neuwagenkauf eruierte. Die Strategiebedingungen erforderten es, daß der Kunde zunächst Interesse an einem billigeren Modell als dem intendierten äußerte, und dabei entweder nachdrücklich auf einem Preisnachlaß bestand (eine geringere Konzessionsbereitschaft signalisierte) oder die Preisvorstellungen des Verkäufers akzeptierte (eine hohe Konzessionsbereitschaft signalisierte). Anschließend sollte sich der Kunde dann dem „kritischen" Modell zuwenden und dessen Preis sowie die Höhe des Nachlasses erfragen. In einer Kontrollbedingung hatte der Kunde lediglich Erkundungen über Preis und Nachlaß beim zweiten Modell einzuholen. In den Ergebnissen zeigte sich als genereller Trend, daß allein bereits durch die Frage, ob ein Nachlaß gewährt wird, günstigere Preise zu erzielen waren. Erwartungsgemäß konnten die besten Angebote jedoch damit erreicht werden, daß Verhandlungshärte demonstriert wurde. Müller und Galinat (1982) überprüften die Validität dieser Ergebnisse mit einer vergleichbaren experimentellen Anordnung in deutschen Autohäusern, konnten dabei jedoch lediglich den ersten Befund replizieren. Entgegen den Resultaten von Cialdini et al. erwies sich eine harte Verhandlungsstrategie nur dann als effizient, wenn ihr entgegenkommende Gesten des Kunden folgten.

10.4.3.1.2 Zwischenkäufer als Verhandler

Zwischenkäufer verhandeln bereits deshalb häufiger als Verbraucher, weil sie am Austauschobjekt selbst primär des Weiterveräußerungsprofits wegen interessiert sind, und deshalb auch öfters Transaktionen hochwertiger Produkte und großer Produktmengen anbahnen und durchführen, bei denen mit Zugeständnissen der Anbieterseite zu rechnen ist. Wodurch Verlauf und Ergebnis solcher Verhandlungen beeinflußt sind, wurde großenteils laborexperimentell untersucht. Als Grundsituation in diesen Untersuchungen diente zumeist das Paradigma eines geschlossenen Verhandlungssystems, in dem Käufer und Verkäufer die einzig relevanten Partner auf dem Markt sind. Eine prominente Variante dieser Situation ist das bilaterale Marktmonopol, welches dem Käufer das ausschließliche Vertriebsrecht, dem Verkäufer das ausschließliche Herstellungsrecht eines Produkts oder einer Produktpalette unterstellt. Die im gegebenen Zusammenhang relevanten, in der Regel gut kontrollierten Studien simulieren Verhandlungen, die um Preise *eines* Produkts bei konstanter oder variabler Menge und um Fixmengenpreise *mehrerer* Produkte geführt werden. Die folgende Darstellung konzentriert sich auf einige ausgewählte Untersuchungen; umfassendere Ergebnisdokumentationen sind in Arbeiten von Chertkoff und Esser (1976), Crott (1972a, b), Crott und Müller (1978) Lamm (1975), Müller (1982) oder Rubin und Brown (1975) enthalten.

Preisverhandlungen werden durch eine Reihe von situativen Bedingungsvariablen beeinflußt, die darüber entscheiden, in welcher Richtung sich der Interessenausgleich zwischen den Marktpartnern entwickelt und welche Zielgrößen dabei eine Rolle spielen. Da die Interaktion profitorientiert ist, lassen sich einseitige und gemeinsame Gewinnmaximierung, sowie Fairneß des Verhandlungsergebnisses als relevante Zielgrößen unterscheiden (vgl. Crott & Müller, 1978).

Untersuchungen über Preisverhandlungen bei konstanter oder variabler Menge *eines* Produkts widmeten sich großenteils der Frage, welche Faktoren die Zielgrößen „einseitige Gewinnmaximierung" und „Ergebnisfairneß" determinieren. Als eine fairneß-unterstützende Bedingung erwies sich dabei das Ausmaß an *Information* über die jeweiligen Gewinnmöglichkeiten bzw. die Profittransparenz der Verhandlungssituation. Liebert, Smith, Hill und Keiffer (1968) führten ein Experiment durch, in welchem um den Preis eines Automobils verhandelt werden sollte. Die Versuchsteilnehmer interagierten mit einem (programmierten) Partner, dessen Gewinnmöglichkeiten sie entweder kannten oder nicht kannten. Der Verhandlungspartner verhielt sich in beiden Fällen nach einem festen Schema, wobei er den Versuchsteilnehmern in seinen Angeboten allerdings unterschiedlich stark entgegenkam. Liebert et al. fanden heraus, daß bei intransparenter Gewinnsituation das Verhalten der Versuchsteilnehmer sehr viel stärker durch die Konzessionsstrategie des Partners beeinflußt wurde als bei transparenter Situation. Kannten die Verhandelnden nur ihre eigenen Gewinnmöglichkeiten, so schnitten sie bei für sie ungünstigen Angeboten schlechter ab als bei für sie günstigen Angeboten; waren sie hingegen über die gesamte Gewinnsituation informiert, so handelten sie – unabhängig von der Konzessionsstrategie des Partners – Preise mit einer gleichmäßigeren Gewinnverteilung aus. Der egalisierende Einfluß der Profittransparenz ließ sich auch in Experimenten von Crott und Möntmann (1973) oder Yukl (1974) nachweisen. Crott und Möntmann führten eine Untersuchung durch, in der sie die maximalen Gewinnchancen der Verhandlungsteilnehmer variierten. Durch Zuteilung größerer und kleinerer Profitspannen stellten sie unterschiedliche Situationen relativer Bevorteilung eines der Verhandlungspartner her. Die Ergebnisse zeigten, daß das jeweilige Verhältnis der Gewinnchancen für informierte Verhandlungsteilnehmer irrelevant war. Selbst bei starker Asymmetrie der Profitverteilung und großer relativer Bevorteilung eines der Partner resultierten Preiseinigungen, die ausgeglichene Gewinne für die Verhandelnden nach sich zogen. Yukl (1974) stellte in seiner Untersuchung durch Befragung fest, daß informierte Verhandlungsteilnehmer bereits in einem frühen Interaktionsstadium ihre Ergebnispräferenzen an der Gleichaufteilung orientierten. Die Vorstellungen, welche sie über zufriedenstellende und gerade noch akzeptierbare Einigungsalternativen äußerten, streuten sehr eng um diese normativ prominente Verhandlungslösung. Der fairneß-unterstützenden Wirkung vorhandener Profittransparenz steht die gewinnmaximierungs-unterstützende Wirkung intransparenter Verhandlungssituationen gegenüber. Den wegweisenden Untersuchungen von Siegel und Fouraker (1960) zufolge werden vorteilhafte Einigungsergebnisse hierbei durch die individuellen *Anspruchniveaus* der Verhandlungspartner beeinflußt. In ihren Experimenten ließen Siegel und Fouraker Preis-Mengen-Verhandlungen zur Transaktion eines imaginären Produkts führen. Hinweise auf Anspruchsniveaueinflüsse fanden sie dabei zunächst in *posthoc*-Analysen von Verhandlungsverläufen, die stark streuende Einigungsergebnisse hervorbrachten. Es lag nahe zu vermuten, daß diese Streuungen als Folge unterschiedlicher Resistenz gegen Konzessionen und divergierender Ansprüche an ein „gutes"

Verhandlungsergebnis in Erscheinung traten, wenn sich die Verhandelnden nur an ihrer eigenen Profitverteilung orientieren konnten. Siegel und Fouraker planten deshalb ein Experiment, in dem sie gezielte Anspruchs-Induktionen vornahmen und die Ergebnisse von Verhandlungspartnern mit hohen und niedrigen Anspruchsniveaus verglichen. Ein hohes Anspruchsniveau induzierten sie dadurch, daß sie den Versuchsteilnehmern einen zusätzlichen Bonus in Aussicht stellten, wenn diese Einigungspreise mit ungleicher und einseitig vorteilhafter Gewinnverteilung aushandelten. Bei geringer Anspruchs-Induktion ließ sich der Bonus bereits durch weniger günstige Einigungen sichern. Die Befunde zeigten erwartungsgemäß, daß Verhandlungsteilnehmer, welche für die zusätzliche Gratifikation ein vorteilhaftes Ergebnis erreichen mußten, bessere Einigungspreise aushandelten und höhere Gewinne erzielten als die Verhandlungspartner mit niedrigem Anspruchsniveau. Spätere Experimente replizierten dieses Untersuchungsresultat (Crott, Simon & Yelin, 1974; Hamner & Harnett, 1975; Holmes, Throop & Strickland, 1971). Durch z.T. andere Anspruchsniveaumanipulationen bedingt wiesen die Folgeexperimente jedoch verstärkt auf die Bedeutung der *Kompatibilität* von Anspruchsniveaus hin. Eine Gewinnmaximierung erscheint danach nur in dem Maße möglich, als sie sich auf Einigungsmöglichkeiten bezieht, die den Gewinnansprüchen *beider* Verhandlungspartner genügen.

Durch das Ausmaß an Anonymität der Verhandlungssituation moderiert, werden Fairneß und Gewinnmaximierung auch von der *Erfahrung* und *Interaktionsperspektive* des Käufers und Verkäufers beeinflußt. Crott und Müller (1976) sowie Crott, Müller und Hamel (1978) führten Experimente durch, in denen der Verkäufer einer imaginären Ware Gelegenheit hatte, mehrere Verhandlungen gegen wechselnde Partner in der Rolle des Käufers zu führen. Die Käufer nahmen jeweils nur an einer Verhandlung teil, so daß sich beobachten ließ, ob und wenn ja in welcher Weise die Verkäufer ihre zunehmende Verhandlungserfahrung ausspielten. Die Befunde zeigten hierbei, daß es den in der Verkäufer-Rolle agierenden Versuchsteilnehmern zunehmend gelang, bessere Verhandlungsergebnisse zu erzielen und mit einem im Vergleich zu den Käufern größeren Gewinn abzuschneiden. Um ihre wachsenden Gewinnansprüche durchzusetzen, mußten die erfahrenen Teilnehmer allerdings länger und härter verhandeln und konnten die Preiseinigungen häufig erst unter Zeitdruck zu ihren Gunsten entscheiden. Die in diesem Befund erkennbare Unterstützung einseitiger Gewinnmaximierung durch Verhandlungserfahrung erweist sich anderen Untersuchungen zufolge jedoch eher als typisch für relativ anonyme Verhandlungssituationen und dürfte damit primär einmalige Transaktionen charakterisieren. Mathews, Wilson und Monoky (1972) zeigten, daß Kooperationsbereitschaft und Entgegenkommen von Käufern und Verkäufern zunehmen, sobald diese wissen, daß die persönliche und soziale Lebenssituation des Partners der ihren vergleichbar ist. Ähnlich lassen sich auch Ergebnisse einer Befragungsstudie von Müller (1979a) interpretieren. Dort gaben Personen an, in einer anonymen Verhandlungssituation eher den eigenen Vorteil zu suchen, bei der Interaktion mit einem Bekannten hingegen eher auf Halbierung des Maximalgewinns und gerechte Gewinnverteilung Wert zu legen. In einem Experiment von Roering, Slusher und Schooler (1975) ließen sich vergleichbare Unterschiede für künftige Interaktionsperspektiven nachweisen. Die Teilnehmer an dieser Untersuchung sollten um den Preis eines Automobils verhandeln, wobei ihnen eine weitere Verhandlung in Aussicht gestellt wurde, die sie entweder mit dem gleichen oder mit einem anderen Partner zu führen hatten. Effekte resultieren sowohl bei Preisforderungen als auch bei Einigungsgewinnen. Antizipierten die Verhandelnden eine weitere Interaktion mit der gleichen Person, so verhielten sie sich entgegenkommender und einigten sich mit ausgeglicheneren Gewinnverteilungen als wenn eine Interaktion mit einer anderen Person in Aussicht stand. Diese Befunde lassen erkennen, daß prosoziale Erfahrungen und Perspektiven auch das Verhalten in profitorientierten Verhandlungen beeinflussen, und daß primär anonyme und/oder einmalige Transaktionen dazu genützt werden, den eigenen Vorteil zu suchen bzw. individuelle Gewinnmaximierung zu betreiben. In diesem Sinn trifft auch die Behauptung von Schelling (1960), daß eine Transparenz der Verhandlungssituation die Profitmaximierung verhindert *("information is weakness")*, sicherlich primär für kurzfristige Interaktionsperspektiven zu, und läßt die durch Ergebnisfairneß zu erwartenden Profite künftiger Transaktionen außer acht.

Experimentelle Untersuchungen, die zu Preisverhandlungen über *mehrere* Produkte durchgeführt werden, widmeten sich im wesentlichen der Frage, wie Personen komplexe, mehrdimensionale Verhandlungsanforderungen bewältigen und unter welchen Bedingungen sie dabei zu einer Maximierung *gemeinsamer* Gewinne gelangen. Froman und Cohen (1969, 1970) führten zwei Experimente durch, in denen um die Preise von vier bzw. zwei nicht näher benannten Objekten verhandelt werden sollte. Im ersten Experiment stellten sie fest, daß die Versuchsteilnehmer häufiger Einigungslösungen fanden, wenn sie keine Möglichkeiten hatten, Sanktionen anzudrohen. Waren Drohmöglichkeiten vorhanden, so setzten sie die Versuchsteilnehmer auch ein, obwohl sich der Verhandlungskonflikt dadurch intensivierte und der für günstige Abschlüsse notwendige Informationsaustausch blockiert wurde. Im zweiten Experiment fanden Froman und Cohen, daß die Verhandlungseffizienz auch davon beeinflußt wurde, in welcher Weise die Untersuchungsteilnehmer die Verhandlungsgegenstände selbst „abarbeiten" konnten. Mußten sie jeweils einzelne Objekte getrennt verhandeln, erzielten sie weniger Profit aus der Gesamtpartie als wenn es möglich war, Konzessionen bei einem Objekt mit Konzessionen bei einem anderen Objekt zu erwidern (*„logroll"*-Strategie). Durch Simultanverhandlung des gesamten Objektpakets ließen sich geringe Profitmargen bei einem Objekt durch größere Gewinnspannen beim anderen Objekt kompensieren und somit die für beide Partner günstigsten Preiskombinationen finden. Zwei sehr elaborierte Studien über Effizienzdeterminanten in multidimensionalen Preisverhandlungen haben Pruitt und Lewis (1975) durchgeführt. Es wurden darin Verhandlungen um ein „Rohstoff"-Paket mit 3 Objekten (Kohle, Schwefel, Eisen) simuliert und Einflüsse unterschiedlicher Verhandlungsorientierungen, Anspruchsniveaus und Kommunikationsbedingungen auf die gemeinsame Gewinnmaximierung oder „Integrativität" von Einigungen analysiert. Außerdem prüften Pruitt und Lewis, ob sich Effekte kognitiver Komplexität von Verhandlungspartnern auf die Qualität der Verhandlungslösungen nachweisen lassen. In den Befunden zeigte sich, daß die Einigungen lediglich in Abhängigkeit von zwei der vier untersuchten Bedingungen variierten: Höhere gemeinsame Profite erzielten die Untersuchungsteilnehmer einerseits, wenn sie mit einer „Problemlöse"-Orientierung an die Verhandlung herangingen (im Vergleich zu einer „Egoismus"-Orientierung), und andererseits, wenn sie ein hohes Anspruchsniveau besaßen (im Vergleich zu niedrigen Gewinnansprüchen). Beide Bedingungen wirkten sich jedoch nicht unabhängig voneinander aus. Da hohe Ansprüche nur bei integrativen Einigungen zu befriedigen waren, hatte eine Problemlöseorientierung ganz offensichtlich dabei geholfen, derartige Lösungen ausfindig zu machen. Für die durchschnittliche Qualität von Einigungen erwiesen sich der Kommunikationsmodus („wahrheitsgemäßer Informationsaustausch" oder „Bluff erlaubt") und die kognitive Komplexität als irrelevant. Allerdings zeigte sich, daß Verhandlungen, deren Teilnehmer hohe Ansprüche, jedoch geringe kognitive Komplexität besaßen, mit einem Anteil von 54% häufiger scheiterten als mit einer Einigung abschlossen.

In welcher Beziehung die Zielgröße „gemeinsame Gewinnmaximierung" zur Verhandlungsfaineß und einseitigen Gewinnmaximierung steht, wurde für Verhandlungssituationen mit mehrdimensionalen Objekten bislang noch nicht systematisch untersucht. Es ist jedoch zu vermuten, daß Fairneß und einseitiges Vorteilsstreben sehr stark davon abhängen, wie wichtig die einzelnen Verhandlungsobjekte den Marktpartnern sind und welche Flexibilität ihre Gewinnansprüche bei diesen Objekten aufweisen. Fairneßgesichtspunkte dürften etwa dann eine Rolle spielen, wenn sich die Verhandlungsteilnehmer bei einem beidseitig hoch bewerteten Verhandlungsobjekt „festfahren" und eine Einigung über das gesamte Verhandlungspaket von der Verständigung über dieses eine Objekt abhängig machen. In Realverhandlungen werden hier häufig Schlichter oder unabhängige Experten angerufen, damit diese konstruktive Konfliktlösungen und Kompromißformeln vorschlagen (vgl. Walton, 1969; Walton & McKersie, 1965).

10.4.3.2 Untersuchungen zu Verhandlungen zwischen Repräsentanten

In einer Reihe experimenteller Untersuchungen konnte — als recht stabiler Befund — festgestellt werden, daß unter Vertretungsbedingungen härter verhandelt wird als unter Nicht-Vertretungsbedingungen, und daß Rollenverpflichtungen zu weniger integrativen, für beide Partner hochwertigen Einigungen führen als wenn Personen eigenverantwortlich verhandeln (vgl. z.B. Lamm, 1978). Das erhöhte Konfliktpotential bei Repräsentantenverhandlungen wird u.a. damit erklärt, daß der Einigungsspielraum neben persönlichen Ansprüchen und normativen Erwägungen zusätzlich durch Rechenschaft der vertretenen Gruppe und/oder Organisation gegenüber eingeengt wird. Die Grenz-Rolle von Repräsentanten (*„boundary-role"*, vgl. Adams, 1976) bringt es mit sich, daß die Interaktionspartner gleichzeitig einem Intra-Gruppen-System (der eigenen Sozialeinheit) und einem Inter-Gruppen-System (der jeweiligen Verhandlungseinheit) angehören. Von beiden Seiten gehen in der Regel inkompatible Verhaltenserwartungen aus, wobei die eigene Gruppe zumeist an Unnachgiebigkeit und Durchsetzungsvermögen, der Verhandlungspartner jedoch an Entgegenkommen und Konzessionsbereitschaft interessiert ist. Wie Verhandlungspartner auf dieses Dilemma reagieren, soll anhand ausgewählter Untersuchungen verdeutlicht werden.

In den Simulationsexperimenten von Gruder (1971) und Gruder und Rosen (1971) repräsentierten die Untersuchungsteilnehmer zwei Firmen, welche um die Aufteilung eines gemeinsamen Auftragsbudgets verhandeln sollten. In der ersten Untersuchung sollten die Versuchspersonen eine ebenfalls im Labor anwesende, jedoch verhaltensprogrammierte Person in der Verhandlung mitvertreten. In einer Bedingung mußten sie der Person im Anschluß an die Verhandlung Rechenschaft über ihr Verhalten ablegen, in der anderen Bedingung unterblieb dieser Rapport (Kontrollbedingung). In den Untersuchungsergebnissen zeigte sich ein Effekt bei der Größe der ersten Konzession. Allein die Antizipation der Rechtfertigung bewirkte, daß sich die Versuchsteilnehmer unnachgiebiger verhielten als in der Kontrollbedingung. Im zweiten Experiment wurde eine Vollvertretung der programmierten Person simuliert und Einflüsse unterschiedlicher Aufträge während der Verhandlung untersucht. Die Befunde verdeutlichten, daß härter verhandelt wurde und mehr Verhandlungen scheiterten, wenn die Repräsentanten den Auftrag erhielten, nur bei Zugeständnissen der Gegenseite einzulenken, als wenn der Auftrag eine möglichst rasche Übereinkunft forderte oder gänzlich ohne Auftrag verhandelt wurde.

Ähnliche Effekte fanden Pruitt, Kimmel, Britton, Carnevale, Magenau, Peragallo und Engram (1978) bei mehrdimensionalen Preisverhandlungen zwischen Repräsentanten. In zwei Experimenten simulierten sie eine Waren-Transaktion, die drei Produkte (Fernsehgeräte, Staubsauger, Schreibmaschinen) umfaßte.

Die Untersuchungsteilnehmer verhandelten entweder für den Eigentümer einer Vertriebsorganisation oder den Eigentümer einer Einkaufsorganisation. Die Eigentümer-Rollen wurden ebenfalls an anwesende Versuchsteilnehmer vergeben, ohne daß diese jedoch weitergehend am Experiment beteiligt wurden (sie sollten lediglich den Eindruck einer echten Verhandlungsvertretung hervorrufen). Im ersten Experiment erhielten die Repräsentanten vorprogrammierte Eigentümer-Mitteilungen, die besagten, sie könnten den eigenen Anteil und den Firmenanteil am Verhandlungsgewinn entweder selbst bemessen (geringe Verantwortlichkeit der Repräsentanten) oder diese Anteile würden – unter Einbezug einer Beurteilung ihrer Verhandlungsfähigkeit – vom Eigentümer selbst bestimmt (hohe Verantwortlichkeit der Repräsentanten). Im zweiten Experiment erfolgte zusätzlich eine „Präsenz"-Variation, die darauf hinauslief, daß sich die Versuchsteilnehmer durch den Eigentümer, den sie vertraten, während der Verhandlung entweder beobachtet glaubten oder nicht. Wie von Pruitt et al. erwartet, waren die Preiseinigungen sowohl weniger integrativ, wenn die Verhandelnden einem hohen Verantwortungsdruck ausgesetzt waren, als auch, wenn sie sich von ihren Auftraggebern beobachtet fühlten. Analysen der Verhandlungsverläufe erhellten allerdings, daß unterschiedliche Konfliktmechanismen für diese ungünstigen Verhandlungsergebnisse verantwortlich waren. Hoher Verantwortungsdruck bewirkte einen verstärkten Rückzug auf die eigene Verhandlungsposition und eine abnehmende Bereitschaft, Informationen über Profitmargen bei den einzelnen Produkten auszutauschen. Die Verhandelnden konnten dadurch Lösungen mit maximalen gemeinsamen Gewinnen schlechter identifizieren und fanden entsprechend nur zu wenig profitablen Einigungen. Im Gegensatz dazu wirkte sich das Beobachtetwerden so aus, daß die Verhandlungsteilnehmer mit starker Tendenz die Produktpreise getrennt aushandelten und durch ihr Bemühen, Härte bei Einzelkompromissen zu zeigen, nicht in der Lage waren, die Vorteile der Gewinnkompensation bzw. des *„logroll"* auszuschöpfen (vgl. die bereits zitierte Untersuchung von Froman & Cohen, 1970).

Über das Konfliktpotential von Repräsentantenverhandlungen gibt auch eine Feldstudie von Kutschker und Kirsch (1978) Auskunft. Es wurden darin insgesamt 116 Verwender und 192 Hersteller aus dem Investitionsgüterbereich über Verhandlungen bei der Gütertransaktion befragt. In den Antwortdaten zeigte sich, daß die Konfliktstärke mit der Art des Verhandlungsgegenstandes, mit der Verhandlungsintensität, mit spezifischen Transaktionsproblemen und mit der Größe der Verhandlungsdelegation variierte. Als konfliktträchtig wurden Verhandlungen beschrieben, die um den Gesamtpreis des Transaktionsobjekts und um Liefertermine geführt wurden. Einen hohen Konfliktgrad verbanden die Befragten auch mit Bemühungen, integrative Lösungen anstehender Verhandlungsprobleme herauszuarbeiten. Hierbei wurde – im Gegensatz zur Klärung kaufmännischer und technischer Probleme – eine Einigung bei juristischen

Problemen als besonders konfliktträchtig beurteilt. Im Sinne von „face-saving"
ließe sich schließlich der Befund interpretieren, daß Verwender und Hersteller
mit zunehmender Anzahl von Verhandlungsteilnehmern eine Konfliktintensivierung verbanden.

Die starke Interessenpolarisierung in Repräsentantenverhandlungen haben
Stern et al. (1973, 1975, 1977) zum Anlaß genommen, Untersuchungen darüber
anzustellen, mit welchen Interventionsstrategien sich konstruktive und integrative Verhandlungslösungen erzielen lassen. Auswirkungen zweier dieser Strategien, „Induzierung übergeordneter Ziele" und „Personalaustausch", untersuchten sie im Rahmen experimenteller Laborsimulationen (Stern et al., 1973, 1975), Einflüsse einer weiteren Strategie, „Diplomatie", analysierten sie bislang zunächst nur theoretisch (Stern et al., 1977). In ihren experimentellen Untersuchungen thematisierten Stern et al. die Interaktion zwischen einem Produzenten und einem Großhändler von Mikro-Skalpellen. Authentizität und „Team"-Bedingungen waren dadurch hergestellt, daß den Versuchspersonen firmentypische Rollen zugewiesen wurden. Die Verhandlungsrepräsentanten waren Verkaufs- bzw. Einkaufsagenten ihrer Organisation und standen jeweils in einer hierarchischen Beziehung zu zwei weiteren Organisations-Mitgliedern, dem
„marketing-manager" und dem *„marketing-analyst"*. Mit diesen Funktionsträgern verband sie ein arbeitsteiliges Aufgaben-Arrangement, bei dem sich der
Manager von seinem Absatzspezialisten über günstige Preis-Mengen-Relationen beraten ließ, ein Angebot auswählte und dem Agenten zur Verhandlung
weiterreichte. Dieser vertrat dann das Angebot dem Verhandlungsvertreter der
anderen Organisation gegenüber, nahm dessen Forderung entgegen, kommentierte diese u. U., vermittelte sie den gleichen Weg zurück, usw. bis zum Ende
der Verhandlung. „Konflikt" wurde von Stern et al. dadurch erzeugt, daß a) eine
geringe Anzahl integrativer Einigungsmöglichkeiten vorgegeben wurden, die
zusätzlich einen geringen individuellen Profit erbrachten (Auszahlungskonflikt), b) die Untersuchungsteilnehmer Informationen über das gute Abschneiden anderer Versuchsgruppen erhielten (Anspruchsniveaukonflikt) oder c) fingierte Ergebnisse eines präexperimentellen „Tests" bekannt gemacht wurden,
welche die Gegenpartei aggressiver und gewinnmaximierungsorientierter erscheinen ließ als die eigene Verhandlungsgruppe (Präferenzkonflikt). Eine Intervention erfolgte nach dreißig Minuten Verhandlungszeit, wobei das übergeordnete gemeinsame Ziel durch Information über einen neu auf den Markt
drängenden Konkurrenten induziert wurde, und der Personalaustausch in einem kurzfristigen Aufenthalt des Repräsentanten in der anderen Organisation
bestand. Analysiert wurden Unterschiede in der Konfliktperzeption der Versuchsteilnehmer nach diesen Interventionen; der Versuchsplan sah sowohl
Kontrollgruppen für die jeweilige Art des Konflikts als auch für die Konfliktinterventionen vor. Antwortdaten eines aus 23 Items bestehenden semantischen
Differentials zeigten zweierlei: Mit Unterschieden auf zehn Konfliktaspekten

war die Strategie des Personalaustauschs effektiver als die des übergeordneten Ziels, welche die Konfliktwahrnehmung der Versuchsteilnehmer nur bei drei Aspekten bedeutsam beeinflußte. Relativ zu den Kontrollgruppen mit niedrigem Verhandlungskonflikt erwies sich jedoch auch der Effekt des Personalaustauschs als relativ gering. War z.B. eine größere Anzahl integrativer Einigungen möglich und konnten die Verhandlungspartner dabei auch einen vergleichsweise hohen Profit machen, so wurden 22 der insgesamt 23 abgefragten Aspekte als weniger konfliktär beurteilt. Ähnliche Effekte fanden Stern et al. (1975), als sie die zwischen den Repräsentanten ausgetauschten Verhandlungsbotschaften näher analysierten. Sie bildeten dazu einen aus den Bales'schen Kategorien hergeleiteten Index, welcher die Anteile spannungs- und entspannungsfördernder Kommunikationsinhalte zueinander in Beziehung setzt. Es zeigte sich, daß die Anteile spannungsfördernder Kommunikationsinhalte bei Intervention geringer waren als wenn eine Intervention ausblieb; diese Anteile waren damit jedoch immer noch größer als diejenigen, welche in den Kontrollgruppen mit geringem Verhandlungskonflikt beobachtet wurden. In einer weitergehenden Diskussion ihrer Ergebnisse betonten Stern et al. (1977), daß die Effizienz von Interventionsstrategien in Repräsentantenverhandlungen sehr stark davon abhängt, inwieweit die Strategien geeignet sind, eine Wahrnehmung interpersonaler Ähnlichkeit und Attraktion, ein Erleben des Verhandlungspartners als „Person" oder eine Kognizierung von Verantwortungs-, Kommunikations- und Handlungsfreiraum hervorzurufen und zu verstärken. Ob und wann dies insbesondere die hinter dem Repräsentanten stehende Gruppe als wünschenswerte Verhandlungsmaxime ansieht, bleibt jedoch dahingestellt. Denn die Ergebnisse von Stern et al. haben *auch* gezeigt, daß (unabhängig davon, ob interveniert wurde oder nicht) bei hohem Konflikt nahezu 50% der Verhandlungen scheiterten.

10.4.3.3 Resümée

Aus den zu Käufer-Verkäufer-Verhandlungen vorliegenden Untersuchungsergebnissen lassen sich zwei allgemeine, für funktional-äquivalente Machtverhältnisse typische Interaktionsmerkmale ableiten. Die zitierten Befunde geben zunächst zu erkennen, daß der Verhandlungskonflikt und die Härte der Auseinandersetzung um den Austauschmodus von der Konsumentenebene bis zur Repräsentantenebene zunimmt. Verhandlungen auf Konsumentenebene bestehen zumeist in einer einmaligen Konzessionsgeste der Anbieterseite, wenn Nachfrager auf einem Preisnachlaß insistieren. Sie nehmen auf Zwischenkäuferebene dann bereits den Charakter eines expliziten Interessenausgleichs um angemessene Profitanteile an und sind auf Repräsentantenebene schließlich professionalisierte Auseinandersetzungen um Transaktionsbedingungen und Gewinnpositionen. Während das Konfliktpotential als relativ spezifisch für den jeweiligen Verhandlungsbereich gelten kann, verweisen vorliegende Untersuchungsbefunde jedoch auch auf ebeneninvariante Bestimmungsgrößen des Austauschs. Offensichtlich findet sich im *Anspruchsniveau* der Verhandlungspartner eine für die Erklärung des Interaktionsverhaltens besonders grundlegende Bestimmungsgröße vor. Das Anspruchsniveau wird dabei zwar durch spezifische Merkmale des Verhandlungskontexts beeinflußt (auf Konsumentenebene z.B. durch das Entgegenkommen der Anbieterseite, auf Zwischenhändlerebene durch zusätzliche Profiterwartung oder eine Problemlöseorientierung, auf Repräsentantenebene durch den jeweiligen Vertreterauftrag), es steuert den Prozeß wechselseitiger Akkommodation oder Interessenpolarisierung offenbar jedoch auf allen drei Ebenen in zentraler Weise. Einige, wenngleich inhaltsthematisch nicht direkt auf Marktinteraktionen bezogene Untersuchungen von Tietz (1975, 1978) deuten dies ebenfalls an. Sie zeigen, daß es möglich ist, Verhandlungsergebnisse mit einer über 80% liegenden Trefferquote vorherzusagen, wenn man weiß, welche Maximal- und Minimalansprüche die Verhandelnden in die Interaktion einbringen.

10.4.4 Untersuchungen im Rahmen gruppenorientierter Käufer-Verkäufer-Beziehungen

Der für gruppenorientierte Käufer-Verkäufer-Beziehungen typische Prozeß der Koalitionsbildung zielt darauf ab, die eigene Marktposition mit Hilfe von Zusammenschlüssen zu stärken und Austauschergebnisse zu erreichen, die alleine nicht oder nicht so leicht durchgesetzt werden können. Ein sehr wichtiges Ziel von Koalitionen besteht darin, Transaktionsvereinbarungen zu blockieren, die für den Marktpartner profitabel sind, den eigenen Gewinnansprüchen jedoch nicht genügen (vgl. Michener & Suchner, 1972, S. 256ff.). Obwohl zur Koalitionsbildung mittlerweile eine ganze Reihe experimenteller Befunde vorliegen (vgl. z.B. Murnigham, 1978), ist deren Relevanz für Marktinteraktionen zum überwiegenden Teil relativ gering. Dies hängt u.a. mit dem expliziten „Spiel"-Charakter zahlreicher Untersuchungssituationen und experimentellen Aufgaben zusammen, in denen die Rollen der Versuchspersonen unbestimmt sind, und Machtpositionen und Gewinnkriterien zumeist willkürlich oder per Los zugeordnet werden. Dadurch ist in diesen Experimenten häufig nicht mitimpliziert, daß gruppenorientierte Käufer-Verkäufer-Beziehungen eine typische Vorstrukturierung der Interessenlage aufweisen und die Bildung ganz spezifischer Koalitionen, z.B. Nachfragerkoalitionen, nahelegen. Aus dem Gros vorliegender experimenteller Untersuchungen können bestenfalls Schlußfolgerungen darüber abgeleitet werden, wie wahrscheinlich bestimmte Interessenvertreter eine Koalition bilden. Hier deuten sich relativ stabile Trends in Richtung auf Zusammenschlüsse an, die von den individuellen Ressourcen her gesehen gerade ausreichen, das intendierte Ziel zu realisieren *("minimal winning coalitions")* und in denen sich Personen vorfinden, die etwas zur Ökonomie des

Koalitionsbildungsprozesses und zur Stabilität der Allianz beizutragen vermögen (vgl. z.B. Komorita & Kravitz, 1978). Von einigen wenigen Untersuchungsinitiativen abgesehen, in denen die Koalitionsproblematik überdies häufig nicht als primäre Fragestellung in Erscheinung tritt, sind Fragen gemeinsamer Interessenvertretung in Käufer-Verkäufer-Beziehungen empirisch bislang weitgehend unerforscht.

Auf *Konsumentenebene* lassen sich Prozesse der Koalitionsbildung sehr oft beobachten, wenn kaufbereite Kunden von bekannten oder befreundeten Personen begleitet werden. In welchem Ausmaß diese Begleitpersonen Partei für oder gegen den Kauf eines Produkts ergreifen, haben Woodside und Sims (1976) sowie Woodside und Pitts (1976) in Feldexperimenten analysiert. Die Untersuchungen gingen von der tentativen Hypothese einer Allianz zwischen Kunden und Begleitpersonen aus und prognostizierten unter diesen Umständen größere Schwierigkeiten für den Verkäufer, ein Produkt wirkungsvoll zu präsentieren und abzusetzen. In beiden Experimenten wurde eine Situation verwendet, in der ein (programmierter) Verkäufer versuchen sollte, die Kunden eines Musikgeschäfts vom Kauf eines zusätzlichen Produkts zu überzeugen (vgl. 10.4.2.1 und die dort geschilderte Versuchsanordnung von Woodside & Davenport, 1974). Die Ergebnisse beider Untersuchungen bestätigten die Vorhersagen über einen Begleitpersoneneffekt *nicht*. Es zeigte sich ganz im Gegenteil, daß die Anwesenheit von Begleitpersonen einen verkaufsfördernden Einfluß hatte. Das Ausmaß dieses Positiveffekts variierte jedoch auch in Abhängigkeit vom jeweiligen Preis des Produkts. Bei insgesamt vier Preisen, die vom Verkäufer für einen Tonkopfreiniger verlangt wurden ($1.98, $2.98, $3.98, $5.98), ließ sich der Begleitpersoneneffekt nur für die drei ersten Preisalternativen nachweisen. Die sich in diesen Ergebnissen andeutende Koalition zwischen Verkäufer und Begleitperson schien jedoch nicht unerheblich dadurch begünstigt worden zu sein, daß die Begleitpersonen während der Interaktion mit dem Verkäufer kaum intervenierte. Einer Untersuchung von Bell (1967) zufolge ist die durch Woodside und Sims und Woodside und Pitts ursprünglich erwartete Käuferkoalition offenbar primär dann zu erwarten, wenn sich Begleitpersonen auch *aktiv* in den Verkaufsvorgang einschalten.

Zu Allianzen auf der Ebene *eigenverantwortlich agierender Zwischenkäufer* liegt eine experimentelle Untersuchung von Braunstein und Schotter (1978) vor. Es sollte darin die Vorhersagegüte formaler Modelle der Koalitionsbildung und Gewinnaufteilung bei zunehmender Verhandlungserfahrung der Versuchsteilnehmer analysiert werden. Die Untersuchungssituation simulierte einen kompetitiven Markt: Auf diesem Markt gab es einen Verkäufer, der Anbieter von zwei Einheiten eines imaginären Produkts war, und drei Käufer, die sich jeweils für den Erwerb einer Produkteinheit interessierten. Da der Verkäufer das Vertriebsmonopol besaß und die Nachfrage die Größe seines Angebots überstieg, konnte er bei gegebener Käuferkonkurrenz einen maximalen Preis und damit auch einen maximalen Profit erzielen. Wenn die Käufer jedoch Koalitionsabsprachen trafen und gemeinsame Strategien über Ausgleichszahlungen oder Blockbildungen entwickelten, waren sie in der Lage, das Preisgefüge zu ihren Gunsten zu beeinflussen. Die Versuchsteilnehmer konnten insgesamt acht Preisverhandlungen miteinander führen. In den Untersuchungsergebnissen zeigte sich zunächst, daß es den Verkäufern lediglich in 4,8% aller beobachteten Verhandlungen gelang, ihr Vertriebsmonopol zur eigenen Gewinnmaximierung auszunutzen. Vor allen anderen Verhandlungen bildeten die Käufer Allianzen und erzielten dadurch für sich günstigere Preise und höhere Gewinne. Prominente Strategien waren beispielsweise, eine Verhandlungsteilnahme unter den Koalitionsmitgliedern planmäßig über die acht Durchgänge hinweg zu rotieren oder – auf der Basis von Ausgleichszahlungen – die Gewinne jeder Verhandlungsrunde gleich aufzuteilen. Durch solchermaßen konzertiertes Auftreten war es den Käufern in 63% der beobachteten Fälle möglich, mindestens die Hälfte des Gesamtgewinns für die Koalition zu sichern. Ein unter Erfahrungsgesichtspunkten interessanter Befund der Untersuchung von Braunstein und Schotter war es, daß die Verkäufer, die präexperimentell über ihre Profitmaximierungsmöglichkeiten informiert wurden, das Vertriebsmonopol in der ersten Verhandlungsrunde häufiger zum eigenen Vorteil ausspielten, als Verkäufer, die nicht entsprechend informiert wurden. Die Beobachtung jedoch, daß es gerade informierten Verkäufern nicht mehr gelang, auch in späteren Verhandlungsrunden vergleichbare Erfolge zu erzielen, spricht dafür, daß sich die Käufer rasch zu solidarisieren und gegen eine weitere Ausbeutung ihrer ungünstigen Nachfragesituation zu wehren wußten.

Welchen Stellenwert Koalitionen auf *Repräsentantenebene* haben, kann vorläufig bestenfalls indirekt aus den Untersuchungen von Stern et al. (1973, 1975) gefolgert werden. Ein gemeinsames Oberziel wurde dort durch Informationen induziert, daß Vertriebsaktivitäten einer Konkurrenzfirma zu befürchten seien, falls sich die Verhandlungspartner nicht zu einigen verstünden. Trotz dieser zur Bildung einer Käufer-Verkäufer-Koalition herausfordernden Randbedingung zeigten sich, wie bereits dargestellt, kaum Effekte in Richtung auf kooperativere Wahrnehmungen des Verhandlungskonflikts oder eine Solidarisierung gegenüber dem gemeinsamen Gegner. Dies muß allerdings nicht unbedingt als Indikator dafür gelten, daß Koalitionen auf Repräsentantenebene schwieriger als vergleichsweise auf der Ebene eigenverantwortlicher Marktpartner anzubahnen seien. Da der Konflikt in den Untersuchungen von Stern et al. bereits ein fortgeschrittenes Stadium erreicht hatte, wären Koalitionen mit dem Marktkonkurrenten u.U. näher gelegen als hart umkämpfte Forderungspositionen aufzugeben und einen Gesichtsverlust zu riskieren (vgl. Brown, 1977).

10.4.5 Kritische Bemerkungen zur Forschungsökonomie

In den zurückliegenden Beitragsabschnitten wurde über die wichtigsten empirischen Forschungsschwerpunkte von Anbieter-Nachfrager-Interaktionen und über einschlägige Untersuchungsergebnisse berichtet. Da in den Beitragsabschnitten 10.4.2.6 und 10.4.3.3 bereits Resümées unter inhaltlichem Aspekt gezogen wurden, sollen nun noch einige kritische Anmerkungen zu dem in vorliegenden Untersuchungen erkennbaren Methodenkonservatismus gemacht werden.

Wie bereits an der einen oder anderen Stelle bemerkt, sind Gesetzmäßigkeiten des wechselseitigen Einwirkens in disparaten, funktional-äquivalenten und gruppenorientierten Käufer-Verkäufer-Beziehungen nur indirekt mit Hilfe von Fragebogen-Erhebungen zu erhellen, und auch die in Experimenten mit programmierten Partnern gewöhnlich gegebenen Einmalbeobachtungen sind in dieser Hinsicht lediglich begrenzt aussagefähig. Um etwa Interaktionsprozesse bei disparaten Machtverhältnissen eingehender zu analysieren, würden Zeitreihen-Analysen und Panel-Untersuchungen sehr viel weitreichendere Ergebnisse erwarten lassen, da sie ohne Verlust an kausalanalytischer Interpretation ganze Interaktions-Routinen zu analysieren erlauben (vgl. Helmreich, 1977; Markus, 1979). Wie die vorliegenden Forschungsaktivitäten zeigen, sind derartige Untersuchungsansätze jedoch so gut wie unbekannt, obwohl sie sich, wie etwa Studien von Grabicke, Raffée, Schätzle und Schöler (1980) zeigen, zur Anwendung im Bereich von Marktverhaltensanalysen eignen. Ähnliches trifft für die Anwendung von Feldmethoden im Bereich des Verhandlungs- und Koalitionsverhaltens zu. Die Gründe für eine geringe Bereitschaft, aufwendige Untersuchungen zu planen und durchzuführen, sind sicher vielschichtig. Neben den bereits in der Einleitung dieses Handbuchbeitrags erwähnten Aspekten scheint ein gewichtiger Grund auch mit den Gewinnen und Belohnungen zusammenzuhängen, die für den Wissenschaftler aus seiner Arbeit resultieren. In diesem Sinne gelten die Gesetze des Austauschs auch für Forschungsaktivitäten, wenn Wissenschaftler Kalkulationen über Aufwände (Finanzierungs-, Personal-, Zeit- und Energieaufwand) und Erträge (wissenschaftliche und/oder gesellschaftliche Ergebnisrelevanz, Renomée, beruflicher Statusgewinn) anstellen, um den „Marktwert" spezifischer Untersuchungsvorhaben einzuschätzen. Trotz engagierter Aufrufe zu methodologischer Umorientierung (Hollander, 1979; McGuire, 1967, 1973) sind die Anreize, kleine überschaubare und erhebungsökonomische Studien durchzuführen, nach wie vor groß. Relativ unproblematische Untersuchungsfinanzierungen, zügig organisierbare Datenerhebungen, rasche Ergebnisfeedbacks und schnelle Ergebnisdokumentation stellen Vorzüge dar, die z.T. auch karriere-entscheidend für den Wissenschaftler sind („*publish or perish*"). Es bleibt zu hoffen, daß sich die Bewertung dieser Attribute langfristig ändert und größere Anreize gegeben werden, auch neue Forschungsverfahren und aufwendige Erhebungsmethoden einzusetzen und zu erproben.

10.5 Ausblick

Die in diesem Handbuchbeitrag enthaltene Bestandsaufnahme theoretischer und empirischer Arbeiten eröffnet eine Reihe von Inhaltsperspektiven, in welche die Forschung zu Anbieter-Nachfrager-Interaktionen fortschreiten kann. Neben den bereits in den zusammenfassenden Kapitelabschnitten enthaltenen Anregungen in dieser Richtung zeigt die Landkarte relevanter psychologischer Determinanten des Verhaltens von Marktpartnern nach wie vor eine Reihe noch nicht bzw. nicht ausreichend untersuchter Bereiche. Aus Abbildung 9 sind einige solcher Leerfelder zu entnehmen. Sie ergeben sich durch Vergleich des theoretischen und empirischen Erkenntnisspektrums und lassen sich leicht dadurch lokalisieren, daß die behandelten Erklärungskonstrukte den zu erklärenden Interaktionsphänomenen gegenübergestellt werden.

Konstruktebene	Käufer-Verkäufer-Beziehung		
	disparat	funktional-äquivalent	gruppen-orientiert
Belohnungen extrinsisch intrinsisch	⊢—— PRODUKTNUTZENFORSCHUNG ——⊣ ⊢—— ÄHNLICHKEITSFORSCHUNG ——⊣		
Situationsverständnis symbolisch Regeln	EMPIRISCH UNTERREPRÄSENTIERT		
Interaktive Reizverarbeitung Attribution Dissonanz/Inequity Reaktanz	⊢—— Produkteinstellung, Glaubwürdigkeit des Verkäufers, Beurteilung der Austauschfairneß ——⊣	EMPIRISCH UNTERREPRÄSENTIERT	
Akkomodation und Polarisierung Anspruchsanpassung Konfliktperzeption Kommunikations- steuerung		⊢—— konstruktive vs konfliktäre Verhandlungsentwicklungen ——⊣	
	⊢—— Synchronisation ——⊣		

Abb. 9: Erkenntnismatrix von Untersuchungen über Anbieter-Nachfrager-Interaktionen

Wie ersichtlich ist, fehlen bislang sowohl Untersuchungen zu Fragen des individuellen Situationsverständnisses und der subjektiven Situationsinterpretation von Austauschbeziehungen, als auch zu Fragen austauschrelevanter Regelentscheidungen der Marktpartner. Ähnliches gilt für empirische Arbeiten zu Vorgängen kognitiver Reizverarbeitung in Verhandlungs- und Koalitionssituationen. Eine Analyse von Auswirkungen des individuellen Situationsverständnisses könnte z.B. erhellen, wie die Interagierenden ihre eigene Rolle und die des

Gegenübers wahrnehmen, und welche Verhaltenssteuerungsmechanismen dadurch in Gang gesetzt werden. Einige indirekte Hinweise für die Relevanz solcher Prozesse enthält etwa die Untersuchung von Pennington (1968). In den Befunden dieser Untersuchung deutet sich an, daß Irritationen und Austauschblockierungen resultieren, wenn der Transaktionsvorgang durch die Verkäuferseite nicht, durch die Käuferseite jedoch explizit als Verhandlungssituation verstanden wird. Gleiches trifft für Interaktionen im Bereich funktional-äquivalenter Käufer-Verkäufer-Beziehungen zu. Auch wenn der Transaktionsvorgang für beide Partner eine „Verhandlung" darstellt, kann die Interpretation der für die Verhandlung angemessenen „Spielregeln" variieren. Die Befunde von Pruitt und Lewis (1975) lassen in diesem Zusammenhang vermuten, daß Verhandlungen sowohl als gemeinsame Problemlösesituationen, aber auch als Situationen aggressiver Auseinandersetzung um individuelle Vorteile wahrgenommen werden können. Das individuelle Situations- und Rollenverständnis „begründet" in diesem Sinn die Entscheidung für spezifische Interaktionsstrategien und nimmt somit auch deren fördernde oder hemmende Konsequenzen für den Austausch vorweg (vgl. Filley, 1975). Untersuchungen zum Situations- und Regelverständnis könnten sich speziell für solche Marktinteraktionen empfehlen, die im Übergangsbereich unterschiedlicher Machtverhältnisse von Käufern und Verkäufern lokalisiert sind. Durch inkompatible Interpretationen der Rollen und situativen Anforderungen wäre gerade hier mit kritischen Austauschentwicklungen zu rechnen. Während resultierende Konflikte auf Konsumenten-Ebene durchaus konstruktive Folgen haben können, da sie dazu beitragen, die Rolle des Verbrauchers als aktiv einflußnehmenden und kritischen Nachfrager zu stabilisieren und zu sichern (vgl. dazu den Beitrag von Nelles im Band „Methoden und Anwendungen in der Marktpsychologie"), ließen sich mögliche Konfliktfolgen auf organisationaler Ebene möglicherweise weniger optimistisch beurteilen. Da die sich abzeichnenden Grenzen des Wachstums von Produktion und Absatz zu Machtkonzentration und Koalitionsbildung herausfordern, bergen Auseinandersetzungen um knappe Ressourcen stets auch die Gefahr destruktiver Konsequenzen für den Markt (z.B. bei der Rohölversorgung). Diese Gefahr wächst sicherlich, wenn die Marktpartner den Verteilungskonflikt unter der Perspektive eines Verdrängungswettbewerbs wahrnehmen und dadurch ein Bewußtsein für Problemlösung und gemeinsame Verantwortung vermissen lassen.

Was das Leerfeld der Forschung über kognitive Verarbeitungsprozesse in Verhandlungs- und Koalitionssituationen betrifft, so ist es möglich, unmittelbar an das eben Gesagte anzuschließen. Entstehung und Eskalation von Konflikten läßt sich u.a. auch darauf zurückführen, daß Interaktionspartner unterschiedliche Attributionen bzw. Ursachenzuschreibungen für Ereignisse vornehmen, die sich während der Interaktion ereignen (vgl. Horai, 1977). So ist auch die konfliktverstärkende „Kompetitiv-Assimilation" als Attributphänomen interpretierbar, da sie auf divergierender Ursachenzuschreibung des Verhaltens durch kooperations- und konkurrenzorientierte Interaktionspartner beruht (vgl. 10.3.2.2.3). Eine der wenigen, im Verhandlungskontext zu diesem Aspekt durchgeführte Untersuchung zeigt, daß „Kompetitiv-Assimilationen" auch dort auftreten, wo die Interaktionspartner kein vergleichbares Niveau an Verhandlungserfahrung aufweisen (Müller, 1980a). Die Beobachtung allerdings, daß sich Verhandlungsgruppen, in denen *beide* Partner über einschlägige Vorerfahrungen verfügten durchweg konstruktiv einigten, impliziert gewisse Hoffnungen, daß die in konsequenzenschweren Verhandlungen normalerweise involvierten Experten ebenfalls kooperationssensibel sind. In Anbetracht knapper werdender Ressourcen wäre es in der Tat wünschenswert, wenn Marktpartner die Chancen langfristiger Koexistenz nicht dadurch verspielen, daß sie den kurzfristigen Vorteil zur Maxime ihres Handelns erklären.

Literatur

Adams, J.S. Inequity in social exchange. In L. Berkowitz (Ed.), Advances in experimental social psychology, (Vol. 2). New York, N.Y.: 1965, 267–300.

Adams, J.S. The structure and dynamics of behavior in organization boundary roles. In M.D. Dunnette (Ed.), Handbook of industrial and organizational psychology. Chicago, Ill.: 1976, 1175–1199.

Albaum, G. Exploring interaction in marketing situations. Journal of Marketing Research, 1967, **4**, 168–172.

Allen, B.H., Kahler, R.C., Tatham, R.L. & Anderson, D.R. Bargaining process as a determinant of postpurchase satisfaction. Journal of Applied Psychology, 1977, **62** (4), 487–492.

Anderson, B.B. Advances in consumer research, (Vol. 3). Chicago, Ill.: 1976.

Argyle, M. The psychology of interpersonal behavior. Hamondsworth: 1967.

Argyle, M. Soziale Interaktion. Köln: 1972.

Argyle, M. Predictive and generative rules models of PxS interactions. In D. Magnusson & N.S. Endler (Eds.), Personality at the crossroads: Current issues in interactional psychology. Hillsdale, Ill.: 1977, 353–370.

Arndt, J. Selective processes in word of mouth. Journal of Advertising Research, 1968, **8** (3), 19–22.

Bagozzi, R.P. Marketing as an organized behavioral system of exchange. Journal of Marketing, 1974, **38** (4), 77–81.

Bagozzi, R.P. Marketing as exchange. Journal of Marketing, 1975, **39** (4), 32–39.

Bagozzi, R.P. Marketing as exchange: A theory of transactions in the marketplace. American Behavioral Scientist, 1978, **21** (4), 535–556.

Bänsch, A. Einführung in die Marketing-Lehre. München: 1974.

Bänsch, A. Verkaufspsychologie und Verkaufstechnik. Stuttgart: 1977.

Bales, R.F. Interaction process analysis: A method for the study of small groups. Reading, Mass.: 1950.

Bell, G.D. Self-confidence and persuasion in car buying. Journal of Marketing Research, 1967, **4** (1), 46−52.

Bell, M.L. Marketing: Concepts and strategy. New York, N.Y.: 1972.

Bem, D.J. Self-perception: An alternative interpretation of cognitive dissonance phenomena. Psychological Review, 1967, **74**, 183−200.

Bem, D.J. Self-perception theory. In L. Berkowitz (Ed.), Advances in experimental social psychology, (Vol. 6). New York, N.Y.: 1972, 1−72.

Bergler, R. Marktpsychologie. Bern: 1972.

Berlyne, D.E. Conflict, arousal, and curiosity. New York, N.Y.: 1960.

Bidlingmaier, J. Marketing. Reinbek: 1973.

Blau, P.M. The dynamics of bureaucracy: A study of interpersonal relations in two government agencies. Chicago, Ill.: 1955.

Blau, P.M. Exchange and power in social life. New York, N.Y.: 1964.

Blumer, H. Symbolic interactionism: Perspective and method. Englewood Cliffs, N.J.: 1969.

Bonoma, T.V. Conflict, cooperation, and trust in three power systems. Behavioral Science, 1976, **21**, 495−514.

Bonoma, T.V. Toward a social analysis of consumption: Buyer-seller negotiations in context. In A.G. Woodside, J.N. Sheth & P.D. Bennett (Eds.), Consumer and industrial buying behavior. New York, N.Y.: 1977, 345−353.

Bonoma, T.V. A General Theory of Interaction applied to Sales Management. In R.P. Bagozzi (Ed.), Sales Management. Marketing Science Institute: 1979, 145−173.

Bonoma, T.V., Bagozzi, R. & Zaltman, G. The dyadic paradigm with specific application toward industrial marketing. In T.V. Bonoma & G. Zaltman (Eds.), Organizational buying behavior. Chicago, Ill.: 1978, 49−66.

Bonoma, T.V. & Rosenberg, H. Theory-based content analysis: A social influence perspective for evaluating group process. University of Pittsburgh Working Paper Service No. 143. 1975.

Bonoma, T.V. & Zaltman, G. Organizational buying behavior. Chicago, Ill.: 1978.

Boulding, K.E. Two critiques of Homans' social behavior: Its elementary forms. American Journal of Sociology, 1962, **67**, 454−461.

Braunstein, Y. & Schotter, A. An experimental study of the problem of ‚theory absorbtion' in n-person bargaining situations or games. In H. Sauermann (Ed.), Coalition forming behavior. Tübingen: 1978, 1−25.

Brock, T.C. Communicator-recipient similarity and decision change. Journal of Personality and Social Psychology, 1965, **1**, 650−654.

Brock, T.C. & Becker, L.A. Ineffectiveness of ‚overheard' counterpropaganda. Journal of Personality and Social Psychology, 1965, **2**, 654–660.

Brown, B.R. Face-saving and face-restoration in negotiation. In D. Druckman (Ed.), Negotiations: Social-psychological perspectives. Beverly Hills, Calif.: 1977, 275–299.

Busch, P. & Wilson, D.R. An experimental analysis of a salesmen's expert and referent bases of social power in the buyer-seller dyad. Journal of Marketing Research, 1976, **13**, 3–11.

Campbell, D.T. & Fiske, D.W. Convergent and discriminant validation by the multitrait-multimethod matrix. Psychological Bulletin, 1959, **56**, 91–105.

Cann, A.S., Scherman, J. & Elkes, R. Effects on initial request size and timing of a second request on compliance: The foot-in-the-door and the door-in-the-face. Journal of Personality and Social Psychology, 1975, **32**, 774–782.

Capon, N. Persuasive effects of sales messages developed from interaction process analysis. Journal of Applied Psychology, 1975, **60**, 238–244.

Capon, N., Holbrook, M.B. & Hulbert, J.M. Selling processes and buyer behavior: Theoretical implications of recent research. In A.G. Woodside, J.N. Sheth & P.D. Bennett (Eds.), Consumer and industrial buying behavior. New York, N.Y.: 1977, 323–332.

Cartwright, D. Influence, leadership, control. In J.G. March (Ed.), Handbook of organizations. Chicago, Ill.: 1965, 1–47.

Chadwick-Jones, J.K. Social exchange theory: Its structure and influence in social psychology. New York, N.Y.: 1976.

Chertkoff, J.M. & Esser, J.K. A review of experiments in explicit bargaining. Journal of Experimental Social Psychology, 1976, **12**, 464–486.

Cialdini, R.B., Bickman, L. & Cacioppo, J.T. An example of consumeristic social psychology: Bargaining tough in the new car showroom. Journal of Applied Social Psychology, 1979, **9** (2), 115–126.

Cialdini, R.B., Vincent, J.E., Lewis, S.K., Catalan, J., Wheeler, D. & Darby, B.L. A reciprocal concessions procedure for inducing compliance: The door-in-the-face technique. Journal of Personality and Social Psychology, 1975, **31**, 206–215.

Collins, B.E. & Raven, B.H. Group structure: Attraction, coalitions, communication and power. In G. Lindzey & E. Aronson (Eds.), Handbook of social psychology, (2nd ed., Vol. 4): Group psychology and phenomena of interaction. Reading, Mass.: 1969, 102–204.

Cox, D.F. The audience as communicators. In S.A. Greyser (Ed.), Toward scientific marketing. Chicago, Ill.: 1963, 58–72.

Crott, H.W. Der Einfluß struktureller und situativer Merkmale auf das Verhalten in Verhandlungssituationen, Teil I. Zeitschrift für Sozialpsychologie, 1972a, **3** (2), 134–158.

Crott, H.W. Der Einfluß struktureller und situativer Merkmale auf das Verhalten in Verhandlungssituationen, Teil II. Zeitschrift für Sozzialpsychologie, 1972b, **3** (2), 227–244.

Crott, H.W., Kutschker, M. & Lamm, H. Verhandlungen I: Individuen und Gruppen als Konfliktparteien. Stuttgart: 1977a.

Crott, H.W., Kutschker, M. & Lamm, H. Verhandlungen II: Organisationen und Nationen als Konfliktparteien. Stuttgart: 1977b.

Crott, H.W. & Möntmann, V. Der Effekt der Information über die Verhandlungsmöglichkeiten des Gegners auf das Verhandlungsergebnis. Zeitschrift für Sozialpsychologie, 1973, **4**, 209–219.

Crott, H.W., Lumpp, R. & Wildermuth, R. Der Einsatz von Bestrafungen und Belohnungen in einer Verhandlungssituation. In H. Brandstätter & H. Schuler (Hrsg.), Zeitschrift für Sozialpsychologie, Beiheft 2, Entscheidungsprozesse in Gruppen. Bern: 1976, 147–165.

Crott, H.W. & Müller, G.F. Der Einfluß des Anspruchsniveaus und der Erfahrung auf Ergebnis und Verlauf dyadischer Verhandlungen bei vollständiger Information über die Gewinnmöglichkeiten. Zeitschrift für experimentelle und angewandte Psychologie, 1976, **23**, 548–568.

Crott, H.W. & Müller, G.F. Interessenkonflikte und ihre Lösung durch Verhandlung. In H.W. Crott & G.F. Müller (Hrsg.), Wirtschafts- und Sozialpsychologie. Hamburg: 1978, 99–118.

Crott, H.W., Müller, G.F. & Hamel, P. The influence of persons' aspiration level for the process and outcome in a dyadic bargaining situation with different information and bargaining experience conditions. In H. Sauermann (Ed.), Bargaining behavior. Tübingen: 1978, 211–230.

Crott, H.W., Simon, K. & Yelin, M. Der Einfluß des Anspruchsniveaus auf den Verlauf und das Ergebnis von Verhandlungen. Zeitschrift für Sozialpsychologie, 1974, **5**, 300–314.

Dahl, R.A. The concept of power. Behavioral Science, 1957, **2**, 201–218.

Dahl, R.A. & Lindblom, C.E. Politics, economics, and welfare. New York, N.Y.: 1953.

Davis, H.L. & Silk, A.J. Interaction and influence processes in personal selling. Sloan Management Review, 1972, **13**, 54–76.

Dawes, R.M. Social dilemmas. Annual Review of Psychology. 1980, **30**, 169–193.

Deutsch, M. Socially relevant science: Reflections on some studies of interpersonal conflict. American Psychologist, 1969, **24**, 1076–1092.

Deutsch, M. The resolution of conflict. New Haven, Conn.: 1973.

Deutsch, M. Konfliktregelung. München: 1976.

Druckman, D. Negotiations: Social-psychological perspectives. Beverly Hills, Calif.: 1977.

Engel, J.F., Blackwell, R.D. & Kegerreis, R.J. How innovation. Journal of Advertising Research, 1969, **9** (4), 3−8.

Evans, F.B. Selling as a dyadic relationship. American Behavioral Scientist, 1963, **6** (9), 76−79.

Evans, F.B. Dyadic interaction in selling: A new approach. Unpublished monograph, University of Chiaacago, Graduate School of Business, 1964.

Evans, F.B. Selling as a dyadic relationship − A new approach. In K.R. Davis & F.E. Webster, Jr. (Eds.), Readings in sales force management. New York, N.Y.: 1968, 125−131.

Farley, J.W. & Swinth, R.C. Effects of choice and sales message on customer-salesman interaction. Journal of Applied Psychology, 1967, **51** (2), 107−110.

Festinger, L.A. Theory of Cognitive Dissonance. Standford, Calif.: 1957.

Filley, A.C. Interpersonal conflict resolution. Glenview, Ill.: 1975.

Foa, U.G. Perception of behavior in reciprocal roles: The ringex model. Psychological Monographs, 1966, **80** (15), No. 623.

Foa, U.G. & Foa, E.B. Interpersonal and economical resources. Science, 1971, **171**, 345−351.

Foa, E.B. & Foa, U.G. Resource theory of social exchange. In J.W. Thibaut, J.T. Spence & R.C. Carson (Eds.), Contemporary topics in social psychology. Morristown, N.J.: 1976, 99−131.

Foa, E.B. & Foa, U.G. Resource theory: Interpersonal behavior as exchange. In K.J. Bergen, M.S. Greenberg & R.W. Willis (Eds.), Social exchange. New York, N.Y.: 1980, 77−94.

Freedman, J.L. & Fraser, S.C. Compliance without pressure: The foot-in-the-door technique. Journal of Personality and Social Psychology, 1966, **4**, 195−202.

French, J.R., Jr. & Raven, B. The bases of social power. In D. Cartwright (Ed.), Studies in social power. Ann Arbor, Mich.: 1959, 607−623.

Frey, D. Konsistenztheorien und Einstellungsänderung. In H.W. Crott & G.F. Müller (Hrsg.), Wirtschafts- und Sozialpsychologie. Hamburg: 1978a, 13−42.

Frey, D. Die Theorie der kognitiven Dissonanz. In D. Frey (Hrsg.), Kognitive Theorien der Sozialpsychologie. Bern: 1978b, 243−292.

Frey, D., Kumpf, M., Ochsmann, R., Rost-Schaude, E. & Sauer, C. Theorie der kognitiven Kontrolle. In W.H. Tack (Hrsg.), Bericht über den 30. Kongreß der DGfP in Regensburg, (Band 1). Göttingen: 1976, 105−107.

Friedman, M. Price theory: A provisioned text. Chicago, Ill.: 1962.

Froman, L.A., Jr. & Cohen, M.D. Threats and bargaining efficiency. Behavioral Science, 1969, **14**, 147−153.

Froman, L.A., Jr. & Cohen, M.D. Compromise and logroll: Comparing the efficiency of two bargaining processes. Behavioral Science, 1970, **15**, 180−183.

Gadel, M.S. Concentration by salesmen on congenial prospects. Journal of Marketing, 1964, **28** (2), 64–66.

Gadenne, V. Die Gültigkeit psychologischer Untersuchungen. Stuttgart: 1976.

Gniech, G. & Grabitz, H.-J. Freiheitseinengung und psychologische Reaktanz. In D. Frey (Hrsg.), Kognitive Theorien der Sozialpsychologie. Bern: 1978, 48–73.

Grabicke, K., Raffee, H., Schätzle, Th. & Schöler, M. Die Veränderung des Informationsstandes und ihre Auswirkung auf den Kaufentscheidungsprozess privater Haushalte: Eine Panel-Untersuchung. In K.D. Hartmann & K.F. Koeppler (Hrsg.), Fortschritte der Marktpsychologie, (Band II). Frankfurt: 1980, 237–257.

Grabitz, H.-J. Die Theorie der Selbstwahrnehmung von Bem. In D. Frey (Hrsg.), Kognitive Theorien der Sozialpsychologie. Bern: 1978, 138–159.

Graumann, C.F. Interaktion und Kommunikation. In C.F. Graumann (Hrsg.), Handbuch der Psychologie, Band 7, 2: Sozialpsychologie. Göttingen: 1972, 1109–1262.

Graumann, C.F. Die Scheu des Psychologen vor der Interaktion. Ein Schisma und seine Geschichte. Zeitschrift für Sozialpsychologie, 1979, **10** (4), 284–304.

Griesinger, D.W. & Livingston, J.W., Jr. Towards a model of interpersonal motivation in experimental games. Behavioral Science, 1973, **18,** 173–188.

Gruder, C.L. Relationships with opponent and partner in mixed-motive bargaining. Journal of Conflict Resolution, 1971, **15,** 403–416.

Gruder, C.L. & Rosen, N. Effects of intragroup relations on intergroup bargaining. International Journal of Group Tensions, 1971, **1,** 301–317.

Guetzkow, H. Simulation in the social science. Englewood Cliffs, N.J.: 1962.

Gutjahr, G. Markt- und Werbepsychologie, Teil I: Verbraucher und Produkt, Heidelberg: 1972.

Hamblin, R.L. & Smith, C.R. Values, status, and professors. Sociometry, 1966, **29,** 183–196.

Hamner, W.C. & Harnett, D.L. The effects of information and aspiration level on bargaining behavior. Journal of Experimental Social Psychology, 1975, **11,** 329–342.

Hamner, W.C. & Yukl, G.A. The effectiveness of different offer strategies in bargaining. In D. Druckman (Ed.), Negotiations: Social-psychological perspectives. Beverly Hills, Calif.: 1977, 137–160.

Hansen, R.A. & Robinson, L.M. Testing the effectiveness of alternative foot-in-the-door manipulation. Journal of Marketing Research, 1980, **17,** 359–364.

Harré, R. & Secord, P.F. Experimentation in psychology. In L.H. Strickland, F.E. Aboud & K.J. Gergen (Eds.), Social psychology in transition. New York, N.Y.: 1976.

Heider, F. The psychology of interpersonal relations. New York, N.Y.: 1958.

Helmreich, R. Strategien zur Auswertung von Längsschnittdaten. Stuttgart: 1977.

Herkner, W. Attribution – Psychologie der Kausalität. Bern: 1980.

Holbrook, M.B. & O'Shaughnessy, J. Influence processes in interpersonal persuasion. In B.B. Anderson (Ed.), Advances in consumer research, (Vol. 3), Cincinnati, Ohio: 1976, 364–369.

Hollander, E.P. Applied social psychology: Problems and prospects. International Review of Applied Psychology, 1979, **28** (2), 93–100.

Holmes, J.G., Throop, W.F. & Strickland, K.H. The effects of prenegotiation expectations on the distributive bargaining process. Journal of Experimental Social Psychology, 1971, **7**, 582–599.

Holzkamp, K. Kritische Psychologie. Frankfurt: 1972.

Homans, G.C. Human behavior as exchange. American Journal of Sociology, 1958, **63**, 597–606.

Homans, G.C. Social behavior – its elementary forms. New York, N.Y.: 1961.

Homans, G.C. Elementarformen sozialen Verhaltens. Opladen: 1972.

Homans, G.C. Social behavior: Its elementary forms (revised edition). New York, N.Y.: 1974.

Horai, J. Attributional conflict. Journal of Social Issues, 1977, **33**, 88–100.

Horai, J. & Tedeschi, J.T. The effects of threat credibility and magnitude of punishment upon compliance. Journal of Personality and Social Psychology, 1969, **12**, 164–169.

Hoveland, C.J. & Weiss, W. The influence of source credibility on communication effectiveness. Public Opinion Quarterely, 1951, **15**, 635–650.

Huber, J. Predicting preferences on experimental bundles of attributes: A comparison of models. Journal of Marketing Research, 1975, **12**, 290–297.

Huppertsberg, B. Verhandlungsspiele im Investitionsgütermarketing. Methodologische Probleme exploratorischer Simulation. Dissertation, Universität Mannheim: 1975.

Huppertz, J.W., Arenson, S.J. & Evans, R.H. An application of equity theory to buyer-seller exchange situations. Journal of Marketing Research, 1978, **15**, 250–260.

Irle, M. Lehrbuch der Sozialpsychologie. Göttingen: 1975.

Jacoby, J. Consumer psychology. Annual Review of Psychology, 1976a, **27**, 331–358.

Jacoby, J. Consumer and industrial psychology: prospects for theory corroboration and mutual contribution. In M.D. Dunette (Ed.), Handbook of industrial and organizational psychology. Chicago, Ill.: 1976b, 1031–1061.

Janis, I.L. Effects of fear arousal on attitude change: Recent developments in theory and experimental research. In L. Berkowitz (Ed.), Advances in experimental social psychology (Vol. 3). New York, N.Y.: 1967, 166–224.

Johnson, H.I. & Cohen, A.M. Experiments in behavioral economics: Siegel and Fouraker revisited. Behavioral Science, 1967, **12**, 353–372.

Johnston, J.M. Punishment of human behavior. American Psychologist, 1972, **27**, 1033–1054.

Johnston, W.J. Marketing: The social psychology of conflict, power, and influence. American Behavioral Scientist, 1978, **21** (4), 515–534.

Jones, E.E. & Gerard, H.B. Foundations of social psychology. New York, N.Y.: 1967.

Jourard, S. Self disclosure: An experimental analysis of the transparent self. New York, N.Y.: 1971.

Kaufmann, G. Das persönliche Verkaufen als absatzpolitisches Instrument der Industrieunternehmung. Dissertation, Universität München: 1967.

Kelley, H.H. Attribution in Social Interaction. New York, N.Y.: 1971.

Kelley, H.H. The process of causal attribution. American Psychologist, 1973, **28**, 107–128.

Kelley, H.H. Kausalattribution: Die Prozesse der Zuschreibung von Ursachen. In W. Stroebe (Hrsg.), Sozialpsychologie I. Darmstadt: 1978, 212–265.

Kelley, H.H. & Stahelsky, A.J. Errors in perception of intentions in a mixed-motive game. Journal of Experimental Social Psychology, 1970a, **6**, 379–400.

Kelley, H.H. & Stahelsky, A.J. The inference of intentions from moves in the Prisoner's Dilemma Game. Journal of Experimental Social Psychology, 1970b, **6**, 401–419.

Kelley, H.H. & Thibaut, J.W. Group problem solving. In G. Lindzey & E. Aronson (Eds.), Handbook of social psychology, (2nd ed., Vol. 4). Reading, Mass.: 1969, 1–101.

Kelley, H.H. & Thibaut, J.W. Interpersonal relations: A theory of interdependence. New York, N.Y.: 1978.

Kipnis, D. The powerholder. In J.T. Tedeschi (Ed.), Perspectives on social power. Chicago, Ill.: 1974, 82–122.

Klimoski, R.J. Simulation methodologies in experimental research on negotiations by representatives. Journal of Conflict Resolution, 1978, **22**, 61–77.

Komorita, S.S. & Kravitz, D.A. Some tests of four descriptive theories of coalition formation. In H. Sauermann (Ed.), Coalition Forming Behavior. Tübingen: 1978, 207–230.

Kotler, P. Marketing management: Analysis, planning and control. Englewood Cliffs, N.J.: 1972a.

Kotler, P. A generic concept of marketing. Journal of Marketing, 1972b, **36** (2), 46–54.

Kotler, P. & Levy, S.J. Broadening the concept of marketing. Journal of Marketing, 1969, **33** (1), 0–15.

Kroeber-Riel, W. Konsumentenverhalten. München: 1975.

Kropff, H.F.J. Angewandte Psychologie und Soziologie in Werbung und Verkauf. Stuttgart: 1963.

Kutschker, M. & Kirsch, W. Verhandlungen in multiorganisationalen Entscheidungsprozessen. München: 1978.

Lamm, H. Analyse des Verhandelns. Stuttgart: 1975.

Lamm, H. Group-related influences on negotiation behavior: Two-person negotiation as a function of representation and election. In H. Sauermann (Ed.), Bargaining Behavior. Tübingen: 1978, 284–309.

Lamont, L.M. & Lundstrom, W.J. Identifying successful industrial salesman by personality and personal characteristics. Journal of Marketing Research, 1977, **14**, 517–529.

Lantermann, E.D. Interaktionen. München: 1980.

Lazer, W. Marketing management: A systems perspective. New York, N.Y.: 1971.

Lee, W. Decision theory and human behavior. New York, N.Y.: 1971.

Lerner, M.J. & Mathews, P. Reactions to suffering of others under conditions of indirect responsibility. Journal of Personality and Social Psychology, 1967, **5**, 319–325.

Leventhal, G.S., Younts, C.M. & Lund, A.K. Tolerance for inequity in buyer-seller relationships. Journal of Applied Social Psychology, 1972, **2** (4), 308–318.

Levy, S.J. Symbols for sale. Harvard Business Review, 1959, **37**, 117–119.

Levy, S.J. & Zaltmann, G. Marketing society and conflict. Englewood Cliffs, N.J.: 1975.

Liebert, R.M., Smith, W.P., Hill, J.H. & Keiffer, M. The effects of information and magnitude of initial offer on interpersonal negotiation. Journal of Experimental Social Psychology, 1968, **4**, 431–441.

Lombard, G.F. Behavior in a selling group. Boston, Mass.: 1955.

Luce, R.D. & Raiffa, H. Games and Decisions. New York, N.Y.: 1957.

Luck, D. Broadening the concept of marketing – too far. Journal of Marketing, 1969, **33** (3), 53–54.

MacIver, R.M. Power transformed. New York, N.Y.: 1964.

Magnusson, D. & Endler, N.S. Personality at the crossroads: Current issues in interactional psychology. Hillsdale, N.J.: 1977.

Markus, G.B. Analyzing panel data. Beverly Hills, Calif.: 1979.

Maschewsky, W. Experiment. In R. Asanger & G. Wenninger (Hrsg.), Handwörterbuch der Psychologie. Weinheim: 1980, 137–142.

Mathews, H.C., Wilson, D.T. & Monoky, J.F., Jr. The effect of perceived similarity upon buyer-seller interaction: An experimental approach. Journal of Marketing Research, 1972, **9**, 103–105.

McClintock, C.G. Social motivation – a set of propositions. Behavioral Science, 1972, **17**, 438–454.

McClintock C.G. Social motivation in setting of outcome interdependence. In D. Druckmann (Ed.), Negotiations: Socialpsychological perspectives. Beverly Hills, Calif.: 1977, 49–77.

McGillis, D.B. & Brehm, J.W. Compliance as a function of inducements that threaten freedom and freedom restoration. – A field experiment. Unpublished manuscript, Duke University: 1973.

McGuire, W.J. Some impending reorientations in social psychology. Journal of Experimental Social Psychology, 1967, **3**, 124–139.

McGuire, W.J. Personality and susceptibility to social influence. In E.F. Borgotta & W.W. Lambert (Eds.), Handbook of personality theory and research. Chicago, Ill.: 1968, 1130–1187.

McGuire, W.J. The yin and yang of progress in social psychology: Seven koan. Journal of Personality and Social Psychology, 1973, **26** (3), 446–456.

Meeker, B.F. Decisions and exchange. American Sociological Review, 1971, **36**, 485–495.

Mertens, W. Sozialpsychologie des Experiments. Hamburg: 1975.

Messick, D.M. & McClintock, C.G. Motivational bases of choice in experimental games. Journal of Experimental Social Psychology, 1968, **4**, 1–25.

Meyer, W.-U. & Schmalt, H.-D. Die Attributionstheorie. In D. Frey (Hrsg.), Kognitive Theorien der Sozialpsychologie. Bern: 1978, 98–136.

Michener, H.A. & Suchner, R.W. The tactical use of social power. In J.T. Tedeschi (Ed.), The social influence processes. Chicago, Ill.: 1972, 239–286.

Mikula, G. Zur Rolle der Gerechtigkeit in Aufteilungsentscheidungen. In G. Mikula (Hrsg.), Gerechtigkeit und Soziale Interaktion. Bern: 1980, 141–183.

Mikula, G. & Schwinger, T. Intermember relations and reward allocation: Theoretical considerations of affects. In H. Brandstätter, J.H. Davis & H. Schuler (Eds.), Dynamics of group decisions. Beverly Hills, Calif.: 1978, 229–250.

Mills, J. & Jellison, J.M. Effect on opinion change of how desirable the communication is to the audience the communicator addressed. Journal of Personality and Social Psychology, 1967, **6**, 98–101.

Miner, J.B. Personality and ability factors in sales performance. Journal of Applied Psychology, 1962, **46**, 6–13.

Mowen, J.C. & Cialdini, R.B. On implementing the door-in-the-face compliance technique in a business context. Journal of Marketing Research, 1980, **17**, 253–258.

Murnigham, J.K. Models of coalition behavior: Game theoretic, social psychological, and political perspectives. Psychological Bulletin, 1978, **85** (5), 1130–1153.

Müller, G.F. Orientierungsdominanz in Verhandlungssituationen. Psychologie und Praxis, 1979a, **2**, 51–58.

Müller, G.F. Entscheidungen in einem Gewinnspiel. Unveröffentlichtes Vortragsmanuskript. Sonderforschungsbereich 24. Universität Mannheim: 1979b.

Müller, G.F. Interpersonales Konfliktverhalten: Vergleich und experimentelle Untersuchung zweier Erklärungsmodelle. Zeitschrift für Sozialpsychologie, 1980a, **11**, 168−180.

Müller, G.F. Dynamik von Drohungen und destruktiven Aufteilungsentscheidungen bei kompetitivem und kooperativem Partnerverhalten. Bericht aus dem Sonderforschungsbereich 24, sozialwissenschaftliche Entscheidungsforschung, Universität Mannheim: 1980b.

Müller, G.F. Interpersonal conflicts and bargaining. In M. Irle (Ed.), Decision Analyses. New York, N.Y.: 1982, 411−441.

Müller, G.F. & Crott, H.W. Gerechtigkeit in sozialen Beziehungen: Die Equity-Theorie. In D. Frey (Hrsg.), Kognitive Theorien der Sozialpsychologie. Bern: 1978a, 218−241.

Müller, G.F. & Crott, H.W. Soziale Austauschprozesse und ihr ökonomischer Bezug: Die Equity-Theorie. In H.W. Crott & G.F. Müller (Hrsg.), Wirtschafts- und Sozialpsychologie. Hamburg: 1978b, 55−65.

Müller, G.F. & Galinat, W. Bargaining Efficiency in Real-life Buyer-seller interaction. In R. Tietz (Ed.), Contributions to Experimental Economics, (Vol. 9), 1982, in press.

Neumann, J. von & Morgenstern, O. Theory of games and economic behavior. Princeton, N.J.: 1944.

Newell, A. & Simon, H.A. Human problem solving. Englewood Cliffs, N.J.: 1972.

Nord, W.R. Social exchange theory: An integrative approach to social conformity. Psychological Bulletin, 1969, **71**, 174−208.

Olshavsky, R.W. Customer-salesman interaction in appliance retailing. Journal of Marketing Research, 1973, **10**, 203−212.

Olshavsky, R.W. Consumer decision making in naturalistic settings: Salesman-prospect interaction. In B.B. Anderson (Ed.), Advances in consumer research, (Vol. 3), Cincinnati, Ohio: 1976, 379−381.

Osgood, C.E. An alternative to war or surrender. Urbana, Ill.: 1962.

O'Shaughnessy, J. Selling as an interpersonal influence process. Journal of Retailing, 1972, **47** (4), 32−46.

Overton, W.F. On the assumptive base of the nature nurture controversy: Additive versus interactive conceptions. Human Development, 1973, **16**, 74−89.

Overton, W.F. & Reese, H.W. Models of development: Methodological implications. In J.R. Nesselroade & H.W. Reese (Eds.), Life-span developmental psychology: Methodological issues. New York, N.Y.: 1973, 65−86.

Pennington, A.L. Customer-salesman bargaining behavior in retail transactions. Journal of Marketing Research, 1968, **5**, 255−262.

Piontkowski, U. Psychologie der Interaktion. München: 1976.

Pruitt, D.G., Kimmel, M.J., Britton, S., Carnevale, P.J.D., Magenau, J.M., Peragallo, J. & Engram, P. The effect of accountability and surveillance on integrative bargaining. In H. Sauermann (Ed.), Bargaining behavior. Tübingen: 1978, 301–343.

Pruitt, D.G. & Lewis, S.A. The development of integrative solutions. Journal of Personality and Social Psychology, 1975, **31**, 621–633.

Reingen, P.H. & Kernan, J.B. More evidence on interpersonal yielding. Journal of Marketing Research, 1979, **16**, 588–593.

Reizenstein, R.C. A dissonance approach to measuring the effectiveness of two personal selling techniques through decision reversal. Proceedings of the American Marketing Association, 1971, **33**, 176–180.

Rich, L. Can salesmen be tested? Duns Review, 1966, **87**, 40–41.

Robinson, R.J. & Stidsen, R. Personal selling in modern perspective. Boston, Mass.: 1967.

Roering, K.J., Slusher, E.A. & Schooler, R.D. Commitment to future interaction in marketing transactions. Journal of Applied Psychology, 1975, **60** (3), 386–388.

Rose, A.M. Systematische Zusammenfassung der Theorie der symbolischen Interaktion. In H. Hartmann (Hrsg.), Moderne amerikanische Soziologie: Neuere Beiträge zur soziologischen Theorie. Stuttgart: 1967, 219–233.

Rosenstiel, L. von & Ewald, G. Marktpsychologie I: Konsumverhalten und Kaufentscheidung. Stuttgart: 1979a.

Rosenstiel, L. von & Ewald, G. Marktpsychologie II: Psychologie der absatzpolitischen Instrumente. Stuttgart: 1979b.

Ross, L. The intuitive psychologist and his shortcomings: Distortions in the attribution process. In L. Berkowitz (Ed.), Advances in experimental social psychology, (Vol. 10), New York, N.Y.: 1977, 173–220.

Rubin, J.Z. & Brown, B.R. The social psychology of bargaining and negotiation. New York, N.Y.: 1975.

Sauermann, H. Contributions to experimental economics, (Vol. 7): Bargaining behavior. Tübingen: 1978a.

Sauermann, H. Contributions to experimental economics, (Vol. 8): Coalition formation behavior. Tübingen: 1978b.

Sawyer, J. & Guetzkow, H. Bargaining and negotiation in international relations. In H.C. Kelman (Ed.), International behavior. New York, N.Y.: 1965, 464–520.

Schelling, T.C. The strategy of conflict. Cambridge, Mass.: 1960.

Schelling, T.C. Arms and influence. New Haven, Conn.: 1966.

Schneider, H.-D. Kleingruppenforschung. Stuttgart: 1975.

Schneider, H.-D. Sozialpsychologie der Machtbeziehungen. Stuttgart: 1977.

Schneider, U. Die Rolle der Untersuchten im empirischen Forschungsprozeß. In M. Jäger, E. Leiser, K. Kersten, W. Maschewsky & U. Schneider (Hrsg.), Subjektivität als Methodenproblem. Köln: 1979, 174–211.

Schoch, R. Der Verkaufsvorgang als sozialer Interaktionsprozeß. Dissertation, Wintherthur: 1969.

Schoch, R. Verkaufsprozesse und ‚behavioral science'. Die Unternehmung, 1970, **24**, 97–120.

Schur, E.M. Law and society. New York, N.Y.: 1969.

Scott, C.A. The effects of trial and incentives on repeated purchase behavior. Journal of Marketing Research, 1976, **13**, 263–269.

Secord, P.F. & Backman, C.W. Social psychology. New York, N.Y.: 1974.

Shaw, M.E. & Costanzo, P.R. Theories of social psychology. New York, N.Y.: 1970.

Sherif, M., Harvey, O.J., White, B.J., Hood, W.R. & Sherif, C. Intergroup conflict and cooperation: The robbers cave experiment. Norman, Oklahoma: 1961.

Sheth, J.N. A model of industrial buyer behavior. Journal of Marketing, 1973, **37**, 50–56.

Sheth, J.N. Buyer-seller interaction: A conceptual framework. In B.B. Anderson (Ed.), Advances in consumer research. Cincinnati, Ohio: 1976, **3**, 382–386.

Sheth, J.N. Buyer-seller interaction: A conceptual framework. In M. Wallendorf & G. Zaltman (Eds.), Readings in consumer behavior: Individuals, groups, and organizations. New York, N.Y.: 1979, 135–142.

Siegel, S. & Fouraker, L.E. Bargaining and group decision making: Experiments in bilateral monopoly. New York, N.Y.: 1960.

Silberer, G. Die Verwendung von Gütertestinformationen im Konsumentenbereich. In H. Meffert, H. Steffenhagen & H. Freter (Hrsg.), Konsumentenverhalten und Information. Wiesbaden: 1978, 85–111.

Singelmann, P. Exchange as symbolic interaction: Convergences between two theoretical perspectives. American Sociological Review, 1972, **37**, 414–424.

Snyder, M., Stephan, W.G. & Rosenfield, D. Egotism and attribution. Journal of Personality and Social Psychology, 1976, **33**, 435–441.

Spiegel, B. Werbepsychologische Untersuchungsmethoden. Berlin: 1970.

Stern, L.W., Bagozzi, R.P. & Dholakia, R.R. Mediational mechanisms in interorganizational conflict. In D. Druckman (Ed.), Negotiations: Social-psychological perspectives. Beverly Hills, Calif.: 1977, 367–387.

Stern, L.W., Sternthal, B. & Craig, C.S. Managing conflict of distribution channels: A laboratory study. Journal of Marketing Research, 1973, **10**, 169–179.

Stern, L.W., Sternthal, B. & Craig, C.S. Strategies for managing interoganizational conflict: A laboratory paradigm. Journal of Applied Psychology, 1975, **60**, 472–482.

Sternthal, B., Scott, C.A. & Dholakia, R.R. Self-perception as a means of personal influence: The foot-in-the-door technique. In B.B. Anderson (Ed.), Advances in consumer research, (Vol. 3). Cincinnati, Ohio: 1976, 387–393.

Streufert, S., Kliger, S.C., Castore, C.H. & Driver, M.J. Tactical and negotiations game for analysis of decision integration across decision areas. Psychological Reports, 1967, **20**, 155–157.

Tanter, R. & Rosenau, J.N. Field and environmental approaches to world politics: Implications for data archives. Journal of Conflict Resolution, 1970, **14**, 513–523.

Tausch, R. Gesprächspsychotherapie. Göttingen: 1968.

Tedeschi, J.T. & Bonoma, T.V. Power and influence: An introduction. In J.T. Tedeschi (Ed.), The social influence processes. Chicago, Ill.: 1972, 1–49.

Tedeschi, J.T. & Lindskold, S. Social psychology: Interdependence, interaction, and influence. New York, N.Y.: 1967.

Tedeschi, J.T., Schlenker, B.R. & Bonoma, T.V. Conflict, power, and games. Chicago, Ill.: 1973.

Tedeschi, J.T., Schlenker, B.R. & Lindskold, S. The exercise of power and influence: The source of influence. In J.T. Tedeschi (Ed.), The social influence processes. Chicago, Ill.: 1972, 287–345.

Teger, A.I. The effect of early cooperation on the escalation of conflict. Journal of Experimental Social Psychology, 1970, **6**, 187–204.

Thibaut, J.W. & Kelley, H.H. The social psychology of groups. New York, N.Y.: 1959.

Tietz, R. An experimental analysis of wage bargaining behavior. Zeitschrift für die gesamte Staatswissenschaft, 1975, **131**, 49–91.

Tietz, R. Der Anspruchsausgleich in experimentellen 2-Personen-Verhandlungen mit verbaler Kommunikation. In H.W. Crott & G.F. Müller (Hrsg.), Wirtschafts- und Sozialpsychologie. Hamburg: 1978, 140–159.

Tosi, H.L. The effects of expectation levels and role consensus on the buyer-seller dyad. Journal of Business, 1966, **39**, 516–529.

Tucker, W.T. Future directions in marketing theory. Journal of Marketing, 1974, **38**, 30–35.

Turner, J.L., Foa, E.B. & Foa, U.G. Interpersonal reinforcers: Classification, interrelationship, and some differential properties. Journal of Personality and Social Psychology, 1971, **19**, 168–180.

Verplanck, W.S. The control of the content of conversation: Reinforcement of statements of opinion. Journal of Abnormal and Social Psychology, 1955, **51**, 668–676.

Walster, E., Berscheid, E. & Walster, G.W. New directions in equity research. Journal of Personality and Social Psychology, 1973, **25**, 151–176.

Walster, E., Berscheid, E. & Walster, G.W. New directions in equity research. In L. Berkowitz & E. Walster (Eds.), Advances in experimental social psychology, (Vol. 9). New York, N.Y.: 1976, 1–42.

Walster, E., Walster, G.W. & Berscheid, E. Equity: Theory and research. Boston, Mass.: 1978.

Walton, R.E. Interpersonal peace making: Confrontations and third party consultation. Reading, Mass.: 1969.

Walton, R.E. & McKersie, R.B. A behavioral theory of labor negotiations. New York, N.Y.: 1965.

Webster, F.E., Jr. Interpersonal communication and salesman effectiveness. Journal of Marketing, 1968, **32** (3), 7–13.

Weiner, J. & Brehm, J.W. Buying behavior as a function of verbal and monetary inducements. In J.W. Brehm (Ed.), A theory of psychological reactance. New York, N.Y.: 1966, 82–90.

Willett, R.P. & Pennington, A. Customer and salesman: The anatomy of choice in a retail setting. Proceedings of the American Marketing Association, 1966, 598–616.

Wilson, D.T. Dyadic interactions: A decision process model of organizational buying. In A.G. Woodside, J.N. Sheth & P.D. Bennett (Eds.), Consumer and industrial buying behavior. New York, N.Y.: 1977, 355–364.

Wilson, D.T. Dyadic interaction: An exchange process. In B.B. Anderson (Ed.), Advances in consumer research, (Vol. 3). Cincinnati, Ohio: 1976, 394–397.

Wilson, D.T. & Bush, P. A theoretically integrative approach to the study of decision making: An empirical analysis. Proceedings of the Fifth Annual Conference of the American Institute for Decision Sciences, 1973.

Woodside, A.G. & Davenport, J.W. The effect of salesman similarity and expertise on consumer purchasing behavior. Journal of Marketing Research, 1974, **11**, 198–202.

Woodside, A.G. & Davenport, J.W. The effect of price and salesman expertise on customer purchasing behavior. Journal of Business, 1976, **49**, 51–59.

Woodside, A.G. & Pitts, R.E. Consumer response to alternative selling strategies: A field experiment. In B.B. Anderson (Ed.), Advances in consumer research, (Vol. 3).Cincinnati, Ohio: 1976, 398–404.

Woodside, A.G., Sheth, J.N. & Bennett, P.D. Consumer and industrial buying behavior. New York, N.Y.: 1977.

Woodside, A.G. & Sims, J.T. Retail sales transactions and customer ‚purchase pal' effects on buying behavior. Journal of Retailing, 1976, **52**, 57–64.

Woodside, A.G. & Taylor, J.L. Observations of buyer and seller transactions. In H.K. Hunt (Ed.), Advances in consumer research, (Vol. 5). Chicago, Ill.: 1978, 643–652.

Worchel, S. Cooperation and the reduction of intergroup conflict. In W.G. Austin & S. Worchel (Eds.), The social psychology of intergroup relations. Montevery: 1979, 262–273.

Worchel, S. & Andreoli, V.A. Attribution of causality as a means of restoring behavioral freedom. Journal of Personality and Social Psychology, 1974, **29**, 237–245.

Worthy, M., Gary, A.L. & Kahn, G.M. Self-disclosure as an exchange process. Journal of Personality and Social Psychology, 1969, **13**, 59–63.

Yukl, G.A. Effects of situational variables and opponent concessions on a bargainer's perception, aspiration, and concessions. Journal of Personality and Social Psychology, 1974, **29** (2), 227–236.

Zaltman, G. & Bonoma, T.V. Organizational buying behavior: Hypothesis and directions. Industrial Marketing Management, 1977, **6**, 53–60.

Zaltman, G. & Wallendorf, M. Consumer behavior: Basic findings and management implications. New York, N.Y.: 1979.

Autoren-Register

Wegen der engen inhaltlichen Verschränkung erhielten die Bände „Marktpsychologie als Sozialwissenschaft" (I) und „Methoden und Anwendungen in der Marktpsychologie" (II) *gemeinsame* Register, die in gleicher Weise in beiden Bänden enthalten sind. Die Seitenangaben sind durch die entsprechende Kennzeichnung – „(I)" bzw. „(II)" – jeweils den Bänden zugeordnet. – *Kursiv* gesetzte Seitenverweise beziehen sich auf die Literaturhinweise.

Aaker, D. (II) 341, 356, 370, 378, *390*
Aacker, D.A. (I) 553, *606* – (II) 273, 277, 279, 298, 301, *329*, 487, 502, *654*
Abbott, L. (I) 67, 127, *140*
Abel, B. (II) 699, 732, *760*
Abelson, P. (I) 318, *333*
Abelson, R. (I) 567, *606*
Abelson, R.P. (I) 575, *614*
Ace, M.E. (I) 556, *606*
Ach, N. (I) 474, *519*
Acham, K. (I) 19, 20, *37*
Achenbaum, A.A. (II) 236, *248*
Adam, D. (II) 199, *248*, 543, *654*
Adams, E.W. (II) 9, *54*
Adams, J.S. (I) 177, 180, 211, 268, 278, 665, 673, 679, 680, 710, *720*
Adams, S.C. (II) 215, *251*
Addington, D.W. (I) 381, *392*
Adel, J. (I) 184, *215*
Adler, F. (I) 539, *606*
Adler, J. (II) 616, *654*
Adler, L. (II) 228, *248*
Adler, L.A. (II) 358, *390*
Adler, R.P. (II) 382, 385, *390*
Ahl, D.H.(II) 502, 503, *654*
Ahtola, O. (II) 521, *654*

Ahtola, O.T. (I) 550, 551, 609, *616* – (II) 19, *59*, 213, 240, *252*
Aidells, A.L. (II) 464, *475*
Aiken, M. (II) 399, *477*
Ajzen, I. (I) 438, *463*, 544, 545, 550, 564, 568, 570, 587, 588, 589, 597, 598, *610*, *611* – (II) 276, 304, 317, 318, 332, 379, 380, *390*, *391*
Ajzen, J. (I) 593, 594, 595, 596, 602, *606*, *607* – (II) 519, *660*
Akerlof, G. (I) 123, *140*
Albach, H. (II) 346, *390*
Albaum, G. (I) 353, 399, 457, 464, 691, *720*
Albers, G. (II) 184, 237, *248*
Albers, S. (II) 524, 525, 528, *654*
Albert, A. (II) 136, *171*
Albert, H. (I) 12, 15, 16, 18, 25, 26, 29, 33, *38*, 50, 55, 106, *140*, 151, 154, 155, 156, 168, 189, *212*, *213*, 228, *278*, – (II) 2, 36, *54*, 175, *248*, 532, *655*, 699, *760*
Aldefer, C.P. (I) 101, *140*
Alderson, W. (II) 698, *761*
Alemann, U. v. (II) 823, *827*

Alexander, C.N. (I) 536, *607*
Alkema, F. (I) 367, *392*
Allen, B.H. (I) 704, *720*
Allen, M.S. (II) 462, *473*
Allen, R.G.D. (II) 11, *57*
Allerbeck, K.R. (II) 819, 821, *827*
Allison, R.J. (II) 207, 208, *248*
Allport, F.H. (I) 23, *38* – (II) 467, *473*
Allport, G. (II) 19, *54*
Allport, G.W. (I) 7, *38*, 437, 460, 474, 477, *519*, 535, 560, *607* – (II) 627, *655*
Almond, G. (II) 780, *827*
Alpers, H. (II) 228, *249*
Alpert, M. (II) 135, *160*
Alpert, M.I. (I) 423, *467*
Alpert, M.J. (II) 612, 529, *655*
Alwin, D.F. (II) 301, 306, *330*
Althauser, R.F. (II) 306, 308, *329*
Altner, G. (II) 785, *827*
Amstutz, A.E. (II) 493, *656*
Anastasi, A. (II) 219, 228, *248*, 404, *480*
Andersen, E.B. (I) 556, *607*

Anderson, B.B. (I) 212, 213, 630, 720
Anderson, D.R. (I) 704, 720
Anderson, E.E. (II) 247, 248, 551, 655
Anderson, J.C. (II) 214, 248, 283, 333
Anderson, J.E. (II) 407, 473
Anderson, J.R. (II) 227, 248
Anderson, L.R. (II) 467, 474
Anderson, N.H. (I) 438, 460 − (II) 80, 160, 210, 213, 248
Anderson, R.D. (II) 301, 330, 386, 390
Anderson, R.E. (II) 20, 54
Anderson, R.W. (II) 742, 761
Anderson, T.W. (II) 297, 300, 330
Anderson, W.T.Jr. (II) 549, 658
Andreasen, A.R. (I) 79, 96, 97, 140, 203, 213
Andreoli, V.A. (I) 683, 735
Andrews, F.M. (II) 403, 480
Andrews, J.R. (II) 200, 203, 208, 244, 248, 268
Andrews, P.R. (II) 556, 655
Andritzky, G. (II) 777, 778, 782, 827
Andritzky, K. (I) 493, 519, 547, 553, 607 − (II) 36, 54, 511, 658
Angehrn, D. (II) 681, 761
Angelmar, R. (II) 36, 63, 277, 302, 339
Anger, H. (II) 39, 54
Ansoff, H.I. (II) 710, 761
Anson, R.H. (I) 321, 333
Anthony, R.N. (II) 682, 761
Anton, M. (II) 351, 390, 582, 655

Anttila, M. (I) 605, 607 − (II) 545, 655
Appel, V. (II) 227, 236, 249
Arch, D.C. (II) 231, 232, 249
Archer, S.H. (II) 78, 164
Aregger, K. (II) 398, 399, 473
Arellano-Galdames, F.J. (II) 181, 249
Arensberg, C.M. (I) 156, 220
Arenson, S.J. (I) 681, 701, 726
Argyle, M. (I) 370, 372, 375, 378, 381, 390, 392, 646, 659, 720
Armbruster, B. (II) 776, 777, 781, 784, 827
Armstrong, G.M. (I) 321, 333
Armstrong, J.S. (I) 352, 392
Arndt, H. (I) 50, 140
Arndt, J. (I) 564, 607, 633, 720 − (II) 15, 49, 51, 54, 616, 655
Arndt, J.A. (I) 86, 103, 140, 212, 213, 320, 333, 363, 368, 392
Arnold, M.B. (I) 494, 495, 502, 519
Arnold, S.E. (I) 488, 492, 524, 532
Arnold, S.J. (II) 577, 672
Arnold, St. (I) 448, 455, 460
Arnold, U. (II) 681, 761
Arons, L. (II) 624, 655
Aronson, E. (I) 7, 35, 38, 42, 318, 333, 388, 392, 486, 487, 519, 574, 607 − (II) 190, 249, 842, 857
Arrow, K.J. (I) 9, 38 − (II) 80, 160, 606, 667
Asch, S.E. (I) 299, 302, 333, 359, 360, 392, 411, 460 − (II) 549, 655
Aschenbrenner, K.M. (II) 84, 103, 160, 232, 249

Asendorf-Krings, I. (II) 434, 439, 441, 473
Aspler, R. (I) 576, 607
Assael, H. (II) 236, 249
Athola, O.T. (II) 213, 260, 379, 390
Atkinson, J.W. (I) 210, 213, 474, 478, 489, 519, 527 − (II) 16, 55, 704, 726, 732, 761
Atkinson, R.C. (II) 226, 249
Aufermann, J. (I) 320, 333
Aufsattler, W. (II) 78, 169
Auger, T.J. (II) 180, 190, 249
Augustin, E. (I) 75, 148 − (II) 823, 833
Averill, J.R. (I) 494, 519
Axelrod, J.N. (I) 563, 564, 607 − (II) 228, 238, 239, 249, 378, 390

Babchuk, N. (I) 321, 334
Bachtold, L.M. (II) 402, 407, 473
Back, K. (I) 296, 336
Back, K.W. (II) 469, 473
Backhaus, B. (II) 724, 761
Backhaus, H. (II) 18, 55
Backman, C.W. (I) 439, 469, 575, 586, 620, 660, 662, 732
Badelt, C. (II) 770, 791, 794, 797, 798, 802, 803, 805, 806, 827
Badura, B. (I) 107, 140 − (II) 791, 799, 801, 802, 817, 818, 827
Bäcker, G. (II) 802, 827
Bänsch, A. (I) 351, 392, 627, 641, 653, 654, 683, 720, 721 − (II) 211, 245, 249
Baggaley, A.R. (I) 560, 607
Bagozzi, R. (I) 627, 721
Bagozzi, R.P. (I) 156, 157, 177, 213, 224, 565, 607, 663, 664, 687, 720, 732 − (II) 191, 249, 271, 275,

277, 278, 279, 280, 282, 283, 289, 292, 298, 300, 301, 302, 303, 304, 305, 306, 308, 310, 316, 317, *329*, *330*, 683, 684, 701, 702, *760*
Bahr, H.E. (II) 806, 815, 821, *827*
Bahro, R. (II) 806, *827*
Baird, J.C. (II) 47, *55*
Baker, B. (II) 789, *827*
Baker, (I) 492, *532*
Balachey, E.L. (II) 305, *335*
Bales, R.F. (I) 206, *220*, 358, 374, 386, 388, *392*, 695, *721*
Balke, W. (II) 237, *249*, 559, *656*
Ballachey, E.L. (I) 537, *615*
Bamberger, J. (II) 760, *764*
Bandura, A. (I) 206, *213*, 509, *519*, 580, 607 − (II) 53, *55*, 729, *761*
Banks, S. (I) 440, 441, 460 − (II) 179, 184, 187, 190, 237, *249*
Bannister, D. (II) 86, *164*
Barber, T.X. (II) 45, *55*
Barclay, S. (II) 135, 157, *160*, *167*
Barclay, W. (II) 594, *655*
Barclay, W.D. (II) 184, 187, *249*
Bard, P. (I) 495, *519*
Bardan, A.M. (II) 341, 348, *391*
Bargel, T. (I) 567, *607* − (II) 825, *827*
Bargmann, R.E. (II) 282, *331*
Barker, R.F. (II) 197, *249*
Barnet, S.M. Jr. (II) 571, *655*
Baron, P.H. (II) 244, *253*
Baron, R.A. (I) 444, *460*
Barron, F. (II) 407, 408, *473*
Barron, F.H. (II) 98, 129, *173*

Barsaloux, J. (II) 464, *474*
Bartels, R. (II) 681, *761*
Bartelt, M. (I) 582, 605, *608*
Barth, R.T. (I) 556, *606*
Barton, A.H. (I) 6, *42*
Barton, B. (II) 241, *249*
Bass, F.M. (I) 439, 458, 460, 552, 564, *608*, 612 − (II) 20, *55*, 505, 508, 519, 520, 596, 606, *655*
Batson, C.D. (I) 361, *398*
Bauer, E. (I) 604, *608* − (II) 714, *761*
Bauer, H. (I) 544, *608*
Bauer, H.H. (I) 431, *462*
Bauer, R. (II) 794, *827*
Bauer, R.A. (I) 296, 323, *335*, *338*, 366, *393* − (II) 10, 15, 17, *55*,, 726, *761*
Baum, J. (II) 209, *256*
Baumgarten, S.A. (I) 321, *334*
Baumgartner, R. (II) 196, *249*
Baumol, W.J. (I) 167, *213*
Baumrind, D. (II) 846, *857*
Bawa, V.S. (II) 120, *160*
Bay, R.H. (I) 382, *393*
Bayes, T. (II) 140, *160*
Bayley, M. (II) 803, *829*
Beach, B.H. (II) 141, *160*
Beach, L.R. (II) 88, 135, 141, *160*, *161*
Beale, E.M.L. (II) 599, *655*
Bearden, W.O. (II) 19, *55*, 239, *250*, 283, 317, *330*, 379, *390*, 623, *655*
Bebié, A. (I) 603, *608*
Bechhover, F. (I) 200, *216*
Bechmann, A. (II) 497, *656*
Beck, W. (II) 785, *827*
Becker, G.S. (I) 103, *140*
Becker, H. (I) 79, *149* − (II) 301, *330*, 386, *390*
Becker, L.A. (I) 653, *722*
Becker, W. (II) 41, *55*
Beckwell, J.C. (II) 47, *55*
Beckwith, N.E. (I) 444,

460, 551, 608 − (II) 513, 514, 520, *655*, *656*
Beebe, S.A. (I) 381, *393*
Beer, W. (II) 788, *827*
Beeskow, (II) 630, *656*
Behnke, E.A. (II) 388, 389, *390*
Behr, S. (II) 802, *827*
Behrendt, J.U. (II) 800, 802, *827*
Behrens, G. (II) 2, *55*, 213, 218, 220, 221, 226, *250*, *268*, 519, 574, 591, 595, *656*, *673*
Behrens, K.C. (II) 38, *55*, 192, 216, 242, *250*, 341, 348, 350, 351, 367, *390*, 484, 570, 573, 586, *656*, 723, *761*
Beier, F.J. (II) 618, *656*, *662*
Breiter-Rother, A. (II) 729, *765*
Bell, D. (II) 817, *827*
Bell, D.E. (II) 78, *161*
Bell, G.D. (I) 715, *721*
Bell, L. (I) 388, *400*
Bell, M.L. (I) 632, *721*
Bellenger, D.N. (I) 451, *460*
Bellows, R.M. (I) 2, *38*
Bem, D.J. (I) 437, *460*, 493, *520*, 571, 608, 676, 678, 698, *721* − (II) 706, *761*
Bender, E. (II) 791, 798, 801, *831*
Bender, (II) 219, 227, 228, 237, *250*, 341, 364, 367, *390*, 578, 581, 624, *656*
Bendixen, P. (II) 399, *473*
Bennett, P.D. (I) 628, *734*
Bennett, S.N. (II) 405, *473*
Benninghaus, H. (I) 439, 469, 585, *608* − (II) 19, *55*, 236, *250*
Bentele, G. (I) 346, *393*
Bentler, P.M. (II) 275, 276, 282, 289, 295, 298, 299, 302, 304, 318, *330*, *331*

Berelson, B. (I) 312, 313, 316, 317, 318, 320, *334*, *338*, 363, 397 – (II) 574, 665
Berenson, C. (II) 635, *658*
Berey, L.A. (I) 206, *213*
Berg, D.H. (II) 183, *250*
Berger, J. (II) 811, 812, 817, *827*
Berger, M. (I) 517, *520*
Berger, P.K. (II) 283, *336*
Bergius, R. (I) 412, *470*
Bergler, R. (I) 206, *213*, 412, 416, 418, 419, 420, 423, 424, 431, 432, 439, 457, *461*, *520*, 599, *608*, *627*, *721* – (II) 14, 55, 211, 212, 213, 215, 236, *250*, 365, 389, *390*
Bergström, S. (I) 135, *140*
Bergum, B. (II) 235, *250*, 402, *473*
Berhold, N. (II) 133, *161*
Berkowitz, L. (II) 845, *857*
Berlo, D.K. (I) 573, *608*
Berlyne, D. (II) 429, 470, *473*
Berlyne, D.E. (I) 475, *520*, 667, *721* – (II) 233, *250*
Berman, J.U. (II) 317, *334*
Bernard, L.L. (I) 476, *520*
Berndt, R. (II) 358, *390*
Berne, E. (I) 372, 390, *393*
Berndt, H. (II) 200, 205, *250*
Bernhard, U. (II) 221, 226, *250*
Bernholz, P. (I) 169, 188, *213*
Bernitzke, F. (II) 281, *331*
Berry, L.L. (I) 424, 433, 435, 436, *461*, 465 – (II) 630, *664*
Berry, P.C. (II) 463, *481*
Berscheid, E. (I) 177, *223*, 368, 380, *393*, 679, 680, *733*, *734*
Berth, R. (I) 418, 423, 424, 427, 428, *461* – (II) 214, *251*
Bessoth, R. (I) 136, *140*

Best, A. (I) 96, *140*
Best, R. (I) 457, *464*
Betak, J.F. (II) 529, *655*
Bettinghaus, E.P. (I) 382, *393*
Bettman, J.L. (II) 273, *331*
Bettman, J.R. (I) 550, 571, 572, *608* – (II) 65, *161*, 213, 231, 232, 249, *250*, 260, 378, *393*, 509, 518, 520, 521, 536, 552, *656*
Bewyl, W. (I) 112, 114, 121, 139, *146*
Bhagat, R.S. (I) 564, 590, 592, 593, *619*
Bickmann, L. (I) 35, 39, 362, *394*, 629, *722*
Bidlingmaier, J. (I) 630, *721* – (II) 358, 359, 367, *390*, 579, 614, 615, 616, *657*
Bielby, W.T. (II) 297, *331*
Bierbrauer, G. (II) 14, *55*
Bierhoff, H.W. (II) 184, 185, 189, *250*, *264*
Bierter, W. (II) 805, *827*
Bievert, B. (I) 47, 85, 113, 139, *140* – (II) 240, 247, *250*, 507, *656*, 683, 686, 747, 750, 759, *761*, 771, *828*
Billson, A. (II) 210, 248, 255, 550, 552, *661*
Bindra, D. (I) 475, *520*
Binstock, S. (II) 304, *337*
Birch, D. (I) 473, *519*
Birnbaum, A. (I) 556, *608*
Birnbaum, M.H. (II) 69, *161*, 521, *656*
Birbaumer, N. (II) 233, 234, *251*
Bishop, Y.M. (II) 281, *331*
Bither, S.W. (II) 240, 241, *251*
Black, T.R.L. (II) 193, *251*
Blackwell, R.D. (I) 4, *39*, 323, 325, *335*, 367, 368, 383, *395*, 603, *610*, 633, *724* – (II) 23, 24, 27, 28, 56, 192, 198, 199, 216, 230, 235, *251*, *253*, 273, *332*, 539, 575, 636, 644, *659*, *671*
Blake, R.R. (I) 576, *613*
Blalock, H.M. (II) 177, *251*, 282, *336*
Blalock, H.M. Jr. (II) 271, 275, 276, 277, 278, 280, 282, 284, 292, 300, *331*
Blanchard, W.A. (II) 67, *165*
Blank, A. (I) 372, *397*
Blatt, J. (II) 383, *390*
Blau, P.M. (I) 177, 183, *213*, 661, 662, 667, 668, 669, 670, 673, 683, 684, 694, *721*
Bleicher, U. (II) 561, *672*
Bleicker, U. (I) 549, *623*
Block, C.H. (II) 463, *481*
Bloom, D. (II) 601, 610, 615, 616, *657*
Bloom, P.N. (II) 715, 724, *761*
Blum, M.L. (II) 228, *250*
Blumer, H. (I) 671, *721*
Bock, R.D. (II) 282, *331*
Böckelmann, F. (I) 107, *140* – (II) 382, 383, *391*
Böcker, F. (I) 510, *520* – (II) 642, *651*, 677, *761*
Böckler, M. (II) 708, *761*
Böhler, H. (II) 715, *761*
Böhm, F. (I) 188, *213*
Böhme, G. (II) 35, *55*
Boersma, F.J. (II) 406, *473*
Bogart, L. (II) 235, *251*, 373, *391*
Bohanan, P. (I) 171, *213*
Bohnen, A. (I) 183, *213*
Bohring, G. (II) 448, *473*
Bohrnstedt, G.W. (II) 301, *330*
Bolen, W.H. (II) 341, 349, *391*
Bolle, M. (I) 250, *278*
Bolles, R.C. (I) 482, *520*
Bollinger, G. (II) 404, 409, 419, 462, 467, 468, *474*

Bollinger, Ch. (II) 467, 468, *474*
Bollinger-Hellingrath, C. (I) 515, *520*
Bollmus, R. (I) 2, *38*
Bonett, D.G. (II) 295, 298, 299, *331*
Bonfadelli, H. (I) 320, *334*
Bonfield, E.H. (I) 588, 589, *608* − (II) 20, *55*, 60, 279, 337, 379, *391*
Bongard, W. (II) 192, *251*
Bonoma, T.U. (I) 571, *622*
Bonoma, Th.V. (I) 177, *213*, 223, 377, 378, *393*, 627, 630, 631, 632, 633, 636, 640, 641, 642, 643, 644, 650, 653, 686, *721*, *733*, *735*
Booth, A. (I) 321, *334*
Booz, A. (II) 499, *657*
Borcherding, K. (II) 78, 79, 135, 136, 140, 150, 151, 153, 158, *161*, *170*
Borden, N. (II) 584, *657*
Borg, I. (II) 303, *333*
Boring, R.A. (II) 47, *61*, 197, 200, *268*, 554, *673*
Borman, L.D. (II) 791, 793, *831*
Borschberg, E. (II) 720, *761*
Borsdorf-Ruhl, B. (II) 778, 781, 782, 784, *828*
Boruch, R.F. (I) 32, 33, *43* − (II) 855, *853*
Bossel, H. (II) 781, *827*, *828*
Boström, J. (II) 788, *828*
Bouchard, T.J. (II) 463, 464, *474*
Bouchard, Th. (II) 464, *474*
Boudon, R. (II) 282, *331*
Boulding, K. (I) 167, 176, *213*, *214*, 407, 408, 409, 411, 413, 425, *461* − (II) 624, *657*
Boulding, K.E. (I) 661, *721* − (II) 13, *55*
Bourne, F.S. (I) 210, *214*, 302, 306, 307, 308, *334*

Bower, G.H. (II) 227, *248*
Box, G.E.P. (II) 608, *657*
Boyd, H.W.Jr. (II) 228, *251*
Bradford, J.W. (II) 608, 609, *665*
Braly, K.W. (I) 412, *465*
Bramble, W.J. (II) 282, 300, *337*
Bramel, D. (I) 486, *520*
Brand, H.W. (II) 223, 224, 225, *251*
Brand, M. (II) 275, *331*
Brand, W. (II) 343, 383, *391*
Brandes, V. (II) 788, *832*
Brandstätter, H. (II) 184, 237, *248*
Brandstätter, J. (I) 512, *520*
Brandstaedter, J. (II) 281, *331*
Brannon, R. (I) 597, 598, *609*
Bratton, J.C. (I) 380, *400*
Braun, M.A. (II) 525, *657*
Braunstein, Y. (I) 715, *721*
Brede, H. (II) 201, *251*
Bredenkamp, J. (II) 41, 42, *55*, 179, 184, 186, 187, *251*, 362, *389*
Brehm, J.W. (I) 34, *38*, 211, *214*, 299, 332, *334*, 482, 486, 487, 488, 489, 490, 491, 492, *520*, *528*, *532*, 569, *609*, 697, *729*, *734* − (II) 179, 240, 242, *251*, *260*, *268*, 651, *657*
Brehm, S.S. (I) 299, 332, *334*, 490, *520*
Brehmer, B. (II) 80, *165*
Breitung, A. (I) 565, *609*
Brennecke, R. (II) 853, *857*
Brentano, L. (II) 9, *55*
Brett, J.E. (I) 321, *334*
Bretschneider, S.J. (II) 608, 609, *665*
Brickman, P. (I) 263, *278*, 294, *334*
Brigham, J.C. (I) 412, *461*
Britt, S.H. (I) 4, *38*, 384, *397*

Britt, St. (I) 447, *466* − (II) 340, *393*
Britt, St.E. (II) 578, 593, *665*
Britt, St.H. (II) 215, 227, 243, *251*, *260*, 357, *391*
Britton, S. (I) 710, *731*
Broadbent, S.R. (II) 599, *655*
Brock, T.C. (I) 349, 383, *393*, 398, 628, 653, 693, *721*, *722*
Brocke, B. (I) 36, *38*
Brockhoff, K. (I) 37, *38* − (II) 505, 522, 523, 524, 525, 527, 528, *654*, *657*
Brockmann, A.D. (II) 808, *828*
Bronson, C.S. (I) 123, *145*
Broome, C.L. (II) 202, *266*
Brown, B.R. (I) 642, 705, 716, *722*, *731*
Brown, D.B. (I) 596, 597, 627, *657*
Brown, F.E. (II) 538, *657*
Brown, J.K. (II) 359, *395*
Brown, J.S. (I) 475, *520*, *521*
Brown, J.W. (I) 175, *223*
Brown, N.A. (I) 234, *251*
Brown, R. (II) 16, *55*
Brown, R.V. (II) 70, 88, 154, 157, *161*
Bruce, G.D. (I) 305, *334*
Bruce, J. (I) 439, *461*
Brückner, P. (I) 418, *461* − (II) 791, *828*
Bruggemann, A. (II) 425, *482*
Bruhn, M. (I) 600, *609* − (II) 355, *391*
Brumberg, R.E. (I) 156, *219*, 231, *280*
Brune, H.G. (I) 75, 137, 139, *141*, *148* − (II) 823, *833*
Bruner, J.S. (I) 23, *38*, 410, 411, *461* − (II) 208, 217, 222, *251*
Brunswik, E. (II) 190, *251*
Brusten, M. (II) 851, *857*

Buchanan, L. (II) 304, *337*
Buchli, H. (II) 566, *657*
Buck, M. (I) 128, *141*
Budescu, D.V. (II) 136, *173*
Büscher, R. (II) 825, 826, *833*
Bugenthal, D.E. (I) 378, *393*
Bujake, J.E. Jr. (II) 460, *474*
Bulman, R.J. (I) 294, *334*
Bungard, W. (I) 348, 374, 382, *393*, 510, *521*, 559, *609* − (II) 45, *55*
Bunge, M. (I) 29, 31, 32, 33, 36, 37, *38* − (II) 180, *251*, 275, *331*, 836, 855, *857*
Bunn, D.W. (II) 134, *161*
Burdick, H.A. (II) 42, *55*
Burger, P. (II) 272, 277, *339*, 508, 524, *668*
Burgess, Th. (I) 378, *392*
Burghardt, A. (I) 175, *214*
Burgoon, J.K. (I) 381, *393*
Burgoon, M. (I) 379, 382, *398*
Burnkrant, R.E. (I) 305, 306, 307, *334* − (II) 300, 305, *330*
Burns, A.C. (I) 387, *393*
Burt, C. (II) 48, *55*
Burt, R.S. (II) 297, 298, 299, 316, *331*, *336*
Busato-Schach, J. (I) 123, *144* − (II) 179, 232, *257*, 536, 539, *663*
Busch, P. (I) 350, 351, *393*, 693, 694, *722*
Buse, M. (II) 783, 824, *828*
Bush, P. (I) 628, *734*
Bush, R.F. (II) 631, *672*
Butter, E.J. (II) 384, *391*
Buzzell, R.D. (II) 243, *251*
Bybee, H.M. (II) 708, 732, *766*
Byrne, D. (I) 444, 460 − (II) 224, *251*, 409, *474*
Bystrina, I. (I) 346, *393*

Cacioppo, J.T. (I) 35, *39*, 362, *394*, 629, *722*
Caesar, B. (I) 202, *214*
Caffyn, J.M. (II) 220, 233, 234, *251*, 616, *657*
Cain, M. (I) 288, *334*
Cairns, J.P. (II) 643, 644, *657*
Camerer, C. (II) 69, *161*
Campbell, A. (I) 264, 265, *278*
Campbell, D.T. (I) 2, 22, 24, *38*, *39*, 44, 263, *278*, 459, *461*, 510, *531*, 535, 556, 563, 565, *609*, *615*, 702, *722* − (II) 44, 48, *55*, *62*, 177, 179, 184, 185, 186, 187, 189, 213, 217, *251*, *252*, 275, 276, 302, 303, 304, 305, *331*, *332*, 455, 457, *478*, 590, *673*, 837, 843, 856, *857*, *858*, *859*
Campbell, F.L. (II) 84, 88, *160*
Campbell, J.P. (I) 365, *393*
Cann, A.S. (I) 698, *722*
Cannon, W.B. (I) 493, 495, *521*
Canon, L.K. (I) 488, *521*
Cantrill, H. (I) 264, *278*
Caplan, G. (II) 793, 801, *828*
Caplan, J. (II) 818, *830*
Caplowitz, D. (I) 202, *214*
Capon, N. (I) 177, 348, 351, 369, 377, *393*, *394*, *396*, 550, 571, *608*, 627, 629, 685, 691, 695, *722*
Carborne, R. (II) 608, *657*
Cardozo, R.N. (I) 423, 451, 452, *461*, 488, *521* − (II) 627, *657*
Carell, E. (II) 11, *56*
Carlberg, P. (II) 585, *657*
Carlsmith, J.M. (I) 35, 38, 349, 388, *392*, *395*, 488, *522*, *523* − (II) 190, *249*, 842, *857*
Carlson, E.R. (I) 561, *611*
Carlsson, G. (I) 160, *214*

Carl-Zeep, A. (II) 500, *657*
Carman, J. (II) 301, *329*
Carmone, F. (II) 517, *661*
Carmone, F.J. (I) 456, *465*, 552, 553, *612*
Carnap, R. (II) 131, *161*
Carnevale, P.J.D. (I) 710, *731*
Caron, A. (I) 208, *214*
Carroll, J.D. (I) 448, *461* − (II) 523, *657*
Cartano, D.G. (I) 327, 328, 329, 330, *341*
Carter, L.F. (II) 282, *336*
Cartwright, D. (I) 16, 17, *38*, 184, *214*, 645, *722*
Castore, C.H. (I) 294, *334*, 687, *733*
Catalan, J. (I) 698, *722*
Cattell, R.B. (I) 474, 477, 478, 508, *521* − (II) 407, *474*
Cauthen, N.R. (I) 412, *462*
Cecil, J.S. (II) 856, *857*
Center, A.H. (II) 344, *391*
Centers, R. (I) 296, *334*
Cerha, J. (I) 324, *334*
Chadwick-Jones, J.K. (I) 665, *722*
Chaiken, S. (I) 574, *609*
Chakrabarti, A.K. (II) 497, *671*
Chamberlin, E.H. (II) 215, *252*
Chambers, J.A. (II) 404, 418, *474*
Chang, J.J. (II) 523, *657*
Chanowitz, B. (I) 372, *397*
Chapanis, A. (I) 487, *521*
Chapanis, N.P. (I) 487, *521*
Chapman, I.W. (I) 294, *334*
Chapman, W.S. (I) 439, *462*
Chapple, E.D. (I) 354, 355, 377, *394*
Charlton, P. (II) 190, *253*
Charnes, A. (II) 496, *657*

Charters, W.W. (I) 291, *334*
Chave, E.J. (I) 546, *622*
Chay, R.F. (II) 520, *667*
Chelsey, G.R. (II) 136, *161*
Chernoff, H. (II) 147, *161*
Chertkoff, J.M. (I) 705, *722*
Chestnut, R.W. (I) 91, *144* – (II) 179, *257*
Chevalier, M. (II) 647, 649, *658*
Child, I.C. (I) 412, *462* – (II) 432, *474*
Chinsky, J.M. (II) 242, *269*
Chiu, J.S. (II) 204, 211, 244, *269*
Christensen, P.K. (II) 406, *474*
Christensen, P.R. (II) 407, *476*
Churchill, G.A. (I) 206, 219 – (II) 304, *332*, 633, *658*
Churchill, G.A. Jr. (II) 215, *261*
Cialdini, R.B. (I) 35, *39*, 361, 362, *394*, *398*, 629, 698, 699, 700, 704, 705, *722, 729*
Cimbalo, R.S. (II) 203, *252*
Clancy, K.J. (II) 228, 237, *252*
Clark, J.M. (I) 49, *141*
Clark, M.S. (I) 494, 499, 502, *521, 525*
Clark, R.A. (I) 478, *527*
Clarke, D.G. (II) 602, 605, 606, 607, 609, 610, 612, 613, *655, 658*
Clausen, L. (I) 163, *214*
Clawson, C.J. (II) 239, *252*
Claykamp, H.J. (II) 370, 371, *391*
Clee, M.A. (I) 332, *334*, 490, *521* – (II) 651, *658*
Cline, V.B. (II) 404, *482*
Clohey, J.D. (I) 564, *624*

Cobb, W.J. (I) 351, *396*
Cocanougher, A.B. (I) 209, *222*, 292, 296, 298, 305, *334*, *342*
De Cocq, G.A. (II) 801, *828*
Cofer, C.N. (I) 495, *521*
Cohen, A.M. (I) 649, *727*
Cohen, A.R. (I) 486, *520*
Cohen, B.P. (I) 285, *335*
Cohen, D. (II) 341, 348, *391*, 463, 469, *474*
Cohen, J.B. (I) 302, 306, *335*, 454, 467, 551, 609 – (II) 213, 240, *252*, 273, 317, *336*
Cohen, M.D. (I) 708, 711, *724*
Coleman, J.S. (I) 151, 152, *214*, 317, 328, *335*
Coleman, R.P. (I) 201, 204, *214*
Collaros, P.A. (II) 467, *474*
Collet, P. (II) 86, *161*
Colley, R.H. (II) 358, 359, 367, 369, 370, *391*, 579, 582, *658*
Collins, B.E. (I) 450, 457, *462, 722*
Collins, B.J.K. (II) 501, 502, 503, 505, *668*
Collins, L. (II) 115, 116, *166*
Collins, R.H. (II) 633, *658*
Combes, J.M. (I) 564, *624*
Combs, A.W. (II) 23, *61*
Commoner, B. (I) 276, *278*
Comroe, J.H. Jr. (II) 400, *474*
Converse, P.D. (II) 621, *658*
Converse, P.E. (I) 264, 265, *278*
Cook, M. (I) 381, *392*
Cook, S.W. (II) 842, *857*
Cook, T.D. (I) 24, *39*, 284, *335* – (II) 177, 179, 184, 185, 186, 187, 189, 217, *252*, 275, 302, *332*, 446, *474*, 837, *858*
Cook, T.P. (II) 183, *268*
Cooley, C.H. (I) 283, *335*
Coombs, C.H. (II) 78, 87, 89, 101, *161, 162*
Cooper, J. (I) 492, *525*
Cooper, P. (II) 546, *658*
Cooper, W.W. (II) 496, *657*
Coper, R.G. (I) 380, *400*
Corey, L.G. (I) 321, 327, 329, *335*
Corey, St.M. (I) 586, *609*
Corkindale, D.R. (II) 341, 362, *391*
Corrigan, B. (II) 69, *162*, 521, *658*
Costanzo, P.R. (I) 665, *732*
Costner, H.L. (II) 284, 299, 301, *332*
Cotham, J.C. (I) 347, *394*
Cottrell, N.B. (II) 468, *474*
Courtney, A. (II) 383, *391*
Cousineau, A. (I) 305, 306, 307, *334*
Cowan, C.L. (I) 570, *622*
Cowling, A.B. (I) 439, *462*
Cox, D.F. (I) 89, *141*, 296, 325, *335*, 367, *393*, 633, *722* – (II) 17, 21, *56*, 179, 184, *252*, 726, *761*
Cox, K.K. (II) 181, 189, *253*, 644, *658*
Craig, C.S. (I) 629, *732* – (II) 226, *252*
Craig, S. (II) 300, *330*
Cranach, M.v. (I) 375, 389, *394*, 541, 569, 576, *609* – (II) 53, *56*, 240, *252*
Crane, L. (II) 594, *658*
Crawford, C.A. (II) 317, *337*
Crawford, R.P. (II) 461, *474*
Crawley, R. (II) 227, *252*
Crissy, W.J.E. (I) 423, 450, 467, *471* – (II) 630, *668*

Cronbach, L.J. (II) 184, 237, *252*, 302, 304, *332*
Cronkhite, G. (I) 382, *394*
Crosby, F.A. (I) 284, *335*
Crott, H. (I) 344, 368, *394* – (II) 698, 701, 710, *761*
Crott, H.W. (I) 679, 680, 686, 705, 707, *722*, *723*, *730* – (II) 80, *162*
Crutchfield, R.R. (II) 305, *335*
Crutchfield, R.S. (I) 537, *615* – (II) 402, 407, 410, *474*, *478*
Cummings, W.H. (I) 569, *609* – (II) 21, *56*, 240, *252*
Cundiff, E.W. (II) 211, 212, *256*, *269*
Cunningham, I.C.M. (I) 208, *214*
Cunningham, R.M. (I) 450, *462*
Cunningham, S.M. (I) 326, *335*
Cunningham, W.H. (II) 549, *658*
Curhan, R.C. (II) 246, *252*, 645, 647, *658*
Curtin, R. (I) 238, 240, *281*
Cutlip, S.M. (II) 344, *391*
Cyert, R.M. (I) 167, *214*
Czerwonka, Ch. (I) 75, 132, *141* – (II) 757, *761*

Dabbs, J.M.Jr. (I) 501, *521*
Däumer, U. (II) 341, 343, *393*
Daheim, H. (I) 515, *521*
Dahl, R.A. (I) 58, *140*, 184, *214*, 640, 645, *723*
Dahlhoff, H.D. (I) 207, 208, *214*
Dahrendorf, R. (I) 168, *214*
Dalkey, N. (II) 79, *162*
Dalton, G. (I) 171, *213*
Daly, P. (I) 91, *140*

Danielson, W. (II) 575, *658*
Danielson, W.A. (I) 318, *335*
Darby, B.L. (I) 698, *722*
Darby, R.R. (I) 132, *141*
Darden, W.R. (I) 321, 324, 340, 450, *468*
Darwin, C. (I) 474, 493, *521*
Dash, J.F. (II) 627, 635, *658*, *670*
Daumenlang, K, (II) 405, *480*
Dauw, D.C. (II) 470, *474*
Davenport, J.S. (II) 227, *252*
Davenport, J.W. (I) 629, 692, 693, 694, 715, *734*
Davenport, J.W.Jr. (I) 349, 350, *401*
David, M. (II) 227, *260*
Davidson, A.R. (I) 563, 564, 565, *609* – (II) 316, *333*
Davis, A. (I) 412, *462*
Davis, G.A. (II) 403, 461, *474*, *475*
Davis, H.L. (I) 156, 207, 208, *214*, 377, 387, *394*, 627, 685, *723*
Davis, J.A. (I) 284, 294, *335* – (II) 79, *172*
Davis, J.H. (II) 79, *162*
Davis, J.M. (I) 321, 328, *341* – (II) 12, *56*
Davis, K.E. (I) 571, *614*
Dawes, R. (II) 89, 101, *162*
Dawes, R.M. (I) 545, 555, 556, 557, 559, *609*, *610*, 688, *723* – (II) 69, 92, *162*, 236, *252*, 521, *658*
Dawson, L.M. (II) 747, *762*
Day, G. (II) 236, *249*
Day, G.S. (I) 438, 441, *462* – (II) 273, 277, 279, 329, 341, 356, *390*, 508, 511, *658*
Deabler, H.L. (I) 502, *529*
Dean, G.W. (II) 70, 148, *165*

Dean, J. (II) 564, 565, 585, *658*
Dearborn, G.V. (II) 411, *475*
Declerck, R.P. (II) 710, *761*
Dedler, K. (I) 129, *141*
Deering, B.J. (II) 47, *56*, *252*
Deerling, B.J. (II) 203, *253*
Deese, J. (II) 226, *252*
Defleur, M. (II) 19, *62*
DeFleur, M.C. (I) 535, *610*
DeFleur, M.L. (I) 439, 441, *462*, *471*, 585, *623*
DeGroot, M.H. (II) 79, *162*
Dehr, G. (II) 396, 455, 457, 460, 470, *475*
Deiker, T.E. (II) 51, *61*
Delbecq, A. (II) 79, *165*
Della Bitta, A. (II) 556, *658*
De Lozier, M.W. (II) 212, *252*
Demarchi, Ch. (II) 678, 679, *762*
Dembo, R. (II) 559, 665, 726, *765*
Dembo, T. (I) 9, *42*
Deneke, Chr, (II) 800, 802, *827*
DeNinno, J.A. (I) 294, *334*
Denny, R. (I) 163, 192, *292*
Dettling, W. (II) 770, 806, *828*
Deutsch, E. (II) 845, 846, *858*
Deutsch, K. (I) 81, *141*
Deutsch, M. (I) 30, *39*, *141*, 286, 303, *335*, 635, 638, *723* – (II) 729, *762*
Deutscher, I. (I) 439, *462* – (II) 19, *56*
Deutscher, T. (I) 350, 388, *399*
Deutschmann, P.J. (I) 318, *335* – (II) 575, *658*
DeVinney, L. (I) 284, *342*

DeVoe, S. (I) 375, *401* – (II) 496, *657*
DeVries, D.L. (I) 588, *610*
Dewing, K. (II) 405, *475*
Dholakia, R.R. (I) 361, *400*, 678, 687, 699, *732*
Dichter, E. (I) 365, 366, 377, *394*, 415, *462* – (II) 15, *56*
Dichtl, E. (I) 431, *462*, 552, 554, 604, *610* – (II) 347, 394, 485, 489, 496, 511, 513, 515, 579, 622, 627, *658*, 669, 676, 677, 678, *683*, 715, 724, *762*, *766*
Dickenberger, D. (I) 489, 490, 512, *522*
Dickinson, R.A. (I) 477, *462*
Diehl, J.M. (I) 516, *522*
Diekmeyer, U. (II) 455, *478*
Diener, B.J. (I) 97, *141*
Dienstbier, R.A. (I) 498, *522*
Dierkes, M. (I) 275, *278*
Dieterich, M. (I) 580, 581, *614* – (II) 517, 581, *663*
Diggens, D.R. (II) 404, *480*
Diller, H. (I) 130, *141* – (II) 498, 536, 545, 550, 555, 557, 604, 625, 629, *658*, *659*, 727, *762*
Dillon, P.C. (II) 464, *475*
Dillon, W.R. (II) 627, *670*
Dilthey, W. (II) 178, *253*
Dimitroff, G. (I) 19, 20, *39*
Dipboye, R.L. (II) 181, *253*
Distler, G. (II) 213, *253*
Dittrich, E. (II) 438, *479*
Dodd, A.R. (II) 242, *253*
Dodson, J.D. (I) 506, *532* – (II) 233, *269*
Dörner, D. (II) 159, *162*, 453, 454, 472, *476*
Dolbear, F.T.Jr. (I) 8, *44*
Dolich, I.J. (II) 240, 241, *251*

Dominguez, L.V. (I) 201, *214*
Dominguez, V.L. (II) 278, *332*
Domino, G. (II) 415, *475*
Domizlaff, H. (I) 412, *462*
Donald, G.Jr. (I) 354, 355, 377, *394*
Donnahoe, A.S. (I) 450, *462*
Donnelly, J.H.Jr. (I) 347, 354, *399*
Donohue, G.A. (I) 320, *342*
Donohue, Th.R. (II) 384, *391*
Donohue, W.A. (II) 384, *391*
Doob, A.N. (I) 381, *395*, 488, *522*
Doorman, L. (II) 783, *828*
Dorcus, R.M. (I) 502, *522*
Dornoff, F.J. (II) 635, *662*
Doub, R. (II) 594, *655*
Douglas, S. (I) 196, *215*
Dowling, G.R. (II) 398, *479*
Downs, A. (I) 57, *141* – (II) 760, 762, 814, *828*
Doyle, P. (I) 451, 456, *462* – (II) 625, 640, *659*
Drauden, G. (II) 464, *474*
Drechsel, I. (II) 434, 439, *473*
Dreves, R.A. (I) 458, *464*
Dripps, R.D. (II) 400, *474*
Driver, M. (II) 412, *480*
Driver, M.J. (II) 687, *733*
Druckman, D. (I) 649, *723*
Dubois, B. (I) 551, *610*
Duckstein, L. (II) 129, *168*
Duesenberry, J.S. (I) 101, *141*, 151, 156, *215*, 231, *278*
Duffy, E. (I) 475, 494, *522*
Dumazedier, J. (I) 157, *215*
Duncan, O.D. (I) 265, *278* – (II) 280, 281, 282, *332*

Duncan, R. (II) 399, *482*
Duncan, S.D. (I) 375, *394*
Dunckel, H. (II) 421, 434, 444, 450, 451, 452, *475*, *476*, *481*
Duncker, K. (I) 389, *394*, 696, *723* – (II) 419, *475*
Dunette, M.D. (I) 3, *39*, 365, *393*
Dunlop, J.T. (I) 194, *218*
Dunn, S.W. (I) 196, *215* – (II) 341, 348, *391*
Durand, J. (II) 597, *659*
Durand, R.M. (I) 458, *465*
Durkheim, E. (II) 793, *828*
Dworak, K. (II) 43, *56*
Dyer, J. (II) 129, *162*
Dyer, R. (I) 130, *141*
Dyer, R.F. (II) 184, *253*
Dyk, R.B. (II) 408, *482*

Eagley, A.H. (I) 572, 574, 575, *609*, *610*
Easterlin R.A. (I) 264, 265, *278*
Ebbesen, E. (I) 499, *528*
Ebbesen, E.B. (I) 439, *471*
Ebbinghaus, P. (II) 227, *253*
Ebel, R.L. (II) 419, *475*
Eberbach, W.H. (II) 845, *858*
Eberlein, G.L. (II) 36, *56*
Ebert, I. (II) 785, *828*
Eberwein, W.D. (II) 851, *857*
Echterhagen, K. (II) 18, *55*
Eckardt, K. (II) 649, *659*
Eckensberger, L.H. (I) 514, *522*
Eckert, R. (II) 783, *828*
Edelmann, F. (II) 530, *659*
Edgeworth, F.Y. (II) 10, *56*
Edler, F. (II) 604, *659*
Edney, J. (II) 740, *762*
Edwards, A.L. (I) 545, 547, 564, *610*
Edwards, M.O. (II) 460, *475*

Edwards, R.E. (I) 488, *525*
 – (II) 7, *56*
Edwards, W. (II) 97, 98, 115, 116, 117, 136, 140, 141, 156, 159, *162*, *163*, *166*, *170*, *172*, *173*, 213, *253*
Eekhoff, J. (I) 120, *142*
Ehrenberg, A.S.C. (II) 190, 228, 243, *253*, *254*
Ehrenberg, B. (II) 224, *266*
Ehrenfels, Ch.v. (II) 219, *253*
Ehrlich, D. (I) 488, *522* – (II) 20, *56*, 179, 240, *253*
Ehrlich, H.J. (I) 596, 598, *610*
Eichler, G. (I) 75, 101, *142*, *148* – (II) 823, *834*
Eiduson, B. (II) 402, *475*
Eiler, D.A. (II) 602, *672*
Einem, W.v. (II) 805, *828*
Einhorn, H.J. (II) 65, 69, 70, 101, 116, 128, *163*
Eisenman, R. (II) 409, *475*
Eiteneyer, H. (II) 682, *765*
Ekeh, P.P. (I) 177, *215*
Ekman, P. (I) 376, 378, *394*, *395*
El-Ansary, A.J. (II) 728, 746, *768*
El-Ansary, A.L. (I) 184, *215* – (II) 618, *659*
Elbert, N.F. (II) 304, *336*
Eldridge, L. (II) 204, *268*
Eliseo, T.S. (II) 463, *482*
Elkes, R. (I) 698, *722*
Elliot, J.M. (II) 410, *475*
Ellis, H.M. (II) 128, *163*
Ellsworth, P. (I) 378, *395*
Ellsworth, P.C. (II) 842, *857*
Ellwein, T. (II) 783, 824, *828*
Ellwood, L.W. (II) 622, *659*
Ellworth, P.C. (I) 35, *38*
Elms, A. (I) 437, *462*
Emery, F. (II) 546, *659*

Emge, R.M. (I) 207, *215*
Endler, N.S. (I) 656, *728*
Endicott, J. (II) 80, *171*
Engel, J. (I) 486, *522*
Engel, J.F. (I) 4, *39*, 323, 325, *335*, 367, 368, 383, 384, *395*, 603, *610*, 633, *724* – (II) 23, 24, 28, 29, *56*, 192, 198, 199, 216, 230, *253*, 273, 277, *332*, 539, 575, 589, 636, 644, *659*, *671*
Engel, R. (II) 211, *266*
Engelsing, E. (II) 583, *659*
England, G.W. (I) 599, *610*
Engledow, J.L. (I) 79, 124, 125, *149* – (II) 301, *330*, 386, *390*
Engram, P. (I) 710, *731*
Enis, B.M. (I) 450, *462* – (II) 179, 181, 189, 202, 252, *253*, 267, 555, 641, *659*
Epstein, E.S. (II) 134, *169*
Eptin, F.R. (II) 87, *163*
Erbslöh, E. (II) 352, *393*
Erhardt, K.F. (II) 233, *253*
Erichson, B. (I) 552, 553, *612* – (II) 236, *256*, 723, *763*
Erickson, G.M. (II) 500, 608, *659*
Ernst, W. (II) 227, *253*
Eschenburg, R. (II) 791, 793, 795, *828*
Eser, A. (II) 845, *858*
Eskin, G.J. (I) 193, 244, *253*, 503, *659*
Esser, H. (II) 45, *56*
Esser, J.K. (I) 705, *722*
Esser, W.M. (II) 706, 709, *764*
Etgar, M. (I) 456, 457, *464*
Etter, W.L. (II) 509, *659*
Etzioni, A. (II) 709, 762, 843, *858*
Eucken, W. (I) 169, *215* – (II) 8, *56*
Eurich, C. (I) 321, *335*
Evans, A. (II) 804, *828*

Evans, F.B. (I) 346, 347, 348, 352, 354, *395*, 633, 690, 691, 692, *724* – (II) 632, *660*
Evans, F.G. (I) 177, *215*
Evans, R.H. (I) 681, 701, *726*
Evers, A. (II) 788, 803, *828*
Ewald, D. (I) 9, *43*
Ewald, G. (I) 9, *43*, 87, 89, *147*, 154, 156, 157, *221*, 235, *280*, 367, 399, 421, 423, 427, 431, 469, 517, *529*, 626, 627, *731* – (II) 2, 7, 10, 12, 13, 14, 17, 25, 26, 27, 28, 31, 32, 33, 34, 42, *60*, 191, 198, 199, 207, 209, 214, 216, 218, 219, 220, 224, 229, 237, 247, *264*, 343, 380, 381, *394*, 398, *480*, 568, 575, 600, *669*
Ewen R.B. (II) 464, *481*
Eyferth, K. (I) 578, *610*
Eysenck, H.J. (I) 474, *522*

Faber, M. (I) 417, *462*
Fagot, R. (II) 9, *54*
Fahrenberg, J. (II) 234, *253*
Faison, E.W.J. (I) 575, *610*
Falk, B. (II) 642, *659*
Falkenstein, R.v. (I) 95, 96, *142*
Falter, J.W. (I) 517, *522*
Farley, J. (I) 348, *395*
Farley, J.U. (II) 29, *56*, 193, 251, 273, 278, 279, 280, 326, *332*, *335*, 728, *762*
Farley, J.W. (I) 697, 698, *724*
Farner, R. (II) 344, *391*
Farquhar, P.H. (II) 97, 126, 128, *163*
Faßnacht, G. (II) 40, *56*
Faterson, H.F. (II) 408, *482*
Faust, H. (II) 795, *828*

Fechner, G.Th. (II) 176, 217, 253
Fechtner, H. (II) 18, 55, 247, 250, 771, 828
Feger, H. (II) 19, 56, 363, 391
Feick, J. (II) 688, 762
Feigs, J. (I) 211, 215 – (II) 241, 253
Felder, L.C. (I) 377, 378, 393
Feldhusen J.F. (II) 406, 482
Feldman, J.J. (I) 351, 396
Feldmann, L.P. (I) 321, 333 – (II) 683, 762
Feldstein, S. (I) 375, 400
Fellner, C.H. (II) 5, 56
Felson, M. (I) 200, 215
Feltes, T. (II) 851, 857
Fendrich, J.M. (I) 596, 611
Fennell, G. (I) 493, 522
Fenton, J.S. (I) 327, 328, 336
Fenwick, I. (I) 451, 456, 462
Fenwick, J. (II) 625, 640, 659
Ferber, R. (I) 209, 215 – (II) 189, 253
Ferguson, J.M. (II) 211, 244, 264
Ferguson, L.W. (I) 3, 39
Ferrell, W.R. (II) 136, 163
Ferris, D.R. (II) 406, 482
Ferris, S.R. (I) 378, 397
Feshbach, S. (I) 501, 525. – (II) 234, 257, 729, 735, 764
Festinger, L. (I) 9, 23, 34, 39, 42, 184, 209, 211, 215, 286, 287, 292, 293, 296, 299, 301, 326, 336, 421, 453, 462, 474, 482, 485, 486, 487, 488, 522, 523, 567, 568, 575, 598, 611, 679, 680, 724 – (II) 6, 20, 56, 236, 240, 254, 559, 665, 726, 765
Fichtner, H.E. (I) 418, 463

Fienberg, St.E. (II) 281, 331, 332
Filley, A.C. (I) 644, 719, 724
Finck, G. (II) 594, 622, 630, 656, 659, 660
de Finetti, B. (II) 132, 136, 163
Firestone, I. (I) 573, 625
Firth, J. (II) 616, 673
Firth, R. (I) 176, 215
Fischer, G.W. (II) 69, 98, 116, 117, 124, 128, 129, 157, 163, 164, 173
Fischer, U. (I) 250, 278
Fischerkoesen, H. (II) 44, 56, 366, 390, 558, 659
Fischer-Winkelmann, W.F. (I) 85, 113, 140, 154, 189, 215 – (II) 18, 55, 240, 247, 250, 356, 391, 507, 656, 686, 747, 750, 759, 761, 771, 828
Fischhoff, B. (II) 68, 84, 133, 134, 135, 136, 164, 168, 171
Fish, L.J. (II) 368, 394
Fishbein, M. (I) 438, 439, 442, 443, 458, 463, 536, 544, 545, 550, 551, 564, 568, 570, 584, 587, 588, 589, 593, 594, 595, 596, 597, 598, 602, 606, 607, 609, 611 – (II) 19, 56, 213, 240, 252, 254, 276, 304, 317, 318, 332, 379, 380, 390, 391, 518, 519, 660
Fishburn, P.C. (II) 70, 93, 97, 101, 119, 128, 133, 164
Fisher, F.M. (II) 283, 293, 332
Fisher, J. (II) 605, 607, 660
Fisher, W. (II) 179, 257
Fishman, I.A. (I) 412, 463
Fisk, G. (II) 627, 657
Fiske, D.W. (I) 459, 461, 565, 609, 702, 722
Fiske, J.O. (II) 303, 304, 305, 331

Fiss, H. (II) 224, 254
Flämig, J. (II) 243, 254
Flanagan, M.F. (II) 181, 253
Fleischmann, G. (II) 247, 254, 790, 829
Fleishman, E.A. (II) 70, 165
Fleming, D. (I) 437, 463
Flescher, I. (II) 405, 475
Fletcher, R. (II) 227, 254
Fletcher, R. (II) 294, 296, 332, 590, 660
Flockenhaus, K.F. (II) 383, 392
Foa, E.B. (I) 647, 724, 733
Foa, U.G. (I) 647, 724, 733 – (II) 303, 332
Förster, B. (II) 750, 767
Foley, W.F. (II) 585, 670
Foppa, K. (II) 219, 254, 589, 591, 660
Form, W.H. (I) 295, 336
Fornell, C. (I) 133, 134, 135, 142 – (II) 297, 298, 301, 316, 330, 332
Fothergill, J. (II) 236, 243, 254
Fouilhé, P. (II) 543, 660
Fouraker, L.E. (I) 681, 682, 706, 732
Fourt, L.A. (II) 501, 502, 503, 660
Fox, K.F.A. (II) 683, 689, 697, 725, 726, 744, 748, 762
Francis, J.C. (II) 78, 164
Frank, P. (II) 277, 332
Frank, R.E. (II) 44, 57, 184, 254, 644, 660, 715, 762
Franke, G. (II) 88, 167
Franke, H. (II) 225, 254
Franke, J. (II) 53, 57
Franklin, J.C. (II) 228, 254
Fransella, F. (II) 86, 164
Fraser, S.C. (I) 360, 361, 395, 678, 698, 724
Frederick, J.G. (I) 416, 463
Frederiksen, N. (II) 407, 475

Freedman, J.L. (I) 349, 360, 361, *395*, 488, *523*, 575, *611*, 678, 698, *724*
French, J.R. jr. (I) 646, 650, *724*
French, J.R.P. (I) 51, *142*, 184, *215*, 293, 295, *336*
Frese, M. (II) 420, 450, *475*, *481*
Freter, H. (I) 550, 551, 552, 604, 606, *611* − (II) 213, 218, *254*, *261*
Freter, H.W. (II) 567, 582, 596, 599, *660*
Freud, S. (I) 474, 476, 493, *523*
Frey, A. (II) 585, *661*
Frey, B.S. (I) 165, *215*
Frey, D. (I) 296, 318, 326, *336*, 486, 488, *523*, 569, 572, 573, 574, 575, 576, 602, *611*, 679, 682, *724* − (II) 22, *57*, 65, 80, *164*, 213, 240, *254*, 693, 705, 706, 710, 726, 729, 734, 735, 738, *762*, *763*
Fricke, E. (II) 437, 441, 473, *475*
Fricke, W. (II) 420, 434, 436, 437, 438, 439, 440, *475*
Friebel, H. (II) 793, *829*
Friedeburg, L.v. (II) 780, *830*
Friedland, D.L. (I) 561, *611*
Friedman, M. (I) 152, 153, 156, *215*, 231, 278, *660*, *724*
Friedman, M.P. (I) 128, *142* − (II) 210, 248, *254*
Friedman, N. (II) 183, *254*
Friedman, Y. (II) 790, *829*
Friedrichs, J. (I) 539, 540, 542, 582, *611* − (II) 650, *660*
Friesen, W.V. (I) 376, 378, *394*, *395*
Frisch, U. (I) 376, *394*
Fritz, W. (I) 572, *619* − (II) 232, *263*, 676, 677, 682, 693, 724, 750, *762*, *763*, *766*, *767*
Fritzsche, Chr. (II) 448, *475*
Fritzsche, H. (II) 448, *475*
Fröhlich, W. (I) 258, *279*
Froland, Ch. (II) 803, *829*
Froman, L.A. Jr. (I) 708, 711, *724*
Fromkin, H.L. (I) 15, *39*, 304, *341*, 575, 622 − (II) 46, *57*
Fromm, E. (I) 100, 107, 108, 113, *142*
Früchtenicht, J. (II) 195, 219, *262*
Fry, J.N. (I) 457, *466*
Fryback, D.G. (II) 128, *164*
Fuchs, G. (II) 7, 48, *60*
Fuchs, V. (II) 817, *829*
Funk, D.W. (II) 463, 469, *474*
Fürstenberg, F. (I) 181, 183, *215*
Furby, L. (II) 185, 238, *253*
Fwu Tarng Dun (II) 43, *57*

Gabele, E. (II) 706, 709, 760, *764*
Gabor, A. (II) 190, 194, 198, *254*, 536, 537, 541, 542, 543, 545, 546, 548, 549, 558, 565, *660*, *671*
Gabrielli, W.F. (II) 129, *164*
Gabrielsen, A. (II) 294, *332*
Gadel, M.S. (I) 347, 354, *394*, 691, *725*
Gadenne, V. (I) 316, *336*, 629, 689, *725* − (II) 616, *660*
Gadlin, W. (II) 224, *254*
Gäfgen, G. (I) 53, *142*, 154, 185, 186, *215* − (II) 70, *164*
Gärtner-Harnach, V. (I) 511, *523*
Gahagan, L. (I) 412, *463*

Galanter, E. (II) 443, 444, *479*
Galbraith, J.K. (I) 66, 121, *142*, 187, 192, *216* − (II) 484, *660*, 750, *762*
Galinat, W. (I) 629, 705, *730*
Galle, G. (II) 43, *57*
Galton, F. (II) 402, 411, 413, *475*
Gardner, B. (I) 415, 417, *462*, *463* − (II) 203, 204, 212, 237, *255*, 380, *391*
Gardner, D.M. (I) 123, *142* − (II) 202, *255*, 555, *660*
Gardner, M. (I) 417, *462*
Garfinkel, H. (II) 373, *395*
Garmer, R.K. (II) 384, *391*
Gartner, A. (II) 785, 791, 793, 799, 800, 801, 802, 817, 818, 819, *829*
Gary, A.L. (I) 654, *635*
Gatewood, R.D. (I) 128, *142*
Gaudet, H. (I) 313, 320, *338*, 363, *397* − (II) 574, *665*
Gebert, D. (I) 3, *39* − (II) 422, 428, 429, 430, 431, 432, *476*
Geiger, F.P. (II) 219, *266*, 352, *394*
Geiger, Th. (I) 187, 199, *216*
Geißler, H. (II) 806, *829*
Geistfeld, L.V. (II) 12, *57*
Geller, J. (I) 375, *401*
Gensch, D. (II) 508, *671*
Gensch, D.H. (II) 560, 595, 597, *660*
Georgoff, D.M. (II) 548, *660*
Geraci, V.J. (II) 292, 293, *333*
Gerard, H.B. (I) 303, *335*, 371, 372, 390, *396*, 438, *465*, 573, *614*, 645, 657, *727*
Gerdts, U. (II) 78, *169*
Geschwender, J.A. (I) 295, *336*

Getzels, J.W. (II) 405, 418, 476
Geyer, A. (II) 409, 476
Ghiselin, B. (II) 397, 410, 476, 481
Gilbert, E. (I) 586, 620
Gillig, P.M. (I) 573, 612
Gilligan, C. (II) 585, 661
Gilmer, B. von Haller (I) 3, 39
Gilmiur, R. (I) 378, 392
Gilmore, D.L. (I) 321, 341
Ginter, J.L. (I) 454, 467, 552, 612
Gintis, H. (I) 163, 189, 216
Ginzberg, E. (II) 199, 255, 548, 661
Gitlow, H.S. (II) 714, 762
Gizycki, H. (II) 793, 805, 829
Glätzer, H. (II) 808, 809, 829
Glassman, M. (II) 379, 392
Glaudin, V. (I) 596, 612
Glazer, N. (I) 163, 192, 221
Glick, P.C. (I) 207, 216
Glock, Ch.Y. (I) 157, 216
Gniech, G. (I) 34, 39, 299, 307, 336, 490, 507, 510, 512, 514, 515, 517, 518, 520, 522, 523, 612, 602, 612, 682, 725 − (II) 45, 57, 240, 255, 704, 705, 735, 736, 763
Godenough, D.R. (II) 408, 482
Göschel, A. (II) 812, 829
Goffmann, E. (II) 356, 392
Goldberg, L.R. (II) 68, 69, 164, 165
Goldberg, M.E. (II) 215, 255, 385, 392
Goldberger, A.S. (II) 272, 282, 292, 293, 301, 333, 334
Golden, B.W. (I) 574, 607
Golden, E. (I) 302, 306, 335

Golden, L.L. (I) 455, 467 − (II) 529, 655
Goldman, A. (I) 453, 463 − (II) 538, 661
Goldmann, H.M. (II) 368, 392
Goldstein, J.L. (II) 465, 476
Goldthorpe, J.H. (I) 200, 205, 216
Gollner, G.H. (II) 851, 857
Gonsion, M.A. (II) 554, 673
Gonsior, M.H. (II) 47, 61, 197, 200, 268
Gonten, M.v. (II) 243, 255
Goodman, B.C. (II) 141, 163
Goodman, L.A. (II) 281, 333
Goodmonson, C. (I) 596, 612
Gordon, C.M. (II) 224, 255, 267
Gordon, L.V. (I) 560, 612
Gordon, R. (I) 412, 463
Gordon, W.J.J. (II) 457, 458, 460, 476
Gorges, I. (I) 97, 146
Gorn, G.J. (II) 215, 255, 385, 392
Gorz, A. (II) 805, 829
Goslar, H. (II) 354, 394
Gossen, H.H. (II) 8, 57
Gosslar, H. (II) 177, 215, 232, 263, 755, 766
Gothe, L. (II) 808, 829
Gottschaldt, K. (II) 408, 476
Gottschalk, I. (I) 129, 141
Gottwald, P. (I) 345, 396
Gouaux, C. (I) 499, 523
Gough, H.G. (II) 402, 405, 407, 408, 464, 476
Gouldner, A.W. (I) 179, 216
Grabicke, K. (I) 123, 146, 717, 725 − (II) 179, 232, 263, 513, 669
Grabitz, H.-J. (I) 34, 39,

299, 336, 490, 523, 570, 612, 678, 682, 725 − (II) 22, 57, 240, 255, 704, 705, 709, 735, 736, 763
Grabitz-Gniech, G. (I) 570, 612 − (II) 240, 255
Graefe, O. (II) 220, 255
Graff, J. (II) 289, 301, 325, 329, 333
Graham, E. (I) 296, 338
Graham, W.K. (II) 464, 475
Granbois, D.H. (I) 387, 393, 455, 467 − (II) 539, 668
Grandy, J. (II) 302, 338
Granger, C. (II) 190, 194, 198, 210, 248, 254, 255, 550, 552, 661
Granger, C.W.J. (II) 537, 541, 543, 546, 548, 549, 558, 563, 660, 671
Grauhan, R.R. (II) 803, 806, 817, 818, 829
Graumann, C.F. (I) 344, 345, 346, 369, 375, 395, 510, 511, 514, 523, 660, 665, 685, 725 − (II) 178, 206, 223, 240, 255
Graumann, K.F. (I) 257, 279
Green, B.F. (II) 521, 661
Green, E.J. (II) 42, 55
Green, P.E. (I) 552, 553, 554, 612 − (II) 179, 184, 255, 517, 518, 522, 523, 528, 529, 530, 661
Green, P.M. (I) 448, 463
Green, R.T. (I) 208, 214
Greenberg, A. (II) 228, 248
Greenberg, B.S. (I) 319, 336 − (II) 383, 392
Greene, J.D. (II) 590, 661
Greenwald, A.G. (I) 573, 612
Grefe, R. (I) 212, 215, 310, 313, 336, 363, 368, 395
Greif, S. (I) 195, 213, − (II) 409, 410, 421, 422, 438, 450, 475, 476, 481
Gretschmann, K. (II) 770,

791, 793, 795, 797, 798, 802, 804, 809, 810, *829*
Greverus, I.M. (II) 826, *829*
Greyser, S.A. (I) 453, *467*
Griesinger, D.W. (I) 638, *725*
Griffit, W. (I) 444, *460*
Griliches, Z. (II) 293, *333*
Grochla, E. (II) 678, *763*
Groeben, N. (I) 345, *395*
Gröne, A. (II) 714, 715, *763*
Groh, G. (II) 715, *763*
Groll-Knapp, E. (I) 504, *523*
Grønhaug, K. (I) 564, *607*
Gronemeyer, M. (II) 806, 816, 818, 821, *829*
Gronemeyer, R. (II) 816, *829*
Groser, M. (II) 806, *829*
Groskurth, P. (II) 53, *57*, 425, *482*
Gross, E.J. (II) 239, *255*
Gross, N. (I) 165, *216*
Gross, P. (II) 791, 799, 801, 802, 817, 818, *827*
Gross, S. (II) 770, *829*
Gross, St.J. (I) 596, 597, 598, *612*
Grossmann, H. (II) 781, *829*
Groth, K.M. (II) 806, *829*
Gruber, A. (II) 239, *255*
Gruder, C.L. (I) 294, *336*, 710, *725*
Grüner, K.W. (I) 510, *523*
Grünwald, H. (II) 34, *57*
Grunberg, E. (I) 151, *216*
Grunert, K. (II) 521, *661*
Grunert, K.G. (I) 82, 91, 98, 126, 129, 130, *141*, 142, *143*
Gubar, G. (I) 207, *223*
Günter, R. (II) 788, *828*, *830*
Guest, L. (I) 3, 5, *39*
Guetzkow, H. (I) 642, 687, *725*, *731*
Guggenberger, B. (II) 769,
775, 781, 785, 826, *829*, *830*
Gugler, B. (I) 389, *394* − (II) 53, *56*
Guilford, J.P. (II) 401, 403, 404, 405, 406, 407, *474*, *476*
Gundermann, K. (II) 352, *393*
Gundersen, F.F. (I) 119, *143*
Gurr, T.R. (I) 263, *279*, 284, *336*
Gustafson, D.H. (II) 92, 136, *168*
Gustavson, A.W. (II) 283, *330*
Gutenberg, E. (II) 37, *57*, 191, *255*, 481, 530, 531, 539, 579, *661*
Guthrie, G. (II) 223, *260*
Gutjahr, G. (I) 427, *463*, 627, *725* − (II) 199, 201, 209, 211, 220, 221, *255*, 494, *661*
Gutman, J. (II) 220, 223, *255*
Guttman, I. (II) 20, *56*
Guttman, L. (II) 303, *333*
Guttman, L.P. (I) 547, 548, 553, *612*, *622*
Guttman, R.I. (II) 488, *522*
Guttmann, J. (II) 179, *253*

Habermas, J. (I) 162, *216* − (II) 780, 815, *830*
Hachmann, E. (II) 141, *168*
Hacker, W. (II) 420, 444, 445, 446, 447, 448, 452, *476*, *477*
Hadar, J. (II) 120, *165*
Haddock, R. (II) 555, *663*
Haddock, R.A. (II) 179, 186, 200, 208, 211, *257*
Haeberlin, F. (II) 682, *767*
Haedrich, G. (II) 47, *57*
Häfele, A. (I) 560, *617*
Häfele, M. (I) 560, *617*
Hänel, G. (II) 571, *661*
Haffner, S. (II) 783, 803, *830*

Hafter, L. (II) 209, *256*
Hage, J. (II) 399, *477*
Haider, M. (I) 504, *523*
Haines, G.H. (II) 520, *661*
Hair, J.F.Jr. (II) 631, *672*
Haire, M. (I) 7, *39*, 558, *612* − (II) 180, 213, 214, *256*
Haisch, J. (II) 726, *763*
Halbwachs, M. (I) 198, *216*
Hall, C.S. (I) 511, *523*
Hall, E.R. (II) 464, *481*
Haller, Th.F. (II) 386, *392*
Halpern, R.S. (II) 235, *256*
Halter, A.N. (II) 70, 148, *165*
Hamann, M. (II) 584, *661*
Hamblin, R.L. (I) 673, *725*
Hamel, P. (I) 706, *723*
Hamilton, D.L. (I) 433, *464*
Hamilton, Inc. (II) 495, *657*
Hamilton, R.F. (I) 205, *216*
Hamm, B.C. (II) 212, *256*
Hammann, P. (I) 552, 553, *612* − (II) 236, *256*, 494, 604, *661*, 723, *763*
Hammond, K.R. (I) 557, *612* − (II) 65, 68, 80, *165*
Hamner, D.C. (I) 707, *725*
Hamner, W.C. (I) 651, *725*
Hampton, G.M. (II) 134, *165*
Hanoch, G. (II) 120, *165*, *168*
Hansen, F. (II) 4, 12, 18, 19, 20, 41, *57*, 520, *661*
Hansen, J.C. (II) 405, *477*
Hansen, R. (I) 90, *143*
Hansen, R.A. (I) 699, *725*
Hansen, R.M. (II) 383, *392*
Hansen, R.W. (I) 300, 301, *343*
Hansen, U. (I) 135, *143* − (II) 757, *763*
Hanssmann, F. (II) 707, *763*
Harari, H. (I) 289, *338*
Harding, H.F. (II) 461, *480*

Hare, M. (II) 464, *474*
Harnett, D.L. (I) 707, *725*
Harper, M. (II) 584, *666*
Harper, R.G. (I) 375, *395*
Harré, R. (I) 689, *725*
Harrell, G.D. (II) 283, *333*
Harrell, T.W. (I) 3, *39*
Harrington, D.M. (II) 408, *473*
Harris, P. (I) 439, *469*
Harris, R.M. (I) 375, *396*
Harrison, R.P. (I) 375, *395*
Harrod, R.F. (I) 101, *143*
Harsanyi, J.C. (I) 152, 184, *216*
Hart, C.W. (I) 351, *396*
Harter, S. (I) 559, *617*
Hartley, R.E. (I) 295, 296, *336*, *337*
Hartmann, H. (I) 427, *464*, 562, *612*
Hartmann, K. (II) 221, *250*
Hartmann, K.D. (I) 418, *464* − (II) 191, *256*
Harvey, J.W. (I) 590, *624* − (II) 20, *62*, 279, 318, *339*
Harvey, O.J. (I) 573, *612*, 687, *732*
Haseloff, O.W. (II) 383, *392*, 574, *662*
Hasitschka, E. (II) 685, *763*
Haskis, J.B. (II) 583, *662*
Hasselmann, E. (II) 794, 795, 796, *830*
Hassenbruch, R. (II) 448, *475*
Hassenstein, B. (I) 109, *143*
Hastenteufel, R. (II) 356, *392*
Haug, A.F. (I) 201, *219*
Hauser, H. (I) 123, *143*
Hauser, J.R. (II) 513, 514, 515, 516, *662*
Hauser, R.M. (II) 293, 297, 301, *331*, *333*
Hausmann, F. (II) 43, *57*
Hausmann, L. (II) 84, *167*
Havelock, R.G. (II) 397, 400, *477*

Havenga, J.J.D. (II) 548, *662*
Hawkins, D. (II) 224, 225, *256*
Hawkins, D.I. (I) 457, *464* − (II) 51, *61*
Hayakawa, G.L. (I) 412, *464*
Hayek, F.A.v. (I) 57, *143*
Hayes, R.L. (II) 710, *761*
Hays, W.L. (II) 141, *163*
Hazen, M.D. (I) 578, *612*
Heath, A. (I) 152, 177, *216*
Hebb, D.O. (I) 475, *524*
Heberlein, T.A. (II) 306, 308, *330*
Heckhausen, H. (I) 472, 474, 476, 478, 479, 480, 482, 512, *524* − (II) 16, 57, 726, *763*
Heeler, R.M. (I) 564, *613* − (II) 47, *57*
Heffring, M.P. (I) 387, *395*
Hefner, M. (I) 123, *146* − (II) 179, 232, *263*, 513, 635, *662*, 669, 726, *763*
Hegner, F. (II) 771, 775, 776, 779, 780, 781, 782, 784, 818, 822, 824, *830*
Heider, F. (I) 13, *40*, 474, 482, *524*, 568, 571, *613*, 676, *725*
Heilbrun, A.B. (II) 415, *477*
Heinemann, K. (I) 156, 159, 168, 171, 172, *216*
Heinemann, M. (II) 641, 645, *662*
Heinen, E. (II) 358, *392*, 486, *662*
Heintz, P. (I) 412, *464*
Heinz, W.R. (I) 515, *524* − (II) 53, *59*
Heinze, R.G. (II) 808, 823, *827*, *832*
Heise, D.R. (II) 271, 277, 280, 282, 285, 289, *333*
Heller, E.D. (II) 703, 741, *763*
Heller, H.E. (II) 228, *256*
Helmreich, R. (I) 717, *725*

Helson, H. (I) 576, *613* − (II) 545, *662*
Helson, R. (II) 402, 407, *477*
Hemberle, G. (I) 579, 605, 615 − (II) 188, *258*
Hempel, C.G. (I) 14, 21, 23, *40*, 159, *216*
Hemsley, G.D. (I) 381, *395*
Hendon, D.W. (II) 217, *256*
Hendrick, C. (I) 488, *530*
Henion, K.E. (I) 492, *524* − (II) 739, 745, *763*
Henke, L.L. (II) 384, *391*
Hennigan, K.M. (I) 284, *335*
Henry, H. (I) 416, *464*
Henry, W.A. (II) 228, *270*
Hensel, J.S. (II) 235, *251*
Herber, H.-J. (II) 213, *256*
Herder-Dornreich, Ph. (II) 806, *828*
Herdzina, K. (I) 50, 60, *143*
Herkner, W. (I) 678, *725*
Herlyn U. (II) 812, *829*
Hermanns, A. (II) 348, 376, 377, 384, 385, *392*, *393*, 578, 580, 593, 595, 596, 599, 600, 662
Herr, E.L. (II) 405, *477*
Herrmann, T. (I) 14, 15, 16, 17, 24, 27, 28, 29, 31, 32, 33, 36, 37, *40*, 536, *613* − (II) 178, 180, 245, 246, *256*, 412, *477*, 836, 837, 841, 855, *858*
Hershey, J.C. (II) 97, *165*
Herskovits, M.J. (I) 171, *216*
Hertzman, M. (II) 408, *482*
Herzlinger, R.E. (II) 682, *761*
Heskitt, J.L. (I) 184, *217* − (II) 618, *662*
Heslin, R. (I) 501, 502, *524* − (II) 241, *267*
Hess, E.H. (II) 235, *256*
Hess, K. (II) 805, *832*

Hesse, J. (II) 682, *763*
Heuberger, N. (II) 96, *165*
Heuer, G.F. (II) 360, 361, 392, 580, *662*
Heuss, E. (I) 52, 68, 69, *143*
Hewgill, M.A. (I) 501, *524*
Heyns, R.W. (I) 478, *519*
Hickel, R. (II) 806, *829*
Hicks, J.R. (II) 10, 11, *57*
Higbee, K.L. (I) 501, 502, *524*
Hild, H. (II) 682, *763*
Hildebrand, K. (II) 825, *830*
Hildebrandt, L. (I) 549, 565, *613*, *623* – (II) 303, *333*, 561, *672*
Hilger, H. (II) 750, *762*, *767*
Hill, C.R. (II) 214, *256*
Hill, J.H. (I) 706, *728*
Hill, P. (II) 65, *165*
Hill, R.J. (I) 441, *470*, 564, 596, 598, *622*
Hilliard, A.L. (I) 540, *613*
Hillmann, K.H. (I) 157, 198, *217* – (II) 2, *58*, 752, *763*
Hilse, H. (II) 606, 611, *662*
Himmelfarb, S. (I) 572, 575, *610*
Hinde, R.A. (I) 348, 375, *396*
Hinrichs, J.R. (II) 462, *477*
Hinrichs, K. (II) 808, *832*
Hirsch, F. (I) 48, 101, 120, *143*, 256, 266, *279* – (II) 752, *763*
Hirschmann, A.O. (I) 57, 59, 60, 79, 122, *143* – (II) 680, *763*, 823, *830*
Hisrich, R.D. (II) 635, *662*
Hiss, E. (II) 354, *394*
Hiss, W. (II) 215, 232, *263*, 755, *766*
Hocevar, D. (II) 407, *477*
Hodges, J.L. (II) 147, *165*
Hoeltz, J. (II) 588, *662*
Hönel, P. (II) 809, *831*
Hoepfl, R.T. (II) 517, *662*
Hoepfner, F.G. (II) 244, *256*

Hörning, K.H. (I) 152, 157, 198, 204, 205, *217* – (II) 2, *58*
Hörschgen, H. (II) 347, 394, 485, 489, 496, *667*, 676, 677, 678, 724, *766*
Hoeth, F. (II) 191, *256*
Hoff, E. (II) 434, 438, 439, 441, *478*
Hoffman, P.J. (II) 67, 69, *165*
Hoffmann, A. (I) 75, *148* – (II) 823, *833*
Hoffmann, A.J. (II) 348, 366, 381, 382, *392*
Hoffmann, D.K. (I) 388, *396*
Hoffmann, H.J. (I) 423, 427, *464* – (II) 217, 219, 220, 223, 237, *256*, 383, *392*
Hoffmann, N. (I) 36, *44*
Hoffmann, R. (II) 785, *827*
Hofmann, W. (II) 33, *58*, 794, 795, 796, *830*
Hofstätter, P.R. (I) 412, 416, 423, 425, 427, *464*, 508, *524*, *613* – (II) 213, *256*
Hogarth, R.M. (II) 65, 69, 79, 116, 135, *163*, *165*
Hohn, H.W. (II) 808, *832*
Holbek, J. (II) 399, *482*
Holbrook, M. (I) 348, 359, *393*, *396*
Holbrook, M.B. (I) 177, 565, *613*, 627, 685, 722, *726* – (II) 283, *333*
Holland, B. (II) 224, *267*
Holland, P.W. (II) 281, *331*
Hollander, E.P. (I) 290, 296, *337*, *343*, 717, *726*
Hollinger, E. (I) 133, 134, *143*
Hollstein, W. (II) 807, 808, 809, 826, *830*
Holm, K. (I) 507, *527*
Holm, K.F. (II) 604, *662*
Holmes, D.S. (II) 848, 849, *858*
Holmes, J.G. (I) 707, *726*

Holscher, C. (II) 681, 683, 685, 688, 689, 691, 708, 711, 717, 730, 731, 732, 736, 737, 738, *763*
Holzkamp, K. (I) 689, *726* – (II) 177, 179, 181, 190, 199, *256*
Holzschuher, L. (II) 386, *392*
Homans, G.C. (I) 55, *143*, 156, 177, 178, 179, 180, 199, *217*, 268, *279*, 351, 368, *396*, 660, 663, 665, 666, 667, 668, 669, 670, 673, 674, 680, 684, 690, *726* – (II) 589, 632, *662*
Homans, G.L. (I) 370, *396*
Homans, R.E. (II) 748, *763*
Hondrich, K.O. (II) 704, *763*, 793, *830*
Hood, W.R. (I) 687, *732*
Hoofnagle, W.S. (II) 184, *256*
Hoppmann, E. (I) 52, 53, 78, 126, *143*
Horai, J. (I) 651, 719, *726*
Horn, J.L. (II) 405, *477*
Horowitz, J.A. (II) 212, *256*
Horowitz, M. (I) 296, *334*
Hotchkiss, G.B. (II) 367, 368, *392*
Houston, F.S. (II) 611, *673*, 748, *763*
Houston, M.J. (I) 128, *144*
Houtman, S.E. (II) 461, *475*
Hovland, C.I. (II) 546, *670*
Hovland, C.J. (I) 569, 570, 572, 573, 576, 577, *613*, *621*, 653, *726* – (II) 605, *662*
Howard, J.A. (I) 4, 40, 85, *144*, 457, 464, *524*, 580, 581, *613* – (II) 20, 23, 24, 29, 30, 31, 32, 52, *58*, 192, 194, 210, 213, 216, 236, *256*, 273, 274, 275, 278, 279, 280, *332*, *333*, 335, 369, *392*, 510, 515, *662*

Howard, R.A. (II) 98, *165*
Howell, W.C. (II) 70, *165*
Hoyos, C. Graf (I) 5, 36, 40, 514, *524*
Huber, G.P. (II) 79, 98, 115, 116, *165*, *166*, 517, *662*
Huber, J. (I) 675, *726* – (II) 382, *391*, 512, 516, *662*, 798, 805, 808, *830*
Hucke, J. (II) 688, *762*
Hübner, P. (I) 507, *527*
Hüttenrauch, R. (II) 507, *662*
Hüttner, M. (II) 209, *256*, 723, 724, *764*
Huff, D.L. (II) 622, *662*
Huffschmid, J. (II) 247, *256*
Hufschmied, P. (II) 519, *664*
Hughes, B.A.B. (II) 599, *655*
Hughes, E.R. (II) 304, *337*
Hulbert, J. (I) 377, *393*, *396*
Hulbert, J.M. (I) 177, 348, 369, *394*, 627, 685, *722*
Hull, C.L. (I) 475, 476, *524*
Hull, J. (II) 97, *166*
Humme, U. (II) 724, *761*
Hummel, C.F. (II) 741, *764*
Hummel, L. (II) 448, *473*
Hummell, H. (II) 271, 282, *333*
Hummell, H.J. (I) 178, *217*, 487, *524*
Hummrich, U. (I) 310, 321, 323, 324, 325, 326, 331, 332, *337*, 363, 365, 368, 384, 385, *396*
Humphreys, A. (II) 84, 86, *166*
Humphreys, P.C. (II) 69, 76, 84, 85, 86, 117, *166*
Hundhausen, C. (II) 346, *392*, 570, *662*
Hunsel, R. (II) 791, 792, 793, 796, *830*
Hunt, H.K. (I) 96, 130, *144*, 603, *613*

Hunt, S.D. (II) 618, *662*
Hunt, S.H. (II) 276, 278, *332*
Hunter, R. (I) 438, *463*
Hunziker, P. (II) 6, 26, 27, 33, *58*
Huppertsberg, B. (I) 687, *726*
Huppertz, J.W. (I) 681, 701, 702, *726*
Hutchison, T.W. (I) 151, *217*
Hutt, M.D. (II) 284, *332*
Hutt, W.H. (I) 189, *217*
Hwang, C.L. (II) 70, *166*
Hyman, H.H. (I) 209, *217*, 283, 284, 285, 287, 288, 292, 294, 295, 297, 298, 311, 351, *337*, *396*

Ihde, G.B. (II) 620, *662*
Illich, I. (II) 801, 802, 818, 827, *830*
Imkamp, H. (I) 47, 101, 125, *144*
Indermühle, K. (I) 389, *394* – (II) 53, *56*
Inglehart, R. (I) 193, *217*, 230, 248, 272, 273, 279, 582, *613* – (II) 824, 825, *830*
Innerhofer, P. (I) 345, *396*
Insko, C.A. (I) 437, *464*, 488, *524*, 585, 596, *613*
Irle, M. (I) 1, 3, 12, 13, 14, 17, 23, 25, 26, 27, 29, 31, 33, 37, *40*, *41*, 289, 318, 322, *337*, 344, *396*, 421, *464*, 486, 497, 515, 517, *524*, 534, 541, 562, 567, 568, 569, 570, 576, 578, 579, 580, 598, *609*, *613*, 614, 648, 657, 679, 694, *726* – (II) 4, 17, 21, 22, 51, *58*, 59, 80, *166*, 180, 182, 189, 190, 240, 247, 248, 252, 257, 546, 547, *662*, 693, 695, 704, 705, 710, 726, 729, *764*, 835, 842, 844, 845, 846, 847, 848, *858*

Ironmonger, D.S. (I) 151, *217*
Irwin, F.W. (I) 475, 482, 483, 484, *525*
Isakson, H.R. (I) 129, *144* – (II) 550, *662*
Iseler, A. (II) 467, 468, *474*
Isen, A.M. (I) 494, 499, 502, *521*, *525*
Isermann, H. (II) 78, *166*
Israel, J. (I) 107, 111, *144*
Issing, O.(II) 536, *663*
Itzwerth, R. (II) 800, 802, 827, *830*
Izard, C.E. (I) 494, *525*

Jacard, J. (I) 455, *469*
Jaccard, J. (II) 316, *333*
Jackson, P.W. (II) 405, 418, *476*
Jacobi, H. (II) 217, *257*, 581, *663*
Jacobson, K. (II) 183, *264*
Jacoby, J. (I) 3, 4, 5, 15, *41*, 91, 123, 128, *140*, *144*, 146, 323, 329, 330, *337*, 455, 456, *464*, *469*, 571, *614*, 627, 681, *726* – (II) 15, 18, 47, 51, *56*, *58*, 67, *166*, 179, 186, 187, 200, 203, 207, 208, 211, 215, 219, 220, 231, 232, 252, 257, 263, 267, 367, 392, 513, 536, 539, *663*, *669*
Jacoby, J.M. (II) 555, *663*
Jaederholm, G.A. (II) 601, *663*
Jäger, A.O. (II) 403, 404, *477*
Jaeggi, U. (II) 247, *257*
Jagodzinsky, W. (II) 286, 299, *337*
Jain, A.K. (I) 456, 457, *464*
Jain, S.C. (I) 201, 203, *221*
James, D.L. (I) 458, *465*
James, W. (I) 283, *337*, 475, 494, *525*
Janis, I. (I) 85, 91, *144* – (II) 65, *166*
Janis, I.L. (I) 501, 502,

525, 652, *726* – (II) 468, *477*
Janis, J.L. (I) 572, 573, 577, *613* – (II) 234, 240, *257*, 605, 662, 729, 735, *764*
Janisse, M.P. (II) 235, *257*
Jarchow, K. (II) 808, *831*
Jaspert, F. (II) 40, *58*, 209, 219, 220, *257*, 568, *663*
Jaus, D. (II) 84, *160*
Jay, A. (II) 601, 610, 615, *657*
Jeffreys, H. (II) 131, *166*
Jellison, J.M. (I) 653, *729*
Jenkins, G.M. (II) 608, *657*
Jennrich, R.I. (II) 297, *335*
Jensen, A.R. (II) 413, *477*
Jeromin, S. (I) 92, *144*
Jessen, R.J. (II) 187, *257*
Jetzmann, H. (II) 448, *477*
Jewkes, J. (II) 401, *477*
Jochimsen, R. (II) 174, 175, *257*
Jöhr, W.A. (I) 229, 256, *279*
Jöreskog, K.G. (II) 282, 283, 285, 287, 288, 292, 293, 294, 296, 297, 298, 300, 301, 302, 306, 308, 314, 316, 325, *333, 334, 337, 338*
Johannsen, M. (I) 419, 420, 421, 422, *464*
Johannsen, U. (II) 212, 227, 237, 243, 254, *257*, 380, *392*, 583, *659*
Johannson, J.K. (II) 283, *334*
Johanssen, U. (II) 624, *663*
Johansson, B. (II) 460, *477*
John, G. (II) 306, 313, *334*
John, P. (II) 777, *831*
John, R.S. (II) 115, 116, *166*
Johns, S. (I) 573, *614*
Johnson, E.J. (II) 70, *166, 170*
Johnson, E.M. (II) 92, 98, *166, 168*
Johnson, H.I. (I) 649, *727*
Johnson, L.C. (II) 69, *166*

Johnson, M.M. (I) 573, *614*
Johnson, R.F. (II) 46, *58*
Johnson, R.M. (I) 554, *614* – (II) 514, 515, 528, 529, *663*
Johnson, R.T. (II) 133, *172*
Johnson-Laird, P.N. (I) 580, *623*
Johnston, J.M. (I) 651, *727*
Johnston, W.J. (I) 632, 633, 634, *727*
Jolibert, A.J.P. (II) 204, *262*
Jones, A.J. (II) 80, *166*
Jones, E.E. (I) 371, 372, 390, *396*, 438, 465, 571, 573, *614*, 645, 657, *727*
Jones, S. (I) 501, *526*
Jourard, S. (I) 654, *727*
Juchems, A. (II) 238, 239, *257*
Jung, L. (II) 795, 797, *831*
Jungermann, H. (II) 84, 88, 132, 151, *167*
Junk, H. (II) 358, 368, *392*, 584, 617, *663*
Jureen, L. (II) 282, *339*
Juster, F.T. (II) 239, *257*
Juterzenka, G.v. (II) 809, *832*

Kaas, K.P. (I) 331, *337*, 545, 574, 580, 581, 604, 605, *614* – (II) 199, 201, 208, *257*, 503, 517, 533, 559, 560, 561, 581, 595, *663, 673*
Kaase, M. (I) 517, *525* – (II) 819, 821, *827*, 851, *858*
Kaden, W. (I) 560, *617*
Kästing, F. (II) 341, *392*
Kätsch, S. (I) 200, *217*
Kahle, L.R. (II) 317, *334*
Kahler, R.C. (I) 704, *720*
Kahn, G.M. (I) 654, *735*
Kahn, R.L. (I) 3, 25, *41* – (II) 422, 423, 424, 425, 426, 427, 428, 429, 433, 441, *477*

Kahneman, D. (II) 69, 158, *167*, 172
Kahr, A.S. (II) 70, 157, *161*
Kaiser, A. (II) 353, *392*, 573, 579, 594, *663*
Kakkar, P. (II) 231, 232, *249*
Kalbermatten, U. (I) 389, *394* – (II) 53, *56*
Kaldor, N. (II) 215, *257*
Kalleberg, A.L. (II) 308, *334*
Kaltsounis, B. (II) 403, *477*
Kamen, J.H. (II) 540, 541, 546, 583, *663*
Kamen, J.M. (II) 198, *258*
Kaminski, G. (I) 514, *525* – (II) 219, 232, *258*
Kandler, C. (I) 605, *614* – (II) 215, 232, *263*, 354, *394*, 682, 687, 711, 750, 755, *764, 766*
Kanouse, D.E. (I) 499, 529, 575, *614*
Kanter, D.L. (I) 196, *217*
Kantzenbach, E. (I) 50, *144*
Kao, R.C. (II) 101, *162*
Kaplan, A. (I) 17, *42*
Kaplan, M.F. (II) 409, *477*
Kaplan, R.S. (II) 596, *663*
Karel, M. (II) 789, *827*
Karmarkar, U.S. (II) 95, *167*
Karni, E. (I) 132, *141*
Karp, L. (I) 502, *525*
Karp, S. (II) 408, *482*
Karp, S.A. (II) 408, *482*
Karsten, A. (II) 221, *258*
Kaspar, H. (II) 398, 399, 430, 432, 433, *477*
Kassarjian, H.H. (I) 3, 5, 41, 440, 465, 563, 564, *614* – (II) 14, *58*, 383, *392*, 513, *656*
Kaswan, J.W. (I) 378, *393*
Katona, G. (I) 7, 8, 11, 16, 41, 66, *144, 145*, 157, *167*, 186, 189, 202, *217*, 226, 229, 234, 235, 244, *279* – (II) 5, 16, *58*, 194,

198, *258*, 485, 486, 533, *663*
Katz, A.H. (II) 791, 798, 801, *831*
Katz, D. (I) 3, 25, *41*, 256, 271, 279, 308, *337*, 412, *465*, 541, 579, 601, *615* – (II) 219, *258*, 422, 423, 424, 425, 426, 427, 428, 429, 433, 441, *477*
Katz, E. (I) 212, *217*, 314, 315, 317, 318, 321, 328, 329, *335*, *337*, *339*, 386, *396* – (II) 365, *392*, 575, *663*
Katzell, R.A. (I) 3, *41*
Kaufmann, F. (I) 152, *217*
Kaufmann, F.C. (II) 687, *764*
Kaufmann, G. (I) 626, *727*
Kaufmann, K. (I) 166, *218*
Kawlath, A. (II) 507, *663*
Kaye, R.S. (II) 212, *257*
Kearney, M.J. (I) 564, *613*
Keeney, R.L. (I) 9. *41* – (II) 70, 76, 78, 79, 80. 85, 96, 98, 112, 119, 123, 125, 126, 128, 157, 158, *161*, *163*, *164*, *167*, *169*
Kegerreis, R.J. (I) 323, 325, *335*, 633, *724*
Kehl, D. (I) 536, *617*
Keiffer, M. (I) 706, *728*
Keim, L. (II) 822, *833*
Keitz, W.M. v. (I) 579, 605, *615* – (II) 188, 195, 219, 258, 262
Kelley, E.J. (II) 683, 684, 747, *765*
Kelley, H.H. (I) 177, 183, *223*, 284, 285, 288, 311, *337*, 571, 572, 573, 577, *613*, *614*, 634, 639, 643, 648, 665, 670, 671, 676, 677, 681, 682, 683, 684, *727*, *733* – (II) 605, *663*
Kelly, C.W. (II) 86, 154, 157, *167*
Kelly, M. (I) 596, *621*
Kelly, P.J. (II) 242, *253*
Kelly, R.F. (I) 457, *465*

Kelman, H.C. (I) 305, 308, *337*
Kemp, L.J. (II) 627, *669*
Kemper, T.D. (I) 288, *338*
Kempf, U. (II) 781, *830*
Kendall, W.E. (I) 3, *41*
Kendon, A. (I) 375, *396*
Kenkel, W.F. (I) 207, 209, 218, 388, *396*
Kennedy, Sh.H. (II) 341, 362, *391*
Kenny, D.A. (II) 185, *258*, 283, 306, *335*
Kenny, K.C. (I) 564, *610*
Kerby, J.K. (I) 557, 558, *615*
Keren, G. (II) 116, *167*
Kerlinger, F.N. (I) 508, *525*, 538, *615*
Kernaleguen, A. (I) 321, *334*
Kernan, J.B. (I) 361, *398*, 455, *467*, 699, *731* – (II) 635, *662*
Kerr, C. (I) 194, *218*
Kerr, N.L. (II) 79, *172*
Kevenhörster, P. (II) 806, *828*
Key, M.R. (I) 375, *396*
Keynes, J.M. (I) 164, 230, 231, *279* – (II) 131, *167*
Kickbusch, I. (II) 801, 803, *831*
Kidder, L.H. (I) 563, *615*
Kiefer, M.L. (II) 382, *392*
Kieselbach, Th. (I) 515, *525*
Kieser, A. (I) 3, *41* – (II) 399, 421, 430, 432, 433, 475, *477*, *478*
Kiesler, S.B. (I) 578, *612*
Kilbourne, W.E. (II) 210, 247, *258*
Killilea, M. (II) 791, 797, 798, *831*
Kim, J. (II) 282, 292, *335*
Kimmel, M.J. (I) 710, *731*
King, A.S. (II) 235, *258*
King, C. (I) 448, *465*
King, C.W. (I) 201, *218*, 323, *338*, 367, 368, *396*
Kingdon, J.W. (I) 321, *338*

Kinnear, T.C. (II) 739, *763*
Kintsch, W. (II) 227, *258*, 521, *664*
Kipnis, D. (I) 640, *727*
Kippe, R. (II) 808, *829*
Kirchner, D.F. (I) 329, *338*
Kirchner, G. (II) 342, *392*
Kirker, W.S. (II) 183, *264*
Kirsch, W. (I) 3, *41*, 627, 629, 687, 711, *728* – (II) 4, 7, 10, 11, 22, *58*, 698, 706, 709, 710, 760, *764*
Kirschmann, A. (II) 220, *258*
Kirsh-Postman, M.A. (II) 383, *392*
Kirst, W. (II) 455, *478*
Kistner, K. (II) 79, *161*
Kitschelt, H. (II) 787, *831*
Kitson, H.D. (II) 367, 368, *392*
Kitt, A.S. (I) 284, 285, 290, 292, 294, *339*
Klages, H. (I) 28, 29, *41*, 582, 583, 599, *615* – (II) 245, *258*, 825, *831*
Klahr, D. (II) 514, *663*
Klapper, J.T. (II) 575, *663*
Klauer, K.J. (II) 177, *258*
Klein, H.K. (II) 760, *764*
Kleinbeck, U. (I) 248, *279*
Kleinhesselink, R.R. (I) 488, *525*
Kleining, G. (I) 416, 417, *465* – (II) 212, *258*
Kleinmuntz, B. (II) 70, 80, *163*, *167*
Kleinmuntz, D.N. (II) 70, 80, *163*, *167*
Kleiter, G.D. (II) 140, *167*
Klenger, F. (I) 443, *465*, 603, 604, 606, *615* – (II) 210, 218, 219, 239, *258*, 493, *663*
Kliejunas, P. (I) 587, *619*
Kliger, S.C. (I) 687, *733*
Klimoski, R.J. (I) 687, *727*
Klingemann, H.D. (II) 819, 821, *827*
Klippel, R.E. (I) 550, *616* – (II) 19, *59*, 213, *260*
Klix, F. (II) 453, *478*

Klotsche, E.F. (II) 583, 663
Kluckhohn, C. (I) 539, *615*
Kluegel, J.R. (II) 308, *334*
Klugmann, N. (II) 808, *831*
Kmenta, J. (II) 282, 283, 285, 289, 295, *335*
Kmieciak, P. (I) 540, 541, 582, 599, *615* – (II) 824, 825, 826, *831*
Knapp, D.A. (I) 323, *335*
Knapp, D.E. (I) 323, *335*
Knapp, M.L. (I) 375, 376, *396*
Knauer, R. (II) 809, *831*
Knauff, D. (II) 588, *663*
Kneip, K. (II) 572, *664*
Kneppreth, N.P. (II) 92, 116, *162*
Knirsch, H. (II) 771, 775, *831*
Knobel, H. (II) 174, 175, *257*
Knöpfle, F. (II) 775, *831*
Koch, S. (I) 7, *41*
Koch, W. (II) 368, *393*
Kodolitsch, P.v. (II) 781, 782, 806, *831*
Köhler, G. (I) 85, *140* – (II) 240, 250, 507, *656*
Köhler, R. (II) 585, *664*
König, F. (II) 404, 406, 408, 409, 411, *478*
König, P. (II) 513, *664*
König, R. (I) 510, *525*
Koeppler, K.F. (II) 208, 220, 222, 223, 224, 225, 227, 228, 234, 235, 237, 238, 239, 243, *258*, 340, 352, 364, *393*
Koeppler, K. (II) 568, 540, *664*
Kogan, N. (II) 93, *168*, 403, 404, 405, 409, 478, *482*
Kohan, X. (II) 233, 234, *258*
Kohli, M. (I) 207, *218* – (II) 39, *58*
Kohn, C.A. (I) 128, *144* – (II) 215, 231, 232, *257*

Kohn, M.L. (II) 422, 428, 431, 433, 449, 452, *478*
Kohn-Berning, C.A. (I) 128, *144*
Koivumaki, J.H. (I) 376, *396*
Kolin, M. (II) 243, *251*
Kollat, D.T. (I) 4, *39*, 367, 368, 383, *395*, 484, *525*, 603, *610* – (II) 23, 24, 28, *56*, 192, 198, 199, 216, 230, 253, 273, *332*, 539, 575, 644, *659*, 664
Kolmogorov, A.N. (II) 130, *168*
Komarovsky, M. (I) 202, 208, *218*
Komorita, S.S. (I) 715, *727*
Konau, E. (I) 375, *394*
van Koolwijk, J. (I) 507, *525*
Koponen, A. (II) 14, *58*
Koppelman, F.S. (II) 515, *662*
Korczak, D. (II) 804, 806, *831*
Kornai, J. (I) 151, *218*
Kornberg, A. (I) 492, *525*
Kornzweig, N.D. (I) 501, *525*
Kotler, P. (I) 473, 516, *525*, 630, 631, 632, 647, *663*, *727* – (II) 485, 486, 489, 497, 499, 566, 586, 595, 596, 604, 605, 607, 618, 664, 675, 676, 677, 681, 683, 685, 689, 692, 693, 694, 697, 703, 716, 717, 723, 727, 731, 744, 748, 762, *764*, 765 – (II) 345, 346, 368, *393*
Kotschedoff, M. (II) 621, *664*
Kover, A. (I) 473, *526*
Koyck, L.R. (II) 606, 607, *664*
Kozielecki, J. (II) 22, *58*
Krämer, J. (II) 812, *829*
Krais, A. (I) 580, *615*
Krantz, D.H. (II) 69, 89, 132, 133, *168*
Krapp, A. (II) 177, *258*

Kraus, H. (I) 574, *615* – (II) 386, *393*
Krause, R. (II) 416, *478*
Kraushaar, W. (II) 793, 808, 809, *831*
Krauss, H.H. (I) 412, *462*
Krauss, R.M. (I) 286, *335* – (II) 729, *762*
Krautter, J. (I) 443, *465*, 603, 604, 606, *615* – (II) 210, 218, 219, 237, *258*, 493, 530, 564, 584, *663*, *664*
Kravitz, D.A. (I) 715, *727*
Krech, D. (I) 537, *615* – (II) 305, *335*
Kreft, W. (II) 415, *478*
Krelle, W. (I) 79, *145*
Kreppner, K. (I) 578, *610*
Kretschmer, E. (II) 408, *478*
Kreutz, H. (I) 310, 315, *338*, 363, *396*
Kreuzig, H.W. (II) 159, *162*
Krieser, G. (I) 89, 129, *147*
Krischer, J.P. (II) 141, *168*
Kristensen, P.S. (I) 79, 106, *145*
Krockow, Ch. Graf von (I) 81, *145*
Kroeber-Riel, W. (I) 4, 5, 6, 10, 11, 26, *40*, *41*, 95, 129, 130, *145*, 157, 190, 191, 196, 197, 201, *218*, 299, 302, 303, 305, 309, *338*, 367, 368, 384, *396*, 421, 423, *465*, 487, 490, 502, 503, *526*, 537, 549, 555, 568, 569, 570, 574, 577, 579, 604, 605, 606, *615*, 646, *727* – (II) 2, 5, 8, 11, 15, 20, 27, 36, 41, 48, *56*, *58*, 181, 188, 191, 192, 208, 210, 220, 221, 222, 223, 226, 230, 231, 232, 233, 234, 235, 236, 237, 240, 241, 245, 246, 248, *258*, 271, 272, 273, *335*, 341, 348, 349, 366, 380, *393*, 485, 489, 503, 507, 508, 509, 513,

517, 519, 520, 533, 600, 617, 624, 627, *664*, 699, 704, 705, 728, 729, *764*, 816, *831*
Krohn, E. (II) 809, *831*
Kroh-Püschel, E. (I) 92, *144*
Kronhuber, H. (II) 571, *664*
Kropff, H.F.J. (I) 627, *727* – (II) 39, *59*
Kropotkin, P. (II) 789, 790, *831*
Krueger, F. (II) 217, 221, *258*
Krüger, L. (II) 275, *335*
Krughoff, R. (I) 131, *145*
Krugman, H.E. (II) 213, 233, 234, 235, 236, *259*, 370, *393*
Krupp, H.-J. (II) 852, *859*
Kruse, L. (II) 843, 844, 845, 847, *858*
Kruskal, J.B. (I) 456, *465*
Krzystofowicz, R. (II) 129, *168*
Ksiensik, M.I. (II) 80, *162*
Kubicek, H. (I) 3, *41* – (II) 421, 430, 432, 433, *478*, 698, *765*
Küchler, M. (I) 517, *526*
Kuehl, P.G. (I) 130, *141* – (II) 184, *253*
Kuehn, A.A. (II) 184, *254*, 616, *654*
Küpper, H. (II) 778
Kuhlmann, E. (I) 202, *218*, 367, *396* – (II) 12, 44, 59, 536, *664*
Kuhn, H.W. (II) 433, *478*
Kuhn, T.S. (I) 14, *42*, 314, *338* – (II) 37, 54, *59*
Kuiper, N.A. (II) 183, *264*
Kulhavy, E. (II) 485, *664*
Kumpf, M. (I) 296, *336*, 363, 384, 649, 682, 724 – (II) 22, 51, *57, 59*, 844, 845, 847, *858*
Kunkel, J.H. (I) 424, 433, 435, *465* – (II) 630, *664*
Kunreuther, H. (II) 97, *165*

Kupsch, P. (II) 519, *664*
Kurland, D. (II) 183, *254*
Kuß, A. (I) 238, 240, *281*
Kussau, J. (II) 783, *831*
Kutsch, Th. (I) 196, *224*
Kutschker, M. (I) 627, 629, 686, 687, 711, *723, 728* – (II) 698, *764*
Kux, W.R. (II) 803, *831*
Kweskin, D.M. (II) 228, 237, *252*

Laczniak, G.R. (II) 755, *765*
Laemmerhold, C. (II) 135, *170*
LaGrosse, M.B. (I) 380, *397*
Laird, D.A. (I) 502, *526*
Lambert, Z.V. (II) 197, 202, *259*, 548, 556, *664*
Lambin, J.J. (II) 611, *664*
Lamm, H. (I) 212, *218*, 642, 686, 705, 710, *722, 728* – (II) 463, *478*
Lamont, L.M. (I) 561, 599, 600, *620*, 622, 633, *728*
Lana, R.E. (I) 575, *616*
Lancaster, G.A. (II) 220, *259*
Lancaster, K. (I) 241, *279*
Lancaster, K.J. (II) 12, *59*
Land, K.C. (II) 281, 282, 283, 289, *335*
Landauer, T.K. (I) 488, *522*
Landon, L. (II) 204, *259*
Lane, R.E. (I) 7, 8, *42*
Lang, B. (I) 138, *144*
Lange, C. (I) 494, *526*
Lange, F.K. (I) 418, *465*
Lange, L. (I) 578, *616*
Lange, M. (II) 563, 565, *665*
Lange,O. (II) 558, *665*
Lange, R.P. (II) 775, 777, 778, 781, 782, 784, *831*
Langenheder, W. (II) 4, 5, 9, *59*
Langer, E. (I) 372, 373, *397*

Langer, I. (I) 128, *145*
Langer, J. (I) 351, *397*
Lannon, J. (I) 573, *614*
Lansing, J.B. (I) 207, *218*
Lantermann, E.D. (I) 656, *728* – (II) 470, *478*
LaPiere, R.T. (I) 586, *616*
LaPlaca, P.J. (II) 210, *261*
Lappe, H. (I) 439, *465* – (II) 236, *259*
Lappe, L. (II) 434, 438, 439, 441, *478*
Larcker, D.F. (II) 297, 298, 301, 316, *330, 332*
Larkin, E.F. (II) 594, *665*
Laroche, M. (II) 279, *335*
Laswell, H.D. (I) 17, *42*
Latané, B. (I) 287, 293, *338*, 596, *616*
Laumann, H. (I) 36, *42*
Lauridsen, M.L. (II) 197, 204, *259*
Lavidge, R. (II) 582, *665*
Lavidge, R.C. (II) 368, *393*
Lavidge, R.J. (II) 273, *335*
Lawler, E.E. (I) 365, *393* – (II) 18, *59*
Lawley, D.N. (II) 294, 296, 297, 299, 300, 301, *335*
Lazarsfeld, P.F. (I) 6, *42*, 154, 167, 212, *218*, 312, 313, 314, 315, 316, 317, 318, 319, 320, 321, 329, *334, 337, 338*, 363, 384, 385, 386, *396, 397*, 547, 555, 556, *616*, 622 – (II) 365, 392, 574, 575, *663, 665*, 716, 717, *765*
Lazarus, R.S. (I) 495, *526* – (II) 223, *259*
Lazer, W. (I) 198, *218*, 450, *471*, 632, *728* – (II) 683, 747, *765*
Leal, A. (II) 86, *169*
Leamer, E.E. (II) 285, *335*
Learner, D.B. (II) 496, *657*
Leavitt, C. (II) 226, 235, 252, *259*
Leavitt, H.J. (II) 200, 202, *259*, 554, *665*, 728, *762*
Lee, A.M. (II) 590, *665*

Lee, D.T. (II) 801, *831*
Lee, L.Ch. (I) 209, *215*
Lee, S.Y. (II) 297, *335*
Lee, W. (I) 636, 675, *728*
 — (II) 92, 132, *168*
Leeper, R.W. (I) 494, *526*
LeFevre, R. (I) 380, *397*, 574, *617*
Lefrancois, G.R. (II) 704, *765*
Legewie, H. (I) 505, *526*
Leggett, T.R. (I) 327, 328, *336*
Lehman, E.L. (II) 147, *165*
Lehmann, D.R. (I) 444, *460*, *465*, 551, 564, *608*, *616* — (II) 278, 280, 326, 332, *335*, 513, 514, 515, 519, 520, *655*, *656*, *665*
Lehmann, H.C. (II) 402, *478*
Lehner, F. (II) 815, 824, 826, *831*
Lehr, D.J. (II) 235, *250*
Leibenstein, H. (I) 151, *218*
Leifer, R.P. (II) 92, *168*
Leinfellner, W. (II) 36, *56*
Leisner, R. (II) 781, 784, *827*
Leithäuser, T. (II) 53, *59*
Lemert, J.B. (I) 573, *608*
Lemons, F. (I) 557, *610*
Lempert, W. (II) 53, *59*, 420, 434, 438, 439, 441, *478*
Lenin, W.I. (I) 19, 20, *42*
Lenk, H. (I) 36, *42*
Lenski, G. (I) 199, *218*
Leone, R.P. (II) 602, 646, *665*
Lerner, M.J. (I) 680, *728*
Lersch, P. (I) 474, 477, *526*
Lesieur, F.G. (II) 427, *478*
Leslie, D. (II) 744, *765*
Leslie, D.C. (I) 492, *527* — (II) 241, 260, 651, *666*
Lesser, G.S. (II) 382, *330*
Lessig, V.P. (I) 308, 309, *338*
Leuthel, M. (II) 682, *765*
Leven, W. (I) 203, *218*

Leventhal, G.S. (I) 700, *728*
Leventhal, H. (I) 498, 501, 502, *521*, *525*, *526*, 577, *616* — (II) 735, *765*
Levine, R.L. (II) 69, *171*
Levinson, D. (II) 384, *395*
Levitt, H.L. (II) 741, *764*
Levy, H. (II) 120, *165*, *168*
Levy, M.J.Jr. (I) 183, *218*
Levy, S. (I) 415, *463* — (II) 212, 237, *255*, 380, *391*
Levy, S.J. (I) 193, 201, *218*, 630, 653, 663, 664, *727*, *728* — (II) 485, 566, *664*
Levy, S.L. (II) 681, 731, *764*, *765*
Lewin, K. (I) 9, 16, 21, 23, *42*, 194, *219*, 290, 313, *338*, 360, *397*, 424, 425, *466*, 474, *526*, 567, *616* — (II) 18, *59*, 183, 213, *259*, 559, *665*, 699, 726, *765*
Lewin, L.S. (II) 802, *831*
Lewis, C. (II) 299, *338*
Lewis, E.St. (II) 216, 368, *393*
Lewis, H.B. (II) 408, *482*
Lewis, S.A. (I) 709, 719, *731*
Lewis, S.K. (I) 698, *722*
Li, C.C. (II) 282, *335*
Lichtenstein, S. (II) 68, *80*, 84, 133, 134, 135, 136, 141, 164, *168*, *171*
Lichtenstein, S.C. (II) 520, 521, *671*
Liddy, L.E. (II) 370, 371, *391*
Lieberman, M.A. (II) 791, 793, *831*
Liebert, R.M. (I) 706, *728*
Lienert, G.A. (I) 542, *616* — (II) 188, 222, *259*, 302, *335*
Light, L. (I) 486, *522*
Likert, M. (I) 546, *616*
Lilli, W. (I) 412, 433, *466* — (II) 208, 213, 217, 222, *259*

Limbourg, M. (II) 188, *259*
Lin, N. (II) 574, *665*
Lindberg, L.N. (I) 276, *279*
Lindblom, Ch.E. (I) 58, *140*, 645, *723* — (II) 710, *765*
Linder, S.B. (I) 72, 105, 116, *145*
Lindlbauer, J.D. (I) 257, *280*
Lindman, H. (II) 140, *162*
Lindner, D. (I) 492, *525*
Lindner, R. (II) 341, 356, *393*
Lindquist, J.D. (I) 447, 448, 449, *466* — (II) 625, 626, *665*
Lindskold, S. (I) 644, 645, 648, 649, 650, 653, *733*
Lindsley, D.B. (I) 493, *527*
Lindzey, G. (I) 6, 7, *42*, 509, *527*
Linn, R.L. (II) 185, *259*, 292, 293, 300, 302, 304, 306, 308, *337*, *338*
Linstone, H.A. (II) 79, *168*
Linton, H. (I) 296, *338*
Linz, J. (I) 6, *42*
Lippert, E. (II) 783, 824, *828*
Lippmann, W. (I) 407, 411, 413, *466*
Lipset, S.M. (I) 6, *42*, 200, 205, *219*
Lipsey, M.W. (II) 742, *761*
Lipsey, R. (I) 189, *219*
Lipstein, B. (II) 187, 236, *259*, 340, *393*
Liska, A.E. (I) 598, 599, *616*
Liska, J.R. (I) 382, *394*
Lisowsky, A. (II) 367, 368, *393*, 507, *665*
Litterer, O.E. (I) 412, *466*
Little, I.M.D. (II) 11, *59*
Little, J.D.C. (II) 493, 584, 596, 597, 598, 599, *665*
Livingston, J.W.Jr. (I) 638, *725*
Lockwood, D. (I) 200, *216*

Lodish, L. (II) 185, *259*
Lodish, L.M. (II) 596, 597, 598, 599, *665*
Lohman, J.D. (I) 586, *616*
Lohmann, M. (II) 483, *665*
Lohrberg, W. (II) 724, *767*
Lomas, R.A. (II) 220, *259*
Lombard, G.F. (I) 690, *728*
Lombrosco, C. (II) 408, *478*
Long, J. (II) 287, 297, 298, *335*
Longini, R.L. (II) 607, *657*
Lonsdale, R.T. (II) 596, 607, *655*
Loomis, R.J. (II) 741, *764*
Lord, F.M. (II) 283, 308, *335*
Lorenz, K. (I) 474, 476, *527*
Losciuto, L.A. (I) 487, *527* − (II) 642, *673*
Losco, J. (II) 383, *395*
Lott, G. von (II) 386, *393*
Love, L.R. (I) 378, *393*
Lovejoy, A.O. (I) 540, *616*
Loveland, J.W. (II) 42, *55*
Lovell, M.R.C. (I) 573, *614*
Lowell, E.L. (I) 478, *527*
Lowenfeld, J. (II) 223, *259*
Lowien, M. (II) 791, *831*
Lowin, A. (I) 488, *527*
Lucas, D.B. (I) 384, *397*, 447, *466* − (II) 227, 228, 243, *248*, *260*, 341, *393*, 578, 593, *665*
Lucas, H.L.Jr. (II) 281, *338*
Luce, R.D. (I) 152, *219*, 637, *728* − (II) 80, 89, 93, 111, 132, 150, *170*, 560, *665*
Luchins, A.S. (II) 419, *478*
Luck, D. (I) 631, *728*
Luck, D.J. (II) 681, 683, *765*
Ludke, R.L. (II) 136, *168*
Ludwig, A.M. (II) 220, *260*
Lübbert, H. (I) 416, 423, 425, 427, *464* − (II) 213, *256*
Lück, H.E. (I) 348, *393*, 510, 516, *521*, 559, *609* − (II) 45, 48, *55*, *59*, 236, 242, *260*
Lücke, W. (II) 508, *665*
Lumpp, R. (I) 680, *723*
Lund, A.K. (I) 700, *728*
Lundstrom, W.J. (I) 633, *728*
Lunn, J.A. (II) 29, *59*
Lusch, R.F. (II) 618, *665*, 755, *765*
Luthe, H.O. (I) 310, 313, *338*
Lutschewitz, H. (II) 698, *764*
Lutte, G. (I) 561, *616*
Lutz, R.J. (I) 550, 571, *608* − (II) 213, 240, *260*, 283, *335*, 378, *393*, 518, 521, *665*
Lysinski, E. (I) 2, *42* − (II) 47, *59*, 236, 242, *260*
Lytton, H. (II) 418, *478*

Ma, S. (I) 448, *460*
Mabey, B. (II) 227, *254*
Maccoby, E.E. (I) 7, *42*
Maccoby, M. (I) 108, *145*
Maccoby, N. (I) 7, *42*, 575, *611*
MacCorquodale, K. (II) 29, *59*
MacCrimmon, K.R. (II) 76, 81, 154, *168*
Machover, K. (II) 408, *482*
MacIver, R.M. (I) 640, *728*
Mackie, R.L. (II) 276, *335*
MacKinnon, D.W. (II) 397, 402, 408, 414, *478*, *479*
Mac'Laughlin, D. (II) 301, *329*
Madsen, K.B. (I) 482, *527*
Maecker, E.J. (II) 368, *393*
Magenau, J.M. (I) 710, *731*
Magnusson, D. (I) 656, *728* − (II) 412, 470, *479*
Mahaijan, V. (II) 608, 609, 611, *665*
Mai, N. (II) 69, 141, *166*, *168*
Maier, N.R.F. (II) 410, *479*
Mainberger, U. (II) 403, 404, *479*
Majaro, S. (II) 358, *393*
Makens, J.C. (II) 211, *260*
Malewski, A. (I) 177, 179, 199, *219*
Malinowsky, B. (I) 171, 176, *219*
Maloney, F. (II) 590, *661*
Maloney, J.C. (II) 214, *260*
Mann, L. (I) 85, 91, *144*, 559, *617* − (II) 65, *166*
Manns, M. (I) 36, *44*
Manusco, J.R. (II) 577, *665*
Manz, W. (I) 372, *397*
Maranon, G. (I) 496, *527*
Marbe, K. (I) 420, *466*
Marc, M. (II) 570, *666*
March, J.G. (I) 167, *214* − (II) 18, *59*
Marcus, A.S. (I) 323, *338*
Marcus, B.H. (II) 632, *666*
Marder, E. (I) 227, *260*
Markin, R.J. (I) 197, *219* − (II) 639, *667*
Markowitz, H. (II) 78, *168*
Marks, R.B. (I) 449, 458, *466*
Markus, G.B. (I) 717, *728*
Marquering, B. (II) 804, *832*
Marschner, D.C. (II) 370, *393*, 582, *666*
Marshall, A. (II) 215, *260*, 535, *666*
Marshall, G.D. (I) 494, 497, 498, *527*
Marshall, J.R. (II) 5, *56*
Martin, W.S. (I) 450, *468* − (II) 589, *666*
Martineau, P. (I) 416, 417, 447, *466* − (II) 624, *666*
Marwell, G. (I) 382, *397*
Marx, K. (I) 20, *42*, 155, 171, 194, *219*
Maschewsky, W. (I) 689, *728* − (II) 45, *59*

Maslach, C. (I) 494, 497, 498, *527*
Masling, J. (II) 183, *260*
Maslow, A.H. (I) 101, *145*, 187, 194, *219*, 474, 477, 478, *527*, *583*, *616* − (II) 825, *831*
Mason, J.B. (II) 283, *330*, *674*
Mason, W.S. (I) 165, *216*
Massengill, H.E. (II) 136, *171*
Massy, W. (I) 453, *467*
Massy, W.E. (II) 715, *762*
Massy, W.F. (II) 184, *254*, 493, 503, 644, *670*, *666*
Matarazzo, J.D. (I) 375, *395*
Mathes, D. (II) 519, *664*
Mathews, H.C. (I) 706, *728* − (II) 20, *62*
Mathews, H.L. (I) 200, 222, 590, *624* − (II) 279, 318, *339*
Mathews, P. (I) 680, *728*
Mathieu, G. (II) 637, *672*
Matthess, U. (II) 457, *479*
Matzner, E. (II) 802, 803, 806, *831*
Maurer, K. (II) 78, *169*
Maurizi, A.R. (I) 129, *144* − (II) 550, *662*
Mausch, H. (II) 746, *765*
Mauss, M. (I) 176, *219*
Maxwell, A.E. (II) 294, 296, 297, 299, 300, 301, *335*
May, E.G. (I) 423, 447, *466*
Mayer, E. (II) 770, 789, *831*
Mayer, H. (I) 310, 321, 323, 326, *338* − (II) 341, 343, 352, *393*, 729, *765*
Mayer, M. (II) 788, 805, *831*, *832*
Mayer, R. (I) 157, *220*
Mayer, R.N. (II) 743, *765*
Mayer-Tasch, P.C. (II) 773, 775, 776, 781, 789, 806, 811, *832*
Mayntz, R. (I) 507, *527*

Mazanec, J. (I) 367, *400*, 423, 438, *466*, 556, 605, *616* − (II) 17, *61*, 273, *335*
Mazinger, S.L. (II) 383, *392*
Mazis, M.B. (I) 492, *527*, 550, *616* − (II) 17, 19, 59, 213, 241, *260*, 651, *666*, 744, *765*
Mazmanian, L. (I) 577, *621*
McCarthy, E.J. (II) 632, *666*
McChaffey, B. (I) 564, *613*
McCleary, R.A. (II) 223, *259*
McClelland, D.C. (I) 20, 42, 474, 478, *527* − (II) 16, *59*, 486, *666*
McClelland, F.C. (I) 474, *527*
McClelland, G.H. (II) 65, *165*
McClintock, C.G. (I) 633, 634, 638, 674, *728*, *729*
McClure, P.J. (I) 450, *466*
McConnell, D.J. (II) 546, 554, *666*
McConnell, J.D. (I) 123, *145* − (II) 47, *59*, 185, 197, 199, 202, *260*
McCullough, T.D. (II) 550, *666*
McDavid, J.W. (I) 289, *338*
McDougall, G.H.G. (I) 457, *466*
McDougall, W. (I) 474, 476, 477, *528*
McEachern, A.W. (I) 165, *216*
McFadden, D. (II) 525, *666*
McFadden, W. (II) 85, *166*
McGillis, D.B. (I) 491, *528*, 697, *629* − (II) 240, 242, *260*
McGinley, E. (I) 574, *617*
McGinley, H. (I) 380, *397*
McGinley, P. (I) 380, *397*, 574, *617*
McGoey, P.J. (II) 136, *163*

McGuigan, F.J. (I) 351, *397*
McGuire, W. (II) 574, 594, 627, *666*
McGuire, W.J. (I) 27, *42*, 303, 318, *333*, *339*, 360, 379, *397*, 437, *466*, 502, *528*, 536, 537, 567, 570, 571, 575, 586, *617*, 652, 717, *729* − (II) 21, 22, 26, *59*, 236, 240, 241, *260*, 341, 371, 372, 373, *393*, 729, *765*
McIntyre, S.H. (I) 196, *219* − (II) 304, *336*
McKersie, R.B. (I) 644, 709, *734*
McKnight, J. (II) 818, *830*
McLaughlin, J.P. (II) 235, *262*
McMurtrey, L. (II) 594, *655*
McNemar, Q. (II) 308, *336*, 407, 409, *479*
McNulty, P.J. (I) 49, 57, *145*
McPhee, W.N. (I) 312, 316, *334*
McPherson, J.H. (II) 397, *479*
Mead, G.H. (II) 178, *260*
Meade, R.D. (I) 574, *624*
Meadow, A. (II) 463, *479*
Mednick, M.T. (II) 403, *479*
Mednick, S.A. (II) 397, 403, *479*
Meehl, P.E. (II) 29, *59*, 302, 304, *332*
Meeker, B.F. (I) 673, 674, *729*
Mees, U. (I) 382, *397*, 536, *617*
Meffert, H. (I) 473, *528* − (II) 2, 7, 8, 13, *60*, 218, 240, *260*, 356, *393*, 396, 398, *479*, 484, 489, 492, 580, 591, 604, *666*, 676, 677, 678, 682, 714, *765*
Mehrabian, A. (I) 378, 379, 380, 381, *397*
Meinefeld, W. (I) 439, *466*,

559, 585, 586, *617* – (II) 19, *60*
Meissner, F. (II) 616, *666*
Meissner, G. (II) 682, *765*
Meissner, P.B. (II) 408, *482*
Mellerowicz, K. (II) 201, *261*, 488, *666*
Mendelson, H. (II) 737, *765*
Mendner, J.H. (II) 442, *479*
Menefee, S.L. (I) 412, *466*
Menezes, D. (II) 304, *336*
Menge, W. (II) 210, *261*
Menzel, H. (I) 317, 318, 328, *335, 339*
Meringoff, L.K. (II) 382, *390*
Merkle, E. (II) 187, *261*, 642, *666*, 682, 685, *765*
Merten, K. (I) 345, 346, *397*
Mertens, D. (I) 250, *280*
Mertens, W. (I) 345, 374, *397*, 689, *729* – (II) 7, 35, 45, 48, *60*
Merton, R.G. (I) 243, *280*
Merton, R.K. (I) 159, *219*, 284, 285, 287, 288, 289, 290, 292, 294, 298, 311, 312, 314, 315, *339* – (II) 700, 716, 717, *765*
Mertz, R.J. (I) 573, *608*
Messick, D.M. (I) 674, *729*
Messick, S. (II) 302, *336*
Messing, H.W. (II) 396, *479*
Messner, F.R. (II) 584, *666*
Métraux, A. (II) 844, 847, *858*
Mettee, D.R. (I) 294, *339*
Metzger, W. (I) 404, *466* – (II) 176, 179, 206, 217, 219, *261*
Meyer, G. (II) 634, 635, *666*
Meyer, P. (II) 808, *832*
Meyer, P.W. (I) 418, *467* – (II) 348, 368, *393*, 568, 578, *667*
Meyer, R.F. (II) 79, *169*

Meyer, W.U. (I) 676, 677, *729* – (II) 706, *766*
Meyer-Dohm, P. (I) 187, *219*
Meyer-Hentschel, G. (I) 303, 305, 309, *338* – (II) 190, *261*, 341, *393*
Meyersohn, R. (I) 157, *221*
Meyer-ten-Vehn, H. (II) 382, *393*
Mezei, L. (I) 557, *619*
Michel, L. (II) 177, *261*
Michener, H.A. (I) 660, 661, 662, 714, *729*
Michotte, A. (I) 410, *467*
Mickler, O. (II) 438, 440, *479*
Mickwitz, G. (II) 607, *667*
Middelmann, A. (II) 382, *391*
Midgley, D.F. (II) 398, *479*
Mikula, G. (I) 681, *729*
Milburn, M.A. (II) 575, *667*
Milgram, N.A. (II) 407, *479*
Milgram, R.M. (II) 407, *479*
Milgram, St. (I) 373, *397*, 559, *617*
Miller, A. (I) 109, *145*
Miller, A.J. (II) 141, *169*
Miller, A.S. (II) 215, *251*
Miller, D. (I) 508, *528*
Miller, G.A. (I) 129, *145* – (II) 67, *169*, 443, 444, *479*
Miller, G.R. (I) 379, *397*, 399, 501, *524*
Miller, K.E. (I) 454, *467*
Miller, N. (I) 576, *617*
Miller, N.E. (I) 474, 490, 493, *528*
Miller, R.L. (I) 287, *342*
Miller, U.E. (I) 551, *617*
Millman, H.L. (II) 404, *480*
Millman, S. (I) 502, *528*
Mills, J. (I) 488, 500, 522, *528*, 653, *729* – (II) 20, 56, 179, *253*

Milnor, J. (II) 146, *169*
Minard, P.W. (I) 454, *467*
Mindak, W.A. (II) 213, *261*, 708, 732, *766*
Miner, J.B. (I) 633, *729*
Miniard, P.W. (II) 273, 317, *336*
Mintz, P.M. (I) 500, *528*
Mischel, W. (I) 296, *339*, 499, *528* – (II) 14, *60*, 412, *479*
Mises, R. von (II) 131, *169*
Mishan, E.J. (II) 262, *280*
Mitchell, A. (I) 416, *467*
Mitchell, A.A. (I) 578, *618* – (II) 300, *336*
Mittelstaed, R. (I) 487, *528*
Miyashita, S. (I) 89, 129, *147*
Mizerski, R.W. (I) 455, *467*
Modigliani, F. (I) 156, *219*, 231, *280*
Moeller, D. (I) 163, *219*
Möller, H. (II) 533, *667*
Moeller, M.L. (II) 789, 792, 793, 794, 797, 802, *832*
Mönks, F. (I) 561, *616*
Möntmann, V. (I) 13, *41*, 569, 576, 598, *614*, 706, *723* – (II) 705, *764*
Mohler, P.Ph. (II) 851, *858*
Mokken, R.J. (I) 556, *617*
Molt, W. (I) 91, 105, *145*
Mondfrans, A.P. van (II) 406, *482*
Monoky, J.F. Jr. (I) 706, *728*
Monroe, K.B. (II) 187, 194, 198, 199, 200, 204, 208, 210, 211, *261*, 536, 540, 541, 544, 548, 555, 589, *667*
Monroe, R.L. (II) 281, *338*
Monse, K. (II) 234, 247, 250, *261*, 771, *828*
Monsees, D.M. (I) 321, 328, *341*
Montgomery, D.B. (I) 167, *219*, 321, 323, *339* – (II) 368, *393*, 493, *666*

Montgomery, H. (II) 70, 100, 103, *169*
Monty, R.A. (II) 221, *261*
Moore, G.D. (II) 405, *477*
Moore, H. (I) 416, *467*
Moore, M.H. (II) 128, *169*
Moore, P.G. (II) 97, 134, *165, 166*
Moore, R.L. (II) 537, *671*
Moore, T.E. (II) 343, *393*
Moos, R.H. (I) 598, *617*
Moreland, R.L. (II) 589, *667*
Morgan, C.D. (I) 508, *528*
Morgan, J.N. (I) 157, 207, *223*
Morgan, N. (II) 515, *667*
Morgan, R.G. (I) 355, 359, 370, 389, *398*
Morgenroth, W.M. (I) 167, *219*
Morgenstern, O. (I) 5, *43*, 634, *730* − (II) 80, 92, 119, *169*
Moroni, E. (II) 621, *667*
Morris, C.W. (I) 561, *617*
Morris, D. (I) 375, 390, *398* − (II) 805, *832*
Morris, R.T. (I) 123, *145*
Morrison, D.G. (II) 493, *666*
Morwind, K. (II) 579, *667*
Moschis, G.P. (I) 304, *339* − (II) 215, *261*
Moshis, G.P. (I) 206, *219*
Moszkowska, N. (II) 175, 193, *261*
Mouly, G.J. (II) 419, *479*
Mount, J.F. (I) 200, *220*
Mouton, J.S. (I) 576, *613*
Mowen, J.C. (I) 361, *398*, 699, 700, *729*
Mowrer, H.O. (I) 475, *528*
Müller, B. (II) 682, *766*
Müller, C.W. (II) 282, *335*
Mueller, E. (I) 202, *217* − (II) 16, *58*
Müller, G. (I) 431, *467* − (II) 211, *261*, 380, *394*
Müller, G.F. (I) 178, 629, 679, 680, 683, 686, 705, 706, 708, 720, *723, 729*, 730
Müller, H. (II) 344, *394*
Müller, P. (I) 310, 312, *339*
Müller, S. (I) 212, *216*, 310, 313, *336*, 363, 368, *395* − (II) 234, *261*
Müller-Fohrbrodt, G. (I) 560, *617*
Müller-Hagedorn, L. (II) 213, *261*
Müller-Reißmann, K.F. (II) 785, *827*
Müller-Wenk, R. (I) 275, *280*
Münsterberg, H. (I) 32, *42* − (II) 178, 217, 226, 245, *261*, 352, *394*
Mukherjee, B.N. (II) 282, *336*
Mulaik, S.A. (II) 283, 296, *336*
Mulder, M. (I) 180, *219*
Mummendey, H.D. (I) 27, *43*
Mumpower, J. (II) 65, *165*
Munson, J.M. (II) 304, *336*
Munson, M.J. (I) 196, *219*
Munter, P.O. (I) 498, *522*
Murdock, B.B.Jr. (II) 226, *261*
Murnigham, J.K. (I) 714, *729*
Murphy, A.H. (II) 134, *169, 173*
Murphy, J.H. (II) 549, *658*
Murphy, M.P. (II) 243, *251*
Murphy, P.E. (II) 755, *766*
Murray, D.C. (I) 502, *529*
Murray, H.A. (I) 194, *219*, 508, *528*
Murray, H.M. (I) 474, 477, 478, 479, *528*
Myers, J.G. (I) 329, *339*, 453, *467* − (II) 370, 378, *390*
Myers, J.H. (I) 200, 201, *219, 220*, 321, 323, 329, 330, *339, 340*, 423, *467* − (II) 198, *261*, 520, *667*
Myrdal, G. (I) 152, 154, *220*

van Naerssen, R.F. (II) 136, *169*
Nagashima, A. (II) 211, *261, 262*
Nagel, E. (I) 160, *220*
Nakanishi, M. (I) 563, 564, *614*
Nambodiiri, N.K. (II) 282, *336*
Nan, L. (II) 298, *336*
Narayana, C.L. (II) 639, *667*
Neibecker, B. (II) 195, 219, *262*
Neisser, U. (I) 405, *467*
Nelkin, D. (I) 276, *280*
Nell, E.B. (II) 240, 241, *251*
Nelles, W. (I) 112, 114, 121, 139, *146*, 187, *220*, 719, *730* − (II) 783, 788, 789, 816, 824, *828, 832*
Nelson, P. (I) 82, 83, 123, *146*
Nerb, G. (I) 257, *280*
Nerlove, M. (II) 606, *667*
Nerlove, S.B. (I) 553, *621*
Neske, M. (II) 809, *832*
Neu, D.M. (II) 227, *262*
de Neufville, R. (II) 128, *169*
Neumann, D.Z. (II) 365, *395*
Neumann, J. v. (I) 5, *43*, 634, *730* − (II) 80, 92, 119, *169*
Neumann, K. (II) 80, *169*, 383, *394*
Neumann, L.F. (II) 231, *262*, 783, *832*
Neumann, P. (II) 192, 206, 211, 215, 226, *262, 264*
Neumann, U. (II) 438, *479*
Nevin, J. (II) 618, *662*
Nevin, J.R. (II) 188, 190, *262*
Newcomb, T.M. (I) 283, 284, 285, 289, 290, 291, 295, 318, *333, 334, 339*, 430, *618*
Newell, A. (I) 696, *730* −

(II) 67, 69, 158, *169*, 397, *479*
Newman, J.R. (II) 116, 133, *167, 168*
Newman, J.W. (I) 416, 447, *467* – (II) 20, 22, 39, *60, 62*
Nicholls, L.J. (II) 406, *479*
Nichols, R.C. (II) 415, *479*
Nicholson, H. (I) 378, *392*
Nickeson, C.J. (II) 87, *163*
Nickolmann, F. (II) 771, 775, *831*
Nicosia, F.W. (I) 157, *216, 220*, 473, *529* – (II) 24, 25, 26, 29, *60*, 192, 216, *262*, 272, 273, 275, 278, *332, 336*
Nie, N.H. (II) 783, *834*
Niederhauser, R. (II) 808, *832*
Niedetzky, H.M. (II) 594, 623, *659, 660*
Niehans, H. (II) 147, *169*
Nieschlag, R. (II) 347, *394*, 485, 489, 494, 495, 496, 563, 571, 573, 574, 577, 583, 590, 640 *667*, 676, 677, 678, 680, 681, 724, *766*
Niman, C.M. (I) 596, 597, 598, *612*
Nisbett, R.E. (I) 297, 312, 316, 325, *340, 343*, 497, 499, *529*
Noelle-Neumann, E. (I) 230, 249, 251, *280* – (II) 594, *667*
Nötzel, R. (I) 500, *529*
Nolepa, G. (II) 448, *479*
Noll, A. (II) 220, *262*
Noll, H.H. (I) 250, *280*
Nomikos, M.S. (I) 495, *526*
Nord, W. (I) 156, 177, *220*
Nord, W.R. (I) 660, 661, *730*
Norris, R.T. (I) 69, *145*
Novelli, W.D. (II) 715, 724, *761*
Novick, M.R. (II) 283, *335*
Novy, K. (II) 796, *832*

Nowak, H. (I) 425, 427, 470 – (II) 210, 212, *267*
Nowak, T. (II) 228, *262*
Nowlis, V. (I) 499, *529*
Nuber, L. (II) 434, 439, *473*
Nunally, J.C. (II) 92, *169*
Nuttall, C.G.F. (II) 589, 594, *667*
Nuttin, J.M. (I) 570, *618*
Nwokoye, N.G. (II) 544, 545, *667, 668*
Nyström, H. (II) 200, 211, 244, *262*

Oberender, P. (II) 510, *668*
Obermiller, C. (I) 350, 388, *399*
Oberparleiter, L. (II) 653, *668*
O'Brien, K. (II) 406, *473*
O'Brien, T.V. (II) 278, *335, 336*
Ochmann, H.J. (I) 375, *398*
Ochsmann, R. (I) 296, 336, 682, *724* – (II) 80, *164*
O'Connor, P. (I) 474, *519*
Oehler, Chr, (II) 780, *830*
Ölander, F. (I) 99, 123, *146* – (II) 200, 202, *262*, 546, 553, 554, *668*
Offe, C. (I) 187, *220* – (II) 773, 774, 781, 812, 813, 815, 817, 818, *827, 832*
Offe, H. (I) 514, 515, *525, 529*
Offe, S. (I) 514, *529*
Ohde, H.J. (I) 418, *467*
Ohletz, H. (II) 345, *394*
Ohlgart, D.C. (II) 354, *394*
Olien, C.N. (I) 320, *342*
Oliver, R.L. (I) 347, 354, *399* – (II) 283, *336*
Olk, T. (II) 808, 809, *832*
Olshavsky, P.W. (I) 369, *398*
Olshavsky, R.W. (I) 177, *220*, 358, 359, 389, *398*,

455, *467*, 696, *730* – (II) 539, *668*
Olson, J. (II) 555, *663*
Olson, J.C. (I) 578, *618* – (II) 179, 186, 187, 200, 202, 208, 211, *257, 262*, 300, *336*
Olson, K. (II) 805, *832*
Olson, M. (I) 138, *146*, 188, *220*
Olson, M.J. (II) 814, 816, *832*
Olson, M.jr. (II) 696, 740, *766*
Oltman, P. (II) 408, *482*
Opp, K.-D. (I) 14, 16, 17, 21, *43*, 166, *220* – (II) 280, 281, 282, *336*, 700, *766*
Oppenheim, P. (I) 14, 21, *40*
Oppermann, R. (I) 537, 538, 585, 596, 597, *618* – (II) 783, 788, 789, 824, *828, 832*
Opton, E.M.jr. (I) 495, *526*
Ordeshook, P.C. (I) 153, *221*
Orenstein, F.(II) 235, *251*, 373, *391*
Orne, M. (I) 307, *340*
Orne, M.T. (II) 47, *60, 262*
Orth, B. (II) 89, *169*
Osborn, A.F. (II) 456, 457, 461, 463, 465, 468, *479, 480*
Osgood, C.E. (I) 425, *467*, 493, 508, *529*, 548, 563, 564, 568, *618*, 681, 682, 699, *730*
O'Shaughnessy, J. (I) 348, 359, *396*, 685, 693, *726, 730*
Oshikawa, S. (I) 487, *529* – (II) 234, *269*
Oskamp, St. (II) 378, *394*
Ostlund, L.E. (I) 321, *340* – (II) 216, *256*
Ostrom, T.M. (I) 564, *618* – (II) 305, 316, *336*
Oswald, M. (I) 496, *529*

Oswald, W.D. (II) 405, 480
Overton, W.F. (I) 656, *730*
Owens, W.A. (II) 402, *480*
Oxenfeld, A.R. (I) 423, 447, 467 – (II) 625, *668*

Packard, V. (II) 15, *60*
Packwood, W.T. (I) 381, *398*
Padberg, D.I. (I) 80, *146* – (II) 550, *666*
Page, A.L. (I) 201, *214*
Palda, K.S. (II) 582, 583, 602, 606, 608, 611, *668*
Paniter, J.J. (I) 296, *342*
Pankove, E. (II) 409, *478*
Panne, F. (I) 367, *398*
Papageorgis, D. (I) 576, *618*
Papandreou, A.G. (I) 151, *220*
Pareto, V. (II) 10, 11, *60*
Parfitt, J.H. (II) 501, 502, 503, 505, *668*
Park, C.W. (I) 308, 309, 338 – (II) 232, *262*
Parker, B.R. (II) 516, 529, *668*
Parker, E.B. (II) 227, *252*
Parker, P. (II) 803, *829*
Parloff, R. (I) 128, *142*
Parnes, S.J. (II) 410, 461, 463, *479*, *480*
Parson, L.J. (II) 277, 282, 289, *336*
Parsons, L. (II) 602, 608, *668*
Parsons, T. (I) 155, 156, 159, 161, 171, 172, 200, 206, *220*
Pathak, D.S. (I) 423, 450, 467 – (II) 630, *668*
Patry, J.L. (II) 46, *60*
Paul, G.W. (I) 450, 462 – (II) 641, *659*, *673*
Pavio, A. (II) 235, *262*
Pawlow, I.P. (I) 475, *529*
Payne, J.W. (I) 128, 148 – (II) 70, *169*
Pearl, J. (II) 86, *169*

Pearson, H.W. (I) 156, *220*
Peavler, W.S. (II) 235, *262*
Pechmann, F.v. (II) 214, *268*
Pekelman, D. (II) 185, 259, 529, *668*
Peltzer, U. (II) 184, 237, *248*
Pelz, D.C. (II) 403, *480*
Pendleton, M.G. (I) 361, *398*
Pennington, A. (I) 654, 695, *730*
Pennington, A.L. (I) 177, 224, 358, 389, *398*, *401*, 703, 719, *734*
Penth, B. (II) 807, 808, 809, *830*
Peragallo, J. (I) 710, *731*
Percy, L. (II) 214, *264*, 374, 375, *394*
Perloe, S.J. (I) 577, *616*
Perloff, R. (I) 3, 5, *43*, 487, *527*
Perloff, R.M. (I) 383, *398*
Perry, M. (II) 278, *336*
Pessemier, E.A. (I) 448, 456, 468, 471, 538, 550, 564, *608*, *624* – (II) 184, 213, 262, 269, 378, *395*, 508, 510, 514, 515, 518, 519, 521, 524, 525, 527, 558, 639, 640, 655, *668*, *673*
Peter, J.P. (II) 302, *336*
Peter, P. (I) 456, *468*
Petermann, F. (I) 439, *468*, 517, *529*, 542, 545, 562, 563, 596, 597, 598, 599, *618* – (II) 184, *262*
Petermann, G. (II) 344, *394*
Peterson, C.R. (II) 70, 135, 141, 157, *161*, *169*
Peterson, R.A. (I) 352, 353, *398* – (II) 197, 199, 203, 204, 207, 211, *262*, 546, 554, *668*
Petri, K. (I) 187, *221* – (II) 530, *668*, 688, 756, *766*
Pfeiffer, W. (II) 564, *669*
Pfister, J. (II) 825, 826, *833*

Pfohl, H.C. (II) 134, *169*
Pfrommer, M. (I) 128, *146*
Phillips, L.D. (II) 69, 133, 134, 135, 141, *163*, *168*, *170*
Piaget, J. (II) 417, *480*
Picot, A. (I) 163, 220 – (II) 174, *262*
Pijper, W.M. (II) 294, *336*
Pincus, S. (I) 302, *340*
Pincus, St. (II) 200, 204, 207, 208, *262*
Pinson, C. (II) 236, *263*
Pinson, C.A. (II) 275, 302, *339*
Pinson, C.R.A. (II) 36, *63*
Piontkowski, U. (I) 344, 368, *398*, 657, 665, *731*
Pitts, R.E. (I) 350, *401*, 629, 715, *734*
Placek, P.J. (I) 321, *340*
Platt, J. (I) 200, *216*
Please, N.W. (II) 302, *336*
Plinke, W. (II) 725, *767*
Plummer, J.T. (I) 97, *146*, 198, 220 – (II) 227, *263*
Podolski, Chr. (II) 804, *832*
Pohl, R. (II) 804, *832*
Polak, P.R. (II) 220, *260*
Polanyi, K. (I) 156, 176, 220 – (II) 790, 795, 816, *832*
Politz, A. (II) 180, 185, 207, 237, *263*, 590, *669*
Polley, R.W. (I) 206, *213*
Polowniak, W.A.J. (I) 576, *619*
Polt, J.M. (II) 235, *256*
Popp, M. (II) 80, *162*
Popper, K.R. (I) 13, 14, *43* – (II) 35, 36, *60*, 174, 178, *263*, 710, 766, *835*, *858*
Popvich, P.M. (II) 384, *391*
Portis, B.D. (II) 627, *669*
Postman, L. (I) 411, *461*, 468 – (II) 208, 217, 222, *251*
Poulton, E.C. (II) 195, *263*
Powell, M.J. (II) 294, 296, *332*

Pralle, P. (II) 343, *394*
Pras, B. (II) 128, *170*, 512, 520, 521, *669*
Pratt, J.W. (II) 93, 96, *170*
Preißler, P. (II) 564, *669*
Prell, S. (II) 177, *258*, *263*
Presbrey, F. (II) 341, *394*
Preun, H. (I) 561, *616*
Preuss, V. (I) 514, *523*
Pribram, K.H. (II) 443, 444, *479*
Prince, G.M. (II) 459, 460, *480*
Pritchard, R.D. (II) 213, *252*
Pross, H. (I) 101, *146*
Pruden, H.O. (I) 352, 353, *398*
Pruitt, D.G. (I) 709, 710, 711, 719, *731*
Puhani, J. (I) 257, *280*
Purnell, J. (II) 515, *667*

Quandt, R.E. (II) 603, *669*

Raaij, F. van (I) 550, *618*
Raaij, N.F. van (II) 741, 745, *766*
Raaij, W.F. van (I) 129, *146* − (II) 231, 232, *263*
Rachman, D.J. (II) 627, *669*
Radler, R. (I) 418, *468*
Raffée, H. (I) 11, *43*, 123, *146*, 187, *221*, 453, *468*, 487, *529*, 569, 572, *619*, 717, *725* − (II) 22, *57*, 60, 179, 208, 215, 232, 247, *263*, 354, *394*, 513, 534, 572, *669*, 676, 677, 679, 682, 693, 694, 696, 702, 705, 709, 712, 713, 719, 724, 726, 747, 748, 750, 752, 755, 756, 760, 762, *766*, 767
Rahm, D. (II) 417, *480*
Raiffa, H. (I) 9, *41*, 152, 219, 637, *728* − (II) 70, 78, 79, 80, 85, 93, 96, 112, 119, 123, 125, 126,
128, 148, 154, 157, *160*, *161*, *167*, *168*, *170*
Rainwater, L. (I) 417, *463*, *468*
Raju, P.S. (I) 564, 590, 592, 593, *619*
Rammstedt, O. (II) 785, *832*
Randoe, G.J. (I) 321, 325, *340*
Rankin, N.O. (I) 496, *526*
Rao, V. (II) 515, *669*
Rao, V.R. (I) 554, *612* − (II) 203, 208, *263*, 518, 529, *661*
Rasch, G. (I) 556, *619*
Raschke, J. (II) 786, *832*, *833*
Raskin, E. (II) 408, *482*
Rasmussen, A. (II) 584, *669*
Raven, B. (I) 184, *215*, 293, 295, *336*, 646, 650, *724*
Raven, B.H. (I) 51, *142*, 438, *463*, 564, *611*, 650, *722*
Ray, M.L. (I) 455, 456, 468, 500, *529* − (II) 47, *57*, 185, 228, *251*, *263*, 582, *672*
Razik, T.A. (II) 460, *479*
Reale, G. (II) 384, *395*
Redinger, R. (II) 284, *333*
Reese, H. (II) 463, *479*
Reese, H.W. (I) 656, *730*
Rehorn, J. (II) 181, 206, 232, 243, 244, 245, *263*, 500, 504, *669*
Reiberg, (II) 778, *831*
Reich, J.W. (II) 211, 244, *264*
Reichardt, R. (I) 180, *221*
Reichenbach, H. (II) 174, *264*
Reidegeld, E. (II) 822, *833*
Reierson, C.G. (I) 576, *619* − (II) 212, *264*
Reifner, U. (I) 97, *146*
Rehder, H. (II) 523, 524, 525, *657*
Reichenbach, H. (II) 131, *170*

Reilly, W.T. (II) 621, *669*
Reingen, P.H. (I) 361, *398*, 699, *731*
Reise, O. (II) 461, *480*
Reiter, H. (II) 448, *475*
Reither, F. (II) 159, *162*
Reitzes, D.C. (I) 586, *616*
Reizenstein, R.C. (I) 698, *731*
Renckstorf, K. (I) 310, *340*, 363, *399*
Renn, H. (I) 562, *619*
Renoux, Y. (I) 134, *146*
Resnik, A. (I) 90, *146*
Reuter, U. (II) 236, *260*
Reuter, V. (II) 48, *59*
Reve, T. (II) 306, 313, *334*
Revenstorf, D. (II) 283, *337*
Revers, W.J. (I) 508, *529*
Reykowski, J. (II) 233, *264*
Reynolds, F.D. (I) 207, *221*, 321, 324, 340, 450, *468*
Reynolds, R.B. (II) 622, *669*
Reynolds, W.H. (II) 198, *261*
Rheinwald, R. (II) 275, *335*
Rhine, R.T. (I) 573, *619*
Rice, S.A. (I) 412, *468*
Rich, L. (I) 633, *731*
Rich, S.U. (I) 201, 203, *221* − (II) 627, *669*
Richards, E.A. (I) 198, *221*
Richards, R.L. (II) 405, 407, *480*
Richmond, V.P. (I) 322, *340*
Richter, H.E. (II) 794, *833*
Richter, H.J. (I) 424, 429, 454, *468*, 508, *529* − (II) 380, *394*
Riebel, P. (II) 534, 564, 668, *669*
Riecken, H.W. (I) 32, 33, *43* − (II) 855, *858*
Riege, M. (II) 812, *833*
Riegel, K.F. (II) 35, *60*
Riesman, D. (I) 163, 192, 193, 206, *221*

Riesman, F. (II) 785, 791, 793, 799, 800, 801, 802, 817, 818, 819, *829*
Rigaux, B.P. (I) 207, 208, *214*
Riker, W.H. (I) 153, *221*
Rine, R.J. (I) 576, *619*
Ring, E. (II) 191, *264*
Ring, L. (I) 448, *465*
Ring, L.J. (I) 448, 455, *468*
Ring, L.W. (II) 29, *56*
Ring, W.L. (II) 273, 278, 279, *332*
Riordan, E.A. (I) 347, 354, *399*
Rittel, H. (II) 67, *170*
Rivett, P. (II) 70, *170*
Robeck, G. (I) 319, *342*
Roberto, E.L. (II) 236, *263*
Robertson, J. (II) 790, 833
Robertson, T.S. (I) 321, 322, 323, 325, 329, 330, *339, 340* – (II) 206, *264*, 373, 374, 382, 384, 385, *394*, 392
Robinson, J. (II) 816, *833*
Robinson, J.E. (I) 412, *462*
Robinson, J.P. (I) 321, *340*, 563, *619*
Robinson, L.M. (I) 699, *725*
Robinson, N. (II) 409, *475*
Robinson, P.M. (II) 289, *337*
Robinson, R.J. (I) 627, *731*
Robinson, W.S. (II) 13, *60*
Rock, D.A. (II) 300, 302, *337, 338*
Rock, R. (I) 85, 113, *140*, 154, 190, *215* – (II) 240, *250*, 356, *391*, 507, 656, 686, 747, 750, 799, *761*, 771, *828, 833*
Rodenstein, M. (II) 796, *833*
Rodgers, H.L. (I) 596, *621*
Rodin, J. (I) 596, *616*
Roe, A. (II) 402, *480*
Roellecke, G. (II) 847, *858*
Römer, R. (II) 383, *394*
Röpke, I. (I) 114, *146*
Roering, K.J. (I) 708, *731*

Roever, J.E. (II) 181, *264*
Rogers, C.R. (II) 398, *480*
Rogers, E.M. (I) 68, *147*, 195, *221*, 313, 318, 319, 327, 328, 329, 330, *341*, 368, *399*, 574, *619* – (II) 397, 398, 400, 428, 429, 432, *480*, 503, *669*
Rogers, T.B. (II) 183, *264*
Rogge, H.J. (II) 360, *394*
Rohracher, H. (I) 404, *468*
Rohrmann, B. (II) 132, *170*
Rokeach, M. (I) 272, *280*, 441, *468*, 537, 538, 539, 540, 541, 557, 560, 567, 586, 587, *619*
Roloff, M.E. (I) 379, *399*
Roloff, S. (I) 606, *619* – (II) 237, *264*, 503, *664*
Romney, A.K. (I) 553, *621*
Ronge, V. (II) 785, 813, *833*
Ronneberger, F. (I) 583, *619*
Root, P. (II) 515, *668*
Rorer, L.G. (II) 69, *165*
Rosch, E. (I) 438, *468*
Rose, A.M. (I) 671, *731*
Roseborough, H. (I) 198, 206, *221*
Roselin, T. (II) 17, *60*
Rosen, L. (II) 70, *170*
Rosen, N. (I) 710, *725*
Rosenau, J.N. (I) 687, *733*
Rosenberg, H. (I) 644, 650, 653, *721*
Rosenberg, M.J. (I) 318, *333*, 420, 438, 442, 458, *468*, 541, 550, 567, 568, 606, *620* – (II) 240, *264*
Rosenberg, M.L. (II) 519, *669*
Rosenfeld, H.M. (I) 370, *399*
Rosenfield, D. (I) 677, *732*
Rosenstiel, L. v. (I) 3, 5, 9, *39, 40, 43*, 87, 89, *147*, 154, 156, 157, *221*, 235, *280*, 367, *399*, 421, 423, 427, 431, *469*, 514, 516, 517, *529*, 626, 627, *731* – (II) 2, 7, 10, 12, 13,

14, 15, 17, 25, 26, 27, 28, 31, 32, 33, 34, 42, *60*, 191, 192, 198, 199, 206, 207, 209, 211, 214, 215, 216, 218, 219, 220, 224, 226, 229, 237, 239, 244, 247, *264*, 343, *380*, 394, 398, *480*, 545, 568, 570, 575, 580, 600, *669*
Rosenthal, R. (I) 374, *399*, 510, *530* – (II) 45, *60*, 183, *254, 264*
Rositter, J.R. (II) 384, 385, *394*
Rosnow, R. (II) 45, *60*
Rosnow, R.L. (I) 510, *530*, 575, *620*
Rosove, P.E. (II) 709, *767*
Ross, I. (II) 211, *262*
Ross, L. (I) 297, 312, 316, 325, *340*, 678, *731*
Rossiter, J.R. (II) 214, 215, *264*, 374, 375, 382, 390, *394*
Rost-Schaude, E. (I) 515, 520, 682, *724*
Roth, E. (I) 420, 421, *469* – (II) 40, *60*, 405, *480*
Roth, R. (II) 177, *264*, 776, 777, 781, 783, 788, *832, 833*
Rothbart, M. (I) 574, *621*
Rothenberg, J. (I) 189, *221*
Rothschild, H. (II) 220, *264*
Rothschild, K.W. (I) 183, *221*
Rothschild, M.L. (II) 737, *767*
Rotzoll, K.B. (I) 201, *221*
Rowse, E.J. (II) 368, *394*
Rubenfeld, S. (II) 223, *260*
Rubin, J.Z. (I) 642, 705, *731*
Rubinow, S. (I) 375, *401*
Ruch, F.L. (I) 513, 514, *532* – (II) 217, *264*
Rucker, M. (I) 500, *531*
Rudinger, G. (II) 184, 185, 189, *250, 264*
Rüdig, W. (II) 776, 777, 778, 780, 781, *833*

Rühle, H. (II) 341, 343, *393*
Ruhfus, R. (I) 388, *399*
Rumelt, R.P. (II) 720, *767*
Rumpf, D. (II) 804, *832*
Runciman, W.G. (I) 284, *341*
Runyon, K.E. (II) 39, *60*, 239, *264*
Russel, S.D. (II) 825, *830*
Russell, B. (II) 131, *170*
Russell, W.R. (II) 120, *165*
Russo, E.I. (I) 89, 128, 129, *147*
Russo, J.E. (II) 70, *166, 170*, 232, 245, *264*, 550, 551, 669
Ryan, J.K. (I) 450, *466*
Ryan, M.J. (I) 589, *620* − (II) 20, *60*, 279, *337*, 379, 381, *394*
Ryans, A.B. (II) 508, 517, 520, *669*

Sabel, H. (II) 496, *670*
Sader, M. (I) 368, *399* − (II) 4, *60*
Saenger, G. (I) 586, *620*
Saffir, M.A. (I) 546, *620*
Sahakian, W.S. (II) 704, *767*
Saile, H.D. (I) 91, 126, *143*
Saine, T. (I) 381, *393*
Salcher, F. (II) 38, 39, 40, 42, *60*, 181, 220, 236, 239, *264*
Saleh, J. (II) 86, *169*
Salter, V. (I) 378, *392*
Sampson, E.E. (I) 439, 440, *469*
Sampson, H. (II) 341, *394*
Sampson, P. (I) 439, *469* − (II) 512, *670*
Samuelson, G. (I) 207, *222*
Samuelson, P.A. (II) 11, *60*, 175, *265*
San Augustine, A.J. (II) 585, *670*
Sanborn, M.D. (II) 317, *337*
Sandell, R.G. (I) 441, *469*

Sander, F. (II) 43, *60*, 217, 221, *265*
Sands, S. (II) 396, *480*
Sargent, S.S. (I) 412, *469*
Sarges, W. (II) 682, *767*
Sarin, R.K. (II) 129, *162*
Saris, W. (II) 282, *337*
Saris, W.E. (II) 294, 297, 300, *336*
Sarnat, M. (II) 120, *168*
Sarti, S. (I) 561, *616*
Sarup, G. (I) 596, *621*
Sauer, C. (I) 296, *336*, 682, *724*
Sauermann, H. (I) 686, *731*
Sauermann, P.M. (II) 233, *265*, 387, *394*
Saunders, J. (I) 321, 328, *341*
Sauter, B. (I) 453, *468*, 487, *529*, 569, *619* − (II) 705, *766*
Savage, L.J. (II) 93, 140, 147, *162, 170*
Sawers, D. (II) 401, *477*
Sawyer, A.G. (I) 350, 351, 388, 389, *399* − (II) 47, *61*, 183, 185, 226, *263*, *265*
Sawyer, J. (I) 642, *731*
Sayeki, Y. (II) 150, *170*
Scammon, D.L. (II) 232, *265*
Schachter, S. (I) 287, 296, *336, 341*, 493, 494, 496, 497, 499, *529*, *530*
Schaefer, C.E. (II) 404, *480*
Schäfer, D. (II) 799, *833*
Schäfer, E. (II) 579, *670*
Schaefer, R.E. (II) 79, 135, 136, 140, 141, 151, *161*, *170*
Schätzle, Th. (I) 717, *725*
Schanz, G. (II) 698, 699, 700, 701, *767*
Schardt, T. (II) 812, *829*
Scharfetter, L. (I) 345, *396*
Scheele, W. (I) 363, 373, *399*
Scheerer, M. (I) 7, *43*
Scheibelhut, J.H. (I) 353, *399*

Schelling, T.C. (I) 633, 634, 650, 708, *731*
Schenk, M. (I) 363, 364, 368, *399* − (II) 240, *265*, 575, 577, *670*
Scherer, J. (II) 851, *858*
Scherer, K.D. (II) 822, *833*
Scherer, K.R. (I) 375, 376, 379, *399*
Scherer, U. (II) 822, *833*
Scherf, G. (I) 100, 101, *147*
Scherhorn, G. (I) 58, 59, 71, 73, 75, 76, 83, 85, 88, 93, 94, 98, 101, 102, 110, 130, *142, 147, 148*, 154, 163, 164, 168, 187, 206, *221* − (II) 231, 240, *265*, 686, *767*, 823, *834*
Scherl, H. (I) 79, *148*
Scherman, J. (I) 698, *722*
Scherrer, A.P. (I) 310, *341*
Scheuch, E.K. (I) 157, 176, 205, *221*, 222, 508, *530*, 542, 543, 545, 548, 553, 555, 556, 565, *620* − (II) 191, *265*, 304, *336*, 850, 852, 854, *859*
Scheuch, F. (II) 714, 723, *767*
Schewe, C.D. (I) 516, *530*
Schiffmann, L.G. (I) 323, *341* − (II) 627, 635, 656, *670*
Schild, R. (I) 181, *222*
Schipper, E. (II) 448, *475*
Schlaifer, R. (II) 70, *171*
Schlaifer, R.O. (II) 93, *170*
Schlegel, R.P. (II) 317, *337*
Schlenker, B.R. (I) 177, 223, 571, 622, 633, 636, 650, *733*
Schlicksupp, H. (II) 497, *670*
Schlörer, J. (II) 854, *859*
Schlosberg, H. (I) 493, *530*
Schmalensee, R. (II) 388, *394*
Schmalt, H.D. (I) 676, 677, 729 − (II) 706, *766*
Schmerl, Chr. (II) 341, 356, *394*
Schmidbauer, K. (I) 82, *148*

Schmidt, B. (II) 558, 602, 603, 607, 609, 610, *670*, *672*
Schmidt, P. (II) 277, 281, 282, 283, 285, 290, 300, 324, 328, *332*, *335*
Schmidt, R. (II) 806, *833*
Schmidt, R.F. (I) 506, *530*
Schmidt, W.H. (II) 282, 300, *338*
Schmidtmann, A. (I) 97, *146*
Schmitt, D.R. (I) 382, *397*
Schmitt, N. (II) 69, *171*, 306, 313, *338*
Schmittel, W. (II) 572, *670*
Schmölders, G. (I) 151, 157, *222*, 226, 230, 245, 258, 259, 260, 263, *280*
Schmookler, J. (II) 401, *480*
Schnedlitz, P. (I) 454, *469*
Schneeweiß, H. (II) 76, 150, 151, *171*, 606, *670*
Schneewind, K.A. (I) 345, *400* – (II) 174, *265*
Schneider, B. (II) 88, *167*
Schneider, D. (II) 531, 533, *670*
Schneider, E. (II) 703, *767*
Schneider, H. (I) 310, 321, 323, 326, *338*
Schneider, H.D. (I) 643, 644, *731* – (II) 792, *833*
Schneider, H.K. (I) 183, *222*
Schneider, R. (II) 519, *656*
Schneider, R.J. (II) 141, *169*
Schneider, U. (I) 689, *732*
Schober, H. (II) 646, *670*
Schobert, R. (I) 431, 462, 552, 554, *610* – (II) 511, 513, 514, 515, 625, 627, 629, 640, *658*, *670*, 724, *762*
Schoch, R. (I) 177, *222*, 347, 354, 366, 377, *400*, 633, 691, *732*
Schoeffler, S. (I) 152, *222*
Schöler, K. (II) 519, *664*
Schöler, M. (I) 123, *146*, 717, *725* – (II) 179, 232, *263*, 513, *669*
Schoemaker, P.J.H. (II) 70, 95, 115, *171*
Schoenbach, P. (I) 488, *522*
Schönbach, P. (II) 20, 56, 179, *253*
Schönberg, R. (II) 299, *332*
Schönbohm, H. (II) 678, *763*
Schönpflug, W. (I) 504, 505, *530*
Schönwalder, M. (II) 437, *475*
Schöppe, G. (I) 75, 132, *141*
Scholl, W. (I) 47, 51, *148*
Scholl-Schaaf, M. (I) 582, *620*
Scholten, H. (I) 260, *281*
Scholz, R.W. (II) 80, *152*
Schooler, C. (II) 428, 449, 452, *478*
Schooler, R.D. (I) 708, *731*
Schopler, J. (I) 437, *464*, 585, 596, *613*
Schoppe, K.J. (II) 403, 404, *480*
Schorsch, E.M. (II) 800, 802, *827*
Schotter, A. (I) 715, *721*
Schrank, H.L. (I) 321, *341*
Schreiner, W. (II) 724, *767*
Schrell, D. (II) 408, 409, *478*
Schrenk, L.P. (II) 80, *171*
Schroder, H.M. (II) 412, *480*
Schröder, M. (II) 493, 609, *670*
Schröder, R. (I) 230, *280*
Schröter, G. (II) 227, *253*
Schubert, D.S.P. (II) 407, *480*
Schuchard-Fischer, Chr. (II) 724, *767*
Schüllein, J.A. (II) 806, *833*
Schümer, R. (I) 438, *469*
Schütt, K.P. (II) 79, 134, 136, 156, *171*
Schütte, M. (II) 568, *670*

Schuler, H. (II) 180, *265*, 841, 842, 843, 844, 845, 846, *858*, *859*
Schulman, G.J. (I) 573, *620*
Schultz, D.P. (II) 181, *265*
Schultz, H. (II) 558, *670*
Schultz, R.L. (II) 277, 289, *336*, 602, 646, *665*
Schulz, R. (I) *469*, *620* – (II) 26, 29, *61*, 216, *265*, 602, *668*
Schulz von Thun, F. (I) 128, *145*, 351, *397* – (II) 383, *394*
Schumacher, E.F. (I) 106, *148*
Schumacher, H. (I) 75, *148* – (II) 823, *833*
Schumann, K.F. (II) 851, *857*
Schumpeter, J.A. (I) 57, 86, *148* – (II) 397, *480*, 814, *833*
Schumpeter, J.H. (II) 760, *767*
Schur, E.M. (I) 640, *732*
Schwartz, R.D. (I) 2, *44*, 510, *531* – (II) 48, *62*, 590, *673*, 843, *859*
Schweiger, G. (I) 367, *400*, 605, *620* – (II) 17, *61*, 595, 596, 597, 598, *670*
Schwendter, R. (II) 791, 792, 796, 797, 807, 808, 809, 821, 826, *833*
Schwerdt, A. (I) 510, *520*
Schwidder, W. (I) 109, 113, *148*
Schwinger, T. (I) 681, *729*
Schwinn, F. (II) 806, *833*
Scileppi, J.A. (I) 573, *614*
Scitovsky, T. (I) 99, 100, 117, *148*, 151, 171, 187, *222*, 599, *620* – (II) 208, *265*, 554, *670*
Scott, C.A. (I) 361, *400*, 678, 699, *731*, *732*
Scott, D. (II) 132, *171*
Scott, J.E. (I) 561, 599, 600, *623* – (II) 17, *63*, 352, *394*

Scott, W.D. (II) 175, 217, 218, 219, 226, 265, 352, 394
Scybillo, G. (I) 123, 144
Sears, D. (I) 488, 523
Sears, D.O. (I) 7, 43, 349, 395, 575, 576, 607, 611
Sears, P.S. (I) 9, 42 – (II) 559, 665, 726, 765
Seaton, R. (II) 239, 266
Seaver, D.A. (II) 79, 115, 136, 171, 172
Sechrest, L. (I) 2, 44, 510, 531 – (II) 48, 62, 590, 673, 843, 859
Secord, P.F. (I) 439, 469, 575, 586, 620, 660, 662, 689, 725, 732
Seeman, M. (I) 290, 341
Seidenfus, J.M. (I) 230, 280
Seiler, B. (II) 409, 476, 480
Seiler, E. (II) 409, 480
Selg, H. (II) 177, 184, 187, 265
Seligman, M.E. (I) 110, 148
Selten, R. (I) 119, 148
Semmer, N. (II) 420, 450, 475, 481
Sen, S.K. (II) 529, 668
Senders, J.W. (II) 221, 261
Sengenberger, W. (II) 441, 481
Sentell, G.D. (I) 64, 149
Sethi, P.S. (II) 571, 670
Sethi, S.P. (I) 195, 222
Settle, R.B. (I) 492, 527 – (II) 241, 260, 651, 666, 744, 765
Severance, L.T. (I) 573, 619
Sewell, S.W. (I) 446, 447, 469 – (II) 631, 670
Seyffert, R. (II) 341, 348, 349, 352, 367, 369, 394, 653, 670
Shafer, K.S. (II) 204, 259
Shaffer, D.R. (I) 488, 530
Shaiken, H. (II) 818, 830
Shalker, Th.E. (I) 502, 525
Shand, A.F. (I) 494, 530

Shapiro, B.P. (II) 194, 197, 204, 265, 513, 670, 682, 767
Shapiro, B.T. (I) 123, 148
Shapiro, L. (II) 95, 171
Sharpe, W.F. (II) 78, 171
Shartle, C.L. (I) 2, 43
Shaver, P.R. (I) 563, 619
Shaw, J.C. (II) 397, 479
Shaw, M.E. (I) 547, 563, 621, 665, 732
Sheluga, D.A. (I) 455, 469
Shepard, R.N. (I) 553, 621 – (II) 68, 80, 171
Sherif, C. (I) 687, 732 – (II) 544, 546, 547, 670
Sherif, C.W. (I) 285, 288, 291, 311, 341, 596, 621
Sherif, M. (I) 285, 288, 291, 311, 341, 412, 469, 569, 570, 576, 621, 687, 732
Sheth, J.N. (I) 4, 40, 85, 144, 195, 222, 369, 400, 438, 440, 443, 457, 464, 469, 473, 524, 551, 564, 590, 591, 592, 619, 621, 627, 628, 732, 734 – (II) 17, 20, 23, 24, 29, 30, 31, 32, 52, 58, 61, 181, 187, 192, 194, 210, 213, 214, 216, 236, 239, 240, 256, 266, 273, 278, 333, 337, 369, 392, 510, 515, 575, 662, 670
Shibutani, T. (I) 289, 291, 341
Shiffrin, R.M. (II) 226, 249
Shilliff, K.A. (II) 538, 670
Shils, E.A. (I) 206, 220
Shocker, A.D. (I) 455, 469 – (II) 508, 511, 512, 514, 515, 523, 524, 527, 596, 658, 663, 671
Shoemaker, F.F. (I) 68, 147, 195, 221 – (II) 397, 398, 400, 428, 429, 432, 480
Shoemaker, P.J. (II) 97, 165
Shuford, E.H. (II) 136, 171

Shuptrine, F.K. (I) 207, 222 – (II) 549, 671
Sicherman, A. (II) 85, 128, 167
Sidel, R. (II) 789, 833
Sidel, V.W. (II) 789, 833
Siedt, H.G. (II) 18, 55, 247, 250, 771, 828
Siebert, R. (II) 341, 395
Siegel, A.E. (I) 289, 341
Siegel, S. (I) 265, 281, 289, 341, 681, 682, 704, 706, 732
Siegman, A.W. (I) 375, 400
Silberer, G. (I) 11, 43, 299, 341, 453, 468, 487, 516, 529, 569, 570, 598, 605, 619, 621, 649, 732 – (II) 22, 57, 60, 209, 240, 266, 486, 671, 682, 698, 699, 700, 704, 705, 726, 738, 750, 762, 766, 767
Silbermann, W. (I) 91, 144
Silk, A.J. (I) 321, 323, 339, 341, 377, 394, 627, 685, 723 – (II) 219, 266, 352, 394, 500, 504, 505, 508, 510, 526, 671
Silverman, I. (II) 45, 51, 61
Silverthorne, C.P. (I) 577, 621
Silvey, S.D. (II) 296, 337
Simchowitz, H. (II) 220, 266
Simitis, S. (II) 852, 853, 859
Simmel, G. (I) 155, 176, 222
Simmel, M. (I) 482, 524
Simmonds, K. (II) 530, 671
Simmons, W.R. (II) 227, 266
Simon, H.A. (I) 7, 8, 9, 31, 43, 153, 167, 219, 222, 696, 730 – (II) 10, 18, 59, 61, 67, 69, 76, 100, 158, 169, 171, 397, 479, 641, 671
Simon, H.M. (II) 275, 276, 282, 337
Simon, K. (I) 707, 723
Simon, L. (II) 508, 671

Simon, M.F. (II) 211, 266
Simon, R. (II) 344, 394
Simonton, D.K. (II) 402, 404, 481
Simpson, H.M. (II) 235, 262
Simpson, R.H. (II) 180, 190, 249
Sims, J.T. (I) 715, 734 – (II) 555, 674
Singelmann, P. (I) 671, 673, 732
Singer, D. (I) 557, 610
Singer, E. (I) 209, 217, 283, 285, 287, 288, 292, 295, 297, 298, 337
Singer, J.E. (I) 287, 341, 494, 496, 497, 530
Singer, R.P. (I) 501, 526
Singh, R.J. (II) 404, 481
Singson, R.L. (I) 457, 470
Sissor, J.Z. (II) 510, 671
Six, B. (I) 412, 439, 461, 470, 516, 538, 584, 596, 597, 608, 621 – (II) 216, 223
Six, U. (I) 206, 213 – (II) 93, 171, 215, 250, 365, 390
Sixtl, F. (I) 545, 621 – (II) 92, 171, 237, 266
Skelly, F.R. (II) 47, 61, 191, 266
Skinner, B.F. (I) 178, 475, 530 – (II) 7, 61
Slatter, S. (II) 530, 671
Slattum, V. (I) 490, 532 – (II) 211, 245, 269
Slocum, J.W. (I) 200, 222
Slovic, P. (II) 68, 69, 80, 84, 141, 164, 165, 171, 520, 521, 671
Slusher, E.A. (I) 708, 731
Smelser, N.J. (I) 155, 156, 159, 160, 171, 173, 176, 220, 222
Smith, C.R. (I) 674, 725
Smith, E.M. (II) 202, 213, 266
Smith, G. (I) 294, 339
Smith, G.H. (I) 416, 470,
507, 530 – (II) 211, 213, 239, 266
Smith, S. (II) 228, 262
Smith, S.A. (II) 227, 252
Smith, W.P. (I) 706, 728
Smith, W.R. (II) 410, 481
Snyder, C.R. (I) 304, 341
Snyder, M. (I) 574, 621, 677, 732
Snygg, D. (II) 23, 61
Sodhi, K.S. (I) 412, 470
Sörbom, D. (II) 282, 285, 287, 288, 292, 294, 296, 299, 300, 301, 302, 323, 325, 329, 334, 337
Solomon, E. (I) 490, 532 – (II) 211, 245, 269
Solomon, R. (I) 562, 621 – (II) 237, 267
Solomon, R.L. (II) 183, 237, 266
Sommer, R. (II) 266
Sommer, W. (II) 43, 61
Songer, E. (I) 488, 524
Sosa, E. (II) 275, 337
Soucie, R.M. (I) 376, 400
Souder, W.E. (II) 497, 671
Soutar, G.N. (II) 515, 669
Sowter, A.P. (II) 190, 198, 254, 541, 558, 563, 660, 671
Specht, G. (I) 10, 11, 43, 187, 222 – (II) 680, 682, 686, 696, 727, 747, 756, 759, 760, 766, 767, 768
Specht, K.G. (I) 155, 222
Speckart, G. (II) 276, 318, 331
Speller, D. (I) 128, 144
Speller, D.E. (II) 215, 231, 232, 257
Spence, A.M. (I) 82, 148
Spence, D.P. (II) 224, 255, 266, 267
Spence, H.E. (II) 636, 671
Spence, K.W. (I) 475, 530
Spencer, L. (II) 383, 390
Spetzler, C.S. (II) 136, 171
Spiegel, B. (I) 1, 2, 6, 7, 29, 43, 404, 423, 424, 425, 426, 427, 470, 604, 621, 646, 732 – (II) 14, 40,
46, 61, 179, 180, 181, 182, 190, 201, 206, 207, 209, 210, 212, 213, 217, 219, 220, 221, 222, 228, 238, 242, 245, 267, 341, 365, 380, 394, 600, 638, 671, 843, 859
Spitzer, R.L. (II) 80, 171
Spranger, E. (I) 560, 621
Springer, A. (II) 595, 671
Srinivasan, V. (I) 455, 469 – (II) 512, 514, 515, 516, 518, 521, 523, 524, 525, 527, 528, 657, 661, 668, 671
Srivastava, R.K. (II) 511, 658
Staats, A.W. (I) 433, 470, 502, 508, 530, 579, 661, 622 – (II) 235, 267
Staats, C.K. (I) 433, 470, 502, 508, 530, 579, 621, 622 – (II) 235, 267
Stackhouse, R.H. (II) 384, 391
Stadler, M. (I) 514, 529
Staelin, R. (I) 128, 148 – (II) 22, 60
Staël von Holstein, C.A.S. (II) 135, 136, 171, 172
Stäudel, T. (II) 159, 162
Stafford, J. (II) 555, 659
Stafford, J.E. (I) 209, 210, 222, 289, 292, 296, 298, 301, 341, 342 – (II) 181, 189, 202, 253, 267
Stahelsky, A.J. (I) 677, 683, 727
Stankowski, A. (II) 572, 671
Stanley, J.C. (I) 22, 38 – (II) 44, 55, 177, 184, 252, 276, 331
Stanovsky, G. (II) 682, 768
Stanton, R.R. (I) 201, 219
Stanton, W.W. (I) 451, 460
Stapel, J. (II) 542, 552, 671
Stapleton, D.C. (II) 301, 337
Star, S.A. (I) 284, 342
Starch, D. (II) 219, 267, 364, 394, 615, 671

Stark, H. (II) 679, *768*
Stasser, G. (II) 79, *172*
Stauss, B. (I) 135, *143* – (II) 686, *768*
Stauss, F.F. (II) 136, *168*
Steadman, M. (II) 218, 223, *267*
Steele, H.L. (II) 214, *267*
Steers, R.M. (II) 435, *481*
Steffenhagen, H. (II) 13, 61, *218, 261*, 492, 589, 604, 641, *666, 671*
Stefflre, V.J. (II) 511, 514, *671*
Stegmüller, W. (II) 132, *172*, 272, *337*, 854, *859*
Stein, M.J. (II) 397, 470, *481*
Steinbach, J. (II) 383, *394*
Steinberg, E. (I) 451, *460*
Steiner, G. (I) 167, *222* – (II) 582, *665*
Steiner, G.A. (II) 273, *335*, 368, *393*
Steiner, I.D. (II) 462, *467, 481*
Steinmann, D. (II) 80, *165*
Steinmann, G. (II) 825, 826, *833*
Steitz, L. (II) 448, *479*
Stember, C.H. (I) 351, *396*
Stephan, W.G. (I) 677, *732*
Stephens, L.F. (II) 537, *671*
Stephenson, R. (I) 457, *465*
Stern, B.L. (I) 90, *146* – (II) 631, 634, *672*
Stern, L.W. (I) 198, *221*, 629, 687, 712, 713, 716, *732* – (II) 618, *656, 662*, 728, 746, *768*
Stern, W. (I) 473, *530*
Stern, W.L. (I) 159, 175, 184, 197, *215, 222, 223*
Sternthal, B. (I) 361, *400*, 629, 678, 699, *732* – (II) 226, 235, *251*, 300, *330*
Stewart, J.B. (II) 185, *267*
Stewart, T.R. (II) 80, *165*
Stevens, S.S. (II) *672*
Stidsen, R. (I) 627, *731*
Stiegler, B. (II) 437, *475*

Stigler, G.J. (I) 49, 82, 92, *148*
Stiglitz, J.E. (I) 84, 123, *149*
Stiksrud, H.A. (I) 560, 561, *622*
Stillerman, R. (II) 401, *477*
Stillwell, W.G. (II) 115, 156, *163, 172*
Stocker-Kraichgauer, G. (II) 462, *481*
Stoetzel, J. (II) 543, *672*
Stogdill, R. (I) 347, *400*
Stone, D.R. (II) 133, *172*
Stonequist, E.V. (I) 290, *342*
Stosberg, M. (I) 548, *622*
Stotland, E. (I) 296, 308, *337, 342*, 541, 579, 601, *615*
Stouffer, S.A. (I) 284, *342*, 547, *622*
Stout, R.G. (II) 563, *672*
Strang, W.A. (I) 632, *657*
Strasser, J. (II) 770, *834*
Strauss, H.M. (I) 295, *342*
Strauss, M.A. (II) 416, *481*
Straussmann, J. (I) 276, *281*
Strebel, H. (II) 497, 498, *672*, 686, *768*
Streissler, E. (I) 51, 55, 66, 103, 104, 118, 119, *149* – (II) 7, *61*, 236, *267*
Streissler, M. (I) 104, *148, 149* – (II) 7, *61*, 236, *267*
Streufert, S. (I) 15, *39*, 574, *622*, 687, *733* – (II) 46, *57*, 412, *480*
Strickland, K.H. (I) 707, *726*
Stroebe, W. (I) 318, *342*
Strong, E.C. (II) 228, *267*
Strong, E.K. (II) 369, *395*
Strong, S.R. (I) 380, *400*
Strongman, K.T. (I) 494, *530*
Strothmann, K.-H. (II) 4, *61*, 339, *394*
Strotzka, H. (II) 802, *834*
Strümpel, B. (I) 5, 16, *40*, 96, 97, *149*, 157, *217*, 223, 227, 230, 234, 238, 240, 244, 250, 253, 258, 259, 260, 262, 264, 265, 266, 269, *278, 279, 280, 281*, 583, *622*
Stuhlmann, U. (II) 682, *768*
Stupening, E. (I) 98, *143*
Sturdivant, F.D. (I) 197, *222*
Sturman, St.S. (I) 198, *221*
Suchman, E.A. (I) 284, *342*, 547, *622*
Suchman, L. (II) 87, *163*
Suchner, R.W. (I) 660, 662, 714, *729*
Suci, G.J. (I) 425, *467*, 548, 563, 564, 568, *618*
Süllwold, F. (I) 537, 545, *621* – (II) 236, *267*
Sullivan, D.S. (II) 51, *61*
Suls, J.M. (I) 287, 293, *342*
Summers, G.F. (I) 545, *621*
Summers, J. (II) 520, 521, *669*
Summers, J.O. (I) 128, *149*, 321, 323, *338, 342*, 367, 368, *396* – (II) 68, 128, *165, 170*, 231, *267*
Sundhoff, C. (II) 578, *672*
Suppes, P. (II) 89, 90, 132, *168, 171, 172*
Svenson, O. (II) 100, 103, *169, 172*
Swasy, J.L. (I) 389, *400*
Sweeney, T.W. (II) 17, *59*
Sweitzer, R.W. (I) 423, 450, *467* – (II) 630, *668*
Swinth, R.C. (II) 697, 698, *724*
Swinth, R.L. (I) 348, *395*
Swinyard, W.R. (II) 582, *672*
Szalai, A. (I) 254, *281*
Szybillo, G.H. (II) 536, 539, *663*
Szybillo, G.J. (II) 179, 200, 203, 207, 208, 232, 241, *257, 267*, 304, *337*

Tack, W.H. (II) 141, *172*
Taeuber, K. (I) 508, *529*
Tagliacarne, G. (II) 621, *672*
Tajfel, H. (I) 411, *470* – (II) 469, *481*
Takas, A. (II) 683, *768*
Talarzyk, W.W. (I) 438, 458, *460*, 469 – (II) 213, 240, *266*
Tamsons, H. (II) 200, 211, 244, *262*
Tannenbaum, P.H. (I) 318, *333*, 425, *467*, 548, 563, 564, *618*
Tanter, R. (I) 687, *733*
Taplin, W. (II) 585, *672*
Tate, R.S. (I) 450, *470*
Tatham, R.L. (I) 704, *720*
Tausch, A.M. (II) 383, *394*
Tausch, R. (I) 128, *145*, 352, *397*, 654, *733*
Tautu, P. (II) 141, *172*
Taylor, C.W. (II) 410, *481*
Taylor, D.W. (II) 463, *481*
Tayler, I.A. (II) 470, *481*
Taylor, J. (I) 366, 369, *400* – (II) 461, 462, *481*
Talor, J.L. (I) 369, 389, *401*, 696, *734*
Taylor, J.R. (II) 20, *62*
Taylor, J.W. (I) 325, 342 – (II) 17, *61*
Taylor, L.D. (II) 388, *395*
Taylor, R.G. (I) 380, *400*
Taylor, R.N. (II) 76, 154, *168*
Teach, R. (II) 508, 524, *668*
Teas, K.R. (II) 304, *337*
Tedeschi, J.T. (I) 177, 223, 571, *622*, 633, 636, 640, 644, 645, 648, 649, 650, 651, 653, 675, *726*, *733*
Teger, A.I. (I) 681, 683, *733*
Teich, L. (II) 804, *834*
Tesser, A. (I) 570, *622*
Tessler, R.C. (II) 301, *330*
Thämelt, K. (II) 448, *475*
Thams, R. (II) 200, 211, 244, *262*
Theisen, P. (II) 548, *672*

Thews, G. (I) 506, *530*
Thibaut, J.W. (I) 177, 183, *223*, 634, 639, 643, 648, 669, 670, 671, 681, 682, 684, *727*, *733*
Thom, N. (II) 698, *765*
Thomae, H. (I) 474, 482, *531* – (II) 4, 18, *61*, 233, *267*
Thomas, H. (II) 97, 134, *161*, *165*, *166*
Thomas, L. (I) 554, *622* – (II) 677, *761*
Thompson, C.C. (II) 359, *395*
Thompson, St.R. (II) 602, *672*
Thomssen, W. (II) 53, *59*
Thorelli, H.B. (I) 64, 79, 98, 124, 125, *149*
Thorelli, S.V. (I) 79, 98, 124, *149*
Thorndike, E.L. (I) 475, *531*
Throop, W.F. (I) 707, *726*
Thurstone, L.L. (I) 437, *470*, 536, 546, 561, *622* – (II) 527, 558, *672*
Tichenor, P.J. (I) 320, *342*
Tietz, B. (I) 605, *622* – (II) 348, *395*, 569, 584, 623, 628, 637, *672*
Tietz, R. (I) 119, *148*, 714, *733*
Tigert, D. (I) 195, 198, *223*, 448, *460*, 465 – (II) 508, 524, *668*
Tigert, D.J. (I) 447, *470* – (II) 577, *672*
Timaeus, E. (I) 374, 391, *400*
Timmer, D. (II) 208, *267*
Tinbergen, N. (I) 474, *531*
Tinker, M.A. (II) 220, *267*
Titchener, E.B. (II) 454, 472, *481*
Tittle, C.R. (I) 441, *470*, 564, 596, 598, *622*
Tittler, B.I. (I) 596, *621*
Tobin, J. (I) 8, *44*
Toda, M. (II) 116, *172*
Tolley, B.St. (II) 235, *251*, 373, *391*

Tolman, E. (II) 213, *268*
Tolman, E.C. (I) 436, *470*, 475, 476, *531* – (II) 18, *61*
Tom, G. (I) 500, *531*
Tom, S.Jr. (I) 488, *522*
Toman, R.J. (II) 198, *258*, 540, 541, 546, 640, *663*
Tomkins, S.S. (I) 494, *531*
Topritzhofer, E. (II) 192, 215, 216, *268*, 273, 277, *338*, 558, 602, 603, 606, 607, 608, 609, 610, *670*, *672*
Torgerson, L.R. (I) 545, 552, 553, *623*
Togerson, W.S. (II) 69, 92, *172*, *173*, 238, *268*, 526, *672*
Torrance, E.P. (II) 403, 404, 405, 416, 418, 419, *481*
Toso, H.L. (I) 348, *400*, 628, 691, *733*
Townes, B.D. (II) 88, *160*
Townsend, R. (II) 358, *395*
Travers, R.M. (II) 178, *268*, 419, *481*
Traxel, W. (II) 177, 179, 234, *268*
Treffinger, D.J. (II) 406, *482*
Trembly, G. (I) 501, *526*
Triandis, H.C. (I) 537, 546, 556, 562, 567, 572, 575, 576, 578, 579, 585, 597, *623* – (II) 464, *481*
Triffin, R. (II) 559, *672*
Triplett, N. (II) 467, *481*
Trojan, A. (II) 783, 800, 802, *827*, *834*
Trojan, A. (II) 783, 800, 802, *827*, *834*
Troldahl, V.C. (I) 318, 319, *342*, 385, *400*
Troldahl, V.L. (II) 575, 576, *672*
Troll, K. (I) 453, *470*
Trommsdorff, G. (II) 463, *478*
Trommsdorff, V. (I) 424, 442, 443, 444, *470*, 549,

550, 551, 552, 602, 605, 623 – (II) 210, 213, 237, 268, 317, 318, 324, *338*, 508, 520, 561, 639, *672*
Trux, W. (II) 710, *764*
Tuchtfeld, E. (I) 52, *149*
Tuck, R.T.J. (II) 616, *673*
Tucker, C.R. (II) 299, *338*
Tucker, M. (II) 404, *482*
Tucker, W.T. (I) 296, *342*, 631, *733*
Tukey, J.W. (II) 111, *168*, 282, *338*
Tull, D. (II) 197, 200, 202, *268*
Tull, D.S. (II) 47, 51, *61*, 179, 184, *255*, 554, *673*
Tullock, G. (I) 153, *223*
Turczak, W. (II) 777, 778, *834*
Turk, J. (I) 388, *400*
Turner, E.S. (II) 341, *395*
Turner, J.L. (I) 647, *733*
Turner, M.E. (II) 282, *337*
Turner, R.H. (I) 288, 294, 295, *342*
Turoff, M. (II) 79, *168*
Tversky, A. (I) 293, *342* – (II) 9, *61*, 69, 89, 101, 102, 103, 132, 158, *162*, *167*, *168*, *172*
Twedt, D.W. (I) 3, 5, *44*
Twyman, T. (II) 601, 610, 615, *657*
Tybout, A.M. (I) 361, *400* – (II) 47, 49, 62, 300, *330*
Tyebjee, T.T. (I) 455, *470*

Uebele, H. (II) 585, *664*
Überla, K. (II) 283, *338*
Udris, I. (II) 450, *481*
Uhl, J. (II) 539, 546, *673*
Uhl, K.P. (II) 207, 208, *248*
Ulardt, I. von (II) 84, *167*
Ulich, E. (II) 425, 446, *482*
Ulmer, P. (I) 77, *149*
Ulrich, W. (II) 399, 470, *482*

Ulvila, J.W. (II) 88, 154, *161*
Upmeyer, A. (I) 512, *531*
Upshaw, H.S. (II) 19, *62*
Urban, Ch.D. (I) 196, *215*
Urban, G.L. (I) 167, *219* – (II) 367, *392*, 500, 504, 505, 508, 510, 513, 514, 515, 516, 526, *662*, *671*, *673*
Urbschat, R. (II) 39, *62*
Urry, J. (I) 283, 291, 295, *343*
Utz, H.W. (II) 722, 747, 760, *768*
Uusitalo, L. (I) 600, *623*

Valenzi, E.R. (II) 200, 203, 204, 208, 244, *248*, *268*, 556, *655*
Valins, S. (I) 493, 494, 497, *531*
Van Dam, R. (I) 319, *342*, 385, *400*
Van Den Ban, A.W. (I) 319, *343*
Vandervelde, E. (II) 795, 796, 807, *834*
Varela, J.A. (I) 33, 34, *44*, 359, 360, 361, 377, 389, *401*
Varian, H.R. (II) 246, *268*
Veblen, Th. (I) 164, 205, *223*, 263, *281* – (II) 16, *62*, 556, *673*
Veiders, W.W. (II) 806, *829*
Venkatesan, M. (I) 211, *223*, 299, 300, *343*, 569, *609* – (II) 17, 21, 47, *56*, *61*, *62*, 183, 240, 252, 268, 383, *395*, 544, *667*
Vennemann, P. (II) 585, *657*
Verba, S. (I) 153, *223* – (II) 680, 683, *727*, *734*
Verdoon, P.J. (II) 189, *253*
Verna, M.E. (II) 383, *395*
Vernon, P.E. (I) 560, *607*
Veroff, J. (I) 478, *519*, *531*
Verplanck, W.S. (I) 652, *733*

Vershofen, W. (II) 9, *62*, 201, *268*
Vetter, H. (I) 23, *44*, 541, 569, 576, *609* – (II) 240, 252, 276, *338*
Vicary, J. (II) 223, *268*
Vidale, L.M. (II) 605, *673*
Villani, C. (II) 84, *160*
Vilmar, F. (I) 121, *149*
Vinacke, (I) 412, *470*
Vincent, J.E. (I) 698, *722*
Vine, (I) 375, *394*
Vinson, D.W. (I) 561, 599, 600, *623*
Vlek, C. (II) 70, *172*
Volkmann, J. (I) 294, *334* – (II) 43, *62*
Volpert, W. (II) 420, 444, *482*
Vonderach, G. (I) 251, *281*
Vornberger, E. (II) 213, *261*
Voss, K.F. (II) 804, *832*
Vroom, V.H. (I) 475, 514, *531* – (II) 18, *62*

Wack, P. (II) 12, *62*
Wacker, A. (I) 515, *531*
Wacker, J.G. (II) 304, *337*
Wacker, D. (I) 107, *149*, *150*
Wackman, D.B. (I) *150*, 206, 208, *223* – (II) 384, *395*
Waddell, C. (II) 235, *259*
Waddle, G.L. (II) 193, 245, *269*
Wagenaar, W. (II) 70, 132, *172*, *173*
Wagener, H.J. (I) 111, 120, *150*
Wagner, G. (II) 141, *172*
Wagner, H.M. (II) 86, *172*
Wagner, J. (I) 107, *150*
Wagner, P. (II) 484, 583, 587, *673*
Wagner, R. (II) 806, *833*
Wahl-Terlinden, U. (II) 777, 778, *827*
Waid, C.C. (II) 115, *171*
Wakenhut, R. (I) 427, *464*,

555, 556, 562, 598, *612*, *623*
Wald, A. (II) 146, *172*
Wallach, M.A. (II) 93, *168*, 403, 404, 405, 406, 408, 419, *482*
Wallbott, H. (II) 822, *833*
Wallbott, H.G. (I) 375, *399*
Wallendorf, M. (I) 157, 197, 198, 200, 224, 628, 633, 640, 641, 642, 643, 644, 650, *735*
Wallsten, T.S. (II) 65, 91, 134, 136, *173*
Walster, E. (I) 177, *223*, 487, 523, 679, 680, *733*, *734*
Walster, E.H. (I) 368, 380, *393*
Walster, G.W. (I) 177, *223*, 679, 680, *733*, *734*
Walter-Busch, E. (II) 52, *62*
Walters, C.G. (II) 641, *673*
Walters, R. (II) 53, *55*
Walters, R.H. (I) 580, *607* — (II) 729, *761*
Walters, R.M. (I) 509, *519*
Walton, R.E. (I) 644, 709, *734*
Wandel, I. (I) 560, *617*
Wapner, S. (II) 408, *482*
Ward, S. (I) 102, 106, 107, *150*, 206, 208, 213, *223* — (II) 6, *62*, 382, 384, 390, *395*
Ward, W.C. (II) 407, *475*
Warner, D.S. (I) 341, 348, *395*
Warner, L.G. (II) 439, *471*, 585, *623* — (II) 19, *62*
Warner, W.L. (I) 200, *223*
Warren, L. (I) 577, *610*
Warshaw, M.R. (II) 596, *657*
Warshaw, P.R. (I) 455, *471* — (II) 379, *395*
Wartella, E. (I) 107, *150*
Warwick, K.M. (II) 396, *480*
Wason, P.C. (I) 580, *623*

Waters, K.L. (II) 200, 204, 207, 208, *262*
Waters, L.K. (I) 302, *340*
Watrin, Chr. (I) 183, *222*
Watson, J.B. (I) 477, *531*
Watson, R.J. (II) 35, *62*
Waung, S. (I) 552, *623*
Weale, W.B. (II) 634, *673*
Webb, E.J. (I) 2, *44*, 510, *531* — (II) 48, *62*, 590, *673*, 843, *859*
Webdale, A.M. (II) 203, *252*
Weber, E. (II) 295, *338*
Weber, E.H. (II) 176, *268*
Weber, H.H. (II) 12, *62*
Weber, J.E. (I) 300, 301, *343*
Weber, K. (II) 498, *673*
Weber, M. (I) 20, 25, *44*, 50, 51, 55, 56, *150*, 155, 165, 168, 181, 183, *223*, 582, *623* — (II) 23, *62*, 702, *768*
Weber, S.J. (II) 183, *268*
Webster, F.E. (I) 377, 387, *401* — (II) 214, *268*
Webster, F.E. Jr. (I) 685, *734*
Weckbach, S. (I) 76, 132, *141*
Weede, E. (II) 177, *268*, 285, 300, *338*
Weeks, D.G. (II) 282, 289, 295, *331*, *338*
Wegener, B. (I) 543, 544, *624*
Wegner, D. (I) 378, *401*
Weick, K. (I) 365, *393*
Weigl, K.C. (II) 179, *257*
Weinberg, P. (I) 184, *223* — (II) 213, *268*, 519, 581, 595, 599, 644, *656*, *673*
Weinberger, M.G. (II) 211, 244, *264*
Weiner, B. (I) 474, 478, *531* — (II) 706, *768*
Weiner, J. (I) 697, *734* — (II) 179, 240, 242, *268*
Weiner-Regan, J. (I) 492, *532*

Weinert, A.B. (I) 3, *44*
Weisbrod, B.A. (II) 797, *834*
Weisenberg, M. (I) 573, *625*
Weiserbs, D. (II) 388, *395*
Weiss, D.L. (II) 611, *673*
Weiss, J.J. (II) 86, *173*
Weiss, R.F. (I) 579, *613*, *624*
Weiss, W. (I) 653, *726*
Weissberg, N.C. (I) 536, *624*
Weisskopf-Joelson, E. (II) 463, *482*
Weitz, S. (I) 375, *401*
Weitzig, J.K. (II) 747, 757, *768*
Wellek, A. (II) 221, *268*
Wells, W. (II) 235, *259*
Wells, W.D. (I) 195, 198, 207, 221, 223, 447, *471* — (II) 227, 235, 242, *268*, 269, 642, *673*
Weltz, F. (II) 780, *830*
Welzel, H. (II) 215, 232, *263*, 354, 394, 755, *766*
Wendt, D. (II) 79, 140, *173*
Wendt, G. (II) 812, *829*
Wenzel, H.U. (II) 341, 342, *395*
Werbik, H. (II) 213, *269*
Werner, C.H. (I) 75, *148* — (II) 823, *833*
Werner, E.E. (II) 402, 407, *473*
Werner, R. (II) 760, *768*
Wertheimer, M. (II) 219, *269*, 542, *673*
Werts, C.E. (II) 185, *259*, 292, 293, 300, 302, 304, 306, 308, *337*, *338*
West, M. (II) 358, *396*
Westbrook, R.A. (II) 20, *62*
Westie, F.R. (I) 441, *462*, 535, *610*
Westmeyer, H. (I) 36, *44*, 345, *395*
Wheatley, J.J. (II) 179, 204, 211, 234, 244, *269*, 596, *673*

Wheeler, D. (I) 698, *722*
Wheeler, L. (I) 496, *530*
Whipple, T. (II) 383, *391*
White, B.J. (I) 687, *732*
White, J.S. (II) 26, *62*
White, Ph.D. (II) 211, *269*
Whitmyre, J.W. (II) 463, 469, *474*
Whittaker, J.O. (I) 574, *624*
Whyte, W.H. Jr. (I) 212, *224*
Wicker, A.W. (I) 439, *471*, 596, 599, *624* − (II) 18, *62*
Wicklund, R.A. (I) 332, *334*, 487, 488, 489, 490, *520*, *521*, *532*, 570, 571, *624* − (II) 211, 240, 245, *269*, 651, *658*
Widmaier, U. (II) 814, 815, *816*
Widrick, S.M. (II) 552, *673*
Wiebe, G.D. (II) 727, *768*
Wiedmann, K.P. (II) 713, 752, *767*, *768*
Wied-Nebbeling, S. (II) 535, *673*
Wiegele, O. (I) 367, *400*) − (II) 17, *61*
Wiehn, E.R. (II) 746, *765*
Wieken, K. (I) 75, 80, 93, 130, 133, 135, 138, 139, *148*, *150* − (II) 823, *833*
Wieken, W. (I) 560, *617*
Wieken-Mayser, M. (I) 507, *525*
Wiele, E. (II) 599, 600, *673*
Wiener, M. (I) 375, 378, *397*, *401*
Wiens, A.N. (I) 375, *395*
Wiese, G. (II) 845, 846, 850, *859*
Wildermuth, R. (I) 680, *723*
Wildt, A.R. (II) 608, *673*
Wiley, D.E. (II) 282, 292, 293, 300, *338*
Wilken, W. (II) 682, *768*
Wilkening, E.A. (I) 323, *343*
Wilkes, M.W. (II) 341, *395*

Wilkie, W. (I) 128, *150*
Wilkie, W.L. (I) 439, 448, 460, *471*, 500, *529*, 538, 550, *624* − (II) 20, *55*, 213, 231, *269*, 378, *395*, 508, 518, 521, *673*
Wilkinson, J.F. (II) 618, *674*
Willett, R.P. (I) 177, *224*, 358, 389, *401*, 484, *525*, 654, 695, *734* − (II) 644, *664*
Williams, M. (I) 378, 379, 380, 381, *392*, *397*
Williams, M.A. (I) 284, 291, *343*
Williams, R.A. (I) 284, 342, 599, *624*
Willis, R.H. (I) 290, *337*, *343*
Wilson, C.L. (II) 596, *674*
Wilson, D.R. (I) 693, 694, *722*
Wilson, D.T. (I) 177, *224*, 316, 325, *340*, *343*, 350, 351, 369, *393*, *400*, 590, *624*, 628, 675, 706, *728*, *734* − (II) 20, *62*, 279, 317, 318, *339*
Wilson, W.R. (II) 47, *55*
Wimmer, F. (I) 135, *150*
Wimmer, R.M. (II) 188, 235, *258*, *269*
Wind, J. (I) 198, *224*
Wind, Y. (I) 387, *401*, 448, *463*, 554, *624* − (II) 516, 517, 518, 528, *661*, *674*, 715, *762*
Windal, P. (II) 611, *673*
Windisch, R. (I) 57, 86, 119, *150*
Winer, B.J. (II) 177, *269*
Winick, Ch. (II) 594, *674*
Winkelvoss, H. (II) 800, 802, *827*, *830*
Winkler, A. (I) 418, 421, 423, *471*
Winkler, R.L. (II) 133, 134, 135, 140, *173*
Winn, M. (I) 105, *150*
Winter, F.W. (II) 232, 237, 238, *269*

Winter, W.L. (II) 340, 348, *395*
Winterfeldt, D. von (II) 76, 88, 98, 117, 124, 128, 129, 136, 154, *164*, *171*, *173*
Winters, L.C. (II) 365, *395*
Winzer, R. (II) 448, *473*
Wisudha, A. (II) 84, 86, *166*
Wiswede, G. (I) 124, *150*, 153, 155, 157, 164, 165, 166, 187, 188, 192, 196, 198, 201, 204, 207, 211, 212, 222, *224*, 310, 325, *343*, 490, 516, *532* − (II) 2, 4, 8, 9, 10, 11, 15, 16, 17, 21, 26, 27, 33, 34, 53, *62*, 206, 211, 215, 241, 245, *269*
Witkin, H. (II) 408, 412, *482*
Witkin, H.A. (II) 408, *482*
Witt, D. (II) 221, 223, *269*
de Witt, S. (II) 785, *827*
Witte, E. (I) 37, *44* − (II) 398, *482*
Wodtke, K.H. (II) 405, *482*
Wöhe, G. (II) 348, *395*, 483, 486, 637, *674*
Wölm, D. (II) 715, *768*
Wohlfahrt, E. (II) 220, *269*
Wolber, U. (II) 141, *172*
Wold, H. (II) 276, 282, *339*
Wolf, A. (II) 365, *395*
Wolf, H.E. (I) 418, *471*
Wolf, J. (II) 805, *834*
Wolfe, H.B. (II) 605, *673*
Wolfe, H.D. (II) 359, *395*
Woll, A. (I) 126, *150*
Wonnakott, R.J. (II) 282, 283, *338*
Wonnakott, T.H. (II) 282, 283, *338*
Wood, S. (II) 384, *390*
Woodlock, J.W. (II) 501, 502, 503, *660*
Woodside, A.G. (I) 349, 350, 369, 389, *400*, *401*, 564, *624*, 628, 629, 692, 693, 694, 696, 715, *734*

– (II) 19, 55, 179, 193, 197, 204, 214, 239, 245, 250, 269, 317, 330, 379, 390, 554, 555, 674
Woodworth, R.S. (I) 475, 493, 532
Wooler, S. (II) 69, 166
Worchel, S. (I) 488, 492, 524; 532, 654, 683, 686, 734, 735
Worrall, C. (I) 573, 620
Worthy, M. (I) 654, 735
Wright, E. (II) 180, 190, 249
Wright, J.M. (I) 547, 563, 621
Wright, J.S. (II) 340, 348, 395
Wright, P. (I) 321, 328, 343 – (II) 10, 63, 509, 520, 521, 674
Wright, S. (II) 281, 282, 338
Wündrick-Meissen, H. (II) 369, 395
Wundt, W. (I) 474, 532 – (II) 43, 63, 176, 269
Wurbacher, G. (I) 208, 224
Wurm, S. (II) 795, 834
Wyckham, R.G. (I) 450, 471
Wygotski, L.S. (II) 178, 269

Yamamoto, K. (II) 405, 482
Yankelovich, D. (I) 230, 252, 281

Yelin, M. (I) 707, 723
Yerkes, R.M. (I) 506, 532
– (II) 233, 269
Yitzhak, V. (II) 407, 479
Yntema, D.B. (II) 69, 173
Young, P.T. (I) 475, 494, 532
Young, S. (II) 228, 237, 269
Younts, C.M. (I) 700, 728
Yuchtman-Yaar, E. (I) 268, 281
Yukl, G.A. (I) 651, 706, 725, 735

Zacharias, G. (II) 360, 395
Zahn, E. (I) 16, 40, 157, 164, 192, 193, 217, 223, 224, 244, 279
Zajonc, R.B. (I) 485, 532, 567, 568, 570, 577, 586, 624 – (II) 21, 63, 467, 482, 589, 667
Zaltman, G. (I) 157, 197, 198, 200, 224, 627, 628, 630, 632, 633, 640, 641, 642, 643, 644, 650, 653, 721, 728, 735 – (II) 36, 47, 49, 62, 63, 272, 275, 277, 302, 339, 399, 482, 675, 683, 764
Zangemeister, Ch. (II) 497, 674
Zankl, H.L. (II) 344, 395
de Zeeuw, G. (II) 132, 173
Zehnpfennig, H. (I) 542, 543, 545, 548, 553, 555, 556, 565 – (II) 305, 337

Zeigler, Sh.K. (II) 340, 348, 395
Zeiss, A. (I) 499, 528
Zellentin, G. (II) 811, 834
Zemach, M. (I) 501, 532
Zentes, J. (II) 348, 354, 395, 569, 584, 585, 672
Zetterberg, H.L. (I) 54, 55, 150, 160, 168, 200, 205, 219, 224
Ziegler, B. (I) 124, 150
Ziegler, R. (II) 271, 282, 333
Zielske, H.A. (II) 189, 228, 229, 270, 591, 674
Zikmund, W. (II) 17, 63
Ziller, R.C. (I) 352, 353, 401
Zilleßen, H. (I) 605, 625 – (II) 775, 785, 827, 834
Zimbardo, P.G. (I) 439, 471, 494, 497, 498, 513, 514, 527, 532, 573, 625 – (II) 217, 264
Zimmermann, E. (II) 275, 276, 339
Zimmermann, H.J. (II) 496, 674
Zimny, G.H. (II) 41, 63, 176, 270
Zinnes, J.L. (II) 90, 132, 172
Zins, M.A. (II) 232, 250
Zöllner, J.F. (II) 220, 270
Zola, I.K. (II) 818, 830
Zoll, R. (II) 783, 824, 828
Zufryden, F. (II) 528, 674
Zwicker, E. (I) 184, 223
Zwicky, F. (II) 462, 482

Sach-Register

Wegen der engen inhaltlichen Verschränkung erhielten die Bände „Marktpsychologie als Sozialwissenschaft" (I) und „Methoden und Anwendungen in der Marktpsychologie" (II) *gemeinsame* Register, die in gleicher Weise in beiden Bänden enthalten sind. Die Seitenangaben sind durch die entsprechende Kennzeichnung − „(I)" bzw. „(II)" − jeweils den Bänden zugeordnet.

Absatzformen (I) 174
Absatzketten (II) 567
Absatz-Marketing (II) 677
Absatzmethode (II) 244ff.
Absatzpolitik (I) 80
Absatzrisiko (I) 87, 88
Absatzsystem (I) 174
Absatzwege (I) 171, (II) 618
Abschöpfungsstrategie (II) 565
Adaptations-Niveau-Theorie (II) 545
"Adequacy-Importance-Model" (II) 519
Ad-hoc-Gruppen (I) 687f.
„Adjective checklist"-Technik (I) 412
Adaptions-Prozeß-Modell (Robertson) (II) 373
Ähnlichkeit (I) 293
AGIL-Schema (I) 160
AIDA-Formel (II) 5, 216f., 233, 271, 367f., 581
AIDCA-Regel (II) 581
Akkordschere (II) 425
Aktivierungsforschung (II) 233, 704
Aktivierungsmessung (I) 504, (II) 234f.
   Beobachtung unspezifischer motorischer Reaktionen (II) 234
   Durchblutung der Gesichtshaut (II) 234
   Elektronenzephalogramm (EEG) (I) 234, (II) 504
   Elektromyographie (I) 504
   Fotokardiographie (I) 505
   Kardiotachometrie (I) 506
   Kerntemperatur (I) 506
   Mikrovibration (I) 505
   Plethysmographie (I) 505
   − Fotoplethysmographie (I) 505
   − Volumenplethysmographie (I) 505
   Pupillenreaktion (II) 234
   Phonokardiographie (I) 505
   psychogalvanischer Reflex (PGR) (I) 234, (II) 504
   „Personal product response" (PPR) (II) 235
   Spirometrie (I) 506
   Validität der Aktivierungsmessung (I) 506
Aktualgenese (II) 43
Allokation, optimale (I) 48
„All-you-can-afford"-Methode (II) 584
Alternativenmenge, effiziente (II) 120ff.
„Alternativszene" (II) 788, 826
Anbieterinteresse (I) 81, 85
Anbiete-Nachfrage-Interaktion (I) 663, 669, 681
Anbieterstrategien (I) 69, 70
   Anbieterverhalten (I) 163
   − Kritik am (I) 162
   manipulative Anbieterstrategien (I) 93ff.
Angebotsbedingungen
   „credence qualities" (I) 132
   „experience qualities" (I) 83, 122, 131
   „search qualities" (I) 82, 83
Angebots-Nachfrage-Funktion (I) 661
Angst (I) 510f.
   diagnostizierte Ängstlichkeit (I) 511
   gezüchtete Ängstlichkeit (I) 511
   Induktion von Angst (I) 510
Anonymus-Gruppen (II) 801, 806
„Anspruchsinflation" (II) 821
Anti-Verbraucher-Werbung (II) 573

Sach-Register

Anzeigenanalyse (II) 383
Arbeiterbewegung (II) 772, 796
Arbeiterselbsthilfe (II) 808
Arbeitsanreiz (I) 253f.
Arbeitsbedingungen (II) 442ff.
   persönlichkeitsförderliche- (II) 443, 445
Arbeitsbeschaffungsprogramm (II) 810
Arbeitsdisziplin (I) 255
Arbeitsergebnis (II) 445
Arbeitsentgelt (I) 269, 271
   Kriterien für − (I) 279
   Reaktionen auf ungerechtes − (I) 269
Arbeitsfreude (I) 253
Arbeitsgemeinschaften (II) 807
Arbeitsgestaltung (II) 425, 428, 446
Arbeitskraftentwertung (II) 439, 441
Arbeitslosenhilfe (II) 796
Arbeitslosenselbsthilfe (II) 808
Arbeitslosigkeit (II) 810
Arbeitsmarkt (II) 808
Arbeitsmarktsegmentierung (II) 441f.
Arbeitsmoral (I) 252, 270
Arbeitsmotivation (I) 248, 252, 274, 514
Arbeitsorganisation (I) 448
Aufgabenkomplexität des Arbeitsplatzes
   (II) 428, 430, 432, 446, 452
Arbeitsunlust (I) 251
Arbeitsvermögen (II) 439
Arbeitswissenschaft (II) 443
Arbeitszeit (I) 249ff.
   effektive Jahresarbeitszeit (I) 249
   tarifliche Jahresarbeitszeit (I) 249
Arbeitszufriedenheit (I) 353f., (II) 429
   Arbeitszufriedenheit und Macht (I) 353
   Arbeitszufriedenheit von Verkäufern
   (I) 353
Arbeitszurückhaltung (II) 439
   kreative − (II) 442
Artefaktforschung (II) 45, 46, 183
   Artefaktproblematik (II) 48
   „demand artefacts" (II) 183
   Konsequenzen der − (II) 47
   Versuchsleitereffekte − (II) 183
ASSESSOR-Modellkomplex (II) 504
Assimilations-Kontrast-Theorie (I) 546f.,
   569, 576
Attitüdenkonzeption des Image (I) 436f.
   Ein-Komponenten-Konzept (I) 437
   Zwei-Komponenten-Konzept (I) 438
   Drei-Komponenten-Konzept (I) 439
Attitüdenmessung (I) 440
   Verhaltensrelevanz von − (I) 440

Vorhersagepotentiale von − (I) 441
Attitüdenmodell, kognitives (I) 442
Attributionsprinzipien (I) 676f.
   Konfigurationsprinzip (I) 677
   − Abschwächungsprinzip (I) 677
   − Aufwertungsprinzip (I) 677
   Kovariationsprinzip (I) 676f.
Attributionsprozesse (I) 676f.
Attributionstheorie (II) 706, 735, 741
Auftragsforschung (II) 853
Außenwerbung (II) 588
Austauscharten von Marktpartnern
   (I) 663
   elementarer Austausch (I) 663
   generalisierter Austausch (I) 663
   komplexer Austausch (I) 663
Austauschattraktivität (I) 669f.
Austauschbeziehungen (I) 8, 55, 686
   disparate − (I) 686
   funktionaläquivalente − (I) 686
   gruppenorientierte − (I) 686
Austauschergebnisse (I) 681
   Bewertungsmalus (I) 682
Austauschmodi (I) 663
   gemischter Austausch (I) 664
   symbolischer Austausch (I) 664
   utilitaristischer Austausch (I) 664
Austauschtheorien (I) 664ff.
Austauschexplizite Ansätze (I) 665ff.
Austauschimplizite Ansätze (I) 675ff.
Austauschtheorie (Blau) (I) 667ff.
   extrinsische Belohnungen (I) 667, 668
   intrinsische Belohnungen (I) 667
„Ayer New Product"-Model (II) 371

Bales'sches Kategoriensystem (I) 374, 386
„Bargaining"-Forschung (I) 685f.
Basic-Reference-Lottery-Ticket-Metho-
   de (BRLT-Methode) (II) 93, 97
Bayes-Modell (II) 137ff.
   Bayes-Theorem (II) 137
   Bedeutung des − (II) 140
Bedarfsdarstellung (I) 74, 75, 76
   Bedürfnisse, künstliche (I) 164
   Bedürfnisse, natürliche (I) 164
Bedürfnisbefriedigung (I) 660, (II) 771
   immaterielle − (II) 772
   materielle − (II) 772
Bedürfnisforschung (I) 226
Bedürfnishierarchie (Maslow)
   (I) 101, 478, 583

Befragungsmethoden (II) 38ff.
  Interview (II) 39
  projektive Verfahren (II) 38
  standardisierte Tests (II) 39
  Tiefeninterview − (II) 38
Bekräftigungstheorie (Homans) (I) 665ff.
  distributive Gerechtigkeit, Definition (I) 667, 668, 680
  Frustrationsthese der − (I) 666
  Erfolgsthese der − (I) 665
  Reizgeneralisierungsthese der − (I) 665
  Sättigungsthese der − (I) 666
  Wertthese der − (I) 665
Belohnungsformen (II) 702
Beobachtung (II) 40f.
Berufs-Interessen-Test (BIT) (I) 515
Berufswahl (I) 515
Beschaffungsmarketing (II) 678, 711
  Aktionsinstrumentarium des − (II) 679
Beschaffungswerbung (II) 570
Beschaffungswerbung (Definition) (II) 344
Betriebsform, Dynamik der (II) 640
Bezugsgruppen (I) 209, 272ff., 283, 672
  Bezugsgruppe, Definition (I) 282, 285, 288
  Bezugsgruppeneinflüsse (I) 302, 307, 672
  Bezugsgruppentheorie (I) 209, 210, 292
  Funktionen der − (I) 284, 288
  − motivationale Funktion von Bezugsgruppen (I) 308
  komparative − (I) 288, 292, 299ff.
  multiple − (I) 291
  negative − (I) 290
  Nichtmitgliedschaftsgruppe (I) 293
  normative − (I) 288, 304ff.
  − Wahldeterminanten (I) 295
  stabile − (I) 294
  Urteilsheterogenität in − (I) 302, 306
Bezugsgruppenwahl (I) 293
  Faktoren für − (I) 294, 296
Bezugsperson (I) 311
Bionics (II) 460
„Black box" (II) 77
Blickregistrierung (II) 220f., 223, 390
„Boundary role conflict" (I) 673
Brainstorming (II) 455f., 462
  Phasen des (II) 456
  Regeln des − (II) 456
Brainstorming, kritisches (II) 460
„Brand loyalty"-Modell (II) 12

„Brand switching"-Modell (II) 12
Break-even-Analyse (II) 499
Bruttosozialprodukt (II) 569
BuBaW-Verfahren (II) 615
„Bürgerferne" staatlicher Administration (II) 822
Bürgerinitiativen (II) 773ff., 788, 813
  Definition von − (II) 774f.
  Analyse von − (II) 813
  Arbeitsthemenübersicht von − (II) 782
  Datenerfassung (II) 779, 788
  Erklärung von − (II) 817
  Hauptbereiche von − (II) 781
  Merkmale von − (II) 783
  Mitgliedermerkmale (II) 784
  Zielsetzungen (II) 781
„Bürokratisierung" (II) 821
„Bürokratisierungsgrad" (II) 431
Buffalo-Methode (II) 461
Bumerang-Effekt (II) 704, 726, 731, 734, 744f.
Bundesdatenschutzgesetz (II) 850, 852
Bundesverband Bürgerinitiativen Umweltschutz (II) 787

CAM-S-Modell (II) 599
CAPP (Cantinous Advertising Planning Program) (II) 370
„Carry over"-Effekt (II) 605
Check-Listen-Verfahren (II) 461
„Choice dilemma"-Situation (II) 93
„Concept learning" (I) 580f.
  Phasen des − (I) 581
„Congeneric"-Test-Modelle (II) 293, 299, 308
„Conjoint measurement" (I) 69, 554
  „joint effect" − (I) 554
  Vorteile − (I) 554
Consumerismus (I) 4, 188
Coomb'sches Unfolding-Modell (II) 517
Copy-Test (II) 590
„Corporate-Identity"-Werbung (II) 572
Coupon-Methode (II) 243
„Countervailing power" (II) 750
„Critical Path Method" (CPM) (II) 496
„Cross-Lagged-Panel"-Analyse (II) 283
„Cross-product competition" (II) 98

DAGMAR-Modell (II), 369, 582
DAGMAR MOD II − (II) 370

Sach-Register

Daktyloskopische Methoden (II) 590
Daten-Anonymität (II) 854
Datenschutz (II) 839f., 843, 849, 852f.
Datenverknüpfung (II) 852
Datenzugang (II) 850f.
Dauereinkommenshypothese (I) 231
„Debriefing" (II) 848
„Decay"-Effekt (II) 605
Definitionen
   Austausch, symbolischer (I) 664
   Austausch, utilitaristischer (I) 664
   Bedarf (I) 71
   Beschaffungswerbung (II) 344
   Bezugsgruppe (I) 285, 288
   Bezugsperson (I) 311
   Distribution, physische (II) 617
   Effektivität, organisationale (II) 423
   Einstellung, soziale (I) 423
   Emotion (I) 493
   „Entscheidung" (II) 4
   Entscheidungsalternativen, multi-
   attributiv — (II) 98
   Entscheidungskriterien (II) 99
   Entscheidungsprinzipien (II) 99
   Entscheidungsregeln (II) 99
   Experiment (II) 176, 177
   Gruppenmitgliedschaft (I) 289
   Image (II) 212
   Innovation (II) 397f.
   Instinkt (I) 477
   Interaktion (I) 345f., 656
   — dynamische — (I) 656
   — soziale — (I) 657
   — statische — (I) 656
   Interdependenz, konkurrierende (I) 635
   Interdependenz, kooperative (I) 634
   Irreführung (II) 354
   Kommunikation (I) 346
   „Konsument" (II) 3
   Konsumentenentscheidung (II) 5
   Macht (I) 640
   Machtverteilung, disparate (I) 640
   Machtverteilung, funktional-äquivalente (I) 641
   Markt (I) 168
   Meinungsführer (I) 311, 316
   Motiv (I) 476
   Preisinformation, symbolische (II) 194
   Public Relation (II) 344
   Risikobegriff (II) 17
   „Social skill" (I) 355
   Sozio-Marketing (II) 683, 684

Verhaltensbegriff (II) 4
Verkaufsförderung (II) 345
Werbung (II) 346f.
Wert (I) 539, 674
„Demand characteristics" (II) 183
DEMON-Modell (II) 496
Denktest, divergenter (II) 403f., 410, 419
Deprivation, relative (I) 284
Dienstleistungen, soziale (II) 818
Dienstleistungsgesellschaft (II) 817
Direktwerbung (II) 591
„Disparitätentheorie" (II) 812, 815
Theorie der kognitiven Dissonanz (I) 336, 485ff., 568, (II) 21, 705, 731, 734, 741
   Änderungsresistenz von Kognitionen
   — (I) 486
   — Dissonanzreduktionsmodi (I) 485, 488, 569, 679, 681 (II) 20
   Dissonanzsituation — (I) 487
   Dissonanzstärke — (I) 486, 568
   Dissonanztoleranz — (I) 681
   Divergenzeffekt — (I) 487
   Regret — (I) 487
„Distributed lag"-Modell (II) 605, 612
„Distributed lag"-Modell, polynominales (II) 606
Distribution, physische (II) 612
Distributionskanäle (I) 174, 175
Distributionspolitik (I) 605
„Door-in-the-face"-Technik (I) 361
Konzept der „dualen Ökonomie" (II) 790
Durchdringungsmodelle (II) 501, 503
   exponentielle — (II) 501
   geometrische — (II) 501

EFA (Emnid Faktorielle Anzeigenanalyse) (II) 383
Eindringungspreisstrategie (II) 564
Einfluß
   „Door-in-the-face"-Technik — (I) 361
   Einflußvorbereitung (I) 653
   „foot-in-the-door"-Strategie (I) 360f., 648, 678, 698, (II) 705, 710
   Gesprächsführung (I) 654
   Gruppenurteile (I) 301f., 306
   Informationskontrolle (I) 653
   Interpretationsfeedback (I) 654
   sozialer Einfluß (I) 17
   — normativer sozialer Einfluß (I) 304
   sozialexplorative Verhaltensaktivitäten (I) 653

versteckter Einfluß (I) 653
Einkaufsgenossenschaften (II) 804
Einkaufsstättenwahl (II) 635, 641
    Kontaktrisiko (II) 635
    Produktrisiko (II) 635
    Risiken der – (II) 635
Einkommenshypothese (I) 231
    absolute – (I) 231
    permanente – (I) 232
    relative – (I) 231, 265
Einstellungsänderungen (I) 233, 568ff.
    (II) 236, 378
    Einstellungen (II) 19
    Erklärung von – (I) 582
    – Probleme der Erklärung (I) 602
    konsumbezogen – (I) 233
Einstellungsdiskrepanz (I) 286
Einstellungskonzepte (I) 535
    Drei-Komponenten-Modell (I) 537f.
    duale Theorie der Einstellung (I) 538
    eindimensionale Einstellungskonzepte (I) 536
    mehrdimensionale Einstellungskonzepte (I) 536, 538
    multiattributive Einstellungskonzepte (I) 538
    – Grundmodell (I) 539
    Trinitätskonzept (I) 537
Einstellungsmessung (I) 541ff.
    dekompositorische – (I) 549
    indirekte – (I) 556
    kompositorische – (I) 549
    probabilistische Modelle – (I) 555
    Probleme der – (I) 601
Einstellungsmessungs-Methoden (I) 541f.
    Cornell-Technik (I) 548
    Guttman-Skala (I) 548
    Methode der gleicherscheinenden Intervalle (I) 546
    Methode der nachträglich bestimmten Abstände (I) 546
    Methode der sukzessiven Intervalle (I) 546
    Methode der summierten Einschätzungen (I) 546
    Paarvergleich – (I) 545, 561, (II) 238
    physiologische Methoden (I) 555
    Polaritätsprofil (I) 548
    Prozeßschema der – (I) 542
    Rangordnungs-Skalen (I) 545
    Rangordnungsverfahren (I) 545
    Skalogramm-Analyse (I) 547

Einstellungsmessungs-Methoden, indirekte (I) 557ff.
    Beobachtung, teilnehmende (I) 559
    Cartoon-Test (I) 557
    Einkaufslistenverfahren (I) 557
    Fehler–Wahl–Methode (I) 557
    Gruppendiskussion (I) 558
    Gruppengespräch (I) 558
    Partner-Preference-Technik (I) 557
    Satz-Ergänzungs-Test (I) 557, 558
    Technik der simulierten Unglücksfälle (I) 559
    Technik der verlorenen Briefe (I) 559
    Thematischer-Apperzeptions-Test (TAT) – (I) 478, 508, 557, 558
    Tiefeninterview (I) 558
    Wert-Assoziations-Test (I) 557
Einstellungsmodelle (I) 549ff.
    „Adequacy-Importance"-Modell (I) 550
    „Adequacy-Value"-Modell (I) 550, 551
    Fishbein-Modell (I) 550, 587, 594
    multiattributive – (I) 549
Einstellungs-Verhaltens-Modell (Ajzen und Fishbein) (I) 593, 594
Einstellungs-Verhaltens-Relation (I) 584
    Determinanten (I) 595f.
    Konsistenzhypothese, allgemeine (I) 585
    Konsistenzhypothese, reduzierte (I) 585
    Konsistenzmodell, einfaches (I) 585, 586
Modell der Einstellungs-Verhaltens-Relation (Rokeach) (I) 586
Modell der Einstellungs-Verhaltens-Relation (Sheth) (I) 590
Einzelhandel (II) 623f.
    Agglomeration des – (II) 621
    Einkaufsstättenwahl (II) 627
    Sortimentsbreite des – (II) 623
    Sortimentstiefe des – (II) 623
    Verkaufspersonal des – (II) 632
Emotion (Definition) (I) 493, 495
Emotionstheorien (I) 494
    Cannon-Bad-Theorie (I) 495
    Emotionstheorie Leventhals (I) 498
    James-Lange-Theorie (I) 495, 496
    kognitives Sequenzmodell (I) 495
    2-Faktoren-Theorie (Schachter) (I) 496, 499
Engel-Blackwell-Kollat-Modell (II) 27f.

Entlohnung (I) 270
Entscheidungsnetzansatz (II) 273
Entscheidungsnetzmodell Bettmans (II) 273
Entscheidungsregeln, interaktionale (I) 673
Entscheidungen
  AIDA-Regel (II) 5, 216f., 233, 271, 367f., 581
  Begriff (II) 4
  „echte" Entscheidungen (I) 166, (II) 5
  Entscheidungsfehler (I) 92
  Entscheidungsfreiheit (I) 299
  Entscheidungskosten (I) 92, 93
  Entscheidungskonsequenzen (II) 20
  Entscheidungsprozesse, diskursive (I) 113
  Entscheidungsstruktur (II) 6
  habitualisierte – (II) 5
  Impulsentscheidung (II) 5
  Kaufentscheidungstechniken (I) 91, 93
  Konsumentscheidungen (I) 208
  – Phasen der (Konsumenten-)Entscheidung (II) 5
  Verwendungsentscheidungen (I) 208
Entscheidungsalternativen, multiattributive (Definition) (II) 98
Entscheidungsanalyse (II) 65, 70, 154, 156
  systematische Entscheidungsanalyse – (II) 70
    – Entscheidungsmatrix (II) 74, 75, 76
    – Konsequenzenmatrix (II) 72, 73, 74
Entscheidungsbäume (II) 157
Entscheidungsforschung (II) 64
  deskriptive – (II) 64f.
  normative – (II) 64f.
  präskriptive – (II) 64f.
Entscheidungshilfe-Modell (II) 66, 154
  MAUT (multi-attributive Nutzen-Theorie) – (I) 9
Entscheidungshilfeverfahren (II) 66ff.
  Basisgedanken zur Entwicklung von – (II) 66
  Klassifikation von – (II) 81
Entscheidungskonsequenzen (II) 72, 153
  bei sicheren Konsequenzen – (II) 118
  bei unsicheren Konsequenzen – (II) 151
Entscheidungskriterien bei Sicherheit (II) 99, 104
  additive Entscheidungsregel (II) 103
  aspektweise Elemierung (II) 101

disjunktives Entscheidungsprinzip (II) 100
Dominanzprinzip (II) 100, 101
konjunktives Entscheidungsprinzip (II) 100
lexikographische Entscheidungsregel (II) 101
lexikographische Halbordnung (II) 102
multiplikative Entscheidungsregel (II) 103
Entscheidungskriterien bei Unsicherheit (II) 149ff.
  Bewertungsverfahren von – (II) 151
Entscheidungsmatrix (II) 74, 75, 76
Entscheidungspräferenzen (II) 108f.
  Indifferenzkurven – (II) 108
  – Substitutionsraten (II) 109f.
  – korrespondierende Substitutionsraten (II) 110
  Präferenzstruktur (II) 108
  Präferenzunabhängigkeit (II) 112
  wechselseitige Präferenzunabhängigkeit (II) 114
Entscheidungsregeln bei Unsicherheit (II) 144ff.
  Bayes-Regel (II) 14, 151
  Hodge-Lehman-Regel (II) 14, 142
  Hurwiez-Regel (II) 146
  Laplace-Regel (II) 144, 147
  Maximax-Regel (II) 144, 146, 148
  Maxmin-Regel (II) 146, 148
  Minimax-Regel (II) 146, 148
  Savage-Niehaus-Regel (II) 144, 146, 148
  Wald-Regel (II) 144, 146, 148
Entscheidungssituation (II) 65
  „choice dilemma"-Situation (II) 93, 94
  Diagnosesituation (II) 141
  Entscheidungssituation mit „kollidierenden Zielsetzungen" (II) 78
  Klassifikationsschema komplexer – (II) 77
  kollektive – (II) 79
  Konstituenten einer – (II) 75
  multiattributive – (II) 7
  Strukturschema einer – (II) 155
  Ursachen komplexer – (II) 66
Entscheidungstheorie (II) 75
  Grundmodell (II) 75
Entscheidungsziele (II) 81ff.
  Zielhierarchien (II) 82, 87

– Aufbau einer Zielhierarchie (II) 83
– Entwicklungsprinzipien von Zielhierarchien (II) 84
Zielstruktur (II) 84, 86
Equity-Theorie (I) 268, 679
  distributive Gerechtigkeit (I) 680
  kognitive Balance (I) 680
Erklärungsmodelle
  deduktive – (I) 21
  induktive – (I) 21
Erwartungseffekt (I) 409
Erwartungs-Valenz-Theorie (II) 18
Erziehungsverhalten (II) 415
  Elternhaus (II) 415
  – Erziehungsstile-Erhebungstechnik (II) 416
Ethik, utilitaristische (II) 842, 845
Ethische Probleme (II) 49, 51
„Evoked set" (II) 510
Exchange-Prinzip (I) 176
Experimente (II) 41f.
  Definition (II) 176, 177
  biotische Situation (II) 182
  Feldexperiment (II) 190
  Laborexperiment (II) 181, 190
  marktpsychologisches – (II) 179
  non-reaktive Situation (II) 190
  quasibiotische Situation (II) 182, 190
  Versuchspersonenauswahl (II) 181
  Versuchssituationen, Klassifikation (II) 182
Experimentelle Designs (II) 184ff.
  Auswertungstechniken (II) 185
  – Cross-Lagged-Panel-Analyse (II) 185
  – ex-ante-Messung (II) 185
  – nicht-äquivalenter Kontrollgruppenplan (II) 185
  – Regressions-Diskontinuitäts-Analyse (II) 185
  – Zeitreihen-Analyse (II) 185
  Fallstudie (II) 184
  lateinisches Quadrat (II) 187
  „one-shot"-Design (I) 22
  Solomon-Design (II) 186
  Zeitseriendesign (II) 188
„Expertise"-Effekt (I) 351
„Eye-mark-recorder NAC III" (II) 40

„Fair price"-Theorie (II) 540f.
Faktorenanalyse (II) 283

Annahmen der – (II) 286
explorative – (II) 284
Faktormodell, konfirmatorisches (II) 284, 300, 306
Fechnersche Gesetze (I) 542, (II) 219
Fehlerbäume (II) 157
Fernsehen (I) 206
Fingerabdruckverfahren (II) 590
Firmenimage (II) 572
Firmenwert (II) 637
„First Order Stochastic Dominance Rule" (II) 120
Fischer'sche Informationsmatrix (II) 296
Fishbein-Modell (I) 550, 587, 593, 594, (II) 19
Fishbein-Modell, revidiert (I) 588f.
Fluktuation (II) 425f.
„Foot-in-the-door"-Technik (I) 360f., 648, 678, 698, (II) 705, 710
„Forbidden toy"-Paradigma (II) 705
Forschung
  „Domain" – (I) 14, 16, 17, 22, 23, 24, 29, 35, (II) 836ff.
  Forschungskoordinierung (I) 628
  ingenieurtechnologische – (I) 33
  problemorientierte – (I) 15, (II) 836
  quasi-paradigmatische – (I) 14, 24, 35
  technologische – (I) 33, 35, (II) 836f.
  – inhaltlich – (II) 836
  – operativ – (II) 836
  – grenzen – (II) 855
  technologie-orientierte – (I) 16
  theorien-orientierte – (I) 13, 15, (II) 836
Forschungsaktivitäten (II) 837
  Forschungsbehinderung (II) 851
  Forschungsmethoden (II) 838
  Forschungsziele (II) 838
Forschungsprogramm (I), 18, 24
Forschungsstrategien (I) 13, 14
Forschungstransfer (I) 29
Franchising (II) 637
Frauen, berufstätige (I) 251
„Full profile procedure" (II) 529

Ganzheitspsychologie (II) 217, 221
„Gatekeeper" (I) 313, 618
„Gatekeeping" (I) 313
Gebiets-Verkaufs-Test (II) 615
Gegenmachtprinzip (II) 750, 757
Geldillusion (II) 536

„Generic concept of marketing" (II) 485, 566
Genossenschaften (II) 772, 794, 804
Genossenschaftswerkstätten, staatliche (II) 796
Gesamtwirtschaftliche Entwicklung (I) 237
Gesamtwirtschaftlicher Prozeß (I) 231
Geschäftsimage (I) 249, 446f., (II) 619, 625, 637
   Dimensionen des − (I) 448f.
   Imageevaluation (II) 639
   „Image-matching" (II) 634
   Imageprofil des − (II) 628
   Konkurrenzimage (II) 638
   konkurrierendes − (II) 630
   Merkmale des − (II) 626
   produktklassenbezogenes − (I) 452
   Produktimage vs. − (II) 633
   Selbstbeurteilung des Geschäftsimages (I) 450f.
   Selbstimage vs. − (II) 631
„Gesetz der Nachfrage" (I) 102, 103, 104, 116f.
Gestaltpsychologie (II) 43, 217, 219
   Aktualgenese (II) 43
   Figur-Grund-Gesetz (II) 220
   Gestaltfestigkeit (II) 220
   Verfahren zur Prägnanzprüfung (II) 220
Gesundheitsselbsthilfegruppen (II) 800, 802, 806
Gewerkschaften (II) 772
Gewinnbeteiligungsmodell (II) 427
Giffenscher Fall (II) 703
Gleichgewichtmarketing (II) 681, 711f., 713
„Glue spot"-Methode (II) 590
„Goodwill" (II) 637
Gossensches Gesetz (II) 8, 9
Gratifikationsprinzip (II) 698f., 701, 706, 731, 733
   austauschgebundene Gratifikation (II) 702
   negative Gratifikationen (II) 703
   stellvertretende Gratifikation (II) 701
Grenznutzen (II) 9, 10
Grundgesetz Artikel 1 (II) 835
Gruppenführerschaft (I) 211
Gruppenmitgliedschaft, Definition (I) 289

„Halo-Effekt" (II) 513

Handelsmarken (II) 551
Handlungsalternativen, Bewertung von (II) 89ff.
   Gewichtsschätzung für Attribute (II) 115
   − Verfahren der Gewichtsschätzung (II) 115f.
   − SMART-Verfahren (II) 115
   − Treppenverfahren (II) 116
   Relevanzbestimmung von Attributen (II) 114
Handlungsmodell (I) 227
Handlungstheorie, arbeitspsychologische (II) 443
   Begriff „Handlung" (II) 444
   „Operationen" Definition (II) 444
   operative Abbildsysteme (OAS) (II) 444
Haushaltstheorie, mikroökonimische (II) 8
   Indifferenzkurvenanalyse (II) 11
   Indifferenz-Präferenz-Theorie (II) 10ff.
„Heavy buyer"-Effekt (II) 502
Herzbergs Zweifaktoren-Theorie (II) 429
„Hierarchy of effects"-Modelle (II) 273, 279
Homo oeconomicus (I) 151, 674 (II) 7, 11, 34, 622
Howard-Sheth-Modell (II) 29f.
   Kritik am Howard-Sheth-Modell (II) 33
„Hypodermic needle model" (I) 312, 319
Hypothesentheorie der Wahrnehmung (II) 217
Hypothetische Konstrukte (II) 29, 30

Ideal-Modelle (I) 318, (II) 519
   Idealpunktmodell (II) 522
   Idealavektormodell (II) 522
Idealprodukt (I) 551
Ideenproduktion (II) 463f.
   Ideenproduktionsfaktoren (II) 463
   − Gruppengröße (II) 464
   − Homogenität (II) 464
   − Kohäsion (II) 463, 468
   − soziale Hemmung (II) 467
   − soziale Kompetenz (II) 464
   Gruppen (II) 463f.
   Individuum (II) 463
Image (I) 402ff., 405, 415ff., (II) 237
   Firmen-Image (I) 418, 445
   Image-Begriff (I) 403, 415, 418

- Image- vs. Attitüden-Begriff (I) 420
Image-Differential (I) 421
Image-Dimensionen (I) 421
Image-Ermittlung (I) 425, 438, 444
Imageforschung, praxisgerecht –
(I) 447
Image-Forschung-Problematik (I) 453
Image-Inhalt (I) 417
Image-Konzept (I) 402, 404, 409, 414, 416
- historische Entwicklung des Imagekonzepts (I) 415ff.
- Image-Konzept-Kritik (I) 422f.
Image-Marketing von Richter (I) 429f.
- Kritik zum Modell des Image-Marketing (I) 430
„Image-Nähe" (I) 417
„Image of facts" (I) 408
„Image of value" (I) 408
Image-Problematik (I) 405, 406f.
Image-Stabilität (I) 409, 417
Kognitionsaspekt des Images (I) 407
marktpsychologische Image-Ansätze (I) 424
Produkt-Image (I) 414
Wahrnehmungsaspekt des Images (I) 405
Image-Meß-Verfahren (I) 455f.
„forced-choice"-Technik (I) 457
„Free response"-Verfahren (I) 456
Häufigkeits-Assoziations-Matrix (I) 457
multitrait-multimethod-Matrix (I) 459
nonmetrisches multidimensionales Skalierungsmodell (I) 456
semantisches Differential (I) 457f.
Image-Modell (Trommsdorff) (I) 442ff.
Kritik (I) 444
Image-Modell (Spiegel) (II) 380
Imagewerbung (II) 592
Imitationslernen (II) 729
Impulskauf (II) 642, 644. 648
Indifferenz-Präferenz-Theorie (II) 10, 12
Industriesoziologie (II) 434
Infantilisierungsthese (I) 164
Inflation (I) 237, 246
Information
Informationsbedarf (II) 22
Informationsbeschaffung (I) 136, (II) 22
„information chunk" (I) 129
Informationsdefizit (I) 90, 124, 125
- Entstehung von – (II) 126

Informationskosten (II) 82, 128
Informationsmängel, objektive (I) 299
Informationsmängel, subjektive (I) 299
Informationssuche, selektive (I) 488
Informationssystem (I) 124, 125
Informationsverarbeitung (I) 404, 406, 571, (II) 67
- menschliche Informationsverarbeitungskapazität (I) 128
Informationsverbreitung (I) 82
Informationsverhalten (II) 22
Informationsverluste (I) 405
„Information seeker" (I) 79
Informationsspeicherung (II) 225f.
Kurzzeitspeicher (KZS) (II) 226
Langzeitspeicher (LZS) (II) 226
sensorischer Informationsspeicher (SIS) – (II) 226
Informationsverarbeitungsbeschränkungen (II) 67
Aggregationsregeln (II) 68f.
Informationsgewichtung (II) 68
Informationsmenge (II) 67
Informationsverarbeitungsstrategien (II) 69
probabilistische Informationsverarbeitung (II) 136ff., 140
„Informed consent" (II) 838f., 845f.
Informierte Einwilligung (II) 838, 845f.
Initiativ-Bewegung (II) 769
Entstehungshintergründe (II) 811f.
Injektions-Modell (I) 319
Innovation (II) 397f.
Definition (II) 397
a-Innovation (I) 28, 29
g-Innovation (I) 28
Alltagsinnovationen (II) 399
Innovationsdiffusion (II) 398
Innovationsgrad (II) 397
Innovationsphase (II) 398
innovatives Verhalten (II) 399, 451
- empirische Untersuchungen zu – (II) 428
Inokulationstheorie (I) 570, (II) 729
Input-Throughput-Output-System (II) 422
Instinkt, Definition (I) 477
Intelligenz-Kreativitätsfrage (II) 405, 411
Interaktion (I) 656ff.
Definitionen (I) 345, 656
„face-to-face"-Beziehungen (I) 656
Interaktionsarten (I) 656ff.

- asymmetrische Interaktion (I) 657
- dynamische Interaktion (I) 656
- Pseudointeraktion (I) 657
- reaktive Interaktion (I) 657, 659
- statische Interaktion (I) 656
- totale Interaktion (I) 657, 659
Interaktionsergebnis (I) 638
Interaktionsrandbedingungen (I) 181, 659
Käufer-Verkäufer-Interaktionen (I) 177
Nachfrager-Nachfrage-Interaktion (I) 293
Interaktionismus (II) 412
Interaktionsmodell (I) 371
Interaktions-Prozeß-Analyse (I) 358
Interaktionsqualität (I) 369
Interaktion, soziale (I) 344, 657, 659
Interaktionsstrukturen (I) 372
Intervenierende Konstrukte (II) 29
Interview (II) 39
Irradiationen (II) 207, 208

Job enrichment (II) 446f.

Käufermarkt (II) 484
Käuferstreik (II) 770
Käufer-Typologien (I) 447, (II) 14
Käuferverhalten (I) 516
   Käufer-Verkäufer-Beziehung (I) 626, 629, 647
- dyadische Käufer-Verkäufer-Beziehung (I) 632, 638
- gruppenorientierte Käufer-Verkäufer-Beziehungen (I) 714f.
Käuferverhaltensmodelle (II) 273, 301
   Aussagefähigkeit von − (II) 278
   Hauptprobleme von − (II) 278f.
Kannibalisierungseffekt (II) 648
Kapazitätsprinzip (II) 700, 706
Kaufbereitschaft (I) 232
Kaufeintrittsmodell (II) 502
   Kaufabsicht (II) 30
Kaufentscheidungen (II) 517
   habituelle − (II) 517
   impulsive − (II) 517
Kaufentscheidungsprozeß (I) 85, (II) 273
   Kaufentscheidung (I) 367, 603, 676
   Kaufentscheidung in Familien (I) 387
   Kaufentscheidungsverhalten (II) 192
   Nachteil des ökonomischen Kaufentscheidungsmodells (II) 12

Kauffähigkeit (I) 232
Kaufverhaltensbeobachtung (II) 40
Kaufverhaltensmodelle (II) 509
Kausalität
   „historische" − (I) 21, 23
   „systematische" − (I) 21, 23
Kausalitätskonzeption (II) 275
   Rahmenbedingungen kausaler Beziehungen (II) 275
   Vorteile (II) 277
Kausalmodell (II) 289
   Fehlerspezifikation (II) 291
   Validität von − (II) 291
Kausalmodellbildungsprozeß (II) 271, 300, 302
Kindchenschema (I) 500
Kinder, kreative (II) 417
Kirchenmarketing (II) 682
Klassentheorie, marxistische (II) 812
Koalition (I) 643
Koalitionsbildung (I) 714
   auf der Konsumentenebene (I) 715
   auf der Repräsentationsebene (I) 716
   auf der Zwischenverkäuferebene (I) 716
Kognitive Kontrolle (I) 682
Kohäsion (I) 301
Kommunikation, Definition (I) 346
Kommunizierte Botschaften (I) 578
   Abstraktionsniveau (I) 575
   Beeinflussungsstrategie (I) 575, 651
   Darbietungsstil (I) 575
   Inhalt (I) 576
   Struktur der Botschaft (I) 575
   Verständlichkeit (I) 575
Kommunikation (I) 131ff.
- zwischen den Nachfragern (I) 131, 132
Kommunikation, angstterregende (I) 501, 576, 652, (II) 233, 735
Kommunikationsprozeß (I) 133
Kommunikationsfluß
   einstufiger − (I) 319
   zweistufiger − (I) 310, 313, 320, 363, 364, 385, (II) 574f.
   „multistep flow" − (I) 365
Kommunikationserfolg (I) 577ff.
   Häufigkeit der Informationsdarbietung (I) 577
   Interaktion Kommunikator vs. Kommunikant (I) 577
   Kommunikationssituation (I) 577
Theorie der informellen sozialen Kommunikation (I) 286

Kommunikation, zweiseitige (II) 729
Kommunikation, zwischenmenschliche (I) 344
Kommunikant (I) 576
  Alter (I) 577
  Geschlecht (I) 577
  Ich-Beteiligung (I) 576
  Intelligenz (I) 577
  Selbsteinschätzung (I) 577
Kommunikationsquelle (I) 572, (II) 729
  persönliche – (I) 574
  unpersönliche – (I) 574
Kommunikationskanal (I) 313, 572, 648
  auditive Medien (I) 574
  audiovisuelle Medien (I) 574
  Printmedien (I) 574
Kommunikationsprozeß (werblicher) (II) 377
Kommunikationsquellen (II) 375
Kommunikator (I) 572
  Attraktivität (I) 573
  Glaubwürdigkeit (I) 573
Kompetenz, kreative (II) 471
Konformität (I) 296
Konfundierende Effekte (II) 276
  Interpretationskonfundierung – (II) 292
Konjunkturdiagnose (I) 232
Konjunkturprognose (I) 232
Konservatismus-Effekt (II) 141
Theorie der kognitiven Konsistenz (I) 318
Konsum
  Konsumbedürfnisse (I) 194
  Konsumenthaltung (I), 76, 94, 163
  Konsumfelderweiterung (I) 163
  Konsumfunktion (I) 231
  Konsumkritik (I) 162, 164
  Konsumkultur (I) 161
  Konsumsoziologie (I) 156
  Konsumstil (I) 600
  Konsumwünsche (I) 243
  totaler Konsum (I) 163, 249
Konsumentenreaktion (II) 650
Konsumentscheidungsforschung (II) 33
  Kaufentscheidungsprozeß (II) 27
  wirtschaftswissenschaftliche – (II) 2
  psychologische – (II) 2
Konsumenten
  Ausstattung, psychologische (I) 116
  Konsumentenforschung (I) 571
  Konsumenteninteresse (I) 116
  Konsumentenverhalten (I) 440, (II) 23
  Verhaltenssteuerung (I) 130
  Interessenvertretung der – (I) 133, 137, 187
Konsumgenossenschaften (II) 795ff.
Konsumverhaltensmodelle (II) 273
Konsumenten-Psychologie (I) 4, 5, 8
Konsumentenreaktionen (II) 823
  Gegenorganisation (I) 137
  Kaufaufschub (I) 76, 94, 185
  Kaufenthaltung (I) 76, 94, 163, 185
  Kaufverlagerung (I) 76, 94
  Verhinderung von unerwünschten – (I) 76, 77, 94
  Widerspruch – (I) 81
Konsumentensouveränität (I) 124, 162, 189, 190
  Voraussetzungen für – (I) 191
Konsumentenstimmungen (I) 96f., 235, 240
  Konsumentenstimmungen im internationalen Vergleich (I) 240
Konsumentenzufriedenheit (I) 603
Konsumentenunzufriedenheit (I) 96ff.
  Gründe der Konsumentenunzufriedenheit (I) 96
  – marktorientierte Erklärung (I) 98
  – wohlstandsorientierte Erklärung (I) 97, 99ff.
Konsumerismus (I) 4, 188, (II) 355ff.
Konsumgütermärkte (I) 46, 98
Konsumkredite (I) 244, 245
Konsummuster (I) 196
Konsumverhalten (I) 192
  Konsumverhalten der Adoleszenzphase (I) 209
  familiales – (I) 207
  schichtspezifisches – (I) 201, 203
  Verwendungsverhalten von Konsumenten (I) 200, 204
  Kaufverhalten von Konsumenten (I) 200, 273, 301, 516
Konsumverhaltensforschung (II) 272
Kontrolle des Marktes
  Kontrollpotential der Anbieter (I) 61
  Kontrollpotential der Nachfrager (I) 61, 121, 132
  Kontrollpotential des Staates (I) 119, 120
  polyarchische Kontrolle (I) 113
Konzept der funktionalen Gebundenheit (II) 419
Konzept-Test (II) 499

Partialtest (II) 499
  spezielle Partialtests (II) 500
  Volltest (II) 499
Koppelkauf (I) 227
Kovarianzanalyse, Modell der (II) 283
  Gleichungssysteme der − (II) 285
  Grundform der − (II) 284
  Kovarianzmatrix − (II) 287
  Beurteilung von − (II) 296ff.
  Modellvarianten (II) 300f.
Kovarianzmatrixnesting (II) 298
Koyck-Modell (II) 606, 614
Kreativitätsförderung (II) 396
Kreativitätsforschung (II) 412
Kreativität (II) 400
  Kreativitätsfaktoren (II) 404
  Kreativitäts-Indikatoren (II) 406, 407
  kognitive Komplexität (II) 409, 449, 452
  Kreativitätskriterien (II) 402f., 409
Kreativitätstests (II) 404, 409, 451
Kritischer Rationalismus (II) 35, 36
Kulturkonsum (I) 161, 205
Kulturkritik (I) 161
Kunden-Image (I) 449
Kundenlaufstudien (II) 642

Laborexperimente (II) 41ff., 182, 844
Labortests (II) 42
  Vorteile von − (II) 42
Ladendiebstahl (I) 107
Landesdatenschutzgesetz (II) 852
„Law of Comparative Judgment" (II) 527
„Law of Retail Gravitation" (II) 621
Lebensqualität (I) 252, 513, (II) 710, 749, 810
Lebensstil (I) 195, 198, 248, 447, 600
  personaler − (I) 195
  normativer − (I) 195
Leistungsbelohnung (II) 425
Leistungsmotivation (I) 252
Leistungsmotivation, Theorie der (I) 210, (II) 16
Leistungsunterschiede (I) 255
Lernformen (I) 578ff.
  Imitationslernen (I) 580
  instrumentelle Konditionierung (I) 579
  klassische Konditionierung (I) 578
Likelihoodmatrix (II) 139
Likelihood-Ratio-Test (II) 297
Lockvogelwerbung (II) 651

„Log-roll"-Strategie (I) 708, 711
Lohngerechtigkeit (I) 271
Lohnhöhe (I) 271
„Low involvement"-Lernen, Theorie des (II) 213
Lügendetektor (II) 43

Macht
  Anbieter − (I) 51, 52, 53, 118, 640
  Belohnungs − (I) 184, 646
  Experten − (I) 184, 648
  Macht, aktualisierte (I) 650ff.
  Machtdefinition (I) 640
  Machtformen (I) 119, 185, 186
  Macht in Herrschaftsbeziehungen (I) 56, 79
  Machtkosten (I) 184
  Macht, legitime (I) 184
  Macht, potentielle (I) 644
  Macht, soziale (I) 17, 184, 644
  − Klassifikation der − (I) 184
  Machtsystem, bilaterales (I) 643f.
  Machtverteilung (I) 640ff.
  − balancierte − (I) 643
  − funktional-äquivalente − (I) 640, 641, 646, 651
  − disparate − (I) 640
  − gruppenorientierte − (I) 640, 643, 646
  − unbalancierte − (I) 643
  Macht in Tauschbeziehungen (I) 56, 183, 686
  Marktformenmacht (I) 186
  Marktklassenmacht (I) 186, 189
  Marktlagenmacht (I) 53, 120, 186
  Marktmacht (I) 50, 182ff., 185
  Referenzmacht (I) 184
  Verbrauchsmacht, kollektive (I) 187
  Zwangsmacht (I) 184
Macht in Absatzkanal (I) 618
Grundlagen potentieller Macht (I) 644
  Informationskontrolle (I) 648
  ökologische Kontrolle (I) 645
  „round-about control" (I) 645
  Verstärkerkontrolle (I) 646ff.
aktualisierte Macht (I) 650
  Drohungen (I) 651
  furchterregende Kommunikation (I) 501, 576, 652, (II) 233, 735
  kontingente Sanktionsankündigungen (I) 650

nichtkontingente Sanktionsankündigungen (I) 650
offener Einfluß (I) 650
versteckter Einfluß (I) 652
Markenartikeleffekt (II) 513
Markenimage (II) 208, 555, 633
Markenpräferenz (II) 545
Markentreue (I) 516, 651
Markenbewußtsein (II) 238
Markentreue-Meßmodell (II) 300
Markenwahlentscheidungen (II) 512, 526
Markenwechsel (I) 564
Marketing
  Begriff (I) 10, (II) 482
  „crisis of consciousness in marketing" (I) 630, 631
  „generic concept of marketing" (I) 630
  Marketing-Wissenschaft (I) 11
  Marketing-Soziologie (I) 155
  Marketing-Strategien (I) 163
  Sozio-Marketing (I) 30
„Marketing Assessment" (II) 722, 742
Marketingforschung (II) 677
Marketing-Instrumentarium (II) 489ff.
  Distributionspolitik (II) 491
  Kommunikationspolitik (II) 491
  Preispolitik (II) 490
  Produktpolitik (II) 489, 494ff.
Marketing-Leitideen (II) 698
  Engpaßorientierung (II) 712
  Gratifikationsprinzip (II) 698f., 701, 706
  Kapazitätsprinzip (II) 700, 706
Marketing-Ziele (II) 487ff.
  außerökonomische – (II) 488
  – Marktanteil (II) 487
  – Markterfolg (II) 487
  ökonomische – (II) 487
  vorökonomische – (II) 487
Markt
  Austauschprozeß (I) 53, 179
  Marktbegriff (I) 56
  Marktbeziehungen (I) 84
  Markt-Definition (I) 168
  Marktkontrolle (I) 61, 126
  Marktlagenmacht (I) 53, 120, 186
  Marktleistungen, vorgetäuschte (I) 93
  Marktmechanismus (I) 183
  Markt-Modell (I) 156
  Marktpolitik (I) 53, 78, 110
  Marktsättigung (I) 69, 72
  Markt als soziales Gebilde (I) 55

– als soziale Kontrolle (I) 58
Marktsoziologie (I) 155
– Teilbereiche der – (I) 158
Markttheorie (I) 50, 54f., 156
Markttheorie, neoklassische (I) 229
Markttransparenz (I) 82, 122, 126, 228
– Verbesserung der Markttransparenz (I) 129
Marktverhalten (I) 181
Marktverhaltensanalyse (I) 632, 639
Marktwirtschaft (I) 169
Parallelprozeß (I) 53
Systemkritik (I) 162
Tauschbeziehungen (I) 55, 56
Zwei-Märkte-Modell (I) 87
Marktanteil (II) 526
Marktdynamik, kapitalistische (II) 772
Marktentwicklung (I) 67ff., 114
  durch Anbieter (I) 67, 68
  Expansionsphase (I) 68, 70
  Marktentwicklung und Nachfragerbedarf (I) 71
  Sättigungsphase (I) 69, 70, 72
Markterfolgsprognose (II) 500ff., 517ff.
  aufgrund realer Kaufdaten (II) 500f.
  aufgrund simulierter Kaufdaten (II) 504
  dekompositionelle Verfahren (II) 517, 521ff.
  kompositionelle Verfahren (II) 517, 518
Marktevolution (I) 67ff., 114, 115
Marktforschung (I) 77, 155, 484
  ökoskopische – (II) 38
Marktlücken (I) 604
Marktmodell, ökonomisches (II) 609
Marktmodell von Berth (I) 428f.
Marktmodell von Spiegel (I) 424f.
  Kritik am – (I) 426f.
Marktnische, latente (I) 426, 428, 604
  Marktnische, manifeste (I) 428, 604
Marktpartner (I) 633ff.
  konkurrierende Interdependenz (I) 633, 635
  kooperative Interdependenz (I) 633, 634
  zielambivalente Interdependenz (I) 633, 636
  Motivation von – (I) 638
Marktpsychologie (I) 5, 6, 11, 18, 33, 45
  angewandte – (I) 28
Marktreaktionsprognose (II) 612
Marktsegmentierung (I) 201, 604
  Strukturelemente des Marktes (I) 171ff.

Austauschgedanke (I) 171
soziologische Elemente des Marktes (I) 172
Strukturwandlung (I) 173
Markttypen
   Auktionsmarkt (I) 64, 66
   Konsumgütermarkt (I) 46, 66
   Optionsmarkt (I) 65, 66, 67, 74, 75, 80, 130
   Verhandlungsmarkt (I) 63f., 65, 74
Massenkommunikation (I) 368, 575
Massenmedieneinfluß (I) 314
Massenproduktion (I) 48
MAUD (multi attribute utility decomposition) (II) 86, 88, 117, 158
Maximum-Likelihood-Schätzverfahren (II) 283
MEDIAC (media planning calculus) (II) 597f.
Mediaselektionsmodelle (II) 586, 595
   Inter-Media-Vergleich (II) 595
   Intra-Media-Vergleich (II) 595
   iterative Verfahren (II) 597
   Kumulationsgewichte (II) 596
   Mediagewichte (II) 595
   Permutationsverfahren (II) 597, 599
   Plazierungsgewichte (II) 596
   Sequentialmethode (II) 597
   Simulationsmodelle (II) 599
   Zielgruppengewichte (II) 595
Mehrheitsmeinungen (I) 301, 307
Mehrheitsurteil (I) 300
Meinungsdiskrepanz (I) 286
Modell der asymmetrisch-vielstufigen Meinungsführerschaft (I) 324
Meinungsführer (I) 195, 212, 363, 364, 384, 574f., (II) 574
   Definition (I) 311, 316
   Identifikation von politischen – (I) 316
   Informationssuche von – (I) 326
   Mediennutzung durch – (I) 322
   Merkmale von – (I) 315, 521
   Messung von Meinungsführerschaft (I) 327ff.
   Nicht-Meinungsführermerkmale (I) 321
   Rolle des – (I) 318
   Rolle von politischen – (I) 317
   Steuerungsmöglichkeit der – (I) 332
   Voraussetzungen für Meinungsführerschaft – (I) 318
Meinungsführerforschung (I) 312, (II) 729

Merchandising-Maßnahmen (II) 571
Merkmalslisten-Methode (II) 461
Messung von Meinungsführerschaft
   objektive Techniken (I) 329
   Selbstauskunft (I) 327
   soziometrische Techniken (I) 328
Meßmodelle (II) 286
Methoden
   „adjective checklist"-Technik (I) 412
   AIDA-Regel (II) 5, 216, 217, 267f., 271
   „aided recall"-Verfahren (II) 227
   AIO-Approach (I) 198
   „all-you-can-afford-method" (II) 584
   Aspektweise Eliminieren (II) 101
   ASSESSOR-Modellkomplex (II) 504
   Bayes-Regel (II) 147
   Beobachtung, teilnehmende (I) 559
   Beobachtung unspezifisch motorischer Reaktionen (II) 234
   Bernoulli-Prinzip (II) 147
   Berufs-Interessen-Test (BIT) (I) 515
   Bionics (II) 460
   Blickregistrierung (I) 509, (II) 220f., 223, 590
   Brainstorming (II) 455f.
   Brainstorming, kritisches (II) 460
   BRLT-Methode (Basic Reference Lottery Ticket-Methode) (II) 93, 97
   BuBaW-Verfahren (II) 615
   Buffalo-Methode (II) 461
   (CAAT) Controlled Aid Awareness Technique (II) 364
   CAPP (Continuous Advertising Planning Program) (II) 370
   Cartoon-Test (II) 557
   Causal Modeling Approach (I) 565
   CDF-Methode „cumulative distribution function" (II) 133
   Check-List-Verfahren (II) 461
   Conjoint Measurement (I) 554f. (II) 518, 522f., 528
   CONPAAD (Conjugately Programmed Analysis of Advertising) (II) 365
   Copy-Test (II) 237, 590
   Cornell-Technik (I) 548
   Coupon-Methode (II) 243
   Critical Path Method (CPM) (II) 496
   DAGMAR-approach (II) 369
   daktyloskopische Methoden (I) 590
   Diskriminanzanalyse (II) 515
   Dominanzprinzip (II) 100, 101
   Einkaufslisten-Verfahren (I) 214, (II) 558

Elektroenzephalogramm (EEG) (I) 504, (II) 234
Elektromyographie (I) 504
Entscheidungsprinzip, disjunktives (II) 100
Entscheidungsprinzip, konjunktives (II) 100
Entscheidungsregel, additive (II) 103
Entscheidungsregel, multiplikative (II) 103
EPS-Methode „equivalent prior sample"-Information (II) 133
Faktorenanalyse (II) 515
Fehler-Wahl-Methode (I) 557
Feldexperimente (I) 688
Feldstudien (I) 687
Fingerabdruckverfahren (II) 590
Folder-Test (II) 237
„foot-in-the-door"-Strategie (I) 360f., 648, 678, 698, (II) 705, 710
„forced choice"-Technik (I) 457f.
Fotokardiographie (I) 505
„free response"-Verfahren (I) 456
Gebiets-Verkaufs-Test (II) 516
Gemischtsummen-Spiel (I) 30
„glue spot"-Methode (II) 590
Guttmann-Skala (I) 548, 564
Hautdurchblutung (II) 234
HFS-Methode „hypothetical future sampling" (II) 133
Hodges-Lehmann-Regel (II) 14, 147
Hurwicz-Regel (II) 146
Imitationslernen (I) 580
instrumentelle Konditionierung (I) 579, (II) 729
Kardiotachometrie (I) 506
Kaufabsichtsskala (II) 238
Kaufspiel (II) 238
Kerntemperatur (I) 506
klassische Konditionierung (I) 578
Konstant-Summen-Methode (II) 526
Konzept-Test (II) 499
Laborexperimente (I) 689
Vorteile von Labortests (II) 42
Laplace-Regel (II) 144, 147
lexikographische Entscheidungsregel (II) 101
lexikographische Halbordnung (II) 102
„life-style scales" (I) 195
Likelihood-Ratio-Test (II) 297
Lotterieverfahren (II) 123, 128, 238
Lügendetektor (II) 43

MAUD (multi attribute utility decomposition) (II) 86, 88
Maximax-Regel (II) 144, 146, 148
Maximin-Regel (II) 146, 148
Maximum-Likelihood-Schätzverfahren (II) 283
MEDIAC („media planning calculus") (II) 597f.
Merkmalslisten-Methoden (II) 461
Methode der „Constant Sum Scale" (I) 564
Methode der ersten und zweiten Wahl (II) 238
Methode des erzwungenen Markenwechsels (II) 238
Methode der „First Brand Awareness" (I) 564
Methode der gleicherscheinenden Intervalle (I) 546
Methode der nachträglich bestimmten Abstände (I) 546
Methode des Paarvergleichs (II) 133
Methode der sukzessiven Intervalle (I) 546
Methode der summierten Einschätzungen (I) 546
Metra-Potential-Method (MPS) (II) 496
Mikrovibration (I) 505
Minimax-Regel (II) 146, 148
Multidimensionale Skalierung (MDS) (I) 552, 561, (II) 515
MDS-Verfahren, nonmetrisches (I) 457
multitrait-multimethod-Matrix (I) 459, 565
morphologische Analyse (II) 461
Nachbildverfahren (II) 220
Netapps-Methode (II) 615
Nullsummen-Spiel (I) 30
Paarvergleich (I) 545, 561, (II) 238
Partner-Preference-Technik (I) 557
PDF-Methode „probability density function" (II) 133
„percentage-of-scale-method" (II) 584
„per-unit-method" (II) 585
Pfadanalyse (I) 563
Phonokardiographie (I) 505
Plethysmographie (I) 505
PPR-Wert (personal product response) (II) 235
Project Evaluation and Review Technique (PERT) (II) 496
„Proper Scoring Rules" (II) 136

Preis-Bereitschafts-Test (II) 563
Preis-Reaktions-Test (II) 563
Preis-Schätzungs-Test (II) 563
„Prozent-vom-Gewinn-Methode" (II) 584
„Prozent-vom-Umsatz"-Methode (II) 584
psychogalvanischer Reflex (PGR) (I) 504, (II) 234
Pupillenreaktion (II) 234f.
„Rangordnungs-Skala" (I) 545
Randordnungsverfahren (I) 545
Ratingskalen (II) 238
„recognition"-Verfahren (II) 227
Regression, lineare (II) 602f.
„Remote Associates"-Test (RAT) (II) 403
Repertory-Grid-Methode (II) 86, 512
Satz-Ergänzungs-Test (I) 557, 558, (II) 409
Savage-Niehaus-Regel (II) 144, 146, 148
SCHEUCH-Index (I) 200
Schnellgreifbühne (II) 42, 209
Schwerin-Test (II) 243
semantisches Differential (I) 548, 564
Skalogramm-Analyse (I) 547
Skala der konstanten Summen (II) 238
Skalenniveau (I) 544ff.
Skala-Reliabilität (I) 563
SMART-Verfahren (simple multi attribute rating technique) (II) 115
„sophisticated budget method" (II) 585
Stimmenfrequenzanalyse (I) 509
Spirometrie (I) 506
Spontanhandlungsverfahren (II) 209
Starch-Test (II) 364
stereoskopische Verfahren (II) 220
Synektik (II) 457f.
Tachistoskop (II) 42, 43
Treppenverfahren (II) 116
TAT (Thematic Apperception Test) (I) 478, 508, 557, 558
Technik der simulierten Unglücksfälle (I) 559
Technik der verlorenen Briefe (I) 559
Tiefeninterview (I) 558
„TOTE-Modell" (II) 444
„unaided recall"-Verfahren (II) 227
„Unfolding-Technik" (II) 87
Varianzanalyse (I) 563

Wald-Regel (II) 144, 146, 148
Werbeanteils-Marktanteils-Methode (II) 585
Wert-Assoziations-Test (I) 557, (II) 512
Zeitreihenanalyse (I) 563
„Ziel- und Aufgabe-"Methode (II) 586
Zöllner-Verfahren (II) 220
Methodik (II) 837
  experimentelle (II) 837
  quasiexperimentelle (II) 837
  korrelative (II) 837
„Me too"-Produkt (II) 516, 563, 568
Metra-Potential-Method (MPM) (II) 496
MIMIK (Multiple Indicator-Multiple-Cause-Modelle) (II) 293, 301
Modelle
  „Adequacy-Importance„-Modell (I) 550, (II) 519
  „Adequacy-Value"-Modell (I) 550f.
  Adoptions-Prozeß-Modell (Robertson) (II) 373
  Attitüdenmodell, kognitives (I) 442
  Ayer New Product-Model (I) 371
  Bayes-Modell (II) 137
  Bettmans Entscheidungsnetzmodell (II) 273
  „Brand loyalty"-Modell (II) 12
  „Brand switching"-Modell (II) 12
  CAM-S-Modell (II) 599
  Congeneric Test-Modelle (II) 293, 300, 308
  Coomb'sches Unfolding-Modell (II) 517
  DEMON-Modell (II) 496
  „distributed lag model" (II) 605, 612
  Drei-Komponenten-Modell der Einstellung (I) 538
  Drei-Komponenten-Modell der Werthaltung (I) 540
  Durchdringungsmodell (II) 501
  Einstellungs-Verhaltens-Modell von Ajzen und Fishbein (I) 594
  Engel-Blackwell-Kollat-Modell (II) 27f.
  Entscheidungsnetzmodell (II) 273
  Fishbein-Modell (I) 443, 454, 519, 550, 587, (II) 19, 317, 379
  Fishbein-Modell, revidiertes (I) 588f., (II) 317
  Handlungsmodell (I) 227
  „Hierarchy of Effects"-Modell (II) 273
  „homo oeconomicus"-Modell (II) 7, 11, 34, 192, 215

Howard-Sheth-Modell (II) 29f.
„Hypodermic needle model" (I) 312
Ideal-Modelle (II) 318, 519
Idealpunktmodell (II) 522f.
Idealvektormodell (II) 522f.
Image-Marketing-Modell (I) 429
Indifferenz-Präferenz-Modell (II) 11
Interaktionsmodell (I) 371
Kaufeintrittsmodell (II) 502
Kausalmodell, fiktives (II) 289
2-Stufen-Kommunikations-Modell
  (I) 310, 313, 320, 363, 364, 385,
  (II) 574f.
komplexe Modelle des Kaufentscheidungsprozesses (I) 85
konjunktive Modelle (II) 520
Koyck-Modell (II) 606, 614
lexikographische Modelle (II) 520
Markentreue-Meßmodell (II) 300
Maslow'sche Bedürfnishierarchie
  (I) 101, 478, 583, (II) 825
Mediaselektionsmodell (II) 595
MIMIC-Modelle (Mulitple Indicator
  Mulitple Cause-Modelle) (II) 293, 301
Modell der asymmetrisch-vielstufigen
  Meinungsführerschaft (I) 324
Modell der Einstellungs-Verhaltens-
  Relation von Rokeach (I) 586
Modell der Einstellungs-Verhaltens-
  Relation von Sheth (I) 590f.
Modell der Kovarianzanalyse (II) 283, 300
Modell der sozialen Fertigkeiten (I) 370
multiattributive Einstellungsmodelle
  (I) 549f.
Multiattributionsmodelle, kompensatorische (II) 520
Multitrait-multimethod-Modell
  (II) 300
„Nested"-Modelle (II) 298
NICOSIA-Modell (II) 24ff.
ökonometrische Modelle (II) 282
Peiner Modell (II) 473
Pfadmodell (II) 280ff., 307
Prüfbarkeit der Modelle (I) 152
– ceteres paribus-Klausel (I) 152
Reaktionsmodelle (I) 85, 86
Regressionsmodelle (II) 300
rekursive Modelle (II) 281, 300
Scoring-Modelle (II) 497
„self-explicated utility models" (II) 517
Sequenzmodell, kognitives (I) 495

SEU-Modell (subjective expected utility
  model) (II) 95
S-O-R-Modell (I) 442, (II) 13, 34, 192
komplexe S-O-R-Modelle (II) 23ff., 34
SPINTER-Modell (II) 497
S-R-Modelle (II) 6ff.
Strukturgleichungsmodell (II) 281ff.
„Trommsdorff-Modell" (I) 424, 442ff.,
  605
Valenz-Instrumentalitäts-Erwartungs-
  modell (I) 241
Verhaltens-Intensions-Modell (B-I-
  Modell) (I) 454, (II) 317
VisCAP-Modell (II) 375
Wachstumsmodelle (II) 300
Wahlmodell, probabilistisches
  (II) 525
Wechselwirkungsmodelle (II) 23ff., 34
Wert-Einstellungs-Modell (Rokeach)
  (I) 567
Wert-Erwartungs-Modell (II) 318
Modellkonstruktion (II) 280
Modelle, mathematische (II) 272
Modelle, ökonometrische (II) 282
„Modell-Platonismus" (II) 36
Modelle, rekursive (II) 280, 300
Modelle, substantive (II) 272f.
  Konstruktionsschemata (II) 272
Morphologische Analyse (II) 461
Motiv
  Anschlußmotiv (I) 478
  Leistungsmotiv (I) 478, 481
  Machtmotiv (I) 478
  Motiventwicklung, Merkmale der
    (I) 480
  Motivforschung (II) 15
  Motivmessung (I) 478
  Motivtheorien (I) 479
Motivmessung (I) 507ff.
  Befragung (I) 507
  projektive Verfahren (I) 508
  semantisches Differential (I) 508
Motivationsforschung
  Geschichte der – (I) 474f.
  Grundfragen der – (I) 473
  Motivation – Begriff (I) 476, 482
  Motivationsprozeß (I) 482
Motivations-Kategorien (I) 365
Motivationsmessung (I) 503ff.
  Reaktionsmessung (I) 503
Motivationstheorien (I) 473f., (II) 18
  Theorie der kognitiven Dissonanz

(I) 336, 482, 485ff., 568, (II) 21, 705, 731, 734, 741
kognitive Motivationstheorie (Irwins) (I) 482
– Anwendungsbereiche (I) 484
– Definitionen der Randbedingungen (I) 483
Theorie der psychologischen Reaktanz – (I) 489, (II) 240f., 704, 706, 731, 734, 744f., 751
Multidimensionale Skalierung (MDS) (I) 552, 553
Auswertung (I) 553
metrische Methoden (I) 553
nicht-metrische Methoden im engeren Sinne (I) 553
nicht-metrische Methoden im weiteren Sinne (I) 553
Multimerkmals-Multimethoden-Matrix (II) 304ff.
Analyseverfahren (II) 305
Multiplikative Modelle (II) 123, 127
additives Modell (II) 127
disjunktives Modell (II) 127f.
konjunktives Modell (II) 127f.
Multitrait-Multimethod-Modelle (II) 300
Mund-zu-Mund-Werbung (I) 212, 320, 363, 377, 383, 388

Nachbarschaftshilfe (II) 805
Nachfrageinteresse (I) 81, 85, 135, 187
Organisation des – (I) 136
Nachfragelücke (I) 248
Nachfragereaktionen
Abwanderung der Nachfrager (I) 75, 76, 121, 185
Gegenorganisation (I) 137
Gegenstrategien der Nachfrager (I) 185
Kaufaufschub (I) 76, 94, 185
Kaufenthaltung (I) 76, 94, 163, 185
Kaufverlagerung (I) 76, 94
Kritik des Nachfragerverhaltens (I) 162, 164
Verhinderung unerwünschter Nachfragerreaktionen (I) 76, 77, 94
Nachfrager-Nachfrage-Interaktion (I) 363
Nader-Bewegung (II) 770
Naturalwirtschaft (I) 112
Neighbourhood-Organisation (II) 770
Netapps-Methode (II) 615

„Netzwerk Selbsthilfe" (II) 810
Theorie der „Neuen Politischen Ökonomie" (II) 811, 815, 817
Neuproduktplanung (II) 495f.
deterministische Terminplanungsmodelle (II) 496
Phasengliederung (II) 495f.
Nichtmitgliedschaftsgruppen (I) 293
Nicosia-Modell (II) 24ff.
Kritik (II) 26
Nivellierungsthese (I) 164
Non-Business-Marketing (II) 572
Nonverbale Kommunikation (I) 374f.
„Attractiveness" (I) 380
Blickverhalten (I) 381
Körperhaltung (I) 380
Sprechweise (I) 381
Normen (I) 283, 297, 434f.
Normativer Einfluß (I) 304
Norm-Systeme (II) 791
bürokratische – (II) 791
traditionelle – (II) 791
Nürnberger Nutzenschema (II) 201
Nutzenfunktion (II) 94, 96
Nutzenmessung (II) 89
Bedeutsamkeitsproblem (II) 90
direkte – (II) 92
Eindeutigkeitsproblem (II) 90
Grenznutzen (II) 110
indirekte – (II) 91
Isonutzenkurve (II) 108
Repräsentationsproblem (II) 90
risikoversive Nutzenfunktion (II) 120
risikobehaftete – (II) 89, 92ff., 121ff., 126, 129
risikolose – (II) 89, 91, 129
Nutzentheorie (II) 92, 119
Nutzenunabhängigkeit (II) 121ff.
additive – (II) 124, 126
wechselseitige – (II) 122, 126
wechselseitige additive – (II) 124

OAS (operative Abbildsysteme) (II) 444
Ökologiebewegung (II) 785, 787f.
Ökologisches Marketing (II) 739ff.
Belohnungsproblem im – (II) 739
– psychische Anreize (II) 741
– selektive Anreize (II) 740
– soziale Anreize (II) 740
Kooperationsprobleme im – (II) 743
Segmentierungsprobleme im – (II) 742

– Segmentierungsmerkmale (II) 743
– Ziele der Segmentierung (II) 742
Ziele des – (II) 739
Ökologische Marketing-Instrumentarien (II) 743ff.
  Entgeltaspekt (II) 745
  Distributionsaspekt (II) 746
  Kommunikationspolitik (II) 745
  Produktpolitik (II) 744
Ökologische Psychologie (I) 513
Ökonomische Psychologie (I) 8
Oligopole (II) 533
„One-trail-learning" (II) 589
Opinion leader (I) 195, 212, 363, 364, 384, 574f., (II) 574
Optimierungsmodelle (II) 596f.
  einfache – (II) 596
  mathematische – (II) 597
Organisationsmitglieder (II) 423
Organisationspsychologie (I) 3, (II) 421
  Effektivitätssteigerung (II) 424, 426
  Innovationsprozesse in Organisationen (II) 421
  Innovativität von Organisationen (II) 422
  – „Bürokratisierungsgrad" (II) 431
  – „Routinisierung" (II) 431
  – Dezentralisierungsgrad (II) 430
  – Informationsaustausch (II) 429
  – Standardisierung (II) 430
  Motivationsstrukturen (II) 424
„Overjustification"-Hypothese (II) 706

Panelanalyse (II) 301
Parameternesting (II) 298
Partizipationsforschung (II) 788, 824
Passivierungsthese (I) 164
Patentstatistik (II) 401
„Pay-off-period" (II) 499
Peiner Modell (II) 473
„Penetration pricing" (II) 564
„Percentage-of-sales"-Methode (II) 584
Persönlichkeit, kreative (II) 400f., 408
  kognitiver Stil (II) 408, 412
  nicht-intellektuelle Persönlichkeitsfaktoren (II) 408, 411
Persönlichkeitstyp, kreativer (II) 420
„Personal selling" (I) 177, 346ff., 383, 629, 685, 690
Personenschutz (II) 839
„Per-unit"-Methode (II) 585

Pfadmodell (II) 280, 307, 319ff.
  Darstellungskonventionen (II) 281
  Konstruktion von – (II) 281
  ungelöste Probleme (II) 282f.
PIP-System (probabilistik information processing) (II) 141
Planwirtschaft (I) 111, 169
„Politisierung des Alltags" (II) 820
Polyarchie (I) 58, 59
Portfolio-Theorie (II) 78, 120, 150
„Positional goods" (I) 101, 120
Postmaterialismus-These (II) 824f.
Preis
  Preisänderungen (II) 198
  Preisbereitschaft (I) 89
  Preisdifferenzierung, psychologische (I) 605
  Preiserhöhung (I) 89, 246
  gebrochene Preise (II) 199
  Preisimage (II) 244
  Preisinformation (II) 194
  – signifikante Preisinformation (II) 194
  – symbolische Preisinformation (II) 194
  Preismeldestelle (I) 126
  Preisprofil (II) 196
  Preis als Qualitätsindikator (II) 197, 208
  Preisschwellen (II) 199
  Preistheorie (I) 48
  Preistransparenz (I) 89, 127
  Preisverhandlungen (I) 635, 701
  Preiswahrnehmung (II) 197
  Preiswettbewerb (II) 206
  Preiswiderstand (I) 88, (II) 215
  Preiswirkungen (I) 202ff.
  „unit pricing" (I) 89
Preisauszeichnung (II) 550, 552
Preis-Bereitschafts-Test (II) 563
Preisbildung (II) 531, 546
  Neuprodukt – (II) 535, 563f.
Preis-Entscheidungsmodelle (II) 530
Preisfiguren (II) 548f.
Preisgrenzen (II) 534, 547
  Preisobergrenzen – (II) 547
  Preisuntergrenze – (II) 534, 547
Preisillusion (II) 548
Preisimage (II) 649
Preiskalkulation (II) 533
  Kostenpreis (II) 534
  Neuproduktpreis (II) 535, 563
  retrograde Marktpreiskalkulation (II) 535

Sach-Register

Preiskenntnis (II) 537f.
   aktive − (II) 537
   Einkaufshäufigkeit (II) 538
   passive − (II) 537
   sozialer Status (II) 538
   Untersuchungen zur − (II) 537
Preispolitik (II) 530, 562
Preis-Qualitäts-Assoziationen (II) 553, 555f.
   Voraussetzungen für − (II) 556
Preisreagibilität (II) 535f., 541, 546, 548
   der Nachfrage (II) 535
   Preiselastizität (II) 536
Preis-Reaktions-Test (II) 563
Preis-Schätzungs-Test (II) 563
Preisschwellen (II) 543, 552, 555, 559
Preistheorie (II) 530, 534, 564
   idealtypische (II) 532
   mikroökonomische − (II) 530
   Preis-Absatz-Funktion (II) 530, 558
   − reaktionsfreier Bereich (II) 539
   vollkommene Konkurrenz (II) 531
   vollkommenes Monopol (II) 531
Preisverankerung (II) 539f., 545, 547, 548
Preisvergleiche (II) 538, 541, 549
Preisverhalten (II) 530, 545, 553
   experimentelle Preisvariation (II) 561
   Preisbereitschaftsgrenzen (II) 543
   Preisspanne (II) 541
   Iso-Präferenzanalyse (II) 540
Preiswettbewerb (II) 557
„Primacy effect" (I) 575
Probabilistisches Wahlmodell (II) 525
Problemlösefähigkeit (II) 453, 456
   epistemische Struktur (II) 453
   heuristische Struktur (II) 453
   Problemlösungsprozess, Phasenmodell des kreativen (II) 410
Produktattribute (II) 511ff., 529
   determinierende − (II) 511
   objektive − (II) 512
   subjektive − (II) 512
Produktauffälligkeit (I) 307
Produktbewertung (II) 497ff., 513
   Analyse-Phase (II) 498
   Durchdringungsmodelle (II) 501
   durch Konsumenten (II) 508
   − Markterfolgsprognose (II) 500, 504
   Phasenschema bei Konsumenten (II) 509
   Screeningphase (II) 497
   Test-Phase (II) 499

Produktdifferenzierung (II) 570
Produktdifferenzierung, psychologische (I) 605
Produktdistribution (I) 663
Produkteigenschaften
   „credence qualities" (I) 132
   „experience qualities" (I) 83, 122, 131
   „search qualities" (I) 82, 83
   Produktbewertung (I) 502
Produkteinstellungen (I) 580, (II) 238
   Markenbewußtsein (II) 238
   Meßverfahren (II) 238f.
   − Anzeigenerinnerung (II) 238
   − Kaufabsichtsskalen (II) 238
   − Kaufspiel (II) 238
   − Lotteriemethode (II) 238
   Methode der ersten und zweiten Wahl (II) 238
   Methode des erzwungenen Markenwechsels (II) 238
   − Paarvergleich (II) 238
   − Ratingskalen (II) 238
   − Skala der konstanten Summen (II) 238
Produktgestaltung (I) 527, (II) 201
   Raster-Such-Verfahren (II) 527
Produktimage (II) 210ff., 619
   Imagemessung (II) 213
   − Einkaufslistenverfahren (II) 214
Produktinformation (II) 231
   Informationsnutzen (II) 232
Produktionsgemeinschaften (II) 807
Produktkapitalwert (II) 498
Produktlebenszyklus (II) 592, 647
Produktmarke (I) 307f.
Produktnutzen (I) 201
   Grundnutzen (II) 201
   Zusatznutzen (II) 201
Produktmarkt (II) 510ff.
   dynamisches Konzept des − (II) 516
   „item-by-use-matrices" (II) 511
   − Konstruktion von (II) 515
   Produktmarkträume (II) 514, 526, 528, 570
   relevanter − (II) 510
   Situations-Typologien (II) 511
Produktpositionierung (I) 604, (II) 528, 570
   „Ideal-Produkt" (I) 604
Produktqualität (II) 506f.
   Produkteinstellung (II) 508
   wahrgenommene − (II) 507

Produkttest (II) 208
Produktwahrnehmung (II) 206ff.
  Produktanalyse (II) 209
  periphere Produktmerkmale (II) 207
  subjektive Produktqualität (II) 210
  Produkttest (II) 209
Produktionsmittel (I) 118, 120
Projektive Verfahren (II) 38, 39
„Prozent-vom-Gewinn"-Methode (II) 584
„Prozent-vom-Umsatz"-Methode (II) 584
„Project Evaluation and Review Technique" (II) 496
Pseudo-Erklärungen (I) 31
„Public Marketing" (II) 680
„Public Relations" (II) 344, 568, 570f.
„Pull-Strategie" (II) 652

Quadratwurzelgesetz der Aufmerksamkeitswirkung (II) 218
Qualifikation (II) 433
  berufliche − (II) 440, 447
  funktionale − (II) 435
  industriesoziologisches Qualifikationskonzept (II) 436
  innovatorische − (II) 434f., 440
  − Frickes Konzept der − (II) 434f.
Qualifikationsforschung (II) 420
Qualität
  Qualitätstransparenz (I) 89, 127
  Qualitätsunterschiede (I) 123, 127
  Qualitätsindikatoren (I) 123
  Qualitätsbeurteilungen (II) 553
  Qualitätswahrnehmung (II) 200, 208
Quasi-biotische Situation (II) 46

Rationalprinzip (I) 152, 153, 483
„Rationaltheorie", neoklassische (I) 104
Theorie der psychologischen Reaktanz (I) 299, 303, 307, 489, 569, 683, (II) 240f., 704, 706, 726, 731, 734, 744f., 751, 756
  Randbedingungen (I) 489, 570
  Reaktanzeffekt (I) 490, 570
  Reaktanz, latente (I) 491
  Reaktanz, manifeste (I) 491
  Reaktanzstärke (I) 489
Reaktionsketten (I) 371
  asymmetrische Kontingenz (I) 372

reaktive Kontingenz (I) 372
Pseudokontingenz (I) 372
wechselseitige Kontingenz (I) 372
Reaktivitätsproblematik (II) 44ff.
Realitätsbewältigung, subjektive (I) 412f.
„Recency effect" (I) 575, 694
Recycling (II) 746
Reduktionismus, theoretischer (II) 838
Reduktions-Marketing (II) 703
„Reference group" (I) 209, 272ff., 283, 672
Regalebene (II) 644f.
Regallücken (II) 650
  Fehlmengenkosten von − (II) 650
  Konsumentenreaktion auf − (II) 650
Regalplatz (II) 643f.
Regalraumeffekt (II) 645
Regalstopper (II) 646
Regressionsmodelle (II) 300
„Remote Associates"-Test (RAT) (II) 403
„Repertory-Grid"-Methode (I) 512, (II) 86
Repräsentantenverhandlungen (I) 710
  Effizienz von Interventionsstrategien (I) 713
  Gewinnkompensation (I) 711
  Interventionsstrategien (I) 712
  Konfliktpotential (I) 711
  Verantwortungsdruck (I) 711
  Verhandlungslösungen (I) 712
Reproduktionsvermögen (II) 439, 441, 451
„Revealed preference theory" (II) 11, 12
Reziprozität (I) 672
Risiko (II) 635f.
  Kaufrisiko (I) 89, 91, (II) 17
  Nachfragerisiko (I) 89
  Risikoaversionsfaktoren (II) 96
  Risikobegriff (II) 17
  Risikobereitschaft (II) 16
  Risikoreduzierung (II) 635
  Risikowahrnehmung (I) 366, 367, (II) 635
Rolle
  Rollentheorie (I) 165
  Rollenkonzept (I) 198
  „Rolle, soziale" (I) 165
  Rollenstruktur des Haushalts (I) 208

Satzergänzungstest (II) 409
„Scanlon-Plan" (II) 427

Scheinkorrelation (II) 276
Schicht
　Marktsegmentierung nach sozialen Schichten (I) 201
　multipler Index der Schichtzugehörigkeit (I) 200
　Konsumschicht (I) 200
　SCHEUCH-Index (I) 200
　schichtspezifisches Einkaufsverhalten (I) 203
　schichtspezifisches Informationsverhalten (I) 202
　schichtspezifisches Verwendungsverhalten (I) 204, 205
　Schichtzugehörigkeit (I) 200
　Sozialschicht (I) 199
　WARNER-Index (I) 200
Schiedsstellen (II) 758
Schlüsselinformationen (I) 328, (II) 208, 209, 232
Schnellgreifbühne (II) 42
Schumpeter/Downs-Hypothese (II) 760
Schwerin-Test (II) 243
Scoring-Modelle (II) 497
„Screening" (I) 123
„Screening"-Phase (II) 497f.
„Second Order Stochastic Dominance" (II) 120
Sekundärerhebung (II) 38
Selbstbedienung (II) 619
Selbsthilfe-Bewegung (II) 769
　Entstehungshintergründe der − (II) 811
Selbsthilfeformen (II) 792, 799
Selbsthilfegeschichte (II) 794f.
Selbsthilfegruppen (II) 773, 776, 789ff.
　Abgrenzung (II) 790
　Begriff (II) 789
　formelle Selbsthilfeorganisationen (II) 792, 794
　− altruistischer Typ der − (II) 794
　Handlungsprinzip Selbsthilfe (II) 791f.
　　− Bedürfnisorientierung (II) 791
　　− Identitätsprinzip (II) 791
　Idealtypus der − (II) 802
　informelle − (II) 792, 794
　　− Aprofessionalität (II) 793
　　− Gruppenprinzip (II) 792
　　− „Selbstbestimmung" (II) 793
　personenorientierte − (II) 798, 800f.
　sachorientierte − (II) 798, 803f.
Selbsthilfeorganisation (II) 770
Selbstimage (II) 631

Geschäftsimage vs. − (II) 631
Kundenimage vs. − (II) 632
reales − (II) 631
Verkaufspersonal vs. − (II) 632
Selbstwahrnehmungstheorie (II) 705
Selbstentfremdung (I) 107ff., 111, 117, 121
　Entstehung der − (I) 109
Selbstverwirklichung (I) 187
Selbstverwirklichung, organisationale Bedingungen (II) 425f.
„Self-explicated utility models" (II) 517
„Self-other orientation theory of personality" (I) 352
SEU-Modell (subjective expected utility model (II) 95
„Shelf-space-effect" (II) 644
Sheth-Modell (I) 590
　Annahmen (I) 591f.
Skalenniveau (I) 543f.
　bipolare Skalen (I) 544
　Intervallskala (I) 543
　kategorische Skalen (I) 543
　Magnitude-Skala (I) 543
　Nominalskala (I) 543
　Ordinalskala (I) 543
　unipolare Skalen (I) 544
　Verhältnisskala (I) 543
Skalogramm-Analyse (II) 305
„Skimming pricing" (II) 565
„Sleeper effect" (I) 575, 605, 653
Snobeffekt (II) 703
„Social facilitation"-Hypothese (II) 468
„Social skill", Definition (I) 355
Sonderangebote (II) 649
Sonderdisplay (II) 646f.
„Sophisticated budget models" (II) 585
S-O-R-Modell (II) 13ff., 34, 273
S-O-R-Modell, komplexes (II) 23ff., 34
Sortimentsbildung (II) 619
Source-Effekt (II) 729, 737
Sozialarbeit (II) 808
Sozialhilfe (II) 808
Sozialisation (I) 102ff., (II) 413ff.
　antizipatorische − (I) 290, 304
　berufliche (II) 420f.
　familiäre (II) 414
　schulische − (II) 418f., 449
　vorberufliche − (II) 414f.
　Konsumenten- − (I) 102, 106, 206
　Konzept des Lebenszyklus (I) 207
Sozialisation, werbliche (II) 382f.

Konsumentensozialisation (II) 382
  Mediensozialisation (II) 382
  Werbesendungen (II) 384
Sozialmarketing (II) 485, 572, 675
Sozialpolitik (II) 808
Sozialverbände (II) 771
Sozio-Institutionen (II) 688
  kommerzielle – (II) 690
Soziologie, verhaltensorientierte (I) 164f.
Sozio-Marketing (II) 683f.
  adaptives – (II) 709
  Definition (II) 683, 684
  Dimensionen des – (II) 697
  Gefahrenmomente in – (II) 757
  kommerzielles – (II) 718
  – kalkulatorischer Ausgleich in –
  (II) 719
  – Risiken des – (II) 747f.
  – Chancen des – (II) 747
  Marketing-Informationsinstrumente –
  (II) 723f.
  Marktsegmentierung im – (II) 614f,
  744
    Realisation (II) 615
    Segmentierungsvariablen (II) 614
  nicht-kommerzielles – (II) 719, 749
  – Chancen im – (II) 750
  – Marketing Know-how im – (II) 750
  – Scheiterrisiko im – (II) 750
  – Steuerungsrisiken im – (II) 751
Sozio-Marketing, strategisches (II)
707ff.
  strukturverminderndes – (II) 709
  verhaltensorientiertes – (II) 695, 709
  – Ziele des – (II) 696
  – Zieldeformation im – (II) 759
  – Zielkonflikte im – (II) 751f.
  versorgungsorientiertes – (II) 695, 703,
  709, 717
Sozio-Marketing im engeren Sinn (II)
685
Sozio-Marketing im weiteren Sinn (II)
685
Sozio-Marketing-Konzeptionen (II)
690
  Träger des – (II) 686
  Typologie der Sozio-Marketing-Träger
  (II) 691
Sozio-Marketing-Aktionsinstrumente
(II) 725ff.
  Distributionspolitik (II) 727f.
  Entgeltpolitik (II) 726

Kommunikationspolitik (II) 728
Produktgestaltung (II) 725
Produktpolitik (II) 725
Sozio-Marketingforschungs-Aufgaben
  (II) 724
Sozio-Marketing, strategisches (II) 707
  Gleichgewichtsmarketing (II) 711f.
  Grundprobleme (II) 709
  holistische Marketingstrategie (II) 709
  inkrementalistische Marketingstrategie
  (II) 709, 726, 754
  Basisstrategien (II) 713
  – Risiken der – (II) 721
  – Diversifikationsstrategie – (II) 720
  – Strategie des kalkulatorischen Ausgleichs (II) 719
  – im kommerziellen Sozio-Marketing
  (II) 719
  – im nicht-kommerziellen Sozio-Marketing (II) 720
  – Kooperationsstragie (II) 716
  – Kooperationspartner (II) 717
  – Koordinierungsprobleme (II) 717
Sozio-Marketing-Ziele (II) 692f.
  konkret handlungsbezogene Veränderungen (II) 693
  Verhaltensänderungen (II) 694
  Wertänderungen (II) 694
Spendenbereitschaft (II) 731
Spendenbeschaffungsmethode (II) 738
Spendenmarketing (II) 730ff.
  Gratifikationskonzept (II) 731
  Kooperationskonzept (II) 733
  Segmentierungskonzept (II) 732
  – Segmentierungsstrategie (II) 733
  – Segmentierungsvariablen (II) 733
  Spendenverwendungskonzept (II) 732
  Zielkonzeption (II) 730
Spendenmarketinginstrumentarien
  (II) 733
  Entgeltpolitik (II) 738
  Kommunikationspolitik (II) 735
  – Spendenart (II) 736
  – Spendenappelle, Stärke der (II) 736
  – Spendenform (II) 736
  – Spendenzeit (II) 736
  Produktpolitik (II) 733f.
„Spill-over"-Effekt (II) 604
SPRINTER-Modell (II) 497
Sprungwerbung (II) 634
Standortwahl (II) 618
  Einzelhandelsstandorte (II) 620f.

innerbetriebliche − (II) 642
Standortagglomeration (II) 620
Standortwertigkeit (II) 620
„Strategien-Assessment" (II) 722
Strategisches Management (II) 710
Sparbereitschaft (I) 246, 247
Sparförderung (I) 246
Sparquoten (I) 239, 255
  Sparquoten, einkommensabhängig (I) 243
Sparverhalten (I) 231, 274
Sparverhalten, interkulturell (I) 238ff., 241
Sparziele (I) 242f., 245
  Sparziele, Deutschland vs. USA (I) 245
Spieltheorie (II) 80
Spontanhandlungsverfahren (II) 209
Städtische soziale Bewegung (II) 785, 788
Starch-Test (II) 364
Stereotype (I) 411, 431
  Begriff (I) 429
  Funktion von − (I) 412
  Merkmale stereotyper Systeme (I) 432
  Kritik (I) 433
  Untersuchungsverfahren von − (I) 412
Steuerhinterziehung (I) 259, 261
Steuerdisziplin (I) 262
Steuermoral (I) 257, 261
Steuerstrafe (I) 261
  Einstellung zur − (I) 261
Steuerwilligkeit (I) 260
Steuerwirklichkeit (I) 259
St.-Florian-Prinzip (II) 816
Stimmungen (I) 499, 502
Streuplanung (II) 506, 597
  Kontaktqualität (II) 593
  Kontaktverteilung (II) 591
  kombinierte Reichweite (II) 587
  kumulierte Reichweite (II) 587
  Nettoreichweite (II) 587f.
  qualifizierte Reichweite (II) 591
  −quantitativ-deskriptive Analyse (II) 593
  quantitative Reichweite (II) 587
  räumliche Reichweite (II) 586
  Streuverluste (II) 586
Strukturgleichungsmodelle (II) 281, 285
  Identifikationsproblem (II) 292
  identifiziertes Modell (II) 293
  überidentifiziertes Modell (II) 293

unteridentifiziertes Modell (II) 292
  Modellparameterschätzung (II) 294f.
  Strukturgleichungsmethologie (II) 282
Subkulturen, marketingrelevante (I) 197
„Supra Decision Makers" (II) 80
Systemanalyse, funktionalistische (I) 159
Theorie des symbolischen Interaktionismus (I) 671f., 675, 684
  kognitive Annahmen (II) 671
  motivationale Annahmen (I) 672
Systemansatz (II) 273
  Modelle des − (II) 273
Systemtheorie (II) 422
  Effektivität, organisationale (Definition) (II) 423
  „Effizienz" eines offenen Systems (Definition) (II) 423
Systemtheoretischer Ansatz (Katz & Kahn) (II) 422ff.
Synektik (II) 457f.
  Analogie-Typen (II) 458
  Regeln (II) 458
  Teamleitung (II) 460

Tachistoskop (II) 42, 43
Täuschung (I) 94, (II) 51, 844, 856
Tauschbeziehungen (I) 54, 79, 105
  Macht in − (I) 56
  soziale Beziehung (I) 54, 105
  soziales Gebilde (I) 54
Tauschsysteme (I) 176
  Tauschprinzip (I) 660
Testkreativität (II) 403
Testmarkt (II) 243, 500
  Labortestmarkt (II) 504
  Mini-Testmarkt (II) 500
  regionaler − (II) 500
  Store-Testmarkt (II) 500
Test, standardisierter (II) 39
Thematic Apperception Test (TAT) (I) 478, 508, 557, 558
Theorien
  Adaptations-Niveau-Theorie (II) 545
  Anspruchsanpassungstheorie (II) 726
  Assimilation-Kontrast-Theorie (I) 569, 576, (II) 546f.
  Attributionstheorie (I) 571, (II) 706, 735, 741
  Austauschtheorie (Blau) (II) 667
  Balance-Theorie (II) 568
  Bekräftigungstheorie (Homans) (I) 665

Bezugsgruppentheorie (I) 209, 210, 292
Cannon-Bard-Theorie (I) 495
deskriptive Theorie (I) 153
„Disparitäten-Theorie" (II) 812f., 815
Emotionstheorien (I) 494ff.
Entscheidungstheorie, statistische (II) 140
Equity-Theorie (I) 180, 268, 679
E.R.G.-Theorie (I) 100, 101
Erwartungs-Valenz-Theorie (II) 18
Exchange-Theorie (I) 177, 183
„Fair price"-Theorie (II) 540f., 546
Feldtheorie (I) 424
„Forbidden toy"-Paradigma (II) 705
Handlungstheorie, arbeitspsychologische (II) 443
Haushaltstheorie, mikroökonomische (II) 8
Herzbergs Zweifaktoren-Theorie (II) 429
Hypothesentheorie der Wahrnehmung (II) 217
„Impression management"-Theorie (I) 571
Indifferenz-Präferenz-Theorie (II) 10
Inokulationstheorie (I) 570
James-Lange-Theorie (I) 495
Kongruenz-Theorie (I) 568
Leistungsmotivationsstheorie (II) 726
Motivationstheorie, kognitive (I) 482
Markttheorie (I) 50, 54f., 156, 180, 229
Markttheorie, neoklassische (I) 229
Markttheorie, „reine" (II) 176
MAUT (Multi-Attribute-Utility-Theorie) (I) 9
„Mere exposure"-Hypothese (I) 570
„Mere thought"-Hypothese (I) 570
Modell-Lernen (I) 206
multiple Verwendung von Theorien (I) 22
neoklassische „Rationaltheorie" des Konsumentenverhaltens (I) 104
nomologische Theorien (I) 31, (II) 835
nomopragmatische Theorien (I) 31
Nutzentheorie (II) 92
ökonomische Austauschtheorie (I) 179
operante Konditionierung (I) 178, 180
„Overjustification"-Hypothese (II) 706
präskriptive Theorie (I) 153
Preistheorie (I) 48
„Response contagion"-Theorie (I) 570
„Revealed preference theory" (II) 11, 12

Rollentheorie (I) 165, (II) 422
Selbstwahrnehmungstheorie (II) 705
„Self-other orientation theory of personality" (I) 352
„Self-perception"-Theorie (I) 571
S-O-R-Paradigma (I) 627, 628
Spieltheorie (I) 634, (II) 80
Systemtheorie (I) 158, (II) 421
technologische Theorien (I) 31, 32, (II) 835f.
– operativ – (II) 836
– inhaltlich – (II) 836
Theorie des Anspruchsniveaus (I) 9
Theorie der Entstehung des Kapitalismus (I) 20
Theorie der faktischen Präferenz (II) 11, 12
Theorie der „gelernten Hilflosigkeit" (II) 110
Theorie der Imitation (I) 209
Theorie der informellen sozialen Kommunikation (I) 286
Theorie des interkulturellen Konsumverhaltens (I) 195
Theorie der kognitiven Dissonanz (I) 326, 485ff., 568, 679, 705, 731, 734, 741, (II) 21, 240
Theorie der kognitiv-affektiven Konsistenz (I) 568
Theorie der kognitiven Konsistenz (I) 318
Theorie der Konsumfunktion (I) 247
Theorie der Leistungsmotivation (I) 210, (II) 16
Theorie des „low involvement"-Lernens (II) 213
Theorie der Machtausweitung (I) 180
Theorie der „Neuen Politischen Ökonomie" (II) 811, 815, 817
Theorie der objektiven Selbstaufmerksamkeit (I) 571
Theorie der psychologischen Reaktanz (I) 299, 303, 307, 489, 569, 683, (II) 240f., 704, 706, 726, 731, 734, 744f., 751, 756
Theorie der „satisficing choices" (I) 9
Theorie der sozialen Vergleichsprozesse (I) 209, 286, 292, 300
Theorie des Sozialverhaltens (I) 665
Theorie des symbolischen Interaktionismus (I) 671

Transformation von Theorien in Techniken (I) 26, 29
  wissenschaftliche Theorien (I) 31
  Zwei-Faktoren-Theorie (Schachter) (I) 496, 499
Theoriebildung (II) 174, 178
  technologische Theoriebildung (II) 180
  marktpsychologische Theoriebildung (II) 180
Tiefeninterview (II) 38
Totalmodell (II) 279
„TOTE-Modell"
„Toughness" (I) 362
„Trade off" (II) 107, 109
  korrespondierende – (II) 110, 112
„Trade-off procedure" (II) 529
Triebreduktion (I) 99
„Two-cycle-flow"-Modell (II) 575f.
„Two-factor-at-a-time-procedure" (II) 529
„Two-step-flow-of-communication"-Modell (II) 574

Überflußgesellschaft (I) 192
„Umbrella"-Effekt (II) 572
Umsatzprognose (II) 609
Umweltinformation (I) 410
  Verarbeitungsprinzipien von – (I) 410
Umweltpsychologie (I) 514
Umweltschutz (I) 62
Umweltschutz-Initiativen (II) 777, 787
„Unfolding-Technik (II) 87
„Unit pricing" (II) 550
Unternehmen
  „arbeitsgeleitete" – (I) 121
  –sverfassung (I) 121
Unternehmensfunktionen (II) 484
Urteilsbildung (I) 297, 325
  Fehlerquelle bei der – (I) 297
  Urteilsbildung und interpersonelle Kommunikation (I) 325
  Urteilsbildung und Mediennutzung (I) 325
USP (unique selling proposition) (II) 562

Valenz-Instrumentalitäts-Erwartungsmodell (I) 241
Validität
  Diskriminanzvalidität (II) 303
  externe Validität (II) 189

Inhaltsvalidität (I) 564, (II) 302f.
interne Validität (II) 189
Konkurrenzvalidität (II) 303
Konstruktvalidität (I) 565, (II) 189, 302f., 310
  – Prüfung der – (II) 315
Kriteriumsvalidität (II) 302f.
Konvergenzvalidität (II) 303, 311
nomologische Validität (II) 304
Prognosevalidität (II) 303
Vorhersagevalidität (I) 564
Unterscheidungsvalidität (I) 565
Verbraucherinteresse (I) 137, 187
Verbraucherinformationen (I) 649
Verbraucherorganisationen (I) 137ff., 187
  Chancen der – (I) 139
  negativer Effekt von – (I) 138
  Nutzen von – (I) 137
  Verbraucherschutz – (II) 240
Verbraucherpolitik (I) 274
Verbraucherschutz (I) 61, 122, 138f., 641
Verbraucherverhalten (I) 85, 103, 104
  autonomes -verhalten (I) 106
  Verbraucherverhalten und komparative Bezugsgruppeneinflüsse (I) 303
  Verbraucherverhalten und normative Bezugsgruppeneinflüsse (I) 305
  konsistentes- Verhalten (I) 106
Verbrauchersozialisation (I) 106
Verbraucherbeeinflussung (I) 163
Verbrauchervorstellung (I) 404, 405
Verbraucherzusammenschlüsse (II) 771
Vergleichsprozesse, Theorie der sozialen (I) 286, 292, 300
Verhaltensforschung, ökonomische (I) 226, (II) 7
Verhaltens-Intentions-Modell (B-I-Modell) (II) 279, 317
Verhaltensmessung (I) 509f.
  Blickregistriergeräte (I) 509
  nicht-reaktive Verfahren (I) 510
  Stimmenfrequenzanalyse (I) 509
Verhaltensmodell des Images (I) 433
  Kritik – (I) 435
Verhandlungen (I) 642
  gewerbliche – (I) 651
  kompetitive – (I) 30
  kooperative – (I) 30, 707
Verhandlungsstrategien (I) 362, 649, 654, 708
Verkäufer-„Expertise" (I) 350ff.
Verkäufermarkt (II) 484

Verkäufer, erfolgreiche (I) 355
  Ähnlichkeit Käufer/Verkäufer (I) 347, 690
  Alter (I) 691
  Fachkompetenz (I) 693
  Kommunikationsinhalte (I) 695
  Verkäufereffizienz (I) 633, 654, 702
  Verkäuferpersönlichkeit (I) 633
Verkäufereffektivität (I) 347, 695
  Konzessionsbereitschaft (I) 704
  Verkäuferaktivität (I) 354f.
  Verkäuferverhalten (I) 378, 654, 698, (II) 245
Verkaufsförderung (II) 344, 568, 571
  Außendienstpromotion (II) 571
  Definition (II) 345
  Händlerpromotion (II) 571
  handelsorientierte (II) 345
  konsumentenorientierte (II) 345
  Promotions-Methoden (II) 347
  Verbraucher-Promotion (II) 571
  verkaufspersonalorientierte − (II) 346
Verkaufsgespräch (I) 356
  erfolgreiches − (I) 357
  Konzessionsbereitschaft des Verkäufers (I) 704
  Verkaufsstile (II) 245
  nonverbales Verkäuferverhalten (I) 378
Verkaufsleistung (I) 355
Verkaufspersonal (II) 633
Verkaufsstrategien
  „door-in-the-face"-Technik (I) 361, 698
  „foot-in-the-door"-Technik (I) 360f., 678, 698
  „hard sell"-Strategie (I) 698, 705
  „soft sell"-Strategie (I) 362, 698
Vermögensbildung (I) 246
Versuchspersonen (II) 840
  Forschungsfolgen für − (II) 841f.
  Stress von − (II) 842
  Beeinträchtigung von − (II) 842
  „Täuschung" von − (II) 843f., 856
  informierte Einwilligung von − (II) 845f., 856
  partiell informierte Einwilligung von − (II) 847
  Aufklärung von − (II) 847
  − nachträgliche − (II) 848
  semi-professionelle − (II) 849
Verteilungsgerechtigkeit (I) 170
Verteilungskonflikt (II) 267
Vertragsschäden (I) 95

Vertrauenswerbung (II) 571
  „advocacy advertising" (II) 571
„Verwaltungsverdrossenheit" (II) 822
VisCAP-Modell (II) 375
Voll-biotische Situation (II) 46
Volkswirtschaft, Selbststeuerfähigkeit einer − (I) 170
VVR-Einheiten (Vergleichs-Veränderungs-Rückkopplungseinheiten) (II) 445, 454

Wachstumsgesellschaft (I) 193
Wachstumsmodell (II) 300
Wahlforschung (I) 517
Wahrscheinlichkeitsbegriff (II) 130
Wahrscheinlichkeitsinterpretation (II) 131
  frequentische Interpretation (II) 131
  logische Interpretation (II) 131
  subjektivistische Interpretation (II) 131
subjektive Wahrscheinlichkeitsschätzung (II) 132ff.
  Bewertung von − (II) 134
  − empirische Güte (II) 135
  − normative Güte (II) 135
  − substantielle Güte (II) 135
  Messung von − (II) 133
Wahrscheinlichkeitsverteilung (II) 130
  subjektive − (II) 133
  Meßmethode subjektiver Wahrscheinlichkeiten − (II) 133
Warentestinstitutionen (II) 754
Weber'sche Gesetze (II) 198, 539f.
Wechselwirkungsmodelle (II) 23, 34
Werbeanteil-Marktanteil-Methode (II) 585
Werbearten (II) 341f.
Werbeausgaben-Umsatz-Beziehung (II) 610
Werbebudget (II)) 583f.
  Optimierungsmodell des − (II) 584
Werbeelastizität (II) 607
Werbeerfolg (II) 242f., 568
  außerökonomischer − (II) 568, 579
  − Katalog von − (II) 580
  ökonomischer − (II) 578
  − Werbeertrag (II) 578
  − Werbegewinn (II) 578
Werbewirkungsanalyse − (II) 578, 580f.
  außerökonomische Indikatoren von − (II) 242

ökonomische Indikatoren von –
(II) 242
psychologischer – (II) 216
Werbeerfolgsmessung (II) 243
Werbeerfolgsprognose (II) 568
Werbefernsehen (II) 384, 599
  Wirkung auf Kinder (II) 384
  Sozialisationseffekte auf Kinder
  (II) 385f.
Werbeformen (II) 341, 573f.
  Direktwerbung (II) 573
  Medienwerbung, klassische (II) 573
  Mund-zu-Mund-Werbung (II) 573
  „personal selling" (II) 573
  „point-of-purchase"-Werbung (II) 573
Werbekontrolle (II) 568
Werbemittel (II) 351
Werbemittelkontakt (II) 587, 596
  Kontaktwahrscheinlichkeit (II) 589
  Quantifizierung des – (II) 590
Werbemittelkontaktmessung (II) 364
  aided recall (II) 364
  Controlled Aid Awareness Technique
  (CAAT) (II) 364
  CONPAAD (Conjugately Programmed Analysis of Advertising) (II) 365
  recognition-Verfahren (II) 364
  unaided recall (II) 364
Werbegestaltungsmittel (II) 352
Werbeplanung (II) 568ff.
  Grundsatzentscheidungen (II) 577
Werbeprogrammplanung (II) 583
Werberealisation (II) 568
Werberichtlinien (II) 355
Werbeträger (II) 351
Werbeträgerimage (II) 593
  Glaubwürdigkeit des – (II) 594
Werbeträgerkontakt (II) 363, 586, 589
  Mediaselektion (II) 363
  Werbeprogrammplan (II) 363
Werbeumsatz (II) 340
Werbevolumen (II) 569
Werbewirkung (II) 362f.
  außerökonomische – (II) 216
  ökonomische – (II) 216
Werbewirkungskontrolle (II) 600ff.
  außerökonomische – (II) 600, 617
  ökonomische – (II) 600f.
  ökometrische Verfahren der – (II) 602
  zeitliche Werbewirkungsverschiebung
  (II) 605
Werbewirkungsmodelle (II) 365ff., 580ff.

kumulierte Werbewirkung (II) 613
Kritik (II) 581
Informationsprozeßmodell (II) 371f.
ökonomisches – (II) 366
Stufenmodelle (II) 366, 367ff.
phasenorientiertes Werbewirkungsmodell von Hermans (II) 375
psychologische – (II) 366
Werbewirkung, unterschwellige
(II) 223ff.
  Werbewiederholungen (II) 229
  Werbewirkungsanalyse (II) 230
Werbeziele (II) 357f.
  ökonomische – (II) 359, 362
  psychologische – (II) 360
Werbe-Zielplanung (II) 578ff., 582
  außerökonomische Werbeziele
  (II) 579ff.
  ökonomische Werbeziele (II) 578
Werbung (I) 212, (II) 215ff., 340f.
  Definitionen (II) 346f.
  direkte – (II) 342
  Effektivität der – (II) 358
  indirekte – (II) 342
  irreführende – (II) 354f., 755
  POP-Werbung (Point of Purchase-Werbung) (II) 342
  Rolle der – (II) 215
  vergleichende – (II) 354
  unterschwellige – (II) 343
  Wertwerbung (II) 343
  „word of mouth advertising" (I) 212, 320
Werbung, institutionelle (II) 572
Werbung mit Vergleichsgruppen (I) 303f.
Wertanalyse (II) 534
Werte (I) 272ff., 674
  postmaterielle gesellschaftliche – (I) 272
  Werthaltung (I) 272, 540f.
  – Generationslücke der – (I) 273
  – materielle – (I) 273
  – strukturkonservative – (I) 273
Wertorientierung, europäischer Vergleich (I) 273
Wertveränderung (I) 274
Wert-Einstellungs-System (I) 567
Wert-Erwartungs-Modell (II) 318
Wertfunktion (II) 111
  additive – (II) 112
Werthaltung (I) 193, 272, 540ff.
  Drei-Komponenten-Modell der Werthaltungen (I) 540

instrumentelle – (I) 540
konsumrelevanter Wandel von – (I) 193
terminale – (I) 540
Wert-Begriffsdefinition (I) 539
Werthaltungen im Zeitablauf (I) 562
Werthaltungsänderung (I) 582
   Mangelhypothese (I) 582, 583
   Sozialisationshypothese (I) 582
Werthaltungsmessung (I) 560
   Werteskalen (I) 560
Wertsysteme (I) 192
   kulturelle – (I) 192
   soziale – (I) 194
Werthaltung-Verhaltens-Relation (I) 600
Wertwandel-These (II) 824
Wettbewerb
   Anbieter– (I) 57, 118, 122
   Leistungs– (I) 53, 77, 78
   Nachfrager– (I) 57
   –skontrolle durch Nachfrager (I) 121, 122
   Nichtleistungs– (I) 77, 78
   Wettbewerbsbeschränkung (I) 52, 126
   Wettbewerb, funktionsfähiger (I) 49, 60
   Wettbewerbspolitik (I) 52
   Wettbewerbsprozeß (I) 49
   Wettbewerbssicherung (I) 52
   Wettbewerbstheorie (I) 48
   Wettbewerb, vollkommener (I) 49
Wettbewerb, unlauterer (II) 353
Wettbewerbs-Paritäts-Methode (II) 584
Wiedererkennungsverfahren
   „aided recall"-Verfahren (II) 227
   „recognition"-Verfahren (II) 227
   „unaided recall"-Verfahren (II) 227
Wiederholungskauf (I) 564
Wiederkaufrate (II) 557
Wiederverfkaufsrate (II) 505
Wirtschaftspolitik (I) 236, 277
Wissenschaftsfreiheit (II) 852

Wohlfahrt (I) 262ff.
   Wohlfahrtsbegriff (I) 262
   Wohlfahrtsdefinition (I) 266
   Wohlfahrtsfunktion (I) 263
   Wohlfahrtskriterien (I) 264
   Wohlfahrtsopfer (I) 265
Wohlfahrtsbürokratie (II) 794
Wohlstand (I) 97
Wohlstandsforschung (I) 226
Wohlstandskriminalität (I) 107
Wohlstandsphänomen (II) 825
Wohnungsbaugenossenschaften (II) 804
Wohngemeinschaften
   Altenwohngemeinschaften (II) 806
   Behindertenwohngemeinschaften (II) 806
   „Zweckwohngemeinschaften" (II) 804
„Working models" (II) 279f.

Yerkes-Dodson-Gesetz (I) 506

Zielbäume (II) 157
„Ziel und Aufgaben"-Methode (II) 586
Zöllner-Verfahren (II) 220
Zusatznutzen (II) 9
„Zweckwohngemeinschaften" (II) 804
Zwei-Stufen-Hypothese der Kommunikation (I) 310, 313, 318, 320, 363, 364, 385, (II) 574f.
Zweitplazierung (II) 646
Zwischenverkäufer als Verhandler (I) 705ff.
   Anspruchsniveau (I) 706
   Kooperationsbereitschaft (I) 707
   Preisverhandlungen (I) 705
   Verhandlungseffizienz (I) 708
   Verhandlungssituation (I) 706, 708

Lehrbücher und Einführungen

Einführung in die Begabungspsychologie
Differentielle Psychologie intellektueller Fähigkeiten
von Dr. Friedrich Arntzen
168 Seiten, DM 34,–

Medizinische Psychologie im Grundriß
Mit besonderer Berücksichtigung des Gegenstandskataloges für die ärztliche Vorprüfung GK 1 (1976)
herausgegeben von Prof. Dr. Kurt Hauss
2., erweiterte Auflage
XXVIII/ 532 Seiten, DM 46,–

Lehrbuch der empirischen Persönlichkeitsforschung
von Prof. Dr. Theo Herrmann
486 Seiten, DM 48,–

Lehrbuch der Sozialpsychologie
von Prof. Dr. Martin Irle
558 Seiten, DM 88,–

Kleine Persönlichkeitspsychologie
von Prof. Dr. Manfred Koch-Hillebrecht
183 Seiten, DM 26,–

Lehrbuch der Differentiellen Psychologie
Band 3: Geschlechterunterschiede
Ergebnisse und Theorien der Psychologie.
von Prof. Dr. Ferdinand Merz
196 Seiten, DM 34,–

Pädagogische Psychologie
Einführung für Pädagogen und Psychologen
von Prof. Dr. Gerd Mietzel
2., neubearbeitete Auflage
490 Seiten, DM 48,–

Informationstheorie für Psychologen
Eine Einführung in Methoden und Anwendungen
von Prof. Dr. Erich Mittenecker
und Prof. Dr. Erich Raab
273 Seiten, DM 58,–

Einführung in die Sozialpsychologie
von Prof. Dr. Ernst F. Mueller
und Prof. Dr. Alexander Thomas
463 Seiten, DM 48,–

Einführung in die Sportpsychologie
von Prof. Dr. Alexander Thomas
339 Seiten, DM 29,80

Lehrbuch der Klinischen Psychologie
Psychologische Grundlagen der Psychotherapie
von Prof. Dr. Ludwig J. Pongratz
477 Seiten, DM 44,–

Erziehungspsychologie
Begegnung von Person zu Person
von Prof. Dr. Reinhard Tausch
und Prof. Dr. Anne-Marie Tausch
9. Aufl., 427 Seiten, DM 26,–

Lehrbuch der Entwicklungspsychologie
von Prof. Dr. Hanns Martin Trautner
XVIII/ 558 Seiten, DM 58,–

Bitte fordern Sie für weitere Informationen unseren ausführlichen Verlagskatalog an!

**Verlag für Psychologie
Dr. C. J. Hogrefe**
Göttingen · Toronto · Zürich

Postfach 414 · 3400 Göttingen

TESTZENTRALE
des Berufsverbandes Deutscher Psychologen

Ihre Bezugsquelle psychodiagnostischer Verfahren
für Forschung und Praxis

Aufgrund enger Zusammenarbeit mit allen wichtigen in- und ausländischen Testverlagen und -zentren verfügt die Testzentrale über ein großes Lager aller gebräuchlichen Testverfahren und der dazugehörigen Literatur. Wir haben uns seit nahezu 30 Jahren auf dieses Gebiet spezialisiert und können Ihnen auf schnellstem Wege für Ihre Arbeit anbieten bzw. besorgen:

- Testmaterial
- Bücher zur Psychodiagnostik
- wertvolle Anregungen
- wichtige Informationen

Folgende Firmen haben uns die Alleinauslieferung von Testverfahren für Deutschland anvertraut:

- Georg Westermann Verlag, Braunschweig/Bundesrepublik
- Hans Huber Verlag, Bern/Schweiz
- Antonius Verlag, Solothurn/Schweiz
- Organizzazioni Speciali, Florenz/Italien
- Psychological Corporation, New York/USA
- NFER-Nelson Publishing Co., Windsor/Großbritannien
- Centre de Psychologie Appliquée, Paris/Frankreich
- PsykologiFörlaget ab, Stockholm/Schweden

Bitte fordern Sie unseren aktuellen ausführlichen Gesamtkatalog an!

TESTZENTRALE
Daimlerstraße 40, D-7000 Stuttgart 50
Tel.: 0711 – 561737/38

APPARATEZENTRUM

■ **Apparate für Forschung und Praxis in Psychologie und Medizin**

■ **Fachlich-psychologische Beratung und Auskunft bei allen Fragen auf apparativem Gebiet.**

■ **Breites, repräsentatives Angebot von Geräten für die psychologische Forschung und Praxis.**

■ **Auslieferung bedeutender in- und ausländischer Hersteller.**

Beispiele aus unserem Lieferprogramm:

Arbeits- und Konzentrationstestgeräte, Audiometer, Bildschirm-Testsysteme: computergesteuert, adaptiv, programmierbar, Biofeedback-Geräte (Atem, EEG, EMG, HR, PGR, Temp.), Determinationsgeräte, Dexterimeter, Digitaldrucker, Dynamographen, Dynamometer, Einblicktachistoskope, Einwegscheiben, Flimmergeräte, Geräte für die Verhaltenstherapie des Bettnässens und des Stotterns sowie zur Desensibilisierung, Handkoordinationsgeräte, Interaktions-Recorder, Kleincomputer, Labyrinth-Geräte (Hypothesenbildung), Mikroprozessor-Steueranlagen, Motorik-Testgeräte, Perseverationstestgeräte, PGR-Anzeige und Registriergeräte, Projektionstachistoskope, Pulsfrequenz-Anzeigegeräte, Pursuit-Rotoren, Reaktionsgeräte, Sehtestgeräte, Stoppuhren, Videorecorder, Vigilanzgeräte, Zeitschaltuhren, Zweihandprüfer.

Die wichtigsten Geräte dieses vielseitigen Programms führen wir Ihnen gern unverbindlich vor. Bitte besuchen Sie uns in unserem

Apparatezentrum

Rohnsweg 25, 3400 Göttingen, Tel.: (0551) 54044, App. 25
(im Hause des Verlages für Psychologie · Dr. C. J. Hogrefe)

Hogrefe International
Book Service
Toronto · Stuttgart

Ihre Fachbuchhandlung für wissenschaftliche Psychologie und Nachbarwissenschaften („Human Sciences")

Ein Informationszentrum von besonderer Leistungsfähigkeit

Bücher
Wir haben die Neuerscheinungen ab 1981 folgender Verlage am Lager:

American Psychological Association
Lawrence Erlbaum Associates
Macmillan Publishers Ltd.
Springer Publishing Company
Ablex Publishing Company
Elsevier/North Holland
Annual Reviews Inc.
Allyn & Bacon
Prentice Hall
Plenum Press
McGraw-Hill

Wiley & Sons
Academic Press
Pergamon Press
Grune & Stratton
Hans Huber Verlag
Swets Publishing Service
University of Chicago Press
Harvard University Press
Yale University Press
MIT Press

und anderer

Zeitschriften
Unser umfangreicher Subskriptions-Service bietet **alle** Zeitschriften aus dem Bereich „Human Sciences" an.
Beachten Sie unsere gerade für ausländische Zeitschriften besonders günstigen Preise!

Bitte fordern Sie unseren umfassenden Katalog an!

Hogrefe International
Book Service

Daimlerstraße 40 · 7000 Stuttgart 50
Telefon: 0711/561737-38